Acerca de los Autores

En equipo, Philip Kotler y Gary Armstrong reúnen una serie de ca[ ] ues que resultan ideales para escribir un libro de texto de introducción a la mercadotecnia. El profesor Kotler es toda una autoridad mundial en el campo de la mercadotecnia. El profesor Armstrong, además de haber recibido algunos premios, es profesor de administración a nivel de licenciatura. Los dos, juntos hacen del complejo mundo de la mercadotecnia algo práctico, asequible y grato.

Philip Kotler ocupa la cátedra S. C. Johnson & Son, en calidad de profesor emérito de mercadotecnia internacional en la universidad de Northwestern. Obtuvo su grado de maestría en la Universidad de Chicago y el de doctorado en el M.I.T., ambos en economía. El Dr. Kotler es autor de *Marketing Management: Analysis, Planning, Implementation, and Control* (Prentice-Hall), actualmente en su octava edición, y el libro de texto de mercadotecnia más usado en las escuelas de estudios superiores de comercio y administración. Es autor de varios libros de gran éxito y ha escrito más de 90 artículos para revistas de primera línea. Es el único que ha ganado, en tres ocasiones, el codiciado premio Alpha Kappa Psi por el mejor artículo en el *Journal of Marketing*. Los muchos honores que ha recibido el Dr. Kotler incluyen el premio Paul D. Converse otorgado por la Asociación Americana de Mercadotecnia para premiar "las contribuciones destacadas a la ciencia de la mercadotecnia" y el premio Stuart Henderson Britt por ser el Comercializador del Año. En 1985, fue nombrado merecedor de dos importantísimos premios: el premio anual para el Educador más Distinguido en el Campo de la Mercadotecnia, otorgado por la Asociación Americana de Mercadotecnia y el premio Philip Kotler a la Excelencia en la Comercialización de los Servicios de Salud otorgado por la Academia para la Comercialización de los Servicios de Salud. En 1989, recibió el premio Charles Coolidge Parlin, que premia, año tras año, a una figura destacada del campo de la mercadotecnia. El Dr. Kotler ha sido presidente del consejo de la Escuela Superior de Mercadotecnia del Instituto de Ciencias de la Administración y director de la Asociación Americana de Mercadotecnia. Asimismo, ha sido asesor de estrategias de mercadotecnia de muchas empresas estadounidenses y extranjeras de primera línea.

Gary Armstrong es profesor y catedrático de mercadotecnia en la Escuela de Administración Kenan-Flagler de la universidad de Carolina del Norte en Chapel Hill. Tiene grado de licenciatura y de maestría en administración, obtenidos en la universidad estatal de Wayne en Detroit, así como de doctorado en mercadotecnia de la universidad de Northwestern. El Dr. Armstrong ha contribuido con infinidad de artículos para las publicaciones empresariales más importantes. Como asesor e investigador ha trabajado con muchas empresas en el campo de la investigación de mercadotecnia, la administración de ventas y la estrategia mercadotécnica. Empero, la pasión del profesor Armstrong es la enseñanza. Ha sido muy activo en el campo de la docencia y la administración del programa de licenciatura de la universidad de Carolina del Norte. Sus puestos administrativos más recientes incluyen Director Asociado del Programa de Administración para Licenciatura, Director del Programa de Administración para Especialistas y otros más. Trabaja estrechamente con grupos de estudiantes y ha recibido varios premios por su enseñanza en la universidad y en escuelas de estudios superiores. Es el único ganador del premio, muy apreciado, a la excelencia en la docencia a nivel licenciatura, mismo que obtuvo por tercera vez en 1993.

A Nancy, Amy, Melissa y Jessica Kotler
Kathy, K. C., y Mandy Armstrong

Síntesis de contenido

Contenido

Parte II   Análisis de oportunidades mercadotécnicas

16 Promoción de productos: la estrategia de comunicación y promoción 551

17 La promoción de productos: publicidad, promoción de ventas y relaciones públicas 579

18 La promoción de productos: ventas personales y administración de ventas 621

Prefacio

La mercadotecnia es la función empresarial que identifica las necesidades y los deseos de los clientes de una organización, determina cuáles mercados puede atender mejor y diseña los productos, servicios y programas para servir a dichos mercados. Empero, la mercadotecnia es mucho más que una función empresarial aislada: es una filosofía que guía a toda la organización. La meta de la mercadotecnia es lograr la satisfacción de los clientes, de manera rentable, creando relaciones llenas de valor con los clientes importantes. El departamento de mercadotecnia no puede alcanzar la meta solo. Debe trabajar en unión de otros departamentos de la empresa, así como con otras organizaciones del sistema entero que genera valor, a efecto de proporcionar a los clientes un valor superior. Así pues, la mercadotecnia requiere que todos en la organización piensen "como clientes" y que hagan todo lo posible para lograr y ofrecer más valor y satisfacción a éstos. Como dijo el profesor Stephen Burnett, de la Universidad de Northwestern: "En una organización de mercadotecnia verdaderamente grande, es imposible reconocer a los del departamento de mercadotecnia. Todos los miembros de la organización tienen que tomar decisiones a partir de sus repercusiones en el consumidor."

Muchas personas piensan que la mercadotecnia se limita a la publicidad o las ventas. Sin embargo, la verdadera mercadotecnia no entraña tanto el acto de vender lo que uno hace sino más bien el saber qué hacer. Las organizaciones se convierten en líderes del mercado cuando entienden las necesidades de los consumidores y encuentran soluciones que deleitan a los clientes en razón de su gran valor, calidad y servicio. Cuando no hay valor ni satisfacción, la publicidad y las ventas salen sobrando.

La mercadotecnia está en todas partes, todos necesitamos saber algo de ella. Las empresas manufactureras, los mayoristas y los detallistas no son los únicos que usan la mercadotecnia, sino que la usa todo tipo de personas y de organizaciones. Los abogados, los contadores y los médicos usan la mercadotecnia para administrar la demanda de sus servicios. También la usan los hospitales, los museos y los grupos de actores. Ningún político podrá conseguir los votos que necesita, ni ningún hotel los turistas que requiere, si no desarrolla planes mercadotécnicos y los aplica. *Mercadotecnia* ha sido diseñado para que los estudiantes puedan aprender y aplicar los conceptos y las prácticas básicas de la mercadotecnia moderna, tal y como se usan en una gran variedad de circunstancias; en empresas de productos y servicios, en mercados de consumo e industriales, en organizaciones lucrativas y no lucrativas, en sociedades nacionales e internacionales y en empresas grandes y pequeñas.

Todas las personas que están en estas organizaciones necesitan saber cómo definir y segmentar un mercado y cómo colocarse sólidamente por medio de la elaboración de productos y servicios que satisfagan las necesidades de los segmentos que se tienen en la mira. Deben saber qué precio ponerle a los productos que ofrecen, para que éstos resulten asequibles, y cómo elegir y administrar a los intermediarios para que sus productos lleguen al público. Además, debe saber cómo promover y hacerle publicidad a sus productos, de tal manera que los clientes los conozcan y los quieran. Está claro que los especialistas en mercadotecnia necesitan toda una serie de capacidades para pulsar, servir y satisfacer las necesidades de los clientes.

Los estudiantes también tienen que saber de mercadotecnia en su calidad de consumidores y ciudadanos. Siempre hay alguien que trata de vendernos algo, así que debemos reconocer los métodos que usa. Además, cuando los estudiantes ingresan al mercado de trabajo, deben hacer "investigaciones de mercado" para encontrar las mejores oportunidades y la mejor manera de "comercializarse" para convencer a sus futuros patrones. Muchos estudiantes empezarán su carrera ocupando puestos de mercadotecnia en equipos de venta, en tiendas detallistas, en el campo de la publicidad, la investigación o alguno más de los muchos campos de la mercadotecnia.

Enfoque y objetivos

El libro *Mercadotecnia* adopta una posición *administrativa y práctica* ante la mercadotecnia. Ofrece toda una serie de ejemplos prácticos y aplicaciones que muestran las importantes decisiones que los gerentes de mercadotecnia tienen que afrontar cuando trabajan para equilibrar los objetivos y los recursos con las necesidades y las oportunidades del mercado en general. Cada capítulo empieza con un ejemplo que describe la situación de una empresa real. Los recuadros que contienen puntos importantes de la mercadotecnia, los ejemplos breves, los casos, los casos empresariales y las ilustraciones subrayan conceptos interesantes, anécdotas y estrategias de la mercadotecnia.

En *Mercadotecnia* se relatan casos que descubren los secretos de la mercadotecnia moderna: El reposicionamiento abrupio de Kellogg para satisfacer el cambio del estilo de vida de la generación que nació al promediar este siglo; el éxito apabullante de Levi Strauss Co., que encontró nuevas formas para crecer, tanto en Estados Unidos como en el extranjero; el triunfo de Church & Dwight que ganó la partida con los productos de bicarbonato Arm & Hammer; la invasión de Japón a manos de Apple Computer; la cruzada de Motorola en el campo de las "six-sigma" manejadas por los clientes; la lucha de American Airlines por sanear las tarifas aéreas; la legendaria pasión de 3M por desarrollar productos nuevos; el concepto de Revlon de no sólo vender productos, sino también esperanzas y sueños; la obsesión de Rubbermaid de dar a los clientes valor y satisfacción; el esfuerzo de Disney que ofrece a los consumidores un país (Estados Unidos) que siguen funcionando como se supone que debería hacerlo; las graves decisiones de Gerber por su responsabilidad social después que le dieron un susto de primera. Estos ejemplos y muchos más refuerzan, en cada capítulo, los conceptos centrales y le dan vida a la mercadotecnia.

Así pues, *Mercadotecnia* ofrece al estudiante una introducción general e innovadora, administrativa y práctica, de la mercadotecnia. Su estilo, sumado a la cantidad de ejemplos e ilustraciones, hacen que el libro resulte directo, fácil de leer y agradable.

Cambios de la sexta edición

La sexta edición de *Mercadotecnia* cuenta con una mejor organización, contenido y estilo. Los que fueron capítulo 2 y 20 ahora se combinaron para constituir un capítulo 2 más fluido, la Planificación de estrategias y el proceso de comercialización, que ofrece el marco inicial para el pensamiento mercadotécnico y prepara el escenario para el resto del texto. El nuevo capítulo 19, Cómo lograr la satisfacción de los clientes por medio de la calidad, el valor y el servicio, ayuda a los estudiantes a integrar lo que han aprendido sobre tácticas y estrategias mercadotécnicas con los conceptos centrales del valor y la satisfacción de los clientes.

El texto cubre ahora muchos más temas de la mercadotecnia internacional. Además de un amplio capítulo sobre la comercialización internacional, la sexta edición cubre más aspectos internacionales, que se integran al texto capítulo por capítulo. Secciones nuevas en los capítulos resumen los retos y las oportunidades especiales que enfrentan los comercializadores internacionales cuando realizan investigaciones en el campo de la mercadotecnia internacional, tratan de entender el comportamiento del comprador global, segmentan los mercados internacionales y toman decisiones en cuanto a productos, precios, distribución y promoción globales. Los nuevos ejemplos y los Puntos Importantes de la Mercadotecnia ofrecen ejemplos reales de empresas muy conocidas, como Levi Strauss Co., McDonald's, Apple Computer, Federal Express, Procter & Gamble, Pepsi Co., y muchas docenas más, que compiten en el mercado global.

La sexta edición de *Mercadotecnia* también contiene material nuevo que habla de la ética de la mercadotecnia y la responsabilidad social. Secciones nuevas de los capítulos describen principios generales y exploran ejemplos específicos de la ética y de políticas públicas con relación a las investigaciones en mercadotecnia, el enfoque de la mercadotecnia, los empaques y el medio ambiente, los precios, la distribución, la comercialización directa, la publicidad, las ventas personales y muchos campos más. Todas estas explicaciones de los capítulos independientes se reúnen enfáticamente en el último capítulo, La mercadotecnia y la sociedad: la responsabilidad social y la ética de la mercadotecnia.

La sexta edición incluye material nuevo o mejorado sobre toda una gama de temas adicionales: la ventaja competitiva y cómo diferenciar las ofertas mercadotécnicas, la mercadotecnia dirigida por los clientes y el desarrollo de una cultura mercadotécnica, el valor y la satisfacción de los clientes, la administración de la calidad total en cuanto a productos y procesos de la mercadotecnia, la mercadotecnia de las relaciones, los cambios en los valores y estilos de vida de los consumidores, los cambios en la administración de marcas y categorías, el diseño de productos, la comercialización directa y los sistemas de datos de una sola fuente, las estrategias para ventas al detalle, las estrategias para los servicios de mercadotecnia, las estrategias para la mercadotecnia global, la ética de la mercadotecnia y la responsabilidad social y el ambientalismo.

Por último, la sexta edición de *Mercadotecnia* contiene docenas de fotos y anuncios nuevos que ilustran los puntos clave, y hacen que el texto resulte más atractivo y eficaz. Muchos de los ejemplos que ahora abren los capítulos y los de Puntos Importantes de la Mercadotecnia ilustran conceptos relevantes de aplicaciones empresariales reales. Todas las tablas, cifras, ejemplos y referencias del texto han sido actualizados. Se han sumado muchísimos ejemplos nuevos en el texto. La mayor parte de los casos de empresas reales y de los casos de esta sexta edición son nuevos, o bien, se revisaron. Estos estimulantes casos nuevos contribuyen a llevar el mundo real al aula.

Material auxiliar

Este libro contiene muchos materiales que ayudarán al estudiante a aprender mercadotecnia. Los principales son:

- **Avance de los capítulos.** Cada capítulo empieza con un avance que explica el flujo de los conceptos del mismo.

- **Ejemplos al principio de los capítulos.** Cada capítulo se inicia con un impactante relato de un caso mercadotécnico, en el cual se presenta el material del capítulo y se despierta el interés del estudiante.

- **Figuras, fotografías, anuncios e ilustraciones.** A lo largo de cada capítulo se presenta material gráfico que ilustra los conceptos centrales y sus aplicaciones.

- **Puntos Importantes de la Mercadotecnia.** Los recuadros de los Puntos Importantes de la Mercadotecnia que contiene el texto sirven para presentar más ejemplos y para subrayar información sobresaliente.

- **Resúmenes.** Cada uno de los capítulos termina con un resumen que presenta los puntos y los conceptos principales del mismo.

- **Preguntas para repaso.** Cada capítulo contiene una serie de preguntas para "analizar los temas", las cuales cubren los puntos principales, así como ejercicios para "aplicar los conceptos" que sirven tanto para desarrollar los procesos individuales y de grupo como la capacidad de liderazgo.

- **Términos clave.** En el texto, los términos clave aparecen subrayados y también se presentan en forma de lista al final del capítulo, con el número de página correspondiente.

- **Desarrollo de un caso.** El caso de Comunicaciones Mundo Pequeño, S. A., se desarrolla a lo largo de episodios nuevos al final de cada capítulo. Este caso permitirá que los estudiantes integren y apliquen los conceptos del capítulo dentro de un contexto empresarial más amplio.

- **Casos empresariales.** Los casos de empresa, que sirven para análisis en grupo o trabajos por escrito, se presentan al final de cada capítulo; asimismo, después de cada una de las partes importantes del texto, se incluyen casos generales que sirven para integrar la información. Estos casos llevan a los estudiantes a aplicar los principios de la mercadotecnia a empresas y situaciones reales.

- **Casos.** Al final de cada capítulo se presentan casos que sirven para dar vida, en el aula, a los conceptos y los temas de la mercadotecnia.

- **Apéndices.** Dos apéndices, "Aritmética mercadotécnica" y "Carreras mercadotécnicas" ofrecen a los estudiantes información práctica adicional.

- **Glosario.** Al final del libro se incluye un amplio glosario el cual contiene referencias rápidas para conocer los términos más importantes del libro.

- **Índices.** Los índices de temas, empresas y autores reseñan toda la información y los ejemplos del libro.

Reconocimientos

Ningún libro es obra exclusiva de sus autores. Estamos en deuda con los pioneros de la Mercadotecnia que fueron los primeros en identificar los temas fundamentales y en desarrollar conceptos y técnicas. Asimismo, manifestamos nuestro agradecimiento a todos los compañeros de la Escuela Superior de Administración J. L. Kellogg de la Universidad de Northwestern y a la escuela de Administración Kenan-Flagler de la Universidad de Carolina del Norte en Chapel Hill por sus ideas y sugerencias. Un agradecimiento especial para Rick Starr, de la UCN en Chapel Hill, quien preparó el caso de Comunicaciones Mundo Pequeño S. A. A su vez, damos gracias a Lew Brown y Martha McEnally, ambos de la Universidad de Carolina del Norte, en Greensboro, por su valioso trabajo sobre los casos de las empresas y casos de estudio respectivamente. Además, expresamos nuestro agradecimiento a Alan Shao que nos ayudó a preparar los ejemplos internacionales y a Leslye Givarz y Betsey Christian por su ayuda editorial.

Muchos profesores de otras escuelas aportaron valiosos comentarios y sugerencias. Hacemos patente nuestra gratitud a los compañeros que se mencionan a continuación:

Kerri Acheson
Universidad Estatal Moorehead

Gerald Albaum
Universidad de Oregon

Sammy Amin
Universidad Estatal Frostburg

David Anderson
Wheaton College

Allen Appell
Universidad Estatal de San Francisco

David L. Appel
Universidad de Notre Dame

Boris W. Becker
Universidad Estatal de Oregon

Robert L. Berl
Universidad Estatal de Memphis

Paul N. Bloom
Universidad de Carolina del Norte

Robert Boris
Instituto de Negocios Bryant and Stratton

Arnold Bornfriend
Colegio Estatal Worcester

Jane-Bradlee-Durfee
Universidad Estatal Mankato

Austin Byron
Universidad del Norte de Arizona

Helen Caldwell
Providence College

Shelby Carter
Universidad de Texas, en Austin

Paul Cohen
CUNY of Staten Island, Sunnyside

Keith Cox
Universidad de Houston

Robert Dalton
Russell Sage College

Ronald Decker
Universidad de Wisconsin, en Eau Claire

Rohit Deshpande
Dartmouth College

Michael Dotson
Universidad Estatal Appalachian

Lawrence Downs
Nichols College

Dale Duhan
Texas Tech

Thomas Falcone
Universidad de Penna, Indiana

Michael Fowler
Brookdale Community College

David Georgoff
Universidad Florida Atlantic

Robert Gwinner
Universidad Estatal de Arizona

Thomas J. Hickey
SUNNY, Oswego

Ralph Jackson
Universidad de Tulsa

Raymond F. Keyes
Boston College

Irene Lange
Universidad Estatal de California, en Fullerton

Frederick Langrehr
Universidad de Nebraska en Omaha

Ford Laumer
Universidad de Auburn

Ken Lord
SUNY, Buffalo

Charlotte Mason
Universidad de Carolina del Norte en Chapel Hill

H. Lee Meadow
Universidad del Norte de Illinois

Douglas W. Mellot, Jr.
Universidad Radford

Ronald Michaels
Universidad de Kansas

Chip Miller
Universidad Pacific Lutheran

Chem Narayana
Universidad de Illinois en Chicago

Christopher P. Puto
Universidad de Michigan

David R. Rink
Universidad del Norte de Illinois

Dean Siewers
Instituto Tecnológico de Rochester

Clint B. Tankersley
Universidad de Syracuse

Robert E. Thompson
Universidad Estatal de Indiana

Asimismo, manifestamos nuestro agradecimiento al personal de Prentice-Hall que contribuyó a elaborar este libro. Sandra Steiner, editora de mercadotecnia, nos ofreció aliento y sabios consejos. Anne Graydon, editora de producción, hizo una estupenda labor y completó con éxito la producción del libro. Además, damos las gracias a Cathi Profitko, Carol Carter, Fran Russello, Lori Cowen, Robert Farrar-Wagner y AnnMarie Dunn.

Por último, queremos dar las gracias a nuestras familias, Kathy, K. C. y Mandy Armstrong, y Nancy, Amy, Melissa y Jessica Kotler, por su permanente comprensión y apoyo. A ellas les dedicamos este libro.

Philip Kotler
Gary Armstrong

$\mathcal{L}$a mercadotecnia en un mundo cambiante: satisfactor de necesidades humanas

1

*L*a mercadotecnia influye en todos nosotros, cada día de nuestra existencia. Por las mañanas, nos despierta la alarma de un radio-reloj Sears con un comercial de American Airlines que anuncia unas vacaciones en Bahamas. Después, nos cepillamos los dientes con Crest, nos afeitamos con una rasuradora Gillette Sensor, hacemos gárgaras con Scope y usamos otros afeites y aparatos producidos por fabricantes de todo el mundo. Nos ponemos unos pantalones Levi y unos zapatos deportivos Nike; nos dirigimos a la cocina, donde bebemos jugo de naranja Minute Maid y servimos leche Borden en un tazón con hojuelas de Kellogg's. A continuación bebemos una taza de café Maxwell House con una cucharadita de azúcar Domino, mientras saboreamos una rebanada de pastel de café de Sara Lee.

Consumimos naranjas cultivadas en California y café importado de Brasil, leemos un periódico hecho con pulpa de madera canadiense y sinto-nizamos el radio en noticias procedentes de lugares tan alejados como Australia. Al revisar nuestra correspondencia, encontramos un catálogo del Museo Metropolitano de Arte, una carta de un agente de los seguros Prudential y cupones que ofrecen descuentos para un conjunto de prendas de nuestras marcas preferidas. Al salir de casa, vamos en auto hasta el Centro Comercial de Northbrook Court donde encontramos tiendas como Neiman Marcus, Lord & Taylor, Sears y cientos más, llenas de artículos de suelo a techo. Luego, hacemos ejercicio en el Centro Deportivo Nautilus, nos cortamos el pelo en Super Cuts, comemos una hamburguesa Big Mac en McDonald's y proyectamos un viaje a Disney World en una agencia de viajes de Thomas Cook.

El *sistema mercadotécnico* nos ha permitido hacer todo lo anterior con poco esfuerzo. Nos ha proporcionado un nivel de vida que nuestros antepasados no habrían soñado jamás.

AVANCE DEL CAPÍTULO

El capítulo 1 presenta los conceptos fundamentales de la mercadotecnia.
El capítulo está dividido en cuatro secciones principales:

Primero se *define la mercadotecnia* en su calidad de proceso social y administrativo destinado a satisfacer necesidades humanas.

A continuación, se explican *cinco filosofías de la administración mercadotécnica* —los conceptos de producción, producto, ventas, mercadotecnia y mercadotecnia social— que influyen en la forma en que las compañías abordan a sus clientes.

Más adelante, se comparan las posibles *metas del sistema mercadotécnico:* maximizar el consumo, satisfacer a los consumidores y su selección o calidad de vida.

Por último, exponemos algunos de los *desafíos* a los que se están enfrentando los especialistas en mercadotecnia en este último decenio del siglo XX: la globalización, una economía mundial cambiante, la necesidad de una ética más sólida y una mayor responsabilidad social y la urgencia de entender un mercado cambiante a efecto de ofrecer a los clientes una satisfacción y un valor verdaderos.

El sistema mercadotécnico que permite nuestro elevado nivel de vida está compuesto por muchas empresas, grandes y pequeñas, todas ellas en busca del éxito. Son muchos los factores que contribuyen al triunfo de un negocio: estrategias acertadas, empleados dedicados, sistemas de información sólidos, buena aplicación. No obstante, las compañías triunfadoras de hoy, en todos los ámbitos, tienen una cosa en común: todas ellas se concentran de manera primordial en el cliente y están profundamente inmersas en la mercadotecnia. Estas empresas comparten una absoluta dedicación a pulsar, servir y satisfacer las necesidades de los clientes mediante un adecuado conocimiento de los mercados. Motivan a los miembros de la organización para que produzcan alta calidad y gran valor para sus clientes.

Hay muchos que piensan que sólo las grandes empresas que operan en economías muy desarrolladas usan la mercadotecnia. Sin embargo, ésta, de hecho, se presenta dentro y fuera del sector empresarial, en organizaciones grandes y pequeñas, en todo tipo de países. Tratándose del sector empresarial, la mercadotecnia se difundió primero, con rapidez, en las empresas de bienes de consumo empacados, en las empresas de bienes de consumo duradero y en las empresas de equipo industrial. Sin embargo, en decenios recientes, las empresas que brindan servicios a los consumidores, sobre todo las líneas aéreas, aseguradoras y empresas de servicios financieros, también han adoptado prácticas mercadotécnicas modernas. Los últimos grupos que han manifestado interés por la mercadotecnia son los compuestos por profesionales como abogados, contadores, médicos y arquitectos, quienes ahora han empezado a anunciarse y a valorar sus servicios de manera más agresiva.

Además, la mercadotecnia se ha convertido en un elemento central de las estrategias de infinidad de organizaciones no *lucrativas,* como universidades, hospitales, museos, sinfónicas, e incluso, departamentos de policía. Considere las siguientes situaciones:

Conforme los costos de los hospitales y las tarifas de los cuartos se disparan, muchos hospitales enfrentan el subaprovechamiento, sobre todo en las secciones de maternidad y pediatría. Muchos de ellos han tomado medidas en relación con la mercadotecnia. Un hospital de Filadelfia, que competía para atraer pacientes de maternidad, ofrecía a los nuevos padres una cena con filete, champaña y velas. El Centro Médico St. Mary's en Evanston, Indiana, usa innovadores tableros para promover sus servicios de urgencia. Otros hospitales, en su afán por atraer a médicos, han instalado servicios como saunas, choferes y canchas de tenis.[1]

Muchas universidades privadas, ante el descenso de inscripciones y el aumento de costos, están recurriendo a la mercadotecnia para competir y así captar mayor canti-

Incluso el conservador Servicio Postal de EUA ahora recurre a la mercadotecnia innovadora. Por ejemplo, patrocinó la Semana del Espíritu Olímpico, en la cual invitaba a los clientes a firmar en un pedazo de la tarjeta postal más grande del mundo, una tarjeta gigantesca de 348 x 523 pies que decía: "América Saluda al Equipo de Estados Unidos", armada en la parte trasera de la Casa Blanca en Washington, D. C.

dad de estudiantes y de fondos. Están enfocando su mira hacia ciertos mercados, mejorando su comunicación y promoción, así como respondiendo mejor a las necesidades y los anhelos de los estudiantes. Muchas de las 300,000 iglesias de EUA, que tienen dificultades para retener a sus feligreses y para obtener apoyo financiero, están realizando investigaciones mercadotécnicas a efecto de entender las necesidades de sus feligreses con mayor claridad y, en consecuencia, rediseñar los "servicios que ofrecen". Muchos grupos de artistas, incluso grupos como la Compañía de Opera Lírica de Chicago, que venden todas sus localidades en ciertas temporadas, enfrentan inmensos déficit de operaciones, mismos que cubren mediante una comercialización más agresiva dirigida a los patrocinadores. Por último, muchas organizaciones antiguas no lucrativas como la YMCA, el Ejército de Salvación y las Girl Scouts han perdido membresía y ahora modernizan sus misiones y "productos" con el propósito de atraer más militantes y donadores.[2]

Incluso las oficinas de gobierno han manifestado mayor interés por la mercadotecnia. Por ejemplo, el Ejército de Estados Unidos tiene un plan mercadotécnico para atraer reclutas y son muchas las oficinas de gobierno que están diseñando *campañas de mercadotecnia social* para alentar la conservación de energía y el interés por el medio ambiente, o para desalentar el consumo de tabaco, bebidas alcohólicas y drogas.[3] El Servicio Postal de Estados Unidos, que fuera tan conservador, ha desarrollado innovadores planes mercadotécnicos. Por ejemplo, en una campaña nacional, el servicio postal se dedicó a conseguir apoyo para el equipo olímpico de Estados Unidos:

> El servicio postal, patrocinador oficial de las olimpiadas, realizó una promoción diseñada para inundar a los deportistas olímpicos de tarjetas postales y así reunir dinero para el equipo. Este servicio, patrocinó la Semana del Espíritu Olímpico en 28,000 oficinas de correos, en todo el país, invitando a los clientes a estampar su firma en un pedacito de la "tarjeta postal más grande del mundo", una tarjeta gigantesca de 348 x 523 pies que decía: "América Saluda al Equipo de EUA". Los clientes que donaban un dólar recibían dos copias, de tamaño normal, de la tarjeta. Se les sugería que enviaran una de las copias a un deportista olímpico y que guardaran la otra como recuerdo. El servicio postal proyectaba gastar alrededor de 100 millones de dólares como patrocinador olímpico, pero esperaba una utilidad neta del orden de 50 millones por el aumento de ventas por los productos postales.[4]

Por último, la mercadotecnia no sólo se aplica en Estados Unidos, sino también en el resto del mundo. La mayor parte de los países de Norte y Sudamérica, de Europa Occidental y del Lejano Oriente tiene sistemas mercadotécnicos bien desarrollados. Incluso en Europa Oriental y las que fueran Repúblicas Soviéticas, donde la mercadotecnia ha tenido mala fama desde hace mucho, el estancamiento económico que padecieron estos países los ha llevado a dirigirse hacia economías de mercado. Los drásticos cambios políticos y sociales han creado nuevas oportunidades en los mercados y han llevado a los empresarios y los líderes gubernamentales de la mayor parte de estos países a estar sumamente interesados en aprender lo más posible sobre el ejercicio moderno de la mercadotecnia.

La buena mercadotecnia es fundamental para el éxito de cualquier organización, sea grande o pequeña, lucrativa o no lucrativa, nacional o global. En este capítulo, se define la mercadotecnia y sus conceptos medulares, se describen las filosofías más importante del pensamiento mercadotécnico y su ejercicio, se explican las metas del sistema mercadotécnico y se exponen algunos de los desafíos importantes que enfrentan los especialistas en mercadotecnia en la actualidad.

¿QUE ES LA MERCADOTECNIA?

¿Qué significa la palabra *mercadotecnia*? Mercadotecnia no se debe entender en el sentido antiguo de "vender" o realizar una venta, sino en el sentido moderno de *satisfacer las necesidades de los clientes.* Muchas personas piensan, equivocadamente, que la mercadotecnia sólo consiste en realizar ventas y promociones. No es raro, todos los días estamos sujetos al bombardeo de comerciales de televisión, anuncios en los periódicos, correo directo y visitas de vendedores. Siempre hay alguien tratando de vendernos algo. Al parecer, nadie se libra de la muerte, de los impuestos ni de las ventas.

Así pues, muchos estudiantes se asombran cuando descubren que las ventas sólo representan la punta del iceberg de la mercadotecnia; que no son sino una de entre varias funciones de la mercadotecnia y que, con frecuencia, no es la más importante. Si el especialista en mercadotecnia logra identificar debidamente las necesidades de los consumidores, desarrolla buenos productos y les fija un precio adecuado, los distribuye y promueve bien, dichos productos se venderán con facilidad.

Todos sabemos algo de los productos "que pegan". Cuando Sony diseñó los primeros tocacintas y tocadiscos para Walkman, cuando Nintendo ofreció la primera consola mejorada para videojuegos y cuando Ford introdujo su modelo Taurus, los pedidos inundaron a los fabricantes. Habían diseñado los productos "acertados"; no productos "yo-también", sino unos que ofrecían ventajas nuevas. Peter Drucker, un destacado intelectual de la administración, ha dicho que: "El propósito de la mercadotecnia es lograr que las ventas resulten superfluas. El objetivo es conocer y entender al cliente tan bien que el producto o el servicio encaje... y se venda solo".[5]

Esto no significa que las ventas y las promociones carezcan de importancia. Por el contrario, significa que forman parte de una "mezcla mercadotécnica" mayor: una serie de instrumentos de mercadotecnia que trabajan en conjunción para influir en el mercado. Nosotros definimos a la **mercadotecnia** como un proceso social y administrativo mediante el cual las personas y los grupos obtienen aquello que necesitan y quieren, creando productos y valores e intercambiándolos con terceros.[6] A efecto de explicar esta definición, analizamos los siguientes términos importantes: *necesidades, anhelos y demandas; productos; valor y satisfacción; intercambio, transacciones y relaciones; y mercados.* La figura 1-1 muestra que estos conceptos centrales de la mercadotecnia están vinculados; cada uno de los conceptos depende del que le precede.

Necesidades, carencias y demandas

El concepto básico y fundamental de la mercadotecnia es el de las **necesidades humanas.** Una necesidad humana es aquella condición en que se percibe una carencia. Las necesidades de los humanos son muchas y muy complejas. Estas incluyen las necesidades *físicas* básicas como alimento, vestido, protección y seguridad; las necesidades *sociales* como la pertenencia y el afecto; y las necesidades *individuales* como el conocimiento y la expresión del yo. Estas necesidades no se inventaron en Madison Avenue; forman parte primordial del género humano.

FIGURA 1-1
Conceptos centrales de la
mercadotecnia

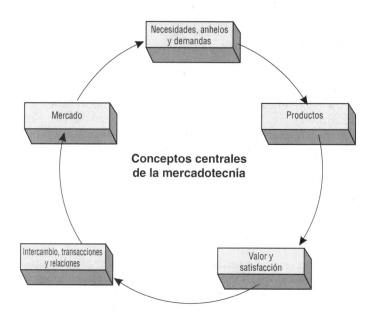

Ante una necesidad insatisfecha, el individuo optará por uno de dos caminos: buscará el objeto que la satisface o tratará de disminuir la necesidad. Los miembros de sociedades industriales podrían optar por encontrar o inventar objetos que satisfagan sus necesidades. Los miembros de sociedades menos desarrolladas podrían optar por recortar sus deseos y satisfacerlos con lo que tengan a su alcance.

Cuando la cultura y la personalidad individual dan forma a las necesidades humanas, éstas se convierten en deseos. En Bali, alguien que sienta hambre pensará en mangos, un lechón y frijoles. En Estados Unidos, alguien con hambre pensará en una hamburguesa, unas papas fritas y una coca-cola. Los deseos se describen en términos de los objetos que satisfacen las necesidades. Conforme una sociedad evoluciona, los deseos de sus miembros aumentan. Cuando las personas se ven expuestas a una mayor cantidad de objetos que despiertan su interés y su deseo, los productores tratan de ofrecer una mayor cantidad de productos y servicios que satisfagan sus deseos.

Los deseos de las personas casi no tienen límite, pero sus recursos sí lo tienen. Por consiguiente, la gente escoge los productos que le ofrecen la mayor cantidad de satisfacción posible a cambio de lo que pagan. Cuando el poder adquisitivo respalda los deseos, éstos pasan a ser **demandas.**

No es difícil hacer una lista de las demandas que pudiera tener una sociedad en un momento dado cualquiera. En un año cualquiera, los estadounidenses podrían comprar 67 mil millones de huevos, 6 mil millones de pollos, 29 millones de teléfonos, 341 mil millones de millas de vuelos nacionales y más de 20 millones de clases de inglés pronunciadas por profesores universitarios. Estos bienes

La misión mercadotécnica de la empresa Kaiser Sand & Gravel es "encontrar una necesidad y llenarla".

y servicios de consumo, así como otros más, a su vez, llevarán a una demanda de más de 150 millones de toneladas de acero, 38 millones de toneladas de papel, 4 mil millones de toneladas de algodón y muchos otros bienes industriales. Estas no son sino unas cuantas de las demandas de una economía de 5.3 billones de dólares.

Los consumidores piensan que los productos son como paquetes de beneficios y eligen aquellos que les proporcionan el mejor paquete por la cantidad que pagan. Así pues, un Ford Fiesta significa transporte básico, precio asequible y poco consumo de combustible. Un Mercedes significa comodidad, lujo y posición social. Las personas, dados sus anhelos y recursos, eligen el producto que les promete los beneficios que redundarán en una mayor satisfacción.

Productos

Las personas satisfacen sus necesidades y anhelos por medio de los productos. Un **producto** es todo aquello que se ofrece en un mercado con objeto de satisfacer una necesidad o un anhelo. Por regla general, la palabra *producto* sugiere un objeto material, por ejemplo un auto, un televisor o una pastilla de jabón. Sin embargo, el concepto *producto* no se limita a objetos materiales; todo aquello que pueda satisfacer una necesidad se puede considerar producto. La importancia que tienen los bienes materiales no radica tanto en la posesión, como en las ventajas que ofrecen. No compramos alimentos para mirarlos, sino porque éstos satisfacen el hambre. No compramos un horno de microondas para admirarlo, sino porque sirve para preparar alimentos.

Con frecuencia, los especialistas en mercadotecnia usan las palabras *bienes y servicios* para señalar una diferencia entre los productos tangibles y los intangibles. Es más, los consumidores también obtienen provecho por otros medios, por ejemplo, *personas, lugares, organizaciones, actividades e ideas.* Los consumidores deciden cuáles son los animadores que verán en su televisor, qué lugares visitarán en sus vacaciones, a cuáles organizaciones brindarán apoyo con sus contribuciones y qué ideas adoptarán. Así pues, el término *producto* abarca bienes materiales, servicios y toda una serie de vehículos que pueden satisfacer las necesidades y los anhelos de los consumidores. En ocasiones, cuando nos parece que el término *producto* no encaja bien, cabe usar otros términos como *satisfactor, recurso u oferta.*

Muchos vendedores cometen el error de prestar más atención a los productos materiales que ofrecen que a las ventajas que se derivan de estos productos. Piensan que están vendiendo un producto y no que están ofreciendo la solución para una necesidad. Un fabricante de brocas podría pensar que el cliente necesita una broca, aunque *en realidad* lo que necesita es hacer un agujero. Este tipo de vendedores pueden padecer "miopía mercadotécnica".[7] Están tan metidos en sus productos que se limitan a ver los anhelos existentes y pierden de vista las necesi-

Los productos no son siempre objetos materiales. En este anuncio clásico de la campaña del Consejo de Publicidad, que ha estado en circulación durante casi 50 años, el "producto" es una idea: contribuir a evitar los incendios forestales.

dades básicas de los clientes. Olvidan que un producto material sólo es un instrumento para resolver un problema del consumidor. Estos vendedores tienen dificultades cuando surge un producto nuevo que satisface esa necesidad de mejor manera y a menor costo. El cliente, que tiene la misma *necesidad, querrá* el producto nuevo.

Valor y satisfacción

Por regla general, los consumidores tienen ante sí toda una gama de productos para satisfacer una necesidad dada cualquiera. ¿Cómo escoger de entre tantos productos? Los consumidores deciden comprar basándose en la percepción que tienen del valor de un producto.

Suponga que Paul Rosen debe recorrer todos los días tres millas para llegar a su trabajo. Existe una gama muy amplia de productos que podrían satisfacer su necesidad, desde unos patines, una bicicleta o una motocicleta, hasta un auto, un taxi o un autobús. Paul, además de llegar a su trabajo, tiene otras necesidades más: quiere llegar con facilidad, rapidez, seguridad y economía. Cada uno de los productos le ofrece diferentes posibilidades para satisfacer estas necesidades. La bicicleta sería más lenta que un auto, requeriría más esfuerzo, ofrecería menos seguridad, pero sería más económica. Paul debe decidir cuál de los producto le producirá mayor satisfacción total.

El concepto rector es el **valor que tiene para el cliente.** Paul estudiará la capacidad de cada uno de los productos para satisfacer todas sus necesidades. Quizá clasifique los productos partiendo del que satisface más necesidades hasta llegar al que satisface menos. Si le pidiéramos a Paul que pensara en el producto *ideal* para el caso, tal vez respondería que sería un producto que le transportara al trabajo en décimas de segundo, con plena seguridad y ningún esfuerzo ni costo. Claro está que no existe un producto así. Sin embargo, Paul adjudicará un valor a cada uno de los productos existentes, según cuanto se acerque a su producto ideal. Suponga que a Paul le importa mucho la velocidad y la facilidad para llegar al trabajo. Suponga también que todos los productos fueran gratis, entonces, cabe suponer que elegiría el automóvil. Sin embargo, ahí está el intríngulis. Como cada producto entraña un costo, y como un auto cuesta mucho más que cualquiera de los otros productos, Paul no adquirirá necesariamente el auto. Acabará por elegir el producto que le ofrezca más beneficios por dólar, el que tenga mayor valor para él.

Hoy día, quienes estudian el comportamiento de los consumidores han dejado atrás las hipótesis estrechas de la economía, por cuanto se refiere a la forma en que los consumidores hacen juicios de valor y eligen productos. En los capítulos 5 y 6 se verán las teorías modernas sobre el comportamiento de los consumidores cuando eligen.

Intercambio, transacciones y relaciones

La mercadotecnia ocurre cuando las personas deciden satisfacer sus necesidades y sus anhelos por medio del intercambio. El **intercambio** es el acto mediante el cual se obtiene un objeto deseado, perteneciente a otra persona, ofreciéndole algo a cambio. El intercambio no es sino una de las muchas formas en que las personas pueden obtener un objeto deseado. Por ejemplo, alguien hambriento puede conseguir comida cazando, pescando o recolectando fruta. Puede mendigar o puede quitarle la comida a otra persona. Por último puede ofrecer dinero, otro bien o un servicio a cambio de la comida.

El intercambio, como medio para satisfacer necesidades, tiene muchos puntos a su favor. Uno no tiene que atacar a otros ni depender de donativos. Tampoco se requiere tener capacidad para producir todo lo que uno necesita. Las personas se pueden dedicar a hacer aquellos productos que hacen bien y cambiarlos productos por otros que necesitan, fabricados por terceros. Así pues, el intercambio permite que la sociedad produzca mucho más de lo que podría con otro sistema.

El intercambio es el concepto central de la mercadotecnia. Para que haya intercambio, varias condiciones deben ser satisfechas. Es evidente que debe haber, cuando menos, dos partes y que una de ellas debe contar con algo que tenga

VOLVAMOS AL TRUEQUE

Dados los elevados precios de la actualidad, muchas empresas están volviendo a la primitiva y antigua costumbre del trueque: a cambiar los bienes y servicios que fabrican o proporcionan por bienes y servicios que necesitan. En la actualidad, las empresas hacen trueques por más de 275 mil millones de dólares en bienes y servicios al año, en todo el mundo, y la costumbre está creciendo con gran rapidez.

Las empresas recurren al trueque para aumentar las ventas, deshacerse de sobrantes y ahorrarse dinero. Por ejemplo, cuando Climaco Corporation se quedó con un exceso de sales de baño, canjeó el exceso por 300,000 dólares en espacio publicitario para otro de sus productos. PepsiCo canjeó locales de pizza y Pepsicola con los rusos a cambio de barcos y vodka Stolichnaya y Pierre Cardin fue asesor en China a cambio de sedas y cachemiras. El Comité Olímpico de EUA, como tenía poco dinero, cambió el uso del logotipo olímpico para promociones por productos y servicios que necesitaban sus directivos y deportistas. Obtuvo transporte gratis en United Airlines, 500 automóviles Buick, ropa de Levi Strauss y zapatos deportivos Nike. El comité incluso canjeó el logotipo por una piscina construida por McDonald's.

Como resultado del aumento de este tipo de trueques, muchos tipos de empresas especializadas han surgido para ayudar a otras empresas a realizar sus trueques. Los intercambios de comercio minorista y los clubes de trueques acuerdan canjes para minoristas pequeños. Las empresas grandes recurren a asesores y oficinas de corredores. Los corredores de medios ofrecen publicidad a cambio de productos y los trueques internacionales suelen ser manejados por organizaciones dedicadas al intercambio mercantil.

El trueque ha adquirido gran importancia en los mercados globales de la actualidad y representa hasta el 40% del total del comercio mundial. La falta de liquidez que padece el mundo significa que será cada vez mayor el número de empresas que tengan que canjear su bienes y servicios en lugar de usar dinero contante y sonante. Los trueques internacionales pueden resultar muy complejos. Por ejemplo, un comerciante de SGD International, empresa con sede en Nueva York y especialista en trueques, concertó los siguientes intercambios:

[El comerciante] entregó una carga de hule látex a una empresa checa, a cambio de 10,000 yardas de alfombras terminadas. Después cambió la alfombra por créditos para habitaciones de hotel. Canjeó las habitaciones con una empresa japonesa, a cambio de equipo electrónico, el cual [el comerciante] cambió por espacio para convenciones. El último [intercambio] se dio cuando cambió el espacio para convenciones por espacio publicitario que usó su empresa.

Fuentes: Cita de Cyndee Miller, "Worldwide Money Crunch Fuels More International Barter", *Marketing News,* 2 de marzo de 1992, p. 5. Véase también Arthur Bragg, "Bartering Comes of Age", *Sales & Marketing Management,* enero de 1988, pp. 61-63; Gordon Platt, "Barter Tactic Makes Strides", *Journal of Commerce and Commercial,* 6 de mayo de 1990, p. 1A; Joe Mandese, "Marketers Swap Old Product for Ad Time, Space", *Advertising Age,* 14 de octubre de 1991, p. 3.

---

valor para la otra. Asimismo, una parte tiene que estar dispuesta a negociar con la otra, y las dos deben sentirse en libertad para aceptar o rechazar lo que le ofrezca la parte contraria. Por último, cada parte debe ser capaz de comunicar y estregar.

Estas condiciones sólo hacen posible el intercambio. Que el cambio tenga lugar en realidad depende de que las partes lleguen a un acuerdo. Si lo hacen, deben llegarse a la conclusión de que el intercambio benefició a ambas partes, o bien, cuando menos, no perjudicó a ninguna. Después de todo, cualquiera está en libertad de aceptar o rechazar la oferta. En este sentido, el intercambio crea valor, de la misma manera que la producción crea valor. Le ofrece a las personas más posibilidades para consumir.

El intercambio es el concepto central de la mercadotecnia y la transacción es la unidad de medición de la mercadotecnia. Una **transacción** es un canje de valores entre las dos partes. Cabe decir que en una transacción una parte entrega X a la otra y recibe Y a cambio. Por ejemplo, usted le paga a Sears 300 dólares a cambio de un televisor. Esta es una **transacción monetaria** clásica, pero no todas las transacciones entrañan dinero. En el caso de un **trueque,** usted podría cambiar su refrigerador viejo por el televisor usado de su vecino. El trueque puede ser a base de bienes o servicios; por ejemplo, cuando un abogado redacta el testamento de un médico, a cambio de un examen médico (véase Puntos Importantes de la Mercadotecnia 1-1). La transacción entraña, cuando menos, dos elementos de valor, las condiciones que se convengan, el momento en que se convengan y un lugar para convenirlas.

En un sentido muy amplio, la persona que lleva al mercado una oferta trata de producir una respuesta ante ella. La respuesta puede ser algo más que tan sólo "comprar" o "canjear" bienes y servicios. Por ejemplo, un candidato político quiere obtener la respuesta llamada "votos", una iglesia quiere "feligreses" y un grupo de acción social quiere la "aceptación de ideas". La mercadotecnia está compuesta por actos que llevan a obtener la respuesta deseada del público meta ante un producto, servicio, idea o cualquier otro objeto.

Las transacciones mercadotécnicas forman parte de un concepto más amplio, el de la **comercialización por medio de relaciones.** Los buenos comerciantes hacen un esfuerzo por crear relaciones duraderas con clientes, distribuidores, vendedores y proveedores valiosos. Establecen vínculos sociales y económicos sólidos, prometiendo y entregando siempre productos de gran calidad, buen servicio y precios justos. La mercadotecnia está cambiando a pasos agigantados, está pasando de tratar de maximizar las utilidades en cada transacción a maximizar las relaciones mutuamente beneficiosas entre los consumidores y otras partes. En este caso, la hipótesis sería: si se establecen buenas relaciones, vendrán transacciones rentables.

Los mercados

El concepto de transacción conduce al concepto de mercado. Un **mercado** consta de las personas que compran o que podrían comprar un producto. Para entender la naturaleza de un mercado, suponga que existe una economía primitiva, compuesta tan sólo por cuatro personas: un pescador, un cazador, un alfarero y un agricultor. La figura 1-2 muestra las tres maneras en que estos mercaderes podrían satisfacer sus necesidades. En el primer caso, el de la *autosuficiencia,* las personas reúnen los bienes que necesitan para sí mismas. Por tanto, el cazador dedica la mayor parte de su tiempo a la caza, aunque, para obtener los otros bienes, también debe darse tiempo para pescar, hacer ollas y cultivar. Por consiguiente, el cazador no es tan eficiente cazando; y cabe decir que ocurre lo mismo con los otros mercaderes.

En el segundo caso, el del *intercambio descentralizado,* cada una de estas personas piensa que las otras tres, que componen un mercado, son posibles "compradores". Así pues, el cazador viajará con el propósito de intercambiar su carne por los bienes del pescador, el alfarero y el agricultor.

En el tercer caso, el del *intercambio centralizado,* aparece otra persona más, llamada comerciante, la cual se coloca en un espacio, llamado el *mercado central.* Cada mercader entrega sus bienes al comerciante, canjeándolos por los bienes que necesita. Así pues, en lugar de negociar con los otros proveedores, el cazador hace sus transacciones en un "mercado central" para obtener todos los bienes que necesita. Los comerciantes y los mercados centrales reducen notablemente la cantidad de transacciones necesarias para obtener un volumen dado de intercambios.[8]

Conforme la cantidad de personas y de transacciones de una sociedad aumenta, la cantidad de comerciantes y de mercados también aumenta. En las sociedades avanzadas, los mercados no son siempre lugares físicos donde interactúan compradores y vendedores. Con las comunicaciones y los transportes modernos, un comerciante puede anunciar un producto en la televisión, en un horario

FIGURA 1-2
Evolución hacia un intercambio centralizado

Autosuficiencia

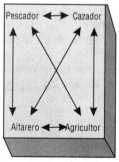

Intercambio Descentralizado

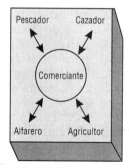

Intercambio centralizado

nocturno, levantar pedidos de miles de clientes por teléfono y, al día siguiente, enviar los bienes a los compradores, sin haber tenido ningún contacto físico con ellos.

El mercado puede crearse alrededor de un producto, un servicio o cualquier cosa que entrañe valor. Por ejemplo, el *mercado de trabajo* está compuesto por personas que están dispuestas a ofrecer su trabajo a cambio de salarios o productos. De hecho, en torno al mercado de trabajo brotan distintas organizaciones, como agencias de empleo y empresas de asesoría laboral, que contribuyen a su mejor funcionamiento. El *mercado monetario* es otro mercado importante que nace para satisfacer las necesidades de las personas que, de alguna manera desean ampliar créditos, contratar préstamos, ahorrar y proteger su dinero. El *mercado de donadores* nace a efecto de satisfacer las necesidades financieras de las organizaciones no lucrativas.

La mercadotecnia

Por último, el concepto de los mercados cierra el círculo y nos lleva al concepto de la mercadotecnia. Mercadotecnia significa trabajar con los mercados a efecto de propiciar intercambios cuyo propósito es satisfacer las necesidades y los anhelos de los humanos. Por tanto, volvemos a la definición de la mercadotecnia como un proceso mediante el cual unas personas o grupos obtienen lo que necesitan o anhelan creando e intercambiando productos y valores con otras personas.

Los procesos de intercambio entrañan trabajo. Los vendedores tienen que buscar compradores, identificar sus necesidades, diseñar buenos productos, promoverlos, almacenarlos, entregarlos y marcar sus precios. Algunas actividades, como el desarrollo de productos, las investigaciones, la comunicación, la distribución, los precios y los servicios, son la médula de las actividades mercadotécnicas.

Aunque solemos pensar que la mercadotecnia es una actividad que corresponde a los vendedores, los compradores también realizan actividades mercadotécnicas. Los consumidores hacen "mercadotecnia" cuando buscan los bienes que necesitan, a precios que pueden pagar. Los agentes de compras de las empresas hacen "mercadotecnia" cuando detectan vendedores y negocian para conseguir buenos términos. El *mercado de vendedores* es uno donde los vendedores tienen más poder y donde los compradores son los "comerciantes" que desarrollan mayor actividad. En el *mercado de compradores*, los compradores tienen más poder y los vendedores son los "comerciantes" que desarrollan mayor actividad.

A principios de los años cincuenta, la oferta de bienes empezó a crecer a más velocidad que la demanda. En la actualidad, la mayor parte de los mercados se han convertido en mercados de compradores y ahora se identifica a la mercadotecnia con los vendedores que buscan compradores. Por consiguiente, este libro estudia los problemas mercadotécnicos de los vendedores en el mercado de compradores.

LA ADMINISTRACION MERCADOTECNICA

Casi todos suponemos que la administración mercadotécnica consiste en encontrar clientes suficientes para la producción corriente de una empresa; sin embargo, esta visión resulta muy estrecha. La organización tiene un nivel deseado de demanda para sus productos. En un momento cualquiera, podría no haber demanda alguna, ni una demanda suficiente, o podría haber un exceso de demanda, o una demanda irregular, y la administración mercadotécnica tendrá que encontrar cómo enfrentar las diferentes condiciones de la demanda (véase Puntos Importantes de la Mercadotecnia 1-2). La administración mercadotécnica no sólo trata de encontrar la demanda y aumentarla, sino también de cambiarla o incluso disminuirla. Por consiguiente, la administración mercadotécnica pretende afectar el grado, los tiempos y la índole de la demanda, de tal manera que sirva para que la organización alcance sus objetivos. Dicho llanamente, la administración mercadotécnica es la *administración de la demanda*.

Nosotros definimos **administración mercadotécnica** como el análisis, la planificación, la aplicación y el control de programas diseñados para crear, am-

ADMINISTRACIÓN MERCADOTÉCNICA: CÓMO MANEJAR LA DEMANDA CON EFICACIA

Los gerentes de mercadotecnia de diferentes organizaciones podrían enfrentar cualesquiera de las siguientes situaciones de la demanda. La labor de la mercadotecnia es administrar la demanda con eficacia.

Demanda negativa. A una parte importante del mercado le desagrada el producto y puede llegar a pagar para evitarlo. Por ejemplo, las vacunas, los trabajos dentales y los cinturones de seguridad. Los especialistas en mercadotecnia tendrán que analizar por qué el producto le desagrada al mercado y si un nuevo diseño del producto, precios más bajos o una promoción más positiva podrían cambiar la actitud de los consumidores.

Ausencia de demanda. Los consumidores meta podrían no tener interés por el producto. Por ejemplo, a los agricultores podría no interesarles un nuevo método agrícola y a los estudiantes universitarios podría no interesarles estudiar lenguas extranjeras. El especialista en mercadotecnia tendrá que encontrar la manera de relacionar las ventajas del producto y las necesidades y los intereses del mercado.

Demanda latente. Los consumidores podrían tener una carencia que no satisface ningún producto o servicio existente. Existe una fuerte demanda latente para cigarrillos que no sean nocivos, barrios más seguros, empaques biodegradables y autos que consuman menos gasolina. La labor mercadotécnica consistirá en medir el tamaño del mercado potencial y en desarrollar bienes y servicios eficaces que satisfagan la demanda.

Disminución de la demanda. Antes o después, toda organización enfrenta la disminución de la demanda de alguno de sus productos. Las iglesias han visto cómo disminuye el número de sus feligreses y las universidades privadas han visto cómo disminuye la cantidad de solicitudes de ingreso. El especialista en mercadotecnia tendrá que encontrar las causas de la disminución del mercado y reestimular la demanda encontrando mercados nuevos, cambiando las características del producto o creando una comunicación más eficaz.

Demanda irregular. La demanda varía de acuerdo con las temporadas, los días o incluso las horas, ocasionando problemas de capacidad inactiva o saturada. En el caso del transporte masivo, gran parte del equipo está inactivo durante las horas en que el movimiento es lento y se pueden conseguir muy pocos transportes en las horas pico. Muy pocos visitantes acuden a los museos entre semana, pero demasiados acuden a ellos los fines de semana. Los especialistas en mercadotecnia tendrán que encontrar la manera de cambiar el patrón de los tiempos de la demanda recurriendo a precios flexibles, promociones y otros incentivos.

Demanda plena. La organización tiene exactamente la cantidad de demanda que quiere y puede manejar. El especialista en mercadotecnia se dedica a conservar el nivel presente de la demanda ante las preferencias cambiantes de los consumidores y el aumento de la competencia. La organización conserva la calidad y está siempre midiendo la satisfacción de los consumidores para asegurarse de que está cumpliendo con su trabajo.

Demanda saturada. La demanda es superior a la que la compañía desea o puede manejar. Por ejemplo, el puente Golden Gate tiene más tráfico del que recomienda la seguridad, y el Parque Nacional Yellowstone tiene demasiados visitantes en verano. Los servicios públicos, los autobuses, los restaurantes y otros negocios suelen enfrentar un exceso de demanda en las horas pico. La labor mercadotécnica, llamada desmercadotecnia, consistiría en encontrar la manera de disminuir la demanda temporal o definitivamente. La descomercialización entraña tareas como el aumento de precios y la disminución de promociones y servicios. La desmercadotecnia no pretende acabar con la demanda, sino reducirla de forma selectiva.

---

pliar y sostener intercambios benéficos con los compradores que están en la mira, con el propósito de alcanzar los objetivos de la organización. Los administradores de la mercadotecnia son gerentes de ventas y vendedores, ejecutivos de publicidad, personal de promoción de ventas, investigadores de mercadotecnia, gerentes de producto, especialistas en precios y muchos más. En el capítulo 2 y el apéndice 2 "Carreras de la mercadotecnia" se analizan estos empleos mercadotécnicos con mayor amplitud.

FILOSOFIAS DE LA ADMINISTRACION MERCADOTECNICA

Se ha dicho que la administración mercadotécnica consiste en trabajar con el propósito de lograr los intercambios deseados en los mercados meta. ¿En qué

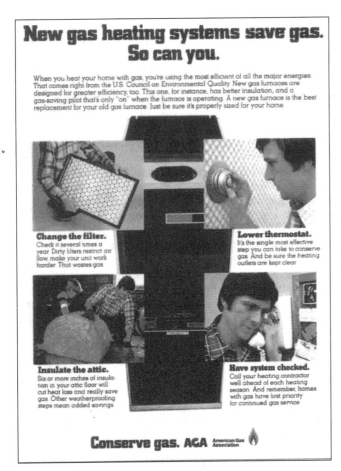

Cómo administrar la demanda: durante la escasez de gas de la década de 1970, la American Gas Association descomercializó el gas natural enseñándole a la gente cómo consumir menos. Ahora que vuelve a haber mucho gas, la AGA y los fabricantes de aparatos de gas están publicando anuncios para estimular las ventas.

filosofía se deben sustentar las actividades mercadotécnicas? ¿Qué peso se le debe dar a los intereses de la organización, de los clientes y de la sociedad? Con frecuencia, estos intereses son contrarios.

Existen cinco conceptos alternativos según los cuales las organizaciones desarrollan sus actividades mercadotécnicas: *la producción, el producto, las ventas, la mercadotecnia y la mercadotecnia social.*

El concepto de producción

El **concepto de producción** sostiene que los consumidores optarán por los productos disponibles que sean asequibles y, por consiguiente, sostiene que la administración se debe enfocar a mejorar la eficiencia de la producción y de la distribución. Este concepto representa una de las filosofías más antiguas de los vendedores.

El concepto de producción resulta una filosofía muy útil para dos tipos de situaciones. La primera sería cuando la demanda de un producto es superior a su oferta. En este caso, la administración debe encontrar la manera de aumentar la producción. El segundo caso se presenta cuando el costo del producto es demasiado alto y se requiere aumentar la productividad para bajarlo. Por ejemplo, la filosofía de Henry Ford era perfeccionar la producción del Modelo T de tal suerte que permitiera bajar su precio y hubiera más gente que pudiera comprarlo. Ford decía en broma que le podría ofrecer a la gente autos del color que quisiera, siempre y cuando fuera negro. En la actualidad, Texas Instruments (TI) tiene la filosofía de aumentar la producción para reducir costos, a efecto de bajar los precios. En Estados Unidos, dicha empresa, ha captado, con su filosofía, a un sector importante del mercado de las calculadoras de bolsillo. No obstante, TI fracasó cuando aplicó la misma estrategia al mercado de los relojes digitales. Aunque los precios de los relojes de TI eran bajos, lo clientes no los encontraron atractivos. Texas Instruments, en su afán por bajar los precios, perdió de vista algo que también querían los clientes, a saber: relojes digitales *atractivos* y asequibles.

El concepto de producto

Otro concepto medular para los vendedores, el **concepto de producto,** sostiene que los consumidores preferirán aquellos productos que ofrezcan gran calidad, rendimiento e innovación y, por consiguiente, que la organización debe realizar un esfuerzo constante para mejorar los productos. Algunos fabricantes piensan que si pudieran producir una ratonera mejor, el mundo se apresuraría para tocar a su puerta.[9] No obstante, con frecuencia reciben rudos golpes. Los compradores quizás estén buscando una buena solución para el problema que representan los ratones, pero no siempre buscan una ratonera mejorada. La solución podría ser un producto químico en forma de aerosol, un servicio de exterminio de plagas o algo que funcione mejor que una ratonera. Es más, la ratonera mejorada no se venderá a no ser que el fabricante incluya también un diseño, un empaque y un precio atractivos, que la coloque en los canales de distribución adecuados, que la ponga a la vista de quienes la necesitan y que los convenza de que se trata de un producto mejorado.

El concepto de producto también puede desembocar en la "miopía mercadotécnica". Por ejemplo, hubo una época cuando los administradores de ferrocarriles pensaron que los usuarios querían *trenes*, en lugar de *transporte*, y no tomaron en cuenta el reto que representaban las líneas aéreas, los autobuses, los camiones y los automóviles. Muchas universidades han presupuesto que los egresados de bachillerato quieren una educación humanística y, por tanto, han descuidado el creciente desafío de las escuelas técnicas.

El concepto de venta

Muchas organizaciones se guían por el **concepto de venta,** el cual sostiene que los consumidores no comprarán bastante cantidad de productos de una organización, salvo que ésta realice ventas y promociones a gran escala. El concepto se suele aplicar a *bienes no buscados,* bienes que los compradores no piensan comprar normalmente, por ejemplo enciclopedias y terrenos en panteones. Estas industrias se deben esmerar para encontrar prospectos y para venderles las ventajas que ofrece el producto.

El concepto de ventas también se aplica en el campo de las actividades no lucrativas. Por ejemplo, un partido político venderá con ahínco a su candidato, diciendo a los votantes que se trata de una persona fantástica para el puesto. El candidato trabajará de sol a sol para conseguir votos: repartiendo saludos, besando niños, entrevistándose con donadores de fondos y pronunciando discursos. Destinará mucho dinero a publicidad en televisión y diarios, carteles y correspondencia. Las fallas del candidato se le ocultarán al público porque el objetivo es conseguir la venta y no preocuparse por la posterior satisfacción de los clientes.

El concepto de la mercadotecnia

El **concepto de mercadotecnia** sostiene que para alcanzar las metas de la organización se deben definir las necesidades y los anhelos de los mercados meta, a los cuales se les deben proporcionar las satisfacciones requeridas con mayor eficacia y eficiencia que la competencia. Resulta extraño que este concepto sea una filosofía empresarial relativamente nueva. El concepto de mercadotecnia ha sido definido de maneras muy curiosas, por ejemplo: "Encuentre una necesidad y satisfágala" (Kaiser Sand & Gravel); "Volar, servir" (British Airways) y "No estaremos satisfechos hasta que usted no esté satisfecho" (GE). El lema de J. C. Penney también resume el concepto de mercadotecnia: "Hacer todo lo posible para dar al cliente valor, calidad y satisfacción por su dinero".

Es frecuente que el concepto de venta se confunda con el concepto de mercadotecnia. La figura 1-3 compara estos dos conceptos. El concepto de venta adopta una perspectiva *del interior al exterior*. Empieza en la fábrica, se centra en los productos existentes de la empresa y requiere gran cantidad de ventas y promociones para que las ventas sean rentables. Por otra parte, el concepto de mercadotecnia adopta una perspectiva *del exterior al interior*. Empieza con un mercado bien definido, se centra en las necesidades de los clientes, coordina todas las actividades mercadotécnicas que afectan a los clientes y logra la rentabilidad por vía de la satisfacción de los clientes. Con el concepto de mercadotecnia, las empresas producen lo que quieren los clientes y, así, satisfacen a los consumidores y obtienen utilidades.

Muchas empresas triunfadoras, bien conocidas, han adoptado el concepto de mercadotecnia. Procter & Gamble, Disney, Wal-Mart, Marriott, Nordstrom y McDonald's lo siguen con fidelidad (véase Puntos Importantes de la Mercadotecnia 1-3). L. L. Bean, el exitoso minorista que vende ropa y equipo deportivo por catálogo, se fundó con el concepto de mercadotecnia en mente. En 1912, en sus primeras circulares, L. L. Bean incluía el siguiente aviso:

> Pienso que la venta no termina hasta que los artículos se han desgastado y el cliente sigue estando satisfecho. Mucho le agradeceremos que nos devuelva los artículos si éstos no son del todo satisfactorios... Lo que más nos interesa es no tener clientes insatisfechos.

Hoy, L. L. Bean se dedica a proporcionar "una satisfacción perfecta en todos sentidos". Para propiciar que sus empleados practiquen el concepto de la mercadotecnia, ha pegado carteles en sus oficinas que dicen lo siguiente:

> ¿Qué es un cliente? Para esta compañía, el cliente es la persona más importante, sea en persona o por correo. El cliente no depende de nosotros, nosotros dependemos de él. Un cliente no es una persona que interrumpe nuestro trabajo, sino que es el propósito de nuestro trabajo. Nosotros no le hacemos ningún favor ofreciéndole un servicio, sino que él nos hace un favor dándonos la oportunidad de servirle. Con un cliente no se discute ni se hace gala de inteligencia; en una discusión, nadie le ha ganado nunca a un cliente. El cliente es una persona que nos presenta sus anhelos; nuestro trabajo es manejarlos en forma rentable, para él y para nosotros.

Por otra parte, muchas empresas dicen que practican el concepto de mercadotecnia, pero no es así. Cuentan con ciertas formas mercadotécnicas, por ejemplo un subdirector de mercadotecnia, gerentes de producto, planes mercadotécnicos e investigaciones mercadotécnicas, pero esto no significa que sean empresas enfocadas hacia el mercado o impulsadas por los clientes. La duda es si se sincronizan con las necesidades cambiantes de los clientes y las estrategias de la competencia. Empresas que fueron inmensas (General Motors, IBM, Singer, Zenith, Sears) perdieron partes importantes del mercado porque no adaptaron sus estrategias mercadotécnicas a los mercados cambiantes. Se requieren varios años de mucho trabajo para que una empresa orientada a las ventas cambie a una empresa orientada al mercado. La meta es incluir la satisfacción de los clientes en la mismísima composición de la empresa. La satisfacción de los clientes ha deja-

FIGURA 1-3
Comparación del concepto de las ventas y el concepto de la mercadotecnia

do de ser una moda. Como dijera un analista de la mercadotecnia: "En las compañías estadounidenses se está convirtiendo en una forma de vida ... tan entrañable para la cultura de las empresas como la tecnología de la información y la planificación de estrategias".[10]

¿Por qué es tan importante satisfacer a los clientes? Las ventas de una empresa se derivan de dos grupos: los clientes nuevos y los repetidores. Por regla general, cuesta más atraer a clientes nuevos que conservar a los que ya se tienen. Así pues, suele ser más importante *retener* a los clientes que *atraerlos*. La llave para retener a los clientes está en *satisfacerlos*. Un cliente satisfecho compra más, es "leal" durante más tiempo, le habla bien del caso a los demás, le presta menos atención a las marcas de la competencia y a la publicidad, es menos sensible a los precios y cuesta menos servirle que al cliente primerizo.

Sin embargo, el concepto de mercadotecnia no significa que una empresa debe tratar de darle a *todos* los consumidores *todo* lo que quieren. Los especialistas en mercadotecnia deben encontrar el equilibrio entre crear más valor para los clientes y producir utilidades para la empresa.

> El propósito de la mercadotecnia no es aumentar la satisfacción de los clientes al *máximo*. La definición más corta de mercadotecnia que conozco es: "satisfacer necesidades de manera rentable". El propósito de la mercadotecnia es generar valor para los clientes [con una utilidad]. La verdad es que [la relación con un cliente] se romperá si el valor se evapora. Uno tiene que seguir generándole más valor al cliente, sin regalar la casa. Se trata de un equilibrio muy delicado.[11]

El concepto de mercadotecnia social

El **concepto de mercadotecnia social** sostiene que la organización debe determinar las necesidades, los anhelos y los intereses de los mercados que sean su meta. A continuación debe ofrecerles las satisfacciones deseadas con mayor eficacia y eficiencia que la competencia, de tal manera que conserve o mejore el bienestar de los consumidores *y de la sociedad*. El concepto de la mercadotecnia social es la filosofía más moderna de entre las cinco de la administración mercadotécnica.

El concepto de mercadotecnia social se cuestiona si el concepto de mercadotecnia pura funciona en una época de problemas ambientales, escasez de recursos, veloz crecimiento de la población, problemas económicos mundiales y servicios sociales desatendidos. Se pregunta si la empresa que pulsa, satisface y sirve a los deseos individuales siempre hace lo más conveniente para los consumidores y la sociedad a largo plazo. Según el concepto de mercadotecnia social, el concepto mercadotécnico puro pasa por alto los conflictos que se pueden presentar entre los *deseos* de los consumidores a corto plazo y el *bienestar* de los consumidores a largo plazo.

FIGURA 1-4
Tres consideraciones que son la base del concepto de la mercadotecnia social

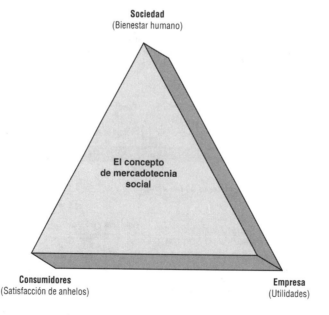

Sociedad
(Bienestar humano)

El concepto
de mercadotecnia
social

Consumidores
(Satisfacción de anhelos)

Empresa
(Utilidades)

Piense en el caso de Coca-Cola Company. Hay muchos que piensan que se trata de una corporación responsable, que produce magníficos refrescos que satisfacen el gusto de los consumidores. Sin embargo, ciertos grupos de consumidores y ambientalistas han manifestado su preocupación porque la Coca carece de valor nutritivo, representa un peligro para los dientes, contiene cafeína y contribuye al problema de la basura con sus botellas y latas desechables.

Este tipo de preocupaciones y conflictos condujeron al concepto de mercadotecnia social. La figura 1-4 muestra que el concepto de mercadotecnia social requiere que, para establecer las políticas mercadotécnicas, se equilibren tres consideraciones: las utilidades de la empresa, los deseos de los consumidores y los intereses de la sociedad. Al principio, la mayor parte de las empresas basaban sus decisiones mercadotécnicas principalmente en sus utilidades a corto plazo. Después, empezaron a reconocer la importancia que tenía, a largo plazo, satisfacer los deseos de los consumidores y, entonces, surgió el concepto de mercadotecnia. Ahora, cuando toman sus decisiones mercadotécnicas, muchas empresas están empezando a tomar en cuenta los intereses de la sociedad.

Una de estas empresas es Johnson & Johnson, clasificada en una encuesta de la revista *Fortune* como la empresa más admirada en Estados Unidos por su responsabilidad ante la comunidad y el ambiente. La preocupación de J&J por el interés de la sociedad queda resumido en un documento de la sociedad llamado "Nuestro credo", en el cual se subraya la honradez, la integridad y la preponderancia de las personas sobre las utilidades. Con este credo, Johnson & Johnson prefiere aceptar una gran pérdida que sacar al mercado un lote malo de alguno de sus productos. Además, la empresa sostiene muchos programas para la comunidad y para los empleados, que benefician a los consumidores y los trabajadores, así como preservar el ambiente. El director ejecutivo de J&J dice: "Pensamos que si siempre tratamos de hacer las cosas bien, al cabo del día el mercado nos lo recompensará".[12]

La empresa respalda sus palabras con hechos. Recuerde el trágico caso de las pastillas alteradas, cuando murieron ocho personas por tomar pastillas de Tylenol, marca de Johnson & Johnson, que contenían cianuro. Aunque J&J pensaba que las pastillas sólo habían sido alteradas en unas cuantas tiendas, y no en la fábrica, sin hacer ruido retiró todas las pastillas del mercado. El hecho de retirarlas significó que la empresa dejara de percibir 240 millones de dólares. Sin embargo, a largo plazo, el hecho de que la empresa retirara el Tylenol con tanta presteza, reforzó la confianza y la lealtad de los consumidores y Tylenol sigue siendo el analgésico más importante del país. En este caso y en otros, la gerencia de J&J ha visto que actuar debidamente es bueno para los consumidores y para la empresa. El director ejecutivo dice: "El credo no se debe entender como una especie de programa de beneficencia social ... no es sino una práctica empresarial sana".[13] Así, con el paso de los años, la dedicación de Johnson & Johnson al servicio de la comunidad y los consumidores la ha convertido en una de las empresas más admiradas de Estados Unidos y en una de las más rentables.

LAS METAS DEL SISTEMA MERCADOTÉCNICO

Nuestro sistema mercadotécnico está compuesto por las actividades mercadotécnicas colectivas de cientos de miles de organizaciones lucrativas y no lucrativas, en nuestro país y en todo el mundo. Este sistema mercadotécnico afecta a todo el mundo: compradores, vendedores y muchos grupos públicos con características en común. Las metas de estos grupos pueden ser contrarias. Los *compradores* querrán productos de buena calidad, a precios razonables, en lugares cómodos. Querrán un amplio surtido de marcas, con características variadas, vendedores serviciales, agradables y honrados, así como garantías sólidas, respaldadas por buenos servicios de mantenimiento y reparación. El sistema mercadotécnico puede afectar mucho la satisfacción de los compradores.

Los *vendedores* enfrentan muchas decisiones difíciles cuando preparan una oferta para el mercado. ¿Hacia qué grupos de consumidores dirigir la mira? ¿Qué necesitan estos consumidores, cómo diseñar los productos y qué precios se les

PUNTOS IMPORTANTES DE LA MERCADOTECNIA 1-3

McDonald's Aplica el Concepto de la Mercadotecnia

McDonald's Corporation, el vendedor minorista de hamburguesas, es un maestro de la mercadotecnia. Cuenta con 11,000 puntos de venta en 50 países y las ventas de todo el sistema suman más de 18.7 mil millones de dólares al año. McDonald's vende el doble que su rival más cercano, Burger King, y el triple que Wendy's, que ocupa el tercer lugar. Cada día, diecinueve millones de clientes atraviesan los famosos arcos dorados y hasta 96% de los estadounidenses comen en McDonald's al año. En la actualidad, McDonald's sirve 145 hamburguesas por segundo. El mérito que tiene esta actuación corresponde a una clara orientación mercadotécnica: McDonald's sabe cómo servir a la gente y adaptarse a los anhelos cambiantes de los consumidores.

Antes de que apareciera McDonald's, los estadounidenses comían sus hamburguesas en restaurantes o cafeterías. Sin embargo, con frecuencia, los consumidores encontraban hamburguesas de mala calidad, servicio lento y poco amigable, decorados poco atractivos, condiciones poco higiénicas y un ambiente ruidoso. En 1955, Ray Kroc, un vendedor de batidoras para preparar leches malteadas, de 52 años, se emocionó con una cadena de siete restaurantes que eran propiedad de Richard y Maurice McDonald. A Kroc le gustó el concepto de estos restaurantes de comida rápida y compró la cadena en 2.7 millones de dólares. Decidió ampliar la cadena vendiendo franquicias y la cantidad de restaurantes aumentó con rapidez. Conforme iban cambiando los tiempos, McDonald's también iba cambiando. Amplió las secciones con mesas para sentarse, cambió su decoración, introdujo un menú de desayuno, aumentó nuevos platillos y abrió nuevos puntos de venta en zonas de mucho movimiento.

La filosofía mercadotécnica de Kroc está representada en el lema de McDonald's: "Q.S.C. & V." siglas que representan las palabras inglesas de calidad, servicio, limpieza y valor. Los clientes entran a un restaurante inmaculadamente limpio, les atiende un amigable empleado tras el mostrador, de inmediato reciben una comida que sabe bien y se la comen ahí o se la llevan. No hay rocolas ni teléfonos que fomenten la presencia de adolescentes. Tampoco hay máquinas de cigarrillos o periódicos; McDonald's es un lugar familiar, con gran atractivo para los niños.

McDonald's ha dominado el arte de dar servicio a los clientes y enseña con gran cuidado los elementos básicos a sus empleados y franquiciatarios. Todos los franquiciatarios toman cursos de capacitación en la "Universidad de las hamburguesas" de McDonald's en Elk Grove Village, Illinois. Salen con un título en "hamburguesología" y un diploma en papas fritas a la francesa. McDonald's vigila la calidad del producto y del servicio por medio de constantes encuestas de clientes y dedica mucho esfuerzo a mejorar los métodos de producción de hamburguesas a efecto de simplificar las operaciones, bajar los costos, acelerar el servicio y entregar mayor valor a los clientes. Además de estos esfuerzos, cada uno de los restaurantes de McDonald's se esfuerza por convertirse en parte del barrio por medio de su participación en proyectos comunitarios y de servicios.

En sus 2,700 restaurantes fuera de Estados Unidos, McDonald's adapta cuidadosamente su menú y su servicio a los gustos y las costumbres locales. En Japón sirve sopa de maíz y hamburguesas de teriyaki, en Roma ensaladas de pasta, en París vino y música de piano con sus McNuggets. Cuando McDonald's abrió su primer restaurante en Moscú, no tardó en ganar la confianza de los consumidores rusos. No obstante, la empresa tuvo que superar enormes obstáculos para satisfacer las elevadas normas de satisfacción de los consumidores en este mercado nuevo. Tuvo que educar a los proveedores, empleados e incluso consumidores en cuanto al funcionamiento de McDonald's, con tiempos de sobra probados. Tuvo que llevar a técnicos canadienses, exper-

deben adjudicar para producir el mayor valor posible? ¿A qué mayoristas y minoristas recurrir? ¿Qué tipo de publicidad, ventas personales y promoción de ventas contribuirían a vender bien el producto? El mercado exige mucho. Los vendedores deben aplicar ideas mercadotécnicas modernas para desarrollar una oferta que le resulte atractiva y satisfactoria a los clientes.

Los legisladores, los grupos públicos de interés, así como otros *públicos*, tienen gran interés en las actividades mercadotécnicas de los negocios. ¿Producen los fabricantes bienes seguros y confiables? ¿Describen sus productos como deben en la publicidad y los empaques? ¿Está funcionando la competencia en el mercado para ofrecer una gama razonable de calidades y precios? ¿Afectan el ambiente las actividades de la producción y el empacado? El sistema mercadotécnico tiene muchas repercusiones en la calidad de vida y diferentes grupos de ciudadanos quieren que el sistema funcione lo mejor posible. Estos actúan como guardianes

McDonald's ofrece a los consumidores "calidad, servicio, limpieza y valor" en Estados Unidos y en todo el mundo.

incluso tuvo que capacitar a los consumidores; la mayoría de los moscovitas no habían visto un restaurante de comida rápida jamás. Los clientes que se formaban en línea contemplaban videos que les indicaban todo lo que debían hacer, desde cómo pedir y pagar en el mostrador, hasta cómo manejar una Big Mac. Y, como siempre, McDonald's de inmediato empezó a participar con la comunidad. El día de su inauguración, preparó una fiesta para 700 huérfanos moscovitas, y donó todas las ganancias del día de la inauguración al Fondo Infantil de Moscú. En consecuencia, el nuevo restaurante de Moscú arrancó con gran éxito. Alrededor de 50,000 clientes pasaron por el restaurante el primer día de actividades.

Después de este éxito en Moscú, McDonald's continúa buscando la oportunidad de servir a clientes nuevos en todo el mundo. En fecha reciente abrió las puertas del mayor de sus restaurantes en Pekín, China. El restaurante de 28,000 pies cuadrados tiene 29 cajas registradoras y lugar para 700 personas. En este enorme restaurante de Pekín, McDonald's piensa recibir a más de diez mil clientes al día con su especial atención al cliente.

Así pues, la importancia que McDonald's concede a los consumidores la ha convertido en la organización más grande del mundo en el campo de la comida rápida. En la actualidad capta alrededor del 20% de los negocios de comida rápida de Estados Unidos y está expandiendo su presencia en todo el mundo a gran velocidad. El inmenso éxito de la empresa se refleja en el aumento de valor que han registrado sus acciones con el paso de los años: ¡250 acciones del capital de McDonald's adquiridas en 1965 por menos de 6,000 dólares en la actualidad valen mucho más de un millón de dólares!

Fuentes: Penny Moser, "The McDonald's Mystique", *Fortune,* 4 de julio de 1988; Scott Hume, "McDonald's Fred Turner: Making All the Right Moves", *Advertising Age,* 1 de enero de 1990, pp. 6, 17; Gail McKnight, "Here Comes Bolshoi Mac", *USA Today Weekend,* 26-28 de enero de 1990, pp. 4-5; Rosemarie Boyle, "McDonald's Gives Soviets Something Worth Waiting For", *Advertising Age,* 19 de marzo de 1990, p. 61; y "Food Draws Raves, Prices Don't at Beijing McDonald's Opening", *Durham Herald-Sun,* 12 de abril de 1992, p. B12.

tos en variedades especiales de semillas resistentes a las enfermedades, para enseñarle a los agricultores rusos a cultivar papas Burbank para hacer sus papas fritas a la francesa; además la empresa edificó una planta pasteurizadora para garantizar un abasto suficiente de leche fresca. Capacitó a los gerentes rusos en la Universidad de las hamburguesas y sometió a cada uno de los 630 empleados nuevos (que en su mayoría no sabían distinguir un McNugget de pollo de un McMuffin de huevo) a un entrenamiento de entre 16 y 20 horas para enseñarles cosas tan esenciales como preparar la carne, preparar sandwiches de Filet-O-Fish y servir con una sonrisa. McDonald's

de los intereses de los consumidores y son partidarios de que se ofrezca educación, información y protección a los consumidores.

El sistema mercadotécnico afecta a tantas personas y de tantas maneras que es inevitable que desate controversias. Hay personas que rechazan decididamente las actividades de la mercadotecnia moderna, acusándola de haber arruinado el ambiente, de bombardear al público con anuncios absurdos, de crear necesidades falsas, de imbuir la codicia en los jóvenes y de cometer muchas otras faltas. Analice las siguientes palabras:

Durante más de 6,000 años se ha pensado que el mundo de la mercadotecnia está compuesto por artistas en ganar dinero fácil, estafadores, negociantes de mentiras y distribuidores de bienes defectuosos. Muchos hemos caído en garras de las "engañifas" de estafadores y, en ocasiones, a todos nos han convencido de comprar cosas que no necesitábamos en absoluto y que, según descubrimos más adelante, ni siquiera queríamos.[14]

Otros son defensores declarados de la mercadotecnia:

El ejercicio de la mercadotecnia y sus políticas agresivas han sido las causas, en gran medida, del aumento del nivel de vida en Estados Unidos. En la actualidad, por medio de la comercialización masiva y barata, disfrutamos de muchos productos que fueron considerados lujos y que incluso hoy son considerados un lujo en muchos países.[15]

¿Qué debe buscar una sociedad en su sistema de mercadotecnia? Se sugieren cuatro metas: maximizar el *consumo,* maximizar la *satisfacción de los consumidores,* maximizar las *opciones* y maximizar la *calidad de vida.*

Maximizar el consumo

Muchos ejecutivos piensan que la labor de la mercadotecnia es estimular el consumo al máximo, lo que a su vez elevará la producción, el empleo y la riqueza al máximo. Esta posición se ha difundido con lemas como "¿Quién dice que no se puede tener todo?" (Michelob) o "El perfume más caro del mundo" (Joy) o "La avaricia es buena" (de la película *Wall Street*). La hipótesis es que cuanto más gaste, compre y consuma la gente, tanto más feliz será. El grito de guerra es "cuanto más, mejor". Empero, hay personas que dudan que el aumento de bienes materiales signifique más felicidad. Ven a demasiadas personas opulentas que tienen vidas desgraciadas y su filosofía es "cuanto menos, mejor" y "lo pequeño es bello".

Maximizar la satisfacción de los consumidores

Otra corriente afirma que la meta del sistema mercadotécnico es aumentar la satisfacción de los consumidores al máximo y no sólo aumentar el consumo. La adquisición de un auto nuevo o de más ropa sólo cuenta si con ello se aumenta la satisfacción del comprador.

Por desgracia, no es fácil medir la satisfacción de los consumidores. En primer lugar, nadie ha descubierto cómo medir la satisfacción total que produce un producto en particular o una actividad mercadotécnica. En segundo, la satisfacción que algunos consumidores derivan de los "bienes" de un producto o servicio está compensada por los "males" como la contaminación y los daños que ocasiona al ambiente. En tercero, la satisfacción que algunas personas derivan del consumo de ciertos bienes, por ejemplo los bienes relacionados con la posición social, depende de que haya pocos que posean dichos bienes. Por consiguiente, es muy difícil evaluar el sistema mercadotécnico en términos de la cantidad de satisfacción que produce.

Maximizar las opciones

Algunos especialistas en mercadotecnia piensan que la meta del sistema mercadotécnico debe ser aumentar al máximo la variedad de productos y las opciones de los consumidores. Dicho sistema permitiría a los consumidores encontrar los bienes que satisfacen sus gustos con precisión. Los consumidores podrían realizar sus estilos de vida a plenitud y, por ende, podrían aumentar al máximo su satisfacción general.

Por desgracia, el aumentar las opciones de los consumidores al máximo entraña un costo. En primer lugar, el precio de los bienes y servicios se eleva porque cuando se produce una variedad amplia aumentan los costos de producción y de inventarios. A su vez, el aumento de precios disminuye el ingreso real y el consumo de los consumidores. En segundo, el aumento de la variedad de productos exige de los consumidores un mayor esfuerzo en su búsqueda: los consumidores tienen que dedicar más tiempo a conocer y evaluar los diferentes productos. En tercero, el hecho de que haya más productos no siempre aumentará las opciones reales de los consumidores. Por ejemplo, en Estados Unidos se vende cerveza de cientos de marcas, pero la mayoría saben casi igual. Luego entonces, cuando una categoría de productos contiene muchas marcas y pocas diferencias, los consumidores tienen una serie de opciones que, en realidad, no entrañan selección alguna. Por último, no todos los consumidores quieren tener una gran variedad de productos. Hay consumidores que piensan que el exceso de opciones conduce a la confusión y la frustración.

Maximizar la calidad de vida

Muchas personas piensan que la meta de un sistema mercadotécnico debe ser mejorar la *calidad de vida*. Esto no sólo entraña la calidad, la cantidad, la disponibilidad y el costo de los bienes, sino también la calidad del ambiente físico y el cultural. Los partidarios de esta posición califican los sistemas mercadotécnicos con base no sólo en razón de la cantidad de satisfacción directa de los consumidores, sino también en razón del efecto que produce la mercadotecnia en la calidad del ambiente. Casi todo el mundo acepta que la calidad de vida es una meta importante de un sistema mercadotécnico, pero también estaría de acuerdo en que resulta difícil medir la "calidad" y que ésta tiene diferentes significados según las personas.

RETOS PARA LA MERCADOTECNIA EN LOS AÑOS NOVENTA

La mercadotecnia funciona dentro de un entorno global dinámico. En cada decenio, los administradores de la mercadotecnia tienen que analizar de nueva cuenta los objetivos y prácticas de la mercadotecnia. Los cambios rápidos pueden hacer que las estrategias triunfadoras de ayer queden pasadas de moda a gran velocidad. Como dijera Peter Drucker, gran pensador de la administración, en cierta ocasión: es probable que la fórmula que ha llevado a una empresa al triunfo durante un decenio, sea la que la lleve al fracaso en el siguiente decenio.

¿Qué desafíos mercadotécnicos presenta el decenio de 1990? Terminada la guerra fría, las empresas del presente están luchando con una competencia global cada vez mayor, con la afectación del ambiente, con el estancamiento económico y con infinidad de problemas económicos, políticos y sociales. No obstante, estos problemas también ofrecen oportunidades mercadotécnicas. A continuación se analizan tres fuerzas medulares que están cambiando el panorama de la mercadotecnia y que representan un desafío para sus estrategias: la globalización veloz, la economía mundial cambiante y la necesidad de actos más responsables de cara a la sociedad.

La globalización veloz

En los pasados veinte años, la economía mundial ha sufrido un cambio radical. Las distancias geográficas y culturales han disminuido gracias a la llegada de los jets, los faxes, las computadoras globales y las conexiones telefónicas, las transmisiones mundiales de televisión vía satélite y otros avances técnicos. Lo anterior ha permitido que las empresas expandan notablemente los mercados geográficos que cubren, las compras y la producción. El resultado es un entorno mercadotécnico muchísimo más complejo, tanto para las empresas como para los consumidores.

En la actualidad, casi cualquier empresa, grande o pequeña, es afectada de alguna manera por la competencia mundial: desde el florista de barrio que compra flores de invernaderos mexicanos, hasta el pequeño detallista neoyorquino que adquiere su mercancía en Asia, el fabricante estadounidense de aparatos electrónicos que compite en su mercado con gigantes rivales japoneses, o el gran productor estadounidense de bienes de consumo que introduce productos nuevos en los mercados extranjeros emergentes.

Las empresas estadounidenses han tenido que enfrentar en su propio país el desafío de multinacionales europeas y asiáticas, muy hábiles para la mercadotecnia. En muchas ocasiones, empresas como Toyota, Siemens, Nestlé, Sony y Samsung, han tenido una actuación muy superior a la de sus competidoras en el mercado de EUA. Por otra parte, empresas estadounidenses de diversas industrias han encontrado oportunidades nuevas en el extranjero: General Motors, Exxon,

IBM, General Electric, Du Pont, Coca-Cola y docenas de empresas más han creado operaciones verdaderamente globales, fabricando y vendiendo sus productos en todo el mundo. Estos son sólo unos cuantos ejemplos de la innumerable cantidad de empresas que han aprovechado las oportunidades de la comercialización internacional:

Coca-Cola y Pepsi, feroces competidores en Estados Unidos, han visto cómo se estanca el mercado interno de los refrescos, que sólo ha crecido alrededor de 1% al año. Por tanto, las dos empresas han elaborado estrategias mercadotécnicas nuevas para atacar Europa Occidental, mercado que crece a un ritmo del 8%. Coca-Cola ha invertido millones de dólares para su comercialización en los Juegos Olímpicos de Barcelona y la inauguración de EuroDisneyland. Coca obtiene alrededor del 80% de sus utilidades fuera de Estados Unidos y siempre le ha llevado ventaja a Pepsi en el extranjero. No obstante, Pepsi piensa que puede competir con Coca, con éxito, en Europa. Piensa invertir casi 500 millones de dólares en negocios europeos durante los próximos dos años, lugar en que las dos empresas consideran librarán su próxima gran batalla.

Toys 'R' Us pasó varios años inmersa en las aguas pantanosas de la burocracia japonesa antes de obtener el permiso para abrir la primera tienda de descuento estadounidense en Japón, el segundo mercado del mundo, después de Estados Unidos, tratándose de juguetes. El ingreso de este gigante extranjero ha puesto nerviosos a los fabricantes y vendedores de juguetes japoneses. La juguetería japonesa típica sólo tiene en existencia entre mil y dos mil artículos, mientras que las tiendas Toys 'R' Us tienen hasta quince mil. Además, es probable que la tienda de descuento ofrezca sus juguetes a precios entre 10 y 15% por abajo de los de la competencia. La inauguración de la primera tienda en Japón despertó gran "asombro" y atrajo a más de 60,000 visitantes los primeros tres días. Toys 'R' Us proyecta abrir diez tiendas más en Japón, una al año, a partir de 1993 y hasta finales de la presente década. Si la empresa invade Japón con éxito, así como lo hizo recientemente en Europa, los minoristas japoneses se encontrarán con las manos bien llenas. Toys 'R' Us empezó en Europa, en 1985, con sólo cinco tiendas, y ahora cuenta con 76 y sigue creciendo. Las ventas en Europa, que son del orden de 800 millones de dólares, están aumentando al triple que el total de las ventas de la empresa.

Después de diez años de crecimiento desbocado en Estados Unidos, el mercado nacional de Music Television (MTV) se ha saturado. Ahora la empresa está proyectando crecer en el extranjero. En fecha reciente se estableció MTV en Europa, llegando a 27 países y 25 millones de hogares. Es "agresivamente paneuropea": su programación y publicidad son iguales para toda Europa, todo ello en inglés. Sin embargo, MTV quizá no pueda repetir en el extranjero el éxito fenomenal que tuvo en Estados Unidos. El desafío será convencer a los publicistas que existe un verdadero "euroconsumidor". Si la empresa triunfa en Europa, a continuación avanzará con MTV en Asia.[16]

En la actualidad las empresas no sólo tratan de vender una cantidad mayor de bienes originales de su país, en mercados internacionales, sino que también están comprando más piezas y materias en el extranjero. Analice el siguiente caso:

Muchas empresas estadounidenses están encontrando nuevas oportunidades mundiales. MTV, en busca de crecimiento, trata de repetir en el extranjero el éxito fenomenal que tuvo en Estados Unidos, en este caso en Hungría.

Antes, la mayor parte de la ropa estadounidense se fabricaba y vendía en Estados Unidos. Gran parte de ésta era cortada y cosida en talleres de Nueva York y Nueva Inglaterra, donde costureras inmigrantes trabajaban durante muchísimas horas. Después, las costureras se afiliaron a sindicatos y los salarios aumentaron. Muchos fabricantes de ropa, en su búsqueda por bajar los costos, trasladaron sus fábricas a los estados del sur y después a Asia. En la actualidad, Bill Blass, uno de los diseñadores más importantes de Estados Unidos, recurre a una tela hecha de lana australiana con estampados hechos en Italia. Diseña un vestido y lo envía por Fax a su agente en Hong Kong, quien coloca el pedido en una fábrica de la China continental. Los vestidos terminados serán enviados a Nueva York por avión, desde donde serán distribuidos a tiendas de departamentos y boutiques en todo el país.

Muchos de los bienes y servicios que compramos son "híbridos", pues en su diseño, materiales adquiridos, fabricación y comercialización intervienen varios países. Los estadounidenses que quieran comprar "algo estadounidense" con toda lógica decidirían evitar las Hondas y comprar Colts de Dodge. Sin embargo, imagine su sorpresa cuando se enteren de que la Col fue fabricada, de hecho, en Japón, mientras que la Honda fue ensamblada en Estados Unidos con piezas fabricadas en el país.

Por ello, los administradores de todos los países del mundo se preguntan: ¿Qué es la mercadotecnia global? ¿En qué difiere de la mercadotecnia nacional? ¿Cómo afectan la competencia y las fuerzas mundiales a nuestro negocio? ¿En qué medida debemos globalizarnos? Muchas empresas están formando alianzas estratégicas con sociedades extranjeras, incluso con competidores, para que sean sus proveedores o socios comercializadores. En años recientes se han dado algunas alianzas asombrosas entre competidores, por ejemplo como Ford y Mazda, General Electric y Matsushita y AT&T y Olivetti. Bien puede ser que las empresas que triunfen en la década de 1990 sean las que han creado las mejores redes globales.[17]

La cambiante economía mundial

En decenios recientes, una parte importante del mundo se ha empobrecido. La lentitud de la economía mundial ha producido tiempos difíciles para consumidores y comerciantes. En todo el mundo, la gente tiene muchísimas más necesidades que antes, pero en muchos lugares, la gente no tiene recursos para comprar los bienes que necesita. En resumidas cuentas, los mercados constan de personas con necesidades *y* con poder adquisitivo. En muchos casos, éste no existe. En Estados Unidos, aunque los salarios han aumentado, el poder adquisitivo real ha disminuido, en especial tratándose de los trabajadores menos especializados de la población económicamente activa. Muchos hogares de Estados Unidos han podido conservar su poder de compra tan sólo porque trabajan los dos cónyuges. No obstante, son muchos los trabajadores que han perdido su empleo porque los fabricantes han "recortado personal" para reducir costos.

La situación económica presente es fuente de problemas y oportunidades para los comerciantes. Algunas empresas están viendo cómo disminuye la demanda y no esperan grandes posibilidades para crecer. Sin embargo, otras están encontrando soluciones nuevas para los problemas del cambio de consumo. Muchas han encontrado la manera de ofrecer a los consumidores "más por menos". Wal-Mart, la cadena de tiendas minoristas más grande de Estados Unidos, llegó a ser líder del mercado a partir de dos principios que se exhiben en cualquier tienda Wal-Mart: "Garantizamos su satisfacción" y "Siempre vendemos más barato". Los consumidores que entran a una tienda Wal-Mart son recibidos por un amable empleado y encuentran una inmensa variedad de mercancías de calidad, a precios bajos. El mismo principio explica el crecimiento explosivo de los centros comerciales con tiendas de fábrica y las cadenas de tiendas de descuento; en estos días, los clientes quieren obtener valor. Esto se puede decir incluso de los productos de lujo. Toyota introdujo su exitoso automóvil de lujo, el Lexus, con la campaña: "Quizá la primera vez en la historia que se podría decir que al cambiar un auto de 36,000 dólares por uno de 72,000 dólares se sale ganando".

Las compañías avanzadas del presente están respondiendo decididamente a los movimientos éticos y ambientalistas. En este caso, ITT afirma: "Todas nuestras empresas comparten una meta común: mejorar la calidad de vida, porque lo importante no radica sólo en cómo ganarse la vida, sino en cómo se vive".

La necesidad de mayor ética y responsabilidad social

El tercer factor del entorno mercadotécnico actual es que se está exigiendo a las empresas, cada vez más, que asuman la responsabilidad de las repercusiones sociales y ambientales que producen sus actividades. En casi todos los campos empresariales, desde la sala de juntas del consejo, hasta las aulas de las escuelas de administración, el tema de la ética de las empresas se ha ido caldeando. Son pocas las empresas que pueden ignorar el movimiento ambientalista, que se ha renovado y es sumamente exigente.

El movimiento ambientalista y la ética impondrán exigencias más estrictas a las empresas en el futuro. Piense en la evolución reciente del ambientalismo. Tras la caída del comunismo, Occidente se horrorizó ante el enorme descuido del ambiente por parte de los que fueran gobiernos del Bloque Oriental. En muchos países de Europa Oriental, el aire y el agua están contaminados y el suelo está envenenado con desechos químicos. En junio de 1992, representantes de más de cien países asistieron a una reunión cumbre en Río de Janeiro para estudiar cómo se podrían manejar problemas como la destrucción de bosques tropicales, el calentamiento de la Tierra, las especies en peligro de extinción y otros problemas del medio ambiente. Está claro que en el futuro las empresas tendrán que aceptar la responsabilidad de sus actividades fabriles y mercadotécnicas, obligadas por normas ambientales cada vez más estrictas.

El nuevo panorama de la mercadotecnia

La década pasada dio una lección de humildad a las empresas mercantiles de todo el mundo. Las empresas nacionales aprendieron que ya no pueden ignorar los mercados y la competencia globales. Las empresas triunfadoras de industrias plenamente desarrolladas aprendieron que no pueden pasar por alto los mercados emergentes, las tecnologías ni las nuevas corrientes administrativas. Todas las empresas aprendieron que no pueden continuar concentrándose en su interior, ignorando las necesidades de sus clientes.

1970, algunas de las empresas más poderosas de Estados Unidos fueron Motors, Sears y RCA. Sin embargo, estos tres gigantes fracasaron en su ecnia y, en la actualidad, las tres están luchando por vivir. Las tres no on que su mercado, sus clientes y la necesidad de ofrecer valor estaban lo. Hoy por hoy, General Motors sigue tratando de descifrar por qué tan- es, en todo el mundo, han optado por comprar autos japoneses o euro- oderosa Sears se ha extraviado y por una parte ha perdido mercado ante tiendas de departamentos y especializadas, y por la otra ante comer- e venden en masa y con descuento. RCA, inventora de tantos produc- s, jamás llegó a dominar el arte de la mercadotecnia y ahora coloca su n productos que, en gran parte, se importan de Asia.

a década de 1990, las empresas deberán dirigirse a los clientes y todo lo n deberá ser impulsado por los mercados. No basta con ser impulsadas oductos o la tecnología; hay demasiadas empresas que siguen diseñan- oductos sin información de los consumidores, sólo para encontrar que zados en los mercados. No basta con ser buenas para conseguir clientes lemasiadas empresas se olvidan de los clientes después de realizar la í pierden negocios futuros. No es raro que ahora nos inunden libros con mo *The Customer Driven Company, Keep the Customer, Customers for Life,* *omer Service: The Ultimate Weapon* y *The Only Thing that Matters: Bringing* *mer into the Center of Your Business*.[18] Estos libros dicen que durante la década de 1990 y después, la clave del éxito estará en dirigirse al mercado y en un compromiso mercadotécnico total para ofrecerle valor a los clientes.

RESUMEN

La *mercadotecnia* está relacionada con la existencia de todos nosotros. Es el medio para desarrollar un nivel de vida y para ofrecérselo a la gente. Muchas personas confunden mercadotecnia con *ventas*, pero la mercadotecnia se pre- senta, de hecho, antes y después del acto de la venta. La mercadotecnia combina muchas actividades: las investiga- ciones de mercado, el desarrollo, la distribución, los precios y la publicidad de los productos, las ventas personales y otras más, diseñadas para pulsar, servir y satisfacer las nece- sidades de los clientes al tiempo que alcanzan las metas de la organización.

La mercadotecnia es la actividad humana que pre- tende satisfacer las necesidades y los deseos por medio de *procesos de intercambio*. Los conceptos centrales de la mer- cadotecnia son: *necesidades, deseos, demandas, productos, intercambio, transacciones y mercados.*

La *administración mercadotécnica* consiste en el análi- sis, la planificación, la aplicación y el control de programas diseñados para crear, aumentar y conservar los intercam- bios benéficos con los mercados meta, a efecto de alcanzar los objetivos de la organización. Los especialistas en mer- cadotecnia deben tener habilidad para administrar el grado, los tiempos y la composición de la demanda porque la demanda real puede ser diferente de lo que quiere la organización.

La administración mercadotécnica puede estar fun- damentada en cinco filosofías. El *concepto de producción* sostiene que los consumidores son partidarios de productos que puedan conseguir a precios bajos y que la tarea de la administración es mejorar la eficiencia de la producción y reducir los precios. El *concepto de producto* sostiene que los consumidores son partidarios de los productos de calidad y que, por consiguiente, no se requiere gran esfuerzo para promoverlos. El *concepto de ventas* sostiene que los con- sumidores no comprarán bastantes productos de la empre- sa a no ser que reciban el estímulo de muchas promociones y ventas. El *concepto de mercadotecnia* sostiene que una empresa debe investigar las necesidades y los anhelos de un mercado bien definido y entregarle a éste los satisfactores deseados. El *concepto de mercadotecnia social* sostiene que la empresa debe generar la satisfacción de los clientes y el bienestar social a largo plazo, los cuales son la clave para alcanzar sus metas y cumplir con su responsabilidad.

El ejercicio de la mercadotecnia tiene muchas reper- cusiones en los miembros de nuestra sociedad. Se han propuesto diferentes metas para un sistema mercadotécni- co, por ejemplo cómo aumentar al máximo el *consumo, la satisfacción de los consumidores, las opciones de los consumi- dores y la calidad de vida.* La mercadotecnia opera dentro de un entorno global dinámico. Los cambios rápidos pueden hacer que las estrategias triunfadoras del ayer queden obso- letas de un momento a otro. Los especialistas en merca- dotecnia están enfrentando muchos desafíos nuevos y oportunidades en la década de 1990. Terminada la guerra fría, las empresas del presente están luchando con el aumento de la competencia global, una economía mun- dial lenta, la aceptación de una mayor responsabilidad social e infinidad de problemas económicos, políticos y sociales más. Sin embargo, estos problemas también ofre- cen oportunidades mercadotécnicas. Las empresas, para triunfar en la década de 1990, tendrán que dirigirse clara- mente hacia los mercados.

TÉRMINOS CLAVE

Administración mercadotécnica 11

Comercialización por medio de relaciones 10

Concepto de mercadotecnia 14

Concepto de mercadotecnia social 16

Concepto de producción 13

Concepto de producto 14

Concepto de ventas 14

Demandas 6

Deseos humanos 6

Intercambio 8

Mercado 10

Mercadotecnia 5

Necesidades humanas 5

Producto 7

Transacción 9

Transacción monetaria 9

Trueque 9

Valor que tiene para el cliente 8

EXPOSICIÓN DE PUNTOS CLAVE

1. ¿Para qué debe el *lector* estudiar mercadotecnia?

2. El historiador Arnold Toynbee y el economista John Kenneth Galbraith han afirmado que los deseos que resultan de las actividades mercadotécnicas no son auténticos: "No es necesario decirle al hombre que tiene hambre que necesita comida". ¿Se trata de una crítica válida contra la mercadotecnia? ¿Por qué sí o por qué no?

3. A muchas personas les desagradan o asustan ciertos productos y no los "pedirían" a ningún precio. ¿Cómo podría alguien que comercializa atención médica manejar la demanda *negativa* de productos como estudios para detectar cáncer de colon?

4. Los cambios de la estructura política del mundo y el equilibrio del poder están llevando a la reducción del presupuesto militar de EUA. Antes de estos cambios, los contratistas de armamento se guiaban por el concepto de producto y se concentraban en la alta tecnología. ¿Tendrán los proveedores militares que cambiar su concepto mercadotécnico? ¿Quiénes son sus clientes?

5. ¿Cuál es la diferencia principal entre el concepto de mercadotecnia y los conceptos de producción, producto y ventas? ¿Qué conceptos resultan más fáciles de aplicar a corto plazo? ¿Qué concepto puede ofrecer el éxito a largo plazo?

6. Según el economista Milton Friedman, "Son pocas las tendencias que podrían socavar tanto el fundamento mismo de nuestra sociedad libre como el hecho de que los directivos de las empresas aceptaran una responsabilidad social que no fuera la de ganar la mayor cantidad posible de dinero para sus accionistas". ¿Está usted de acuerdo o no con la afirmación de Friedman? ¿Cuáles son algunas de las desventajas del concepto de mercadotecnia social?

APLICACIÓN DE CONCEPTOS

1. Vaya a un McDonald's y pida un sandwich. Fíjese en las preguntas que le hacen y observe cómo se manejan las órdenes especiales. A continuación vaya a Wendy's, Burger King o una pizzería local y pida un sandwich o una pizza. Fíjese en las preguntas que le hacen y observe si las órdenes especiales se manejan de la misma manera que en McDonald's.

   ■ ¿Notó usted diferencias importantes en la forma de manejar las órdenes?

   ■ Piense en las diferencias que observó. ¿Cree usted que los restaurantes tienen diferentes filosofías para la administración de mercadotecnia? ¿Cuál es la que más se aproxima al concepto de mercadotecnia? ¿Cuál se aproxima al concepto de ventas o al de producción?

   ■ ¿Qué ventajas ofrece el seguir de cerca el concepto de mercadotecnia? ¿Tiene desventajas?

2. Vaya a un centro comercial. Encuentre el directorio. Haga una lista de cinco categorías principales de tiendas, como almacenes, zapaterías, librerías, boutiques de ropa femenina y restaurantes. Haga una lista de las tiendas que compiten en cada una de las categorías y dese un paseo por ellas fijándose en su mercancía y estilo. Observe los espacios públicos del centro comercial y fíjese cómo están decorados. Observe a los compradores.

   ■ Se ha dicho que el sistema mercadotécnico tiene cuatro metas básicas: maximizar el consumo, la satisfacción de los consumidores, las opciones de los consumidores y la calidad de vida. ¿Piensa que el centro comercial cumple con algunas de estas metas con más amplitud o mejor que otros?

   ■ ¿Son las tiendas que compiten verdaderamente únicas o podría una sustituir a otra sin mayor problema? ¿Qué indica esto de las metas generales que alcanza el centro comercial?

- Piense en las actitudes de los compradores que observó. ¿Parecían algunos contentos al comprar, mientras que otros parecían disgustados?

CÓMO TOMAR DECISIONES EN MERCADOTECNIA:

COMUNICACIONES MUNDO PEQUEÑO, S.A.

INTRODUCCIÓN

Lynette Jones lleva cinco años trabajando en Fond du Lac Foods, enorme comercializadora de productos alimenticios, donde ocupa el puesto de gerente de mercadotecnia. Hace dieciocho meses, Lynette lanzó, con gran éxito, una línea nueva de alimentos étnicos (mexicanos, chinos y tailandeses) con bajo contenido de grasas, la cual está funcionando muy bien. La línea triunfó gracias al innovador plan mercadotécnico de Lynette. El plan está fundamentado en un análisis concienzudo de todos los mercados importantes, para el cual se usó información detallada reunida de diversas bases de datos de cómputo. Este triunfo, así como la fama de innovadora de Lyn, fueron el motivo de su ascenso al segundo puesto, por orden de importancia, del Departamento de Mercadotecnia. Antes de entrar a Fond Du Lac Foods, Lynette trabajó tres años comercializando desodorantes y enjuagues bucales en Rugby-Kelly, empresa multinacional dedicada a los productos de higiene personal. Lyn obtuvo su grado de maestría en la Universidad de Carolina del Norte, tras pasar un año en la República Dominicana colaborando con el Peace Corps y su grado de licenciatura en la Escuela de Estudios Superiores Spelman de Atlanta.

Hace poco, Lynette asistió a una reunión de exalumnos que terminaron el bachillerato hace quince años y, ahí, se encontró a Thomas Campbell, un viejo amigo. Tom fue siempre un geniecito. Cuando estaba en bachillerato, trabajaba casi tiempo completo programando computadoras, al mismo tiempo que asistía a la cantidad suficiente de clases para que no lo expulsaran. Cuando terminó el bachillerato, pasó al Politécnico Rensselaer, donde rápidamente adquirió fama entre los profesores. Sin embargo, Tom se desesperó y abandonó los estudios de ingeniería eléctrica al segundo año. Trabajó algún tiempo en Sun Microsystems y en Hewlett-Packard y ahora es jefe del Departamento de Diseño Electrónico en San Andreas Products, fabricante de tableros de extensión para computadoras, destinados a usuarios sofisticados que amplían la capacidad de sus máquinas. Tom tiene una intuición asombrosa. Es especialista en diseñar circuitos a partir de chips "estándar" y consigue incluir en ellos características singulares y aumentar al máximo su capacidad. Tom trabaja entre 70 y 80 horas a la semana y todos los repartidores nocturnos de Domino's Pizza del barrio conocen de memoria el camino a su oficina. La última vez que Tom salió con una muchacha fue hace cuatro meses porque, como explica él mismo: "He estado muy ocupado". Sin embargo, Tom está

en contacto con algunas personas por medio del correo electrónico de InterNet y CompuServe.

Después de charlar un rato, Lyn le comentó a Tom que estaba encantada con la cantidad de recursos de cómputo que había descubierto al trabajar en el lanzamiento de su producto nuevo y dijo:

—"Es asombroso que existan tantas cosas. Me limité a ponerle un módem a mi computadora para conectarme a una línea telefónica y empecé a juguetear. Estoy trabajando mucho con datos y cifras que conseguí por medio de servicios como CompuServe. Pude obtener datos del Censo de EUA para mis pruebas de mercado, repasar las marcas registradas de la competencia, buscar artículos pertinentes en *The Wall Street Journal*... es magnífico. Sin embargo, lo que más me interesa es todo lo que está surgiendo, las teleconferencias por multimedias, las computadoras de pluma, la realidad virtual, quizás incluso un acceso más fácil a datos y cifras y a una forma de dirigir una oficina sin toneladas de papeles.

Tom sonrió y Lyn notó que se le avivaba el brillo de los ojos tras los gruesos lentes, mientras decía:

—Esa es la idea del futuro que tiene Bill Gates, al estilo Microsoft: información total en la punta de los dedos. Pienso que esta revolución de la información ofrece muchísimas oportunidades, verdaderamente enormes. La palabra clave en la industria es 'conexiones' y lo único que significa es conectar a una computadora con otra de tal manera que puedan compartir datos y comunicarse. Muy pronto se pueden presentar cambios importantes, porque la tecnología básica ya existe. Me imagino que se requerirán algunas máquinas innovadoras, ciertos avances en los programas, sobre todo para comprimir datos, y un especialista en mercadotecnia que se lo venda a la gente, cuando se haya logrado lo anterior.

Ahora fue Lynette la que sonrió, para comentar:

—Sin duda tienes razón en cuanto a las máquinas y los programas, pero estás totalmente equivocado en cuanto a la mercadotecnia. La *verdadera* mercadotecnia, la que sí funciona, empieza en el otro extremo del proceso. Se averigua qué necesitan y quieren los posibles clientes y después se diseña el producto y la mercadotecnia para satisfacerlas.

—¿Y qué? —contestó Tom.

—Y qué, ¿qué?, repuso Lyn molesta porque en verdad está entregada a la mercadotecnia y, evidentemente, Tom no tenía idea del tema. '¿Qué necesitan o quieren los clientes? Tú lo averiguas, yo lo hago y los dos nos hacemos ricos y famosos. De cualquier manera yo ya necesito un cambio'.

Lyn lo observó unos segundos. El tipo estaba muy serio. Su mente se disparó. Fond du Lac eva un lugar muy frío. Su marido Bill, profesor de contabilidad en la Universidad Estatal de Fond du Lac, sin duda estaría dispuesto a cambiarse de casa y de trabajo. Su jefe, Scott Thompson, apenas tenía 42 años y estaba en el peldaño más alto de la escalera mercadotécnica. Scott no iba a dejar el puesto libre, por tanto ella no podría avanzar. Podía darse el lujo de correr el riesgo. Sonriente dijo:

—Y creamos un negocio para conectar computadoras. Tú eres el gurú de la tecnología. Yo la especialista en mercadotecnia. Lo puedo ver: 'Comunicaciones Mundo Pequeño, S.A.' Ataquemos ya. ¿Por qué no desayunamos juntos mañana y empezamos a estudiar el tema?"

Y, ¿Ahora Qué?

Lynette y Thomas pueden echar a andar una empresa dedicada a la comunicación computarizada. A estas alturas, pueden diseñar la nueva empresa eligiendo casi cualquier posición. Lyn opina que la filosofía administrativa es el punto de partida lógico. Mundo Pequeño funcionaría sujeta a alguna de las filosofías alternativas, sujeta al concepto de producción, de producto, de ventas, de mercadotecnia o de mercadotecnia social.

1. De acuerdo con cada una de estas cinco filosofías, ¿hacia qué punto dirigiría la empresa sus recursos humanos y de capital?

2. ¿Afecta en realidad la filosofía de la administración mercadotécnica la visión que tienen los clientes de la empresa? ¿Qué dirían los clientes de Mundo Pequeño de una empresa que funciona sujeta a cada una de estas filosofías?

3. ¿Qué filosofía elegiría usted para la nueva empresa?

REFERENCIAS

1. Para otros ejemplos y una explicación amplia de la mercadotecnia no lucrativa, véase Philip Kotler y Alan R. Andreasen, *Strategic Marketing for Nonprofit Organizations* (Englewood Cliffs, NJ: Prentice Hall, 1991).

2. Para otros ejemplos, véase Philip Kotler y Karen Fox, *Strategic Marketing for Educational Institutions* (Englewood, Cliffs, NJ: Prentice Hall, 1985); Bradley G. Morrison y Julie Gordon Dalgleish, *Waiting in the Wings: A Larger Audience for the Arts and How to Develop It* (Nueva York: ACA Books, 1987); y Norman Shawchuck, Philip Kotler, Bruce Wren y Gustave Rath, *Marketing for Congregations: Choosing to Serve People More Effectively* (Nashville, TN: Abingdon Press, 1993).

3. Véase Philip Kotler y Eduardo Roberto, *Social Marketing: Strategies for Changing Public Behavior* (Nueva York: The Free Press, 1990).

4. Christy Fisher, "Postal Service Plans First-Class Promotion", *Advertising Age*, 6 de abril de 1992, p. 26.

5. Peter F. Drucker, *Management Tasks, Responsibilities, Practices* (Nueva York; Harper & Row, 1973), pp. 64-65.

6. Otras definiciones serían: "La mercadotecnia consiste en desarrollar las actividades mercantiles que dirigen el flujo de bienes y servicios del productor al consumidor o usuario". "La mercadotecnia consiste en lograr que los bienes y servicios adecuados se lleguen a las personas adecuadas, en el lugar adecuado, en el momento adecuado, al precio adecuado, con la comunicación y la promoción adecuadas." "La mercadotecnia consiste en crear y ofrecer un nivel de vida." En 1985, la Asociación Americana de Mercadotecnia aprobó esta definición: "La mercadotecnia es el proceso de planificación y ejecución de la concepción, fijación de precios, promoción y distribución de ideas, bienes y servicios a efecto de conseguir intercambios que satisfagan los objetivos de individuos y organizaciones".

7. Véase el artículo clásico de Theodore Levitt, "Marketing Myopia", *Harvard Business Review*, julio-agosto de 1960, pp. 45-56.

8. La cantidad de transacciones de un sistema de intercambio descentralizado se obtiene con $N(N-1)/2$. Con cuatro personas, esto significa $4(4-1)/2 = 6$ transacciones. En un sistema de intercambio centralizado la cantidad de transacciones está dada por N, en este caso 4. Por consiguiente, un sistema de intercambio centralizado disminuye la cantidad de transacciones que se necesitan para el intercambio.

9. Ralph Waldo Emerson daba el siguiente consejo: "Si un hombre... fabrica una ratonera mejorada... el mundo encontrará el camino para llegar a su puerta". Sin embargo, varias empresas han producido ratoneras mejoradas y han fracasado. Una de ellas era una ratonera laser, que costaba 1,500 dólares. A diferencia de lo que se suele suponer, la gente no se entera automáticamente de que existen productos nuevos, no cree en lo que se dice de los productos ni está dispuesta a pagar precios más elevados.

10. Howard Schlossberg, "Customer Satisfaction: Not a Fad, but a Way of Life", *Marketing News*, 10 de junio de 1991, p. 18.

11. Thomas E. Caruso, "Kotler: Future Marketers Will Focus on Customer Data Base to Compete Globally", *Marketing News*, 8 de junio de 1992, pp. 21-22.

12. Véase "Leaders of the Most Admired", *Fortune*, 29 de enero de 1990, pp. 40-54.

13. *Ibid.*, p. 54.

14. Richard N. Farmer, "Would you Want your Daughter to Marry a Marketing Man?", *Journal of Marketing*, enero de 1967, p. 1.

15. William J. Stanton y Charles Futrell, *Fundamentals of Marketing*, 8a. ed. (Nueva York: McGraw Hill, 1987), p. 7.

16. Para estos ejemplos y otros más, véase "Soda-Pop Celebrity", *The Economist*, 14 de septiembre de 1991, pp. 75-76; "MTV: Rock On", *The Economist*, 3 de agosto de 1991, p. 66; Robert Neff, "Guess Who's Selling Barbies in Japan Now?", *Business Week*, 9 de diciembre de 1991, pp. 72-76; Patrick Oster, "Toys 'R' Us Making Europe Its Playpen", *Business Week*, 20 de enero

de 1992, pp. 88-91; Julie Skur Hill, "Toys 'R' Us Seeks Global Growth", *Advertising Age*, 30 de marzo de 1992, p. 33; y Kevin Cote, "Toys 'R' Us Grows in Europe", *Advertising Age*, 27 de abril de 1992, pp. 1-16.

17. Para mayor información de alianzas estratégicas, véase Jordan D. Lewis, *Partnerships for Profit: Structuring and Managing Strategic Alliances* (Nueva York: The Free Press, 1990); Peter Lorange y Johan Roos, *Strategic Alliances: Formation, Implementation, and Evolution* (Cambridge: MA: Blackwell Publishers, 1992); y Frederick E. Webster, Jr., "The Changing Role of Marketing in the Corporation", *Journal of Marketing,* octubre de 1992, pp. 1-17.

18. Richard C. Whitely, *The Customer Driven Company* (Reading MA: Addison-Wesley, 1991); Robert L. Desanick, *Keep the Customer* (Boston: Houghton Mifflin Co., 1990); Charles Sewell; *Customers for Life: How to Turn the One-Time Buyer into a Lifetime Customer* (Nueva York: Pocket Books, 1990); William H. Davidow y Bro Uttal, *Total Customer Service: The Ultimate Weapon* (Nueva York: Harper & Row, 1989); y Karl Albrecht, *The Only Thing that Matters: Bringing the Customer into the Center of Your Business* (Nueva York: Harper Business, 1992).

CASO 1

MERCADOTECNIA AMBIENTAL: TRATEMOS DE HACER LO CORRECTO

El "movimiento de la mercadotecnia ambiental" es uno de los resultados del Día de la Tierra, 1990. Como respuesta a estudios que arrojan que los consumidores quieren productos amigables para el medio ambiente, muchas empresas han introducido productos "verdes", pero los resultados han sido decepcionantes. ¿Por qué? Para contestar la pregunta, habría que estudiar el grado de "verdor" que existe en el mercado de consumo, las medidas que están tomando las empresas, el entorno económico y los reglamentos existentes.

El mercado de consumo está compuesto por cinco grupos, clasificados de acuerdo con su disposición a comprar productos "verdes". El primer grupo, los "verdes de corazón" (11% de la población), consta de personas opulentas, muy comprometidas con actividades en pro del ambiente. El segundo grupo, "los pieles verde" (11%), está formado por personas más jóvenes que son las que más gastan en cuestiones ambientalistas. El tercer grupo, los "botones verdes" (26%), son personas ambivalentes ante el movimiento ambientalista. El cuarto, "los gruñones" (24%), no toman parte en actividades ambientalistas porque sus amigos tampoco lo hacen. Por último, los "negros" (28%), piensan que los individuos no pueden hacer nada para mejorar el ambiente. Salvo por los verdes de corazón y los pieles verdes, al mercado no le interesan las actividades ambientalistas ni está dispuesto a pagar más de un 5% extra por productos verdes. Como muchos de estos productos tienen precios más altos, cabe esperar que no haya respuesta por parte de los consumidores.

Si se toman en cuenta las actividades mercadotécnicas ambientalistas, los negocios se pueden dividir en dos grupos. Primero están las empresas que incluyen en las etiquetas de sus productos los términos biodegradable o compatible con el ambiente, y no incluyen mucha información que sustente la afirmación, con objeto de obtener ganancias a corto plazo. La publicidad obtenida por demandas que se derivan de estas afirmaciones dudosas, con frecuencia engañosas, han erosionado incluso más al grupo de consumidores dispuestos a comprar productos verdes.

El segundo grupo de empresas cuenta con planes amplios de mercadotecnia ambientalista, a largo plazo. Sin embargo, estos negocios encuentran que la mercadotecnia verde es difícil. Por ejemplo, Jack-in-the-Box cambió su empaque de espuma de dos partes, por un envoltorio de papel y aluminio reciclables. Sin embargo, el envoltorio sólo es reciclable si se encuentra un lugar que acepte su reciclaje.

Debido a ciertas prácticas dudosas, los estados han aprobado una serie de reglamentos que afectan la mercadotecnia ambientalista. Muchas veces, el mero volumen de tantos reglamentos abruma al fabricante. Además, como los reglamentos cambian de un estado a otro, también resultan difíciles de cumplir.

A efecto de resolver estos problemas, diversas industrias han instituido programas ambientalistas: el Programa de Atención Responsable de la industria química, la Iniciativa para la Administración Ambientalista Global de la industria del petróleo y la Carta Empresarial Para el Desarrollo Sostenible de la Cámara de Comercio Internacional. Aunque estos programas sirven de algo, no son aplicados con rigor ni abarcan a empresas ajenas a las industrias correspondientes.

En julio de 1992, la FTC (Federal Trade Commission, Comisión Federal para el Comercio) publicó una serie de lineamientos verdes. El cumplimiento de los lineamientos es voluntario y los lineamientos no incluyen la definición exacta de términos ambientalistas. Por otra parte, se refieren a parámetros muy amplios que, en caso de respetarse, seguramente eximirían a los mercados del cumplimiento de reglamentos federales. Por ejemplo, algunos de estos lineamientos son:

- Un empaque que anuncie "contenido 50% más reciclado que antes" podría ser engañoso si el contenido reciclado ha aumentado de 2 a 3 por ciento.

- Una etiqueta que anuncie que una bolsa de basura es "reciclable", sin mayor explicación, sería engañosa porque por regla general las bolsas no se separan del resto de la basura cuando se llevan a rellenos o se incineran.

- La publicidad de un champú diciendo que es "biodegradable" sin mayor explicación no sería engañosa si se tienen fundamentos científicos, competentes y confiables, que demuestren que éste se descompondrá en poco tiempo.

Los lineamientos de la FTC contienen decenas de ejemplos que pretenden identificar actividades mercadotécnicas permisibles o engañosas. Por consiguiente, muchas empresas podrían sentirse inclinadas a aprovechar dos aspectos, el reciclaje y la posibilidad de formar parte de abonos, cuando hablan de sus productos.

Estos lineamientos, aunque loables, siguen sin abordar varias cuestiones. En primer lugar, su cumplimiento es voluntario y, por tanto, no son aplicables en sentido estricto. En segundo, no son obligatorias para los estados. Muchos estados han aprobado ya una serie de reglamentos ambientalistas que podrían contraponerse a los lineamientos de la FTC. En estos casos, las empresas esperan que el estado daría preferencia a la FTC. Pero, ¿quién sabe qué ocurrirá?

Con todos los problemas que entraña la mercadotecnia verde, usted se preguntará: ¿vale la pena? La respuesta es sí la vale. Las compañías que ignoren las cuestiones ambientales merecen abultadas multas, acrecientan la presente falta de confianza en las empresas y se pierden de las importantes recompensas a largo plazo que podrán obtener los negocios que ahora levanten plataformas mercadotécnicas ambientalistas cuidadosamente elaboradas.

PREGUNTAS

1. ¿Cómo ilustra la mercadotecnia verde el concepto de mercadotecnia social?

2. ¿Cómo afectarán las condiciones económicas y los reglamentos a cada uno de los grupos de consumidores verdes?

3. ¿Qué metas del sistema mercadotécnico alcanza la mercadotecnia ambientalista? ¿Con cuáles se contrapone?

4. ¿Cómo pueden las empresas reforzar la credibilidad de sus actividades mercadotécnicas ambientalistas?

5. ¿Qué repercusiones tendrán los lineamientos de la FTC según su opinión personal?

Fuentes: Howard Schlossberg, "Innovation Seems to Elude 'Green Marketers'", en *Marketing News,* 15 de abril de 1991, pp. 16, 20; Joseph M. Winski, "Green Marketing: Big Prizes, but No Easy Answers", en *Advertising Age,* 29 de octubre de 1991, p. GR3; Carl Frankel, "Blueprint for Green Marketing", en *American Demographics,* abril de 1992, pp. 34-8; Steven Colford, "FTC Green Guidelines May Spark Ad Efforts", en *Advertising Age,* 3 de agosto de 1992, pp. 1, 29; Robert Gillespie, "Pitfalls and Opportunities for Environmental Marketers", en *Journal of Business Strategy,* julio-agosto de 1992, pp. 14-17.

CASO EMPRESARIAL 1

EL PORTERO: UN INTENTO PARA HACERLE MELLA AL MERCADO

—¡Oye, Steven!

Steven Harris levantó la vista y vio a Todd Smith atravesando el estacionamiento de estudiantes de la Universidad de Carolina del Sur.

—Hola, Todd —contestó Steven al tiempo que cerraba la puerta de su automóvil.

—¿Vas a la oficina de inscripciones a recoger tu horario de clases y tu inscripción? —preguntó Todd mientras se acercaba al auto.

—Sí, supongo que tengo que hacerlo. No me emociona demasiado volver a clases, a pesar de que es el último año. Me divertí mucho en las vacaciones.

—¡Vaya! ¿Es tuyo el coche?, preguntó Todd, admirando el nuevo Mustang rojo descapotable.

—Así es. En parte es el causante de que me divirtiera tanto. Es el tercer año que trabajo con mi hermano en su servicio de mantenimiento de jardines en Myrtle Beach. No sólo me divertí, sino que con el dinero que ahorré durante los tres veranos me pude comprar este auto.

—Qué bueno. ¿Por qué te has estacionado hasta acá, tan lejos de los otros autos?

—Es evidente. Cuando tenía el viejo Chevy no importaba tanto, pero no quiero que la gente descuidada abolle mi auto nuevo. La gente hizo muchas abolladuras en las puertas de mi coche viejo, sobre todo en estos estacionamientos para estudiantes que tienen espacios tan pequeños.

—Sé lo que quieres decir, contestó Todd. Llegué ayer y me detuve en el estacionamiento del dormitorio de estudiantes para recoger mi llave. Me estacioné en forma diagonal ocupando dos espacios a propósito para proteger mi auto. Sólo tardé unos cuantos minutos en la oficina y cuando salí, ¡había un policía levantándome una infracción de 20 dólares! y no quiso perdonármela.

—¡Vaya forma de empezar el año!

—Sabes, dijo Todd, debería haber una ley que prohibiera chocar puertas contra los autos de otros; o alguien debería inventar la manera de proteger las puertas de los autos. Parece como si las tiras de goma que colocan los fabricantes nunca estuvieran donde deben.

—Estoy de acuerdo, repuso Steven; quizá los autos deberían tener un dispositivo que automáticamente abollara el otro coche, para desquitarse. ¡A lo mejor eso haría que la gente fuera más cuidadosa!

Steven y Todd se rieron al pensar en este dispositivo y, mientras se dirigían a la oficina de inscripciones, empezaron a proponer todo tipo de ideas para resolver el problema.

Pasaron los días y Steven seguía pensando en el problema de cómo evitar las abolladuras en las puertas. Siempre le habían gustado los trabajos manuales y tenía facultades bastante desarrolladas para la mecánica. Dado el oscuro panorama laboral para los egresados de universidades, la idea de un negocio propio le empezó a resultar atractiva.

En la materia dedicada a la mercadotecnia Steven había aprendido cómo las empresas desarrollan productos nuevos y este semestre, en la materia de administración de negocios pequeños, aprendería cómo empiezan los negocios. Con estos conocimientos y con su habilidad para los trabajos manuales, quizá podría elaborar y comercializar un producto para el mercado de los automóviles.

Steven recordaba al profesor que les había explicado el éxito de los que lanzaron los "lentes para auto", esas hojas de cartón que se colocan tras el parabrisas para que el sol no caliente el auto. Los inventores de estos "lentes" triunfaron porque su producto funcionaba muy bien. Es más, como las hojas de cartón admitían impresiones, las empresas pudieron usar el producto como instrumento para promover las ventas. Steven pensaba que si era capaz de diseñar un dispositivo para proteger las puertas, que también sirviera para publicidad, él también tendría éxito. Empezó a pensar en la posibilidad de inventar este producto con más seriedad.

El producto

Steven, buscando ideas novedosas y prácticas de productos, le habló de su proyecto a un amigo que acababa de terminar la carrera de ingeniería mecánica. El ingeniero sugirió una placa, quizá de hule, que se adhiriera a la parte exterior de la puerta del auto. La placa tendría que ser ligera y resistir los impactos y la intemperie. Steven compró una placa de hule natural y empezó a hacer experimentos. Sin embargo, después de dedicar muchas horas a su prototipo, descubrió que una placa de hule lo bastante grande para proteger las puertas resultaría muy cara y pesaría más de 50 libras.

Por último, tras hablar con muchísimos proveedores de materiales resistentes y de asistir a diferentes ferias del ramo, Steven encontró una espuma singular que resultaba promisoria. La MiniCell 200 (M200), fabricada por una empresa local, absorbía los impactos y era ligera y relativamente delgada ($\frac{1}{2}$ pulgada). El conductor podría enrollarla sin problemas para guardarla. Sin embargo, la M200 también tenía algunas desventajas. Era cara, no aguantaba los rayos solares y se rasgaba fácilmente.

Steven pensó que podría resolver estos problemas si encontraba algún género para cubrir la espuma. Experimentó con un material que bloqueaba los rayos solares y que no se rasgaba con facilidad, además venía en diferentes colores. Sin embargo, el material no aceptaba bien las impresiones, atributo que Steven consideraba necesario para el éxito del proyecto. Steven analizó el problema con el fabricante. Unas semanas después, el fabricante había encontrado una forma nueva de tratar el material para que se pudiera imprimir en él. El costo del material sería de 75 centavos la yarda cuadrada.

Una vez resuelto el asunto del material de la cubierta, Steven empezó a experimentar métodos para anexar la placa al auto. Sabía que esto era importantísimo para el éxito de su producto, como lo había sido en el caso de los "lentes". Steven optó por usar imanes, que se podían anexar sin problema a la espuma, haciendo que el uso del producto resultara fácil. Además, también era interesante que los imanes sólo costaran alrededor de 30 centavos por pie.

Steven pasó una tarde entera escogiendo un nombre para el producto. Consideró varios nombres, como Protectopuertas, Para-abolladuras, Protecto-abolladuras, Absorbepuertas y Parapuertas. Por intuición optó por Protectopuertas.

Steven tenía el nombre, pero sabía que no tenía un producto completo. Si sólo usaba los imanes para sujetar el producto a la puerta, ¿qué impediría que alguien se robara los protectores? Después de que varias ideas para evitar el robo le fallaran, Steven optó por un cable incluido en la placa de espuma. Después de anexar la placa Protectopuertas a la puerta, el usuario metería el otro extremo del cable al auto y cerraría la puerta con llave. Quien tratara de robarse el dispositivo tendría que romper la placa dejándola inservible. El cable costaría 15 centavos por pie y se requerirían 3 pies por placa. Véase el ejemplo 1-1 que representa un diagrama del protectopuertas.

Steven pensó que ya tenía el producto perfecto. Absorbía los impactos de las puertas de otros autos, era contra robos y a prueba de agua, se podía guardar sin problema en la cajuela o el asiento trasero y se podía imprimir en él. La muestra 1-2 ilustra el uso de un protectopuertas. El protectopuertas sería un poco mayor que la puerta de un auto de dos puertas. En un auto de cuatro puertas cubriría justo dos puertas.

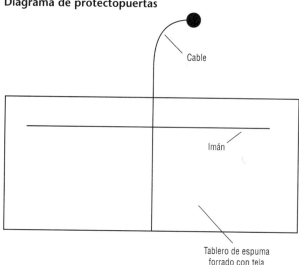

Cable

Imán

Tablero de espuma
forrado con tela

A continuación Steven estudió cómo producir el producto nuevo. Sabía que no tenía el tiempo, la experiencia ni el dinero para fabricar el producto por cuenta propia, pero le preocupaba que si contrataba fabricantes éstos le cobrarían demasiado por producir los protectopuertas. Por ello, se dirigió a organizaciones como Trabajos para los Minusválidos e Industrias de Buena Voluntad, que podrían ensamblar los productos a menor costo. Con el tiempo encontró una organización que podía encargarse de todo lo necesario para ensamblar e imprimir un juego de dos placas por unos 3 o 4 dólares.

Casi por último, Steven pensó en el precio. Recordó que su profesor de mercadotecnia había explicado en clase cómo poner precios sobre costos, para lo que preparó una lista de costos (véase muestra 1-3). Con base en un costo total de 14.74 dólares para un juego de dos placas, Steven usó un recargo del 100% sobre el costo (y un poco de precio psicológico) para obtener un precio sugerido para la venta al menudeo de 29.95 por juego. Como ya había diseñado, nombrado y fijado un precio para el producto, Steven analizó qué mercado atacaría.

El mercado

Steven sabía que tendría que investigar el potencial del mercado, pero pensaba que no tenía muchas bases para hacer una estimación razonable del potencial de ventas del protectopuertas. No obstante, usando fuentes secundarias, encontró que en Estados Unidos había 122.8 millones de autos circulando; que casi 80% de ellos tenían, cuando menos tres años; 50% tenían, cuando menos seis años. Como no existía ningún producto comparable con protectopuertas en el mercado, Steven no estaba muy seguro de la proporción de dueños de autos que compraría el producto nuevo. Los "lentes" para autos eran los únicos que permitían una comparación, pero había una inmensa diferencia de precios: los lentes costaban entre 1.49 y 6.00 dólares, mientras que el protectopuertas costaría casi 30. Muchas empresas regalaban "lentes" como parte de su publicidad; pocas empresas harían lo mismo con el protectopuertas.

No obstante, Steven pensaba que el protectopuertas se podía enfocar a un mercado muy amplio y que, con el enfoque mercadotécnico adecuado, sería un producto ganador. Sabía que las ventas de autos nuevos en Estados Unidos, el año anterior, habían sumado 9,853,000 dólares. Pocos compradores de autos nuevos adquirirían paquetes de protección corporal instalados de fábrica y que, en cambio, elegían elegantes radios, aire acondicionado, control de ruta y otras opciones. Steven pensaba que la persona que pagara 15,000 dólares o más por un auto, pagaría un precio razonable para protegerlo. Esto contribuía a explicar el éxito de los "lentes" para auto. Las ventas habían empezado lentamente en el caso de los primeros "lentes", tan solo un pedazo de cartón. Pero cuando sus inventores incluyeron dibujos y mensajes en los productos, las ventas de "lentes" se aceleraron. En 1988, las ventas excedieron los 20 millones de dólares.

Steven soñaba con resultados así de espectaculares para las ventas del protectopuertas. Si tan sólo pudiera captar 5% del mercado de los autos nuevos, vendería casi 500,00 juegos. Además, si le vendiera a sólo 5% de los propietarios de los 122,800,000 autos en circulación, obtendría ventas de más de 6,100,000 juegos de protectopuertas. Con este gran potencial en mente, Steven empezó a analizar los detalles para la introducción del protectopuertas.

El enfoque mercadotécnico

Steven procedió con cautela y se dirigió a un abogado especialista en patentes, quien le informó que tendría que realizar una investigación sobre patentes antes de solicitar una. Esta investigación le costaría 500 dólares y el proceso de solicitud entre 1,500 y 2,000 más.

Como no tenía dinero, Steven buscó una salida más barata. Averiguó que cualquiera puede hacer una investigación de las patentes existentes. Todos los estados tienen un depósito de patentes. Lo único que tendría que hacer es visitar un depósito de estos y realizar una investigación por computadora para averiguar si existía alguna patente similar. Steven también averiguó que se requería un promedio de dos años para que la oficina de patentes diera su visto bueno. Durante ese periodo cualquier competidor podría copiar y vender el producto. Aunque los inventores podían demandar al competidor después de que la oficina de patentes aprobara una patente, muchos inventores no tenían fondos suficientes para entablar la demanda. Sin embargo, Steven decidió obtener la patente por su cuenta.

EJEMPLO 1-2
Ilustración del protectopuertas en uso

Protectopuertas
Clear Cola

EJEMPLO 1-3
Costo/precio del protector para puertas

Costos de material

Tablero de espuma M200	$2.90 por tablero
Cubierta de tela	.75 por yarda^2
Imanes	.30 por pie
Cable	.15 por pie
Misceláneos (impresión de la pantalla, empaque)	.50 por tablero
Ensamble	1.50 por tablero

Costo por tablero

M200 $\frac{1}{2}$" 1' × 4'	$2.90
Materiales 1 $\frac{1}{2}$ yardas cuadradas	1.12
Imanes 3'	.90
Cable 3'	.45
Misceláneos	.50
Ensamble	1.50
Total	7.37
Costo por conjunto de dos tableros	$14.74
*Precio al detalle por conjunto**	$29.95

* Incremento de 100% en costo

Después Steven consideró tres posibilidades para la distribución del producto. En primer lugar, Steven pensó que podría interesar a una cadena nacional de tiendas minoristas, como Sears o K Mart, para que impulsara el producto; las dos tenían grandes departamentos de artículos para autos. Cuando pensó en las ventas por catálogo, pensó en dos empresas como posibles ditribuidoras; Sharper Image y BrookStone. Estos catálogos llegaban a manos de personas que podrían darse el lujo de comprar los protectopuertas. Las empresas de ventas por catálogo tenían gastos fijos más bajos y, por consiguiente, aumentaban menos los precios. Por último, Steven pensó en venderle directamente a empresas grandes como R. J. Reynolds o Anheuser-Busch que podrían ofrecer el producto como un artículo publicitario o especial. Si los propietarios de autos acepta-

ban el protectopuertas como habían aceptado los "lentes" para auto, estas empresas podrían tener acceso a un mercado enorme. Es más, como estaban ligadas con las carreras de autos, estas empresas podrían estar muy interesadas en el producto. Steven se preguntaba cuál de estas formas de distribución sería la mejor o si tendría que pensar en otras formas.

Un jueves por la noche, Steven volvió de clases sintiéndose cansado pero muy emocionado. Con las presiones y los costos de su último año de estudios, Steven tenía poco tiempo y recursos. A pesar de todos los preparativos, el protectopuertas seguía siendo sólo una idea. Se dio cuenta que no tenía una idea clara de cómo proseguir. Sabía que el protectopuertas sería un gran producto, pero ahora se daba cuenta que sería muy complicado llevar la idea al mercado. Sacó una libreta y empezó a hacer una lista de cosas que tendría que hacer para el proyecto. A través de la ventana podía ver su auto nuevo, estacionado en un rincón distante del estacionamiento. Steven sonrió y musitando se dijo:

—Sigue sin abolladuras, y así se quedará.

PREGUNTAS

1. ¿Qué necesidades y anhelos de los consumidores satisface el protectopuertas?

2. ¿Cuáles de las filosofías de la administración mercadotécnica que se presentan en el texto está siguiendo Steven Harris?

3. Si, como dice el texto, un mercado consiste de "la serie de compradores reales y potenciales de un producto", ¿qué mercado pretende servir Steven con su protectopuertas?

4. ¿Qué problemas enfrenta Steven? ¿Se le ha olvidado tomar en cuenta alguna cosa?

5. ¿Qué le recomendaría a Steven Harris? ¿Cómo puede adoptar el concepto mercadotécnico? ¿Qué puntos debe incluir en su lista de cosas mercadotécnicas por hacer?

Fuente: Adaptado de "DoorMate: A New Product Venture", de Thomas H. Stevenson, de la Universidad de Carolina del Norte en Charlotte. Reproducido con autorización de North American Case Research Association y del profesor Stevenson.

*L*a planeación estratégica y el proceso de mercadotecnia

Nobody
does
Shirts
like
Dockers

*L*os pantalones vaqueros, inventados en 1850 por Levi Strauss, un inmigrante bávaro que le vendía pantalones de lona a los gambusinos de California, llevan muchos años siendo una institución en la vida de Estados Unidos. Además, Levi Strauss & Co. ha dominado la industria de los pantalones vaqueros desde hace mucho. Desde los años cincuenta, hasta los setenta, cuando el aumento de la tasa de natalidad que se había registrado años antes produjo un incremento notable en la cantidad de jóvenes, tanto las ventas de Levi Strauss & Co. como las de otros fabricantes de pantalones vaqueros registraron un crecimiento anual constante de entre 10 y 15%, sin que se requiriera gran esfuerzo para planear sus estrategias o mercadotecnia. La venta de estos pantalones era muy fácil; Levi se limitaba a concentrarse en tratar de fabricar lo suficiente para satisfacer un mercado que parecía insaciable. No obstante, a principios de los años ochenta, la demografía había alcanzado a la industria de los pantalones vaqueros. Sus mejores clientes, los jóvenes producto de la explosión de la natalidad, habían crecido y sus gustos iban cambiando al mismo tiempo que sus cinturas: compraban menos pantalones y los usaban más tiempo. Por otra parte, el segmento de entre 18 y 24 años, el grupo que supuestamente habría de adquirir pantalones vaqueros, estaba disminuyendo. Así fue como Levi se encontró luchando por una parte de un mercado que desaparecía.

Al principio, a pesar de la reducción del mercado, Levi Strauss & Co. se ciñó estrictamente al negocio básico de sus pantalones. Buscó el crecimiento por medio de estrategias para comercializarlos en masa, aumentando mucho su publicidad y vendiéndolos por vía de detallistas que manejaban grandes volúmenes, como Sears y J.C. Penney. Cuando esta táctica falló y las utilidades siguieron desplomándose, Levi se diversificó y entró al ramo de la ropa de moda y de las prendas especializadas, cuyas ventas crecían a mayor velocidad. En poco tiempo la empresa había sumado más de 75 líneas nuevas, inclusive la línea Polo de Ralph Lauren (alta moda); la línea de David Hunter (ropa deportiva clásica para caballero); la colección de Perry Ellis (ropa informal para caballeros, damas y menores); la Tourage SSE (ropa elegante para caballero); la Frank Shorter Sportswear (ropa deportiva); y muchas más. Para 1984, Levi se había diversificado tanto que cubría un confuso conjunto de ramas, desde sus pantalones vaqueros originales, hasta sombreros para caballero, ropa para esquiar e incluso ropa de maternidad de mezclilla. Como dijera un analista, en aquel tiempo, en la revista *Inc.*:

> Durante muchos años, Levi prosperó con una estrategia: perseguir la demanda de los pantalones vaqueros. Después se presentó la locura de los vaqueros de diseñador y Levi se descosió. La empresa se diversificó entrando al ramo de la moda... Pegó su famoso nombre en todo tipo de prendas, desde trajes deportivos hasta pantalones de poliéster para dama. Los resultados fueron un desastre: las utilidades cayeron 79% el año pasado y la empresa recortó alrededor de 5,000 empleos.

En 1985, haciendo un esfuerzo por imprimir un cambio en la afectada empresa de Levi Strauss, una gerencia nueva aplicó un atrevido plan estratégico, partiendo de una reorganización drástica. Vendió la mayor parte de las ramas de ropa de moda y especializada, de tan negro destino, y volvió a colocar a la empresa en el campo de lo que siempre había hecho bien: producir y vender pantalones vaqueros. De entrada, Levi rejuveneció su producto insignia: el pantalón clásico 501, con bragueta de botones y ajustable. Invirtió 38 millones de dólares en la campaña publicitaria, ahora clásica, del "blues 501", consistente en una serie de "anuncios realistas", tipo documental, muy informales. Hasta entonces, ninguna empresa había gastado jamás tanto dinero en una sola prenda de vestir. En aquellos años, muchos analistas pusieron la estrategia en tela de juicio. "Es demasiado dinero para un simple par de pantalones". No obstante, la campaña de los "blues 501" hablaba en nombre de todos los productos de la empresa. Recordaba a los consumidores que Levi tenía una sólida tradición y volvía a colocar a la empresa dentro del legado básico de sus pantalones vaqueros. En seis años, la campaña logró duplicar con creces las ventas de los 501.

A partir de esta sólida base azul, Levi empezó a sumar productos nuevos. Por ejemplo, añadió a su línea básica, con gran éxito, vaqueros prelavados, de brillantes tonos. A finales de 1986, Levi introdujo los Dockers, unos pantalones de algodón, informales y cómodos, dirigidos a los hombres producto de la explosión de la natalidad que iban teniendo más años. Esta línea nueva, extensión natural del negocio de los pantalones vaqueros, mereció una aceptación superior a la que se había esperado. No sólo los adultos compraron Dockers, sus hijos también lo hicieron. Al parecer, todo adolescente estadounidense necesitaba cuando menos un par de pantalones informales de algodón, lo bastante elegantes para ponérselos cuando iba a conocer a los padres de su novia. La línea de los Dockers, a pocos años de su introducción, se ha convertido en un éxito que representa un mil millones de dólares anuales. Levi ha seguido creando productos nuevos para los hombres que van madurando. En 1992, introdujo los pantalones de mezclilla holgados de las líneas 550 y 560, "una interpretación libre de los originales", para los hombres que han superado los pantalones de la línea 501, de corte más estrecho.

Además de introducir productos nuevos, Levi Strauss & Co. aceleró las actividades para desarrollar mercados nuevos. Por ejemplo, en 1991, creó pantalones de mezclilla diseñados especialmente para mujeres y emprendió una innovadora campaña publicitaria de cinco meses y 12 millones de dólares: "Vaqueros para mujeres", que presentaba las curvas de la mujer en el cuerpo de cuatro artistas que lucían ajustados pantalones vaqueros. Además, emprendió una campaña publicitaria nacional por televisión, en español, dirigida a aumentar su atractivo en el joven mercado de los hispánicos, leales a las marcas, que está creciendo a gran velocidad.

No obstante, el giro más importante de Levi ha sido en los mercados internacionales. En 1985, Levi estuvo a punto de vender sus negocios en el extranjero, por poco rentables y sólidos. Sin embargo, desde esa fecha, la empresa ha convertido lo que fuera un batidillo de licenciatarios extranjeros en un equipo de subsidiarias mundiales muy bien coordinadas. Levi se ha convertido en el único fabricante estadounidense de ropa verdaderamente mundial. Su estrategia consiste en "pensar en términos globales, pero actuar en términos locales". Cuenta con un sistema, estrechamente coordinado, para la fabricación, la comercialización y la distribución mundiales. Levi reúne a los gerentes de todo el mundo dos veces al año, para que éstos compartan sus ideas en cuanto a productos y publicidad y para encontrar aquellos que puedan tener éxito mundial. Por ejemplo, la línea Dockers tuvo su origen en Argentina, pero ahora es un éxito mundial. Sin embargo, no obstante la estrategia global, Levi fomenta que las unidades locales hagan productos y programas que se adapten a sus mercados internos. Por ejemplo, en Brasil, creó la línea Femenina, pantalones vaqueros de corte curvilíneo que permiten a las brasileñas encontrar el apretado ajuste que les gusta.

En la mayor parte de los mercados extranjeros, Levi Strauss & Co. refuerza con atrevimiento sus raíces estadounidenses. Por ejemplo, James Dean es una figura central de gran parte de la publicidad de Levi en Japón. Los anuncios de Indonesia proyectan un grupo de jovencitos, usando ropa Levi y manejando convertibles de los años sesenta en Dubuque, Iowa. Por otra parte, casi todos los anuncios extranjeros incluyen diálogos en inglés. Cabe señalar que así como los estadounidenses suelen considerar que sus Levi's son ropa básica, de todos los días, los consumidores de Europa y Asia los consideran la manifestación de una moda que eleva el nivel social. Los precios guardan proporción con el atractivo esnobista: un par de pantalones Levi 501 que en Estados Unidos cuesta 30 dólares llega a valer 63 dólares en Tokio y 88 dólares en París, dejando atractivos márgenes de utilidades.

Las actividades de mercado globales de Levi, innovadoras y agresivas, han producido resultados asombrosos. Mientras el mercado nacional sigue reduciéndose, las ventas en el exterior sustentan gran parte del crecimiento de Levi. Hoy por hoy, los mercados exteriores representan 39% del total de ingresos de la empresa y 60% de las utilidades. Lo más impresionante es que los negocios en el exterior están creciendo a un ritmo del 32% anual, al quíntuple del ritmo de crecimiento de las operaciones en el interior del país. Levi sigue buscando nuevas oportunidades en los mercados internacionales. Por ejemplo, en fecha reciente, en Rumania, abrió sus puertas la primera tienda en vender oficialmente al público pantalones Levi's. Ahora, la empresa está enfrentándose a sus competidores para llegar antes a los consumidores de Europa Oriental y de las repúblicas soviéticas, ansiosos de tener ropa de mezclilla.

Los ambiciosos planes de mercado y las estrategias han convertido a Levi Strauss en una empresa vigorosa y rentable, más preparada para enfrentar las oportunidades de los mercados cambiantes. Desde el cambio operado en 1985, las ventas de Levi han aumentado más del 31% y las utilidades se han multiplicado por cinco. Así es como Levi, partiendo de la base sólida del negocio medular de los pantalones vaqueros, aunada a la debida planificación de productos y mercados, ha encontrado la manera de crecer rentablemente, a pesar de la reducción del mercado nacional de los pantalones de mezclilla. Como ha dicho un observador de la empresa: "Levi ha aprendido que con una combinación adecuada de persistencia y gente lista [la planeación de productos nuevos y] la entrada a mercados nuevos puede resultar tan sencilla como meterse en un par de pantalones de mezclilla de Levi".[1]

AVANCE DEL CAPÍTULO

El capítulo 2 presenta los elementos básicos de los planes estratégicos y del proceso de mercadotecnia.

En primer término se explican los cuatro pasos para planificar las estrategias de la empresa entera: definir la *misión* de la empresa; establecer las *metas y objetivos; diseñar una cartera de negocios* para cumplir con la misión y alcanzar las metas y objetivos; y *planificar las estrategias funcionales.*

En segundo, se describe el *proceso de mercadotecnia,* inclusive cómo *medir la demanda y hacer pronósticos; segmentar, enfocar y posicionar* el *mercado; y cómo aplicar estrategias de mercadotecnia competitivas.*

En tercero, se presentan algunas de las vías que usan las empresas para poner sus estrategias en acción, mediante el desarrollo de la *mezcla de mercadotecnia, administrando las actividades de mercadotecnia y analizando y planificando* los mercados. Esta sección es una referencia muy útil para el futuro, pues define *las partes de un plan de mercadotecnia* y sus propósitos.

Por último, se incluye un resumen de los conceptos de los procesos para la *aplicación,* la *organización* departamental y el *control* de la mercadotecnia.

Toda empresa debe ver hacia el futuro y preparar estrategias a largo plazo, con objeto de encarar las condiciones cambiantes de su industria. No existe una estrategia única que le sirva bien a todas las empresas; cada una de ellas debe encontrar el plan de acción que le resulte más sensato, dada su situación concreta, sus oportunidades, objetivos y recursos. La difícil tarea de escoger una estrategia global para la supervivencia y el crecimiento de la empresa a largo plazo se conoce con el nombre de *planeación estratégica.*

La mercadotecnia desempeña un papel muy importante en la planeación estratégica. Contribuye con información y otros insumos que sirven para preparar el plan estratégico. A su vez, la planeación estratégica define el papel que desempeña la mercadotecnia en la organización. El departamento de mercadotecnia, guiado por el plan estratégico, colabora con otros departamentos de la organización para alcanzar los objetivos de las estrategias globales.

En este capítulo, primero se analiza la planeación de las estrategias globales de la organización. A continuación, se explica el papel que desempeña la mercadotecnia en la organización, con base en el plan de las estrategias globales. Por último, se explica el proceso administrativo de la mercadotecnia; el proceso que siguen los especialistas en mercadotecnia para cumplir con su papel dentro de la organización.

LA PLANIFICACION DE ESTRATEGIAS

Perspectiva de la planificación

Muchas empresas funcionan sin planes formales. Tratándose de empresas nuevas, los gerentes suelen estar tan ocupados que no tienen tiempo para hacer planes. En el caso de empresas pequeñas, los gerentes, en ocasiones, piensan que sólo las grandes sociedades requieren planes formales. En las empresas maduras, muchos gerentes argumentan que han podido funcionar bien sin planes formales y que, por ende, éstos no son demasiado importantes. Los gerentes quizá se resistan a dedicar tiempo a preparar un plan por escrito; quizás argumenten que los mercados cambian con demasiada rapidez como para que los planes sean útiles, que éstos acabarán empolvándose en el fondo de un cajón.

Sin embargo, los planes formales pueden ofrecerle muchas ventajas a todo tipo de empresas, grandes y pequeñas, nuevas y maduras. Estos planes hacen que la gerencia sistemáticamente piense en el futuro. Obligan a la empresa a afinar sus objetivos y políticas, permiten coordinar mejor las actividades de la empresa y ofrecen normas más claras para controlar el rendimiento. El argumento de que la planificación es menos útil en un entorno cambiante no tiene sentido. De hecho, cabe decir justo lo contrario: una buena planificación permite que la empresa anticipe y responda con rapidez a los cambios del entorno y que se prepare mejor para situaciones inesperadas.

Las empresas suelen preparar planes anuales, planes a largo plazo y planes de estrategias. El *plan anual* es un plan mercadotécnico a corto plazo que describe la situación de la mercadotecnia actual, los objetivos de la empresa, la estrategia de mercadotecnia para el año, el programa de acción, los presupuestos y los controles. El *plan a largo plazo* describe las fuerzas y los factores principales que afectarán a la organización en el transcurso de varios años. Este incluye objetivos a largo plazo, las principales estrategias de mercadotecnia que se usarán para alcanzarlos y los recursos que se requerirán. El plan a largo plazo se revisa y actualiza año con año, de tal manera que la empresa siempre tiene un plan actualizado de largo plazo.

Mientras que el plan anual y el plan a largo plazo de una empresa abordan las actividades corrientes y la manera de que éstas sigan prosperando, el plan estratégico entraña la adaptación de la empresa a efecto de que aproveche las oportunidades que le ofrece su entorno cambiante. Nosotros hemos definido la **planeación estratégica** como el proceso que permite crear y conservar el encuadre estratégico de las metas y capacidades de la organización ante las oportunidades de mercadotecnia cambiantes.

La planeación estratégica establece el escenario para el resto de los planes de la empresa; permite definir con claridad la misión de la empresa, los objetivos que la sustentan, una cartera de negocios estables y la coordinación de las estrategias funcionales (véase la figura 2-1). A nivel corporativo la empresa define primero sus propósitos generales y su misión. Luego, dicha misión detalla los objetivos que la sustentan y que guían a la empresa entera. A continuación, se decide cuál será la mejor cartera de negocios y de productos para la empresa y la cantidad de apoyo que se le debe ofrecer a cada uno de ellos. A su vez, cada unidad de negocios y de productos debe preparar planes de mercadotecnia y departamentales detallados que respalden el plan general de la empresa. Así pues, la planeación de mercadotecnia se presenta en los niveles de la unidad de negocios, de productos y de mercados; es un respaldo para la planeación estratégica de la empresa, pero con planes más detallados, los cuales permitirán aprovechar las oportunidades de mercadotecnia específicas.[2]

Cómo definir la misión de la empresa

Una organización existe para lograr algo. Inicialmente, tiene un propósito o misión claros, pero con el tiempo la claridad de esa misión puede ir borrándose conforme la organización crece y va incluyendo productos y mercados nuevos. O bien, la misión puede seguir siendo clara, pero algunos gerentes ya no están comprometidos con ella. Por otra parte, la misión puede estar clara, pero quizá ya no sea la mejor opción dadas las nuevas condiciones del entorno.

Cuando la gerencia siente que la organización va a la deriva, debe volver a recoger su propósito. Es el momento de preguntar, ¿cuál es nuestro negocio?, ¿quién es el cliente?, ¿qué valoran los consumidores?, ¿cuál será nuestro negocio?, ¿cuál debería ser nuestro negocio? Estas preguntas que parecen tan sencillas

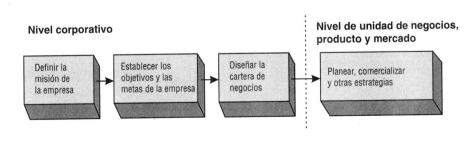

FIGURA 2-1
Etapas en la planificación de estrategias

son las de más difícil respuesta para la empresa. Las empresas triunfadoras se las formulan constantemente y las contestan con sumo cuidado y detalle.

Muchas empresas definen su misión formal respondiendo a estas interrogantes. La definición de la misión es la definición del objetivo de la organización, de lo que quiere lograr en general. La **definición clara de la misión** es como una "mano invisible" que guía a los miembros de la organización de modo que puedan trabajar de manera independiente y, también en colectividad para alcanzar las metas globales de la organización.

Por tradición, las empresas definen sus negocios en términos de productos ("Fabricamos muebles") o en términos tecnológicos ("Somos una empresa dedicada a procesar productos químicos"). Sin embargo, la definición de la misión se debe *orientar al mercado*. Es mejor definir los mercados de un negocio que definir los productos o las tecnologías. Los productos y las tecnologías, con el tiempo, se quedan atrasados, pero las necesidades básicas de los mercados pueden durar para siempre. Una definición de la misión, orientada al mercado, describe los negocios en términos de la satisfacción de las necesidades básicas de los clientes. Así, AT&T se dedica al negocio de las comunicaciones, y no al de los teléfonos. Visa no define su negocio como tarjetas de crédito, sino como un medio que permite a los clientes intercambiar valores; cambiar activos como depósitos de dinero o bienes patrimoniales casi por cualquier otra cosa, en cualquier parte del mundo. La misión de Wal-Mart no es contar con tiendas de descuento, sino ofrecer una amplísima variedad de productos y servicios que tienen valor para la clase media. La empresa 3M hace algo más que sólo fabricar pegamentos, equipo científico y productos para la atención médica; resuelve los problemas de la gente haciendo que sus innovaciones les sirvan.

La gerencia debe evitar que su misión resulte demasiado amplia o estrecha. El fabricante de lápices que dice estar en el negocio de equipo de comunicación está definiendo su misión con excesiva amplitud. La definición de la misión debe ser *realista:* Aerolíneas de Singapur se estaría engañando si adoptara la misión de convertirse en la línea aérea más grande del mundo. Asimismo, debe ser *concreta.*

La misión de la empresa: 3M piensa que su misión no consiste en fabricar pegamentos, equipo científico y productos para la salud, sino más bien en "resolver constantemente los problemas [de la gente] con ideas de avanzada para el hogar, la oficina, la industria y la salud, de tal manera que, todos los días, la gente de 135 países del mundo se beneficie con los productos y los servicios de 3M".

Muchas definiciones de misiones se redactan para efecto de relaciones públicas y carecen de lineamientos específicos y aplicables. La afirmación: "Queremos convertirnos en la empresa más importante de esta industria, fabricando los productos de más calidad, con el mejor servicio y a los precios más bajos" suena bien, pero está llena de generalizaciones y contradicciones. No le servirá a la empresa para tomar decisiones difíciles. La organización debe basar su misión en *las capacidades que la distinguen*. Es probable que McDonald's pudiera ingresar al negocio de la energía solar, pero con ello no aprovecharía su competencia medular: ofrecer alimentos baratos y servicio rápido a grandes grupos de consumidores. Por último, la definición de la misión debe ser *motivante*. La misión de la empresa no se debe definir en términos de realizar más ventas o utilidades; las utilidades sólo son una recompensa por realizar una actividad útil. Los empleados de una empresa tienen que sentir que su trabajo es importante y que contribuye a mejorar la vida de la gente. Compare la misión de la IBM y la de Apple Computer. Cuando IBM registró ventas por 50 mil millones de dólares, su presidente, John Akers, dijo que la meta de IBM era convertirse en una empresa de 100 mil millones dólares para finales de siglo. Por otra parte, la meta de Apple, a largo plazo, ha sido poner el potencial de una computadora en manos de cualquiera. La misión de Apple es mucho más motivante que la de IBM.

Las misiones funcionan mejor cuando las dirige un *ideal*, cabría decir que un "sueño imposible". El presidente de Sony, Akio Morita, quería que todo el mundo tuviera acceso a un "aparato portátil, reproductor de sonido" y su empresa creó el "Walkman". Fred Smith quería entregar correspondencia en cualquier punto de Estados Unidos antes de las 10:30 del día siguiente, y creó Federal Express. Thomas Monaghan quería entregar pizzas calientes en la casa que fuere, en un plazo de 30 minutos, y creó Domino's Pizza.

La definición de la misión de la empresa debe ofrecerle a la empresa un ideal y un curso que duren de diez a veinte años. Las empresas no revisan su misión todos los años en respuesta a cada nuevo cambio de las condiciones externas. Sin embargo, una empresa sí debe volver a definir su misión si ésta ya no resulta creíble o si ya no define un curso ideal para la empresa.[3]

Cómo establecer los objetivos y las metas de la empresa

La misión de la empresa se tiene que desmenuzar mediante objetivos detallados que respalden cada uno de los niveles administrativos. Cada gerente debe contar con objetivos y ser responsable de su logro. Por ejemplo, International Minerals and Chemical Corporation abarca muchos campos, inclusive el negocio de los fertilizantes. La división de fertilizantes no dice que su misión consiste en producir fertilizantes. En cambio, define su misión como "incrementar la productividad del campo". Esta misión desemboca en una serie de objetivos jerarquizados, que incluye objetivos de profesionales y de comercialización. La misión de incrementar la productividad del campo desemboca en el objetivo de las actividades de investigación de la empresa, que sería encontrar fertilizantes nuevos que deriven en un mayor rendimiento. Sin embargo, las investigaciones son muy caras y requieren que haya mayor cantidad de utilidades que se volverán a invertir en programas de investigación. Por consiguiente, el aumentar las utilidades se convierte en otro objetivo primordial del negocio. Las utilidades se aumentan incrementando las ventas o reduciendo los costos. Las ventas se incrementan aumentando la parte del mercado estadounidense que corresponde a la empresa, entrando a más mercados exteriores o de las dos formas. Así pues, estas metas se convierten en los objetivos corrientes de la mercadotecnia de la empresa.

Las estrategias de mercadotecnia son formuladas a efecto de respaldar los objetivos de mercadotecnia mencionados. La empresa, para aumentar la parte del mercado estadounidense que le corresponde, podría incrementar la disponibilidad del producto y su promoción. Con la mira de entrar a mercados en el exterior, la empresa podría reducir precios y dirigirse a los grandes agricultores extranjeros. Estas serían sus estrategias de mercadotecnia generales. A continuación cada estrategia de mercadotecnia general se tendrá que definir de manera más detallada. Por ejemplo, para aumentar la disponibilidad del producto quizá se requiera mayor cantidad de vendedores y de publicidad; de ser así, habrá que detallar los requisitos de los dos. De esta manera, la misión de la empresa se traduce en una serie de objetivos para el periodo actual. Los objetivos tendrán que ser lo más específico posible. El objetivo de "aumentar nuestra parte del mercado" no resulta tan útil como el objetivo "aumentar nuestra parte del mercado a un 15% para finales del segundo año".

Cómo diseñar la cartera de negocios

La gerencia, basándose en la definición de la misión y los objetivos de la empresa, a continuación tendrá que planear su **cartera de negocios;** el grupo de negocios y productos que constituyen esa empresa. La cartera de negocios óptima es la que se encuadra mejor dentro de las ventajas y flaquezas de la empresa para enfrentar las oportunidades del entorno. La empresa deberá (1) analizar su cartera *corriente* de negocios y decidir cuáles de ellos merecen más, menos o ninguna inversión y (2) formular estrategias de crecimiento para sumar productos o negocios *nuevos* a la cartera.

El análisis de la cartera actual de negocios

El instrumento más importante para planear estrategias es el **análisis de la cartera** de negocios, el cual permite que la gerencia evalúe los negocios que constituyen la empresa. Así, la empresa querrá invertir más recursos en los negocios que le resultan más rentables y disminuir o abandonar aquellos que son débiles. Por ejemplo, en años recientes, Dial Corp ha fortalecido su cartera vendiendo los negocios menos atractivos: la línea de autobuses (Greyhound), empresas de material para tejer, de carne empacada y de arrendamiento de computadoras. Por otra parte, ha invertido más en sus productos de consumo (jabón Dial, carnes Armour Star, productos Purex para lavar y otros más) y servicios (Línea de Cruceros Premier y servicios aeroportuarios Dobbs).

El primer paso de la gerencia consiste en identificar los negocios centrales que constituyen la empresa. Estos se llamarían unidades de negocios estratégicos. Una **unidad estratégica de negocios (UEN)** es una unidad de la empresa que tiene su propia misión y objetivos y que se puede planear aparte de otros negocios de la empresa. La UEN puede ser una división de la empresa, una línea de productos en una división o, en ocasiones, un solo producto o marca.

El siguiente paso del análisis de la cartera de negocios requiere que la gerencia determine el atractivo de las distintas unidades y decida cuánto apoyo merece cada una de ellas. En algunas empresas, esto se decide de manera informal. La gerencia revisa el grupo de negocios o productos de la empresa y calcula la cantidad que debe rendir y percibir cada UEN. Otras compañías recurren a métodos formales para planificar sus carteras.

El propósito de la planeación estratégica es encontrar la manera de que la empresa pueda usar su potencial para aprovechar las oportunidades atractivas del entorno. Por tanto, la mayor parte de los métodos generales para el análisis de las carteras evalúan las UEN con base en dos dimensiones importantes: el atractivo del mercado o la industria de la UEN y la posición de la UEN en ese mercado o industria. Los métodos para planear carteras que más se conocen son los elaborados por el Boston Consulting Group, importante empresa de asesoría administrativa, y por General Electric.

El método del Boston Consulting Group. Con el método del Boston Consulting Group (BCG) la empresa clasifica todas sus UEN, con la **matriz de crecimiento-participación** que se muestra en la figura 2-2. En el eje vertical, *el porcentaje de crecimiento del mercado* representa la medida del atractivo del mercado. En el eje horizontal, *la participación relativa en el mercado* sirve para medir el peso de la empresa en el mercado. Si se divide la matriz de crecimiento-participación como se indica más abajo, aparecen cuatro tipos de UEN:

Estrellas. Las estrellas son productos o negocios que se ubican en gran-crecimiento y gran-participación. Con frecuencia requieren fuertes inversiones para financiar su veloz crecimiento. Con el tiempo, este crecimiento disminuirá y se convertirán en vacas de dinero.

Vacas de efectivo. Las vacas de efectivo son productos o negocios que se ubican en poco-crecimiento y gran-participación. Estas UEN, exitosas y bien establecidas, requieren menos inversión para conservar su parte del mercado. Así pues, producen mucho dinero, el cual es usado por la empresa para pagar cuentas y para apoyar a otras UEN que requieren inversión.

Interrogantes. Las interrogantes son unidades de negocios con poca participación que se ubican en mercados de gran crecimiento. Requieren muchísimo dinero para conservar su parte y más aún para aumentarla. La gerencia debe pensar muy bien cuáles son las interrogantes que debe intentar convertir en estrellas y cuáles debe eliminar poco a poco.

Perros. Los perros son productos y negocios que se ubican en poco crecimiento y poca participación; pueden generar dinero suficiente para mantenerse, pero no guardan la promesa de producir grandes cantidades de dinero.

Los diez círculos que contiene la matriz de crecimiento-participación de la figura 2-2 representan diez de las UEN que tiene una empresa. La empresa tiene dos estrellas, dos vacas de efectivo, tres interrogantes y tres perros. El tamaño de los círculos guarda proporción con las ventas en dólares de la UEN. Esta compañía está en buena forma, aunque no lo suficiente. Quiere invertir en las interrogantes más promisorias para convertirlas en estrellas y quiere conservar las estrellas para que se conviertan en vacas de efectivo conforme sus mercados vayan madurando. Afortunadamente, cuenta con dos vacas de efectivo de buen tamaño y usa sus ingresos para financiar las interrogantes, las estrellas y los perros de la empresa. Esta empresa debe tomar algunas medidas decisivas en cuanto a sus perros e interrogantes. El panorama sería más sombrío si la empresa no tuviera estrellas, si tuviera demasiados perros o sólo tuviera una vaca de efectivo débil.

Cuando ha clasificado sus UEN, la empresa debe determinar el papel que desempeñará cada una de ellas en el futuro. Para cada UEN se puede aplicar una de cuatro estrategias. La empresa puede invertir más en la unidad de negocios a efecto de *aumentar* su participación. Puede invertir lo justo para conservar la participación de la UEN en su nivel presente. Puede *cosechar* la UEN, ordeñando su flujo de efectivo a corto plazo, olvidándose de las repercusiones a largo plazo. Por último, puede *deshacerse* de la UEN vendiéndola o acabándola poco a poco y usar los recursos para otra cosa.

Conforme pasa el tiempo, la posición de las UEN va cambiando en la matriz de crecimiento-participación. Cada UEN tiene un ciclo de vida. Muchas UEN empiezan como interrogantes y pasan a la categoría de estrellas cuando tienen éxito. Estas últimas se convierten en vacas de efectivo conforme disminuye el crecimiento del mercado y, por último, se apagan o se convierten en perros hacia el final de su ciclo de vida. La empresa tiene que aumentar productos y unidades

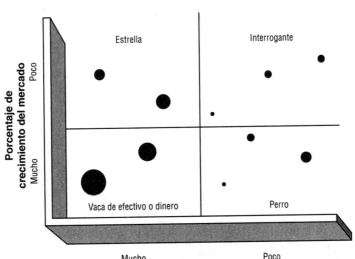

FIGURA 2-2
La matriz de crecimiento-participación del BCG

nuevas constantemente a efecto de que algunas se conviertan en estrellas y, con el tiempo, vacas de dinero que contribuyan a financiar las otras UEN.

El método de General Electric. General Electric introdujo un instrumento para la planificación general de carteras que se llama la **matriz para la planeación de negocios estratégicos** (véase la figura 2-3). Como en el caso del método del BCG, este método usa una matriz con dos dimensiones: una que representa el atractivo de la industria (el eje vertical) y otra que representa el peso de la empresa en la industria (el eje horizontal). Los negocios más valiosos son los que su ubican en industrias muy atractivas, donde el negocio de la empresa tiene gran peso.

El método de GE toma en cuenta muchos factores además del porcentaje de crecimiento del mercado como parte del atractivo de la industria. Usa un índice del atractivo de la industria compuesto por el tamaño del mercado, el porcentaje de crecimiento del mercado, el margen de utilidades de la industria, la cantidad de competencia, la temporalidad y los ciclos de la demanda y la estructura de costos de la industria. Cada uno de estos factores recibe una calificación y después se combina para formar el índice de atractivo de la industria. En el caso que se presenta aquí, el atractivo de la industria se calificará como alto, intermedio o bajo. Por ejemplo, Kraft ha identificado muchas industrias muy atractivas: alimentos naturales, alimentos congelados especializados, productos para deportistas y otras más. Se ha retirado de industrias menos atractivas como los aceites a granel y los empaques de cartón.

En el caso de la *fortaleza del negocio,* el método de GE también usa un índice y no una sola medida de la participación relativa en el mercado. El índice de la fortaleza del negocio incluye factores como la parte relativa del mercado que corresponde a la empresa, la competitividad de los precios, la calidad del producto, los conocimientos del mercado y los clientes, la eficacia de las ventas y las ventajas geográficas. Estos factores reciben una calificación y se combinan en un índice de la fortaleza del negocio, misma que se puede calificar de alta, intermedia o baja. Por tanto, los negocios de Kraft tienen bastante fortaleza en la industria de los alimentos y otras relacionadas, pero tienen relativamente poco peso en la industria de los aparatos electrodomésticos.

La matriz se divide en tres zonas. Los cuadros gris claro en el extremo superior izquierdo incluyen las UEN fuertes, aquellas en que debería invertir y desarrollar la empresa. Los cuadros diagonales blancos contienen las UEN que tienen regular atractivo general. La empresa debería conservar su grado de inversión para estas UEN. Los tres cuadros de color gris oscuro del extremo inferior derecho señalan las UEN que tienen poco atractivo general. La empresa debería considerar seriamente si conserva estas UEN o si se deshace de ellas.

Los círculos representan cuatro UEN de la empresa; las superficies de los círculos guardan proporción con el tamaño relativo de las industrias en las que compiten las UEN. Así pues, el círculo A representa una UEN de la empresa, con una participación del 75% del mercado de una industria de buen tamaño y muy atractiva, en la cual el negocio de la empresa tiene gran peso. El círculo B representa una UEN que cuenta con 50% del mercado, pero la industria no es muy atractiva. Los círculos C y D representan otras dos UEN de la empresa en indus-

FIGURA 2-3
Matriz de General Electric para la planificación de negocios estratégicos

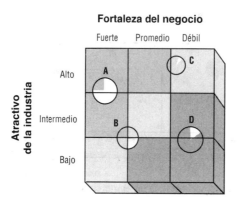

trias donde la compañía tiene poca participación en el mercado y donde sus negocios tienen poca fortaleza. En resumen, la empresa debe aumentar A, mantener B y tomar decisiones drásticas en cuanto a lo que hará con C y D.

La gerencia también proyectaría las posiciones de las UEN en la figura, cambiando o no cambiando de estrategias. La gerencia, al comparar las parrillas presentes y las proyectadas de los negocios, podrá identificar cuestiones estratégicas fundamentales, así como sus oportunidades.

Problemas con los enfoques de matrices. Los métodos formales del BCG, de GE y otros más han revolucionado la planeación estratégica. Sin embargo, los enfoques tienen sus limitaciones. Su aplicación puede ser difícil y costosa, además de requerir mucho tiempo. La gerencia puede tener problemas para definir las UEN y para medir la participación y el crecimiento del mercado. Además, los métodos sirven para clasificar los negocios *actuales*, pero no dicen mucho para la planeación a *futuro*. La gerencia debe confiar en su juicio para establecer los objetivos de los negocios de cada UEN, para determinar cuántos recursos asignar a cada una de ellas y para encontrar los negocios nuevos que añadirá.

Los métodos formales para planear también pueden hacer que la empresa conceda demasiada importancia al crecimiento de la participación en el mercado o al crecimiento por vía del ingreso a mercados nuevos y atractivos. Muchas empresas que usaron estos métodos se metieron a negocios nuevos, inconexos, con gran crecimiento, pero que no sabían cómo administrar y los resultados fueron deplorables. Por otra parte, estas compañías muchas veces abandonaron, vendieron y ordeñaron hasta el final, con demasiada velocidad, los negocios maduros y sanos que tenían. Por consiguiente, muchas empresas que antes se diversificaron demasiado, ahora están estrechando su mira y volviendo al punto básico de cubrir una o unas cuantas industrias que conocen bien (véase Puntos importantes de la mercadotecnia 2-1).

A pesar de estos problemas y algunos otros y aunque muchas empresas han abandonado los métodos formales de las matrices para optar por métodos más adaptables y convenientes para sus situaciones individuales, la mayor parte de las empresas siguen aceptando la planeación estratégica sin titubeos. Alrededor del 75% de las 500 empresas de *Fortune* recurren a algún tipo de planeación de cartera.[4]

Este tipo de análisis no es una panacea para encontrar la estrategia más conveniente. No obstante, puede servirle a la gerencia para entender la situación global de la empresa, para ver cuánto contribuye cada negocio o producto, para asignar recursos a los negocios y para dirigir a la empresa hacia el éxito futuro. La planeación estratégica, bien usada, es apenas un aspecto importante de la administración estratégica global, una forma de pensar en cómo administrar un negocio.[5]

Cómo preparar estrategias de crecimiento

Además de evaluar los negocios corrientes, el diseño de la cartera de negocios sirve para encontrar negocios y productos que la empresa debe tomar en cuenta para el futuro. Un instrumento muy útil para identificar las posibilidades de crecimiento es la **matriz de expansión del mercado/producto**,[6] que contiene la figura 2-4. En este caso, se aplica a Levi Strauss & Co.

Penetración en el mercado. La gerencia de Levi Strauss podría considerar, en primera instancia, si las marcas centrales de la empresa pueden **penetrar más en el mercado,** vendiéndole más a los clientes actuales sin cambiar sus

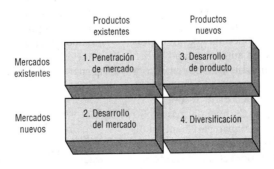

FIGURA 2-4
Identificación de las oportunidades del mercado por medio de la matriz de expansión de mercado/producto

PUNTOS IMPORTANTES DE LA MERCADOTECNIA 2-1

LOS NEGOCIOS ESTADOUNIDENSES VUELVEN A LOS FUNDAMENTOS

En la década de los años setenta y a principios de los ochenta, los encargados de planear las estrategias en muchas empresas estadounidenses padecieron una fiebre por las expansiones. Al parecer, todo el mundo quería ser más grande y crecer más rápido ampliando su cartera de negocios. Las empresas ordeñaban sus negocios medulares, pesados pero rentables, para obtener el dinero que necesitaban para adquirir negocios relumbrones, que crecían a mayor velocidad en industrias más atractivas. Al parecer, no importaba que muchos de los negocios adquiridos no tuvieran nada que ver con los que ya se tenían ni tampoco que funcionaran en mercados del todo desconocidos para la gerencia de las empresas.

Así, muchas sociedades anónimas se convirtieron en gigantescos conglomerados, en ocasiones abarcando cientos de productos y negocios inconexos, en una docena de industrias variadas. Muchas veces, la administración de estas carteras variopintas resultó bastante difícil. Los directores de los conglomerados aprendieron muy rápido que no era fácil administrar negocios de industrias que casi no conocían. Muchos de los negocios recién adquiridos se cimbraron por el peso de los muchos estratos de la administración corporativa y el aumento de los costos administrativos. Por otra parte, los negocios rentables fundamentales que habían financiado las adquisiciones se marchitaban por falta de inversión y atención de los administradores.

Para mediados de los años ochenta, conforme iba fallando una diversificación dispersa tras otra, la fiebre de las adquisiciones cedió, dando paso a otra filosofía: el retorno a lo fundamental. La nueva tendencia tuvo muchos nombres: "estrechar la mira", "limitarse a lo conocido", "la locura de las contracciones", "el afán por purgar". Todas ellas significan estrechar el marco del mercado de la empresa y volver a la idea de atender una o unas cuantas de las industrias centrales que la sociedad conoce bien. La empresa se deshace de los negocios que no encajan dentro del marco reducido y se reconstruye concentrando recursos en los negocios que sí caben en él. El resultado es una empresa más pequeña, pero con un enfoque más claro; una sociedad más sólida que atiende menos mercados, pero que los atiende mucho mejor.

A partir de mediados de los años ochenta, las empresas de todas las industrias se han dedicado a volver a su enfoque original y a deshacerse de las operaciones inconexas. Algunas empresas han tomado medidas drásticas. Por ejemplo, en los años setenta, la gigantesca Gulf & Western adquirió negocios en decenas de industrias variadas, desde componentes para autos y equipo industrial hasta prendas de vestir y muebles; desde cemento y tabaco hasta pistas de carreras y juegos de video. Sin embargo, en 1983 y 1984, a efecto de recuperar su enfoque y sentido, la empresa se deshizo de más de 50 unidades de negocios que representaban casi la mitad de sus ventas por 8 mil millones de dólares. En 1989, la sociedad cambió su nombre por el de Paramount Communications, con objeto de reflejar su marco consistente en el entretenimiento y las comunicaciones. Ahora centra su energía y sus recursos en una cartera, más pequeña y sólida, de unidades dedicadas al entretenimiento y las publicaciones, la cual incluye a Paramount Pictures, las editoriales Simon & Schuster/Prentice Hall, la red USA Cable, libros de bolsillo, los teatros Cinamerica y otras empresas relacionadas.

Algunas empresas del ramo de los alimentos también tomaron medidas para volver a bases sólidas. Quaker Oats vendió sus negocios detallistas especializados (Jos. A. Bank [ropa], Brookstone [herramientas] y Eyelab [ópticas]) y es muy probable que venda su rentable negocio de juguetes Fisher-Price. Invirtió las ganancias en fortalecer las marcas de alimentos que tenía y en adquirir Golden Grain Macaroni Company (Rice-a-Roni y Noodle-Roni) y Gaines Foods (alimentos para mascotas), cuyos productos complementan a los de Quaker. General Mills acabó con 20 años de diversificación descartando la mayor parte de sus negocios ajenos a los alimentos y volviendo a la cocina. Vendió empresas como Izod (moda), Monet (joyería), Parker Brothers (juegos), Kenner (juguetes) y Eddie Bauer y Talbots (minoristas especializados), al tiempo que aumentó las inversiones en sus marcas básicas de alimentos de consumo (Wheaties y otros cereales, pasteles Betty Crocker, mariscos Gorton, harina Gold Medal) y restaurantes (Red Lobster, Darryl's).

Aunque en los años noventa se ha registrado otra oleada de adquisiciones y megafusiones, la nueva fiebre de las expansiones difiere muchísimo de la de la década anterior. Hoy, son menos las empresas que pretenden crecer por medio de una gran diversificación en negocios atractivos pero inconexos. En cambio, la mayor parte de ellas están adquiriendo o fusionándose con empresas relacionadas, muchas veces competidoras, para conseguir mayor peso en el mercado con sus negocios fundamentales. Así, Philip Morris adquirió General Foods y Kraft para convertirse en la sociedad más importante del país en el ramo de los alimentos y Delta Airlines adquirió Pan Am para reforzar su posición en la industria de las líneas aéreas.

Estas empresas y otras más han llegado a la conclusión de que los negocios que crecen velozmente dentro de industrias atractivas no representan una buena inversión si hacen que los recursos de la sociedad se estiren demasiado o si los directivos de la empresa no las pueden administrar debidamente. Han aprendido que una empresa que no se centra en un mercado, una que trata de abarcar demasiados mercados variados, podría acabar sin atender bien a muchos de ellos.

Fuentes: Véase Thomas Moore, "Old-Line Industry Shapes Up", en *Fortune*, 27 de abril de 1987, pp. 23-32; Walter Kiechel III, "Corporate Strategy for the 1990s", en *Fortune*, 29 de febrero de 1988, pp. 34-42; "G&W Plans to Expand to Entertainment and Publishing", boletín de prensa, en *Paramount Communications*, 9 de abril de 1990; y Brian Bremner, "The Age of Consolidation", en *Business Week*, 14 de octubre de 1991, pp. 86-94.

productos de manera alguna. Por ejemplo, a efecto de aumentar las ventas de pantalones, Levi podría bajar precios, aumentar la publicidad, entregar sus productos en más tiendas o conseguir que sus vendedores detallistas le asignen mejores exhibidores y puntos de venta en sus tiendas. Básicamente, a la gerencia de Levi le gustaría aumentar el uso de Levi's por parte de sus clientes actuales y captar nuevos clientes que prefieren otras marcas de ropa.

Desarrollo del mercado. En segundo lugar, la gerencia de Levi Strauss podría analizar la posibilidad de **desarrollar el mercado,** identificando mercados nuevos para sus productos actuales y desarrollándolos. Por ejemplo, la gerencia podría estudiar *mercados demográficos* nuevos (niños, viejos, mujeres, grupos étnicos) para ver si se puede convencer a los grupos nuevos de que compren productos Levi por primera vez o de que compren más cantidad. Por ejemplo, en fecha reciente Levi inició campañas publicitarias nuevas para elevar las ventas de pantalones en el mercado femenino y en el de hispánicos. Asimismo, la gerencia podría estudiar *mercados geográficos* nuevos. En años recientes, Levi ha aumentado notablemente sus actividades de mercado y sus ventas en Europa Occidental, Asia y América Latina. Ahora está dirigiéndose a los mercados, recién abiertos, de Europa Oriental y de las repúblicas que formaban parte de la Unión Soviética.

Desarrollo de producto. En tercero, la gerencia podría pensar en la posibilidad de **desarrollar productos,** de ofrecer productos modificados o nuevos en los mercados presentes. Los productos existentes de Levi se podrían ofrecer en estilos, tamaños y colores nuevos. Levi también podría ofrecer líneas nuevas o lanzar marcas nuevas de ropa informal atractivas para otros usuarios o para hacer más negocios con los clientes existentes. Esto fue lo que ocurrió cuando Levi introdujo la línea Dockers, que en la actualidad representa casi 600 millones de dólares por concepto de ventas anuales.

Diversificación. En cuarto lugar, Levi Strauss podría pensar en **diversificarse.** Podría echar a andar o adquirir negocios ajenos a sus productos o mercados presentes. Por ejemplo, la empresa podría entrar a industrias como la de moda para caballeros, la ropa deportiva o algún otro negocio relacionado. Algunas empresas tratan de identificar las industrias emergentes más atractivas.

Penetración en el mercado: Arm & Hammer penetra más en el mercado sugiriendo algunos usos originales.

Piensan que la mitad del secreto del éxito está en participar en industrias atractivas, antes que tratar de ser eficientes en las poco atractivas. Sin embargo, una empresa que se diversifica demasiado, entrando en industrias o productos que no conoce, puede perder su enfoque. Por ejemplo, como se relató en el caso al principio de este capítulo, antes de 1984 Levi se diversificó, a toda prisa, con una mezcla de negocios, inclusive ropa para esquiar, trajes y sombreros para caballero y otras prendas especializadas. Sin embargo, en 1985, la nueva gerencia vendió estos negocios inconexos, volvió a dirigir el enfoque hacia el negocio medular de los pantalones de mezclilla y diseñó una estrategia sólida de crecimiento, basada en productos nuevos estrechamente relacionados y grandes esfuerzos por desarrollar mercados internacionales. Estas medidas lograron darle un giro drástico a las ventas y las utilidades de la empresa.

Cómo planear estrategias funcionales

El plan estratégico de la empresa establece el tipo de negocios a los que se dedicará y los objetivos de cada uno de ellos. Después, se hacen planes más detallados para cada unidad de negocios. Los departamentos funcionales más importantes de cada unidad de (mercadotecnia, finanzas, contabilidad, adquisiciones, producción, recursos humanos y otros) deben trabajar juntos para alcanzar los objetivos estratégicos.

Cada departamento funcional trata con públicos diferentes para obtener los insumos que necesita el negocio (insumos como dinero, mano de obra, materias primas, ideas para investigaciones y procesos de producción). Por ejemplo, el departamento de mercadotecnia consigue ingresos negociando intercambios con los consumidores. El de finanzas arregla intercambios con prestamistas y accionistas para obtener dinero. Así, los departamentos de mercadotecnia y de finanzas deben trabajar juntos para obtener los fondos que se necesitan. De igual manera, el departamento de recursos humanos proporciona mano de obra y el departamento de adquisiciones obtiene los materiales que se necesitan para las operaciones y la producción.

El papel de la mercadotecnia en la planeación estratégica

La estrategia global de la empresa y la estrategia de mercadotecnia tienen muchos puntos en común. La mercadotecnia analiza las necesidades de los consumidores y la capacidad de la empresa para satisfacerlas; estos mismos factores son guía para la misión y los objetivos de la empresa. La mayor parte de los planes estratégicos se basan en variables mercadotécnicas (participación en el mercado, desarrollo del mercado, crecimiento) y, en ocasiones cuesta mucho separar la planeación estratégica de la planeación de mercadotecnia. De hecho, algunas empresas consideran que su planeación estratégica es "una planeación de estrategias de mercadotecnia".

La mercadotecnia desempeña un papel medular en los planes estratégicos de una empresa en varios sentidos. En primer término, la mercadotecnia ofrece una *filosofía* conductora: la estrategia de la empresa debe centrarse en satisfacer las necesidades de grupos importantes de consumidores. En segundo, la mercadotecnia ofrece *insumos* a quienes hacen los planes estratégicos, ayudándoles a identificar oportunidades atractivas en el mercado y evaluando el potencial de la empresa para aprovecharlas. Por último, la mercadotecnia diseña *estrategias,* para cada unidad de negocios, a fin de alcanzar los objetivos de esa unidad.

En cada unidad de negocios, el gerente de mercadotecnia habrá de determinar cuál es la mejor manera para llegar a los objetivos estratégicos. Algunos gerentes de mercadotecnia encontrarán que su objetivo no siempre es aumentar las ventas. Por el contrario, podría ser conservar las ventas existentes pero con un presupuesto de mercadotecnia menor, o quizá podría ser reducir la demanda. Así pues, el gerente de mercadotecnia debe llevar la demanda al nivel que se haya establecido en los planes estratégicos formulados por la oficina central. La mercadotecnia contribuye a evaluar el potencial de cada unidad de negocios, pero cuando se ha establecido el objetivo de la unidad, la tarea de la mercadotecnia es cumplirlo de manera rentable.

La mercadotecnia y otras funciones de los negocios

Existe confusión en cuanto a la importancia de la mercadotecnia para la empresa. En algunas empresas se trata tan sólo de una función más; todas las funciones cuentan para la empresa y ninguna ocupa el primer lugar. En el otro extremo, algunos especialistas en mercadotecnia sostienen que ésta es una función *principal* de la empresa. Citan las palabras de Drucker: "El propósito de un negocio es crear clientes". Dicen que la tarea de la mercadotecnia es definir la misión de la empresa, sus productos y mercado, así como encabezar las demás funciones con el objeto de satisfacer a los clientes.

Los especialistas más informados prefieren colocar al *cliente* en el centro de la empresa. Estos especialistas en mercadotecnia argumentan que la empresa no puede triunfar si no hay clientes, por lo que su tarea medular es atraerlos y conservarlos. Las promesas atraen a los clientes y la satisfacción los retiene, y la mercadotecnia define la promesa y garantiza su cumplimiento. Sin embargo, como la satisfacción real de los clientes se ve afectada por la actuación de otros departamentos, *todas* las funciones deben reunirse para entender, servir y satisfacer las necesidades de los clientes. La mercadotecnia desempeña un papel integrador que sirve para garantizar que todos los departamentos trabajen unidos para satisfacer al consumidor.

Conflictos entre departamentos

Cada función del negocio tiene una posición diferente respecto a cuáles públicos y actividades son más importantes. El departamento de producción se centra en los proveedores y las manufacturas; el de finanzas se dirige a los accionistas y las inversiones sólidas; el de mercadotecnia subraya la importancia de consumidores y productos, precios, promociones y distribución. En un plano ideal, todas las funciones se deberían entremezclar para lograr la satisfacción del consumidor. Sin embargo, en la práctica, las relaciones entre departamentos están plagadas de conflictos y malos entendidos. El departamento de mercadotecnia adopta el punto de vista del consumidor. Empero, cuando este departamento trata de lograr la satisfacción del cliente, con frecuencia, lleva a que los otros departamentos realicen un trabajo pobre *en sus términos*. Las medidas del departamento de mercadotecnia pueden incrementar los costos de adquisición, alterar los programas de producción, elevar los inventarios y crear problemas presupuestales. Así, los demás departamentos podrían oponerse a ceñir sus actividades a la voluntad del departamento de mercadotecnia.

No obstante, los especialistas en mercadotecnia deben lograr que todos los departamentos "piensen en el consumidor" y que coloquen al consumidor en el centro de las actividades de la empresa. La satisfacción de los clientes requiere que la empresa realice un esfuerzo total para entregar mayor valor a los clientes que tiene en la mira.

> El crear valor para los compradores es mucho más que una "función de mercadotecnia"; haciendo una analogía [es] más bien como una orquesta sinfónica, donde un director amolda e integra la contribución de cada subgrupo para obtener un resultado sinérgico. Un vendedor debe aprovechar e integrar con eficacia ... todos los recursos humanos y de capital que tiene al alcance. Crear un valor superior para los compradores es el enfoque distinto del negocio entero, y no de uno solo de sus departamentos.

El programa "Adopta a un Cliente" de Du Pont reconoce la importancia de contar con personas que se ocupen de todas las funciones que se "acercan al cliente". Con este programa, Du Pont fomenta que el personal de la línea de producción de muchas de sus plantas desarrolle y mantenga una relación directa con el cliente. Los representantes de producción se reúnen, una vez al año, con el cliente que se les asigna y además interactúan regularmente con él por teléfono, para saber cuáles son los problemas y las necesidades de la empresa. Después, representan al cliente dentro de la fábrica. Si surgen problemas en cuanto a la calidad o las entregas, existe mayor probabilidad de que el representante de producción entienda el punto de vista del cliente que ha adoptado y que se tomen decisiones que mantendrán contento al cliente.[8]

De tal manera, el gerente de mercadotecnia conseguirá mayor apoyo para la meta de satisfacer al cliente y se esforzará por entender a los otros departamentos de la empresa. Los gerentes de mercadotecnia deben trabajar de cerca con los gerentes encargados de otras funciones para desarrollar un sistema de planes funcionales que permitan que los diferentes departamentos trabajen unidos para alcanzar los objetivos de las estrategias globales de la empresa.[9]

EL PROCESO DE MERCADOTECNIA

El plan estratégico define la misión global de la empresa y sus objetivos. En cada unidad de negocios, la mercadotecnia desempeña un papel medular para alcanzar los objetivos de las estrategias globales. La figura 2-5 muestra el papel de la mercadotecnia y sus actividades dentro de la organización; asimismo resume el **proceso de mercadotecnia** entero y las fuerzas que influyen en la estrategia de mercadotecnia de la empresa.

Los consumidores meta que tiene la empresa se ubican en el centro. La empresa identifica el mercado total, lo divide en segmentos de menor tamaño, selecciona los segmentos más promisorios y se concentra en atenderlos y satisfacerlos. Además, diseña una mezcla de mercadotecnia compuesta por factores que controla: el producto, el precio, el lugar y la promoción. La empresa, para encontrar la mejor mezcla de mercadotecnia y ponerla en práctica, analiza, planifica, aplica y controla la mercadotecnia. Estas actividades le sirven a la empresa para observar el entorno de mercadotecnia y adaptarse a él. A continuación, se pasará a revisar brevemente cada uno de los factores del proceso de mercadotecnia. En capítulos posteriores se analizará cada uno de los factores con mayor detenimiento.

Consumidores meta

Para tener éxito en los competidos mercados de hoy, las empresas deben concentrarse en el cliente, ganar clientes a la competencia entregándoles más valor.

FIGURA 2-5
Factores que influyen en la estrategia de mercadotecnia de una empresa

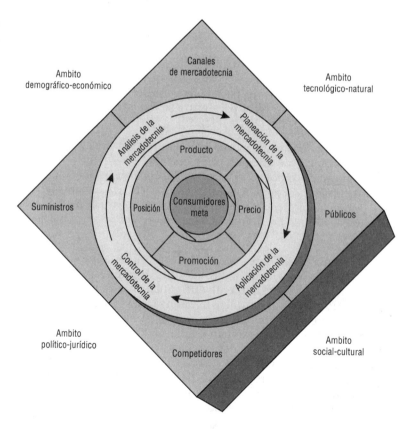

Sin embargo, para que una empresa pueda satisfacer a los clientes, primero tendrá que entender sus necesidades y deseos. Por consiguiente, la buena mercadotecnia requiere que se haga un análisis cuidadoso de los consumidores. Las empresas saben que no pueden satisfacer a todos los consumidores de un mercado dado cualquiera; cuando menos no a todos los consumidores por el mismo camino. Existen demasiados tipos de consumidores diferentes que tienen demasiados tipos de necesidades diferentes. Además, algunas empresas están en mejor posición para atender ciertos segmentos del mercado. Por tanto, cada empresa debe dividir el mercado total, elegir los mejores segmentos y diseñar estrategias para atender, rentablemente y mejor que la competencia, los segmentos elegidos. Este proceso consta de cuatro pasos: *medición y pronóstico de la demanda, segmentación del mercado, selección de un mercado y posicionamiento en él mercado.*

Medición y pronóstico de la demanda

Suponga que una empresa está analizando el potencial del mercado para un posible producto nuevo. En primer término, la empresa tiene que estimar bien el tamaño presente y futuro del mercado y de sus diferentes segmentos. Para estimar el tamaño actual del mercado, la empresa tendrá que identificar todos los productos de la competencia, estimar las ventas presentes de estos productos y determinar si el mercado es lo bastante grande para aguantar, con rentabilidad, otro producto.

El crecimiento futuro del mercado también es importante. Las empresas quieren entrar a mercados que ofrezcan la posibilidad de un crecimiento importante. El potencial del crecimiento puede depender de la tasa de crecimiento del grupo que use ese producto, según edad, ingresos o nacionalidad. El crecimiento también puede guardar relación con otras circunstancias generales del entorno, como la situación económica, el índice de delincuencia y los cambios en la forma de vida. Por ejemplo, el mercado futuro de los juguetes y la ropa infantil de lujo guarda estrecha relación con las tasas de natalidad, la tendencia de la riqueza de los consumidores y la forma de vida familiar proyectada. No es fácil pronosticar las consecuencias de estas fuerzas del entorno, pero se debe hacer para tomar decisiones en cuanto al mercado. Es probable que los especialistas en información del mercado de la empresa recurran a complejas técnicas para medir y pronosticar la demanda.

Segmentación del mercado

Suponga que el pronóstico de la demanda es bueno. Entonces, la empresa debe decidir cómo entrará al mercado. El mercado está compuesto por muchos tipos de clientes, productos y necesidades, y el mercadólogo tendrá que determinar cuáles segmentos ofrecen mayor oportunidad de que se alcancen los objetivos de la empresa. Los grupos de consumidores se pueden formar de diferentes maneras: a partir de factores geográficos (países, regiones, ciudades), de factores demográficos (sexo, edad, ingresos, estudios), de factores psicográficos (clases sociales, forma de vida) y de factores conductuales (ocasiones de compra, beneficios esperados, porcentajes de uso). El proceso de dividir un mercado en grupos claros de compradores, con diferentes necesidades, características o comportamientos que podrían requerir productos individuales o mezclas mercadotécnicas, se llama **segmentación del mercado.**

Todo mercado cuenta con segmentos, pero no todas las maneras de segmentar un mercado tienen la misma utilidad. Por ejemplo, a Tylenol no le serviría de mucho saber si los usuarios de analgésicos son hombres y mujeres si ambos responden igual a los estímulos de mercadotecnia. El **segmento de un mercado** está compuesto por consumidores que responden de manera parecida a una serie dada de estímulos de mercadotecnia. Por ejemplo, en el mercado de los automóviles, los consumidores que escogen el auto más grande y cómodo, independientemente del precio, componen un segmento del mercado. Otro segmento del mercado serían los clientes que se fijan, sobre todo, en el precio y el poco consumo de gasolina. Sería difícil fabricar un modelo de auto que representara la opción que preferiría cualquier consumidor. Las empresas hacen bien en concentrar sus esfuerzos para satisfacer las necesidades claras de uno o varios segmentos del mercado.

Selección de un mercado

Cuando una empresa ha definido los segmentos del mercado, puede entrar a uno o varios segmentos de ese mercado dado. **Seleccionar un mercado,** implica evaluar el atractivo de cada uno de sus segmentos y seleccionar aquellos a los que se entrará. La empresa debe poner la mira en los segmentos donde podrá generar más valor para los clientes y sostenerlo durante cierto tiempo. Una empresa con pocos recursos podría optar por atender sólo un segmento especial, o quizás unos cuantos. Esta estrategia limita las ventas, pero puede resultar muy rentable. Otra empresa podría optar por atender varios segmentos interrelacionados; segmentos que podrían tener diferentes tipos de clientes, pero todos ellos clientes con los mismos deseos básicos. Una empresa más grande podría optar por ofrecer toda una gama de productos y por abarcar todos los segmentos del mercado.

La mayor parte de las empresas entran a un mercado nuevo abarcando un solo segmento y, si tienen éxito, van añadiendo otros. Las empresas grandes, con el tiempo, buscan cubrir el mercado entero. Quieren ser las "General Motors" de su industria. GM dice que fabrica un auto para cada "persona, bolsillo y personalidad". La empresa líder suele tener diferentes productos, diseñados para satisfacer las necesidades especiales de cada segmento.

Posicionamiento en el mercado

Cuando una empresa ha decidido cuáles segmentos cubrirá, tendrá que decidir qué "posiciones" quiere ocupar en esos segmentos. La *posición* es el lugar que ocupa un producto, en la mente de los consumidores, en relación con los productos de la competencia. Si los consumidores piensan que un producto es exactamente igual a otro que ya existe en el mercado, no tendrán motivo alguno para adquirirlo.

El **posicionamiento en el mercado** consiste en lograr que un producto ocupe un lugar claro, distintivo y deseable, en relación con los productos de la competencia, en la mente de los consumidores meta. En consecuencia, los mercadólogos proyectan posiciones que distinguen a sus productos ante las marcas

Posicionamiento en el mercado: Los Red Roofs Inns se posicionan con base en el valor: No "incluye frivolidades que sólo sirven para abultar su cuenta". Por otra parte, los Hoteles Four Seasons se posicionan en el lujo. Para aquellos que pueden darse ese lujo, Four Seasons ofrece innumerables extras; por ejemplo, costureras, valets y alguien "incansable que cada noche recoge sus zapatos y se los regresa al amanecer, perfectamente boleados".

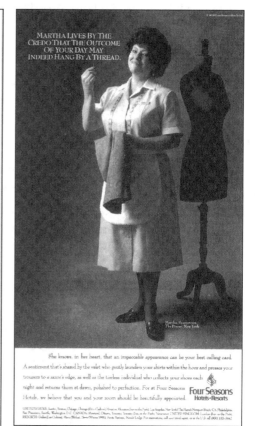

de la competencia y que les ofrecen una mayor ventaja estratégica en los mercados hacia los cuales apuntan. Por ejemplo, Chrysler compara sus autos con los de diferentes competidores y concluye: "ventaja: Chrysler". Pontiac dice: "ofrecemos emoción", Ford: "la calidad es primordial" y Mazda: "se siente seguro". Jaguar se posiciona diciendo: "una mezcla de arte y motor", mientras que Saab resulta "el auto más inteligente que se haya creado". El Mercedes cuenta con "una ingeniería que no tiene igual en el mundo", el Lincoln Town Car es "todo lo que debe ser un auto de lujo" y el lujoso Bentley es "casi como si tuviera alas". Estas afirmaciones, engañosamente simples, son la espina dorsal de la estrategia mercadotécnica de un producto.

Cuando una empresa posiciona su producto, primero identifica las ventajas competitivas que podría tener para crear su posición. Para lograr una ventaja competitiva, deberá ofrecerle mayor valor a los segmentos que haya elegido, sea cobrando precios inferiores a los de la competencia, sea ofreciendo una mayor cantidad de beneficios que justifiquen su precio más elevado. Sin embargo, si la empresa posiciona su producto diciendo que *ofrece* más valor, entonces debe *entregar* ese valor superior. Por tanto, el posicionamiento eficaz parte de la *diferencia* real de lo que se ofrece mercadotécnicamente a los consumidores, dándoles un valor superior al que les ofrece la competencia.

La empresa puede posicionar un producto con base en uno o varios factores que lo diferencian. Sin embargo, si se posiciona usando demasiados factores la reacción de los consumidores puede ser de confusión o incredulidad. Cuando la empresa ha elegido la posición deseada, debe tomar medidas firmes para comunicar y presentarle la posición a los clientes que tiene en la mira. El programa de mercadotecnia entero de la empresa debe respaldar la estrategia que se haya elegido para el posicionamiento.

Estrategias de mercadotecnia para lograr una ventaja competitiva

La empresa, para tener éxito, debe satisfacer, mejor que la competencia, a los consumidores meta. Así pues, debe enfocar sus estrategias de mercadotecnia hacia las necesidades de los consumidores y hacia las estrategias de sus competidores. A partir de su tamaño y su posición en la industria, la empresa tendrá que elegir la posición que ocupará en relación con la de la competencia a efecto de sacar la mayor ventaja competitiva posible.

Para diseñar estrategias de mercadotecnia competitivas es preciso realizar un concienzudo análisis de los competidores. La empresa tendrá que comparar el valor y la satisfacción que sus productos, precios, canales y promoción ofrecen a sus clientes, con los que ofrecen sus competidores más cercanos. De tal manera, podrá detectar los campos donde existen posibles ventajas o desventajas. La empresa tendrá que recorrer el entorno competitivo, formal o informalmente, para contestar las siguientes preguntas entre otras: ¿quiénes son nuestros competidores?, ¿cuáles son sus objetivos y estrategias?, ¿cuáles son sus puntos fuertes o débiles? y ¿cómo reaccionarán ante algunas de las estrategias competitivas que podríamos aplicar?

La estrategia de mercadotecnia que adopte una empresa para competir dependerá de la posición que tenga en la industria. La empresa que ocupa una posición dominante en el mercado podría adoptar una o varias estrategias de *líder del mercado*. Algunas reconocidas como líderes serían Coca-Cola (refrescos), McDonald's (comida rápida), Caterpillar (equipo pesado para construcción), Kodak (película fotográfica), Wal-Mart (tiendas detallistas) y Boeing (aviones). Las empresas que *desafían el mercado* suelen ser aquellas que en su carrera ascendente atacan a la competencia en forma agresiva con objeto de aumentar su parte del mercado. Por ejemplo, Pepsi desafía a Coca y Apple Computers reta a IBM. La retadora podría atacar a la líder del mercado o a empresas de su mismo tamaño, o quizás a competidores locales o regionales más pequeños. Algunas de estas empresas podrían optar por seguir a la líder del mercado, en lugar de enfrentársele. Las empresas que recurren a la estrategia de ser *seguidoras en el mercado* buscan obtener utilidades y porciones estables siguiendo las ofertas de productos, precios y programas de mercadotecnia de la competencia.[10] Es frecuente que las empresas pequeñas, o las no tan pequeñas, que no tienen una posición establecida en el mercado adopten estrategias para conseguir un *nicho*. Estas se especializan en atender nichos del mercado que los competidores grandes suelen desconocer o pasar por alto (véase Puntos Importantes de la Mercadotecnia 2-2). Las partidarias de los "nichos" evitan el enfrentamiento directo con las grandes, especializándose de acuerdo al mercado, los clientes, los productos o la mezcla de mercadotecnia. Las empresas que tienen una porción pequeña de una industria, si son hábiles para manejar los nichos, pueden ser tan rentables como sus grandes competidoras. En el capítulo 20 se analizan con más detenimiento las estrategias de mercadotecnia para competir.

Cómo elaborar la mezcla de mercadotecnia

Cuando la empresa ha elegido la estrategia de mercadotecnia global para competir, podrá empezar a planear los detalles de la mezcla de mercadotecnia. Dicha mezcla es uno de los conceptos medulares de la mercadotecnia moderna. Nosotros definimos **mezcla de mercadotecnia** como la serie de instrumentos tácticos y controlables de la mercadotecnia que mezcla la empresa para obtener la respuesta que quiere del mercado hacia el cual se dirige. La mezcla de mercadotecnia consta de todo aquello que pueda hacer la empresa para influir en la demanda de su producto. Las muchas posibilidades existentes se pueden reunir en cuatro grupos de variables que se conocen por el nombre de las "cuatro P": *producto, precio, posición y promoción*.[11] La figura 2-6 contiene los instrumentos de mercadotecnia específicos que corresponden a cada *P*.

PUNTOS IMPORTANTES DE LA MERCADOTECNIA 2-2

VERNOR'S PROSPERA A LA SOMBRA DE LOS GIGANTES

Es probable que usted jamás haya oído hablar del *ginger ale de Vernor's*. Y, si alguna vez lo ha probado, quizá piense que ni siquiera sabe a ginger ale. La empresa se jacta de que Vernor's es "añejado en cedro" y sabe "deliciosamente diferente". El refresco, color caramelo, es más dulce y suave que otros ginger ales que usted haya probado. Sin embargo, para muchas personas de Detroit, que crecieron con Vernor's, el refresco no tiene igual. Lo beben frío y caliente, por la mañana, la tarde y la noche, en verano e invierno, en la botella y en la barra de una cafetería. Les gusta el cosquilleo que producen sus burbujas en la nariz. Y le dirán que usted no ha vivido si no ha probado un Vernor's con helado. Hay muchos que incluso piensan que Vernor's tiene algunas propiedades medicinales: usan el Vernor's caliente para asentarle el estómago a los niños enfermos o para calmar el dolor de garganta. Para la mayor parte de los adultos de Detroit, el conocido empaque amarillo y verde despierta muchos recuerdos entrañables de infancia.

La industria de los refrescos está dominada por dos gigantes: Coca-Cola es el primero, con 41% del mercado, y le sigue Pepsi muy de cerca con 31%, más o menos. Coca y Pepsi son los principales contendientes de la "guerra de los refrescos". Están siempre lidiando encarnizadas batallas por conseguir espacio en los anaqueles de las tiendas detallistas. Sus armas incluyen un río permanente de productos nuevos, grandes descuentos de precios, un ejército de vendedores-distribuidores y enormes presupuestos para publicidad y promociones.

Unas cuantas marcas de "segundo nivel" (marcas como Dr Pepper, 7-Up y Royal Crown) abarcan entre todas alrededor del 20% del mercado. Desafían a Coca y

El *producto* sería la combinación de "bienes y servicios" que la empresa ofrece al mercado meta. Por ejemplo, el "producto" Ford Taurus está compuesto por tuercas y tornillos, bujías, pistones, faros y miles de piezas más. Ford ofrece varios estilos de Taurus y docenas de características optativas. El auto se presenta con todos los servicios y con una garantía general que forman parte del producto, tal como el tubo de escape.

El *precio* es la cantidad de dinero que los clientes pagarán para obtener el producto. Ford calcula los precios al detalle que sugerirá a sus distribuidores cobren por cada Taurus. Sin embargo, es raro que los distribuidores de Ford cobren este precio completo. Por el contrario, suelen negociar el precio con cada cliente, ofreciendo descuentos, canjes y condiciones de crédito de acuerdo con la situación que guarda la competencia y para colocar el precio en un rango acorde con la idea del valor del automóvil que pudiera tener el comprador.

La *posición* se refiere a las actividades de la compañía que ponen el producto a disposición de los consumidores meta. Ford cuenta con muchas distribuidoras, propiedad de personas independientes, que venden los diferentes modelos de la empresa. Ford selecciona a sus distribuidores con sumo cuidado y los apoya irrestrictamente. Los distribuidores llevan inventarios de automóviles Ford, se los enseñan a los posibles clientes, negocian los precios, cierran ventas y le dan servicio a los autos después de haberlos vendido.

a Pepsi en los segmentos más pequeños de refrescos de cola y de otros sabores. Cuando Coca y Pepsi se pelean por espacio en los anaqueles, es frecuente que estas marcas de segundo nivel queden oprimidas. Coca y Pepsi marcan las reglas del juego y si las marcas pequeñas no las siguen, corren el riesgo de quedar eliminadas o de ser devoradas.

Por otra parte, un grupo de productores especializados, que se concentran en segmentos del mercado, pequeños pero leales, luchan por conseguir lo que resta del mercado. Estas pequeñas empresas son muchas y cada una de ellas cubre una parte reducida del mercado, por regla general menos del 1%. Vernor's cabe en este grupo de "todas las demás", al lado del root beer A&W, refrescos Shasta, Squirt, Faygo, Soho Natural Soda, Yoo-Hoo, Dr Brown's Cream Soda, A.J. Canfield's Diet Chocolate Fudge Soda y una docena más. Mientras Dr Pepper y 7-Up apenas si resienten un apretón en la guerra de los refrescos, estas pequeñitas enfrentan el riesgo de morir aplastadas.

Por ejemplo, si se compara Vernor's con Coca-Cola, uno se pregunta cómo sobrevive Vernor's. Coca-Cola invierte más de 375 millones de dólares al año en publicidad para sus refrescos; Vernor's invierte menos de 1 millón de dólares. Coca ofrece una larga lista de marcas y versiones de las marcas: Coca clásica, Coca II, Coca de Cereza, Coca de dieta, Coca sin cafeína, Coca de cereza de dieta, Coca sin cafeína de dieta, Sprite, Tab, Mellow Yellow, Minute Maid y otras más. Vernor's sólo tiene dos versiones, la original y la de dieta. El enorme equipo de vendedores-distribuidores de Coca ofrece a los detallistas enormes descuentos y márgenes para promoción; Ver-

nor's tiene un presupuesto muy pequeño para mercadotecnia y no tiene gran atractivo entre los detallistas. Si uno tiene la suerte de encontrar Vernor's en el supermercado local, por regla general está al fondo del anaquel más bajo, colocado con otros refrescos especializados. Incluso en Detroit, el punto fuerte de la empresa, las tiendas sólo conceden a Vernor's unos cuantos espacios en el frente de los anaqueles, en comparación con los 50 o 100 que se llevan las muchas marcas de Coca-Cola.

Sin embargo, Vernor's no sólo sobrevive, ¡también prospera! ¿Cómo? En lugar de enfrentarse cara a cara con las empresas grandes de los principales segmentos del mercado de los refrescos, Vernor's ocupa "nichos" en el mercado. Se concentra en atender las necesidades especiales de los bebedores fieles de Vernor's. Vernor's sabe que jamás podría desafiar en serio a Coca-Cola para quitarle una parte importante del mercado de los refrescos. Pero también sabe que Coca-Cola jamás podrá crear un ginger ale Vernor's; cuando menos en la mente de los bebedores de Vernor's. Mientras Vernor's tenga contentos a estos clientes especiales, podrá captar una parte del mercado, pequeña pero rentable. Y este mercado "pequeño" no es nada despreciable; una participación del 1% del mercado significa ¡440 millones de dólares de ventas al menudeo! Así pues, buscando nichos en el mercado con inteligencia, Vernor's prospera a la sombra de los gigantes refresqueros.

Fuentes: Véase Betsy Bauer, "Giants Loom Larger Over Pint.Sized Soft-Drink Firms", en *USA Today*, 27 de mayo de 1986, p. 5B; Ford S. Worthy, "Pop Goes Their Profit", en *Fortune*, 15 de febrero de 1988, pp. 68-83; y Walecia Konrad, "The Cola Kings are Feeling a Bit Jumpy", en *Business Week*, 13 de julio de 1992, pp. 112-13.

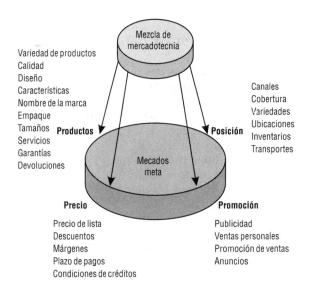

Variedad de productos
Calidad
Diseño
Características
Nombre de la marca
Empaque
Tamaños **Productos**
Servicios
Garantías
Devoluciones

Mezcla de mercadotecnia

Canales
Cobertura
Variedades
Ubicaciones
Inventarios
Transportes

Posición

Mecados meta

Precio
Precio de lista
Descuentos
Márgenes
Plazo de pagos
Condiciones de créditos

Promoción
Publicidad
Ventas personales
Promoción de ventas
Anuncios

FIGURA 2-6
Las cuatro *P* de la mezcla de mercadotecnia

La *promoción* serían aquellas actividades que comunican los méritos del producto y que convencen a los clientes de comprarlo. Ford invierte más de 600 millones de dólares al año en publicidad para hablarle a los clientes de la empresa y de sus productos. Los vendedores de las distribuidoras atienden a los posibles compradores y los convencen de que un Ford es lo que más les conviene. Ford y sus distribuidoras ofrecen promociones especiales (rebajas, descuentos por pronto pago, tasas bajas para el financiamiento) como incentivos adicionales para la compra.

Un buen programa de mercadotecnia reúne todos los elementos de la mezcla de mercadotecnia en un programa coordinado, diseñado para alcanzar los objetivos de mercadotecnia de la empresa. La mezcla de mercadotecnia representa el juego de instrumentos tácticos que usa la empresa para fijarse una posición sólida en los mercados que tiene en la mira. Sin embargo, nótese que las cuatro P se refieren a la posición del vendedor por cuanto son los instrumentos mercadotécnicos que tiene para ejercer influencia en los compradores. Desde la posición del consumidor, cada instrumento mercadotécnico pretende ofrecerle un beneficio al cliente. Un experto en mercadotecnia[12] ha sugerido que las empresas deberían considerar las cuatro P en términos de las cuatro C de los clientes:

Las cuatro P	*Las cuatro C*
El Producto	El Cliente y sus necesidades y anhelos
El Precio	El Costo para el cliente
La Posición	La Conveniencia
La Promoción	La Comunicación

Por tanto, las empresas triunfadoras serán las que puedan satisfacer las necesidades de los clientes, de manera económica y que les convenga, mediante una comunicación eficaz.

Administración de las actividades de mercadotecnia

La empresa busca diseñar y aplicar la mezcla de mercadotecnia que resulte mejor para alcanzar sus objetivos en los mercados meta. Esto entraña cuatro funciones administrativas: *analizar, planear, aplicar* y *controlar*. La figura 2-7 muestra la relación que existe entre estas actividades de mercadotecnia. En primer lugar, la empresa formula planes estratégicos globales. A continuación, estos planes estratégicos generales se convierten en los planes de mercadotecnia y de otro tipo para cada división, producto y marca.

Cuando la empresa aplica los planes estratégicos y de mercadotecnia los convierte en actos para alcanzar sus objetivos estratégicos. Los planes estratégicos son aplicados por personas de la organización de mercadotecnia que trabajan con otras personas, dentro y fuera de la empresa. El control consiste en medir y evaluar los resultados de los planes de mercadotecnia y las actividades, así como en

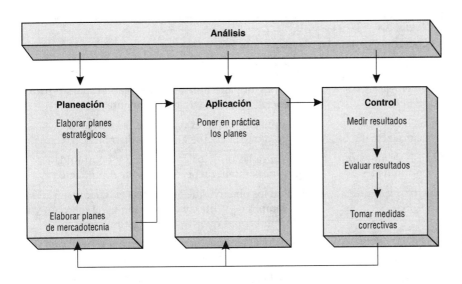

Análisis

Planeación
Elaborar planes estratégicos

Elaborar planes de mercadotecnia

Aplicación
Poner en práctica los planes

Control
Medir resultados

Evaluar resultados

Tomar medidas correctivas

FIGURA 2-7
Relación entre análisis, planeación, aplicación y control

tomar medidas correctivas para cerciorarse de que se cumplan los objetivos. El análisis de mercadotecnia ofrece la información y las evaluaciones que se necesitan para las demás actividades mercadotécnicas.

El análisis de mercado

La administración de la función mercadotécnica parte de un análisis completo de la situación de la empresa. La empresa tiene que analizar sus mercados y el ambiente de mercadotecnia para encontrar oportunidades atractivas y para evitar amenazas del entorno. También debe analizar los puntos fuertes y débiles de la empresa, así como las medidas de mercadotecnia, presentes y futuras, para determinar cuáles serán las oportunidades que puede aprovechar. El análisis del mercado le proporciona información y otros insumos a las otras funciones mercadotécnicas administrativas. El análisis del mercado se explica con más detenimiento en el capítulo 4.

Los planes mercadotécnicos

A partir de los planes estratégicos, la empresa decide lo que hará con cada unidad de negocios. Los planes de mercadotecnia implican decidir cuáles serán las estrategias de mercadotecnia que le servirán a la empresa para alcanzar los objetivos estratégicos globales. Cada negocio, producto o marca requiere un plan de mercadotecnia detallado. ¿Cómo sería un plan de mercadotecnia? En este caso, la explicación se refiere a planes de productos o marcas. El plan de un producto o marca debe contener los siguientes puntos: *resumen ejecutivo, situación de mercadotecnia actual, amenazas y oportunidades, objetivos y problemas, estrategias de mercadotecnia, programas de acción, presupuestos* y *controles* (véase la tabla 2-1).

El resumen ejecutivo. El plan de mercadotecnia debe empezar con un breve resumen de las metas y las recomendaciones más importantes del plan. Este sería una ejemplo:

> El plan de mercadotecnia para 1994 es un camino para lograr un aumento importante de las ventas y las utilidades de la empresa en comparación con las del año pasado. La meta de las ventas es de 240 millones de dólares, con un aumento estimado del 20% para las ventas. Consideramos que el incremento se puede lograr en razón de la mejoría del panorama económico, competitivo y distributivo. La meta del margen de operaciones es de 25 millones de dólares, o sea un incremento del 25% sobre el año pasado. Para alcanzar dichas metas, el presupuesto para promover las ventas será de 4.8 millones de dólares, o el 2% de las ventas proyectadas. El presupuesto para publicidad será de 7.2 millones de dólares, o el 3% de las ventas proyectadas ... [A continuación se presentan los detalles].

El **resumen ejecutivo** sirve para que la alta gerencia encuentre de inmediato los puntos centrales del plan. Después del resumen ejecutivo se debe incluir una relación de su contenido.

TABLA 2-1
Contenido de un plan de mercadotecnia

SECCION	PROPOSITO
Resumen ejecutivo	Presenta un panorama breve del plan propuesto para que la gerencia lo pueda revisar rápidamente.
Situación merca- dotécnica actual	Presenta antecedentes relevantes del mercado, el producto, la competencia y la distribución.
Análisis de amenazas y oportunidades	Identifica las principales amenazas y oportunidades que podrían tener repercusiones en el producto.
Objetivos y problemas	Define los objetivos de la empresa en cuanto al producto en los campos de ventas, participación en el mercado y utilidades y los problemas que afectarán a estos objetivos.
Estrategia mercadotécnica	Presenta el enfoque de mercadotecnia general que se usará para alcanzar los objetivos del plan.
Programa de acción	Especifica *qué* se hará, *quién* lo hará, *cuándo* se hará y *cuánto* costará hacerlo.
Presupuesto	Un estado de las pérdidas y ganancias proyectadas que pronostica los resultados financieros que se esperan del plan.
Control	Indica cómo se vigilará el avance del plan.

La situación de mercadotecnia actual. La primera parte importante del plan describe el mercado meta y la posición que ocupa la empresa dentro del mismo. En la parte de la **situación de mercadotecnia actual,** la persona que formula el plan presenta información sobre el mercado, la actuación del producto, la competencia y la distribución. Esta parte incluye una *descripción del mercado* definiéndolo e incluyendo sus segmentos más importantes. La persona que formula el plan presenta el tamaño que ha tenido el mercado, en su totalidad y por segmentos, en años recientes y después describe las necesidades de los clientes y los factores del entorno de mercadotecnia que podrían afectar las compras de los clientes. A continuación, el *análisis del producto* presenta las ventas, los precios y los márgenes brutos de los principales productos de la línea de productos. La parte de la *competencia* identifica a los competidores más importantes, hablando también de sus estrategias para la calidad, los precios, la distribución y la promoción del producto. Además se refiere a la parte del mercado que tiene la empresa y la que corresponde a cada competidor. Por último, la sección referente a la *distribución* describe las tendencias recientes de las ventas y los cambios registrados por los principales canales de distribución.

Las amenazas y las oportunidades. Esta parte del plan requiere que el administrador considere las principales amenazas y oportunidades que podría enfrentar el producto en el futuro. El propósito es que el administrador se adelante a circunstancias importantes que podrían tener repercusiones en la empresa. Los administradores deben hacer una lista de tantas amenazas y oportunidades como puedan imaginar. Suponga que un plan de alimentos para mascotas contiene la siguiente lista:

■ Un competidor importante acaba de anunciar que introducirá una línea nueva de alimentos de primera para mascotas, respaldada por una enorme inversión en publicidad y promoción de ventas.

■ Analistas de la industria han pronosticado que las personas que compran en cadenas de supermercados se enfrentarán a más de 10,000 productos de consumo nuevos que se introducirán el año entrante. Se espera que los compradores sólo acepten 38% de estos productos nuevos y que les concedan cinco meses para demostrar su valor.

■ Dada la mejoría que ha registrado la situación económica en años recientes, es cada vez mayor la cantidad de estadounidenses, de todos los segmentos, que están adquiriendo mascotas.

■ Los investigadores de la empresa han descubierto un método para fabricar un nuevo alimento para mascotas, con pocas grasas y calorías, pero muy nutritivo y sabroso. Este producto resultará muy atractivo a muchas de las personas que compran alimentos para mascotas y que se preocupan por la salud de éstas casi tanto como por la suya propia.

■ La cantidad de dueños de mascotas y el interés por su debido cuidado están aumentando rápidamente en los mercados exteriores, sobre todo en los países en vías de desarrollo.

Los primeros dos puntos son *amenazas*. No todas las amenazas requieren la misma atención o preocupación; el administrador tiene que determinar la probabilidad de que se presente cada una de ellas, así como el daño que podrían ocasionar. Después, el administrador se debe concentrar en las amenazas que resulten más probables y dañinas y preparar planes por adelantado para enfrentarse a ellas.

Los otros tres puntos de la lista son oportunidades de mercadotecnia. Una *oportunidad de mercadotecnia para la empresa* es un campo que resulta atractivo para las actividades de mercadotecnia que podrían dar a la empresa una ventaja competitiva. El administrador tiene que evaluar cada oportunidad de acuerdo con el potencial de su atractivo y las probabilidades de éxito de la empresa. Es raro que las empresas encuentren oportunidades ideales que encajen a la perfección con sus objetivos y recursos. Aprovechar oportunidades entraña riesgos, por lo que el administrador que las evalúa debe determinar si las ventajas que ofrecen justifican los riesgos.

Los objetivos y los problemas. Después de analizar las amenazas y las oportunidades de un producto, el administrador puede establecer objetivos y tomar en cuenta los problemas que podrían afectarlos. Los objetivos se deben definir como metas que querría alcanzar la empresa dentro del plazo del plan. Por ejemplo, el administrador podría querer que se cubra un 15% del mercado y se obtengan ganancias del 20% sobre las ventas, y una utilidad del 25% sobre la inversión, antes de impuestos. Suponga que, en la actualidad, sólo se tiene 10% del mercado. Esto presenta un problema: ¿Cómo se puede incrementar la participación? El administrador debe analizar los problemas que entrañaría tratar de aumentar la participación en el mercado.

Las estrategias de mercadotecnia. En esta parte del plan de mercadotecnia, el administrador describe la estrategia de mercadotecnia general, o el "plan de juego", para alcanzar los objetivos. La **estrategia de mercadotecnia**

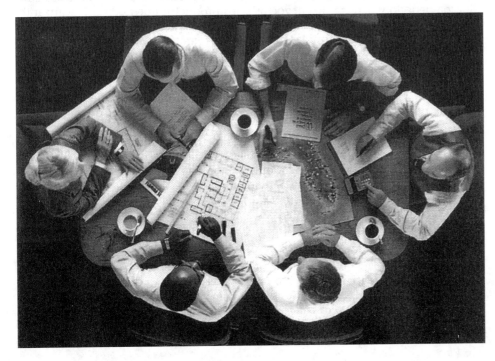

Los mercadólogos deben estar planificando siempre sus actividades respecto al análisis, la aplicación y el control.

Los planes y las estrategias de mercadotecnia no sirven de mucho si no se aplican debidamente.

es la lógica de mercado que usará la empresa para alcanzar sus objetivos de mercadotecnia. Está compuesta por estrategias específicas para los mercados meta, el posicionamiento, la mezcla de mercadotecnia y el monto del gasto para mercadotecnia. La estrategia de mercadotecnia debe especificar los segmentos del mercado a los que se dirigirá la empresa. Estos segmentos tienen diferentes necesidades y anhelos, respuestas a la mercadotecnia y rentabilidad. Es conveniente que la empresa dirija su esfuerzo y energía hacia los segmentos del mercado que pueda atender mejor, desde un punto de vista competitivo. Asimismo, debe preparar una estrategia de mercadotecnia para cada uno de los segmentos meta.

El administrador también debe formular estrategias específicas para elementos de la mezcla de mercadotecnia como serían productos nuevos, ventas de campo, publicidad, promoción de ventas, precios y distribución. El administrador debe explicar la manera en que cada estrategia responde a las amenazas, las oportunidades y los problemas que ha detallado antes en el plan.

Los programas de acción. Las estrategias de mercadotecnia se deben convertir en programas de actos específicos que respondan a las siguientes preguntas: *¿Qué* se hará?, *¿cuándo* se hará?, *¿quién* es responsable de hacerlo? y *¿cuánto* costará? Por ejemplo, el administrador podría proponer que se aumenten las promociones de ventas como estrategia clave para ganar mercado. En tal caso, se elaboraría un plan de acción de promociones de ventas con las ofertas especiales y sus fechas, las ferias en las que se participaría, los exhibidores nuevos para el punto de compra, así como otras promociones. El plan de acción indica cuándo se iniciarán, revisarán y terminarán las actividades.

Los presupuestos. Los planes de acción permiten que el administrador prepare el **presupuesto de mercadotecnia** que los apoyará y que, en esencia, es un estado de las pérdidas y ganancias proyectadas. En el caso de los ingresos, se pronostica la cantidad de unidades que se venderán y el precio neto promedio. Del lado de los egresos, se asientan los costos de producción, distribución y mercadotecnia. La diferencia es la utilidad proyectada. La alta gerencia se encarga de revisar el presupuesto y de darle su visto bueno o modificarlo. El presupuesto aprobado es la base para la adquisición de materiales, la calendarización de producción, la planificación de personal y las operaciones de mercadotecnia. Hacer un presupuesto puede ser una tarea muy complicada y los métodos para presupuestar van desde simples "reglas de cajón" hasta complejos modelos de computadora.[13]

Los controles. La última parte del plan explica los controles que se usarán para medir su avance. Normalmente, se establecen metas y presupuestos mensuales o trimestrales. Este sistema permite a la alta gerencia revisar los resultados de cada periodo y detectar los negocios o los productos que no están alcanzando las metas. Los administradores de estos negocios y productos deben explicar los problemas que se presentan y las medidas que tomarán para corregirlos.

La aplicación de la mercadotecnia

Un buen plan estratégico no es sino un primer paso para que la mercadotecnia tenga éxito. Una estrategia mercadotécnica brillante no servirá de mucho si la empresa no la aplica debidamente. La **aplicación de la mercadotecnia** es el proceso que sirve para convertir las estrategias y los *planes* de mercadotecnia en *actos* mediante los cuales se alcanzarán los objetivos estratégicos de mercadotecnia. La aplicación entraña actividades que, día a día y mes tras mes, servirán para poner en marcha el plan de mercadotecnia. Así como los planes de mercadotecnia consignaran *cuáles* serán las actividades de mercadotecnia y del *porqué* de éstas, la aplicación se refiere *quién, dónde, cuándo y cómo.*

Muchos administradores piensan que "hacer las cosas debidamente" (aplicación) es tan importante, o quizá más, que "hacer las cosas debidas" (estrategia):

> Es asombrosa la cantidad de empresas grandes y exitosas que... no tienen planes estratégicos a largo plazo con una preocupación obsesiva por la rivalidad. Se concentran en los detalles operativos y en hacer las cosas debidamente. Su estilo y estrategia consiste en arreglárselas sobre la marcha. Se mueven con velocidad y lo hacen bien... Infinidad de empresas de todas las industrias, jóvenes y viejas, maduras o florecientes, están aprendiendo por fin las limitaciones que imponen las estrategias y se están concentrando en la táctica y la ejecución.[14]

No hay que olvidar que la aplicación resulta muy difícil, que muchas veces es más fácil inventar estrategias de mercadotecnia buenas que llevarlas a la práctica.

El personal de todos los niveles del sistema de mercadotecnia debe trabajar unido para aplicar los planes y las estrategias de mercadotecnia. Por ejemplo, en Procter & Gamble, la aplicación de la mercadotecnia requiere que, día con día, miles de personas, tanto dentro como fuera de la organización, tomen decisiones y actúen. Los gerentes de mercadotecnia toman decisiones sobre los segmentos meta, las marcas, los empaques, los precios, las promociones y la distribución. Trabajan con personal de otros departamentos de la empresa para obtener apoyo a sus productos y programas. Hablan con el departamento de ingeniería sobre el diseño del producto, con el de producción sobre los volúmenes de producción y los inventarios y con el de finanzas sobre el financiamiento y los flujos monetarios. También trabajan con gente fuera de la empresa. Se reúnen con agencias de publicidad para planificar campañas de publicidad y con los medios de comunicación para conseguir apoyo publicitario. Los vendedores piden a los detallistas que promuevan los productos de P&G, que les proporcionen espacios en los anaqueles y que usen los exhibidores de la empresa.

El éxito de la aplicación depende de varios elementos centrales. En primer término, requiere un *programa de acción* que reúna a todas las personas y actividades. El programa de acción indica qué se debe hacer, quién lo hará y cómo se coordinarán las decisiones y las acciones para alcanzar los objetivos de mercadotecnia de la empresa. En segundo, la *estructura organizativa* formal de la empresa desempeña un papel muy importante para poner en práctica la estrategia de mercadotecnia. Peters y Waterman, en su estudio de las empresas triunfadoras, descubrieron que estas empresas tendían a tener estructuras simples y flexibles que les permitían adaptarse con rapidez a las condiciones cambiantes.[15] Sus estructuras también tendían a ser más informales: por ejemplo, el MBWA (por sus siglas en inglés de management by walking around [administrar paseándose por ahí]) de Hewlett-Packard, los "clubes" de 3M para permitir la interacción entre grupos pequeños. Sin embargo, las estructuras usadas por estas empresas podrían no ser las convenientes para otro tipo de compañías y muchas de las estupendas empresas del estudio han tenido que cambiar de estructura conforme sus estrategias y situaciones han ido cambiando. Por ejemplo, la misma estructura informal que hizo que Hewlett-Packard tuviera tanto éxito, después fue fuente de problemas. Desde entonces, la empresa ha optado por una estructura más formal (véase Puntos Importantes de la Mercadotecnia 2-3).

Otro factor que afecta el éxito de la aplicación son los *sistemas de decisión y retribución* de la empresa; los procesos formales e informales de operación que dirigen los planes, los presupuestos, la remuneración y otras actividades. Por ejemplo, si una empresa retribuye a los administradores por los resultados a corto plazo, éstos tendrán pocos incentivos para trabajar con objetivos a largo plazo. La aplicación eficaz también requiere que se planifiquen bien *los recursos humanos*. La empresa debe colocar en su estructura y sus sitemas, en todos los niveles, a personas que cuenten con las habilidades, la motivación y las características personales requeridas. En años recientes ha ido aumentando el número de empresas que han reconocido que los planes de recursos a largo plazo les pueden dar una clara ventaja competitiva.

Por último, para que la aplicación de las estrategias de mercadotecnia de una empresa tenga éxito, éstas deben encajar dentro de su cultura. La *cultura de la empresa* es un sistema de creencias y valores compartido por los miembros de una organización. Es la identidad colectiva de la empresa, la que le da significado. La cultura encauza, de manera informal, el comportamiento de las personas de todos los niveles de la empresa. Será difícil aplicar estrategias de mercadotecnia que no encajan dentro del estilo y la cultura de la empresa. Por ejemplo, si Procter & Gamble decidiera aumentar las ventas bajando la calidad y el precio de sus productos, la idea no funcionaría bien. El personal de P&G, de todos los niveles, se opondría a ella, porque la gente se identifica mucho con la fama de buena calidad que tiene su empresa. Como la cultura y el estilo administrativos son difíciles de cambiar, las empresas suelen diseñar estrategias que encajan dentro de sus culturas presentes, en lugar de tratar de cambiar su estilo y cultura para que encajen con las estrategias nuevas.[16]

LA ESTRUCTURA DE HEWLETT PACKARD EVOLUCIONA

En 1939, dos ingenieros, Bill Hewlett y David Packard, constituyeron Hewlett-Packard en una cochera de Palo Alto para fabricar equipo para pruebas. En un principio Bill y Dave hacían todo ellos mismos, desde diseñar y fabricar su equipo hasta comercializarlo. Conforme la empresa creció, abandonó la cochera y empezó a ofrecer más tipos de equipo para pruebas. Hewlett y Packard ya no podían tomar todas las decisiones operativas necesarias personalmente. Contrataron a gerentes para desempeñar las funciones derivadas de las diversas actividades de la empresa. Estos gerentes gozaban de relativa autonomía, pero estaban bastante relacionados con los dueños.

Para mediados de los años setenta, las 42 divisiones de Hewlett-Packard contaban con más de 30,000 empleados. La estructura de la sociedad fue cambiando para respaldar la importancia que concedía a las innovaciones y la autonomía. Cada división funcionaba como una unidad autónoma y era la responsable de formular sus planes estratégicos, de desarrollar productos, de preparar programas de mercadotecnia y de aplicarlos.

En 1982, Peters y Waterman, en su libro *In Search of Excellence*, hablaban de la estructura de HP como una de las razones que explicaban la excelencia constante de la empresa. Alababan la estructura de HP, que no imponía restricciones y propiciaba la comunicación informal (su estilo MBWA [por sus siglas en inglés management by wandering around]; administrar andando por ahí), la cual fomentaba la autonomía, descentralizando la autoridad y la responsabilidad para tomar decisiones. El método se llegó a conocer como la "Forma HP", una estructura que fomentaba las innovaciones, eliminando las cadenas rígidas de mando y colocando a los administradores y a los empleados en un nivel donde se conocían por su nombre.

Sin embargo, para mediados de los años ochenta, Hewlett-Packard seguía siendo rentable, pero había empezado a tener problemas en los mercados de las microcomputadoras y las minicomputadoras que registraban rápidos cambios. Según *Business Week*:

La famosa cultura de las innovaciones y la descentralización de Hewlett-Packard, había generado productos tan exitosos como la microcomputadora 300, la calculadora científica de mano y la impresora Thinkjet. Sin embargo, cuando el clima nuevo necesitó que sus muy autónomas divisiones cooperaran para el desarrollo de productos y su comercialización, la apasionada dedicación de HP a la "autonomía y la independencia" que defendieron Peters y Waterman, se convirtió en un obstáculo.

Así pues, Hewlett-Packard empezó a cambiar su cultura y su estructura para que se ciñeran a esta situación cambiante. Estableció un sistema de comités para fomentar la comunicación dentro y entre las muchas y variadas divisiones y para coordinar las actividades de desarrollo de productos, comercialización y otras más.

Al parecer, la nueva estructura funcionó bien, por cierto tiempo. Sin embargo, el movimiento hacia la centralización se desbocó muy pronto:

Los comités se multiplicaban como si fueran un virus. [En poco tiempo] todo se hacía por medio de los comités... nadie podía tomar decisiones... Para finales de los años ochenta, una inmensa burocracia había sofocado la Forma HP. Una maraña de comités, originalmente diseñados para fomentar la comunicación... habían elevado los costos y retrasado el crecimiento.

A principios de los años noventa, HP tenía por lo menos 38 comités internos que tomaban decisiones sobre todo, desde las especificaciones técnicas de los productos nuevos hasta cuáles eran las ciudades más adecuadas para lanzar los productos. Esta estructura sofocante aumentó muchísimo el tiempo requerido por HP para tomar decisiones y reaccionar ante el mercado. Por ejemplo, en un caso, casi 100 personas tardaron poco más de siete semanas para encontrar un nombre para los programas de computadora New Wave.

En los mercados de las computadoras personales y las estaciones de trabajo, que se mueven tan rápido, la

---

Así pues, la debida aplicación de la mercadotecnia depende de la medida en que la empresa sea capaz de combinar los cinco elementos (programas de acción, estructura de la organización, sistemas de decisión y retribución, recursos humanos y cultura de la empresa) en un programa congruente que respalde sus estrategias.

La organización del departamento de mercadotecnia

La empresa debe diseñar un departamento de mercadotecnia con capacidad para efectuar análisis de mercado, planear, aplicar los planes y controlarlos. Si la empresa es muy pequeña, una sola persona se puede encargar de todas las actividades de mercadotecnia: investigación, ventas, publicidad, servicio a clientes y demás. Conforme la compañía vaya creciendo, surgirá la organización de un departamento de mercadotecnia que se encargará de planear las actividades de mercadotecnia y de llevarlas al cabo. En las empresas grandes este departamento

Hewlett-Packard empezó en esta cochera en 1939; en la actualidad trabaja para todo el mundo desde estas complejas oficinas centrales. La estructura y la cultura se modificaron conforme la empresa fue creciendo.

lentitud de la toma de decisiones de HP la colocó en seria desventaja ante competidores tan veloces como Compaq Computer Corporation y Sun Microsystems.

Cuando uno de los proyectos más importantes de HP, una serie de estaciones de trabajo de alta velocidad, se atrasó más de un año de lo programado, como consecuencia de reuniones interminables de los comités, la alta gerencia por fin tomó medidas al respecto. Eliminó de la estructura administrativa formal a los 200 ingenieros del proyecto, de tal manera que éstos pudieran seguir trabajando en el proyecto, pero sin perder el tiempo en reuniones de comité. La crisis de la estaciones de trabajo convenció a la gerencia de HP de que debería aplicar cambios parecidos en toda la empresa.

La curación fue la reorganización más drástica registrada en la empresa en 10 años. [La alta gerencia] acabó con la estructura de comités de HP y simplificó la organización. "Los resultados son increíbles", dice [el ejecutivo de HP, Bob] Frankenberg, que ahora maneja tres comités en lugar de 38. "Estamos hacien-

do más negocios y sacando productos a mayor velocidad y con menos personal".

Así, en menos de un decenio, la estructura de Hewlett-Packard ha pasado de la "Forma HP", muy descentralizada e informal, a un sistema de comités, muy centralizado, y de nueva cuenta a un punto intermedio. Es poco probable que HP encuentre una estructura óptima única que satisfaga todas sus necesidades futuras. Por el contrario, tendrá que seguir adaptando su estructura para ceñirse a los requisitos de un entorno siempre cambiante.

Fuentes: Véase Donald F. Harvey, *Business Policy and Strategic Management* (Columbus, OH: Charles E. Merrill, 1982), pp. 269-70; y Thomas J. Peters y Robert H. Waterman, *In Search of Excellence: Lessons from America's Best-Run Companies* (Nueva York: Harper & Row, 1982). Los extractos son de "Who's Excellent Now?", en *Business Week,* 5 de noviembre de 1984, pp. 76-78; Barbara Buell, Robert D. Hof y Gary McWilliams, "Hewlett-Packard Rethinks Itself", en *Business Week,* 1 de abril de 1991, pp. 76-79; y Robert D. Hof, "Suddenly, Hewlett-Packard is Doing Everything Right", en *Business Week,* 23 de marzo de 1992, pp. 88-89.

cuenta con muchos especialistas. Por ejemplo, General Mills cuenta con gerentes de producto, vendedores y gerentes de ventas, investigadores de mercado, expertos en publicidad y otros especialistas más.

Los departamentos de mercadotecnia modernos están organizados de diferentes formas. De éstas, la más común es la *organización por funciones,* en la cual el especialista en una función dirige las actividades de mercadotecnia: por ejemplo, gerente de ventas, gerente de publicidad, gerente de investigaciones de mercadotecnia, gerente de servicios a clientes, gerente de productos nuevos, etc. Una empresa con ventas en todo el país o en otros suele tener una organización geográfica en la que el personal de ventas y de mercadotecnia es destinado a países, zonas y distritos específicos. La *organización geográfica* permite que los vendedores se establezcan en un territorio, conozcan a sus clientes y trabajen sin invertir mucho en viajes o elevar los costos.

Las empresas que tienen muchos productos o marcas suelen crear una *organización para la administración de productos*. Con este sistema, el gerente de productos formula y aplica toda una estrategia y un programa de mercadotecnia para un producto o marca específicos. La gerencia de productos hizo su aparición en Procter & Gamble Company en 1929. Camay, el nuevo jabón de la empresa, no estaba funcionando demasiado bien y un joven ejecutivo de P&G recibió el encargo de concentrarse exclusivamente en desarrollar y promover este producto. El

PUNTOS IMPORTANTES DE LA MERCADOTECNIA 2-4

REVISIÓN DE LA GERENCIA DE MARCAS

La administración de marcas se ha convertido en un elemento fijo en la mayor parte de las empresas del ramo de los bienes de consumo en empaque. Los gerentes de marca planean la estrategia de la marca a largo plazo y vigilan las utilidades de su marca. En colaboración estrecha con agencias de publicidad, crean campañas publicitarias nacionales que acrecienten la participación en el mercado y la fidelidad a la marca, a largo plazo, de los consumidores. El sistema de las gerencias de marca tenía sentido en sus primeros tiempos, cuando las empresas de alimentos eran todopoderosas, los consumidores eran fieles a las marcas y los medios de comunicación nacionales llegaban con eficacia a los mercados de masas. Sin embargo, en fecha reciente, las empresas han empezado a cuestionarse si este sistema concuerda con la realidad totalmente diferente de la mercadotecnia actual.

Dos fuerzas del ambiente están haciendo que las empresas revisen la agencia de marcas. En primer término, los consumidores y los mercados han registrado cambios drásticos. Por un lado, los consumidores son ahora menos fieles a las marcas. Los consumidores contemporáneos enfrentan una serie inmensa de marcas aceptables y están expuestos a tantas promociones de precios que, ahora, se inclinan más por las ofertas que por las marcas. En consecuencia, las empresas están haciendo a un lado la publicidad nacional para favorecer los precios y otras promociones en el punto de venta. Asimismo, con el giro que se ha dado hacia la comercialización regional, se está concediendo más importancia a los mercados locales y a las estrategias a plazo más corto. Por tanto, mientras que los gerentes de marca tradicionalmente se han centrado en estrategias a largo plazo, para reforzar la marca, dirigidas a públicos masivos, la realidad presente del mercado demanda estrategias a corto plazo, que eleven las ventas, diseñadas para los mercados locales.

Otra fuerza que afecta la agencia de marcas es el creciente poder de los detallistas. Hoy existen detallistas más grandes, más poderosos y mejor informados, que exigen y obtienen más promociones comerciales a cambio de espacio en los anaqueles, el cual no es abundante. Al aumentar los egresos destinados a promociones comerciales, quedan menos dólares para publicidad nacional, el instrumento de mercadotecnia básico de los gerentes de marca. Los detallistas también están exigiendo mayor cantidad de promociones individuales de "muchas marcas", que abarquen diversas marcas de los productores y le permitan a los detallistas competir mejor. Estas promociones van más allá del alcance de un gerente de marca cualquiera y tienen que ser diseñadas en los niveles altos de la empresa. Sin embargo, cada gerente de marca debe hacer su contribución para respaldar estos tratos. En consecuencia, también pierden control sobre sus presupuestos y les queda menos dinero para invertir en publicidad de la marca.

Así pues, los cambios que se han operado en el mercado han alterado mucho la forma que adoptan las empresas para la comercialización de productos, y han llevado a los mercadólogos a revisar el sistema de gerencias de marcas que les funcionó muy bien durante muchos años. Aunque es poco probable que los gerentes de marca desaparezcan en poco tiempo, hoy por hoy son muchas las empresas que están buscando alternativas para administrar sus marcas.

Una alternativa sería cambiar el carácter de la labor del gerente de marca. Por ejemplo, algunas compañías le están pidiendo a sus gerentes de marca que pasen más tiempo en la calle, trabajando con los vendedores, observando lo que ocurre en las tiendas y acercándose más a los clientes. En fecha reciente, Campbell Soup creó "los gerentes-vendedores de marca", una combinación de gerente de producto y vendedor que se encarga de manejar las marcas en la calle, de trabajar con los comercios y de diseñar estrategias más locales para las marcas.

También como alternativa, Colgate-Palmolive, Procter & Gamble, Kraft, Nabisco, General Foods y otras empresas han adoptado el sistema de *administración de la categoría*. Con este sistema, los gerentes de marca dependen del gerente de una categoría, el cual es responsable de toda una línea de productos. Por ejemplo, en Procter & Gamble, el gerente de la marca Dawn de detergente líquido para vajillas depende del gerente responsable de Dwan, Ivory, Joy y todos los demás detergentes líquidos ligeros. El gerente de detergentes líquidos ligeros, a su vez, depende de un gerente que es el responsable de todos los detergentes y jabones en empaque de P&G, inclusive los detergentes para vajillas y los detergentes líquidos y secos para ropa.

joven tuvo éxito y la empresa empezó a aumentar la cantidad de gerentes de producto.[17] Desde entonces, muchas empresas, sobre todo en las industrias de los alimentos, jabón, aseo personal y química, han incluido gerentes de producto en sus organizaciones. Hoy día, el sistema del gerente de producto está muy arraigado. No obstante, los cambios drásticos que se han registrado en el ambiente de la mercadotecnia han llevado a muchas empresas a volver a estudiar el papel del gerente de producto (véase Puntos Importantes de la Mercadotecnia 2-4).

Revisión del papel del gerente de producto: Campbell introdujo los "gerentes de ventas de marca".

La administración de la categoría ofrece muchas ventajas. En primer término, los gerentes de categorías tienen una perspectiva más amplia para la planeación que los gerentes de marcas. En lugar de concentrarse en marcas específicas, dan forma a todas las ofertas de una categoría de la empresa. Esto produce ofertas de una categoría más completa y coordinada. Además, contribuye a reducir los conflictos internos de las marcas; el gerente de la categoría puede asignar presupuestos, proteger la posición de marcas individuales y resolver disputas entre los gerentes de marca. La mayor ventaja de la administración de la categoría podría ser que encaja mejor con los procesos de adquisición de los detallistas. En fecha reciente los detallistas han empezado a dejar en manos de compradores individuales la responsabilidad de trabajar con todos los proveedores de una categoría específica de productos. El sistema de administración de la categoría liga mejor con este nuevo sistema de los minoristas de "compras por categorías".

Algunas empresas están combinando la administración de la categoría con otro concepto: *los equipos de marcas o los equipos de categorías*. Por ejemplo, en lugar de tener varios gerentes de marca para sus galletas, Nabis-

co tiene tres equipos de administración de categorías de galletas: uno para las galletas enriquecidas para adultos, uno para las galletas nutritivas y uno para las galletas para niños. El equipo de cada categoría es encabezado por un gerente de la categoría e incluye a varios mercadólogos: gerentes de marca, un gerente de planeación de ventas y un especialista en información del mercado, quienes manejan la estrategia, la publicidad y las promociones de ventas de la marca. Cada equipo incluye también a especialistas de otros departamentos de la empresa: un gerente de finanzas, un especialista en investigaciones y desarrollo y a representantes de los departamentos de producción, ingeniería y distribución. Así pues, los gerentes de las categorías funcionan como pequeños empresarios, con plena responsabilidad por la actuación de una categoría entera y con el apoyo completo de personas que les ayudan a planificar y aplicar las estrategias de mercadotecnia de la categoría.

Luego entonces, aunque falta mucho para que los gerentes de marca desaparezcan, su trabajo sí está cambiando. Y estos cambios se necesitan mucho. El sistema de los gerentes de marca se mueve en razón de los productos, y no de los clientes. Los gerentes de marca se centran en lanzar sus marcas para todos y cada uno de los clientes y, con frecuencia, se concentran tanto en una sola marca que pierden de vista el mercado. Incluso la administración de la categoría se fija en los productos, por ejemplo, "galletas" a diferencia de "Oreos" es una marca específica. Sin embargo, hoy más que nunca, las empresas no deben partir de las marcas, sino de las necesidades de los consumidores y los detallistas que cubren estas marcas. En fecha reciente, Colgate dio un paso en este sentido. Pasó de la *administración de la marca* (pasta de dientes marca Colgate) a la *administración de la categoría* (todas las marcas Colgate-Palmolive de pasta de dientes), a otra etapa, la *administración de las necesidades de los clientes* (necesidades de la salud bucal de los clientes). Esta última etapa por fin hace que la organización se concentre en las necesidades de los clientes.

Fuentes: Véase Robert Dewar y Don Schultz, "The Product Manager: An Idea Whose Time Has Gone", en *Marketing Communications*, mayo de 1989, pp. 28-35; Kevin T. Higgins, "Category Management: New Tools Changing Life for Manufacturers, Retailers", en *Marketing News*, 25 de septiembre de 1989, pp. 2, 19; Ira Teinowitz, "Brand Managers: '90s Dinosaurs?", en *Advertising Age*, 19 de diciembre de 1988, p. 19; y Betsy Spethmann, "Category Management Multiplies", en *Advertising Age*, 11 de mayo de 1992, p. 42.

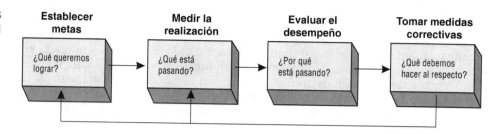

FIGURA 2-8
El proceso de control

Establecer metas	Medir la realización	Evaluar el desempeño	Tomar medidas correctivas
¿Qué queremos lograr?	¿Qué está pasando?	¿Por qué está pasando?	¿Qué debemos hacer al respecto?

TABLA 2-2
Preguntas para la auditoría de la mercadotecnica

AUDITORIA DEL ENTORNO MERCADOTECNICO

El macroentorno

1. *Demográfico.* ¿Cuáles son las principales tendencias demográficas que presentan amenazas y oportunidades para esta empresa?
2. *Económico.* ¿Qué cambios en el ingreso, los precios, el ahorro y el crédito tendrán repercusiones en la empresa?
3. *Natural.* ¿Cuáles son las perspectivas para los costos y las existencias de los recursos naturales y los energéticos? ¿Tiene la empresa alguna responsabilidad ambiental?
4. *Tecnológico.* ¿Qué cambios tecnológicos se están operando? ¿Cuál es la posición de la empresa ante la tecnología?
5. *Político.* ¿Cuáles leyes vigentes o proyectos de ley podrían afectar la estrategia de la empresa?
6. *Cultural.* ¿Cuál es la actitud del público hacia los negocios y los productos de la empresa? ¿Qué cambios en la forma de vida de los consumidores podrían tener repercusiones?

El entorno de la actividad

1. *Mercados.* ¿Qué está ocurriendo con el tamaño, el crecimiento, la distribución geográfica y las utilidades del mercado? ¿Cuáles son los principales segmentos del mercado?
2. *Clientes.* ¿Qué calificación conceden los clientes a la empresa en cuanto a calidad, servicio y precio del producto? ¿Cómo toman la decisión de comprar?
3. *Competencia.* ¿Quiénes son los competidores más importantes? ¿Cuáles son sus estrategias, partes del mercado, ventajas y debilidades?
4. *Canales.* ¿Cuáles son los canales principales que usa la empresa para distribuir los productos a los clientes? ¿Cómo están funcionando?
5. *Proveedores.* ¿Qué tendencias están afectando a los proveedores? ¿Qué perspectivas tienen las existencias de recursos clave para la producción?
6. *Públicos.* ¿Qué públicos clave presentan problemas u oportunidades? ¿Cómo debe la empresa tratar a estos públicos?

AUDITORIA DE LA ESTRATEGIA DE MERCADOTECNIA

1. *Misión de la empresa.* ¿Está la misión definida con claridad y orientada hacia el mercado?
2. *Objetivos de mercadotecnia.* ¿Ha establecido la empresa objetivos claros para dirigir la planificación y la actuación mercadotécnica? ¿Encajan estos objetivos con las oportunidades y los recursos de la empresa?
3. *Estrategia mercadotécnica.* ¿Cuenta la empresa con una estrategia de mercadotecnia sólida para alcanzar sus objetivos?
4. *Presupuestos.* ¿Ha presupuestado la empresa recursos suficientes para los segmentos, los productos, los territorios y los elementos de la mezcla de mercadotecnia?

AUDITORIA DE LA ORGANIZACION DE MERCADOTECNIA

1. *Estructura formal.* ¿Tiene el director de mercadotecnia suficiente autoridad sobre las actividades que afectan la satisfacción de los clientes? ¿Están las actividades de mercadotecnia debidamente estructuradas siguiendo los lineamientos de las funciones, los productos, los mercados y los territorios?

En el caso de empresas que venden una línea de productos a muchos tipos de mercados diferentes que tienen necesidades y gustos diferentes, será más recomendable una *organización para la administración de mercados*. Muchas empresas se organizan siguiendo los lineamientos de los mercados. La organización para administrar mercados se parece a la organización para administrar productos. Los gerentes de mercado tienen la responsabilidad de formular planes anuales y a largo plazo para las ventas y las utilidades de sus mercados. La principal ventaja de este sistema es que la empresa se organiza con base en las necesidades de segmentos de clientes específicos.

2. *Eficiencia de las funciones.* ¿Tienen buena comunicación los departamentos de mercadotecnia y de ventas? ¿Está el personal de mercadotecnia bien capacitado, supervisado, motivado y evaluado?

3. *Eficiencia entre departamentos.* ¿Trabaja bien el personal de mercadotecnia con el de producción, investigación y desarrollo, adquisiciones, recursos humanos y otros?

AUDITORIA DE LOS SISTEMAS DE MERCADOTECNIA

1. *Sistema de información de mercadotecnia.* ¿Está presentando el sistema de inteligencia información exacta y oportuna sobre los cambios que registra el mercado? ¿Están las personas que deciden en la empresa usando bien las investigaciones de mercadotecnia?

2. *Sistema de planeación de la mercadotecnia.* ¿Prepara la empresa planes estratégicos, anuales, a largo plazo? ¿Se usan éstos?

3. *Sistema de control de la mercadotecnia.* ¿Se están alcanzando los objetivos de los planes anuales? ¿Analiza la gerencia, periódicamente, las ventas y la rentabilidad de productos, mercados, territorios y canales?

4. *Desarrollo de productos nuevos.* ¿Está organizada la empresa de tal suerte que reúne, genera y tamiza las ideas para productos nuevos? ¿Realiza las debidas pruebas de productos y de mercado? ¿Ha tenido éxito la empresa con sus productos nuevos?

AUDITORIA DE LA PRODUCTIVIDAD DE LA MERCADOTECNIA

1. *Análisis de la rentabilidad.* ¿Qué tan rentables son los productos, mercados, territorios y canales de la empresa? ¿Debe la empresa entrar, expanderse o retirarse de algún segmento de negocios? ¿Qué consecuencias tendría ello?

2. *Análisis de la eficacia de costos.* ¿Conlleva alguna de las actividades de mercadotecnia a costos excesivos? ¿Cómo se pueden disminuir los costos?

AUDITORIA DE LAS FUNCIONES MERCADOTECNICAS

1. *Productos.* ¿Ha establecido la empresa objetivos sólidos para las líneas de productos? ¿Se deben ir eliminando algunos productos? ¿Se deben ir sumando algunos productos nuevos? ¿Se mejorarían algunos productos con cambios en la calidad, el estilo o las características?

2. *Precio.* ¿Cuáles son los objetivos, políticas, estrategias y procedimientos de los precios de la empresa? ¿Están los precios de la empresa en línea con el valor que perciben los clientes? ¿Se usan debidamente las promociones de precios?

3. *Distribución.* ¿Cuáles son los objetivos y las estrategias de distribución? ¿Cubre y atiende la empresa debidamente el mercado? ¿Se deberían cambiar los canales existentes o sumar otros?

4. *Publicidad, promoción de ventas y anuncios.* ¿Cuáles son los objetivos de las promociones de la empresa? ¿Cómo se determina el presupuesto? ¿Es éste suficiente? ¿Están los mensajes publicitarios y los medios debidamente desarrollados y son bien recibidos? ¿Cuenta la empresa con programas bien desarrollados para la promoción de ventas y para las relaciones públicas?

5. *Equipo de vendedores.* ¿Cuáles son los objetivos de los vendedores de la empresa? ¿Existen suficientes vendedores en la empresa? ¿Están estos debidamente organizados? ¿Están bien capacitados, supervisados y motivados? ¿Qué calificación merece el equipo de vendedores en relación con los equipos de la competencia?

Las empresas grandes que producen muchos productos diferentes, destinados a muchos mercados geográficos y de clientes diferentes usan alguna *combinación* de las formas de organización por funciones, geografía, productos o mercados. Esto garantiza que cada una de las funciones, productos y mercados cuente con la atención administrativa que merece. No obstante, también puede sumar costosos estratos de administradores y reducir la flexibilidad de la organización. Sin embargo, las ventajas que ofrece la especialización organizativa suelen ser más que las desventajas.[18]

El control de la mercadotecnia

Dado que la aplicación de un plan de mercadotecnia produce muchas sorpresas, el departamento de mercadotecnia debe participar de manera constante en el control de su mercadotecnia. El **control de la mercadotecnia** es un proceso mediante el cual se miden y evalúan los resultados de las estrategias y los planes de mercadotecnia y se toman medidas correctivas para garantizar que se cumplan los objetivos. Este proceso entraña los cuatro pasos que se muestran en la Figura 2-8. Primero, la gerencia establece las metas mercadotécnicas específicas. A continuación mide su actuación en el mercado y evalúa las causas de las diferencias existentes entre la actuación esperada y la real. Por último, la gerencia toma medidas correctivas para acabar con las diferencias entre las metas y su cumplimiento. En ocasiones, esto puede requerir un cambio en los programas de acción o incluso en las metas.

El *control operativo* consiste en comparar la actuación presente y el plan anual, así como en tomar medidas correctivas cuando sea necesario. Su propósito es garantizar que la empresa alcance las metas de ventas, utilidades y demás que se establecen en el plan anual. Asimismo, consiste en determinar la rentabilidad de diferentes productos, territorios, mercados y canales. El *control estratégico* consiste en estudiar si las estrategias básicas de la empresa se ciñen a sus oportunidades. Las estrategias y los programas de mercadotecnia pueden resultar inoperantes en poco tiempo y la empresa debe evaluar periódicamente su posición global ante el mercado. Un instrumento central para controlar las estrategias es la **auditoría de la mercadotecnia;** un estudio amplio, sistemático, independiente y periódico del entorno, los objetivos, las estrategias y las actividades de la empresa, con objeto de determinar cuáles son las oportunidades y las áreas problemáticas y de recomendar un plan de acción que sirva para mejorar la actuación mercadotécnica de la empresa.[19]

La auditoría de la mercadotecnia cubre *todas* las áreas de mercadotecnia importantes de un negocio y no sólo unos cuantos puntos problemáticos. Por regla general la realiza un tercero, alguien objetivo y experto, que no depende del departamento de mercadotecnia. La tabla 2-2 muestra el tipo de preguntas que podría formular el auditor de la mercadotecnia. Los resultados pueden sorprender, en ocasiones incluso cimbrar, a la gerencia. A continuación, la gerencia decidirá qué medidas se tomarán y cuándo y cómo se aplicarán.

El ambiente de la mercadotecnia

La administración de la función mercadotécnica se podría calificar de bastante difícil incluso suponiendo que el trabajo del mercadólogo consistiera sólo en manejar las variables controlables de la mezcla de la mercadotecnia. Sin embargo, la empresa funciona en un ambiente complejo, compuesto por fuerzas incontrolables a las que la empresa se debe adaptar. El ambiente produce amenazas y oportunidades. La empresa debe analizar detenidamente su ambiente con objeto de evitar las amenazas y aprovechar las oportunidades.

El ambiente de mercadotecnia de la empresa incluye fuerzas cercanas a la empresa que afectan su capacidad para atender a sus clientes, por ejemplo otros departamentos, miembros de canales, proveedores, competidores y públicos de la empresa. También incluye fuerzas demográficas y económicas más amplias, así como fuerzas políticas y jurídicas, tecnológicas y ecológicas y sociales y culturales. La empresa debe tomar en cuenta todas estas fuerzas cuando desarrolla y posiciona su oferta en el mercado hacia el cual está apuntando. El ambiente mercadotécnico se explica con más detalle en el capítulo 3.

RESUMEN

La *planeación estratégica* consiste en formular una estrategia para la supervivencia y el crecimiento a largo plazo. La mercadotecnia sirve para formular planes estratégicos y los planes estratégicos globales definen el papel que desempeña la mercadotecnia en la empresa. No todas las empresas cuentan con planes formales o los usan debidamente, sin embargo los planes formales tienen varias ventajas. Las empresas formulan tres tipos de planes: *planes anuales, planes a largo plazo* y *planes estratégicos.*

Los planes estratégicos son la base para el resto de los planes de la empresa. El proceso de la planeación estratégica comprende la definición de la misión de la empresa, de sus objetivos y metas, su cartera de negocios y sus planes de funciones. Es muy importante *definir la misión* de la empresa debidamente. La definición de la misión debe estar orientada al mercado y ser factible, motivante y específica para que la empresa pueda aprovechar sus mejores oportunidades. La definición de la misión conduce a los objetivos y metas que lo sustentan.

A partir de este punto, la planeación estratégica requiere que se analice la *cartera de negocios* de la empresa y que se decida cuáles son los negocios que recibirán más recursos o menos. La empresa puede recurrir a un método formal para la planeación de la cartera, como la *matriz de crecimiento-participación del BGC* o la matriz de negocios estratégicos de General Electric. Sin embargo, la mayor parte de las empresas ahora recurren a una planeación de carteras más particular, que se ciña mejor a su situación singular. Además de evaluar las *unidades de negocios* estratégicos presentes, la gerencia debe planificar el crecimiento para abarcar negocios y productos nuevos. La *matriz de expansión de mercado/producto* contiene cuatro formas de crecimiento: la penetración de mercados, el desarrollo de mercados, el desarrollo de productos y la diversificación.

Cada uno de los *departamentos funcionales* de la empresa proporciona insumos para la planeación estratégica. Cuando se han definido los objetivos estratégicos, la gerencia de cada negocio tendrá que preparar una serie de *planes funcionales* que coordine las actividades de los departamentos de mercadotecnia, finanzas, producción y otros. Cada departamento concede a los objetivos y actividades diferentes grados de importancia. El departamento de mercadotecnia considera que el punto de vista del cliente es lo más importante. Los gerentes de mercadotecnia deben entender el punto de vista de los otros departamentos funcionales de la empresa y trabajar con sus gerentes para elaborar un sistema de planes que sirva para alcanzar los objetivos estratégicos globales de la empresa.

Los mercadólogos, cumpliendo con su papel en la organización, toman parte en el *proceso mercadotécnico.* Los consumidores están en el centro de dicho proceso. La empresa divide el mercado total en segmentos de menor tamaño y selecciona los segmentos que puede atender mejor. A continuación diseña su *mezcla de mercadotecnia* para diferenciar su oferta y para posicionarla en los segmentos que tiene en la mira. La empresa hace análisis de mercados,

planes de mercadotecnia y los aplica y los controla, con objeto de encontrar la mejor mezcla de mercadotecnia y de ponerla en práctica.

Cada negocio debe formular planes de mercadotecnia para sus productos, marcas y mercados. Los componentes básicos de un *plan de mercadotecnia* son el resumen ejecutivo, la situación mercadotécnica presente, las amenazas y oportunidades, los objetivos y problemas, las estrategias de mercadotecnia, los programas de acción, los presupuestos y los controles. Muchas veces es más fácil planear estrategias buenas que llevarlas a cabo. Para tener éxito, las empresas deben aplicar las estrategias con eficacia. La *aplicación* de las estrategias de mercadotecnia es el proceso que las convierte en acciones de mercadotecnia. El proceso contiene cinco elementos clave. El *programa de acción* identifica las tareas y las decisiones cruciales para aplicar el plan de mercadotecnia, se las asigna a personas específicas y establece un calendario. La *estructura de la organización* define las tareas y las asignaciones y coordina las actividades del personal y de las unidades de la empresa. Los *sistemas de decisión y retribución* de la empresa encabezan actividades como preparar planes, información y presupuestos, como capacitar, controlar y evaluar al personal y determinar sus retribuciones. Los programas de acción, las estructuras de organización y las decisiones y sistemas de retribución bien diseñados facilitan su debida aplicación.

La aplicación correcta también requiere que los *recursos humanos se planeen* con atención. La empresa debe reclutar a personas valiosas y asignarlas, desarrollarlas y conservarlas. La cultura de una empresa también puede reforzar la aplicación o llevarla al fracaso. La *cultura de la empresa* toca a todo su personal: una buena aplicación depende de culturas sólidas, bien definidas, que se ciñan a la estrategia elegida.

La mayor parte de la aplicación recae en el departamento de mercadotecnia de una empresa. Los departamentos de mercadotecnia modernos están organizados de diferentes maneras. La forma más común es la de la *organización mercadotécnica por funciones,* en la cual las funciones mercadotécnicas están encabezadas por diferentes gerentes que dependen de un gerente general de mercadotecnia. La empresa también puede basarse en una *organización geográfica,* donde sus vendedores y los encargados de otras funciones se especialicen por zonas geográficas. Asimismo puede recurrir a la *organización por gerentes de producto,* en cuyo caso los productos se le asignan a gerentes de producto que trabajan con especialistas en las funciones a efecto de desarrollar planes y aplicarlos. Otra forma sería la *organización por gerentes de mercados,* en la que los mercados básicos se le asignan a gerentes de mercado que trabajan con los especialistas en las funciones.

Las organizaciones mercadotécnicas llevan un control. El *control de operaciones* consiste en vigilar los resultados presentes de la mercadotecnia con el propósito de asegurarse de que se alcanzarán las metas de las utilidades y las ventas anuales. Asimismo, requiere que se determine la rentabilidad de los productos, territorios, segmentos del mercado y canales de la empresa. El *control de las estrategias* garantiza que los objetivos, estrategias y sistemas de mercadotecnia de la empresa se ciñen al ambiente de mercadotecnia presente y futuro. Este control recurre a la *auditoría de la mercadotecnia* para determinar las oportunidades y los problemas mercadotécnicos y para recomendar acciones, a corto y largo plazo, que sirvan para mejorar el desempeño global de la mercadotecnia. Con estas actividades, la empresa vigila el entorno mercadotécnico y se adapta a él.

TÉRMINOS CLAVE

EXPOSICIÓN DE PUNTOS CLAVE

1. ¿Qué sentido tiene hacer un plan quinquenal "cambiante"?, es decir, ¿para qué sirve que los administradores dediquen su tiempo a preparar un plan quinquenal que se cambiará año con año?

2. En una serie de entrevistas laborales, usted le pide a tres reclutadores que describan el objeto de su empresa. Uno dice: "Obtener utilidades". Otro dice: "Conseguir clientes". El tercero dice: "Acabar con el hambre en el mundo". ¿Qué están diciendo estas definiciones de la misión en cuanto a sus respectivas empresas?

3. Un fabricante de productos electrónicos recibe los semiconductores que usa para manufacturarlos de una subsidiaria, propiedad de la empresa, pero que también le vende a otros fabricantes. La subsidiaria es más pequeña y menos rentable que los fabricantes de la competencia y su tasa de crecimiento lleva cinco años colocándose por abajo del promedio de la industria. ¿En qué cuadro de la matriz de crecimiento-participación del BCG encaja esta unidad de negocios estratégicos? ¿Qué debe hacer la compañía matriz con esta UEN?

4. Conforme las empresas se van orientando más hacia los clientes y la mercadotecnia, muchos departamentos han visto que deben modificar la forma tradicional de hacer las cosas. ¿Cómo pueden los departamentos de finanzas, contabilidad e ingeniería de una empresa ayudar para que ésta pueda dirigirse más hacia la mercadotecnia? Ofrezca algunos ejemplos.

5. La matriz de General Electric para la planeación de estratégica de negocios ofrece un panorama general que puede ser muy útil para tomar decisiones estratégicas. ¿Para qué tipo de decisiones serviría esta matriz? ¿Existen otros tipos de decisiones estratégicas para los cuales no serviría?

6. Blockbuster Video es una empresa líder en el mercado del alquiler de videos caseros. Ofrece alquiler por dos noches, cuenta con tiendas grandes y atractivas, así como con una gran variedad de videos, a precios no muy altos. Explique cómo aplicaría las estrategias de retador del mercado, seguidor del mercado y buscador de nichos en el mercado para competir con Blockbuster.

APLICACIÓN DE CONCEPTOS

1. Siéntese con lápiz y papel en mano y un radio AM-FM. Haga una gráfica sencilla de cuatro columnas: *Frecuencia, Llamadas* (optativo pero útil), Formato y Notas. Recorra las bandas de AM y FM de principio a fin, tomando notas breves para cada estación, con su debida recepción. En la columna de *Formato*, anote el tipo de programación, por ejemplo, para estudiantes, para público en general, de rock clásico, variada, etc. En la columna *Notas,* incluya los lemas de la estación que escuche (por ejemplo, "Conéctese a su música preferida"), eventos que patrocine la estación y tipos de publicidad que escuche.

   ■ Sume la cantidad total de estaciones que recibió y sume la cantidad de estaciones que compartan el mismo formato. Al parecer, ¿a cuántos segmentos diferentes del mercado se dirigen estas estaciones?

   ■ ¿Está alguna de estas estaciones posicionada de forma muy clara y distintiva? ¿Cómo?

   ■ ¿Eligen los publicistas diferentes tipos de estaciones para diferentes tipos de productos? ¿Tiene sentido su segmentación del mercado? Ofrezca algunos ejemplos.

2. Analice la zona comercial que está cerca de su universidad. Suponga que usted quiere abrir un negocio ahí y que está buscando una oportunidad promisoria para un restaurante, una tienda de ropa o una tienda de música.

   ■ ¿Existe la posibilidad de abrir un negocio diferente y promisorio? Describa el mercado al que se dirigiría y cómo lo atendería de manera diferente a la de los negocios existentes.

   ■ ¿Qué tipo de mezcla de mercadotecnia usaría para su negocio?

CÓMO TOMAR DECISIONES EN MERCADOTECNIA:

COMUNICACIONES MUNDO PEQUEÑO, S.A.

Mientras corría esa mañana Lynette Jones iba pensando. Ella y Thomas Campbell se habían reunido para desayunar y habían charlado, durante tres horas, sobre la idea de formar Comunicaciones Mundo Pequeño. Los dos pensaban que sería muy provechoso que se hicieran socios. Decidieron que, por el momento, los dos conservarían sus empleos, pero que, en las próximas seis semanas, harían un esfuerzo serio por desarrollar un concepto viable para Comunicaciones Mundo Pequeño. Todos los días se comunicaban por correo electrónico (correo E) usando la red CompuServe. La pelota estaba ahora en la cancha de Lyn. Tenía que definir una misión para la sociedad Comunicaciones Mundo Pequeño y hacerse "ricos y famosos" (como había dicho Tom) no servía. "Es una verdadera paradoja —musitó—. El mercado de las computadoras se mueve a muchísima velocidad. Necesitamos una misión que sea lo bastante concreta como para dirigirnos, pero lo suficientemente flexible como para que nos permita seguir el ritmo de los cambios del mercado que no

podamos pronosticar. Quizá podría encontrar ayuda en el Teléfono de la Red de Amigos Psíquicos..." Lyn dio la vuelta en la marca que indicaba 2.5 millas. "Estoy corriendo más rápido que Bill Clinton —pensó—, pero él, cuando menos, ya había decidido cuál era su misión. Quizá si me enfoco como si fuera un rayo láser...".

Y, ¿AHORA QUÉ?

1. Defina una misión para Comunicaciones Mundo Pequeño. Esta misión debe (a) referirse a una necesidad o anhelo real del mercado, (b) aprovechar plenamente las capacidades de Thomas y de Lynette, (c) tomar en cuenta la falta de instalaciones y de capital y (d) reconocer que es probable que los cambios sigan sucediéndose con rapidez en el mercado de las computadoras.

2. ¿Fue difícil la pregunta? ¿Qué problemas tuvo para definir la misión de la empresa?

REFERENCIAS

1. Véase "Levi's: The Geans Giant Slipped as the Market Shifted", *Business Week*, 5 de noviembre de 1984, pp. 79-80; Miriam Rozen, "The 501 Blues", *Madison Avenue*, noviembre de 1984, pp. 22-26; Marc Beauchamp, "Tight Fit", *Forbes*, 11 de agosto de 1986; Joshua Hyatt, "Levi Strauss Learns a Fitting Lesson", *Inc.*, agosto de 1985, p. 17; Brenton R. Schlender, "How Levi Strauss Did and LBO Right", *Fortune*, 7 de mayo de 1990, pp. 105-7; Maria Shao, "For Levi's, a Flattering Fit Overseas",

Business Week, 5 de noviembre de 1990, pp. 76-77; "A Comfortable Fit", *The Economist,* 22 de junio de 1991, pp. 67-68; Marcy Magiera y Pat Sloan, "Levi's, Lee Loosen Up for Baby Boomers", *Advertising Age,* 3 de agosto de 1992, p. 9; y Marcy Magiera, "Levi's Dockers Looks for Younger, Upscale Men with Authentics", *Advertising Age,* 18 de enero de 1993, p. 4.

2. Para una explicación más detallada de la planificación de estrategias a nivel de sociedad y de negocios y su aplicación a la mercadotecnia, véase Philip Kotler, *Marketing Management: Analysis, Planning, Implementation, and Control,* 8a. ed. (Englewood Cliffs, NJ: Prentice Hall, 1994), Cap. 3.

3. Para más definiciones de misiones, véase David A. Aaker, *Strategic Market Management,* 2a. ed. (Nueva York: Wiley, 1988); Laura Nash, "Mission Statements–Mirrors and Windows", *Harvard Business Review,* marzo-abril de 1988, pp. 155-56; y Fred R. David, "How Companies Define Their Mission Statements", *Long Range Planning,* Vol. 22, Núm. 1, 1989, pp. 90-97.

4. Richard G. Hamermesch, "Making Planning Strategic", *Harvard Business Review,* julio-agosto de 1986, pp. 115-20.

5. Véase Daniel H. Gray, "Uses and Misuses of Strategic Planning", *Harvard Business Review,* enero-febrero de 1986, pp. 89-96; y Roger A. Kerin, Vijay Mahajan y P. Rajan Varadarajan, *Contemporary Perspectives on Strategic Planning* (Boston: Allyn & Bacon, 1990).

6. H. Igor Ansoff, "Strategies for Diversification", *Harvard Business Review,* septiembre-octubre de 1957, pp. 113-24.

7. John C. Narver y Stanley F. Slater, "The Effect of a Market Orientation on Business Profitability", *Journal of Marketing,* octubre de 1990, pp. 20-35.

8. Véase Brian Dumaine, "Creating a New Company Culture", *Fortune,* 15 de enero de 1990, p. 128.

9. Para más información, véase Yoram Wind, "Marketing and the Other Business Functions", en *Research in Marketing,* Vol. 5, Jagdish N. Sheth, ed. (Greenwich, CT: JAI Press, 1981), pp. 237-56; Robert W. Ruekert y Orville C. Walker, Jr., "Marketing's Interaction with Other Functional Units: A Conceptual Framework and Empirical Evidence", *Journal of Marketing,* enero de 1987, pp. 1-19.

10. Para más sobre estrategias de seguidor, véase Daniel W. Haines, Rajan Chandran y Arvind Parkhe, "Winning by Being First to Market... or Second?", *Journal of Consumer Marketing,* invierno de 1989, pp. 63-69.

11. El primero en sugerir la clasificación de las cuatro P fue E. Jerome McCarthy, *Basic Marketing: A Managerial Approach,* (Homewood, IL: Irwin, 1960). Para una explicación más amplia de esta clasificación, véase Walter van Waterschoot y Christophe Van den Bulte, "The 4P Classification of the Marketing Mix Revisited", *Journal of Marketing,* octubre de 1992, pp. 83-93.

12. Robert Lauterborn, "New Marketing Litany: Four P's Passé: C-Words Take Over", *Advertising Age,* 1 de octubre de 1990, p. 26.

13. Para una interesante explicación de los métodos y los procesos de los presupuestos mercadotécnicos, véase Nigel F. Piercy, "The Marketing Budgeting Process: Marketing Management Implications", *Journal of Marketing,* octubre de 1987, pp. 45-59.

14. Amar Bhide, "Hustle as Strategy", *Harvard Business Review,* septiembre-octubre de 1986, p. 59.

15. Véase Thomas J. Peters y Robert H. Waterman, *In Search of Excellence: Lessons from America's Best-Run Companies* (Nueva York: Harper & Row, 1982). Para un estupendo resumen de los resultados del estudio sobre estructura, véase Aaker, *Strategic Market Management,* pp. 154-57.

16. Para más información sobre las culturas de las empresas, véase Rohit Deshpande y Frederick E. Webster, Jr. "Organizational Culture and Merketing: Defining the Research Agenda", *Journal of Marketing,* enero de 1989, pp. 3-15; Brian Dumaine, "Creating a New Company Culture", *Fortune,* 15 de enero de 1990, pp. 127-31; y Joh P. Kotter y James L. Heskett, *Corporate Culture and Performance* (Nueva York: Free Press, 1992).

17. Joseph Winski, "One Brand, One Manager", *Advertising Age,* 20 de agosto de 1987, p. 86.

18. Para explicaciones más amplias de las posiciones y los problemas de la organización mercadotécnica, véase Robert W. Ruekert, Orville C. Walker, Jr. y Kenneth J. Roering, "The Organization of Marketing Activities: A Contingency Theory of Structure and Performance", *Journal of Marketing,* invierno de 1985, pp. 13-25; y Ravi S. Achrol, "Evolution of the Marketing Organization: New Forms for Turbulent Environments", *Journal of Marketing,* octubre de 1991, pp. 77-93.

19. Para más detalles, véase Kotler, *Marketing Management: Analysis, Planning, Implementation, and Control,* 8a. ed. (Englewood Cliffs, NJ: Prentice Hall, 1994), Cap. 27.

CASO 2

LA REESTRUCTURACIÓN DE LA IBM

Hace años, cuando los tribunales dividieron a AT&T en ocho partes —AT&T y las "Baby Bells"— el valor de mercado de AT&T era del orden de 48 mil millones de dólares, en cambio el valor de mercado de IBM era de 34 mil millones de dólares. Sólo diez años después, el valor combinado de mercado de AT&T y las "Baby Bells" se había disparado a 180 mil millones de dólares, contra los 56 mil millones de dólares de IBM. ¿Qué ocurrió? La división cambió a la monolítica y aletargada AT&T en ocho empresas competitivas, más pequeñas y ágiles. Por otra parte, IBM era un gigante lento. Lo que es peor, su cultura empresarial, muy centralizada, siguió dedicándose a vender y dar servicio a computadoras "de propósito general", una especie que moría lentamente. La computadora personal, los programas para computadora, las minicomputadoras, las microcomputadoras, los dispositivos para redes y demás productos de la compañía, de gran éxito, siguieron siendo segundo plato. Los gerentes de estos productos tenían prohibido hacer cualquier cosa que perjudicara las ventas de las "computadoras de propósito general".

La enorme centralización de IBM ahogaba las ideas independientes y limitaba la capacidad de respuesta de la empresa ante los actos de la competencia. Un ejemplo que viene al caso: en 1991, cuando la división de computadoras personales quizo lanzar su nueva computadora portátil al competitivo precio de 4,995 dólares, la oficina matriz insistió en el precio de 5,995 dólares para cumplir con los márgenes de utilidad tradicionales de la empresa. Cuando las ventas fallaron, IBM, con el tiempo, redujo el precio a 3,645 dólares.

En 1991, las entradas de IBM bajaron 5% y la empresa registró su primer déficit de operaciones. Había que cambiar las cosas. Con un cambio drástico, IBM se "dividió" en 13 líneas de negocios (o LDN), en seguida llamadas "Baby Blues" por los medios. Nueve de estas "Baby Blues" son negocios de producción y desarrollo, inclusive Enterprise Systems (que fabrica "computadoras de propósito general"; 22 mil millones de dólares de ingresos); Adstar (dispositivos de almacenamiento y drives de cintas; 11.9 mil millones de dólares); Personal Systems (computadoras personales; 11.5 mil millones de dólares); Application Business Systems (minicomputadoras y procesadores; 11.4 mil millones de dólares) y cinco LDN más pequeñas que fabrican productos como chips, programas e impresoras. Las otras cuatro LDN son empresas comercializadoras responsables de la venta y los servicios para todos los productos de IBM en cuatro territorios mundiales: Europa; Oriente Medio y Africa; América del Norte; Asia-Pacífico, y América Latina.

La división envió una clara señal a las unidades Baby Blue de producción, diciéndoles que las computadoras de propósito general ya no son sagradas y que la competencia interna no sólo era permisible sino también recomendable. En consecuencia, en septiembre de 1992, la unidad Applications Business Systems de IBM introdujo una minicomputadora nueva, la AS/400, para competir con la pequeña computadora de propósito general de IBM, la ES/9000. La unidad de Personal Systems también invadió el terreno de la división de computadoras de propósito general. Produjo dispositivos para redes compatibles con computadoras personales que sirven para conectar redes a una computadora Parallan, creando con ello un sistema capaz de encargarse de las tareas de las grandes computadoras comerciales de propósito general, por un costo diez veces menor. Incluso la unidad de la computadora de propósito general de Enterprise Systems tuvo parte en el numerito. Creó Génesis, una línea de sistemas que incluye cientos de potentes microprocesadores que competirán con las propias computadoras de propósito general de Enterprise.

La división no sólo aumenta la competitividad, sino que también permite que cada LDN responda con mayor rapidez. En el curso del decenio pasado, IBM se ha ido rezagando en comparación con la competencia, en cuanto a la introducción de productos nuevos. Aunque la división de Investigación y Desarrollo de IBM es la mejor en la industria de las computadoras para diseñar productos nuevos, IBM tiene problemas para colocar sus productos nuevos en el mercado con rapidez. Introdujo minicomputadoras 11 años después que Digital, computadoras personales cuatro años después que Apple, computadoras portátiles compatibles cinco años después que Toshiba y estaciones de trabajo RISC tres años después que Sun Microsystems. Para desgracia de Big Blue, llegar tarde al mercado suele significar menos ventas y utilidades.

¿Tendrá éxito la nueva organización de Big Blue? Algunos escépticos piensan que la cultura de IBM, vieja y rígida, está demasiado arraigada como para cambiarla. Es más, inquietos ante los recientes despidos y recortes de 85,000 empleados de IBM, los gerentes de IBM acostumbrados a que la oficina matriz formule las estrategias y tome las decisiones de mercadotecnia, tendrán mucho cuidado de trabajar de forma independiente y de ser responsables de los resultados.

Además de cambiar la estructura de su organización, IBM también tendrá que cambiar su cultura empresarial, dando mayor importancia al servicio y la satisfacción de los clientes. En la actualidad, conforme las computadoras y las tecnologías relacionadas se van convirtiendo en una necesidad, el servicio suele ser un factor principal para diferenciar a las empresas. Sin embargo, mejorar el servicio puede ser difícil en una empresa orientada a la producción, como IBM, que vende una serie tan complicada de productos y servicios que los vendedores quizá ni siquiera conozcan sus productos a fondo.

En septiembre de 1992, IBM anunció que formaría una unidad operativa independiente para la Computadora Personal IBM, aunque no una división. Si bien la unidad nueva logró el control de sus costos y desarrollo de productos, no logró el control directo de la mercadotecnia y la venta de sus productos. Al parecer, Big Blue sigue teniendo problemas para romper definitivamente con los vínculos que la unen a las Baby Blues.

PREGUNTAS

1. Describa la misión y los objetivos de IBM en 1982. ¿Cómo alterará la división reciente esta misión y objetivos?

2. Describa la cartera de productos de IBM a mediados de los años ochenta, en términos de la matriz de crecimiento-participación del BCG. ¿Cómo podría la división afectar la cartera de la empresa?

3. ¿Qué tipo de estrategias de crecimiento, en su caso, fomentará la división? ¿Qué estrategias de crecimiento podría evitar?

4. ¿Cuál era la estrategia de mercadotecnia competitiva que seguía IBM a finales de los años ochenta? ¿Qué estrategia competitiva debería seguir IBM ahora; ¿Qué debería hacer para aplicar esta nueva estrategia?

Fuentes: Catherine Arnst, "Big Blue's New Baby", *Business Week,* 14 de septiembre de 1992, pp. 32-34; David Kirkpatrick, "Breaking Up IBM", *Fortune,* 27 de julio de 1992, pp. 44-58; John Verity y Catherine Arnst, "It's PCs vs. Mainframes–Even at IBM", *Business Week,* 21 de septiembre de 1992, pp. 66- 67; John Verity, "Out of One Big Blue, Many Little Blues", *Business Week,* 9 de diciembre de 1991, p. 33; y John Verity, "The Nue IBM", *Business Week,* 16 de diciembre de 1991, pp. 112-18.

CASO EMPRESARIAL 2

LIBEREMOS A AMÉRICA: EL QUESOTE DE LAS RATONERAS

Una mañana de abril, Martha House, presidente de Trap-Ease America, entró a su oficina en Costa Mesa, California. Se detuvo un instante para contemplar la cita de Ralph Waldo Emerson que colgaba enmarcada cerca de su escritorio.

Si un hombre [puede] ... hacer una ratonera mejor que su vecino ... el mundo recorrerá el camino que lleva a su puerta.

Musitó que quizá Emerson sabía algo que ella no sabía. Ella tenía la ratonera mejor —Trap-Ease— pero, al parecer, al mundo no le emocionaba en absoluto.

Martha acababa de regresar de la Feria Nacional de Ferretería de Chicago. Había estado parada muchísimas horas en su puesto en la feria y le había resultado cansadísimo contestar las mismas preguntas cientos de veces. Sin embargo, la feria la había entusiasmado. Los directivos de la Feria Nacional de Ferretería hacían un concurso todos los años para seleccionar el mejor producto nuevo presentado en la feria. De entre más de 300 productos nuevos presentados en la feria de ese año, su ratonera había ganado el primer lugar. La notoriedad no era nueva para la ratonera Trap-Ease. Había salido en un artículo de la revista *People* y había sido tema de numerosos programas de televisión y artículos en distintas publicaciones populares y especializadas. Sin embargo, a pesar de toda esta atención, la demanda que se esperaba para la ratonera no se había materializado. Martha esperaba que este premio podría estimular el interés y las ventas.

Un grupo de inversionistas que habían adquirido los derechos mundiales para comercializar la innovadora ratonera habían constituido Trap-Ease America en enero. A cambio de los derechos de comercialización, el grupo convino pagarle al inventor y dueño de la patente, un agricultor jubilado, una cuota por cada ratonera vendida, por concepto de regalías. Después, el grupo había contratado a Martha para que fuera presidente de la organización y para que desarrollara y administrara Trap-Ease America.

La Trap-Ease, un aparato sencillo pero ingenioso, es fabricada por una empresa de plásticos que tiene contrato con Trap-Ease America. El aparato consiste de un tubo plástico cuadrado que mide unas 6 pulgadas de largo y $1\frac{1}{2}$ de ancho. El tubo se dobla por la mitad, formando un ángulo de 30º, de tal manera que cuando la parte delantera del tubo descansa en una superficie plana, el otro extremo se eleva. El extremo elevado tiene una tapa removible donde el usuario coloca la carnada (queso, alimento para perros o alguna otra cosa). El extremo delantero del tubo tiene una puerta con bisagras. Cuando la ratonera está "abierta", la puerta descansa en dos "varillas" estrechas unidas a las dos esquinas inferiores de la puerta.

La ratonera funciona de manera muy sencilla. El ratón, al oler la carnada, se introduce al tubo por el extremo abierto. Conforme camina por la parte inferior de la escuadra, hacia la carnada, su peso hace que el extremo elevado de la ratonera baje. Esto sube el extremo abierto y hace que la puerta se cierre, atrapando al ratón. Las varillas tienen pequeños dientes en los extremos que entran en una muesca en la base de la ratonera, y sirven para cerrar la puerta. Uno se puede deshacer del ratón mientras está vivo o lo puede dejar unas cuantas horas en la ratonera para que se ahogue.

Martha opinaba que la ratonera ofrecía muchas ventajas al consumidor, en comparación con las ratoneras tradicionales de resorte o los venenos. Los consumidores la pueden usar con seguridad y facilidad, sin el riesgo de pillarse los dedos al cargarla. No representa la posibilidad de lesionar o envenenar a niños o mascotas. Más aún, los consumidores que usen Trap-Ease pueden evitar el desagradable "batidillo" que producen las agresivas ratoneras de resorte, no existe el problema de "tener que limpiar". Por último, la ratonera se puede usar varias veces o se puede tirar a la basura.

Las primeras investigaciones de Martha sugerían que las mujeres eran el mejor mercado meta para dirigir la Trap-Ease. Al parecer, los hombres están más dispuestos a comprar y usar la ratonera tradicional de muelle. Sin embargo, a las mujeres no les gusta la ratonera tradicional. Con frecuencia se quedan en casa y cuidan de los niños. Por tanto, quie- ren un medio que les permita resolver el problema de los ratones pero que evite los riesgos para el hogar y los aspectos desagradables de la ratonera normal.

Para llegar al mercado hacia el cual se dirigía, Martha decidió distribuir la Trap-Ease por medio de cadenas de bienes de consumo y ferreterías, como Safeway, K Mart, Hechingers y CB Drug. Vendió la ratonera directamente a estos grandes detallistas, evitando a los mayoristas y los intermediarios.

Las ratoneras se presentaban en paquetes con dos unidades y un precio de venta sugerido de 2.49 dólares. Aunque este precio colocaba a la Trap-Ease entre cinco y diez veces por arriba de las ratoneras normales, más pequeñas, al parecer los consumidores no oponían gran resistencia al precio. El costo de producción de la Trap-Ease, incluyendo costos de empaque y envío, era de unos 31 centavos por unidad. La empresa pagaba 8.2 centavos más por unidad, por concepto de regalías. Martha puso un precio de 99 centavos por unidad para los mayoristas y estimó que, después de descuentos por volumen y ventas, la Trap-Ease produciría ingresos netos de los minoristas de 75 centavos por unidad.

Para promover el producto, Martha había presupuestado alrededor de 60,000 dólares para el primer año. Pensaba dedicar 50,000 dólares de ellos para gastos de viaje, en los que visitaría a detallistas para aumentar las ventas, así como algunas ferias comerciales. Pensaba invertir los restantes 10,000 dólares en publicidad. Sin embargo, por el momento, como la ratonera había generado tanta publicidad, creía que no necesitaba gran publicidad. No obstante, había colocado un anuncio en *Good Housekeeping* y en otras revistas "femeninas para el hogar" (ejemplo 2-1). Martha era la única vendedora de la empresa, aunque tenía la intención de contratar a más vendedores.

En un principio Martha había pronosticado que las ventas de Trap-Ease serían de cinco millones de unidades

en el primer año. Sin embargo, hasta abril, la empresa sólo había vendido unos cuantos miles de unidades. Martha se preguntaba si la mayor parte de los productos nuevos arrancaban con tanta lentitud, o si estaba haciendo algo mal. Había detectado algunos problemas, pero ninguno de ellos le parecía demasiado grave. Uno era que no se habían registrado muchas compras repetidas. Otra era que había notado que muchos de los detallistas que había visitado tenían las muestras de las ratoneras en su escritorio, como objeto de decoración y ella quería que hubiera demostraciones y que se usaran. Martha se preguntaba si los consumidores estaban comprando las ratoneras como novedad y no como una solución para su problema con los ratones.

Martha sabía que el grupo de inversionistas pensaba que Trap-Ease America tenía una "oportunidad única en la vida" con esta innovadora ratonera. Presentía que el grupo estaba impaciente. Había presupuestado unos 250,000 dólares para gastos fijos y administrativos para el primer año (sin incluir gastos para mercadotecnia). Para que los inversionistas estuvieran contentos, la empresa tenía que vender suficientes ratoneras como para cubrir dichos gastos y obtener utilidades razonables.

En estos pocos meses, Martha había aprendido que no es fácil comercializar un producto nuevo. Por ejemplo, un detallista nacional había colocado un pedido muy grande, con instrucciones de que se entregara en el muelle de carga de uno de sus almacenes, un día concreto, entre la 1:00 y las 3:00 P.M. Como el camión que entregaría el pedido había llegado tarde, el detallista se había negado a aceptar la mercancía. El detallista le había dicho a Martha que pasaría un año antes de que tuviera otra oportunidad. Martha pensó que quizá debería mandarle a ese detallista y a otros clientes una copia de la famosa cita de Emerson.

PREGUNTAS

1. Martha y los inversionistas de Trap-Ease America piensan que tienen una "oportunidad única en la vida". ¿Qué información necesitan para evaluar esta oportunidad? Según su opinión, ¿cómo definiría el grupo la misión de la empresa? ¿Cómo la definiría usted?

2. ¿Ha identificado Martha el mejor mercado hacia el cual dirigir la Trap-Ease? ¿Hacia qué otros segmentos del mercado podría apuntar la empresa?

3. ¿Cómo ha posicionado la empresa la Trap-Ease con relación al mercado que ha elegido? ¿Podría posicionar el producto de otras maneras?

4. Describa la mezcla mercadotécnica presente de la Trap-Ease. ¿Considera usted que esta mezcla tiene problemas?

5. ¿Quiénes son los competidores de Trap-Ease America?

6. ¿Cómo modificaría usted la estrategia mercadotécnica de Trap-Ease? ¿Qué tipo de procedimientos de control establecería usted para esta estrategia?

3

Ambiente
de la mercadotecnia

En 1894, W. K. Kellogg, vegetariano de Battle Creek, Michigan, encontró la fórmula para fabricar un preparado de trigo nutritivo y más atractivo para los pacientes del sanatorio de su hermano. Inventó un proceso para convertir la papilla de trigo, poco apetecible, en pequeñas hojuelas de cereal, sabrosas y atractivas. Las crujientes hojuelas pronto adquirieron enorme popularidad. En 1906, W. K. fundó Kellogg Company para vender su cereal a todo el mundo, y los desayunos jamás volverían a ser lo mismo. El modesto invento de W. K. Kellogg dio origen a la gigantesca industria de los cereales listos para comerse, en la cual media docena de enormes competidores se pelean ahora por obtener parte de los 7.8 mil millones de dólares de ventas al año. Desde el principio, Kellogg Company ha estado en la cima del grupo, encabezando la industria con su tecnología y comercialización innovadoras.

En las décadas de 1950 y 1960, Kellogg y otros fabricantes de cereales prosperaron. Después de la Segunda Guerra Mundial, durante el "baby boom" nacieron muchísimos niños que comían cereal en abundancia. Mientras esta generación de niños pasó por su infancia y su adolescencia, las ventas de cereales fueron creciendo a la par que crecía la población infantil. Kellogg y sus competidores enfocaban sus actividades, primordialmente, hacia este montón de tragones. Ofrecieron cereales endulzados, de atractivas formas y colores, respaldados por memorables personajes animados. ¿Recuerda usted a Tony el tigre, Sam el tucán y Pim, Pam, Pum?

Sin embargo, hacia 1980, el entorno mercadotécnico cambió. Los niños de aquella generación, ahora adultos preocupados por el volumen de sus abdómenes y la pérdida de condición física, desataron una obsesión nacional por vivir sanamente y nutriéndose bien. Dejaron de comer los cereales que les habían encantado cuando niños y el crecimiento de las ventas de la industria se detuvo. Después de decenios de aprovechar el crecimiento natural del mercado, Kellogg y sus competidores ahora tenían que pelearse por conseguir una parte rentable de este mercado estancado. Durante los años prósperos, Kellogg se había vuelto una empresa complaciente y lenta. A principios de la década de 1980, la compañía tuvo un breve tropiezo y su tajada del mercado disminuyó. Algunos analistas dijeron que Kellogg era una compañía que "había pasado a mejor vida".

Para contrarrestar la lentitud del crecimiento de la industria de los cereales, la mayor parte de los competidores de Kellogg (General Mills, General Foods, Quaker Oats, Ralston Purina) se habían diversificado extensamente a negocios ajenos al ramo de los alimentos, los cuales crecían a mayor velocidad. Kellogg eligió otro camino. Recurrió a una agresiva estrategia mercadotécnica para revivir las ventas de la industria, convenciendo a los 75 millones de estadounidenses nacidos durante el "baby boom" de que volvieran a comer cereales.

Kellogg invirtió mucho en publicidad para volver a colocar sus productos y para adaptarlos más al estilo cambiante de vida de los adultos. Las nuevas campañas publicitarias de las viejas marcas de la compañía subrayaban el sabor y la nutrición. Por ejemplo, un anuncio de Corn Flakes de Kellogg muestra a unos adultos hablando de atletas profesionales que comen el cereal. En otro anuncio, un joven estudiante de medicina le dice a su madre que Rice Krispies tiene más vitaminas y minerales que la avena que ha preparado. En un anuncio de Zucaritas, mientras varios consumidores desayunan, con los rostros oscurecidos mediante sombras, confiesan que siguen comiendo las Zucaritas que tanto les gustaban cuando eran niños. "Es normal —dice una voz—. Las Zucaritas tienen un sabor que le encanta a los adultos".

Además de volver a colocar las marcas viejas, Kellogg invirtió mucho dinero en otras nuevas dirigidas al gusto y el estilo de vida de los adultos. Crispix, Raisin Squares, la línea de Nutrigranos, Granola baja en calorías y muchas otras marcas innovadoras de Kellogg para adultos brotaron en los anaqueles de las tiendas. En su afán por captar el mercado de los adultos, Kellogg desarrolló una línea de cereales de salvado, con gran contenido de fibra, que fue creciendo: All-Bran, 40 por ciento Bran Flakes, Bran Buds, Raisin Bran, Cracklin' Oat Bran, Common Sense Oat Bran y Frosted Bran Flakes. La publicidad de Kellogg reforzaba los beneficios para la salud que ofrecían estas marcas, ligándolas a gran contenido de fibra, dietas con pocas calorías y una vida sana. Una campaña publicitaria que duró mucho tiempo incluso llegó a relacionar el All-Bran de Kellogg con la disminución del riesgo de padecer cáncer. La controvertida campaña mereció acres críticas de la competencia, grandes alabanzas del Instituto Nacional del Cáncer y aumento de ventas a los consumidores. No obstante, Kellogg no dijo lo mismo de todos sus productos de salvado. Por ejemplo, un anuncio preguntaba: ¿Tiene su dieta más grasas de las que debería?, y sugería que los consumidores comieran cereales de Kellogg para "probar una vida más sana". Otro anuncio de Bran Flakes simplemente decía: "Usted se encarga de cuidar el exterior; Bran Flakes de Kellogg le ayudará a cuidar el interior".

La agresiva reacción de Kellogg a los cambios de su ambiente de mercadotecnia le fue muy bien retribuida. El potente ataque mercadotécnico de la empresa duplicó, con creces, la tasa de crecimiento de toda la industria de los cereales. Es más, mientras los competidores que se habían diversificado invertían tiempo y dinero en deshacerse o en arreglar sus negocios ajenos al ramo de los alimentos, Kellogg mantuvo su enfoque en los cereales. En sólo cuatro años, la participación de Kellogg en el mercado global pasó del 35 al 42%, y la participación de la empresa en el creciente segmento del salvado fue superior al 50%.

Aunque General Mills y otros competidores se han reagrupado para enfrentarse a Kellogg en la década de 1990, la parte del mercado que corresponde a esta compañía sigue siendo 30% más que la de su competidor más cercano. Cuatro de los cinco cereales que más se venden en el país son marcas de Kellogg. Como diría Tony el tigre: ¡las cosas en Kellogg marchan requete bien![1]

AVANCE DEL CAPÍTULO

El capítulo III describe los diferentes ambientes en que operan las empresas y muestra la influencia de las fuerzas externas en las decisiones de mercadotecnia.

En la primera parte, se define el *microambiente* de una empresa, las fuerzas próximas a la empresa que afectan su capacidad para servir a los clientes. El microambiente incluye a la *empresa* misma, a los *proveedores, o las empresas que son canales para la comercialización, a los clientes, a la competencia* y *a los públicos.*

A continuación, se ubica al microambiente dentro de un contexto más amplio: el *macroambiente* compuesto por influencias sociales más amplias, como las *demográficas, económicas, naturales, tecnológicas, políticas* y *culturales.* Se explica también la forma en que estas fuerzas pueden afectar las decisiones de mercadotecnia.

A continuación, se explica cada uno de estos entornos y se presentan las *tendencias centrales* del macroambiente de Estados Unidos.

Por último, se presentan ideas para *responder al ambiente de mercadotecnia.* Una filosofía para manejar estas fuerzas externas es la respuesta pasiva y la adaptación típicas; la otra alternativa es *la perspectiva para manejar el ambiente* de manera agresiva.

El **ambiente de mercadotecnia** de una empresa está compuesto por los actores y las fuerzas, ajenos a la mercadotecnia, que afectan la capacidad de la gerencia mercadotécnica para realizar y mantener buenas transacciones con los clientes meta. El entorno mercadotécnico presenta oportunidades, pero también amenazas. Las empresas deben recurrir a sus sistemas de inteligencia e investigaciones mercadotécnicas para vigilar el entorno cambiante y deben adaptar sus estrategias mercadotécnicas a las tendencias y los cambios del ambiente.

El ambiente de la mercadotecnia está compuesto por un *microambiente* y un *macroambiente.* El **microambiente** consiste en aquellas fuerzas próximas a la empresa que afectan su capacidad para servir a sus clientes: la empresa, los proveedores, las empresas que son canales para la comercialización, los mercados de clientes, la competencia y los públicos. El **macroambiente** está compuesto por fuerzas sociales más amplias que afectan al microambiente entero: fuerzas demográficas, económicas, naturales, tecnológicas, políticas y culturales. Primero se analizará el microambiente de la empresa y después su macroambiente.

EL MICROAMBIENTE DE LA EMPRESA

La labor de la gerencia de mercadotecnia es crear ofertas atractivas para los mercados meta. Sin embargo, los gerentes de mercadotecnia no se pueden centrar exclusivamente en las necesidades del mercado al cual se dirigen. Su éxito también se verá afectado por los actores del microambiente de la empresa, por otros departamentos de la compañía, proveedores, intermediarios para la comercialización, clientes, competidores y diversos públicos (véase la figura 3-1).

La empresa

Cuando la gerencia de mercadotecnia prepara sus planes, toma en cuenta a los demás grupos de la empresa; grupos como la alta gerencia, los departamentos de finanzas, investigación y desarrollo, adquisiciones, producción y contabilidad. Todos estos grupos interrelacionados forman el ambiente interno (véase la figura 3-2). La alta gerencia establece la misión de la empresa, sus objetivos, estrategias generales y políticas. Los gerentes de mercadotecnia deben tomar sus decisiones dentro de los planes establecidos por la alta gerencia y ésta debe autorizar los planes mercadotécnicos antes de llevarlos a la práctica.

Además, los gerentes de mercadotecnia deben trabajar en unión de otros departamentos de la empresa. El departamento de finanzas se ocupa de conseguir y aplicar fondos para llevar a cabo el plan de mercadotecnia. El departamento de investigación y desarrollo se dedica a diseñar productos seguros y atractivos. El departamento de adquisiciones se encarga de conseguir suministros y materiales, mientras que el de producción es el responsable de fabricar la cantidad deseada de productos de calidad. El departamento de contabilidad debe medir los ingresos y los costos para que el de mercadotecnia sepa si está alcanzando sus objetivos debidamente. Por consiguiente, todos los departamentos tienen algo que ver con los planes y actividades del departamento de mercadotecnia.

Los proveedores

Los **proveedores** son las compañías o personas físicas que proporcionan los recursos que necesita la empresa para producir sus bienes y servicios. Los cambios que afectan a los proveedores pueden repercutir mucho en la mercadotecnia. Los gerentes de mercadotecnia deben estar al tanto de la disponibilidad o la escasez de suministros, la demora en las entregas, las huelgas laborales y otras circunstancias que pueden costar ventas al corto plazo y afectar la disposición de los clientes a la larga. Los gerentes de mercadotecnia también vigilan las tendencias de los precios de sus principales insumos. El aumento de costos en los suministros puede requerir incrementos de precios que afectarían el volumen de ventas de la empresa.

Intermediarios comerciales

Los **intermediarios comerciales** son aquellas empresas que ayudan a la compañía a promover, vender y distribuir sus bienes hasta que llegan al comprador final. Incluyen a *agentes, empresas de distribución, agencias que ofrecen servicios de mercadotecnia* e *intermediarios financieros*. Los **intermediarios** son empresas que sirven como canales de distribución y ayudan a la compañía a encontrar clientes o a venderles productos. Estos incluyen a mayoristas y detallistas que adquieren y revenden mercancía (con frecuencia llamados revendedores). No es fácil seleccionar a los intermediarios o trabajar con ellos. Los fabricantes ya no pueden elegir de entre muchos intermediarios independientes pequeños. En la actualidad, es cada vez mayor la cantidad de organizaciones intermediarias grandes. Con frecuencia, estas organizaciones tienen peso suficiente como para dictar las

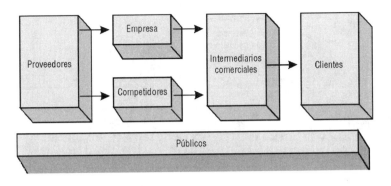

FIGURA 3-1
Actores principales del
microambiente de la
empresa

condiciones o incluso para impedir la entrada de un fabricante a mercados grandes.

Las **empresas encargadas de la distribución física** ayudan a la compañía a almacenar y mover sus bienes del punto de origen a su destino. Los almacenes son empresas que guardan y protegen los bienes antes de que salgan para su siguiente destino. Las empresas de transporte incluyen ferrocarriles, compañías camioneras, líneas aéreas, compañías de transportación marítima y otras más que se especializan en transportar bienes de un punto a otro. Una empresa debe determinar la mejor manera de almacenar y enviar sus bienes, ponderando factores como los costos, las entregas, la velocidad y la seguridad.

Las **agencias que ofrecen servicios de mercadotecnia** son empresas que realizan investigaciones de mercado, agencias de publicidad, empresas dedicadas a los medios y empresas de asesoría en mercadotecnia que ayudan a la compañía a enfocar sus productos hacia los mercados idóneos y a promoverlos en ellos. Cuando la empresa decide recurrir a una de estas agencias, debe elegirla con sumo cuidado, porque no todas las empresas tienen la misma creatividad, calidad, servicio o precio. La empresa tiene que estudiar, con regularidad, la actuación de estas compañías y pensar en la conveniencia de sustituir a las que no estén actuando bien.

Los **intermediarios financieros** incluyen a bancos, sociedades de crédito, compañías de seguros y otros negocios que ayudan a financiar las transacciones o a asegurar los riesgos que entraña comprar y vender bienes. La mayor parte de las empresas y de los clientes dependen de los intermediarios financieros para financiar sus transacciones. El desempeño de la mercadotecnia de la empresa se puede ver muy afectada cuando aumenta el costo del crédito o cuando los créditos están limitados. Por ello, la empresa tiene que establecer relaciones sólidas con instituciones financieras importantes.

Los clientes

La empresa debe estudiar detenidamente sus mercados de clientes. La figura 3-3 ilustra cinco tipos de mercados de clientes. Los *mercados de consumidores* están compuestos por las personas y los hogares que adquieren bienes y servicios para su consumo personal. Los *mercados de empresas* compran bienes y servicios para seguir procesándolos o para sus procesos de producción; en cambio los *mercados de revendedores* compran bienes y servicios para revenderlos y obtener una utilidad.

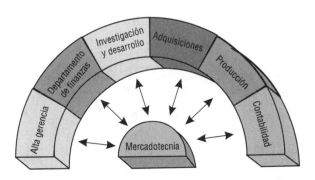

FIGURA 3-2
El ambiente interno de
la empresa

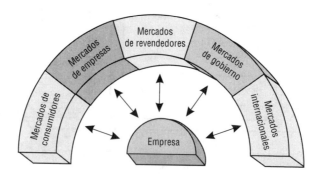

FIGURA 3-3
Mercados según tipo de compradores

Los *mercados gubernamentales* están compuestos por las oficinas de gobierno que compran bienes y servicios para producir servicios públicos o para transferir los bienes y servicios a terceros que los necesitan. Por último, los *mercados internacionales* están integrados por compradores de otros países, e incluyen a consumidores, productores, revendedores y gobiernos. El vendedor debe estudiar detenidamente las características especiales que corresponden a cada uno de estos tipos de mercado.

La competencia

El concepto de mercadotecnia afirma que, para que una empresa tenga éxito, debe satisfacer las necesidades y los deseos de los consumidores mejor que la competencia. Por consiguiente, los especialistas en mercadotecnia no se deben limitar simplemente a adaptarse a las necesidades de los consumidores meta. Además, tienen que lograr una ventaja estratégica, haciendo que sus ofertas ocupen una posición sólida en la mente de los consumidores, en comparación con la que ocupan las ofertas de la competencia.

No existe una estrategia de mercadotecnia competitiva única que sea la óptima para todas las empresas. Cada compañía debe tomar en cuenta su tamaño y su posición en la industria, en comparación con las de la competencia. Las empresas grandes con posiciones dominantes en una industria pueden aplicar algunas estrategias que no pueden usar empresas de menor tamaño. Sin embargo, no basta con ser grande. Existen estrategias ganadoras para empresas grandes, pero también las hay perdedoras. Las empresas pequeñas, por otra parte, pueden preparar estrategias que les proporcionen tasas de rendimiento superiores a las de las grandes empresas.

Los públicos

El ambiente de mercadotecnia de una empresa también incluye a diferentes públicos. El **público** es un grupo con interés, presente o futuro, en la capacidad de la organización para alcanzar sus objetivos o que influye en dicha capacidad. La figura 3-4 ilustra siete tipos de públicos.

■ *Públicos financieros.* Los públicos financieros influyen en la capacidad de la empresa para conseguir fondos. Los principales públicos financieros serían los bancos, las casas de bolsa y los accionistas.

FIGURA 3-4
Tipos de públicos

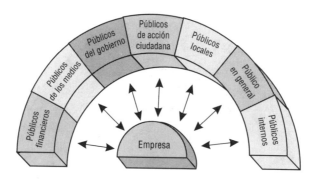

- *Públicos de los medios.* Los públicos de los medios son los que transmiten noticias, reportajes y opiniones editoriales. Estos incluyen a periódicos, revistas y estaciones de radio y televisión.

- *Públicos gubernamentales.* La gerencia debe tomar en cuenta los actos del gobierno. Los especialistas en mercadotecnia, con frecuencia, deben pedir la asesoría de los abogados de la empresa para cuestiones como la seguridad de los productos, el contenido de la publicidad y otros temas.

- *Públicos de acción ciudadana.* Las decisiones de mercadotecnia de una empresa pueden ser cuestionadas por organizaciones de consumidores, grupos ambientalistas, grupos minoritarios y otros más. Su departamento de relaciones públicas puede ayudarle a estar en contacto con grupos de consumidores y de ciudadanos.

- *Públicos locales.* Toda empresa tiene públicos locales, como los habitantes de un barrio o las organizaciones comunitarias. Por regla general, las empresas grandes designan a un ejecutivo de relaciones para que atienda a la comunidad, asista a reuniones, responda a preguntas y contribuya con causas altruistas.

- *Público general.* La empresa se debe interesar por la actitud que adopta el público general ante sus productos y actividades. La imagen que el público tenga de la empresa afectará lo que éste compre.

- *Públicos internos.* Los públicos internos de una empresa incluyen a sus trabajadores, administradores, voluntarios y miembros del consejo. Las empresas grandes usan boletines y otros medios para informar y motivar a sus públicos internos. Cuando los empleados están contentos en su compañía, transmiten su actitud positiva a los públicos externos.

Una empresa puede hacer planes de mercadotecnia para estos públicos, así como para sus mercados de clientes. Suponga que una empresa quiere obtener una respuesta específica de un público concreto, por ejemplo buena disposición, comentarios favorables o donativos de tiempo o dinero. La empresa tendría que

Las empresas dirigen su comercialización a los públicos internos y a los clientes; la publicidad de Wal-Mart usa a sus empleados como modelos, produciéndoles una sensación grata por trabajar en la empresa.

diseñar una oferta para este público que sea lo bastante atractiva como para producir la respuesta deseada.

EL MACROAMBIENTE DE LA EMPRESA

La empresa y todos los demás actores se mueven dentro de un macroambiente de fuerzas que dan forma a las oportunidades de la empresa y le presentan amenazas. La figura 3-5 ilustra las seis fuerzas centrales del macroambiente de una empresa. En las secciones restantes del presente capítulo se analizarán dichas fuerzas y se señalará cómo afectan los planes de mercadotecnia.

El entorno demográfico

La **demografía** estudia las poblaciones humanas en términos de su tamaño, densidad, ubicación, edad, sexo, raza, ocupación y demás estadísticas. El entorno demográfico resulta muy interesante para los mercadólogos porque se refiere a la gente y ésta es la que compone los mercados. A continuación se explican las tendencias demográficas más importantes en Estados Unidos.

Cambios en la composición de la edad de la población de Estados Unidos

La población de Estados Unidos era del orden de 250 millones de habitantes en 1993 y podría llegar a los 300 millones para el año 2020. La tendencia demográfica aislada más importante en Estados Unidos es el cambio de la estructura por edades de la población. La población de Estados Unidos está *envejeciendo* por dos razones. En primer lugar, existe una disminución a largo plazo en la tasa de natalidad, por lo que habrá menos jóvenes que impulsen la edad promedio de la población hacia abajo. En segundo, las expectativas de vida han ido en aumento, por lo que habrá más viejos que sobrepasen la edad promedio.

Durante el **"baby boom"**, desde finales de la Segunda Guerra Mundial hasta principios de los años sesenta, la tasa anual de natalidad llegó a niveles sin precedente. El "baby boom" produjo un inmenso "chipote" en la distribución por edades en Estados Unidos: los 75 millones producto de esta etapa representan actualmente casi una tercera parte de la población del país. Además, conforme esta generación vaya envejeciendo, la edad promedio del país irá elevándose. Tan sólo por su enorme tamaño, la generación del "baby boom" dictará la mayor parte de los cambios demográficos y socioeconómicos que se registren en los próximos cinco años (véase Puntos Importantes de la Mercadotecnia 3-1).

Después del "baby boom" se presentó una "escasez de nacimientos", y hacia mediados de los años setenta la tasa de natalidad había disminuido de manera abrupta. La disminución se debió a que los estadounidenses querían tener familias más pequeñas con objeto de mejorar su nivel de vida, al aumento del número de mujeres deseosas de trabajar fuera del hogar y a que mejoraron los métodos de contracepción. Aunque se espera que las familias sigan siendo pequeñas, la tasa de natalidad está volviendo a subir porque la generación del "baby boom" está pasando por la edad de reproducción y está creando un segundo "baby boom" (el

FIGURA 3-5
Las fuerzas más importantes del macroambiente de la empresa

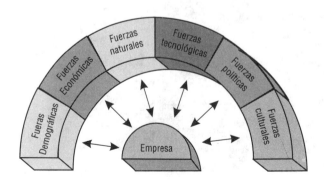

"eco boom") de menor dimensión. A pesar de ello, en lo que resta de la década de 1990, la tasa de natalidad seguirá a la baja.[2]

El cambio de la estructura de la población por edades producirá diferentes tasas de crecimiento, de acuerdo con los grupos de edad, a lo largo del decenio, y estas diferencias afectarán notablemente las estrategias de los mercadólogos para dirigirse a los mercados. Por ejemplo, el "eco boom" ha producido un mercado, de niños de menos de seis años, que se estima en más de 6 mil millones de dólares al año. Después de años de ir a la baja, los mercados de juguetes y juegos, ropa, muebles y alimentos infantiles están pasando por un breve auge. Por ejemplo, Sony y otras empresas de aparatos electrónicos están ofreciendo productos diseñados pensando en los niños. Muchos detallistas están abriendo cadenas independientes de ropa infantil, como GapKids y Kids 'R' Us. Estos mercados seguirán creciendo a lo largo del presente decenio, pero volverán a decrecer cuando la población del "baby boom" supere la edad de reproducción.[3]

En el otro extremo del espectro, el grupo de 65 años o más representa en la actualidad alrededor del 13% de los estadounidenses. Sin embargo, para 2030, representará casi el 21% de la población; habrá aproximadamente la misma cantidad de personas de 65 años o más que de 18 años o menos. Conforme este grupo vaya creciendo, también aumentará la demanda de casas para jubilados, formas más tranquilas de diversión, alimentos empacados con una sola ración, servicios para el cuidado de la salud, seguros de vida y viajes de placer.[4]

Cambios en la familia estadounidense

El ideal estadounidense de la familia con dos hijos y dos autos, en un suburbio, ha estado perdiendo parte de su atractivo. La gente se está casando con más años y está teniendo menos hijos. A pesar del reciente "eco boom", la cantidad de matrimonios con hijos seguirá disminuyendo durante toda la década de 1990. De hecho, en la actualidad, las parejas sin hijos menores de 18 años representan casi la mitad de las familias.

Por otra parte, la cantidad de madres que trabajan ha aumentado. Hoy por hoy, el porcentaje de madres trabajadoras, con hijos menores de 18 años, ha pasado del 25% en 1960 a más del 64%. Quienes venden neumáticos, automóviles, seguros, viajes y servicios financieros están dirigiendo su publicidad, cada vez más, hacia las mujeres que trabajan. Como resultado del cambio de los roles y valores tradicionales de maridos y mujeres, donde los maridos asumen más funciones domésticas, como las compras y el cuidado de los hijos, muchos mercadólogos del ramo de los alimentos y los aparatos domésticos están dirigiéndose a los maridos.

Folgers y otras marcas están dirigiéndose a las familias pequeñas con porciones para una persona.

LA GENERACIÓN DEL "BABY BOOM"

El aumento de la tasa de natalidad, conocido como el "baby boom", que se registró después de la guerra, de 1946 a 1964, produjo 75 millones de infantes. Desde entonces, esa generación ha sido una de las fuerzas más importantes en la conformación del entorno de la mercadotecnia. Los hijos del "baby boom" han sido un blanco móvil y han ido creando mercados al pasar de la infancia, a la pubertad, a la adolescencia, a la juventud y ahora a la mediana edad. En la década de 1950 crearon mercados para productos infantiles y juguetes; en la de 1960 para pantalones vaqueros, discos y cosméticos; en la de 1970 para espectáculos y modas informales; en la de 1980 para alimentos selectos y autos rendidores; y en la de 1990 para el cuidado de los hijos.

Ahora, esta generación está empezando a encanecer y su abdomen a abultarse. Están llegando a la cúspide de sus años para ganar y gastar; aunque los miembros del "baby boom" sólo representan la tercera parte de la población, componen 40% de la poblacíon económicamente activa y perciben más de la mitad de los ingresos personales del país. Ahora, están saliendo a vivir a los suburbios, comprando casas, criando familias y madurando como la generación más opulenta de la historia. Por tanto, representan un lucrativo mercado para la vivienda, los muebles y aparatos electrodomésticos, los productos infantiles, los alimentos y las bebidas de pocas calorías, los productos para la condición física, los autos caros, los productos desechables y los servicios financieros.

Los miembros de esta generación están en todos los estratos sociales, pero los mercadólogos le han prestado más atención a su crema y nata; a los segmentos con más estudios, más movilidad y más dinero. Estos segmentos han tenido muchos nombres. De principios a mediados de la década de 1980 se llamaban "yuppies", por las siglas en inglés de young urban professionals (profesionales jóvenes urbanos); "yumpies" por young upwardly mobile professionals (profesionales jóvenes con posibilidad de ascender); "bumpies" por black upwardly mobile professionals (profesionales negros con posibilidad de ascender) y "yummies" young upwardly mobile mommies (madres jóvenes con posibilidad de ascender). Estos grupos fueron sustituidos por los "DINKs" por dual-income no-Kids couples (parejas sin hijos y con dos ingresos).

Sin embargo, en la década de 1990, los yuppies y los DINKs han dado paso a una nueva casta, con nombres como DEWKs por dual earners with kids (pareja con doble ingreso e hijos); MOBYs por mother older, baby younger (madre vieja, hijo joven); WOOFs por well-off older folks (viejos en buena situación) o simples GRUMP-IES que quiere decir gruñones, tal cual. Los más viejos de la generación ya tienen cuarenta y tantos años; los más jóvenes treinta y pico. Por tanto, están pasando de ser la "generación joven" a ser la "generación con problemas de espalda". Están desacelerándose, teniendo hijos y sentando cabeza. Están experimentando los achaques de la mediana edad y replanteándose el propósito y el valor de su trabajo, sus responsabilidades y sus relaciones.

Los miembros maduros de esta generación están enfrentando la vida con otra estabilidad y otro razonamiento para vivir, pensar, comer y gastar. En la actualidad, los hijos del "baby boom" son cabeza del 44% de las familias del país, y 60% de estas familias tienen hijos de menos de 18 años. Por tanto, ya no dirigen su enfoque hacia el mundo exterior, ahora lo dirigen al interior. Para ellos, la mejor manera de pasar la noche es quedarse en casa con su familia. Ahora conceden más importancia a los valores familiares y comunitarios. Los de clase alta siguen gastando mucho dinero, pero lo hacen de manera más sutil y sensata. Gastan mucho en productos útiles y de gran calidad, y les agradan menos las compras superfluas o inútiles.

Algunos mercadólogos opinan que ciertas empresas, por centrarse en esta generación, han pasado por alto otros segmentos importantes. Por ejemplo, el ejecutivo de una agencia de publicidad sugiere que los mercadólogos corren el peligro de perder el contacto con los consumidores jóvenes, sobre todo con los que ahora tienen entre 18 y 29 años, conocidos por algunos como la "generación X".

Por último, la cantidad de hogares no familiares está aumentando. Muchos jóvenes abandonan la casa familiar para vivir en apartamentos. Otros adultos optan por permanecer solteros. Otros más son divorciados o viudos que viven solos. Para el año 2 000, 47% de los hogares serán de un solo progenitor o no serán familiares, representando éstos las dos categorías que crecen a mayor velocidad. Estos grupos tienen necesidades específicas. Por ejemplo, necesitan departamentos más pequeños; aparatos electrodomésticos, muebles y accesorios menos caros y más pequeños, además de alimentos empacados más pequeños.[5]

Desplazamientos geográficos de la población

Los estadounidenses son personas de mucha movilidad; 18% de la población, o 43 millones de personas, cambian de residencia al año:[6]

La generación del "baby boom" ha sido un objetivo central para los mercadólogos. No obstante, los miembros de la Generación X, es decir, la siguiente generación, representarán la oportunidad mercadotécnica más importante del siguiente decenio, en adelante.

[Nuestras fortunas] han estado directamente ligadas a las fortunas de la generación del "baby boom" durante tanto tiempo que quizás hayamos empezado a perder nuestra perspectiva ... Hasta ahora, la Generación X ha vivido a la sombra de los hijos del "baby boom". Empero, para el año 2000, la Generación X será de 62 millones y diez años después habrán superado a los miembros del "baby boom" como objetivo primordial de casi todas las categorías de productos: de belleza, de moda y fragancias, de bienes empacados, de viajes y muebles para el hogar. La Generación X tiene una mentalidad abierta y su potencial de ingresos aún no está realizado; no son como los hijos del "baby boom" [que estarán] al borde de la jubilación con preferencias establecidas por productos. La Generación X representará oportunidades para los mercados de pantalones vaqueros y autos nuevos y jabón de ropa, desde 1995 hasta finales del siguiente decenio.

Empero, por el momento, la generación del "baby boom" continúa dominando el panorama de la mercadotecnia. Algunos mercadólogos consideran que la clase alta de esta generación se está cansando de recibir tanta atención y están usando enfoques más sutiles para evitar los estereotipos de estos consumidores o el tildarlos de yuppies o DEWKs o cualquier otra cosa. Empero, llámense como se llamen, no es posible ignorarlos. La generación del "baby boom" lleva cuarenta años siendo la fuerza más poderosa del mercado y continuará siéndolo algún tiempo más.

Fuentes: La cita es de Karen Ritchie, "Get Ready for 'Generation X'", en *Advertising Age,* 9 de noviembre de 1992, p. 21. Véase también, John Berry, "It's Hip, It's Intense - The Midlife Crisis", en *Adweek,* 25 de junio de 1990, pp. 54-55; Cheryl Russell, "On the Babyboom Bandwagon", en *American Demographics,* mayo de 1991, pp. 25-31; Susan B. Carland, "Those Aging Boomers", en *Business Week,* 20 de mayo de 1991, pp. 106-12; Margaret L. Usdansky, "Older, Younger Boomers split by Time Values", en *USA Today,* 11 de febrero de 1992, p. 6A; y Scott Donaton, "The Media Wakes Up to Generation X", en *Advertising Age,* 1 de febrero de 1993, pp. 16-17.

■ *Movimiento hacia los estados del cinturón del sol.* En la década de 1980, aumentó la población del Oeste y del Sur. Por otra parte, muchos de los estados del Oeste medio y del Nordeste perdieron población. Estos movimientos seguirán a lo largo de los años noventa (véase figura 3-6). Los cambios de población le interesan a los mercadólogos porque los habitantes de diferentes regiones compran de manera diferente. Por ejemplo, el movimiento hacia los estados del cinturón del sol disminuirá la demanda de ropa gruesa y de equipo de calefacción para hogares y aumentará la demanda de acondicionadores de aire.

■ *Desplazamiento de las zonas rurales a las urbanas.* Salvo por un breve lapso a principios de los años setenta, los estadounidenses llevan más de un siglo cambiándose de zonas rurales a zonas urbanas. Las zonas metropolitanas registran un ritmo de

FIGURA 3-6 Tasas proyectadas para el crecimiento de la población en Estados Unidos: 1990 a 2000

Fuente: Departamento de Comercio de EUA, Oficina del Censo.

vida más rápido, más transportes públicos, ingresos más altos y más variedad de bienes y servicios que los existentes en los pueblos y las zonas rurales que se esparcen por todo el país.

■ *Cambios de la ciudad a los suburbios.* En la década de 1950, los estadounidenses abandonaron las ciudades en masa, para dirigirse a los suburbios. Las ciudades grandes se vieron rodeadas de suburbios incluso mayores que ellas. Hoy continúa la migración a los suburbios. La Oficina del Censo de Estados Unidos clasifica a estas zonas urbanas crecientes como MSA (Metropolitan Statistical Areas).[7] Las empresas usan las MSA cuando buscan los mejores segmentos geográficos para sus productos y cuando deciden dónde comprar tiempo de publicidad. Las investigaciones a partir de las MSA arrojan, por ejemplo, que los habitantes de Seattle compran más cepillos de dientes per cápita que cualquier otra ciudad en Estados Unidos; que los habitantes de Salt Lake City comen más chocolates; que los de Nueva Orleans consumen más salsa de tomate, y que los de Miami beben más jugo de ciruela.[8]

Una población con más estudios y más oficinistas

La población tiene más estudios cada vez. Al aumentar la cantidad de personas con estudios, aumentará la demanda de productos de calidad, libros, revistas y viajes. Esto sugiere una disminución del público de la televisión, porque los consumidores con estudios profesionales ven menos televisión que la población en general.

La población económicamente activa incluye cada vez más oficinistas. Entre 1950 y 1985, la proporción de oficinistas pasó de 41 a 54%, la de los obreros bajo de 47 a 33% y la de los empleados del ramo de los servicios aumentó del 12%. Estas tendencias se han mantenido en los años noventa. A lo largo de 1995, las siguientes categorías de ocupaciones serán las que crezcan más: computación, ingeniería, ciencias, medicina, servicios sociales, compras, ventas, secretariales, construcción, refrigeración, servicios de salud, servicios personales y protección.[9]

Aumento de la diversidad étnica y racial

Se ha dicho que Estados Unidos es como un gran "crisol" donde se han fundido diversos grupos de muchos países y culturas, para formar un todo más homogéneo. Sin embargo, cada vez hay más indicios de que no hubo tal fusión. Más bien, Estados Unidos se ha convertido en una "ensaladera" donde diversos grupos se han revuelto, pero han conservado sus diferencias a base de respetar y apreciar las importantes diferencias étnicas y culturales.

La población de Estados Unidos consta de un 84% de blancos y un 12% de negros. La población hispánica ha crecido rápidamente y ahora suma más de 22 millones de personas. La población asiática de Estados Unidos también ha crecido rápidamente en años recientes. En la década de 1980, alrededor de 500,000 inmigrantes representaron la quinta parte del crecimiento poblacional de Estados Unidos. Mexicanos, filipinos, chinos, coreanos y vietnamitas fueron los que más llegaron. Cada grupo tiene necesidades y costumbres de compra específicos. Muchos mercadólogos del ramo de los alimentos, ropa, muebles y otros han enfocado productos de diseño especial y promociones hacia uno o varios de estos grupos.[10]

El ámbito económico

Los mercados deben tener poder adquisitivo al igual que las personas. El **ámbito económico** comprende de factores que afectan el poder adquisitivo de los consumidores y sus patrones de gasto. Los especialistas en mercadotecnia deben conocer las siguientes tendencias económicas básicas.

Cambios en el ingreso

A principios de los años ochenta, la economía entró a la bonanza más larga que había vivido el país en tiempos de paz. En los "fabulosos ochenta", los estadounidenses sufrieron una locura consumista, acrecentada por el aumento del ingreso, la disminución de los impuestos federales, el veloz incremento del valor de los bienes raíces y un auge en los empréstitos. Compraban y compraban, al parecer sin cautela, adquiriendo deudas sin precedente. "Estaba de moda describirse como alguien 'nacido para comprar'. Se decía: cuando las cosas se ponen rudas, los rudos se van de compras. En los años ochenta, muchos estadounidenses se hicieron, literalmente, adictos al consumo personal."[11]

No obstante, la recesión de principios de los noventa hizo añicos las grandes expectativas y las compras locas. Los consumidores se han vuelto sobrios, se han retraído y ajustado a tiempos más difíciles. La *comercialización del valor* se ha convertido en concepto básico para muchos mercadólogos durante los tiempos de atonía económica. En lugar de ofrecer gran calidad a precio elevado, o menor calidad a precios muy bajos, los mercadólogos están buscando la manera de ofrecer a los compradores, más cautelosos con sus finanzas, mayor valor; la combinación exacta de calidad del producto y buen servicio a un precio justo.[12]

A pesar de los cambios económicos a corto plazo, las proyecciones corrientes sugieren que el ingreso real seguirá elevándose ligeramente durante los años noventa. Este incremento será resultado, en gran medida, del aumento de ingresos de ciertos segmentos importantes. La generación del "baby boom" está entrando a sus mejores años para ganar dinero y el número de familias pequeñas, con los dos miembros de la pareja trabajando, sigue aumentando. Por consiguiente, los consumidores seguirán demandando productos de calidad y mejores servicios, y los podrán pagar. Gastarán más en productos y servicios que les ahorren tiempo, en viajes y diversiones, en productos para la condición física, en actividades culturales y en educación continua. No obstante, los años noventa también serán una década de "consumidores apretados". Con el aumento de los ingresos vendrán cargas financieras mayores; habrá que reembolsar las deudas contraídas durante el gasto irrestricto de los años ochenta, enfrentar la caída del valor de los bienes raíces y el aumento de impuestos, y ahorrar con tiempo para pagar la universidad de los hijos y la jubilación propia. Así pues, aunque tendrán ingresos más altos, los consumidores estarán económicamente apretados y, con toda probabilidad, seguirán gastando con más lentitud y cautela que en años anteriores. Además, seguirán buscando más valor en los productos y servicios que compran.

Los especialistas en mercadotecnia deben prestar atención a la distribución del ingreso así como al ingreso promedio. La *distribución del ingreso* en Estados Unidos sigue siendo muy asimétrica. En la cima se encuentran los consumidores de la *clase alta*, cuyos patrones de gasto no se ven afectados por las circunstancias económicas corrientes y que representan el mercado principal de los bienes de lujo. Está la cómoda *clase media* que cuida un poco más su gasto, pero que tiene acceso a una buena vida parte del tiempo. La *clase trabajadora* se debe limitar a lo básico, a albergue, ropa y sustento, y debe esforzarse por ahorrar. Por último, la *subclase* (las personas que viven de ayuda social y muchos jubilados) deberán contar cada centavo que gastan en comprar lo básico.

Cambios en los patrones de gasto del consumidor

La tabla 3-1 muestra la proporción del total que los hogares de diferentes niveles de ingreso gastan en categorías centrales de bienes y servicios. Los alimentos, la habitación y los transportes se llevan la mayor parte del ingreso. Sin embargo, los consumidores de diferentes niveles de ingresos tienen diferentes patrones de gasto. Algunas de estas diferencias fueron notadas, hace más de un siglo, por Ernst Engel, quien estudió cómo las personas cambian su manera de gastar conforme aumenta su ingreso. Encontró que conforme aumenta el ingreso de la familia, disminuye el porcentaje destinado a alimentos, el porcentaje para habitación permanece constante (salvo para cosas como gas, electricidad y servicios públicos, que disminuyen) y el porcentaje para otras categorías, así como el dedicado al ahorro aumentan. Estudios posteriores han confirmado las **leyes de Engel** en términos generales.

Los cambios de las principales variables económicas, como el ingreso, el costo de la vida, las tasas de interés, los patrones del ahorro y el crédito, tienen grandes repercusiones en el mercado. Las empresas observan estas variables usando pronósticos económicos. Las atonías económicas no tienen por qué devastar a los negocios ni las bonanzas tienen por qué agarrarlos desprevenidos. Estos, con las advertencias adecuadas, pueden aprovechar los cambios del entorno económico.

El ambiente natural

El **ambiente natural** incluye los recursos naturales que usan los mercadólogos como insumos o aquellos que se ven afectados por las actividades de la mercadotecnia. La preocupación por el ambiente ha ido en aumento desde hace unos veinte años. Algunos analistas de tendencias piensan que los años noventa serán la "década de la Tierra", durante la cual la protección del ambiente natural será un tema de preocupación mundial que enfrentarán los negocios y el público. En muchas ciudades de todo el mundo, la contaminación del aire y el agua ha llegado a niveles alarmantes. Cada vez es mayor la preocupación por el desgaste de la

Tabla 3-1
Gasto de los consumidores con diferentes niveles de ingresos

GASTO	NIVEL DE INGRESOS		
	$10 000-15 000-	$20 000-30 000-	$50 000 y más
Alimentos	17.7%	15.8%	12.6%
Vivienda	24.8	23.0	24.9
Servicios públicos	8.6	7.1	4.7
Ropa	5.4	5.8	5.8
Transporte	17.4	19.1	17.6
Gastos médicos	7.8	5.5	3.7
Diversión	3.7	4.7	6.1
Tabaco	1.5	1.2	0.5
Contribuciones	2.2	2.9	4.3
Seguros y pensiones	4.5	8.2	13.2
Otros	6.3	6.7	6.6

Fuente: Consumer Expenditure Survey; Departamento del Trabajo de EUA, Oficina de Estadísticas Laborales; 2383, agosto de 1991, pp. 15-17.

capa de ozono de la Tierra y por el consecuente "efecto invernadero", una advertencia de peligro para la Tierra. Muchos estadounidenses piensan que, dentro de muy poco, nos inundará nuestra propia basura. Los especialistas deben estar conscientes de cuatro tendencias del ambiente natural.

Escasez de materias primas

Al parecer, el aire y el agua son recursos infinitos, pero algunos grupos consideran que existen peligros a largo plazo. Advierten que los gases que se usan en las latas de aerosol son un peligro en potencia para la capa de ozono. La escasez de agua empieza a ser un problema importante en algunas partes de Estados Unidos y del mundo. Los recursos renovables, como bosques y alimentos, también deben ser usados racionalmente. Se exige que las empresas madereras reforesten los bosques, para proteger el suelo y para garantizar que existirá suficiente madera para satisfacer la demanda del futuro. La oferta de alimentos puede convertirse en un problema serio porque cada vez es mayor la cantidad de terrenos agrícolas que se explotan como zonas urbanas.

Los recursos no renovables, como el petróleo, el carbón y diversos minerales, son un verdadero problema. Las empresas que fabrican productos que requieren estos recursos, cada vez más escasos, enfrentan importantes aumentos de costos, aun cuando haya materiales disponibles. Quizá no puedan pasarle estos costos al consumidor con facilidad. Sin embargo, las empresas dedicadas a la investigación y desarrollo o a la exploración pueden contribuir encontrando nuevas fuentes y materiales.

Aumento del costo de los energéticos

Un recurso no renovable, el petróleo, es origen del problema más grave para el crecimiento económico futuro. Las principales economías industriales del mundo dependen muchísimo del petróleo y mientras no se encuentren sustitutos energéticos económicos, el petróleo seguirá dominando el panorama político y económico del mundo. Los grandes aumentos del precio del petróleo de los años setenta, y hechos dramáticos como la Guerra del Golfo en 1991 que afectan la disponibilidad de petróleo, han alentado la búsqueda de formas alternativas de energía. El carbón vuelve a adquirir popularidad y muchas empresas están buscando formas prácticas para encauzar la energía solar, nuclear, eólica y otras. De

Dow es una empresa preocupada por el ambiente y desarrolla nuevas tecnologías para reciclar, así como productos reciclados, al mismo tiempo que crea nuevas oportunidades de mercadotecnia. Sin embargo, en la actualidad, la oferta de muchos productos reciclados es superior a la demanda. Por tanto, en este anuncio de empresa a empresa, Dow busca socios e ideas para productos nuevos, hechos con plásticos reciclados.

hecho, cientos de empresas ya ofrecen productos que usan la energía solar para calentar casas y para otros usos.

Aumento de la contaminación

La industria casi siempre afecta la calidad del entorno natural. Piense en los desechos nucleares y químicos; la peligrosa cantidad de mercurio en el océano; la cantidad de contaminantes químicos en el suelo y los alimentos; y la basura de botellas, plásticos y otros empaques no biodegradables.

Por otra parte, la preocupación del público crea una oportunidad de mercadotecnia para las compañías atentas. Esta preocupación crea un mercado enorme para soluciones que permitan controlar la contaminación, como depuradores, centros de reciclaje y sistemas de relleno. Conduce a buscar nuevas formas para producir y empacar bienes que no afecten al ambiente. La preocupación por el entorno natural ha dado origen al llamado movimiento verde. Cada vez es mayor la cantidad de consumidores que han empezado a hacer negocios con empresas ecológicamente responsables y que evitan hacerlos con aquellas que afectan el ambiente. Compran productos "inocuos para el entorno" incluso si estos productos cuestan más. Muchas empresas están respondiendo a estas demandas de los consumidores con productos más sanos para la ecología, empaques reciclables o biodegradables, mejores controles de contaminantes y operaciones que aprovechen mejor los energéticos.[13]

Intervención del gobierno en la administración de los recursos naturales

Diversos organismos gubernamentales desempeñan un papel activo para proteger el ambiente. Por ejemplo, la Oficina de protección ambiental se constituyó en 1970 con el objeto de establecer y aplicar normas para regular la contaminación y realizar investigaciones sobre las causas y los efectos de la misma. En el futuro, los negocios tendrán estrictos controles impuestos por el gobierno y por grupos de presión. En lugar de oponerse a la reglamentación, los mercadólogos deberían contribuir a encontrar soluciones para los problemas de materiales y energéticos que enfrenta el mundo.

El entorno tecnológico

El **entorno tecnológico** podría ser la fuerza más importante de nuestro destino en la actualidad. La tecnología ha producido maravillas como la penicilina, los trasplantes de órganos y las computadoras portátiles. También ha producido horrores como la bomba nuclear, el gas nervioso y la ametralladora. Ha prodigado bendiciones tan heterogéneas como el automóvil, la televisión y las tarjetas de crédito. Nuestra actitud frente a la tecnología depende de que nos impresione más sus maravillas o sus errores.

Toda tecnología nueva sustituye a la anterior. Los transistores afectaron a la industria de los bulbos, la xerografía afectó el negocio del papel carbón, el automóvil perjudicó al ferrocarril y la televisión afectó al cine. Cuando las industrias viejas se opusieron o ignoraron las tecnologías nuevas sus negocios se opacaron.

Las tecnologías nuevas producen mercados y oportunidades nuevos. El especialista en mercadotecnia debe estar atento a las siguientes tendencias de la tecnología.

Velocidad de los cambios tecnológicos

Muchos de los productos comunes y corrientes de hoy no existían hace cien años. Abraham Lincoln no conoció el automóvil, el aeroplano, el fonógrafo, el radio ni la luz eléctrica. Woodrow Wilson no conoció la televisión, las latas de aerosol, los congeladores domésticos, las máquinas lavaplatos, los acondicionadores de aire, los antibióticos ni las computadoras electrónicas. Franklin Delano Roosevelt no conoció la xerografía, los detergentes sintéticos, las grabadoras, las píldoras de contracepción ni los satélites. John F. Kennedy no conoció las computadoras personales, los discos compactos, los relojes digitales, las videocaseteras ni los aparatos de fax. Las empresas que no siguen el ritmo de los cambios tecnológicos descubren, de repente, que sus productos resultan anticuados y dejan pasar productos nuevos y oportunidades de mercado.

En la actualidad, los científicos están trabajando con toda una gama de tecnologías nuevas que revolucionarán nuestros productos y sus procesos de fabricación. Se está trabajando en el campo de la biotecnología, la electrónica miniatura, la robótica y la ciencia de los materiales. Hoy los científicos están trabajando en los siguientes productos y servicios nuevos y promisorios:

Energía solar práctica	Transbordadores espaciales comerciales	Superconductores efectivos
Cura para el cáncer	Supercomputadoras pequeñas y potentes	Autos eléctricos
Control de enfermedades mentales con productos químicos	Robots domésticos que cocinan y limpian	Anestesia electrónica para controlar el dolor
Desalinización de agua del mar	Alimentos nutritivos y sabrosos que no engordan	Computadoras controladas por medio de voz y gestos

Los científicos también especulan sobre productos fantásticos, como autos voladores, televisores tridimensionales, colonias espaciales y clones humanos. En cada uno de estos casos el desafío no sólo es técnico sino también comercial; lograr que estos productos sean prácticos y asequibles.

Elevados presupuestos para investigación y desarrollo

Estados Unidos es el país del mundo que gasta más en investigación y desarrollo. En 1991, el gasto en investigación y desarrollo fue superior a los 156 mil millones de dólares, aunque ha ido disminuyendo en años recientes. El gobierno federal proporcionó casi la mitad de los fondos para investigación y desarrollo. Las investigaciones gubernamentales pueden ser fuente de muchas ideas nuevas para productos y servicios (véase Puntos Importantes de la Mercadotecnia 3-2). Muchas empresas también gastan mucho en investigación y desarrollo. Por ejemplo, empresas como General Motors, IBM y AT&T gastan miles de millones en investigación y desarrollo cada año.[14] Hoy, las investigaciones generalmente son realizadas por equipos y no por inventores solitarios como Thomas Edison, Samuel Morse o Alexander Graham Bell. Dirigir a los científicos de las empresas es todo un reto. Muchos se oponen al control excesivo de costos y, en ocasiones, les interesa más resolver problemas científicos que crear productos comercializables. Las empresas están incluyendo personal de mercadotecnia en los equipos de investigación y desarrollo con objeto de que sus actividades se perfilen más hacia la comercialización.

Importancia a cambios menores

Debido al elevado costo de desarrollar e introducir tecnologías nuevas, muchas empresas están aplicando mejoras menores a los productos, en lugar de jugársela con una innovación mayor. Incluso las empresas dedicadas a la investigación, como Du Pont, Laboratorios Bell y Pfizer están actuando con cautela. La mayor parte de las empresas se contentan con invertir dinero para copiar los productos de la competencia, hacer cambios menores en las características y el estilo u ofrecer meras extensiones de las marcas presentes. Por consiguiente, gran parte de las investigaciones son defensivas y no ofensivas.

Mayor reglamentación

Conforme los productos se complican, el público necesita saber si son seguros. Por tanto, las oficinas de gobierno investigan y prohíben los productos que pueden ser peligrosos. La Federal Food and Drug Administration ha establecido complejos reglamentos para las pruebas de los medicamentos nuevos. La Consumer Product Safety Commission establece normas de seguridad para los productos de consumo y sanciona a las empresas que no los cumplen. Estos reglamentos han elevado mucho los costos de las investigaciones y los tiempos que transcurren

LA NASA: UNA FUENTE IMPORTANTE DE TECNOLOGÍA PARA LAS EMPRESAS

Desde 1958, la NASA (National Aeronautics and Space Administration) ha invertido miles de millones de dólares en investigaciones aeroespaciales que nos han dado acceso a miles de productos nuevos. En 1962, la NASA inició un programa para pasar su tecnología espacial a otros organismos de gobierno, federales y estatales, instituciones públicas e industria privada. Los nueve centros de la NASA situados en el país proporcionan información sobre la tecnología existente de la NASA y colaboran para su aplicación.

Las investigaciones aeroespaciales patrocinadas por la NASA han tenido muchas repercusiones para los productos industriales y de consumo. Por ejemplo, los sistemas pequeños que necesitaba la NASA para el espacio dieron lugar a asombrosos avances en los microcircuitos, que a su vez revolucionaron la electrónica industrial y de consumo, con productos que van desde las computadoras caseras y los videojuegos, hasta los aparatos computarizados y los sistemas médicos. La NASA fue la primera en desarrollar los satélites de comunicación, que ahora abarcan dos terceras partes del movimiento de las comunicaciones con el exterior. A continuación presentamos algunas aplicaciones de entre las muchas existentes:

■ Los materiales ligeros, reflejantes y muy delgados que necesitaba la NASA desembocaron en investigaciones que hicieron que el negocio de la metalización de plásticos a pequeña escala se convirtiera en una floreciente industria. Con esta tecnología, la división de productos metalizados de King-Seeley Thermos Company fabrica una amplia línea de productos industriales y de consumo, que van desde "ropa aislante para el aire libre, hasta material de empaque para alimentos congelados; de recubrimientos para muros a cubiertas para aviones; de cobijas a persianas; de etiquetas a envoltorios para golosinas; de cobertores reflejantes a reflectores fotográficos".

■ Las actividades de la NASA para producir alimentos imperecederos, sabrosos, nutritivos, ligeros y en empaques compactos para los astronautas en el espacio han tenido infinidad de aplicaciones en la industria alimentaria. Muchas empresas comerciales ahora producen comidas tipo astronauta para distribuirlas al público: alimentos desecados por congelación y comidas en "bolsas para el consumo" que se pueden usar para muchos propósitos.

■ La red de seguridad super fuerte que necesitaba la NASA para proteger al personal que trabajaba a gran altura en los transbordadores espaciales desembocó en la creación de una fibra nueva. Una red relativamente pequeña tejida con esta fibra puede aguantar un automóvil de tamaño normal. En la actualidad, la fibra se usa para redes de pesca de más de una milla de largo, que cubren una superficie de más de 86 acres. La fibra es más delgada y densa que el hilo de nylon, de tal manera que las redes nuevas ofrecen menos resistencia al agua, bajan a mayor profundidad y aumentan 30% la productividad.

■ Un aparato portátil de rayos X, inventado por la NASA, requiere menos del 1% de la radiación requerida por los aparatos normales de rayos X. La unidad, más o menos del tamaño de un termo, produce imágenes al instante y es ideal para situaciones de emergencia, por ejemplo, para detectar, en el campo de juego, las lesiones óseas de los deportistas. También se puede usar para detectar, de inmediato, fallas de productos, o para efectos de seguridad, por ejemplo, para examinar paquetes de correo o en la puerta de entrada de las compañías.

■ Las luces especiales de gran intensidad inventadas por la NASA para estimular el efecto de la luz solar en las naves espaciales produjo varios tipos de linternas para uso profesional o casero. Una de estas linternas, que trabaja con una batería de auto o barco de 12 voltios, es 50 veces más intensa que la luz alta del faro de un auto y proyecta su haz a más de una milla de distancia. Como señal, se puede ver a una distancia de más de 30 millas.

■ La bioingeniería y las investigaciones fisiológicas para diseñar sistemas de enfriamiento para la ropa espacial de los astronautas han desembocado en infinidad de productos comerciales y de consumo: ropa deportiva más fresca, ropa ligera y resistente al calor para bomberos, atuendos de supervivencia para montañistas y campistas, y muchos más.

■ Al buscar un material nuevo para el rastreo infrarrojo de misiles que buscan el calor, Ceradyne inventó una sustancia llamada aluminio policristalino transparente (TPA). Ceradyne ahora usa el TPA para producir frenos ortopédicos de cerámica Transcend, que son muy resistentes y prácticamente invisibles durante las relaciones sociales normales.

■ La tecnología desarrollada para los sistemas de control ambiental de la nave lunar Apolo, ahora se usa para reducir el consumo de energía en casas y edificios comerciales. Una empresa llamada Guaranteed Watt Savers usa dicha tecnología para producir protectores caloríficos aluminizados, que contribuyen a retener o liberar, según el caso, el calor, el frío o el vapor del agua y lo ha llamado "Smart House".

Fuente: Basado en información de *Spinoff* (Washington, DC: U.S. Government Printing Office), diferentes números entre 1977 y 1989.

entre las ideas de productos nuevos y su introducción. Los especialistas en mercadotecnia deben estar atentos a estos reglamentos cuando busquen o desarrollen productos nuevos.

Los mercadólogos deben entender el entorno tecnológico cambiante y cómo las tecnologías nuevas pueden satisfacer las necesidades humanas. Tienen que trabajar cerca del personal de investigación y desarrollo para alentar una investigación más inclinada hacia el mercado. Además deben estar atentos a los aspectos negativos que podría entrañar una innovación y que perjudicarían a los usuarios o desatarían la oposición.

El ámbito político

Las decisiones de mercadotecnia están sujetas a las circunstancias del ambiente político. El **ámbito político** está compuesto por leyes, oficinas de gobierno y grupos de presión que ejercen influencia y ponen límites a las diversas organizaciones o personas de una sociedad cualquiera.

Leyes que regulan las actividades comerciales

Incluso los más liberales de los partidarios de las economías de libre mercado están de acuerdo en que el sistema funciona mejor si existe cierta reglamentación. Los reglamentos bien concebidos pueden fomentar la competencia y garantizar mercados justos para los bienes y los servicios. Por tanto, los gobiernos formulan *políticas públicas* para dirigir el comercio; leyes y reglamentos que limitan las actividades comerciales para bien de la sociedad en general. Casi cualquier actividad mercadotécnica está sujeta a una amplia gama de leyes y reglamentos.

No es fácil entender las implicaciones que una actividad de mercadotecnia particular tiene para las políticas públicas. En primer término, muchas leyes son formuladas en el ámbito federal, estatal o local, y estos reglamentos se traslapan. Por ejemplo, las aspirinas que se venden en Dallas están sujetas a las leyes federales para etiquetas y a las leyes estatales de Texas para publicidad. En segundo, los reglamentos están cambiando constantemente; lo que se permitía el año pasado ahora podría estar prohibido. Los especialistas en mercadotecnia deben trabajar mucho para estar al día en cuanto a estos cambios de los reglamentos y su interpretación.

Las leyes que rigen las actividades comerciales han ido aumentando constantemente con los años. Las leyes son aprobadas por una serie de razones. La primera es para *proteger* a unas compañías de otras. Aunque los ejecutivos de las empresas alaban la competencia, en ocasiones tratan de neutralizarla cuando representa una amenaza. Por tanto, existen leyes cuyo propósito es definir y evitar la competencia desleal. Los organismos encargados de aplicar estas leyes son la Comisión Federal para el Comercio y la División Antimonopolios de la Procuraduría General.

El segundo propósito de los reglamentos gubernamentales es *proteger a los clientes* contra las prácticas comerciales desleales. Algunas empresas, si no estuvieran vigiladas, fabricarían productos de mala calidad, mentirían en su publicidad y engañarían a los clientes con sus empaques y precios. Las prácticas comerciales desleales han sido definidas y aplicadas por diversos organismos.

El tercer propósito de la reglamentación gubernamental es *proteger los intereses de la sociedad* contra el comportamiento irrestricto de los comercios. Las actividades comerciales rentables no siempre producen una vida mejor. Existen reglamentos para garantizar que las empresas asuman los costos sociales derivados de su producción o sus productos.

Siempre habrá leyes nuevas y leyes que se apliquen. Los ejecutivos de las empresas deben tomar en cuenta estos cambios cuando hagan planes para sus productos y programas mercadotécnicos. Los mercadólogos deben conocer las principales leyes que protegen la competencia, a los consumidores y a la sociedad. La tabla 3-2 contiene las principales leyes federales de Estados Unidos. Los especialistas en mercadotecnia también deben conocer las leyes estatales y locales que afectan las actividades de mercadotecnia de su localidad.[15]

TABLA 3-2
Principales leyes de EUA que influyen en la mercadotecnia

Ley Antimonopolio de Sherman (1890)

Prohíbe (a) los "monopolios o intentos por monopolizar" y (b) "los contratos, las combinaciones o las conspiraciones para restringir las transacciones" del comercio interestatal o exterior.

Ley Federal para Alimentos y Medicamentos (1906)

Prohíbe, en el comercio interestatal, la fabricación, la venta o el transporte de alimentos y medicamentos adulterados o con etiquetas fraudulentas. Fue sustituida por la Ley de Alimentos, Medicamentos y Cosméticos de 1938; modificada por la Enmienda de Aditivos para Alimentos de 1958 y la Enmienda de Kefauver-Harris de 1962. La enmienda de 1962 habla de las pruebas previas de los medicamentos para constatar su seguridad y eficacia y de la etiquetación de medicamentos usando nombres genéricos.

Ley de Inspección de Carnes (1906)

Establece los reglamentos sanitarios que se aplicarán en los establecimientos donde se empaque carne y las inspecciones federales de todas las empresas que vendan carne por medio del comercio interestatal.

Ley Federal de la Comisión para el Comercio (1914)

Constituye la comisión, un grupo de especialistas con todas las facultades para investigar y girar órdenes de suspensión y desistimiento para aplicar la Sección 5, que establece: "serán ilícitos aquellos métodos del comercio que signifiquen una competencia desleal".

Ley de Clayton (1914)

Complementa la Ley de Sherman, prohibiendo ciertas prácticas específicas (ciertos tipos de discriminación de precios, cláusulas vinculantes y tratos exclusivos, posesión de acciones intersociales y candados entre directores) "cuyo efecto ... podría ser reducir la competencia sustancialmente o tender a crear un monopolio en una línea de comercio cualquiera". Establece que los ejecutivos que la infrinjan serán responsables del hecho a título particular; establece que las organizaciones obreras y campesinas están exentas de sus disposiciones.

Ley de Robinson-Patman (1936)

Enmienda la Ley de Clayton. Aumenta la frase "lesionar, destruir o impedir la competencia". Define la discriminación de precios como un ilícito (sujeto a ciertas defensas) y otorga a la FTC el derecho de establecer límites para los descuentos por volumen, de prohibir las comisiones salvo las de comisionistas independientes y de prohibir los márgenes para promociones o proporcionar servicios o instalaciones, salvo cuando éstos se proporcionan a todos en "términos proporcionales".

Ley de Miller-Tydings (1937)

Enmienda la Ley de Sherman para eximir de juicios "antitrust" a los acuerdos (para establecer precios) del comercio interestatal justo. (La Ley de McGuire de 1952 vuelve a establecer la legalidad de la cláusula del no firmante.)

Ley de Wheeler-Lea (1938)

Prohíbe los actos y las prácticas desleales o engañosas y establece que será ilícita toda declaración falsa respecto a bienes o servicios para el comercio interestatal.

Ley de Marcas Registradas de Lanham (1946)

Establece que las marcas registradas deben ser distintivas y que toda falsa declaración sobre bienes y servicios que ingresen al comercio interestatal será ilícita.

Ley para las Fusiones (1950)

Enmienda la Sección 7 de la Ley de Clayton, ampliando las facultades para impedir las adquisiciones intersociales cuando la adquisición puede tener consecuencias negativas para la competencia.

Ley para la Revelación de Información sobre Automóviles (1958)

Prohíbe a los distribuidores de automóviles inflar los precios de fábrica de los autos nuevos.

Ley Nacional de Tránsito y Seguridad (1958)

Establece la creación de normas de seguridad obligatorias para los automóviles y los neumáticos.

Ley para la Verdad en Empaques y Etiquetas (1966)
Establece los reglamentos de las etiquetas y los empaques de bienes de consumo. Requiere que los fabricantes especifiquen el contenido del paquete, el nombre del fabricante y la cantidad del contenido. Permite que las industrias adopten, voluntariamente, normas para empaques uniformes.

Ley para la Protección de Menores (1966)
Prohibe la venta de juguetes y artículos peligrosos. Enmendada en 1969, para incluir artículos que representan riesgos eléctricos, mecánicos o térmicos.

Ley Federal para la Publicidad y las Etiquetas de Cigarrillos (1967)
Establece que los paquetes de cigarrillos deben llevar la siguiente leyenda: "Aviso: La Secretaría de Salubridad ha establecido que fumar es nocivo para la salud".

Ley para la Veracidad de los Créditos (1968)
Establece que los prestamistas deben estipular el costo verdadero de la transacción del crédito; prohíbe el recurso de la violencia real o implícita para cobrar los préstamos y restringe la cantidad de sobrecargos. Constituye la Comisión Nacional para Finanzas de los Consumidores.

Ley Nacional para la Política Ambiental (1969)
Establece una política nacional para el ambiente y establece la constitución de un Consejo para la Calidad del Ambiente. La Oficina para la Protección del Ambiente fue constituida de acuerdo con el Plan de Reorganización Núm. 3 de 1970.

Ley para la Verdad en los Informes de Créditos (1970)
Garantiza que el informe del crédito de un consumidor sólo contendrá información exacta, pertinente y reciente, y que será confidencial a menos de que un tercero autorizado solicite su conocimiento por un motivo válido.

Ley para la Seguridad de los Productos de Consumo (1972)
Constituye la Comisión para la Seguridad de los Productos de Consumo, otorgándole autoridad para establecer normas de seguridad para los productos de consumo, así como para imponer sanciones por incumplimiento de dichas normas.

Ley de Precios de Bienes de Consumo (1975)
Prohíbe los acuerdos para mantener precios entre fabricantes y revendedores, en el comercio interestatal.

Ley de Garantías/Mejoras de la FTC Magnuson-Moss (1975)
Otorga facultades a la FTC para establecer reglas para las garantías de los consumidores y establece que el consumidor puede exigir reparación, por ejemplo, con una demanda de orden. Además, amplía las facultades regulatorias de la FTC para los actos o prácticas desleales o engañosos.

Ley para la Igualdad de Oportunidades en Créditos (1975)
Prohibe la discriminación en una transacción crediticia a causa de sexo, estado civil, raza, origen nacional, religión, edad o recepción de asistencia pública.

Ley de Prácticas Justas para la Cobranza de Créditos (1978)
Declara ilícito cualquier abuso contra personas, falsas declaraciones o uso de métodos injustos para cobrar una deuda.

Ley para Mejorar a la FTC (1980)
Otorga a la Cámara de Representantes y al Senado, mancomunadamente, poder para vetar las resoluciones sobre la Reglamentación del Comercio por parte de la FTC. Aprobada para limitar las facultades de la FTC para reglamentar cuestiones de "competencia desleal".

Ley de Seguridad de los Juguetes (1984)
Otorga al gobierno facultades para retirar juguetes peligrosos de inmediato, cuando se detecten.

Diferentes organismos para la aplicación de las leyes

A efecto de que se apliquen las leyes, el congreso estadounidense constituyó organismos federales reguladores como la Comisión Federal para el Comercio, la Oficina de Medicinas y Alimentos, la Comisión para el Comercio Interestatal, la Comisión Federal de Comunicaciones, la Comisión Federal de Energía Eléctrica, el Consejo de Aeronáutica Civil, la Comisión para la Seguridad de los Productos de Consumo, la Oficina de Protección Ambiental y la Oficina de Asuntos del Consumidor. Como estos organismos gubernamentales tienen cierto albedrío para aplicar las leyes, pueden tener mucha importancia para la actuación de mercadotecnia de una empresa. En ocasiones, el personal de estos organismos ha resultado impredecible y excesivamente celoso de su tarea y, otras veces, algunos de ellos han estado dominados por abogados y economistas, carentes de conocimientos prácticos en cuanto al funcionamiento de la mercadotecnia y las empresas. En años recientes, la Comisión Federal para el Comercio ha sumado a expertos en mercadotecnia a sus filas, con objeto de abordar mejor algunas complejas cuestiones empresariales.

Crecimiento de los grupos de interés público

En veinte años, la cantidad y el peso de los grupos de interés público ha ido en aumento. El más exitoso de ellos es el grupo de Ciudadanos civiles de Ralph Nader, dedicado a velar por los intereses de los consumidores. Nader hizo del **consumismo** un movimiento organizado de ciudadanos y gobierno, con objeto de fortalecer los derechos y la fuerza de los compradores ante los vendedores, y lo convirtió en un grupo social de gran peso. Lo primero que hizo fue atacar, con gran éxito, el problema de la seguridad que ofrecían los automóviles (logrando que se aprobara la Ley Nacional de Seguridad para Vehículos Automotores y Tránsito de 1962); después investigó el procesamiento de los productos cárnicos (logrando que se aprobara la Ley de la Carne Sana de 1967), así como la veracidad de ciertas afirmaciones en cuanto a créditos, reparación de autos, seguros y equipo de rayos X. Existen cientos de grupos de interés de consumidores, privados y gubernamentales, trabajando en el país, los estados y los condados. Los especialistas en mercadotecnia también deben tomar en cuenta a los grupos que se ocupan de proteger el ambiente y de ampliar los derechos de diversos grupos, los de las mujeres, los negros, las personas de la tercera edad y otros más.

La importancia de la ética y los actos responsables

Los reglamentos existentes no pueden abarcar todos los abusos que se podrían cometer vía la comercialización, y las leyes existentes al respecto no siempre resultan aplicables. No obstante, además de estar sujetos a leyes y reglamentos, los negocios se rigen por códigos sociales y reglas de la ética profesional. Las empresas con visión del futuro motivan a sus directivos para que vayan más allá de los sistemas reglamentarios y les piden que, simplemente, "hagan lo correcto". Estas empresas, que han asumido su responsabilidad social, buscan la manera de proteger, a largo plazo, los intereses de sus consumidores y del entorno. En años recientes, los múltiples escándalos derivados de las empresas y la gran preocupación por el ambiente han avivado el interés por cuestiones relacionadas con la ética y la responsabilidad social. Estos temas están presentes en casi todos los aspectos de la mercadotecnia. Por desgracia, como los asuntos suelen entrañar intereses contrapuestos, podría haber personas bien intencionadas que, en verdad, no estén de acuerdo con el curso de acción tomado en una situación dada. Por tanto, muchas asociaciones de industriales y profesionales han sugerido ciertos códigos éticos y, ahora, muchas empresas formulan políticas y lineamientos que se ocupan de las complejas cuestiones relacionadas con la responsabilidad social.

A lo largo de este libro, se presentan los recuadros Puntos Importantes de la Mercadotecnia que resumen los principales aspectos de las políticas públicas y la responsabilidad social en relación con las decisiones de mercadotecnia. Estos recuadros explican algunos de los aspectos legales que deben conocer los mercadólogos, así como ciertos problemas éticos y sociales que se les presentan con frecuencia. En el capítulo 23, se analiza con mayor detenimiento una amplia gama de temas referidos a la mercadotecnia social.

El entorno cultural

El **entorno cultural** está compuesto por instituciones y otros grupos que afectan los valores, las percepciones, las preferencias y los comportamientos básicos de la sociedad. Las personas crecen en una sociedad dada, la cual conforma sus creencias y valores fundamentales; absorben una visión del mundo que define sus relaciones con los demás y consigo mismas. Las siguientes características culturales pueden afectar la toma de decisiones mercadotécnicas.

La constancia de valores culturales

Las personas de una sociedad cualquiera tienen muchas creencias y valores. Estas creencias y valores tienen cierta constancia. Por ejemplo, la mayor parte de los estadounidenses creen que deben trabajar, casarse, hacer obras de caridad y ser honrados. En la vida diaria, estas creencias dan forma a actitudes y comportamientos concretos. Las creencias y los valores *centrales* se transmiten de una generación a otra y las escuelas, iglesias, empresas y gobiernos se encargan de reforzarlos.

Las creencias y los valores *secundarios* son más susceptibles al cambio. Creer en el matrimonio es una creencia central; creer que la gente se debe casar joven es una creencia secundaria. Los mercadólogos pueden cambiar los valores secundarios en cierta medida, pero es muy difícil que cambien los valores centrales. Por ejemplo, quienes se ocupan de la planificación familiar pueden tener más éxito argumentando que la gente se debe casar a mayor edad, que argumentando que no se debe casar.

Cambios de los valores culturales secundarios

Si bien los valores centrales son bastante constantes, en ocasiones hay cambios culturales. Piense en la influencia que los grupos musicales populares, las estrellas de cine y otras celebridades ejercen en los peinados, la vestimenta y las normas sexuales de los jóvenes. Los mercadólogos pretenden adelantarse a estos cambios culturales con el objeto de detectar nuevas oportunidades o amenazas. Hay empresas que ofrecen pronósticos del "futuro" en este sentido. Por ejemplo, Yankelovich, empresa que hace investigaciones de mercado, sigue la pista de 41 valores culturales, por ejemplo, "contrario a los tamaños grandes", "misticismo", "vivir el presente", "desinterés por las propiedades" y "sensualidad". La empresa computa el porcentaje de la población que comparte la actitud, así como el porcentaje que está contra la tendencia. Por ejemplo, el porcentaje de personas que se interesan por la condición física y el bienestar ha ido en constante aumento. Los mercadólogos usan esta información de las tendencias para atacarlas con el contenido de la comunicación y con determinados productos (véase Puntos Importantes de la Mercadotecnia 3-3 que contiene un resumen de las tendencias culturales contemporáneas).

Los valores culturales centrales de una sociedad encuentran su expresión en la opinión que las personas tienen de sí mismas y de los demás, así como en la que tienen de las organizaciones, la sociedad, la naturaleza y el universo.

La opinión que las personas tienen de sí mismas. Las personas no siempre conceden la misma importancia a la idea de satisfacerse o a la de satisfacer a los demás. Hay personas que quieren satisfacción personal, diversión, cambios y evasión de la rutina. Otras buscan realizarse por vía de la religión, la diversión, una carrera o cualquier otra meta en la vida. Las personas usan los productos, las marcas y los servicios como un medio de expresión propia y adquieren los productos y los servicios que encajan con la opinión que tienen de sí mismas.

En los años ochenta, la ambición personal y el materialismo aumentaron muchísimo, con enormes repercusiones para la mercadotecnia. En una sociedad de "yo primero", las personas adquieren "el coche de sus sueños" y se toman "las vacaciones de sus sueños"; dedican más tiempo a las actividades al aire libre (correr, jugar tenis), a pensar y a las manualidades. La industria del tiempo libre (campismo, lanchas, manualidades y deportes) tiene estupendas perspectivas de crecimiento en una sociedad donde las personas buscan realizarse.

La opinión que las personas tienen de otros. En fecha reciente, los observadores han notado que la sociedad de "yo primero" está cambiando a una

LAS DIEZ TENDENCIAS CULTURALES DE POPCORN

Faith Popcorn dirige la empresa BrainReserve, despacho de asesores que sigue tendencias culturales y asesora a empresas como AT&T, Citibank, Black & Decker, Hoffman-La Roche, Nissan, Rubbermaid y muchas otras, explicándoles la influencia que algunas tendencias tendrán en sus decisiones de mercadotecnia y en otras decisiones de la empresa. A partir de las tendencias pronosticadas, BrainReserve ofrece varios servicios: Cerebros-Agrupados ofrece a los clientes ideas para productos nuevos y MarcasRenovadas trata de imbuir vida nueva en marcas agotadas. EnfoqueFuturo prepara conceptos y estrategias de mercadotecnia que derivan en una ventaja competitiva a largo plazo. Otro servicio, Banco de Tendencias, es una base de datos que contiene información sobre posiciones culturales y entrevistas a consumidores. Popcorn y sus socios han identificado diez tendencias culturales básicas que afectan a los consumidores estadounidenses.

Los mercadólogos siguen tendencias culturales como la "formacion de capullos" con el propósito de detectar nuevas oportunidades de mercadotecnia o desafíos.

1. *La graciosa huida:* las ganas de cambiar el ritmo de vida por uno más lento y gratificante. Un ejecutivo, de repente, abandona su carrera, huye de las presiones de la gran ciudad y se planta en Vermont o Montana para dirigir un pequeño periódico, administrar un hostal o tocar con una banda. La gente huye porque piensa que la tensión no vale la pena. con nostalgia trata de volver a los valores de los pueblos pequeños, al aire puro, las escuelas seguras y los vecinos sencillos y claros.

2. *La protección del capullo:* el impulso para permanecer en el interior cuando el exterior es demasiado rudo o difícil. Cada vez hay más gente que está construyendo un nido en su casa: redecorando el interior, atrincherándose en su sillón, viendo películas en TV, comprando por catálogo y usando contestadoras de teléfono para filtrar el mundo exterior. En respuesta al grado de delincuencia y a muchos otros problemas sociales, estas personas se entierran en los bunkers que están construyendo. La autoconservación es su motivación básica. Otro género, el de los capullos rodantes, está compuesto por las per-

sonas que comen en sus coches y se comunican por medio de teléfonos en sus autos. Los capullos sociales pertenecen a un grupo de pocos amigos y se reúnen con frecuencia para charlar o "pasar el rato".

3. *Los come años:* propenden a sentirse más jóvenes de lo que son y se comportan en consecuencia. Los símbolos sexuales contemporáneos incluyen a Cher (más de 45), Paul Newman (más de 65) y Elizabeth Taylor (más de 60). La gente vieja gasta más en ropa juvenil, tintes para el cabello y cirugía plástica del rostro. Se comporta de manera más juguetona y actúa de forma que antes se consideraba inadmisible para su edad. Compra juguetes para adultos, va a campamentos para adultos y contrata vacaciones que prometen aventuras.

4. *La egonomía:* el deseo de desarrollar una individualidad que le permita a una persona ser considerada y tratada como si fuera diferente de los demás. No es un viaje del ego, sino simplemente el deseo de resultar individual, en razón de las pertenencias y las

sociedad de "nosotros primero", en la cual hay más gente que quiere estar con otras personas y servirles. Al parecer, los gastos relumbrones y la autocomplacencia van de salida, y el ahorro, la preocupación por la familia y la ayuda a los demás van en aumento. Una encuesta reciente arrojó que cada vez son más las personas que hacen obras de caridad, voluntariados y servicios sociales.[16] Esto señala que los productos y servicios que "refuercen las relaciones sociales", aquellos que mejoren la comunicación directa entre personas, como clubes, vacaciones familiares y juegos, tienen un futuro brillante. Además sugiere que crecerá el mercado de los "substitutos sociales", por ejemplo las videocaseteras y las computadoras que hacen que la gente sola se sienta acompañada.

experiencias. Cada vez hay más personas que se suscriben a revistas de temas muy concretos, se inscriben a grupos pequeños, con misiones muy definida, y compran ropa, autos y cosméticos, hechos a la medida. Los mercadólogos encuentran en la egonomía la posibilidad de triunfar ofreciendo bienes, servicios y experiencias a la medida.

5. *La aventura fantástica:* la necesidad de encontrar salidas para las emociones que permitan equilibrar las rutinas cotidianas. La gente busca vacaciones, comidas exóticas, viajes a Disneylandia y otros parques, o redecora su casa con un toque californiano. En este caso, los mercadólogos tienen la posibilidad de crear productos y servicios nuevos y fantasiosos o de sumar un toque de fantasía a los productos y servicios que ya tienen.

6. *Las 99 vidas:* la situación desesperada de personas que deben desempeñar muchos papeles y cumplir con muchas responsabilidades. Un ejemplo sería la "supermamá" que debe ocuparse de una carrera profesional de tiempo completo a la par que administra la casa y cuida a los hijos. En la actualidad, la gente siente que le falta tiempo. Trata de aliviar las presiones de esta falta de tiempo usando aparatos de fax y teléfonos portátiles, comiendo en restaurantes de comida rápida y recurriendo a otros medios. Los mercadólogos pueden satisfacer esta necesidad creando *empresas de comercialización en racimo:* centros donde se encuentren todos los servicios como Video Town Launderette que, además de ofrecer servicio de lavandería, incluye una sala para dorarse, bicicletas fijas para hacer ejercicio, máquinas copiadoras, aparatos de fax y más de 6,000 títulos de videos para alquilar.

7. *S.O.S. (Salvemos a la Sociedad):* cada vez hay más personas interesadas en lograr que la comunidad sienta una mayor responsabilidad social por cuestiones como la educación, la ética y el ambiente. Las personas forman grupos a efecto de fomentar la responsabilidad social correspondiente a empresas y otros ciudadanos. Los mercadólogos deben responder sugiriendo a sus empresas que recurran a una mercadotecnia que asuma mayor responsabilidad ante la sociedad.

8. *Pequeños lujos:* la necesidad que tienen los tensos consumidores de darse pequeños lujos de vez en cuando. Un consumidor quizá no pueda darse el lujo de pasar dos semanas en Europa, pero sí de pasar un fin de semana en Nueva Orleans. Esta persona quizá coma de manera controlada toda la semana y después se desate el fin de semana comiéndose un kilo de helado Haagen-Dazs. Los mercadólogos deben saber qué privaciones sienten los consumidores y detectar las posibilidades de ofrecerles pequeños lujos que les levanten el ánimo.

9. *Una larga vida:* el impulso por vivir más tiempo y mejor. Las personas saben que su forma de vida puede llevarlas a la muerte; que no deben comer mal, fumar, respirar aire contaminado o ingerir drogas. Sin embargo, cada vez respiran aire más impuro y consumen más drogas, pero también cada vez asumen más responsabilidad en cuanto a su salud y eligen alimentos más sanos, hacen ejercicio con regularidad y descansan con más frecuencia. Los mercadólogos pueden satisfacer estas necesidades diseñando productos y servicios más sanos para sus clientes.

10. *El consumidor vigilante:* los consumidores vigilantes son los que ya no están dispuestos a aceptar más productos o servicios defectuosos. Quieren que las empresas tengan más conciencia y sensibilidad. Quieren que las compañías de autos se queden con sus "cacharros" y les reembolsen su dinero. Se suscriben a *National Boycott News* y a *Consumer Reports,* se unen a MADD (madres contra borrachos al volante), compran "productos verdes" y buscan listas de compañías buenas y compañías malas. Los mercadólogos deben ser la conciencia de sus empresas para entregar a estos consumidores productos y servicios de mejor calidad y mayor responsabilidad.

Fuente: Tomado de *The Popcorn Report* de Faith Popcorn. © 1991 de Faith Popcorn. Reproducido con autorización de Bantam Doubleday Dell Publishing Group.

La opinión que las personas tienen de las organizaciones. Las personas no siempre adoptan la misma posición ante las sociedades anónimas, las oficinas de gobierno, los sindicatos obreros, las universidades y otras organizaciones. En términos generales, las personas están dispuestas a colaborar en organizaciones grandes y, a su vez, esperan que éstas trabajen para la sociedad. No obstante, la lealtad hacia las organizaciones ha disminuido. Las personas se entregan menos a las organizaciones y confían menos en ellas.

Esta tendencia sugiere que las organizaciones tienen que encontrar otra manera de captar la confianza de los consumidores. Tienen que revisar el contenido de su publicidad para asegurarse de que su mensaje es honrado. Además, tienen que revisar sus actividades para cerciorarse de que están mandando la señal de "una buena sociedad de ciudadanos". Es cada vez mayor el número de empresas que participan en causas altruistas, comprenden en su imagen a públi-

PUNTOS IMPORTANTES DE LA MERCADOTECNIA 3-4

MERCADOTECNIA PARA UNA CAUSA: GANE MUCHO HACIENDO EL BIEN

En estas fechas, al parecer, todo producto está ligado a una buena causa. Compre mayonesa Hellmann's o crema de cacahuate Skippy para contribuir a "Conservar bonita a América". Beba Tang y contribuya con las Madres contra borrachos al volante, o si quiere cooperar con la Sociedad Americana Contra la Leucemia compre bolsas de basura o papel de baño Helping Hand. Pague la cuenta con la tarjeta de crédito X y contribuirá con las actividades de un grupo cultural o artístico, a la lucha contra el cáncer o a las enfermedades cardiacas.

La mercadotecnia relacionada con una causa noble se ha convertido en una de las formas de moda para los donativos de las sociedades. Permite que las empresas "ganen mucho haciendo el bien", ligando la adquisición de productos o servicios de la compañía con la recaudación de fondos para causas nobles u organizaciones de caridad. La mercadotecnia relacionada con una causa ha crecido rápidamente desde principios de los años ochenta, cuando American Express ofreció donar un centavo para la restauración de la Estatua de la Libertad por cada vez que se usara la tarjeta de crédito. American Express tuvo que contribuir con 1.7 millones de dólares, pero la campaña relacionada con la causa aumentó 28% el uso de la tarjeta.

Ahora, año con año, las empresas patrocinan decenas de campañas de mercadotecnia relacionadas con una causa. Muchas de ellas están respaldadas por enormes presupuestos y un amplio complemento de actividades de mercadotecnia. Estos son algunos ejemplos recientes:

Johnson & Johnson se unió al Centro médico del Hospital Infantil y al Consejo de Seguridad Nacional para patrocinar una campaña relacionada con una causa, durante cinco años, para disminuir lesiones infantiles evitables, causantes de la mayor cantidad de muertes al año. Alrededor de 43 grupos no lucrativos más, entre ellos la Cruz Roja de EUA, la Asociación Nacional de Padres Profesores y los Boy y Girl Scouts de EUA contribuyeron a promover la campaña. Esta campaña entregaba a los consumidores, gratis, un botiquín de seguridad para niños Safe Kids, contra prueba de compra. Los consumidores también podían adquirir un video sobre seguridad infantil por 9.95 dólares. El formato de video era un juego que hacía que el aprendizaje de la seguridad resultara ameno y educativo. Para promover la campaña, J&J distribuyó cerca de 50 millones de inserciones publicitarias en periódicos y preparó un estuche de información especial para minoristas, que contenía car-

teles, exhibidores y otro material promocional para la tienda. Además, se regalaba a los consumidores hojas con consejos para la seguridad de los niños y calcomanías con teléfonos de emergencia.

Procter & Gamble ha patrocinado muchas campañas de mercadotecnia relacionadas con una causa. Por ejemplo, en años recientes, P&G ha enviado por correo miles de millones de cupones para la Olimpiadas especiales para niños retrasados mentales, contribuyendo a que el evento se conozca en todas las casas. P&G respalda las actividades de las Olimpiadas especiales con publicidad y relaciones públicas en todo el país y sus vendedores trabajan con voluntarios de las localidades para conseguir que los detallistas coloquen exhibidores en los puntos de compra. En otro caso de mercadotecnia relacionada con una causa, Procter & Gamble constituyó el Fondo Educativo Jif para niños. Por cada libra de crema de cacahuate Jif vendida durante la promoción trimestral, P&G dona 10 centavos al fondo, el cual se distribuye entre grupos de profesores y padres de todas las escuelas primarias registradas de EUA. El propósito del programa es reunir más de 4 millones de dólares para la educación primaria en Estados Unidos.

Por medio de estudios dirigidos a un grupo, Levi Strauss descubrió que los padres jóvenes tenían problemas a la hora de vestir a los niños en edad preescolar, en las prisas matutinas para dejarlos en la guardería antes de ir a trabajar. La empresa también averiguó que sólo 40% de los padres conocían la línea de ropa Little Levi's para niños pequeños. Así que Levi contrató a la Escuela Normal de Bank Street para que elaborara un folleto, dirigido a niños en edad preescolar, llamado "¡Vamos a vestirnos!". El folleto de actividades recurre a juegos y acertijos para enseñar a los niños a vestirse. Otro folleto contiene consejos que le servirán a los padres para vestir a los niños con menos dificultad. Los detallistas regalaban los folletos con la compra de ropa Little Levi's y respaldaban la campaña con promociones en la tienda y anuncios locales. Además, se comunicaba a los lectores una dirección para que solicitaran más folletos a cambio de 50 centavos. La campaña también fue objeto de bastante publicidad en televisión, en programas de opinión y en revistas femeninas de circulación nacional. Las ventas de Little Levi's se han triplicado a partir de que se inició la campaña de mercadotecnia relacionada con una causa.

cos importantes y usan las relaciones públicas para proyectar una imagen más positiva de sí mismas (véase Puntos Importantes de la Mercadotecnia 3-4).

Mercadotecnia con una causa: Ganar mucho haciendo el bien, ligando las compras de los productos de una empresa con la recaudación de fondos para una causa noble.

Continental Airlines patrocinó su campaña FlyAmerica junto a la Marcha de los Centavos de WalkAmerica, campaña anual para recaudar fondos. Para participar en FlyAmerica, una especie de "maratón del aire", los consumidores se comprometían a volar una cantidad determinada de millas por Continental y contrataban a patrocinadores que hacían donativos de acuerdo con la cantidad de millas voladas. Continental promovió la campaña con videos exhibidos durante los vuelos, folletos y una campaña publicitaria de 2 millones de dólares que invitaba a los consumidores: "Ayúdanos a ayudar a la Marcha de los Centavos para tener llegadas más sanas cada día".

La mercadotecnia relacionada con una causa ha ocasionado algunas controversias. Sus críticos dicen que la mercadotecnia relacionada con una causa, con el tiempo, podría llegar a socavar los donativos tradicionales, "sin ataduras", de las empresas, conforme aumente la cantidad de compañías que esperan obtener beneficios de sus contribuciones. Los críticos también dicen que la mercadotecnia relacionada con una causa hará que las sociedades dirijan el apoyo de sus donativos hacia obras de caridad más visibles, populares y de menor riesgo, las que ofrezcan un atractivo de mercadotecnia más seguro y sustancial. Por ejemplo, la campaña de MasterCard, "Elija con cuál hace la diferencia", reúne dinero para seis obras de caridad, cada una de las cuales se selecciona, en parte, en razón de una encuesta de su popularidad entre los consumidores. Por último los críticos dicen que la mercadotecnia relacionada con una causa es más una estrategia para vender que una estrategia para dar, que la mercadotecnia "relacionada con una causa" es, en realidad, una mercadotecnia "explotadora de una causa". Sostienen que las empresas simplemente están tratando de mejorar su imagen haciendo un canje con las organizaciones de caridad, que han ganado su fama con mucho trabajo y obras de ayuda. Por tanto, las empresas que recurren a la mercadotecnia relacionada con una causa podrían estar caminando por la fina línea que divide el incremento de ventas, con una buena imagen, y la acusación de explotación.

No obstante, la mercadotecnia relacionada con una causa, si se maneja bien, puede beneficiar tanto a la empresa como a la organización caritativa. La empresa cuenta con un instrumento de mercadotecnia eficaz y se crea una imagen más positiva ante el público. Además, al promover una causa, la oferta de la empresa destacará en comparación con toda una serie de productos y promociones de la competencia. La organización caritativa adquiere visibilidad y más fuentes de financiamiento. Este financiamiento adicional puede ser considerable. Por ejemplo, la Cruz Roja de EUA proyecta reunir 10 millones de dólares al año, o 10% de su presupuesto anual para ayuda en caso de desastres naturales, por medio de mercadotecnia relacionada con una causa. En la actualidad, todas estas compañías contribuyen a las arcas de las organizaciones de caridad con unos 100 millones de dólares al año y las encuestas arrojan que estas contribuciones relacionadas con una causa suelen aumentar los donativos directos de las empresas, en lugar de reducirlos. Por tanto, cuando la mercadotecnia por una causa funciona, todo el mundo sale ganando.

Fuentes: Véase P. Rajan Varadarajan y Anil Menon, "Cause-Related Marketing: A Coalignment of Marketing Strategy and Corporate Philantropy", *Journal of Marketing*, julio de 1988, pp. 58-74; Cyndee Miller, "Drug Company Begins Its Own Children's Crusade", *Marketing News*, 6 de junio de 1988, pp. 1, 2; "School Kids Snack for Cash", *Advertising Age*, 2 febrero de 1990, p. 36; Bill Kelley, "Cause-Related Marketing. Doing Well While doing Good", *Sales & Marketing Ma-nagement*, marzo de 1991, pp. 60-65; Melanie Rigeny y Julie Steenhuysen, "Conscience Raising", *Advertising Age*, 26 de agosto de 1991, p. 19; y Kim D. Shaver, "Cause Marketing: It Can be a Win-Win Strategy", *Furniture Today,* 10 de febrero de 1992, p. 12.

La opinión que las personas tienen de la sociedad. Las actitudes que adoptan las personas ante su sociedad son muy variadas; desde los patriotas que la defienden, pasando por los reformistas que quieren modificarla, hasta los descontentos que quieren abandonarla. La posición que adoptan las personas ante su sociedad influye en sus patrones de consumo, nivel de ahorro y actitud ante el mercado.

En los años ochenta y a principios de los noventa el patriotismo de los consumidores ha ido en aumento. Muchas empresas estadounidenses han respondido con temas de "hecho en Estados Unidos" y promociones que recurren a la bandera nacional. Por ejemplo, "el corazón de Estados Unidos late" en Chevrolet. Black & Decker ahora incluye en sus herramientas un símbolo que parece una bandera. Asimismo, la industria textil estadounidense lleva varios años "bombardeando" a los consumidores con la campaña publicitaria del "orgullosamente fabricado en Estados Unidos", insistiendo que es muy importante que el producto esté fabricado en el país. En 1991, muchas empresas recurrieron a las promociones y los llamados al patriotismo, como manifestación de apoyo a las tropas estadounidenses en la Guerra del Golfo Pérsico y para aprovechar la consecuente ola de orgullo nacional y patriotismo.[17]

La opinión que las personas tienen de la naturaleza. La actitud de las personas ante la naturaleza no es siempre la misma. Algunas piensan que ésta las gobierna, otras que viven en armonía con ella y otros más pretenden dominarla. Desde hace mucho que existe la tendencia a que los hombres dominen la naturaleza por vía de la tecnología y la creencia de que aquella es muy generosa. Sin embargo, hace poco que han empezado a reconocer que la naturaleza es finita y frágil, que las actividades humanas la pueden afectar o destruir.

El amor por la naturaleza está propiciando el campismo, el montañismo, las regatas, la pesca y otras actividades al aire libre. Los negocios han respondido ofreciendo más equipo para montañistas, instrumentos para el campismo, repelentes contra insectos y otros productos para los amantes de la naturaleza. Las agencias de viajes ofrecen más paseos a zonas vírgenes. Los productores de alimentos han encontrado mercados crecientes para productos "naturales", por ejemplo el cereal natural, el helado natural y los alimentos para la salud. Los comunicadores de la mercadotecnia anuncian sus productos en atractivos ambientes naturales.

La opinión que las personas tienen del universo. Por último, las personas no comparten sus creencias en cuanto al origen del universo y el lugar que ocupan en él. Si bien la mayor parte de los estadounidenses practican alguna religión, las creencias religiosas y su ejercicio han ido disminuyendo con los años

Muchas empresas han respondido al mayor patriotismo de los consumidores incluyendo la bandera nacional en sus anuncios y programas.

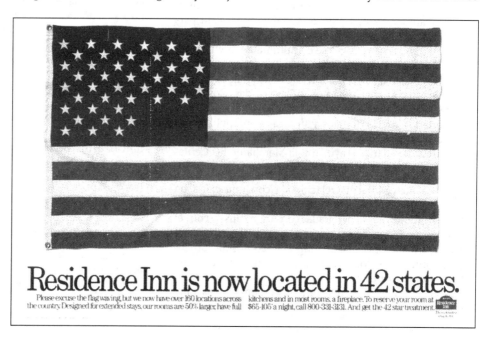

Residence Inn is now located in 42 states.

y la asistencia a las iglesias ha ido bajando gradualmente. Conforme las personas abandonan su inclinación religiosa, buscan otros bienes y experiencias que les produzcan satisfacción inmediata. En los años ochenta, la gente medía el éxito en términos de triunfos profesionales, riqueza y posesiones materiales. No obstante, algunos futurólogos han detectado que está resurgiendo el interés por la religión, quizá como parte de la búsqueda de un propósito interno renovado. Piensan que en los años noventa las personas abandonarán el materialismo y las ambiciones encarnizadas para buscar valores más estables y una concepción más clara del bien y el mal.

En los años noventa, la forma en la que la sociedad define el éxito dará un giro y metas tales como una vida familiar feliz y el servicio a la comunidad ocuparán el lugar del dinero como medida del valor del individuo.[18] Los noventa será una década en que habrá mucho menos cinismo que en la de los ochenta. Claro está que nos seguirán importando lo que cuestan las cosas, pero la tendencia será dar mayor valor a aquellas que son más duraderas, como la familia, la comunidad, la tierra y la fe.[19]

RESPUESTAS AL ENTORNO MERCADOTECNICO

Muchas empresas piensan que el ambiente de la mercadotecnia es un elemento "incontrolable" al que deben adaptarse. Aceptan el entorno mercadotécnico con pasividad y no intentan cambiarlo. Analizan las fuerzas del ambiente y diseñan estrategias que ayudarán a la empresa a evitar las amenazas y a aprovechar las oportunidades que presente el entorno.

Otras empresas adoptan una **perspectiva perfilada a administrar el entorno**.[20] Estas empresas, en lugar de limitarse a observar y reaccionar, emprenden actividades para afectar a los públicos y las fuerzas de su entorno de mercadotecnia. Estas empresas contratan a cabilderos para influir en las leyes que afectan a sus industrias y hacen presentaciones ante los medios para obtener una cobertura favorable de la prensa. Compran inserciones en periódicos para exponer sus puntos de vista en editoriales, con objeto de dar forma a la opinión pública. Promueven demandas y presentan quejas ante reguladores a efecto de mantener en línea a la competencia y toman parte en contratos para controlar sus canales de distribución. El siguiente ejemplo explica la manera en que una empresa superó una limitación ambiental al parecer insuperable:

Citicorp, el enorme banco de Estados Unidos , llevaba muchos años tratando de iniciar servicios de banca múltiple en Maryland, pues sólo ofrecía los servicios de su tarjeta de crédito y algún otro en el estado. Según la ley de Maryland, los bancos de otros estados sólo podrían ofrecer ciertos servicios en Maryland y no podrían hacerse publicidad, establecer sucursales ni recurrir a otros tipos de comercialización. En marzo de 1985, Citicorp propuso construir en Maryland un importante centro de tarjetas de crédito, el cual crearía mil empleos para oficinistas y además proporcionaría al estado 1 millón de dólares en efectivo por el terreno donde se ubicaría. Citicorp, al preparar con imaginación una propuesta que beneficiaría a Maryland, fue el primer banco de otro estado que empezó a ofrecer todos los servicios bancarios allí.[21]

La administración de mercadotecnia no siempre puede afectar las fuerzas del entorno. En muchos casos, se debe conformar con observar y reaccionar ante el medio. Por ejemplo, una empresa no tendría mucho éxito si tratara de influir en los cambios geográficos de la población, el ámbito económico o los valores culturales centrales. Empero, siempre que sea posible, los buenos gerentes de mercadotecnia adoptarán una posición proactiva, no una reactiva, ante el entorno de mercadotecnia.

RESUMEN

La empresa debe partir del *ambiente de la mercadotecnia* para buscar oportunidades y detectar amenazas. El entorno de la mercadotecnia está compuesto por todos los actores y las fuerzas que afectan la capacidad de la empresa para realizar transacciones efectivas con el mercado meta. El ambiente de mercadotecnia de la empresa se puede dividir en microambiente y el macroambiente.

El *microambiente* tiene cinco componentes. En primer lugar está el *ambiente interno* de la empresa (sus departamentos y niveles de administración) pues afecta las decisiones que se toman respecto a la administración de la mercadotecnia. El segundo componente son las *empresas que fungen como canal para la mercadotecnia* y que contribuyen a crear valor: los proveedores y los intermediarios para la comercialización (intermediarios, empresas distribuidores, agencias que ofrecen servicios de mercadotecnia, intermediarios financieros). El tercer componente está formado por los cinco tipos de *mercados* en los que puede vender la empresa: los mercados de consumidores, de productores, de revendedores, de gobierno y los internacionales. El cuarto componente son los *competidores* de la empresa. El quinto componente está formado por todos los *públicos* que tienen interés o influencia, presentes o futuros, en la capacidad de la organización para alcanzar sus objetivos. Los siete tipos de públicos serían el financiero, el de los medios, el gobierno, los grupos de acción ciudadana y los públicos locales, generales e internos.

El *macroambiente* de la empresa está compuesto por las fuerzas que dan forma a las oportunidades o presentan una amenaza para la empresa. Estas fuerzas incluyen las demográficas, las económicas, las naturales, las tecnológicas, las políticas y las culturales.

El *entorno demográfico* muestra los cambios en la estructura por edades de la población de Estados Unidos, los cambios de las familias estadounidenses, los cambios geográficos de la población, los estudios y la burocratización de la población y la gran diversidad étnica y racial. El *ámbito económico* muestra los cambios en el ingreso real y de los patrones de gasto de los consumidores. El *ambiente natural* muestra la futura escasez de ciertas materias primas, el aumento del costo de los energéticos, los altos niveles de contaminación y la creciente intervención del gobierno en la administración de los recursos naturales. El *entorno tecnológico* muestra la velocidad de los cambios tecnológicos, las infinitas posibilidades de la innovación, los abultados presupuestos para investigación y desarrollo, la búsqueda de pequeñas mejoras y no de avances importantes, así como los múltiples reglamentos para los cambios tecnológicos. El *entorno político* muestra la cantidad de normas que regulan a las empresas, la aplicación de éstas por oficinas de gobierno y el crecimiento de los grupos de interés público. El *entorno cultural* muestra tendencias a largo plazo hacia una sociedad de "nosotros primeros", de menos lealtad a las organizaciones, de mayor patriotismo, de mayor amor por la naturaleza y de búsqueda de valores más duraderos y sólidos.

TÉRMINOS CLAVE

EXPOSICIÓN DE PUNTOS CLAVE

1. En la década de 1930, el presidente Franklin Roosevelt usaba la boquilla de sus cigarrillos como "sello" personal. ¿Se presentaría un presidente fumando en público hoy? ¿Cómo ha cambiado el entorno cultural? ¿Cómo podría un fabricante de cigarrillos comercializar sus productos de otra manera para enfrentarse al nuevo ambiente?

2. ¿Qué tendencias ambientales afectarán el éxito de Walt Disney Company en la década de 1990? Si usted

estuviera a cargo de la mercadotecnia de Disney, ¿qué planes formularía para adaptarse a estas tendencias?

3. La inmigración es un componente central del crecimiento de la población de Estados Unidos En la actualidad, hay un inmigrante legal por cada seis o siete personas nacidas en Estados Unidos, el doble de la proporción de hace veinte años. ¿Cómo afectará esta tendencia a la mercadotecnia en un plazo de cinco años? ¿En uno de cincuenta?

4. Los estadounidenses se preocupan cada vez más por el ambiente natural. ¿Cómo afectaría esta tendencia a la empresa que vende bolsas de plástico para bocadillos? Explique algunas respuestas que podrían funcionar ante esta tendencia.

5. Un importante comercializador de bebidas alcohólicas está pensando introducir un "refresco para adultos"; un sustituto de bebidas más fuertes, socialmente aceptable, más barato que los "coolers" y con menos alcohol. ¿Qué factores culturales o de otro tipo podrían afectar el éxito de este producto?

6. Algunas metas de la mercadotecnia, como la buena calidad, requieren el apoyo del público interno de una empresa; es decir de sus empleados. Sin embargo, las encuestas arrojan que los empleados desconfían cada vez más de los gerentes y que la lealtad hacia la empresa se ha erosionado. ¿Qué medidas puede tomar una empresa para actuar internamente y ayudar a que se alcancen sus metas?

APLICACIÓN DE CONCEPTOS

1. Los cambios en el entorno de mercadotecnia significan que los mercadólogos deben satisfacer otras necesidades de los consumidores, que pueden ser muy diferentes (incluso contrarias) de las que existían. Ben & Jerry triunfó porque fabricó un sabroso helado con mucha grasa. Ahora ofrece un yogurt helado con pocas calorías para captar al público de la generación del "baby boom". Los cambios del entorno mercadotécnico se pueden seguir analizando las modificaciones que las empresas aplican a sus productos.

   ■ Haga una lista de los productos que vea a lo largo de un día y que digan que tienen "mucho" o "poco" de algún ingrediente, por ejemplo cigarrillos con poca nicotina o cereales con mucha fibra.

   ■ Haga una lista de productos similares pero que ofrezcan las características contrarias.

   ■ En estos casos y en su opinión, ¿qué producto fue primero? ¿Piensa que se trata de una respuesta eficaz a un cambio en el entorno mercadotécnico?

2. El ámbito político puede tener consecuencias directas para los mercadólogos y sus planes. En 1993, cuando Bill Clinton se convirtió en presidente de Estados Unidos, se presentó una señal de que el entorno político podría cambiar mucho durante la primera mitad del decenio.

   ■ Nombre tres industrias que probablemente tendrán que cambiar sus planes y estrategias de mercadotecnia en razón de los cambios políticos de Washington.

   ■ Para cada una de las industrias anteriores, haga una lista de las estrategias que podrían servir para que se adaptaran a los cambios del ámbito político.

   ■ Si bien es posible que se presenten cambios en el ambiente, ¿es *seguro* que ocurran?, ¿qué planes deben hacer las empresas para adaptarse al cambio de condiciones?

CÓMO TOMAR DECISIONES EN MERCADOTECNIA:

COMUNICACIONES MUNDO PEQUEÑO, S.A.

Lynette y Thomas han seguido charlando e intercambiando información sobre el negocio que quieren montar. Lyn ha redactado la definición de una misión que le agrada. A la letra dice: "Comunicaciones Mundo Pequeño ofrecerá servicios a los usuarios de computadoras, por vía de la comercialización de productos innovadores, de gran valor, que permitan a la gente tener acceso a información y a aplicaciones".

Tom no parece muy convencido de esta misión.

—Ni siquiera dice si vamos a vender máquinas o programas —protestó—. Necesito conocer mi producto.

—Primero tienes que conocer a los *clientes* —repuso Lyn— y después satisfacer sus necesidades. Mira, Steve Jobs pensaba que Next Computers debía vender computadoras. Resulta que a los usuarios les encantaron los programas de NextStep, pero que no necesitaban las máquinas. En 1993, abandonó las computadoras, para dedicarse a los programas de tiempo completo. Si Wang Labs hubiera hecho lo mismo, habría sido una importante empresa del campo de los procesadores de palabras, como WordPerfect, en lugar de un dinosaurio en quiebra.

—No puedo contradecirte —contestó Tom—, así que analicemos a nuestros posibles usuarios y el entorno que tenemos en estos momentos. Este mercado cambia muy rápido, pero algunas de sus partes se pueden predecir fácilmente para un plazo de dos años. Te puedo decir qué pasará con los proyectos de máquinas y programas en los que están trabajando las empresas para el futuro. Tú me tienes que decir qué debo analizar y el sentido que debo darle a un montón de datos.

—Lo que necesitamos —dijo Lyn— es un análisis detenido de nuestro macro y micro ambientes. Empecemos por el micro; explícame, en resumen, cuál es la situación de la industria y qué oportunidades existen.

—Está bien, te lo diré, pero por favor interrúmpeme a las cuatro y recuérdame que tengo que asistir a una junta —dijo Tom.

Lyn vio la hora; eran las 10:45.

—Según ciertos datos —empezó Tom—, en 1993, había alrededor de 47 millones de computadoras personales en Estados Unidos; 42% de ellas conectadas a redes locales. Esta cifra seguramente aumentará a 52% de computadoras conectadas a redes para 1996. El correo-E para mensajes está floreciendo: 6 millones de usuarios en 1991, 15 millones en 1993, quizá 38 millones en 1995. Pero hay dos tendencias consecuentes que están pegando duro: la reestructuración técnica del correo-E y la computación en colaboración. El nuevo correo-E permitirá el correo por múltiples medios. Dos personas, en lugares diferentes, podrán ver la misma hoja de cálculo al mismo tiempo, y sostener una conversación, en un teléfono con una imagen proyectada en sus monitores, para discutir su contenido. La gente también podrá hablar con usuarios "virtuales" (procesos de programas y no personas), por ejemplo, para revisar la situación de un pedido especial en una fábrica o para que un fax que se recibe llegue a la persona indicada. Además, los programas podrán hablar con programas directamente, sin la participación de personas, para compartir la información necesaria. En general, es un mercado enorme, con inmenso crecimiento, muchos competidores pequeños, sin normas establecidas aún y con la promesa de muchísimos cambios.

—¿Explícame algo de la computación en colaboración? ¿Se trata de material para grupos? —preguntó Lynette.

—Sí, pero está llegando más allá de lo que puedas haber visto hasta ahora. Las ventas de material para grupo sumaron alrededor de 1.9 mil millones de dólares en 1993. Eso incluye los programas para mensajería simple, calendarios para departamentos, informes en grupo, y ese tipo de actividades. En la actualidad hay reuniones de equipos virtuales por medio de computadoras (al mismo tiempo, pero en diferentes lugares, o en el mismo lugar pero en horarios diferentes o en horarios y lugares diferentes). El siguiente paso será incluir miembros artificiales a los equipos, programas de inteligencia artificial que busquen los datos que se necesitan, los clasifiquen, los mantengan actualizados y, quizá, den algún consejo —Tom hizo una pausa y siguió—. Pienso que aquí podría haber algunas oportunidades, Lyn. ¿Tú qué opinas?

—Claro Toto, creo que tienes razón, y como diría Dorotea en el Mago de Oz: sé que ya no estamos en Kansas.

Y, ¿AHORA QUÉ?

1. Con frecuencia el microambiente de una empresa se describe simplemente como "rico" o "pobre". Los ambientes ricos ofrecen gran potencial para el crecimiento y las utilidades y una cantidad moderada de competencia, permitiendo que las empresas prosperen. Los ambientes pobres son mucho más difíciles: poco crecimiento, precios bajos y pocas utilidades, mucha competencia y pocas empresas que subsisten. ¿Diría usted que Comunicaciones Mundo Pequeño tiene un ambiente rico o uno pobre? ¿Cómo repercutiría éste en las estrategias para el futuro?

2. Piense en el macroambiente de Comunicaciones Mundo Pequeño. En una hoja de papel dibuje una gráfica que contenga seis aspectos centrales del macroentorno: el demográfico, el económico, el natural, el tecnológico, el político y el cultural. Incluya en la lista su opinión de cada entorno, si es probable que sea positivo, neutral, negativo o incierto para Mundo Pequeño. Para cada ambiente, anote un asunto medular que, según su opinión, tendrán que enfrentar Lyn y Tom. ¿Podría una estrategia creativa ofrecer oportunidades nuevas en un entorno "negativo"?

REFERENCIAS

1. Para mayor información, véase "Kellog's: Snap, Crackle, Profits", *Dun's Business Month*, diciembre de 1985, pp. 32-33; Russell Mitchell, "The Health Craze has Kellog's Feeling G-r-r-reat", *Business Week*, 30 de marzo de 1987, pp. 52-53; David Woodruff, "Winning the War of Battle Creek", *Business Week*, 13 de mayo de 1991, p. 80; John C. Maxwell, Jr., "Cold Cereals Growing; Kellog's Remains on Top", *Advertising Age*, 11 de mayo de 1992, p. 72; y Julie Liesse, "Kellog's, Alpo Top Hot New Product List", *Advertising Age*, 4 de enero de 1993, pp. 14, 21.

2. Véase Thomas Exter, "And Baby Makes 20 Million", *American Demographics*, julio de 1991, p. 55; Christy Fisher, "Wooing Boomers' Babies", *Advertising Age*, 22 de julio de 1991, pp. 3, 30; Joseph Spiers, "The Baby Boomlet Is for Real", *Fortune*, 10 de febrero de 1992, pp. 101-4; y Joe Schwartz, "Is the Baby Boomlet Ending?", *American Demographics*, mayo de 1992, p. 9.

3. Vése Horst H. Stipp, "Boomblet Market", *American Demographics*, marzo de 1989, pp. 14-15; Lynn G. Coleman,

"Right Now, Kids Are Very Hot", *Marketing News,* 25 de junio de 1990, pp. 1, 6; Christopher Power, "Getting 'Em While They're Young", *Business Week,* 9 de septiembre de 1991, pp. 94-95; y James U. McNeal, "Growing Up in the Market", *American Demographics,* octubre de 1992, pp. 46-50.

4. Véase Walecia Konrad y Gail DeGeorge, "U.S. Companies Go for the Gray", *Business Week,* 3 de abril de 1989, pp. 64-67; y Melinda Beck, "The Geezer Boom" en "The 21st Centry Family", número especial de *Newsweek,* invierno/primavera de 1990, pp. 62-67.

5. Para una estupenda explicación del carácter cambiante de las familias estadounidenses, véase American Households, American Demographic Desk Reference Series, Núm. 3, julio de 1992.

6. Véase Joe Schwartz, "On The Road Again", *American Demographics,* abril de 1987, pp. 39-42; "Americans Keep Going West - And South", *Business Week,* 16 de mayo de 1988, p. 30; Judith Waldrop, "2010", *American Demographics,* febrero de 1989, pp. 18-21; y Judith Waldrop y Thomas Exter, "The Legacy of the 1980s", *American Demographics,* marzo de 1991, pp. 33-38.

7. El concepto de la Zona Estadística Metropolitana (MSA) clasificaba las zonas pobladas como MSA o PMSA (Zonas Estadísticas Metropolitanas Primarias). Las MSA y las PMSA se definen de la misma manera, salvo que las PMSA también forman parte de "megalopolios" llamados CMSA (Zonas Estadísticas Metropolitanas Consolidades). Las MSA y las PMSA son zonas que contienen (1) una ciudad, cuando menos, de 50,000 habitantes o (2) una zona urbana de, cuando menos, 50,000 habitantes y una zona metropolitana total, cuando menos, de 100,000. Véase Richard Kern, "You Say Potato and I Say ADIMSADMAPMSA", *Sales & Marketing Management,* diciembre de 1988, p. 8.

8. Véase Thomas Moore, "Different Folks, Different Strokes", *Fortune,* 16 de septiembre de 1985, pp. 65-68.

9. Véase Fabian Linden, "In The Rearview Mirror", *American Demographics,* abril de 1984, pp. 4-5. Para más información, véase Bryant Robey y Cheryl Russell, "A Portrait of the American Worker", *American Demographics,* marzo de 1984, pp. 17-21.

10. Véase Judith Waldrop y Thomas Exter, "What the 1990 Census Will Show", *American Demographics,* enero de 1990, p. 25; *American Diversity,* American Demographic Desk Reference Series, Núm. 1, julio de 1991; Brian Bremner, "A Spicier Stew in the Melting Pot", *Business Week,* 21 de diciembre, de 1992, pp. 29-30; y "New Projections Show Faster Growth, More Diversity", *American Demographics,* febrero de 1993, pp. 9, 59.

11. James W. Hughes, "Understanding The Squeezed Consumer", *American Demographics,* julio de 1991, pp. 44-50. Véase también Patricia Sellers, "Winnin Over the New Consumer", *Fortune,* 29 de julio de 1991, pp. 113-25; y Brian O'Rilley,

"Preparing for Leaner Times", *Fortune,* 27 de enero de 1992, pp. 40-47.

12. Para más información de la comercialización de valor, véase Christopher Power, "Value Marketing", *Business Week,* 11 de noviembre de 1991, pp. 132-40.

13. Para una explicación más amplia, véase la sección "Ambientalismo" del capítulo 23. Asimismo, véase Joe Schwartz, "Earth Day Today", *American Demographics,* abril de 1990, pp. 40-41; Jennifer Lawrence, "Marketers Drop 'Recycled'", *Advertising Age,* 9 de marzo de 1992, pp. 1, 48; y Carl Frankel, "Blueprint for Green Marketing", *American Demographics,* abril de 1992, pp. 34-38.

14. Véase Robert Buderi, "R&D Scoreboard: On a Clear Day You Can See Progress", *Business Week,* 29 de junio de 1992, pp. 104-6; Cyndee Miller, "Report on R&D Spending Hints at Loss of U.S. Competitiveness", *Marketing News,* 22 de junio de 1992, p. 1; y Lee Smith, "What the U.S. Can Do About R&D", *Fortune,* 19 de octubre de 1992, pp. 74-76.

15. Para un resumen de los cambios jurídicos en la mercadotecnia véase Louis W. Stern y Thomas L. Eovaldi, *Legal Aspects of Marketing Strategy: Antitrust and Consumer Protection Issues* (Englewood Cliffs, NJ: Prentice Hall, 1984); y Robert J. Posch, Jr. *The Complete Guide to Marketing and the Law* (Englewood Cliffs, NJ: Prentice Hall, 1988).

16. Véase Bill Barol, "The Eighties are Gone", *Newsweek* 14 de enero de 1988, p. 48; Natalie de Combray, "Volunteering in America", *American Demographics,* marzo de 1987, pp. 50-52; Annetta Miller, "The New Volunteerism", *Newsweek,* 8 de febrero de 1988; pp. 42-43; y Ronald Henkoff, "Is Greed Dead?", *Fortune,* 14 de agosto de 1989, pp. 40-41.

17. Véase Kenneth Dreyfack, "Draping Old Glory Around Just About Everything", *Business Week,* 27 de octubre de 1986, pp. 66-67; Pat Sloan, "Adas Go All-American", *Advertising Age,* 28 de julio de 1986, pp. 3, 52; "Retailers Rallying 'Round the Flag'", *Advertising Age,* 11 de febrero de 1991, p. 4; y Gary Levin, "BASH, BASH, BASH: U.S. Marketers Turn Red, White, and Blue Against Japan", *Advertising Age,* 3 de febrero de 1992, pp. 1, 44.

18. Anne B. Fisher, "A Brewing Revolt Against the Rich", *Fortune,* 17 de diciembre de 1990, pp. 89-94.

19. *Anne B. Fisher,* "What Consumers Want in the 1990's", *Fortune,* 21 de enero de 1990, p. 112. También véase Joseph M. Winski, "Who We Are, How We Live, What We Think", *Advertising Age,* 20 de enero de 1992, pp. 16-18; y John Huey, "Finding New Heros for a New Era", *Fortune,* 25 de enero de 1993, pp. 62-69.

20. Véase Carl P. Zeithaml y Valerie A. Zeithaml, "Environmental Management: Revising the Marketing Perspective", *Journal of Marketing,* primavera de 1984, pp. 46-53.

21. Philip Kotler, "Megamarketing", *Harvard Business Review,* marzo-abril de 1986, p. 117.

Caso 3

La Generación Siguiente: ¿"Busters", "Yiffies" o Generación X?

Si el "paz, amor y agarra la onda" caracterizó a la generación del "baby boom", que pasó de hippy a yuppy, ¿qué caracteriza a la generación producto de la reducción de las tasas de natalidad, a aquellos nacidos entre 1965 y 1972? Los componentes del primer grupo, por ser más numerosos y visibles, han captado gran atención de los mercadólogos y los medios, sin embargo, los del segundo grupo, hasta ahora, han permanecido relativamente ocultos.

Douglas Coupland los llama la "generación X", porque viven a la sombra de la generación del "baby boom" y carecen de características evidentes que los distingan. Otros los llaman yiffies, por las siglas en inglés de young, individualistic, freedom-minded and few (jóvenes, individualistas, de mentalidad abierta y pocos). A diferencia de la otra generación, ésta no ha vivido experiencias dramáticas o abrumadoras, como la guerra de Vietnam y el caso Watergate, que podrían haberlos conjuntado en una subcultura y un estilo de vida. En cambio, los miembros de la generación X constituyen el grupo más variado del país; muchos son negros, hispanos y asiáticos. Asimismo, están más diseminados geográficamente; es más probable encontrarlos en el sur o el oeste de Estados Unidos que en las grandes ciudades.

No obstante, los jóvenes de la generación X comparten ciertas influencias. El aumento de divorcios y la cantidad de madres trabajadoras han hecho de ellos la primera generación de niños cuidados por cerraduras. Como crecieron en tiempos de recesión y recortes en las empresas, su estabilidad emocional es menor. Así como los hijos del "baby-boom" dieron origen a la revolución sexual, los de la generación X viven en tiempos del SIDA. No es raro que estos jóvenes tengan una perspectiva económica pesimista. El panorama se agrava si consideramos los problemas que enfrentan para encontrar empleos atractivos, pues los estratos gerenciales están saturados con miembros de la generación anterior, que no se retirarán sino hasta dentro de veinte años o más.

En consecuencia, los miembros de la generación X son hostiles. Con frecuencia se conforman con "chambitas"; trabajos rutinarios poco desafiantes que les permiten irla pasando. Algunos son "jóvenes bumerang", que viven con sus padres porque el alojamiento y los alimentos no les cuestan. Muchos adoptan una actitud cínica ante los mensajes de mercadotecnia frívolos o los que prometen un éxito fácil. Su experiencia ha sido otra.

El cinismo de la generación X produce compradores más conocedores. Como estos jóvenes, con frecuencia, se encargaron de las compras familiares cuando niños, ahora son compradores expertos. Por otra parte, las presiones económicas hacen que tomen muy en cuenta el valor y que sean menos susceptibles a los empaques elegantes. Se inclinan por precios más bajos y un aspecto más funcional. Sin embargo, para fortuna de los mercadólogos, compran muchos productos como suéteres, botas, cosméticos, aparatos electrónicos, autos, alimentos rápidos, cerveza, computadoras, bicicletas de montaña y patinetas.

La generación X tiene sus propios gustos en música y ropa, por ejemplo, el "grunge"; el aspecto descuidado, tipo leñador, popularizado por grupos como Nirvana, Soundgarten, Mudhony y, el femenino, L7. Dada su diversidad étnica, los estilos de las minorías, como el "hip hop" y el "rap" influyen marcadamente en el lenguaje, la música y la vestimenta de los jóvenes X. Los que quieren acción rápida pueden asistir a "raves": maratones de baile (originados en la costa oeste de Estados Unidos, ¿dónde si no?), en los que los bailarines, acelerados por refrescos muy elaborados y de cola con mucha cafeína, giran al veloz ritmo de música alocada. Los jóvenes X responden a la publicidad honrada, como la de los anuncios de Nike que se centran en la condición física y la vida sana, en lugar de promover zapatos de moda. Les gustan las cosas irreverentes y con chispa, así como los anuncios que se burlan del enfoque publicitario tradicional. Les agrada el toque rebelde de anuncios como el de Isuzu, en el que un joven X abandona una carretera recta y estrecha, para lanzarse a toda velocidad por un camino de terracería. No obstante, a los jóvenes X no les gusta el sexismo en la publicidad. Cuando Anheuser Busch eliminó a las chicas guapas de sus comerciales, su participación en el mercado aumentó 1.3%.

La generación X tiene otros intereses culturales. Le preocupa el ambiente y responde favorablemente a empresas como The Body Shop y Ben & Jerry's, que tienen interés demostrado por el ambiente y los actos sociales responsables. aunque a los jóvenes X les interesa el éxito, son menos materialistas. Quieren tener mejor calidad de vida y tienen más interés por obtener satisfacción de su trabajo que por sacrificar la felicidad y el desarrollo personales a cambio de ascensos. Aprecian la experiencia y no la adquisición. Además, es menos probable que se casen jóvenes; los matrimonios de jóvenes de veinte años en la generación X han disminuido alrededor del 20%. Por último, los jóvenes X están menos atados a los roles sexuales tradicionales, tienen muchos amigos de uno y otro sexo y su concepto del matrimonio se aproxima más a "salir juntos" que a la unión conyugal tradicional.

La generación X tendrá un gran impacto en las plazas y el mercado de trabajo del futuro. Son unos 40 millones (después de todo, no es un grupo tan pequeño) que desbancarán el estilo de vida, la cultura y los valores materialistas de la generación del "baby-boom". Así que prepárese para la nueva ola de los noventa. ¿Ve-e-e-s...?

PREGUNTAS

1. Compare las características demográficas, económicas y culturales de la generación del "baby-boom" con las de la generación X.

2. Compare las posibles preferencias por productos y marcas de la generación del "baby-boom" con las de la generación X en cuanto a (a) vacaciones, (b) tarjetas de crédito, (c) cosméticos y (d) autos.

3. ¿Cómo podría un mercadólogo venderle el mismo producto a miembros de la generación del "baby-boom" y a los de la generación X?

· *Fuentes:* "More Over, Boomers", *Business Week,* 14 de diciembre de 1992, pp. 74-82; Alan Deutshman, "What 25-Year Olds Want", *Fortune,* 27 de agosto de 1990, pp. 42-50; William Dunn, "Hanging Out With American Youth", *American Demographics,* febrero de 1992, pp. 24-35; Shlomo Maital, "Here Come the Twenty-somethings", *Across the Board,* mayo de 1991, pp. 5-7; Cindyee Miller, "Marketing to the Disilusioned", *Marketing News,* 6 de julio de 1992, pp. 6-7; y Scott Donathon, "The Media Wakes Up to Generation X", *Advertising Age,* 1 de febrero de 1993, pp. 16-17.

CASO EMPRESARIAL 3

LOS WEIGHT WATCHERS DE HEINZ: EN BUSCA DE UNA PARTE MÁS SANA DEL MERCADO

Después de un día difícil

Jane Pennington sacó su correspondencia del buzón, abrió la puerta de su casa y aventó su portafolios sobre la mesita del recibidor. Tras lanzar un profundo suspiro, miró el reloj de la pared: las 6:30 p.m. Ese día, como tantos otros, había trabajado intensamente en su bufete de abogados en Phoenix, Arizona, y todavía tenía que preparar el caso que presentaría al día siguiente ante los tribunales. Su esposo Morris, gerente de mercadotecnia en una fábrica de relojes, de la zona, no llegaría a casa hasta dentro de una hora y pico.

Jane revisó la correspondencia y la dejó en la mesita del recibidor. Dio media vuelta y se dirigió a la cocina para resolver el dilema de todas las noches: ¿qué cenar? Sin tiempo ni energía para cocinar, Jane se dirigió hacia el refrigerador y abrió la puerta del congelador de par en par. Tenía a la vista infinidad de opciones: Lean Cuisine, Weight Watchers, LeMenu, Budget Gourmet Light y Healthy Choice. Jane sonrió y al recordar que Morris había hecho la compra el fin de semana y lo había abastecido de alimentos congelados.

Hace algunos años, Jane jamás habría pensado en una cena congelada. Entonces pensaba que eran corrientes e insípidas; algo que no usaría una cocinera de verdad, salvo en caso de emergencia. Pero las cosas habían cambiado. Conforme Jane fue haciéndose cargo de más casos y con el ascenso de Morris, el matrimonio tenía más dinero, pero menos tiempo. Es más, la pareja encontró que los productores de alimentos estaban respondiendo a personas como ellos, ofreciendo cada vez más variedad de alimentos congelados, a precios más altos, pero de mejor calidad y más sabrosos. Al principio, Morris había probado los alimentos de Weight Watchers, fabricados totalmente por una subsidiaria de H. J. Heinz Co., cuando se había empezado a preocupar por el exceso de peso. Jane jamás había tenido problemas con los kilos, pero le preocupaba el colesterol y había empezado a consumir la marca Healthy Choice de ConAgra cuando salió al mercado. Ahora, los Pennington eran francos adictos a los alimentos congelados.

Jane sacó una caja de pollo agridulce con guarnición, marca Healthy Choice, sacó el contenido de la caja y lo metió al microondas. En unos 6 o 7 minutos tendría un plato fuerte de pollo caliente con arroz integral, vegetales a la oriental con salsa de mantequilla y manzanas con salsa de ciruela. Mientras el microondas zumbaba, Jane estudió la información del contenido nutritivo que tenía la caja. El contenido completo contenía 280 calorías, 2 gramos de grasa, 50 miligramos de colesterol y 260 miligramos de sodio. "No está mal", pensó.

El mercado de los alimentos congelados

El caso de Jane es como una dulce melodía para los oídos de los fabricantes de alimentos que lo escuchan. Hace unos cuantos años, la marca Lean Cuisine de Stouffer Foods dio nuevo impulso a las comidas completas preparadas. Después, en 1989, ConAgra introdujo la marca Healthy Choice. El presidente de ConAgra tenía un problema cardiaco y no le resultaba fácil encontrar comida adecuada. Así, patrocinó el esfuerzo de ConAgra con relación a comidas adecuadas para personas con problemas cardiacos, del que resultó la línea Healthy Choice. Los platos fuertes de Healthy Choice contienen sólo un promedio de 4 gramos de grasa, en comparación con los 7 gramos de Lean Cuisine y los 5 gramos de Weight Watchers. Healthy Choice capta a los consumidores preocupados por su salud, pero que piensan que hacer dieta es un insulto. Healthy Choice, además de contener pocas grasas, tiene también pocas calorías y, según se dice, poco sodio; afirmaciones que, hasta hace poco, no podían hacer Weight Watchers ni Lean Cuisine.

Healthy Choice ha tenido enormes repercusiones en el mercado de las comidas congeladas. Según un analista, Healthy Choice le resulta atractivo a un mercado más amplio. El nombre y la imagen de Weight Watchers sugieren que se dirige a consumidores gordos, mientras que Healthy Choice atrae a hombres y mujeres preocupados por su salud. Un ejecutivo de Heinz admite que Healthy Choice ha estimulado la categoría de alimentos congelados, en general: "Captaron a personas que jamás habrían comido alimentos congelados."

ConAgra logró el éxito de Healthy Choice sin necesidad de comerse las ventas de Banquet y Armour, sus otras marcas de alimentos congelados. En la actualidad, ConAgra controla 23.5% del mercado de los alimentos congelados, le siguen Stouffer (21%), Sopas Campbell (15%), la división Kraft de Philip Morris (13.5%) y Weight Watchers (7%). La parte del mercado correspondiente a Weight Watchers ha bajado del 10% a este nivel en sólo unos cuantos años. Un analista estima que Weight Watchers ha perdido ventas por 100 millones de dólares desde que Healthy Choice entró al mercado en 1989. La participación del mercado de Healthy Choice ha aumentado 8.6%.

Más competencia

Toda esta atención dirigida hacia el mercado de los alimentos congelados ha caldeado la competencia. El resultado para los consumidores ha sido una creciente variedad de comidas, postres y desayunos, con poca sal, poco colesterol y pocas calorías. Sin embargo, el resultado de toda esta competencia para las empresas que operan en este mercado ha sido una creciente cantidad de jaquecas. Los contenidos de sal, grasas y calorías de los productos que compiten son cada vez más parecidos. En consecuencia, el interés de los consumidores se dirige más al sabor y las empresas se dirigen más a elementos de la mezcla de mercadotecnia, por ejemplo el precio, el lugar y las promociones.

Por ejemplo, cuando Lean Cuisine quedó atrás de ConAgra en la década de 1980, Stouffer redujo el contenido de sodio y grasa de la línea, introdujo ocho recetas nuevas y aumentó su presupuesto de mercadotecnia. En las revistas, los anuncios se jactan de que Lean Cuisine es más sabrosa que Healthy Choice y Stouffer ofrece a los consumidores dos cupones de Lean Cuisine por cada cupón de Healthy Choice que envíen a la empresa.

Weight Watchers Food Company no se ha quedado con los brazos cruzados ante este ataque. La mala actuación de la línea ha afectado las ganancias de toda la corporación Heinz. En fecha reciente y para devolver el golpe, Heinz introdujo Ultimate 200 de Weight Watchers, una línea nueva de platos fuertes congelados, con poquísimas calorías, y enfocada tanto a la pérdida de peso como al buen sabor.

Weight Watchers espera que este nuevo enfoque atraiga a los consumidores que piensan que las comidas congeladas orientadas a la salud no saben tan bien como las comidas congeladas "normales". A muchos de estos consumidores no les preocupa el peso ni el colesterol. Los ejecutivos de Weight Watchers argumentan que estos consumidores comprarán los productos Weight Watchers, de cualquier manera, si se les puede convencer de que éstos saben tan bien como las comidas congeladas normales.

Sin embargo, Weight Watchers no se retira del campo de batalla de la poca sal, poca grasa y poco colesterol. A efecto de continuar con su ataque contra Healthy Choice, Weight Watchers ha preparado una línea nueva de platos fuertes congelados que contienen un miserable gramo de grasa o menos. La línea Smart Ones representa otro de los pasos que dio Heinz para introducir productos nuevos, con identidad independiente de la línea de Weight Watchers, con la que espera atraer a los clientes interesados en la salud que se preocupan por la ingestión de grasas.

La línea Smart Ones se presenta en cajas color vino y con el logo de Weight Watchers en letra pequeña. La presentación tradicional de Weight Watchers es una caja rosa y blanca, con el nombre de la marca claramente exhibido. Los quince platos fuertes de Smart Ones, cada uno con un promedio de 160 calorías, contienen menos grasa y cuestan menos de 2 dólares, es decir, un poco menos que los otros platos fuertes congelados de Weight Watchers.

Weight Watchers piensa que Smart Ones atraerá a hombres, jóvenes, solteros y a otras personas que les desagrada la idea ligada a los productos para adelgazar, pero que quieren alimentos congelados que tengan pocas calorías y grasa. Un analista de inversiones sugiere que "Heinz espera salvar a Weight Watchers y convertirla en el vehículo de crecimiento que tanto necesita, mediante diversos productos que no tienen la caja rosa tradicional ni le dicen al consumidor que es sano o listo".

No obstante, otros analistas sugieren que Weight Watchers tendrá que resolver dos problemas para hacerle un espacio a Smart Ones. En primer lugar, los anaqueles de alimentos congelados ya están saturados. Muchas tiendas le cobran a los fabricantes cuotas por un lugar en los anaqueles para los productos nuevos que introducen en las tiendas. En consecuencia, la competencia ha recurrido a la oferta de cupones y gastos en promociones para levantar sus ventas y proteger su espacio en los exhibidores. En segundo, son tantos los productos que se venden que el exceso de variedad podría confundir a los consumidores. Una señora de Pittsburgh recuerda que, hace poco, compró un plato fuerte congelado que sabía horrible y dice: "Sin embargo, no recuerdo cuál era. Hay Tantos".

El sabor podría ser el mayor problema de Weight Watchers. Aunque a los consumidores les preocupe la grasa, lo que quieren es un producto que sepa bien. Carolyn Wyman, articulista que escribe sobre alimentos, comenta: "Por regla general, los alimentos cambian cuando se les quita grasa, son más insulsos y las porciones son más pequeñas. Estos productos [comidas congeladas] no me satisfacen. Tengo que comprar dos o tres, literalmente, para sentir que comí bien". Brian Ruder, presidente de Weight Watchers Food Company, admite que hubo que sacrificar algo de sabor para fabricar alimentos con poca grasa y pocas calorías. Weight Watchers introdujo Smart

Ones no sólo porque reduciría el contenido de grasa de los platos fuertes de Weight Watchers, sino porque "el sacrificio de sabor sería excesivo".

Sin embargo, los consumidores podrían estar dispuestos a olvidar un poco el sabor. Michelle Allen, activa profesional de Dallas, dice que ella busca los empaques que dicen que tienen menos calorías y gramos de grasa. La señora Allen comenta que su prioridad es la variedad y no el sabor. "Todos saben más o menos igual —dice—, y como no saben muy bien, lo que busco es variedad, de tal manera que no tenga que comer lo mismo más de una vez cada tres semanas."

Mientras tanto, ConAgra no ha dado su éxito por hecho. Ha introducido postres helados, pastelillos, bocadillos para el desayuno, pizza de pan y entradas de pasta marca Healthy Choice. Para las personas que están a dieta con el programa Ultra Slim Fast, ConAgra lanzó una línea de comidas completas que son un poco más caras, pero que tienen raciones más grandes que las de Healthy Choice. Además, introdujo una línea de comidas congeladas, la Healthy Balance, que es menos cara que Healthy Choice.

Cabe señalar que ConAgra no se concentra sólo en los alimentos congelados al buscar a consumidores conscientes de la salud. También ha entrado al mercado de las sopas con una serie de sopas preparadas marca Healthy Choice. Este producto es un ataque directo contra la posición dominante de Campbell Soup: Campbell controla dos terceras partes de un mercado de sopas que tiene un valor de 2.6 mil millones de dólares. Campbell también compite en la categoría de los alimentos congelados con las marcas Swanson y LeMenu.

A pesar de los esfuerzos de Campbell por convencer a los consumidores de que "la sopa es un buen alimento", es cada vez mayor el número de consumidores que han dejado de comprar sopa debido a que les preocupa su elevado contenido de sodio. Por tanto, Campbell está respondiendo al reto de conAgra con su propia línea de sopas, llamada Healthy Request. La nueva línea dice que contiene menos grasa, sodio y colesterol que las sopas normales.

Si bien Campbell ocupa una posición preponderante en el mercado de las sopas, los ingresos totales de ConAgra son casi el triple, con 19.5 mil millones de dólares en ventas. ConAgra piensa que puede vigorizar el mercado de las sopas, como hizo en el caso del mercado de los alimentos congelados. Además, ConAgra envió un claro mensaje a Campbell cuando trató de impedir que ésta usara la palabra "healthy" en sus etiquetas. Campbell ganó el derecho de usar dicha palabra en su nueva línea de sopas, pero el tribunal sentenció que no puede usar la marca Healthy Request para otros productos alimenticios, salvo que cuente con el consentimiento de ConAgra.

Trátese de comidas congeladas o de sopas, Weight Watchers encontrará que la creciente similitud de los productos y la competencia mercadotécnica descarnada significarán que tendrá que trabajar muchísimo para ganarse a cada cliente y después para lograr que clientes como Jane y Morris Pennington vuelvan a comprar la marca una y otra vez.

Otra vez los Pennington

Morris Pennington finalmente llegó a su casa alrededor de las ocho de la noche, entró a la sala y se dejó caer en su sillón preferido. Jane, que trabajaba en el caso que llevaría a los tribunales al día siguiente, levantó la vista y preguntó:

—¿Tuviste un día pesado?

—Horroroso —contestó Morris—, los preparativos de esta exposición me van a matar.

—¿Quieres que te caliente una comida congelada? —preguntó Jane.

—Me encantaría, pero tú estás trabajando —le dijo Morris.

—No importa —contestó Jane—, necesito descansar un poco y sólo tardaré un minuto. ¿Cuál quieres?

—Cualquiera —afirmó Morris recorriéndolos todos con la mano—. Escoge uno cualquiera.

PREGUNTAS

1. ¿Cómo están afectando los aspectos demográficos, económicos, tecnológicos y políticos del macroambiente a Heinz y la marca Weight Watchers?

2. ¿Qué actores del microambiente afectan los actos de la competencia del mercado de los alimentos congelados y cómo?

3. ¿Cómo han tratado Heinz, ConAgra y Campbell de manejar las fuerzas ambientales que les afectan?

4. ¿Qué recomendaciones de mercadotecnia le haría usted a los Weight Watchers?

Fuentes: Adaptado de Gabriella Stern, "Makers of 'Healthy' Frozen Foods Watch Profits Melt as Competition Gets Hotter", *The Wall Street Journal*, 6 de febrero de 1992, p. B1; Stern, "Heinz to Introduce Line of Low-Fat Frozen Entrées", *The Wall Street Journal*, 2 de junio de 1992, p. B9; Kathleen Deveny y Richard Gibson, "Campbell, ConAgra Hope 'Healthy' Soup Will Be Ingredient of Financial Success", *The Wall Street Journal*, 4 de septiembre de 1991, p. B1. Usado con permiso.

PARTE I

CASO GLOBAL

MasterCard:
La Carga de la Competencia

Fred Snook, dueño de una tienda de bicicletas, acabó de sumar las cifras de la nota, levantó la vista y dijo:

—El total, con todo y accesorios, suma 438.57. ¿Cómo va a pagarme señor White?

Lew White miró a su hija Lauren que sostenía su nueva bicicleta de montaña Cannondale. En agosto, Lauren entraría a la Universidad de Michigan y pensaba que necesitaría la bicicleta para transportarse por los extensos campos de la universidad. Le había pedido a su padre que le regalara una bicicleta por su graduación y quería empezar a usarla en verano.

—Creo Fred, que te pagaré con alguna de mis tarjetas de crédito —contestó White, al tiempo que sacaba su cartera y la abría en la parte donde llevaba nueve tarjetas de crédito—. ¿Cuáles aceptas tú?

—Acepto cualquiera de las tarjetas conocidas, señor White, en realidad me da lo mismo —contestó Fred.

Lew revisó su montón de tarjetas.

—Veamos, si uso American Express, no me cargan intereses, pero tendré que pagar en un plazo de treinta días, lo que me resultará muy duro porque dentro de poco tengo que pagar la primera colegiatura de Lauren. Podría usar la tarjeta US Air Visa y obtener más horas gratis de vuelo, pero ya tengo muchas horas por ser cliente frecuente. Podría usar la MasterCard, ligada con mi asociación de ex-alumnos, y así haría una aportación al nuevo fondo para becas. Podría usar mi nueva tarjeta MasterCard de General Motors y aumentar mi crédito para adquirir un auto nuevo. ¡Es probable que de otra manera no pueda comprarme un auto nuevo en unos cuatro años! También podría usar mi MasterCard de Citibank para que el banco expida una garantía sobre la bicicleta de Lauren.

—¡Papá!

—Ya voy, ya voy. Es que me resulta muy complicado decidir qué tarjeta usar.

La industria de las tarjetas de crédito

Las cosas no siempre han sido así. La industria de las tarjetas de crédito bancarias empezó en 1951, cuando el Banco Nacional Franklin de Long Island entregó a sus clientes una tarjeta con su número de cuenta. Los clientes podían usar esta tarjeta para pagar sus cuentas en ciertos comercios que también eran clientes del Banco Franklin. El banco cargaba al comercio una cuota por procesar la transacción. Hacia 1959 había unos 150 bancos que ofrecían tarjetas de crédito, pero requerían que el cliente pagara los saldos en uno o

dos meses. Los bancos empezaron a ampliar los plazos de reembolso si el cliente pagaba un cargo mensual por el financiamiento.

A mediados de los años sesenta los bancos empezaron a establecer alianzas con objeto de ofrecer tarjetas con un nombre común. BankAmericard empezó la tendencia y en 1977 se convirtió en Visa. En 1979, Master Charge se convirtió en MasterCard.

Hasta mediados de los años ochenta, los bancos en la industria de las tarjetas de crédito pudieron hacer, más o menos, lo que querían. Visa, MasterCard y American Express, que entraron al campo en 1958, dominaban la industria. Los bancos no ganaban mucho dinero con las tarjetas de crédito.

Los bancos ganaban dinero de tres maneras. En primer término, cobraban a los clientes una cuota anual por el privilegio de tener una tarjeta de crédito. También le cobraban al cliente intereses mensuales sobre su saldo insoluto, generalmente a una tasa del 18% al año o más. Por último, a los comerciantes que aceptaban sus tarjetas les cobraban cuotas de "descuento" sobre cada compra.

Con este sistema, las tarjetas de crédito de los bancos producían márgenes brutos del orden del 50% y se convirtieron en el negocio más rentable de los bancos. En 1989, Citibank obtuvo 3.6 mil millones de dólares por concepto de intereses sobre tarjetas de crédito y cobró 500 millones por cuotas de emisión de su tarjeta. Voceros de la industria han dicho que las operaciones de la tarjeta de crédito generan 70% de las utilidades netas del Citibank y del Chase Manhattan.

Mientras ganaban todo este dinero, los bancos se dedicaron a conseguir que más establecimientos aceptaran sus tarjetas. Al parecer, la mayoría de las tiendas que aceptaban Visa también aceptaban MasterCard. Había menos tiendas que aceptaban American Express porque ésta cargaba una tasa de descuento más alta (3.5 en promedio, contra 2% de Visa y MasterCard). Los usuarios de American Express tenían que liquidar el total de sus cuentas cada mes y, por tanto, no pagaban intereses sobre saldos insolutos.

Algunas compañías gasolineras, como Texaco, British Petroleum y Exxon emitieron otro tipo de tarjetas de crédito muy aceptadas. Aunque algunas de estas tarjetas tenían programas de vinculación con hoteles, moteles u otros servicios relacionados con los viajes, la mayoría de los comercios no las aceptaban para compras de productos de consumo.

En el otro extremo del cuadrante estaban las tarjetas de crédito para compras al detalle emitidas por las tiendas particulares, que los clientes sólo podían usar en esa tienda específica. Detallistas como Sears, Macy's, Belk Stores, J. C. Penney y Nordstom tenían sus propias tarjetas de crédito.

Entra más competencia

Sin embargo, a mediados de los años ochenta, la competencia en el campo de las tarjetas de crédito surgió de un lugar insospechado. Organizaciones no bancarias analizaron la industria y vieron la posibilidad de obtener jugosas utilidades. Era imposible dejar pasar esta magnífica oportunidad. En 1986, Sears, armada con la ventaja competitiva de una lista de 70 millones de tarjetahabientes, lanzó la tarjeta Discover. Mientras que los bancos tenían que invertir entre 25 y 80 dólares por cada tarjetahabiente nuevo, Sears tenía un costo de adquisición de 6 por cabeza. Sears captó tarjetahabientes porque no cobraba cuota anual y además ofrecía a los clientes un descuento de hasta 1% por cada dólar que cargaran a su cuenta. Si bien un saldo de 1,000 dólares sólo producía un descuento de 2.50 dólares los clientes agradecían esta modesta cantidad. Hacia 1990, había unos 34 millones de tarjetas Discover de Sears en circulación, el equivalente al 6% del mercado. Es más, Discover produjo ingresos por 80 millones de dólares en un momento en que Sears necesitaba muchísimo obtener utilidades.

De repente, el negocio de las tarjetas de crédito se convirtió en una batalla por ganar mercado. Los bancos encontraron tres maneras de contraatacar. En primer lugar, empezaron a adquirir clientes comprando carteras de tarjetas de crédito pertenecientes a sociedades de crédito y otras instituciones financieras que tenían dificultades. En segundo, diferenciaron sus tarjetas agregándoles servicios. Por ejemplo, en 1986, American Express introdujo el plan de seguro para el comprador, con el cual se extendía una garantía de fabricante, hasta por un año, sobre bienes adquiridos con la tarjeta American Express. Después, en 1987, introdujo el seguro de daños para autos rentados y, en 1988, añadió el seguro para ocupantes y contenido de autos rentados. En 1989, ofreció servicios médicos y de evacuación. En 1988, Visa respondió con su tarjeta dorada, que ofrecía mayor cantidad de servicios, a cambio de una cuota anual más elevada.

Por último, en algunos casos, los bancos redujeron sus precios. Algunos bancos empezaron a ofrecer tarjetas Visa y MasterCard sin cobrar cuota alguna. Otros ofrecieron tarjetas de "afinidad"; es decir, los bancos emitían sus tarjetas con equipos deportivos, organizaciones de servicios, grupos ambientalistas y universidades. Cuando un tarjetahabiente usaba su tarjeta de afinidad, el banco hacía una pequeña aportación a la organización afiliada, reduciendo su margen bruto.

No obstante, los contraataques no desalentaron la entrada de un negocio no bancario: AT&T. Al igual que Sears, AT&T analizó la industria de las tarjetas de crédito y le encontró un gran potencial de utilidades. AT&T tenía la ventaja de su acceso al historial crediticio de unos 70 millones de usuarios de larga distancia. Con facilidad podía calificar a sus clientes y, con ello, no tendría que correr grandes riesgos con créditos malos.

AT&T introdujo su tarjeta Universal, ofreciéndosela a los clientes de por vida, sin pagar cuota alguna y con una tasa de interés equivalente a la tasa prima más 8.9%. Además, la tarjeta Universal ofrecía un seguro de 90 días contra pérdidas en compras, duplicaba las garantías hasta por un año, un seguro de accidentes personales por 100,000 dólares, un seguro para autos rentados y un descuento del 10% en las llamadas de larga distancia de AT&T cargadas a la tarjeta. Asimismo, AT&T ofrecía crédito inmediato para cargos disputados y afirmaba que representaría al cliente en estas disputas.

AT&T estableció un sistema de servicios al cliente por medio de su red telefónica. Los empleados de servicios usaban estaciones especiales de computadoras que les daban acceso inmediato a información sobre los clientes. A sólo unos días de su lanzamiento, las oficinas de AT&T estaban recibiendo llamadas de unos 15,000 clientes por hora.

La tarjeta Discover de Sears fue como un toque de atención para los bancos y la tarjeta Universal de AT&T fue un toque para ocupar sus "puestos de combate". Los servicios que había agregado American Express y los precios que había reducido más los servicios que había ampliado AT&T representaron para los bancos un ataque frontal total contra su querido generador de utilidades.

Madurez y recesión

Habiendo todas estas tarjetas de crédito en circulación, cabría preguntar por qué muchas personas necesitan o quieren tener una tarjeta más. El estadounidense adulto promedio tiene tres de los 260 millones de tarjetas de crédito generales que hay en circulación. Tres de cada cuatro personas tienen, cuando menos, una tarjeta, pero hay muchas personas que están cancelando una o varias de sus tarjetas. Al parecer, el mercado de las tarjetas de crédito está saturado.

Es más, después de que el volumen de cargos registrara un asombroso crecimiento durante años, los estadounidenses están empezando a efectuar menos cargos. En 1990, el volumen de dólares cargados sólo aumentó 20%, señalando un crecimiento lento al tenor de los parámetros que regían a la industria. En 1991, los cargos sólo aumentaron 15% y en 1992 sólo 5.9%. Es más, en 1992, el monto de las deudas insolutas de las tarjetas de crédito, fuente de ingresos por intereses, permaneció casi estable, en 247 mil millones de dólares.

No obstante, a pesar de la reducción de precios, la tasa promedio de los intereses sobre las tarjetas de crédito sigue siendo de 17.5%, un poco más baja que la del año anterior, mientras que las tasas generales fluctúan entre el 7 y el 21%. El costo de los incumplimientos y fraudes que representa el 4.5% de los saldos insolutos, subió hasta un 50% en los dos años pasados. Sin duda que la recesión de principios de los años noventa contribuyó a reducir el crecimiento de la industria. Ahora los clientes no usan sus tarjetas de crédito con tanta facilidad y tienden más a liquidar sus saldos o a reducirlos, preocupándose por el futuro.

Los balances generales de Visa y MasterCard resintieron estos cambios. Las utilidades combinadas de estas dos organizaciones bajaron 27%, de 3.32 mil millones a 2.4

mil millones de dólares y el rendimiento sobre activos, después de impuestos, disminuyó de 2.3 a 1.5%. El porcentaje de tarjetahabientes que poseen una tarjeta exenta del pago de cuota se duplicó a 41% en los dos años pasados.

MasterCard contraataca

Sin embargo, MasterCard no se iba a cruzar de brazos ante la situación. Con General Electric sacó una tarjeta de crédito de "marca compartida". Las tarjetas de marca compartida tienen el nombre de la empresa que patrocina la tarjeta de crédito y el nombre de la organización asociada que la expide. A finales de 1992, GE Capital Corporation presentó la tarjeta MasterCard con una recompensa de GE, la cual contenía los logos de estas dos empresas. Aunque la tarjeta GE cuesta una cuota anual de 25 dólares, le ofrece al cliente 10 por cada 500 que cargue a la tarjeta. Además, cada trimestre ofrece cupones de 10 dólares para una docena de conocidas empresas como Hertz, Sprint, Macy's, K mart o Toys "R" Us, que también se asociaron a esta tarjeta.

Una semana después, General Motors anunció la nueva tarjeta GM MasterCard. La tarjeta GM no tiene cuota anual y paga una tasa de interés ajustable, por el equivalente al 10.4% sobre la tasa prima. La tarjeta ofrece a los clientes un descuento del 5% sobre sus cargos anuales, hasta un total de 500 dólares al año, en la compra de un auto o camión de GM (excluyendo al Saturn). Los clientes pueden acumular descuentos durante siete años, es decir acumular un descuento de hasta 3,500 dólares, sin contar los descuentos adicionales de los distribuidores. Además, GM, al igual que GE, está asociada con empresas como Avis, Marriott y MCI. Los clientes tienen un descuento adicional del 5%, sin límites para compras, con estos socios. GM declaró que enviaría paquetes por correo, con la explicación de la nueva tarjeta, a 30 millones de hogares y que invertiría 60 millones de dólares en publicidad para la tarjeta. Algunos analistas adelantaron que GM expedirá 3.5 millones de tarjetas en un plazo de dos años.

Aunque las tarjetas de GE y GM despertaron gran entusiasmo, no fueron las primeras tarjetas de marca compartida. Eastern Airlines inició la tendencia en 1986, cuando extendió MasterCards que ofrecían a los usuarios frecuentes una milla por cada dólar cargado a la tarjeta del cliente. Estas tarjetas pagan elevadas cuotas anuales y tienen muchas restricciones, a diferencia de las pocas restricciones que GE y GM impusieron a sus tarjetas.

Visa pondera la situación

MasterCard se ha lanzado de entero al campo de las marcas compartidas. Considera que éste le representará un camino para alcanzar a Visa, la cual domina el negocio de las tarjetas de crédito general en todo el mundo, con 50.9% de mercado, en comparación con el 29.5% de MasterCard. de los 90 millones de tarjetas MasterCard en EUA, la empresa ya tiene 26% como tarjetas afines o de marca compartida, en comparación con el 10% para la industria en general. MasterCard considera que tendrá muchas más posibilidades de ampliar su volumen si convierte las tarjetas de crédito de gasolineras o tiendas en tarjetas de marca compartida con MasterCard.

Al parecer, las marcas compartidas le ofrecen ventajas a todos los interesados. Cuando los comercios se unen a un programa de marcas compartidas, pueden ofrecer una opción para pagar que está vinculada a un sistema de pagos reconocido en todo el país. Como el nombre de la tienda aparece en la tarjeta, se fomenta la lealtad. El banco patrocinador cobra las cuotas por la transacción, aumenta el valor de sus servicios y puede conseguir clientes rentables sin incurrir en demasiados costos. Asimismo, el banco puede intervener otros productos o servicios. MasterCard puede reclamar más transacciones y tanto ésta como el banco asociado pueden obtener información mercadotécnica sobre una serie nueva de tarjetahabientes.

MasterCard está buscando oportunidades en las marcas compartidas como parte de su programa de segmentación de mercados. Como piensa que habrá una tendencia a convertir las tarjetas únicas, como las tarjetas de crédito de las tiendas, en tarjetas bancarias, MasterCard ha dividido el mercado de las tarjetas únicas en tres segmentos: tarjetas de compañías de teléfonos, de detallistas y de gasolineras. El segmento detallista incluye a grandes almacenes, tiendas de especialidades y cadenas regionales de tiendas que ahora expiden tarjetas únicas.

A pesar del atractivo de las marcas compartidas, Visa se ha dirigido a ellas con cautela. Por otra parte, Visa tiene políticas específicas y deja la decisión de las marcas compartidas en manos de los bancos asociados, pues no tiene un programa de segmentación de mercados como el de MasterCard. Visa cree que las marcas compartidas no merecen un programa de mercadotecnia separado. En primer lugar, Visa piensa que los comercios que usan el logo de Visa en su tarjeta de crédito deben servir para todas las tarjetas que lleven el logo de Visa y no sólo para las tarjetas que lleven el de esa tienda. Por ejemplo, si se lanza una tarjeta Macy's Visa, Macy's debe aceptar todas las tarjetas Visa, incluso una de Bloomingdale. En segundo, Visa piensa que debe procesar todas las transacciones de las tarjetas que lleven el logo de Visa. De tal manera, cada uno de sus clientes gozará de una serie uniforme de derechos ligados al uso de la tarjeta Visa. De lo contrario, por ejemplo, los clientes podrían no estar seguros si el plan que ofrece una garantía se aplica a un producto dado cuando la tienda no ofrece dicho plan, pero Visa sí. En tercero, Visa quiere procesar las transacciones usando su sofisticado sistema de computación. Por ejemplo, este sistema puede detectar el mal uso de un número de cuenta, por ejemplo, si un ladrón consigue el número de cuenta de un cliente y lo usa para comprar artículos muy caros en un lapso muy corto.

Además, Visa entiende la tensión natural que existe entre el detallista y el banco patrocinador de una tarjeta. Mientras que el detallista piensa que la tarjeta de crédito representa un costo de operaciones y no un producto que genera utilidades, el banco considera que la tarjeta de crédito es medular para sus utilidades y le sirve para anclar negocios. El detallista usa la tarjeta de crédito para alentar al cliente a adquirir un producto, cuyo precio ya ha sido aumentado por el detallista a efecto de que incluya su utilidad. Al detallista no le interesan los ingresos por concepto de los intereses de la tarjeta ni la solvencia crediticia del cliente. Por otra parte, al banco que emite la tarjeta de crédito le interesa tanto la solvencia crediticia, como los intereses sobre los saldos de las tarjetas.

MasterCard y Visa están siguiendo caminos estratégicos muy diferentes en este último frente de la guerra de las tarjetas de crédito. No se sabe si Visa será más agresiva en el campo de las marcas compartidas, pero MasterCard ha enviado claras señales de que quiere dejar de ser la número dos.

PREGUNTAS

1. ¿Contribuyen las tarjetas de crédito a alcanzar las metas del sistema mercadotécnico? ¿Por qué sí o no?

2. ¿Qué fuerzas del macroambiente han dado forma al crecimiento y el desarrollo de la industria de las tarjetas de crédito?

3. ¿Qué estrategias competitivas de mercadotecnia han seguido diferentes empresas?

4. ¿Cómo han usado los diferentes competidores de la industria de las tarjetas de crédito, el proceso de administración de la mercadotecnia descrito en el texto?

5. Usando la matriz de expansión de productos/mercados, identifique las oportunidades de mercadotecnia que debería perseguir MasterCard. ¿Qué otras recomendaciones de mercadotecnia le haría usted a MasterCard?

Fuentes: Bill Saporito, "Who's Winning the Credit Car War?", *Fortune,* 2 de julio de 1990, pp. 66-71; "Credit Cards: Plastic Profits Go Pop", *The Economist,* 12 de septiembre de 1992, p. 92; Gary Levin, "Co-Branding Trend Takes Credit Cards", *Advertising Age,* 11 de noviembre de 1991, p. 69; Wanda Cantrell, "The Party's Over for Bank Cards", *Bank Management,* junio de 1992, pp. 44-48; Mark Arend, "Card Associations Weigh Co-Branding Merits", *Aba Banking Journal,* septiembre de 1992, pp. 84-86; Adam Bryant, "Raising the Stakes in a War of Plastic", *The New York Times,* 13 de septiembre de 1992, sec. 3, p. 13; Adam Bryant, "G.M.'s Bold Move into Credit Cards", *The New York Times,* 10 de septiembre de 1992, sec. D, p. 5.

4

Investigación de mercados y sistemas de información

En 1985, Coca-Cola Company cometió un error mercadotécnico espectacular. Después de 99 años de éxito, hizo a un lado su regla de oro, "con Mamá Coca no se juega", ¡y cambió la fórmula de la Coca original! En su lugar, presentó la Coca *Nueva*, más dulce y suave. La empresa se lanzó a anunciar el nuevo sabor por medio de innumerables anuncios y abundante publicidad.

Al principio, en medio de las fanfarrias de la introducción, la Coca Nueva se vendió bien. Sin embargo, al poco tiempo, las ventas se estancaron cuando el público atónito reaccionó. Coca-Cola empezó a recibir sacos llenos de cartas y más de 1,500 llamadas telefónicas al día de airados consumidores. Un grupo denominado "Bebedores de la vieja Coca" encabezó protestas, repartió camisetas y amenazó con demandar a Coca-Cola si la empresa no volvía a su vieja fórmula. La mayor parte de los ejecutivos de mercadotecnia pronosticaron que la Coca Nueva sería el "Edsel de los años ochenta".

A sólo tres meses de esto, Coca-Cola Company revivió a la vieja Coca. Ahora llamándola "Coca Clásica" y vendiéndola al lado de la Coca Nueva en los anaqueles de los supermercados. La empresa sostenía que la Coca Nueva seguiría siendo su marca "insignia", pero los consumidores no pensaban lo mismo. A finales de 1985, en los supermercados, la clásica se vendía más que la nueva, en proporción de dos a uno. Hacia mediados de 1986, las dos cuentas más importantes de la empresa, McDonald's y Kentucky Fried Chicken, de nueva cuenta estaban sirviendo la Coca Clásica en sus restaurantes.

La empresa reaccionó rápidamente para evitar un verdadero desastre. Aceleró las actividades perfiladas hacia la Coca Clásica y colocó a la Coca Nueva en un papel secundario. En 1987, la Coca Clásica era otra vez la marca central de la empresa y el refresco puntero del país. La Coca Nueva se convirtió en la "marca de ataque" de la empresa para contener a la Pepsi. Max Headroom, experto en computación, dirigió el ataque y los anuncios de la empresa se atrevieron a comparar el sabor de la Coca Nueva con el de la Pepsi. No obstante, la Coca Nueva sólo consiguió un 2% del mercado. En 1989, la Coca Clásica se vendía más que la Coca Nueva, en una proporción de diez a uno. En la primavera de 1990, la empresa diseñó otro envase para la Coca Nueva y la volvió a lanzar como si fuera una extensión de la marca, con un nombre nuevo: Coca II. En 1992, después de dos años de pruebas de mercado en Spokane, Washington, Coca-Cola amplió la distribución de Coca II a varias ciudades grandes de Estados Unidos. Los nuevos anuncios proclamaban: "El verdadero sabor de la Coca más la dulzura de la Pepsi". Sin embargo, parece que el destino de la Coca II, con su minúsculo .3% del mercado, sólo será molestar a su rival Pepsi.

¿Por qué se introdujo la Coca Nueva en primera instancia? ¿Qué salió mal? Muchos analistas consideran que el error se debió a errores en las investigaciones de mercado.

A principios de los años ochenta, aunque Coca seguía siendo el refresco líder, estaba perdiendo mercado lentamente ante Pepsi. Pepsi llevaba muchos años montando, con éxito, "el reto Pepsi", una serie de pruebas de sabor televisadas, en las que se señalaba que los consumidores preferían el sabor dulce de la Pepsi. A principios de 1985, aunque Coca estaba a la cabeza en el mercado global, Pepsi llevaba la delantera con un 2% en las ventas de supermercados. (La cifra no parece grande, pero 2% del inmenso mercado de los refrescos significa ¡960 millones de dólares de ventas al detalle!) Coca-Cola tenía que hacer algo para no seguir perdiendo mercado y, al parecer, la solución estaba en cambiar el sabor de la Coca.

Coca-Cola emprendió el proyecto de investigación de un producto nuevo más grande de la historia de la empresa. Invirtió más de dos años y de 4 millones de dólares en investigaciones antes de elegir la fórmula nueva. Aplicó alrededor de 200,000 pruebas de sabor; 30,000 de ellas para la fórmula nueva. En las pruebas ciegas, 60% de los consumidores eligieron la Coca Nueva en lugar de la vieja y

52% en lugar de la Pepsi. Las investigaciones sugerían que la Coca Nueva sería una ganadora y la empresa la introdujo con gran confianza. Entonces, ¿qué pasó?

Reflexionando sobre lo ocurrido, podemos decir que la investigación de mercado de Coca tuvo un enfoque demasiado estrecho. La investigación sólo consideró el sabor; no estudió lo que sentirían los consumidores al abandonar la Coca vieja y cambiarla por una versión nueva. No tomó en cuenta los *intangibles:* el nombre de Coca, su historial, su envase, su tradición cultural ni su imagen. Muchas personas colocan a la Coca junto al beisbol, los "hot dogs" y el pastel de manzana como instituciones estadounidenses, representantes de la esencia misma del país. Así las cosas, resultó que el significado simbólico de la Coca era más importante para muchos consumidores que su sabor. Si se hubiera realizado una investigación de mercado más completa, se habrían detectado estos profundos sentimientos.

Por otra parte, los gerentes de Coca quizá se hayan equivocado al interpretar la investigación y las estrategias para los planes. Por ejemplo, interpretaron que el hecho de que un 60% de los consumidores prefirieran el sabor de la Coca Nueva significaba que el producto nuevo tendría éxito en el mercado, como si se tratara de un candidato político que obtiene 60% de los votos. Sin embargo, el resultado también significa que hay 40% que se queda con la Coca vieja. Al abandonar la vieja Coca, la empresa pisoteó las papilas gustativas de una gran cantidad de bebedores leales a la Coca que no querían un cambio. La empresa debería haber dejado tranquila a la Coca vieja y haber introducido una Coca nueva como una extensión de la marca, como lo hizo después con la Coca cereza, que fue un éxito.

Coca-Cola Company cuenta con uno de los equipos de investigación de mercado más grandes, mejor administrados y más avanzados de Estados Unidos. Las investigaciones de mercado acertadas la han mantenido a flote en el mercado turbulento de los refrescos durante muchas décadas. Sin embargo, las investigaciones de mercado distan mucho de ser una ciencia exacta. Los consumidores guardan muchas sorpresas y resulta dificilísimo saber qué piensan y sienten. Si Coca-Cola puede cometer un enorme error en sus investigaciones de mercado, cualquier empresa lo puede cometer también.[1]

AVANCE DEL CAPÍTULO

El capítulo 4 explica los conceptos fundamentales de la investigación de mercados y habla de la importancia de la información para la empresa.

En la primera parte del capítulo se describe el *sistema de información de mercadotecnia,* una agrupación de personas, equipo y procedimientos avocada a reunir, evaluar y distribuir información relevante para tomar decisiones de mercadotecnia.

A continuación, se explican los cuatro pasos básicos del proceso de una investigación de mercados: *definir el problema y los objetivos, formular un plan de investigación, aplicar el plan e interpretar y presentar los resultados.*

Después se habla de las fuentes de información, considerando los datos primarios y secundarios, y los procedimientos que se pueden usar para reunirla, incluyendo investigaciones por medio de observación, encuestas y experimentos.

Por último se habla de cómo *distribuir la información* entre los gerentes adecuados y en el momento oportuno.

Los gerentes de mercadotecnia requieren información, en cada uno de sus pasos, para el análisis, la planeación, la aplicación y el control de la mercadotecnia. Requieren información acerca de los clientes, la competencia, los distribuidores y otras fuerzas del mercado. Como dijera un ejecutivo de mercadotecnia: "Administrar bien un negocio es administrar su futuro y administrar el futuro es administrar información".[2] Ahora, con frecuencia, los mercadólogos piensan que la información no es sólo un insumo para tomar decisiones acertadas, sino también un instrumento para la mercadotecnia y una ayuda estratégica de gran importancia.[3]

En el siglo pasado, la mayoría de las empresas eran pequeñas y conocían a sus clientes directamente. Los gerentes obtenían información a partir de la gente que veían, de observarla y de hacerle preguntas. Sin embargo, en este siglo, infinidad de factores han acentuado la necesidad de contar con más información y de mejor calidad. Cuando una empresa tiene alcance nacional o internacional, necesita más información sobre mercados más grandes y distantes. Cuando los ingresos aumentan y los compradores se tornan más selectivos, los vendedores requieren mejor información acerca de cómo responden los compradores ante diferentes productos y atractivos. Cuando los vendedores adoptan posiciones de mercadotecnia más complejas y enfrentan más competencia, requieren información sobre la eficacia de sus instrumentos de mercadotecnia. Por último, dada la velocidad de los cambios en los ámbitos contemporáneos, los administradores necesitan más información actualizada para tomar decisiones oportunas.

Por otra parte, el acceso a la información se ha extendido enormemente. John Neisbitt sugiere que Estados Unidos está viviendo un "megacambio", pasando de una economía basada en la industria a una basada en la información.[4] Los resultados de sus estudios arrojan que más del 65% de los trabajadores estadounidenses se dedican a producir o procesar información, en comparación con el 17% correspondiente a 1950. Ahora, las empresas pueden ofrecer enormes cantidades de información usando sistemas de computación perfeccionados y otras tecnologías. De hecho, los administradores contemporáneos, a veces, reciben demasiada información. Por ejemplo, un estudio arrojó que, considerando todas las empresas que ofrecen datos y con toda la información disponible por medio de los lectores ópticos de supermercados, un gerente de marca de productos empacados puede ser bombardeado con una cantidad de cifras nuevas, a la semana, que oscila entre un millón y *un mil millones*.[5] Como señala Neisbitt: "No existe el problema de quedarse sin información, el problema sería ahogarse en ella".[6]

Sin embargo, los mercadólogos con frecuencia se quejan de que no tienen bastante información del tipo *requerido,* o que tienen demasiada del tipo que *no requieren.* También dicen que la información de mercado está tan diseminada por toda la compañía que incluso resulta difícil conseguir datos sencillos. Puede haber subordinados que no proporcionen cierta información porque piensan que podría afectar el juicio sobre su actuación. Muchas veces, hay información importante que tarda demasiado en llegar y pierde su utilidad o información oportuna que está equivocada. Por tanto, los gerentes de mercadotecnia necesitan más información y de mejor calidad. Las empresas tienen mayor capacidad para ofrecer información a sus administradores, pero no siempre aprovechan esta capacidad. En la actualidad, muchas empresas analizan qué información necesitan sus administradores y diseñan sistemas de información para proporcionársela.

EL SISTEMA DE INFORMACION MERCADOTECNICA

Un **sistema de información de mercadotecnia (SIM)** está compuesto por personas, equipo y procedimientos para reunir, clasificar, analizar, evaluar y distribuir información necesaria, oportuna y exacta para tomar decisiones de mercadotecnia. La figura 4-1 ilustra el concepto del sistema de la información de mercado. El SIM empieza y termina con los gerentes de mercadotecnia. En primer término, interactúa con estos gerentes para determinar qué información necesitan. A continuación, obtiene la información requerida de los registros internos de la empresa, las actividades de inteligencia de mercadotecnia y el proceso de investigación mercadotécnica. El análisis de la información procesa la información para que resulte útil. Por último, el SIM distribuye la información entre los administradores, en la forma adecuada, en el momento oportuno, para que éstos la usen para planear, aplicar y controlar la mercadotecnia.

EVALUACION DE LA INFORMACION QUE SE NECESITARA

Un buen sistema de información de mercadotecnia equilibra la información que *querrían* tener los administradores y la que *necesitan* en realidad y la que se les *puede* ofrecer. La empresa empieza por entrevistar a los administradores para saber qué información desearían tener (véase la tabla 4-1 que contiene una serie de preguntas muy útiles). Sin embargo, los administradores no siempre necesitan toda la información que solicitan o quizá no solicitan toda la que verdaderamente requieren. Es más, el SIM no siempre puede ofrecer toda la información que solicitan los administradores.

Hay administradores que solicitan la información que sea, sin analizar demasiado cuál es la que necesitan en realidad. Con la tecnología informativa existente, la mayoría de las empresas puede ofrecer una cantidad de información muy superior a la que, de hecho, pueden usar los administradores. El exceso de información puede ser tan perjudicial como su carencia.

Otros administradores podrían pasar por alto cosas que deben saber o hay administradores que no saben pedir cierto tipo de información que necesitan. Por ejemplo, un administrador debería saber que un competidor proyecta introducir un producto nuevo en el transcurso del año. Como no sabe que existe este producto nuevo, quizá no haya pensado en pedir información al respecto. El SIM debe estar atento al entorno de mercadotecnia para ofrecerle a las personas que toman las decisiones toda la información que deben tener para tomar decisiones de mercadotecnia clave.

En ocasiones, la empresa no puede ofrecer la información que se necesita, sea porque ésta no está disponible o porque el SIM tiene ciertos límites. Por ejemplo, un gerente de marca quizá quiera saber qué cambios aplicará la competencia a sus presupuestos publicitarios para el próximo año y cómo afectarán los cambios la distribución del mercado entre la industria. Es probable que no se pueda conseguir información sobre los presupuestos proyectados y, aunque ésta estuviera disponible, es probable que el SIM de la empresa no sea lo bastante avanzado como para pronosticar los cambios que habría en la distribución del mercado.

Por último, los costos que entraña obtener, procesar, almacenar y repartir información se suman a gran velocidad. La empresa debe decidir si los beneficios que producirá cierta información valen la pena en comparación con los costos que entrañará obtenerla; con frecuencia es difícil determinar el valor y el costo. En sí, la información no vale nada, su valor está en cómo se *use*. En algunos casos, el hecho de tener más información no sirve gran cosa para cambiar o mejorar la decisión del administrador, o los costos por obtener más información podrían ser muy superiores a los resultados que se obtendrían con una decisión mejor. Los mercadólogos no deben presuponer que siempre vale la pena obtener más infor-

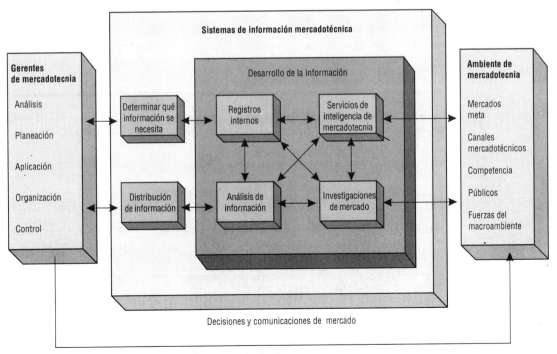

FIGURA 4-1 El sistema de información mercadotécnica

mación. Por el contrario, deben comparar cuidadosamente los costos por obtener más información contra los beneficios que se derivan de ella.

COMO GENERAR LA INFORMACION

La información que necesitan los gerentes de mercadotecnia se puede obtener de *registros internos de la empresa, de los servicios de inteligencia de mercadotecnia* y *de investigaciones de mercado.* El sistema de análisis de la información se encarga de procesarla para que ésta resulte útil a los administradores.

Registros internos

La mayoría de los gerentes de mercadotecnia usan los informes y los registros internos en forma regular, sobre todo para sus decisiones diarias en cuanto a planeación, aplicación y control. La **información de los registros internos** está compuesta por información que se obtiene de fuentes de la empresa para evaluar el desempeño de la mercadotecnia y para detectar problemas y oportunidades en esta área. El departamento de contabilidad de la empresa prepara estados financieros y lleva registros detallados de ventas, pedidos, costos y flujos monetarios. El departamento de producción informa sobre los calendarios de producción, embarque e inventarios. La fuerza de ventas informa sobre las reacciones de los revendedores y las actividades de la competencia. El departamento de servicios a clientes ofrece información sobre la satisfacción de los clientes o los problemas de servicios. Las investigaciones realizadas para un departamento pueden proporcionar información útil para otros. Los administradores pueden usar la información reunida de estas fuentes de la empresa y de otras más para evaluar la actuación y para detectar problemas y oportunidades.

A continuación se presentan algunos ejemplos de cómo usan las empresas la información de sus registros internos para tomar decisiones mercadotécnicas más acertadas:[7]

Sears. Sears usa los registros internos como instrumento de mercadotecnia. Los gerentes de mercadotecnia usan la información computarizada de los 40 millones de clientes de Sears para promover productos especiales y para ofrecer servicios, dirigiéndolos a diferentes segmentos, por ejemplo jardineros, compradores de aparatos y madres embarazadas. Así, Sears sigue la pista de las compras de aparatos eléctricos que hace cada cliente y promueve paquetes especiales de servicios entre los clientes que han comprado varios aparatos, pero que no han comprado contratos de mantenimiento para los mismos. Dentro de poco, los gerentes de otras subsidiarias de Sears (Allstate

---

TABLA 4-1
Preguntas para determinar qué información se necesita

1. ¿Qué tipo de decisiones suele tomar?

2. ¿Qué tipo de información necesita para tomar esas decisiones?

3. ¿Qué tipo de información útil recibe por lo regular?

4. ¿Qué tipo de información le gustaría recibir y no recibe actualmente?

5. ¿Qué tipo de información recibe que, en realidad, no necesita?

6. ¿Qué información querría recibir a diario, al mes, al año?

7. ¿Sobre qué temas le gustaría recibir información?

8. ¿Qué bases de datos le servirían?

9. ¿Qué tipo de programas de análisis de información le gustaría tener?

10. ¿Cuáles serían los cuatro cambios que mejorarían la utilidad de su actual sistema de información?

Existe muchísima
información, el problema
radica en presentar a los
administradores la
información adecuada en
el *momento oportuno*.

Insurance, Dean Witter Reynolds y Coldwell Banker [bienes raíces]) podrán obtener
pistas para efectuar ventas a partir de estos mismos datos.

Mead Paper. Los vendedores de Mead pueden contestar de inmediato las preguntas que
les plantean los clientes en cuanto a la disponibilidad de papel marcando el número
del centro de cómputo de Mead Paper. La computadora informa si hay papel disponible en el almacén más cercano y cuándo se puede surtir. Si no hay existencias, la
computadora busca los inventarios de otros almacenes cercanos hasta que localiza
uno que lo pueda abastecer. Si no hay existencias de papel en ningún almacén, la
computadora indica dónde y cuándo se podrá surtir. Los vendedores obtienen la respuesta en segundos y, por consiguiente, le llevan ventaja a la competencia.

Frito-Lay. Frito-Lay usa un complejo sistema de información interna para analizar la
actuación diaria de las ventas. Día con día, los vendedores de Frito-Lay reportan sus
actividades del día por medio de computadoras manuales conectadas a las minicomputadoras de las oficinas de ventas locales o a módems en sus hogares. Estos informes, a su vez, son enviados a las computadoras de la oficina matriz de Frito-Lay en
Dallas. Veinticuatro horas después, los gerentes de mercadotecnia de Frito-Lay cuentan con un informe completo, analizando el comportamiento, durante el día anterior, de las ventas de Fritos, Doritos y las demás marcas de la compañía, por totales,
marcas y ubicaciones. El sistema ayuda a los gerentes de mercadotecnia de Frito-Lay
a tomar mejores decisiones y aumenta la eficacia y la eficiencia de los vendedores.
Además le ahorra a los vendedores muchas de las horas que tendrían que pasar preparando informes, dándoles más tiempo para dedicarse a las ventas. En consecuencia, las ventas están subiendo entre 10 y 12% al año, sin aumentar la planta de
vendedores.

Por regla general, es más fácil y rápido obtener información de los registros
internos que de otras fuentes, aunque hacerlo también presenta algunos problemas. Como la información interna se reúne para otros efectos, puede estar incom-
pleta o tener una forma inadecuada para tomar decisiones de mercadotecnia. Por
ejemplo, los datos de costos y ventas que usa el departamento de contabilidad
para preparar estados financieros se tienen que adaptar para evaluar la actuación
de los productos, los vendedores o los canales. Además, las diferentes áreas de una
empresa grande producen grandes cantidades de información y resulta muy difícil seguirla toda. El sistema de información de mercadotecnia debe reunir, organizar, procesar e indexar este cúmulo de información, de tal manera que los
administradores la puedan encontrar con facilidad y recibir con rapidez.

Servicios de inteligencia mercadotécnica

Los **servicios de inteligencia mercadotécnica** proporcionan información
cotidiana sobre circunstancias del ámbito de mercadotecnia que le sirve a los administradores para formular y ajustar los planes de mercadotecnia. El sistema de
servicios de inteligencia de mercadotecnia determina qué conocimientos se nece-

sitan, los reúne buscándolos en el entorno y se los entrega a los gerentes de mercadotecnia que los necesitan.

Los servicios de inteligencia de mercadotecnia se pueden obtener de muchas fuentes. Gran parte de los servicios de inteligencia se pueden obtener del personal de la empresa: ejecutivos, ingenieros y científicos, agentes de compras y vendedores. Sin embargo, los empleados de la empresa suelen estar ocupados y no siempre pasan a otros información importante. La empresa debe "convencer" a su personal de que todos son muy importantes para reunir información de inteligencia, los debe preparar para que detecten circunstancias nuevas y les debe pedir que proporcionen esta información de inteligencia a la empresa.

La empresa también debe convencer a proveedores, revendedores y clientes de que le proporcionen servicios de inteligencia. La información sobre la competencia se puede obtener a partir de lo que ésta dice de sí misma en informes anuales, discursos y boletines de prensa, así como en su publicidad. La empresa también puede saber cosas de la competencia a partir de lo que otras personas dicen de ella en publicaciones especializadas y ferias del ramo. Asimismo, la empresa puede observar lo que hacen sus competidores, comprar y analizar sus productos, vigilar sus ventas y estar enterado de las patentes nuevas (véase Puntos Importantes de la Mercadotecnia 4-1).

Las empresas también pueden comprarle servicios de inteligencia a proveedores externos. A. C. Nielsen Company vende datos sobre la participación de marcas, precios al detalle y porcentajes de tiendas que almacenan diferentes marcas. Information Resources, Inc. vende datos de compras realizadas en supermercados, medidas con una muestra de 60,000 hogares en todo el país, con cantidad de compras de prueba o repetidas, lealtad por la marca y datos demográficos de los compradores. Las empresas, por una cuota, se pueden suscribir a alguna de las líneas de las más de 3,000 bases de datos o servicios de investigación de información. Por ejemplo, la línea de la base de datos *Adtrack* contiene todos los anuncios de cuarto de página o más que aparecen en 150 publicaciones para consumidores o negocios de primera línea. Las empresas pueden usar estos datos para determinar las estrategias y los estilos de la publicidad, propia y ajena, las cantidades de espacio publicitario, el uso de los medios y los presupuestos para publicidad. La base de datos *Donnelly Demographics* proporciona datos demográficos obtenidos del censo de Estados Unidos, más las proyecciones demográficas de Donnelly, por estado, ciudad o código postal. Las empresas la pueden usar para medir mercados y preparar estrategias de segmentación. *Electronic Yellow Pages,* que contiene listas de casi todos los 4,800 directorios telefónicos del país, es el directorio más amplio de empresas de Estados Unidos. Una empresa como Burger King podría usar esta base de datos para contar los restaurantes McDonald's en diferentes puntos geográficos. Existen líneas de bases de datos para responder a casi todas las necesidades de información de mercado. CompuServe, Dialog y Nexis ofrecen servicios de bases de datos generales que ponen una cantidad increíble de información al alcance de las personas que toman las decisiones de mercadotecnia.

> ¿Piensa hacer negocios en Alemania? Consulte la Biblioteca de Empresas Alemanas de CompuServe que le proporciona información sobre las finanzas y los productos de más de 48,000 empresas alemanas. ¿Necesita datos biográficos de los ejecutivos más importantes de Ford Motor Co.? Consulte los Informes Empresariales y Perfiles Financieros de Dun & Bradstreet. ¿Datos demográficos? ¿Cables con noticias de Associated Press? ¿Una lista de las marcas registradas activas en Estados Unidos? Todo ello está a su disposición en las líneas de bases de datos.[8]

Los servicios de inteligencia de mercadotecnia pueden servirle a la empresa, pero también pueden estar en su contra. Por consiguiente, en ocasiones, las empresas deben tomar medidas para protegerse de competidores que husmean. Por ejemplo, Kellogg le había ofrecido al público paseos por su planta de Battle Creek desde 1906, pero en fecha reciente prohibió la entrada de extraños a su nueva planta con objeto de evitar que la competencia obtuviera información secreta sobre el equipo de tecnología avanzada que hay en ella. En la oficina matriz, DuPont tiene un cartel con la foto de dos personas comiendo y un letrero que dice: "¡Cuidado con las pláticas informales, nunca olvide la seguridad!"[9]

Algunas empresas cuentan con una oficina para reunir y difundir información secreta sobre el mercado. Su personal revisa publicaciones importantes, resume noticias destacadas y envía boletines informativos a los gerentes de mercadotecnia. Además, lleva un archivo de la información de inteligencia obtenida y ayuda a los administradores a evaluar la información nueva. Estos servicios mejoran mucho la calidad de la información que le llega a los gerentes de mercadotecnia.[10]

Investigación de mercados

Los administradores no siempre pueden esperar a que el sistema de servicios de inteligencia de mercadotecnia les vaya presentando la información en pedacitos. Muchas veces necesitan estudios formales de situaciones concretas. Por ejemplo, Apple Computer quiere saber cuántas personas o empresas, y de qué tipo, comprarán su nueva computadora personal ultraligera. Barat College de Lake Forest, Illinois necesita saber qué porcentaje del mercado al que se dirige ha oído hablar de Barat, qué saben estas personas, cómo se enteraron de la existencia de Barat y qué opinan de la escuela. En estas situaciones, el sistema de inteligencia de mercadotecnia no proporcionará la información detallada que se necesita. Como los administradores normalmente carecen de los conocimientos o el tiempo necesarios para obtener la información por cuenta propia, necesitan recurrir a las investigaciones de mercado formales.

En este texto, **investigación de mercado** se define como la función que vincula al consumidor, al cliente y al público con el mercadólogo, por medio de información; información que se usa para identificar y definir oportunidades y problemas de mercado, para generar, afinar y evaluar actos de mercadotecnia, para vigilar la actuación de esta función y para perfeccionar la comprensión del proceso mercadotécnico.[11] Los investigadores de mercados especifican la información que se necesita para abordar cuestiones de mercadotecnia, diseñan el método para reunir la información, administran y aplican el proceso para reunir datos, analizan los resultados y comunican éstos y sus implicaciones.

El proceso de la investigación de mercado

El proceso de la investigación de mercado (véase la figura 4-2), consta de cuatro pasos: *definir el problema y los objetivos de la investigación, elaborar el plan de la investigación, aplicar el plan de investigación e interpretar y presentar los resultados.*

Definir el problema y los objetivos de la investigación

El gerente de mercadotecnia y el investigador deben trabajar juntos para definir debidamente el problema y se tienen que poner de acuerdo en cuanto a los objetivos de la investigación. El gerente sabe más de la decisión para la que se necesita la información; el investigador sabe más de cómo hacer la investigación de mercado y de cómo obtener la información.

Los administradores deben saber acerca de investigaciones de mercado lo bastante como para ayudar a planearlas y para interpretar sus resultados. Si no saben nada de investigaciones de mercado, podrían obtener información equivocada, aceptar conclusiones erradas o pedir información que cuesta demasiado. En esta etapa, deben participar investigadores de mercado con experiencia que entiendan el problema del gerente. El investigador debe tener capacidad para ayudar al gerente a definir el problema y para sugerir la manera en que la investigación puede ayudar al gerente a tomar mejores decisiones.

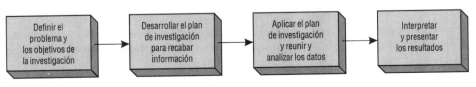

FIGURA 4-2
El proceso de la investigación de mercados

El paso más difícil del proceso de investigación podría ser la definición del problema y los objetivos de la investigación. El gerente quizá sepa que algo anda mal, pero tal vez desconozca las causas concretas. Por ejemplo, los gerentes de una cadena de tiendas de descuento repentinamente decidieron que la caída de las ventas se debía a un problema de publicidad y mandaron hacer una investigación

PUNTOS IMPORTANTES DE LA MERCADOTECNIA 4-1

SERVICIOS DE INTELIGENCIA: CÓMO ESPIAR A LA COMPETENCIA

Los servicios de inteligencia para espiar a la competencia se han extendido muchísimo, pues cada vez son más las empresas que necesitan saber lo que están haciendo sus competidores. Se sabe que empresas tan conocidas como Ford, Motorola, Westinghouse, General Electric, Gillette, Avon, Del Monte, Kraft, Marriott y J. C. Penney se dedican a espiar a sus competidores.

Las técnicas que usan las empresas para reunir información de sus servicios de inteligencia caben dentro de cuatro categorías generales.

Información obtenida por medio de reclutas y empleados de la competencia

Las empresas pueden obtener información secreta por medio de las entrevistas para empleo o de conversaciones con empleados de la competencia. Según *Fortune:*

Algunas empresas, cuando entrevistan a estudiantes para un empleo, prestan gran atención a aquellos que han trabajado con la competencia, aunque sea temporalmente. Las personas que buscan empleo se esfuerzan por causar una buena impresión y, con frecuencia, nadie les ha dicho que no divulguen información secreta. En ocasiones, proporcionan información valiosa voluntariamente.

Las empresas envían a ingenieros a conferencias y ferias especializadas, donde conversan con los técnicos de la competencia. Con frecuencia, las charlas empiezan inocentemente, como si se tratara de compañeros hablando de procesos y problemas técnicos ... sin embargo los ingenieros y los científicos [de la competencia] con frecuencia se jactan de haber resuelto problemas técnicos insuperables y con ello revelan información secreta.

En ocasiones, las empresas anuncian empleos que no existen, y sostienen entrevistas, con objeto de lograr que los empleados de la competencia suelten la sopa ... Con frecuencia los solicitantes han trabajado en la oscuridad o sienten que sus carreras se han estancado y se mueren por impresionar a alguien.

Información obtenida por medio de personas que hacen negocios con la competencia

Ciertos clientes básicos pueden informar a la empresa cosas sobre la competencia y sus productos:

Por ejemplo, hace algún tiempo Gillette le comunicó a una cuenta canadiense importante la fecha en que pensaba empezar a vender su nueva navaja desechable Good News en Estados Unidos. El distribuidor canadiense rápidamente llamó a Bic y le informó que estaba a punto de salir un producto nuevo. Bic emprendió un programa de emergencia y pudo empezar a vender su propia navaja poco tiempo después que Gillette.

La información secreta también se puede obtener infiltrándose en las actividades comerciales de los clientes:

Las empresas pueden ofrecer a sus clientes el servicio gratuito de ingenieros... La relación estrecha y de cooperación que los ingenieros prestados cultivan con el personal de diseño del cliente, con frecuencia, les permite averiguar qué productos nuevos está preparando la competencia.

Información obtenida de materiales publicados y otros documentos públicos

Si se sigue la pista de información publicada, aparentemente insignificante, se puede encontrar información secreta de la competencia. Por ejemplo, el tipo de personal que requieren los anuncios que ofrecen empleos puede indicar algo sobre las estrategias y los productos nuevos de la competencia. Las oficinas de gobierno son una buena fuente. Por ejemplo:

Si bien la ley suele prohibir que una empresa saque fotografías aéreas de las fábricas de la competencia, existen formas lícitas de obtener las fotos. La Oficina de Protección Ambiental o la Oficina de Estudios Geológicos de EUA suelen tener archivadas fotos aéreas. Se trata de documentos públicos que se pueden conseguir pagando una pequeña cuota establecida.

Las oficinas del registro de la propiedad y las de hacienda suelen tener información fiscal sobre las fábricas del lugar y también planos de las instalaciones, con metros cuadrados y tipos de maquinaria. Toda esta información está a disposición del público.

Información obtenida observando lo que hace la competencia y analizando pruebas materiales

Las empresas pueden averiguar cosas de la competencia comprando sus productos o estudiando otras pruebas

para comprobar la publicidad de la empresa. Cuando la investigación arrojó que la publicidad estaba llegando a la gente pretendida, con el mensaje adecuado, los gerentes se asombraron mucho. Resulta que las tiendas de la cadena no estaban dando lo que prometía la publicidad. Si se hubiera definido debidamente el problema se habrían evitado los costos y el tiempo de la investigación sobre la pu-

Cómo conseguir información de inteligencia: los ingenieros de Xerox están desarmando un producto de la competencia para conocer su diseño y estimar su costo.

materiales. Una forma de obtener información secreta de la competencia, cada vez más popular, es la búsqueda de características concretas, es decir, se desarman los productos de la competencia para imitar o superar sus mejores características. Este tipo de actividad, popular desde principios de los años ochenta, ayudó a Xerox a darle un giro a su negocio de copias y a Ford a elaborar el exitoso Taurus.

Cuando Ford decidió armar un auto mejor, allá a principios de los años ochenta, reunió una lista de unas 400 características que, según sus clientes, eran las más importantes y, a continuación, se dedicó a buscar los autos que tenían la mejor de cada una de ellas. A continuación trató de igualar o superar lo mejor de la competencia. El resultado: el vendidísimo Taurus. Para actualizar el Taurus en 1992, Ford siguió el mismo proceso desde el principio.

En 1993, en parte debido a estas actividades para encontrar características concretas de la competencia, el Taurus había superado al Accord de Honda como el auto utilitario de mayor venta en Estados Unidos.

Además de estudiar los productos de la competencia, las empresas pueden estudiar muchos otros tipos de pruebas materiales:

Ante la falta de otra información sobre la distribución del mercado y el volumen de productos que embarca la competencia, las empresas han llegado a medir la oxidación de los rieles de los ferrocarriles que llegan a las plantas de la competencia o han contado los vagones de carga que salen de los puertos de carga.

Algunas empresas incluso llegan a estudiar la basura de sus competidores:

De acuerdo con la ley, cuando los desechos están fuera de los predios de la competencia, se pueden considerar propiedad abandonada. Aunque algunas empresas ahora rasgan en tiras los documentos que salen de sus laboratorios de diseño, muchas veces no hacen lo mismo con los desechos de los departamentos de mercadotecnia y relaciones públicas, que pueden ser casi tan reveladores.

En un caso reciente de robo de basura, Avon admitió que había contratado detectives privados para que escudriñaran la basura de Mary Kay Cosmetics, su rival. Aunque Mary Kay furiosa interpuso una demanda para recuperar su basura, Avon sostuvo que no había cometido ningún ilícito. La basura tirada se encontraba en un estacionamiento público y Avon tenía videocintas para probar la afirmación.

Aunque la mayoría de estas técnicas son lícitas y algunas son consideradas como competencia astuta, hay muchas que entrañan cierta falta de ética. La empresa debe aprovechar la información a disposición del público, pero debe evitar prácticas que se podrían considerar ilícitas o poco éticas. Una empresa no necesita infringir la ley ni la ética establecida para conseguir buena información de inteligencia.

Fuentes: Extractos de Steven Flax, "How to Snoop on Your Competitors", *Fortune,* 14 de mayo de 1984, pp. 29-33; Brian Dumaine, "Corporate Spies Snoop to Conquer", *Fortune,* 7 de noviembre de 1988, pp. 68-76; y Jeremy Main, "How to Steal the Best Ideas Around", *Fortune,* 19 de octubre de 1992, pp. 102-6. Derechos reservados @ 1984, 1988 y 1992, Time Inc. También véase Wendy Zellner y Bruce Hager, "Dumpster Raids? That's Not Very Ladylike, Avon", *Business Week,* 1 de abril de 1991, p. 32; Michele Galen, "These Guys Aren't Spooks, They're'Competitive Analysts'", *Business Week,* 14 de octubre de 1991, p. 97; y Richard S. Teitalbaum, "The New Race for Intelligence", *Fortune,* 2 de noviembre de 1992, pp. 104-8.

TABLA 4-2
Investigaciones de 587 empresas

TIPO DE INVESTIGACION	PORCENTAJE QUE SE REALIZA	TIPO DE INVESTIGACION	PORCENTAJE QUE SE REALIZA
Investigación de la sociedad/ económica y el negocio		**Distribución**	
1. Características y tendencias de la industria y el mercado	83	1. Estudios de la ubicación de plantas y almacenes	23
2. Estudios de adquisiciones y diversificación	53	2. Estudios de la actuación de los canales	29
3. Análisis de la distribución del mercado	79	3. Estudios de la cobertura de los canales	26
4. Estudios sobre personal interno (actitud, comunicación, otros)	54	4. Estudios de exportaciones e internacionales	19
		Promociones	
Precios		1. Investigación de motivaciones	37
1. Análisis de costos	60	2. Investigación de medios de comunicación	57
2. Análisis de utilidades	59	3. Investigación de copias	50
3. Elasticidad de los precios	45	4. Eficacia de la publicidad	65
4. Análisis de la demanda:		5. Estudios de la publicidad de la competencia	47
a. Potencial del mercado	74	6. Estudios de la imagen pública	60
b. Potencial de las ventas	69	7. Estudios de la remuneración de los vendedores	30
c. Pronósticos de ventas	67	8. Estudios de las cuotas de los vendedores	26
5. Análisis de precios de la competencia	63	9. Estructura de los territorios de los vendedores	31
		10. Estudios de primas, cupones, tratos y otros	36
Productos		**Comportamiento al comprar**	
1. Desarrollo de conceptos y pruebas	68	1. Marcas preferidas	54
2. Generación de nombres de marcas y pruebas	38	2. Actitudes ante las marcas	53
3. Mercado de pruebas	45	3. Satisfacción con el producto	68
4. Pruebas de producto de productos existentes	47	4. Comportamiento para comprar	61
5. Estudios del diseño de empaques	31	5. Intención de comprar	60
6. Estudios de productos de la competencia	58	6. Conocimiento de la marca	59
		7. Estudios de segmentación	60

Fuente: Thomas C. Kinnear y Ann R. Root, eds., *1988 Survey of Marketing Research: Organization, Functions, Budget, Compensation* (Chicago: American Marketing Association, 1989), p. 43.

blicidad. Se habría sabido que el verdadero problema que había que investigar eran las reacciones de los consumidores ante los productos, servicios y precios ofrecidos en las tiendas de la cadena.

Cuando el problema ha sido debidamente definido, el gerente y el investigador deben definir los objetivos de la investigación. El proyecto de una investigación de mercado puede tener uno de entre tres tipos de objetivos. El objetivo de la **investigación exploratoria** es reunir información preliminar que servirá para definir el problema y sugerir hipótesis. El objetivo de la **investigación descriptiva** es describir elementos como el potencial de un producto dentro de un mercado o los aspectos demográficos y las actitudes de los consumidores que compran el producto. El objetivo de la **investigación causal** es comprobar las hipótesis sobre las relaciones entre causa y efecto. Por ejemplo, ¿una rebaja del 10% en las colegiaturas de una universidad privada produciría suficientes inscripciones como para compensar la rebaja de la colegiatura? Por regla general, los gerentes empiezan con las investigaciones exploratorias y después pasan a las investigaciones descriptivas o causales.

La definición del problema y de los objetivos de la investigación dirigen todo el proceso de la misma. El gerente y el investigador deben poner la definición por escrito a efecto de asegurarse de que están de acuerdo en cuanto al propósito y los resultados que se esperan de la investigación.

Elaborar el plan de la investigación
El segundo paso del proceso de una investigación de mercado consiste en determinar qué información se necesita, preparar un plan para reunirla con eficiencia

Las Investigaciones Mercadotécnicas de Empresas Pequeñas y Organizaciones No Lucrativas

Los administradores de empresas pequeñas y organizaciones no lucrativas suelen creer que sólo los expertos de empresas grandes, con enormes presupuestos para investigación, pueden realizar investigaciones de mercado. Sin embargo, muchas de las técnicas de estas investigaciones también pueden ser usadas por organizaciones pequeñas, de manera menos formal y a bajo costo, o ninguno.

Los administradores de empresas pequeñas y organizaciones no lucrativas pueden obtener información de mercado con sólo *observar* cosas a su alrededor. Por ejemplo, los detallistas pueden evaluar las ubicaciones nuevas observando el movimiento de vehículos y peatones. Pueden visitar algunas tiendas de la competencia para ver las instalaciones y los precios. Pueden evaluar la mezcla de sus clientes registrando la cantidad y el tipo de clientes que compran en la tienda en momentos diferentes. Pueden observar la publicidad de la competencia juntando anuncios aparecidos en los medios locales.

Los administradores pueden realizar *encuestas* informales usando pequeñas muestras. El director de un museo de arte puede saber lo que piensan los patrones en cuanto a las obras nuevas reuniendo "grupos focales" informales; invitando a comer a unas cuantas personas para hablar de temas de interés. Los vendedores de tiendas minoristas pueden charlar con los clientes; los directores de hospitales pueden hacer preguntas a los pacientes. Los administradores de restaurantes pueden hacer llamadas telefónicas al azar, durante las horas con poca clientela, para averiguar dónde comen los consumidores y qué piensan de los diferentes restaurantes de la zona.

Los administradores también pueden realizar *experimentos* sencillos. Por ejemplo, si el administrador de una organización no lucrativa cambia los temas normales incluidos en las listas de correo para reunir fondos y controla los resultados, podrá averiguar mucho de las estrategias que funcionan bien. El administrador de una tienda, variando sus anuncios en periódicos, podrá conocer las consecuencias de aspectos como el tamaño y la ubicación de los anuncios, los cupones de precios y los medios usados.

Las organizaciones pequeñas pueden tener acceso a la mayor parte de los datos secundarios que están a disposición de las grandes. Además, muchas asociaciones, medios locales, cámaras de comercio y oficinas de gobierno prestan ayuda especial a las organizaciones pequeñas. La oficina para la pequeña empresa de EUA. ofrece decenas de publicaciones gratuitas, que brindan consejos sobre temas que van desde cómo planificar la publicidad hasta especificaciones de anuncios para los negocios. Muchas veces, los periódicos locales contienen información sobre los compradores locales y sus patrones de compra.

En ocasiones hay voluntarios y universidades dispuestos a ayudar con una investigación. Las organizaciones no lucrativas pueden recurrir a voluntarios de clubes de servicios y de otras fuentes. Muchas universidades buscan empresas pequeñas y organizaciones no lucrativas para usarlas como casos de algún proyecto en sus cursos de investigación mercadotécnica.

En pocas palabras, las organizaciones pequeñas, con poco presupuesto, también pueden reunir datos secundarios y recurrir a la observación, las encuestas y los experimentos. Aunque estos métodos informales de investigación son menos complejos y caros, de cualquier manera se deben aplicar con atención. Los administradores deben considerar detenidamente cuáles son los objetivos de la investigación, formular las preguntas por adelantado, reconocer los prejuicios que ocasionan las muestras pequeñas y los investigadores con poca experiencia y realizar sus investigaciones de manera sistemática. Las investigaciones baratas, cuando se proyectan y aplican con cuidado, pueden ofrecer información confiable para mejorar la calidad de las decisiones mercadotécnicas.

y presentar el plan a la gerencia de mercadotecnia. El plan describe las fuentes de datos existentes y detalla el perfil de la investigación, los métodos para establecer contactos, los planes para obtener muestras y los instrumentos que usarán los investigadores para reunir los datos nuevos.

Determinar la información específica que se necesita. Los objetivos de la investigación se deben traducir a la información específica que se necesita. Por ejemplo, suponga que Campbell decide realizar una investigación para saber cómo reaccionarían los consumidores si la empresa cambiara su conocida lata roja y blanco por el nuevo recipiente de plástico con forma de tazón que ha usado con éxito para otros productos. Los recipientes costarían más, pero permitirían al cliente calentar la sopa en un horno de microondas y comerla sin tener que usar un plato. Esta investigación requeriría la siguiente información específica:

- Las características demográficas, económicas y del estilo de vida de los actuales consumidores de sopa. (Las parejas que trabajan podrían encontrar cómodo el nuevo empaque a pesar del precio más alto; las familias con varios hijos seguramente querrán pagar menos y lavar la olla y los platos.)

- Los patrones de uso de los consumidores de sopa: qué cantidad de sopa comen, dónde y cuándo. (El nuevo empaque podría ser ideal para adultos que comen cuando pueden, pero menos cómodo para padres que dan de comer a varios hijos.)

- La cantidad de hornos de microondas en el mercado de los comercios y en el de los consumidores. (La cantidad de microondas existentes en casas y cafeterías de negocios limitará la demanda de los nuevos recipientes.)

- La reacción de los detallistas ante el nuevo empaque. (Si los minoristas no brindan su apoyo, las ventas con el empaque nuevo podrían sufrir las consecuencias.)

- La actitud de los consumidores ante el nuevo empaque. (La lata roja y blanca de Campbell se puede haber convertido en una institución estadounidense, ¿aceptarán los consumidores el empaque nuevo?)

- Los pronósticos de ventas para el empaque nuevo y el viejo. (¿Aumentará las utilidades del Campbell el empaque nuevo?)

Los gerentes de Campbell necesitarán esta información y mucha más de otro tipo para decidir si introducen el empaque nuevo o no.

Reunir información secundaria. Para proporcionarle al gerente la información que necesita, el investigador puede reunir datos secundarios, datos primarios o ambos. Los **datos secundarios** son información que ya existe en alguna parte y que ha sido reunida para otro propósito. Los **datos primarios** son información reunida para el propósito concreto que se tiene en mente.

Los investigadores suelen empezar reuniendo datos secundarios. La tabla 4-3 muestra las muchas fuentes de datos secundarios que existen, inclusive las fuentes *internas* y *externas*.[12] Por regla general, es más rápido y barato obtener datos secundarios que datos primarios. Por ejemplo, una visita a la biblioteca puede proporcionar toda la información que Campbell necesita sobre el uso de los hornos de microondas, prácticamente gratis. Un estudio para reunir información primaria podría tomar muchas semanas o meses y costar miles de dólares. Por otra parte, las fuentes secundarias en ocasiones pueden proporcionar datos que una empresa particular no puede reunir por cuenta propia; información que no se puede obtener directamente o que costaría mucho conseguir. Por ejemplo, a Campbell le resultaría demasiado caro llevar un control constante de tiendas detallistas para saber qué parte del mercado tienen las marcas de la competencia, cuáles son sus precios y cuántos exhibidores tienen. En cambio, puede comprar el servicio de Nielsen y Scantrak, que ofrece información sobre 3,000 supermercados controlados mediante lectura de fibra óptica.

Los datos secundarios también tienen sus problemas. La información que se necesita podría no existir; los investigadores rara vez pueden obtener todos los datos que necesitan de fuentes secundarias. Por ejemplo, Campbell encontrará que no existe información sobre las reacciones de los consumidores ante un empaque nuevo que todavía no sale al mercado. Incluso cuando se pueden conseguir datos, éstos pueden no ser aprovechables. El investigador debe evaluar la información secundaria con atención para asegurarse de que es *pertinente* (se ciñe a las necesidades del proyecto de investigación), *exacta* (reunida y presentada de manera fidedigna), *actual* (lo bastante actualizada para las decisiones que se van a tomar) e *imparcial* (reunida y presentada de manera objetiva).

Los datos secundarios ofrecen un buen punto de partida para la investigación y, con frecuencia, sirven para definir los problemas y objetivos. No obstante, en la mayoría de los casos, las fuentes secundarias no ofrecen toda la información que se necesita y la empresa debe reunir datos primarios.

Cómo reunir datos primarios. Las buenas decisiones exigen buenos datos. Los investigadores deben evaluar cuidadosamente la calidad de la información secundaria que obtienen, pero también deben poner sumo cuidado al reunir datos primarios para asegurarse de que le presentarán información perti-

TABLA 4-3
Fuentes de datos secundarios

Fuentes internas

Las fuentes internas incluyen estados de pérdidas y ganancias de la empresa, estados financieros, cifras de ventas, informes de visitas de ventas, facturas, registros de inventarios e informes de investigaciones anteriores.

Publicaciones del gobierno

Compendio de estadísticas de EUA, publicación que se actualiza anualmente y contiene resúmenes de datos sobre aspectos demográficos, económicos, sociales y otros de la sociedad y la economía de Estados Unidos.

Registro de Condados y Ciudades, publicación que se actualiza cada tres años y contiene información estadística de condados, ciudades y otras unidades geográficas, respecto a población, educación, empleo, ingreso acumulado y promedio, vivienda, depósitos bancarios, ventas al menudeo, etcétera.

Panorama Industrial de EUA, presenta proyecciones para la actividad industrial por ramas y abarca datos sobre producción, ventas, embarques, empleo, etcétera.

Guía de Información Mercadotécnica, proporciona una bibliografía mensual, con anotaciones, de información mercadotécnica. Otras publicaciones del gobierno serían *Registro Anual de Fabricantes; Estadísticas Empresariales; Censo de Fabricantes; Censo de Población; Censo de Comercio Minorista, Comercio Mayorista e Industrias de Servicios Seleccionadas; Censo de Transportes; Boletín de la Reserva Federal; Revista Mensual del Trabajo; Resumen de Empresas e Informe de Estadísticas Vitales.*

Periódicos y libros

Indice de Publicaciones Empresariales, mensual, presenta una lista de artículos sobre empresas publicados en una amplia gama de publicaciones sobre empresas.

Encuestas de Industrias de Standard & Poor, proporcionan estadísticas y análisis actualizados de diversas industrias.

Manuales de Moody, proporcionan datos financieros y nombres de ejecutivos de las empresas más importantes.

Enciclopedia de Asociaciones, proporciona información sobre todas las asociaciones profesionales y comerciales de Estados Unidos.

Las publicaciones especializadas en mercadotecnia incluyen, entre otras, *Journal of Marketing, Journal of Marketing Research* y *Journal of Consumer Research.*

Las revistas especializadas en comercio incluyen, entre otras, *Advertising Age, Chain Store Age, Progressive Grocer, Sales & Marketing Management, Stores.*

Las revistas generales útiles para las empresas incluyen, entre otras, *Business Week, Fortune, Forbes y Harvard Business Review.*

Datos comerciales

A continuación se presentan algunas de los muchos negocios de investigaciones comerciales que le venden datos a suscriptores:

A.C. Nielsen Company proporciona datos de supermercados, obtenidos con digitalizadores, sobre ventas, distribución del mercado y precios al menudeo (Scantrack), datos sobre compras de los hogares (Scantrack National Electronic Household Panel), datos sobre públicos de televisión (Nielsen National Television Index) y otros.

IMS International proporciona informes sobre los movimientos de productos farmacéuticos, suministros para laboratorios de hospitales, productos médicos para animales y productos de aseo personal.

Information Resources, Inc. proporciona datos de supermercados, obtenidos por medio de digitalizadores, para seguir la pista del movimiento de productos alimenticios (InfoScan) y datos de una sola fuente (BehaviorScan).

MRB Group (Simmons Market Research Bureau) proporciona informes anuales que abarcan mercados de televisión, artículos deportivos y medicinas de patente. Los informes presentan los datos geodemográficos y del estilo de vida por sexo, ingresos, edad y marcas preferidas (mercados seleccionados y medios que llegan a ellos).

NFO Research proporciona datos de la industria de las bebidas (SIPS), negocios de pedidos por correo (MOMS) y de industrias de tapetes y alfombras (CARS). Además, proporciona una lista de correo para pruebas de conceptos y productos, estudios de actitudes y usos y seguimiento de pistas y segmentación (Analycor).

Datos internacionales

A continuación se presentan algunas de las muchas fuentes que proporcionan información internacional:

Naciones Unidas, sus publicaciones incluyen, entre otras, *Anuario de Estadísticas,* una fuente de datos internacionales sobre indicadores socioeconómicos; *Anuario Demográfico,* una serie de datos demográficos y estadísticas vitales de 220 países; *Anuario Internacional de Estadísticas Comerciales,* que proporciona información sobre el comercio exterior de países y mercancías específicas.

Anuario de Europa proporciona estudios sobre la historia, la política, la población, la economía y los recursos naturales de la mayor parte de los países del mundo, así como información sobre las organizaciones internacionales más importantes.

Anuario de Riesgos Políticos contiene información sobre la situación política en diferentes países, con relación a la inversión de EUA. Pronostica el clima político de cada país.

Tendencias Económicas del Exterior y sus Implicaciones para Estados Unidos presenta informes sobre empresas, economía y situación política de países determinados.

Datos y Estadísticas de la Mercadotecnia Internacional proporciona estadísticas mercadotécnicas por país, inclusive datos sobre mercados de productos de consumo en países que no están en Europa.

Otras fuentes incluirían, *Estudios de los diferentes países, Encuestas Económicas de la OCED, Encuestas Económicas de Europa, Manual de la Economía Asiática y Estadísticas Financieras Internacionales.*

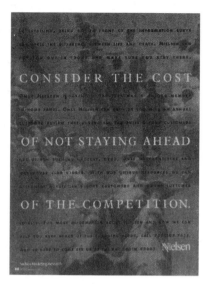

Fuentes de datos secundarios: en este caso, Nielsen Marketing Research sugiere que la información de su muestra de consumidores compuesta por 40,000 miembros proporcionará a los minoristas una ventaja competitiva, porque les ayudará a definir cuáles son sus clientes fundamentales y a calibrar la lealtad de éstos.

nente, exacta, actual e imparcial a las personas que toman las decisiones de mercadotecnia. La tabla 4-4 muestra que para diseñar un plan a fin de reunir datos primarios se requiere una serie de decisiones en cuanto al *enfoque de la investigación, los métodos para establecer contactos, los planes para aplicar muestras y los instrumentos para investigar.*

El procedimiento de la investigación. **Investigar por medio de la observación** quiere decir reunir datos primarios observando a personas, hechos y situaciones pertinentes. Por ejemplo:

■ Un fabricante de productos alimenticios puede enviar investigadores a los supermercados para que averigüen los precios de las marcas de la competencia o la cantidad de espacio en anaqueles o apoyo en exhibidores que ofrecen los detallistas a sus marcas.

■ Un banco puede evaluar las posibles ubicaciones de una sucursal nueva observando los patrones del tránsito, las condiciones del barrio y la ubicación de las sucursales de la competencia.

■ Un fabricante de productos para el aseo personal puede hacer una prueba de sus anuncios exhibiéndolos a un grupo de personas y midiendo los movimientos de sus ojos, sus pulsaciones y otras reacciones físicas.

■ Una cadena de tiendas departamentales puede enviar a sus tiendas a observadores que se hacen pasar por clientes con objeto de observar las condiciones de la tienda y el servicio a los clientes.

■ Un museo puede llevar control de la popularidad de diversas obras fijándose en el desgaste del suelo cerca de ellas.

Hay empresas que venden información reunida por medio de una observación *mecánica.* Por ejemplo, A.C. Nielsen Company anexa "medidores de personas" a televisores de hogares seleccionados con objeto de registrar quién ve ciertos programas. Después, Nielsen ofrece resúmenes del tamaño y la composición demográfica de los públicos de diferentes programas de televisión. Las redes de televisión usan estas calificaciones para juzgar la popularidad de los programas y para fijar el costo de los tiempos de la publicidad. Las agencias de publicidad usan las calificaciones cuando seleccionan programas para sus comerciales. Los *"digitalizadores de observación"* en tiendas detallistas también proporcionan datos de una observación mecánica. Esta lectura óptica con rayo láser registra las compras de los consumidores con todo detalle. Las empresas que producen artículos de consumo y los detallistas usan la información de la lectura mecánica para evaluar y mejorar las ventas de los productos y la actuación de las tiendas.[13] Algunas empresas dedicadas a las investigaciones de mercado ahora ofrecen **sistemas de datos en una sola fuente,** los cuales observan tanto las compras de los consumidores como la exposición de éstos a diversas actividades de mercadotecnia, con el propósito de evaluar a fondo la vinculación entre ambas (véase Puntos Importantes de la Mercadotecnia 4-3).

Las investigaciones por medio de la observación se pueden usar para obtener información que la gente no quiere o no puede proporcionar. En algunos casos, la observación podría ser la única manera de obtener los datos que se necesitan. Por otra parte, hay aspectos que simplemente no se pueden observar, por

TABLA 4-4			
Plan para reunir datos primarios			
PROCEDIMIENTOS DE LA INVESTIGACION	METODOS PARA ESTABLECER CONTACTO	PLAN DE MUESTREO	INSTRUMENTOS DE INVESTIGACION
Observación	Correo	Unidad de muestra	Cuestionario
Encuesta	Teléfono	Tamaño de la muestra	Instrumentos mecánicos
Experimento	Personal	Procedimiento de muestreo	

ejemplo los sentimientos, las actitudes y los motivos o el comportamiento privado. El comportamiento a largo plazo o raro también es difícil de observar. Dadas estas limitaciones, los investigadores, para reunir datos, suelen recurrir a la observación sumada a otros métodos.

Las **investigaciones por medio de encuestas** son las más adecuadas para reunir información *descriptiva*. La empresa que quiere saber la cantidad de información que tiene la gente, cuáles son sus actitudes, preferencias o comportamiento para comprar, con frecuencia puede encontrar la respuesta preguntándoselo directamente. Las investigaciones se pueden realizar por medio de encuestas estructuradas o no estructuradas. Las encuestas *estructuradas* se basan en listas formales de preguntas que se le formulan a todos los entrevistados por igual. Las encuestas *no estructuradas* permiten al entrevistador dirigir al entrevistado con base en las contestaciones que va dando.

Las encuestas también pueden ser directas o indirectas. En el caso de las *directas*, el investigador hace preguntas directas en cuanto a comportamientos o ideas, por ejemplo: "¿Por qué no compra ropa en K Mart?" Por otra parte, el investigador puede usar el método *indirecto* y preguntar: "¿Qué tipo de personas compran ropa en K Mart?" El investigador, dependiendo de la respuesta que merezca esta pregunta indirecta, podría averiguar por qué el consumidor no adquiere ropa de K Mart. De hecho, incluso pueden surgir motivos desconocidos incluso por el propio consumidor.

Las investigaciones por medio de encuestas son el método que más se usa para reunir datos primarios y, con frecuencia, son el único método que se usa para una investigación. Más de 72 millones de estadounidenses son sujetos a encuestas al año.[14] La ventaja principal de la investigación por medio de una encuesta es su flexibilidad. Esta se puede usar para obtener diferentes tipos de información en diferentes situaciones de mercado. Asimismo, dependiendo del diseño de la encuesta, ésta puede proporcionar información a mayor velocidad y menor costo que las investigaciones por medio de la observación o la experimentación.

No obstante, las investigaciones por medio de encuestas también tienen problemas. En ocasiones, las personas son incapaces de contestar a las preguntas de la encuesta porque no recuerdan cosas o porque jamás pensaron en lo que hacían o el porqué. Además, las personas pueden negarse a recibir a entrevistadores desconocidos o a hablar de cuestiones que consideran privadas. Por otra parte, los entrevistados pueden contestar a las preguntas de la encuesta a pesar de desconocer la respuesta, tan sólo para parecer más listos o informados de lo que son o pueden tratar de ayudar al entrevistador ofreciéndole respuestas gratas. Por último, las personas que están muy ocupadas podrían no dedicar su tiempo a contestar la encuesta o molestarse por la intromisión en su intimidad. Si la encuesta está diseñada con cuidado muchos de estos problemas se pueden reducir al mínimo.

Así como la observación es más adecuada para las investigaciones exploratorias y las encuestas son aconsejables para las investigaciones descriptivas, la **investigación por medio de la experimentación** es la conveniente para reunir información *causal*. Las actividades de un experimento incluyen, por ejemplo, seleccionar grupos de pares de sujetos y darles diferentes tratos, controlar factores inconexos y encontrar las diferencias en las respuestas del grupo. Así pues, al investigar por medio de experimentación se intenta explicar las relaciones entre causa y efecto. Muchas veces, la observación y las encuestas sirven para reunir información para la investigación experimental.

Investigadores de McDonald's, antes de añadir un bocadillo nuevo a su menú, podrían experimentar y buscar respuestas a preguntas como:

- ¿Qué tanto aumentarán las ventas de McDonald's con el bocadillo nuevo?

- ¿Cómo se verán afectados otros elementos del menú en razón de las ventas del bocadillo nuevo?

- ¿Qué enfoque publicitario sería mejor para promover las ventas del bocadillo?

- ¿Cómo influirían diferentes precios en la venta del producto?

- ¿El producto nuevo se debe dirigir a los adultos, a los niños o a ambos?

SISTEMAS DE DATOS DE UNA SOLA FUENTE: UNA PROMISORIA MANERA PARA MEDIR EL IMPACTO DE LA MERCADOTECNIA

Information Resources, Inc. (IRI) sabe todo lo que se puede saber de los miembros de su muestra de hogares: qué comen al medio día, qué le echan al café, qué usan para lavarse el cabello, qué beben para mitigar su sed o qué usan para pintarse la cara. La empresa investigadora controla electrónicamente los programas que ven estas personas y sigue la pista de las marcas que compran, los cupones que usan, los lugares donde compran y los periódicos y las revistas que leen. Estos hogares forman parte del servicio BehaviorScan de IRI, un *sistema de datos de una sola fuente,* que vincula la exposición que tienen los consumidores a la publicidad por televisión, las promociones de ventas y otras actividades mercadotécnicas con sus compras en las tiendas. El Behavior-Scan y otros sistemas de datos de una sola fuente han revolucionado la manera en que las empresas de productos de consumo miden el impacto de sus actividades mercadotécnicas.

Los rudimentos de las investigaciones de una sola fuente son sencillos y el sistema BehaviorScan de IRI es un buen ejemplo. IRI cuenta con una muestra compuesta por 60,000 hogares en 27 mercados. La empresa controla el televisor de cada casa para seguir la pista de lo que ve cada quien y cuándo, y hace preguntas a los miembros de la familia para averiguar qué leen. Después registra cuidadosamente los datos importantes sobre cada hogar, como ingresos familiares, edad de los hijos, forma de vida e historial de compras de productos y tiendas.

Sistemas de datos de una sola fuente: **los mercadólogos pueden obtener información de una sola fuente, la cual vincula sus actividades mercadotécnicas directamente con el comportamiento de los consumidores al comprar. En esta foto, un tarjetahabiente de BehaviorScan realiza una compra.**

IRI también usa una muestra de tiendas minoristas en cada uno de sus mercados. Por una cuota, estas tiendas aceptan llevar los productos nuevos que IRI desea probar y le permiten a IRI llevar control de factores como ubicación en anaqueles, almacenes, exhibidores en punto de venta y precios de estos productos.

Por ejemplo, McDonald's podría hacer un experimento sencillo para medir las consecuencias de dos precios. Podría introducir el bocadillo nuevo a un precio en los restaurantes de una ciudad y a otro precio en los de otra ciudad. Si las ciudades se parecen y si todas las demás actividades de comercialización del bocadillo son iguales, en tal caso las diferencias entre las ventas de las dos ciudades podrían estar en relación con el precio cobrado. Además, se podrían realizar experimentos más complejos incluyendo otras variables y otras ubicaciones.

Métodos de contacto. Para reunir información se puede recurrir al correo, el teléfono o las entrevistas personales. La tabla 4-5 explica las ventajas y las desventajas de cada uno de estos métodos de contacto.

Los *cuestionarios por correo* tienen muchas ventajas. Se pueden usar para reunir mucha información a poco costo por encuestado. En los cuestionarios por correo, los entrevistados suelen proporcionar respuestas más honradas a preguntas más personales que cuando se las formula un entrevistador desconocido, sea en persona o por teléfono. Además, en estos cuestionarios no participa un entrevistador que podría sesgar las respuestas del encuestado.

Sin embargo, los cuestionarios por correo tienen ciertas desventajas. De entrada, no son muy flexibles y requieren que las preguntas estén formuladas de manera muy sencilla y clara. Todos los encuestados contestan las preguntas siguiendo un orden establecido y el investigador no puede adaptar el cuestionario de acuerdo con las respuestas anteriores. Las respuestas de las encuestas por correo tardan más tiempo en recibirse y el porcentaje de respuestas (la cantidad de

Cada uno de los hogares de BehaviorScan tiene un número de identificación. Cuando los miembros del hogar compran alimentos en las tiendas de la muestra de IRI proporcionan su número de identificación a un empleado al salir de la tienda. Toda la información sobre las compras de la familia (marcas compradas, tamaño de empaques y precios pagados) es registrada por el digitalizador electrónico de la tienda y, de inmediato, anotado por la computadora en el archivo de compras de la familia. El sistema también lleva un registro de otros factores de la tienda que podrían afectar las decisiones de compra, como promociones de precios o exhibidores especiales de los competidores.

Por tanto, IRI crea un registro entero de la composición demográfica y psicográfica de cada hogar, su comportamiento al comprar, sus costumbres relacionadas con los medios y las condiciones en torno a la compra. Empero IRI lleva el proceso un paso más allá. Por medio de la televisión por cable, IRI controla la publicidad enviada a cada hogar. Puede proyectar diferentes anuncios y promociones a diferentes hogares de la muestra y después obtener la información de compras registrada por los digitalizadores para determinar qué anuncios tuvieron más o menos impacto, y cómo las diversas promociones afectaron a diferentes tipos de consumidores. En resumen, las empresas pueden obtener información de una sola fuente, la cual vincula sus actividades mercadotécnicas directamente con el comportamiento de los consumidores al comprar.

BehaviorScan y otros sistemas de una sola fuente tienen sus desventajas y algunos investigadores han manifestado escepticismo. Un problema es que estos sistemas producen carretonadas de datos, más de los que pueden manejar la mayor parte de las empresas. Otro problema es el costo: los datos de una sola fuente le pueden costar a los mercadólogos cientos de miles de dólares al año por marca. Asimismo, como estos sistemas sólo existen en unas cuantas zonas del mercado, generalmente ciudades pequeñas, el mercadólogo con frecuencia no puede hacer generalizaciones a partir de las medidas y los resultados. Por último, aunque los sistemas de una sola fuente proporcionan información importante para medir el impacto de las promociones y la publicidad, no arrojan mucha luz sobre las consecuencias de otras actividades mercadotécnicas importantes.

A pesar de estas desventajas, cada vez son más las empresas que recurren a sistemas de datos de una sola fuente para probar sus nuevos productos y estrategias mercadotécnicas nuevas. Estos sistemas, si se usan debidamente, proporcionan a los mercadólogos, rápidamente, información detallada sobre cómo se están vendiendo sus productos, quién los está comprando y qué factores afectan la compra.

Fuentes: Véase Joanne Lipman, "Single-Source Ad Research Heralds Detailsed Look at Household Habits", *The Wall Street Journal,* 16 de febrero de 1988, p. 39; Joe Schwartz, "Back to the Source", *American Demographics,* enero de 1989, pp. 22-26; Magid H. Abraham y Leonard M. Lodish, "Getting the Most Out of Advertising and Promotion", *Harvard Business Review,* mayo-junio de 1990, pp. 50-60; y Howard Schlossberg, "IRI, Nielsen Slug It Out in 'Scanning Wars'", *Marketing News,* 2 de septiembre de 1991, pp. 1, 47.

personas que regresan los cuestionarios contestados) suele ser muy bajo. Por último, el investigador normalmente tiene muy poco control sobre las personas que componen la muestra para el cuestionario por correo. Aun cuando la lista de encuestados sea buena, es muy difícil controlar *cuál persona* contestará el cuestionario en el domicilio al cual se ha enviado.

Las *entrevistas por teléfono* son el método ideal para reunir información con rapidez y son más flexibles que los cuestionarios por correo. Los entrevistadores pueden explicar a los encuestados las preguntas que no entienden y, dependiendo de las respuestas de éstos, se pueden saltar algunas preguntas o abundar en otras. Las entrevistas por teléfono también permiten mayor control de la muestra. Los entrevistadores pueden pedir hablar con encuestados que tengan las características deseadas, incluso pueden referirse a ellos llamándolos por su nombre. El porcentaje de respuestas suele ser más alto que el de los cuestionarios por correo.

No obstante, las entrevistas por teléfono también tienen sus inconvenientes. El costo por encuestado es superior al de los cuestionarios por correo; además, éste se podría negar a hablar de cuestiones personales con el entrevistador. La intervención de un entrevistador aumenta la flexibilidad, pero también introduce su sesgo. La manera de hablar del entrevistador, las pequeñas diferencias en su forma de preguntar y otras diferencias más podrían afectar las respuestas del encuestado. Por último, diferentes entrevistadores pueden interpretar y registrar las respuestas de manera diferente y algunos de ellos, presionados por el

TABLA 4-5
Ventajas y desventajas de los tres métodos para establecer contacto

	CORREO	TELEFONO	PERSONAL
1. Flexibilidad	Mala	Buena	Excelente
2. Cantidad de datos que se pueden reunir	Buena	Regular	Excelente
3. Control de la insuficiencia del entrevistador	Excelente	Regular	Malo
4. Control de la muestra	Regular	Excelente	Regular
5. Velocidad para reunir los datos	Mala	Excelente	Buena
6. Porcentaje de respuestas	Malo	Bueno	Bueno
7. Costo	Bueno	Regular	Malo

Fuente: Adaptado con permiso de Macmillan Publishing Company de *Marketing Research: Measurement and Method*, 6a. ed., de Donald S. Tull y Del I. Hawkins, Derechos @ 1993 de Macmillan Publishing Company.

tiempo, incluso podrían hacer trampa y registrar respuestas sin haber hecho las preguntas.

Las *entrevistas personales* adoptan dos formas: las entrevistas individuales y las de grupo. Las *entrevistas individuales* consisten en hablar con las personas en su casa o en su oficina, en la calle o en centros comerciales. El entrevistador debe pedir la colaboración del encuestado y la entrevista puede tomar desde unos cuantos minutos hasta varias horas. En ocasiones, a la gente se le ofrece una pequeña retribución a cambio de su tiempo.

En las *entrevistas de grupo* se reúne a unas seis o diez personas con un moderador especializado, para hablar de un producto, servicio u organización, durante algunas horas. El moderador tiene que ser objetivo, conocer el tema y la industria y poseer ciertos conocimientos del comportamiento de grupos y de consumidores. Normalmente, los participantes reciben un pequeño pago por su asistencia. La reunión se hace en un lugar agradable y se sirven refrescos con objeto de propiciar un ambiente informal. El moderador, antes de pasar a las preguntas concretas, trata cuestiones generales y fomenta la libre expresión de ideas a efecto de que los miembros del grupo lleguen a decir lo que realmente piensan y sienten. Al mismo tiempo, el moderador "dirige" la discusión; de ahí el nombre de **sesiones de grupo.** Los comentarios quedan registrados por escrito o en videocintas que se estudian más adelante. Las sesiones de grupo se han convertido en un usado instrumento de las investigaciones de mercado para obtener información de las opiniones de los consumidores.[15]

Las entrevistas personales son bastante flexibles y sirven para reunir mucha información. Los entrevistadores especializados pueden retener la atención de los encuestados durante lapsos largos y les pueden explicar las preguntas difíciles. Además, pueden dirigir las entrevistas, abundar en ciertos temas e ir cambiando conforme requiera la situación. En las entrevistas personales se puede usar cualquier tipo de cuestionario. Asimismo, los entrevistadores pueden mostrar a los sujetos productos, anuncios o empaques reales y observar sus reacciones y su comportamiento. En la mayoría de los casos, las entrevistas personales son bastante rápidas.

Los costos y los problemas del muestreo son el principal inconveniente de las entrevistas personales. Una entrevista personal puede costar entre tres y cuatro veces más que una entrevista por teléfono. Por regla general, con objeto de abatir los costos, las entrevistas de grupo se hacen con muestras de pocas personas y, por tanto, los resultados no permiten hacer demasiadas generalizaciones. Además, como los entrevistadores que hacen este tipo de entrevistas gozan de más libertad, es más probable que los resultados estén sesgados.

El método de contacto se debe elegir de acuerdo con la información que requiera el investigador y con la cantidad y el tipo de entrevistados de la muestra. Los avances de los medios de comunicación y de la computación han repercutido en los métodos para obtener información. Por ejemplo, ahora la mayor

Investigadores observando la sesión de un grupo focal.

parte de las empresas investigadoras usan las entrevistas telefónicas con ayuda de computadoras. Entrevistadores profesionales llaman por teléfono a encuestados de todo el país, generalmente con números telefónicos obtenidos al azar. Cuando el encuestado contesta, el entrevistador le lee una serie de preguntas contenidas en una pantalla de video y va alimentando, directamente a la computadora, las respuestas que le ofrece el entrevistado. Si bien este procedimiento requiere una inversión cuantiosa en equipo de computación y en capacitación de los entrevistadores, elimina la selección y clasificación de datos, reduce los errores y ahorra tiempo. Hay otras empresas investigadoras que colocan terminales en centros comerciales, donde los entrevistados se sientan ante la terminal, leen las preguntas que aparecen en la pantalla y alimentan sus respuestas a la computadora.[16]

Las muestras. Los investigadores de mercado suelen llegar a conclusiones sobre grandes grupos de consumidores a partir de una muestra pequeña del total de la población de consumidores. Una **muestra** es un segmento de una población, seleccionado como representativo de esa población entera. Lo ideal es que la muestra sea lo bastante representativa como para permitir al investigador estimar con exactitud las opiniones y los comportamientos de la población correspondiente.

Para diseñar una muestra se deben tomar tres decisiones. En primer término, ¿quién será encuestado (cuál será la unidad de la muestra)? La pregunta no siempre tiene una respuesta evidente. Por ejemplo, para estudiar el proceso de la decisión de comprar un automóvil para la familia, ¿a quién se debe dirigir el entrevistador, al marido, a la esposa, a otros miembros de la familia, al distribuidor, o a todos ellos? El investigador debe determinar qué información necesita y quién es la persona que la puede proporcionar.

En segundo lugar, ¿*cuántas* personas habría que encuestar (el *tamaño de la muestra*)? Las muestras grandes producen resultados más confiables que las pequeñas. Sin embargo, para obtener resultados confiables, no es preciso contar con una muestra del mercado entero al que se dirige el estudio, ni siquiera es necesario que se incluya a una parte considerable del mismo. Una muestra de menos del 1% de la población, si está bien armada, puede ser bastante confiable.

En tercero, ¿*cómo se elegirá* a las personas de la muestra (*qué procedimiento seguirá la muestra*)? La tabla 4-6 explica diferentes tipos de muestras. En el caso de las *muestras de probabilidades* a cada miembro de la población corresponde una probabilidad conocida de formar parte de la muestra y los investigadores pueden calcular los límites aceptables del margen de error de la muestra. Por otra parte, cuando los costos de las muestras de probabilidades suben mucho o cuando éstas llevan mucho tiempo, los investigadores pueden recurrir a *muestras ajenas a las probabilidades,* aun cuando no puedan medir su margen de error. Las formas para obtener las muestras entrañan diferentes costos y límites de tiempo y producen diferentes grados de exactitud y tipos de estadísticas. La conveniencia del método depende del propósito del proyecto de investigación.

Entrevistas por teléfono con apoyo de computadoras: el entrevistador lee las preguntas que aparecen en la pantalla y registra las respuestas del encuestado directamente en la computadora, reduciendo los errores y ahorrando tiempo.

Los instrumentos de la investigación. Quienes hacen investigaciones de mercado cuentan con dos instrumentos básicos para reunir datos primarios: los *cuestionarios* y los *aparatos mecánicos.*

El *cuestionario* es el instrumento que goza de más popularidad. Un cuestionario es, en su sentido más amplio, la serie de preguntas que se le presenta a

TABLA 4-6
Tipos de muestras

Muestra de probabilidades

Muestra de muestra al azar	Cada uno de los miembros de la población tiene una posibilidad conocida e igual de ser escogido.
Muestra fortuita estratificada	La población se divide entre grupos excluyentes entre sí (como grupos por edad) y se sacan muestras al azar de cada uno de los grupos.
Muestra de racimo (área)	La población se divide en grupos excluyentes entre sí (como bloques) y el investigador saca una muestra de los grupos para entrevistarlos.

Muestra de no probabilidades

Muestra de correspondencia cómoda	El investigador selecciona a los miembros de la población que le proporcionarán información con más facilidad.
Muestra según juicio	El investigador aplica su juicio para seleccionar a los miembros de la población que pueden ser un buen prospecto para brindar información exacta.
Muestra por cuotas	El investigador encuentra y entrevista a un número determinado de personas, para cada una de varias categorías.

un entrevistado para que conteste. El cuestionario es muy flexible, pues hay muchas maneras de hacer preguntas. Los cuestionarios se deben preparar con suma atención y, antes de aplicarlos a gran escala, se deben probar debidamente. Cuando un cuestionario no está bien preparado suele tener varios errores (véase la tabla 4-7).

Al preparar un cuestionario, el investigador debe decidir qué preguntas hará, cómo las hará, qué palabras usará y en qué orden las presentará. Con frecuencia los cuestionarios no incluyen preguntas cuyas respuestas podrían ser importantes y comprenden preguntas que no se pueden contestar, que no recibirán respuesta o que no requieren contestación. Es necesario repasar cada pregunta para confirmar si sirve para alcanzar los objetivos de la investigación.

La *forma* de la pregunta puede influir en la respuesta. Los investigadores deben saber la diferencia entre las preguntas abiertas y las cerradas. Las **preguntas cerradas** incluyen todas las repuestas posibles y los sujetos eligen alguna de entre ellas. La Parte A de la tabla 4-8 contiene las formas más frecuentes de preguntas cerradas, contenidas en una encuesta de usuarios de líneas aéreas que podría aplicar Delta Airlines. Las **preguntas abiertas** permiten al entrevistado contestar como quiera. La Parte B de la tabla 4-8 contiene las formas más comunes de este tipo de preguntas. Las preguntas abiertas suelen revelar más que las cerradas porque los encuestados no están sujetos a límites para contestarlas. Las preguntas abiertas son muy útiles cuando el investigador quiere averiguar *qué* piensan las personas, pero no le interesa medir *cuántas* personas piensan de cierta manera. Por otra parte, las preguntas cerradas producen respuestas que se pueden interpretar y tabular con más facilidad.

Los investigadores también se deben fijar en las *palabras* que usan. Deben usar un lenguaje sencillo, directo e imparcial. Antes de aplicar las preguntas en general, deben hacer varias pruebas. El *orden* de las preguntas también es importante. De ser posible, la primera pregunta debe despertar el interés del entrevistado. Las preguntas difíciles o personales deben ir al final, para que el entrevistado no se ponga a la defensiva. Las preguntas deben seguir un orden lógico.

Aunque los cuestionarios son el instrumento usado con más frecuencia para realizar una investigación, también se pueden usar *instrumentos mecánicos*. Antes se habló de dos instrumentos mecánicos: los medidores de personas y los digitalizadores colocados en supermercados. Hay otro grupo de aparatos mecánicos que miden las respuestas físicas de los sujetos. Por ejemplo, el galvanómetro mide la intensidad del interés o de las emociones de un sujeto expuesto a diferentes estímulos; por ejemplo, un anuncio o una imagen. El galvanómetro detecta los grados diminutos de sudor que produce la excitación de las emociones. El taquistos-

TABLA 4-7
Un "cuestionario cuestionable"

Suponga que el director de un campamento de verano ha preparado el siguiente cuestionario para entrevistar a los padres de los posibles campistas. ¿Cómo evaluaría usted cada pregunta?

1. ¿Cuáles son sus ingresos, cerrados a la centena más próxima?

    La gente normalmente no sabe cuáles son sus ingresos, cerrados a la siguiente centena, ni quiere revelar sus ingresos con tanta exactitud. Es más, un investigador nunca debe iniciar un cuestionario con una pregunta tan personal.

2. ¿Es usted partidario fuerte o débil de los campamentos de verano en los que sus hijos duermen fuera de casa?

    ¿Qué connotación tiene "fuerte" o "débil"?

3. ¿Se portan sus hijos bien en los campamentos de verano?

    sí (   )   no (   )

    "Comportar" es un concepto relativo; aún más, ¿considera que "sí" y "no" son la mejor opción para contestar esta pregunta? Además, ¿piensa que la gente querrá contestarla? ¿Tiene sentido hacer esta pregunta?

4. ¿Cuántos campamentos le enviaron literatura por correo en abril del año pasado? ¿Y en este año?

    ¿Quién se acuerda de este dato?

5. ¿Cuáles son los atributos más sobresalientes y determinantes de su evaluación de los campamentos de verano?

    ¿Qué quiere decir atributos "sobresalientes" y "determinantes"? ¡No presuma con palabras rimbombantes!

6. ¿Piensa que haría bien en privar a su hijo de la oportunidad de madurar por medio de la experiencia que viviría en un campamento de verano?

    Una pregunta tendenciosa; dado el prejuicio, ¿cómo podría un padre contestar que "sí"?

copio sirve para proyectarle un anuncio a un sujeto, con un rango de exposición que va desde menos de una centésima de segundo a varios segundos. Después de cada exposición, los entrevistados describen todo aquello que recuerdan. Las cámaras de ojos se usan para estudiar los movimientos oculares de los sujetos, con objeto de determinar cuáles son los puntos hacia los que se enfoca la vista primero y qué tanto tiempo permanece ésta en un artículo dado cualquiera.[17]

Presentación del plan de investigación. En esta etapa, el investigador de mercados debe resumir el plan y presentar una *propuesta por escrito*. La propuesta por escrito adquiere mayor importancia cuando el proyecto de investigación es muy grande y complejo o cuando la investigación estará a cargo de una empresa externa. La propuesta debe incluir los problemas administrativos correspondientes, los objetivos de la investigación, la información que se obtendrá, las fuentes de la información secundaria o los métodos para reunir datos primarios y la explicación de cómo le servirán los resultados a la gerencia para tomar decisiones. La propuesta también debe incluir los costos de la investigación. El hecho de presentar por escrito el plan o la propuesta de una investigación es garantía de que el gerente de mercadotecnia y los investigadores han tomado en cuenta todos

Instrumentos mecánicos de investigación: las cámaras de ojos determinan dónde se fija la vista y cuánto tiempo permanece en un solo punto.

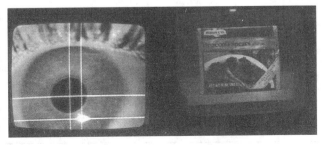

TABLA 4-8
Tipos de preguntas

A. PREGUNTAS CERRADAS

Nombre	Descripción	Ejemplo
Dicotómicas	Preguntas que ofrecen dos opciones para la respuesta.	"¿Para arreglar este viaje, se comunicó usted personalmente con Delta?" sí ☐ no ☐
Opción múltiple	Preguntas que ofrecen tres o más opciones para la respuesta.	"¿Con quién viajará en este vuelo?" Nadie ☐ Sólo hijos ☐ Cónyuge ☐ Socios/amigos/parientes ☐ Cónyuge e hijos ☐ Un tour organizado ☐
Escala de Likert	Una afirmación ante la que el encuestado tiene que manifestar su grado de aceptación o rechazo.	"Por regla general, las líneas aéreas pequeñas ofrecen mejor servicio que las grandes" Decididamente No 1 ☐ Sí 4 ☐ No 2 ☐ Decididamente Sí 5 ☐ Ni sí ni no 3 ☐
Diferencial semántico	Se anota una escala entre dos términos opuestos, el encuestado selecciona el punto que representa la dirección y la intensidad de sus sentimientos.	*Delta Airlines* Grande __X__ ; ____ ; ____ ; ____ ; ____ ; ____ ; Pequeña Experta ____ ; ____ ; ____ ; ____ ; __X__ ; ____ ; Inexperta Moderna ____ ; ____ ; ____ ; __X__ ; ____ ; Anticuada
Escala de importancia	Una escala que califica la importancia de algún atributo, desde "sin importancia" hasta "sumamente importante".	"Pienso que la comida en los aviones es": Sumamente importante 1 ___ Muy importante 2 ___ Medianamente importante 3 ___ No muy importante 4 ___ Carece de importancia 5 ___
Escala de calificación	Una escala que califica un atributo desde "malo" hasta "excelente".	"La comida que sirve Delta es": Excelente 1 ___ Muy buena 2 ___ Buena 3 ___ Regular 4 ___ Mala 5 ___
Escala de la intención de comprar	Una escala que describe la intención de comprar que tiene el encuestado.	"Si los vuelos largos contaran con un servicio telefónico durante el vuelo yo" Definitivamente lo compraría 1 ___ Probablemente lo compraría 2 ___ No sé si lo compraría 3 ___ Probablemente no lo compraría 4 ___ Definitivamente no lo compraría 5 ___

B. PREGUNTAS ABIERTAS

Nombre	Descripción	Ejemplo
Totalmente abierta	Una pregunta que el encuestado puede responder prácticamente a su voluntad.	"¿Qué opina de Delta Airlines?"
Asociación de palabras	Se presentan palabras, de una en una, y el encuestado contesta con la primera palabra que le viene a la mente.	"¿Cuál es la primera palabra que le viene a la mente cuando escucha..." Línea aérea _____ Delta _____ Viaje _____
Completar el enunciado	Se presentan enunciados incompletos, de uno en uno, y los encuestados los completan.	"Cuando escojo una línea aérea, la consideración más importante para mi decisión es _____"
Terminar el relato	Se presenta un relato inconcluso y los encuestados tienen que terminarlo.	"Hace algunos días volé por Delta. Noté que el exterior y el interior del avión estaban pintados con colores muy brillantes. Esto me hizo pensar y sentir que"... *termine el relato a partir de este punto.*
Terminar el dibujo	Se presenta un dibujo con dos personajes, uno de ellos hace una afirmación. Se pide a los encuestados que se identifiquen con el otro y llenen el globo con las palabras que faltan.	 Llene el globo de diálogo que está vacío.
Pruebas de percepción temática	Se presenta una imagen y se pide a los encuestados que inventen un relato de lo que suponen que está ocurriendo o podría ocurrir en esa imagen.	 Invente un relato sobre lo que ve en la imagen.

los aspectos importantes de la investigación y de que están de acuerdo en el porqué y el cómo de la investigación.

La aplicación del plan de investigación

A continuación, el investigador debe poner en práctica el plan de la investigación de mercado, lo cual entraña reunir, procesar y analizar la información. Tanto el personal de mercadotecnia de la empresa como las empresas externas que se encargarán de la investigación pueden reunir los datos. La empresa podrá tener mayor control del proceso para reunir los datos y de su calidad si usa a su propio personal. Sin embargo, las empresas externas especializadas en reunir datos pueden realizar la tarea a mayor velocidad y menor costo.

De todo el proceso de la investigación de mercados, la fase de la recopilación de datos suele ser la más cara y la de más errores. El investigador debe estar muy atento al trabajo de campo para cerciorarse de la correcta aplicación del plan y para evitar problemas al hacer contacto con los entrevistados que se niegan a cooperar, con los que proporcionan respuestas prejuiciadas o falsas y con los entrevistadores que cometen errores o recurren a atajos.

Los investigadores deben procesar y analizar los datos reunidos para entresacar la información y los resultados importantes. Deben constatar que los datos obtenidos de los cuestionarios sean exactos y completos y los deben clasificar para su análisis en la computadora. Después, los investigadores deben tabular los resultados y computar los promedios y otras medidas estadísticas.

Interpretación y presentación de los resultados

A continuación, el investigador debe interpretar los resultados, sacar conclusiones y presentárselas a la gerencia. El investigador no debe abrumar a los gerentes con cifras y elegantes técnicas estadísticas. Por el contrario, el investigador sólo debe presentar los resultados importantes que le sirvan a la gerencia para tomar decisiones medulares.

Sin embargo, la interpretación no sólo debe estar en manos de los investigadores. Estos suelen ser expertos en diseño de investigaciones y estadísticas, pero el gerente de mercadotecnia está más adentrado en el problema y sabe qué decisiones tendrá que tomar. Con frecuencia, los resultados pueden dar origen a diferentes interpretaciones y si los investigadores y los administradores las discuten, podrán encontrar interpretaciones más acertadas. El gerente también debe constatar que el proyecto de investigación se haya ejecutado debidamente y que se hayan realizado todos los análisis requeridos. Además, después de ver los resultados, el gerente podría plantear otras preguntas que se podrían contestar repasando los datos a mayor profundidad. A fin de cuentas, el gerente es el único que decidirá, en última instancia, las acciones que se derivan de la investigación. Los investigadores también pueden entregar los datos directamente a los gerentes de mercadotecnia para que éstos efectúen otros análisis y encuentren, por su cuenta, nuevas relaciones.

La interpretación es una fase importante del proceso mercadotécnico. La mejor de las investigaciones carecerá de sentido si el gerente acepta ciegamente interpretaciones del investigador que podrían estar equivocadas. Por otra parte, los gerentes pueden interpretar los resultados de la investigación en forma prejuiciada, aceptando aquellos que confirman lo que esperaban encontrar y rechazando los que no esperaban o no quieren. Por tanto, es importante que los gerentes y los investigadores trabajen juntos para interpretar los resultados de la investigación y para compartir su responsabilidad en el proceso de investigación y en las decisiones resultantes.[18]

Investigaciones de mercados internacionales

Los investigadores de mercados internacionales siguen los mismos pasos que quienes investigan la nacional, desde la definición del problema de la investigación y la preparación de un plan para la investigación, hasta la interpretación y la presentación de los resultados. No obstante, estos investigadores suelen enfrentar más problemas y de otra índole. Los investigadores de mercados nacionales cubren mercados bastante homogéneos en un solo país, pero los investigadores internacionales abarcan los mercados de muchos países. Los diversos mercados suelen tener grados de desarrollo económico, culturas, costumbres y patrones de compra sumamente diferentes.

En muchos mercados extranjeros, el investigador de mercados internacionales tiene problemas para encontrar *datos secundarios* válidos. Por ejemplo, los investigadores de mercados en Estados Unidos pueden obtener los datos secundarios confiables que ofrecen muchas docenas de servicios de investigación nacional, pero existen otros países que casi no cuentan con este tipo de servicios de investigación. Cabe decir que incluso los grandes servicios de investigación que abarcan el ámbito internacional sólo operan en un puñado de países. Así, A.C. Nielsen, la empresa investigadora de mercados más grande del mundo, sólo tiene oficinas en 28 países además de Estados Unidos.[19] Por tanto, aun cuando exista información secundaria, por lo general ésta se tiene que obtener de diversas fuentes y de país en país, lo que dificulta combinar y comparar la información.

Dada la escasez de datos secundarios, los investigadores muchas veces deben reunir sus propios datos primarios. En este caso, los investigadores también enfrentan problemas que no tienen en Estados Unidos. Por ejemplo, podrían tener problemas para componer las muestras apropiadas. Los investigadores estadounidenses, para componer sus muestras, pueden recurrir a directorios telefónicos actualizados, a datos de distintos rubros del censo y a muchas otras fuentes de datos socioeconómicos, pero encontrarse ante la carencia de esta información en otros países. Una vez compuesta la muestra, el investigador de Estados Unidos normalmente no tiene problema para ponerse en contacto con los encuestados, sea por teléfono, por correo o en persona. En otras partes del mundo el acceso a los encuestados no resulta tan fácil. En algunos países hay muchas personas que no tienen teléfono: en Egipto sólo hay cuatro teléfonos por cada mil habitantes, en Turquía hay seis y en Argentina hay 32. En otros países, el sistema de correos es muy irregular. Por ejemplo, en Brasil alrededor del 30% de la correspondencia no es entregada jamás. En algunos países en vías de desarrollo las deficiencias de las carreteras y de los sistemas de transporte dificultan el acceso a ciertas zonas, lo que hace que las entrevistas personales resulten problemáticas y caras.[20]

Las diferencias culturales de un país a otro presentan un problema más para los investigadores internacionales. El idioma es el culpable más evidente. Por ejemplo, los cuestionarios se preparan en un idioma, pero se deben traducir a los de cada uno de los países investigados. Después, para analizar e interpretar las respuestas, éstas se deben traducir de vuelta al idioma original, aumentando así los costos de la investigación y el riesgo de error:

> Traducir un cuestionario de un idioma a otro es una tarea bastante difícil... Hay muchos puntos que se [pierden] porque infinidad de giros idiomáticos, expresiones y afirmaciones conllevan diferentes significados en diferentes culturas. Un ejecutivo danés explicaba: "Verifique lo anterior pidiendo a un traductor que vuelva a traducir al inglés algo que ha sido traducido del inglés. Se llevará una enorme sorpresa. Recuerdo [un caso en que], con este proceso, 'ojos que no ven, corazón que no siente' se había convertido en 'las cosas invisibles son insensatas'".[21]

Los roles en las compras y los procesos de decisión de los consumidores varían mucho de un país a otro y complican aún más las investigaciones internacionales. La actitud que adoptan los consumidores de diferentes países ante las investigaciones de mercado tampoco es igual. La gente de un país puede estar dispuesta a colaborar, pero en otros países quizás exista una mayoría que se niega a contestar. Por ejemplo, en algunos países islámicos las costumbres sociales prohíben hablar con extraños y el investigador simplemente no podrá hablar por teléfono con las mujeres para conocer su actitud en cuanto a una marca o su comportamiento para comprar. Según ciertas culturas, las preguntas del cuestionario podrían ser demasiado personales. Por ejemplo, en muchos países de América Latina la gente no se sentiría cómoda hablando con los investigadores sobre el champú, el desodorante o los productos de aseo personal que prefiere. Aun cuando los encuestados estén *dispuestos* a contestar, quizá *no puedan* debido al porcentaje de analfabetas funcionales existente. Los miembros de la clase media de los países en vías de desarrollo muchas veces mienten para dar la impresión de que son ricos. Por ejemplo, en un estudio sobre el consumo de té en India, más del 70% de los encuestados de ingresos medios afirmó que consumía alguna de entre varias marcas nacionales. No obstante, los investigadores justificadamente pusieron los resultados en tela de juicio, pues más del 60% del té que se vende en India es genérico, sin marca.

A pesar de estos problemas, el crecimiento de la mercadotecnia ha llevado al veloz aumento de las investigaciones internacionales de mercados. Las sociedades transnacionales se han visto obligadas a realizarlas. Aunque estas investigaciones entrañan muchos costos y problemas, el no hacerlas podría significar mayores costos, en razón de oportunidades perdidas y errores cometidos. Sin embargo, cuando se detectan los problemas de las investigaciones de mercado internacionales, muchos de ellos se pueden superar con facilidad.

Las políticas públicas y la ética en las investigaciones de mercado

Cuando una investigación de mercado se usa debidamente produce beneficios a la empresa que la patrocina y a sus clientes, porque ayuda a la empresa a tomar decisiones de mercado más sólidas y éstas conllevan a productos y servicios que satisfacen mejor las necesidades de los clientes. Sin embargo, cuando las investigaciones de mercado no se usan debidamente pueden enojar a los consumidores o servir para aprovecharse de ellos. El recuadro Puntos Importantes de la Mercadotecnia 4-4 resume aspectos centrales de las políticas públicas y la ética en relación con las investigaciones de mercado.

Análisis de la información

En general, la información reunida por la empresa, por medio de su servicio de inteligencia de mercadotecnia y por los sistemas de investigaciones de mercado, se debe sujetar a un análisis más profundo y además, en ocasiones, los gerentes necesitan ayuda para aplicarla a los problemas y a las decisiones mercadotécnicas. La ayuda puede incluir análisis estadísticos avanzados que estudian las relaciones entre una serie de datos y su confiabilidad estadística. Este análisis permitirá a los administradores pasar más allá de las medias y de las desviaciones estándar de los datos y contestar preguntas como:

- ¿Cuáles son las principales variables que afectan mis ventas y cuánta importancia tiene cada una?

- Si aumentara 10% los precios y elevara 20% el gasto para publicidad, ¿qué pasaría con mis ventas?

- ¿Qué elementos sirven para pronosticar mejor qué consumidores comprarían mi marca y cuáles la marca de la competencia?

- ¿Cuáles son las mejores variables para segmentar mi mercado y cuántos segmentos hay?

La información y el análisis también pueden derivar en una serie de modelos matemáticos que le servirán a los mercadólogos para tomar decisiones más sólidas. Cada modelo representa un sistema, proceso o resultado real. Estos modelos sirven para contestar preguntas que entrañan el *qué pasaría si* o *cuál es mejor*. A lo largo de 20 años, los científicos de la mercadotecnia han elaborado diferentes modelos que le sirven a los gerentes de mercadotecnia para tomar mejores decisiones en cuanto a la mezcla mercadotécnica, para diseñar los territorios de ventas y los planes de visitas, para seleccionar la ubicación de los puntos de venta al detalle, para encontrar la mezcla publicitaria óptima y para pronosticar las ventas de productos nuevos.[22]

DISTRIBUCION DE LA INFORMACION

La información de mercado carece de valor hasta en tanto el gerente la usa para tomar decisiones de mercadotecnia más sólidas. La información reunida por medio de los servicios de inteligencia y las investigaciones de mercado se debe

LAS POLÍTICAS PÚBLICAS Y LA ÉTICA DE LAS INVESTIGACIONES MERCADOTÉCNICAS

Casi todas las investigaciones de mercado benefician tanto a la compañía que las patrocina como a los consumidores. Por medio de las investigaciones de mercado, las empresas conocen más las necesidades de los consumidores y en consecuencia producen productos y servicios más satisfactorios. No obstante, cuando las investigaciones mercadotécnicas no se usan debidamente, los consumidores también se pueden molestar o salir perjudicados. A continuación se tratan dos temas acerca de las investigaciones de mercado, las políticas públicas y la ética.

Intromisión en la intimidad de los consumidores

La mayor parte de los consumidores tiene una opinión positiva de las investigaciones de mercado y piensa que son muy útiles. A algunos, de hecho, les agrada ser entrevistados y dar sus opiniones. No obstante, otros se molestan cuando les hacen investigaciones de mercado o incluso desconfían de ellas. Unos cuantos consumidores temen que los investigadores puedan usar técnicas complejas para introducirse en sus sentimientos más profundos y, después, usar estos conocimientos para manipular las compras. Otros incluso pueden haber sido engañados en "encuestas" anteriores que, de hecho, sólo fueron un intento para venderles algo. Otros consumidores más confunden las investigaciones de mercado legítimas con las actividades para elaborar bases de datos o para el telemercadeo y dicen que "no" antes de que el encuestador pueda siquiera empezar. No obstante, la mayoría simplemente se molesta por la intromisión. Les desagradan las encuestas por correo o por teléfono que son demasiado largas o personales o que les interrumpen en momentos inoportunos.

El hecho de que los consumidores se molesten cada vez más significa un gran problema para la industria de las investigaciones. En años recientes, este resentimiento ha desembocado en una disminución en el porcentaje de respuestas. Un estudio arrojó que 36% de los estadounidenses ahora se niegan a ser entrevistados para una encuesta promedio, cantidad muy superior a la de hace un decenio. La industria de las investigaciones está considerando varias opciones para enfrentar este problema. Una es ampliar el programa "Su opinión cuenta" para enseñarle a los consumidores cuáles son los beneficios que ofrecen las investigaciones mercadotécnicas legítimas y para distinguirlas de las ventas por teléfono y la creación de bases de datos. Otra opción es ofrecer un número telefónico para que los encuestados puedan llamar, gratis, para verificar si la encuesta es legítima. La industria también ha considerado adoptar normas generales, quizá basadas en el Código Internacional para las Investigaciones de Mercado y Sociales de Europa. Este código detalla las responsabilidades que tienen los investigadores ante los encuestados y ante el público en general. Por ejemplo, especifica que los investigadores deben proporcionar su nombre y dirección a los encuestados y prohíbe a las empresas presentar como investigaciones aquellas actividades que sirven para reunir bases de datos o para enganchar ventas y promociones.

Uso indebido de los resultados de las investigaciones

Las investigaciones pueden ser un potente instrumento de persuasión; con frecuencia, las empresas usan los resultados de los estudios como afirmaciones para su publicidad y promociones. No obstante, en la actualidad, muchas investigaciones parecen ser poco más que vehículos para reforzar los productos del patrocinador. De hecho, en algunos casos, las investigaciones parecen haber sido

distribuir entre los gerentes de mercadotecnia adecuados, en el momento oportuno. La mayor parte de los sistemas de información de mercado de las empresas está centralizada y proporciona a los gerentes informes regulares sobre su actuación, información de inteligencia actualizada, así como informes sobre los resultados de estudios. Los administradores necesitan estos informes rutinarios para tomar decisiones normales en cuanto a los planes, su aplicación y su control. Empero, los gerentes de mercadotecnia también necesitan información extraordinaria para situaciones especiales y para tomar decisiones al instante. Por ejemplo, un gerente de ventas que tenga problemas con un cliente grande podría requerir un resumen de las ventas y la rentabilidad de la cuenta durante el año anterior. El gerente de una tienda detallista que se ha quedado sin existencias del producto que vende más, quizá necesite conocer el nivel de los inventarios existentes en otras tiendas de la cadena. En las empresas que sólo cuentan con sistemas de información centralizados, los administradores tienen que solicitar la información al personal a cargo del SIM y esperarla. Con frecuencia, la información tarda tanto en llegar que pierde su utilidad.

diseñadas tan sólo para producir las consecuencias que se buscan. Pocos publicistas modifican abiertamente el diseño de sus investigaciones o alteran flagrantemente los resultados; la mayoría de los abusos suelen ser sutiles "estirones de la verdad". Analice los siguientes ejemplos:

Un estudio de Chrysler sostiene que los estadounidenses claramente prefieren el Chrysler al Toyota después de someter a los dos a una prueba de manejo. No obstante, este estudio sólo incluyó a 100 personas en cada una de las dos pruebas. Es más, de las personas encuestadas, ninguna poseía un auto extranjero, por lo que, al parecer, propendían a preferir autos estadounidenses.

Levi Strauss informa que cuando le preguntó a los estudiantes universitarios qué ropa sería más popular ese año, 90% contestó que los vaqueros Levi's 501. Empero, los únicos vaqueros de la lista eran marca Levi's.

Una encuesta de Black Flag pregunta "Un disco para cucarachas ... que envenena a la cucaracha lentamente. La cucaracha moribunda vuelve al nido y cuando muere es comida por las otras cucarachas. A su vez, estas cucarachas se envenenan y mueren. ¿Qué tan efectivo piensa que sería este tipo de producto para matar a las cucarachas?" No es raro que 79% haya contestado que efectivo.

Una encuesta patrocinada por la industria de los pañales desechables decía: "Se estima que los pañales desechables componen menos del 2% de la basura de los rellenos sanitarios modernos. Por otra parte, los envases de refrescos, la correspondencia de tercera clase y la basura componen alrededor del 21% de la basura de los rellenos. Dada esta información, en su opinión, ¿sería justo prohibir los pañales desechables?". De nueva cuenta, no es raro que 84% contestara que no.

Por consiguiente, las manipulaciones sutiles de la muestra del estudio, la selección de preguntas o las palabras usadas para preguntar pueden afectar sustancialmente las conclusiones.

En otros casos, las investigaciones llamadas independientes, de hecho son sufragadas por empresas que tienen interés en los resultados. Ligeros cambios en las hipótesis del estudio o en la forma de interpretar los resultados pueden afectar sutilmente la dirección de los resultados. Por ejemplo, hay cuando menos cuatro estudios muy conocidos que comparan las consecuencias que los pañales desechables tienen para el ambiente, en comparación con los pañales de tela. Dos de los estudios, patrocinados por la industria de los pañales de tela, llegan a la conclusión de que los pañales de tela son mejores para el ambiente. No es raro que los otros dos estudios, patrocinados por la industria de los pañales de papel, lleguen a la conclusión contraria. Empero, los dos, dadas las hipótesis básicas usadas, parecen estar en lo cierto.

Al reconocer que se puede abusar de las encuestas, varias asociaciones, inclusive la American Marketing Association y el Council of American Survey Research Organizations, han elaborado códigos de ética para la investigaciones y normas de conducta. Sin embargo, en última instancia, los reglamentos no sirven para acabar con todos los actos carentes de ética o sesgados. Cada empresa debe aceptar la responsabilidad de vigilar el comportamiento y los informes de sus propias investigaciones de mercado, con el objeto de proteger los mejores intereses de los consumidores y los suyos propios.

Fuentes: Extractos de Cynthia Crossen, "Studies Galore Support Products and Positions, but Are They Reliable?", *The Wall Street Journal,* 14 de noviembre de 1991, pp. A1, A9. Véase también Betsy Spethmann, "Cautious Consumers Have Surveyors Wary", *Advertising Age,* 10 de junio de 1991, p. 34.

Los avances recientes en el manejo de la información han revolucionado su distribución. Gracias a los avances de computadoras, programas de computación y medios de comunicación, muchas empresas están descentralizando sus sistemas de información de mercado y están ofreciendo a los administradores acceso directo a información almacenada en el sistema. En algunas empresas, los gerentes de mercadotecnia pueden usar una computadora personal y ligarla a la red de información de la empresa y así, desde el lugar donde se encuentren, obtener información de los registros internos o de servicios de información externos, analizar la información usando modelos y paquetes estadísticos, preparar informes en un procesador de palabras y comunicarse con otros elementos de la red por medio de comunicados electrónicos.

Estos sistemas prometen un gran futuro. Permiten a los administradores obtener la información que necesitan en forma directa y rápida, así como darle la forma que requieren para satisfacer sus necesidades. Conforme haya más administradores que sepan usar estos sistemas y conforme los avances tecnológicos los abaraten, habrá cada vez más empresas que usen los sistemas descentralizados de información mercadotécnica.

RESUMEN

Los gerentes de mercadotecnia necesitan muchísima información para realizar su labor. A pesar de que cada vez hay mayor cantidad de información, con frecuencia los administradores carecen del volumen suficiente de la información que requieren o tienen demasiada del tipo equivocado. Para superar estos problemas, muchas empresas están tomando medidas para mejorar sus sistemas de información mercadotécnica.

Un *sistema de información de mercadotecnia (SIM)* bien elaborado empieza y termina con el usuario. En primer lugar, el SIM *determina qué información se necesita,* entrevistándose con los gerentes de mercadotecnia y analizando el entorno de sus decisiones para definir cuál es la información que se quiere, se necesita y se puede ofrecer.

A continuación, el SIM *elabora la información* y ayuda a los administradores a usarla con más eficacia. Los *registros internos* proporcionan información sobre ventas, costos, inventarios, flujos monetarios y cuentas por cobrar y por liquidar. Estos datos se pueden obtener con bastante rapidez y poco costo, pero con frecuencia se deben adaptar para que sirvan para tomar decisiones de mercadotecnia. El *sistema de inteligencia de mercadotecnia* ofrece a los ejecutivos información cotidiana sobre la situación del entorno mercadotécnico externo. Los empleados de la empresa, los clientes, los proveedores y los revendedores pueden reunir esta información de inteligencia, o se puede obtener por medio de informes publicados, conferencias, anuncios, actos de la competencia y otras actividades del entorno.

Las *investigaciones de mercado* sirven para reunir información sobre algún problema de mercado específico que afecta a la compañía. Todos los mercadólogos necesitan investigaciones de mercados y la mayor parte de las empresas grandes cuentan con sus propios departamentos de investigación de mercados. El proceso de dichas investigaciones consta de cuatro pasos. En el primer paso, el gerente y el investigador, con sumo cuidado, *definen el problema y establecen los objetivos de la investigación.* El objetivo puede ser *exploratorio, descriptivo o causal.* El segundo paso consiste en elaborar el *plan de la investigación* para reunir datos de fuentes primarias o secundarias. Para *reunir datos primarios* se debe tener un *procedimiento para investigar* (observación, encuesta, experimento), escoger un *método para establecer contacto* (personal, por correo o teléfono), diseñar el *plan de la muestra* (a quién encuestar, a cuántos encuestar y cómo elegirlos) y preparar los *instrumentos para la investigación* (cuestionarios, mecánicos). El tercer paso consiste en *aplicar el plan de la investigación de mercados,* reuniendo, procesando y analizando la información. El cuarto paso consiste en *interpretar los resultados y presentarlos.* Esta información se puede analizar con más profundidad y entonces proporciona a los gerentes de mercadotecnia otras formas de aplicación, así como procedimientos estadísticos y modelos avanzados que producen información más estricta.

Por último, el sistema de información de mercadotecnia distribuye la información que se ha reunido a partir de las fuentes internas, los servicios de inteligencia de mercadotecnia y las investigaciones de mercadotecnia, entre los gerentes adecuados y en el momento oportuno. Cada vez hay más empresas que están descentralizando sus sistemas de información por medio de *redes* que dan a los administradores un acceso directo a la información.

TÉRMINOS CLAVE

EXPOSICIÓN DE PUNTOS CLAVE

1. Usted ofrece un servicio de investigaciones, diseña y hace estudios para diversas empresas. ¿Cuál es el paso *más importante* para garantizar que sus clientes obtengan algo que verdaderamente valga lo que pagaron por el servicio?

2. Con frecuencia, las empresas hacen pruebas de productos nuevos en simples empaques en blanco, sin marca ni ninguna otra información de mercado. ¿En realidad qué mide esta prueba "ciega"? ¿Aparecen problemas cuando se aplican estos resultados al mundo "real"?

3. Muchas veces, las empresas están en ambientes que cambian con rapidez. ¿Puede la información de las investigaciones de mercado "ponerse rancia"? ¿Qué problemas tiene el gerente para usar los resultados de estas investigaciones?

4. ¿Qué tipo de investigación convendría para las siguientes situaciones y por qué?

   a. Kellogg's quiere investigar la influencia que los hijos ejercen en la decisión de compra de los padres respecto a los alimentos de desayuno.

   b. La librería de su universidad quiere conocer la opinión de los estudiantes en cuanto a su mercancía, precios y servicios.

   c. McDonald's está analizando dónde ubicar un restaurante nuevo en un suburbio que esté creciendo rápidamente.

   d. Gillette quiere saber si sería rentable una línea nueva de desodorantes para niños.

5. La técnica de sesiones de grupo se usa para muchas investigaciones de mercado, pero también es muy criticada. ¿Cuáles son las ventajas y las desventajas de estos grupos? ¿Mencione algunos tipos de asuntos que se puedan investigar con grupos focales?

6. El sistema de datos de Information Resources, Inc. (véase Puntos Importantes de la Mercadotecnia 4-3) obtiene la información por medio de grupos de voluntarios suscritos a televisión por cable, que viven en poblaciones pequeñas. ¿Se puede decir que estas personas son representativas? En consecuencia, ¿debe el mercadólogo interpretar los datos de manera diferente?

APLICACIÓN DE CONCEPTOS

1. Las pruebas de sabor a "ciegas" con frecuencia producen resultados sorprendentes. Demuéstrelo realizando una prueba en su aula.

   ■ Compre tres refrescos comparables, por ejemplo una Coca-Cola, una Pepsi y un refresco de cola cualquiera. Compre también tres vasos de papel para cada estudiante. Quítele a las botellas *cualquier* identificación que pudieran tener, inclusive etiquetas y corcholatas, y envuélvalas con papel para cubrir las diferencias de diseño de la botella. Marque las botellas con nombres neutros, por ejemplo Marca G, Marca H y Marca I. Vierta una pequeña muestra en cada uno de los vasos que haya marcado y distribúyalos.

   ■ Formule las preguntas y tabule las respuestas: (1) ¿Qué marca preferiría usted normalmente? (2) ¿Qué muestra le gusta más? (3) ¿Cuál cree que sea la marca que corresponde a cada una de las muestras?

   ■ Anote las preferencias de los estudiantes en la pizarra, después revele la marca que corresponde a cada una de las muestras. ¿Han sido los resultados los que cabría esperar? ¿Por qué sí o no?

2. Forme un grupo focal en su aula para averiguar cuáles son los pros y los contras de esta técnica.

   ■ Elija a alguien del grupo para que funja de moderador y además a seis u ocho voluntarios más. Trate de incluir cuando menos a un compañero que tenga una personalidad fuerte y a otro que sea tímido. Siéntelos en forma de semicírculo al frente de la clase.

   ■ Elija un tema que pueda discutir una sesión de grupo que interese a sus compañeros. Evite temas que puedan dar lugar a una discusión demasiado acalorada. Deje que el grupo hable durante 10 o 15 minutos.

   ■ Analice los "resultados" de la sesión de grupo con los demás estudiantes. ¿Fueron justas las conclusiones o estuvieron prejuiciadas? ¿Qué ventajas le encontraron los estudiantes a esta técnica y qué problemas?

CÓMO TOMAR DECISIONES EN MERCADOTECNIA:

COMUNICACIONES MUNDO PEQUEÑO, S.A.

Tom llamó a Lynette muy emocionado:

—He tenido una idea estupenda para nuestro producto. Advanced Micro Devices acaba de anunciar un chip nuevo con datos comprimidos. No te aburriré con los detalles, pero el caso es que puedo lograr que nos funcione mediante una tarjeta adaptadora para la red y eso nos permitirá...

—Aquí tierra hablándole a Thomas; ¡aterrice mayor Tom! —dijo Lynn—. Estoy de acuerdo que usar datos comprimidos con un adaptador para la red suena maravilloso, pero todavía no estamos listos para aplicárselo a un producto.

—Pero ya tenemos toda la información de mercado que necesitaremos —protestó Tom.

—Creo —dijo ella— que antes de llegar a esa etapa tenemos que ocuparnos de unas cuantas cosas más. Logré que mis últimos productos fueran un éxito haciendo un análisis detallado de entrada, después diseñé los productos de tal manera que se ciñeran a las necesidades que detecté. Te enviaré un fax explicándote lo que debemos saber antes de terminar el producto. En pocas palabras, necesitamos ciertas investigaciones de mercado y análisis de la competencia, saber cuáles son las ideas que motivan a los consumidores y cómo tomarían la decisión de comprar. Después...

—No sigas, por favor —dijo Tom—, sólo dime lo que quieres saber ahora y te complaceré.

Siguieron charlando un rato y se pusieron de acuerdo en cuanto a algunos puntos estratégicos. Todos los productos de Mundo Pequeño cumplirían con las normas de la industria tanto para el hardware, como para el software y tratarían de establecer otras nuevas. La presentación del hardware sería la de un producto terminado y no sólo un tablero de circuitos pelón, además cualquiera lo podría instalar, sin herramientas.

—¿Se puede hacer? —preguntó Lyn.

—Técnicamente no es lo ideal, pero hay muchas maneras fáciles de conectarlo a una computadora personal, puertos paralelos y seriales, conexión en el tablero, puerto del ratón —contestó Tom—. Para las portátiles, existe una bahía de expansión estándar, la ranura PCMIA, que se puede usar en máquinas de escritorio después. Con eso basta para muchas aplicaciones.

Por último, estuvieron de acuerdo en que tenían que encontrar una necesidad de los clientes que no estuviera satisfecha y elaborar el software y el hardware necesarios para satisfacerla.

Y, ¿AHORA QUÉ?

1. ¿Qué problemas básicos de investigación debe abordar Mundo Pequeño?

2. Piense en la situación de Comunicaciones Mundo Pequeño. No cuenta con un sistema de información interna ni con uno de información de mercado, tampoco tiene presupuesto para investigaciones de mercado. ¿Cómo pueden Lynette y Tom superar estos problemas y, de acuerdo con sus posibilidades, reunir la información que necesitan?

REFERENCIAS

1. Véase "Coke 'Family'Sales Fly as New Coke Stumbles", *Advertising Age,* 17 de enero de 1986, p. 1; Jack Honomichl, "Missing Ingredients in 'New' Coke's Research", *Advertising Age,* 22 de julio de 1985, p. 1; Patricia Winters, "For New Coke", 'What Price Success?'", *Advertising Age,* 20 de marzo de 1989, pp. S1-S2; Patricia Winters, "Coke II Enters Markets without Splashy Fanfare", *Advertising Age,* 24 de agosto de 1992, p. 2; y "Coke II Entry Quiet Across U.S.", *The Durham Herald-Sun,* 13 de enero de 1993, p. D5.

2. Marion Harper, Jr., "A New Profession to Aid Management", *Journal of Marketing,* enero de 1961, p. 1.

3. Rashi Glazer, "Marketing in an Information-Intensive Environment: Strategic Implications of Knowledge as an Asset", en *Journal of Marketing,* octubre de 1991, pp. 1-19.

4. John Neisbitt, *Megatrends: Ten New Directions Transforming Our Lives* (Nueva York: Warner Books, 1984).

5. "Harnessing the Data Explosion", *Sales & Marketing Management,* enero de 1987, p. 31; y Joseph M. Winski, "Gentle Rain Turns into Torrent", *Advertising Age,* 3 de junio de 1991, p. 34.

6. Neisbitt, *op. cit.,* p. 16.

7. Véase "Business Is Turning Data into a Potent Strategic Weapon", *Business Week,* 22 de agosto de 1983, p. 92; y "Decision Systems for Marketers", *Marketing Communications,* marzo de 1986, pp. 163-90; y Jeffrey Rotfeder y Jim Bartimo, "How Software is Making Food Sales a Piece of Cake", *Business Week,* 2 de julio de 1990, pp. 54-55.

8. Véase Christel Beard y Betsy Wiesendanger, "The Marketer's Guide to Online Databases", en *Sales & Marketing Management,* enero de 1993, pp. 36-41.

9. *Ibid.,* p. 46; y Leonard M. Fuld, "Competitor Intelligence: Can You Plug the Leaks?", *Security Management,* agosto de 1989, pp. 85-87.

10. Véase Howard Schlossberg, "Competitive Intelligence Pros Seek Formal Role in Marketing", *Marketing News,* 5 de marzo de 1990, pp. 2, 28; Gary B. Roush, "A Program for Sharing Corporate Intelligence", *Journal of Business Strategy,* enero-febrero de 1991, pp. 4-7; y Michele Galen, "These Guys Aren't Spooks. They're 'Competitive Analysts'", *Business Week,* 14 de octubre de 1991, p. 97.

11. La Asociación Americana de Mercadotecnia adoptó esta definición oficialmente en 1987.

12. Para mayor información en cuanto a fuentes secundarias de datos sobre empresas y mercadotecnia, véase Gilbert A. Churchill, Jr., *Marketing Research: Metho-dological Foundations,* 5a. ed. (Chicago: The Dryden Press, 1991), pp. 287-303; *The Best 100 Sources of Marketing Information,* suplemento de *American Demographics,* 1989; "Research Business Report", *Advertising Age,* 3 de junio de 1991, pp. 31-35; y "The Hono-michl 50: The 1992 Honomichl Business Report on the Marketing Research Industry", sección especial en *Marketing News,* 2 de junio de 1992.

13. Véase Scott Barret, "The Power of People", *Adweek,* 2 de abril de 1990, p. 32; Zachary Schiller, "Thanks to the Checkout Scanner, Marketing Is Losing Some of Its Mystery", *Business Week,* 28 de agosto de 1989, p. 57; y Lynn G. Coleman, "IRI, Nielsen Slug It Out in the Scanning Wars", *The Marketing News,* 2 de septiembre de 1991, pp. 1, 47.

14. Mark Landler, "The 'Bloodbath' in Market Research", *Business Week,* 11 de febrero de 1991, pp. 72-74.

15. Véase Thomas L. Greenbaum, "Focus Group Spurt Predicted for the '90s", *Marketing News,* 8 de enero de 1990, pp. 21, 22; y *Marketing News,* número especial sobre grupos focales, 27 de mayo de 1991.

16. Selwyn Feinstein, "Computers Replacing Interviewers for Personnel and Marketing Tasks", *The Wall Street Journal,* 9 de octubre de 1986, p. 35; y Diane Crispell, "People Talk, Computers Listen", *American Demogra-phics,* octubre de 1989, p. 8.

17. Para más información sobre medidas mecánicas, véase Michael J. McCarthy, "Mind Probe", *The Wall Street Journal,* 22 de marzo de 1991, p. B3.

18. Para una explicación interesante de la importancia que tiene la relación entre los investigadores de mercados y los usuarios de las investigaciones, véase Christine Moorman, Gerald Zaltman y Rohit Deshpande, "Relationships Between Providers and Users of Market Research: The Dynamics of Trust Within and Between Organizations", *Journal of Marketing Research,* agosto de 1992, pp. 314-28; y Christine Moorman, Rohit Desphande y Gerald Zaltmann, "Factors Affecting Trust in Market Research Relationships", *Journal of Marketing,* enero de 1993, pp. 81-101.

19. Jack Honomichl, "Top Marketing/Ad/Opinion Research Firms Profiled", *Marketing News,* 2 de junio de 1992, p. H2.

20. Muchos de los ejemplos de esta sección, y de otras, aparecen en Subhash C. Jain, *International Marketing Management,* 3a. ed. (Boston: PWS-Kent Publishing Company, 1990), pp. 334-39. Véase también Vern Terpstra y Ravi Sarathy, *International Marketing* (Chicago: The Dryden Press, 1991), pp. 208-13.

21. Jain, *op. cit.,* p. 338.

22. Para mayor información sobre análisis estadísticos, consulte un libro de texto cualquiera, por ejemplo Tull y Hawkins, *Marketing Research.* Para un repaso de los modelos mercadotécnicos, véase Gary L. Lilien y Philip Kotler, *Marketing Decision Making: A Model Building Approach* (Nueva York: Harper & Row, 1983).

CASO 4

HABLEMOS DE TENDENCIAS Y SIGÁMOSLES LA PISTA

Estamos a punto de entrar al "Decenio de la decencia", donde las empresas usarán un "posicionamiento decente" para amortiguar los "golpes rudos" de los consumidores conscientes. Muchos de estos consumidores serán "Mavis" y "Pavis" que están "alineándose" y "pagando su salida" para volver a las "raíces del país". Sus gustos propenden al "encanto de la cabaña" y se satisfacen con "antojitos" y "alimedicinas". Pero si son "Prups" no podrán comprar "alta costura para las masas".

¿Entendió el párrafo que antecede? Si no lo entendió, es probable que usted no conozca el idioma de las tendencias, inventado por BrainReserve, una pequeña empresa de consultoría en mercadotecnia fundada por Faith Popcorn en 1974, con el propósito de seguirle la pista a las tendencias del mercado. La empresa usa tres fuentes de información: un grupo de ideólogos creativos de diferentes ramas,

las entrevistas a consumidores (más de 3,000 al año en todo el país) y la revisión de cientos de publicaciones en campos como los de noticias, negocios, salud, ciencias, alimentos/bebidas, hogar, viajes, literatura/arte, política, medio ambiente, música nueva era y tiempo débil (Utne Reader).

Con base en las entrevistas y la revisión de medios, BrainReserve identifica las diez tendencias más importantes. Las tendencias ofrecen información sobre los intereses, las ideas y la forma de vida presentes de los consumidores. A continuación, BrainReserve prueba las ideas de productos y servicios nuevos, comparándolas con estas tendencias y define cuál será la respuesta probable del consumidor. Si un producto encaja con cuatro tendencias, cuando menos, se considera que está "dentro de la tendencia" o que tiene probabilidades de éxito. Si no es así, está "fuera de la tendencia" y es probable que fracase. En fecha reciente, la empresa probó una idea nueva de Bacardí, el Brisa Bacardí, una bebida a base de ron, y encontró que estaba dentro de las tendencias. El producto nuevo, a menos de un año de su introducción, saltó al tercer lugar de la industria de las bebidas alcohólicas, aun cuando las ventas de licores y vinos en general estaban bajando. Así, parece que seguir la pista de las tendencias sí funciona.

Actualmente, las primeras diez tendencias de BrainReserve son: (1) los capullos: personas que desean enroncharse para encontrar un refugio seguro; (2) la aventura fantástica: un escape indirecto por medio del consumo, se puede tratar de vacaciones fantásticas o máquinas de realidad virtual; (3) los pequeños placeres: comprar lo mejor dentro de una categoría "pequeña" de productos, un chocolate Godiva o un corte de pelo exclusivo; (4) la economía: el deseo de productos hechos por encargo, como números personalizados de revistas o cosméticos preparados con receta personal; (5) pagar por salir: se abandona una carrera para hacer lo "que uno quiere", como pintar, renovar casas o dedicarse a la agricultura; (6) quitarse años: descubrir que la vejez es una actitud mental, que uno no ha llegado a ella a pesar de tener más de cuarenta y tantos años; (7) conservar la vida: la lucha por estar sano; (8) el consumidor vigilante: la clara reacción del consumidor ante mercancías y prácticas comerciales descuidadas; (9) el 99 vidas: persona que desempeña muchos roles en la familia y la carrera, por lo que necesita productos y servicios mejor diseñados que le faciliten su actuación; y (10) salvemos a la sociedad: preocupación por el medio ambiente. Con base en estas tendencias, Popcorn y sus colegas pronostican que habrá muchas mejoras resultantes de los actos de los consumidores y el ambientalismo.

Sin embargo, otros seguidores de pistas no son tan optimistas. Pronostican un mundo de creciente desigualdad entre quienes tienen y quienes no tienen, situación que llevará a mayor delincuencia, peor calidad de vida y deterioro de las condiciones ambientales. Patricia Aburdene, coautora de *Megatrends for Women*, pronostica que el aumento de la demanda impondrá un peso excesivo al sistema de salud y Theodore J. Gordon del Gutures Group pronostica que tendremos que trabajar más.

En ese sentido, estamos "pagando por salir". Pero, antes, le presentamos una interpretación general del Idioma de las Tendencias del primer párrafo.

- *Decenio de la decencia:* un decenio de compromiso con el medio ambiente, la educación y la ética.
- *Posicionamiento decente:* política de las sociedades para "ser buenos y hacer el bien" y establecer una relación con el consumidor.
- *Golpes rudos: Consumidores conscientes* que atacan para ejercer influencia en el medio ambiente, el gobierno y los productos.
- MOBY: mamá vieja, hijo joven (etapa de la vida de las madres con ciertos años).
- DOBY: papá viejo, hijo joven (etapa de la vida de los padres con ciertos años).
- *Alinearse:* los consumidores se organizan para hacerse la vida más fácil.
- *Raíces del país:* volver a los planes y los valores sencillos.
- *Encanto de la cabaña:* estilo basado en el gusto por el estilo rústico, de cosas hechas a mano, de la conquista del oeste de EUA.
- *Antojitos:* alimentos para satisfacer las necesidades emocionales, que producen tranquilidad o energía.
- *Alimedicinas:* alimentos con propiedades medicinales.
- *Prup:* profesionales urbanos pobres.
- *Alta costura para las masas:* productos de gran calidad, hechos por encargo, que se pueden conseguir a gran escala.

PREGUNTAS

1. ¿Cuáles son los aspectos del macroambiente que afectan las diez tendencias de BrainReserve? ¿Cuáles del microambiente? ¿Qué públicos?

2. ¿Cómo podrían las tiendas de alimentos, los diseñadores de interiores o los fabricantes de navajas desechables o cosméticos probar sus productos con las diez tendencias de BrainReserve?

Fuentes: Mindy Drucker, "You Gotta Have Faith", *Target Marketing,* enero de 1992, pp. 10-11; Faith Popcorn, *The Popcorn Report* (Nueva York: Doubleday Currency, 1991); Edith Weiner, "Six Principles for Revitalizing Your Planning", *Planning Review,* julio-agosto de 1990, pp. 16-19; Walter Wacherl, "As They See It: Experts Forecast Trends and Challenges", *Healthcare Executive,* julio-agosto de 1992, pp. 16-20; y Edith Weiner, "Business and the Future; A Round-Table Discussion", *Futurist,* mayo-junio de 1992, pp. 23-27.

CASO EMPRESARIAL 4

ACTO I: PULSACIONES DEL MERCADO DE LOS CONTROLES DE APPLIANCE

Wallace C. Leyshon, presidente del consejo y director general de Appliance Control Technology (ACT), levantó la vista de la revista *Appliance Manufacturer Magazine* que estaba leyendo cuando Gregory Pearl, director de mercadotecnia de ACT, entró a su oficina.

Leyshon había fundado ACT hacía muy poco, después de trabajar como director de negocios en la división de controles electrónicos de Motorola. La división de Motorola había registrado 30 millones de dólares en ventas y contaba con unos 600 empleados en todo el mundo. Empero, Leyshon opinaba que Motorola seguía estrategias industriales convencionales, como manufacturar sus productos en otros países (extranjero). Leyshon creía que la industria estaba preparada para una estrategia diferente y decidió renunciar a Motorola para constituir su propio negocio, el cual se dedicaría a diseñar, producir y vender tableros digitales, con controles sensibles a un golpe de pulso, para aparatos electrodomésticos como hornos de microondas, planchas y lavadoras. Estos tableros permiten a los consumidores controlar los aparatos mediante un golpe de pulso, por ejemplo en los hornos de microondas, para establecer el tiempo de cocción o para elegir los ciclos "cocinar" o "descongelar". Este tipo de controles se usan en lugar de los botones o las perillas de muchos aparatos.

EJEMPLO 4-1
Aparatos electrodomésticos: valor de los embarques, 1972-1990

Fuente: Departamento de comercio de EUA.

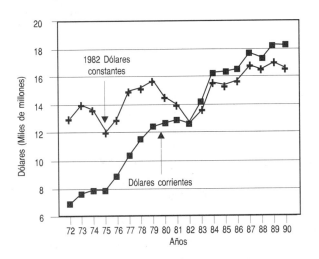

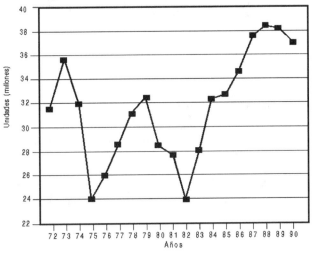

EJEMPLO 4-2
Embarque de principales aparatos electrodomésticos, por unidades (excluyendo microondas)

Fuente: Asociación de Fabricantes de Aparatos Electrodomésticos.

La industria de los electrodomésticos es una industria madura: durante el periodo de 1986 a 1990, los embarques de los fabricantes estadounidenses sólo aumentaron 5% al año (véanse testimonios 4-1 y 4-2). Asimismo, la Asociación de fabricantes de electrodomésticos estima que la cantidad de aparatos electrodomésticos por hogar en Estados Unidos aumentó de 3.3 en 1960, a 4.1 en 1970, a 5.4 en 1982, a 6.1 en 1987. Los analistas de la industria se preguntan si este grado de penetración puede aumentar más.

No obstante, a pesar del lento crecimiento de la industria de los electrodomésticos en general, las investigaciones de Leyshon pronostican que las ventas de tableros digitales de control para aparatos electrodomésticos podrían crecer a un asombroso 22% al año durante los primeros años de la década de 1990. En la actualidad, sólo alrededor del 20% de los electrodomésticos estadounidenses tienen controles digitales. No obstante, un analista de la industria señala que, con el éxito de los hornos de microondas y de las videocaseteras, los consumidores aceptan cada vez mejor controles digitales sensibles a un golpe de pulso. Leyshon piensa que este mayor conocimiento por parte de los consumidores le ha abierto la puerta a muchos fabricantes para que coloquen tableros digitales de control en aparatos electrodomésticos que los usuarios controlan ahora mediante perillas y botones (controles electrome-

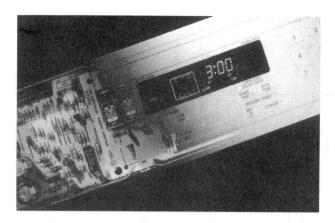

EJEMPLO 4-3 Pasos del proceso de investigación mercadotécnica de ACT

1. Identificar y articular el problema.
2. Identificar las metas de la investigación.
3. Definir la información que se necesita para alcanzar las metas de la investigación.
4. Definir el diseño de la investigación.
5. Decidir cuál será la muestra para la investigación (v.gr. a quién llamar).
6. Definir el contenido de las preguntas individuales.
7. Preparar un cuestionario.
8. Probar el cuestionario.
9. Adaptar el cuestionario basándose en los resultados de la prueba.
10. Realizar las entrevistas.
11. Adaptar las preguntas del cuestionario y la investigación como fuera necesario.
12. Anotar los resultados de cada entrevista.
13. Preparar un informe.

cánicos). Por ejemplo, una plancha eléctrica normal, con un control digital podría ofrecer a los usuarios una amplia gama de programas especiales para cocinar, similar a la que los hornos de microondas ofrecen en la actualidad.

Tras fundar ACT, Layshon firmó un contrato muy grande con un fabricante de hornos de microondas. Al convertirse este negocio en un cliente que requería el apoyo de ACT, Leyshon se dio cuenta que debía realizar una investigación de mercado para desarrollar una estrategia de mercadotecnia que le permitiera atacar el mercado de los controles para aparatos electrodomésticos. A pesar de que había pocos proveedores de controles digitales y sólo cinco fabricantes importantes en la industria, Leyson casi no encontró investigaciones de mercado sobre la industria de controles para aparatos electrodomésticos, concretamente sobre los controles digitales.

—¿Hola, cómo estás Wallace? —preguntó Gregory Pearl al entrar a la oficina de Leyshon.

—Bien, Gregory. Estaba viendo esta revista, buscando algo que nos pudiera servir para la investigación de mercado. ¿Me tienes algo?

—Bueno, la última vez que nos vimos, hablamos del proceso que seguiríamos para la investigación de mercado (véase el testimonio 4-3). A partir de esos lineamientos he tratado de definir algunas de las metas de la investigación. He preparado una lista de preguntas específicas para las entrevistas telefónicas y para averiguar a quién debemos

EJEMPLO 4-4
Puntos del diseño de la investigación de mercados de ACT

I. Metas de la encuesta
  A. Averiguar cuál es la mejor estrategia para abordar el mercado de los controles electrónicos.
    1. Tipos de aparatos
    2. Características
    3. Aspectos de costos
    4. Técnicas para tácticas de ventas
  B. Definir cómo puede ACT servirle a los fabricantes de equipo original (FEO)
    1. Investigación y desarrollo
    2. Formación de parejas
    3. Ciclo de desarrollo del producto

II. Temas específicos que se abordarán
  A. ¿Qué problemas enfrentan los fabricantes del equipo y los detallistas cuando producen y venden aparatos electrodomésticos? ¿Cómo puede ACT ayudar a resolver estos problemas?
  B. ¿Quiénes toman las decisiones en el proceso de compra de aparatos electrónicos? ¿Quién tiene el poder entre el detallista y el fabricante del equipo?
  C. ¿Existen temas no identificados desde la perspectiva de ACT, el fabricante o los detallistas?
  D. ¿Con cuánta rapidez adoptarán los fabricantes controles electrónicos para sus aparatos, por categoría de aparato?
  E. ¿Cuán sensibles son los fabricantes al precio de los controles electrónicos en comparación con los controles electromecánicos normales?
  F. ¿Qué opinión tienen los fabricantes de las ventajas y las desventajas de los proveedores?
  G. ¿Qué características y elementos, además del precio, hacen que se usen los controles electrónicos?
  H. ¿Cómo pueden los fabricantes usar los controles electrónicos para aumentar el valor de los aparatos de nivel intermedio?
  I. ¿Cómo puede el proveedor ser un mejor socio de los fabricantes?
  J. ¿Qué puede hacer un proveedor para ayudar a acelerar las actividades de los fabricantes en cuanto al desarrollo del producto?

III. ¿Quién será entrevistado?
  A. Fabricantes
    1. Departamentos funcionales
      a. Adquisiciones
      b. Mercadotecnia
      c. Ingeniería
    2. Empresas concretas
      a. Whirlpool
      b. Frigidaire
      c. General Electric
      d. Maytag
      e. Raytheon
  B. Minoristas
    1. Departamentos funcionales
      a. Compradores
      b. Gerentes de tiendas
      c. Personal de ventas de piso

2. Empresas concretas
   a. Sears
   b. Montgomery Ward
   c. Highland
   d. Wal-Mart
C. Otros
   1. Asociación de Fabricantes de Aparatos Electrodomésticos
   2. Editor de *Appliance Magazine*
   3. Editor de *Appliance Manufacturer Magazine*

llamar (véase testimonio 4-4). De hecho, he preparado una versión preliminar del cuestionario (véase testimonio 4-5).

A Leyshon le agradó el avance logrado por su director de mercadotecnia.

—Está bien, veamos qué has hecho. Entonces podremos decidir qué hacer a continuación.

EJEMPLO 4-5
Versión 1 - Cuestionario para la investigación mercadotécnica de ACT

Presentación ACT está realizando una encuesta de personas que toman decisiones y de industriales expertos de la industria de los controles para aparatos electrónicos. Le agradeceremos se sirva contestar las siguientes preguntas. En caso de que se usen, sus respuestas serán anónimas. Sus respuestas le servirán a ACT para determinar cómo puede servirle mejor a la industria de los electrodomésticos.

Preguntas
1. A. ¿Qué opina usted de la cantidad de controles electrónicos que se usan, expresada como porcentaje, en las siguientes categorías de aparatos en 1991 y 1996?
   B. ¿Qué opina usted del costo promedio por control electrónico, por categoría de aparato en 1991 y 1996?

Categoría	Porcentaje de unidades con controles electrónicos en: 1991	1996	Costo promedio por unidad de control en: 1991	1996
Lavaplatos				
Secadoras eléctricas				
Secadoras de gas				
Microondas				
Planchas eléctricas				
Planchas de gas				
Refrigeradores				
Lavadoras				
Aire acondicionado				

2. Para cada una de las siguientes categorías ¿qué precio debe cobrar un proveedor por una unidad de control electrónico, de tal manera que al fabricante le diera lo mismo

usar controles electrónicos o electromecánicos, tomando en cuenta las diferencias de funciones y características?

Categoría	Precio por unidad electrónica
Lavaplatos	
Secadoras eléctricas	
Secadoras de gas	
Microondas	
Planchas eléctricas	
Planchas de gas	
Refrigeradores	
Lavadoras	
Aire acondicionado	

3. ¿Qué características, funciones y atributos necesitarían los controles electrónicos para ser usados con más frecuencia en los aparatos?

4. ¿Qué impacto tendrán las próximas regulaciones del Departamento de Energía en la industria de los electrodomésticos?

5. ¿Qué puede hacer una empresa de controles electrónicos para ser mejor proveedor?

PREGUNTAS

1. Con la información de este caso y de los ejemplos 4 y 5, explique qué está tratando de averiguar Leyshon por medio de la investigación de mercados. ¿Qué otra información y tendencias podría necesitar para incluir como parte de un sistema permanente de información de mercadotecnia?

2. ¿A qué servicios de inteligencia de mercado puede recurrir ACT para reunir información sobre la competencia en la industria?

3. Con base en el proceso de investigación de mercado que se explica en el texto, ¿qué objetivo persigue la investigación de ACT y qué problema está atacando la empresa? Evalúe el proceso de investigación de mercado de ACT (el testimonio 4-3).

4. ¿Qué fuentes de datos secundarios podría usar ACT?

5. ¿Qué decisiones ha tomado ACT en cuanto al enfoque de su investigación, el método para establecer contacto y el plan de las muestras?

6. Evalúe el cuestionario propuesto por ACT (el testimonio 4-5). ¿Aborda éste las cuestiones que se presentan en el testimonio 4-4? ¿Qué cambios recomendaría usted?

Fuente: Appliance Control Technology ofreció su cooperación para preparar este caso.

5

Mercados de consumo: Influencias en el comportamiento de los consumidores

*L*os altos mandos de Porsche pasan mucho tiempo pensando en sus clientes. Quieren saber quiénes son, qué piensan, qué sienten y por qué compran un Porsche en lugar de un Jaguar, un Ferrari o un enorme Mercedes coupé. Las preguntas no tienen respuesta fácil, incluso los dueños mismos de un Porsche no saben exactamente por qué lo han comprado. Sin embargo, para la gerencia, entender a los clientes, y saber qué los estimula es del todo prioritario.

El Porsche tiene gran atractivo para un segmento muy reducido de triunfadores económicos, de personas que se fijan metas muy altas y se esfuerzan denodadamente para alcanzarlas. Esperan lo mismo de "sus aficiones, de la ropa que usan, de los restaurantes a los que concurren o de los autos que conducen". Estos triunfadores piensan que no forman parte de la generalidad, por el contrario, se consideran excepcionales. Compran un Porsche porque el auto proyecta su imagen, porque representa todo aquello que el propietario ve en sí mismo y en su existencia.

La mayor parte de nosotros compramos vehículos utilitarios, como los llaman los ejecutivos de Porsche: autos que se usan para ir al trabajo, llevar a los niños, ir de compras. Tomamos la decisión de comprar basándonos en elementos como el precio, el tamaño, el rendimiento, el consumo de gasolina y otras consideraciones prácticas. Pero un Porsche es más que un auto utilitario; es algo que se disfruta y no sólo algo que se usa. La mayor parte de las personas que compran un Porsche no se basan en hechos, sino en sentimientos, tratan de realizar sus sueños. Un Porsche es como una prenda de vestir: "es algo que el dueño usa, que le sirve para lucirse ... representa una relación muy personal, una que se refiere al sonido que emite el auto, a sus vibraciones, a la sensación que produce". Las personas compran un Porsche porque disfrutan al manejarlo o, simplemente, al estar en él. "Si fuera sólo para transportarse, lo podrían hacer en forma más barata. El auto es una manifestación de sí mismos". Extrañamente, muchos de los dueños de un Porsche no son aficionados a los autos,

no les interesan las carreras ni conducir un auto veloz. Tan sólo les gusta la sensación que les produce el Porsche o lo que el auto le proyecta a los demás de sus logros, estilo de vida y posición en la vida.

Un Porsche cuesta muchísimo dinero, pero el precio no es una preocupación importante para los compradores de este auto. Muchas veces, la empresa trata con personas que pueden comprar todo lo que quieren. El Porsche, para muchos de sus dueños, es un pasatiempo. De hecho, el Porsche no sólo compite con otros autos, sino también con veleros, casas de verano y aviones. Sin embargo, "casi todos estos artículos requieren que se les dedique tiempo, elemento que estas personas no tienen. En cambio, cuando uno tiene un Porsche, convertido en pasatiempo, uno puede disfrutarlo todos los días al dirigirse al trabajo o al aeropuerto, cosa que no ocurre en el caso del velero o la casa de verano".

La Porsche se ha esforzado siempre por satisfacer las expectativas de los compradores, pero a mitad de la década de los años ochenta, la empresa cometió un grave error mercadotécnico, cuando enfocó su comercialización a las *masas*, antes que a las *clases altas*. Aumentó la meta de sus ventas casi 50%, a 60,000 autos al año. Para alcanzar esta meta en el volumen de ventas, Porsche recurrió a modelos de precio bajo, que se vendían a sólo 20,000 dólares. Es más, tras decenios de enorgullecerse de su ingeniería avanzada, alto rendimiento y estilo refinado y atemporal, la compañía permitió que sus modelos se quedaran atrasados. Estas medidas ensuciaron la imagen de exclusividad de Porsche y confundieron a sus leales pero exigentes clientes. Al mismo tiempo, la baja del dólar estadounidense afectó a Porsche, al igual que una competencia cada vez más feroz por parte de Nissan, Toyota, BMW y otros rivales que impulsaron nuevos autos deportivos de lujo. En consecuencia, en 1988, las ventas de Porsche cayeron 51%.

Entonces Porsche se empeñó en reconstruir su dañada imagen y en volver a identificarse con sus clientes. Remozó sus líneas de modelos, enfocándolos, de nueva cuenta, al estrato superior del mercado; los modelos de 1989 partían de 40,000 dólares y llegaban hasta 75,000. La empresa estableció una meta de ventas de sólo 40,000 autos al año; menos de lo que Chevrolet produce en un mes. Ahora, la empresa quiere un crecimiento moderado, pero rentable; quiere producir un Porsche menos de los que requiera la demanda. Según dice un ejecutivo: "no pretendemos volumen ... pretendemos exclusividad". Porsche hace todo lo posible para que el hecho de poseer un Porsche represente algo muy especial. Incluso ha contratado a un representante para vender sus autos a celebridades, ejecutivos de grandes empresas, deportistas destacados y otras personalidades notables. El hecho de que personajes famosos conduzcan un Porsche, y de que le hablen a sus amigos de él, es la mejor publicidad que puede existir para la compañía.

Así pues, no es fácil entender a los compradores de un Porsche, aunque sea una tarea esencial. La empresa debe poner gran cuidado en la producción del auto y de su imagen, a efecto de ceñirse a las necesidades y los deseos de los compradores. Debe considerar la compleja serie de motivos, profundos y sutiles, que impulsa a los compradores. Este comportamiento nace de los valores y las actitudes fundamentales de los consumidores, de su visión del mundo y el lugar que ocupan en él, de lo que piensan de sí mismos y lo que quieren que otros piensen de ellos, del raciocinio y el sentido común y de los caprichos y los impulsos. El director general de Porsche resumió lo anterior con estas palabras: Para poder entender a nuestros clientes verdaderamente, es preciso entender la frase "si yo fuera coche, sería Porsche".[1]

AVANCE DEL CAPÍTULO

El capítulo 5 describe las características generales que influyen en el comportamiento de los consumidores. El capítulo empieza con una definición del mercado de consumo y propone un modelo simple del comportamiento del consumidor para comprar.

A continuación este modelo se usa para demostrar la manera en que la cultura, la subcultura y la clase social influyen en el comportamiento del cliente para comprar.

Después se explica la influencia de los factores sociales, se muestra que la posición de una persona con relación al grupo se puede definir en términos de roles y posiciones y sugiere que las personas eligen productos y marcas que reflejan sus roles y sus posiciones.

A continuación, se esbozan algunos de los factores personales que pueden influir en el comportamiento de los consumidores, incluyendo edad, ocupación, situación económica, estilo de vida y personalidad.

El capítulo termina con un repaso de los cuatro factores psicológicos básicos que influyen en el comportamiento del consumidor para comprar: motivación, percepción, aprendizaje y actitudes.

El ejemplo de Porsche muestra que son muchos los factores que afectan el comportamiento del consumidor para comprar. Dicho comportamiento nunca es sencillo, sin embargo una tarea esencial de la administración de la mercadotecnica es entenderlo.

Este capítulo, y el siguiente exploran la dinámica del comportamiento de los consumidores y del mercado de consumo. El **comportamiento del consumidor para comprar** habla del comportamiento que observan los consumidores finales cuando compran; es decir, las personas y los hogares que compran bienes y servicios para su consumo personal. La suma de todos estos consumidores finales constituye el **mercado de consumo.** El mercado de consumo de Estados Unidos cuenta con unos 254 millones de personas que consumen muchos billones de dólares por concepto de bienes y servicios al año, convirtiéndolo en uno de los mercados de consumo más atractivos del mundo.

Los consumidores estadounidenses caben dentro de muchas categorías de edad, ingresos, grado de estudios y gustos. Por otra parte, todos ellos adquieren una variedad increíble de bienes y servicios. El camino que siguen estos consumidores para escoger uno de entre varios productos abarca una serie fascinante de factores.

MODELO DEL COMPORTAMIENTO DE LOS CONSUMIDORES

Hace muchos años, los mercadólogos entendían a los consumidores gracias a la experiencia diaria de venderles cosas. Sin embargo, al crecer las empresas y los mercados, muchas de las personas que toman las decisiones de mercadotecnia ya no tienen contacto directo con sus clientes y deben recurrir a investigaciones sobre los consumidores. En la actualidad, se está gastando más dinero que nunca para estudiar a los consumidores, para tratar de saber más acerca de su comportamiento. ¿Quién compra?, ¿cómo compra?, ¿cuándo compra?, ¿dónde compra?, ¿por qué compra?

La pregunta medular para los mercadólogos es, ¿cómo responden los consumidores a los diversos estímulos de mercadotecnia que usa la empresa? La empresa que entienda verdaderamente las respuestas de los consumidores ante diferentes características, precios y publicidad de su producto, le llevará una gran ventaja sobre sus competidores. Es por ello que tanto empresas como académicos han realizado infinidad de investigaciones sobre la relación que existe entre los estímulos de mercadotecnia y la respuesta de los consumidores. Su punto de partida es el modelo de estímulo-respuesta, en el comportamiento de compra, que aparece en la figura 5-1. La figura ilustra cómo la comercialización y otros estímulos entran en la "caja negra" del consumidor y producen ciertas respuestas. Los mercadólogos deben conocer el contenido de la caja negra de los compradores.[2]

Los estímulos de mercadotecnia están compuestos por las cuatro P: producto, precio, posición y promoción. Hay otros estímulos que incluyen fuerzas y realidades centrales del entorno del comprador; hechos económicos, tecnológicos, políticos y culturales. Todos estos estímulos entran en la caja negra del comprador, donde se convierten en una serie de respuestas observables (las que aparecen en el lado derecho de la figura 5-1): la elección de un producto, la elección de una marca, la elección de un distribuidor, los tiempos de las compras y las cantidades de la compra.

El mercadólogo pretende entender cómo es que los estímulos se transforman en respuestas dentro de la caja negra del consumidor, que consta de dos partes. En primer lugar, las características del comprador influyen en la forma en que éste percibe los estímulos y reacciona a ellos. En segundo, el proceso de decisión del comprador afecta su comportamiento. En este capítulo se analizan las características del comprador que afectan su comportamiento para comprar. En el siguiente capítulo se estudia el proceso de la decisión de comprar.

CARACTERISTICAS QUE AFECTAN EL COMPORTAMIENTO DE LOS CONSUMIDORES

Las características culturales, sociales, personales y psicológicas influyen, de manera determinante, en las compras de los consumidores, como puede verse en la figura 5-2. Los mercadólogos no pueden controlar la mayor parte de estos factores, aunque sí deben tomarlos en cuenta. Ilustraremos estas características en el caso de Jennifer Flores, una consumidora hipotética. Jennifer está casada, es una profesional que trabaja como gerente de marca en una importante empresa de productos empacados y le gustaría encontrar una actividad recreativa que le proporcionara descanso de sus presiones laborales. Esta necesidad la ha llevado a considerar la posibilidad de adquirir una cámara para dedicarse a la fotografía. Muchas de las características de su formación afectarán su juicio de las cámaras y la forma en que elija una marca.

FIGURA 5-1
Modelo de comportamiento
del comprador

Factores culturales

Los factores culturales son los que ejercen mayor influencia, la más profunda, en el comportamiento del consumidor. El mercadólogo debe entender el papel que desempeñan *la cultura, la subcultura* y *la clase social* del comprador.

La cultura

La **cultura** es la causa fundamental de los anhelos y del comportamiento de una persona. El comportamiento humano es adquirido. La familia y otras instituciones importantes de la sociedad donde crece un niño le enseñan sus valores básicos, sus percepciones, deseos y comportamiento. Un niño estadounidense, por lo general, aprende o está expuesto a los siguientes valores: logros y éxitos, actividad y participación, eficiencia y sentido práctico, progreso, comodidad material, individualismo, libertad, benevolencia, sentido juvenil y condición física y salud.[3]

El hecho de que Jennifer Flores quiera una cámara se debe a su educación en una sociedad moderna que ha desarrollado la tecnología de las cámaras, así como toda una serie de valores y aprendizaje de consumo. Jennifer sabe lo que es una cámara. Sabe cómo leer las instrucciones. Además, su sociedad ha aceptado el concepto de que la mujer pueda ser fotógrafa. En otra cultura, digamos en una tribu primitiva de Australia meridional, la cámara podría carecer de significado y quizá sólo sea un simple objeto de curiosidad.

Los mercadólogos siempre están tratando de detectar los *cambios culturales,* con objeto de inventar los productos nuevos que quizá se requieran. Por ejemplo, el cambio cultural que ha llevado a que exista una mayor preocupación por la salud y la condición física, ha creado una inmensa industria de equipo y ropa deportivos, de alimentos de pocas calorías y más naturales, así como una serie de servicios relacionados con la salud y la condición física. El cambio que ha conducido a lo informal ha aumentado la demanda de ropa informal, de muebles más sencillos para los hogares y de diversiones más ligeras. El deseo de contar con más tiempo libre ha elevado la demanda de productos y servicios prácticos, como los hornos de microondas y las comidas rápidas. También ha creado una inmensa industria de ventas por catálogo. Más de 6,500 compañías que venden por catálogo, desde detallistas gigantescos como Sears y Spiegel, hasta detallistas especializados como L. L. Bean, Sharper Image, Royal Silk y Land's End, bombardean los hogares estadounidenses con 8.5 mil millones de catálogos al año.

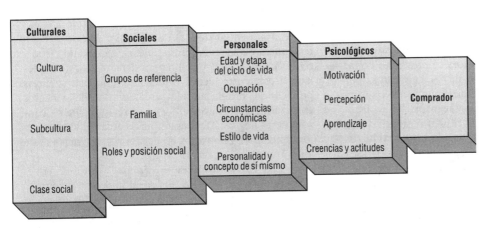

FIGURA 5-2
Factores que influyen en
el comportamiento

La subcultura

Cada cultura contiene **subculturas** menores, o grupos de personas que comparten sistemas de valores a partir de experiencias, situaciones y vivencias comunes. Las subculturas incluyen nacionalidades, religiones, grupos étnicos y zonas geográficas. Muchas subculturas componen segmentos importantes del mercado y, con frecuencia, los mercadólogos diseñan productos y programas de mercadotecnia que se ciñen a sus necesidades (véase Puntos Importantes de la Mercadotecnia 5-1).[4] La identificación de Jennifer Flores con su subcultura influirá en su comportamiento al comprar. Estos factores afectarán las preferencias por alimentos, la elección de ropa, las actividades recreativas y las metas profesionales. Las subculturas adjudican diferentes significados a la fotografía, los cuales podrían afectar tanto el interés de Jennifer por las cámaras, como la marca que elija.

La clase social

Casi toda sociedad tiene algún tipo de estructura de clases sociales. Las **clases sociales** son divisiones que establece la sociedad, de manera relativamente per-

---

PUNTOS IMPORTANTES DE LA MERCADOTECNIA 5-1

LOS MERCADÓLOGOS APUNTAN LA MIRA HACIA SUBCULTURAS IMPORTANTES

Cuando las subculturas crecen y tienen recursos suficientes, las empresas suelen diseñar programas de mercadotecnia especiales para satisfacer sus necesidades. A continuación se presentan tres ejemplos de estos grupos subculturales importantes.

Los consumidores hispanos. Los mercadólogos llevan muchos años considerando que el mercado de los hispanos (estadounidenses de ascendencia mexicana, cubanos, puertorriqueños) es pequeño y pobre, pero estas percepciones están trasnochadas. Los hispanos, que para el año 2010 llegarán a 40 millones, componen la segunda minoría de Estados Unidos por tamaño y velocidad de crecimiento. El poder adquisitivo anual de los hispanos suma 171 mil millones de dólares. Más de la mitad de los hispanos viven en una de seis zonas metropolitanas: Los Ángeles, Nueva York, Miami, San Antonio, San Francisco y Chicago. Es fácil llegar a ellos por medio de una gran variedad de transmisiones y medios impresos en español, dirigidos especialmente a ellos. Los hispanos han sido, desde hace mucho, punto focal de comercializadores de alimentos, bebidas y productos para el aseo doméstico. Empero, como el poder adquisitivo de los hispanos va en aumento, ahora se presentan como un mercado atractivo para productos más caros, por ejemplo computadoras, servicios financieros, equipo fotográfico, electrodomésticos, seguros de vida y automóviles. Los consumidores hispanos suelen tener conciencia de la marca y de la calidad, los productos genéricos no se venden bien en el grupo. Tal vez esto sea lo más importante: los hispanos son muy leales a la marca y optan por empresas que manifiestan interés por ellos. Muchas empresas están dedicando mayor parte de su presupuesto publicitario y preparando anuncios especiales para los hispanos. Debido a la gran lealtad por la marca que manifiesta este segmento, las empresas que logren entrar primero gozarán de una notable ventaja en este mercado que crece rápidamente.

Los consumidores de raza negra. Si la población de Estados Unidos de 31 millones de estadounidenses de raza negra, con un poder adquisitivo total de 218 mil millones de dólares al año, fuera un país independiente, su poder de compra ocuparía el decimosegundo lugar en el mundo libre. La población negra de Estados Unidos está gozando cada vez de más abundancia y refinamiento. Los negros gastan relativamente más que los blancos en ropa, productos para el aseo personal, muebles de casa y fragancias, aunque relativamente menos en alimentos, transportes y recreación. Si bien los negros se fijan más en los precios, también son motivados por la calidad y la selección. Conceden más importancia que otros grupos a los nombres de marca, son más leales a la marca y tienden menos a "comprar donde sea" y a comprar en las tiendas de su barrio. En años recientes, muchas empresas grandes (Sears, McDonald's, Procter & Gamble, Coca-Cola) han acelerado sus actividades para llegar a este lucrativo mercado. Emplean agencias publicitarias propiedad de negros, usan modelos negros en sus anuncios y sacan anuncios en revistas para los consumidores negros. Algunas empresas desarrollan productos, empaques y anuncios especiales para el mercado de los consumidores negros.

Los consumidores maduros. Conforme envejece la población de EUA, los consumidores "maduros" (65 años o más) están convirtiéndose en un mercado

---

manente y ordenada, para los miembros, de acuerdo con los valores, intereses y comportamientos que comparten. Los científicos sociales han señalado que en Estados Unidos existen siete clases sociales (véase tabla 5-1).

La clase social no se determina con base en un solo factor, como podría ser, por ejemplo, el ingreso, sino que se mide como una combinación de la ocupación, el ingreso, la educación, la riqueza y otras variables. En algunos sistemas sociales, los miembros de diferentes clases son criados para ciertos roles y no pueden cambiar de posición social. Sin embargo, en Estados Unidos, las líneas entre las clases sociales no son fijas ni rígidas, las personas pueden subir o bajar a otra clase social. A los mercadólogos les interesan las clases sociales porque la gente de una clase social cualquiera, cuando compra, tiende a comportarse de manera similar.

Las clases sociales manifiestan preferencias claras por productos y marcas, en relación con ropa, muebles, actividades de recreación y automóviles. La clase social de Jennifer Flores podría afectar su decisión en cuanto a la cámara. Si pertenece a una clase social alta, es probable que su familia haya tenido una cámara de calidad y ella se haya aficionado a la fotografía.

muy atractivo. El mercado de las personas mayores cuenta con 32 millones de consumidores, pero pasará de 40 millones en el año 2000. Las personas mayores suelen tener una posición económica holgada y gastan alrededor de 200 mil millones de dólares al año, además de que pueden disponer de ingresos por un monto que duplica el correspondiente a los consumidores del grupo compuesto por las personas menores de 35 años. Desde hace mucho, los consumidores maduros han sido punto focal de fabricantes de laxantes, tónicos y productos para dentaduras postizas. Empero, muchos mercadólogos saben que no todos los mayores son pobres o débiles. La mayor parte son sanos y activos, tienen muchas de las necesidades y deseos de los consumidores más jóvenes. Dado que las personas mayores tienen más tiempo y dinero, representan el mercado ideal para viajes exóticos, restaurantes, productos de alta tecnología para entretenimiento casero, bienes y servicios para el tiempo libre, muebles y ropa de diseñador, servicios financieros y servicios para la atención médica y planes de vida. Su afán por verse tan jóvenes como se sienten, hace que las personas mayores sean estupendos candidatos para cosméticos y productos de aseo personal, especialmente diseñados para ellos, de alimentos sanos, productos para hacer ejercicio en casa y otros artículos que combatan el envejecimiento. Varias empresas están introduciéndose intensamente en el mercado de las personas mayores. Por ejemplo, el "Club de Personas Maduras" de Sears, con 40,000 socios, ofrece a los consumidores mayores descuentos del 25% en todos sus productos, desde lentes hasta podadoras de césped. Southwestern Bell tiene un directorio, "Silver Pages", atascado de anuncios que ofrecen descuentos y cupones a 20 millones de personas mayores, en 90 mercados. McDonald's, con objeto de atraer a los consumidores maduros, emplea a personas mayores como gerentes de sus restaurantes y los presenta en sus anuncios.

En Grand Travel de Chevy Chase, en Maryland, los patrocinadores colocan viajes a Holanda, safaris a Kenya y otras vacaciones exóticas para los abuelos y sus nietos. Conforme el segmento de las personas mayores crezca y su poder adquisitivo aumente y conforme el estereotipo de la persona mayor, como alguien pobre, doblado por los años y balbuciente vaya desapareciendo, será cada vez mayor la cantidad de mercadólogos que desarrollen estrategias especiales para este importante mercado.

Los mercadólogos apuntan la mira hacia grupos subculturales importantes, como los de consumidores hispanos, los negros y las personas mayores.

TABLA 5-1
Características de las siete clases sociales principales de EUA

Alta alta (menos del 1%)
La clase alta alta está compuesta por una élite social que vive de riqueza heredada y que tiene antecedentes familiares conocidos. Estas personas hacen grandes donativos para obras de caridad, organizan fiestas para debutantes, tienen más de una casa y envían a sus hijos a las escuelas más elegantes. Representan un buen mercado para alhajas, antigüedades, casas y vacaciones. Con frecuencia, compran y usan ropa conservadora, en lugar de hacer gala de su riqueza. La clase alta alta, aunque pequeña, con frecuencia sirve de grupo de referencia para otros, en la medida que sus decisiones de consumo se reflejan hacia abajo y son imitadas por otras clases sociales.

Alta baja (alrededor del 2%)
La clase alta baja está compuesta por personas que han conseguido su riqueza o sus elevados ingresos gracias a una capacidad excepcional en sus profesiones o negocios. Suelen empezar en la clase media. Tienden a tomar parte activa en actos sociales y cívicos y compran, para sí y para sus hijos, símbolos de posición social, como casas costosas, escuelas, yates, piscinas y automóviles. Incluye a los nuevos ricos que consumen llamativamente para impresionar a quienes están por abajo de ellos. Quieren ser aceptados en el estrato de la clase alta alta, posición que seguramente alcanzarán sus hijos, en lugar de ellos.

Media alta (12%)
La clase media alta está compuesta por personas que no tienen posición familiar ni riqueza excepcional. Primordialmente les interesa su "carrera". Han llegado a destacar como profesionales, empresarios independientes o administradores de sociedades. Creen en la educación y quieren que sus hijos adquieran conocimientos profesionales y administrativos para que no caigan en estratos más bajos. A los componentes de esta clase les agrada manejar ideas y "gran cultura". Suelen unirse a grupos y tienen interés por actividades cívicas. Son un buen mercado para casas, ropa, muebles y electrodomésticos de buena calidad. Su meta es tener una casa agradable y relacionarse con amigos y clientes.

Media media (32%)
La clase media media está compuesta por la mayoría de los trabajadores asalariados, oficinistas y obreros, que viven en "el lado bueno de la ciudad" y tratan de "hacer lo que se debe hacer".
Para estar al día con la moda, suelen compran productos que gozan de popularidad. 25% de ellos tienen autos importados y les preocupa mucho la moda, por lo que buscan nombres de marcas conocidas. Para ellos, vivir mejor significa tener una bonita casa en un barrio agradable con buenas escuelas. La clase media cree en gastar dinero para ofrecerle experiencias valiosas a sus hijos y en orientar a éstos hacia una educación superior.

Trabajadora (38%)
La clase trabajadora está compuesta por el obrero asalariado promedio y por quienes tienen "un estilo de vida de clase trabajadora", independientemente de sus ingresos, cantidad de estudios o empleo. La clase trabajadora depende mucho de los familiares para apoyo económico y emocional, para avisos sobre oportunidades laborales, para consejos sobre las compras y para ayuda en tiempos difíciles. La clase trabajadora conserva más definida la división de los roles sexuales y los estereotipos. Prefieren los autos de tamaño normal o grandes, y rechazan los autos compactos, nacionales o extranjeros.

Baja alta (9%)
La clase baja alta está compuesta por trabajadores (no viven de la asistencia social), aunque su nivel de vida está apenas sobre el de la pobreza. Realizan trabajos no especializados y mal remunerados, aunque luchan por subir de clase. Con frecuencia, los componentes de la clase baja alta tienen deficiencias educativas. Aunque en términos económicos quedan cerca de la línea de la pobreza, logran "presentar una imagen de disciplina propia" y "hacen un esfuerzo por ser limpios".

Baja baja (7%)
La clase baja baja está compuesta por personas que viven de la asistencia social, son visiblemente pobres y, por lo regular, no tienen empleo o tienen los "empleos más sucios". Con frecuencia no les interesa encontrar empleo y sus ingresos dependen, de forma permanente, de la asistencia pública o de las obras de caridad. Sus casas, ropa y pertenencias son "sucias", "destartaladas" y "deterioradas".

Fuente: Véase Richard P. Coleman, "The Continuing Significance of Social Class to Marketing", *Journal of Consumer Research,* diciembre de 1983, pp. 265-80. © Journal of Consumer Research, Inc., 1983; y Richard P. Coleman y Lee P. Rainwater, *Social Standing in America: New Dimension of Class* (Nueva York: Basic Books, 1978).

Factores sociales

El comportamiento del consumidor también está sujeto a la influencia de factores sociales, por ejemplo los *grupos pequeños, la familia,* y *por la actividad y nivel social* del consumidor. Debido a que estos factores sociales pueden afectar mucho las respuestas de los consumidores, las empresas deben tenerlos presentes cuando diseñan sus estrategias de mercadotecnia.

Los grupos

El comportamiento de una persona está sujeto a la influencia de muchos grupos pequeños. Los grupos que tienen una influencia directa y a los que pertenece la persona, se llaman **grupos de pertenencia.** Algunos son *grupos primarios,* con los que existe una interacción regular, aunque informal, por ejemplo la familia, los amigos, los vecinos y los compañeros de trabajo. Algunos son *grupos secundarios,* que son más formales, requieren una acción recíproca menos regular y comprenden organizaciones como grupos religiosos, asociaciones profesionales y sindicatos obreros.

Los **grupos de referencia** son grupos que sirven como puntos de referencia o comparación, directa (cara a cara) o indirecta para dar forma a las actitudes o el comportamiento de una persona. Con frecuencia, las personas sufren la influencia de grupos de referencia a los que no pertenecen. Por ejemplo, el **grupo al que se aspira** es aquél al que el individuo querría pertenecer, como el adolescente que juega baloncesto y quisiera, algún día, estar en las filas de los Toros de Chicago. El adolescente se identifica con ese grupo, aunque no existe ningún contacto, frente a frente, entre el muchacho y el equipo.

Los mercadólogos tratan de identificar los grupos de referencia de los mercados meta. Los grupos de referencia influyen en la persona, cuando menos, en tres sentidos. Exponen a la persona a comportamientos y estilos de vida nuevos. Influyen en las actitudes de la persona, en su concepción de sí misma, porque él o ella quieren "encajar" en el grupo. Asimismo, crean presiones para que la persona se ciña a su forma, de tal manera que podrían afectar su preferencia por un producto o marca. (Véase Puntos Importantes de la Mercadotecnia 5-2.)

La importancia de la influencia del grupo varía de acuerdo con los productos o las marcas, pero suele ser más fuerte en las compras de objetos llamativos.[5] Un producto o marca pueden ser sobresalientes por una de dos razones. En primer lugar, pueden ser notorios porque el comprador es uno de los pocos que lo poseen; los bienes lujosos son más conspicuos que los necesarios, porque son pocas las personas que poseen los lujosos. En segundo, un producto puede ser notable porque el comprador lo consume en público, donde los demás pueden verlo. La figura 5-3 muestra cómo la influencia del grupo puede influir en que se elija un producto y marca, en el caso de cuatro tipos de productos: productos públicos y de lujo, privados y de lujo, públicos necesarios y privados necesarios.

Una persona que está pensando comprar un producto público de lujo, por ejemplo un velero, normalmente estará sujeta a una fuerte influencia de los demás. Habrá mucha gente que note el velero, porque no hay muchas personas que tengan uno. Notarán la marca porque el velero se usa en público. Por tanto, el producto y la marca serán conspicuos, y las opiniones de los demás pueden influir mucho en la decisión de tener el velero o no y en cuál marca comprar. En el otro extremo, las influencias del grupo no afectan mucho las decisiones relacionadas con los productos privados necesarios, porque las demás personas no notarán el producto ni la marca.

Los fabricantes de productos y marcas sujetos a la influencia clara del grupo deben ingeniárselas para llegar a los líderes de opinión de los grupos de referencia correspondientes. Los **líderes de opinión** son las personas que pertenecen a un grupo de referencia y que, en razón de capacidades, conocimientos persona-

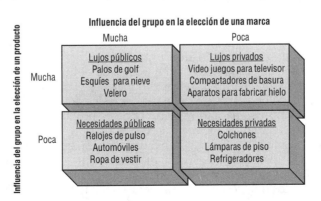

Influencia del grupo en la elección de una marca

FIGURA 5-3
Medida de la influencia del grupo en la elección de un producto y marca

Fuente: Adaptado de William O. Bearden y Michael J. Etzel, "Reference Group Influence on Product and Brand Purchase Decisions", *The Journal of Consumer Research,* septiembre de 1982, p. 185. © Journal of Consumer Research, Inc., 1982. Todos los derechos reservados.

CÓMO USAR LOS GRUPOS DE REFERENCIA PARA VENDER: VENTAS EN REUNIONES HOGAREÑAS Y EN LA OFICINA

Muchas empresas aprovechan la influencia de los grupos de referencia para vender sus productos. Vender por medio de reuniones hogareñas o en la oficina significa organizar reuniones para vender, en casa o en centros de trabajo, a las que se invita a amigos y vecinos o a compañeros de trabajo para hacerles demostraciones de los productos. Empresas como Mary Kay Cosmetics, Avon y Tupperware son maestras en esta forma de ventas.

Mary Kay Cosmetics es un buen ejemplo de las ventas en reuniones caseras. Una asesora de belleza de Mary Kay (existen unas 170,000) invita a varias mujeres para que organicen pequeñas charlas sobre belleza en sus hogares. Estas anfitrionas invitan a sus amigas y vecinas a pasar unas cuantas horas tomando refrescos y charlando informalmente. En este ambiente amable, la representante de Mary Kay presenta un plan de belleza de dos horas y ofrece lecciones de maquillaje gratuitas a sus invitadas, con la esperanza de que muchas de ellas le compren algunos de los cosméticos de la demostración. La anfitriona recibe una comisión sobre las ventas y un descuento en las compras personales. Por regla general, alrededor del 60% de las invitadas compran algo, en parte debido a la influencia de la anfitriona y de las otras mujeres que asisten a la reunión.

En años recientes, el cambio de la composición demográfica ha afectado negativamente a las ventas en reuniones caseras. Es cada vez mayor la cantidad de mujeres que trabajan, las cuales tienen menos tiempo para hacer compras, además de que hay menos mujeres para organizar y asistir a las reuniones caseras de ventas. Para superar este problema, muchas de las vendedoras de los planes de reuniones han seguido a sus clientes a los centros de trabajo, con ventas por medio de reuniones en la oficina. Por ejemplo, en la actualidad, Avon está capacitando a sus 400,000 vendedores para vender por medio de reuniones en las oficinas, durante los descansos para tomar café o comer, o al salir del trabajo. Antes, la empresa sólo vendía de puerta en puerta, pero en la actualidad realiza hasta la cuarta parte de sus ventas por medio de compradores en empresas. La conocida reu-

Ventas de grupos de referencia: las reuniones de venta de Tupperware, en casas y oficinas.

nión suburbana de Tupperware también ha invadido el centro de trabajo, mediante las reuniones en las oficinas. Estas reuniones incluyen una serie de formatos, desde la reunión tradicional con la demostradora hasta los Detente y Compra, en que los empleados hablan, de uno en uno, con el vendedor de Tupperware. Las reuniones de las horas pico consisten en reunir a empleados, a la salida del trabajo, en una casa.

En la actualidad, las ventas en reuniones en casas y oficinas se usan para comercializar todo, desde cosméticos, artículos para cocina y ropa interior, hasta instrucción para hacer ejercicio y trajes hechos a mano. Este tipo de ventas requiere un buen conocimiento de los grupos de influencia y de la manera en que unas personas influyen en otras en el proceso de compra.

Fuentes: Véase Shannon Thurman, "Mary Kay Still in the Pink", *Advertising Age,* 4 de enero de 1988, p. 32; Len Strazewski, "Tupperware Locks in a New Strategy", *Advertising Age,* 8 de febrero de 1988, p. 30; Kate Ballen, "Get Readxy for Shopping at Work", *Fortune,* 15 de febrero de 1988, pp. 95-98; y Vic Sussman, "I Was the Only Virgin in the Party", *Sales & Marketing Management,* septiembre de 1989, pp. 64-72.

lidad u otras características especiales, ejercen influencia en los demás. Todos los estratos de la sociedad tienen líderes de opinión y una persona puede ser líder de opinión en cuanto a ciertos productos y seguidor de opinión en otros casos. Los mercadólogos tratan de identificar las características personales de los líderes de opinión que guardan relación con sus productos, con objeto de determinar qué medios usarán y qué mensajes les dirigirán.

Si Jennifer Flores compra una cámara, tanto el producto como la marca serán visibles para personas que le merecen respeto y su decisión de comprar la cámara, así como la marca que elija, quizás esté sujeta a la influencia de algunos de los grupos a los que pertenece, por ejemplo, la de sus amigos de un club fotográfico.

Las decisiones de compras familiares. Dependiendo del producto y de la situación, los diferentes miembros de la familia ejercen diferentes grados de influencia.

La familia

Los miembros de la familia pueden influir mucho en el comportamiento de compra. En la vida del comprador existen dos familias. Los padres del comprador constituyen la *familia de orientación*. Los padres orientan a la persona hacia una religión, política y economía, así como hacia un sentido de ambición personal, amor propio y amor en general. Incluso aunque el comprador ya no interactúe mucho con sus padres, éstos pueden influir de manera significativa en su comportamiento. En los países donde los padres siguen viviendo con sus hijos, su influencia puede ser medular.

La *familia de procreación*, el cónyuge del comprador y sus hijos, tienen una influencia más directa en el comportamiento cotidiano para comprar. Esta familia constituye la organización de compras de consumo más importante de la sociedad y ha sido objeto de muchas investigaciones. Los mercadólogos se interesan por los roles y la influencia relativa del marido, la esposa y los hijos con relación a las compras de una gran variedad de productos y servicios.

La participación del marido-mujer varía según la categoría del producto y la etapa del proceso de compra. Los roles de compra van cambiando conforme evolucionan los estilos de vida de los consumidores. En Estados Unidos, la mujer, por tradición, ha sido el agente principal de las compras familiares, sobre todo en los rubros de alimentos, productos para el hogar y ropa. Empero, como ahora hay un 70% de mujeres que trabajan fuera de sus casas y como los maridos están dispuestos a encargarse de las compras familiares, todo está cambiando. Por ejemplo, ahora, las mujeres compran alrededor del 45% del total de autos y los hombres representan alrededor del 40% de los dólares destinados a la compra de alimentos.[6] Estos roles varían mucho de un país a otro y de una clase social a otra. Como siempre, el mercadólogo debe investigar los patrones específicos de los mercados que tiene en la mira.

En el caso de productos y servicios caros, es frecuente que los maridos y las mujeres tomen la decisión juntos. El marido de Jennifer Flores podría desempeñar un *rol de influencia* en la decisión de comprar una cámara. Seguramente opine respecto a que Jennifer compre una cámara y al tipo de cámara que debe comprar. Sin embargo, ella será la que decida, compre y use la cámara.[7]

Los roles y la posición social

Una persona pertenece a muchos grupos, a la familia, a clubes y a organizaciones. La posición de la persona en cada uno de los grupos se puede definir en términos de su *rol* y su *posición*. Jennifer Flores, ante sus padres, desempeña el rol de hija, en su familia, el rol de madre y en su compañía, el rol de gerente de marca. Un **rol** está compuesto por las actividades que se esperan de una persona, según opinión de las personas cercanas a ella. Cada uno de los roles de Jennifer influirá en algunos de sus comportamientos al comprar.

Cada rol entraña una **posición social** que refleja cuánto la aprecia la sociedad. Con frecuencia, las personas eligen productos que reflejan su posición social. Por ejemplo, en nuestra sociedad, el rol de gerente de marca tiene una posición más importante que el de hija. Jennifer, como gerente de marca, comprará el tipo de ropa que refleje su rol y su posición.

Los factores personales

Las decisiones del comprador también están sujetas a características personales, por ejemplo *la edad y la etapa del ciclo de vida, la ocupación, la situación económica, el estilo de vida* y *la personalidad y concepción de sí mismo* del comprador.

La edad y la etapa del ciclo de vida

Conforme transcurre la vida de una persona van cambiando los bienes y servicios que adquiere. Los gustos por los alimentos, la ropa, los muebles y la diversión, con frecuencia, guardan relación con la edad. Las compras también tienen relación con la etapa del **ciclo de vida de la familia;** las etapas por las cuales van pasando las familias conforme maduran con el tiempo. La tabla 5-2 contiene una lista de las etapas del ciclo de vida de la familia. Los mercadólogos con frecuencia definen los mercados meta en términos de la etapa del ciclo de vida y desarrollan productos y planes mercadotécnicos adecuados para cada etapa.

Asimismo, en el ciclo de vida, se han identificado etapas psicológicas.[8] Los adultos van experimentando ciertos cambios o transformaciones conforme transcurre su vida. Así pues, Jennifer Flores puede cambiar de gerente de marca y esposa satisfecha, a una persona insatisfecha en busca de otra forma de realizarse. De hecho, este cambio puede ser el estímulo de su franco interés por la fotografía. Los mercadólogos deben prestar atención a los cambios y al interés por comprar que podrían estar ligados a estas transformaciones de los adultos.

La ocupación

La ocupación de una persona influye en los bienes y los servicios que compra. Los obreros tienden a comprar más ropa resistente, mientras que los oficinistas tienden a comprar más trajes y corbatas. Los mercadólogos tratan de identificar, por ocupación, a los grupos que tienen interés, por arriba de la media, por sus productos y servicios. Una empresa incluso podría especializarse en la comercialización de productos necesarios para un grupo con una ocupación cualquiera. Por ejemplo, las compañías que producen programas para computadora muchas veces diseñan diferentes productos destinados a gerentes de marca, contadores, ingenieros, abogados y médicos.

La situación económica

La situación económica de una persona influirá en la elección de determinado producto. Jennifer Flores podría pensar en comprar una costosa Nikon si sus

---

TABLA 5-2
Etapas del ciclo de vida de la familia

JOVEN	MEDIANA EDAD	PERSONAS MAYORES
Solteros	Solteros	Personas mayores casadas
Casados sin hijos	Casados sin hijos	Personas mayores solteras
Casados con hijos	Casados con hijos	
Bebés	Niños pequeños	
Niños pequeños	Adolescentes	
Adolescentes	Casados sin hijos	
Divorciados con hijos	dependientes	
	Divorciados sin hijos	
	Divorciados con hijos	
	Niños pequeños	
	Adolescentes	
	Divorciados sin hijos	
	dependientes	

Fuentes: Adaptado de Patrick E. Murphy y William A. Staples, "A Modernized Family Cycle", *Journal of Consumer Research,* junio de 1979, p. 16; © Journal of Consumer Research, Inc., 1979. Asimismo, véase Janet Wagner y Sherman Hanna, "The Effectiveness of Family Life Cycle Variables in Consumer Expenditure Research", *Journal of Consumer Research,* diciembre de 1983, pp. 281-91.

TABLA 5-3
Dimensiones del estilo de vida

ACTIVIDADES	INTERESES	OPINIONES	DEMOGRAFÍA
Trabajo	Familia	Uno mismo	Edad
Pasatiempos	Hogar	Cuestiones sociales	Estudios
Actos sociales	Empleo	Política	Ingresos
Vacaciones	Comunidad	Empresas	Ocupación
Diversiones	Recreación	Economía	Tamaño de la familia
Socios de clubes	Modas	Educación	Vivienda
Comunitarias	Alimentos	Productos	Geografía
Compras	Medios de comunicación	Futuro	Tamaño de la ciudad
Deportes	Logros	Cultura	Etapa del ciclo de vida

Fuente: Joseph T. Plummer, "The Concept and Application of Life-Style Segmentation", *Journal of Marketing,* enero de 1974, p. 34.

ingresos, sus ahorros o su poder adquisitivo le permiten hacer ese gasto. Los mercadólogos que trabajan con bienes sensibles al ingreso vigilan estrechamente las tendencias del ingreso personal, el ahorro y las tasas de interés. Cuando los indicadores económicos indican que hay recesión, los mercadólogos pueden tomar medidas para volver a diseñar, posicionar y fijar el precio de sus productos.

El estilo de vida

Las personas que vienen de la misma subcultura, clase social y ocupación pueden tener estilos de vida muy diferentes. **El estilo de vida** es el patrón de la vida de una persona, expresado en sus actividades, intereses y opiniones. El estilo de vida no sólo abarca la clase social o la personalidad de alguien, también perfila el patrón entero de su actuación y su interacción con el mundo.

La técnica para medir los estilos de vida se llama **psicografía,** la cual entraña la medición de las principales dimensiones que se incluyen en la tabla 5-3. Las primeras tres se conocen como *dimensiones AIO* (actividades, intereses, opiniones). Varias empresas investigadoras han clasificado los estilos de vida, pero la tipología más usada es la de los *Valores y Estilos de Vida (VALS)*. La tipología VALS original, introducida en 1978, clasificaba a los consumidores de acuerdo con nueve grupos de estilos de vida, dependiendo de su tendencia a mirar hacia su

El estilo de vida. Los pantalones "Relaxed Riders" de Lee se adaptan al estilo de vida de la mujer moderna y activa. "Nadie se adapta a tu cuerpo ... ni a tu estilo de vida ... mejor que Lee."

interior (por ejemplo, "experimentales"), hacia el exterior (interesados en "logros" o en "pertenecer") o estuvieran movidos por sus necesidades ("sobrevivientes"). El Bank of America, usando la clasificación VALS, encontró que los empresarios que tenía en la mira estaban interesados en conseguir muchos "logros", que eran individualistas y muy competitivos. El banco diseñó una serie de exitosos anuncios, que mostraban a hombres solos practicando algún deporte: veleando, trotando y esquiando en agua.[9]

El VALS 2, una versión más moderna, clasifica a las personas y sus tendencias ante el consumo, por la forma en que invierten su tiempo y su dinero. Divide a los consumidores en ocho grupos a partir de dos dimensiones centrales: la propia orientación y los recursos (véase la tabla 5-4). La dimensión de la *propia orientación* abarca tres enfoques diferentes hacia las compras: los consumidores orientados por sus principios compran de acuerdo con su opinión de como es o debería ser el mundo; los compradores orientados hacia la posición basan sus compras en los actos y las opiniones de los demás, y los compradores orientados hacia la acción son movidos por su deseo de acción, variedad y riesgo. Los consumidores clasificados por su orientación, también se dividen entre dos segmentos de *recursos,* dependiendo de su grado, alto o bajo, de ingresos, educación, salud, confianza en sí mismos, energía y otros factores. Los consumidores que tienen grados muy altos o muy bajos de recursos se clasifican en grupos separados, sin importar su propia orientación (actualizadores, luchadores). La tabla 5-4 describe los ocho grupos del estilo de vida del VALS 2. En el transcurso de su vida, una persona puede pasar por varios de estos estilos. Los estilos de vida de las personas influyen en su comportamiento al comprar.[10]

La cerveza Iron City usó el VALS 2 para actualizar su imagen y mejorar las ventas. Las ventas de Iron City, una marca bien conocida en Pittsburgh, estaban bajando. Sus principales consumidores estaban envejeciendo y bebiendo menos cerveza y los jóvenes no estaban consumiendo la marca. Las investigaciones del VALS arrojaron que las personas experimentadoras eran las que bebían más cerveza, seguidos por las luchadoras. La agencia de publicidad de Iron City, para determinar los problemas de imagen de la empresa, entrevistó a hombres de estas categorías, usando una técnica de selección de imágenes. A los hombres se les presentaron barajas con imágenes de diferentes tipos de personas y se les pidió que identificaran a los consumidores de la marca y a las personas más parecidas a sí mismos. Los encuestados describieron a los bebedores de Iron City como obreros siderúrgicos que hacían una parada en el bar local, mientras que se retrataron a sí mismos como seres modernos, trabajadores y amantes de la diversión. Al igual que la ciudad de Pittsburgh, rechazaban la imagen de los obreros de la industria. Como resultado de esta investigación, Iron City diseñó anuncios que ligaban la marca al cambio de imagen de los consumidores meta. Los anuncios mezclaban imágenes del viejo Pittsburgh con imágenes de la nueva ciudad vibrante y tomas de experimentadores jóvenes y de luchadores empeñados en divertirse. Los anuncios fueron transmitidos por medios que gozaban de popularidad entre los luchadores y los experimentadores. En el primer mes de la campaña, las ventas de Iron City aumentaron 26%.[11]

Las clasificaciones del estilo de vida no son universales; pueden variar significativamente de un país a otro. Por ejemplo, McCann-Erickson de Londres encontró los siguientes estilos de vida entre los británicos: los avant-garde (interesados en el cambio); los pontificadores (tradicionalistas, muy británicos); los camaleones (que siguen a la multitud) y los sonámbulos (contentos con ser sub-triunfadores).

El concepto del estilo de vida, cuando se usa debidamente, puede ayudar al mercadólogo a entender los valores cambiantes del consumidor y la forma en que afectan su comportamiento al comprar.[12] Por ejemplo, Jennifer Flores puede optar por vivir el rol de hábil ama de casa, el de una mujer de carrera, el de un espíritu libre, o por los tres. Ella desempeña varios papeles, y la forma en que los mezcle expresará su estilo de vida. Si opta por ser fotógrafo profesional, cambiaría su estilo de vida y, a su vez, cambiaría lo que compra y cómo lo compra.

La personalidad y el concepto de sí mismo

La personalidad característica de cada persona influye en su comportamiento para comprar. La **personalidad** se refiere a las características psicológicas singu-

TABLA 5-4
VALS 2: Ocho estilos de vida de Estados Unidos

ORIENTADO AL YO

Orientado a los principios

Los satisfechos

Se trata de profesionales maduros, responsables, con estudios. En el tiempo libre, sus actividades giran en torno a su hogar, pero están bien informados sobre los acontecimientos mundiales y están abiertos a ideas nuevas y a cambios sociales. Tienen ingresos altos, pero son consumidores prácticos, orientados al valor.

Los crédulos

Son consumidores orientados a los principios y con ingresos más modestos. Son consumidores conservadores y pronosticables, que prefieren productos estadounidenses y marcas conocidas. Sus vidas giran en torno a la familia, la iglesia, la comunidad y el país.

Orientado a la posición social

Los meritorios

Son personas exitosas, orientadas al trabajo que derivan satisfacción de su empleo y sus familias. Son conservadores en lo político y respetan la autoridad y el *statu quo*. Son partidarios de productos y servicios establecidos que les permiten demostrar su éxito.

Los luchadores

Son personas con valores muy parecidos a los de los meritorios, pero con menos recursos económicos, sociales y psicológicos. El estilo les resulta muy importante pues luchan por emular a los consumidores de otros grupos con más recursos.

Orientado a la actividad

Los experimentadores

Son personas a quienes les gusta afectar su entorno de manera tangible. Son los más jóvenes dentro de todos los grupos. Tienen mucha energía, la cual dirigen al ejercicio físico y las actividades sociales. Son consumidores ávidos y gastan mucho en ropa, comida rápida, música y otras preferencias de los jóvenes. Les gustan muchísimo las cosas nuevas.

Los hacedores

Son personas a quienes les agrada afectar su entorno, pero de manera más práctica. Conceden gran valor a la autosuficiencia. Giran en torno a lo familiar (familia, trabajo y recreación física) y no tienen gran interés por el mundo en general. Como consumidores, las únicas pertenencias materiales que les impresionan son aquellas que tienen un propósito práctico o funcional.

RECURSOS

Los actualizadores

Son personas con ingresos muy altos y tantísimos recursos que se pueden dar el lujo de una o todas las orientaciones al yo. Les importa mucho su imagen, no como muestra de posición o poder, sino como expresión de su gusto, independencia o carácter. Debido a la amplitud de la gama de sus intereses y de su apertura al cambio, suelen comprar "lo mejor del mundo".

Los luchadores

Son personas con los ingresos más bajos y con tan pocos recursos que no caben en ninguna orientación de consumidores. Con sus recursos limitados, suelen ser consumidores leales a la marca

Fuente: Véase Martha Farnsworth Riche, "Psychographics for the 1990s", *American Demographics*, julio de 1989, pp. 25-31.

lares que conducen a respuestas, relativamente consistentes y duraderas, ante el entorno propio. La personalidad casi siempre se describe en términos de rasgos como tener confianza en uno mismo, tener dominio, ser sociable, ser autónomo, estar a la defensiva, ser adaptable y ser agresivo.[13] La personalidad puede servir para analizar el comportamiento de los consumidores cuando eligen ciertos productos o marcas. Por ejemplo, los productores de café descubrieron que las personas que beben mucho café suelen ser muy sociables. Así, los anuncios de Maxwell House muestran a personas relajadas, que están charlando con una taza de humeante café en la mano.

Muchos mercadólogos usan un concepto relacionado con la personalidad, el **concepto de sí mismo** (también llamado *la imagen de uno mismo*). La premisa básica del concepto de sí mismo es que los objetos que posee la persona reflejan, de alguna manera, su identidad y contribuyen a ella; es decir "somos lo que tenemos". Así, para entender el comportamiento del consumidor, un mercadólogo primero tiene que entender la relación entre el concepto que el consumidor tiene de sí mismo y sus pertenencias. Por ejemplo, Jennifer Flores se puede ver a sí misma como una persona franca, creativa y activa. Por consiguiente, preferirá una cámara que proyecte las mismas cualidades. Si la Nikon se promueve como una cámara para personas francas, creativas y activas, entonces esta imagen de la marca se ceñirá a la imagen que Jennifer tiene de sí misma.[14]

El concepto no es tan sencillo como parece. ¿Qué pasa si el *concepto real* que Jennifer tiene *de sí misma* (la manera en que ella se ve a sí misma) difiere de concepto *ideal de sí misma* (la forma en que le gustaría verse a sí misma) y del *concepto de sí misma que pueden tener otros* (la forma en que supone que la ven otros)? ¿Cuál de estos conceptos de sí misma tratará de satisfacer cuando compre una cámara? Como no está claro, la teoría del concepto de sí mismo ha tenido éxitos y fracasos al pronosticar las respuestas de los consumidores ante las imágenes de una marca.

Factores psicólogicos

Las opciones que tiene la persona que compra también están sujetas a la influencia de cuatro factores psicológicos centrales: *motivación, percepción, aprendizaje y creencias y actitudes*.

Motivación

Sabemos que Jennifer Flores quiere comprar una cámara. ¿Por qué? ¿Qué está buscando *en realidad*? ¿Qué *necesidades* trata de satisfacer?

En un momento dado cualquiera, una persona tiene muchas necesidades. Algunas son *biológicas*, resultado de estados de tensión, por ejemplo, el hambre, la sed o la incomodidad. Otras son psicológicas, nacen de la necesidad de merecer reconocimiento, estima o pertenencia. La mayor parte de estas necesidades no serán lo bastante fuertes para hacer que una persona actúe en un momento dado cualquiera. Una necesidad se convierte en un *motivo* cuando llega a un determinado grado de intensidad. Un **motivo** (o *impulso*) es una necesidad lo bastante apremiante como para llevar a la persona a tratar de satisfacerla. Los psicólogos han desarrollado muchas teorías sobre la motivación humana. Las más populares son dos, la teoría de Sigmund Freud y la de Abraham Maslow, y ambas tienen connotaciones muy diferentes para el análisis de los consumidores y la mercadotecnia.

La teoría de la motivación de Freud. Freud presupone que las personas no son conscientes, en gran medida, de los verdaderos impulsos psicológicos que dan forma a su conducta. Freud piensa que conforme la persona va creciendo va reprimiendo muchos impulsos. Estos impulsos no se logran eliminar nunca ni controlar del todo; surgen en sueños, en *lapsus linguae*, en conductas neuróticas u obsesivas o, en última instancia, en psicosis.

Por tanto, Freud sugiere que una persona no puede entender todos sus motivos. Si Jennifer Flores quiere comprar una cámara costosa, quizás diga que su motivo es que quiere tener un pasatiempo o hacer una carrera. Sin embargo, en un nivel más profundo, puede estar comprando la cámara para impresionar a otros con su talento creativo, o en un nivel incluso más profundo, quizá quiera comprar la cámara para sentirse joven e independiente otra vez.

Los investigadores de la motivación reúnen información de sentimientos profundos, a partir de muchas muestras de consumidores, para descubrir los motivos profundos que los llevan a elegir ciertos productos. Usan entrevistas profundas, no dirigidas, así como diversas "técnicas de proyección" para bajarle la guardia al ego; técnicas como la asociación de palabras, el completar enunciados, la interpretación de imágenes y la actuación de roles. Los investigadores de la motivación han llegado a algunas conclusiones interesantes, en ocasiones extrañas, de lo que puede estar en la cabeza de los consumidores cuando hacen ciertas compras. Por ejemplo, un estudio clásico llegó a la conclusión de que los consumidores no compran ciruelas pasa porque están arrugadas y les hacen pensar en enfermedades y la vejez. Las investigaciones de la motivación, a pesar de que, en ocasiones, conducen a conclusiones extrañas, siguen siendo un arma muy útil para los mercadólogos que pretenden conocer el comportamiento de los consumidores más a fondo (véase Puntos Importantes de la Mercadotecnia 5-3).[15]

La teoría de la motivación de Maslow. Abraham Maslow pretendió explicar por qué algunas necesidades mueven a las personas en determinados momentos.[16] ¿Por qué una persona dedica mucho tiempo y esfuerzo a su seguridad personal, mientras que otra lo destina a ganarse el afecto de los demás? La respuesta de Maslow es que las necesidades humanas están ordenadas en forma piramidal, de las más apremiantes a las menos apremiantes. La figura 5-4 muestra la pirámide de las necesidades de Maslow. Por orden de importancia son: necesidades *fisiológicas*, necesidades de *seguridad*, necesidades *sociales*, necesidades de *estima*, necesidades de *autorrealización*. Una persona tratará de satisfacer la necesidad más importante primero. Cuando esa necesidad importante queda satisfecha, dejará de ser motivante y, entonces, la persona tratará de satisfacer la siguiente necesidad importante. Por ejemplo, un hombre que se está muriendo de hambre (necesidad 1) no tendrá interés alguno por el último acontecimiento del mundo del arte (necesidad 5), ni le importará lo que otros piensen de él ni cuánto lo estiman (necesidades 3 o 4), ni siquiera le importará si está respirando aire puro (necesidad 2). Sin embargo, conforme vaya satisfaciendo cada una de las necesidades importantes, entrará en juego la siguiente necesidad por orden de importancia.

¿Qué nos dice la teoría de Maslow sobre el interés de Jennifer Flores por comprar una cámara? Cabe suponer que Jennifer ha satisfechos sus necesidades fisiológicas, de seguridad y sociales, éstas no mueven su interés por las cámaras. Su interés por las cámaras puede venir de una clara necesidad de obtener mayor estima de los demás, o puede deberse a su necesidad de autorrealización, quizá quiera ser creativa y expresar sus sentimientos por medio de fotografías.

Percepción

Una persona motivada está dispuesta a actuar. La forma en que actuará dependerá de cómo perciba la situación. Dos personas con la misma motivación y en la misma situación pueden actuar de maneras muy diferentes porque no perciben la situación de la misma manera. Jennifer Flores puede pensar que un vendedor de cámaras que habla mucho y muy fuerte es un fantoche. Otra persona puede pensar que este mismo vendedor es inteligente y servicial.

¿Por qué perciben las personas la misma situación de diferente manera? Todos aprendemos gracias a la información que pasa por nuestros cinco sentidos: vista, oído, olfato, tacto y gusto. No obstante, cada quien recibe, organiza e interpreta esta información sensorial de una manera particular. La **percepción** es el proceso mediante el cual las personas seleccionan, organizan e interpretan la información con objeto de formarse una imagen sensata del mundo.

Las personas perciben los mismos estímulos de diferente manera debido a tres procesos de percepción: *la atención selectiva, la distorsión selectiva* y *la retención selectiva.*

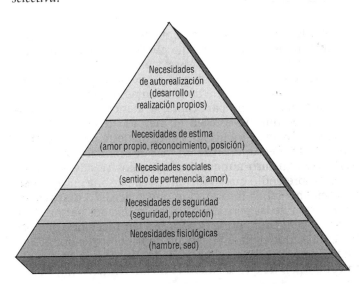

FIGURA 5-4
La jerarquía de las necesidades según Maslow

Fuente: Adaptado de *Motivation and Personality,* 2a. ed., de Abraham H. Maslow. Derechos © 1970 de Abraham H. Maslow. Reproducido con permiso de Harper & Row, Editores.

INVESTIGACIONES "SENSUALES" DE LAS MOTIVACIONES DE LOS CONSUMIDORES

El concepto *investigación motivacional* se refiere a una investigación cualitativa diseñada para encontrar los motivos ocultos, subconscientes, de los consumidores. Debido a que, con frecuencia los consumidores no saben o no pueden describir con precisión por qué actúan como lo hacen, quienes investigan sus motivos usan una amplia variedad de técnicas proyectivas, no dirigidas, para descubrir emociones ocultas y actitudes ante marcas y situaciones de compra. Las técnicas van desde las pruebas en que se completan enunciados, se asocian palabras y se interpretan figuras o manchas de tinta, hasta otras en que se pide a los consumidores que describan a los consumidores típicos de una marca o que expliquen sueños y fantasías sobre marcas o situaciones de compra. Algunas de estas técnicas son bastante excéntricas. Un autor nos ofrece el siguiente resumen explicativo de una sesión para investigar motivos:

> Buenos días señoras y señores. Les hemos pedido que nos acompañen hoy para hacer una pequeña investigación sobre el consumo. Por favor, recuéstense en su diván, tiren sus inhibiciones por la ventana y hagamos unas cuantas asociaciones libres. Primero, piensen en las marcas como si fueran sus *amigas*. Supongan que pueden hablar con su comida congelada. ¿Qué les diría ésta? ¿Qué le dirían ustedes? ... Ahora, supongan que su champú es un animal. Adelante, no sean tímidos. ¿Sería un panda o un león? ¿Una serpiente o un gusano peludo? Como ejercicio final, sentémonos todos y saquemos nuestros lápices mágicos. Dibujen a un usuario típico de harina preparada para pastel. ¿Llevaría puesto un delantal o un negligé? ¿Un traje sastre o un vestido corto?

Estas técnicas proyectivas parecen un poco tontas, pero es cada vez mayor la cantidad de mercadólogos que están usando estos métodos "sensuales" para investigar los motivos que les permitirán conocer la psique de los consumidores y preparar mejores estrategias mercadotécnicas.

Muchas agencias de publicidad emplean equipos de psicólogos, antropólogos y otros científicos sociales para realizar investigaciones motivacionales. El director de investigaciones de una agencia grande dice: "Pensamos que la gente toma sus decisiones en un nivel básico primitivo ... usamos la prueba para llegar hasta el inconsciente". Esta agencia realiza rutinariamente entrevistas, tipo terapia, frente a frente, para profundizar en los mecanismos internos de los consumidores. Otra agencia le pide a los consumidores que describan sus marcas preferidas como si se tratara de animales o autos (por decir, Cadillacs *versus* Chevrolets) a efecto de determinar el prestigio asociado a diversas marcas. Otra agencia más pide a los consumidores que dibujen figuras de los usuarios típicos de las marcas:

> En un caso, la agencia pidió a 50 entrevistadas que dibujaran a las mujeres que comprarían dos marcas diferentes de harina preparada para pastel. El grupo dibujó, consistentemente, a las compradoras de Pillsbury como mujeres con delantal, con aspecto de abuelitas, mientras que dibujaron a las compradoras de Duncan Hines como mujeres esbeltas y contemporáneas.

En un estudio similar, American Express pidió a un grupo que dibujara a las personas que usarían la tarjeta dorada y a las que usarían la verde. Los encuestados des-

---

La **atención selectiva.** Las personas tienen contacto con muchos estímulos todos los días. Por ejemplo, una persona promedio puede estar expuesta a más de 1,500 anuncios al día. Es imposible que la persona preste atención a todos estos estímulos. La **atención selectiva,** la tendencia a que las personas descarten la mayor parte de la información con la que tienen contacto, significa que los mercadólogos tienen que esforzarse mucho para captar la atención del consumidor. La mayor parte de la gente que no está en el mercado del producto no prestará atención a su mensaje. Es más, incluso la gente que está en el mercado podría no advertirlo, a no ser que destaque entre un mar de anuncios más.

La **distorsión selectiva.** Incluso aunque los estímulos se adviertan, no siempre son captados como se pretendió que lo fueran. Cada persona encaja, dentro de un marco de referencia mental, la información que le llega. La **distorsión selectiva** describe la propensión de las personas a darle significados personales a la información que reciben. El vendedor podría explicarle a Jennifer Flores algunas de las ventajas y las desventajas que tiene una cámara de la competencia. Como ella ya tiene cierta inclinación por la Nikon, es probable que distorsione esas explicaciones para llegar a la conclusión de que la Nikon es mejor. Las personas suelen

Investigación motivacional: las encuestadas, cuando se les pidió que dibujaran figuras de las usuarias típicas de harina preparada para pastel, presentaron a las clientes de Pillsbury como si fueran abuelitas, mientras que dibujaron a las compradoras de Duncan Hines como mujeres esbeltas y contemporáneas.

ron lo que sospechaba la empresa: los compradores asociaban la marca Wranglers con los vaqueros. La empresa respondió con anuncios llenos de toques del Oeste. Asimismo, Lowe, trabajando para un fabricante de bienes de consumo, se dirigió a clubes deportivos, donde observó el desodorante que usaban los deportistas. También trabajó para Helene Curtis, fabricante de champú, y pasó tres días en salones de belleza, para llegar a una conclusión bastante pronosticable, que las mujeres iban a los salones de belleza porque ello las hacía sentirse bien.

Algunos mercadólogos dicen que las investigaciones motivacionales son pura charlatanería. Además, estos métodos presentan ciertos problemas, pues usan muestras pequeñas y, además, el investigador suele interpretar los resultados de manera sumamente subjetiva, la cual, en ocasiones, conduce a explicaciones bastante exóticas de un comportamiento para comprar por demás normal. No obstante, otras personas creen decididamente que estos métodos pueden proporcionar interesantes chispas de información sobre la relación entre los consumidores y las marcas que compran. Las técnicas para la investigación de los motivos, en opinión de los mercadólogos que las usan, representan un medio flexible y variado para obtener información acerca de los motivos profundos, con frecuencia misteriosos, tras el comportamiento de compra del consumidor.

cribieron a los dueños de tarjetas doradas como hombres de espaldas anchas, mientras que los de tarjetas verdes eran percibidos como "grandes bultos" recostados ante un televisor. Con base en estos resultados, la empresa presentó su tarjeta dorada como un símbolo de responsabilidad para personas capaces de controlar sus vidas y sus finanzas.

Algunos estudios para investigar las motivaciones emplean técnicas más básicas, por ejemplo recurren a mezclarse con los consumidores para averiguar qué piensan:

Saatchi & Saatchi [una agencia de publicidad] recientemente contrató al antropólogo Joe Lowe para que pasara una semana en Texas, acercándose, en rodeos y barbacoas, a las personas que llevaban puestos pantalones vaqueros Wranglers. Sus resultados confirma-

Fuentes: Extractos de Annetta Miller y Dody Tsiantar, "Psyching Out Consumers", *Newsweek,* 27 de febrero de 1989, pp. 46-47, © 1989, Newsweek, Inc. Todos los derechos reservados. Reproducido con permiso. También véase Sidney J. Levy, "Dreams, Fairy Tales, Animals, and Cars", *Psychology and Marketing,* verano de 1985, pp. 67-81; Ronald Aslop, "Advertisers Put Consumers on the Couch", *The Wall Street Journal,* 13 de mayo de 1988, p. 21; Rebecca Piirto, "Measuring Minds in the 1990s", *American Demographics,* diciembre de 1990, pp. 31-35; y Piirto, "Words that Sell", *American Demographics,* enero de 1992, p. 6.

Percepción selectiva. La persona media está expuesta a más de 1,500 anuncios al día, en revistas y periódicos, en radio y televisión y en letreros y carteles a su alrededor.

interpretar la información de tal manera que refuerce lo que piensan de antemano. La distorsión selectiva significa que los mercadólogos deben tratar de entender los marcos de referencia mentales de los consumidores y la forma en que éstos afectarán la interpretación de la información de la publicidad y las ventas.

La **retención selectiva.** Las personas también olvidan mucho de lo que aprenden. Suelen retener la información que refuerza sus actitudes y creencias. Dada la **retención selectiva,** es probable que Jennifer recuerde las ventajas de la Nikon y olvide las ventajas de las cámaras de la competencia. Quizá recuerde los puntos buenos de la Nikon porque los "repasa" más siempre que piensa en elegir una cámara.

Debido a la exposición, la distorsión y la retención selectivas, los mercadólogos tienen que esforzarse para poder transmitir su mensaje. Este hecho explica por qué los mercadólogos recurren tanto a dramatizar y a repetir cuando envían mensajes a su mercado. Cabe señalar que, si bien la mayor parte de los mercadólogos se preocupan de que sus ofertas sean advertidas o no, algunos consumidores se preocupan porque se pueden ver influidos por mensajes mercadotécnicos sin siquiera tener conciencia de ellos (véase Puntos Importantes de la Mercadotecnia 5-4).

Aprendizaje

Cuando las personas actúan, aprenden. El **aprendizaje** describe los cambios que se operan en el comportamiento del individuo en razón de la experiencia. Los teóricos del aprendizaje dicen que casi todo el comportamiento humano es

---

PUNTOS IMPORTANTES DE LA MERCADOTECNIA 5-4

PERCEPCIÓN SUBLIMINAL: ¿SE PUEDE AFECTAR A LOS CONSUMIDORES SIN QUE LO SEPAN?

En 1957, las frases "coma palomitas" y "beba Coca-Cola" fueron proyectadas en la pantalla de un cine de Nueva Jersey cada cinco segundos durante 1/300 de segundo. Los investigadores informaron que, aunque el público no había reconocido estos mensajes conscientemente, los espectadores sí los habían captado subconscientemente y habían comprado 58% más palomitas y 18% más Coca. De repente, las agencias de publicidad y los grupos de protección al consumidor se interesaron profundamente en la *percepción subliminal*. La gente manifestó temor a ser sujeto de un lavado de cerebro y California y Canadá declararon que la práctica era ilícita. La controversia amainó cuando los científicos no pudieron repetir los resultados originales, pero el tema no murió. En 1974, Wilson Bryan Key, en su libro *Seducción subliminal*, afirmaba que los consumidores eran manipulados por los publicistas por medio de anuncios impresos y de comerciales de televisión.

A partir de entonces, la percepción subliminal ha sido tema de estudio de muchos psicólogos e investigadores del consumo. Ninguno de estos expertos ha podido demostrar si los mensajes subliminales tienen consecuencias en el comportamiento de los consumidores. Al parecer, la publicidad subliminal sencillamente no tiene la fuerza que le atribuyen sus críticos. La mayoría de los publicistas se ríen de la idea de que existe una cons-

piración en la industria para manipular a los consumidores por medio de mensajes "invisibles". Como dijera el ejecutivo de una agencia de publicidad: "Tenemos bastantes problemas para convencer a los consumidores usando una serie de anuncios claros de 30 segundos, ¿cómo podríamos hacerlo con 1/300 de segundo?

Aunque los publicistas eviten la publicidad subliminal descarada, algunos críticos afirman que la publicidad televisada emplea técnicas cuasi subliminales. Como cada vez hay más expectadores que usan sus controles remotos para evitar los anuncios y cambian de canal o usan el avance rápido de sus videocaseteras, los publicistas están recurriendo a nuevos trucos para captar la atención de los espectadores y para afectar a los consumidores que quizá les pasen de manera inadvertida. Muchas agencias de publicidad tienen psicólogos y neurofisiólogos para que les ayuden a elaborar sutiles estrategias psicológicas publicitarias.

Por ejemplo, algunos publicistas tratan de confundir a los espectadores a propósito, de hacerles perder el equilibrio o, incluso de hacerlos sentirse incómodos:

[Usan] muchos pies de película que no pasarían la prueba en un club de cinéfilos de bachillerato. Uno tiene que quedarse mirando a la pantalla para descifrar qué está pasando y, por supuesto, de eso se trata.

aprendido. El aprendizaje se da gracias a la interactuación de *impulsos, estímulos, pistas, respuestas* y *refuerzos*.

Se dijo que Jennifer Flores tiene el *impulso* de realizarse. Un impulso es un estímulo interior potente que requiere acción. Su impulso será un motivo cuando se dirija a un *objeto de estímulo* particular, en este caso una cámara. La respuesta de Jennifer a la idea de comprar una cámara está condicionada por las pistas que la rodean. Las *pistas* son estímulos menores que determinan cuándo, dónde y cómo responde una persona. El ver una cámara en un escaparate, el escuchar un precio especial y el apoyo de su marido son pistas que pueden influir en la *respuesta* de Jennifer ante su interés por comprar una cámara.

Suponga que Jennifer compra la Nikon. Si la experiencia es gratificante, probablemente usará la cámara más y más. Su respuesta ante las cámaras se verá *reforzada*. Así, la siguiente vez que compre una cámara, binoculares o un producto similar será más probable que compre un producto Nikon. Con estímulos similares, *generalizará* su respuesta.

Lo contrario de generalización es *discriminación*. Cuando Jennifer tenga en la mano unos binoculares Olympus, verá que son más ligeros y compactos que los de Nikon. La discriminación significa que Jennifer ha aprendido a reconocer las diferencias de series de productos y que puede adaptar su respuesta en consecuencia.

La importancia práctica que la teoría del aprendizaje tiene para los mercadólogos es que éstos pueden crear demanda para su producto si lo asocian con impulsos fuertes, usando pistas motivantes y dando un refuerzo positivo. Una

Piense en los anuncios de las computadoras Wang. En estos anuncios brumosos y deslavados, una serie de personas entran y salen parcialmente del marco de la cámara, hablando una jerigonza del mundo de las computadoras. Empero, la confusión capta la atención... Incluso las personas que no entienden ni media palabra quedan atrapadas a la pantalla.

Otros publicistas usan la técnica del disparo rápido. Las imágenes aparecen tan rápidamente que uno casi no las puede registrar. Pontiac usó este tipo de "edición de ametralladora" en sus anuncios recientes, la toma más larga pasaba en un segundo y medio, la más corta en un cuarto de segundo. Los anuncios obtuvieron una calificación alta en cuanto a la cantidad de espectadores que los recordaban.

Algunos publicistas buscan nuestros oídos al igual que nuestros ojos, aprovechando el potente efecto que algunos sonidos tienen en las ondas del cerebro humano:

Los publicistas están usando sonidos para aprovechar los sistemas automáticos del cerebro que obligan a la persona a detener lo que está haciendo y a concentrarse en la pantalla ... Es imposible ignorar estos sonidos. Por eso los comerciales están empezando con ruidos que van desde un infante llorando (Advil), pasando por una bocina de auto (Hertz), hasta una sirena de fábrica (Almond Joy). Los publicistas, al buscar el sonido acertado ... pueden ser implacables ...

Los anuncios de Nuprin, el medicamento para aliviar el dolor, arrancan asaltando a los espectadores con el chirrido de una fresa de dentista ... para ayudar al espectador a recordar el tipo de dolor que todos hemos padecido. Qué amables, gracias.

Unos cuantos expertos están preocupados porque la nueva publicidad, que usa tecnología avanzada, incluso podría hipnotizar a los consumidores, a sabiendas o no. Estos expertos sugieren que varias técnicas (cambios rápidos de escena, pulsaciones musicales y sonoras, frases repetitivas y logotipos centelleantes), de hecho, podrían poner a algunos espectadores en trance hipnótico.

Algunos críticos piensan que estas técnicas psicológicas, sutiles y difíciles de resistir, son injustas para los consumidores, que los publicistas pueden usar estas técnicas para superar las defensas de los consumidores y afectarlos sin que éstos tengan conciencia de ello. No obstante, los publicistas que usan estas técnicas, consideran que son una posición innovadora y creativa en el mundo de la publicidad.

Fuentes: Véase Wilson Bryan Key, *Subliminal Seduction* (Nueva York: NAL, 1974); Timothy E. Moore, "Subliminal Advertising: What You See Is What You Get", *Journal of Marketing*, primavera de 1982, pp. 38-47; Walter Weir, "Another Look at Subliminal 'Facts'", *Advertising Age*, 15 de octubre de 1984, p. 46; y Michael J. McCarthy, "Mind Probe", *The Wall Street Journal*, 22 de marzo de 1991, p. B3. Extractos de David H. Freedman, "Why You Watch Commercials - Whether You Mean to or Not", *TV Guide*, 20 de febrero de 1988, pp. 4-7.

empresa nueva puede entrar al mercado recurriendo a los mismos impulsos que manejan sus competidores y proporcionando pistas parecidas a los de ellos, porque es más probable que los compradores transfieran su lealtad a marcas similares que a marcas diferentes (generalización). Por el contrario, una empresa nueva puede diseñar su marca de tal manera que recurra a una serie diferente de impulsos y mediante pistas fuertes inducirlos a que cambien de marca (discriminación).

Creencias y actitudes

Las personas, después de actuar y aprender, adquieren sus creencias y actitudes. A su vez, éstas influyen en su comportamiento para comprar. Una **creencia** es un pensamiento que tiene la persona para describir algo. Jennifer Flores puede creer que una cámara Nikon saca magníficas fotos, que aguanta el uso y que cuesta 550 dólares. Estas creencias pueden estar fundamentadas en información real, en opiniones o en la fe, y pueden tener el peso de emociones o no tenerlo. Por ejemplo, el hecho de que Jennifer Flores crea que una cámara Nikon es pesada puede importar o no importar para su decisión.

A los mercadólogos les interesa saber lo que las personas creen de productos y servicios específicos, porque estas creencias constituyen las imágenes de los productos y las marcas que afectan el comportamiento al comprar. Si algunas de las creencias están equivocadas e impiden la compra, el mercadólogo tendrá que hacer una campaña para corregirlas.

Las personas adoptan actitudes ante la religión, la política, la ropa, la música, los alimentos y casi todo lo demás. Una **actitud** describe las evaluaciones, los sentimientos y las tendencias, relativamente consistentes, de una persona ante un objeto o idea. Las actitudes colocan a las personas en una actitud mental que hace que les gusten o disgusten las cosas, que las acerca o las aleja de ellas. Así, Jennifer Flores puede adoptar actitudes como "comprar lo mejor", "los japoneses producen los mejores productos del mundo" y "la creatividad y la expresión de uno mismo se cuentan entre las cosas más importantes de la vida". En tal caso, la cámara Nikon encajaría bien con las actitudes que tiene Jennifer.

Es difícil cambiar las actitudes. Las actitudes de una persona encajan en un patrón y para cambiar una actitud quizás haya que realizar difíciles ajustes en muchas otras. Por tanto, por regla general, una empresa debe tratar de que sus productos encajen dentro de las actitudes existentes, en lugar de tratar de cambiar las actitudes. Claro está que existen excepciones donde valdría la pena tratar de cambiar las actitudes. Por ejemplo:

> A finales de los años cincuenta, Honda entró a Estados Unidos, al mercado de las motocicletas y tuvo que tomar una decisión importantísima. Podía vender sus motocicletas a un mercado pequeño y establecido, o podía tratar de aumentar el tamaño de este mercado atrayendo a otro tipo de consumidores. Expander el tamaño del mercado sería más difícil y caro, porque muchas personas tenían una actitud negati-

Es difícil cambiar las actitudes, pero se puede hacer. La campaña de Honda "Conocerás a gente estupenda viajando en una Honda", cambió la actitud de la gente en cuanto a las personas que manejan motocicletas.

va contra las motocicletas. Asociaban las motocicletas con chaquetas negras de cuero, navajas y delincuentes. A pesar de estas actitudes negativas, Honda optó por este segundo camino. Hizo una enorme campaña para colocar a las motocicletas como algo divertido y sano. El tema: "Mucha gente estupenda maneja una Honda" funcionó muy bien y muchas personas adoptaron otra actitud ante las motocicletas. No obstante, en la década de 1990, Honda está enfrentando un problema similar. Como la generación del baby boom está envejeciendo, el mercado ha vuelto a cambiar y sólo incluye a los entusiastas del motociclismo. Por consiguiente, Honda se propone cambiar las actitudes de los consumidores otra vez. Ha invertido más de 75 millones de dólares en su nueva campaña "Ven a pasear con nosotros" para reestablecer la integridad del motociclismo y colocarlo como una actividad divertida y emocionante para todo el mundo.[17]

Ahora usted ya está en posición de evaluar las múltiples características y fuerzas individuales que actúan en el comportamiento de los consumidores. La elección del consumidor depende de la compleja interactuación de factores culturales, sociales, personales y psicológicos. Aunque el mercado no puede influir en muchos de estos factores, éstos si pueden servir para identificar a compradores interesados y para dar forma a productos y atractivos que sirvan para satisfacer sus necesidades.

RESUMEN

Es necesario entender los mercados antes de preparar las estrategias mercadotécnicas. El mercado de consumo compra bienes y servicios para el consumo personal. Los consumidores varían mucho de acuerdo con su edad, ingresos, educación, gustos y otros factores. Los mercadólogos deben entender cómo es que los consumidores transforman la mercadotecnia y otra información en sus respuestas para comprar. *El comportamiento de los consumidores* está sujeto a la influencia de las características del comprador y al proceso de decisión del comprador. Las *características del comprador* incluyen cuatro factores básicos: culturales, sociales, personales y psicológicos.

La *cultura* es básica para determinar los anhelos y el comportamiento de una persona. Incluye los valores, las percepciones, las preferencias y los comportamientos básicos que la familia y otras instituciones clave le enseñan a la persona. Los mercadólogos tratan de seguir la pista de los cambios culturales que podrían sugerir nuevas vías para servirle a los clientes. Las *subculturas* son "culturas dentro de culturas" que tienen valores y estilos de vida característicos. Las *clases sociales* son subculturas cuyos miembros tienen un prestigio social parecido, con base en su ocupación, ingresos, educación, riqueza y otras variables. La gente con diferentes características culturales, subculturales y clases sociales prefieren diferentes productos y marcas. Los mercadólogos podrían optar por enfocar sus programas mercadotécnicos hacia las necesidades especiales de ciertos grupos.

Los *factores sociales* también influyen en el comportamiento de un comprador. Los *grupos de referencia* (familia, amigos, organizaciones sociales, asociaciones de profesionales) influyen claramente en los productos o las marcas que se eligen. La posición de una persona dentro de cada grupo se puede definir en términos de *roles y posición*. Un comprador elige productos y marcas que reflejan su papel y posición.

La edad del comprador, la etapa del ciclo de vida, la ocupación, las circunstancias económicas, el estilo de vida, la personalidad y otras *características personales* influyen en la decisión de comprar de las personas. Los consumidores jóvenes tienen necesidades y anhelos diferentes a los de los consumidores que tienen más años; las necesidades de los matrimonios jóvenes son diferentes de las de los jubilados; los consumidores con más ingresos no compran lo mismo que aquellos que pueden gastar menos. Los *estilos de vida* de los consumidores (el patrón de la actuación y la interactuación con el mundo) también son una influencia importante para la elección de los compradores.

Por último, el comportamiento de los consumidores al comprar está sujeto a la influencia de cuatro *factores psicológicos* básicos: motivación, percepción, aprendizaje y actitudes. Cada uno de estos factores ofrece una perspectiva diferente para entender el funcionamiento de la caja negra del comprador.

El comportamiento de una persona al comprar es resultado de la complicada interactuación de todos estos factores culturales, sociales, personales y psicológicos. Aunque los mercadólogos no pueden controlar muchos de estos factores, sí pueden usarlos para identificar y entender a los consumidores que en los cuales pretenden influir.

TÉRMINOS CLAVE

Actitud 178
Aprendizaje 176
Atención selectiva 174
Ciclo de vida de la familia 168
Clases sociales 162
Comportamiento del consumidor
al comprar 159
Concepto de sí mismo 171
Creencia 178

Cultura 161
Distorsión selectiva 174
Estilo de vida 169
Grupo de al que se aspira 165
Grupos de pertenencia 165
Grupos de referencia 165
Líderes de opinión 165
Mercado de consumo 159

Motivo (o impulso) 172
Percepción 173
Personalidad 170
Posición social 167
Psicografía 169
Retención selectiva 176
Rol 167
Subcultura 162

EXPOSICIÓN DE PUNTOS CLAVE

1. ¿Qué factores podría aumentar al modelo de la figura 5-1 para que fuera una descripción más completa del comportamiento del consumidor?

2. Un método nuevo para empacar el vino en cajas de cartón forradas de plástico le resulta más cómodo a los consumidores que las botellas tradicionales. En lugar de corcho, se usa un pitorro hermético que permite servir la cantidad deseada de vino al mismo tiempo que el restante se conserva fresco durante muchas semanas. ¿Cómo operarán los factores de la figura 5-2 en favor o en contra del éxito de este método para empacarlo?

3. ¿Qué le indican los siguientes pares en cuanto a la clase social de una persona?
   a. Ingreso anual de 30,000 dólares - ingreso anual de 40,000 dólares
   b. Tapetes orientales en el piso - casa con alfombra de pared a pared
   c. Compra en Sears - compra en Neiman Marcus
   d. Estudios universitarios - estudios de bachillerato

4. Si diseñara la publicidad de un refresco, ¿qué información le sería más útil, la referente a los estilos de vida de los consumidores o sus datos demográficos?

5. Piense en las experiencias muy buenas o muy malas que haya tenido con un producto, ¿provocaron sus creencias acerca del producto? ¿Cuánto tiempo durarán estas creencias?

6. El director de una agencia de publicidad dice que "la percepción es la realidad". ¿Qué quiere decir con estas palabras? ¿Qué importancia tiene la percepción para los mercadólogos?

APLICACIÓN DE CONCEPTOS

1. Diferentes tipos de productos pueden cumplir con diferentes funciones y satisfacer diferentes necesidades psicológicas.

   ■ Haga una lista de cinco productos de lujo, públicos o privados, que le resulten muy interesantes o importantes. Algunas posibilidades serían autos, ropa, equipo deportivo o cosméticos. Haga una lista de cinco productos necesarios que use pero no le interesen mucho, por ejemplo, lápices, detergente o gasolina.

   ■ Haga una lista de palabras que describan su opinión sobre cada uno de los productos de la lista anterior. ¿Son diferentes los tipos de palabras que usó para los productos de lujo y para los necesarios? ¿Qué le indica esto en cuanto a las diferentes necesidades psicológicas que satisfacen estos productos?

2. Diferentes grupos pueden tener diferentes tipos de consecuencias en los consumidores.

   ■ Piense en un artículo que haya comprado y que sea típico de lo que compran sus compañeros (grupo de referencia clave), por ejemplo un disco compacto, unos tenis de una marca específica o una bicicleta de montaña. ¿Estaba consciente de que sus amigos tenían un objeto parecido cuando usted compró uno? ¿Hizo este hecho que usted quisiera el artículo más, o menos?

- Ahora piense en las marcas que usa y que sus padres también usan. Los ejemplos pueden referirse a jabón, crema para afeitar o margarina. ¿Analizó estas compras con tanto cuidado como aquellas en las que sus compañeros ejercieron influencia o fueron sus compras mero resultado de costumbres arraigadas?

CÓMO TOMAR DECISIONES EN MERCADOTECNIA:

COMUNICACIONES MUNDO PEQUEÑO, S. A.

Tom y Lynette han decidido que existe la necesidad, no satisfecha, de una administración de comunicaciones por computadora que no sea complicada. Ahora tienen que entender a sus posibles clientes con objeto de desarrollar productos atractivos y programas mercadotécnicos efectivos.

—El tema es tan resbaladizo ... —dijo Lyn.

Tom se quedó esperando, con la esperanza de que dijera algo más para poder entender de qué estaba hablando.

—Quiero decir —prosiguió—, que la comercialización de comida era tan fácil. La gente tiene hambre, compra lo que come, se queda sin comida, va a la tienda y compra más comida, porque sabe que va a tener hambre otra vez. Las personas saben lo que necesitan y saben cómo satisfacer esa necesidad. En el mercado de las computadoras nada está claro, todo está cambiando.

—¿Recuerdas a Maslow? —contestó Tom—. Los comercializadores de alimentos trabajan en la base de la pirámide de las necesidades de Maslow, hasta abajo, en el nivel del hambre. Los usuarios de computadoras están más bien cerca de la cúspide de la pirámide. El correo electrónico satisface necesidades sociales, el procesamiento de palabras y una serie de manejos de números elevan la estima porque contribuyen a las carreras y unos cuantos trabajamos con el concepto de actualización porque hay que estar aprendiendo más y más acerca de estas maquinitas. Es como si fuera músico y éste fuera mi instrumento.

—¿Has leído a Maslow? —preguntó Lyn, lo bastante asombrada como para pasar por alto el comentario del músico.

—Bueno yo no, pero tuve una novia que sí lo había leído y ella me contó algo —repuso Tom.

Lynete estuvo a punto de preguntarle si había tenido una novia, pero se dio cuenta que sería violento y no quiso hacerlo. En cambio dijo:

—Bueno, las ideas de Maslow sirven para analizar la motivación individual, pero creo que tendremos que pensar en grupos. Tengo la sensación de que existen diferencias importantes entre el personal que trabaja con computadoras y los usuarios comunes y corrientes. Tenemos que saber todo lo posible acerca de estas personas y, quizás entonces, podremos entender quién tomará la decisión de comprar y qué influirá en su decisión.

¿AHORA QUÉ?

1. Describa algunos de los usuarios de computadoras que usted conoce y las distintas formas en que utilizan esas computadoras. (a) ¿Cree usted que existe más de un grupo de usuarios cuyos intereses y necesidades son distintos? (b) en caso afirmativo, ¿piensa que estos grupos puedan influir en la forma en que sus miembros compran productos consumibles?

2. En la pregunta 1 se le pide que identifique uno o más grupos de usuarios de computadoras. (a) Determine un nombre descriptivo para cada grupo que identifique. (b) Enumere entre tres y cinco creencias y actitudes clave que tenga cada grupo en relación con las computadoras. (c) Analice cómo pueden afectar las creencias y actitudes de los diferentes grupos la manera en que Lyn y Tom desarrollan productos para satisfacer las necesidades de estos grupos.

REFERENCIAS

1. Las citas son de Peter Schutz y Jack Cook, "Porsche on Nichemanship", *Harvard Business Review*, marzo-abril, 1986, pp. 98-106. Derechos @ de President and Fellows of Harvard College, todos los derechos reservados. También véase Cleveland, Horton, "Porsche's Ads Get Racy in '88 with Tie to Indy", *Advertising Age*, 2 de noviembre de 1987, p. 34; y Mark Maremont, "Europe's Long, Smooth, Ride in Luxury Cars Is Over", *Business Week*, 17 de marzo de 1988, p. 57.

2. Estudiosos de la mercadotecnia han inventado varios modelos de los procesos de los consumidores al comprar. Los modelos más conocidos son los de John A. Howard y Jagdish N. Sheth, *The Theory of Buyer Behavior* (Nueva York: John Wiley, 1969); Francesco M. Nicosia, *Consumer Decision Processes* (Englewood Cliffs, NJ: Prentice Hall, 1966); James F. Engel, Roger D. Blackwell y Paul W. Miniard, *Consumer Behavior*, 5a. ed. (Nueva York: Holt, Rinehart & Winston, 1986); y James R.

Bettman, *An Information Processing Theory of Consumer Choice* (Reading, MA: Addison-Wesley, 1979). Para un resumen, véase Leon G. Schiffman y Leslie Lazar Kanuk, *Consumer Behavior,* 4a. ed. (Englewood Cliffs, NJ: Prentice Hall, 1991), Cap. 20.

3. Véase Schiffman y Kanuk, *Consumer Behavior,* Cap. 14.

4. Para más sobre comercialización dirigida a hispanos, negros, consumidores maduros y asiáticos, véase Thomas Exter, "One Million Hispanic Club", *American Demographics,* febrero de 1991, p. 59; Gary L. Berman, "The Hispanic Market: Getting Down to Cases", *Sales & Marketing Management,* octubre de 1991, pp. 65-74; Christy Fisher, "Poll: Hispanics Stick to Brands", *Advertising Age,* 15 de febrero de 1993, p. 6; Thomas G. Exter, "The Largest Minority", *American Demographics,* febrero de 1993, p. 59; Judith Waldrop, "Shades of Black", *American Demographic,* septiembre de 1990, pp. 30-34; Melissa Campanelli, "The African-American Market: Community, Growth and Change", *Sales & Marketing Management,* mayo de 1991, pp. 75-81; Maria Mallory, "Waking Up to a Major Market", *Business Week,* 23 de marzo de 1992, pp. 70-73; Eugene Morris, "The Difference in Black and White", *American Demographics,* enero de 1993, pp. 44-49; Melissa Campanelli, "The Senior Market: Rewriting the Demographics and Definitions", *Sales & Marketing Management,* febrero de 1991, pp. 63-70; Joseph M. Winski, "The Mature Market: Marketers Mature in Depicting Seniors", *Advertising Age,* 16 de noviembre de 1992, p. S1; Tibbett L. Speer, "Older Consumers Follow Different Rules", *American Demographics,* febrero de 1993, pp. 21-22; Maria Shao, "Suddenly, Asian-Americans Are a Marketer's Dream", *Business Week,* 17 de junio de 1991, pp. 54-55; y Carol J. Fouke, "Asian-American Market More Important than Ever", *Marketing News,* 14 de octubre de 1991, p. 10.

5. William O. Bearden y Michael J. Etzel, "Reference Group Influence on Product and Brand Purchase Decisions", *Journal of Consumer Research,* septiembre de 1982, p. 185.

6. Debra Goldman, "Spotlight Men", *Adweek,* 13 de agosto de 1990, pp. M1-M6; Dennis Rodkin, "A Manly Sport: Building Loyalty", *Advertising Age,* 15 de abril de 1991, pp. 51, S12; Nancy Ten Kate, "Who Buys the Pants in the Family?", *American Demographics,* enero de 1992, p. 12; y Laura Zinn, "Real Men Buy Paper Towels, Too", *Business Week,* 9 de noviembre de 1992, pp. 75-76.

7. Para más información sobre las decisiones familiares, véase Schiffman y Kanuk, *Consumer Behavior,* Cap. 12; Rosann L. Spiro, "Persuasion in Family Decision Making", *Journal of Consumer Research,* marzo de 1983, pp. 393-402; Michael B. Menasco y David J. Curry, "Utility and Choice: An Empirical Study of Husband/Wife Decision Making", *Journal of Consumer Research,* junio de 1989, pp. 87-97; y Eileen Fisher y

Stephen J. Arnold, "More than Labor of Love: Gender Roles and Christmas Gift Shopping", *Journal of Consumer Research,* diciembre de 1990, pp. 333-45.

8. Véase Lawrence Lepisto, "A Life Span Perspective of Consumer Behavior", en Elizabeth Hirshman y Morris Holbrook, *Advances in Consumer Research,* vol. 12 (Provo, UT: Association for Consumer Research, 1985), p. 47.

9. Kim Foltz, "Wizards of Marketing", *Newsweek,* 22 de julio de 1985, p. 44.

10. Para más información sobre el VALS y la psicografía en general, véase William D. Wells, "Psychographics: A Critical Review", *Journal of Marketing Research,* mayo de 1975, pp. 196-213; Arnold Mitchell, *The Nine American Lifestyles* (Nueva York: Macmillan, 1983); Rebecca Piirto, "Measuring Minds in the 1990s", *American Demographics,* diciembre de 1990, pp. 35-39; y Piirto, "VALS the Second Time", *American Demographics,* julio de 1991, p. 6.

11. Este ejemplo y otros de empresas que han usado el VALS 2 están en Piirto, "VALS the Second Time".

12. Para más información sobre los pros y contras de usar el VALS y otros enfoques sobre el estilo de vida, véase Lynn R. Kahle, Sharon E. Beatty y Pamela Homer, "Alternative Measurement Approaches to Consumer Values: The List of Values (LOV) and Values and Life Styles (VALS)", *Journal of Consumer Research,* diciembre de 1986, pp. 405-9; y Mark Landler, "The Bloodbath in Market Research", *Business Week,* 11 de febrero de 1991, pp. 72-74.

13. Véase Harold H. Kassarjian y Mary Jane Sheffet, "Personality in Consumer Behavior: An Update", en *Perspectives in Consumer Behavior,* Harold H. Kassarjian y Thomas S. Robertson, eds. (Glenview, IL: Scott Foresman, 1981), pp. 160-80; y Joseph T. Plummer, "How Personality Can Make a Difference", *Marketing News,* marzo-abril de 1984, pp. 17-20.

14. Véase M. Joseph Sirgy, "Self-Concept in Consumer Behavior: A Critical Review", *Journal of Consumer Research,* diciembre de 1982, pp. 287-300; y Rusell W. Belk, "Possessions and the Extended Self", *Journal of Consumer Research,* septiembre de 1988, pp. 139-59.

15. Véase Annetta Miller y Dody Tsiantar, "Psyching Out Consumers", *Newsweek,* 27 de febrero de 1989, pp. 46-47; y Rebecca Piirto, "Words that Sell", *American Demographics,* enero de 1992, p. 6.

16. Abraham H. Maslow, *Motivation and Personality;* 2a. ed. (Nueva York: Harper & Row, 1970), pp. 80-106.

17. Véase "Honda Hopes to Win New Riders by Emphasizing 'Fun' of Cycles", *Marketing News,* 28 de agosto de 1989, p. 6.

CASO 5

MERCADOTECNIA PARA LOS ASIÁTICO-AMERICANOS

Vayamos de compras al Jardín de Asia, un llamativo centro comercial de dos pisos, con techo de teja y columnas laqueadas. Un gigantesco Buda vigila la entrada, con los dioses de la prosperidad, la longevidad y la felicidad a su costado. En el interior se encuentran muchos de los negocios típicos de estos centros comerciales de los suburbios: tiendas de discos, agencias de viajes, restaurantes, un supermercado, librerías y muchas joyerías. Sin embargo, algunas de las tiendas son diferentes. Por ejemplo, la farmacia tiene mercancías como cuerno de ciervo molido, lagartija disecada, hojuelas de estrellas de mar y ginseng. Los sastres y las modistas hacen ropa y prendas a la medida, los *ao dais* (conjuntos de túnica y pantalones hechos de suaves sedas). ¿Dónde estamos? En Westminster, California, conocido como el pequeño Saigón.

Más de 2.7 millones de asiático-americanos viven en California, por lo que no es raro encontrar tiendas orientales ahí. Para el año 2000, la población asiática del estado pasará de 4.5 millones, alrededor del 13% de la población. Los hogares asiático-americanos, a diferencia de otros hogares de Estados Unidos, tienen un nivel de ingresos y de estudios bastante altos y casi la mitad de los asiático-americanos trabajan en la administración o en campos profesionales.

La mayor parte de los asiático-americanos viven en ciudades grandes como San Francisco, Los Ángeles o Nueva York. Tienen una clara orientación hacia la familia y, con frecuencia, reúnen los esfuerzos y los recursos de la familia para mejorar la condición de todos ellos. Es frecuente que, en la misma casa, vivan familias extendidas, tradición importada de sus países de origen. Además, los miembros de la familia suelen trabajar en negocios familiares. Los mercadólogos que tengan como meta a los asiático-americanos deben entender la importancia de la familia. Por ejemplo, para abordar este mercado, la empresa Metropolitan Life no usó los personajes de Carlitos que normalmente usa en su publicidad. En cambio, subrayó la seguridad de la familia, sobre todo los beneficios de orden económico que permitirían que los hijos estudiaran en la universidad. Esta estrategia multiplicó por cinco sus ventas a asiático-americanos.

El comportamiento de consumo de los asiático-americanos no es igual al de otros segmentos. Por ejemplo, el interés primordial de los asiático-americanos es la calidad. Son leales a la marca, pero no a la tienda, y prefieren comprarle a personas que conocen. Los asiático-americanos consideran que las compras son una actividad agradable, les encantan las gangas y, con frecuencia, regatean precios. Se sienten como en casa con la tecnología avanzada, lo que los convierte en un buen mercado para videocaseteras,

computadoras personales, tocadiscos de discos compactos, videocámaras y contestadoras automáticas. Sobra decir, que el gusto de los asiático-americanos en cuanto a los alimentos es diferente. Les gustan alimentos como el arroz batido, la col agria y las bolas de pescado. Los mercadólogos quizá tengan que adaptar sus productos a este mercado. Por ejemplo, las tallas de ropa deben ser menores, las mangas y las perneras deben ser más cortas. Macy's, que desde siempre ha tenido ropa de calidad en tallas pequeñas, es una tienda preferida por la comunidad asiática.

La comercialización dirigida a los inmigrantes asiático-americanos tiene una gran ventaja, pues éstos no tienen ideas preconcebidas de marcas y empresas. En una encuesta realizada recientemente, 76% de estos inmigrantes no pudieron recordar la marca de los alimentos congelados que habían comprado la última vez. Por tanto, los mercadólogos, cuando comercializan sus marcas para estos compradores, con frecuencia, no tienen que superar las imágenes arraigadas de las marcas de la competencia.

No es fácil venderle a los asiático-americanos. Este variado mercado está compuesto por japoneses, vietnamitas, coreanos, filipinos, camboyanos, hindúes, indonesios, malayos y chinos, además, todos ellos hablan diferentes idiomas y dialectos. Por esta diversidad lingüística, la televisión no puede ser un medio efectivo. Por fortuna, a los asiático-americanos les gusta leer, por lo que los periódicos resultan un medio que vale lo que cuesta. Además, existen muchas revistas que se dirigen, en especial, al mercado asiático-americano. Por otra parte, existen muchos asesores y agencias de publicidad asiático-americanas que pueden ayudar a los mercadólogos a diseñar estrategias mercadotécnicas para dicho mercado.

Sin embargo, muchas empresas se están retirando del mercado asiático-americano. En tiempos de recesión, son muchos los anunciantes que retiran los anuncios dirigidos a los mercados especializados, para poder concentrarse en campañas dirigidas a públicos más generales. Sin embargo, este podría ser un camino dudoso para ahorrarse unos cuantos dólares. Al parecer, el mercado asiático-americano está hecho a prueba de recesiones. Los asiático-americanos tienen ingresos más altos y, como muchos son empleados de negocios familiares o de campos de tecnología avanzada, hay muy pocos desempleados. Incluso cuando son desempleados, podrían representar un ingreso considerable, porque los demás miembros de su familia extendida siguen trabajando y sosteniendo el hogar.

Por tanto, el mercado asiático-americano puede constituir el sueño de un mercadólogo, es decir un mercado grande, lucrativo y a prueba de recesiones. AT&T está apostando muchos millones al mercado asiático-americano, pues piensa que este mercado puede crecer inmensamente. En septiembre de 1992, AT&T envió casi 100,000 postales a clientes asiático-americanos, recordándoles que llamaran a casa por el día del "Festival de la luna", una fiesta china de importancia similar a la del Día de acción de gracias para los estadounidenses.

PREGUNTAS

1. ¿Qué características culturales, personales, sociales y psicológicas distinguen al mercado asiático-americano?

2. ¿Cómo se pueden usar la pirámide de las necesidades de Maslow y las consecuencias del grupo de referencia para explicar los motivos que tienen los asiático-americanos para comprar?

3. ¿Por qué es más probable que los asiático-americanos compren productos como computadoras, tocadiscos para discos compactos y videocámaras?

4. Si los asiático-americanos no conocen las marcas estadounidenses, ¿cómo afectará ello su percepción y sus procesos de aprendizaje?

Fuentes: "Malls with Oriental Flair Fill Widening Niche", *Chain Store Age Executive,* mayo de 1989, pp. 128-30; Dan Fost, "California's Asian Market", *American Demographics,* octubre de 1990, pp. 34-37; Cyndee Miller, "Marketers Say Budgets Hinder Targeting of Asian-Americans", *Marketing News,* 30 de marzo de 1992, pp. 2, 15; Catherine A. Novak, "Profiting from Diversity", *Best's Review,* marzo de 1992, pp. 18-22, 99-100; y Gerry Gropp, "Little Saigon: Where Vietnam Meets America", *Smithsonian,* agosto de 1992, pp. 28-29.

CASO EMPRESARIAL 5

LA PREMIER DE RJR: DONDE NO HAY HUMO, ¿HABRÁ CLIENTES?

¿Qué pensaría el fumador promedio si comprara un paquete de cigarrillos que trajera un folleto de instrucciones de cuatro páginas? Eso es lo que ocurrió cuando RJR/Nabisco lanzó su cigarrillo sin humo, Premier, en San Luis, Phoenix y Tucson, a finales de 1988. En el caso de Premier, RJR usó el lema publicitario "El humo más limpio". En lugar de la esplendorosa publicidad a partir de imágenes que suele caracterizar a los cigarrillos nuevos, Premier presentó un mensaje mercadotécnico de hechos concretos: un cigarrillo sin humo lateral, menos nicotina que el 97% de las marcas del mercado y una reducción importante de "compuestos controvertidos", según los llamó RJR, como los residuos de la nicotina.

RJR seleccionó los mercados iniciales, dirigiendo la mira al público de fumadores urbanos, de cierta edad (más de 25 años). Las ciudades de Arizona, en particular, suelen tener fumadores de cierta edad y muchos de ellos están tratando de dejar el hábito y buscando una alternativa. Aunque la campaña de Premier, evidentemente, carecía del atractivo del hombre de Marlboro o los yuppis de Benson and Hedge's, estaba hecha a la medida de los consumidores que tenía en mente. RJR se dirigió, de manera racional, a las personas atrapadas por el vicio del cigarro.

Con objeto de atraer a estos fumadores de clase alta, RJR presentó el cigarrillo sin humo como "un avance tecnológico" y usó anuncios que estaban menos orientados a la imagen y más "orientados a las palabras" que los anuncios típicos de cigarrillos. Le puso el nombre de Premier a la nueva marca innovadora porque representaba "el inicio

de una nueva era para gozar fumando, de un gozo más limpio de lo que podría haber imaginado. El tema esencial [sería] la suma de sus atributos, de tal manera que el producto [se reconocería] como ... un descubrimiento notable".

Sin embargo, la estrategia de mercadotecnia de la empresa era muy arriesgada. Por una parte, la empresa le puso un precio a Premier bastante más alto que el de los cigarrillos normales. Por otra, al dirigirse a los fumadores con más años y educación, RJR corría el riesgo de perjudicar a sus propias marcas en el mercado de los cigarros con poca nicotina. Es más, algunos pensaron que los cigarrillos sin humo eran un insulto para el fumador. Así como el café descafeinado contribuyó a acelerar la caída del consumo de café, así el Premier podría acelerar la caída del consumo de cigarrillos, que ya estaba bajando 2% al año.

No obstante, la estrategia de mercadotecnia quizás haya reflejado, más que nada, las limitaciones impuestas por el producto nuevo. Premier necesitaba muchas explicaciones y, por consiguiente, más texto en sus anuncios. Los altos costos de la producción del cigarrillo obligaban a que su precio fuera más alto (alrededor de un 25% sobre las marcas de cigarrillos normales) que, a su vez, significaba dirigirse a clientes más ricos. Además de eso, RJR tuvo que encontrar una línea de diferencia muy fina para lanzar el producto como "más limpio", sin presentarlo como "más sano".

Dados estos problemas, algunos escépticos tenían dudas de que funcionara la estrategia de RJR. Por ejemplo, comentaron que los anuncios de cigarrillos normalmente tratan de imponer imágenes vigorosas y temas sencillos, que el exceso de datos puede reforzar la impresión negativa que se tiene del hábito de fumar. Un publicista ejecutivo observó que los cigarrillos son "un producto muy personal, motivado por imágenes" y que el enfoque de RJR sólo funcionaría si "se trata de un producto magnífico".

Según RJR, en las pruebas de sabor, los consumidores calificaron a Premier con notas muy altas, encontraron que se parecía, más o menos, a los Winston Lights, una de las marcas de la empresa de cigarrillos bajos en nicotina. Empero, con objeto de realizar una prueba independiente en cuanto a las reacciones de los fumadores ante Premier, un reportero de The Wall Street Journal encuestó a una docena de fumadores en el Aeropuerto Internacional de Hartsfield en Atlanta. La encuesta, aunque poco científica, arrojó lo que algunos fumadores pensaban del cigarrillo y también subrayó algunos de los problemas que enfrentaría RJR en su comercialización.

Muchos fumadores de la encuesta dijeron que no les había gustado Premier debido a su sabor y rareza. Algunos de los que reaccionaron a favor dijeron que quizá comprarían Premier como segunda marca para fumarlos en lugares donde no se acepta el humo, otros más lo aceptaron como un paso para dejar de fumar. En general, casi el doble de fumadores se expresaron mal de Premier, en lugar de alabarlo. Los funcionarios de RJR dijeron que esta muestra no permitía sacar conclusiones, señalando que muchas de las más de dos mil personas que habían fumado Premier, en su encuesta, habían expresado que "tendrían que acostumbrarse a fumarlo". Sin embargo, también dijeron que a muchos les había gustado cuando se acostumbraron a fumarlo, a pesar de que habían sido escépticos al principio.

Por tanto, RJR tenía que conseguir que los fumadores probaran muchos Premier. Así pues, para fomentar que los consumidores los probaran en los mercados guía, la empresa regalaba dos paquetes cuando los fumadores compraban dos, en algunas tiendas, cuatro paquetes de una vez. La empresa suponía que muchos fumadores se sentirían atraídos por la menor cantidad de nicotina y la menor agresión, y que se quedarían con Premier y llegarían a aceptarlos. ¿Cuántas personas tratarían de adaptarse al cigarrillo durante tanto tiempo? Un fumador de la encuesta del aeropuerto tiró su Premier después de sólo dos golpes. "No tiene sabor", observó.

La encuesta del aeropuerto arrojó que la complejidad de Premier presentaba otro problema. Casi todos los fumadores tuvieron dificultad para encender el cigarrillo y, en la mayoría de los casos, tuvieron que intentarlo dos o tres veces. La punta de carbón, que calienta el aire que pasa por el cigarrillo en lugar de quemar el tabaco, también calienta la parte del cigarrillo que no es filtro, despertando las sospechas de la gente en cuanto al proceso que se daba.

Sin embargo, algunos fumadores, a quienes no les entusiasmó el Premier, dijeron que podrían probarlo para tratar de no ofender a los no fumadores. El presidente de una empresa de letreros de Atlanta dijo que no le gustaba mucho el sabor, pero "lo fumaría para evitar que lo siguieran regañando en casa, que ahí lo usaría como sustituto, pero que después consumiría los de alto octano en la calle". El gerente de un auditorio celebró un poco al Premier, pero dijo que pensaría mucho si lo fumaba o no, porque era uno de los pocos fumadores de su oficina. Normalmente, se sentía obligado a apagar su cigarrillo cuando otros entraban a su despacho, pero que, como el Premier no producía humo, "no me daría vergüenza seguir fumando".

RJR tenía que lograr el éxito de Premier. Llevaba trabajando en el cigarrillo desde 1981 y, según cálculos, llevaba invertidos varios miles de millones de dólares en el producto hasta ese momento. Es más, la parte del mercado de cigarrillos correspondiente a RJR había bajado a 34%, en comparación con el 39% de su rival Philip Morris. RJR esperaba que la "ausencia de humo" atrajera a clientes y cambiara la tendencia a la baja.

PREGUNTAS

1. Haga una lista de las palabras y las frases usadas en este caso para describir el mercado que Premier tiene en la mira. ¿Definió bien RJR este mercado?

2. ¿Qué factores culturales, sociales, personales y psicológicos afectan la decisión de fumar de un consumidor? ¿Abordó RJR bien estos factores en el caso de Premier?

3. ¿Conformó RJR debidamente su mezcla de mercadotecnia para servir a los clientes que tenía en la mira? ¿Qué hipótesis planteó RJR sobre sus clientes?

4. ¿Qué sugieren los comentarios de los consumidores encuestados en el aeropuerto de Atlanta en cuanto al proceso de aprendizaje de los consumidores?

5. ¿De qué otras maneras podría RJR colocar Premier?

Fuente: Adaptado de John Helyar, "RJR Plans to Market Smokeless Cigarette as Breakthough with Hefty Price Tag", *The Wall Street Journal,* 30 de septiembre de 1988; y "RJR Smokeless Cigarette Encounters Skeptical Public", *The Wall Street Journal,* 8 de septiembre de 1988. Reproducido con autorización.

6

$\mathcal{M}$ercados de consumo: Los procesos de decisión de los compradores

principios de los años ochenta, Nike ganó la primera batalla de la "gran guerra de los zapatos tenis", como la llaman muchos ahora. Con base en el poderío de sus zapatos para carreras, que estaban diseñados para correr, pero que la mayor parte de la gente usaba para actividades recreativas, Nike desbancó a Adidas y se disparó al primer lugar del mercado de los zapatos deportivos de Estados Unidos, con un valor de 6 mil millones de dólares. Sin embargo, la moda es pasajera y Nike no fue puntera mucho tiempo. En 1986, la advenediza Reebok alcanzó a Nike con sus nuevos zapatos de piel suave para ejercicios aeróbicos. Convirtió los sudorosos tenis en elemento de moda y se disparó al frente. Para 1987, Reebok había captado más del 30% del mercado, mientras que la parte de Nike se había caído al 18%.

No obstante, en 1988, Nike reaccionó. Se enfocó al mercado renaciente de la "gran actuación" con su exitosa campaña de 20 millones de dólares. "¡Sólo hazlo!", que proyectaba a los astros del deporte. La empresa también introdujo docenas de productos nuevos destinados a segmentos estrechos del mercado del calzado deportivo, que se estaba fragmentando a enorme velocidad. Para 1990, Nike estaba vendiendo zapatos para casi todos los deportes concebibles: montañismo, caminata, ciclismo e, incluso, bastoneras y windsurf. Las cifras corroboran el rejuvenecimiento de Nike. En 1992, su parte del mercado era del 30% y seguía creciendo. La parte de Reebok se había desplomado drásticamente a menos del 23%.

Se puede decir que la guerra de los tenis no ha terminado. Reebok está contraatacando con productos y programas de mercadotecnia nuevos. Además, en una industria volátil que ha tenido muchos líderes (desde los venerables Converse de los años setenta hasta los Adidas y Nike de los ochenta) que primero se disparan al frente y después se desploman abruptamente, tanto Nike como Reebok vigilan sus flancos para protegerlos de la competencia. Por ejemplo, el caso de éxito de 1989 no correspondió a Nike

ni a Reebok, sino a L.A. Gear, la tercerona, que salió de la nada y acaparó más de 600 millones de dólares de las ventas (el triple que sus ventas en 1988), así como 12% del mercado. No obstante, para 1992, la favorita L.A. Gear se había rezagado y registraba enormes pérdidas a manos del inconstante mercado de los adolescentes, que se habían dirigido a agresivos contendientes como Ascis Tiger, Keds y Fila. En las nuevas campañas publicitarias, competidores grandes y pequeños por igual han aplastado a Nike, la líder del mercado, con temas como "¡Toma aire y dispárate!" (Reebok), "Todos los demás son sólo aire caliente" (L.A. Gear) y "Tu madre usa Nike" (British Knights).

Para ganar en la guerra de los tenis, o incluso para sólo sobrevivir, se requiere un profundo conocimiento del comportamiento de los consumidores. Dado que los tenis pueden ser un medio importante para expresarse, la elección de las personas suele incluir una variada mezcla de influencias. Por tanto, entender el comportamiento de los consumidores, en este mercado que sube y baja, puede ser una tarea harto difícil, pero tratar de pronosticar su comportamiento puede serlo aún más. Las empresas del calzado introducen docenas de estilos y colores nuevos año con año, persiguiendo modas que, con frecuencia, desaparecen a una velocidad pasmosa. Un día quizá se vendan todas las existencias de un estilo nuevo y, al siguiente, los vendedores no pueden deshacerse de él ni con descuentos.

El inconstante mercado juvenil es el campo de batalla de la guerra de los tenis y los centros de las ciudades son su eje. Los consumidores que tienen entre 15 y 22 años compran 30% de los tenis e influyen en un 10% más por vía de sus palabras. Muchas de las tendencias arrancan en el centro de las ciudades del país y se extienden a los suburbios y el resto de las poblaciones intermedias de Estados Unidos. Los jóvenes urbanos son un símbolo de autenticidad para los muchachos de los suburbios, así que las tendencias que prenden en el centro de las ciudades se suelen extender, a gran velocidad, al resto del país. Por tanto, no es raro que los fabricantes de tenis cortejen, descaradamente, a los dueños de zapaterías y a los muchachos del centro. Con frecuencia, Nike y los otros fabricantes de calzado regalan tenis a los adolescentes que marcan la moda, porque las masas los copian. Reebok incluso reconstruye parques en la ciudad y repavimenta canchas de baloncesto para atraer a estos elementos. Asimismo, las empresas suelen lanzar los tenis nuevos primero en el centro de las ciudades y, tras observar cómo funcionan, atacan el resto del país.

Claro está que los informados no los llaman zapatos tenis. En cambio, los llaman Alfas, Revoluciones, 830s, Air Jordan, Blacktop, es decir, el nombre o el número de sus modelos. Los zapatos son la primera muestra de moda, la más importante. Han pasado los días en que los tenis eran básicamente baratos, funcionales y sosos, cuando sólo había de lona blanca o negra, al tobillo o botines y quizá con una que otra variante para los grandes corredores. Ahora, los tenis son un símbolo de posición, una subcultura. Los precios parten de unos 50 dólares el par y van subiendo hasta más de 180. Se pueden conseguir buenos tenis más baratos, pero nadie que sea importante los usaría, ni muerto.

La locura por los tenis, muchas veces, no tiene explicación. Por ejemplo, la moda de usar los tenis con los cordones sin amarrar, al parecer, empezó porque sus orgullosos propietarios querían que sus zapatos parecieran recién estrenados. Al poco tiempo, todo el mundo hacía lo mismo, pero ese fue apenas el principio. A continuación, algunos de los usuarios se desataban el cordón de sólo un zapato y, después, empezaron a usarlos sin cordones. Al poco tiempo, los usuarios volvieron a atarse los tenis, pero con cordones de otros zapatos. Ahora muchos están usando tenis diferentes, por decir algo, en un pie un converse blanco de Chuck Taylor y, en el otro, un Cons negro de Converse, lo que no se puede mezclar es una marca con otra. Otra regla entendida: cuando se sale a pasear con el sexo opuesto, los Nikes no van con Reeboks ni los Converse con Adidas. En algunos barrios, las adolescentes dicen que lo primero que escogen al arreglarse para salir con un muchacho son los tenis. Algunos romances de adolescentes se han frustrado a causa de diferencias en cuanto a las marcas.

Además, existen diferencias regionales, incluso locales. Adidas es la marca "in" en Filadelfia, hogar de la Universidad de Temple, cuyo equipo de baloncesto usa zapatos Adidas. Chicago es de Nike, porque Michael Jordan, el astro del baloncesto de Chicago, recomienda los zapatos. (La recomendación de celebridades es básica: Nike le pagó a Jordan más de 2.5 millones de dólares, durante cinco años, para que usara sus zapatos.) En Boston, hay calles de Nike y calles de Adidas, y pobre de aquél que use la marca equivocada en la calle equivocada.

En tratándose de tenis, hay personas que no tienen medida. Por ejemplo Brian Washington tiene 150 pares de tenis regados por las dos habitaciones de su departamento en Harlem. Para bailar toda la noche, tiene sus Airwalkers, rojo y negro, de Nike. Para "impresionar a las damas" tiene los Adidas ámbar y oro, con rayas moradas. Los Evolvo cortos, negro y azul cielo, son para los sábados en el parque. Para andar por ahí, prefiere los Nike azul marino. El señor Washington explica: "En realidad, en el centro, uno vale lo que usa, en los pies". Sobra decir que cuando se tienen muchos pares de zapatos también se tiene un problema. De entrada, es difícil decidir cuál es el atuendo aceptado por la sociedad en ese momento. Hace poco, el señor Washington, salió una tarde hacia el parque para jugar baloncesto un rato. Llevaba puesto un par de Air Jordans blancos de Nike y, bajo el brazo, un gastado balón de piel marrón y, sobre el hombro, un par de 830s blancos de Avia, por si cambiaba de opinión mientras llegaba a la cancha. El señor Washington, bien consciente de la moda, dice: "Me espera la selva". Nike y los otros combatientes de la guerra de los zapatos tenis están totalmente de acuerdo.[1]

AVANCE DEL CAPÍTULO

El capítulo 6 elabora con más amplitud los conceptos del comportamiento del consumidor y los aplica a la decisión de comprar.

En la primera parte del capítulo se resumen los *roles que puede asumir el consumidor al comprar: iniciador, influyente, resolutivo, comprador* y *usuario.*

A continuación se clasifica el comportamiento para comprar de acuerdo con cuatro tipos: *complicado, poca asonancia, para compras habituales* y *que quiere variedad.*

Las etapas del *proceso de decisión del comprador* se definen como *el reconocimiento de una necesidad, la búsqueda de información, la evaluación de alternativas, la decisión de comprar* y *el comportamiento después de la compra.*

El proceso de decisión ante productos nuevos se explica en términos de las *etapas del proceso de adopción, las diferencias individuales de la innovación,* el papel de la *influencia personal* y la forma en que las características del producto influyen en la *tasa de adopción.*

El capítulo termina con una explicación sobre las diferencias *internacionales* en el *comportamiento de los consumidores.*

Los mercadólogos deben ser muy cautelosos cuando analizan el comportamiento de los consumidores. Con frecuencia, los consumidores rechazan una oferta que, al parecer, es ganadora. Polaroid descubrió lo anterior cuando perdió 170 millones de dólares con su sistema Polarvisión, de cine casero instantáneo. Lo mismo le ocurrió a Ford cuando lanzó su famoso (o infamante) Edsel, en un proceso que le costó perder la friolera de 350 millones de dólares. También le ocurrió a RCA cuando se tuvo que tragar una enorme pérdida de 580 millones de dólares por su videodisquera Selecta Visión.

En el capítulo anterior se analizaron las influencias culturales, sociales, personales y psicológicas que afectan a los compradores. En este capítulo se verá cómo toman la decisión de comprar los consumidores. En primer término, se analizan los papeles del consumidor al comprar, así como el tipo de decisiones que enfrenta. A continuación, se explican los principales pasos del proceso de decisión del comprador. Por último, se estudia el proceso que permite a los consumidores conocer los productos nuevos y comprarlos.

ROLES DE LOS CONSUMIDORES EN LAS COMPRAS

El mercadólogo debe saber quiénes están involucrados en la decisión de comprar y cuál es el papel que desempeña cada una de estas personas. En el caso de muchos productos no es difícil identificar a la persona que toma la decisión. Por ejemplo, los hombres suelen elegir el equipo que usan para afeitarse y las mujeres suelen elegir sus pantimedias. No obstante, existen otros productos que entrañan una unidad de decisión que involucra a más de una persona. Piense en una familia que escoge un auto nuevo. La sugerencia de comprar el auto nuevo puede partir del mayor de los hijos. Un amigo de la familia puede aconsejar el tipo de auto que debe comprar ésta. El marido quizás elija la marca. La esposa podría tener una opinión clara en cuanto al estilo del auto. Acto seguido, la mujer y el marido seguramente tomarían la última decisión juntos y es probable que la mujer use el auto más que el marido.

La figura 6-1 muestra cómo las personas pueden desempeñar uno de entre varios roles en la decisión de comprar:

- **Iniciador:** la primera persona que concibe o sugiere la idea de comprar un producto o servicio dado.

- **Influyente:** la persona que ofrece opiniones o consejos que influyen en la decisión de comprar.

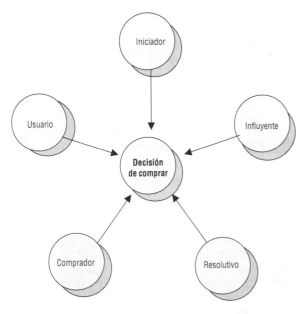

FIGURA 6-1
Los roles del consumidor al
comprar

- **Resolutivo:** la persona que, en última instancia, toma la decisión, o parte de ella, de comprar o no, qué comprar, cómo comprarlo y dónde comprarlo.
- **Comprador:** la persona que efectúa la compra de hecho.
- **Usuario:** la persona que consume o usa el producto o servicio.

La empresa debe identificar quién desempeña estos roles porque ello afectará el diseño del producto y la decisión en cuanto al mensaje publicitario. Si Chevrolet descubre que los maridos toman la decisión de comprar una camioneta familiar, dirigirá a los maridos la mayor parte de su publicidad para estos modelos. Empero, los anuncios de Chevy incluirán a la esposa, los hijos y otros que podrían iniciar la decisión de comprar o influir en ella. Además, Chevrolet diseñará sus camionetas con características que satisfagan las necesidades de todos los que participan en la decisión de comprar. El mercadólogo que conoce a los principales involucrados y los roles que éstos desempeñan podrá afinar su programa de mercadotecnia.

TIPOS DE COMPORTAMIENTO EN LA DECISION DE COMPRA

El consumidor toma su decisión de diferentes maneras, dependiendo del tipo de decisión para comprar que requiera. El comportamiento que observa el consumidor al comprar varía mucho si se trata de un tubo de dentífrico, una raqueta de tenis, una costosa cámara o un auto nuevo. Las decisiones complejas suelen involucrar a más participantes en la compra, así como más deliberación por parte del comprador. La figura 6-2 muestra el comportamiento del consumidor al comprar, con base en el grado de involucramiento del comprador y el grado de diferencias entre marcas.[2]

Comportamiento complicado para comprar

Los consumidores adoptan un **comportamiento complicado para comprar** cuando se involucran mucho en una compra y perciben diferencias notables entre marcas. Los consumidores pueden confundirse tratándose de productos caros, arriesgados, adquiridos con poca frecuencia o que expresen el yo. Normalmente, el consumidor debe aprender mucho en cuanto a la categoría del producto. Por ejemplo, quien va a comprar una computadora personal quizá no sepa nada de los atributos que debe considerar. Muchas de las características del producto no le dicen nada: "486 chips", "resolución súper VGA" o "4 megas de RAM".

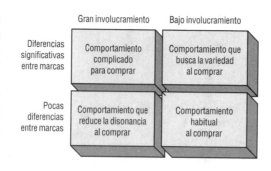

FIGURA 6-2
Cuatro tipos de comportamiento para comprar

Fuente: Adaptado de Henry Assael, *Consumer Behavior and Marketing Action* (Boston: Kent Publishing Company, 1987), p. 87. Derechos © 1987 de Wadsworth, Inc. Reproducido con autorización de Kent Publishing Company, División de Wadsworth, Inc.

Este comprador pasará por un proceso de aprendizaje, primero desarrollando conceptos sobre el producto, después actitudes y, por último, eligiendo lo que comprará tras una larga consideración. Los mercadólogos que manejan productos que entrañan un gran involucramiento deben entender el comportamiento de los clientes que reúnen información y la evalúan. Tienen que ayudar a los compradores a aprender cuáles son los atributos de categoría del producto y su importancia relativa, así como qué atributos importantes ofrece la marca de la empresa. Los mercadólogos deben diferenciar las características de su marca, quizá describiendo los beneficios de ésta por medio de un texto largo impreso. Además, deben motivar a los vendedores de las tiendas y a los conocidos del comprador para que éstos influyan en la elección de una marca.

Reducción de la disonancia en el comportamiento de compra

La **reducción de la disonancia para comprar** se presenta cuando los clientes requieren de un gran involucramiento en una compra cara, poco frecuente o arriesgada y, además, encuentran escasa diferencia entre las marcas. Por ejemplo, los clientes que compran una alfombra tendrán que tomar una decisión de gran involucramiento, porque la alfombra es cara y expresa el yo. Empero, los compradores pueden pensar que la mayor parte de las alfombras, dentro de un rango cualquiera de precios, son iguales. En tal caso, como las diferencias que se perciben entre una marca y otra no son muchas, los compradores quizá se den una vuelta por ahí, para saber qué ofrece el mercado, pero comprarán con relativa rapidez. Tal vez respondan primordialmente a un buen precio o a las facilidades para realizar la compra. Hecha la adquisición, los consumidores podrían experimentar disonancia o insatisfacción después de la compra (incomodidad tras haberla realizado), cuando descubren ciertas desventajas de la marca de alfombra que han comprado o escuchan elogios sobre marcas que no han adquirido. A efecto de reducir esta insatisfacción, la comunicación de los mercadólogos después de la venta debe ofrecer evidencia y respaldo a los consumidores para que se sientan bien por haber elegido esa marca.

Comportamiento para las compras habituales

El **comportamiento para las compras habituales** se adopta cuando el consumidor casi no se involucra y la diferencia entre marcas es poco significativa. Por ejemplo, tomemos el caso de la sal. Los consumidores casi no se involucran en esta categoría de productos, se limitan a ir a la tienda y estirar la mano para tomar una marca. Si siempre toman la misma marca, se debe más a la costumbre que a la lealtad por la marca. Al parecer, los consumidores casi no se involucran en el caso de la mayor parte de los productos de bajo costo y adquiridos con frecuencia.

En estos casos, el comportamiento del consumidor no recorre la secuencia usual de la creencia-actitud-comportamiento. Los consumidores no buscan mucha información sobre las marcas, no evalúan sus características ni toman decisiones ponderadas sobre qué marca comprar. En cambio, reciben información de manera pasiva cuando ven televisión o leen alguna revista. La repetición de los anuncios crea la *familiaridad respecto a la marca,* pero no la *convicción respecto a la marca.* Los consumidores no adoptan actitudes firmes en cuanto a una marca y sí la eligen porque les resulta conocida. Los consumidores, como no están muy involucrados con el producto, quizá no evalúen la elección, ni siquiera después

Comportamiento complicado para comprar: los consumidores están muy involucrados y encuentran diferencias significativas entre las marcas.

de la compra. Por tanto, el proceso para comprar entraña las ideas, en cuanto a la marca, que se han ido formando en razón de un aprendizaje pasivo, seguido por el comportamiento para comprar, el cual puede ir seguido de una evaluación o no.

Como los compradores no están muy comprometidos con ninguna marca, los comercializadores de productos que entrañan poco involucramiento, con pocas diferencias entre las marcas, suelen recurrir a los precios y a las promociones de ventas para estimular que se prueben sus productos. En el caso de la publicidad de productos con poco involucramiento, la copia del anuncio sólo debe hacer hincapié en unos cuantos puntos clave. Los símbolos visuales y las imágenes son importantes porque éstos se pueden recordar con facilidad y asociar con la marca. Las campañas publicitarias deben incluir muchas repeticiones de mensajes de corta duración. Por regla general, la televisión es más efectiva que los medios impresos, porque se trata de un medio que requiere poco involucramiento y es ideal para el aprendizaje pasivo. Los planes publicitarios se deben basar en la teoría clásica del condicionamiento, según la cual los compradores aprenden a identificar un producto dado, en razón del símbolo que se le anexa una y otra vez.

Los mercadólogos pueden tratar de convertir los productos de poco involucramiento en otros de gran involucramiento, ligándolos a algún aspecto implícito. Por ejemplo, Procter & Gamble liga el dentífrico Crest y el evitar las caries. También se puede ligar al producto con una situación personal que propicie el involucramiento, como lo hizo Nestlé en su reciente serie de anuncios del café Taster's Choice, en la que cada anuncio era como un episodio de telenovela que proyectaba la relación romántica que se iba dando entre dos vecinos. Asimismo, se puede añadir una característica importante del producto a un producto que entrañe poco involucramiento, por ejemplo, P&G añadió calcio a su jugo de naranja Citrus Hill. En el mejor de los casos, estas estrategias pueden aumentar el involucramiento del consumidor de poco a moderado. No obstante, es poco probable que lleven al consumidor a adoptar un comportamiento de gran involucramiento en la compra.

Comportamiento que busca variedad para comprar

Los consumidores adoptan un **comportamiento que busca variedad para comprar** en situaciones que requieren poco involucramiento del consumidor, pero en las que se perciben diferencias significativas entre las marcas. En estos casos, los consumidores suelen cambiar mucho de marcas. Por ejemplo, un consumidor que compra galletas puede tener ciertas ideas, elegir una marca de galletas sin evaluarlas demasiado y, después, evaluar la marca durante el consumo. Empero, la próxima vez, el consumidor quizás elija otra marca debido al aburrimiento o, meramente, para probar algo diferente. El cambio de marcas se da en razón de la variedad y no a causa de la insatisfacción.

En esta categoría de productos, la estrategia de mercadotecnia del líder del mercado será diferente a la de las marcas menores. El líder del mercado tratará de fomentar el comportamiento habitual para comprar, dominando el espacio en los anaqueles, evitando las condiciones de las compras por impacto y con publicidad

Los mercadólogos pueden convertir los productos con escaso involucramiento en otros con mayor involucramiento, ligándolos a situaciones que requieren participación. En este caso, Nestlé crea la participación mediante anuncios tipo telenovela, que presentan la relación amorosa entre dos vecinos, Toy y Sharon.

recordatoria frecuente. Las empresas retadoras fomentarán el comportamiento que busca la variedad, ofreciendo precios más bajos, ofertas, cupones, muestras gratis y publicidad que explique por qué probar algo nuevo.

EL PROCESO DE DECISION DEL COMPRADOR

Todos los días, los consumidores toman muchas decisiones respecto a las compras. La mayor parte de las empresas grandes investigan las decisiones de los consumidores respecto a las compras, con sumo detalle, a efecto de contestar interrogantes en cuanto a qué compran, dónde compran, cómo y cuánto compran, cuándo compran y por qué compran (véase Puntos Importantes de la Mercadotecnia 6-1). Los mercadólogos pueden estudiar las compras de los compradores y encontrar respuestas para las interrogantes de qué, dónde y cuánto compran, pero averiguar el *porqué* del comportamiento de los consumidores al comprar y del proceso de decisión para comprar no es nada fácil, pues las respuestas, con frecuencia, están profundamente enterradas en la mente del consumidor.

A continuación se analizarán las etapas por las que pasan los compradores para tomar la decisión de comprar. El modelo de la figura 6-3 sirve para señalar las cinco etapas por las que pasa el consumidor: *reconocer una necesidad, buscar información, evaluar las alternativas, decidir comprar y su comportamiento después de la compra*. Evidentemente, el proceso de la compra se inicia mucho antes de la compra real y prosigue mucho después de ésta. Por tal motivo, el mercadólogo se debe concentrar en el proceso completo de la compra y no sólo en la decisión de comprar.

El modelo implica que los consumidores pasan por las cinco etapas en el caso de cada compra. Sin embargo, tratándose de compras más rutinarias, los consumidores se suelen saltar algunas etapas o revertir su orden. La mujer que se dispone a comprar su marca de dentífrico, reconoce la necesidad y toma la decisión de comprarla, sin pasar por la búsqueda de información ni la evaluación. No obstante, se usa el modelo de la figura 6-3 porque contiene todas las consideraciones que se presentan cuando un consumidor se encuentra en una situación de compra, nueva y compleja.

Con objeto de explicar el modelo, volvamos con Jennifer Flores y tratemos de entender cómo fue que le interesó adquirir una cámara costosa, así como las etapas por las que pasó para tomar la decisión final.

LOS QUÉ Y LOS PORQUÉ DE LAS COMPRAS DE CONSUMO

Nadie sabe más que mamá, ¿no es así? Pero, ¿sabe ella cuánta ropa interior tiene usted? Jockey International sí lo sabe. O, ¿sabe cuántos cubos de hielo pone usted en su vaso? Coca-Cola sí lo sabe. O, ¿qué doritos se come usted primero, los rotos o los enteros? Pregúntele a Frito-Lay. Las grandes sociedades saben los qué, dónde, cómo y cuándo de sus consumidores. Averiguan un montón de cosas sobre nosotros, que ni nosotros mismos sabemos. Para los mercadólogos, no es una averiguación trivial, porque conocer todo lo posible del cliente es la piedra angular de una buena comercialización. La mayor parte de las empresas nos conocen a fondo y amasan montañas de datos.

Coca sabe que ponemos 3.2 cubos de hielo en un vaso, vemos 69 comerciales suyos al año y preferimos las latas que salen de las máquinas expendedoras a una temperatura de 35 grados. Un millón de estadounidenses beben Coca a la hora del desayuno todos los días. Kodak sabe que los fotógrafos aficionados echan a perder más de dos mil millones de fotos al año. Este hecho condujo a la cámara de disco, que sirve para eliminar casi la mitad de las fotos fuera de foco y con exceso de luz y se convirtió en una de las cámaras más exitosas de la historia de Kodak.

Cada día se producen montones de informes sobre investigaciones nuevas que hablan de nuestras costumbres y preferencias para comprar. ¿Sabía usted que 38% de los estadounidenses preferirían que les sacaran una muela que llevar su auto al taller para que lo reparen? Cada uno de ellos gasta 20 dólares al año en flores; Arkansas registra el menor consumo de mantequilla de cacahuate en Estados Unidos; 51% de los hombres se ponen la pernera izquierda del pantalón primero, mientras que 65% de las mujeres empiezan por la pernera derecha; si se envía a un marido y a su mujer por separado a la tienda a comprar cerveza, hay un 90% de probabilidades de que vuelvan con marcas diferentes.

No hay nada de nuestro comportamiento que sea secreto. Procter & Gamble realizó un estudio para averiguar si la mayor parte de nosotros arrugamos o doblamos el papel higiénico, otro estudio arrojó que 68% de los consumidores prefieren que el papel higiénico se desenrolle por la parte superior del cilindro, en lugar de por la parte inferior. Los Laboratorios Abbott averiguaron que uno de cada cuatro estadounidenses tiene un problema de caspa y Kimberly Clark, fabricante de Kleenex, ha calculado que la persona promedio se suena la nariz 256 veces al año.

No todos los estadounidenses son tan fáciles de estudiar. Hace algunos años, Sopas Campbell se dio por vencida y no pudo averiguar cuál es el tamaño ideal de una albóndiga, después de que una serie de pruebas arrojaron que preferimos una tan grande que no cabría en la lata.

Hoover enganchó cronómetros y otro equipo a las aspiradoras de las casas y averiguó que usamos la aspiradora alrededor de 35 minutos a la semana, aspiramos cerca de 8 libras de polvo al año y usamos 6 bolsas para hacerlo. Los bancos saben que cada uno gira alrededor de 24 cheques al mes y las compañías farmacéuticas saben que los estadounidenses, en conjunto, toman 52 millones de aspirinas y 30 millones de pastillas para dormir. De hecho, casi todo lo que ingerimos está vigilado muy de cerca por alguien. Cada año, los estadounidenses consumen 156 hamburguesas, 95 perros calientes, 283 huevos, 5 libras de yogurt, 9 libras de cereales, 2 libras de crema de cacahuate y 46 cuartos de palomitas de maíz. Pasan 90 minutos al día preparando sus alimentos y 40 minutos al día masticándolos. Además, como país, se gastan 650 millones de dólares en antiácidos para ayudar a la digestión.

Sin embargo, de todas las actividades, el premio por su perseverancia en las investigaciones lo merecen los fabricantes de dentífricos. Entre otras cosas, saben que el color preferido para cepillos de dientes es el azul y que sólo 37% usamos un cepillo que tiene más de seis meses. Alrededor del 47% ponemos agua en el cepillo antes de ponerle la pasta, 15% pone agua después de la pasta, 24% hace las dos cosas y 14% no moja el cepillo.

Así, la mayor parte de las empresas mercantiles tienen respuestas a todas las preguntas sobre el qué, dónde, cuándo y cómo del comportamiento de los consumidores al comprar. Datos al parecer triviales se suman rápidamente y ofrecen información importante para diseñar estrategias de comercialización. Sin embargo, los mercadólogos, a fin de influir en el comportamiento del consumidor, deben responder a una pregunta más: además de saber los cómo y los cuándo del comportamiento, necesitan saber el porqué, ¿qué ocasiona nuestro comportamiento al comprar? Es mucho más difícil contestar esa pregunta.

Fuentes: John Koten, "You Aren't Paranoid If You Feel Someone Eyes You Constantly", *The Wall Street Journal*, 29 de marzo de 1985, pp. 1, 22; y "Off-beat Marketing", *Sales & Marketing Management*, enero de 1990, p. 35.

El reconocimiento de una necesidad

El proceso de la compra se inicia cuando se **reconoce una necesidad**, cuando el comprador reconoce un problema o una necesidad. El comprador presiente una diferencia entre su situación *real* y un estado *ideal*. La necesidad puede ser

FIGURA 6-3
Proceso de la decisión del
comprador

activada por *estímulos internos,* si una de las necesidades normales de la persona (hambre, sed, sexo) sube a un nivel lo bastante alto como para convertirse en un impulso. La persona, a partir de experiencias previas, ha aprendido a manejar este impulso y tiene motivos para dirigirse a objetos que sabe que la satisfarán.

La necesidad también se puede disparar debido a *estímulos externos.* Jennifer Flores pasa por una panadería y la vista del pan que acaba de salir del horno estimula su apetito, así admira el auto nuevo del vecino o ve un comercial de televisión de unas vacaciones en Hawaii. Estos estímulos pueden llevarla a reconocer un problema o una necesidad. En esta etapa, el mercadólogo tendrá que determinar los factores o las situaciones que generalmente llevan al consumidor a reconocer una necesidad. El mercadólogo debe investigar a los consumidores para saber qué tipo de necesidades o problemas tienen, qué los produjo y cómo condujeron al consumidor a un producto dado.

Jennifer Flores quizá conteste que sintió que necesitaba un pasatiempo cuando bajó la temporada y tuvo menos trabajo y que pensó en las cámaras después de hablar con una amiga sobre fotografía. El mercadólogo, tras reunir este tipo de información, podrá identificar los estímulos que suelen activar el interés por un producto y podrá desarrollar programas de mercadotecnia que incluyan estos estímulos.

La búsqueda de información

Un cliente interesado puede buscar mayor cantidad de información, o no hacerlo. Si el impulso del consumidor es fuerte y si tiene a la mano un producto que lo satisfaga, es probable que el consumidor lo compre en ese momento. En caso contrario, el consumidor quizá almacene la necesidad en la memoria o emprenda la **búsqueda de información** relativa a dicha necesidad.

En cierto nivel, el consumidor simplemente puede entrar al ámbito de la *atención al máximo.* En este caso, Jennifer Flores está muy receptiva a la información sobre cámaras. Presta atención a anuncios de cámaras, a las cámaras que usan sus amigos y a las conversaciones sobre cámaras. Por otra parte, Jennifer puede pasar a una *búsqueda activa de información,* en cuyo caso busca material de lectura, llama a sus amigos por teléfono y reúne información de diversas maneras. La cantidad de investigaciones que realice dependerá de la fuerza de su impulso, de la cantidad de información que tenga desde el principio, de la facilidad para obtener más información, del valor que conceda a mayor cantidad de información y de la satisfacción que derive de la búsqueda. Normalmente, la cantidad de investigaciones que realiza el consumidor aumenta conforme el consumidor pasa de decisiones que entrañan la solución de problemas limitados a aquellas que involucran la solución de problemas extensos.

El consumidor puede obtener información de varias fuentes, entre ellas:

- *Fuentes personales:* familia, amigos, vecinos, conocidos.

- *Fuentes comerciales:* publicidad, vendedores, distribuidores, empaques, exhibidores.

- *Fuentes públicas:* medios masivos de comunicación, organizaciones que califican el consumo.

- *Fuentes de experiencias:* manejo, análisis y uso del producto.

La influencia relativa de estas fuentes de información varía de acuerdo con el producto y el comprador. Por regla general, el consumidor recibe de fuentes comerciales (las controladas por el mercadólogo) la mayor parte de su información en cuanto al producto. Sin embargo, las fuentes más efectivas suelen ser personales. Al parecer, las fuentes personales tienen incluso más importancia en el caso de las compras de servicios.[3] Las fuentes comerciales, por lo general, *informan* al comprador, pero las fuentes personales le sirven al comprador para *legitimar* o *evaluar* los productos. Por ejemplo, los médicos suelen conocer las medicinas nuevas a partir de fuentes comerciales, pero se dirigen a otros médicos para obtener información evaluativa.

Conforme se va obteniendo más información, aumentan la conciencia y los conocimientos del consumidor en cuanto a las marcas disponibles y sus características. Jennifer Flores, al buscar información, averiguó cuántas marcas de cámara había. La información también le sirvió para dejar de considerar ciertas marcas. Una empresa debe diseñar su mezcla de mercadotecnia de tal manera que los prospectos tengan conciencia y conocimientos de su marca. Si no lo hace, la empresa habrá perdido la oportunidad de venderle al cliente. Asimismo, la empresa debe saber lo que piensan los consumidores respecto a las otras marcas, de tal manera que pueda conocer a su competencia y presentar mejor sus propios incentivos.

El mercadólogo debe identificar cuidadosamente las fuentes de información de los consumidores, así como la importancia que tiene cada fuente. Se le debe preguntar a los consumidores cómo supieron de la marca por primera vez, qué información recibieron y qué importancia conceden a las diferentes fuentes de información. Esta información es crítica para prepara la comunicación efectiva que se dirigirá a los mercados.

La evaluación de alternativas

Hemos visto cómo el consumidor usa la información para llegar a una serie de elecciones finales respecto a la marca. ¿Cómo elige el consumidor entre las marcas alternativas? El mercadólogo debe conocer la **evaluación de alternativas;** es decir, la manera en que el consumidor procesa la información para llegar a la elección de una marca. Por desgracia, los consumidores no aplican un único proceso de evaluación, sencillo, para todas las situaciones de compra. En cambio, sí operan varios procesos de evaluación.

Ciertos conceptos básicos sirven para explicar los procesos de evaluación del consumidor. En primer lugar, cabe suponer que cada consumidor está tratando de satisfacer una necesidad y está buscando ciertos *beneficios* que pueda adquirir mediante la compra de un producto o servicio. Es más, cada consumidor considera que un producto es un conjunto de atributos del producto con diferente capacidad para proporcionarle dichos beneficios y satisfacer la necesidad. En el caso de las cámaras, los *atributos del producto* podrían incluir la calidad de la imagen, la facilidad para usarla, el tamaño de la cámara, su precio y otras características más. No todos los consumidores concederán la misma importancia a estos atributos, sino que prestarán mayor atención a aquellos que guarden relación con sus necesidades.

En segundo lugar, el consumidor concederá diferentes *grados de importancia* a cada atributo. Se puede señalar una diferencia entre la importancia de un atributo y su preeminencia. Los *atributos sobresalientes* son los que vienen a la mente

Fuentes de información: la gente normalmente recibe la mayor parte de la información sobre un producto de fuentes controladas por el mercadólogo.

del consumidor cuando se le pide que piense en las características de un producto. Empero, estos atributos no siempre son los que tienen mayor importancia para el consumidor. Algunos de ellos pueden sobresalir porque el consumidor acaba de ver un anuncio que los menciona o porque ha tenido algún problema con ellos y esto hace que tenga los atributos "en la punta de la mente". Asimismo, puede haber otros atributos que el consumidor haya olvidado, pero cuya importancia reconocería en el momento que se los mencionaran. Los mercadólogos deben depositar mayor interés en la importancia de los atributos que en su preeminencia.

En tercero, es probable que el consumidor desarrolle una serie de *creencias en cuanto a marcas* y al lugar que ocupa cada marca respecto a cada atributo. La serie de creencias en cuanto a una marca dada se llama la **imagen de la marca.** Las creencias de los consumidores pueden ir desde atributos reales basados en su propia experiencia, hasta las consecuencias de la percepción selectiva, la distorsión selectiva y la retención selectiva.

En cuarto, se supone que el consumidor adjudica una *función de utilidad* a cada atributo. La función de utilidad indica la manera en que el consumidor espera que la satisfacción total del producto varíe de acuerdo con los diferentes grados de los diferentes atributos. Por ejemplo, Jennifer Flores quizás espera que la satisfacción producida por su cámara aumente con una imagen de mejor calidad, que culmine con una cámara de mediano peso, a diferencia de una muy ligera o muy pesada, y que sea mejor con una cámara de 35 mm que con una de 135 mm. Si se combinan los grados de utilidad de los atributos en su punto más alto, se obtendrá la cámara ideal de Jennifer. La cámara también será la cámara que preferiría si ésta existiera y si pudiera darse el lujo de comprarla.

En quinto, el consumidor adopta actitudes ante diferentes marcas en razón de un *procedimiento de evaluación.* Se ha encontrado que los consumidores usan uno o varios procedimientos de evaluación, dependiendo del consumidor y de la decisión que entrañe la compra.

En la situación de Jennifer Flores y la compra de la cámara, suponga que Jennifer ha restringido su elección a una serie de cuatro cámaras, A, B, C y D. Suponga que le interesan, primordialmente, cuatro atributos: calidad de la imagen, uso fácil, tamaño de la cámara y precio. La tabla 6-1 muestra la opinión de Jennifer en cuanto a la calificación que merece cada marca en cada atributo. Jennifer piensa que la marca A (por decir, Nikon), en una escala de 10, le proporcionará una calidad de imagen de 10; en facilidad de uso, 8; en mediano tamaño, 6, y en precio, 4. De igual manera, Jennifer tiene opiniones en cuanto a las calificaciones de las otras cámaras respecto a estos atributos. Al mercadólogo le gustaría poder pronosticar qué cámara comprará Jennifer.

Es evidente que si una cámara tuviera la calificación más alta en todos los atributos, cabría pronosticar que Jennifer la elegiría. Sin embargo, las marcas tienen diferentes atractivos. Algunos compradores basarán su decisión de compra en un único atributo y, en tal caso, no es difícil pronosticar su elección. Si Jennifer quiere, sobre todo, calidad de imagen, compraría la A, si quiere la cámara más fácil de usar, debería comprar la B, si quiere la cámara de mejor tamaño, debería comprar la C, si quiere la cámara más barata, compraría la D.

TABLA 6-1
Opiniones del consumidor sobre las marcas de cámaras

CAMARA	ATRIBUTO			
	Calidad de imagen	Facilidad para usar	Tamaño de la cámara	Precio
A	10	8	6	4
B	8	9	8	3
C	6	8	10	5
D	4	3	7	8

Nota: El número 10 representa la calificación más alta deseable para ese atributo. En el caso del precio, el número alto indica precio bajo, lo que hace que la cámara sea más deseable.

La mayor parte de los compradores toman en cuenta varios atributos, pero le adjudican diferente importancia a cada uno. Si supiéramos la importancia que Jennifer concede a los cuatro atributos, se podría pronosticar, con más fundamento, qué cámara elegiría. Supongamos que Jennifer concede 40% de importancia a la calidad de imagen de la cámara, 30% a la facilidad para usarla, 20% a su tamaño y 10% al precio. Para averiguar el valor que Jennifer adjudica a cada cámara, se multiplican los grados de importancia por sus opiniones sobre cada cámara. La operación nos indica que percibe los siguientes valores:

$$\text{Cámara A} = .4(10) + .3(8) + .2(6) + .1(4) = 8.0$$
$$\text{Cámara B} = .4(8) + .3(9) + .2(8) + .1(3) = 7.8$$
$$\text{Cámara C} = .4(6) + .3(8) + .2(10) + .1(5) = 7.3$$
$$\text{Cámara D} = .4(4) + .3(3) + .2(7) + .1(8) = 4.7$$

Así, cabe pronosticar que Jennifer preferirá la cámara A.

Este modelo se llama el *modelo de los valores de las expectativas* de la elección del consumidor.[4] Es uno de varios modelos que sirven para describir la forma en que los consumidores evalúan las alternativas. Los consumidores pueden evaluar una serie de alternativas de otras maneras. Por ejemplo, Jennifer podría decidir que sólo debe tomar en cuenta aquellas cámaras que alcancen una calificación mínima en una serie de atributos. Quizá decida que una cámara debe ofrecerla una calidad de imagen superior a 7 *y* sea menos estricta en cuanto a que la facilidad de uso sea superior a 8. En este caso, cabría pronosticar que elegirá la cámara B, porque sólo la cámara B satisface sus requisitos mínimos. Este modelo se llama el *modelo conjuntivo* de la elección del consumidor. Asimismo, Jennifer puede optar por una cámara que tenga una calidad de imagen superior a 7 *o* una facilidad de uso superior a 8. En este caso, tanto A como B satisfacen sus requisitos. Este modelo se llama el *modelo disyuntivo* de la elección del consumidor.

La forma de valuación que use el consumidor para las alternativas de compra dependerá del consumidor particular y de la situación específica de la compra.

Para tener una calificación más alta entre los consumidores, Minolta añadió el enfoque automático, el control de película motorizado y otras características más. Su mayor competidor, Canon, tardó tres años en lograrlo. Minolta sigue añadiendo características nuevas para llevarle ventaja a la competencia.

En algunos casos, los consumidores recurren a cálculos detallados y a razonamientos lógicos. En otros, los mismos consumidores evalúan poco o nada y, en cambio, compran por impulso o dependen de su intuición. En algunos casos, los consumidores toman la decisión de comprar por cuenta propia, en otras acuden a amigos, guías de consumidores o vendedores para que les brinden consejo.

Los mercadólogos deben estudiar a los compradores para averiguar cómo evalúan, de hecho, las alternativas de las marcas. Los comercializadores, cuando conocen los procesos de evaluación que se están dando, pueden tomar medidas para influir en la decisión del comprador. Supongamos que Jennifer se inclina por comprar una cámara Nikon porque concede gran importancia a la calidad de la imagen y a la facilidad para usarla. ¿Qué estrategias podría usar otro fabricante de cámaras, por decir, Minolta, para influir en personas como Jennifer? Existen varias. La Minolta podría modificar su cámara para que produzca imágenes de más calidad o alguna otra característica que quieran los consumidores como Jennifer. Además, podría tratar de cambiar la opinión de los compradores sobre las calificaciones de su cámara respecto a atributos clave, sobre todo si los consumidores están subestimando las cualidades de la cámara.

Podría tratar de cambiar las opiniones de los compradores sobre la Nikon y otros competidores. Por último, podría tratar de cambiar la lista de los atributos que toman en cuenta los compradores o el grado de importancia que le conceden a estos atributos. Por ejemplo, podría anunciar que todas las cámaras buenas tienen, más o menos, la misma calidad de imagen y que su cámara ligera, y más barata, es mejor para una persona como Jennifer.

La decisión de compra

En la etapa de evaluación, el consumidor clasifica las marcas y da forma a su intención de comprar. Por regla general, la **decisión de compra** del consumidor será adquirir la marca preferida, pero hay dos factores (que aparecen en la figura 6-4) que pueden intervenir entre la *intención* de comprar y la *decisión* de comprar. El primer factor son las *actitudes de los demás*. Si el marido de Jennifer Flores cree decididamente que Jennifer debe comprar la cámara más barata, en tal caso, habrá menos posibilidades de que Jennifer compre una cámara más cara. La medida en que las actitudes de otra persona pueden afectar la elección de Jennifer dependerá tanto del peso que las actitudes de la otra persona tengan en su decisión de compra, como en los motivos que tenga Jennifer para satisfacer los deseos de dicha persona.

La intención de comprar también está sujeta a la influencia de los *factores inesperados* que pueden surgir en la situación. El consumidor puede basar su intención de comprar en factores como el ingreso familiar esperado, el precio esperado y los beneficios esperados del producto. Cuando el consumidor está a punto de actuar, se pueden presentar factores inesperados en la situación y cambiar su intención de compra. Jennifer Flores se puede quedar sin trabajo, otra compra puede adquirir mayor urgencia o algún amigo le puede decir que no está de acuerdo con su elección.

Por tanto, ni las preferencias, ni siquiera la intención de comprar, derivan siempre en una elección real de compra. Estas quizá guíen el comportamiento para comprar, pero no siempre determinan el resultado final. La figura 6-5 muestra el proceso, bastante típico, que resulta en una compra. En un estudio de 100 personas que dijeron que tenían la intención de comprar la marca A de un aparato electrodoméstico en un plazo de 12 meses, sólo 44 acabaron comprando ese aparato específico y sólo 30 adquirieron la marca A.

FIGURA 6-4
Pasos entre la evaluación de alternativas y la decisión de compra

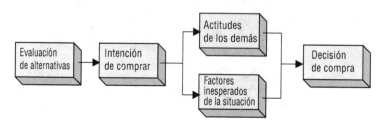

El consumidor puede optar por cambiar, posponer o evitar su decisión de comprar en razón de la influencia del *riesgo que perciba*. Muchas compras entrañan un riesgo.[5] Cuando los consumidores no están seguros del resultado de la compra se angustian. La cantidad de riesgo que perciban variará de acuerdo con el monto de dinero que esté en juego, la cantidad de incertidumbre que entrañe la compra y la cantidad de confianza que el consumidor tenga en sí mismo. Un consumidor toma ciertas medidas para reducir el riesgo, por ejemplo, evita la decisión de comprar, reúne más información y busca marcas y productos nacionales que tengan garantía. El mercadólogo debe entender los factores que le producen a los consumidores una sensación de riesgo y debe ofrecer la información y el apoyo requeridos para reducir el riesgo que perciben.

El comportamiento después de efectuada la compra

La tarea del mercadólogo no termina cuando alguien ha comprado el producto. El producto que ha comprado el consumidor le producirá satisfacción o insatisfacción y el mercadólogo debe observar con interés el **comportamiento** del consumidor **después de la compra.** ¿Qué determina que un comprador quede satisfecho o insatisfecho con una compra? La respuesta radica en la relación que exista entre las *expectativas del consumidor* y el *rendimiento que perciba* del producto. Si el producto no satisface sus expectativas, el consumidor quedará decepcionado, si cumple con sus expectativas quedará satisfecho y si supera sus expectativas, el consumidor quedará encantado.

Los consumidores fundamentan sus expectativas en los mensajes que reciben de vendedores, amigos y otras fuentes de información. Si el vendedor exagera el desempeño del producto, las expectativas del consumidor quedarán insatisfechas, situación que conduce a la insatisfacción. Cuanto mayor es la distancia entre las expectativas y el rendimiento, tanto mayor la insatisfacción del consumidor. Este hecho sugiere que las afirmaciones que haga el vendedor sobre el producto deben representar fielmente la actuación del producto, de tal manera que los compradores queden satisfechos.

Hay vendedores que subestiman el grado de desempeño del producto, a efecto de fomentar la satisfacción que derivará el consumidor. Por ejemplo, Boeing vende aviones que valen muchos millones de dólares y la satisfacción del consumidor es importante tanto para que éste haga más compras, como para la reputación de la empresa. Los vendedores de Boeing venden sus productos manejando hechos y datos, y no haciendo promesas exageradas. De hecho, estos vendedores suelen ser conservadores cuando estiman los posibles beneficios de sus productos. Por ejemplo, casi siempre subestiman el rendimiento del combustible, prometen un ahorro del 5%, que resulta ser del 8%. Los clientes quedan encantados con este rendimiento superior al esperado, vuelven a comprar y le dicen a otros posibles clientes que Boeing sí cumple lo que promete.[6]

Casi todas las compras grandes producen **disonancia cognoscitiva,** o la incomodidad que produce el conflicto que se presenta después de comprar. Los clientes están satisfechos con los beneficios de la marca elegida y contentos de evitar los inconvenientes de las marcas no adquiridas. Por otra parte, toda compra entraña una avenencia. Así, los clientes también se sienten inquietos por la posibilidad de adquirir los inconvenientes de la marca elegida y de perder los beneficios de las marcas no adquiridas. Luego entonces, los consumidores sienten, cuando menos, algo de disonancia después de toda compra.[7]

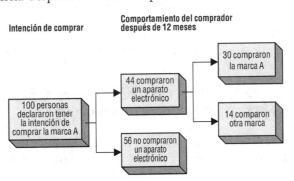

FIGURA 6-5
Resultados de la intención de compra y de la decisión de compra

¿Por qué es tan importante satisfacer al cliente? Esta satisfacción es importante porque las ventas de una empresa surgen de dos grupos básicos: los *clientes nuevos* y los *clientes que vuelven a comprar.* Normalmente, cuesta más trabajo atraer a clientes nuevos que conservar a los que ya se tienen. Por consiguiente, retener a los clientes que se tienen suele ser más importante que atraer a otros nuevos, y la mejor manera de lograrlo es que los clientes existentes estén contentos. Un cliente satisfecho vuelve a comprar el producto, le habla bien de él a los demás, presta menos atención a las marcas y la publicidad de la competencia y compra otros productos de la misma empresa. Muchos mercadólogos van más allá de sólo *satisfacer* las expectativas de los clientes, sino que además pretenden *encantar* al cliente. Es más probable que un cliente encantado vuelva a comprar y habla a favor del producto y la empresa.

Un cliente insatisfecho responde de otra manera. Mientras que un cliente satisfecho le refiere a tres personas, en promedio, una buena experiencia con un producto, un cliente insatisfecho le cuenta su problema a 11 personas. De hecho, un estudio arrojó que 13% de las personas que habían tenido algún problema con una organización, comentaban su queja a más de 20 personas.[8] Sobra decir que las malas noticias viajan más y más rápido que las buenas y no tardan en dañar la actitud de los consumidores en cuanto a una empresa y sus productos.

Así pues, una empresa hará bien en medir la satisfacción de los clientes de manera regular. No se puede limitar a confiar en que los clientes insatisfechos le presentarán sus quejas voluntariamente, cuando estén insatisfechos. De hecho, 96% de los clientes descontentos jamás le comunican su problema a la empresa. La empresa debe establecer sistemas de sugerencias para alentar que los clientes se quejen (véase Puntos Importantes de la Mercadotecnia 6-2). De tal suerte, la empresa podrá saber si está funcionando bien y cómo puede mejorar. La 3M afirma que más de las dos terceras partes de sus ideas para productos nuevos surgen de atender las quejas de los clientes. Empero, no basta con escuchar, la empresa también debe responder, de manera constructiva, a las quejas que recibe.

Por tanto, en general, los clientes insatisfechos quizás intenten reducir su discordancia tomando una o varias medidas. En el caso de la cámara Nikon comprada por Jennifer Flores, ésta puede regresar la cámara, ver los anuncios de Nikon que hablan de los beneficios de la cámara o hablar con amigos que le dirán cuánto les gusta su cámara nueva.

Además de buscar quejas y de contestarlas, los mercadólogos pueden tomar más medidas para reducir la insatisfacción de los clientes después de la compra y contribuir a que sus clientes se sientan bien por haberla hecho. Por ejemplo, las empresas automovilísticas pueden escribir a los dueños de autos nuevos, o hablarles por teléfono, felicitándolos por haber elegido un estupendo auto. Pueden proyectar anuncios que muestren a dueños satisfechos conduciendo un auto nuevo. Pueden obtener sugerencias de los clientes para aplicar mejoras y hacer una lista que indique la ubicación de los servicios disponibles. Se ha visto que la comunicación con los compradores, después de la compra, evita muchas devoluciones de productos y cancelaciones de pedidos.

El entender las necesidades de los consumidores y el proceso de compra es fundamental para la buena comercialización. El mercadólogo, al entender el proceso que siguen los compradores, que pasan por el reconocimiento, la búsqueda de información, la evaluación de alternativas, la decisión de compra y el comportamiento después de comprar, puede encontrar muchas pistas que le ayudarán a satisfacer las necesidades de los compradores. El mercadólogo, al entender a los diferentes participantes involucrados en el proceso de la compra y las influencias básicas para el comportamiento al comprar, podrá preparar un programa efectivo que respalde una oferta atractiva para el mercado meta.

EL PROCESO DE DECISION DEL COMPRADOR ANTE PRODUCTOS NUEVOS

Hemos analizado las etapas por las que pasan los compradores para satisfacer una necesidad. Los compradores pueden pasar por estas etapas rápida o lentamente, incluso pueden revertir el orden de algunas de ellas. Mucho depende del carácter del comprador, del producto y de la situación de la compra.

A continuación se verá cómo enfocan los compradores la compra de productos nuevos. Un **producto nuevo** es un bien, servicio o idea que los posibles clientes perciben como algo nuevo.

Este producto quizá lleve tiempo en el mercado, así que el interés radica en saber cómo se enteraron los clientes de su existencia por primera vez y cómo decidieron si lo adquirirían o no. Por **proceso de aceptación** se entiende "el proceso mental que recorre una persona, desde que oye hablar de una innovación por primera vez hasta que, por fin, la acepta"[9] y se entiende por **aceptación** la decisión que toma la persona cuando se convierte en usuario normal del producto.

Etapas del proceso de aceptación

Los clientes pasan por un proceso de cinco etapas para aceptar un producto nuevo:

1. *Conocimiento.* El consumidor tiene conocimiento de que existe un producto nuevo, pero carece de información sobre él.
2. *Interés.* El consumidor busca información sobre el producto nuevo.
3. *Evaluación.* El consumidor analiza si tiene sentido probar el producto nuevo.
4. *Prueba.* El consumidor prueba el producto nuevo a pequeña escala para perfeccionar su evaluación.
5. *Aceptación.* El consumidor decide usar el producto nuevo de manera total y regular.

Este modelo sugiere que quien vaya a comercializar un producto nuevo debe analizar cómo ayudar a los consumidores a recorrer estas etapas. El fabricante de televisores de pantalla gigante podría encontrar que muchos de los consumidores que están en la etapa del interés no pasan a la etapa de prueba, en razón de la incertidumbre y del monto de la inversión. Si estos mismos clientes estuvieran dispuestos a probar un televisor de pantalla gigante, pagando una determinada cantidad, entonces el fabricante debería considerar la posibilidad de ofrecer un plan de prueba, con opción a compra.

Las diferencias individuales ante las innovaciones

La gente no siempre tiene la misma disposición a probar productos nuevos. En todos los sectores de productos existen "pioneros del consumo" y personas que los aceptan fácilmente. Otras personas tardan mucho más en aceptar los productos nuevos. Esto ha conducido a la clasificación de las personas, de acuerdo con sus categorías de aceptación, que se presenta en la figura 6-6.

Después de un inicio lento, aumenta la cantidad de personas que aceptan el producto nuevo. La cantidad de personas que lo aceptan llega a su cúspide y después baja conforme van siendo menos las personas que no lo han aceptado. Los innovadores se colocan como el primer 2.5% de los compradores en aceptar la idea nueva (aquellos por arriba de dos desviaciones medias del tiempo medio de aceptación), los primeros compradores en aceptar componen el siguiente 13.5% (entre una y dos desviaciones medias) y así sucesivamente.

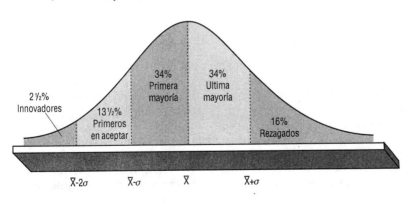

FIGURA 6-6
Categorización de la aceptación con base en el tiempo relativo para la aceptación de innovaciones

Fuente: Copiado de Everett M. Rogers, *Diffusion of Innovations*, 3a. ed., (Nueva York: 1983), p. 247. Adaptado con permiso de Macmillan Publishing Company, Inc. Derechos © 1962, 1971, 1983 de Free Press.

PUNTOS IMPORTANTES DE LA MERCADOTECNIA 6-2

LA SATISFACCIÓN DESPUÉS DE LA COMPRA: CÓMO CONVERTIR A LOS CRÍTICOS DE LA EMPRESA EN CLIENTES LEALES

¿Qué deben hacer las empresas con los clientes insatisfechos? ¡Todo lo que puedan! Hay estudios que indican que los clientes cuentan cuatro veces más, a muchas otras personas, las malas experiencias, antes que las buenas. Por tanto, los clientes insatisfechos no sólo dejan de comprar, sino que también pueden perjudicar la imagen de la empresa, en poco tiempo. En cambio, si se enfrentan resueltamente las quejas, de hecho, se puede reforzar la lealtad de los clientes y la imagen de la empresa. Según un estudio, entre 54 y 70% de los consumidores que tienen quejas volverán a hacer negocios con la compañía si su queja es resuelta. Esta cifra salta a un asombroso 95% si la queja se maneja de inmediato. Es más, los clientes cuya queja ha sido resuelta satisfactoriamente, le hablan a un promedio de cinco personas más sobre el buen trato que recibieron. Por tanto, las empresas conocedoras no tratan de ocultarse de los clientes insatisfechos ni de eludir su responsabilidad. Por el contrario, hacen todo lo posible por *alentar* a sus clientes a que se quejen y, después, se aplican para que los compradores airados vuelvan a estar contentos.

La primera posibilidad de manejar las quejas se suele presentar en el punto de compra. Por tanto, muchos minoristas y otras empresas de servicios enseña al personal que tiene contacto con los clientes a resolver problemas y a diluir la ira del cliente. Instruye al personal que atiende los servicios a clientes con liberales políticas de devoluciones y reembolsos, así como otros instrumentos para controlar los daños. Algunas empresas llegan al extremo de ver las cosas desde el punto de vista del cliente y a recompensar a los rijosos, al parecer sin importarles las consecuencias para las utilidades. Por ejemplo, Hechinger, el gran minorista de ferretería y productos para el jardín, acepta la devolución de artículos, incluso aunque los clientes evidentemente los hayan usado mal. En otros casos, envía una docena de rosas a los compradores que están especialmente alterados. Neiman Marcus, el minorista de especialidades, también

es atento con los querellantes. "No estamos buscando sólo la venta de hoy. Queremos mantener una relación a largo plazo con nuestros clientes", dice Gwen Baum, el director de atención a clientes de la cadena. "Si ello significa aceptar la devolución de una pieza de cristal de Baccarat que no es de nuestras tiendas, lo hacemos." Esta generosidad, al parecer, ayuda a las utilidades, en lugar de perjudicarlas, pues tanto Hechinger como Neiman Marcus obtienen ganancias muy por arriba de la media de su industria. Estos actos producen enorme lealtad y buena fe de los compradores y, en el caso de la mayor parte de los minoristas, los clientes que devuelven artículos que compraron en otra parte o que han sido usados, representan menos del 5% de las devoluciones.

Muchas empresas también han establecido sistemas telefónicos de llamadas gratis con el número 800 para atender reclamaciones y resolver problemas de los consumidores. Hoy, más de la mitad de las empresas que registran ventas por más de 10 millones de dólares usan números 800 para manejar quejas, preguntas y pedidos. El año pasado estas empresas gastaron alrededor de 4.5 mil millones de dólares en más de 8 mil millones de llamadas con el número 800. Por ejemplo, Coca-Cola estableció sus líneas 1-800-UNA-COCA a finales de 1983, después de que una serie de estudios arrojó que sólo una persona, de cada 50 insatisfechas, se toma la molestia de quejarse. "Las otras 49 simplemente cambian de marca", explica el director de relaciones con los consumidores de la empresa, "así que tiene sentido buscarlos". Los consumidores usaron mucho el número 800 hace algunos años, cuando Coca-Cola trató de cambiar la Coca antigua por una nueva. Después de la introducción de la Coca Nueva, la empresa recibió hasta 12,000 llamadas al día, la mayor parte de ellas de bebedores de Coca insatisfechos. Sin embargo, el día que volvió a colocar la Coca Clásica en los anaqueles, Coca-Cola recibió 18,000 llamadas dando las gracias.

Los cinco grupos de aceptación tienen diferentes valores. Los *innovadores* son aventurados, prueban ideas nuevas que entrañan cierto riesgo. Los *primeros en aceptar* son movidos por el respeto, son líderes de opinión de su comunidad y adoptan ideas nuevas muy pronto, aunque con cautela. La *primera mayoría* son voluntariosos, aunque rara vez son líderes, y aceptan las ideas nuevas antes que la persona promedio. La *última mayoría* son escépticos, aceptan una innovación cuando la mayoría la ha probado. Por último, los *rezagados* son tradicionalistas, los cambios les producen suspicacias y no aceptan la innovación sino hasta que se ha convertido en una especie de tradición.

Esta clasificación de la aceptación sugiere que la empresa innovadora debe investigar cuáles son las características de los innovadores y de los primeros en

Cómo tener contentos a los compradores. El centro de respuestas de GE maneja las preocupaciones de los clientes los 365 días del año y las 24 horas del día.

A partir de 1979, Procter & Gamble cuenta con un número 800 para cada uno de los productos de consumo que vende en Estados Unidos. P&G ahora recibe alrededor de 800,000 contactos por correo y teléfono sobre sus productos, al año, en su mayor parte quejas, solicitudes de información y agradecimientos. El sistema del número 800 sirve como una señal de advertencia oportuna para los problemas con los productos y los clientes. Hasta ahora el sistema ha derivado en cientos de medidas y mejoras, que van desde seguir la pista a partidas de empaques defectuosos, hasta poner instrucciones de horneado para altitud elevada en los paquetes de galletas Duncan Hines.

El Centro de Respuestas de General Electric podría ser el sistema más extenso del número 800 en el país. Maneja 3 millones de llamadas al año, 15% de ellas son quejas. En el centro del sistema está una gigantesca base de datos que proporciona a los trabajadores del servicio del centro acceso instantáneo a 750,000 respuestas referentes a 8,500 modelos de sus 120 líneas de productos. El centro recibe algunas llamadas raras, como cuando un submarino en la costa de Connecticut pidió ayuda para arreglar un motor, o cuando técnicos de una película de James Bond no podían lograr que funcionaran las luces bajo el agua. Empero, según GE, su gente resuelve 90% de las quejas o preguntas en la primera llamada y los descontentos suelen convertirse en cliente incluso más leales. Aunque la empresa puede llegar a invertir hasta un promedio de 3.50 dólares por llamada, cosecha entre dos y tres veces más por concepto de ventas nuevas y ahorros de garantías.

En algunas empresas, la responsabilidad para garantizar la satisfacción de los clientes está en manos de la alta gerencia. Por ejemplo, J. W. Marriott Jr., presidente de los hoteles Marriott, "lee alrededor del 10% de las 8,000 cartas y 2% de las 750,000 tarjetas de sugerencias de los huéspedes que recibe la empresa al año. Cuando Marriott era director, hacia finales de la década de 1960, unos 30,000 huéspedes del hotel presentaban comentarios al año y él los leía todos".

La mejor manera de tener contentos a los clientes es ofrecer productos y servicios de calidad desde el principio. Sin embargo, después de ello, una empresa debe desarrollar un buen sistema para resolver y manejar los problemas de los consumidores. Este sistema puede ser un mal más que necesario, la felicidad de los clientes suele estar al pie de la empresa. Un estudio reciente arrojó que los dólares invertidos en los sistemas para manejar quejas y preguntas producían un rendimiento promedio de entre el 100 y el 200%. Maryanne Rasmussen, vicepresidente de calidad mundial de American Express, ofrece esta fórmula: "Manejar mejor las quejas es igual a elevar la satisfacción de los clientes, que es igual a mayor lealtad por la marca, que es igual a mejor rendimiento".

Fuentes: Citas de Patricia Sellers, "How to Handle Consumer Gripes", *Fortune,* 24 de octubre de 1988, pp. 88-100. Asimismo, véase Mary C. Gilley y Richard W. Hansen, "Consumer Complaint Handling as a Strategic Marketing Tool", *Journal of Consumer Marketing,* otoño de 1985, pp. 5-16; Joyce Wycoff, "Customer Service: Evolution and Revolution", *Sales & Marketing Management,* mayo de 1991, pp. 44-51; Frank Rose, "Now Quality Means Service Too", *Fortune,* 22 de abril de 1991, pp. 97-108; y Roland T. Rust, Bala Subramanian y Mark Wells, "Making Complaints a Management Tool", *Marketing Management,* Vol. 1, Núm. 3, otoño de 1992, pp. 41-45.

aceptar y dirigir sus actividades de mercadotecnia hacia ellos. Por ejemplo, se ha visto que los innovadores en el campo de las computadoras personales son personas de mediana edad y con más ingresos y estudios que los no innovadores y que, además, suelen ser líderes de opinión. Asimismo, suelen ser más racionales, más introvertidos y menos sociables. En términos generales, los innovadores suelen ser más jóvenes, tener más estudios y más ingresos que los que tardan en aceptar o los que no aceptan. Son personas más abiertas a recibir cosas desconocidas, confían más en sus propios valores y juicios y están más dispuestos a correr riesgos. Son menos leales a la marca y es más probable que aprovechen promociones especiales como descuentos, cupones o muestras.[10]

El papel de la influencia personal

La influencia personal desempeña un papel primordial para la aceptación de productos nuevos. La **influencia personal** describe el efecto que los comentarios hechos por una persona producen en la actitud de otra o en la probabilidad de que compre. Los consumidores se consultan para conocer opiniones sobre productos y marcas nuevas y los consejos ofrecidos por terceros pueden influir mucho en el comportamiento para comprar.

La influencia personal tiene más importancia en algunas situaciones y personas que en otras. la influencia personal es más importante en la etapa de evaluación del proceso de aceptación que en las otras etapas. Tiene más influencia en los últimos en aceptar que en los primeros en aceptar, y es más importante en situaciones cuando la compra entraña riesgos que en situaciones seguras.

Influencia de las características del producto en el ritmo de aceptación

Las características del producto nuevo afectan su ritmo de aceptación. Algunos productos despiertan interés casi de un día para otro (los frisbis), mientras que otros tardan mucho en ser aceptados (las computadoras personales). Ei ritmo de aceptación de una innovación está sujeto a la influencia de cinco características de especial importancia. Por ejemplo, piense en las características de las computadoras personales para uso casero, en relación con el ritmo de aceptación:

- *La ventaja relativa:* la medida en que una innovación parece superior a los productos existentes. Cuanto mayor es la ventaja relativa que se perciba en el uso de la computadora personal (por decir algo, para preparar las declaraciones del impuesto sobre la renta y para llevar registros financieros) más pronto será aceptada la computadora.

- *La compatibilidad:* la medida en que la innovación encaja con los valores y las experiencias de los posibles consumidores. Por ejemplo, las computadoras personales son muy compatibles con el estilo de vida de los hogares de la clase media alta.

- *La complejidad:* el grado de dificultad para entender o usar la innovación. Las computadoras personales son complicadas y, por consiguiente, tardarán cierto tiempo para entrar en los hogares de Estados Unidos.

- *La divisibilidad:* el grado en que se pueda probar la innovación en forma parcial. En la medida que las personas puedan alquilar computadoras personales, con opción a compra, aumentará la tasa de aceptación.

- *La comunicabilidad:* la medida en que los resultados del uso de la innovación se puedan observar y describir a terceros. Como las computadoras se prestan a ser objeto de descripciones y demostraciones, su uso se difundirá a mayor velocidad entre los consumidores.

Otras características influyen en la tasa de aceptación, como los costos iniciales y subsecuentes, el riesgo y la incertidumbre y la aprobación social. La per-

Las características del producto afectan el ritmo de su aceptación; productos como las computadoras caseras tardan mucho en ser aceptadas ampliamente.

sona que vaya a comercializar un producto nuevo tendrá que investigar estos factores cuando vaya a elaborar el producto nuevo y a preparar su programa de mercadotecnia.

EL COMPORTAMIENTO DE LOS CONSUMIDORES MAS ALLA DE LAS FRONTERAS

Si para las empresas que comercializan sus productos dentro de las fronteras de un país no es fácil entender el comportamiento de los consumidores, para las empresas que operan en muchos países, entender las necesidades de los consumidores y satisfacerlas puede ser una tarea inmensa. Aunque los consumidores de diferentes países quizá compartan elementos en común, sus valores, actitudes y comportamientos suelen diferir enormemente. Los comercializadores internacionales tendrán que entender estas diferencias y adaptar sus productos y programas de mercadotecnia, en consecuencia.

En ocasiones, estas diferencias son evidentes. Por ejemplo, en Estados Unidos, donde la mayor parte de la gente desayuna cereales, Kellogg encauza su mercadotecnia a convencer a los consumidores de que elijan la marca Kellogg, en lugar de las marcas de la competencia. Sin embargo, en Francia, donde la mayor parte de las personas prefieren desayunar croissants y café, o nada, la publicidad de Kellogg simplemente trata de convencer a la gente de que debería desayunar cereal. Sus empaques incluyen instrucciones, paso por paso, para preparar el cereal.

Con frecuencia, las diferencias de un mercado internacional son más sutiles. Quizá se deriven de diferencias físicas de los consumidores o sus ambientes. Por ejemplo, Remington fabrica rasuradoras eléctricas más pequeñas con el propósito de que se adapten a las manos más pequeñas de los consumidores japoneses y fabrica rasuradoras a pilas para el mercado británico, donde pocos baños tienen enchufes eléctricos. Otras diferencias son resultado de costumbres diferentes. Analice los siguientes ejemplos:

■ El mover la cabeza de un lado a otro significa "no" en la mayoría de los países, pero "sí" en Bulgaria y Sri Lanka.

■ En América del Sur, el sur de Europa y muchos países árabes, el tocar a otra persona es señal de afecto y amistad, pero en el oriente está considerado como una invasión de la intimidad.

■ En Noruega y Malasia es mala educación dejar restos de comida en el plato, en Egipto es mala educación *no* dejar nada en el plato.

■ Un vendedor de puerta en puerta quizá tenga problemas en Italia, donde se considera que no es correcto que un hombre visite a una mujer si no hay nadie más en casa.[11]

Si no se entienden estas diferencias de costumbres y comportamientos de un país a otros, se puede propiciar un desastre en los productos y los programas de comercialización internacional.

Los mercadólogos tendrán que decidir la medida en que adaptarán sus productos y sus programas de mercadotecnia para satisfacer las necesidades singulares de los consumidores de diversos mercados. Por una parte, querrán estandarizar su oferta con objeto de simplificar sus operaciones y aprovechar las economías de costos. Por la otra, el adaptar las actividades de mercadotecnia en cada país hace que los productos y los programas satisfagan mejor las necesidades de los consumidores lugareños. En años recientes, se ha discutido mucho si la mezcla de mercadotecnia se debe adaptar y estandarizar para todos los mercados internacionales o no (véase Puntos Importantes de la Mercadotecnia 6-3).

PUNTOS IMPORTANTES DE LA MERCADOTECNIA 6-3

DIFERENCIAS DEL COMPORTAMIENTO DE LOS CONSUMIDORES ALLENDE LAS FRONTERAS: ¿ESTANDARIZACIÓN GLOBAL O ADAPTACIÓN?

La teoría de la mercadotecnia afirma que las necesidades de los consumidores varían y que los programas de mercadotecnia serán más eficaces si se ciñen a cada uno de los grupos meta. Este concepto se aplica dentro de un país y se debería aplicar, incluso más, a los mercados exteriores, donde las condiciones económicas, políticas y culturales varían muchísimo. Los consumidores de diferentes países tienen características geográficas, demográficas, económicas y culturales muy variadas; hecho que produce diferentes necesidades y anhelos, poder adquisitivo, preferencias por productos y patrones de consumo. Debido a que la mayor parte de los mercadólogos consideran que es muy difícil cambiar las diferencias, adaptan sus productos, precios, canales de distribución y perfil de las promociones para satisfacer los deseos singulares de los consumidores de cada país.

No obstante, algunos mercadólogos dicen no estar de acuerdo con una adaptación excesiva. Piense en el caso de Gillette:

Gillette vende más de 800 productos en más de 200 países. En su actual situación, usa diferentes nombres de marca y fórmulas para los mismos productos, pero en diferentes países. Por ejemplo, el champú Silkience de Gillette se llama Soyance en Francia, Sientel en Italia y Silkience en Alemania; en algunos casos tiene la misma fórmula, pero en otros la cambia. Asimismo, cambia los mensajes publicitarios del producto porque los administradores de Gillette, en cada país, proponen los cambios que, en su opinión, aumentarán las ventas locales. Estas adaptaciones y otras similares para cientos de otros productos elevan los costos de Gillette y diluyen el potencial global de su marca.

En consecuencia, muchas empresas han impuesto mayor estandarización a sus productos y actividades de mercadotecnia. Han creado las llamadas marcas mundiales que se fabrican y comercializan de manera muy parecida en todo el mundo. Estos mercadólogos piensan que los avances de la comunicación, los transportes y los viajes están convirtiendo al mundo en un mercado común. Afirman que las personas de todo el mundo quieren, básicamente, los mismos productos y estilos de vida. Todo el mundo quiere cosas que le faciliten la vida y que incrementen el tiempo libre y el poder de compra. las necesidades y los anhelos comunes, por tanto, crean mercados globales para productos estándar.

Los mercadólogos tradicionales atienden las diferencias entre mercados específicos y responden con la proliferación de productos muy adaptados, pero los mercadólogos que se estandarizan para todo el mundo venden, más o menos, el mismo producto, de la misma manera, a todos los consumidores. Estos están de acuerdo en que existen diferencias entre los deseos y el comportamiento para comprar de los consumidores y que es imposible olvidar estas diferencias del todo. Sin embargo, afirman que los deseos se pueden cambiar. A pesar de que los consumidores dicen lo que quieren, todos desean productos buenos a precios más bajos:

Si el precio es lo bastante bajo, aceptarán productos mundiales bastante estandarizados, aunque éstos no sean exactamente lo que mamá dijo que era aceptable, lo que las costumbres añejas decían que debía ser o lo que las investigaciones del mercado señalaron como preferido.

Por tanto, los partidarios de la estandarización global afirman que los mercados internacionales deben adaptar sus productos y programas mercadotécnicos sólo cuando es imposible cambiar o superar los deseos locales. La estandarización deriva en costos más bajos para la producción, la distribución, la comercialización y la administración y, por tanto, permite que la compañía ofrezca a los consumidores mejor calidad y productos más confiables, a precios más bajos. Estos aconsejarían a una compañía automovilística que fabricara un auto mundial, a una compañía jabonera que fabricara un champú mundial y a una compañía de maquinaria agrícola que fabricara un tractor mundial. Además, de hecho, algunas empresas han comercializado con éxito productos globales, por ejemplo, Coca-Cola, hamburguesas McDonald's, plumas y portaminas A.T. Cross, herramientas Black & Decker y walkmans Sony. Algunos productos son más globales y requieren menos

Coca-Cola vende productos muy estandarizados en todo el mundo, pero incluso Coca adapta su producto y su envase, un poco, a los gustos y las condiciones locales.

adaptación. No obstante, incluso en estos casos, las empresas hacen algunas adaptaciones. Coca-Cola es menos dulce o tiene menos gas en algunos países, McDonald's usa salsa de chile, en lugar de salsa de tomate, en las hamburguesas de México, los mensaje publicitarios de plumas y portaminas Cross son diferentes en algunos países.

Por otra parte, la afirmación de que la estandarización global llevará a costos y precios más bajos, haciendo que los consumidores sensibles a los precios compren más artículos, es discutible:

Juguetes Mattel ha vendido la muñeca Barbie, con éxito, en docenas de países, sin modificación alguna. Empero, en Japón, no se vendió bien. Takara, el licenciatario japonés de Mattel, hizo una encuesta entre muchachas japonesas de octavo grado y sus padres y averiguó que los pechos de la muñeca eran demasiado grandes y sus piernas demasiado largas. No obstante, Mattel no quiso modificar la muñeca, porque ello elevaría sus costos de producción, empaque y publicidad. A fin de cuentas, Takara ganó y Mattel produjo una Barbie japonesa especial. En dos años, Takara había vendido más de dos millones de las muñecas modificadas. Sobra decir que el incremento de ingresos fue muy superior al incremento de costos.

En lugar de presuponer que sus productos pueden ser introducidos en otros países sin cambio alguno, las empresas deberían estudiar todos los elementos de una posible adaptación y determinar cuáles aumentarían los ingresos más que los costos. Los elementos de la adaptación serían:

Características del producto	Colores	Temas de la publicidad
Nombre de la marca	Materiales	Medios de publicidad
Etiquetas	Precios	Ejecución de la publicidad
Empaque	Promoción de ventas	

Un estudio arrojó que las empresas, en 80% de sus productos dirigidos al exterior, hacían adaptaciones en uno o varios de estos renglones y que el producto promedio tenía adaptaciones en 4 de los 11 renglones.

Entonces, ¿cuál posición es más aconsejable, la estandarización global o la adaptación? Es evidente que la estandarización global no es una proposición contundente, sino más bien cuestión de grado. Las empresas hacen bien en buscar mayor estandarización con objeto de reducir costos y bajar precios, así como para que su marca adquiera más fuerza global. Sin embargo, deben recordar que si bien la estandarización ahorra dinero, los competidores siempre están dispuestos a ofrecer más de lo que quieren los consumidores de cada país y que les podría salir muy caro cambiar su concepción de mercadotecnia a largo plazo, por su concepción financiera a corto plazo. Algunos mercadólogos internacionales sugieren que las empresas deberían "pensar en términos globales, pero actuar en términos locales". El nivel corporativo impone el curso de las estrategias y las unidades locales se centran en las diferencias individuales de los consumidores. Mercadotecnia global, sí; estandarización global, no siempre.

Fuentes: Véase John A. Quelch y Edward J. Hoff, "Customizing Global Marketing", *Harvard Business Review,* mayo-junio, 1986, pp. 59-68; Theodore Levitt, "The Globalization of Markets", *Harvard Business Review,* mayo-junio, 1983, pp. 92-102; George S. Yip, "Global Strategy ... In a World of Nations?", *Sloan Management Review,* otoño de 1989, pp. 29-41; Kamran Kashani, "Beware the Pitfalls of Global Marketing", *Harvard Business Review,* septiembre-octubre de 1989, pp. 91-98; y Saeed Saminee y Kendall Roth, "The Influence of Global Marketing Standardization on Performance", *Journal of Marketing,* abril de 1992, pp. 1-17.

RESUMEN

La empresa, antes de preparar su estrategia de mercadotecnia, tendrá que identificar a los consumidores meta y el tipo de procesos de decisión que siguen éstos. Aunque muchas *decisiones de compra* sólo involucran a una persona, otras decisiones pueden incluir a varios participantes que desempeñan papeles como *iniciador, influyente, resolutivo, comprador y usuario.* Una tarea del mercadólogo consiste en identificar a las demás personas que participan en la compra, sus criterios para comprar y su grado de influencia en el comprador. El programa de mercadotecnia se debe diseñar de tal manera que atraiga a los participantes clave y al comprador y que alcance a todos.

La cantidad de participantes en la compra y la cantidad de esfuerzo para comprar aumentan la complejidad de la situación de la compra. Existen tres tipos de *comportamiento para decidir comprar: el comportamiento de respuestas rutinarias, la solución limitada de problemas y la solución amplia de problemas.*

El comprador, cuando compra algo, pasa por un proceso de decisión que consiste en *reconocer la necesidad, buscar la información, evaluar las alternativas, decidir la compra y su comportamiento después de la compra.* Una tarea del mercadólogo consiste en entender el comportamiento del comprador en cada etapa, así como las influencias que están operando. Esto permitirá al mercadólogo elaborar un programa de mercadotecnia significativo y efectivo para el mercado que tiene en la mira.

Por cuanto se refiere a productos nuevos, los consumidores responden a ritmos diferentes, dependiendo de las características del consumidor y de las características del producto. Los fabricantes tratan de presentar sus productos nuevos a la atención de las personas que probablemente los aceptarán primero, sobre todo a la de aquellos que tienen características de líderes de opinión.

A las empresas que comercializan productos dentro de las fronteras de un solo país no les resulta fácil entender el comportamiento del consumidor. Tratándose de empresas que operan en el ámbito internacional, entender las necesidades del consumidor y satisfacerlas puede resultar aun más difícil. Los consumidores de diferentes países pueden tener valores, actitudes y comportamientos sumamente diferentes. Quienes comercialicen en el ámbito internacional deben entender estas diferencias y ajustar sus productos y programas de mercadotecnia en consecuencia.

TÉRMINOS CLAVE

Aceptación 203

Búsqueda de información 196

Comportamiento complicado para comprar 191

Comportamiento después de la compra 201

Comportamiento para las compras habituales 192

Comportamiento que busca la variedad para comprar 193

Comprador 191

Decisión de compra 200

Disonancia cognoscitiva 201

Evaluación de alternativas 197

Imagen de la marca 198

Influencia personal 206

Influyente 190

Iniciador 190

Proceso de aceptación 203

Producto nuevo 203

Reconocimiento una necesidad 195

Reducción de la disonancia para comprar 192

Resolutivo 191

Usuario 191

EXPOSICIÓN DE PUNTOS CLAVE

1. Muchos estadounidenses piensan que optar por un estilo de vida más sano sería una innovación. Ello requeriría un cambio en los hábitos alimenticios, ejercicio y dejar de fumar y beber. Explique esta innovación en términos de su ventaja relativa, compatibilidad, complejidad, divisibilidad y comunicabilidad. ¿Existe probabilidad de que la mayor parte de los estadounidenses adopten rápidamente un estilo de vida sano?

2. En su opinión, ¿qué factores serían muy importantes para la mayor parte de los consumidores y su decisión de dónde comprar sus abarrotes? A partir de estos factores, explique cómo el modelo del valor de las expectativas, el conjuntivo y el disyuntivo de la elección del consumidor podrían explicar el hecho de que un comprador elija un supermercado.

3. ¿Por qué se incluye la etapa del comportamiento después de la compra en el modelo del proceso de compra? ¿Qué importancia tiene esta etapa para los mercadólogos?

4. Describa por qué los cupones de descuentos, las ofertas, los empaques con más contenido y otras formas de promociones de ventas pueden servir para que los consumidores vayan pasando por el proceso de aceptación. ¿Existen inconvenientes cuando se usan estas técnicas para alentar la aceptación de un producto?

5. Los consumidores desempeñan muchos papeles en el proceso de la compra: iniciador, influyente, resolutivo, comprador y usuario. ¿Quién desempeña estos papeles cuando una madre compra un cereal para el desayuno que contiene tortugas ninja adolescentes mutantes?, ¿pantimedias L'Eggs?, ¿comida Purina para perros?, ¿una videocasetera nueva?

6. Las grabadoras de cintas digitales llevan varios años en el mercado. Graban y reproducen música pregrabada con una fidelidad cuasi perfecta. No son compatibles con las grabadoras de casetes existentes, cuestan entre 500 y 1,000 dólares o más y las pocas cintas pregrabadas que existen cuestan más de 20 dólares. ¿Qué tan frecuentes son estas grabadoras digitales?, ¿cómo afectaron las características de esta innovación el ritmo de aceptación en el mercado de consumo?

APLICACIÓN DE CONCEPTOS

1. ¿Qué personas desempeñaron diferentes papeles en la decisión de compra que desembocó en la elección de la escuela a la que asiste usted? Haga una lista con el nombre de la persona que fue el iniciador, el influyente, el resolutivo, el comprador y el usuario. Clasifique por orden de importancia la influencia que tuvo cada papel en la decisión final.

2. Si analizamos nuestras compras veremos muchas de las formas en que se toman las decisiones de comprar:

- Describa las cinco etapas de su propio proceso cuando decide comprar algo importante como una cámara, un estéreo o un auto.
- A continuación, describa su proceso de decisión para comprar algo pequeño como un caramelo o un refresco.
- ¿Son iguales los procesos para decidir una compra grande que una pequeña?, ¿qué pasos son diferentes y por qué cambiaron?

CÓMO TOMAR DECISIONES EN MERCADOTECNIA:

COMUNICACIONES MUNDO PEQUEÑO, S. A.

Tom Campbell y Lyn Jones están elaborando ideas para la línea de productos de su empresa. Las investigaciones de mercado que realizaron han arrojado que los usuarios de computadoras necesitan productos o servicios que les sirvan para manejar las tareas de comunicación con más facilidad. Además, está claro que hay segmentos de tipos de usuarios muy diferentes. Cada segmento tiene un tipo de necesidad particular, un cierto grado de experiencia en computación y una serie de opiniones y actitudes. Tom estaba hablando de la perspectiva:

—Es una situación interesante desde un punto de vista de mercadotecnia. Algunos usuarios de computadoras, sobre todo los usuarios empresariales muy sofisticados, están en verdad atorados en el manejo de una gama amplísima de funciones de comunicación. Pienso en Susan Mahalanobis, mi amiga que tiene una pequeña empresa de investigaciones y asesoría. Usa la red InterNet para ponerse en contacto con bibliotecas y centros académicos, CompuServe para servicios de información y correo electrónico, Dow Jones para información financiera, Lexis para referencias jurídicas, MCI Mail para faxes, Prodigy para comunicación personal y, quizás, alguno más. Necesita pro-

gramas especiales para la mayor parte de esos servicios y necesita activar números de cuenta, claves y comandos especiales para cada uno de ellos. Además, necesita información visual en su computadora, en ocasiones imágenes con digitalizador, otras veces captura pequeñas fotos fijas de los videos de capacitación que produce. Asimismo, tiene que seguir la pista a su Rolodex que contiene unos cuantos cientos de números telefónicos. Susan es en verdad innovadora y estaría dispuesta a comprar casi cualquier cosa que le sirviera para administrar su material con más eficiencia. En cambio, en el otro extremo, está la mitad de los usuarios de computadoras que casi no han ni oído hablar de todo esto.

Lynette sonrió. Tom estaba hablándole de necesidades de los consumidores y no había mencionado siquiera una tecnología o el diseño de un nuevo chip.

—Creo que has resumido muy bien la situación, Tom. Susan es una verdadera experta y probablemente aprende sola casi todo lo que sabe sobre computación. Reconoce sus necesidades, pero no existe ningún producto disponible que le sirva, por lo menos hasta ahora. La otra mitad de los usuarios quizá podrían usar las comunicaciones por computadora, pero ni siquiera conocen las posibilidades que existen. Un montón de ellos seguramente han contratado a profesionales en computación para que les enseñen y les ayuden a tomar decisiones en cuanto a las máquinas y los programas que deben comprar. Los que no han contratado expertos seguramente recurren a revistas especializadas y vendedores en busca de ayuda. Enfrentamos todo un espectro y éste cambiará pronto. El principiante de hoy podría ser el experto de mañana, sin agraviar al presente.

Y, ¿AHORA QUÉ?

1. Comunicaciones Mundo Pequeño piensa vender máquinas y programas que ofrezcan soluciones singulares para los problemas de comunicación de los usuarios. Piense en los roles de los consumidores al comprar que se ilustra en la figura 6-1. Diferentes situaciones afectan a la persona que desempeña el papel de iniciador, influyente, resolutivo, comprador y usuario. Haga una lista de quién desempeñaría estos papeles para comprar los productos de Mundo Pequeño cuando el (los) usuario(s) principal(es) es (son): (a) un empresario independiente, experto en computadoras, que trabaja con un equipo de dos ayudantes de medio tiempo; (b) un usuario de la geren-

cia media de una sociedad anónima grande con departamentos de compras y servicios de computación completos; (c) varios miembros de una familia que usan una computadora casera para tareas escolares, diversión y, ocasionalmente, proyectos de trabajo. Explique cómo estos procesos para tomar la decisión de compra pueden afectar los programas de comercialización de Mundo Pequeño.

2. Muchos factores afectan el ritmo al que se aceptan los productos, inclusive las cinco características clave del producto: la ventaja relativa, la compatibilidad, la complejidad, la divisibilidad y la comunicabilidad. (a) Mundo Pequeño está pensando en comercializar un tablero de circuitos para computadora que permitiría su fácil conexión a una línea telefónica, una cámara de video o una videocasetera y un digitalizador de páginas para integrar imágenes gráficas. Explique cómo percibirían este producto, en términos de sus cinco características, los expertos y los novatos en computación. ¿Piensa usted que diferentes grupos verían el producto desde puntos de vista diferentes? (b) ¿Piensa usted que la percepción de cada usuario podría cambiar con el tiempo? Explique cómo se verá, tal vez, este tipo de producto en 1998.

REFERENCIAS

1. Partes adpatadas de Joseph Pereira, "The Well-Healed: Pricey Sneakers Worn in Inner City Help Set Nation's Trend", *The Wall Street Journal*, 1 de diciembre de 1988, pp. 1, 6. Asimismo, véase Keith Hammonds, "The 'Blacktop' Is Paving Reebok's Road to Recovery", *Business Week*, 12 de agosto de 1991, p. 27; Marcy Magiera, "Small Rivals Leap as L.A. Gear Stumbles", *Advertising Age*, 8 de junio de 1992, p. 12; y Geraldine E. Willigan, "High-Performance Marketing: An Interview with Nike's Phil Knight", *Harvard Business Review*, julio-agosto de 1992, pp. 90-101.

2. Véase Henry Assael, *Consumer Behavior and Marketing Action* (Boston: Kent Publishing, 1987), Cap. 4. Una clasificación anterior de tres tipos de comportamiento del consumidor al comprar, comportamiento de respuesta rutinaria, de solución de problemas limitados y de solución de problemas amplios, están en John A. Howard y Jagdish Sheth, *The Theory of Consumer Behavior* (Nueva York: John Wiley, 1969), pp. 27-28. Véase también John A. Howard, *Consumer Behavior in Marketing Strategy* (Englewood Cliffs, NJ: Prentice Hall, 1989).

3. Keith B. Murray, "A Test of Services Marketing Theory: Consumer Information Acquisition Theory", *Journal of Marketing*, enero de 1991, pp. 10-25.

4. Este modelo fue elaborado por Martin Fishbein. Véase Martin Fishbein e Icek Ajzen, *Belief, Attitude Intention, and Behavior* (Reading, MA: Addison-Wesley, 1975). Para una opinión crítica de este modelo, véase Paul W. Miniard y Joel B. Cohen. "An Examination of the Fishbein-Ajzen Behavioral Intentions Model's Concepts and Measures", *Journal of Experimental Social Psychology*, mayo de 1981, pp. 309-99.

5. Véase Raymond A. Bauer, "Consumer Behavior as Risk Taking", en *Risk Taking and Information Handling in Consumer Behavior*, Donald F. Cox, ed. (Boston: Division of Research, Harvard Business School, 1967); John W. Vann, "A Multi-Dstributional Conceptual Framework for the Study of Perceived Risk", en Thomas C. Kinnear, ed., *Advance in Consumer Research* (Association for Consumer Research, 1983), XI, pp. 442.46; y Robert B. Settle y Pamela L. Alreck, "Reducing Buyer's Sense of Risk", *Marketing Communications*, enero de 1989, pp. 19-24.

6. Véase Bill Kelley, "How to Sell Airplanes, Boeing-Style", *Sales and Marketing Management*, 9 de diciembre de 1985, p. 34.

7. Véase Leon Festinger, *A Theory of Cognitive Dissonance* (Stanford, CA: Stanford University Press, 1957); y Leon G. Schiffman y Leslie Lazar Kanuk, *Consumer Behavior* (Englewood Cliffs, NJ: Prentice Hall, 1991), pp. 304-5.

8. Véase Karl Albrect y Ron Zemke, *Service America!* (Homewood, IL: Dow-Jones Irwin, 1985), pp. 6-7; y Frank Rose, "Now Quality Means Service Too", *Fortune*, 22 de abril de 1991, pp. 97-108.

9. La siguiente explicación se basa primordialmente en Everett M. Rogers, *Diffusion of Innovations*, 3a. ed. (Nueva York: Free Press, 1983). También véase Hubert Gatignon y Thomas S. Robertson, "A Propositional Inventory for New Diffusion Research", *Journal of Consumer Research*, marzo de 1985, pp. 849-67.

10. Véase Schiffman y Kanuk, *Consumer Behavior*, Cap. 18.

11. Para estos ejemplos y otros más, véase William J. Stanton, Michael J. Etzel y Bruce J. Walker, *Fundamentals of Marketing* (Nueva York: McGraw-Hill, Inc., 1991), p. 536.

CASO 6

GASTAR DINERO PARA AHORRAR TIEMPO

Son las 6:15 P.M. y Charlotte Walker, una madre típica de las que trabajan, viene de pasar media hora en la autopista. Acaba de volver a casa del trabajo y se encuentra en la "hora del arsénico", el momento en que todos quieren una parte de su atención. Sus hijos quieren que les haga caso, después de haber pasado todo el día en la escuela y su esposo necesita hablar con ella de algo importante que se ha presentado. El teléfono está sonando e incluso el perro le está ladrando. Si tuviera un gato, seguramente le estaría arañando las piernas. ¿Cómo puede Charlotte, que está muy cansada, dar cabida a todas estas demandas que compiten por conseguir su atención?

Quizás ha llegado el momento de llamar por teléfono para pedir un Dial-a-Dinner. Mientras Charlotte pasa un rato con su familia, este cómodo servicio se encargará de prepararle una cena para gourmets, no una pizza ni hamburguesas, y se la entregará a domicilio, con todo y flores si las quiere. Relajada, aunque coma en casa, puede evitar los inconvenientes de tener que cocinar o de llevar a los niños, una vez más, a un lugar de comida rápida. Además, después del Dial-a-Dinner, Charlotte se podrá sentar cómodamente con su familia a ver un video, entregado por una camioneta móvil de videos. Una comida de Dial-a-Dinner cuesta 20% más que una en un restaurante normal, el alquiler del video cuesta un tercio más. ¿Valen la pena? Charlotte, al tiempo que se quita los zapatos y se sienta en su sillón preferido, definitivamente piensa que sí.

Imagine la misma escena repetida en miles de hogares estadounidenses todas las noches. Millones de adultos como Charlotte deben enfrentar una lista, al parecer interminable, de quehaceres diarios. Deben llevar el coche al taller, llevar ropa a la tintorería, renovar la licencia de conducir, mandar la lavadora a arreglar ... la lista sigue y sigue. ¿Cómo pueden trabajar y cumplir con todas estas obligaciones?

¡Comercializadores inteligentes al rescate! En años recientes, ha surgido una serie de organizaciones que le ofrecen a los consumidores servicios que se encargan de muchas cosas. Hay servicios móviles para autos, que se encargan de cambiar el aceite, revisar el carburador o incluso colocar un parabrisas mientras usted está en su oficina, en su casa o de compras. Otros servicios ofrecen personas que hacen la cola en la oficina de tránsito para renovar su licencia, para comprar boletos para el teatro o que esperan en su casa mientras llegan los técnicos en reparaciones. Mientras están ahí, pueden regarle las plantas o pasear al perro. Y, hablando de perros, ahora hay veterinarios móviles que atienden a los animales enfermos a domicilio. Mientras el veterinario atiende al perro, el servicio Doctor to Your Door puede enviarle a domicilio a un médico que

atenderá sus males. Si usted o el perro necesitan una medicina, ahora hay muchas farmacias que se la entregan a domicilio. En estos días, hay tiendas que le surten sus pedidos de comida y tintorerías que recogen su ropa y se la entregan. Es probable que pueda encontrar un servicio, en alguna parte, que le resuelva su lista entera de pendientes.

Conforme aumenta la demanda de servicios a domicilio, los proveedores han empezado a vender franquicias de sus actividades. Por ejemplo, las franquicias de 20 Video Van ahora producen más de 1.2 millones de dólares en ingresos, entregando videos en el domicilio de los clientes. Cualquiera de las 109 franquiciatarias de Wash on Weels (WOW) lavarán cualquier parte de su casa o incluso su casa entera. Las franquicias de Doctor to your Door cuestan entre 25,000 y 75,000 dólares y las franquicias de WOW sólo cuestan entre 12,000 y 18,000 dólares.

¿Qué hace que estos servicios sean viables? La tecnología de las computadoras es la respuesta. Se pueden usar computadoras para procesar los pedidos y para establecer las rutas de los conductores, para crear bases de datos de clientes y para enfocar promociones a clientes, dentro de una zona postal específica, que se han gastado una cantidad determinada de dólares en un mes particular. Pueden servir para administrar rifas y ofrecer promociones para ocasiones especiales como cumpleaños y aniversarios, para computar declaraciones mensuales y para manejar nóminas y contabilidad. Sin las computadoras para administrar estos datos en forma barata, los costos de la mayor parte de estos servicios serían exorbitantes.

No obstante, este tipo de servicios sí cuestan más. ¿Valen la pena? Piense en los costos psicológicos que tienen las parejas típicas de hoy, los matrimonios con ambas partes trabajando y con hijos. Estas personas tienen serias presiones de tiempo. Hoy, los estadounidenses están trabajando más y dedicando más horas a su trabajo. Además, sume el tiempo que dedican a actividades necesarias durante las horas en que no trabajan y les quedará muy poco tiempo para su esparcimiento. Para recuperar el tiempo de esparcimiento, los consumidores están comprando servicios a domicilio y cambiando los hábitos de compra. Algunos "contratan" a otros para que les hagan sus compras. otros dependen mucho de catálogos o compran por computadora. Los sistemas de computadora como CompuServe y Prodigy permiten a los consumidores colocar pedidos en tiendas de todo el país. Comprar resulta tan fácil como oprimir la tecla de retorno o colocar el ratón en "comprar". Los clientes, una vez realizada su compra, pueden apagar la computadora y dedicar su tiempo a "encerrarse en casa", para disfrutar de los placeres que ésta les ofrece.

PREGUNTAS

1. Compare el proceso de compra de la persona típica que compra una comida entregada a domicilio con el de una que compra un traje nuevo. ¿En qué diferirán las etapas del proceso de compra de estas dos situaciones para comprar? ¿Qué le sugiere esto al comercializador?

2. ¿Qué criterios fundamentales aplicarán los compradores cuando compran una comida entregada a domicilio a diferencia de un traje?

3. ¿En qué difieren los actos después de la compra de los consumidores de servicios a domicilio? ¿Cómo afectará esto las estrategias de los mercadólogos?

4. ¿Cómo afecta la tecnología de las computadoras el proceso de compra desde el punto de vista del consumidor?

5. ¿Cómo afectarán las cinco características del producto (ventaja relativa, compatibilidad, complejidad, divisibilidad y comunicabilidad) la aceptación de servicios a domicilio?

Fuente: Eugene H. Fram, "The Time-Compressed Shopper", *Marketing Insights*, verano de 1991, pp. 34-49; "Stressed-out Consumers Need Timesaving Innovations", *Marketing News*, 2 de marzo de 1992, p. 10; Paul B. Hartneky, "If They Don't Come to Your...", *Restaurant Hospitality*, junio de 1992, pp. 156-58; Steve Ramos, "Kick the Tires on the Screen", *Forbes*, 21 de enero de 1992, pp. 100-101; y Eric Weissenstein, "Papers Profit from Delivery", *Advertising Age*, 17 de junio de 1991, p. 42.

CASO EMPRESARIAL 6

GILLETTE CONTRA BIC: DESHÁGASE DE LO DESECHABLE

En Estados Unidos, la mitad de los hombres se levantan por la mañana, enfrentan su barba crecida en el espejo del baño y toman una rasuradora desechable de plástico, que cuesta 30 centavos, marca Schick, Bic, Gillette o la que sea, pues la mayor parte de los hombres piensa que una marca es tan buena como otra. Además, parece como si los fabricantes de rasuradoras siempre las tuvieran en oferta, así que se puede reunir una docena de ellas por casi nada.

A Gillette Company no le agrada este tipo de razonamiento. Sobra decir que las mujeres también usan rasuradoras Gillette, pero el interés primordial de Gillette está en los hombres que usan las desechables y son cada vez más. La empresa gana alrededor del triple de dinero por unidad de los cartuchos de repuesto para sus rasuradoras Atra y Trac II que con las desechables Good News! No obstante, desde que introdujo las primeras desechables en 1975, las ventas de este producto han aumentado a más velocidad que las de otros sistemas. Para 1988, las desechables representaban 40% de las ventas, en dólares, de sus productos para afeitar y más del 50% de las ventas unitarias.

Gillette y el mercado de las maquinillas para rasurar

Gillette domina la industria de las maquinillas para rasurar con un 62% del mercado de Estados Unidos, de 700 millones de dólares, y un 60% del mercado mundial. Schick (con 16.2% del mercado), Bic (9.3%) y otras, inclusive Wilkinson, componen la mayor parte del resto del mercado. Las navajas y rasuradoras de Gillette, en 1988, produjeron 32% de sus ventas por 3.5 mil millones de dólares y 61% de sus ingresos netos por 268 millones de dólares.

Gillette obtuvo su posición dominante en el mercado, sobre todo tratándose del de los hombres, por medio de cuantiosas inversiones en investigación y desarrollo, así como de minuciosas investigaciones sobre los consumidores. Todos los días, alrededor de 10,000 hombres registran cuidadosamente, para Gillette, los resultados de sus rasuradas. 500 de estos hombres se rasuran en cubículos especiales en la fábrica, en condiciones muy controladas y vigiladas, que incluyen hasta la observación a través de espejos dobles y cámaras de video. Los hombres que se afeitan registran la cantidad exacta de piquetes y cortadas. En algunos casos, los investigadores incluso reúnen los vellos cortados para pesarlos y medirlos. En consecuencia, los científicos de Gillette saben que la barba del hombre promedio crece 15 milésimas de pulgada al día (5.5 pulgadas al año) y contiene 15,500 vellos. En una vida promedio, un hombre dedicará 3,350 horas a quitarse 27.5 pies de vello de la cara. Gillette incluso usa microscopios electrónicos para estudiar la superficie de las navajas y cámaras miniatura para analizar el proceso real del afeitado.

Gillette, armada con esta información de personas que se rasuran y del rasurado mismo, se enorgullece de llevarle la delantera a la competencia. Cuando la competencia se ajusta a un sistema de rasurado, Gillette introduce otro avance más. En 1971, Gillette introdujo Trac II, el primer sistema de rasurado que incluía dos navajas paralelas montadas sobre un cartucho. En 1977, después de una erogación de 8 millones de dólares para investigación y desarrollo, la empresa introdujo Atra, un cartucho de navajas gemelas que se mueve durante el rasurado, adaptándose al contorno del rostro. En 1985, Gillette lanzó Atra Plus, que sumaba una tira lubricante al cartucho Atra para que éste se deslizara mejor durante el rasurado.

Aunque el interés del fundador de la empresa, King Gillette, era desarrollar un producto desechable, uno que se usara y se tirara, la estrategia de mercadotecnia de Gillette se ha centrado en desarrollar productos a base de repuestos de navajas sobre un mango permanente. Gillette se preocupa por dar a sus rasuradoras, y especialmente a sus mangos, un aura de clase y mejor rendimiento. Gillette, al promover nuevos sistemas cautivos, es decir, aquellos en que los cartuchos de navajas sólo encajan en ciertos mangos de rasuradora, aumenta el precio y el margen de utilidades, con cada nuevo salto tecnológico. Así pues, como los cartuchos de Atra no sirven para el mango de Trac II, cuando Gillette introdujo el nuevo sistema, los hombres tuvieron que comprar un mango nuevo para poder usar las navajas Atra.

A Gillette nunca le ha preocupado el extremo inferior del mercado, las navajas baratas, de marca privada. Piensa que los hombres que quieren sentirse importantes siempre comprarán un producto con clase. La mayor parte de los hombres consideran que rasurarse es algo importante y que su aspecto merece importancia. Por consiguiente, la mayor parte de los hombres no escatiman dinero ni se conforman con una rasuradora ordinaria cuando, por un poco más, pueden estar seguros de que los productos de Gillette les darán mejores rasuradas.

Bic y el nacimiento de las desechables

El rápido desarrollo de la rasuradora desechable es un reto para la idea que tiene Gillette en cuanto a la filosofía de los hombres para afeitarse. En 1975, Bic introdujo la primera rasuradora desechable en Europa y, un año después, en Canadá. Gillette, consciente de que el siguiente paso sería Estados Unidos, introdujo la primera rasuradora desechable al mercado de EUA en 1976, la Good News! de plástico azul, que usaba una navaja de la Trac II. Sin embargo, a pesar de su reacción defensiva, Gillette pronosticó que los hombres usarían la desechable sólo para viajes y baños públicos, o cuando se hubieran olvidado de la verdadera rasuradora. Gillette afirmaba que las desechables nunca captarían más del 7% del mercado.

Marcel Bich, el fundador de Bic y la fuerza tras el desafío de Bic contra Gillette es, como King Gillette, partidario de lo desechable. Bich hizo su fortuna desarrollando el conocido bolígrafo. Cree en la estrategia de convertir productos de posición en artículos de primera necesidad. Con frecuencia, un producto refleja posición porque es difícil de fabricar y se vende a precio alto. Empero, si un fabricante encuentra la manera de producirlo en masa, a bajo costo, sin perder mucho de su cualidad funcional, se perderá la posición y el atractivo. Los consumidores no sentirán vergüenza al comprarlo, ni porque los vean usando esta versión barata del producto. Así, Bich elige sus productos, les quita su esplendor, los distribuye ampliamente y los vende a precio barato. Su estrategia de mercadotecnia es sencilla: servicio máximo, precio mínimo.

Bic, situada en Milford, Connecticut, ataca el negocio de las rasuradas de manera muy diferente a Gillette. No tiene a nadie estudiando regularmente el campo de la tec-

nología del rasurado, ni siquiera tiene un microscopio electrónico y no sabe, ni le importa, cuantos vellos tiene la barba del hombre promedio. Sólo cuenta con un pequeño grupo para hacer pruebas de rasurado, que consta de unas 100 personas. La rasuradora Bic (cuyo precio de venta es de 25 centavos o menos) sólo consiste en una navaja montada sobre un mango corto y hueco. No obstante, la rasuradora desechable de Bic representa el más serio desafío para Gillette desde que empezara la compañía. En 1988, los productos para rasurar de Bic registraron ventas por 52 millones de dólares con ingresos netos por 9.4 millones de dólares y ocuparon 22.4% del mercado de las desechables.

Gillette contra Bic

En su persecución individual por lo desechable, Gillette y Bic han chocado antes en otros frentes de productos. Primero, a principios de la década de los años cincuenta, pelearon por la participación del mercado de las plumas para escribir. Sin embargo, los productos Paper Mate de Gillette no resultaron rival para la capacidad de publicidad y promoción en los mercados de masas de Bic. Las dos empresas se enfrentaron otra vez en los años sesenta, en el ruedo de los encendedores desechables, cuando volvieron a convertir en productos básicos artículos que habían sido símbolo de prestigio, en ocasiones, muy caros. Aunque Gillette salió mejor librada con los encendedores desechables que con las plumas, el encendedor Bic se quedó con una parte dominante del mercado.

No obstante, en su encuentro más reciente, la Good News! de Gillette está ganando con un 58% del mercado de las rasuradoras desechables. Empero, el triunfo es agridulce. ¿El problema? Good News! tiene un precio de venta muy inferior al de los otros productos de Gillette. La clave de la competencia de las mercancías básicas es el precio. Para ser competitivo con la rasuradora Bic de 25 centavos y con otras desechables, Gillette tiene que vender Good News! por mucho menos que el precio al detalle del cartucho para Atra o Trac II. Muchos usuarios de Trac II y Atra han llegado a la conclusión que, aunque el cartucho de repuesto de una rasuradora de navajas gemelas de Gillette cuesta hasta 56 centavos, uno puede obtener exactamente la misma navaja montada en un mango de plástico por tan sólo 25 centavos. Good News! no sólo produce menos ingresos por navaja vendida, sino que también cuesta más porque Gillette tiene que ofrecer el mango casi como el cartucho. Cada vez que Good News! gana un punto en participación de mercado, Gillette pierde millones de dólares por concepto de ventas y utilidades de sus productos Atra y Trac II.

La psicología de la rasurada

La batalla entre Bic y Gillette representa algo más que una mera competencia respecto a qué tipo de rasuradoras quiere usar la gente; simboliza un enfrentamiento en cuanto a uno de los rituales masculinos diarios más perdurables. Antes de que King Gillette inventara la maquinilla para rasurar, los hombres pensaban que rasurarse era una tarea tediosa, difícil, tardada y, muchas veces, sangrienta, la cual tenían que soportar, cuando mucho, dos veces por semana. Sólo los ricos podían darse el lujo de que el barbero los rasurara todos los días.

Gillette patentó la maquinilla para rasurar en 1904, pero fue hasta la Primera Guerra Mundial que el producto fue aceptado por los consumidores. Gillette tuvo la brillante idea de que el ejército regalara una maquinilla Gillette a cada soldado. De tal manera, millones de hombres que llegaban apenas a la edad de rasurarse adquirieron la costumbre de hacerlo todos los días.

El ritual de la rasurada matutina sigue ocupando un lugar muy especial en la vida de la mayor parte de los hombres, afirma su masculinidad. La primera rasurada es un ritual de ingreso a la edad adulta. Una encuesta realizada por psicólogos de Nueva York arrojó que, si bien los hombres se quejan de cuán molesto es rasurarse, 97% de la muestra no usaría una crema, en el supuesto de que se inventara, que les suprimiera el vello del rostro de manera permanente. En cierta ocasión, Gillette introdujo una navaja que servía para barbas cerradas, medianas y ligeras. Casi nadie compraba la versión ligera, porque pocos hombres querían admitir públicamente su modesta producción de barbas.

Aunque el rasurado ahora requiere menos habilidad e implica menos riesgo que antes, muchos hombres todavía quieren que las rasuradoras que usan reflejen la idea de que rasurarse es algo muy serio. Un hombre típico considera que su rasuradora es un instrumento personal muy importante, una especie de extensión del yo, como una pluma, un encendedor, un portafolios o un juego de palos de golf muy caros.

El desafío de Gillette

Durante más de 80 años, Gillette ha percibido perfectamente el mercado de las rasuradoras para hombre y la psicología de las rasuradas. Sus productos tienen 62% del mercado y su tecnología y filosofía de mercadotecnia han impuesto el paso a toda la industria. Gillette ha tenido éxito en mantener el aspecto, la altura y la sensación masculinas de la rasuradora, así como su condición de artículo de identidad personal. Sin embargo, ahora, millones de hombres se afeitan la cara todos los días con piezas de plástico pequeñas, indefinidas y frías que cuestan 25 centavos, un acto que parecer ser una negativa contundente del ritual del rasurado.

Por tanto, Good News! representa una noticia muy mala para Gillette, que debe encontrar la manera de deshacerse de las desechables.

PREGUNTAS

1. ¿Quién toma parte en la decisión del hombre que compra una rasuradora desechable y qué roles desempeñan los diversos participantes? ¿Varían estos participantes y roles tratándose de comprar una maquinilla para rasurar?

2. ¿Qué tipos de comportamiento para decidir la compra adoptan los hombres cuando compran una rasuradora?

3. Analice el proceso de decisión del hombre cuando compra una maquinilla para rasurarse. ¿En qué difieren las estrategias de Gillette y Bic en relación con este proceso?

4. ¿Qué estrategia de mercadotecnia debería adoptar Gillette para convencer a los hombres que cambien las desechables y opten por otro sistema? ¿Cómo podrían los procesos de decisión de los compradores de productos nuevos afectar sus recomendaciones?

Fuente: Partes adaptadas de "The Gillette Company", en *Subhash C. Jain, Marketing Strategy & Policy*, 3a. ed., Cincinnati, Ohio: Southwestern, 1990. Usado con autorización.

7

Los mercados de empresas y el comportamiento de las empresas compradoras

La empresa Gulfstream Aerospace Corporation vende aviones para empresas, con precios que llegan hasta 20 millones de dólares. Encontrar a posibles compradores no es problema, las organizaciones que se pueden dar el lujo de tener y operar un avión de empresa, que vale varios millones de dólares, son fáciles de identificar. Los clientes incluyen Exxon, American Express, Seagram, Coca-Cola y muchas otras, inclusive el rey Fahd de Arabia Saudita. Los problemas más complejos de Gulfstream incluyen llegar a las personas que toman la decisión de comprar un jet, entender sus motivos y sus procesos de decisión, analizar qué factores pesan en sus decisiones y diseñar enfoques mercadotécnicos.

Gulfstream Aerospace reconoce la importancia que tienen los motivos *racionales* y los factores *objetivos* para la decisión de los compradores. Una compañía que compra un jet evaluará los aviones de Gulfstream en cuanto a calidad y actuación, precios, costos de operación y servicios. En ocasiones, estos aspectos podrían parecer lo único que impulsa la decisión de compra. Sin embargo, contar con un producto superior no basta para aterrizar la venta: Gulfstream Aerospace también debe tomar en cuenta *factores humanos* más sutiles que afectan la elección de un jet.

"El proceso de compra puede ser iniciado por el ejecutivo de rango más alto (ERA; CEO, por las siglas en inglés de chief executive officer [director general]) o quizá un miembro del consejo que quiera aumentar la eficiencia o la seguridad, el piloto en jefe de la empresa o, incluso por, las actividades de la empresa vendedora a través de publicidad o la visita de un vendedor. El ERA será fundamental para decidir si se compra el jet o no, pero estará sujeto a la opinión del piloto de la empresa, del director de finanzas y quizás del propio consejo.

"Cada una de las partes del proceso de compra tiene roles y necesidades sutiles. El vendedor que trate de impresionar, por ejemplo, al ERA con tablas de depreciación y al piloto en jefe con estadísticas mínimas sobre la velocidad, con toda probabilidad no venderá el avión si pasa por alto los elementos emocionales y psicológicos de la decisión de compra. Un vendedor dice: 'Para tratar con el ejecutivo de más alto rango, uno necesita apoyarse en infinidad de números, pero si uno no puede encontrar al niño que lleva dentro el ejecutivo y emocionarlo con la pura belleza del avión nuevo, jamás venderá el aparato. Si vende la emoción, venderá el jet'.

"El piloto en jefe, en su calidad de experto en la materia, suele tener poder de veto en la decisión de compra y quizá pueda detener la compra de una determinada marca de jet con sólo manifestar una opinión negativa, digamos la actuación del avión en mal tiempo. En este sentido, el piloto no sólo influye en la decisión, sino que también hace las veces de 'portero' de la información, aconsejando a la gerencia qué aparato debe elegir. Aunque el equipo jurídico de la corporación sea el encargado de redactar el contrato de compra y el departamento de adquisiciones adquiera el jet, estas partes seguramente no tendrán mucha voz en decidir si se comprará el avión, cómo se adquirirá ni qué tipo se elegirá. Los usuarios del jet, los mandos altos y medios de la empresa compradora, los clientes importantes y otros más pueden desempeñar un papel, cuando menos indirecto, cuando se elige el aparato.

"La participación de muchas personas en la decisión de compra produce una dinámica de grupo que la empresa vendedora debe ponderar cuando proyecta sus ventas. ¿Quién forma parte del grupo comprador?, ¿cómo interactuarán las partes?, ¿quién dominará y quién cederá?, ¿qué prioridades tienen las personas?"

De alguna manera, vender jets corporativos a empresas compradoras es como vender autos y aparatos eléctricos a las familias. Gulfstream Aerospace se formula las mismas preguntas que los comercializadores de bienes de consumo: ¿quiénes son los compradores y cuáles son sus necesidades?, ¿cómo toman los compradores la decisión de comprar y qué factores influyen en esta decisión?, ¿qué programa de mercadotecnia será más efectivo? Sin embargo, en tratándose de empresas compradoras, las respuestas suelen ser diferentes. Así pues, Gulfstream Aerospace enfrenta muchos desafíos que son iguales a los de comercializadores de bienes de consumo, pero también otros más.[1]

AVANCE DEL CAPÍTULO

El capítulo 7 ubica los conceptos del comportamiento del comprador individual en el contexto del mercado de empresas.

*Se explican las **diferencias centrales** entre los mercados de empresas y los mercados de consumo, inclusive la **demanda y la estructura del mercado**, el carácter de la **unidad compradora**, así como los **tipos de decisiones** y el **proceso de decisión**.*

*A continuación, se analiza el **comportamiento de la empresa compradora** y los principales tipos de situaciones de compra: **readquisición directa, readquisición modificada, tarea nueva** y **compra de sistemas**. Esta sección también repasa los factores principales que influyen en el comportamiento de las empresas compradoras.*

*Se explican los pasos de la decisión de la empresa para comprar: **reconocer un problema, describir la necesidad, especificar el producto, buscar un proveedor, solicitar una oferta, elegir un proveedor y revisar el rendimiento**.*

*El capítulo termina con una explicación de los **mercados gubernamentales e institucionales** y de la manera en que sus compradores toman decisiones.*

De una manera u otra, la mayor parte de las empresas grandes le venden a otras organizaciones. Muchas empresas, como Du Pont, Xerox e infinidad de sociedades más, venden la *mayor parte* de sus productos a otras empresas. Incluso las grandes sociedades de productos de consumo, es decir, las que fabrican productos para consumidores finales, primero deben vender sus productos a otras empresas. Por ejemplo, General Mills fabrica muchos productos de consumo conocidos: Cheerios, harinas preparadas para pastel Betty Croker, harina Gold Medal y otros más. Empero, para vender estos productos a los consumidores, General Mills primero debe vendérselos a los mayoristas y detallistas que cubren el mercado de consumo. General Mills también vende productos como sustancias químicas especializadas, directamente, a otras empresas.

El **mercado de empresas** está compuesto por todas las organizaciones que compran bienes y servicios que usarán para producir otros productos y servicios que se venderán, alquilarán o abastecerán a terceros. Asimismo, incluye empresas mayoristas y detallistas que adquieren bienes con el propósito de revenderlos o alquilarlos a terceros con una utilidad. El **proceso de comprar de las empresas** es el proceso para tomar la decisión, mediante el cual las empresas compradoras establecen la necesidad de comprar productos y servicios y de identificar, evaluar y elegir entre alternativas de marcas y proveedores.[2] Las empresas que venden a otras organizaciones empresariales deben hacer todo lo posible por entender los mercados de empresas y el comportamiento de las empresas compradoras.

LOS MERCADOS DE EMPRESAS

El mercado de empresas es *inmenso*. Sólo en Estados Unidos está compuesto por más de 13 millones de organizaciones que compran miles de millones de dólares de bienes y servicios al año. De hecho, los mercados de empresas involucran muchos más dólares y artículos que los mercados de consumo. Por ejemplo, la figura 7-1 muestra la gran cantidad de transacciones comerciales necesarias para producir y vender un simple par de zapatos. Los distribuidores de pieles le venden a los curtidores, que venden el cuero a los fabricantes de calzado, que venden los

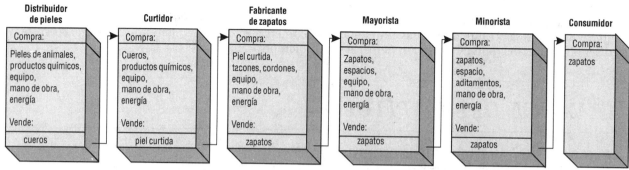

FIGURA 7-1 Transacciones mercantiles para la producción y distribución de un par de zapatos

zapatos a los mayoristas que, a su vez, venden el calzado a los detallistas que, en última instancia venden los zapatos a los consumidores. Cada una de las partes de la cadena también compra muchos otros bienes y servicios relacionados. Este ejemplo muestra por qué compran más las empresas que los consumidores; se requirieron varias compras de *empresa* para sólo una acción de compra de *consumidores*.

Características de los mercados de empresas

En cierto sentido, los mercados de empresas se parecen a los mercados de consumo. Los dos entrañan a personas que adoptan roles de compradores y que toman la decisión de comprar para satisfacer necesidades. Empero, los mercados de empresas difieren en muchos sentidos de los mercados de consumo.[3] Las diferencias principales se dan en la *estructura y la demanda del mercado*, el *carácter de la unidad compradora*, los *tipos de decisiones y el proceso de decisión* involucrados.

La estructura y la demanda del mercado

El mercadólogo para empresas normalmente maneja *muchos menos compradores pero mucho más grandes* que los que maneja el mercadólogo de bienes de consumo. Por ejemplo, cuando Goodyear vende neumáticos de refacción a los consumidores finales, su mercado potencial abarca a los propietarios de los 112 millones de autos que actualmente circulan en Estados Unidos. No obstante, la suerte de Goodyear en el mercado de empresas depende de que consiga el pedido de sólo uno de entre los varios fabricantes grandes de autos. Incluso en los mercados de empresas grandes, unos pocos compradores representan normalmente la mayor parte de las compras.

Los mercados de empresas también están más *concentrados geográficamente*. Más de la mitad de las empresas compradoras del país están concentradas en siete estados: California, Nueva York, Ohio, Illinois, Michigan, Texas, Pennsylvania y Nueva Jersey. Además, la demanda de las empresas es una **demanda derivada,** en última instancia se deriva de la demanda de bienes de consumo. General Motors compra acero porque los consumidores compran autos. Si la demanda de consumo de autos baja, también bajará la demanda de acero y de todos los demás productos usados para producir autos. Por consiguiente, los mercadólogos de empresas, en ocasiones, promueven sus productos de manera directa entre los consumidores finales con objeto de incrementar la demanda de las empresas (véase Puntos Importantes de la Mercadotecnia 7-1).[4]

Muchos mercados de empresas tienen **demanda inelástica,** es decir, el total de la demanda de muchos productos comerciales no se ve muy afectada por los cambios de precios, sobre todo en el corto plazo. Una disminución en el precio de la piel no hará que los fabricantes de zapatos compren mucha más piel, a no ser que ello produzca precios menores para los zapatos lo cual, a su vez, incrementará la demanda de consumo de los zapatos.

Por último, los mercados de empresas tienen una *demanda más fluctuante*. La demanda de muchos bienes y servicios por parte de las empresas tiende a cambiar más, y a más velocidad, que la demanda de bienes y servicios de consumo. Un pequeño incremento porcentual en la demanda de consumo puede ocasionar grandes incrementos en la demanda de las empresas. En ocasiones, un aumento de apenas 10% en la demanda de consumo puede ocasionar hasta un aumento del 200% en la demanda de las empresas para el siguiente periodo.

El carácter de la unidad compradora

En comparación con las ventas de consumo, la compra empresarial suele involucrar a *más compradores* y un *esfuerzo más profesional para comprar*. Muchas veces, las compras de las empresas son realizadas por agentes de compras especializados que dedican sus vidas laborales a aprender a comprar mejor. Cuanto más compleja la compra, tanto más probable es que varias personas intervengan en el proceso para tomar la decisión. Los comités de adquisiciones, compuestos por técnicos expertos y gerentes generales, son frecuentes para la adquisición de bienes importantes. Así pues, los mercadólogos empresariales deben tener vendedores muy capacitados para tratar con compradores muy capacitados.

Tipos de decisiones y el proceso de decisión

Los compradores empresariales suelen enfrentar decisiones *más complejas* para comprar que los compradores de bienes de consumo. Las compras suelen involucrar enormes cantidades de dinero, complejas consideraciones técnicas y económicas y la interacción de muchas personas en muchos estratos de la organización compradora. Como las compras son más complejas, los compradores empresariales quizá requieran más tiempo para tomar decisiones. Por ejemplo, la compra de un sistema de cómputo grande podría llevar varios meses o más de un año antes de llegar al cierre, así como millones de dólares, miles de detalles técnicos y docenas de personas, desde la alta gerencia hasta los usuarios de estratos más bajos.

   El proceso de las empresas para comprar suele ser *más formal* que el proceso de compra de bienes de consumo. Las grandes empresas normalmente requieren especificaciones detalladas del producto, pedidos de compra por escrito, cuidadosa búsqueda de proveedores y el visto bueno formal. La empresa compradora incluso podría preparar manuales de políticas que explican el proceso para comprar.

   Por último, en el proceso de compra de las empresas, el comprador y el vendedor suelen *depender mucho más* el uno del otro. Los mercadólogos de bienes de consumo suelen estar a cierta distancia de sus clientes. Por el contrario, los mercadólogos empresariales quizá se remanguen las camisas y se pongan a trabajar estrechamente con sus clientes durante todas las etapas del proceso de compra, desde ayudar a los clientes a definir los problemas, pasando por encontrar soluciones, hasta dar apoyo para el manejo después de la venta. Muchas veces adaptan sus ofertas a las necesidades del cliente individual. Al corto plazo, las ventas se las llevan los proveedores que satisfacen las necesidades inmediatas de productos o servicios del comprador. No obstante, los mercadólogos de empresas también deben establecer relaciones estrechas, *a largo plazo*, con sus clientes. A largo plazo, los mercadólogos de empresas conservan las ventas a sus clientes satisfaciendo las necesidades presentes y pensando por adelantado cómo satisfacer las necesidades futuras de los clientes.[5]

Otras características de los mercados de empresas

Las compras directas. Las empresas compradoras suelen comprarle directamente a los productores, en lugar de hacerlo por vía de intermediarios, sobre todo tratándose de artículos técnicamente complejos o caros. Por ejemplo, Ryder compra miles de camiones al año, de todos los modelos y tamaños. Alquila algunos de estos camiones a clientes que hacen mudanzas solos (los conocidos camiones amarillos de Ryder), arrienda otros a otras empresas para sus flotillas de camiones y usa el resto para sus actividades de transporte de carga. Cuando Ryder compra camiones GMC, se los compra directamente a General Motors y no a un distribuidor independiente de camiones. De igual manera, American Airlines le compra aviones directamente a Boeing, Kroger le compra bienes para empacar directamente a Procter & Gamble y el gobierno de Estados Unidos le compra computadoras personales directamente a IBM.

La reciprocidad. Las empresas compradoras suelen practicar la *reciprocidad*, eligen a proveedores que también les compren a ellas. Por ejemplo, una em-

INTEL: NO LO PUEDE VER, PERO SEGURAMENTE LE ENCANTARÁ

A mediados de 1991, Intel inició una campaña publicitaria de dos años y 100 millones dólares, la de "Adentro un Intel", con objeto de venderle a los compradores de computadoras personales las virtudes de los microprocesadores Intel, los pequeños chips que sirven de cerebro en las microcomputadoras. Así que, ¿qué decir? Infinidad de compañías lanzan enormes campañas de anuncios para los consumidores. Sin embargo, aunque tales campañas pueden representar actividades normales para empresas como Coca-Cola, Nike o IBM, que comercializan productos directamente a los consumidores finales, en el caso de Intel se trata de algo desusado.

Los compradores de computadoras no pueden comprar un chip microprocesador directamente; de hecho, la mayor parte ni siquiera verá uno de ellos jamás. La demanda de microprocesadores es una *demanda derivada;* en última instancia, procede de la demanda de productos que *contienen* microprocesadores. Los consumidores se limitan a comprar la computadora y aceptan la marca de chip que el fabricante de la computadora haya decidido incluir en su interior. Por regla general, las empresas que producen chips, como Intel, sólo venden a los fabricantes que compran los chips directamente. En cambio, la innovadora campaña "Adentro un Intel" está dirigida directamente a los compradores de computadoras, a los clientes de sus clientes. Si Intel puede lograr que los compradores prefieran la marca de sus chips, a su vez logrará que los chips de Intel le resulten más atractivos a los fabricantes de computadoras.

Intel inventó el primer microprocesador en 1971 y lleva 20 años a la cabeza de un virtual monopolio, dominando el mercado de los chips para computadoras de escritorio. En consecuencia, sus ventas y utilidades han ido en constante aumento. En los 10 años transcurridos a partir de que IBM introdujo su primera computadora personal, basada en el microprocesador 8088 de Intel, las ventas de Intel se han multiplicado por cinco, a más de 5 mil millones de dólares y sus ingresos han crecido incluso a un ritmo mayor. Sus populares chips 286, 386 y 486 están en la mayor parte de las microcomputadoras que se usan en la actualidad.

No obstante, en fecha reciente, una ola de imitadores (Advanced Micro Devices [AMD], Chips & Technologies, Cyrix y otras más) han empezado a romper el monopolio de Intel, inundando el mercado con clones, nuevos y mejorados, de los chips de Intel. Ahora, tan sólo AMD afirma que tiene más de una tercera parte del mercado del chip 386. El ataque de los clones del 386 ha desatado una guerra de precios que ha hecho mella en la línea básica de Intel. Y, aunque por ahora, Intel tiene el mercado del chip 486 de la siguiente generación, AMD y otros fabricantes de clones no tardarán en ofrecer también chips 486.

Intel ha respondido ferozmente a los fabricantes de clones, recortando los precios, invirtiendo mucho en el desarrollo de productos nuevos y en publicidad para diferenciar sus productos. Por ejemplo, ha reducido el precio de sus 386 a más velocidad que ningún otro chip nuevo en la historia. Es más, en 1993, Intel invirtió la asombrosa cantidad 2.5 mil millones de dólares en investigación y desarrollo, con objeto de que los productos nuevos lleguen al mercado más rápido. En 1992, la empresa comercializó casi 32 variantes de su chip 486, lo último en su género. Además, su microprocesador Pentium, de la siguiente generación, es una verdadera macrocomputadora de un chip. El Pentium contiene 3 millones de transistores y procesará 100 millones de instrucciones por segundo (MIPS), en comparación con sólo medio millón de transistores y cinco MIPS del chip 386. Intel piensa crear una familia nueva de chips cada dos años. Para el año 2000, estará ofreciendo un chip con la asombrosa cantidad de 100 millones de transistores y *2 mil millones* de instrucciones por segundo, cantidad aproximadamente igual a la de las supercomputadoras de hoy.

No obstante, es probable que los fabricantes de clones continúen muy cerca tras los pasos de Intel, por lo cual la publicidad representa otro medio que permitirá a Intel diferenciar sus "originales" de las imitaciones de la competencia. La campaña de "Adentro un Intel" parte de dos líneas centrales. En primer lugar, en sus anuncios para crear conciencia de la marca, Intel trata de convencer a los compadores de microcomputadoras que los microprocesadores de Intel son, en verdad, mejores. El primer anuncio de la serie tenía una cabeza que decía "Cómo detectar la mejor PC", en medio de una serie de coloridos logos de "Adentro un Intel". El texto del anuncio decía:

> Intel es líder mundial en el diseño y el desarrollo de microprocesadores. De hecho, Intel fue la primera en introducir el primer microprocesador. Así que con un Intel adentro, usted no tiene duda de la compatibilidad y de una calidad sin paralelo. Además, usted sabe que está adquiriendo la mejor tecnología para computadoras personales.

presa papelera podría comprarle productos químicos a una empresa química que, a su vez, le compraría papel a la primera. La Comisión Federal para el Comercio y la división antitrust del Departamento de Justicia prohíben la reciprocidad si ésta anula la competencia de manera desleal. No obstante, un comprador puede elegir a

Intel lanzó su exitosa campaña publicitaria de 100 millones de dólares "Adentro un Intel" con el propósito de convencer a los compradores de computadoras que sí importa el chip que tienen las computadoras en su interior.

El segundo elemento importante de la campaña de "Adentro un Intel" es que Intel también subsidia los anuncios de fabricantes de computadoras personales que incluyen el logo "Adentro un Intel". Hasta ahora, más de 100 empresas han presentado el logo en sus anuncios, inclusive IBM, NCR, Dell, Zenith, Data Systems y AST. Los fabricantes que participan en la campaña afirman que ésta ha mejorado la eficacia de sus publicidad. "El programa de 'Adentro un Intel' ha sido un programa que nos ha favorecido", dice el gerente de publicidad de una empresa grande que fabrica computadoras. "Nos ha servido para dar mayor credibilidad y reforzar nuestros mensajes." En los primeros seis meses de la campaña se publicaron más de 1,500 páginas de anuncios "Adentro un Intel".

Resta por saber si la campaña de "Adentro un Intel" puede convencer a los compradores de que sí les importe el chip que contienen las computadoras. Sin embargo, mientras los microprocesadores sigan siendo pequeños bultos desconocidos, ocultos en el interior de la computadora del usuario, Intel estará a merced de los fabricantes de clones. Por otra parte, si Intel puede convencer a los compradores de que sus chips son de mejor calidad, tendrá una clara ventaja para sus tratos con los fabricantes de computadoras.

La historia sugiere que la campaña "del componente con marca" de Intel podría funcionar muy bien. La empresa entendió el valor que tiene esta publicidad en 1988, cuando invirtió 20 millones de dólares para promover la versión barata SX de su chip 386. Esa campaña también fue desusada tratándose de una empresa de ingeniería que le vende pocos productos directamente a los consumidores, pero funcionó. Los compradores empezaron a pedir PCs con chips 386SX de Intel y los fabricantes de computadoras se apresuraron a satisfacer la demanda. El chip 386SX de Intel fue el chip que más se haya vendido jamás. Un observador de la industria dice: "Pensar en el éxito que lograron con el SX representa todo un reto".

Fuentes: Citas de Kate Bertrand, "Advertising a Chip You'll Never See", *Business Marketing*, febrero de 1992, p. 19; y Richard Brandt, "Intel: Way Out in Front, but the Footsteps Are Getting Larger", *Business Week*, 29 de abril de 1991, pp. 88-89. También véase Robert D. Hof, "Inside Intel", *Business Week*, 1 de junio de 1992, pp. 86-94; Bertrand, "Chip Wars", *Business Marketing*, febrero de 1992, pp. 16-18; Alan Deutschman, "If They're Gaining on You, Innovate", *Fortune*, 2 de noviembre de 1992; Ani Hadjian, "How Intel Makes Spending Ray Off", *Fortune*, 22 de febrero de 1993, pp. 56-61; y Richard Brandt, "Intel: What a Tease, - and What a Strategy", *Business Week*, 22 de febrero de 1993, p. 40.

un proveedor al que le vende algo, si bien el comprador tendrá que poder demostrar que está consiguiendo precios competitivos, calidad y servicio de ese proveedor.[6]

El arrendamiento. Las empresas compradoras están, cada vez más, arrendando equipo en lugar de comprarlo de entrada. Las empresas estadounidenses

Las empresas comercializadoras, con frecuencia, colaboran de cerca con los clientes durante todas las etapas del proceso de compra, desde ayudarles a definir el problema, hasta encontrar soluciones y las actividades después de la venta. En este caso, Olin Corporation identifica un difícil problema de los fabricantes de fibras y advierte: "No seas borrego. Habla con Olin. Nosotros tenemos la respuesta".

arriendan más de 108 mil millones de dólares de equipo al año, desde una imprenta hasta plantas de luz, desde helicópteros hasta trilladoras, y desde copiadoras para oficina hasta plataformas marítimas de perforación. El arrendatario puede obtener una serie de ventajas, como tener más capital disponible, contar con los productos más modernos del vendedor, recibir mejor servicio o tener algunas ventajas fiscales. El arrendador, con frecuencia, obtiene más ingresos netos y la oportunidad de venderle a clientes que quizá no habrían podido pagar una compra directa.

Un modelo del comportamiento de la empresa compradora

En el plano más elemental, los mercadólgos quieren saber cómo responderán las empresas compradoras a diversos estímulos de mercadotecnia. La figura 7-2 es un modelo del comportamiento de la empresa compradora. En este modelo, la mercadotecnia y otros estímulos afectan a la organización compradora y producen ciertas respuestas en el comprador. Como en el caso del comprador de bienes de consumo, los estímulos de mercadotecnia para la empresa compradora están representados por cuatro *P*: producto, precio, posición y promoción. Otros estímulos incluyen las fuerzas más importantes del entorno: económicas, tecnológicas, políticas, culturales y competitivas. Estos estímulos entran en la organización y se

FIGURA 7-2 Modelo del comportamiento de la empresa compradora

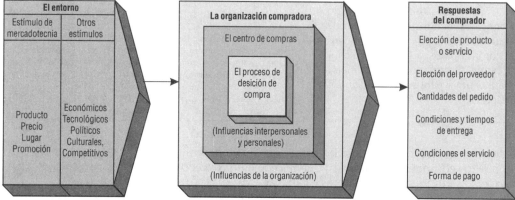

convierten en respuestas del comprador: elección del producto o servicio, elección de proveedor, cantidad del pedido, términos de la entrega, el servicio y el pago. Con objeto de diseñar estrategias con una buena mezcla mercadotécnica, el mercadólogo debe entender qué ocurre dentro de la organización, para así poder convertir los estímulos en respuestas de compra.

Dentro de la organización, la actividad de compra está compuesta por dos partes principales: el centro de compras, integrado por todas las personas involucradas en la decisión de compra, y el proceso de decisión de compra. La figura 7-2 muestra que el centro de compras y el proceso de decisión de compra están sujetos a factores personales, interpersonales e internos de la organización, así como a factores del entorno externo.

EL COMPORTAMIENTO DE LA EMPRESA COMPRADORA

El modelo de la figura 7-2 sugiere cuatro preguntas sobre el comportamiento de la empresa compradora: ¿qué decisiones toman las empresas compradoras?, ¿quién toma parte en el proceso de la compra?, ¿cuáles son las influencias más importantes para los compradores?, ¿cómo toman las empresas compradoras la decisión de comprar?

¿Qué decisiones de compra toman las empresas compradoras?

La empresa compradora enfrenta toda una serie de decisiones para hacer una compra. La cantidad de decisiones dependerá del tipo de situación de la compra.

Tipos principales de situaciones de compra

Existen tres tipos principales de situaciones de compra.[7] En un extremo está la *readquisición directa,* que es una decisión bastante rutinaria. En el otro extremo se encuentra la *tarea nueva,* que puede requerir una investigación profunda. En medio está la *readquisición modificada,* que requiere cierta cantidad de investigación. (Para algunos ejemplos, véase la figura 7.3.)

La readquisición directa. En una **readquisición directa,** el comprador vuelve a ordenar algo sin modificación alguna. Por regla general, ésta se maneja en forma rutinaria, por medio del departamento de adquisiciones. Con base en la satisfacción obtenida en la compra anterior, el comprador se limita a elegir de entre la lista de sus proveedores. Los proveedores aceptados tratan de mantener la calidad de sus productos y servicios. Con frecuencia, proponen sistemas automáticos para volver a colocar pedidos, de tal manera que el agente se ahorrará tiempo y no tendrá que volverlos a levantar. Los proveedores no agraciados tratarán de ofrecer algo nuevo, o de explotar la insatisfacción de tal manera que el comprador los tome en cuenta. Los proveedores no agraciados tratarán de meter el pie en la puerta con un pedido pequeño y después ampliarán su parte de las compras con el tiempo.

La readquisición modificada. En el caso de una **readquisición modificada,** el comprador puede querer una modificación en las especificaciones, los precios, las condiciones o los proveedores del producto. La readquisición modificada suele involucrar a más personas en la decisión que la readquisición directa. Los proveedores aceptados pueden ponerse nerviosos o sentirse presionados para presentar su mejor cara a efecto de proteger la cuenta. Los proveedores no agraciados pueden encontrar en la situación de la readquisición modificada una oportunidad para presentar una oferta mejor y conseguir negocios nuevos.

La tarea nueva. Una empresa que compra un producto o servicio por primera vez enfrenta la situación de una **tarea nueva.** En estos casos, cuanto mayor sea el costo o el riesgo, tanto mayor será la cantidad de personas que participarán en la decisión y tanto mayores sus esfuerzos por reunir información. La situación de la tarea nueva es la mejor oportunidad para el mercadólogo y su mayor desafío. El mercadólogo no sólo tratará de llegar a la mayor cantidad posi-

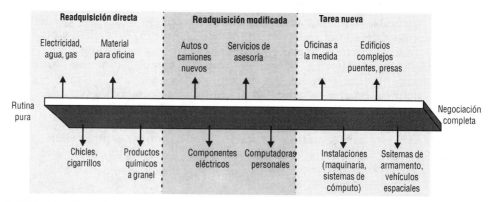

FIGURA 7-3 Tres tipos de situaciones para las empresas compradoras

Fuente: Marketing Principles, 3a. ed. de Ben M. Enis. Derechos ©1980 Scott, Foresman and Company. Reproducido con permiso.

ble de influencias clave para la compra, sino que también les proporcionará ayuda e información.

Las decisiones específicas para comprar

El comprador toma el mínimo de decisiones en el caso de la readquisición directa y el máximo en la decisión de la tarea nueva. En la situación de la tarea nueva, el comprador tendrá que decidir en cuanto a las especificaciones del producto, los proveedores, los límites de precios, las condiciones de pagos, las cantidades del pedido, los tiempos de entrega y las condiciones del servicio. El orden de estas decisiones varía para cada situación y los diferentes participantes en la decisión ejercerán influencia en cada elección.

La compra y la venta de sistemas

Muchas empresas compradoras prefieren comprarle a un solo vendedor una solución en paquete para un problema dado. Esta costumbre, llamada la **compra de un sistema,** empezó con las compras de armas grandes y sistemas de comunicación por parte del gobierno. El gobierno, en lugar de comprar todas las piezas y después juntarlas, empezó a abrir concursos para los proveedores, en las que éstos le ofrecían todos los componentes *y* un paquete o sistema armado.

Los vendedores han ido reconociendo que a los compradores les gusta este método y han adoptado la venta de sistemas como instrumento de mercadotecnia.[8] La venta de sistemas es un proceso de dos pasos. En primer término, el proveedor vende un grupo de productos entrelazados. Por ejemplo, el proveedor no sólo vende pegamento, sino también aplicadores y secadores. En segundo, el proveedor vende un sistema de producción, control de inventarios, distribución y demás servicios para satisfacer las necesidades del comprador en cuanto a un producto que funcione sin problemas.

La venta de sistemas es una estrategia medular para la comercialización dirigida a empresas, pues permite ganar y conservar cuentas. El contrato se suele quedar en manos de la empresa que ofrece el sistema más completo para satisfacer las necesidades del cliente. Analice el siguiente caso:

El gobierno de Indonesia convocó a un concurso para construir una fábrica de cemento cerca de Jakarta. La oferta de una empresa estadounidense incluía elegir la ubicación, diseñar la cementera, contratar cuadrillas de obreros, montar el material y el equipo y entregar la fábrica terminada al gobierno de Indonesia. La propuesta de una empresa japonesa incluía todos esos servicios y además, contratar y capacitar a trabajadores para la fábrica, exportar el cemento por sus empresas comercializadoras y usar el cemento para construir algunas carreteras y edificios de oficinas en Jakarta. Aunque la propuesta de la empresa japonesa costaba más, ganó el contrato. Queda claro que los japoneses contemplaron el problema no sólo como cuestión de construir una fábrica de cemento (la visión estrecha de la venta de sistemas), sino también de administrarla de tal manera que contribuyera a la economía del país. Adoptaron la visión más amplia de las necesidades del cliente. Esa es la verdadera venta de sistemas.

¿Quién participa en el proceso de compras de las empresas?

¿Quién compra los miles de millones de bienes y servicios que necesitan las organizaciones comerciales? La unidad que toma las decisiones en una organización de compras se llama el **centro de compras** y se define como todas las personas y unidades que participan en el proceso de la empresa para tomar la decisión.[9]

El centro de compras incluye a todos los miembros de la organización que desempeñan alguno de los cinco roles en el proceso para decidir la compra.[10]

- **Los usuarios:** son aquellos miembros de la organización que usarán el producto o servicio. En muchos casos, los usuarios inician la propuesta de comprar un producto y contribuyen a definir sus especificaciones.

- **Los influyentes:** son las personas que afectan la decisión de la compra. Con frecuencia, ayudan a definir las especificaciones y además proporcionan información para evaluar las alternativas. El personal técnico representa a un tipo de influyentes muy importantes.

- **Los compradores:** las personas que tienen autoridad formal para elegir al proveedor y concertar las condiciones de la compra. Los compradores pueden dar forma a las especificaciones del producto, pero su rol más importante es la elección de empresas vendedoras y las negociaciones con ellas. En el caso de compras más complejas, los compradores pueden incluir a los mandos altos para que participen en las negociaciones.

- **Los resolutivos:** son aquellas personas que tienen facultades formales o informales para elegir a los proveedores finales o darles su visto bueno. En las compras rutinarias, los compradores suelen ser los resolutivos, o cuando menos los que dan su visto bueno.

- **Los porteros:** son las personas que controlan la información que fluye hacia terceros. Por ejemplo, los agentes de compras suelen tener autoridad para impedir que los vendedores visiten a los usuarios o los resolutivos. Otros porteros serían el personal técnico o, incluso, el personal secretarial.

Este anuncio reconoce a la secretaria como una influencia clave para las compras.

El centro de compras no es una unidad fija, formalmente identificada, dentro de la organización de adquisiciones, sino una serie de roles de compra que asumen diferentes personas para diferentes compras. Dentro de la organización, el tamaño y la composición del centro de compras variará para diferentes productos y en diferentes situaciones al comprar. En el caso de algunas compras rutinarias, una persona, digamos un agente de compras, asumirá todos los roles del centro de compras y será la única persona involucrada en la decisión de compra. Tratándose de compras más complejas, el centro de compras puede incluir a 20 o 30 personas de diferentes estratos y departamentos de la organización. Un estudio de las compras de las empresas arrojó que el equipo de compras típico de una empresa involucraba a siete personas de tres estratos administrativos, que representaban a cuatro departamentos diferentes.[11]

El concepto del centro de compras es un desafío de mercadotecnia de primer orden. El mercadólogo de empresas debe saber quién participa en la decisión, cuál es la influencia relativa de cada participante y qué criterio de evaluación tiene cada una de las personas que participan en la decisión. Analice el siguiente ejemplo:

Baxter vende batas médicas desechables a hospitales. Trata de identificar al personal del hospital que está involucrado en la decisión de comprarlas. Resulta que son el subdirector de adquisiciones, el administrador del quirófano y los cirujanos. Cada participante desempeña un rol diferente. El subdirector de adquisiciones analiza si al hospital le conviene comprar batas desechables o de las que se vuelven a usar. Si su análisis opta por las batas desechables, entonces el administrador del quirófano comparará productos y precios competidores y elegirá uno. Este administrador toma en cuenta la absorbencia de la bata, sus cualidades antisépticas, el diseño y el costo y, por regla general, comprará la marca que satisfaga sus requisitos, al costo más bajo. Por último, los cirujanos afectan la decisión más adelante, cuando informan si están satisfechos o insatisfechos con la marca.

Los compradores industriales responden a varios factores además de los económicos. En este anuncio, las palabras subrayan el rendimiento, pero las imágenes sugieren un transporte tranquilo y cómodo.

El centro de compras, por regla general, incluye a algunos participantes evidentes que toman parte formal en la decisión de compra. Por ejemplo, la decisión de comprar un jet corporativo con toda probabilidad incluirá al piloto en jefe de la empresa, a un agente de compras, al personal del departamento jurídico, a un miembro de la alta gerencia y a otras personas formalmente encargadas de la decisión de compra. También puede incluir a participantes informales, menos evidentes, algunos de los cuales, de hecho, pueden tomar la decisión de comprar o afectarla claramente. En ocasiones, incluso la gente que forma parte del centro de compras ni siquiera está consciente de que existen tantos participantes en la compra. Por ejemplo, la decisión sobre qué jet corporativo comprar puede ser tomada, de hecho, por un miembro del consejo de la sociedad que está interesado en volar y sabe mucho de aviones. Este miembro del consejo quizá trabaje tras bambalinas para cambiar la decisión. Muchas de las decisiones de las empresas en cuanto a la compra de un producto son resultado de complejas interacciones entre los participantes del centro de compras que están cambiando constantemente.

¿Cuáles son las principales influencias en las empresas compradoras?

Las empresas compradoras están sujetas a muchas influencias cuando toman la decisión de compra. Algunos mercadólogos presuponen que las influencias de más peso son las económicas. Piensan que los compradores elegirán al proveedor que ofrezca el precio más bajo, o el mejor producto, o la mayor cantidad de servicios. Estos concentran su oferta en claros beneficios económicos para el comprador. No obstante, las empresas compradoras, de hecho, responden a factores económicos y personales también:

> A últimas fechas, no está de moda hablar de relaciones en los negocios. Nos dicen que los negocios y las emociones deben estar separados. Que debemos ser fríos, calculadores e impersonales. ¿Lo cree usted? Las relaciones hacen que el mundo gire. Los empresarios son humanos y sociables y se interesan a la vez por la economía y las inversiones, y los vendedores tienen que atacar ambos aspectos. Los compradores quizá digan que sólo los mueve el intelecto, pero el vendedor profesional sabe que los motivan tanto la razón como las emociones.[12]

Cuando las ofertas de los proveedores se parecen mucho, las empresas compradoras no tienen gran fundamento para una elección del todo racional. Los compradores, como pueden satisfacer las metas de la organización con cualquier proveedor, permiten que los factores personales tengan un papel mayor en las decisiones. Sin embargo, cuando los productos que compiten varían mucho, las empresas compradoras son más responsables de su elección y tienden a prestar más atención a los factores económicos.

La figura 7-4 contiene los distintos grupos de influencias en las empresas compradoras: ambientales, organizacionales interpersonales e individuales.[13]

FIGURA 7-4
Influencias principales en el comportamiento de la empresa compradora

LAS FORMAS SOCIALES EN LA MERCADOTECNIA INTERNACIONAL: DONDE FUERES, HAZ LO QUE VIERES

Imagínese esta situación: Consolidated Amalgamation, Inc. piensa que ha llegado el momento de que el resto del mundo disfrute de los mismos estupendos productos que ha ofrecido a los consumidores estadounidenses a lo largo de dos generaciones. Envía a Harry E. Slicksmile, su subdirector, a Europa para que explore el terreno. El señor Slicksmile primero visita Londres, donde trabaja, brevemente, con unos cuantos banqueros por teléfono. Se dirige a los parisinos con igual familiaridad, reserva una mesa en La Tour d'Argent y saluda a su invitado, el director de una sociedad de ingeniería industrial, diciéndole: "Llámame Harry, Jacques".

En Alemania, el señor Slicksmile es una aplanadora. Con arrebato, hace una presentación suntuosa, modernísima, con todo y proyección de gráficas y demás material audiovisual, demostrándoles que este oriundo de Georgia *sabe* cómo ganar dinero. Cuando se dirige a Milán, en el avión, Harry inicia una conversación con un empresario japonés que viaja en el asiento contiguo. Suelta su tarjeta en la charola del nipón y, cuando se despiden, le da un fuerte apretón de manos y lo toma por el brazo derecho. Más adelante, para su cita con un italiano, dueño de una empresa de diseño de empaques, nuestro héroe se pone una cómoda chaqueta deportiva de pana, pantalones caqui y mocasines. Todo el mundo sabe que los italianos son bromistas y relajados, ¿verdad?

Malos resultados. Seis meses después, lo único que ha sacado Consolidated Amalgamation del viaje es un montón de cuentas. Harry no causó furor en Europa.

Este caso hipotético está exagerado para que sirva de ejemplo. Es raro que los estadounidenses sean tan bobos. Sin embargo, los expertos afirman que el éxito de los negocios internacionales depende mucho de conocer el terreno y a su gente. Los líderes del comercio mundial, al aprender inglés y ampliarse en otros sentidos, han caminado más de la mitad del camino para reunirse con los estadounidenses. Estos, por el contrario, suelen hacer poco más que presuponer que los demás bailarán al son de la música que ellos toquen. "Queremos que las cosas sean 'estadounidenses' cuando viajamos. Rápidas. Cómodas. Fáciles. Así, nos hemos convertido en el 'Americano feo' que exige que los demás cambien", dice un estadounidense experto en comercio mundial. "Creo que haríamos más negocios si hiciéramos un esfuerzo mayor."

Concedamos que el pobre de Harry lo intentó, pero se equivocó en todo. Los ingleses, por regla general, no hacen tratos por teléfono tanto como los estadounidenses. No es tanto cuestión de una diferencia "cultural", como de una diferencia de enfoques. A un francés bien no le agrada la familiaridad de entrada (preguntas sobre la familia, la religión o la institución educa-tiva), ni usa el nombre de pila para dirigirse a un extraño. "Ese pobre Jacques seguramente no hizo ninguna demostración de disgusto, pero se encerró en sí mismo, *no* le agradó", explica un experto en negocios con franceses. "Lo que hizo es considerado de mal gusto", prosigue, "incluso después de meses de tratos comerciales, yo me esperaría a que él me invitara a [usar el nombre de pila] ... En Europa uno jamás se equivoca si usa el 'señor'".

La deslumbrante presentación de Harry con toda probabilidad fue un fracaso en el caso de los alemanes, a quienes les desagradan las exageraciones y la ostentación. Sin embargo, como explica un experto en Alemania, los empresarios alemanes se han acostumbrado a hacer negocios con los estadounidenses. Aunque todavía hay diferencias en el lenguaje corporal y las costumbres, en los pasados 20 años éstos se han ablandado. "Anoche abracé a una estadounidense en una reunión de trabajo", dijo. "Eso sería normal en Francia, pero las alemanas [de cierta edad] todavía tienen problemas [con esta costumbre]." Dice que llamar a las secretarias por su nombre de pila todavía es interpretado como una grosería: "Tienen derecho a que se las llame por su apellido. Primero hay que pedirles permiso, y es probable que se obtenga".

Cuando Harry Slicksmile tomó a su nuevo conocido japonés por el brazo, el ejecutivo seguramente lo consideró irrespetuoso y presuntuoso. Harry empeoró las cosas cuando le lanzó su tarjeta de visita. Los japoneses reverencian las tarjetas de negocios como si fueran una extensión del yo y un indicador de rango. No se la *entregan* a otra persona, se la *ofrecen,* con ambas manos. Además, los japoneses conceden gran importancia al rango. A diferencia de los estadounidenses, no alaban a los subordinados presentes en una sala, sólo alabarán al funcionario de mayor rango que esté presente.

La última metida de pata del infortunado Harry fue presuponer que los italianos son como el estereotipo que ha creado Hollywood. El genio en el diseño y el estilo que ha caracterizado a la cultura italiana durante tantos siglos tiene su encarnación en los empresarios de Milán y Roma. Se visten estupendamente y admiran la distinción, pero les espeluzna el mal gusto y la ostentación en el vestir.

Para competir con éxito en los mercados mundiales, o incluso para tener tratos efectivos con las empresas internacionales en sus propios mercados, las sociedades estadounidenses deben ayudar a sus gerentes a entender las necesidades, las costumbres y las culturas de los compradores de las empresas internacionales. A continuación presentamos unos cuantos ejemplos más de algunas reglas de etiqueta sociales y empresariales que

Para tener éxito en los mercados mundiales, las sociedades estadounidenses deben ayudar a sus gerentes a entender las necesidades, las costumbres y las culturas de los compradores de las empresas internacionales.

los gerentes estadounidenses deberían entender cuando hacen negocios en el extranjero.

Francia   Vista conservadoramente, salvo en el sur donde se usa ropa más informal. No llame a la gente por su nombre de pila, los franceses son muy formales con los extraños.

Alemania   Sea muy puntual. Cuando el empresario estadounidense acuda invitado a una casa, debe llevar flores, de preferencia desenvueltas, a la anfitriona. En las presentaciones salude a las damas primero y espere a que ellas le extiendan la mano, si lo hacen, antes de extender la suya.

Italia   Sea que se vista conservadoramente o que opte por un traje de Giorgio Armani, recuerde que los empresarios italianos se fijan mucho en el estilo. Haga sus citas con bastante tiempo, prepárese para las burocracias italianas y sea paciente.

Reino Unido   Los brindis son frecuentes en las cenas formales. Si el anfitrión lo honra con un brindis, vaya preparado para corresponderlo. Las reuniones de negocios suelen ser más bien a la hora de la comida que de la cena.

Arabia Saudita   Aunque los hombres se besan para saludarse, jamás besarán a una mujer en público. La estadounidense tendrá que esperar a que el hombre le extienda la mano antes de extendérsela ella. Si un árabe le ofrece un refrigerio, acéptelo, es un insulto rechazarlo.

Japón   No imite las costumbres de la inclinación de los japoneses, a no ser que las entienda del todo, quién se inclina ante quién, cuántas veces y cuándo. Es un ritual muy complicado. El intercambio de tarjetas es otro ritual. Lleve muchas tarjetas y ofrézcalas con ambas manos, de tal manera que su nombre se pueda leer sin problemas y entréguelas a los demás por orden descendente de rango. Tenga en cuenta con que los japoneses tardarán en tomar decisiones y analice con ellos todos los detalles antes de llegar a un compromiso.

Fuentes: Adaptado de Susan Harte, "When in Rome, You Should Learn to Do What Romans Do", *The Atlanta Journal-Constitution,* 22 de enero de 1990, pp. D1, D6; usado con autorización de The Atlanta Journal y The Atlanta Constitution. Asimismo, véase *Business Travel Guide/Europe* de Lufthansa; y Sergey Frank, "Global Negotiating", *Sales & Marketing Management,* mayo de 1992, pp. 64-69.

Los factores ambientales

Las empresas compradoras están sujetas a la influencia de factores del *entorno económico,* en curso o en expectativa, por ejemplo el grado de la demanda primaria, las perspectivas económicas y el costo del dinero. Conforme aumenta la incertidumbre económica, las empresas compradoras evitan hacer nuevas inversiones y tratan de reducir sus inventarios.

Un factor que adquiere cada vez más importancia es la escasez de materias fundamentales. Ahora, muchas empresas están más dispuestas a comprar y llevar inventarios grandes de materias escasas para garantizar un abasto adecuado. Asimismo, los cambios tecnológicos, políticos y de la competencia que se operan en el entorno afectan a las empresas compradoras. La cultura y las costumbres pueden influir en gran medida en las reacciones de las empresas compradoras ante el comportamiento y las estrategias del mercadólogo, sobre todo en un entorno mercadotécnico internacional (véase Puntos Importantes de la Mercadotecnia 7-2). El mercadólogo de empresas debe vigilar estos factores, determinar cómo afectarán al comprador y tratar de convertir los retos en oportunidades.

Los factores de la organización

Cada organización compradora cuenta con sus propios objetivos, políticas, procedimientos, estructura y sistemas, mismos que debe entender el mercadólogo de empresas. Surgen interrogantes como: ¿cuántas personas se involucran en la decisión de compra?, ¿quiénes son? ¿qué criterios usan para evaluar?, ¿cuáles son las políticas de la empresa y las limitaciones que imponen a sus compradores? Además, el mercadólogo de empresas debe estar consciente de las siguientes tendencias de la organización en el terreno de las adquisiciones.

Las compras mejoradas. Los departamentos de compras, con frecuencia, han ocupado un puesto bajo en la jerarquía administrativa, a pesar de que, con frecuencia, manejan más de la mitad de los costos de la empresa. Sin embargo, en fecha reciente, muchas empresas han subido de categoría a sus departamentos de compras. Varias sociedades grandes han elevado a los jefes de adquisiciones a la calidad de subgerentes. Algunas empresas han combinado varias funciones (como adquisiciones, control de inventarios, calendarios de producción y tránsito) en una función de nivel más alto llamada *administración de materias estratégicas.* Los departamentos de adquisiciones de muchas empresas multinacionales son las responsables de comprar materias y servicios en todo el mundo. Muchas empresas están ofreciendo remuneraciones más altas con objeto de atraer a gente de primera línea al departamento de adquisiciones. Esto significa que los mercadólogos de empresas también deben elevar la calidad de sus vendedores para equipararla con la de los compradores contemporáneos de las empresas.

Las compras centralizadas. En las empresas que incluyen muchas divisiones con diferentes necesidades, gran parte de las adquisiciones se hacen a nivel de división. Sin embargo, en fecha reciente, algunas empresas grandes han intentado volver a centralizar las adquisiciones. La oficina matriz identifica las materias adquiridas por diversas divisiones y las compra en forma centralizada. Las adquisiciones centralizadas confieren a la empresa más peso al comprar, lo que puede redundar en ahorros sustanciales. Para el mercadólogo de empresas, este cambio significa que tendrá que tratar con menos compradores, de nivel más alto. En lugar de usar vendedores regionales para venderle a las plantas independientes del gran comprador, el vendedor podrá recurrir a un *equipo de vendedores de cuentas nacionales* para darle servicio al cliente. Por ejemplo, en Xerox, más de 250 gerentes de cuentas nacionales manejan cada uno entre una y cinco cuentas nacionales grandes en muchas localidades dispersas. Los gerentes de cuentas nacionales coordinan las actividades de un equipo completo de Xerox (especialistas, analistas, vendedores de productos individuales) para venderle a los clientes nacionales importantes y brindarles servicios.[14] Las ventas de cuentas nacionales son un gran desafío y exigen tanto un equipo de vendedores de primera calidad, como complejas actividades mercadotécnicas.

Los contratos a largo plazo. Las empresas compradoras están buscando, con más frecuencia cada vez, contratos a largo plazo con sus proveedores. Por ejemplo, General Motors quiere comprarle a menos proveedores y que éstos estén dispuestos a ubicarse cerca de sus fábricas y producir piezas de primera calidad. Los mercadólogos de empresas también están empezando a ofrecer *sistemas electrónicos de intercambio de pedidos* a sus clientes. El vendedor, para usar estos sistemas, conecta terminales de sus computadoras al equipo de cómputo de las oficinas del cliente. Después, el cliente puede pedir los artículos que necesita, al instante, activando los pedidos directamente en la computadora. Los pedidos son transmitidos, de manera automática, al proveedor. Muchos hospitales colocan pedidos directos a Baxter usando las terminales de sus almacenes que toman pedidos, y muchas librerías le hacen pedidos a Follett usando este sistema.

La evaluación de la actuación de las compras. Algunas empresas están montando sistemas de incentivos para recompensar a los gerentes de compras por una actuación especialmente buena en las compras, así como los vendedores reciben bonos por una actuación muy buena en las ventas. Estos sistemas llevan a los gerentes de compras a incrementar la presión que ejercen en los vendedores con objeto de conseguir mejores condiciones.

Los sistemas de producción justo-a-tiempo. El nacimiento de los *sistemas de producción justo-a-tiempo* ha tenido muchas repercusiones en las políticas de compra de las empresas. Puntos Importantes de la Mercadotecnia 7-3 describe las consecuencias del justo-a-tiempo en la comercialización dirigida a empresas.

Los factores interpersonales

El centro de compras suele incluir muchos participantes que ejercen influencia entre sí. El mercadólogo de empresas con frecuencia tiene dificultad para identificar qué *factores interpersonales* y qué dinámica de grupo intervienen en el proceso de la compra. Como dice un autor: "Los administradores no llevan carteles que dicen 'yo tomo decisiones' o 'persona poco importante'. Los poderosos suelen ser invisibles, cuando menos para los representantes de la empresa vendedora".[15] El participante del centro de compras que ocupa el lugar más importante no siempre es el que tiene más influencia. Los participantes pueden influir en la decisión de comprar porque controlan las recompensas y las sanciones, son queridos, tienen experiencia especial o tienen una relación especial con otros participantes importantes. Con frecuencia, los factores interpersonales son muy sutiles. Siempre que sea posible, los mercadólogos de empresas deben tratar de entender estos factores y diseñar estrategias que los tomen en cuenta.

Los factores individuales

Cada participante del proceso de decisión de la empresa para comprar aporta motivos, percepciones y preferencias personales. Estos factores individuales están sujetos a características personales como la edad, el ingreso, la educación, la identidad profesional, la personalidad y las actitudes ante el riesgo. Asimismo, los compradores tienen diferentes estilos para comprar. Algunos pueden ser del tipo técnico que hacen análisis profundos de las propuestas de la competencia antes de elegir a un proveedor. Otros compradores pueden ser negociadores intuitivos que tienen aptitud para enfrentar a un vendedor con otro y así conseguir mejores tratos.

¿Cómo toman las decisiones de compra las empresas compradoras?

La tabla 7-1 contiene una lista de las ocho etapas del proceso de compra en una empresa.[16] Los compradores que enfrentan una situación de compra del tipo de tarea nueva normalmente pasan por todas las etapas del proceso de compra. Los compradores que hacen readquisiciones directas o modificadas quizá se salten algunas de las etapas. A continuación se analizan los pasos para una situación de compra típica de tarea nueva.

Reconocer un problema

El proceso de compra se inicia cuando alguien de la empresa reconoce un problema o una necesidad que se pueden superar mediante la adquisición de un bien o servicio específicos. **El problema se puede reconocer** en razón de estímulos

LA PRODUCCIÓN JUSTO-A-TIEMPO CAMBIA LA FORMA DE VENDER DE LAS ORGANIZACIONES

En años recientes, conforme las empresas estadounidenses han estudiado las causas del éxito de Japón en los mercados mundiales, han aprendido y adoptado varios conceptos nuevos para la producción, por ejemplo como la administración justo-a-tiempo (JAT), la pronta participación de los proveedores, el análisis de valores, la administración para la calidad total y la producción flexible. Estas prácticas afectan mucho la forma en que las empresas comercializadoras venden y prestan servicios a los clientes.

La JAT, en particular, ha dado lugar a cambios importantísimos en la mercadotecnica de las empresas. El concepto justo-a-tiempo significa que los materiales para la producción llegan a la fábrica del cliente exactamente en el momento en que se necesitan para la producción, en lugar de estar almacenados en los inventarios del cliente hasta que se usan. La meta de la JAT es no llevar inventarios y lograr una calidad del 100%. Esto requiere que se coordinen los calendarios de producción del proveedor y del cliente, de tal manera que ninguna de las dos partes tengan que manejar grandes inventarios. El uso eficaz de la JAT reduce los inventarios y los tiempos muertos e incrementa la calidad, la productividad y la adaptación a los cambios.

Las empresas comercializadoras deben estar conscientes de los cambios que la JAT ha producido en las prácticas de las empresas para comprar y deben explotar las oportunidades que ésta ofrece. Las principales características y consecuencias de la JAT serían:

■ *Estricto control de calidad.* Los compradores podrán obtener el ahorro máximo de costos de la JAT sólo a condición de que reciban siempre bienes de primera calidad. De hecho, muchos analistas vinculan la JAT con el reciente movimiento hacia "la administración para la calidad total":

La mayor parte de los avances en cuanto a calidad que han logrado las empresas estadounidenses en los 10 años pasados se pueden acreditar al movimiento de la JAT. La JAT despertó la "conciencia de la calidad" en todo el mundo, de hecho, ha convertido a la calidad en la "tarea 1"... La JAT puso al descubierto el problema de la calidad. Es imposible manejar la JAT sin tener buena calidad.

Por ende, los compradores de la JAT esperan que los proveedores mantengan una calidad estricta. Las empresas comercializadoras deben trabajar estrechamente con los clientes y satisfacer sus elevadas normas de calidad.

■ *Entregas frecuentes y confiables.* Con frecuencia, las entregas diarias son la única forma de evitar los inventarios. Ahora, por lo común, los clientes establecen fechas de entrega con sanciones por incumplimiento. Apple incluso sanciona las entregas antes de tiempo y Kasle Steel hace entregas las 24 horas a la planta de General Motors en la ciudad de Buick. Así, la JAT significa que las empresas comercializadoras deben contar con planes de transporte confiables.

■ *Ubicación más cerca.* Como la JAT entraña entregas frecuentes, muchas empresas comercializadoras se han ubicado en puntos más próximos a sus clientes grandes pensando en la JAT. Esta proximidad les permite

---

internos o externos. Cuando son internos, la empresa quizá decida lanzar un producto nuevo que requiere equipo de producción nuevo y otras materias. A lo mejor se descompone una máquina y requiere piezas de refacción. A lo mejor, el gerente de adquisiciones está descontento con la calidad del producto, los servicios o los precios de su actual proveedor. Cuando son externos, el comprador puede obtener ideas nuevas de una feria del ramo, ver un anuncio o recibir una llamada de un vendedor que ofrezca un producto mejor o a precio más bajo.

Describir la necesidad

Tras reconocer la necesidad, el comprador pasa a preparar una **descripción general de la necesidad** que incluye las características y la cantidad del artículo que se necesita. En el caso de artículos normales, el proceso presenta pocos problemas. Sin embargo, en el caso de artículos complejos, el comprador quizá tenga que trabajar con otros (ingenieros, usuarios, consultores) para definir el artículo. El equipo quizá quiera clasificar la importancia de los atributos de confiabilidad, durabilidad, precio y otros más que se deseen del artículo. En esta fase, el mercadólogo alerta puede ayudar a los compradores a definir sus necesidades y ofrecerles información sobre el valor de las diferentes características del producto.

entregar embarques más pequeños de manera más confiable y eficiente. Kasle Steel ha ubicado una fábrica en la ciudad de Buick para dar servicio a la planta de General Motors que hay ahí. Por tanto, la JAT significa que la empresa comercializadora quizá tenga que establecer compromisos importantes con sus principales clientes.

■ *La telecomunicación.* Las nuevas tecnologías de la comunicación permiten a los proveedores establecer sistemas computarizados de compras, los cuales están enlazados a sus clientes. El cliente grande exige a los proveedores que incluyan en el sistema las cifras de sus inventarios y los precios. En el caso de la JAT, esto permite colocar los pedidos por medio de la línea, pues la computadora busca los precios más bajos en el inventario disponible. Estos sistemas reducen los costos de la transacción y ejercen presión sobre las empresas comercializadoras para que éstas mantengan precios en verdad competitivos.

■ *Una fuente única.* La JAT requiere que el comprador y el vendedor trabajen juntos con objeto de reducir costos. Con frecuencia, la empresa cliente otorga un contrato a largo plazo a un único proveedor confiable. Este concepto de la fuente única se está difundiendo rápidamente debido a la JAT. Por ejemplo, mientras que General Motors sigue recurriendo a más de 3,500 proveedores, Toyota, que ha adoptado la JAT totalmente, tiene menos de 250 proveedores.

■ *Análisis de valores.* Los objetivos centrales de la JAT son reducir costos y mejorar la calidad; para ello, el análisis de los valores resulta medular. A efecto de reducir los costos de su producto, un cliente no sólo debe reducir sus propios costos, sino también debe lograr que sus proveedores reduzcan los suyos. Los proveedores con programas sólidos para el análisis de valores tienen una ventaja competitiva porque pueden contribuir al análisis de valores de sus clientes.

■ *Oportuna participación del proveedor.* Las empresas compradoras están incluyendo, cada vez con más frecuencia, a las empresas comercializadoras en su proceso de diseño. Así, las empresas comercializadoras deben emplear personal calificado que pueda trabajar con los equipos de diseño de los clientes.

■ *Relación estrecha.* Para que la JAT tenga éxito, la empresa comercializadora y la compradora deben trabajar juntas, estrechamente, para satisfacer las necesidades de los clientes. Cuando la empresa puede adaptar sus ofertas a una empresa cliente particular, se llevará un contrato para un plazo específico. Así, las dos partes invertirán mucho tiempo y dinero para establecer una relación para aplicar la JAT. Como los costos que entraña cambiar de proveedor son muy elevados, las empresas cliente son muy selectivas cuando escogen a sus proveedores. Por tanto, las empresas comercializadoras deben mejorar su capacidad para la *mercadotecnia por medio de relaciones*, en lugar de la *mercadotecnia por medio de transacciones*. La comercializadora debe tratar de obtener un máximo de utilidades a lo largo de toda la relación, en lugar de hacerlo por cada transacción.

Fuentes: Véase G. H. Manoochehri, "Suppliers and the Just-In-Time Concept", *Journal of Purchasing and Materials Management,* invierno de 1984, pp. 16-21; Ernest Raia, "Just-in-time USA", *Purchasing,* 13 de febrero de 1986, pp. 48-62; Eric K. Clemons y F. Warren McFarlan, "Telecom: Hook Up or Lose Out", *Harvard Business Review,* julio-agosto de 1986, pp. 91-97; y Gary L. Frazier, Robert E. Spekman y Charles R. O'Neal, "Just-in-Time Exchange Relationships in Industrial Markets", *Journal of Marketing,* octubre de 1988, pp. 52-57. Cita de Ernest Raia, "JIT in the '90s: Zeroing in on Leadtimes", *Purchasing,* 26 de septiembre de 1991, pp. 54-57.

Especificar el producto

A continuación, la organización de compras, elabora las **especificaciones técnicas del producto,** muchas veces con la ayuda de un equipo de ingeniería que analiza los valores. **El análisis de valores** es un enfoque para la reducción de costos, en el que se estudian los componentes cuidadosamente para determinar si es posible rediseñarlos, estandarizarlos o fabricarlos con métodos de producción menos caros. El equipo decide cuáles son las mejores características del producto y las especifica en consecuencia. Los vendedores también pueden recurrir al análisis de valores como instrumento que les servirá para conseguir una cuenta nueva. Los vendedores externos, al enseñarle a los compradores una mejor manera de hacer un objeto, pueden convertir situaciones de readquisición directa en situaciones de tarea nueva, las cuales les brindarán la oportunidad de conseguir negocios nuevos.

Buscar a un proveedor

A continuación, el comprador se dedicará a **buscar a un proveedor** con objeto de encontrar las mejores empresas vendedoras. El comprador puede reunir una pequeña lista de proveedores calificados a partir de directorios especializados,

TABLA 7-1
Etapas principales del proceso de compra de las empresas en relación con las
principales situaciones al comprar

	SITUACIONES AL COMPRAR		
ETAPAS DEL PROCESO DE COMPRA	Tarea Nueva	Readquisición modificada	Readquisición directa
1. Reconocer el problema	Sí	Quizás	No
2. Describir la necesidad general	Sí	Quizás	No
3. Especificar el producto	Sí	Sí	Sí
4. Buscar un proveedor	Sí	Quizás	No
5. Solicitar la propuesta	Sí	Quizás	No
6. Elegir un proveedor	Sí	Quizás	No
7. Especificar la rutina del pedido	Sí	Quizás	No
8. Revisar la actuación	Sí	Sí	Sí

Fuente: Adaptado de Patrick J. Robinson, Charles W. Faris y Yoram Wind, *Industrial Buying and Creative Marketing* (Boston: Allyn & Bacon, 1967), p. 14.

investigando por medio de la computación o llamando a otras empresas para pedir recomendaciones. Cuanto más nueva la tarea de comprar, y cuanto más caro y complejo el artículo, tanto más tiempo dedicará el comprador a buscar proveedores. La tarea del proveedor consiste en aparecer en la lista de los directorios más importantes y en crearse buena fama en el mercado. Los vendedores deben estar atentos a las empresas que están en el proceso de buscar proveedores y asegurarse de que su empresa sea la primera en ser tomada en cuenta.

Solicitar una propuesta

La etapa del proceso de compra en que la empresa **solicita una propuesta,** el comprador invita a proveedores calificados a que le presenten propuestas. Algunos proveedores contestan enviado un catálogo o a un vendedor. Sin embargo, cuando el artículo es complejo o caro, el comprador normalmente requerirá propuestas detalladas por escrito, o presentaciones formales, de cada posible proveedor.

Los mercadólogos de empresas también deben ser aptos para investigar, redactar y presentar sus propuestas como respuesta a la solicitud de propuestas del comprador. Las propuestas deben ser documentos para la comercialización y no sólo documentos técnicos. Las presentaciones deben inspirar confianza y deben hacer que las compañía del mercadólogo destaque ante la competencia.

Elegir a un proveedor

Los miembros del centro de compras pasan a revisar las propuestas y a elegir a un proveedor o varios. En la etapa de **elección de un proveedor,** el centro de compras suele preparar una lista de los atributos que se quieren del proveedor y de su importancia relativa. En una encuesta, un grupo de ejecutivos de adquisiciones presentaron una lista con los siguientes atributos, considerándolos la influencia más importante en la relación entre el proveedor y el cliente: productos y servicios de calidad, entregas puntuales, comportamiento ético de la empresa, comunicación honrada y precios competitivos.[17] Otros factores importantes serían capacidad para brindar servicios y reparaciones, asistencia y asesoría técnicas, ubicación geográfica, historial de actuación y reputación. Los miembros del centro de compras calificarán a los proveedores en cuanto a dichos atributos y así identificarán a los mejores proveedores. Estos, con frecuencia, usan algún método de evaluación de los proveedores similar al que se presenta en la tabla 7-2.

La importancia de los atributos de los diferentes proveedores depende del tipo de situación de compra que enfrente el comprador.[18] Un estudio de 220 gerentes de adquisiciones arrojó que los criterios económicos resultaban más importantes en las situaciones que entrañaban compras rutinarias de productos normales. Por otra parte, los criterios de la actuación adquirían más importancia tratándose de las compras de productos más complejos, fuera de lo normal. La capacidad del proveedor para adaptarse a las necesidades cambiantes del comprador resultaba importante en casi todos los tipos de compra.

Los compradores pueden realizar negociaciones con sus proveedores preferidos a efecto de obtener mejores precios y condiciones, antes de llegar a la elección final. En última instancia, elegirán a un solo proveedor o quizás a unos cuantos. Muchos compradores prefieren tener varias fuentes de abasto para no tener que depender del todo de un proveedor y también para dar cabida, con el tiempo, a la comparación de precios y actuación de varios proveedores.

Especificar la rutina de los pedidos

A continuación el comprador **especifica la rutina del pedido.** Esta incluye el pedido que se coloca con el proveedor o los proveedores elegidos y contiene una lista de puntos como las especificaciones técnicas, la cantidad necesaria, el tiempo de entrega esperado, las políticas para devoluciones y las garantías. En el caso de los puntos referentes al mantenimiento, las reparaciones y el funcionamiento, los compradores están usando, cada vez más, *los contratos generales,* en lugar de los pedidos periódicos de compras. Un contrato general establece una relación a largo plazo, en la que el proveedor se compromete a reabastecer al comprador de acuerdo con sus necesidades, a los precios convenidos, durante un periodo establecido. El vendedor se encarga de llevar existencias suficientes y cuando el comprador necesita suministros, su computadora imprime, de manera automática, el pedido que se envía al vendedor. El pedido, sujeto al contrato, elimina el proceso oneroso de la renegociación de una compra cada vez que se requieren abastos. Asimismo, permite a los compradores colocar mayor cantidad de pedidos, aunque menores, lo que resulta en inventarios más pequeños y menor costo de manejo.

Los contratos generales propician que se le compre más a una sola fuente, así como que se le compre mayor cantidad de artículos. Esta costumbre vincula más al proveedor y al comprador y dificulta a otros proveedores romper la unión, a no ser que el comprador esté insatisfecho con los precios o el servicio.

Revisar la actuación

En esta etapa, el comprador revisa la actuación del proveedor. El comprador se pone en contacto con los usuarios y les pide que califiquen su grado de satisfacción. La **revisión de la actuación** permite al comprador decidir si prosigue, modifica o suspende el arreglo. La labor del vendedor consiste en vigilar los mismos factores usados por el comprador, a efecto de comprobar que el vendedor está produciendo la satisfacción esperada.

TABLA 7-2
Un ejemplo de análisis para empresas vendedoras

	ESCALA DE CALIFICACION				
ATRIBUTOS	Inaceptable (0)	Malo (1)	Regular (2)	Bueno (3)	Excelente (4)
Capacidad técnica y de producción					X
Competitividad de precio			X		
Calidad del producto					X
Confiabilidad de las entregas			X		
Capacidad de servicios					X
4 + 2 + 4 + 2 + 4 = 16					
Calificación promedio: 16/5 = 3.2					

Nota: Esta empresa vendedora resulta sólida con excepción de dos atributos. El agente de compras tiene que decidir qué tanta importancia tienen las dos debilidades. El análisis se puede repetir adjudicando pesos de importancia para los cinco atributos.
Fuente: Adaptado de Richard Hill, Ralph Alexander y James Cross, *Industrial Marketing*, 4a. ed. (Homewood, IL: Irwin, 1975), pp. 101-4.

Se han descrito las etapas que normalmente se presentarían en una situación de compra en el caso de una tarea nueva. El modelo de ocho etapas presenta una visión simple del proceso real de decisión de la empresa compradora. El proceso real suele ser mucho más complejo. En la situación de readquisición modificada o de readquisición directa, algunas de estas etapas estarían reducidas o se pasarían de largo. Cada organización tiene su estilo para comprar y cada situación de compra incluye requisitos singulares. Las diferentes etapas del proceso pueden requerir que diferentes participantes se involucren en el centro de compras. Aunque ciertos pasos del proceso de compra se suelen presentar siempre, los compradores no siempre siguen el mismo orden, y quizás añadan otros pasos. Los compradores, muchas veces, repiten ciertas etapas del proceso.

LOS MERCADOS DE INSTITUCIONES Y DEL GOBIERNO

Hasta aquí, se han explicado las compras de las organizaciones básicamente a partir del comportamiento de las empresas compradoras. Gran parte de la explicación también se aplica a las compras de las organizaciones institucionales o gubernamentales. No obstante, estos dos mercados, no comerciales, tienen otras características y necesidades más. Por tanto, en esta última sección, se repasarán las características especiales de los mercados de instituciones y del gobierno.

Los mercados de las instituciones

El **mercado de instituciones** está compuesto por escuelas, hospitales, asilos, cárceles y otras instituciones que ofrecen bienes y servicios a las personas que atienden. Unas instituciones son diferentes de otras dependiendo de sus patrocinadores y de sus objetivos. Por ejemplo, los hospitales Humana pretenden obtener utilidades, mientras que el Hospital de las Hermanas de la Caridad no es lucrativo y ofrece atención a los pobres y los hospitales de gobierno ofrecen servicios especiales a veteranos de guerra.

Muchos mercados de instituciones se caracterizan porque tienen presupuestos bajos y patrocinadores cautivos. Por ejemplo, la única opción que tienen los pacientes de un hospital es comer los alimentos que éste les ofrece. El agente de compras del hospital tendrá que decidir la calidad de los alimentos que compra para los pacientes. Puesto que los alimentos forman parte del paquete completo de servicios que se ofrecen, el objetivo de la compra no es lucrar. La meta tampoco es reducir los costos al mínimo, pues los pacientes que reciben alimentos de escasa calidad se quejarán con otras personas y perjudicarán la reputación del hospital. Por tanto, el agente de compras del hospital buscará empresas que vendan alimentos a instituciones, que tengan una calidad que satisface o supera un parámetro mínimo dado y, además, que cobren precios bajos.

Muchos mercadólogos establecen divisiones independientes encargadas de buscar la satisfacción de las características y las necesidades especiales de las instituciones compradoras. Por ejemplo, Heinz produce, empaca y cobra precios diferentes para su salsa de tomate y otros productos con objeto de satisfacer mejor los requisitos de hospitales, colegios y otros mercados de instituciones.

Los mercados del gobierno

El **mercado del gobierno** representa infinidad de oportunidades para muchas empresas. El gobierno federal, los estatales y los locales cuentan con más de 82,000 unidades de compras. Las compras de los gobiernos y las compras de las empresas se parecen en muchos sentidos. Sin embargo, también existen diferencias que deben conocer las empresas que quieran venderle productos y servicios a los gobiernos. Los vendedores, para triunfar en el mercado del gobierno, deben ubicar a las personas clave que toman decisiones, identificar los factores que afectan el comportamiento de los compradores y entender el proceso para decidir la compra.

Las organizaciones compradoras del gobierno están en los niveles federal, estatal y local. El nivel federal es el mayor y sus unidades de compras funcionan

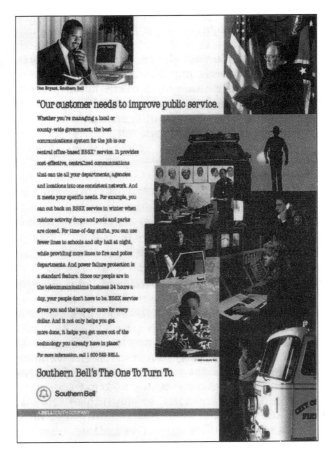

El mercado del gobierno ofrece muchas oportunidades a las empresas. En este caso, Southern Bell comercializa su servicio a los gobiernos locales y a los de los condados.

para el sector civil y el militar. Diversos departamentos de gobierno, despachos administrativos, consejos, comisiones, oficinas y otras unidades realizan compras federales a civiles. Al mismo tiempo, la *Oficina para Servicios Generales* se encarga de centralizar las compras de artículos usados, en general, en el sector civil (por ejemplo, muebles y equipo para oficinas, vehículos, combustible) y a estandarizar los procedimientos de compras para las demás oficinas. El Departamento de la Defensa se encarga de las compras federales militares, en gran parte por vía de la *Oficina Logística de la Defensa,* así como el Ejército, la Marina y la Fuerza Aérea. En un esfuerzo por reducir la costosa duplicación de funciones, la Oficina Logística de la Defensa compra y distribuye los suministros que usan todos los servicios militares. Esta oficina maneja seis centros de abasto, que se especializan en construcción, electrónica, combustible, apoyo al personal, productos comerciales y suministros generales. Las oficinas de compras de los estados y las locales incluyen distritos escolares, departamentos de carreteras, hospitales, oficinas de vivienda y muchas más. Cada una de ellas tiene su propio proceso de compras, mismo que los vendedores deben dominar.

Principales influencias en los compradores del gobierno

Al igual que los compradores de bienes de consumo y los de empresas, los compradores del gobierno están sujetos a factores ambientales, organizativos, interpersonales e individuales. Una característica singular de las compras de gobierno es que están cuidadosamente vigiladas por públicos externos, que van desde el Congreso hasta una serie de agrupaciones privadas interesadas en saber cómo gasta el gobierno el dinero de los contribuyentes. Debido a que las decisiones en cuanto al gasto de las organizaciones gubernamentales están sujetas a revisión por parte del público, se ven sujetas a montañas de papeleo. Antes de que las compras sean aceptadas será preciso llenar y firmar elaboradas formas. Los trámites burocráticos son muchos y los mercadólogos tendrán que superar este inconveniente.

Algunos criterios no económicos también desempeñan un rol, cada vez más importante, en las compras del gobierno. Se pide a los compradores del gobierno que favorezcan a las empresas y los renglones que están deprimidos, a las empresas pequeñas y a las empresas que evitan la discriminación racial, sexual o por edad. Los vendedores deben tener estos factores en cuenta cuando decidan perseguir negocios con el gobierno.

Las organizaciones gubernamentales, por regla general, requieren que los proveedores se sujeten a concursos y, normalmente, otorgan los contratos a las ofertas más bajas. No obstante, en algunos casos, los compradores del gobierno dan cabida a la calidad superior o a la reputación de la empresa que cumple sus contratos a tiempo. Los gobiernos también compran a base de contratos negociados, sobre todo si se trata de proyectos complejos, que entrañan grandes costos y riesgos en investigación y desarrollo, o cuando hay poca competencia efectiva. Los gobiernos suelen favorecer a los proveedores nacionales ante los proveedores extranjeros, queja que con frecuencia formulan las empresas multinacionales. Todo país tiende a favorecer a sus nacionales, incluso cuando las empresas extranjeras presenten ofertas mejores. La Comisión Económica Europea está tratando de acabar con estos prejuicios.

¿Cómo toman los compradores del gobierno la decisión de comprar?

Los proveedores suelen pensar que la forma en que compra el gobierno es compleja y frustrante y, en muchas ocasiones, han manifestado quejas en cuanto a sus procedimientos de compra. Se quejan de que estos procedimientos incluyen demasiado papeleo y burocracia, reglamentos inútiles, demasiada importancia a precios bajos, demora en tomar decisiones, cambios frecuentes en el personal de compras y demasiados cambios de políticas. No obstante, a pesar de estos obstáculos, las ventas al gobierno, con frecuencia, se pueden dominar en poco tiempo. Por regla general, el gobierno es servicial y proporciona información sobre sus necesidades y procedimientos para comprar. El gobierno muchas veces está tan interesado en atraer a proveedores nuevos como los proveedores lo están en encontrar clientes nuevos.

Por ejemplo, la Oficina para la pequeña empresa imprime un folleto llamado *Directorio para las Ventas, Especificaciones y Compras del Gobierno de EUA,* que contiene una lista de los miles de artículos que el gobierno compra con más frecuencia y las oficinas específicas que los compran con más frecuencia. La imprenta del gobierno publica el *Commerce Business Daily,* que contiene una lista de las compras más importantes, presentes y proyectadas, y los contratos que se han otorgado y estos dos elementos pueden ofrecer una pista para encontrar mercados para la subcontratación. El Departamento de Comercio publica *Business America,* que presenta interpretaciones de las políticas y los programas del gobierno y ofrece información concisa sobre posibles oportunidades para el comercio exterior. En varias ciudades grandes, la Oficina de servicios generales cuenta con *Centros para Servicios a Empresas* cuyo personal ofrece una explicación muy completa sobre la forma en que compran las oficinas del gobierno, los pasos que deben seguir los proveedores y las oportunidades existentes. Diversas revistas y asociaciones especializadas proporcionan información sobre la forma para llegar a escuelas, hospitales, departamentos de caminos y otras oficinas de gobierno.

Muchas empresas que le venden al gobierno no han explotado la comercialización por diversos motivos, entre otras porque la decisión del total del gasto del gobierno está en manos de funcionarios de elección, por lo que sobran las actividades de mercadotecnia para desarrollar este mercado. Las compras del gobierno conceden suma importancia a los precios y hacen que los proveedores inviertan su esfuerzo en tecnología que conlleva a reducir los costos. Cuando las características del producto están cuidadosamente especificadas, las diferencias entre los productos no son un factor que propicie la comercialización y, en tal caso, tampoco importan mucho la publicidad ni las ventas personales para ganar concursos abiertos.

En la actualidad, es cada vez mayor el número de empresas que están constituyendo departamentos de mercadotecnia independientes para la comercialización dirigida al gobierno. Rockwell International, Eastman Kodak y Goodyear son algunos ejemplos. Estas empresas quieren coordinar las ofertas que presentan a concurso y prepararlas de manera más científica, para proponer proyectos que satisfagan las necesidades del gobierno, en lugar de sólo responder a las solicitudes de éste; quieren reunir información secreta de la competencia y preparar comunicados más fuertes para describir las áreas de competencia de la empresa.[19]

RESUMEN

El mercado de empresas es muy vasto. En muchos sentidos, los mercados de empresas son como los mercados de bienes de consumo, si bien los mercados de empresas suelen tener menos compradores, más grandes y más concentrados geográficamente. La demanda de las empresas es *derivada*, en gran medida *inelástica* y más *fluctuante*. Por regla general, es mayor la cantidad de compradores que están involucrados en la decisión de compra y los compradores de las empresas suelen estar mejor capacitados y ser más profesionales que los compradores de bienes de consumo. En términos generales, la decisión de compra tomada por una empresa es más compleja y su proceso para comprar es más formal que los del comprador de bienes de consumo.

El *mercado de las empresas* incluye a negocios que compran bienes y servicios para producir, a su vez, productos y servicios que venderán a terceros. Asimismo incluye a empresas mayoristas y detallistas que compran bienes para revenderlos con utilidad. Las empresas compradoras toman diferentes decisiones, de acuerdo con tres tipos de situaciones al comprar: *readquisición directa, readquisición indirecta* y *tareas nuevas*. La unidad que decide en una organización compradora (el *centro de compras*) puede estar compuesta por muchas personas que desempeñan muchos roles. El mercadólogo de empresas debe saber lo siguiente: ¿quiénes son los principales participantes?, ¿en qué decisiones influyen?, ¿qué influencia relativa tienen? y ¿qué criterios de evaluación aplica cada uno de los participantes

en la decisión? El mercadólogo de empresas también debe entender las principales influencias ambientales, interpersonales e individuales que afectan el proceso de compra. El proceso de la empresa para decidir la compra consta de ocho etapas: *reconocer el problema, describir la necesidad general, especificar el producto, buscar a un proveedor, solicitar una propuesta, elegir a un proveedor, especificar la rutina del pedido* y *revisar el rendimiento*. Conforme las empresas compradoras se van sofisticando, los mercadólogos de empresas también se deben ir actualizando y mejorando su mercadotecnia al mismo ritmo.

El *mercado institucional* está compuesto por escuelas, hospitales, cárceles y otras instituciones que ofrecen bienes y servicios a las personas que atienden. Estos mercados se caracterizan por tener presupuestos muy bajos y patrocinadores cautivos. El *mercado del gobierno* también es muy vasto. Los compradores del gobierno compran productos y servicios para la defensa, la educación, el bienestar de la población y otras necesidades públicas. El gobierno compra de forma muy especializada y requiere muchas especificaciones; las ofertas abiertas mediante concursos o los contratos negociados caracterizan la mayor parte de sus compras. Los compradores del gobierno trabajan bajo la constante vigilancia del Congreso y de muchas asociaciones privadas que los observan. Por consiguiente, éstos suelen requerir mayor cantidad de formularios y firmas, y colocan pedidos en forma más lenta.

TÉRMINOS CLAVE

Análisis de valores 235

Buscar a un proveedor 235

Centro de compras 227

Compra de sistema 226

Compradores 227

Demanda derivada 220

Demanda inelástica 220

Descripción general de la necesidad 234

Elegir a un proveedor 236

Especificar la rutina del pedido 237

Especificar el producto 235

Influyentes 227

Mercado de empresas 219

Mercado del gobierno 238

Mercado de instituciones 238

Porteros 227

Proceso de compra de las empresas 219

Readquisición directa 225

Readquisición modificada 225

Reconocer un problema 233

Resolutivos 227

Revisar la actuación 237

Solicitar una propuesta 236

Tarea nueva 225

Usuarios 227

EXPOSICIÓN DE PUNTOS CLAVE

1. Apple Computer pagó precios sumamente elevados por millones de chips de memoria de computadoras durante una escasez que afectó a toda la industria. Poco después, la demanda de la memoria bajó y en el mercado había muchos chips a precios muy baratos, por lo que Apple registró pérdidas por muchos millones de dólares. ¿Cómo habría prevenido esta situación un contrato a largo plazo?

2. ¿Qué tipos de situaciones de compra representan los siguientes casos: (a) Chrysler compra computadoras para incluirlas en los autos y adaptar la actuación del motor a los cambios de situación al manejar; (b) Volkswagen compra bujías para su línea Jetta; y (c) Honda compra faros para su nuevo modelo Acura?

3. ¿Cómo podría un comercializador de equipo para oficina identificar el centro de compras de un bufete de abogados que quiere comprar dictáfonos para cada uno de los socios?

4. Explique cuáles son los factores ambientales más importantes que afectarían la compra, por parte de los cuerpos estatales y locales de policía, de detectores con velocidad de radar.

5. NutraSweet y otras empresas han anunciado productos al público general que los consumidores no pueden comprar. ¿Cómo sirve esta estrategia para que la empresa le venda productos a los revendedores?

6. Suponga que está vendiendo una flotilla de autos para los vendedores de una empresa. Estos vendedores necesitan autos grandes, que a usted le producirán mayor ganancia, sin embargo el comprador de la flotilla quiere adquirir autos pequeños. ¿Quién forma parte del centro de compras? ¿Cómo satisfaría usted las diferentes necesidades de estos participantes?

APLICACIÓN DE CONCEPTOS

1. Muchas empresas que estaban integradas de forma vertical y producían sus propias materias primas o partes, ahora están recurriendo a proveedores externos para que las produzcan. Los casos extremos de esta situación, por ejemplo Dell Computer, no cuentan con instalaciones fabriles y tienen proveedores que hacen todo por pedido. Este tipo de empresa ha recibido el apodo de "sociedad virtual".

   ■ ¿Piensa usted que, en este tipo de estructura corporativa, los compradores y los proveedores tienen relaciones más estrechas o más distantes?

   ■ Mencione las ventajas y desventajas que entraña este tipo de relación con el proveedor (a) para el comprador y (b) para el proveedor.

2. Las sociedades estadounidenses están esforzándose por mejorar la calidad y muchas están usando técnicas como por ejemplo la Mejoría Constante de la Calidad (MCC). Un elemento central de la MCC es la retroalimentación informativa que recibe. Cuando se encuentran defectos, se sigue la pista del problema y se aplican cambios para evitar que se vuelva a presentar.

   ■ Enumere algunas de las maneras en que la MCC podría afectar la relación y la información que fluye entre compradores y proveedores.

   ■ Cuando se usa la MCC los agentes de compras tienen mayor responsabilidad por la calidad y los costos. ¿En qué cambia esto el papel del departamento de adquisiciones dentro de la empresa?

CÓMO TOMAR DECISIONES EN MERCTADOTECNIA:

COMUNICACIONES MUNDO PEQUEÑO, S. A.

Lynette Jones necesitaba tener una información más completa acerca de quienes quería que fueran los clientes de Comunicaciones Mundo Pequeño. Había estado llamando a una serie de amigos y compañeros de trabajo, pidiéndoles que le explicaran qué hacían cuando compraban equipo de computación y cómo lo usaban. Lyn llamó a Thomas Campbell, su socio, para contarle lo que había averiguado.

—He estado llamando a mis amigos para sacarles información. Dos me fueron de gran utilidad. Uno, Ira Wolf, que fue mi compañero durante la maestría, ahora está trabajando en una empresa de productos de consumo. La otra, Amy Lightfoot es gerente de sucursal de Computer Barn, la cadena de descuento.

—Déjame adivinar —repuso Tom—. Averiguaste que

la serie de necesidades que debemos cubrir es totalmente diferente. La empresa de bienes de consumo quiere una solución para sus problemas de comunicación, mientras que Computer Barn quiere un producto de marca que se venda bien. Por tanto, tendríamos que tratar a Computer Brand como revendedor y a la empresa de productos de consumo como cualquier otro usuario final.

—Tom, me asombras, tienes una facilidad pasmosa para llegar al fondo del problema y, después, echas todo a perder simplificando las cosas demasiado.

—Tengo una llamada esperando y ... —dijo Thomas haciendo un clic con su bolígrafo en el auricular.

—Tom, lo siento. No cuelgues. Pienso que, para ser alguien que no tiene grandes estudios, eres muy listo, así que explícame más. El personal de la empresa de bienes de consumo de Ira Wolf usa las computadoras todos los días, en el departamento de servicios de información que monta sus redes de computación y las maneja, también en el departamento de compras, en el departamento de finanzas y en la gerencia general. ¿Quién es el jugador clave?

—Lyn, en compañías como esa, nosotros tendríamos que llegar al personal de servicios de información. A ellos les gusta tener unos cuantos tipos de máquinas y programas estándar, con objeto de asegurarse de que todo el conjunto funciona bien. Además, se suelen limitar a un puñado de productos básicos, para así llegar a ser verdaderos expertos con ellos, lo cual les permite ofrecer mejor apoyo a los usuarios. También he tenido tratos con el personal de Computer Barn. Ellos son totalmente diferentes, quieren tener productos que sean objeto de reseñas positivas en la *Revista PC* y que, además, les ofrezcan jugosos márgenes de utilidades cuando los venden a precios de descuento, no muy grande.

—Bueno, me queda claro que nuestro enfoque para diferentes compradores no será el mismo. Prepararé una lista del tipo de vendedores que atacaremos y después decidiremos a cuáles les prestaremos más atención - terminó Lyn.

¿Y, AHORA QUÉ?

1. Describa el centro de compras de la empresa de bienes de consumo de Ira Wolf, que se menciona en los párrafos anteriores. (a) En su opinión, ¿quiénes serían los miembros clave del centro de compras?; (b) ¿cuáles son las necesidades de cada uno de estos miembros clave?; (c) el capítulo 7 enumera una serie de influencias medulares para las empresas compradoras, en su opinión, ¿cuáles tienen más importancia para la empresa de Ira Wolf?

2. El capítulo 7 habla de los ocho pasos del proceso de la decisión de compra en una empresa: reconocer el problema, describir la necesidad general, especificar el producto, buscar al proveedor, solicitar la propuesta, elegir al proveedor, especificar la rutina del pedido y revisar el desempeño. Pequeño Mundo ofrecerá un producto nuevo y singular en el ramo de las máquinas/programas para comunicaciones. Por el momento, ningún producto existente ofrece lo mismo que éste. (a) ¿Piensa usted que la singularidad del producto afectará el proceso para decidir la compra? (b) Si usted es de la opinión que la singularidad afecta la decisión de compra, ¿cuáles son las etapas que tienen más probabilidad de verse afectadas? (c) Dada la novedad y singularidad del producto de Pequeño Mundo, ¿será más o menos probable que las empresas compradoras lo adquieran o existe un poco de ambas probabilidades? Explique.

REFERENCIAS

1. Extractos de "Major Sales: Who Really Does the Buying", de Thomas V. Bonoma (mayo-junio de 1982). Derechos © 1982 de President and Fellows of Harvard College, todos los derechos reservados. Asimismo, véase Sctott Ticer, "Why Gulfstream's Rivals are Gazing Up in Envy", *Business Week*, 16 de febrero de 1987, pp. 66-67; y Sandra D. Atchison, "The Business Jet Pulls Out of Its Dive", *Business Week*, 21 de noviembre de 1988, pp. 69-72.

2. Esta definición ha sido adaptada de Frederick E. Webster, Jr., y Yoram Wind, *Organizational Buying Behavior* (Englewood Cliffs, NJ: Prentice Hall, 1972), p. 2.

3. Para una explicación de similitudes y diferencias en la comercialización para consumidores y empresas, véase Edward F. Fern y James R. Brown, "The Industrial/Consumer Marketing Dichotomy: A Case of Insufficient Justification", *Journal of Marketing*, otoño de 1984, pp. 68-77; y Ron J. Kornakovich, "Consumer Methods Work for Business Marketing: Yes; No", *Marketing News*, 21 de noviembre de 1988, pp. 4, 13-14.

4. Véase William S. Bishop, John L. Graham y Michael H. Jones, "Volatility of Derived Demand in Industrial Markets and Its Management Implications", *Journal of Marketing*, primavera de 1984, pp. 68-77.

5. Véase James C. Anderson y James A. Narus, "Value-Based Segmentation, Targeting, and Relationship-Building in Business Markets", ISBM Informe #12-1989, Instituto de Estudios de los Mercados de Empresas, Universidad Estatal de Pennsylvania, University Park, PA, 1989; Lawrence A. Crosby, Kenneth R. Evans y Deborah Cowles, "Relationship Quality and Services Selling: An Interpersonal Influence Perspective", *Journal of Marketing*, julio de 1990, pp. 68-81; y Barry J. Farber y Joyce Wycoff, "Relationships: Six Steps to Success", *Sales & Marketing Management*, abril de 1992, pp. 50-58.

6. Véase Louis W. Stern y Thomas L. Eovaldi, *Legal Aspects of Marketing Strategy* (Englewood Cliffs, NJ: Prentice Hall, 1984), pp. 330-31; y Robert J. Posch, Jr., *The Complete Guide to Marketing and the Law* (Englewood Cliffs, NJ: Prentice Hall, 1988), pp. 339-40.

7. Patrick J. Robinson, Charles W. Faris y Yoram Wind, *Industrial Buying Behavior and Creative Marketing* (Boston: Allyn & Bacon, 1967). También véase Erin Anderson, Weyien Chu y Barton Weitz, "Industrial Purchasing: An Empirical Exploration of the Buyclass Framework", *Journal of Marketing*, julio de 1987, pp. 71-86.

8. Para más información sobre ventas de sistemas, véase Robert R. Reeder, Edward G. Brierty y Betty H. Reeder, *Industrial*

Marketing: Analysis, Planning, and Control (Englewood Cliffs, NJ: Prentice Hall, 1991), pp. 264-67.

9. Webster y Wind, *Organizational Buying Behavior*, p. 6. Para más información sobre centros de compras, véase Bonoma, "Major Sales: Who Really Does the Buying"; y Donald W. Jackson, Jr., Janet E. Keith y Richard K. Burdick, "Purchasing Agents' Perceptions of Industrial Buying Center Influence: A Situational Approach", *Journal of Marketing,* otoño de 1984, pp. 75-83.

10. Webster y Wind, *Organizational Buying Behavior,* pp. 78-80.

11. Wesely J. Johnson y Thomas V. Bonoma, "Purchase Process for Capital Equipment and Services", *Industrial Marketing Management,* Vol. 10, 1981, pp. 258-59.

12. Clifton J. Reichard, "Industrial Selling: Beyond Price and Persistence", *Harvard Business Review,* marzo-abril de 1985, p. 128.

13. Webster y Wind, *Organizational Buying Behavior,* pp. 33-37.

14. Thayer C. Taylor, "Xerox's Sales Force Learns a New Game", *Sales & Marketing Management,* 1 de julio de 1985, pp. 48-51.

15. Bonoma, "Major Sales", p. 114. También véase Ajay Kohli, "Determinants of Influence in Organizational Buying: A Contingency Approach", *Journal of Marketing,* julio de 1989, pp. 50-65.

16. Robinson, Faris y Wind, *Industrial Buying Behavior,* p. 14.

17. Véase, "What Buyers Really Want", *Sales & Marketing Management,* octubre de 1989, p. 30.

18. Donald R. Lehmann y John O'Shaughnessy, "Decision Criteria Used in Buying Different Categories of Products", *Journal of Purchasing and Materials Management,* primavera de 1982, pp. 9-14.

19. Para más información sobre compras del gobierno de Estados Unidos, véase Warren H. Suss, "How to Sell to Uncle Sam", *Harvard Business Review,* noviembre-diciembre de 1984, pp. 136-44; Don Hill, "Who Says Uncle Sam's a Tough Sell?", *Sales & Marketing Management,* julio de 1988, pp. 56-60; John C. Franke, Marketing to the Government: Contracts There for Those Who Know Where to Look", *Marketing News,* 9 de octubre de 1989, pp. 1, 7; y Goldstein, "customer No. 1", pp. M13-M14.

CASO 7

CÓMO CONVERTIR LA BASURA EN ORO

Paul Monroe tiene un problema. Es el empleado municipal de Elkton, Estados Unidos, responsable de la recolección de la basura y de deshacerse de ella. Hace apenas cinco años, Elkton abrió un nuevo relleno sanitario y ya está prácticamente lleno.

—Es que hay muchísima basura —le dijo Paul a Samantha Cox, estudiante de la universidad local que estaba pagando su servicio social trabajando con él—. La gente compra rasuradoras, plumas, platos y botellas de plástico desechables, pero, sobre todo, están los ¡pañales desechables! Si prohibieran las cosas desechables no necesitaríamos un nuevo relleno cada tres años.

—Pues abra otro relleno y ya —repuso Samantha levantando los hombros en señal de poco interés.

—No es tan fácil —dijo Paul negando con la cabeza—. Tardamos tres años para encontrar un lugar para este relleno y que los ciudadanos de Elkton lo aceptaran. Ahora, sería mucho más difícil encontrar otro lugar. Los nuevos requisitos del gobierno federal imponen la autorización de diseños específicos para los rellenos o que estén recubiertos por determinados compuestos. El sistema de recubrimiento resulta sumamente caro. Es más, está prohibido ubicar rellenos cerca de aeropuertos, sembradíos de alimentos, superficies poco estables, zonas húmedas, superficies con fallas o zonas sísmicas, lo cual elimina la mayor parte de las áreas cerca de Elkton.

—Oiga, tengo una idea —dijo Paul arqueando las cejas y dirigiéndose a Samantha—. ¿Por qué no va a la biblioteca e investiga cómo están manejando otras poblaciones el problema de la basura?

—Con mucho gusto—, repuso Samantha complaciente.

Dos semanas después, Samantha entró jubilosa a la oficina de Paul:

—Creo que hemos encontrado algunas soluciones para el problema del relleno—, dijo sonriendo y pasó a explicar, brevemente, tres posibilidades básicas: la conversión de desechos a energía, el reciclaje y la composta.

La solución de convertir los desechos en energía, hacen que los rellenos en lugar de tragarse dinero lo produzcan, pues usan los desechos como fuente de energía. Algunas poblaciones se limitan a quemar los desechos para generar calor o electricidad. Sin embargo, esta práctica es, cada vez, menos frecuente, debido a la imposición de reglamentos más estrictos para controlar la contaminación del aire. En la actualidad, poblaciones como Rieverview, Michigan, ventilan el gas metano de sus rellenos y lo queman a efecto de producir energía para turbinas que generan electricidad. En otras poblaciones, como Eden Prairie, Minnesota, combinan programas de conversión de desechos en energía y de reciclaje. Primero separan la basura, separan el material reciclable y los residuos que se pueden procesar, mismos que se pueden vender. Después, usan el material restante, en su mayor parte papel, para fabricar un "combustible denso derivado de desechos" (CDDD) que venden a industrias y empresas de servicios públicos que son sus clientes.

El reciclaje también se puede combinar con un "rellenado al revés"; es decir, se abre un relleno cerrado y se seleccionan los materiales de desecho rescatables. Así, la tierra del relleno se puede volver a usar, la basura se puede convertir en energía y los metales y otros materiales se pueden reciclar. En el Condado de Lancaster, Pennsylvania, estos rellenos al revés generan ingresos por la venta de electricidad y además 47,000 dólares a la semana por la venta de material reciclable.

El Condado de Sevier, Tennessee, se deshace de su basura haciendo compostas. Combina la basura con barro de las alcantarillas para acelerar la descomposición. El compuesto que se produce se puede vender como fertilizante/acondicionador de suelos. El Condado de Collier, Florida, combina las compostas con el reciclaje para manejar casi todos sus desechos. La filosofía del condado es "enterrar, composta, excavar y reclamar". Al enterrar la basura se acelera su descomposición, de tal manera que el contenido reciclable se puede excavar con más facilidad. Asimismo, vende los reciclables evidentes, como las botellas de plástico, convierte la madera en fertilizante, convierte el concreto en agregado, usa los neumáticos viejos como material de drenaje del relleno y vende los aparatos más grandes a los recicladores, para que éstos extraigan los metales que contienen. Cada año el condado alterna sus seis rellenos; cierra el relleno activo y vuelve a abrir el más viejo.

—Ese es sólo el principio —exclamó Samantha—, pues para generar mucha electricidad, se necesita mucha basura. Por tanto, usted podrá aceptar basura de otras poblaciones y cobrar por hacerlo. Cuanta más basura reúna, tanta más electricidad podrá vender. Asimismo, con un relleno grande, tendrá una pequeña montaña cubierta con tierra, que también podrá producirle dinero. En Riverview, Michigan, llaman monte Trashmore a su montaña de ba-sura. Esta se ha convertido en un lugar popular para esquiar en invierno y la ciudad ha construido una cancha de golf cerca de ella, que también produce dinero en verano.

—En Cambrdige, Massachusetts —prosiguió Samantha—, convirtieron un relleno cubierto en un parque recreativo múltiple. Con la tierra extraída de las excavaciones del túnel de la Bahía de Massachusetts, la población construyó campos de juego, zonas de estacionamiento y pistas de jogging y ciclismo. Más adelante piensan incluir canchas de baloncesto y tenis, así como una pista para correr. Conozco un pueblo que levantó un cementerio sobre un relleno. ¡Quién sabe qué se podría inventar para Elkton!

—Además, si en realidad quiere convencer a Elkton de que acepte más basura, hable del dinero que obtendrá por recogerla, por las ventas de electricidad y por los ingresos de los parques recreativos, lo que se traducirá en impuestos más bajos. Así las cosas, resulta que la basura no es un problema apestoso, sino ¡una verdadera mina de oro!

PREGUNTAS

1. Si Elkton aplica las "soluciones" de Samantha, se convertirá en fabricante y comprador del gobierno para diferentes productos. ¿Cuáles son los productos ligados a cada rol?

2. ¿Qué influencias ambientales y organizativas afectarían las operaciones de Elkton como productor de electricidad?

3. Si Elkton comprara recubrimientos compuestos para un relleno, ¿qué tipo de solución sería? ¿Quién desempeñaría los roles de usuario, influyente, comprador, resolutivo y portero en el caso de tal compra?

4. Cuando una empresa de servicios públicos compra la electricidad producida por un relleno que convierte los desechos en energía, ¿pasará por las ocho etapas del proceso que siguen las industrias para comprar? ¿Qué etapas se podrían omitir?

5. Si usted fuera Paul Monroe, ¿qué haría?

Fuentes: John A. Barnes, "Learning to Love the Dump Next Door", *The Wall Street Journal,* 25 de junio de 1991, p. A22; Paul Beck, "Waste-to-Energy Plants Generate New Interest", *Consulting-Specifying Engineer,* junio de 1989, pp. 80-84; Jennifer Carlile, "Reclaiming Landfills", *American City and County,* julio de 1992, pp. 38, 42, 46; y John Guinan, "Winning Community Support for Waste to Energy", *World Wastes,* septiembre de 1992, pp. 39-40.

CASO EMPRESARIAL 7

ACT II: CÓMO CONTROLAR UN MERCADO INDUSTRIAL

Gregory Pearl, director de mercadotecnia de Appliance Control Technology (ACT), escuchaba mientras Wallace Leyshon, el presidente y director general de ACT, sostenía una reunión con otro reportero de una revista nacional del ramo. ACT diseña, fabrica y comercializa controles digitales, sensibles al tacto, para aparatos electrodomésticos, como hornos de microondas, parrillas y lavadoras. Estos controles permiten a los usuarios la operación directa de los aparatos y eliminan los botones o las perillas tradicionales.

—Pienso que algún día, pronto, el consumidor que tiene una lavadora o una secadora de mediano precio, también podrá pulsar un tablero digital y la lavadora o la secadora harán todo lo demás. Lo único que tendrá que hacer el consumidor es tocar el tablero para indicarle a la unidad qué tipo de ropa hay en su interior. Por ejemplo, cuando el usuario le indique a la lavadora que la carga contiene telas delicadas, ésta determinará, automáticamente, el tamaño de la carga, enviará el agua a la temperatura indicada y echará la cantidad correcta de detergente, en el momento indicado. En cuanto a la secadora, cuando el consumidor indique cuál es el tipo de ropa, ésta la secará a la temperatura indicada, con la debida velocidad del tambo, sentirá el contenido de humedad y se apagará, automáticamente, cuando la ropa esté seca. Esto evitará a los consumidores mucho tiempo y preocupaciones y ahorrará muchísima energía. En la actualidad, los consumidores tienen que oprimir infinidad de botones y girar perillas (controles electromecánicos), además tienen que ser expertos que saben qué hacer para lavar todo tipo de ropa. De hecho, en Europa ya se ha avanzado mucho en este sentido.

—Eso suena interesantísimo —repuso el reportero—, pero ¿existe un mercado para estos controles electrónicos?

—Como usted bien sabe —prosiguió Leyshon—, el mercado de los electrodomésticos es un mercado maduro, el valor de los embarques de los fabricantes de Estados Unidos sumó poco más de 18 mil millones de dólares en 1990 y el total de unidades vendidas creció a un ritmo promedio de sólo 5.6% al año de 1980 a 1990 (véase ejemplo 7.1). La tasa de crecimiento fue apenas de 4.3% durante el mismo periodo, excluyendo los hornos de microondas. Empero, el lado bueno es que sólo alrededor del 20% de los electrodomésticos ofrecen controles electrónicos sensibles al tacto y que la mayor parte de éstos son aparatos de precio elevado. Creo que podemos producir controles digitales a un precio lo bastante barato como para que los fabricantes los puedan incluir en los aparatos de rango intermedio. El mercado de los controles electrónicos tiene un enorme potencial de crecimiento.

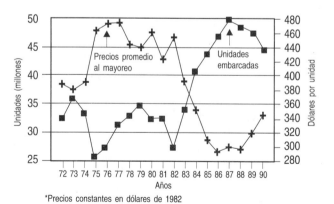

EJEMPLO 7-1

Aparatos electrodomésticos: embarques de unidades y precio promedio al mayoreo*

Fuente: Departamento de Comercio de Estados Unidos Asociación de Fabricantes de Aparatos Electrodomésticos.

Además, de hecho, sólo hay cinco clientes: General Electric, Whirlpool, Frigidaire, Maytag y Raytheon. Conocemos a nuestros clientes. Es más, pienso que los consumidores finales están listos para que sus planchas eléctricas y otros aparatos tengan controles sensibles al tacto, porque se han acostumbrado a usar este tipo de controles en sus hornos de microondas.

—¿Cuál es su estrategia de mercadotecnia para que estos fabricantes acepten aparatos con controles electrónicos? —preguntó el reportero.

—Gregory y yo siempre estamos revisando nuestra estrategia mercadotécnica. De hecho, él acaba de realizar una investigación que, con toda seguridad nos servirá para tomar otras decisiones de mercadotecnia.

—Como usted sabe —prosiguió Leyshon—, una parte clave de nuestra estrategia consiste en fabricar nuestros controles en Estados Unidos. Los fabricantes son muy sensibles a los precios de los componentes de sus aparatos. La *vox populi* de la industria de los controles dice que éstos se deben fabricar en otros países, en el extranjero, para abatir costos. No creo en esa estrategia convencional. Sin duda, permite cierto ahorro de dinero en salarios, pero la mano de obra directa sólo representa un porcentaje mínimo del costo del producto. Cuando se trabaja en el extranjero, hay que sumar los costos de envío, las tarifas y cargos por concepto de importación-exportación, así como los de más personal administrativo. Cuando se analiza el paquete entero, uno no se ahorra mucho dinero en total y sí complica mucho más las cosas. Si fabrico mis productos en Estados Unidos, mis equipos de investigación y desarrollo, de ingeniería y de producción están a poca distancia unos de otros. Si se presenta un problema, se puede resolver sin tardanza, pero ello resulta difícil cuando es preciso hablar por teléfono con un ingeniero que quizás esté a miles de millas de distancia.

—También habló de que los fabricantes son sensibles a los precios —interrumpió el reportero— y de que sólo usan controles electrónicos para sus aparatos más caros. ¿Cómo piensa hacer que sus precios sean competitivos ante los controles electromecánicos estándar?

Brian Althoff, subdirector de operaciones de ACT, que había entrado a la reunión, prosiguió con la explicación a partir del punto donde había terminado Leyshon.

—Otra parte central de nuestra estrategia es la estandarización. Muchos fabricantes de controles diseñan y fabrican sus controles para un fabricante de aparatos en especial, o incluso para un producto específico de los que ofrece ese fabricante. Esta costumbre da lugar a dos problemas. En primer término, eleva los costos en razón de la cantidad de controles diferentes que se requieren. En segundo, aumenta el tiempo de desarrollo porque el fabricante de controles tiene que diseñar controles específicos para cada producto nuevo o para cada producto que cambia. La estrategia de ACT será elaborar controles estándar para que el fabricante los pueda usar en todas sus líneas de modelos. El tablero será diferente y los productos tendrán características diferentes, pero la unidad del control, el microprocesador, los componentes y los tableros de circuitos serán iguales, básicamente, para todas las unidades. Usaremos programas que cambiarán las características y las funciones de una unidad a otra. De tal manera, podremos facricar más controles del mismo tipo, reducir costos y trasladar nuestro ahorro al cliente.

—Suena estupendo —dijo el reportero impresionado—, ¿pero lo han hecho?

—Sí —afirmó Leyshon lleno de entusiasmo—. Por ejemplo, está el contrato que firmamos con una compañía muy grande, para abastecerle controles para sus hornos de microondas. La empresa estaba usando 12 controles diferentes. Nosotros los sustituimos por sólo dos controles, uno para los modelos nacionales y otro para los modelos de exportación. El precio de nuestros controles resultó significativamente más bajo que el del control de la competencia que sustituyó. Además, consideramos que el ahorro es mucho mayor si se toma en cuenta que la empresa y ACT pueden llevar inventarios más bajos debido a que no tenemos todos esos modelos diferentes. Además, se acortan los tiempos que se requieren para desarrollar el producto.

—¿Qué quiere decir con los tiempos necesarios para desarrollar el producto? —preguntó el reportero.

—Recuerde que ACT le vende a fabricantes de aparatos —explicó Gregory Pearl—. Estos fabricantes venden su propia marca de aparatos, como Whirlpool, o son fabricantes de equipo original para detallistas como Sears, que venden marcas con nombres propios como Kenmore. Por ejemplo, si Sears decide que quiere ofrecer una secadora nueva, le envía sugerencias al personal de mercadotecnia del fabricante original para que éste elabore el producto nuevo. El personal del fabricante original desarrolla ideas con las características del producto y se las manda al equipo de ingeniería, para que éste prepare un diseño preliminar y le entregue las especificaciones de la nueva secadora al departamento de compras. Después, el departamento de compras envía las especificaciones a los proveedores, inclusive a los proveedores de los controles, que a su vez ofrecen al fabricante original suministrarle las piezas a determinados precios. A continuación, se presenta una serie de negociaciones entre los proveedores y el fabricante original en torno a los precios y las características. Para cuando se ha hecho todo esto, quizás haya transcurrido mucho tiempo desde que Sears dijo que quería una secadora nueva.

—Si el aparato requiere un control nuevo, el fabricante lo debe diseñar para saber cómo fabricar el control y qué precio ponerle. El fabricante del control también se

Tablero digital de la compañía Frigidaire.

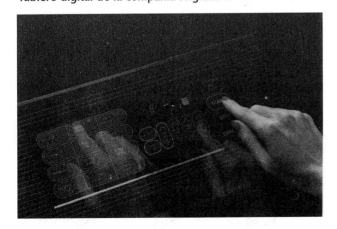

puede dar cuenta de que las ideas de Sears o del fabricante están atrasadas, porque la nueva tecnología o los productos de la competencia las han dejado atrás —concluyó Pearl.

—El proceso es demasiado complicado y lento —interrumpió Leyshon—. Es muy probable que para cuando las ideas de Sears hayan pasado por todos estos grupos se hayan presentado muchos problemas de comunicación.

—Queremos cambiar todo esto. Pensamos que el personal de desarrollo de productos de Sears, el personal de desarrollo de productos del fabricante de aparatos y ACT se deben reunir desde el inicio del proceso y, juntos, desarrollar las especificaciones que permitan alcanzar los objetivos de rendimiento y precio. Así, tendremos la misma información y el proceso avanzará mucho más rápido, con menos cambios en su transcurso.

—Me parece haber leído que así es como desarrollan sus productos los japoneses, ¿verdad? —preguntó el reportero.

—Así es, y los coreanos también —confirmó Leyshon—, y más vale que nosotros empecemos a hacerlo así si queremos participar en un mercado que se está globalizando a gran velocidad.

—¿Quiénes son sus competidores?

—Tenemos dos grupos de competidores, los fabricantes de controles electromecánicos y los fabricantes de equipo electrónico. El grupo de los electromecánicos está tratando de adoptar la nueva tecnología, aunque le resultará un proceso difícil. Tendrán que dejar atrás sus productos por obsoletos y es difícil que una empresa haga algo así.

—Me preocupan más las empresas que ya están fabricando controles electrónicos. En ese terreno tenemos algo de competencia, pero ellos están siguiendo las estrategias tradicionales de la industria.

—Usted habló del tamaño de la industria de los aparatos electrodomésticos —dijo el reportero tras una breve pausa y preguntó—, pero ¿qué tan grande es el mercado de los controles?

—Estimamos que el mercado de los controles de Estados Unidos y Europa es de unos 2 mil millones de dólares al año y que el mercado está equitativamente dividido entre los dos —repuso Pearl—. De hecho, el mercado europeo podría ser un poco mayor. Los controles electrónicos representan poco menos del 50% del mercado.

—Suena muy interesante —comentó el reportero mientras se levantaba de su silla—. Me gustaría ver el material que me ha ofrecido y hacer otra cita para la semana entrante. Pienso que a nuestro editor le interesará mucho lo que están tratando de hacer y que quizá quiera que éste sea un artículo de fondo. Quiero estar seguro de que he entendido todo lo que me ha dicho para poder reflejar sus ideas con exactitud en el artículo. Gracias por sus atenciones. No les quitaré más tiempo.

Cuando salió el reportero Leyshon, Althoff y Pearl volvieron a la mesa de conferencias.

—Bueno, ¿qué piensan ustedes? —preguntó Pearl.

—Bueno, pienso que algo de publicidad nos vendrá bien —repuso Leyshon tras reflexionar un segundo—. Si deciden hacer el artículo sólo espero que lo hagan bien.

—Ya que están aquí, quisiera hablar de sus conclusiones sobre el proyecto de investigación de mercado.

EJEMPLO 7-2
Perfil de los encuestados

1. Total de encuestados

Función		Número	Porcentaje
Fabricantes		67	65
Detallistas		20	20
Otros*		15	15
	Total	102	100

2. Fabricantes

Función	Número	Porcentaje
Compras e Ingeniería	36	53
Mercadotecnia	31	47

3. Destallistas

Función	Número	Porcentaje
Ingeniería/Servicios	4	22
Compradores	16	78

* "Otros" está compuesto por editores y editoriales del ramo; asesores del campo del diseño, la comercialización e ingeniería; empleados de asociaciones del ramo; personal del gobierno de Estados Unidos, etcétera.
Fuente: Appliance Control Technology

Pearl estuvo realizando entrevistas telefónicas a fabricantes, detallistas y otras personas de la industria de los aparatos electrodomésticos durante los pasados dos meses para obtener información de las prácticas en esa industria. Usó un cuestionario de preguntas abiertas (véase Caso Empresarial 4) como guión para sus entrevistas y preparó una serie de testimonios que resumían sus resultados.

—En primer lugar, esta muestra indica con quién hemos hablado (véase ejemplo 7-2). A continuación, nos inte-

EJEMPLO 7-3
Estimación de los controles electrónicos, tasas de penetración: 1991 y 1996

	1991(%)	1996(%)	Múltiplo del cambio para 5 años
Lavavajillas	5	10	2.0 tiempo
Secadoras, eléctricas	5	15	3.0 tiempo
Secadoras, gas	5	15	3.0 tiempo
Microondas	90	90	1.0 tiempo
Planchas, eléctricas	20	50	2.5 tiempo
Planchas, gas	15	40	2.7 tiempo
Refrigeradores	2	5-50	2.5-25.0 tiempo
Lavadoras	5	15	3.0 tiempo
Acondicionadores de aire	10	25	2.5 tiempo

Fuente: Appliance Control Technology.

resa determinar las estimaciones de los encuestados respecto al porcentaje de aparatos con controles electrónicos, por tipo de aparato, para 1991 y sus proyecciones para 1996. Esta muestra resume sus estimados (véase ejemplo 7-3). Asimismo, en estas página, he resumido los comentarios clave de los encuestados (véase ejemplo 7-4). Por último, he preparado dos tablas que nos pueden ayudar, una sobre la participación en el mercado y la otra sobre el lugar de los precios (ejemplos 7-5 y 7-6). Tómense un par de minutos para estudiar estas muestras y después podremos pasar a discutirlas para dar forma a nuestra estrategia.

EJEMPLO 7-4
Resultados de la encuesta del mercado de ACT; comentarios seleccionados por área de funciones
Comentarios seleccionados hechos por los encuestados, agrupados por área de funciones.

I. Fabricantes: Ingenieros

- La mayor parte de la tecnología corresponde claramente al fabricante. Esto se debe a que una solución con éxito ... puede determinar el futuro de una empresa.
- Las nuevas posibilidades de ahorrar energía son interesantes para la industria de los aparatos.
- Los proveedores tienen que defender el caso de que el sistema electrónico es mejor.
- Pienso que los costos de los controles electrónicos son iguales a los de los electromecánicos o incluso más baratos si se considera el sistema de control entero.
- El cliente percibe los controles electrónicos como una tecnología poco confiable, pero la mayoría de los electrónicos devueltos por los servicios arrojan "no se encontró defecto".
- Una tendencia importante en el desarrollo de los proveedores ... es involucrarse desde el principio con el fabricante.

- Prefiero una empresa electrónica que haga controles que una empresa de controles que haga electrónica.
- El problema de los controles electrónicos no está en la tecnología, sino en el proveedor, es decir, la tecnología es confiable.

II. Fabricantes: Mercadotecnia

- La industria, tradicionalmente, ha tenido interés en los controles electrónicos, pero el uso de estos controles en los productos ha sido deficiente.
- Dos a tres años para el desarrollo es demasiado tiempo para un programa electrónico.
- ¿Por qué los controles electrónicos de aparatos dómesticos (estufas, lavadoras, secadoras, etc.) no son tan confiables como los de los hornos de microondas?
- Los consumidores ya no se asustan ante los controles electrónicos.
- Los fabricantes piensan que los costos de los controles electrónicos no están en línea con los beneficios que ofrecen.

EJEMPLO 7-4 Continuación

Tiene que haber más equilibrio entre los costos/beneficios.

- Si los controles electrónicos estuvieran en igualdad de costos, rápidamente reemplazarían a los controles electromecánicos.
- Los mayores problemas de los controles electrónicos son la confiabilidad y el precio.
- La penetración de los controles electrónicos va en aumento.

III. Fabricantes: Compras

- La funcionalidad de un botón resulta interesante.
- Los electrónicos necesitan ofrecer algún tipo de característica que convenza a los clientes de pagar un poco más. De lo contrario, los costos de los controles electrónicos deben ser iguales a los electromecánicos.
- Algunos consumidores han tenido malas experiencias con los electrónicos en el pasado. Los consumidores se tienen que convencer de su confiabilidad.
- Los proveedores deben entender las necesidades de los clientes y la industria a la que le venden.
- Los proveedores deben propiciar la actividad y ser innovadores.

IV. Grupos del ramo, inclusive editoriales y editorialistas

- Los controles electrónicos son la moda del futuro.
- En estos momentos, el costo podría ser el problema que está deteniendo a los electrónicos.
- La eficiencia de la energía es, en la actualidad, un gran problema.
- Una queja grande de los fabricantes fue el mucho tiempo y el gran gasto requeridos para el desarrollo de los electrónicos.

V. Minoristas

- El precio es un tema central. El costo mayor de los controles electrónicos constriñe su uso a los aparatos de precio elevado.
- El costo perjudica la viabilidad de los electrónicos.
- Los consumidores se asustan por la complejidad de los electrónicos. Para que los electrónicos tengan mayor aceptación deben ser más sencillos.
- Los controles electrónicos son los que deben pensar, en lugar del cliente.
- De ser posible, los electrónicos se deben reducir a un solo botón, que permita sólo cargar la máquina, oprimir el botón y dejarla girar.

Fuente: Investigación interna, Appliance Control Technology.

EJEMPLO 7-5
Participación en el mercado de los principales aparatos (%): 1990

	Electrolux	General Electric	Maytag	Raytheon	Whirlpool	Otro
Lavavajillas	19	35	11	N/A	34	1
Secadoras, eléctricas,	8	19	15	4	52	2
Secadoras, gas	9	13	15	3	55	4
Congeladores	32	N/A	22	6	36	4
Planchas, eléctricas	19	47	11	6	15	2
Planchas, gas	20	34	21	20	N/A	5
Refrigeradores	19	36	7	9	27	2
Lavadoras	9	15	17	4	52	3

Fuente: Appliance Magazine.

EJEMPLO 7-6
Industria de los aparatos electrodomésticos: principales nombres de marca por lugar de precios

	FABRICANTE				
Lugar de precio	Electrolux	General Electric	Maytag	Raytheon	Whirlpool
Precio elevado	Frigidaire	Monarch	Jenn-Air Maytag	Amana	KitchenAid Bauknecht
Precio medio	Frigidaire Westinghouse	General Electric	Maytag Magic Chef	Caloric Speed Queen	Kenmore Whirlpool
Precio bajo	Westinghouse Kelvinator Gibson	RCA Hotpoint	Admiral Norge Signature	Caloric	Roper Estate
—					

Fuente: Merrill, Lynch.

1. Describa la actual estrategia de mercadotecnia de ACT. ¿Qué decisiones debe tomar ACT?

2. ¿Cuál es la naturaleza de la demanda de la industria de los aparatos electrodomésticos? ¿Qué factores dan forma a esa demanda?

3. ¿Cuál es la naturaleza del proceso para decidir las compras en la industria de los aparatos electrodomésticos? ¿Cómo está tratando ACT de cambiar ese proceso?

4. ¿Quién está involucrado en el centro de compras cuando un fabricante decide respecto a los controles de los aparatos?

5. ¿Qué factores ambientales y organizativos debe tomar en cuenta ACT antes de elaborar su estrategia para dirigirse a los centros de compras?

6. ¿Qué le recomendaría usted a ACT para preparar su estrategia de mercadotecnia?

Fuente: Basado en parte en Tom Richman, "Made in the U.S.A.", en *Anatomy of a Start-Up,* Boston: Goldhirsh Group, Inc., 1991, pp. 241-52. Reproducido con permiso. Appliance Control Technology también contribuyó con información para este caso.

PARTE II

CASO GLOBAL

MOTOROLA: ¡VAYA SONIDO!, ¿DÓNDE CONSEGUISTE ESE APARATEJO?

En el auditorio del Centro Médico de la Universidad, la Dra. Niccolette Williamson, todavía sentada, se inclinó un poco hacia adelante y vio el mensaje que aparecía en la pantalla. La Dra. Williamson, oftalmóloga, especialista en cirujía de cataratas, estaba interesada en conocer los últimos avances en la aplicación del rayo láser para quitar el lente obnubilado de los ojos de los pacientes. Cuando el conferencista explicaba un punto importante, la Dra. Williamson sintió que vibraba el radioteléfono Bravo de Motorola que llevaba en el cinturón. Al ver la pantalla, reconoció el número de su consultorio y supo que, seguramente, se trataba de una emergencia, pues le había pedido a su ayudante que, de lo contrario, no la molestara durante esta presentación.

Se puso de pie y mientras avanzaba por el pasillo de su hilera, la doctora se agachó y le pidió a un amigo que le tomara sus notas, porque ella se tenía que ir debido a que acababa de recibir una llamada de su consultorio para ver a un paciente. Al caminar por el pasillo se preguntaba "¿Cómo nos las arreglábamos sin radioteléfono? y ¡cómo terminaremos nada con el radioteléfono!"

Unos cuantos minutos después, Mary, la hija de la Dra. Williamson, se preparaba para representar su parte en una escena de una obra basada en *Las Viñas de la Ira,* la novela de John Steinbeck, que estaba ensayando su grupo de teatro escolar. Cuando estaba a punto de hablar, escuchó que su "bip" emitía una señal. El profesor de teatro levantó la vista de sus notas, disgustado por la interrupción, y vio que cuatro de los actores veían sus bips para saber si la señal era para ellos. Mary vio la pantalla verde neón de su radioteléfono Bravo Express de Motorola y leyó "942-7574 007". No reconoció el número, pero la clave "007" era la de su madre.

Tímidamente le pidió una disculpa al profesor de teatro por no haberse acordado de poner el bip en el modo "vibrar" y le pidió permiso para salir a llamar a su madre, diciendo que con seguridad se trataba de algo importante.

—Está bien, está bien. Descansaremos un rato mientras Mary llama, pero ustedes tienen que dejar de traer esos bips al ensayo. Jamás acabaremos si sus llamadas telefónicas siguen interrumpiendo nuestros ensayos. Si Shakespeare hubiera tenido este problema, nosotros tendríamos menos obras de teatro.

Mary llamó a su madre, quien le explicó que tenía una operación de emergencia y que llegaría tarde a casa.

—Tendrás que recoger a tu hermano después del entrenamiento de futbol y avísale a tu padre que llegaré tarde. Además tendrás que ayudar con la cena. Siento mucho molestarte y pídele disculpas al Sr. Miles por la interrupción, pero que bueno es poder localizarte en momentos como este.

Antecedentes

Cuando el padre de Robert W. Galvin, presidente del consejo, fundó la empresa en Schaumburg, Illinois en 1928, ni él ni los que trabajaban con él, pudieron imaginar jamás que la tecnología de la comunicación avanzaría tan rápido. Al principio, la empresa fabricó y comercializó radios para auto, tomando su nombre de una combinación de las palabras *motor* y *Victrola* (una de las primeras marcas de radio).

En los siguientes años, Motorola entró al campo de la televisión, de la electrónica automotriz, de los semiconductores, de los radioteléfonos y de la telefonía celular. Sin embargo, la gran competencia de las empresas electrónicas japonesas sacó a Motorola del mercado de la televisión, incluso del de radios para autos. Después, a mediados de los años ochenta, las empresas japonesas inundaron el mercado de Estados Unidos con radioteléfonos y teléfonos celulares de mejor calidad, haciendo trizas el cuasi monopolio de Motorola en los mercados de estos dos productos.

Sin embargo, Motorola no se quedó tranquila, dándose por muerta. Aprendió de las mismísimas empresas japonesas que le estaban comiendo el mercado. La empresa, al mando de Galvin, mejoró drásticamente la calidad de sus productos, redujo costos perfeccionando los procesos de manufactura y peleó por recuperar mercado. Reforzó estos esfuerzos destinando miles de millones de dólares a la capacitación de empleados, a incrementar su capital y a investigación y desarrollo. Es más, la empresa aprovechó su potencial para desarrollar su mercadotecnia y sus programas de computadoras, áreas en que sus rivales japoneses no eran tan fuertes.

Los esfuerzos de Motorola le fueron retribuidos. Recuperó el papel de líder en el mercado de los semiconductores, tanto en Estados Unidos como en el extranjero. La empresa también consiguió una posición muy sólida en el floreciente mercado de los teléfonos celulares. La empresa separó las actividades de los teléfonos celulares de la división de comunicaciones, fabricante de radios de dos vías y de radioteléfonos, y redujo a la mitad el tiempo para desarrollar teléfonos nuevos. En 1989, Motorola introdujo el teléfono celular MicroTac, teléfono lo bastante pequeño para caber en el bolsillo de un saco, que se abre para usarlo. Los trabajadores y los robots de la fábrica ensamblaban las 400 piezas del MicroTac en dos horas, muchas menos de las 40 requeridas en 1985 para ensamblar un teléfono similar. Motorola esperaba que MicroTac y sus otros teléfonos celulares le permitirían captar una parte importante de los 10.5 millones de nuevos usuarios celulares que se estimaba que se inscribirían al servicio celular entre 1990 y 1995.

Además, en 1989, Motorola le ganó a la competencia introduciendo el primer radioteléfono de reloj de muñeca, un aparato tipo Dick Tracy, desarrollado en cooperación con Timex, que se vendía a 300 dólares. Este era un logro excepcional para el único productor estadounidense de radioteléfonos que sobrevivía en 1985. Motorola se dio cuenta que había estado tardando demasiado en fabricar radioteléfonos y que la calidad de sus productos no era constante. Como en el caso de los teléfonos celulares, Motorola revisó el proceso completo de sus actividades en el caso de los radioteléfonos, desde los pedidos hasta la entrega. La empresa se impuso la meta de entregar radioteléfonos de gran calidad, que fabricaba por pedido, para satisfacer las necesidades de los clientes, pero también aprovechó las economías de escala. Ahora, 20 minutos después de que un vendedor coloca un pedido, la línea de montaje automatizada, que incluye 27 robots, empieza a

producir el pedido. Los esfuerzos de Motorola dieron por resultado el radioteléfono de reloj de muñeca y los radioteléfonos Bravo y Bravo Express.

Cómo funcionan los radioteléfonos

Motorola no vende sus radioteléfonos directamente a los usuarios finales. Los vende a empresas que han obtenido una licencia del gobierno federal para operar como radioemisoras normales. Estas empresas cuentan con torres de radio que cubren zonas geográficas determinadas.

Las radioemisoras venden sus radioteléfonos de una de tres maneras. En primer lugar, los venden directamente a clientes finales, que pueden ser empresas o no, estableciendo una o varias oficinas en las zonas geográficas que abarcan. Los clientes se dirigen a dichas oficinas para comprar o alquilar sus radioteléfonos. Cuando firman el contrato de servicio, la empresa le proporciona a cada cliente un número telefónico singular para su radioteléfono. El cliente paga una cuota mensual por usar el radioteléfono y, por regla general, una pequeña cuota mensual por mantenimiento. En segundo lugar, la emisora vende por medio de minoristas. La empresa empaca el radioteléfono y las instrucciones y se lo entrega a un detallista, por ejemplo Best Stores, Kmart o tiendas de aparatos electrónicos. Los clientes compran su radioteléfono en la tienda detallista. El paquete contiene instrucciones para su uso y un número telefónico 800 para que el cliente llame e inicie el servicio y la facturación. En tercer lugar, algunas emisoras tienen vendedores autorizados que venden el servicio al cliente y después lo inician. Los clientes quizá ni siquiera sepan que emisora ofrece servicio a su unidad.

Cuando los clientes han obtenido sus radioteléfonos, le dan el número telefónico del radio a las personas que quieren que los llamen. Cuando alguien marca el número del radioteléfono en un teléfono digital, el sistema telefónico envía la llamada a la torre de radio de la emisora. La persona que marca escucha el tono de un bip y oprime los botones del teléfono para marcar el número telefónico de la persona que tiene el radioteléfono. La persona que llama también puede marcar números adicionales que sirven de clave para identificar a la persona que llama o para comunicar otro tipo de información. El equipo de la torre convierte esta información en una señal de radio que sólo la persona que tiene ese número particular de teléfono en su radioteléfono puede recibir. Si el dueño del radioteléfono tiene el aparato encendido y está en la zona de servicio de la emisora, entonces recibirá el mensaje.

El dueño del radioteléfono escuchará entre uno y tres bips, que indican que entra un mensaje y verá el número telefónico y otras claves aparecer en la pantalla de cristal líquido del radioteléfono. Algunos radioteléfonos ofrecen la opción de que el radioteléfono vibre en lugar de emitir el tono de bip. Otros radioteléfonos pueden recibir y exhibir mensajes escritos. Estos sistemas requieren una terminal especial para presentar el mensaje. Otros radioteléfonos reciben, de hecho, los mensajes hablados de la persona que llama y los transmiten a la persona que lleva el radioteléfono. Los radioteléfonos pueden almacenar los mensajes para verlos más adelante y pueden "imprimirlos" con la hora y la fecha de su recepción.

Bravo inicia una moda

Motorola lanzó el modelo Bravo en 1987. Este radioteléfono tenía casi el tamaño de una caja de cerillos de cocina y cada radioteléfono funcionaba con una combinación singular de una clave de acceso y una frecuencia de radio. Lo pequeño del Bravo lo hacía atractivo para los usuarios.

Cuando Motorola introdujo el Bravo, esperaba que, como en el caso de sus otros radioteléfonos, sus mercados serían trabajadores del ramo de la construcción, doctores y demás personal médico. Estos clientes comerciales, con frecuencia, están en lugares distantes, lejos de un teléfono, o deben contestar a emergencias. Motorola también sabía que tendría un cliente comercial que no quería, los traficantes ilegales de drogas. Algunos reportes de los medios de comunicación habían expresado que muchos traficantes de drogas usaban radioteléfonos para estar en contacto con proveedores o clientes. En consecuencia, algunos sistemas escolares prohibieron el uso de radioteléfonos en las escuelas. Fuentes de la industria estimaron que, a pesar de que la gente asociaba a los radioteléfonos con el tráfico de drogas, sólo el 1% de los clientes usaban los radioteléfonos para ello.

Sin embargo, Motorola no esperaba que los clientes no empresariales se interesaran por los radioteléfonos. Los nuevos radioteléfonos captaron a los clientes no empresariales por varios motivos. En primer lugar, Motorola y los otros fabricantes habían ido reduciendo el tamaño del radioteléfono en forma constante. El usuario podía ocultar, sin dificultad, el radioteléfono en el puño de la mano. Ya no se trataba de una abultada caja, colgada del pantalón del usuario, de hecho, los radioteléfonos apenas si pesaban 4 onzas. Es más, el radioteléfono podía vibrar para avisarle al cliente que tenía una llamada, en lugar de hacer el fuerte bip tan molesto para los demás. En segundo, al incrementar el volumen de la producción, los fabricantes pudieron reducir los precios. El precio de los radioteléfonos iba de 60 a 120 dólares, a diferencia de los 400 dólares que había costado apenas 10 años antes. En tercero, además del precio más bajo, el costo del servicio mensual fluctuaba entre 9 y 15 dólares por un paquete básico que incluía hasta 300 llamadas al mes.

Al bajar los precios, reducirse el tamaño y mejorar las características, los consumidores empezaron a encontrar todo tipo de usos para el radioteléfono, comúnmente llamado "bip". Los adultos se dieron cuenta de que no tenían que ser médicos ni trabajadores para darse el lujo de tener o necesitar un bip. Por ejemplo, los adultos con padres viejos usan el bip para estar en contacto con ellos, o simplemente lo usan para estar a disposición de la familia amigos, nanas, guarderías o escuelas.

Sin embargo, los adolescentes sorprendieron a Motorola y a los otros fabricantes de radioteléfonos convirtiéndose en el segmento más "caliente" del mercado. Los adolescentes que se pasaban muchas horas en los centros comerciales de los suburbios descubrieron que los bips personales les permitían estar en contacto con sus amigos. Los adolescentes ricos encontraron que podían usar los bips sólo para tamizar sus llamadas y mantener controladas las cuentas mensuales de sus teléfonos celulares. Los adolescentes populares vieron que el bip permitía a sus amigos

encontrarlos, estuvieran donde estuvieren. Otros vieron que sus amigos les podían llamar directamente usando el bip, sin tener que pasar por sus padres, como cuando usaban el teléfono del hogar. Es más, aunque muchos adolescentes compraron sus propios radioteléfonos, los padres con frecuencia se los compraron a sus hijos para poder encontrarlos a la hora de comer. Esto permitió a los muchachos no tener que estar informando a sus padres permanentemente dónde estaban, porque los padres podían manderles un bip. Muchos adolescentes no pudieron resistir esta combinación de libertad y acceso.

Nadie conoce el tamaño del mercado de los adolescentes, pero un distribuidor importante calculó que los adolescentes representaban 20% de sus ventas. Fuentes de la industria estiman que el mercado total de los radioteléfonos en Estados Unidos creció 11%, a 4.1 millones de unidades en 1992. Otra fuente estimó que el mercado minorista (ventas a clientes que no son empresas) creció 50%, a 600,000 unidades en 1992 y que llegará a 3.2 millones de unidades minoristas al año para 1996.

Telocator Network of America, la asociación gremial de la industria de los radioteléfonos, estimó que Motorola controlaba 85% del mercado anual de los radioteléfonos, de 500 millones de dólares. Telocator, tomando en cuenta las cuotas de renta y arrendamiento y los cargos por servicio mensual, estimó que el mercado de los radioteléfonos representaba 2 mil millones de dólares de ventas anuales con 12 millones de radioteléfonos en uso. Algunos observadores pronosticaron que para el año 2000 habrá 50 millones de radioteléfonos en el país y que la mayor parte del crecimiento provendrá del uso personal.

Los fabricantes de radioteléfonos y otras empresas han reaccionado con rapidez a esta moda. En 1991, Motorola introdujo el Bravo Express, los primeros radioteléfonos de colores. Los adolescentes hicieron tan populares los modelos en tonos transparentes y verde neón que, en 1992, Motorola introdujo tonos neón en rosa, amarillo y azul. Swatch lanzó un reloj de 250 dólares, con algunas características de radioteléfono, y lo llamó Piepser (bip en alemán). Un fabricante de pantalones vaqueros introdujo un modelo con bolsillos para bips. Una empresa ligó el radioteléfono a la tecnología de satélite que permite que la persona mande un bip a alguien en casi cualquier ciudad de

Radioteléfonos de colores de motorola.

Estados Unidos, Canadá y México. Algunos padres han encontrado que este servicio es muy útil para estar en contacto con estudiantes universitarios que están fuera de casa.

No obstante, además de los usos prácticos de los radioteléfonos, es imposible negar las características de la imagen y la posición social que proyecta el producto. En muchas escuelas de educación media, sobre todo en el nordeste, está de moda llevar un aparato de bip en el cinturón. Algunos observadores afirman que muchos adolescentes siguen llevando su bip, a pesar de que la empresa que ofrece el servicio lo haya suspendido por falta de pago. Otros observadores hablan del incremento que han registrado los robos de aparatos para abrir las puertas de las cocheras, porque éstos se parecen a los radioteléfonos. Los radioteléfonos de colores incluso permiten a los adolescentes dar ejemplo de que siguen la moda.

De regreso al ensayo

Mary Williamson regresó al ensayo y volvió a pedirle una disculpa al señor Miles. Después del ensayo, recordó que había proyectado reunirse con su amiga Susan, esa tarde, para estudiar para su examen de biología. Mary pensó que debería llamar a Susan para retrasar la cita debido al cambio de planes. Sin embargo, Mary no sabía donde estaba Susan y esperaba encontrarla en casa.

—Creo que debo convencer a Susan de que se consiga un bip —pensó.

PREGUNTAS

1. Motorola y otras empresas están interesadas en cubrir el mercado de los adolescentes que quieren usar radioteléfonos. ¿Cómo realizaría usted una investigación de mercado para saber más acerca de este mercado?

2. ¿Cómo afectan las características culturales, sociales, personales y psicológicas de los adolescentes su comportamiento de consumidores respecto a los radioteléfonos?

3. ¿Cómo afectarán las características del producto de los radioteléfonos su ritmo de aceptación? ¿Pronosticaría usted una tasa de aceptación rápida o lenta de los radioteléfonos en el mercado de los adolescentes?

4. Los radioteléfonos fueron un producto inicialmente dirigido a los mercados de organizaciones o empresas que cambió a un mercado de conumidores. ¿Qué factores ocasionaron esta transición? ¿En qué difiere la mezcla de mercadotecnia de los radioteléfonos para el mercado de las organizaciones y para el de los consumidores?

5. Si el vendedor de la emisora sabe que los sistemas escolares locales han prohibido los radioteléfonos o si sospecha que un posible cliente adolescente podría estar involucrado en tráfico de drogas, ¿debe vender o alquilar el radioteléfono al adolescente?

6. ¿Qué recomendaciones mercadotécnicas le haría usted a Motorola para ayudar a atacar el mercado de los adolescentes?

Fuentes: William J. Hampton, "What Is Motorola Making at This Factory? History", *Business Week,* 5 de diciembre de 1988, pp. 168 D-H; Lois Therrien, "The Rival Japan Respects", *Business Week,* 13 de noviembre de 1989, pp. 108-18; Jagannath Dubashi, "The Bandit Standoff", *Financial World,* 17 de septiembre de 1991, pp. 48-50; Jonathan Rabinovitz, "Teen-Agers' Beepers: Communications as Fashion", *The New York Times,* 18 de marzo de 1991, p. 1A; Cathy Singer, "Now Hear This: The Beeper Has Become a Status Symbol", *The New York Times,* 28 de junio de 1992, p. 1LI; William M. Bulkeley, "More and More Teens Can't Live Without Beepers on Their Belts", *The Wall Street Journal,* 7 de diciembre de 1992, p. B5. Motorola también proporcionó información para este caso.

8

Cómo medir y pronosticar
la demanda

*L*a demanda de Qantas, la línea aérea internacional de Australia, está pasando por una bonanza. Su mercado en la Cuenca del Pacífico contiene una de las economías de mayor crecimiento en el mundo; incluye a Japón y Australia, así como a cuatro países recién industrializados, Hong Kong, Singapur, Corea del Sur y Taiwán. Por consiguiente, la tasa de crecimiento de la zona es superior al promedio mundial. Los pronósticos para la industria sugieren que los viajes en avión en la Cuenca del Pacífico aumentarán al 10% anual, para llegar a 14%, a lo largo de 1995 y que la zona cubrirá 40% del tránsito del pasaje aéreo internacional para el año 2000.

Este explosivo crecimiento representa una enorme oportunidad para Qantas y las otras líneas aéreas que prestan sus servicios en la Cuenca del Pacífico. Sin embargo, también representa enormes dolores de cabeza. Para poder *aprovechar* el aumento de la demanda, Qantas primero tendrá que *pronosticarla* con precisión y prepararse para *satisfacerla*. La demanda de los viajes aéreos tiene muchas dimensiones. Qantas tiene que pronosticar cuántas personas viajarán, de qué tipo serán éstas, a dónde se dirigirán y cuándo lo harán. Deberá proyectar la demanda total, así como la demanda de cada uno de los mercados específicos que pretende cubrir. Además, Qantas tendrá que estimar la parte de la demanda total que podrá captar aplicando estrategias de mercadotecnia alternativas y con distintas circunstancias en la competencia. Es más, no sólo tendrá que pronosticar la demanda para el año entrante, sino para los siguientes dos años, cinco años o, incluso, más a futuro.

No es fácil pronosticar la demanda de los viajes en avión, innumerables factores afectan la frecuencia con la que viaja la gente y los destinos a los que se dirige. A efecto de pronosticar la demanda con exactitud, Qantas primero tendrá que anticipar los cambios de los factores que influyen en la demanda, las condiciones económicas mundiales y las de los países individuales, las características demográficas, el crecimiento de la población, las situaciones políticas, los avances tecnológicos, las actividades de la competencia y muchos factores más. Qantas tiene muy poco control de estos factores.

La demanda puede cambiar mucho y drásticamente. Por ejemplo, el crecimiento económico relativo y la estabilidad política de Japón, Australia y otros países de la Cuenca del Pacífico han producido una verdadera explosión en la demanda de los viajes aéreos en la zona. Cada vez es mayor la cantidad de turistas de todo el mundo que visitan estos lugares. Por ejemplo, en Australia, el turismo extranjero se duplicó con creces entre 1984 y 1988 y se espera que se triplique entre 1988 y el año 2000. Por otra parte, los habitantes de los países de la Cuenca del Pacífico también están viajando más. Por ejemplo, casi 12 millones de japoneses vacacionaron en el extranjero el año pasado, con un incremento del 10% sobre la cantidad del año anterior. Pronosticar la demanda a la luz de cambios tan drásticos puede ser en extremo difícil.

Para complicar las cosas, los pronósticos de Qantas no se limitan a la demanda. La línea aérea también debe anticipar los múltiples factores que pueden afectar su capacidad para satisfacer la demanda. Por ejemplo, ¿qué instalaciones aeroportuarias estarán disponibles y cómo afectará esto a Qantas? ¿Habrá suficientes trabajadores especializados para completar su personal y darle mantenimiento a sus aviones? En la Cuenca del Pacífico, la demanda se ha disparado, pero la infraestructura no. La escasez de pistas y de terminales ya está limitando la cantidad de vuelos que puede programar Qantas. En consecuencia, Qantas podría optar por adquirir menos aviones, pero de mayor tamaño. Al tener menos aviones, requeriría menos tripulaciones y, al ser más grandes, transportaría a más pasajeros de una vez, haciendo que los vuelos resultaran más rentables.

Qantas basa muchas de sus decisiones importantes en los pronósticos. La decisión más importante podría ser la adquisición de aviones. Qantas sabe que, para satisfacer la demanda floreciente, necesitará más aviones. Pero, ¿cuántos más? Cada Boeing 747-400 nuevo cuesta alrededor de 150 millones de dólares, así que pedir unos cuantos aviones de más puede resultar muy caro. Por otra parte, si Qantas se queda corta de aviones, no tendrá muchas soluciones a corto plazo. Por regla general, la entrega de un avión nuevo tarda dos años.

Si Qantas sobreestima la demanda, aunque sea por unos cuantos puntos de porcentaje, tendrá que cargar el peso de un costoso exceso de capacidad. Si subestima la demanda, podría dejar pasar la oportunidad de obtener utilidades y decepcionar a los clientes que prefieren volar por Qantas.

En última instancia, en el caso de Qantas, el problema de los pronósticos es más que una cuestión de ganar o perder ventas y satisfacción de los clientes, es cuestión de supervivencia. Así, Qantas se juega mucho con la exactitud de sus pronósticos.[1]

AVANCE DEL CAPÍTULO

El capítulo 8 contiene los rudimentos para medir y pronosticar la demanda, información que deben tener los mercadólogos para administrar con eficacia.

En primer lugar, se define el mercado en términos de los *consumidores reales* y en *potencia.* Los mercadólogos deben conocer la diferencia entre los mercados en *potencia, los existentes, los existentes calificados, los atendidos* y *los penetrados.*

A continuación, se explican los métodos para identificar la *demanda corriente del mercado,* inclusive la manera de estimar *la demanda total, la demanda del mercado de la zona, las ventas reales de la industria* y *las partes del mercado* que corresponden a la competencia.

El capítulo termina con las técnicas que usan las empresas para *pronosticar la demanda futura.* Estas incluyen métodos basados en lo que dicen *compradores, vendedores* y *expertos;* lo que hacen los consumidores en *las pruebas de mercado;* y lo que han hecho los consumidores, de acuerdo con lo que arrojan *los análisis de series de tiempo, los indicadores guía* y *el análisis estadístico de la demanda.*

Cuando una empresa encuentra un mercado atractivo debe estimar con sumo cuidado el tamaño actual del mercado y su potencial futuro. La empresa puede perder muchas utilidades si sobreestima o subestima el mercado. Este capítulo presenta los principios y los instrumentos para medir y pronosticar la demanda del mercado. En el siguiente capítulo se analizarán aspectos más cualitativos de los mercados y la forma en que las empresas segmentan sus mercados y eligen los segmentos más atractivos.

La demanda se puede medir y pronosticar de muchas maneras. La figura 8-1 contiene ¡*noventa* maneras de medir la demanda! La demanda se puede medir de acuerdo con seis *niveles diferentes del producto* (especificaciones del producto, forma del producto, línea del producto, ventas de la empresa, ventas de la industria y total de ventas); cinco *niveles diferentes de espacio* (cliente, territorio, región, Estados Unidos, mundo); y tres *niveles diferentes de tiempo* (corto plazo, mediano plazo y largo plazo).

Cada una de las medidas de la demanda tiene un propósito específico. Una empresa puede pronosticar el total de la demanda a corto plazo de un producto con objeto de pedir materias primas, proyectar la producción y contratar créditos. También puede pronosticar la demanda regional, a largo plazo, de una línea básica de productos con objeto de diseñar una estrategia para la expansión del mercado.

COMO DEFINIR EL MERCADO

Para medir la demanda del mercado se requiere entender con claridad el mercado en cuestión. El *término* mercado ha adquirido muchos significados con el paso de los años. En su sentido original, un mercado es un lugar donde los compradores

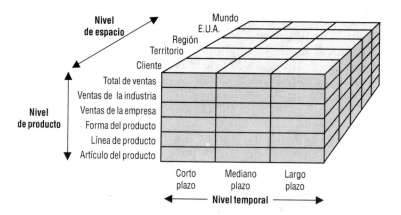

FIGURA 8-1
**Noventa formas para medir
la demanda (6 × 5 × 3)**

y los vendedores se reúnen para intercambiar bienes y servicios. Las poblaciones medievales tenían plazas a las cuales los vendedores llevaban sus bienes y donde los compradores adquirían los bienes. En las ciudades contemporáneas, la compra-venta se da en los llamados centros comerciales, antes que en los mercados.

Para un economista, un mercado se refiere a todos los compradores y vendedores que hacen transacciones con respecto a un bien o servicio. Así pues, el mercado de los refrescos está compuesto por vendedores como Coca-Cola, Pepsi-Cola y 7-Up y por todos los consumidores que compran refrescos. El economista está interesado en la estructura, el comportamiento y la actuación de cada mercado.

Para un mercadólogo, un **mercado** representa la serie de compradores, presentes y en potencia, de un producto o servicio. Un mercado está compuesto por la serie de compradores y una **industria** está·compuesta por la serie de vendedores. El tamaño del mercado depende de la cantidad de compradores que puede haber para una oferta particular en el mercado. Los compradores en potencia, de lo que fuere, tienen tres características: *el interés, el ingreso* y *el acceso*.

Piense en el mercado de consumo de motocicletas Honda. Para determinar su mercado, Honda primero tendrá que estimar la cantidad de consumidores que pueden tener interés en poseer una motocicleta. A tal efecto, la empresa podría dirigirse a una muestra fortuita de consumidores y formular la siguiente pregunta: "¿Está usted interesado en comprar y poseer una moticicleta?" Si una persona de cada 10 contesta que sí, Honda puede suponer que el mercado en potencia de las motocicletas está compuesto por un 10% del total de los consumidores. El **mercado en potencia** está compuesto por la serie de consumidores que manifiestan cierto grado de interés por un producto o servicio dados.

El interés del consumidor no basta para definir el mercado de las motocicletas. Los consumidores en potencia deben tener ingresos suficientes para adquirir el producto. Deben tener capacidad para contestar la siguiente pregunta de manera afirmativa: "¿Tiene usted capacidad para comprar una motocicleta?" Cuanto mayor el precio, tantas menos personas podrán contestar que sí. Luego entonces, el tamaño del mercado depende tanto del interés como del ingreso.

Los obstáculos para el acceso reducen aún más el tamaño del mercado de las motocicletas. Si Honda no distribuye sus productos en algunas zonas alejadas, los consumidores en potencia de dichas zonas no formarán parte de los clientes. El **mercado existente** está compuesto por la serie de consumidores que tienen los intereses, el ingreso y el acceso a un producto o servicio dados.

En el caso de algunas ofertas para el mercado, Honda podría restringir sus ventas a ciertos grupos. Un estado cualquiera podría prohibir la venta de motocicletas a menores de 18 años. Los adultos restantes constituirían el **mercado existente calificado**; es decir, la serie de consumidores que tienen el interés, el ingreso, el acceso y las calificaciones necesarios para el producto o servicio.

Además, Honda tendrá que optar entre atacar el mercado existente calificado entero o concentrarse en segmentos seleccionados. El **mercado atendido** por Honda está compuesto por la parte del mercado existente calificado que decida atacar. Por ejemplo, Honda podría optar por concentrar sus actividades de comercialización y distribución en las costas del este y el oeste, las cuales se convertirían en el mercado atendido.

Honda y la competencia acabarán vendiendo una cierta cantidad de motocicletas en el mercado que atienden. El **mercado penetrado** está compuesto por la serie de consumidores que ya han adquirido motocicletas.

La figura 8-2 reúne todos estos conceptos del mercado con algunas cifras hipotéticas. La barra de la izquierda muestra la relación que existe entre el mercado en potencia (todas las personas interesadas) y el total de la población. En este caso, el mercado en potencia es del 10%. La barra de la derecha muestra varias divisiones posibles para el mercado en potencia. El mercado existente (quienes tienen el interés, el ingreso y el acceso) es del 40% del mercado en potencia. El mercado existente calificado (quienes satisfacen los requisitos legales) es del 50% del mercado existente (o 20% del mercado en potencia). Honda dirigirá sus esfuerzos al 50% del mercado existente calificado; el mercado atendido, que representa el 10% del mercado en potencia. Por último, Honda y la competencia ya han penetrado en el 50% del mercado atendido (o 5% del mercado en potencia).

Estas definiciones del mercado son un instrumento muy útil para los planes de mercadotecnia. Si Honda no está satisfecha con las ventas corrientes, puede tomar una serie de medidas. Puede hacer gestiones para que se le exijan menos calificaciones a los compradores en potencia. Puede expanderse a otros mercados existentes en Estados Unidos o en otros países. Puede bajar sus precios para ampliar el tamaño del mercado en potencia. Puede tratar de atraer un porcentaje mayor de compradores del mercado atendido por medio de más promociones o mejor distribución dirigidos a los consumidores meta. También puede tratar de expandir el mercado en potencia aumentando la publicidad que pretende convertir a los consumidores que no están interesados en consumidores que sí lo estén. Esto es lo que hizo Honda cuando lanzó su exitosa campaña con el tema "Conocerás a gente estupenda en una Honda".

MEDICION DE LA DEMANDA ACTUAL DEL MERCADO

A continuación se presentan algunos métodos prácticos para estimar la demanda actual del mercado. Los mercadólogos se interesan por estimar tres aspectos de la demanda actual del mercado: *la demanda total del mercado, la demanda de la zona del mercado* y *su parte real del mercado y las ventas.*

Estimación de la demanda total del mercado

La **demanda total del mercado** de un producto o servicio es el volumen total que compraría un grupo definido de consumidores, en una zona geográfica definida, en un lapso definido, en un entorno de mercadotecnia definido, bajo un nivel y una mezcla de esfuerzo de mercadotecnia de la industria definidos.

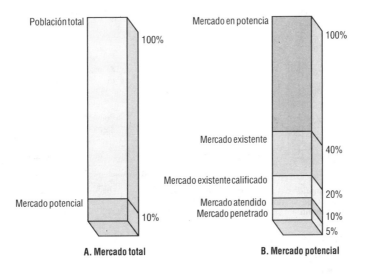

FIGURA 8-2
Niveles para definir el mercado

La demanda total del mercado no es una cifra fija, sino una que está en función de las condiciones definidas. Por ejemplo, una de estas condiciones, es el nivel y la mezcla del esfuerzo de mercadotecnia de la industria. Otra son las condiciones del entorno. La parte A de la figura 8-3 muestra la relación entre la demanda total del mercado y dichas condiciones. El eje horizontal muestra los diferentes grados posibles del gasto para mercadotecnia de la industria en un lapso dado. El eje vertical muestra el grado de la demanda que resulta. La curva representa el grado estimado para la demanda del mercado con distintos grados de gasto para mercadotecnia de la industria. Habría algunas ventas básicas (llamado el *mínimo del mercado*) sin ningún gasto para mercadotecnia. Al aumentar el gasto para mercadotecnia se elevaría el grado de la demanda, primero a un ritmo creciente y, después, a un ritmo decreciente. El gasto para mercadotecnia sobre cierto nivel no produciría mucha más demanda, con lo que se obtendría un límite superior para la demanda del mercado, llamado el *potencial del mercado*. Los pronósticos del mercado de la industria arrojan el grado de la demanda del mercado que corresponde al grado proyectado para el gasto de mercadotecnia de la industria en un entorno dado.[2]

La distancia entre el mínimo del mercado y el potencial del mercado arroja la sensibilidad general de la demanda a las actividades de mercadotecnia. Cabría pensar en dos tipos de mercados en los extremos, los *extensibles* y los *no extensibles*. Un mercado extensible, como el mercado para tocadiscos compactos, es aquél cuyo tamaño está muy sujeto al grado de gasto para la mercadotecnia de la industria. En términos de la figura 8-3A, en un mercado extensible, la distancia entre Q_0 y Q_1 sería considerable. Un mercado no extensible, como el mercado de la opera, es aquél cuyo tamaño no está muy sujeto al grado de gasto para mercadotecnia; la distancia entre Q_0 y Q_1 sería bastante pequeña. Las organizaciones que venden en un mercado no extensible pueden tomar por dada la **demanda primaria**; es decir, el total de la demanda para todas las marcas de un producto o servicio dados. Estas organizaciones pueden concentrar sus recursos de mercadotecnia para crear una **demanda selectiva**; es decir, la demanda para *su* marca del producto o servicio.

Dado un entorno de mercadotecnia diferente, habrá que estimar otra curva de la demanda del mercado. Por ejemplo, el mercado de las motocicletas es mayor durante tiempos de prosperidad que de recesión. La figura 8-3B muestra la relación entre la demanda del mercado y el entorno. Un grado de gasto para mercadotecnia cualquiera siempre producirá más demanda en tiempos de prosperidad que de recesión. El punto básico es que los mercadólogos deben definir con sumo cuidado la situación respecto a la cual están estimando la demanda del mercado.

Las empresas han encontrado diversos métodos prácticos para estimar la demanda total del mercado. A continuación se explican dos de ellos. Suponga que Warner Communications Company quiere estimar el total de las ventas

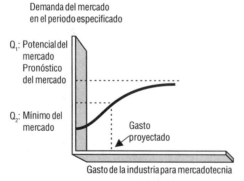

A. La demanda del mercado está en función de l os gastos de la industria en mercadotecnia (presupone un entorno mercadotécnico próspero)

B. La demanda del mercado está en función de los gastos de la industria en mercadotecnia (en prosperidad y en recesión)

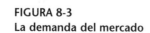

FIGURA 8-3
La demanda del mercado

anuales de los discos compactos grabados. Una forma común de estimar la demanda total del mercado sería:

$$Q = n \times q \times p$$

donde

Q = demanda total del mercado

n = cantidad de compradores en el mercado

q = cantidad comprada por el comprador promedio al año

p = precio de una unidad promedio

Por tanto, si existen 100 millones de compradores de discos compactos al año, y el comprador promedio adquiere seis discos al año y el precio promedio es de 14 dólares, entonces, la demanda total del mercado de las cintas grabadas es de 8.4 mil millones de dólares (= $100,000,000 \times 6 \times 14$ dólares).

Una variante de la ecuación anterior sería la que se conoce con el nombre de *método de tasas en cadena*. Con dicho método, el analista multiplica un número básico por una cadena de porcentajes ajustados. Por ejemplo, suponga que la Marina de EUA quiere reclutar 112,000 elementos nuevos al año de entre las escuelas de educación media de Estados Unidos. La interrogante de mercadotecnia es si se trata de una meta razonable en relación con el potencial del mercado. La Marina estima el potencial del mercado usando el método siguiente:

Total de estudiantes que terminan sus estudios   10,000,000

Porcentaje que está calificado militarmente (sin problemas físicos, emocionales o mentales)	×.50
Porcentaje de los calificados que pueden estar interesados en el servicio militar	×.15
Porcentaje de los calificados e interesados en el servicio militar que preferirían servir en la marina	×.30

Esta cadena de números arroja un mercado potencial de 225,000 reclutas. Como la cantidad es superior a la meta de reclutas que se ha fijado la Marina de Estados Unidos, ésta no tendrá grandes problemas para alcanzar su meta si hace una labor razonable para comercializar a la Marina.[3]

Estimación de la demanda de área del mercado

Las empresas enfrentan el problema de seleccionar los mejores territorios para las ventas y distribuir su presupuesto para mercadotecnia en forma óptima entre dichos territorios. Así pues, tienen que estimar el potencial del mercado de diferentes ciudades, estados o, incluso, países (véase Puntos Importantes de la Mercadotecnia 8-1). Existen dos métodos básicos: *el método de la composición del mercado*, usado primordialmente por firmas de bienes empresariales, y el *método del índice de los factores del mercado*, usado primordialmente por las empresas de bienes de consumo.

El método de la composición del mercado

El método de la composición del mercado consiste en identificar a todos los compradores en potencia de cada mercado, así como en estimar sus compras potenciales. Suponga que un fabricante de instrumentos para la minería inventara un instrumento para identificar la proporción real del contenido de oro en las rocas que lo contienen. El instrumento portátil se puede usar en el campo para probar las rocas con oro. Los mineros, al usarlo, no perderían el tiempo excavando depósitos de oro que contienen tan poca cantidad que no serán rentables comercialmente. El fabricante quiere que el instrumento tenga un precio de 1,000 dólares. Piensa que cada mina comprará uno o varios instrumentos, dependiendo del tamaño de la mina. La empresa quiere determinar el potencial del mercado para este instrumento en cada uno de los estados mineros y decidir si contratará a un vendedor para cubrir cada estado. Enviaría a un vendedor a cada uno de los estados que tenga un potencial de mercado de más de 300,000 dólares. La empresa quiere empezar por averiguar el potencial del mercado de Colorado.

Para estimar el potencial del mercado de Colorado, el fabricante se puede referir a la Clasificación General de las Industrias (Standard Industrial Classification, SIC) preparada por la Oficina del Censo de Estados Unidos. La SIC: es el sistema que usa el gobierno para clasificar las industrias, para efectos de reunir datos y presentarlos de acuerdo con el producto fabricado o la actividad realizada. Todas las industrias caben dentro de las 10 divisiones generales que se presentan en la columna 1 de la tabla 8-1. Cada uno de los grupos industriales básicos tiene una clave de dos dígitos. La minería tiene las claves del 10 al 14. La minería metalúrgica tiene la clave 10 (véase la columna 2). En la minería metalúrgica hay otras divisiones, con números SIC de tres dígitos (véase columna 3). La categoría del oro y la plata tienen la clave 104. Por último, el oro y la plata se subdividen en otros grupos, que tienen claves de cuatro dígitos (véase la columna 4). Así, las vetas de oro tienen la clave 1042. Nuestro fabricante está interesado en las minas que excavan depósitos de vetas (la extracción subterránea) y en los depósitos de placer (lavaderos de oro).

A continuación, el fabricante puede consultar el Censo Minero para identificar la cantidad de organizaciones que excavan oro en cada estado, su ubicación en el estado, la cantidad de empleados, las ventas anuales y su valor neto. Con los datos sobre Colorado, la empresa preparará la estimación del potencial del

PUNTOS IMPORTANTES DE LA MERCADOTECNIA 8-1

KFC ENCUENTRA MÁS POTENCIAL EN ASIA QUE EN ESTADOS UNIDOS

El éxito de Kentucky Fried Chicken en Asia explica muy bien el caso de las empresas que se internacionalizan. Si KFC Corporation de PepsiCo se hubiera quedado como un negocio estadounidense, su fortuna habría decaído. Por ejemplo, en 1991, sus ventas en Estados Unidos bajaron 5%, porque los consumidores estadounidenses conscientes de su salud redujeron su ingestión de alimentos fritos y porque otros competidores de alimentos rápidos mejoraron su posición.

Pero no fue así en Asia. KFC, y no McDonald's, es el líder de comida rápida en China, Corea del Sur, Malasia, Tailandia e Indonesia, y está en segundo lugar, después de McDonald's, en Japón y Singapur. Los 1,470 puntos de venta de KFC arrojan un promedio de 1.2 millones de dólares cada una, alrededor de 60% más que el establecimiento promedio en EUA. En la plaza de Tiananmen, KFC administra su local con mayor movimiento; un restaurante de 701 asientos que atiende a 2.5 millones de clientes al año. No es raro que KFC proyecte duplicar su cantidad de puntos de venta en Asia, en el transcurso de los siguientes cinco años.

¿Por qué tiene KFC tanto éxito en Asia? En primer lugar, muchas de las grandes ciudades de Asia tienen una concentración creciente de trabajadores urbanos jóvenes de clase media, con ingresos que van en aumento. Los locales de comida rápida representan un ascenso que permite abandonar las compras de comida en los puestos callejeros, y los asiáticos están dispuestos a pagar más por la calidad y la comodidad de sentarse en un restaurante tipo estadounidense, bien decorado. En segundo, las mujeres asiáticas han estado ingresando a la población trabajadora en cantidades importantes, lo que les resta tiempo para preparar la comida en casa. En ter-

cero, el pollo es más conocido al paladar asiático que la pizza y más asequible que la res. Además, el pollo no tiene ninguna de las restricciones religiosas que la res tiene en India o el puerco en los países musulmanes.

KFC sirve su pollo normal, con puré de papa y ensalada de col en toda Asia, pero ofrece algunas adaptaciones, como los Alones Picantes, un pollo más condimentado, en Tailandia, y pescado frito y curry de pollo en Japón.

Queda claro que las empresas deben considerar, cada vez más, que el mundo es su mercado. Deben identificar aquellas áreas que les prometen un mayor potencial de ventas y de crecimiento para sus utilidades, sea dentro de su barrio, estado, país o el mundo entero.

Fuente: Véase Andrew Tanzer, "Hot Wings Take Off", *Forbes*, 18 de enero de 1993, p. 74.

---

mercado que aparece en la tabla 8-2. La columna 1 clasifica las minas en tres grupos, con base en la cantidad de empleados. La columna 2 muestra la cantidad de minas en cada grupo. La columna 3 muestra el potencial para la cantidad de instrumentos que podrían comprar las minas en cada clasificación por tamaño. La columna 4 muestra el potencial del mercado para unidades (la columna 2 multiplicada por la columna 3). Por último, la columna 5 muestra el potencial del mercado en dólares, dado que el precio de venta de cada instrumento es de 1,000 dólares. Colorado tiene un potencial de mercado, en dólares, de 370,000 dólares. Por consiguiente, el fabricante del instrumento minero deberá contratar a un vendedor para Colorado. Las empresas de otras industrias pueden usar el método de acumulación del mercado, de esta misma manera, para estimar el potencial del mercado en zonas específicas del mercado.

El método del índice de los factores del mercado

Las empresas de bienes de consumo también tienen que estimar el potencial de las zonas del mercado. Piense en el caso siguiente. Un fabricante de camisas de vestir para hombres quiere evaluar la actuación de sus ventas con relación al potencial del mercado, en varias zonas importantes del mercado, empezando por

CAPÍTULO 8   CÓMO MEDIR Y PRONOSTICAR LA DEMANDA   *263*

TABLA 8-1
Clasificación de Industrias de EUA, Standard Industrial Classification (SIC)

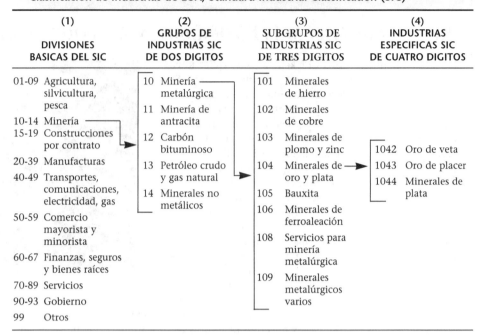

(1) DIVISIONES BASICAS DEL SIC	(2) GRUPOS DE INDUSTRIAS SIC DE DOS DIGITOS	(3) SUBGRUPOS DE INDUSTRIAS SIC DE TRES DIGITOS	(4) INDUSTRIAS ESPECIFICAS SIC DE CUATRO DIGITOS
01-09 Agricultura, silvicultura, pesca	10 Minería metalúrgica	101 Minerales de hierro	
10-14 Minería	11 Minería de antracita	102 Minerales de cobre	
15-19 Construcciones por contrato	12 Carbón bituminoso	103 Minerales de plomo y zinc	1042 Oro de veta
20-39 Manufacturas	13 Petróleo crudo y gas natural	104 Minerales de oro y plata	1043 Oro de placer
40-49 Transportes, comunicaciones, electricidad, gas	14 Minerales no metálicos	105 Bauxita	1044 Minerales de plata
50-59 Comercio mayorista y minorista		106 Minerales de ferroaleación	
60-67 Finanzas, seguros y bienes raíces		108 Servicios para minería metalúrgica	
70-89 Servicios		109 Minerales metalúrgicos varios	
90-93 Gobierno			
99 Otros			

Indianápolis. Estima que el potencial total nacional para las camisas de vestir es del orden de 2 mil millones de dólares anuales. Las ventas corrientes de la empresa en el país son de 140 millones de dólares, alrededor del 7% del total del mercado en potencia. Sus ventas en la zona metropolitana de Indianápolis son por 1,100,000 dólares. Quiere saber si su parte del mercado de Indianápolis es superior o inferior a su parte del 7% del mercado nacional. Para averiguar lo anterior, la empresa tendrá que calcular, primero, el potencial del mercado de la zona de Indianápolis.

Un método usual para calcular el potencial de la zona de un mercado es identificar los factores del mercado que guardan relación con el potencial del mercado y combinarlos en un índice ponderado. Un estupendo ejemplo de este método se llama el *índice del poder adquisitivo*, publicado año con año por la revista *Sales & Marketing Management* en la *Encuesta del Poder Adquisitivo*.[4] Dicha encuesta estima el poder adquisitivo de cada región, estado y zona metropolitana del país. El índice del poder adquisitivo se basa en tres factores: la parte del *ingreso personal disponible, las ventas detallistas* y *la población* correspondientes a la zona. El índice del poder adquisitivo de una zona específica está dado por:

$$B_i = .5y_i + .3r_i + .2p_i$$

donde

B_i = porcentaje del total del poder adquisitivo nacional en la zona *i*

y_i = porcentaje del ingreso personal nacional disponible en la zona *i*

r_i = porcentaje de las ventas al detalle nacionales en la zona *i*

p_i = porcentaje de la población nacional en la zona *i*

Los tres coeficientes de la fórmula reflejan los pesos relativos de los tres factores.

Con este índice, el fabricante de camisas busca Indianápolis, Indiana, y encuentra que a este mercado le corresponde .4936% del ingreso personal disponible del país, .5527% de las ventas minoristas del país y .5016% de la población del país. Por tanto, calcula el índice del poder adquisitivo de Indianápolis así:

SIC	(1) Número de empleados	(2) Número de minas	(3) Número de ventas en potencia del instrumento por clasificación del volumen de empleados	(4) Potencial del mercado por unidades (2×3)	(5) Potencial del mercado en dólares (a $1,000 por instrumento)
1042 (depósitos de veta)	Menos de 10	80	1	80	
	De 10 a 50	50	2	100	
	Más de 50	20	4	80	$260,000
		150		260	
1043 (depósitos de placer)	Menos de 10	40	1	40	
	De 10 a 50	20	2	40	
	Más de 50	10	3	30	110,000
		70		110	$370,000

$$B = .5(.4936) + .3(.5527) + .2(.5016) = .5129$$

Es decir, Indianápolis debería representar .5129% del total de la demanda en potencia del país para camisas de vestir. Como el potencial total del país es de 2 mil millones de dólares al año, el potencial total para Indianápolis será 10,258,000 de dólares (= $2 mil millones x .005129). Por tanto, las ventas de la empresa por 1,100,000 de dólares en Indianápolis representan una parte del 10.7% (= $1,100,000/$10,258,000) del mercado en potencia de la zona. Si se compara con la parte del 7% nacional, resulta que la empresa está funcionando mejor en Indianápolis que en otras zonas del país.

Los pesos usados en el índice del poder adquisitivo son un tanto arbitrarios. Se refieren primordialmente a bienes de consumo que no son productos básicos de precio bajo ni bienes de lujo de precio alto. Se pueden usar otros pesos, en cuyo caso, el fabricante ajustaría el potencial del mercado en razón de otros factores, como el grado de competencia del mercado, los costos de promoción locales, los cambios estacionales de la demanda y las características singulares del mercado local.

Muchas empresas contabilizan otras medidas de la demanda de la zona. Los mercadólogos pueden afinar las medidas, estado por estado y ciudad por ciudad, recorriendo tramos del censo o centros de códigos postales. Los tramos del censo son zonas pequeñas, más o menos, del tamaño de un barrio y los centros de los códigos postales (diseñados por la Oficina de Correos de Estados Unidos) son zonas más grandes, con frecuencia del tamaño de un pueblo pequeño. Existe información sobre el tamaño de la población, el ingreso familiar y otras características con relación a cada tipo de unidad. Los mercadólogos pueden usar estos datos para estimar la demanda de barrios y otras unidades geográficas menores dentro de ciudades grandes. Puntos Importantes de Mercadotecnia 8-2 habla de algunas empresas de mercadotecnia que ofrecen información de los códigos postales o del censo, la cual resulta muy útil para afinar los cálculos de la demanda del mercado y para apuntar mejor hacia los consumidores que se tengan en la mira.

Cómo calcular la parte real del mercado y de las ventas

Además de estimar la demanda total y la de la zona, la empresa querrá conocer cuáles son las ventas reales de la industria en su mercado. Por consiguiente, tendrá que identificar a sus competidores y estimar sus ventas.

La asociación de la industria en cuestión suele reunir y publicar las ventas totales de la industria, aunque sin enumerar las ventas de las empresas individuales por separado. De tal manera, cada empresa podrá evaluar su actuación

UN INSTRUMENTO NUEVO PARA AFINAR LOS CÁLCULOS DE LA DEMANDA Y ELEGIR LOS MEJORES MERCADOS META

En años recientes, han aparecido varios servicios que ofrecen información y sirven a los encargados de proyectar la mercadotecnia para ligar los datos del Censo en Estados Unidos con los patrones del estilo de vida y, así, afinar sus estimaciones del potencial de mercado con base en códigos postales, barrios, o incluso manzanas. Entre los servicios más importantes está el *PRIZM* (de Claritas) y el *ClusterPLUS* (de Donnelley Marketing Information Services). Estos servicios informativos ayudan a los mercadólogos a encontrar las zonas postales adecuadas para concentrar sus actividades de mercadotecnia. A continuación, se analiza el sistema PRIZM en calidad de ejemplo.

A partir de una serie de factores demográficos y socioeconómicos obtenidos de los datos del Censo de Estados Unidos, el sistema PRIZM ha clasificado todos los mercados de los barrios, que suman más de 20 millones, en uno de cuarenta grupos, por ejemplo, Estados de Sangre Azul, Dinero y Cerebros, Pieles y Carromatos, Rifles y Camionetas, Sendas de Tabaco y Poder Gris. Los grupos se formaron tomando en cuenta características como grado de estudios, ingresos, ocupación, ciclo de vida de la familia, vivienda, etnia y urbanización. Por ejemplo, los barrios de los Estados de Sangre Azul son zonas suburbanas pobladas primordialmente por administradores y profesionales exitosos, activos y con estudios universitarios. Comprenden algunos de los barrios más ricos de Estados Unidos, zonas que se caracterizan por poca densidad de viviendas, habitantes bastante

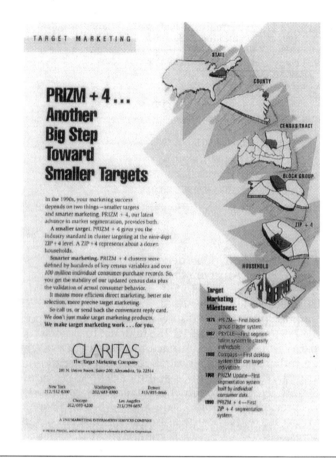

comparándola con la de la industria en general. Suponga que las ventas de la empresa están aumentando a un ritmo del 5% al año y que las ventas de la industria están subiendo al 10%. Esta empresa está perdiendo, de hecho, su posición relativa dentro de la industria.

Otra manera de estimar las ventas consiste en comprarle informes a empresas dedicadas a realizar investigaciones de mercadotecnia, que contabilizan el total de ventas y las ventas por marcas. Por ejemplo, Nielsen, IRI y otras empresas dedicadas a las investigaciones de mercadotecnia usan datos obtenidos por medio de digitalizadores para contabilizar las ventas detallistas de diversas categorías de productos en supermercados y tiendas y, después, le venden dicha información a las empresas interesadas. Una empresa puede obtener datos respecto al total de ventas por categoría de producto y de ventas por marcas. Así, puede comparar su actuación con la de toda la industria o la de un competidor particular, para averiguar si su posición relativa está mejorando o empeorando.[5]

PRONOSTICO DE LA DEMANDA FUTURA

Tras analizar la manera de estimar la demanda corriente, se verá la manera de pronosticar la demanda futura del mercado. **Los pronósticos** son el arte de estimar la demanda futura anticipando el comportamiento probable de los com-

homogéneos, propensión clara hacia la familia y, en su mayor parte, viviendas unifamiliares. Por otra parte, los grupos de Rifle y Camioneta incluyen los cientos de pueblitos y villorrios que se encuentran diseminados en las zonas rurales de todo Estados Unidos. Cada uno de los otros 38 grupos tiene una combinación singular de características.

Las empresas pueden combinar estos grupos geo-demográficos del PRIZM con otros datos sobre el uso del producto o servicio, el uso de los medios y los estilos de vida para obtener un mejor panorama de zonas específicas del mercado. Por ejemplo, el grupo de Rifles y Camionetas está habitado por consumidores de clase media baja, obreros que usan sierras y compran mayor cantidad de frascos para encurtidos, sopas deshidratadas y refrescos en polvo. El grupo de mezcla hispana prefiere vestidos de buena calidad, cigarrillos sin filtro y brillo labial. Las personas de este grupo tiene mucha conciencia de la marca y de la calidad y son muy leales a la marca. Tienen una fuerte propensión a la familia y el hogar. Esta información ofrece un sólido instrumento para afinar los cálculos de la demanda, seleccionar los mercados meta y dar forma a los mensajes de las promociones.

Una empresa del ramo de los bienes empacados usó el sistema ClusterPLUS de Donnelley, combinado con las calificaciones de Nielsen del público de la televisión y los datos de la Oficina Simmons de Investigaciones de Mercado para comercializar con eficacia un preparado para hacer pasteles y galletas. La empresa primero identificó los grupos geodemográficos que probablemente incluían consumidores que, por regla general, horneaban a partir de cero, mezclando todos los ingredientes. Según los datos de Simmons, el grupo que

ocupaba el primer lugar eran las Familias Rurales de Escasa Movilidad; 39% de este grupo horneaba mucho a partir de cero, cifra muy superior al 17% del promedio nacional. La empresa, que fusionó los primeros 10 grupos por orden de importancia, identificó los mejores prospectos, que resultaron ser, consumidores de más edad, del medio rural y clase obrera, del sur y el oeste medio.

A continuación, usando las clasificaciones de Nielsen, la empresa analizó los hábitos de los televidentes de los 10 grupos superiores. Resultó que las cocineras que partían de cero, veían muchos programas con calificaciones altas, por ejemplo, "America's Funniest Home Videos" y "Cheers". Aunque este grupo también veía muchos programas menos populares, por ejemplo como "Rescue: 911", "Major Dad" e "In the Heat of the Night". La empresa del ramo de los productos empacados mejoró su eficiencia pasando anuncios exclusivamente en los programas que llegaban a grandes concentraciones de las cocineras que partían de cero, independientemente del total del público. Así pues, la relación entre ClusterPLUS-Simmons-Nielsen produjo un cambio importante en la publicidad televisada de la empresa, que pasó de un enfoque general en los medios masivos, a uno con un objetivo más concreto.

Fuentes: Michael J. Weiss, *The Clustering of America* (Nueva York: Harper & Row, 1988); Martha Farnsworth Riche, "New Frontiers for Geodemographics", *American Demographics*, junio de 1990, p. 20; Leon G. Schiffman y Leslie Lazar Kanuk, *Consumer Behavior*, 4a. ed. (Englewood Cliffs, NJ: Prentice Hall, 1991), Cap. 13; y Jonathon Marks, "Clusters Plus Nielsen Equals Efficient Marketing", *American Demographics*, septiembre de 1991, p. 16.

pradores, sujeto a una serie dada de condiciones. Son muy pocos los productos o servicios que se prestan para hacer pronósticos fáciles. Estos, por regla general, se refieren a productos con ventas sostenidas o con un crecimiento de ventas dentro de una situación competitiva estable. Sin embargo, en la mayor parte de los mercados la demanda total o la demanda de la empresa no son estables, por lo cual los buenos pronósticos se convierten en un factor clave para el éxito de la empresa. Los pronósticos equivocados pueden desembocar en inventarios excesivamente grandes, en precios subestimados que resultan muy costosos o, incluso, en la pérdida de ventas debido a la falta de existencias. Cuanto más inestable la demanda, tanto más necesitará la empresa contar con pronósticos exactos y con elaborados procedimientos para hacer sus pronósticos.

Las empresas suelen usar un procedimiento de tres etapas para pronosticar las ventas. En primer término, *pronostican el entorno*, a continuación *pronostican la industria* y, por último, *pronostican las ventas de la empresa*. El pronóstico del entorno requiere que se proyecten la inflación, el desempleo, las tasas de interés, el gasto para consumo y el ahorro, la inversión de la iniciativa privada, el gasto del gobierno, las exportaciones netas y otros elementos del entorno que son importantes para la empresa. El resultado es un pronóstico del producto nacional bruto, que se usa con otros indicadores, para pronosticar las ventas de la industria. A continuación, la empresa pronostica sus ventas, partiendo de la hipótesis de que contará con cierta parte de las ventas de la industria.

Los pronósticos son el arte de estimar la demanda futura que, por lo general, no es tarea fácil.

Las empresas usan varias técnicas específicas para pronosticar sus ventas. La tabla 8-3 contiene una lista de muchas de estas técnicas.[6] Todos los pronósticos parten de una de tres bases de información: lo que dice la gente, lo que hace la gente o lo que ha hecho la gente. La primera base (*lo que dice la gente*) entraña encuestas de opinión de los compradores o de personas cercanas a ellos, como vendedores o expertos externos. Comprende tres métodos: las encuestas de las intenciones de los compradores, los conjuntos de opiniones de vendedores y las opiniones de expertos. Los pronósticos basados en *lo que hace la gente*, entrañan otro método; es decir, colocar el producto en un mercado de prueba para evaluar la respuesta de los compradores. La tercera base (*lo que ha hecho la gente*), implica analizar los registros del comportamiento pasado observado ante las compras o usar el análisis de series de tiempo o el análisis estadístico de la demanda.

Encuesta de las intenciones de los compradores

Una manera de pronosticar lo que harán los compradores es formulando una pregunta directa. Esto conlleva a las encuestas de los compradores. Las encuestas resultan de especial valor si los compradores tienen intenciones claras, las llevan a cabo y se las pueden describir al encuestador.

Existen diversas organizaciones dedicadas a realizar investigaciones por medio de encuestas periódicas de la intención de comprar de los consumidores. Estas organizaciones formulan preguntas como la siguiente:

TABLA 8-3
Técnicas comunes para pronosticar las ventas

BASADA EN:	METODOS
Lo que dice la gente	Encuestas de la intención de los compradores
	Conjunto de opiniones de los vendedores
	Opiniones de expertos
Lo que hace la gente	Mercados de prueba
Lo que ha hecho la gente	Análisis de series de tiempo
	Indicadores guía
	Análisis estadísticos de la demanda

¿Piensa usted comprar un automóvil dentro de los próximos seis meses?

0	.1	.2	.3	.4	.5	.6	.7	.8	.9	1.0
No en absoluto		Poco probable		Medianamente probable		Bastante probable		Muy probable		Definitivamente sí

Lo anterior se llama *escala de probabilidad de compra*. Además, las diversas encuestas hacen preguntas en cuanto a las finanzas personales, presentes y futuras, así como a sus expectativas en cuanto a la economía. Las diferentes piezas de información se reúnen en una *medición del sentir de los consumidores* (Centro de Investigaciones de Encuestas de la Universidad de Michigan) o en una *medición de la confianza de los consumidores* (Sindlinger and Company). Las empresas de bienes duraderos de consumo se suscriben a estos índices porque les sirven para anticipar los cambios importantes en las intenciones de compra de los consumidores, y ello les permite ajustar sus planes de producción y comercialización en consecuencia.

En el caso de las *compras de empresas*, existen diferentes oficinas que hacen encuestas de la intención de comprar de plantas, equipo y materiales. Las encuestas más conocidas son las del Departamento de Comercio de Estados Unidos y la de McGraw-Hill. La mayor parte de estos cálculos se ubican dentro del 10% de los resultados reales.

Conjunto de opiniones de los vendedores

Cuando no puede entrevistar a los compradores, la empresa puede basar los pronósticos de ventas en la información que le proporcionan sus vendedores. Por regla general, la empresa pide a sus vendedores que estimen las ventas por producto para sus territorios particulares. Después suma los cálculos individuales y obtiene un pronóstico general de las ventas.

Son pocas las empresas que usan los cálculos de sus vendedores sin hacerles algunos ajustes. Los vendedores son observadores prejuiciados. El vendedor puede ser de naturaleza pesimista u optimista o puede ir de una extremo a otro debido a que ha tenido éxitos o reveses recientes en las ventas. Es más, los vendedores, con frecuencia, desconocen las circunstancias económicas generales y no siempre conocen la forma en que los planes de mercadotecnia de su empresa afectarán las ventas futuras en sus territorios. Asimismo, pueden subestimar la demanda con objeto de que la empresa les fije una cuota baja de ventas. Además, pueden carecer de tiempo para preparar cálculos cuidadosos o pueden pensar que no vale la pena.

Si suponemos que estos prejuicios se pueden contrarrestar, es posible obtener una serie de beneficios cuando se interesa a los vendedores en los pronósticos. Los vendedores pueden conocer mejor que cualquier otro grupo las tendencias que se están presentando. Los vendedores, tras participar en el proceso de los pronósticos, pueden adquirir más confianza en sus cuotas y tener más interés en alcanzarlas. Asimismo, estos pronósticos "de las bases" proporcionan cálculos desmenuzados por producto, territorio, cliente y vendedor.[7]

La opinión de expertos

Las empresas también pueden obtener pronósticos acudiendo a expertos. Los expertos incluyen a distribuidores, proveedores, asesores en mercadotecnia y asociaciones del gremio. Por ejemplo, las empresas de autos entrevistan a sus distribuidores periódicamente pidiéndoles que pronostiquen la demanda a corto plazo. No obstante, los cálculos de los distribuidores están sujetos a las mismas ventajas y desventajas que los cálculos de los vendedores.

Muchas empresas compran pronósticos económicos e industriales de empresas conocidas, como Data Resources, Wharton Econometric y Chase Econometric. Estos especialistas en pronósticos están en mejor posición que la empresa para preparar pronósticos económicos, porque tienen más datos a su disposición y más experiencia en hacer pronósticos.

En ocasiones, las empresas piden a un grupo especial de expertos que prepare un pronóstico. Se puede pedir a los expertos un intercambio de opiniones y llegar a un cálculo de grupo (método de discusión en grupo), o se les puede pedir que presenten sus cálculos individualmente, para que el analista de la empresa los combine todos en un único cálculo (conjunción de cálculos individuales). También pueden presentar cálculos e hipótesis individuales, que son repasados por el analista de una empresa, y después son revisados y seguidos por otras rondas de cálculos (método Delfos).[8]

Los expertos pueden ofrecer mucha información sólida para basar pronósticos, pero también se pueden equivocar (véase Puntos Importantes de Mercadotecnia 8-3). En la medida de lo posible, la empresa debe respaldar las opiniones de los expertos con cálculos obtenidos mediante otros métodos.

Método de las pruebas de mercado

En los casos cuando los compradores no proyectan sus compras con cuidado o cuando no existen expertos disponibles o confiables, la empresa podría optar por realizar una prueba directa del mercado. Una prueba directa del mercado resulta muy útil para pronosticar las ventas de productos nuevos o las ventas de productos establecidos por medio de otro canal de distribución o en otro territorio. Las pruebas de mercado se explican en el capítulo 11.

Análisis de series de tiempo

Muchas empresas basan sus pronósticos en las ventas pasadas. Presuponen que las causas de las ventas pasadas se pueden encontrar por medio de análisis estadísticos. A continuación los analistas pueden usar las relaciones causales para pronosticar las ventas futuras. El **análisis de series de tiempo** consiste en descomponer las ventas originales en cuatro componentes: tendencia, ciclo, temporada y componentes erráticos, para después reunir estos componentes y obtener el pronóstico de las ventas.

La *tendencia* es el patrón básico de crecimiento o disminución de las ventas a largo plazo que se deriva de cambios básicos en la población, la formación de capital y la tecnología. Se encuentra adaptando una línea recta o curva que pasa por las ventas pasadas. El *ciclo* capta el movimiento ondulado de las ventas, a mediano plazo, que resulta de los cambios en la actividad económica y competitiva en general. El componente cíclico es útil para los pronósticos a mediano plazo. No obstante, las fluctuaciones cíclicas son difíciles de pronosticar porque no se presentan de manera regular. La *temporada* se refiere a un patrón consistente de movimientos de las ventas en un año. El término *temporada* se refiere a un patrón recurrente de las ventas, sea por hora, semana, mes o trimestre. El componente temporal puede estar relacionado con factores climatológicos, fiestas o costumbres comerciales. El patrón temporal proporciona una norma para pronosticar ventas a corto plazo. Por último, los *hechos erráticos* incluyen, modas, huelgas, tormentas de nieve, terremotos, algaradas, incendios y otras circunstancias. Estos componentes, por definición, son impredecibles y se deben eliminar de los datos pasados, a efecto de encontrar el comportamiento más normal de las ventas.

Suponga que una compañía de seguros vendió 12,000 pólizas de vida nuevas en el año y que quiere pronosticar las ventas de diciembre del año entrante. La tendencia a largo plazo arroja una tasa de crecimiento de las ventas del 5% anual. Esta información sugiere ventas para el próximo año de 12,600 (= 12,000 × 1.05). No obstante, se espera una recesión comercial para el próximo año, que probablemente provocará en que el total de ventas sólo llegue al 90% de las ventas esperadas ajustadas a la tendencia. Así, es más probable que las ventas para el año entrante sean de 11,340 (= 12,600 × .90). Si las ventas fueran iguales todos los meses, las ventas mensuales serían de 945 (= 11,340/12). De cualquier modo, diciembre es un mes por arriba de la media para las ventas de pólizas de seguros, con un índice temporal del 1.30. Así pues, las ventas de diciembre pueden llegar a 1,228.5 (= 945 × 1.3). La empresa no espera ningún elemento errático, como huelgas o nuevos reglamentos para los seguros. Por tanto, estima que las ventas de pólizas nuevas para el mes de diciembre entrante serán de 1,228.5 pólizas.

Indicadores guía

Muchas empresas tratan de pronosticar sus ventas averiguando uno o más **indicadores guía** u otras series de tiempo que cambian en la misma dirección pero antes de las ventas de la empresa. Por ejemplo, una empresa de artículos de plomería podría averiguar que sus ventas se retrasan unos cuatro meses en relación con el índice de viviendas de iniciación de viviendas. En tal caso, el índice de iniciación de viviendas que se inician sería un indicador guía importante. La Oficina Nacional de Investigaciones Económicas ha identificado 12 de los mejores indicadores guía, y sus valores son publicados mensualmente en la *Encuesta Actualizada de Empresas*.

Análisis estadístico de la demanda

El análisis de las series de tiempo trata las ventas pasadas y futuras en función del tiempo, y no en función de cualquier factor real de la demanda. Empero, son muchos los factores reales que afectan las ventas de cualquier producto. **El análisis estadístico de la demanda** consiste en una serie de procedimientos estadísticos usados para encontrar los factores reales más importantes que afectan las ventas, así como su influencia relativa. Los factores que se suelen analizar son los precios, los ingresos, la población y la promoción.

Los análisis estadísticos de la demanda consisten en expresar las ventas (Q) como una variable dependiente y en tratar de explicar las ventas en función de una serie de variables independientes de la demanda $X_1, X_2, \ldots X_n$. Es decir:

$$Q = f(X1, X2, \ldots, Xn)$$

Si se usa la técnica llamada análisis de regresión múltiple, diversas ecuaciones se pueden adaptar estadísticamente a los datos con objeto de encontrar los mejores factores para el pronóstico y la mejor ecuación.[9]

Por ejemplo, una empresa refresquera encontró que las ventas de refrescos, per cápita y por estados estaba representada por[10]

$$Q = -145.5 + 6.46X1 - 2.37X2$$

donde

X1 = temperatura anual media para el estado (Farenheit)

X2 = ingreso anual per cápita del estado (en cientos)

Por ejemplo, Nueva Jersey tenía una temperatura anual media de 54 y un ingreso anual per cápita de 24 (en cientos). Con esta ecuación, cabría pronosticar un consumo de refrescos per cápita en Nueva Jersey de

$$Q = -145.5 + 6.46(54) - 2.37(24) = 146.6$$

El consumo per cápita real sería de 143. Si la ecuación sirve para pronosticar otros estados, se convertiría en un instrumento útil para los pronósticos. La gerencia de mercadotecnia pronosticaría la temperatura media y el ingreso per cápita, para el año entrante, para cada estado, y usaría la ecuación para pronosticar las ventas del año entrante.

El análisis estadístico de la demanda puede ser muy complejo y el mercadólogo debe tener sumo cuidado al diseñar, realizar e interpretar dicho análisis. Aún, con las constantes mejoras de la tecnología de la computación, el análisis estadístico de la demanda ha ido adquiriendo cada vez más popularidad para los pronósticos.

RESUMEN

Los gerentes de mercadotecnia necesitan medir el tamaño del mercado, corriente y futuro, para poder cumplir con sus responsabilidades. Un *mercado* se define como la serie de consumidores, reales y en potencia, que existe para una oferta en el mercado. Los consumidores del mercado tienen *interés*, *ingresos* y *acceso* a la oferta del mercado. El mercadólogo tiene que distinguir los diferentes grados del mercado, como *mercado en potencia*, *mercado existente*, *mercado existente calificado*, *mercado atendido* y *mercado penetrado*.

Una de sus tareas es *estimar la demanda actual*. Los mercadólogos pueden estimar la demanda total usando el método de tasas en cadena, que consiste en multiplicar un número básico por porcentajes sucesivos. La *demanda de la zona del mercado* se puede estimar con el método de acumulación del mercado o con el método del índice de factores del mercado. Para estimar las ventas reales de la industria se requiere identificar a los competidores y usar algún método para estimar las ventas de cada uno de ellos. Por último, las empresas estiman la parte del mercado que corresponde a sus competidores con objeto de juzgar su actuación relativa.

Para *estimar la demanda futura*, la empresa puede usar uno de siete métodos para pronosticar o una combinación de ellos, a partir de lo que dicen los consumidores (*las encuestas de la intención de los consumidores, el conjunto de opiniones de los vendedores y la opinión de expertos*); lo que hacen los consumidores (*pruebas de mercado*) o lo que han hecho los consumidores (*análisis de series de tiempo, indicadores señeros y análisis estadístico de la demanda*). El método más conveniente dependerá del propósito del pronóstico, del tipo de producto y de la existencia y confiabilidad de los datos.

TÉRMINOS CLAVE

Análisis de series de tiempo 270

Análisis estadístico de la demanda 271

Demanda primaria 260

Demanda selectiva 260

Demanda total del mercado 259

Indicadores señeros 271

Industria 258

Mercado 258

Mercado atendido 258

Mercado en potencia 258

Mercado existente 258

Mercado existente calificado 258

Mercado penetrado 259

Pronósticos 266

EXPOSICIÓN DE PUNTOS CLAVE

1. Al medir un mercado y hacer pronósticos, ¿qué problema es más grave, *sobreestimar* la demanda o *subestimarla*?

2. El 40% del total de las ventas anuales de los minoristas depende de la temporada navideña. Muchos analistas pronostican el peso de la temporada minorista de Navidad proyectando a partir del grado de ventas de *un solo día*, el viernes siguiente al Día de Gracias. ¿Qué problemas entraña usar dicho pronóstico? ¿Es más difícil pronosticar una demanda temporal tan alta?

3. Muchas tendencias al largo plazo se presentan en razón de cambios en la tecnología o el entorno. ¿Qué consecuencias han tenido los convertidores catalíticos para automóviles en el mercado de la gasolina con y sin plomo? ¿Cómo han afectado los precios altos de la gasolina a los fabricantes de bujías? ¿Se podrían haber pronosticado dichos cambios?

4. La cadena de almacenes de Hess está buscando ubicaciones deseables para tiendas nuevas. ¿Qué aspecto de la demanda le interesaría a Hess para medir el punto que se elegirá para ubicar las tiendas nuevas y qué métodos de medición se usarían?

5. En su calidad de gerente de mercadotecnia de alimento para gatos Cat Pride, usted ha visto que las ventas saltaron 50% el año pasado, después de muchos años de ventas relativamente estables. ¿Cómo pronosticaría las ventas para el año entrante?

6. ¿Qué indicadores señeros le podrían servir para pronosticar las ventas de pañales? ¿De autos? ¿De hamburguesas? ¿Podría describir un procedimiento general para encontrar indicadores para las ventas de un producto?

APLICACIÓN DE CONCEPTOS

1. Analice el horario de clases de su escuela para el próximo semestre. Estudie los cursos que se ofrecen para su especialidad y trate de pronosticar qué cursos tendrán poca, mediana y mucha demanda. En su opinión, ¿qué factores afectan la demanda de los cursos? Si se ofreciera un curso nuevo, ¿qué información necesitaría conocer para pronosticar su grado de demanda?

2. Con frecuencia, las personas se forman su propia opinión sobre el potencial de productos nuevos. Quizá escuche a alguien decir que un producto nuevo "no se venderá jamás" o quizá que "se venderá como pan caliente". Trate de recordar algún producto o servicio nuevo que haya visto y respecto al cual haya hecho un pronóstico informal. ¿Cuál fue el produco? ¿Qué captó su atención lo bastante como para que usted hiciera un comentario respecto al futuro del producto? ¿Qué pronosticó? ¿Estaba usted en lo cierto?

CÓMO TOMAR DECISIONES EN MERCADOTECNIA:

COMUNICACIONES MUNDO PEQUEÑO, S. A.

Thomas Campbell y Lynette Jones tienen que preparar algunos pronósticos para las ventas iniciales de su nueva empresa, Comunicaciones Mundo Pequeño. En un viaje de negocios, Lyn, mientras esperaba en el aeropuerto de Minneápolis, pensaba en silencio: "Tenemos que armar algunas proyecciones básicas de las pérdidas y utilidades de Mundo Pequeño para saber si la empresa es viable en términos financieros. Así que debemos pronosticar el tamaño del mercado y estimar nuestras ventas *antes* de invertir en el desarrollo del producto. Pero ahí está el *chiste*: antes de pronosticar la demanda, tenemos que averiguar cuál será el producto, pero no podemos desarrollar el producto, mientras no pronostiquemos la demanda". Tom y Lyn decidieron que tenían que fiarse de sus instintos y desarrollar la idea de un producto básico antes de proseguir. En palabras de Tom: "Hay que dar la primera patada y empezar en algún punto".

El producto básico, llamado con la clave "unidad", por el momento, será un accesorio de expansión para computadoras, que requerirá tanto elementos mecánicos, como programas de computación y servirá para que los usuarios integren las comunicaciones de muchas fuentes. Tom le explicó su idea del producto a Lyn: —Es como si se tratara de un ayudante del presidente —dijo—. El usuario entrenará a la Unidad contestando una pregunta sencilla, en inglés y no en lenguaje de computadora, y entonces la

derezará las cosas y hará que las comunicaciones Unidas resulten fáciles. La Unidad reconocerá las co que entran, de datos, de fax, de audio o de video, y s dría en la ruta que el usuario haya requerido. El fax primiría de manera automática, si el usuario lo quiere, podría guardar y aparecer en la pantalla para ahorrar pel. La Unidad podría poner el correo electrónico en ruta e manera automática: si solicito que se te envíe un mensaje, la Unidad sabe tu dirección electrónica, inclusive con cual computadora conectarse, así como el número telefónico al que debe llamar. Esto me permitirá ver la televisión, como si el "Noticiero Nocturno" estuviera proyectado en una esquina de la pantalla, mientras trabajo en mis otras tareas. Podría hacer una llamada y enviar un fax por el camino. Está muy claro que algunas de estas capacidades necesitan aparatos mecánicos y que otras están incluidas en un programa de computación —dijo Lyn—. Te sugiero que hagamos un tablero básico de circuitos que cubra la mayor parte de las necesidades de aparatos mecánicos. Es decir, necesitamos un diseño con todas las conexiones básicas para la entrada de información de teléfono, de video y de audio. Es como una navaja suiza. La mayor parte de los usuarios no necesitan todos los instrumentos que incluye, pero se sienten contentos de saber que han comprado algo flexible. Después podríamos usar módulos de programas de computación para que los diferentes usuarios preparen sus máquinas de diferentes maneras.

—Creo que esa es la estrategia adecuada —repuso Tom—. Esa idea de todo en uno ha funcionado muy bien para otros productos de cómputo como el programa *The Norton Utilities*. De cualquier manera, las aplicaciones extraordinarias no nos costarían mucho. Podemos reducir mucho los costos con la producción de un diseño en grandes volúmenes, que además simplificaría el manejo de inventarios. Estoy seguro que podremos incluir muchas características extraordinarias y, aun así, salir adelante en términos financieros. Ahora conjuntemos todos estos proyectos; ya he preparado una hoja de cálculo llamada "Unidad Mundo".

Y, ¿AHORA QUÉ?

1. Tom y Lynette han esbozado un producto nuevo e innovador, pero no tienen un punto de partida. El producto cumple las funciones de varios productos existentes, pero permite un grado de integración que no se consigue con otros productos. (a) Dados los antecedentes de este producto, explique cómo podría Mundo Pequeño definir y estimar el *mercado en potencia, mercado existente y mercado existente calificado*. [Algunos de los datos del episodio de Comunicaciones Mundo Pequeño del capítulo 3 podrían serle de utilidad.] (b) ¿Cómo podría cambiar este mercado con el tiempo? ¿Existen usuarios de computadoras que no forman parte del mercado en potencia por el momento, pero que podrían ser buenos prospectos a futuro?

2. Los pronósticos de Tom y Lyn afectarán muchos puntos. (a) Considere la forma en que un pronóstico elevado afectará la estrategia financiera de Mundo Pequeño, sus planes de producción y su administración de inventarios. (b) ¿Administrarían Tom y Lyn su empresa de otra manera si, en cambio, partieran de un pronóstico bajo? (c) ¿Qué tan confiable serían estos pronósticos iniciales?

REFERENCIAS

1. Véase Hamish McDonald, "Caught on the Hop", *Far Eastern Economic Review*, 18 de febrero de 1988, pp. 72-73; "Quantas Embarks on Major Fleet Expansion Plan", *Aviation Week & Space Technology*, 20 de junio de 1988, pp. 39, 42-43; Michael Westlake, "Sand-By Room Only", *Far Eastern Economic Review*, 2 de junio de 1988, pp. 72-75; y Paul Proctor, "Pacific Rim Carriers Struggle to Cope with Impending Traffic Boom", *Aviation Week & Space Technology*, 20 de noviembre de 1989, pp. 110-11. La información adicional fue proporcionada por Qantas Airways, Ltd., abril de 1993.

2. Para más información, véase Gary L. Lilien, Philip Kotler y K. Sridhar Moorthy, *Marketing Models* (Englewood Cliffs, NJ: Prentice Hall, 1992).

3. Para más sobre pronósticos de la demanda total del mercado, véase F. William Barnett, "Four Steps to Forecast Total Market Demand", *Harvard Business Review*, julio-agosto de 1988, pp. 28-34.

4. Para más información sobre cómo usar esta encuesta, véase, "A User's Guide to the Survey of Buying Power", *Sales & Marketing Management*, 24 de agosto de 1992, pp. A6-A20.

5. Para una explicación más amplia de cómo medir la demanda del mercado, véase Philip Kotler, *Marketing Management: Analysis, Planning, Implementation, and Control*, 8a. ed. (Englewood Cliffs, NJ: Prentice Hall, 1994), Cap. 10.

6. Para una lista y un análisis de estas técnicas para pronosticar y otras más, véase David M. Georgoff y Robert G. Murdick, "Manager's Guide to Forecasting", *Harvard Business Review*, enero-febrero de 1986, pp. 110-120; y Donald S. Tull y Del I. Hawkins, *Marketing Research: Measurement and Method*, 6a. ed. (Nueva York: Macmillan, 1990), Cap. 21.

7. Para más información sobre el método del conjunto de vendedores, véase Tull y Hawkins, *Marketing Research: Measurement and Method*, pp. 705-6.

8. Véase Kip D. Cassino, "Delphi Method: A Practical 'Crystal Ball' for Researchers", *Marketing News*, 6 de enero de 1984, Sec. 2, pp. 10-11.

9. Véase Tull y Hawkins, *Marketing Research: Measurement and Method*, pp. 686-91.

10. Véase "The Du Pont Company", en *Marketing Research: Text and Cases* (3a. ed.), Harper W. Boyd, Jr., Ralph Westfall y Stanley Stasch, eds. (Homewood, IL: Irwin, 1977), pp. 498-500.

CASO 8

CÓMO MEDIR Y PRONOSTICAR LA DEMANDA

En 1974, la crisis de los energéticos, con sus largas filas en las bombas de gasolina y los elevados precios del combustible, hizo que los autos japoneses, más baratos y que daban más kilómetros por litro, resultaran más atractivos a los compradores de autos en Estados Unidos. Al mismo tiempo, el gobierno federal, preocupado porque Estados Unidos dependía mucho del petróleo extranjero, aprobó la Ley para economizar combustible en la empresa promedio (CAFE), en 1975. Esta ley establecía normas para el promedio de kilómetros por litro que debían tener las flotillas que vendieran los fabricantes de autos de este país.

Ford, GM y Chrysler reaccionaron a estos dos hechos acelerando sus investigaciones en torno al rendimiento del combustible. En consecuencia, hacia mediados de los años ochenta, los autos estadounidenses empezaron a rendir, en promedio, muchos más kilómetros por litro. Conforme los autos grandes empezaron a funcionar de manera más económica y los estadounidense se olvidaron de las largas filas para la gasolina y se acostumbraron a los precios más elevados, la demanda de automóviles volvió a dirigirse a los autos más grandes, más lujosos y más caros. A pesar del mayor rendimiento de la gasolina, conforme aumentó la demanda de los autos grandes, los productores de autos nacionales volvieron a tener problemas para cumplir las normas de la CAFE para sus flotillas. Los fabricantes de autos, con objeto de incrementar las ventas de autos pequeños y aumentar los kilómetros por litro de sus flotillas, bajaron los precios de los autos pequeños, en algunos casos, a menos de los costos. Irónicamente, a diferencia de su actitud en los años setenta, ahora se encontraban promoviendo los autos pequeños en un mercado de autos grandes.

La crisis de los energéticos y sus secuelas ilustran los problemas que entraña pronosticar la demanda cuando los cambios repentinos en los que compran los consumidores ocasionan que los productos ofrecidos estén en un ciclo diferente al de la demanda. Los pronosticadores deben anticipar, acertadamente, las tendencias futuras de la demanda de los consumidores, las actividades de la competencia y los cambios en el entorno del mercado.

¿Qué tendencias afectarán la demanda futura de automóviles? Ante las menguantes reservas de petróleo, los gobiernos han impulsado el mayor rendimiento de la gasolina, además, su preocupación por la contaminación, por ejemplo como el efecto de invernadero, ha producido normas más estrictas para la calidad del aire. Los fabricantes de autos, con objeto de conseguir un mayor rendimiento de la gasolina, están investigando motores alternativos, por ejemplo, los motores de turbina y de dos golpes. Además, para cumplir con las normas rígidas de la calidad del aire, están experimentando con gasolinas más limpias como las de metanol y etanol.

Aunque estas investigaciones han mejorado el rendimiento de la gasolina, el incremento del tamaño promedio de los autos ha retrasado estos avances, dando por resultado que, en promedio, el rendimiento de la gasolina no mejore mucho. A efecto de producir autos grandes, con buen rendimiento de gasolina, los fabricantes de autos están experimentando con materiales nuevos, más ligeros, para la carrocería, como los compuestos a base de polímeros. Por ejemplo, Ford y General Electric se han embarcado en una empresa mancomunada de 11 millones de dólares, a cinco años, para demostrar la viabilidad de fabricar partes estructurales con polímeros termoplásticos cíclicos de GE, que son bien conocidos por su resistencia. El Congreso y Exposición Internacional de Ingenieros de Automotores de 1992, en Detroit, contuvo una impresionante serie de productos sintéticos nuevos, de la era espacial, que pronto se abrirán camino en la estructura y la composición de los autos nuevos del mañana.

Existen otros factores que también están dando forma al mercado de los automóviles. Desde los años setenta, los congestionamientos en las calles de las urbes de Estados Unidos han aumentado inmensamente. ¿La solución? Sistemas Inteligentes para Caminos Vehiculares conocidos como IVHSs. Estos sistemas incluyen radares (ojos electrónicos) que evitan que los vehículos choquen, radiofaros que permiten seguir la pista de lo vehículos comerciales y sistemas de navegación electrónica ligados a satélites que pueden mover columnas de autos por carreteras, ¡sin que los dirijan los conductores!

Sin embargo, los avances no acaban ahí, pues los autos también serán más inteligentes. Por ejemplo, imagínese un Oldsmobile Toronado "Inteligente", equipado con dos computadoras, muchas antenas, un teléfono celular y un transpondedor cónico blanco que se comunica con Satélites de Posicionamiento Global. ¿Quiere saber dónde hay problemas de tránsito? Oprima el botón "Informe de Tránsito". ¿Quiere ver su auto avanzar por el tránsito o confirmar su ruta? Observe el triángulo de la pantalla del tablero. Oprima "Cosas que ver y hacer" y una voz computarizada le guiará por Disney World, el Museo de Elvis Presely o el Zoológico de Gatorland. Claro está, esta característica sólo la incluye Avis de Orlando.

¿Cuándo estarán los sistemas IVHS a disposición del público? Todavía falta algo de tiempo. James Constantino, director ejecutivo de IVHS America, estima que se necesitarán entre 35 mil y 40 mil millones de dólares para desarrollar y probar las tecnologías de IVHS y se necesitarán otros 225 mil millones para construir un sistema nacional.

las investigaciones sobre transportes, con finan-
Por 3 federal, apenas si han pasado de 2 millones en
cia 34 millones de dólares en 1992. No obstante, los
1 inteligentes quizá no tarden en salir al mercado. La
r parte de la tecnología para estos autos ya existe.

¿Quién comprará autos inteligentes? Los primeros
delos serán caros. Los compradores iniciales probable-
ente serán conductores de entre 25 y 49 años, con ingre-
os familiares por arriba de los 60,000 dólares. Sin embargo, los expertos esperan que estos autos no sigan siendo
caros mucho tiempo. El comprador típico de autos ya compra autos de lujo y alto rendimiento, que incluyen muchas
opciones. Además, todos los conductores tienen gran
necesidad de ahorrar tiempo y de incrementar la seguridad,
y la sociedad necesita reducir la contaminación del aire.
Por tanto, para el año 2000, cabría esperar que muchos
conductores estén recorriendo las carreteras en autos
inteligentes de plástico ligero.

PREGUNTAS

1. Suponga que usted trabaja con un distribuidor de autos
en una población de 150,000 habitantes. Usted quiere
pronosticar la demanda del pueblo para todas las marcas
de autos y para los próximos cinco años. ¿Qué técnicas
usaría para hacer el pronóstico?

2. Ahora, suponga que quiere pronosticar las ventas a cinco
años de la *marca* de su distribuidora. ¿Qué técnicas usaría
para hacer el pronóstico?

3. ¿Cómo pronosticaría usted la demanda de los Sistemas
Inteligentes para Caminos Vehiculares? ¿De dónde
provendría la demanda?

4. ¿Cómo pronosticaría usted la tasa de aceptación de los
"autos inteligentes"?

Fuentes: "Eye on the Road", *Car and Driver*, enero de 1990, p. 7; "Return of the
Gas Guzzler", *Forbes*, octubre de 1986, p. 10; "Japan Will Feast at the CAFE",
U.S. News & World Report, 29 de mayo de 1989, p. 11; Karen Wright, "The
Shape of Things to Go", *Scientific American*, mayo de 1990, pp. 92-101; Samia
El-Badry y Joseph Innace, "Ford and GE Join in Car Composites", *Modern
Plastics*, junio de 1992, pp. 21-22; y Peter K. Nance, "Driving into de 21st
Century", *American Demographics*, septiembre de 1992, pp. 46-53.

CASO EMPRESARIAL 8

GENENTECH: CÓMO PRONOSTICAR LA EUFORIA

Hace un año, Genentech brindó porque le habían otorgado la autorización reglamentaria para usar su medicamento medular, la TPA; corrió la champaña, en una carpa de
circo, hubo tantos fuegos artificiales que se cerró el aeropuerto local y, además, música de rock tocada por los Rolling Clones, su banda de biotec. Hoy, sin embargo, los
seguidores de la empresa ya no están eufóricos. Genentech
es víctima de su propio éxito, es decir, de su verdadero
éxito; de un éxito que palideció ante la comparación con el
fantasioso éxito que había emocionado a los inversionistas,
a Wall Street y a la propia Genentech.

En 1976, un biólogo y un maestro en humanidades,
que sólo tenían 500 dólares entre los dos, fundaron Genentech. Soñaban con llegar a ser la primera empresa que
demostrara el potencial de la reproducción de las proteínas
humanas por medio de la biotecnología. Las empresas del
ramo de la biotecnología desarrollan medicamentos de
manera biológica, a diferencia de los basados en sustancias
químicas, porque piensan que estos medicamentos son tan
efectivos como los químicos, pero que no producen efectos
secundarios. Genentech se convirtió en la primera empresa
en comercializar estos medicamentos y sus ventas aumentaron velozmente (véase ejemplo 8-1 que contiene el histo-

rial de las ventas). Para 1987, la empresa tenía tres productos en el mercado: Humulin, una insulina humana; Ro-
feron, un interferon alfa usado para tratar un tipo de leucemia; y Protropin, una hormona para el crecimiento
humano.

Genentech comercializa su último medicamento, un
nuevo medicamento trombolítico llamado TPA, con el
nombre de Activase. Los cardiólogos administran dosis únicas del medicamento trombolítico, lo antes posible, a los
pacientes que han sufrido un infarto. Este medicamento
disuelve los mortíferos coágulos sanguíneos que se presentan cuando hay un infarto. El cuerpo produce TPA de manera natural, pero en cantidades muy pequeñas. Antes de
los avances recientes, los científicos no habían desarrollado
un método para copiar, genéticamente, la sustancia natural
del TPA ni para producir la cantidad suficiente para satisfacer las necesidades de los pacientes infartados.

Tras gastar 200 millones de dólares a lo largo de
cinco años para desarrollar el TPA, Genentech lanzó el producto, ante los embates de una cruzada de incrédulos de la
Oficina de Administración de Drogas y Alimentos (FDA) y
de la comunidad médica. Dado que un importante estudio,
presentado en marzo de 1985, explicaba que el TPA era sig-

nificativamente superior a su antecesor, tratándose de disolver los mortales coágulos sanguíneos, la gerencia de Genentech adoptó la posición de que no sería "ético" que un médico *dejara* de usar el medicamento para tratar infartos. Los analistas de Wall Street, entusiasmados, abrazaron esta opinión, sin sentido crítico alguno, y hubo algunos que incluso llegaron a pronosticar demandas legales, por ejercicio indebido de la profesión, contra médicos que no usaran el TPA. A pesar del entusiasmo, en mayo de 1987, la FDA se negó a dar el visto bueno al medicamento, alegando que faltaba evidencia que sustentara la eficacia del TPA. No obstante, Genentech presentó más estudios que confirmaban que el TPA disolvía los coágulos, mejoraba la acción cardiaca en general y prolongaba la vida. Así, en noviembre de 1987, la FDA aceptó que el TPA se vendiera en Estados Unidos. A los 15 días, Genentech sostuvo una conferencia, que se televisó a todo el país, para hablar del TPA a 12,000 médicos, farmacéuticos de hospitales y enfermeras.

Genentech pronosticó que vendería 180 millones de dólares de TPA en 1988, a 2,200 dólares por dosis, precio 10 veces superior al de su rival *estreptoquinasa* fabricada por Hoechst AG. No obstante, los analistas empezaron a pronosticar que, para 1988, las ventas llegarían a 400 millones de dólares. Los precios de las acciones de la empresa se dispararon, aumentando 47% en sólo dos semanas. El personal de Genentech, a pesar de sus pronósticos más modestos, no discutió las optimistas proyecciones de los analistas. De hecho, los empleados de Genentech *se sumaron* a la emoción e invirtieron mucho en el sueño. Un químico de Genentech recuerda: "Las acciones subían y todo el mundo enloquecía. La gente estaba emocionadísima. La gente preguntaba '¿Qué precio tienen a estas horas?'"

Al término del primer año del TPA, Genentech cubría un 65% del mercado de los medicamentos trombolíticos, en comparación con el 30% para la estreptoquinasa de la competencia y el 5% para la uroquinasa. Sin embargo, Genentech ha captado la mayor parte de un mercado decepcionantemente pequeño. Varios factores han contribuido a este inesperado y escaso crecimiento del mercado. Los distribuidores venden 90% del TPA a los hospitales, que lo conservan en sus farmacias para uso médico. Aunque la mayor parte de los hospitales tienen existencias de TPA, los médicos sólo recetan medicamentos para disolver coágulos a 120,000 de cada 400,000 pacientes médicamente elegibles para recibirlos. Genentech es de la opinión de que esta resistencia está costando vidas. Es más, las farmacias de los hospitales, sujetas a rígidos controles de precios por Medicare y las compañías de seguros, no se pueden dar el lujo de abandonar la estreptoquinasa que se vende a unos 200 dólares por dosis. Kirk Raab, presidente de Genentech, insiste que el elevado precio del TPA no tiene la culpa, pero el mercado parece indicar otra cosa. Por último, los médicos son reacios a usar cualquier producto nuevo, especialmente uno que entraña un riesgo pequeño, aunque mensurable, de efectos secundarios indeseables. Por tanto, resulta que Genentech parece haber subestimado la complejidad del mercado médico, la reglamentación de costos y su conservadurismo innato. Como dice el presidente de otra empresa dedicada a la biotecnología: "La situación era demasiado compleja [un problema médico] para presuponer que podía ser un agasajo".

Como si no bastara con estos problemas, los resultados que arrojan algunos estudios recientes indican que el TPA tiene una modesta ventaja, y no la inmensa ventaja que se había pronosticado. Por ejemplo, un estudio importante arrojó que el TPA redujo las muertes un 27%, en comparación con las de un grupo de control, mientras que, en otro estudio, la estreptoquinasa redujo las muertes 21%. Otro estudio arrojó que el TPA reducía las muertes un 51% en las dos primeras semanas después del infarto, contra 47% para la eminasa (un producto de estreptoquinasa producido por Beecham) después de 30 días. Así pues, los médicos han estado recibiendo datos confusos, y el equipo de mercadotecnia de Genentech y el equipo de 194 vendedores han tenido problemas para venderlo.

La confusión del mercado persistirá mientras los investigadores no publiquen las primeras comparaciones verdaderas, de uno a uno, de la capacidad del TPA y la estreptoquinasa para salvar la vida. Para cuando dichas comparaciones existan, la eminasa de Beecham, la siguiente competidora seria en el mercado del TPA, podría estar en el mercado de Estados Unidos. No obstante, el Sr. Raab tiene confianza. "La eminasa es el único producto que tiene posibilidades y es una forma de la estreptoquinasa —dice—. No queremos subestimarla, pero pensamos que el TPA es superior". Sin embargo, algunos observadores piensan que la eminasa es más fácil de administrar y tiene menos efectos secundarios. Es más, Beecham podría poner a la eminasa un precio hasta 500 dólares menos que el del TPA.

Así pues, aunque las ventas del TPA en los primeros años llegaron a unos 180 millones de dólares, convirtiéndolo en el medicamento que haya registrado más ventas en el primer año en toda la historia, muchos analistas consideraron que la actuación fue decepcionante. Las acciones de Genentech cayeron a la tercera parte del nivel que tuvieron, dejando azorados a muchos accionistas y empleados. "Se puede decir que vendimos demasiado alto —concede el Sr. Raab—. Teníamos mucho optimismo en cuanto a la velocidad con que ocurrirían las cosas y subestimamos que los médicos serían reacios a usar una terapia revolucionaria."

Ahora, Genentech enfrenta el reto de cambiar su estrategia de mercadotecnia y de apretarse el cinturón. Algunos analistas se preguntan cuántas utilidades podrá extraer Genentech del TPA antes de que una nueva generación de drogas entre al juego. Un científico de Genentech que vio cómo se desplomaba el valor de sus acciones dice: "La transición de los sueños a la realidad es muy dura. El lanzamiento del TPA estuvo mal manejado, porque ha hecho que un gran éxito parezca algo ubicado entre decepción y fracaso".

PREGUNTAS

1. ¿En qué mercado vende Genentech su TPA? ¿Qué tan grandes son el mercado *potencial* y el mercado *penetrado* para el TPA? ¿Por qué difiere tanto el tamaño de estos dos mercados?

2. Dado que un paciente sólo recibe una dosis de TPA, inmediatamente después de un infarto, ¿qué parte del mercado habría necesitado Genentech para llegar al pronóstico de ventas por 400 millones de dólares?

3. Dado que el TPA era un producto nuevo, en un mercado relativamente nuevo, ¿cómo podría la gerencia haber atacado el problema de pronosticar las ventas del primer año?

4. En su opinión, ¿qué errores mercadotécnicos cometió Genentech?

5. Dada la posición presente de Genentech, ¿qué cambios aplicaría usted a la estretegia de mercadotecnia?

6. En noviembre de 1991, un equipo especial de la Asociación de Cardiólogos de Estados Unidos informó que un obstáculo para controlar las enfermedades cardiovasculares es que algunos enfermos no tienen capacidad para pagar los medicamentos que requieren los tratamientos de problemas cardiacos. El equipo anunció que tenía planes para difundir programas del gobierno y de las compañías farmacéuticas que proporcionarían, a los pacientes en forma gratis o a precios muy bajos, los medicamentos para el corazón. ¿Piensa usted que empresas como Genentech tienen la responsabilidad de proporcionar medicamentos gratis o a precio bajo a los pacientes con escasos recursos?

Fuente: Adaptado de M. Chase, "Genentech, Battered by Great Expectations, Is Tightening Its Belt", *The Wall Street Journal*, 11 de octubre de 1988, y "Heart Association Targets Uninsured, Poor Patients", *The Wall Street Journal*, 13 de noviembre de 1991. Reproducido con autorización.

9

$\mathcal{S}$egmentación de mercados, mercados meta y el posicionamiento para la ventaja competitiva

*P*rocter & Gamble fabrica nueve marcas de detergente para ropa (Tide, Cheer, Gain, Dash, Bold 3, Dreft, Ivory Snow, Oxydol y Era). Además, vende nueve marcas de jabón para cuerpo (Zest, Coast, Ivory, Safeguard, Camay, Oil of Olay, Kirk's y Lava); seis champús (Prell, Head & Shoulders, Ivory, Pert, Pantene y Vidal Sassoon); cuatro marcas de detergentes líquidos para platos (Joy, Ivory, Dawn y Liquid Cascade), dentífricos (Crest, Gleam, Complete y Denquel), café (Folger's, High Point, Butternut y Maryland Club) y papel higiénico (Charmin, White Cloud, Banner y Summit); tres marcas de limpiador para pisos (Spic & Span, Top Job y Mr. Clean); y dos marcas de desodorante (Secret y Sure), aceite comestible (Crisco y Puritan), suavizante para telas (Downy y Bounce) y pañales desechables (Pampers y Luvs). Es más, muchas de las marcas se presentan en diferentes tamaños y tienen diferentes fórmulas (por ejemplo, se pueden adquirir paquetes grandes o pequeños de Tide, en polvo o líquido, en alguna de sus tres formas, normal, sin aroma o con blanqueador).

Estas marcas de P&G compiten entre sí en los mismos anaqueles de los supermercados. Pero, ¿por qué introduce P&G varias marcas de una categoría, en lugar de concentrar sus recursos en una sola marca líder? La respuesta es que diferentes personas quieren que los productos que adquieren les ofrezcan *diferentes mezclas de beneficios*. Piense, por ejemplo, en los detergentes para ropa. La gente usa detergentes para lavar su ropa. Sin embargo, también quiere que los detergentes les ofrezcan otras cosas, por ejemplo, economía, capacidad para blanquear, o suavizar de telas, olor agradable, fuerza o levedad y mucha espuma. Todos queremos que los detergentes nos proporcionen *algunos* de estos beneficios, pero quizá adjudiquemos diferentes *prioridades* a cada uno de ellos. Para algunas personas, la capacidad para limpiar y blanquear es más importante, para otras el suavizante de telas es lo primero, otras más podrían buscar un detergente suave y de aroma fresco. Por

tanto, existen grupos o segmentos de compradores de detergente para ropa y cada segmento espera una combinación especial de beneficios.

Procter & Gamble ha identificado, cuando menos, nueve segmentos importantes en el caso de los detergentes para ropa, así como numerosos subsegmentos, y ha diseñado una marca diferente a efecto de satisfacer las necesidades especiales de cada uno de ellos. Procter & Gamble presenta sus nueve marcas a los diferentes segmentos de la manera siguiente:

- *Tide* es "tan potente que llega hasta la última fibra". Es el detergente general para la familia y para lavar manchas muy difíciles. "Cuando Tide entra, la mugre sale." *Tide con blanqueador* es "tan potente que blanquea hasta la última fibra".

- *Cheer,* protege los colores, "lava a fondo y también protege los colores, de tal manera que la ropa de su familia quedará limpia, brillante, como si fuera nueva". La fórmula de Cheer permite usar agua caliente, tibia o fría y *Cheer Free* que se puede usar "a cualquier temperatura, ha sido aprobado por dermatólogos ... y no contiene esencias irritantes ni tintes".

- *Oxydol* contiene blanqueador. "Deja su ropa blanca verdaderamente blanca y su ropa de color verdaderamente brillante. ¡Usted no tiene que usar blanqueador, simplemente use una caja de Ox!

- *Gain,* que en un principio era el detergente "enzimático" de P&G, fue reintroducido como el detergente que deja su ropa limpia y oliendo a fresco, que "la revive como un rayo de sol".

- *Bold* es el detergente con suavizante de telas incluído. "Limpia, suaviza y controla la estática." Bold líquido ofrece además "el aroma fresco del suavizante de telas".

- *Ivory Snow* es "99.44% puro". Es "un jabón suave e inocuo para los pañales y la ropa del bebé".

- *Dreft* también está formulado para pañales y ropa de

bebé. Contiene borax "el suavizante natural" que lava "de manera confiable".

- *Dash* representa, de entrada, el valor que ofrece P&G. "Ataca las manchas difíciles", pero "Dash las ataca a un precio muy bajo".

- *Era Plus* contiene "desmanchadores". "Elimina las manchas difíciles y es estupendo para lavar ropa en general."

Al segmentar el mercado y tener varias marcas de detergente, P&G ofrece una variedad atractiva para todos los consumidores de los grupos importantes, según sus preferencias. Sus marcas combinadas cubren más del 55% del mercado de los detergentes para ropa, mucho más de lo que podría conseguir una sola marca cualquiera.

AVANCE DEL CAPÍTULO

El capítulo 9 presenta los diferentes enfoques del mercado que pueden adoptar las empresas a efecto de atender mejor las necesidades de los consumidores y de las empresas.

Se empieza con una panorámica de los tres enfoques del mercado que pueden adoptar las empresas: *la mercadotecnia masiva, la mercadotecnia de producto diferenciado y la mercadotecnia hacia mercados meta.*

La explicación general de la mercadotecnia hacia mercados meta detalla *la segmentación de mercados,* para lo cual se divide un mercado en grupos *mensurables, accesibles, sustanciales y activables,* por medios diferentes, a partir de variables *geográficas, demográficas, psicográficas, conductuales* y otras más.

A continuación se explica el proceso mediante el cual las empresas se *enfocan hacia un mercado* y los diferentes métodos que pueden usar, entre ellos, *la mercadotecnia indiferenciada, la diferenciada y la concentrada.*

El capítulo termina con una explicación de la estrategia para posicionarse en el mercado y de la manera en que las empresas pueden colocar sus productos para lograr la mejor de las ventajas competitivas.

LOS MERCADOS

Las organizaciones que le venden a mercados de consumidores y de empresas saben que no pueden agradar a todos los compradores de esos mercados o, cuando menos, a todos los compradores de la misma manera. Saben que hay demasiados compradores, que están demasiado diseminados y que sus necesidades y hábitos de compra son demasiado variados. Además, la capacidad de las empresas para atender los mercados también es muy variada. Así, cada empresa debe tratar de identificar las partes del mercado que podrá atender mejor, en lugar de tratar de competir en un mercado entero, en ocasiones contra competidores superiores.

Los vendedores no siempre se han atenido a esta filosofía. Su lógica ha pasado do por tres etapas:

- *La mercadotecnia masiva.* En la mercadotecnia masiva, el vendedor fabrica un producto, lo distribuye y lo promueve en masa para todos los compradores. En un tiempo, Coca-Cola sólo producía un refresco para todo el mercado, con la esperanza de agradar a todos. El razonamiento para la mercadotecnia masiva es que deberá conducir a los costos y precios más bajos posibles y a crear el mayor mercado potencial.

- *La mercadotecnia de producto diferenciado.* En este caso, el vendedor fabrica dos o más productos con diferentes características, estilos, calidad, tamaño, etc. Más adelante, Coca-Cola produjo varios refrescos embotellados en diferentes envases y tamaños. Estos fueron diseñados para ofrecerle variedad a los compradores, antes que para atraer a diferentes segmentos del mercado. El argumento para la mercadotecnia de producto diferenciado es que los consumidores tienen gustos diferentes que cambian con el tiempo. Los consumidores quieren variedad y cambio.

- *La mercadotecnia hacia mercados meta.* En este caso, el vendedor identifica segmentos del mercado, elige uno o varios, y prepara mezclas de productos y de mercadotecnia adecuados para cada uno de ellos. Por ejemplo, ahora, Coca-Cola produce refrescos para el segmento del refresco con azúcar (Coca-Cola clásica, y Coca-cereza), el segmento dietético (Coca de dieta y Tab), el segmento sin cafeína (Coca sin cafeína) y el segmento de otros refrescos sin cola (refrescos Minute Maid).

Las empresas contemporáneas están abandonando la mercadotecnia masiva y la mercadotecnia de producto diferenciado para dirigirse a la mercadotecnia de selección de mercados meta, la cual ayuda a los vendedores a identificar mejor las oportunidades de mercado para su producto. Los vendedores pueden elaborar el producto ideal para cada uno de los mercados meta y adaptar sus precios, canales de distribución y publicidad para llegar eficazmente al mercado pretendido. En lugar de dispersar sus actividades de mercadotecnia (la posición de "escopeta"), pueden enfocarlas a los compradores que tienen más interés en comprar su producto (la posición del "rifle").

Dada la creciente fragmentación de los mercados de masas en Estados Unidos, que se han convertido en cientos de micromercados, cada uno de ellos con necesidades y estilos de vida diferentes, la comercialización resulta, cada vez más, una forma de **micromercadotecnia.** Con esta micromercadotecnia, las empresas adaptan sus programas de comercialización a las necesidades y los anhelos de segmentos geográficos, demográficos, psicográficos o conductuales, definidos por marcos muy estrechos. La forma última de la mercadotecnia dirigida hacia mercados meta *comercialización a pedido,* en la cual la empresa adapta su producto y su programa de comercialización a las necesidades de un cliente o de una organización compradora específicos (véase Puntos Importantes de la Mercadotecnia 9-1).

La figura 9-1 muestra los tres pasos principales de la mercadotecnia de selección de mercado meta. El primero es la **segmentación del mercado;** es decir, dividir al mercado en grupos definidos de compradores, con diferentes necesidades, características o comportamiento, que podrían requerir productos o de mercadotecnia diferentes. La empresa identifica diferentes maneras de segmentar el mercado y prepara perfiles de los segmentos del mercado que resultan de ello. El segundo paso es la **mercadotecnia de selección de mercado meta;** la evaluación del atractivo de cada segmento del mercado para elegir uno o varios segmentos del mercado al que se ingresará. El tercer paso es el **posicionamiento en el mercado;** es decir, la formulación de un posicionamiento competitivo del producto y la creación de una mezcla mercadotécnica detallada.

LA SEGMENTACION DEL MERCADO

Los mercados están compuestos por compradores, los cuales son diferentes en uno o varios sentidos. Los compradores pueden tener diferentes deseos, recursos, ubicación, actitud para comprar y hábitos de compra. Cualesquiera de estas variables sirven para segmentar un mercado.

Cómo segmentar un mercado

Como los compradores tienen necesidades y deseos singulares, cada comprador es un mercado individual en potencia. Así pues, lo ideal sería que el vendedor

FIGURA 9-1
Pasos en la segmentación, selección de mercado meta y posicionamiento

pudiera diseñar un programa individual de comercialización para cada comprador. Por ejemplo, Boeing fabrica aviones para un puñado de compradores y adapta sus productos y programa de comercialización para satisfacer a cada cliente específico.

No obstante, la mayor parte de los vendedores se enfrenta a una gran cantidad de compradores pequeños y, en su caso, la segmentación completa no vale la pena. En cambio, el vendedor identifica *clases* generales de compradores, los cuales difieren en sus requerimientos del producto o las respuestas de compra. Por ejemplo, General Motors ha visto que los grupos de ingresos altos o bajos tienen diferentes necesidades y deseos cuando compran un auto. Asimismo, sabe que las necesidades y los anhelos de los consumidores jóvenes no son iguales a los de los consumidores viejos. Por tanto, GM ha diseñado modelos específicos para diferentes grupos de ingresos y de edad. De hecho, vende sus modelos en segmentos que tienen diferentes *combinaciones* de edades e ingresos. Por ejemplo GM diseñó el Buick Park Avenue para consumidores de ingresos altos y mayor edad. La edad y los ingresos sólo representan dos de las muchas bases que usan las empresas para segmentar los mercados.

Bases para segmentar los mercados de consumo

No existe una manera única de segmentar un mercado. El mercadólogo debe probar diferentes variables para segmentarlo, solas y combinadas, y así encontrar la mejor forma de examinar la estructura del mercado. La tabla 9-1 contiene las principales variables que se usarían para segmentar los mercados de consumo. En este caso, se analizan las *variables geográficas, demográficas, psicográficas* y *conductuales.*

La segmentación geográfica

La **segmentación geográfica** requiere dividir al mercado en diferentes unidades geográficas, como países, estados, regiones, condados, ciudades o barrios. La empresa puede optar por operar en una o varias zonas geográficas o por operar en todas las zonas, aunque prestando atención a las diferencias de necesidades y preferencias en las zonas geográficas. Por ejemplo, el café molido Maxwell House, de General Foods, se vende en todo el país, pero con sabor diferente según la región. Los habitantes del oeste prefieren un café más fuerte que los del este. Campbell vende sopa de pollo y quimbombó tipo Cajun en Luisiana y Mississippi, fabrica sopa de tortilla y queso más picante para Texas y California y sólo vende Frijoles Rancheros picantes en el sur y suroeste de Estados Unidos.

S. C. Johnson & Son aplica la segmentación geográfica para su arsenal de insecticidas marca Raid, subrayando la importancia de los productos adecuados para las zonas geográficas indicadas en los momentos oportunos:

> Johnson, preocupada porque su parte dominante del mercado de los insecticidas para el hogar se había estancado en poco más del 40%, averiguó dónde y cuándo estaban a punto de empezar a picar y morder diferentes insectos, o de afectar la tranquilidad de su vida. La empresa promovió matacucarachas en capitales invadidas por el bicho, como Houston y Nueva York, y aerosoles contra pulgas en ciudades mordidas por el insecto, como Tampa y Birmingham. Desde que empezó el programa el año pasado, la parte del mercado para Raid ha aumentado en 16 de 18 zonas y su tajada del mercado de insecticidas de 450 millones de dólares al año, en Estados Unidos, ha aumentado cinco puntos porcentuales.[1]

Hoy, son muchas las empresas que están "regionalizando" sus programas de mercadotecnia; es decir, ubicando sus productos, publicidad, promociones y ventas de tal manera que se adapten a las necesidades de regiones, ciudades e, incluso, a barrios individuales. Otras están tratando de cultivar territorios vírgenes. Por ejemplo, muchas empresas grandes están huyendo de las ciudades y los suburbios importantes, donde existe una competencia feroz, para establecerse en los pueblecitos de Estados Unidos. Por ejemplo, hace poco, McDonald's empezó a abrir pequeños cafés de la cadena Golden Arches, en poblaciones demasiado

MICROMERCADOTECNIA: ¿UNA NUEVA ERA MERCADOTÉCNICA?

A lo largo de la mayor parte del presente siglo, las grandes empresas dedicadas a los productos de consumo se han aferrado a dos principios de mercadotecnia masiva: la estandarización del producto y la identificación nacional de la marca. Han comercializado la misma serie de productos, más o menos, de la misma manera a masas de consumidores en todo el país. Empero, en fecha reciente, muchas empresas han probado un nuevo método: la *micromercadotecnia*. En lugar de comercializar sus productos de la misma manera, en todo el país, para todos los clientes, están adaptando sus productos, publicidad, promociones de ventas y actividades de ventas personales para ceñirse al gusto de segmentos geográficos, demográficos, psicográficos y conductuales específicos.

Diversos factores han motivado el cambio a la micromercadotecnia. En primer lugar, el mercado estadounidense de masas se ha ido descomponiendo en una serie de micromercados más pequeños; el segmento de la generación del baby boom aquí, el segmento de las personas maduras allá; el mercado de los hispanos aquí, el de los negros allá; el de las mujeres que trabajan aquí, el de los hogares con un progenitor allá; la Franja del Sol aquí, la Franja del óxido allá. Hoy, los mercadólogos tienen muchos problemas para crear un solo producto o programa que atraiga a todos estos grupos diferentes. En segundo, las mejoras de la información y las técnicas para investigaciones de mercadotecnia también han fomentado la micromercadotecnia. Por ejemplo, los "digitalizadores" de las tiendas minoristas permiten ahora seguir la pista, al instante, de las ventas de productos de una tienda a otra, ayudando así a las empresas a detectar con exactitud qué segmentos específicos están comprando qué. En tercer lugar, los digitalizadores proporcionan a los detallistas mucha información sobre el mercado y esta información les ofrece más poder sobre los fabricantes. Con frecuencia, los detallistas adoptan una posición tibia ante las grandes campañas de comercialización, nacionales. En cambio, prefieren promociones locales, enfocadas hacia las características de los consumidores de sus propias ciudades y barrios. Así pues, para tener contentos a los minoristas y para conseguir preciado espacio para sus productos en los anaqueles detallistas, los fabricantes deben ahora recurrir más a la micromercadotecnia.

Una de las formas más comunes de la micromercadotecnia es la *regionalización*, adaptar marcas y promociones para ceñirlas a las regiones geográficas, ciudades, barrios o, incluso, tiendas específicas, individuales. Sopas Campbell, pionera en la regionalización, ha creado muchas marcas regionales. Por ejemplo, vende picantes frijoles Ranchero, potaje Brunswick, y chile con carne en el suroeste, sopa Cajun en el sur y sopa de frijoles negros en zonas de hispanos. De hecho, Campbell ha reorganizado toda su operación de mercadotecnia para ceñirla a su estrategia regional. Ha dividido su mercado en 22 regiones. Dentro de cada región, los gerentes de ventas y los vendedores ahora tienen facultades para trabajar estrechamente con los minoristas locales en cuanto a exhibidores, ofertas de cupones, precios especiales y promociones dirigidas a las necesidades y las condiciones de los mercados locales. Por ejemplo, un gerente de ventas recientemente ofreció Cerdo y Frijoles de Campbell a un precio de hace 50 años (5 centavos) para ayudar a un minorista local a celebrar su quincuagésimo aniversario. Campbell ha asignado entre 15 y 20% de su presupuesto de mercadotecnia para apoyar la comercialización local y esta asignación podría subir a 50% con el tiempo.

Además de la regionalización, las empresas también están enfocándose hacia micromercados demográficos, psicográficos y conductuales específicos. Por ejemplo, Procter & Gamble, usa seis campañas publicitarias diferentes para su dentífrico Crest, dirigiéndolas a diferentes segmentos de edad y etnia, inclusive niños, negros e hispanos. Para llegar a estos micromercados y otros, Procter & Gamble ha aumentado mucho su uso de medios con un enfoque concentrado, como la televisión por cable, el correo directo, el patrocinio de eventos, los medios electrónicos para el punto de compra y los exhibidores de publicidad en lugares como salas de espera de médicos y dentistas o cafeterías de instituciones de enseñanza elemental y media. Además, para satisfacer la creciente diversidad de gustos de los consumidores, P&G ha creado una canasta llena de productos nuevos y extensiones de la marca en todas sus categorías. Por ejem-

pequeñas para sus restaurantes de tamaño normal. La cadena Hampton Inns está aplicando una estrategia similar:

> Townsend, Tennessee, por ejemplo, es una población pequeña incluso al tenor de parámetros para poblaciones pequeñas. Cuenta con 329 habitantes. Sin embargo, las apariencias engañan. Está situada en una ruta pintoresca y muy transitada entre Knoxville y las montañas Smokey, el villorrio [recibe a vacacionistas y gente que viaja por negocios. Los Hampton Inns], la cadena que cuenta con 290 moteles, abrió [una unidad] en Townsend y ... proyecta abrir 100 más en pueblos pequeños para 1996.

plo, antes sólo había Tide, ahora hay Tide normal, Tide líquido, Tide sin aroma y Tide con blanqueador.

En un extremo, la micromercadotecnia se convierte en un producto a la medida. Hoy, la micromercadotecnia a la medida está regresando en forma de *productos a la medida en masa;* es decir, la producción de grandes cantidades de productos diseñados a la medida para satisfacer las necesidades individuales de los clientes. Por ejemplo, en Japón las personas que quieren comprar una casa se sientan ante una computadora con el vendedor y diseñan sus propias casas del futuro. Crean una distribución general, haciendo las habitaciones tan grandes o pequeñas como las quieren y, después, eligen sus propias combinaciones de características específicas, de entre una lista de 20,000 parte estándar. Sus diseños son enviados, electrónicamente, a la fábrica, donde los muros, los techos y los pisos son preparados en una línea de montaje que se extiende a lo largo de un tercio de milla. A continuación, los módulos prefabricados son entregados en el terreno del comprador y montados ahí. En un plazo de 30 días, la familia se puede mudar a su casa hecha a la medida.

Otros mercadólogos están experimentando nuevos sistemas para proporcionar productos hechos a la medida, que van desde autos y bicicletas hasta muebles y ropa. Uno de estos sistemas, instalado en 18 tiendas en Estados Unidos, consta de una cámara ligada a una computadora que calcula las medidas de los clientes e imprime un patrón a la medida para un traje de baño. La pantalla de video muestra al asombrado comprador, por demás encantado, cómo se verá el nuevo traje por el frente y la parte posterior. El comprador elige el género de entre unas 150 muestras; el diseño hecho a la medida es enviado a los sastres del productor, quienes cosen el traje.

Otro ejemplo es el fabricante japonés de bicicletas que usa la producción flexible para producir grandes cantidades de bicicletas adaptadas a las necesidades de los compradores individuales. Los clientes visitan la tienda de bicicletas de su localidad, donde el tendero los mide en un marco especial y envía las especificaciones, por fax, a la fábrica. En la fábrica, las medidas son registradas en una computadora, que produce planos en tres minutos, los mismos que requerirían 60 veces más de tiempo si los dibujara una persona. A continuación, la computadora guía a robots y obreros en el proceso de producción. La fábrica puede producir una de entre 11,231,862 variedades en 18 modelos de bicicletas con 199 patrones de colores y casi tantos tamaños como personas existen. El precio es alto, entre 545 y 3,200 dólares, pero en un plazo de dos semanas el comprador está montando una bicicleta hecha a la medida, en una máquina única.

Los mercadólogos de empresa a empresa también están encontrando otras formas de hacer sus ofertas a la medida. Por ejemplo, los vendedores de Motorola ahora usan una computadora de mano para diseñar los aparatos de bip de acuerdo con los deseos de los clientes. Los datos del diseño son transmitidos a la fábrica de Motorola y la producción se inicia en un plazo de 17 minutos. Los bips a la medida están listos para su envío en un par de horas.

Aunque la micromercadotecnia ofrece muchas posibilidades, también tiene sus problemas. El tratar de atender a docenas o incluso cientos de diferentes micromercados es muchísimo más complejo que la comercialización en masa. Además, cuando se ofrecen muchos productos y programas de promociones diferentes, los costos de fabricación y mercadotecnia aumentan. Así pues, algunos mercadólogos consideran que la micromercadotecnia es sólo una moda; piensan que las empresas no tardarán en encontrar que las ventas extraordinarias conseguidas no alcanzarán para cubrir los costos adicionales. No obstante, otros piensan que la micromercadotecnia revolucionará la manera de comercializar los productos de consumo. Dicen que han pasado los días cuando la empresa podía comercializar un producto a masas de consumidores, usando un solo programa de promociones. Estos mercadólogos piensan que la micromercadotecnia está señalando el principio de una nueva era para la mercadotecnia.

Fuentes: Véase Regis McKenna, "Marketing in an Age of Diversity", *Harvard Business Review,* septiembre-octubre de 1988, pp. 88-95; Zachary Schiller, "Stalking the New Consumer", *Business Week,* 18 de agosto de 1989, pp. 54-62; Susan Moffat, "Japan's New Personalized Production", *Fortune,* 22 de octubre de 1990, pp. 132-135; Shawn McKenna, *The Complete Guide to Regional Marketing* (Homewood, Il.: Business One Irwin, 1992); Howard Schlossberg, "Packaged-Goods Experts: Micromarketing the Only Way to Go", *Marketing News,* 6 de julio de 1992, p. 8; y B. Joseph Pine, *Mass Customization* (Boston: Harvard Business School Press, 1993).

... En este tipo de micromercadotecnia, los costos bajos son muy importantes. Sin embargo, el volumen también suele ser menor, por lo cual las actividades, con frecuencia, también se deben reducir. Por ejemplo el Hampton Inn de Townsend sólo cuenta con 54 habitaciones, en lugar de las 135 que suelen tener.[2]

La segmentación demográfica

La **segmentación demográfica** consiste en dividir el mercado en grupos, a partir de variables como la edad, el sexo, el tamaño de la familia, el ciclo de vida de la familia, los ingresos, la ocupación, el grado de estudios, la religión, la raza y

TABLA 9-1
Principales variables para segmentar mercados de consumo

VARIABLE	DESCOMPOSICION TIPICA
Geográfica	
Región	Pacífico, Montaña, Centro Noroeste, Centro Suroeste, Centro Noreste, Centro Sudeste, Atlántico Sur, Atlántico Medio, Nueva Inglaterra
Tamaño del condado	A, B, C, D
Tamaño de la ciudad	Menos de 5,000; 5,000-20,000; 20,000-50,000; 50,000-100,000; 100,000-250,000; 250,000-500,000; 500,000-1,000,000; 1,000,000-4,000,000; 4,000,000 y más
Densidad	Urbana, suburbana, rural
Clima	Norte, Sur
Demográfica	
Edad	Menos de 6, 6-11, 12-19, 20-34, 35-49, 50-64, 65 +
Sexo	Masculino, femenino
Tamaño familia	1-2, 3-4, 5 +
Ciclo de vida de la familia	Joven, soltero; joven, casado, sin hijos; joven, casado, hijo menor de 6; joven, casado, hijo menor de 6 o más; viejo, casado, con hijos; viejo, casado, sin hijos de menos de 18; viejo, soltero; otros
Ingresos	Menos de $10,000; $10,000-$15,000; $15,000-$20,000; $20,000-$30,000; $30,000-$50,000; $50,000-$75,000; $75,000 y más
Ocupación	Profesional y técnico; administrador, ejecutivo y dueño; oficinista, vendedor; artesano, capataz; operativo; agricultor; retirado; estudiante; quehaceres del hogar; desempleado
Educación	Primaria o menos, algunos estudios de educación media; terminada la educación media; algunos estudios superiores; terminados los estudios superiores
Religión	Católica, protestante, judía, otras
Raza	Blanca, negra, asiática, hispana
Nacionalidad	Estadounidense, británica, francesa, alemana, escandinava, italiana, latinoamericana, oriente medio, japonesa
Psicográfica	
Clase social	Baja baja, alta baja, obrera, media media, media alta, baja alta, alta alta
Estilo de vida	Triunfadores, creyentes, luchadores
Personalidad	Compulsiva, gregaria, autoritaria, ambiciosa
Conductuales	
Ocasión de compra	Ocasiones normales, ocasiones especiales
Beneficios pretendidos	Calidad, servicio, economía
Grado del usuario	No usuario, ex usuario, usuario en potencia, usuario primo, usuario regular
Tasa de uso	Poco uso, mediano uso, mucho uso
Grado de lealtad	Ninguna, mediana, mucha, absoluta
Grado de conocimiento	Desconocimiento, conocimiento, informado, interesado, deseos, con intención de comprar
Actitud ante el producto	Entusiasta, positiva, indiferente, negativa, hostil

la nacionalidad. Los factores demográficos son la base más popular para segmentar los grupos de clientes. Una explicación es que las necesidades, las preferencias y las tasas de uso varían de acuerdo con las variables demográficas. Otra es que las variables demográficas se pueden medir con más facilidad que la mayor parte de otros tipos de variables. Aun cuando los segmentos del mercado se definen antes a partir de otras bases, por ejemplo la personalidad o el comportamiento, es preciso conocer sus características demográficas a efecto de determinar el tamaño del mercado meta para alcanzarlo en forma eficiente.

Edad y etapa del ciclo de vida. Las necesidades y los anhelos de los consumidores cambian con la edad. Algunas empresas recurren a la **segmentación**

Segmentación geográfica: Hampton Inn, que huye de las ciudades grandes y competitivas, está construyendo unidades más pequeñas en las poblaciones pequeñas de Estados Unidos. Este Hampton Inn cuenta con 54 habitaciones, en lugar de las 135 que suelen tener.

por edad y por ciclo de vida, ofreciendo diferentes productos o usando diferentes enfoques de mercadotecnia, para diferentes grupos de edad y ciclo de vida. Por ejemplo, las vitaminas Life State se presentan en cuatro versiones, cada una de ellas diseñada para las necesidades especiales de segmentos específicos de edad: fórmula masticable para niños, de 4 a 12 años; fórmula para adolescentes y dos versiones para adultos (fórmula para hombres y fórmula para mujeres). Johnson & Johnson desarrolló el champú Affinity para que las mujeres de más de 40 años superaran los cambios de cabello relacionados con la edad. McDonald's se dirige a niños, adolescentes, adultos y viejos con diferentes anuncios y por diferentes medios. Sus anuncios para los adolescentes incluyen música de moda para bailar, aventuras y cortes de escena a escena a ritmo rápido, sus anuncios para los mayores son más tranquilos y sentimentales.

No obstante, los mercadólogos deben tener cuidado de no caer en estereotipos cuando recurren a la segmentación por edad y ciclo de vida. Aunque puede haber personas de 70 años en sillas de ruedas, habrá otras en canchas de tenis. De igual manera, aunque algunas parejas de 40 años tengan hijos en edad universi-

Segmentación demográfica: Johnson & Johnson se dirige a los niños con curitas de Plaza Sésamo; Abelardo y el Comegalletas "ayudan a que las lágrimas de los pequeños se conviertan en grandes sonrisas". Toyota busca "una magnífica relación" con las mujeres.

taria, habrá otras que apenas están iniciando su familia. Por tanto, con frecuencia, la edad no sirve para pronosticar la etapa del ciclo de vida, la salud, el trabajo de una persona ni la situación, las necesidades y el poder adquisitivo de la familia.

El sexo. La **segmentación por sexo** se ha usado, desde hace mucho tiempo, para ropa, peinados, cosméticos y revistas. En fecha reciente, otros mercadólogos han encontrado oportunidades en la segmentación por sexo. Por ejemplo, tanto mujeres como hombres usan la mayor parte de las marcas de desodorante. No obstante, Procter & Gamble desarrolló Secret como marca especialmente formulada para la química femenina y la empacó y anunció como producto para reforzar la imagen femenina. La industria del automóvil también ha empezado a recurrir mucho a la segmentación por sexo:

> El año pasado, las mujeres compraron 49% de los autos nuevos vendidos en Estados Unidos e influyeron en el 80% de las compras de autos nuevos. Por tanto, las mujeres han pasado a ser un objetivo valioso del mercado. Venderle a una mujer debe ser igual que venderle a un hombre, aunque existen ciertas diferencias sutiles. La mujer tiene una constitución diferente, menos fuerza en la parte superior del cuerpo y se preocupa más por la seguridad. Los fabricantes de autos, para abordar estos aspectos, están rediseñando los autos con cofres y cajuelas más fáciles de abrir, asientos más fáciles de ajustar y cinturones de seguridad que se adaptan mejor a la mujer. Algunos fabricantes dirigen su publicidad directamente a la mujer. Por ejemplo, Chevrolet destina 30% de su presupuesto para publicidad en televisión a anuncios para la mujer. Otras empresas evitan las alusiones directas. En cambio, empresas como Toyota, Ford y Pontiac tratan de incluir un equilibrio realista entre hombres y mujeres en sus anuncios, sin referirse específicamente al sexo.[3]

El ingreso. La **segmentación por ingreso** ha sido otra práctica muy antigua usada por los mercadólogos, para productos y servicios como automóviles, barcos, ropa, cosméticos y viajes. Muchas empresas se dirigen a los consumidores ricos con bienes de lujo y servicios que ofrecen comodidad. Tiendas como Neiman-Marcus abarcan todo, desde costosas alhajas, modas finas y pieles exóticas hasta frascos de crema de cacahuate de 4 dólares y chocolates de 20 dólares la libra.[4]

Sin embargo, no todas las empresas que usan la segmentación por ingresos se dirigen a los ricos. Casi la mitad de los hogares de Estados Unidos tienen ingresos de 25,000 dólares o menos. A pesar de que tienen menor poder para gastar, los 40 millones de hogares de bajos ingresos del país representan un mercado atractivo para muchas empresas.

> No es una actividad sensual ni esplendorosa, pero las ventas a los estadounidenses de bajos ingresos pueden entrañar grandes utilidades. Sin embargo, para llegar a los estadounidenses apretados de dinero no sólo hay que colocar montones de letreros de ofertas y rebajas en los aparadores de las tiendas. Para conseguir su atención hay que entender quiénes son y qué quieren. Significa ofrecerles productos de calidad a precios justos, con un eficiente y tradicional servicio a clientes.[5]

Muchas empresas, como las tiendas Family Dollar, se dirigen, rentablemente, a los consumidores de bajos ingresos. Cuando los expertos en bienes raíces de Family Dollar buscan lugares para ubicar tiendas nuevas, eligen barrios de la clase media baja, donde la gente usa zapatos menos caros y tiene autos viejos que gotean aceite. El ingreso del cliente típico de Family Dollar rara vez pasa de 17,000 dólares al año y el cliente promedio sólo gasta alrededor de 6 dólares en cada visita a la tienda. Aun así, estas tiendas, con la estrategia de dirigirse a las personas de bajos ingresos, se han convertido en una de las cadenas de tiendas de descuento más rentable del país.[6]

Segmentación demográfica multivariable. La mayor parte de las empresas segmentan un mercado combinando dos variables demográficas o más. Piense en el mercado de jabones desodorantes. Las marcas de jabón desodorante que registran más ventas son usadas por muchos tipos de consumidores, sin embargo, son dos variables demográficas (el sexo y la edad), sumadas a la zona geográfica, las que resultan más útiles para diferenciar a los usuarios de una marca o de otra.[7]

Los hombres y las mujeres prefieren diferentes jabones desodorantes. Las marcas que prefieren los hombres son, entre otras, Dial, Safeguard e Irish Spring, las cuales abarcan más del 30% del mercado de jabones para hombre. Por otra parte, las mujeres prefieren Dial, Zest y Coast, que cubren 23% del mercado de jabones para mujeres. Los jabones desodorantes más importantes también tienen diferente atractivo para diferentes segmentos de edad. Por ejemplo, Dial le resulta más atractivo a hombres de entre 45 y 68 años que a hombres más jóvenes; sin embargo, es más probable que las mujeres de entre 35 y 44 años usen Dial, en comparación con la mujer promedio. El Coast le resulta mucho más atractivo a los jóvenes, hombres y mujeres, que a los viejos; es más probable que hombres y mujeres de entre 18 y 24 años usen Coast, en comparación con el promedio. Por último, las preferencias en cuanto a los jabones desodorantes difieren por región del país. Aunque los hombres de todas las zonas geográficas usan jabón desodorante, los habitantes de Nueva Inglaterra usan más Dial, los del sur prefieren Safeguard, y los del oeste prefieren Irish Spring. Por tanto, no hay una sola variable demográfica que capte todas las diferencias de las necesidades y preferencias de los compradores de jabón desodorante. Para definir mejor los segmentos importantes del mercado de jabones, los mercadólogos deben segmentarlo usando diversas variables.

La segmentación psicográfica

La **segmentación psicográfica** divide a los compradores en diferentes grupos con base en las características de su clase social, estilo de vida y personalidad. Las personas dentro del mismo grupo demográfico pueden tener composiciones psicográficas muy diferentes.

La clase social. En el capítulo 5 se describieron las clases sociales de Estados Unidos y se demostró que la clase social tiene grandes repercusiones en las preferencias en cuanto a autos, ropa, muebles, actividades recreativas, hábitos de lectura y compras al menudeo. Muchas empresas diseñan productos o servicios para clases sociales específicas, incorporando características que agradan a estas clases.

El estilo de vida. Como se dijo en el capítulo 5, el interés de las personas por diversos bienes está sujeto a la influencia de sus estilos de vida y de los bienes que adquieren para expresar esos estilos de vida. Los mercadólogos, cada vez más, segmentan sus mercados a partir del estilo de vida de los consumidores. Por ejemplo, General Foods usó el análisis del estilo de vida para posicionar, con éxito, su café descafeinado Sanka. Durante años, el mercado de Sanka estuvo limitado por la imagen rancia y antigua del producto. General Foods, con el propósito de cambiar las cosas, emprendió una campaña publicitaria que presentaba a Sanka como la bebida ideal para el estilo de vida contemporáneo, creativo y sano. La campaña estaba dirigida a triunfadores de todas las edades, recurriendo al atractivo clásico para los triunfadores, y decía que Sanka "Le permite ser lo mejor". La publicidad proyectaba a personas viviendo aventuras, por ejemplo recorriendo rápidos en kayaks.[8]

La revista *Redbook* también tiene como meta un segmento de estilo de vida específico, mujeres a las que denomina "*Reddbook* Jugglers" (mujeres manipuladoras de *Redbook*). La revista define este sector como mujeres de entre 25 y 44 años que deben manipular al esposo, la familia, el hogar y el trabajo. Según un anuncio reciente que salió en la revista "Ella es producto de la 'generación egocéntrica' la mujer de 30 y tantos años que logró equilibrar su hogar, familia y profesión más que ninguna otra antes de ella, se resiste a dejar de lado sus propios placeres. Tiene edad suficiente para saber qué quiere y es lo suficiente joven para lograrlo". Según *Redbook*, este tipo de consumidor constituye una meta ideal para mercadólogos de alimentos naturistas y productos para hacer ejercicio. Utiliza más zapatos para hacer ejercicio, ingiere más vitaminas, consume más bebidas dietéticas y hace más ejercicio que otros grupos de consumidores.

Personalidad. Los mercadólogos también han utilizado las variables de personalidad para segmentar mercados, atribuyendo a sus productos personalidades que corresponden a personalidades de los consumidores. Las estrategias exitosas de segmentación de mercados con base en la personalidad se han utilizado para productos como cosméticos, cigarrillos, seguros y licores.[9] La campaña de mercadotecnia que lanzó Honda para sus motonetas presenta otro buen ejemplo de segmentación por personalidad.

Al parecer, Honda dirige sus motonetas de modelo Spree, Elite y Aero al grupo de entre 14 y 22 años adepto a las modas. Sin embargo, *en realidad,* la compañía diseña anuncios que resultan atractivos para un grupo de personalidad mucho más extenso. Un anuncio, por ejemplo, muestra un muchacho que, muy cómodo, da vueltas en la cama mientras el locutor dice "Te has pasado toda la vida intentando llegar ahí". El anuncio le recuerda a los escuchas acerca de las sensaciones de euforia que sintieron cuando rompieron con la autoridad e hicieron cosas que sus padres les habían dicho que no hicieran. Sugiere, asimismo, que al viajar en una motoneta Honda sentirán eso mismo de nuevo. Por consiguiente, si bien Honda parece dirigirse a los consumidores jóvenes, el anuncio resulta atractivo para los que imponen modas y para personalidades independientes de cualquier grupo de edad. De hecho, más del 50% de las ventas de motonetas Honda se realizan con profesionistas jóvenes y compradores de más edad —15% de las ventas se llevan a cabo con personas mayores de 50 años—. Por tanto, Honda se dirige al niño rebelde e independiente que todos llevamos dentro.[10]

La segmentación conductual

La **segmentación conductual** divide a los compradores en grupos, con base en sus conocimientos sobre un producto, su actitud ante el mismo, el uso que le dan o la forma en que responden a un producto. Muchos mercadólogos piensan que las variables conductuales son el mejor punto de partida para segmentar el mercado.

Ocasiones. Se pueden formar grupos de compradores de acuerdo con las ocasiones en que piensan comprar, cuando efectúan la compra o cuando el artículo es adquirido. La **segmentación por ocasiones** puede servir a las empresas para aprovechar los usos del producto. Por ejemplo, el jugo de naranja se suele consumir en el desayuno, pero los naranjeros han promovido que éste se consuma como bebida fresca y refrescante en otras horas del día. Por otra parte, la campaña publicitaria de Coca-Cola, "Coca por la mañana", pretende aumentar el consumo de Coca promoviendo la bebida como reconstituyente matinal. Algunas festividades, como el día de la madre y el día del padre, en su origen, fueron promovidas, en parte, para aumentar las ventas de dulces, flores, tarjetas y otros regalos. La Curtis Candy Company promovió la costumbre del Halloween del "dulce o travesura", con objeto de fomentar que las casas tuvieran dulces preparados para regalar a los niños que tocaran a la puerta.

Kodak recurre a la segmentación por ocasiones para diseñar y comercializar sus cámaras para una sola vez, las cuales constan de un rollo de película, una armadura y una lente baratas, contenidos en una unidad sellada. El cliente sólo tiene que tomar las fotos y enviar la película a revelar, con todo y cámara. Kodak,

Segmentación por ocasiones: Kodak ha desarrollado versiones especiales de cámaras para usar una sola vez, para casi cualquier ocasión en que se tomen fotos, desde fotos subacuáticas hasta fotos de bebés.

mezclando lentes, velocidad de película y accesorios, ha desarrollado versiones especiales de la cámara para casi cualquier ocasión en la que se toman fotografías, desde fotografías subacuáticas hasta fotos de bebés.

> ¿Está usted al borde del Gran Cañón? Las cámaras de un solo uso pueden tomar fotos panorámicas de gran ángulo. ¿Buceando? Enfoque el arrecife con otra cámara de un solo uso. Los aficionados a los deportes son otro de sus objetivos. Ahora, Kodak comercializa una versión de película ultrarrápida, con telefoto, ... para la gente que asiste a estadios ... Los planificadores están pensando en un modelo equipado con una lente de distancia focal corta y una película rápida que requiera menos luz ... suponen que a los padres les gustaría ... sacar fotos de sus bebés sin el molesto flash ... En un catálogo japonés dirigido a mujeres jóvenes, Kodak vende un paquete de cinco cámaras color pastel ... inclusive una versión con lente de ojo de pescado para producir un romántico toque rosa.[11]

Los beneficios pretendidos. Una forma poderosa de segmentación consiste en formar grupos de compradores de acuerdo con los diferentes *beneficios* que pretenden obtener del producto. La **segmentación por beneficios** requiere que se averigüen los beneficios que la gente espera obtener de una clase de producto, los tipos de personas que quieren recibir cada uno de los beneficios y las marcas principales que ofrecen cada uno de ellos. Uno de los mejores ejemplos de la segmentación por beneficios se refiere al mercado de los dentífricos (véase tabla 9-2). Una investigación arrojó cuatro segmentos de beneficios: económicos, medicinales, cosméticos y gustativos. Cada grupo de beneficios tenía características demográficas, conductuales y psicográficas especiales. Por ejemplo, las personas que buscaban prevenir la caries, por lo general, tenían familias numerosas, usaban mucho dentífrico y eran conservadoras. Asimismo, cada segmento prefería ciertas marcas. En la actualidad, la mayor parte de las marcas se dirigen a uno de estos segmentos. Por ejemplo, la pasta de control Crest, con cremor tártaro, subraya la protección y se dirige al segmento familiar; Aim sabe bien y tiene un aspecto que le agrada a los niños.

Colgate-Palmolive recurrió a la segmentación por beneficios para reintroducir su jabón Irish Spring. Las investigaciones arrojaron tres segmentos de beneficios para el jabón desodorante: los hombres que preferían un jabón desodorante con poco aroma, las mujeres que querían un jabón suave con mediano aroma y un segmento mixto, en su mayor parte de hombres, que quería un jabón refrescante, con aroma fuerte. El Irish Spring original funcionaba bien en este último segmento, pero Colgate quería dirigirse al segmento intermedio, más grande. Por tanto, cambió la fórmula del jabón y su publicidad para darle al producto un atractivo más familiar.[12]

TABLA 9-2
Segmentación por beneficios del mercado de los dentífricos

SEGMENTOS POR BENEFICIOS	DEMOGRAFICOS	CONDUCTUALES	PSICOGRAFICOS	MARCAS PREFERIDAS
Economía (precio bajo)	Hombres	Mucho uso	Gran autonomía, buscadores de valor	Marcas de oferta
Medicinales (prevención de caries)	Familias grandes	Mucho uso	Hipocondriacos, conservadores	Crest
Cosméticos (dientes limpios)	Adolescentes, jóvenes	Fumadores	Muy sociables, activos	AquaFresh, Ultra Brite
Sabor (sabor agradable)	Niños	Amantes de la menta	Muy autocomplacientes, hedonistas	Colgate, Aim

Fuente: Adaptado de Russell J. Haley, "Benefit Segmentation: A Decision-Oriented Research Tool", *Journal of Marketing,* julio de 1968, pp. 30-35. Véase también, Haley, "Benefit Segmentation: Backwards and Forwards", *Journal of Advertising Research,* febrero-marzo de 1984, pp. 19-25; y Haley, "Benefit Segmentation-20 Years Later, *Journal of Consumer Marketing,* vol. 1, 1984, pp. 5-14.

En pocas palabras, las empresas pueden recurrir a la segmentación por beneficios para aclarar el segmento de beneficios al cual se dirigen, sus caracterísiticas y las principales marcas de la competencia. Además, pueden buscar otros beneficios y lanzar marcas que los ofrezcan.

La condición del usuario. Los mercados se pueden segmentar en grupos de no usuarios, ex usuarios, usuarios en potencia, usuarios por primera vez y usuarios consuetudinarios de un producto. Los usuarios en potencia y los usuarios regulares seguramente requieran otro tipo de estímulos de mercadotecnia. Por ejemplo, un estudio arrojó que los donantes de sangre tienen poco amor propio, casi no corren riesgos y se preocupan mucho por su salud y que los no donantes suelen ser lo contrario en estas tres dimensiones. Esto sugiere que las organizaciones sociales deben usar otros enfoques de mercadotecnia para conservar a los donantes presentes y atraer a donantes nuevos. La posición que ocupa la empresa en el mercado también influirá en su enfoque. Las empresas líderes del mercado buscarán atraer a usuarios en potencia, mientras que las empresas más pequeñas pretenderán quitarle usuarios a la líder del mercado.

La tasa del uso. Los mercados también se pueden segmentar por grupos de usuarios que usan un producto poco, regular y mucho. Las personas que lo usan mucho suelen constituir un porcentaje pequeño del mercado, aunque representan un porcentaje elevado del total de las compras. La figura 9-2 contiene las tasas de uso de algunos productos de consumo populares. Los usuarios de los productos fueron divididos en dos, una mitad para poco uso y otra para mucho uso, de acuerdo con las tasas de compras relativas a productos específicos. Con el ejemplo de la cerveza, la figura muestra que 41% de los hogares encuestados compra cerveza. Sin embargo, la mitad correspondiente a mucho uso, representó 87% de la cerveza consumida; es decir casi siete veces más que la mitad de poco uso. Está claro que una cervecería preferirá captar para su marca a una persona que la consume mucho, en lugar de varias que la beben poco. Así pues, la mayor parte de las cervecerías se dirigen a los grandes bebedores de cerveza, usando estímulos como el de Schaefer "la cerveza que usted debe beber si bebe más de una" o el de Miller Lite "sabe riquísima y llena menos".

Lealtad a la marca. Un mercado también se puede segmentar con base en la lealtad de los consumidores. Los consumidores pueden ser fieles a las marcas (Tide), tiendas (Wal-Mart) y las empresas (Ford). Los compradores se pueden

FIGURA 9-2
Usuarios frecuentes y ocasionales de productos de consumo de uso común
Fuente: Véase Victor J. Cook y William A. Mindak, "A Search for Constants: The 'Heavy User' Revisited!", *Journal of Consumer Marketing*, vol. 1, núm. 4 (Primavera de 1984), p. 80.

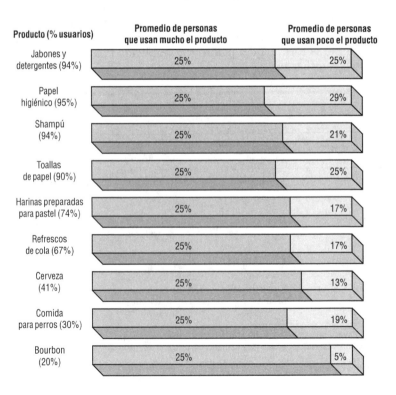

dividir en grupos de acuerdo con el grado de lealtad. Algunos consumidores son del todo fieles, compran una marca siempre. Otros son un tanto leales, son fieles a dos o tres marcas de un producto dado o prefieren una marca aunque, en ocasiones, compran otras. Otros compradores más no son leales a ninguna marca. Quieren algo diferente cada vez que compran o siempre compran la marca que está en oferta.

Cada mercado está compuesto por cantidades diferentes de cada tipo de comprador. Un mercado con mucha lealtad hacia las marcas contiene un porcentaje elevado de compradores que son muy fieles a una marca; por ejemplo, el mercado de los dentífricos y el de la cerveza. Las empresas que venden en un mercado con lealtad a las marcas enfrentan una tarea difícil para aumentar su parte del mercado y a las empresas nuevas les cuesta mucho trabajo ingresar a ellos.

Una empresa puede averiguar mucho si analiza los patrones de lealtad de su mercado. Se debe empezar por estudiar a los clientes leales a la marca propia. Colgate sabe que sus compradores fieles más bien son de clase media, tienen familias numerosas y les interesa la salud. Estas características detectan el mercado que Colgate tiene en la mira. La empresa, al estudiar a compradores menos leales, puede detectar cuáles son las marcas que más compiten con la suya. Si muchos compradores de Colgate también compran Crest, Colgate podría tratar de mejorar su posición frente a Crest, recurriendo a la publicidad por medio de comparaciones directas. La empresa, al analizar a los clientes que están abandonando su marca, podría encontrar sus debilidades de mercadotecnia. En cuanto a los no leales, la empresa podría atraerlos poniendo su marca en oferta.

Las empresas deben fijarse bien cuando recurren a la lealtad a la marca para sus estrategias de segmentación. Los patrones de compra que parecen ser lealtad a la marca podrían estar reflejando poco más que *costumbre, indiferencia, precio bajo* o *inexistencia* de otras marcas. Por consiguiente, las compras frecuentes o consuetudinarias podrían no ser lealtad a la marca, por lo cual los mercadólogos tendrán que estudiar los motivos que subyacen tras los patrones de compra observados.

La etapa de disposición del comprador. Un mercado está compuesto por personas que se encuentran en diferentes etapas de disposición para comprar un producto. Algunas personas no tienen conocimiento del producto, otras sí lo tienen, algunas están informadas, otras están interesadas, algunas quieren el producto y otras tienen la intención de comprarlo. Las cantidades relativas correspondientes a cada etapa hacen una gran diferencia para diseñar el programa mercadotécnico. Por ejemplo, el Instituto Tecnológico de Nueva York, hace poco, empezó a ofrecer cursos de nivel superior, de educación abierta, por medio de computadoras. Los estudiantes pueden cargar en sus computadoras personales, en cualquier momento y lugar, las lecciones que deben cubrir o pueden "hablar" con los instructores.[13] Al principio, los estudiantes en potencia no sabrán que existe el nuevo programa. Por tanto, las actividades de mercadotecnia iniciales deben recurrir a una publicidad que despierte la conciencia de su existencia y difunda un mensaje sencillo. Si logra despertar la conciencia, el programa de mercadotecnia tendrá que cambiar con objeto de llevar a la gente a la siguiente etapa de la disposición (por decir algo, el interés por el programa), subrayando los beneficios de la "universidad electrónica". Tendrá que preparar instalaciones para atender a la gran cantidad de personas que podrían estar interesadas en registrarse en los cursos. En general, el programa mercadotécnico se tendrá que adaptar a la distribución cambiante de la disposición de los compradores.

La actitud ante el producto. Las personas de un mercado pueden asumir una actitud entusiasta, positiva, indiferente, negativa u hostil ante un producto. Los visitadores de puerta en puerta de las campañas políticas se basan en la actitud dada del votante para determinar cuánto tiempo dedicarle. Agradecen a los votantes entusiastas y les recuerdan que deben votar, dedican poco tiempo o ninguno a tratar de cambiar la actitud de los votantes negativos u hostiles. Refuerzan a los votantes positivos y tratan de conseguir el voto de los indiferentes. En estas situaciones de mercadotecnia, las actitudes pueden servir de variables efectivas para la segmentación.

Segmentación de los mercados de las empresas

Los mercadólogos que trabajan en mercados de consumidores o en mercados de empresas usan muchas de las mismas variables para segmentar sus mercados. Las empresas compradoras se pueden segmentar en términos geográficos o por beneficios pretendidos, condición del usuario, tasas de uso, lealtad, etapa de disposición y actitudes. No obstante, los mercadólogos de empresas también usan otras variables. La tabla 9-3 muestra que, entre otras, incluyen *datos demográficos* (industria, tamaño de la empresa), *características de las actividades, posición ante las compras, factores de la situación* y *características personales*.[14]

La tabla enumera las principales interrogantes que deben formular los mercadólogos de empresas para determinar cuáles son los clientes que quieren atender. Las empresas, al perseguir segmentos en lugar del mercado entero, tendrán muchas más probabilidades de ofrecer valor a los clientes y de obtener el máximo de recompensas por prestar atención a las necesidades de los consumidores. Así, Goodyear y otros fabricantes de neumáticos deben decidir qué *industrias* habrán de atender. Las necesidades de los fabricantes que compran neumáticos

---

TABLA 9-3
Principales variables para la segmentación de los mercados de empresas

Demográficas

Industria: ¿Hacia cuáles industrias compradoras de este producto nos dirigiremos?

Tamaño de la empresa: ¿De qué tamaño serán las empresas hacia las que nos dirigiremos?

Ubicación: ¿Hacia qué zonas geográficas nos dirigiremos?

Variables de operaciones

Tecnología: ¿Hacia qué tecnologías del cliente nos dirigiremos?

Grado de usuario/no usuario: ¿Nos dirigiremos hacia los usuarios que lo usan mucho, regular o poco, o hacia los que no lo usan?

Capacidad del cliente: ¿Nos dirigiremos hacia clientes que necesitan muchos servicios o a hacia los que necesitan pocos?

Procedimientos de compra

Organización de la función de compras: ¿Nos dirigiremos hacia empresas con organizaciones de compras muy centralizadas o descentralizadas?

Estructura de poder: ¿Nos dirigiremos hacia empresas dominadas por la ingeniería, por las finanzas o por la mercadotecnia?

Carácter de la relación existente: ¿Nos dirigiremos hacia empresas con las que ya tenemos relaciones sólidas o sólo perseguiremos a las más deseables?

Políticas generales para comprar: ¿Nos dirigiremos hacia empresas que prefieren el arrendamiento, los contratos de servicios, los sistemas de compras o las ofertas selladas?

Criterios para comprar: ¿Nos dirigiremos hacia empresas que buscan la calidad, los servicios o los precios?

Factores de la situación

Urgencia: ¿Nos dirigiremos hacia empresas que necesitan entregas rápidas o servicios rápidos?

Aplicación específica: ¿Nos dirigiremos hacia ciertas aplicaciones de nuestro producto y no a todas sus aplicaciones?

Tamaño del pedido: ¿Nos dirigiremos hacia los pedidos grandes o los pequeños?

Características personales

Similitud entre comprador y vendedor: ¿Nos dirigiremos hacia empresas cuyo personal y valores se parecen a los nuestros?

Actitudes ante el riesgo: ¿Nos dirigiremos hacia los clientes que corren riesgos o a los que los evitan?

Lealtad: ¿Nos dirigiremos hacia empresas que son muy leales con sus proveedores?

Fuente: Adaptado de Thomas V. Bonoma y Benson P. Shapiro, *Segmenting the Industrial Market* (Lexington, MA: Lexington Books, 1983). Véase también John Berrigan y Carl Finkbeiner, *Segmentation Marketing: New Methods for Capturing Business* (Nueva York: Harper-Business, 1992).

son diferentes. Los fabricantes de autos de lujo y gran rendimiento querrán neumáticos de mayor calidad que los fabricantes de modelos económicos. Por otra parte, los neumáticos que necesitan los fabricantes de aviones tienen que cumplir con normas de seguridad mucho más estrictas que los neumáticos que necesitan los fabricantes de tractores agrícolas.

Una vez elegida una industria, la empresa puede segmentarla más, de acuerdo con *el tamaño del cliente* o *la ubicación geográfica*. Una empresa podría establecer sistemas independientes para tratar a clientes grandes o con diferentes ubicaciones. Por ejemplo Steelcase, productor importante de muebles para oficina, primero segmenta a sus clientes de acuerdo con diez industrias, inclusive bancos, seguros y electrónica. A continuación, los vendedores de la empresa trabajan con distribuidores independientes de Steelcase para manejar sus clientes más pequeños, locales o regionales, en cada segmento. Empero, muchos clientes nacionales, con muchas ubicaciones, por ejemplo como Exxon o IBM tienen necesidades especiales que van mucho más allá del alcance de los distribuidores individuales. Por tanto, Steelcase tiene gerentes de cuentas nacionales que ayudan a las redes de distribuidores a manejar las cuentas nacionales.

Dentro de una industria dada y de acuerdo con el tamaño del cliente la empresa, puede segmentarla a partir de *criterios y posición ante la compra*. Por ejemplo, los gobiernos, las universidades y los laboratorios industriales suelen diferir en cuanto a los criterios de compras que aplican a los instrumentos científicos. Los laboratorios del gobierno necesitan precios bajos (porque tienen problemas para conseguir fondos para comprar instrumentos) y contratos de servicios (porque, con facilidad, pueden conseguir dinero para su mantenimiento). Los laboratorios de universidades quieren equipo que requiera poco servicio regular porque no incluyen personal de servicio en sus nóminas. Los laboratorios industriales necesitan equipo muy confiable porque no se pueden dar el lujo de tenerlo parado.

La tabla 9-3 se concentra en las *características* de las empresas compradoras. No obstante, al igual que en el caso de la segmentación de los consumidores, muchos mercadólogos piensan que *el comportamiento para comprar* y *los beneficios* constituyen la mejor base para segmentar los mercados de empresas. Por ejemplo, un estudio reciente de los clientes de la división de empaques industriales de Signode Corporation reveló cuatro segmentos, cada uno de ellos con interés por una mezcla diferente de precios y servicios:

- *Compradores programados*. Estos compradores consideran que los productos de Signode no son muy importantes para sus actividades. Compran los productos en forma rutinaria, por regla general pagan el precio completo y aceptan un servicio por abajo de la media. Está claro que este segmento es muy rentable para Signode.

- *Compradores por relaciones*. Estos compradores consideran que los productos de empaque de Signode son algo importantes y tienen información sobre las ofertas de la competencia. Prefieren comprarle a Signode, siempre y cuando su precio sea razonablemente competitivo. Obtienen un pequeño descuento y una cantidad modesta de servicios. Este segmento es el segundo de Signode por orden de rentabilidad.

- *Compradores por transacciones*. Estos compradores consideran que los productos de Signode son muy importantes para sus actividades. Son muy sensibles a los precios y los servicios. Reciben un descuento del orden del 10% y un servicio por arriba de la media. Tienen conocimiento de las ofertas de la competencia y están dispuestos a cambiar para obtener un mejor precio, incluso aunque signifique perder ciertos servicios.

- *Cazadores de gangas*. Estos compradores consideran que los productos de Signode son muy importantes y demandan el mayor descuento y el mejor servicio. Conocen a otros proveedores, son duros para negociar y están dispuestos a cambiarse ante la menor insatisfacción. Signode necesita estos compradores para efectos de volumen, pero no son muy rentables.[15]

Esta segmentación le ha servido a Signode para diseñar mejores estrategias de mercadotecnia, que toman en cuenta las reacciones singulares de cada segmento ante diferentes grados de servicios y precios.[16]

Segmentación de los mercados internacionales

Pocas empresas cuentan con los recursos o con el interés por operar en todos, o siquiera en la mayor parte, de los más de 170 países existentes en el mundo. Aunque algunas empresas grandes, por ejemplo Coca-Cola o Sony, venden sus productos en más de 100 países, la mayor parte de las empresas internacionales se concentran en un grupo más pequeño. Operar en muchos países presenta nuevos retos. Los diferentes países del mundo, incluso los que están próximos entre sí, tienen una composición económica, cultural y política que puede variar muchísimo. Por tanto, al igual que en el caso del mercado nacional, las empresas internacionales tienen que agrupar sus mercados mundiales en segmentos cuyas necesidades y comportamiento de compra son diferentes.

Las empresas pueden segmentar los mercados internacionales usando una variable o una combinación de ellas. Pueden segmentarlos por *ubicación geográfica,* agrupando los países por regiones, como Europa Occidental, la cuenca del Pacífico, el Oriente Medio o África. De hecho, los países de muchas regiones ya se han organizado, geográficamente, en grupos de mercado o "zonas de libre comercio", por ejemplo la Comunidad Europea, la agrupación para el Libre Comercio de Europa y el Tratado de Libre Comercio de Norteamérica. Estas agrupaciones reducen las barreras comerciales entre los países miembro, creando mercados más grandes y homogéneos.

La segmentación geográfica presupone que los países que están próximos entre sí tendrán muchas características y comportamientos en común. Aunque suele ser el caso, existen muchas excepciones. Por ejemplo, aunque Estados Unidos y Canadá tienen mucho en común, difieren cultural y económicamente de su vecino México. Incluso dentro de una región, los consumidores pueden diferir mucho:

> Muchos mercadólogos estadounidenses piensan que todo lo existente entre el Río Bravo y Tierra del Fuego, en la punta sur de América del Sur, es lo mismo, inclusive sus 400 millones de habitantes. Sin embargo, de hecho, la República Dominicana no se parece más a Argentina que Sicilia a Suecia. Muchos latinoamericanos no hablan español, inclusive 140 millones de brasileños que hablan portugués y los millones de habitantes de otros países que hablan una serie de dialectos indígenas.[17]

Los mercados mundiales se pueden segmentar a partir de *factores económicos.* Por ejemplo, los países se pueden agrupar por el nivel de ingresos de la población o por su nivel general de desarrollo económico. Algunos países, como el llamado Grupo de los Siete (Estados Unidos, Gran Bretaña, Francia, Alemania, Japón, Canadá e Italia) tienen economías sólidas, muy industrializadas. Otros países tienen economías recién industrializadas o en vías de desarrollo (Singapur, Taiwán, Corea, Brasil, México). Otros más están menos desarrollados (China, India). La estructura económica de un país da forma a las necesidades de productos y servicios de su población y, por consiguiente, a las oportunidades de mercadotecnia que ofrece.

Los países se pueden segmentar al tenor de *factores políticos y jurídicos,* como el tipo y la estabilidad del gobierno, la receptividad de empresas extranjeras, los reglamentos monetarios y la cantidad de burocracia. Estos factores pueden desempeñar un papel crucial en cuanto a los países que elegirá una empresa para ingresar y la forma de hacerlo. Los *factores culturales* también sirven para segmentar los mercados. Los mercados internacionales se pueden agrupar de acuerdo con lenguaje común, religión, valores y actitudes, costumbres y patrones conductuales.

La segmentación internacional de los mercados con base en factores geográficos, económicos, políticos, culturales y de otro tipo presupone que los segmentos deben estar compuestos por racimos de países. Empero, muchas empresas aplican un enfoque diferente, llamado la *segmentación intermercados.* Con este enfoque, constituyen segmentos de consumidores que tienen necesidades y comportamientos similares al comprar, incluso aunque se encuentren en diferentes países.[18] Por ejemplo, Mercedes-Benz se dirige a los ricos del mundo, independientemente de su país. De igual manera, un fabricante de productos químicos para el campo podría dirigirse a los pequeños agricultores de diferentes países en vías de desarrollo:

Estos [pequeños agricultores], sean de Paquistán, Indonesia, Kenya o México, al parecer tienen necesidades y patrones de conducta en común. La mayor parte labra la tierra usando yuntas de bueyes y tiene muy poco dinero para comprar insumos agrícolas. Carece de estudios ... para apreciar plenamente el valor de usar fertilizantes y depende de la ayuda del gobierno para semillas, insecticidas y fertilizantes. Adquiere sus bienes agrícolas con proveedores locales y cuenta con la comunicación oral para conocer y aceptar cosas e ideas nuevas. Por consiguiente, aunque estos agricultores están en países diferentes, en continentes diferentes, e incluso aunque hablan diferentes idiomas y tienen diferentes antecedentes culturales, pueden representar un segmento homogéneo del mercado.[19]

Requerimientos para una segmentación eficaz

Es evidente que existen muchas maneras de segmentar un mercado, pero no todas las segmentaciones son eficaces. Por ejemplo, los compradores de sal de mesa se podrían dividir en clientes rubios y morenos, empero el color del cabello, evidentemente, no afecta las compras de sal. Es más, si todos los compradores de sal compraran la misma cantidad de sal cada mes, pensaran que toda la sal es igual y quisieran pagar el mismo precio, la empresa no obtendría ningún provecho de la segmentación del mercado.

Los segmentos del mercado, para que resulten útiles, deben tener las características siguientes:

- **Mensurabilidad.** El tamaño, el poder adquisitivo y los perfiles de los segmentos se pueden medir. Ciertas variables de la segmentación son difíciles de medir. Por ejemplo, en Estados Unidos, existen 24 millones de zurdos, cantidad casi igual a toda la población de Canadá. Sin embargo, hay pocos productos dirigidos al segmento de los zurdos. El problema principal podría ser que el segmento es difícil de detectar y medir. No existen datos demográficos sobre los zurdos y la oficina del censo no lleva registro de los zurdos en sus encuestas. Las empresas privadas que ofrecen datos llevan infinidad de estadísticas sobre otros segmentos demográficos, pero no sobre los zurdos.[20]

- **Accesibilidad.** Los segmentos del mercado se pueden alcanzar y atender de manera eficaz. Suponga que una empresa del ramo de los perfumes encuentra que los grandes usuarios de su marca son mujeres solteras, que se desvelan y tienen muchas actividades sociales. A no ser que este grupo viva o compre en ciertos lugares y esté expuesto a ciertos medios, será difícil llegar a sus componentes.

- **Sustanciabilidad.** Los segmentos del mercado son lo bastante grandes o rentables como para atenderlos. Un segmento debe ser el grupo homogéneo lo más grande posible que valga la pena perseguir con un programa de mercadotecnia preparado al efecto. Por ejemplo, no sería rentable que un fabricante de automóviles fabricara autos para personas que miden menos de metro y medio.

Segmentación entre mercados: Mercedes -Benz se dirige a todos los ricos del mundo, sea cual fuere su país.

- **Accionamiento.** Se pueden diseñar programas efectivos para atraer y atender los segmentos. Por ejemplo, aunque una línea aérea pequeña identificara siete segmentos del mercado, su personal sería demasiado poco para elaborar programas de mercadotecnia separados para cada segmento.

SELECCION DEL MERCADO META

La segmentación mercadotécnica revela las oportunidades que tiene la empresa en un segmento del mercado. Posteriormente, la empresa tendrá que evaluar los diferentes segmentos y decidir hacia cuántos y cuáles enfocará la mira. A continuación se analiza la forma en que las empresas evalúan y eligen los segmentos meta.

Evaluación de los segmentos del mercado

Una empresa tiene que analizar tres factores para evaluar los diferentes segmentos del mercado: el tamaño y el crecimiento del segmento, el atractivo estructural del segmento, así como los objetivos y recursos de la empresa.

El tamaño y el crecimiento del segmento

La empresa primero debe reunir y analizar datos sobre las ventas actuales en dólares, las tasas proyectadas para el crecimiento de las ventas y los márgenes de utilidad esperados para los diversos segmentos. Se interesará por los segmentos que cuenten con las características adecuadas de tamaño y crecimiento. Aun así, el tamaño y el crecimiento adecuados, son una cuestión relativa. Algunas empresas quieren perfilarse hacia segmentos que tienen grandes ventas actuales, una tasa elevada de crecimiento y un gran margen de utilidades. No obstante, los segmentos más grandes, que crecen a mayor velocidad, no son siempre los más atractivos para todas las empresas. Las empresas pequeñas quizás encuentren que no tienen la capacidad ni los recursos necesarios para abarcar segmentos grandes o que estos segmentos son demasiado competitivos. Tales empresas pueden elegir segmentos que son más pequeños y menos atractivos, en sentido absoluto, pero que tienen potencial para resultarles más rentables a ellas.

El atractivo estructural del segmento

Un segmento puede tener el tamaño y el crecimiento deseables y, sin embargo, no ser atractivo desde el punto de vista de la rentabilidad. La empresa debe analizar varios factores estructurales importantes que afectan el atractivo del segmento a largo plazo.[21] Por ejemplo, la empresa debe determinar quiénes son sus *competidores* presentes y en potencia. Un segmento es menos atractivo si ya contiene muchos competidores fuertes y agresivos. Asimismo, los mercadólogos deben tener en cuenta la amenaza de los *productos sustitutos*. Un segmento es menos atractivo si ya existen sustitutos reales o en potencia para el producto. Los sustitutos limitan el potencial de precios y las utilidades que se pueden derivar de un segmento. El *poder relativo de los compradores* también afecta el atractivo del segmento. Si los compradores de un segmento tienen un poder de negociación fuerte o creciente ante los vendedores, tratarán de obligar a éstos a bajar los precios, exigirán más calidad o servicios y enfrentarán a un competidor con otro, todo ello a expensas de la rentabilidad del vendedor. Por último, el atractivo del segmento depende del *poder relativo de los proveedores*. Un segmento es menos atractivo si los proveedores de materias primas, equipo, mano de obra y servicios del segmento son lo bastante fuertes como para elevar los precios o disminuir la calidad o la cantidad de los bienes y servicios requeridos. Los proveedores suelen ser fuertes cuando son grandes y están concentrados, cuando existen pocos sustitutos o cuando el producto suministrado es un insumo importante.

Los objetivos y los recursos de la empresa

Aun cuando un segmento tenga el tamaño y el crecimiento adecuados y aunque su estructura resulte atractiva, la empresa debe tomar en cuenta sus propios objetivos y recursos para ese segmento del mercado. Es posible descartar, enseguida, algunos segmentos atractivos porque no caben dentro de los objetivos de la empresa, a largo plazo. Si bien estos segmentos podrían ser tentadores en sí, también podrían distraer la atención y la energía que la empresa dirige a sus metas principales. Por otra parte, podrían ser una mala elección, desde el punto de vista ambiental, político o social. Por ejemplo, en años recientes, varias industrias y empresas han sido blanco de críticas por dirigirse, indebidamente, a segmentos vulnerables (niños, personas mayores, minorías con pocos ingresos y otros más), con productos o tácticas cuestionables (véase Puntos Importantes de la Mercadotecnia 9-2).

Si un segmento encaja dentro de los objetivos de la empresa, en tal caso, ésta tendrá que decidir si cuenta con la capacidad y los recursos necesarios para triunfar en ese segmento. Cada segmento impone ciertos requisitos para el éxito. Si la empresa carece o no puede obtener fácilmente las calificaciones que necesita para competir, con éxito, en un segmento, entonces no debería ingresar al segmento. Incluso si la empresa cuenta con el peso *requerido,* tendrá que aplicar capacidad y recursos *superiores* a los de la competencia para ganar, en verdad, en ese segmento del mercado. La empresa sólo debe ingresar a los segmentos en los que pueda ofrecer un valor superior y llevarle ventaja a la competencia.

Selección de segmentos del mercado

La empresa, tras evaluar los diferentes segmentos, tendrá que decidir cuáles y cuántos segmentos cubrirá. Esta es la tarea de *seleccionar los mercados meta.* Un **mercado meta** está compuesto por la serie de compradores que comparten las necesidades o las características que la empresa ha optado por atender. La figura 9-3 muestra que la empresa puede adoptar una estrategia, de entre tres, para cubrir el mercado: *la mercadotecnia indiferenciada, la mercadotecnia diferenciada y la mercadotecnia concentrada.*

Mercadotecnia indiferenciada

La empresa que utilice la estrategia de **mercadotecnia indiferenciada,** puede optar por ignorar las diferencias del segmento del mercado y atacar el mercado entero con una oferta. La oferta se centrará en los aspectos *comunes* de las necesidades de los consumidores, más que en los *diferentes.* La empresa diseña un producto y un programa mercadotécnico para atraer a la cantidad mayor de com-

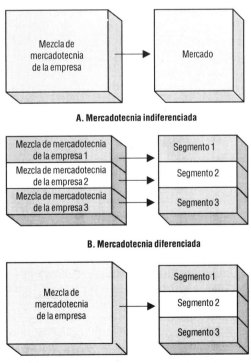

FIGURA 9-3
Tres estrategias alternativas para cubrir el mercado

A. Mercadotecnia indiferenciada

B. Mercadotecnia diferenciada

C. Mercadotecnia concentrada

PUNTOS IMPORTANTES DE LA MERCADOTECNIA 9-2

CÓMO DIRIGIRSE A LOS MERCADOS ASUMIENDO RESPONSABILIDAD ANTE LA SOCIEDAD

La segmentación de los mercados y la forma de dirigirse a ellos son la médula de las estrategias de mercadotecnia modernas. Cuando las empresas eligen bien sus objetivos pueden ser más eficaces y efectivas, pues dirigen la mira a los segmentos que pueden atender mejor. Este enfoque también beneficia a los consumidores, pues las empresas se dirigen a grupos específicos de consumidores con ofertas cuidadosamente preparadas para satisfacer sus necesidades. No obstante, algunos de los mercados meta, en ocasiones, dan origen a controversias y preocupaciones. Estas discusiones se suelen presentar cuando la mira se coloca en consumidores vulnerables o en desventaja y se les dirigen productos dudosos o dañinos en potencia.

Por ejemplo, la industria de los cereales ha sido muy criticada, al paso de los años, por dirigir sus actividades de mercadotecnia hacia los niños. Los críticos están preocupados de que la sofisticada publicidad, que contiene potentes mensajes presentados en boca de encantadores personajes animados, pudiera rebasar las defensas de los pequeños. Afirman que los juguetes y demás premios que ofrecen los cereales distraerán a los niños y harán que quieran un cereal particular por motivos equivocados. Además, temen que todo esto llevará a los niños a comer demasiado cereal azucarado o a ingerir desayunos mal balanceados. Los comercializadores de juguetes y otros productos infantiles también han sido criticados, en ocasiones con debida justificación. Algunos críticos incluso han pedido que se prohíba totalmente la publicidad dirigida a los niños. Según los críticos, los niños no pueden entender la intención vendedora del publicista, por lo cual toda publicidad dirigida hacia los niños es inherentemente injusta. A efecto de fomentar la publicidad infantil responsable, la Unidad de Revisión de la Publicidad Infantil, el organismo que regula la publicidad industrial, ha publicado infinidad de lineamientos para la publicidad infantil, que reconocen las necesidades específicas de los pequeños.

En años recientes, los comercializadores de cigarrillos, cervezas y comida rápida también han despertado grandes controversias por tratar de dirigirse a los consumidores, pertenecientes a minorías, que habitan en los centros de las ciudades. Por ejemplo, McDonald's y otras cadenas han sido blanco de críticas por dirigir su mercancía, con elevado contenido de grasa y sal, hacia los habitantes de bajos ingresos de los centros de las ciudades, que seguramente serán mayores consumidores que los habitantes de los suburbios. R. J. Reynolds fue blanco de ataques despiadados cuando anunció que pensaba comercializar Uptown, un cigarrillo mentolado dirigido hacia los negros de bajos ingresos. No tardó en dejar la marca ante las fuertes protestas del público y las enormes presiones de líderes negros. G. Heileman Brewing cometió una error parecido con PowerMaster, un fuerte licor de malta dirigido hacia la comunidad negra. Aunque la marca resultaba sensata, desde el principio estuvo estigmatizada:

Las ventas de cervezas normales (3.5% de alcohol) se han venido desinflando lentamente desde hace varios años, mientras que las ventas de cervezas con más grados han aumentado entre 25 y 30% al año. Así, la decisión de G. Heileman Brewing de extender su línea de licores de malta Colt 45 con PowerMaster, una malta nueva de elevada gradación (5.9% de alcohol), en principio, no era nada tonta. Empero, el licor de malta es consumido primordialmente por negros, y dirigirse a los negros con cualquier cosa que no sea sana como la harina se ha convertido en un negocio peligroso. ... No obstante, Heileman se lanzó de una forma que otra compañía más lista habría evitado. ... PowerMaster se convirtió en un "imán de controversias desde el momento en que levantó su cabecita de gran contenido de alcohol. Funcionarios federales, líderes industriales, activistas negros y algunos tipos de medios dejaron caer todo el peso de sus protestas diciendo que PowerMaster ... era un ejemplo de un mal producto, una mala comercialización y, en esencia una mala idea". ... [Apenas] unas cuantas semanas después de su proyectado debut [la bebida] era sólo un recuerdo maltoso.

pradores. Depende de la distribución en masa y de la publicidad de masas y pretende dar al producto una imagen superior en la mente de las personas. Un ejemplo de mercadotecnia indiferenciada es la forma en que Hershey's comercializaba, hace algunos años, una única tablilla de chocolate para todo el mundo.

La mercadotecnia indiferenciada permite la economía de costos. La estrecha línea de productos mantiene bajos los costos de producción, inventarios y transporte. El programa de publicidad indiferenciada mantiene bajos los costos de publicidad. La ausencia de investigaciones y de planes de mercadotecnia para el segmento recorta los costos de la investigación de mercadotecnia y de la administración del producto.

La mayor parte de los intentos por dirigirse hacia los grupos minoritarios y a otros segmentos especiales benefician a los consumidores que están en la mira. Por ejemplo, Maybelline desarrolló los cosméticos Shades of You para satisfacer las necesidades especiales de la mujer negra.

Incluso algunos conocedores de la industria se opusieron a la táctica del enfoque de Heileman. Por ejemplo, cuando estalló la controversia en torno a PowerMaster, el presidente de Anheuser-Busch le escribió al presidente de Heileman sugiriendo que el producto proyectado podría indicar "que le damos más importancia a las utilidades que a las comunidades a las que nos dirigimos".

No todos los intentos por dirigirse a los niños, los grupos minoritarios y otros segmentos especiales despiertan críticas. De hecho, la mayor parte de ellos ofrecen beneficios a los consumidores meta. Por ejemplo, el dentífrico Colgate Junior, de Colgate Palmolive, tiene características especiales diseñadas para hacer que los niños se cepillen los dientes con más frecuencia y durante más rato, pues es menos espumosa, tiene un sabor más suave y contiene chispas, y sale del tubo en una tira con forma de estrella. Golden Ribbon Plaything ha desarrollado una muñeca negra, con mucho éxito y merecedora de grandes alabanzas, la "Huggy Bean", dirigida a consumidores de un grupo minoritario. La Huggy viene con libros y juguetes que la relacionan con sus antecedentes africanos. Muchas empresas del ramo de los cosméticos han respondido a las necesidades especiales de segmentos minoritarios sumando productos

específicamente diseñados para mujeres negras, hispanas o asiáticas. Por ejemplo Maybelline introdujo una sombra de ojos, muy exitosa, llamada Shades of You, dirigida a la mujer negra y otras empresas han seguido sus propias líneas de productos pluriculturales.

Así pues, cuando la mercadotecnia se enfoca hacia una meta, el problema real no es hacia *quién* se dirige, sino más bien *cómo* y para *qué*. Las controversias surgen cuando los mercadólogos tratan de lucrar a expensas de los segmentos que colocan en la mira o cuando se dirigen a ellos con productos o tácticas cuestionables. La mercadotecnia que adopta una posición responsable ante la sociedad requiere una segmentación y un enfoque que no sólo satisfaga los intereses de la empresa, sino también los de las personas a quienes se dirija.

Fuentes: Extractos de "PowerMaster", *Fortune,* 13 de enero de 1992, p. 82. También véase, "Selling Sin to Blacks", *Fortune,* 21 de octubre de 1991, p. 100; Martha T. Moore, "Putting on a Fresh Face", *USA Today,* 3 de enero de 1992, pp. B1, B2; Dorothy J. Gaiter, "Black-Owned Firms Are Catching an Afrocentric Wave", *The Wall Street Journal,* 8 de enero de 1992, p. B2; y Maria Mallory, "Waking Up to a Major Market", *Business Week,* 23 de marzo de 1992, pp. 70-73.

No obstante, la mayor parte de los mercadólogos modernos tienen serias dudas en cuanto a esta estrategia. Cuando se desarrolla un producto o marca para que satisfaga a todos los consumidores, se presentan problemas. Las empresas que recurren a la mercadotecnia indiferenciada suelen desarrollar una oferta dirigida a los segmentos más grandes del mercado. Cuando varias empresas lo hacen, se presenta gran competencia en los segmentos más grandes y se alcanza menor satisfacción en los pequeños. El resultado es que los segmentos grandes pueden ser menos rentables porque atraen mucha competencia. Este problema ha llevado a muchas empresas a estar más interesadas en segmentos más pequeños del mercado.

Mercadotecnia diferenciada

La empresa, al usar una estrategia de **mercadotecnia diferenciada,** opta por dirigirse a varios segmentos del mercado y diseña diferentes ofertas para cada uno de ellos. General Motors trata de producir un auto para cada "bolsillo, propósito y personalidad". Al ofrecer variantes de su producto y comercialización espera obtener más ventas y una posición más firme en cada uno de los segmentos del mercado. General Motors espera que una posición más sólida en varios segmentos refuerce la manera en que los consumidores identifican a la empresa en general y a la categoría del producto. Asimismo, espera que se registren más compras repetidas debido a que la oferta de la empresa se ciñe mejor a los deseos del cliente.

Es cada vez mayor la cantidad de empresas que han adoptado la mercadotecnia diferenciada. Por ejemplo, A&P usa diferentes diseños y tamaños de tiendas para satisfacer las necesidades de segmentos diferentes de clientes:

> La estrategia de comercialización de A&P trata de ofrecer un supermercado para cada tipo de comprador: inflexibles tiendas Futurestores para blancos y negros, con lo último en departamentos para gourmets y servicios electrónicos, para barrios exclusivos, la A&P convencional ... para mercados de la clase media y los Sav-A-Centers, tipo bodega, con todos los servicios, en los puntos donde los compradores esperan encontrarlos.[22]

La mercadotecnia diferenciada suele producir un total mayor de ventas que la mercadotecnia indiferenciada. Procter & Gamble cubre una parte mucho mayor del mercado total con 10 marcas de detergentes para ropa que con sólo una. Empero, la mercadotecnia diferenciada también incrementa los costos de las actividades. Modificar un producto para satisfacer los requisitos de diferentes segmentos del mercado suele implicar ciertos costos por investigación y desarrollo, ingeniería e instrumentos especiales. Por regla general, una empresa encuentra que es más caro producir, digamos, 10 unidades de 10 productos diferentes que 100 unidades de un mismo producto. El desarrollo de planes de mercadotecnia independientes para segmentos independientes requiere más investigaciones de mercadotecnia, pronósticos, análisis de ventas, planes de promociones y administración de canales. Además, el hecho de tratar de llegar a diferentes segmentos del mercado con publicidad diferenciada eleva los costos de promoción. Por tanto, la empresa debe comparar el incremento de ventas y el incremento de costos cuando opte por una estrategia de mercadotecnia diferenciada.

Mercadotecnia concentrada

La tercera estrategia para cubrir un mercado, la **mercadotecnia concentrada,** resulta muy atractiva cuando los recursos de la empresa son pocos. En lugar de ir tras una parte pequeña de un mercado grande, la empresa persigue una parte grande de uno o varios submercados. Por ejemplo, Oshkosh Truck es el productor mundial más grande de camiones de rescate para aeropuertos y de mezcladoras de concreto que se cargan por el frente. Los Recyled Paper Products se centran en el mercado de tarjetas de felicitación alternativas. Soho Natural Sodas se concentra en un segmento estrecho del mercado de los refrescos. La mercadotecnia concentrada proporciona una vía estupenda para que las empresas pequeñas nuevas conquisten un espacio ante competidores más grandes y con más recursos.

Gracias a la mercadotecnia concentrada, la empresa alcanza una posición sólida en el mercado, en los segmentos (o nichos) que sirve, porque conoce mejor las necesidades de los segmentos y por la reputación de especialista que adquiere (véase Puntos Importantes de la Mercadotecnia 9-3). Además, consigue muchas economías en sus actividades, en razón de la producción especializada, la distribución y la promoción. La empresa, si elige bien un segmento, puede obtener una tasa de rendimiento muy alta sobre su inversión.

Por otra parte, la mercadotecnia concentrada requiere que se corran más riesgos de lo normal. El segmento específico del mercado se puede echar a perder. Por ejemplo, cuando las mujeres jóvenes repentinamente dejaron de comprar ropa deportiva, los ingresos de Bobbie Brooks pasaron a números rojos. Asimismo, los competidores grandes pueden optar por ingresar al mismo segmento. El éxito del California Cooler, en el segmento de los refrescos con vino, atrajo a muchos competidores grandes que hicieron que los dueños originales tuvieran que vender la empresa a otra más grande, que contaba con más recursos para mercadotecnia. Por tal razón, muchas empresas prefieren la diversificación en varios segmentos del mercado.

Cómo elegir una estrategia de cobertura del mercado

Cuando se elige la estrategia para cubrir el mercado se deben tomar en cuenta muchos factores. La mejor estrategia dependerá de los *recursos de la empresa.* Cuando los recursos de la empresa no son muchos, la mercadotecnia concentrada resulta la más lógica. La mejor estrategia también depende del grado de *viabilidad del producto.* La mercadotecnia indiferenciada es más indicada para productos uniformes, como las toronjas o el acero. Los productos cuyo diseño es muy variable, como las cámaras y los automóviles, son más indicados para la comercialización con diferencias o concentrada. La *etapa del ciclo de vida del producto* también se debe tomar en cuenta. Cuando una empresa introduce un producto nuevo, es conveniente lanzar sólo una versión, y la mercadotecnia indiferenciada o la concentrada resultan las más lógicas. Sin embargo, en la etapa de madurez del ciclo de vida del producto, la mercadotecnia diferenciada empieza a resultar más lógica. Otro factor es la *variabilidad del mercado.* Si la mayor parte de los compradores tienen los mismos gustos, compran las mismas cantidades y reaccionan de igual manera a las actividades de mercadotecnia, conviene usar una mercadotecnia indiferenciada. Por último, las *estrategias de mercadotecnia de la competencia* son importantes. Cuando la competencia está segmentada, la mercadotecnia indiferenciada puede ser suicida. Por el contrario, cuando la competencia usa una mercadotecnia indiferenciada, la empresa puede sacar provecho de la mercadotecnia indiferenciada o concentrada.

POSICIONAMIENTO EN EL MERCADO PARA UNA VENTAJA COMPETITIVA

Cuando una empresa ha decidido a qué segmentos del mercado entrará, debe decidir qué "posiciones" quiere ocupar en esos segmentos.

¿Qué es posicionamiento en el mercado?

El **posicionamiento de un producto** es la manera en que los *consumidores definen* un producto a partir de sus atributos importantes; es decir, el lugar que ocupa el producto en la mente de los clientes en relación con los productos de la competencia. Así, Tide está posicionado como un poderoso detergente familiar de uso general; Era como un quita manchas líquido concentrado; Cheer como el detergente para cualquier temperatura. Tercel y Suburbu de Toyota están posicionados como económicos, Mercedes y Cadillac como lujosos y Porsche y BMW como rendidores.

Los consumidores están saturados con información sobre los productos y los servicios. No pueden reevaluar los productos cada vez que toman la decisión de compra. Para simplificar la decisión de comprar, los consumidores organizan los productos en categorías; es decir, "posicionan" los productos, los servicios y las empresas dentro de un lugar en su mente. La posición de un producto depende de la compleja serie de percepciones, impresiones y sentimientos que tienen los consumidores en cuanto al producto y en comparación con los productos de la competencia. Los consumidores posicionan los productos con o sin ayuda de los mercadólogos. No obstante, los mercadólogos no quieren dejar el posicionamiento de sus productos al azar. Estos hacen *planes* para sus posiciones, con objeto de que sus productos tengan gran ventaja en los mercados meta seleccionados y *diseñan* mezclas de mercadotecnia para crear las posiciones planeadas.

Estrategias de posicionamiento

Los mercadólogos pueden seguir varias estrategias de posicionamiento. Pueden posicionar su producto con base en *atributos específicos del producto,* los anuncios del Ford Festiva hablan de su precio bajo; el Saab promueve su rendimiento. Los

LOS NICHOS DEL MERCADO: EL REY DE LA COLINA (DE LOS TOPOS)

Pídale a alguno de sus conocidos que le proporcione el nombre de un bicarbonato y le contestará, sin duda: ARM & HAMMER. De hecho, le costará trabajo recordar otra marca. El bicarbonato ARM & HAMMER, en su conocida cajita amarilla, lleva más de 115 años dominando el mercado de Estados Unidos. Pero, pregúntele a la misma persona cuál es la empresa que *fabrica* el bicarbonato ARM & HAMMER y, con toda seguridad, se quedará en blanco. La empresa se llama Church & Dwight y, aunque no aparezca en la lista de las 500 empresas de Fortune, Church & Dwight es una empresa gigante en el nicho de los bicarbonatos. Fundada en 1846, Church & Dwight es el productor más importante del mundo de bicarbonato de sodio; del viejo $NaHCO_3$.

Hasta finales de la década de 1960, Church & Dwight era prácticamente una empresa de un solo producto, comercializaba bicarbonato de sodio a los consumidores con la marca ARM & HAMMER, o lo vendía a granel a otras empresas para diversos usos, desde harinas preparadas para pastel hasta extinguidores de incendio. No obstante, en los pasados 20 años, conforme el mercado de consumo del bicarbonato puro ha ido madurando, Church & Dwight ha expandido su nicho enormemente, encontrando más usos para su versátil polvo blanco. En 1970, la empresa empezó a entrar a nuevos mercados de consumo con una línea de productos para lavar ropa que presentaba tanto el potente nombre de la marca ARM & HAMMER como la preocupación de los consumidores por el medio ambiente. Introdujo el detergente ARM & HAMMER, sin fosfato, pero con carbonato de sodio, que desde entonces se ha convertido en el producto más vendido de la empresa, pues representa alrededor de la tercera parte del total de las ventas. En los años ochenta, Church & Dwight siguió con una serie de productos de consumo bien conocidos, desde el dentífrico con bicarbonato, hasta desodorizantes de tapetes y aromatizantes del aire.

Aunque los productos de consumo a base de bicarbonato de sodio componen el grueso de las ventas corrientes de Church & Dwight, la utilidad del bicarbonato de sodio va mucho más allá de la limpieza del hogar y la cocina. Church & Dwight también registra una enorme y creciente actividad industrial, que ahora contribuye con alrededor del 25% de las ventas anuales. Las aplicaciones empresariales van desde el bicarbonato como agente para levadura en productos de pastelería, hasta el tratamiento de aguas negras municipales. Incluso es usado en productos nutritivos para animales. Por ejemplo, Church & Dwight comercializa un producto ARM & HAMMER llamado MEGALAC, un suplemento energético de alimentos. También comercializa un bicarbonato de sodio ARM & HAMMER de gradación libre que ayuda a las vacas lecheras a neutralizar los ácidos digestivos y complementa el bicarbonato de sodio producido de manera natural, permitiendo una mejor eficiencia de la alimentación y una mayor producción de leche.

Los mercados de empresa quizá representen algunas de las mejores oportunidades para el crecimiento de Church & Dwight. Conforme el mundo se dirige a soluciones que toman en cuenta el ambiente para resolver problemas molestos, la empresa ha respondido con una gama de usos y productos nuevos. Por ejemplo, recientemente introdujo ARMEX, un material para pulir hecho con bicarbonato y otros ingredientes. ARMEX tiene muchas ventajas sobre las otras formas de pulir con chorro de arena a base de silicones, que contribuyen a la silicosis, una enfermedad de los pulmones. Armex no sólo elimina peligros para el ambiente y la salud, también tiene un toque más delicado, las orillas afiladas de los cristales del bicarbonato de sodio se gastan antes, retirando la pintura y la mugre sin perjudicar las superficies subyacentes. ARMEX originalmente fue elaborado para ayudar a quitar la brea y la pintura del interior de la Estatua de la Libertad. Entre los otros productos nuevos de la empresa está Armakleen, un limpiador industrial para tableros de circuitos impresos. Proporciona una alternativa segura para el ambiente a diferencia de los limpiadores corrientes que contienen clorofluorocarbonos (CFC), que supuestamente perjudican la capa de ozono de la Tierra. Además de desarrollar nuevos productos a base de bicarbonato de sodio para sus mercados de empresas, Church & Dwight ha creado un torrente de usos comerciales nuevos para el viejo bicarbonato. Por ejemplo, recientemente ha empezado a vender el material como aditivo para el agua

productos se pueden posicionar a partir de las necesidades que satisfacen o los *beneficios* que ofrecen: Crest reduce la caries; Aim sabe bien. Los productos se pueden posicionar de acuerdo con las *ocasiones de uso:* en verano, Gatorade se puede posicionar como una bebida que sustituye los líquidos del cuerpo del deportista, pero en el invierno se puede posicionar como la bebida ideal cuando el médico recomienda beber muchos líquidos. Otro enfoque sería posicionar el producto de acuerdo con ciertas clases de *usuarios:* Johnson & Johnson aumentó su parte del mercado del champú para bebés, del 3 al 14%, volviendo a presentar el producto como uno para adultos que se lavan el cabello con frecuencia y que requieren un champú más suave.

Church & Dwight, bien enfocada, ha logrado una posición líder, concentrándose en nichos pequeños, muy especializados.

potable municipal. Ciertos experimentos han demostrado que el bicarbonato neutraliza los ácidos de las reservas de agua, contribuyendo a evitar la oxidación e impidiendo que el plomo y otros metales tóxicos sean liberados de la plomería. Incluso se rumora que Church & Dwight está experimentando con la capacidad del bicarbonato como ingrediente de fungicidas para plantas.

Church & Dwight lucha diariamente con competidores mucho mayores, empresas de consumo como Procter & Gamble, Lever, y Colgate y con pesos completos internacionales como Rhôhe Poulenc y Solvay. A primera vista, podría parecer que la empresa está lidiando una batalla perdida. Por ejemplo, en el mercado de detergentes de Estados Unidos, que tiene un valor de 3.6 mil millones de dólares, ARM & HAMMER sólo tiene un 4% del mercado, en comparación con el 55% para P&G y el 24% para Colgate. Sin embargo, en el segmento del mercado de detergentes de bicarbonato, ARM & HAMMER se cuenta entre las líderes. De hecho, cuando se trata de *cualquier cosa* relacionada con el bicarbonato, Church &

Dwight es "el rey de la colina", con 60% del mercado norteamericano del bicarbonato de sodio. Incluso aunque la colina más que una montaña sea una topera, Church & Dwight supera a muchos de sus competidores, de tamaño mucho mayor. Bien enfocada la empresa ha logrado una posición de mando, concentrándose en nichos del mercado pequeños y muy especializados. En los pasados 10 años, sus ventas anuales se han triplicado con creces, a 516 millones de dólares, y las utilidades se han multiplicado por cuatro. Por tanto, Church & Dwight ha demostrado una vez más lo que muchos comercializadores y saben acerca de la mercadotecnia concentradas, lo pequeño puede ser bello.

Fuentes: James P. Meagher, "Church & Dwigth: It Scores Big with the Brand-Name Pull of ARM & HAMMER", *Barron's,* 10 de diciembre de 1990, pp. 49-50; Peter Coombes, "Church & Dwight: On the Rise", *Chemical Week,* 20 de septiembre de 1989, pp. 16-18; Peter Nulty, "Church & Dwight: No Product Is Too Dull to Shine", *Fortune,* 27 de julio de 1992, pp. 95-96; y Riccardo A. Davis, "Arm & Hammer Seeks Growth Abroad", *Advertising Age,* 17 de agosto de 1992, pp. 3, 42.

El producto también se puede posicionar comparándolo directamente *con uno de la competencia.* Por ejemplo, Compaq y Tandi, en sus anuncios de computadoras personales, han comparado directamente sus productos con las computadoras personales de IBM. En su famosa campaña "Somos la segunda, así que nos esforzamos más", Avis se colocó muy bien compitiendo con Hertz, mucho más grande que ella. Un producto también se puede posicionar *separándolo de los de la competencia:* 7-Up se convirtió en el tercer refresco cuando se colocó como "refresco sin cola", como una alternativa fresca para la sed, ante Coca y Pepsi. Los anuncios televisivos de Barbsol colocan a la crema de afeitar y demás productos de la empresa como "estupendos productos que cuestan mucho menos".

Por último, el producto se puede posicionar de acuerdo con diferentes *clases de producto*. Por ejemplo, algunas margarinas se colocan comparándose con la mantequilla, otras con aceites comestibles. El jabón de tocador Camay se coloca a partir de aceites para el baño, y no de jabones. Con frecuencia, los mercadólogos usan una *combinación* de estas estrategias de posicionamiento. El champú Affinity de Johnson & Johnson se posiciona como un acondicionador de cabello para mujeres que tienen más de 40 años (clase de producto *y* usuario). El bicarbonato Arm & Hammer se ha colocado como desodorante para refrigeradores y basureros (clase de producto *y* situación de uso).

Cómo elegir y aplicar una estrategia de posicionamiento

Algunas empresas no tienen problemas para elegir su estrategia de posicionamiento. Por ejemplo, una empresa reconocida por su calidad en ciertos segmentos, buscará esta posición en un segmento nuevo si existen suficientes compradores que busquen obtener calidad. No obstante, en muchos casos, dos empresas o más buscarán la misma posición. En tal caso, cada una tendrá que encontrar la manera de diferenciarse, por ejemplo puede prometer "estupenda calidad a precio más bajo" o "estupenda calidad con más servicios técnicos". Cada empresa tendrá que diferenciar lo que ofrece, armando un paquete singular de ventajas competitivas que atraigan a un grupo sustancial dentro del segmento.

La tarea de posicionamiento consta de tres pasos: identificar una serie de ventajas competitivas posibles para sustentar una posición, elegir las ventajas competitivas adecuadas y comunicar y presentar al mercado, con eficacia, la posición elegida.

Cómo identificar las posibles ventajas competitivas

Los consumidores suelen elegir los productos y los servicios que les proporcionan mayor valor. Por tanto, la clave para conseguir y retener a los clientes está en entender sus necesidades y procesos de compra mejor de lo que los entiende la competencia y en ofrecerles más valor. En la medida que una empresa se pueda posicionar como una que proporciona más valor en los mercados meta, sea ofreciendo precios inferiores a los de la competencia o proporcionando una mayor cantidad de beneficios que justifique la diferencia del precio más alto, conseguirá una **ventaja competitiva.**[23] Sin embargo, una posición sólida no puede estar fundamentada en promesas huecas. Si una empresa posiciona su producto como uno que *ofrece* calidad y servicio mejores, en tal caso tendrá que *ofrecer* la calidad y el servicio prometidos. Por tanto, el posicionamiento empieza por *diferenciar,* de hecho, la oferta de mercadotecnia de la empresa, de tal manera que ésta proporcione a los consumidores más valor que las ofertas de la competencia (véase Puntos Importantes de Mercadotecnia 9-4).

No todas las empresas tendrán muchas oportunidades para diferenciar su oferta y lograr una ventaja competitiva. Algunas empresas encuentran muchas ventajas menores, las cuales la competencia puede copiar con facilidad y, por consiguiente, son muy perecederas. La solución para estas empresas es seguir identificando otras posibles ventajas e introducirlas, de una en una, para tener a la competencia con la guardia baja. Estas empresas no esperan lograr una única ventaja importante permanente. En cambio, querrán conseguir muchas menores, que puedan ir introduciendo para avanzar en el mercado durante el transcurso de un lapso dado.

¿Cuáles son las formas específicas mediante las cuales una empresa puede diferenciar su oferta de la de sus competidores? Una empresa o una oferta para el mercado se pueden diferenciar en cuanto *al producto, los servicios, el personal* o *la imagen.*

La diferenciación del producto. Una empresa puede diferenciar su producto según el material. En un extremo se encuentran las empresas que ofrecen productos muy estandarizados, que no permiten grandes variaciones; por ejemplo, el pollo, el acero o la aspirina. Sin embargo, incluso en estos casos, existe la posibilidad de una diferenciación significativa. Por ejemplo, Perdue dice que los pollos de su marca son mejores (más frescos y tiernos) y eleva su precio 10% con base en dicha diferenciación.

Existen otras empresas que ofrecen productos que se pueden diferenciar bastante, como los automóviles, los edificios comerciales y los muebles. En este caso, la empresa tiene innumerables parámetros para su diseño.[24] Puede ofrecer una gran variedad de *características*, estándar u optativas, que no proporcione la competencia. Así, Volvo ofrece características de seguridad nuevas y mejores; Delta Airlines ofrece asientos más amplios y uso de teléfono gratuito durante los vuelos. Las empresas también pueden diferenciar sus productos con base en su *rendimiento*. Whirlpool diseña su máquina lavaplatos para que haga menos ruido; Procter & Gamble formula el Tide Líquido para que la ropa quede más limpia. El *estilo* y el *diseño* también pueden ser factores de diferenciación importantes. Por ende, muchos compradores de autos pagan más dinero por los automóviles Jaguar, porque tienen un aspecto extraordinario, aun cuando el Jaguar, en ocasiones, no resulte demasiado confiable. Además, las empresas pueden diferenciar sus productos a partir de atributos como *la consistencia, la resistencia, la duración o la posibilidad de repararlos.*

La diferenciación de los servicios. Además de diferenciar su producto material, la empresa puede diferenciar los servicios que acompañan al producto. Algunas empresas consiguen su ventaja competitiva en razón de una *entrega* rápida, esmerada y confiable. Deluxe, la empresa que suministra cheques, se ha ganado una impresionante reputación por enviar cheques de sustitución un día después de recibir el pedido, sin haberse retrasado ni una sola vez en doce años. Domino's Pizza promete la entrega en menos de 30 minutos o, de lo contrario, descuenta 3 dólares del precio.

La *instalación* también puede diferenciar a una empresa de otra. Por ejemplo, IBM es reconocida por la calidad de sus servicios de instalación. Entrega todas las piezas del equipo adquirido de una sola vez, en el lugar indicado, en vez de enviar los componentes individuales y que éstos se queden en espera de que lleguen los demás. Por otra parte, cuando se requiere mudar equipo de IBM, para instalarlo en otro lugar, la empresa, con frecuencia, también cambia el equipo de la competencia. Además, las empresas se pueden distinguir en razón de sus servicios de *reparación*. Hay muchos compradores de autos que, gustosamente, pagarían y caminarían un poco más, para comprar un auto en una distribuidora que proporciona servicios de reparación de primera línea.

Algunas empresas diferencian su oferta proporcionando al cliente servicios de *capacitación*. Así, General Electric no sólo vende e instala costoso equipo de rayos X en los hospitales, sino que también capacita a los empleados que usarán el equipo. Otras empresas ofrecen *servicios de asesoría*, gratuitos o remunerados, datos, sistemas de información o asesorías que necesitan los compradores. Por ejemplo, McKesson Corporation, un importante mayorista de medicamentos, asesora a sus 12,000 farmacéuticos independientes para ayudarles a establecer sistemas de contabilidad, inventarios y pedidos por computadora. McKesson, al ayudar a sus clientes a competir mejor, está consiguiendo más lealtad de los clientes y ventas.

Las empresas pueden encontrar muchas maneras de aumentar su valor por medio de servicios diferenciados. De hecho, pueden elegir de entre una cantidad virtualmente ilimitada de servicios y beneficios específicos que les servirán para diferenciarse de la competencia. Milliken & Company presenta uno de los mejores ejemplos de una empresa que ha conseguido una ventaja competitiva en razón de la calidad superior de sus servicios:

Milliken vende toallas a lavanderías industriales que, a su vez, se las alquilan a fábricas. Estas toallas son similares, materialmente, a las toallas de la competencia. No obstante, Milliken cobra un precio mayor por sus toallas y tiene una parte importante del mercado. ¿Cómo puede cobrar más por un artículo, en esencia, de primera necesidad? La respuesta es que Milliken está siempre "restándole carácter de necesidad" a su producto, reforzando constantemente el aspecto del servicio que brinda a sus clientes de lavanderías. Milliken entrena a los vendedores de sus clientes, les proporciona pistas para prospectos y les vende material de promociones; ofrece la posibilidad de colocar pedidos por computadora y un sistema para optimizar embarques, realiza investigaciones de mercadotecnica para los clientes, patrocina talleres de superación de la calidad y presta a sus vendedores para que trabajen con los clientes

NINTENDO: ALGO MÁS QUE SÓLO DIVERSIÓN Y JUEGOS

A principios de los años ochenta, ningún hogar carecía de una consola para videojuegos y una docena y pico de cartuchos. En 1983, Atari, Coleco, Mattel y una docena de empresas más ofrecían alguna versión de un sistema de videojuegos y las ventas de la industria llegaron a 3.2 mil millones de dólares. Sin embargo, para 1985, en sólo dos años, las ventas de videojuegos se habían desplomado a escasos 100 millones. Las consolas de los juegos juntaban polvo en los roperos y los cartuchos que, originalmente, llegaron a tener un precio hasta de 35 dólares cada uno, se vendían en cajas de cartón en los traspatios de las tiendas, a sólo 5 dólares. La líder de la industria, Atari, subsidiaria de Warner Communications fue la más afectada cuando se derrumbó todo. Aunado a las pérdidas que se dispararon, Warner despidió al director de Atari, echó a 4,500 empleados y vendió la subsidiaria a una fracción del valor que había tenido en 1983. La mayor parte de los expertos de la industria se limitaron a encogerse de hombros y a echar la culpa de la muerte de la industria de los videojuegos a la inconsistencia de los gustos de los consumidores. Según ellos, los videojuegos no pasaron de ser una moda más.

Sin embargo, una empresa, Nintendo, juguetera con más de 100 años, de Kyoto, Japón, no estaba de acuerdo. A finales de 1985, sobre las ruinas todavía humeantes del negocio de los videojuegos en Estados Unidos, la empresa introdujo su sistema Nintendo Entertainment System (NES) en Estados Unidos. A finales de 1986, sólo un año después, Nintendo había vendido más de 1 millón de unidades de NES y ya en 1992 Nintendo y sus licenciatarios estaban registrando ventas anuales de más de 4 mil millones de dólares en una industria de los videojuegos revitalizada, con un valor de 5.6 mil millones de dólares. Nintendo había captado un asombroso 80% del mercado y más de uno de cada dos hogares de Estados Unidos tenía un sistema Nintendo enganchado a sus televisores.

¿Cómo pudo Nintendo arreglárselas sola para revivir una industria moribunda? En primer lugar, reconoció que los clientes de videojuegos no eran muy inconstantes, pero sí estaban muy aburridos. La empresa envió investigadores a visitar tiendas populares de videos para averiguar por qué los fanáticos enajenados de los videojuegos seguían pasando felizmente muchas horas metiendo monedas en los locales con maquinitas de juegos. Los investigadores encontraron que el Donkey Kong de Nintendo y juegos similares seguían siendo puntos fuertes de los locales de juegos, incluso aunque las versiones para el hogar estaban fracasando. ¿Por qué? Los juegos de los locales con maquinitas ofrecían mejor calidad, total animación y tramas desafiantes. Los videojuegos para el hogar, por otra parte, sólo ofrecían una calidad primitiva y tramas simples. A pesar de sus nombres exóticos y el atractivo de su introducción, cada juego casero nuevo era aburridamente idéntico a todos los demás, contenía personajes lentos que se movían por feos escenarios animados, al ritmo de monótonos tonos sintetizados. Los video muchachos de principios de los años ochenta habían superado con gran rapidez los cambios elementales de estos videojuegos caseros de primera generación.

Nintendo consideró que la caída de la industria de los videojuegos en Estados Unidos no era una catástrofe, sino una oportunidad de oro. Se empeñó en distinguirse de la competencia ofreciendo mejor calidad, dando a los clientes de los videojuegos caseros todo el valor de su dinero a cambio de una diversión de calidad. Nintendo diseñó un sistema de juegos básicos que se vendía por menos de 100 dólares y se jactaba de gráficos casi iguales a los de locales con maquinitas de juegos. Es más, también desarrolló programas de gran calidad y muy innovadores, o "Paquetes de Juegos", como los llama Nintendo, que acompañan al sistema. Hoy, la biblioteca de Paquetes de Juegos de la empresa incluye más de 1,000 títulos. Constantemente se le van añadiendo juegos nuevos y los títulos maduros se van eliminando para mantener la variedad fresca e interesante. Los juegos siempre contienen gráficos de gran calidad y las tramas de los juegos son variadas y desafiantes. Incluyen personajes coloridos, tipo caricatura, que se mueven con fluidez por pantallas inteligentemente animadas. En medio de un coro de boings, pips y blips, los jugadores

en equipos de acción para clientes. Las lavanderías están muy dispuestas a comprar las toallas de Milliken y a pagar un precio más alto porque los servicios extraordinarios mejoran su rentabilidad.[25]

La diferenciación del personal. Las empresas pueden conseguir una clara ventaja competitiva contratando y capacitando a su personal para que sea mejor que el de la competencia. Así, Singapore Airlines goza de una magnífica fama, en gran medida, debido a la amabilidad de su personal de vuelo. El personal de McDonald's es cortés, el personal de IBM es profesional y está muy bien preparado y el personal de Disney es amigable y desenfadado. Los vendedores de empresas como General Life de Connecticut y Merck gozan de estupenda repu-

pueden noquear al campeón de box, de peso completo, luchar con Hulk Hogan, jugar hockey sobre hielo o golf, o resolver juegos de palabras o de tablero. Sin embargo, los juegos más populares incluyen complejos conflictos de palabras y brujería, o la serie de los mundos de fantasía de los hermanos super Mario, donde jóvenes héroes luchan por salvar a princesas en peligro o por combatir contra Wart, el maligno gobernante, para conseguir la paz en el Mundo de los Sueños.

No obstante, la lucha de Nintendo por entregar mejor calidad y mayor valor superiores va más allá de vender su sistema de videojuegos caseros. La empresa también se ha esforzado por crear relaciones duraderas con su base de clientes, que registra un crecimiento constante. Por ejemplo, para ayudar a los clientes jóvenes que tienen problemas para navegar por alguno de los pasajes de un juego, Nintendo estableció uno de los más amplios sistemas telefónicos de ayuda del país. Alrededor de 100,000 jugadores llaman a la semana pidiendo consejos sobre estrategias para el juego, a alguno de los 250 asesores de Nintendo para el efecto. Las llamadas no sólo contribuyen a dejar contentos a los clientes, también proporcionan a Nintendo mucha información valiosa para desarrollar juegos y para su comercialización; la empresa conoce, de primera mano, lo que está de moda o no. Nintendo también ha introducido *Nintendo Power*, una revista mensual que habla de los avances más recientes de los sistemas de diversión de videos caseros. La revista se ha convertido en la revista de suscripción pagada que más rápido haya crecido jamás; en poco más de un año, su circulación se disparó a más de 1.8 millones de suscriptores. Nintendo también refuerza las relaciones con sus clientes otorgando licencia para que sus personajes más populares sean usados de diferentes maneras, no sólo en camisetas y carteles, sino también en películas, un espectáculo sindicado de TV, caricaturas y revistas.

Así, diferenciándose por medio de productos y servicios superiores, y estableciendo relaciones sólidas con sus clientes, Nintendo logró crear una estupenda posición, al parecer invencible, en el mercado de los videojuegos. Sin embargo, la empresa sabe que no puede depender sólo de su éxito pasado. Algunos competidores nuevos, como Sega y NEC, ya han explotado las oportunidades creadas porque los adictos Nintendo se han aburrido y han buscado la siguiente emoción proporcionada por los videos. Sega le ganó a Nintendo en su propio juego, en la superioridad del producto, cuando fue la primera en pegar en el mercado con su máquina Genesis, un sistema avanzado que ofrecía gráficos más ricos, sonido más verosímil y tramas más complejas. Nintendo contraatacó con Super NES de Nintendo y una bocanada nueva de promociones. A los dos meses de sacar su Super NES, Nintendo había vendido tantas unidades avanzadas en ese plazo como las vendidas por Sega en un año. Empero, la competencia se ha intensificado. Nintendo debe seguir encontrando caminos nuevos para diferenciarse de los competidores agresivos. El éxito de la empresa en el mercado nacional de los videojuegos no sólo entraña diversión y juegos, también entraña conservar lo divertido de los juegos.

Fuentes: Véase Rebecca Fannin, "Zap?", *Marketing and Media Decisions,* noviembre de 1989, pp. 35-40; Raymond Roel, "The Power of Nintendo", *Direct Marketing,* septiembre de 1989, pp. 24-29; Stewart Wolpin, "How Nintendo Revived a Dying Industry", *Marketing Communications,* mayo de 1989, pp. 36-40; Kate Fitzgerald, "Nintendo, Sega Slash Price of Videogames", *Advertising Age,* 8 de junio de 1992, pp. 44; Richard Brandt, "Clash of the Titans", *Business Week,* 7 de septiembre de 1992, p. 34; y Cleveland Horton, "Nintendo, Sega Boost Ad Pace", *Advertising Age,* 25 de enero de 1993, p. 16.

tación, la cual distingue a sus empresas de la competencia. Wal-Mart cuenta con supertiendas que se distinguen por los "saludadores", contratados para darle la bienvenida a los compradores, indicarles dónde encontrar artículos, marcar la mercancía para devoluciones o cambios y darle regalos a los niños.

La diferenciación del personal requiere que la empresa seleccione con gran cuidado al personal que tendrá contacto con la gente y que lo capacite debidamente. Este personal debe ser competente, debe tener la capacidad y los conocimientos requeridos. Debe ser cortés, amigable y respetuoso. Debe atender a los clientes de manera consistente y exacta. Además, debe hacer un esfuerzo por entender a los clientes, por comunicarse con ellos con toda claridad y por responder, con rapidez, a las solicitudes de los clientes y resolver sus problemas.

La diferenciación de la imagen. Incluso cuando las ofertas que compiten parezcan iguales, los compradores pueden percibir una diferencia en razón de la imagen de la empresa o la marca. Así, las empresas se esfuerzan por crear *imágenes* que las distingan de la competencia. La imagen de una empresa o una marca debe transmitir un mensaje singular y distintivo, que comunique los beneficios principales del producto y su posición. Para crear una imagen sólida y distintiva se requiere creatividad y mucho esfuerzo. Una empresa no puede implantar una imagen en la mente del público de un día para otro, por medio de unos cuantos anuncios. Si "IBM significa servicio", la imagen debe estar sustentada por todo lo que hace y dice la empresa.

Los *símbolos* pueden conllevar al reconocimiento de la empresa o la marca y a la diferenciación de la imagen. Las empresas diseñan letreros y logos que permiten reconocerlas enseguida. Además, se asocian con objetos o letras que son símbolo de calidad o de otros atributos, por ejemplo como el león de Harris Bank, la manzana de Apple Computer, la roca de Prudential o el cocinero de Pillsbury. La empresa puede crear una marca en torno a una persona famosa, como en el caso de los perfumes como Passion (Elizabeth Taylor) y Uninhibited (Cher). Algunas empresas incluso se llegan a asociar con colores, como IBM (azul) y Campbell (rojo y blanco).

Los símbolos elegidos se deben comunicar por vía de una publicidad que transmita la personalidad de la empresa o la marca. Los anuncios pretenden establecer una situación, un ánimo, un grado de actuación, algo que distinga a la empresa o la marca. El ambiente del espacio material donde la organización produce u ofrece sus productos y servicios puede ser otro potente generador de imágenes. Los hoteles Hyatt se reconocen por sus entradas tipo atrio y los restaurantes Victoria Station por sus vagones. Así, el banco que se quiera distinguir por ser un "banco amable" tendrá que elegir el edificio adecuado, así como el diseño interior, la distribución, los colores, los materiales y los muebles que reflejen esa calidad.

Una empresa también puede crear su imagen por medio del tipo de eventos que patrocina. Perrier, la compañía del ramo del agua embotellada, tiene fama de montar pistas de ejercicio y de patrocinar eventos deportivos sanos. Otras organizaciones, como AT&T e IBM, se identifican estrechamente con eventos culturales, como conciertos sinfónicos y exposiciones de obras de arte. Otras organizaciones apoyan causas populares. Por ejemplo, Heinz entrega dinero a hospitales y Quaker dona alimentos para personas sin hogar.

Cómo seleccionar las ventajas competitivas adecuadas

Suponga que una empresa tiene la fortuna de encontrar varias ventajas competitivas posibles. A continuación tendrá que elegir cuáles usará para su estrategia de posicionamiento. Debe decidir *cuántas* y *cuáles* diferencias promover.

¿Cuántas diferencias promover? Muchos mercadólogos piensan que las empresas se deben limitar a promover intensamente un único beneficio para el mercado meta. Rosser Reeves, el publicista, afirma que cada empresa debe desarrollar una *proposición única para vender* (PUV) cada marca y ceñirse a ella. Cada marca debe elegir un atributo y calificarse como la "número uno" en cuanto a ese atributo. Los compradores tienden a recordar el "número uno" mejor, especialmente en una sociedad con exceso de comunicación. Así, el dentífrico Crest consistentemente promueve su protección contra la caries y Mercedes-Benz promueve su gran ingeniería para automóviles. ¿Cuáles son algunas de las posiciones "número uno" que se pueden promover? Las principales son "mejor calidad", "mejor servicio", "menor precio", "más valor" y la "tecnología más avanzada". Una empresa que martillea una de estas posiciones y la ofrece de manera consistente, con toda probabilidad será reconocida y recordada por ella.

Otros mercadólogos piensan que las empresas se deben posicionar ellas mismas a partir de varios factores que las diferencien, y no sólo de uno. Este podría ser el caso cuando dos empresas o más dicen ser la mejor respecto al mismo atributo. Steelcase, la empresa que vende sistemas de muebles para oficina, se distingue de la competencia por dos beneficios: ocupa el primer lugar en entregas oportunas y es la mejor en servicios de instalación. Volvo coloca sus automóviles afirmando que son "los más seguros" y los "más duraderos". Por fortuna, estos dos beneficios son compatibles, un auto muy seguro también será muy duradero.

Hoy, en una época cuando los mercados de masas se están fragmentando en muchos segmentos pequeños, las empresas tratan de ampliar sus estrategias de posicionamiento a efecto de atraer a una mayor cantidad de segmentos. Por ejemplo, Beecham promueve el dentífrico Aquafresh afirmando que ofrece tres beneficios: "protección contra la caries", "mejor aliento" y "dientes más blancos". Sobra decir que muchas personas quieren obtener los tres beneficios y que el reto reside en convencerlas de que la marca tiene esas tres cualidades. La solución de Beecham estribó en crear un dentífrico que, al salir del tubo mostraba tres colores, confirmando así, visualmente, los tres beneficios. Con esto, Beecham atrajo tres segmentos en lugar de uno.

No obstante, cuando las empresas aumentan la cantidad de atributos de sus marcas, corren el riesgo de despertar la incredulidad y de perder una posición clara. En general, la empresa debe evitar tres errores importantes que afectan su posición. El primero es la *subposición;* es decir, no poder encontrar la verdadera posición de la empresa en absoluto. Algunas empresas descubren que los compradores apenas tienen una idea vaga de la empresa o que, en realidad, no saben si ésta ofrece algo especial. El segundo error de la posición es la *sobreposición;* es decir, presentar a los compradores una imagen demasiado estrecha de la empresa. Así, un consumidor podría pensar que la vidriera Steuben sólo produce piezas de cristal fino, que cuestan arriba de 1,000 dólares, cuando, de hecho, fabrica piezas de cristal desde 50 dólares. Por último, las empresas deben evitar la *posición confusa;* es decir, producir una imagen confusa de la empresa para los consumidores. Por ejemplo, Burger King lleva muchos años luchando, sin éxito, para establecer una posición consistente y rentable. Desde 1986, ha lanzado cinco campañas publicitarias independientes, con temas que van desde "Pepe el fresa no come aquí" y "Este es un pueblo con Burger King", hasta "La comida adecuada para el momento oportuno" y "En ocasiones hay que romper las reglas". Este alud de afirmaciones sobre su posición ha confundido a los consumidores y ha llevado a Burger King a tener pocas ventas y utilidades.[26]

¿Qué diferencias promover? No todas las diferencias de la marca tienen sentido o valen la pena. No todas las diferencias sirven para diferenciar. Cada diferencia guarda potencial para elevar los costos de la empresa y para producir beneficios para los clientes. Así pues, la empresa debe elegir con cuidado la manera en que se distinguirá de la competencia. Valdrá la pena establecer una diferencia en la medida que ésta satisfaga los siguientes criterios:

■ *Importante:* Cuando la diferencia ofrece un beneficio muy valioso para los compradores que se tienen en la mira.

■ *Distintiva:* Cuando la competencia no ofrece la diferencia o la empresa la puede ofrecer de manera distintiva.

■ *Superior:* Cuando la diferencia es superior a otras formas mediante las cuales los clientes obtienen el mismo beneficio.

■ *Comunicable:* Cuando la diferencia se puede comunicar a los compradores y les resulta visible.

■ *Preferente:* Cuando la competencia no puede copiar fácilmente la diferencia.

■ *Asequible:* Cuando los compradores tienen capacidad para pagar la diferencia.

■ *Rentable:* Cuando la empresa puede introducir la diferencia en forma rentable.

Muchas empresas han recurrido a diferencias que han fracasado en uno o varios de los sentidos señalados. El hotel Westin Stamford de Singapur afirma que es el hotel más alto del mundo, diferencia que no le importa a muchos turistas y que, de hecho, disgusta a muchos. Los teléfonos con televisión de AT&T originales fallaron, en parte, porque el público consideró que contemplar a la otra persona no valía el elevado precio del teléfono. Polarvision, de Polaroid, que consistía en películas caseras que se revelaban al instante también fracasó. Aunque Polarvision era distinta, incluso preferente, resultaba inferior a otra forma de captar el movimiento; a saber: las videocámaras.

Algunas ventajas competitivas se pueden agotar muy pronto porque son muy pequeñas, su desarrollo es muy costoso o no son consistentes con el perfil de la empresa. Suponga que una empresa está diseñando su estrategia de posicionamiento y que ha reducido, a sólo cuatro, la lista de posibles ventajas competitivas. La empresa necesita un marco para elegir la ventaja cuyo desarrollo tiene más sentido. La tabla 9-4 muestra una manera sistemática para evaluar diversas ventajas competitivas y elegir la acertada.

En la tabla, la empresa compara su posición en cuatro atributos (tecnología, costo, calidad y servicio) con la posición de su principal competidor. Suponga que las dos empresas tienen 8 en tecnología (1 = calificación más baja, 10 = calificación más alta), lo que significa que ambas tienen buena tecnología. La empresa se pregunta si le sirve de mucho mejorar más su tecnología, sobre todo dado el elevado costo de la tecnología nueva. La posición del competidor es mejor en cuanto a costos (8 en lugar de 6), lo que puede perjudicar a la empresa si el mercado se sensibiliza más a los precios. La calidad que ofrece la empresa es superior a la de su competidor (8 en lugar de 6). Por último, las dos empresas ofrecen servicios por abajo de la media (4 y 3).

A primera vista, parecería que la empresa se debería centrar en los costos o los servicios para mejorar su atractivo en el mercado en relación con el de la competencia. No obstante, tendrá que considerar otros factores. En primer término, ¿qué tanta importancia tienen las mejoras de cada uno de estos atributos para los consumidores meta? La cuarta columna muestra que las mejoras en costos y servicios tendrían mucha importancia para los clientes. A continuación, ¿tiene la empresa capacidad para hacer dichas mejoras? En tal caso, ¿cuánto tardará en lograrlas? La quinta columna muestra que la empresa tiene capacidad para mejorar el servicio con rapidez. Empero, si la empresa optara por este camino, ¿podría el competidor mejorar sus servicios también? La sexta columna muestra que la capacidad del competidor para mejorar sus servicios no es mucha, quizá porque el competidor no cree en los servicios o no cuenta con fondos. Así pues, la última columna muestra las medidas indicadas que debe tomar para cada atributo. Lo más lógico sería que la empresa invirtiera en mejorar sus servicios. Los servicios son importantes para los clientes, la empresa tiene capacidad para mejorar sus servicios y lo puede hacer sin tardanza y el competidor probablemente no podrá alcanzarla.

Cómo comunicar y ofrecer la posición elegida

Cuando la empresa ha elegido su posición, debe tomar medidas decididas para comunicar y ofrecer la posición deseada a los consumidores meta. Todas las actividades de la mezcla de mercadotecnia de la empresa deben respaldar la estrategia de posicionamiento. Para colocar a la empresa en su posición se requieren medidas concretas, y no sólo palabras. Si la empresa decide que su posición se base en la calidad y servicios superiores, primero debe *ofrecer* tal posición. El diseño de la mezcla de mercadotecnia (producto, precio, distribución y promoción) entraña, en esencia, la elaboración de los detalles tácticos de la estrategia para colocarse. Así pues, una empresa que se dirige a una "posición de calidad supe-

---

TABLA 9-4
Cómo encontrar la ventaja competitiva

Ventaja competitiva	Situación de la empresa (1-10)	Situación de la competencia (1-10)	Importancia de mejorar la situación (M-R-P)	Posibilidad y velocidad (M-R-P)	Capacidad de la competencia de mejorar su situación (M-R-P)	Medida recomendada
Tecnología	8	8	P	P	R	Aguantar
Costo	6	8	M	R	R	Vigilar
Calidad	8	6	P	P	M	Vigilar
Servicio	4	3	M	M	P	Invertir

rior" sabe que debe producir productos de calidad superior, cobrar un precio alto, distribuirse por vía de distribuidores de gran calidad y hacerse publicidad en medios de gran calidad. Además, debe contratar y capacitar a más personal de servicios, encontrar detallistas que tengan fama de ofrecer buen servicio y elaborar mensajes de ventas y de publicidad que transmitan sus servicios superiores. Esta es la única manera de lograr una posición consistente y creíble por una gran calidad y estupendo servicio.

Las empresas, muchas veces, descubren que resulta más fácil encontrar una estrategia de posicionamiento que llevarla a la práctica. Lograr una posición o cambiarla suele requerir mucho tiempo. Por otra parte, posiciones que se han logrado con el esfuerzo de muchos años se pueden perder en un instante. Cuando una empresa ha alcanzado la posición deseada, debe estar atenta para conservarla por medio de un desempeño y una comunicación consistentes. Debe vigilar su actuación estrechamente y adaptarla con el tiempo, a efecto de ceñirse a los cambios de las necesidades de los consumidores y de las estrategias de la competencia. No obstante, la empresa debe evitar los cambios abruptos que podrían confundir a los consumidores. En cambio, la posición de un producto debe ir evolucionando gradualmente, conforme se adapta al entorno mercadotécnico siempre cambiante.

RESUMEN

Los vendedores pueden adoptar tres métodos para penetrar en un mercado. La *mercadotecnia masiva* corresponde a la decisión de producir y distribuir un producto en masa, con la intención de atraer a todo tipo de compradores. La *mercadotecnia de producto diferenciado* corresponde a la decisión de producir dos o más ofertas para el mercado, diferentes en cuanto a estilo, características, calidad o tamaños y diseñadas para ofrecer variedad en el mercado y distinguir los productos del vendedor de los de la competencia. La *mercadotecnia de selección de mercado meta* corresponde a la decisión de identificar a los diferentes grupos que constituyen un mercado y desarrollar productos y mezclas de mercadotecnia para los mercados meta. Hoy, los vendedores están abandonando la mercadotecnia masiva y la de producto diferenciado, para enfocarse hacia los mercados meta mira, porque este enfoque resulta más útil para detectar oportunidades en el mercado y desarrollar productos y mezclas de mercadotecnia más eficaces.

Los pasos clave en la mercadotecnia de mercados meta son la segmentación de mercados, la selección de mercados meta y el posicionamiento en el mercado. La *segmentación del mercado* es el acto de dividir un mercado en grupos distintivos de compradores que podrían merecer productos o mezclas de mercadotecnia independientes. El mercadólogo usa diferentes variables para averiguar cuáles segmentaciones ofrecen las mejores oportunidades. En el caso de la mercadotecnia para consumidores, las principales variables de la segmentación son las geográficas, demográficas, psicográficas y conductuales. Los mercados de empresas se pueden segmentar a partir de las características demográficas de las empresas consumidoras, de sus actividades, de las actitudes para la compra y de las carac-

terísticas personales. La eficacia del análisis de la segmentación depende de que se encuentren segmentos *mensurables, accesibles, sustanciales* y *activables*.

A continuación, el vendedor tiene que enfocar su mira hacia los mejores segmentos del mercado. La empresa primero evalúa las características de crecimiento y tamaño de cada segmento, el atractivo de su estructura y su compatibilidad con los recursos y los objetivos de la empresa. A continuación, elige una estrategia, de entre tres, para la cobertura del mercado. El vendedor puede pasar por alto las diferencias de los segmentos (*mercadotecnia indiferenciada*), desarrollar diferentes ofertas para los diversos segmentos del mercado (*mercadotecnia diferenciada*) o perseguir uno o varios segmentos del mercado (*mercadotecnia concentrada*). Gran parte de ello depende de los recursos de la empresa, la versatilidad del producto, la etapa del ciclo de vida del producto y las estrategias de mercadotecnia competitivas.

Cuando una empresa ha decidido a cuáles segmentos ingresará, debe decidir cuál será su estrategia de *posicionamiento en el mercado;* es decir, qué posiciones ocupará en los segmentos que haya elegido. Puede posicionar sus productos de acuerdo con los atributos específicos del producto, con las ocasiones de uso, con ciertas clases de usuarios o con clases de productos. Además, los puede posicionar enfrentándolos a los de la competencia o separándolos de ellos. La tarea de posicionamiento consta de tres pasos: identificar una serie de posibles ventajas competitivas para crear una posición, elegir las ventajas competitivas adecuadas y comunicar y ofrecer al mercado, de manera eficaz, la posición elegida.

TÉRMINOS CLAVE

EXPOSICIÓN DE PUNTOS CLAVE

1. Describa la manera en que Ford Motor Company ha pasado de la mercadotecnia masiva, a la mercadotecnia de varios productos para un mercado meta. ¿Puede usted ofrecer otros ejemplos de empresas cuyo enfoque de mercadotecnia haya evolucionado con el tiempo?

2. ¿Qué variables se usan para segmentar el mercado de la cerveza? Ofrezca ejemplos.

3. Los hispanos son ahora considerados un segmento, atractivo y específico, del mercado. ¿Puede usted emplear la misma mercadotecnia para una costurera puertorriqueña de Nueva York, un médico cubano de Miami y un trabajador mexicano de Houston? Explique las similitudes y las diferencias que encuentre. ¿Qué implica esto para los segmentos del mercado?

4. Algunos proveedores industriales obtienen utilidades por arriba de la media porque ofrecen servicios, selecciones y confianza, y por ello cobran un precio mayor. ¿Cómo pueden estos proveedores segmentar el mercado para encontrar clientes dispuestos a pagar más por dichos beneficios?

5. Piense en sus compañeros de clase en este curso. ¿Los puede segmentar en diferentes grupos, usando apodos específicos? ¿Cuál es la principal variable para esta segmentación? ¿Podría comercializar productos, de manera eficaz, a estos segmentos?

6. ¿Qué papeles desempeñan los atributos del producto y las percepciones del atributo en el posicionamiento de un producto? ¿Se puede usar un mismo atributo de varias marcas competidoras para preparar una buena estrategia de posicionamiento?

APLICACIÓN DE CONCEPTOS

1. Cuando se analiza la publicidad y los productos mismos, muchas veces se puede ver cómo los mercadólogos están tratando de colocar sus productos y cuáles mercados meta esperan alcanzar. (a) Defina el posicionamiento y los mercados meta de Coca-Cola, Pepsi Cola, Mountain Dew, Dr. Pepper y 7-Up. (b) Defina los mercados meta y la posición de McDonald's, Burger King, Wendy's y una cadena regional de restaurantes de su zona, por ejemplo Jack-in-the-Box, Bojangle's o Friendly's. (c) ¿Piensa usted que los refrescos y los restaurantes tienen posiciones y mercados meta distintivos? ¿Están algunos definidos con más claridad que otros?

2. Las personas se pueden comercializar como si fueran productos o servicios [véase el capítulo 22 para más detalles]. Cuando se comercializa a una persona, se puede posicionar a la persona para un mercado meta en particular. Describa brevemente cómo se posicionaría usted para los siguientes mercados meta: (a) ante un empleo potencia; (b) un novio o novia en potencia; (c) su padre o madre. ¿Se posicionaría usted de manera diferente para estos mercados diferentes? ¿Cómo difieren estas posiciones? ¿*Por qué* difieren las posiciones?

Cómo Tomar Decisiones en Mercadotecnia:

Comunicaciones Mundo Pequeño, S. A.

Las ideas de Tom Campbell y Lyn Jones para Comunicaciones Mundo Pequeño están avanzando mucho. Ahora están tratando de afinar el concepto básico del sistema de conexión todo-en-uno para las comunicaciones, al cual se le pueden integrar programas especiales de computación. Los dos han estado consiguiendo información y sugerencias, presentándole la idea básica a unos cuantos amigos, de su confianza, que saben de computadoras.

—Lyn, he visto que las reacciones ante la idea de este producto son más complicadas de lo que suponíamos. Recuerdas que, según la idea original, queríamos vender un producto con apariencia de terminado, que se pudiera instalar sin herramienta. Es decir, una caja extra que se enchufaría en la computadora principal de alguna manera. El concepto siempre me pareció un artículo para usuarios menos sofisticados. Sin embargo, estoy viendo que al usuario poco conocedor le gusta la caja externa, pero también le gusta a un grupo, verdaderamente técnico, de usuarios de computadoras portátiles. Estos piensan que la Unidad externa es un producto que les permitirá más comunicaciones de las que podrían tener con sus maquinitas. Además, consideran que es una manera fácil de enganchar su computadora portátil a su máquina de escritorio, para compartir archivos y programas.

—Sí —contestó Lyn—, me han dicho lo mismo y resulta interesante porque las portátiles son las que prometen verdadero crecimiento. Pero también me sorprendió otra cosa. Hay muchos usuarios de computadoras que quieren un simple tablero de circuitos, que se instale dentro de su computadora central.

—Déjame adivinar —dijo Tom—. Quieren un tablero interior para que el lío de cables sea mínimo.

—Ese es sólo un aspecto —contestó Lyn—, el otro es bastante evidente; la mayor parte de los usuarios tendrían que poner la caja de la Unidad sobre sus escritorios y no quieren perder ese espacio. Quizá tengamos que modificar nuestro producto para satisfacer las necesidades de diferentes segmentos de compradores.

Y, ¿Ahora Qué?

1. Tom y Lyn están segmentando sus mercados de una forma compleja que combina la segmentación por beneficios con algunos datos psicográficos sobre los usuarios de computadoras. (a) ¿Piensa usted que este enfoque tiene sentido? (b) ¿Son estos segmentos *mensurables, accesibles, sustanciales* y *activables*? (c) Sugiera otras formas en que Tom y Lyn podrían segmentar sus mercados.

2. Lyn y Tom todavía no han discutido cómo posicionarán su producto Unidad. Este capítulo habla de una serie de posibilidades de posicionamiento, inclusive los *atributos del producto*, sus *beneficios*, las *ocasiones de uso*, por *tipo de usuario*, comparándolo o *diferenciándolo* de la competencia, o para *clases diferentes de producto*. (a) ¿Qué enfoque recomendaría usted a Lyn y a Tom para dicho posicionamiento? (b) ¿Existe una sola forma de posicionar este producto o funcionarían también otros enfoques o una combinación de ellos?

REFERENCIAS

1. Thomas Moore, "Different Folks, Different Strokes", *Fortune,* 16 de septiembre de 1985, p. 65. Véase también Michael Oneal, "Attack of the Bug Killers", *Business Week,* 16 de mayo de 1988, p. 81.

2. Bruce Hager, "Podunk Is Beckoning", *Business Week,* 2 de diciembre de 1991, p. 76.

3. Véase Frieda Curtindale, "Marketing Cars to Women", *American Demographics,* noviembre de 1988, pp. 29-31; y Betsy Sharkey, "The Many Faces of Eve", *Adweek,* 25 de junio de 1990, pp. 44-49. La cita es de "Automakers Learn Better Roads to Women's Market", *Marketing News,* 12 de octubre de 1992, p. 2.

4. Véase Pat Grey Thomas, "Marketing to the Affluent", *Advertising Age,* 16 de marzo de 1987, p. S-1.

5. Jan Larsen, "Reaching Downscale Markets", *American Demographics,* noviembre de 1991, pp. 38-40.

6. Steve Lawrence, "The Green in Blue-Collar Retailing", *Fortune,* 27 de mayo de 1985, pp. 74-77; y Dean Foust, "The Family Feud at Family Dollar Stores", *Business Week,* 21 de septiembre de 1987, pp. 32-33. Para otros ejemplos de las empresas que se dirigen a consumidores menos ricos, véase Brian Bremmer, "Looking Downscale without Looking Down", *Business Week,* 8 de octubre de 1990, pp. 62-67; y Larsen, "Reaching Downscale Markets", *American Demographics.*

7. Thomas Exter, "Deodorant Demographics", *American Demographics,* diciembre de 1987, p. 39.

8. Bickley Townsend, "Psychographic Glitter and Gold", *American Demographics,* noviembre de 1985, p. 22.

9. Para una explicación detallada de la personalidad y el comportamiento de los compradores, véase Leon G. Schiffman y Leslie Lazar Kanuk, *Consumer Behavior,* 4a. ed. (Englewood Cliffs, N.J.: Prentice Hall, 1991), cap. 4.

10. Véase Laurie Freeman y Cleveland Horton, "Spree: Honda's Scooters Ride the Cutting Edge", *Advertising Age,* 5 de septiembre de 1985, pp. 3, 35.

11. Mark Maremont, "The Hottest Thing Since the Flashbulb", *Business Week,* 7 de septiembre de 1992.

12. Véase Schiffman y Kanuk, *Consumer Behavior,* p. 48.

13. Véase Mark Ivey, "Long-Distance Learning Gets an 'A' at Last", *Business Week,* 9 de mayo de 1988, pp. 108-110.

14. Véase Thomas V. Bonoma y Benson P. Shapiro, *Segmenting the Industrial Market* (Lexington, MA: Lexington Books, 1983). Para ejemplos de segmentación de mercados de empresas, véase Kate Bertrand, "Market Segmentation: Divide and Conquer", *Business Marketing,* octubre de 1989, pp. 48-54.

15. V. Kasturi Rangan, Rowland T. Moriarty y Gordon S. Swartz, "Segmenting Customers in Mature Industrial Markets", *Journal of Marketing,* octubre de 1992, pp. 72-82.

16. Para otro enfoque interesante para segmentar el mercado de empresas, véase John Berrigan y Carl Finkbeiner, *Segmentation Marketing: New Methods for Capturing Business* (Nueva York: Harper-Business, 1992).

17. Marlene L. Rossman, "Understanding Five Nations of Latin America", *Marketing News,* 11 de octubre de 1985, p. 10; citado en Subhash C. Jain, *International Marketing Management,* 3a. ed. (Boston: PWS-Kent Publishing Company, 1990), p. 366.

18. Para más información sobre segmentación, véase Jain, *International Marketing Management,* pp. 369-370.

19. *Ibid.,* pp. 370-371.

20. Véase Joe Schwartz, "Southpaw Strategy", *American Demographics,* junio de 1988, p. 61; y "Few Companies Tailor Products for Lefties", *The Wall Street Journal,* 2 de agosto de 1989, p. 2.

21. Véase Michael Porter, *Competitive Advantage* (Nueva York: Free Press, 1985), pp. 4-8 y 234-236.

22. Bill Saporito, "Just How Good is the Great A&P?", *Fortune,* 16 de marzo de 1987, pp. 92-93.

23. Para una explicación amplia de los conceptos de diferenciación y ventaja competitiva y de los métodos para evaluarlas, véase Michael Porter, *Competitive Advantage,* cap. 2; George S. Day y Robin Wensely, "Assessing Advantage: A Framework for Diagnosing Competitive Superiority", *Journal of Marketing,* abril de 1988, pp. 1-20; y Philip Kotler, *Marketing Management,* 7a. ed. (Englewood Cliffs, N. J.: Prentice Hall, 1991), cap. 11.

24. Véase David A. Garvin, "Competing on the Eight Dimensions of Quality", *Harvard Business Review,* noviembre-diciembre de 1987, pp. 101-109.

25. Véase Tom Peters, *Thriving on Chaos* (Nueva York: Alfred A. Knopf, Inc., 1987), pp. 56-57.

26. Mark Landler y Gail DeGeorge, "Tempers Are Sizzling Over Burger King's New Ads", *Business Week,* 12 de febrero de 1990, p. 33; y Philip Stelly, Jr., "Burger King Rule Breaker", *Adweek,* 9 de noviembre de 1990, pp. 24-26.

CASO 9

LA ROPA DE TALLAS ESPECIALES

La mujer estadounidense media mide poco más de cinco pies, pesa 146 libras y usa la talla 12 o 14. Existe igual cantidad de mujeres que usan talla 18 como talla 8. Quince por ciento de los hombres estadounidenses están clasificados como grandes o altos, y 50 millones son pequeños. Estos grupos, sean de personas enormes, altas, grandes o pequeñas constituyen el mercado de ropa de tallas especiales.

Hasta finales de los años ochenta, la mayor parte de los diseñadores, fabricantes y detallistas descuidaron estos segmentos, a pesar de su gran potencial de ventas y mayor capacidad de compra. Como los consumidores de tallas grandes suelen tener más años, tienden a tener más dinero.

Los detallistas que ejercieron presión hacia atrás, por medio del canal de distribución, sobre sus proveedores son los responsables de haber abierto este mercado. Un ejemplo es Nancye Radmin, fundadora de The Forgotten Woman. Cuando la señora Radmin subió de peso, encontraba que, en la talla que necesitaba, sólo había blusones de poliester. ¿Su respuesta? Abrió su propia tienda. Cuando la abrió, tenía infinidad de clientes pero poca mercancía, así que recurrió a crear sus propios diseños, con marca privada,

producidos por un fabricante brasileño. Además, continuó tocando a la puerta del distrito de la ropa en Nueva York y presentándose en salas de exhibición de diseñadores. Aunque con el tiempo convenció a algunos fabricantes de que produjeran tallas más grandes, los diseñadores no respondieron a su reclamo.

La señora Radmin se dio cuenta de que no podía hablar el idioma de los diseñadores, así que contrató a Beau James, que trabajaba en Bonwit Teller, para que fuera su intermediario. Éste encontró que a los diseñadores les preocupaba que las tiendas no pudieran comercializar la ropa de tallas grandes de tal manera que ésta resultara en verdad elegante. Para aliviar esta preocupación, la señora Radmin invirtió 2 millones de dólares para abrir dos salones, donde la mercancía se presenta tras puertas de madera encaladas, con vidrio biselado y picaportes de bronce. Los salones tienen candelabros, escritorios franceses y un "bar para visitantes", donde los compradores pueden pedir café, champagne y chocolates. Como dice la señora Radmin, las calorías no importan porque este mercado no está a dieta. ¿El resultado? Sus 20 tiendas generan más de 40 millones de dólares por concepto de ingresos anuales y venden prendas de diseñador, incluso vestidos bordados de 8,000 dólares de Oscar de la Renta y vestidos de Bob Macke a 10,000 dólares cada uno.

No obstante, muchos clientes importantes quieren precios más baratos. En 1970, The Casual Male Big & Tall Shop abrió sus puertas en Shrewsbury, Maine, para vender ropa de marca para hombre, formal y deportiva, a precios especiales y "tallas extra". Hoy, la cadena tiene más de 250 puntos de venta en el país. Almacenes como Hill's también están ampliando sus departamentos para hombres e incluso las tiendas de descuento han entrado al negocio. K-mart le vende mucho a hombres altos y grandes. Sus ventas de tallas grandes han aumentado entre el 5 y 7% al año, y ahora representan 10% de las ventas de ropa para hombres. Por tanto, K-mart ha aumentado el tamaño de sus departamentos de tallas grandes, de 100 metros cuadrados a más de 600 metros cuadrados.

Los hombres altos y grandes requieren estilos diferentes. Este grupo ha creado un mercado para el "aspecto enorme"; es decir, prendas superiores demasiado grandes y ropa aborregada. Quizá se deba a que la ropa grande les hace sentirse más pequeños. Prefieren los suéteres de algodón, con botones o cuello en V, y suelen preferir colores oscuros como el negro, el gris o el azul marino, los cuales usan con vaqueros elásticos. Hoy, están más dispuestos a usar pantalones cortos y buscan otro tipo de ropa deportiva. Además, quieren marcas conocidas como Pierre Cardin, Givenchy y Arrow.

Los vendedores por catálogo también han entrado al mercado. Spiegel produce un catálogo para mujeres que usan tallas grandes, llamado For You. Éste incluye de todo, desde ropa de noche, hasta prendas para el trabajo y ropa íntima. Subraya "la moda que favorece"; una preocupación para las mujeres grandes. Land's End tiene líneas para altas y pequeñas y ofrece algunas tallas extra en su catálogo normal.

¿De dónde salió este mercado? Según algunos observadores, la generación del *baby boom* tiene más años y, con los años, engordamos. La mejor calidad de los alimentos quizás explique por qué hay gente más alta. Hay otros que afirman que el mercado siempre ha existido, pero que no era tomado en cuenta. Los fabricantes y los diseñadores estaban tan ocupados con el "yo ideal" que no ofrecían ropa para el "yo real".

Conforme diseñadores como Evan Picone, Liz Claiborne, Pierre Cardin y Bill Blass entren al mercado, tendrán el reto de producir ropa que favorezca. Pero vale la pena. Tras sólo año y medio en el mercado, la línea Elisabeth de Liz Claiborne produjo ventas por más de 100 millones de dólares en 1991 y representó 6% del volumen de Claiborne. Además, sigue creciendo. Las oportunidades no están agotadas. Nancye Radmin dice que los trajes de baño siguen siendo espantosos.

PREGUNTAS

1. ¿Qué criterios son los más importantes para segmentar el mercado de las tallas especiales?

2. ¿Por qué se resistiría un diseñador o un fabricante a ingresar al mercado de las tallas grandes?

3. ¿Qué problemas tendrán los detallistas para comercializar esta ropa?

4. ¿Hacia qué metas deben enfocar los diseñadores y fabricantes su ropa de tallas especiales?

5. Evalúe como posicionamiento las tallas grandes, los detallistas y los fabricantes.

Fuentes: "Spiegel Fills a Real Market Need", *Catalog Age,* septiembre de 1990, pp. 143, 147; Mary Beth Colacecchi, "Making It Big", *Catalog Age,* abril de 1992, pp. 5, 49; Pat Corwin, "Sales Surge in Big-and-Tall", *Discount Merchandiser,* febrero de 1989, pp. 32-37; Amy Feldman, "Hello, Oprah, Good-Bye Iman", *Forbes,* 16 de marzo de 1992, pp. 116-117; Nancye Radmin, "Winning Over the Heavy Hitters", *Working Woman,* agosto de 1991, pp. 28-30; y Susan L. Smarr, "Retail Now: Remembering the Forgotten Woman", febrero de 1990, pp. 24, 26.

CASO EMPRESARIAL 9

QUAKER OATS: LA COMPETENCIA EN REMOJO

Toda institución de educación superior interesada en la Liga Nacional de Futbol ha visto la siguiente escena con frecuencia: conforme se acerca el final de un encuentro importante, dos enormes jugadores quitan la tapa blanca de un enorme recipiente naranja que contiene una bebida fría para deportistas. Después, cuando el triunfo parece asegurado, se acercan a la línea lateral y vacían el contenido del recipiente sobre su desprevenido entrenador. Si una red de televisión está transmitiendo el partido, los espectadores se retuercen en sus asientos, imaginando lo que se sentiría que todo ese líquido congelado les cayera encima. Estas bromas han reemplazado el tradicional paseo en hombros de los jugadores como momento último después del triunfo en un encuentro importante de futbol.

Mientras leía el párrafo anterior, usted probablemente adivinó cuál era el contenido del gran recipiente naranja. Sin duda, elaboró una imagen mental de los jugadores abriendo el recipiente y vertiendo la conocida bebida sobre el entrenador. Aunque hay unas 40 marcas nacionales y regionales que compiten en este mercado, Gatorade ha alcanzado una posición tan dominante que el nombre de la marca se ha convertido casi en un término genérico para la categoría de bebidas para deportistas.

Sin embargo, quizás usted no sepa que Quaker Oats Company es dueña de Gatorade. Aunque muchas personas ligan a Quaker Oats con la avena, con los cereales para desayuno y con Wilford Brimley ("Es lo que se debe hacer"), por regla general se asombran cuando saben que Gatorade es el producto aislado más importante de Quaker Oats. En 1992, Gatorade produjo ventas del orden de 900 millones de dólares en 15% del total de ingresos de Quaker Oats y alrededor de 90 millones de dólares en utilidades, el 17% del total de la empresa.

Los analistas estiman que Gatorade controla hasta 90% del mercado de las bebidas para deportistas con un valor de mil millones de dólares. Es más, el mercado de las bebidas para deportistas es el segmento de bebidas que crece a mayor velocidad. Así como la categoría de los refrescos tradicionales está madura y sólo crece a un lento ritmo anual de 2%, cifra inferior a casi el 5% que tenía, los analistas pronostican que el volumen de la categoría de refrescos para deportistas aumentará a un ritmo de dos dígitos durante la década de 1990.

Por tanto, no es raro que muchas empresas estén ingresando al mercado de las bebidas para deportistas. Tampoco es raro que Gatorade haya enviado señales claras de que luchará ferozmente para defender su dominio en el mercado.

Quaker Oats y Gatorade

La Quaker Mill Company fue fundada en 1877 en Ravenna, Ohio. En 1881, Henry Parson Crowell compró la empresa y usó técnicas de publicidad y comercialización nuevas, que sentaron las bases para el crecimiento de la empresa. Quaker fue la primera empresa que empacara un producto alimenticio, la avena, en una caja de cartón y la primera en imprimir recetas en el paquete. También fue la primera empresa que se hiciera publicidad en todo el país y, después, en el mundo. Quaker creó la estrategia de adquirir los productos y de usar su capacidad mercadotécnica para crear participación de los productos en el mercado. Hoy, la cuadra de productos de Quaker incluye marcas tan conocidas como Quaker, Aunt Jemima, Kibbles 'n Bits, Cycle, Gravy Train, Ken-L Ration, Gaines, Puss'n Boots, Can Camp's, Ardmore Farms, Rice-A-Roni, Noodle Roni y Ghirardelli.

El doctor Robert Cade, especialista en riñones de la Universidad de Florida, y un equipo de investigadores que estaban estudiando el agotamiento por calor en el caso de jugadores de futbol de la universidad, inventaron el Gatorade en la década de 1960. Los investigadores analizaron el sudor de los jugadores e inventaron una bebida que evitaba la grave deshidratación provocada por la pérdida de líquidos y minerales durante el ejercicio físico a temperaturas elevadas.

Probaron la bebida con jugadores y el equipo de los Gators de Florida usó la bebida durante todos los partidos de la temporada de 1966. Ese año, los observadores llamaron a los Gators el "equipo de la segunda mitad", porque consistentemente jugaban mejor que sus contrincantes en la segunda mitad. El equipo también gano el Tazón de la Naranja ese año y Bobby Dodd, el entrenador del perdedor Tecnológico de Georgia comentó: "No teníamos Gatorade. Esa fue la diferencia". Sports Illustrated reseñó el comentario y, así, Gatorade inició el camino para crear una nueva categoría de productos y para dominarla: las bebidas isotónicas.

Stokely-Van Camp, procesador y comercializador de frutos y vegetales, adquirió Gatorade en mayo de 1967 y empezó a comercializarla en el verano de 1968. Stokely pretendía promover Gatorade no sólo como una bebida para deportistas, sino también como un alimento sano, debido a su valor para reemplazar los electrolitos perdidos en razón de catarros, gripe, diarrea y vómitos. Ya en septiembre de 1969, Stokely había establecido su distribución en todos los estados menos Alaska. En la década de 1970, Gatorade registró un veloz crecimiento cuando el público, cada vez más preocupado por la condición física, se enganchó al producto y los beneficios que percibía. Stokely también logró una posición sólida para Gatorade en el mercado de las ventas para equipos de instituciones. Debido al candado de Stokely en este mercado y a la gran lealtad de los consumidores en el ámbito minorista, pocos competidores que ingresaron al mercado lograron el éxito.

Quaker Oats le compró la empresa a Stokely-Van Camp en 1983. Quaker vio la oportunidad de aumentar las ventas de Gatorade incrementando su distribución y su promoción, además duplicó el gasto de Gatorade para mercadotecnia. Entre 1983 y 1990, las ventas de Gatorade aumentaron a una tasa compuesta de crecimiento del 28% anual.

El producto y el mercado

Las bebidas isotónicas, o las bebidas para deportistas, reemplazan los líquidos y los minerales que se pierden durante la actividad física. Las investigaciones arrojan que la eficacia de la bebida isotónica depende de varios factores. La bebida debe proporcionar suficientes carbohidratos (glucosa y azúcares trabajando en combinación) para alimentar a los músculos que trabajan, pero no demasiado como para detener la absorción de líquidos. La bebida debe contener la cantidad adecuada de electrolitos, especialmente de sodio, para reforzar la absorción de líquidos. Por último, las investigaciones sugieren que la mayor parte de las personas prefieren una bebida sin gas, ligeramente dulce, cuando tiene calor y está sudando. El sabor es importante para que la persona sienta el deseo de consumir la cantidad suficiente de líquido para que la rehidratación sea efectiva.

Una ración de 8 onzas de Gatorade contiene pocas vitaminas, nada de grasas o proteínas, 60 calorías, 15 gramos de carbohidratos, 110 miligramos de sodio y 25 miligramos de potasio. Las calorías de Gatorade suman alrededor de la mitad de las contenidas en las bebidas de frutas y de refrescos no dietéticos.

El mercado de las bebidas para deportistas es muy estacional y regional y la mayor parte de las ventas se registran en los meses de verano en el sur, el sudeste y el suroeste. Los consumidores de Florida, Texas y California representan 38% de las ventas de Gatorade.

Cuando Quaker Oats adquirió Gatorade, encontró que Stokely se había dirigido a los deportistas de competencias y a los hombres y jóvenes que tomaban parte en deportes competitivos. No obstante, Quaker encontró que Stokely no había posicionado bien la marca, ni le había dado un enfoque consistente. Ningún mensaje claro especificaba los usos del producto ni las ocasiones en que los consumidores deberían usarlo. La investigación de mercado de Quaker reveló que los usuarios principales eran hombres entre 19 y 44 años. Estos hombres entendían el producto y sabían cuándo y cómo usarlo.

Quaker decidió comercializar el producto en el norte de Estados Unidos, posicionándolo de manera precisa y firme, basándose en la forma en que era usado por los consumidores del sur. Quaker también decidió que proyectaría una imagen de los usuarios de Gatorade como deportistas triunfadores, pero no necesariamente profesionales. Los anuncios describían a deportistas serios que disfrutaban del deporte y de Gatorade. Se trataba de atletas que los consumidores meta podrían aspirar a imitar.

A pesar del enfoque preciso de Gatorade, Quaker respondió a los cambios del mercado introduciendo Gatorade Light en 1990. Esta extensión de la línea tenía en la mira a los deportistas conscientes de las calorías, por ejemplo hombres y mujeres que practicaban el jogging o el ejercicio aeróbico. Estos clientes hacían ejercicio durante periodos breves o moderados, a escasa o moderada intensidad. El Gatorade Light se presentaba en tres sabores y tenía menos sodio, y alrededor de la mitad de las calorías, que el Gatorade Normal. Quaker también introdujo Freestyle, una bebida más sabrosa, hecha con jugo de fruta. Freestyle se dirigía a las personas que tenían más interés en el sabor del producto que en la rehidratación. Para 1992, Quaker también ofrecía el Gatorade original con seis sabores seleccionados a efecto de atraer a diferentes grupos.

La competencia trata de hacer sudar a Gatorade

La competencia advirtió el éxito de Gatorade y el veloz crecimiento del mercado de las bebidas para deportistas. Suntroy, subsidiaria de la gigantesca empresa japonesa Suntroy del ramo de las bebidas, introdujo la bebida para deportistas 10-K a Estados Unidos en 1985. Suntroy logró que 10-K fuera el competidor más importante de Gatorade, promoviendo el hecho de que producía 10-K usando agua de manantial sin sales. El 10-K contenía 100% de la dosis diaria recomendada de vitamina C. Asimismo, sólo contenía sabores naturales, fructosa, 60 calorías por ración, nada de cafeína y la mitad del sodio que otros productos. Al igual que Gatorade, 10-K se dirigió a la distribución por medio de tiendas de alimentos y se dirigió a los equipos de deportistas. Suntory afirmaba que 10-K le había ganado a Gatorade en pruebas de sabor y en repetición de compras.

En 1987. Sin embargo, Maxx jamás pasó más allá de los mercados de prueba. En 1989, Pepsi Cola se unió al grupo introduciendo Mountain Dew Sport (MDS). El MDS tenía un poco de gas, no tenía cafeína y se presentaba en forma normal y en otra con dos calorías. Pepsi afirmaba que MDS sabía mejor que Gatorade. No obstante, los consumidores pensaron que tenía demasiado gas y Pepsi retiró su producto. Más adelante, Pepsi introdujo AllSport, una bebida con menos gas y cuatro sabores. Pepsi distribuyó AllSport por medio de tiendas de alimentos y misceláneas, además de contar con toda una red de distribución mundial por si decidía lanzarse al mercado internacional.

En 1989, tres fabricantes novatos de bebidas para deportistas trataron de meterse al negocio de apagar la sed. PowerBurst Corp. introdujo PowerBurst, una bebida endulzada con fructosa, que según afirmaba la empresa proporcionaba una energía sostenida, en lugar del brote de energía a corto plazo que proporcionaban los endulzantes de Gatorade. PowerBurst se dirigía a consumidores más jóvenes, sobre todo a las mujeres con mentalidad deportista, afirmando no sólo que sabía mejor que Gatorade sino que su producto era superior en siete atributos. PowerBurst se distribuyó en 17 estados por medio de las cadenas de supermercados, tiendas de alimentos y clubes deportivos.

White Rock Products introdujo Workout y Workout Light, presentándolos como apagadores de sed completamente naturales, con carbohidratos complejos, poco sodio y sin cafeína. White Rock distribuyó Workout en 30 estados por medio de tiendas de alimentos y misceláneas pequeñas.

Sports Beverage lanzó Pro Motion, diciendo que tenía menos sodio y más potasio que Gatorade. También afirmaba que Pro Motion contenía 100% de la dosis diaria recomendada de vitamina C y que apagaba la sed sin dejar un gusto salado ni dulce.

En 1990, Coca-Cola volvió a entrar al mercado con PowerAde. El segundo intento de Coca-Cola no tenía gas ni cafeína y se presentó en tres sabores. Coca-Cola proyectaba distribuir PowerAde exclusivamente por medio de fuentes de soda.

A principios de 1992, Quaker se dio cuenta que, a pesar del veloz crecimiento de Gatorade, cada vez resultaba más difícil encontrar ventas nuevas. Quaker se dirigió a Coca-Cola con la idea de que las dos empresas se podrían unir para distribuir Gatorade por medio de la amplia red de máquinas expendedoras de Coca-Cola y de fuentes de soda en restaurantes y misceláneas. Sin embargo, a mediados de 1992, las dos empresas suspendieron las pláticas, según se dice porque no se pusieron de acuerdo en cuanto a quién dirigiría la toma de decisiones de mercadotecnia.

Después de esto, Coca-Cola anunció que continuaría retando a Gatorade con su producto PowerAde. Coca-Cola argumentaba que PowerAde contenía 33% más carbohidratos para proporcionar energía que Gatorade, que era más ligera y que "pasaba" más fácil. Coca-Cola sugería que PowerAde apagaba la sed sin el pesado sabor salitroso. Coca-Cola se centró en distribuir PowerAde por medio de máquinas expendedoras, en clubes deportivos y gimnasios y en fábricas industriales; en "puntos de sudor", como los llamaba Coca-Cola. A efecto de reforzar sus actividades, la empresa introdujo una versión de PowerAde en botella y otra en lata. Coca-Cola pensaba que estas actividades también servirían para que PowerAde debutara en la cancha de Gatorade, las tiendas de alimentos. Coca-Cola contaba con 1.5 millones de puntos de ventas, inclusive un millón de máquinas expendedoras, en comparación con los 200,000 puntos de venta de Gatorade. Coca-Cola también lanzó publicidad por televisión y radio y pagó para que PowerAde fuera la bebida oficial de los Juegos Olímpicos de verano de 1992 en España. Los ejecutivos decían que PowerAde sería la bebida oficial de los Juegos Olímpicos de 1996 en Atlanta, la ciudad nativa de Coca.

Mientras tanto, Pepsi no estuvo quieta con su bebida AllSport. Los ejecutivos afirmaban que si bien Gatorade dominaba la categoría, carecía del sabor y del sistema de distribución que Pepsi tenía para AllSport. Pepsi contaba con alrededor de un millón de puntos de venta y contacto diario con 250,000 detallistas que podrían ayudar a impulsar AllSport. Como Coca-Cola, Pepsi había decidido enfrentarse a Gatorade en supermercados, obras de construcción y clubes deportivos. Al igual que en el caso de Coca, Pepsi se enfrentó a Gatorade con pruebas de sabor en las tiendas. También afirmaba que AllSport con gas era más fácil de beber que Gatorade y que AllSport tenía sólo la mitad de sodio. Pepsi argumentaba que los consumidores que ingerían una dieta equilibrada no tenían necesidad de tomar el sodio extra que proprcionaba Gatorade.

Como respuesta a la interrupción de las negociaciones con Coca-Cola, Quaker reorganizó sus operaciones. Antes, Quaker había dependido de oficinas regionales en América del Norte, Europa, Asia y América Latina para manejar la marca en los 15 países en los que vendía Gatorade. Quaker anunció que ahora formaría una división independiente para comercializar Gatorade en todo el mundo. Los ejecutivos de Gatorade también señalaron que continuaban buscando asociarse con otras empresas para expandir la distribución a "dondequiera que haya sed".

No obstante, si Gatorade se sigue expandiendo internacionalmente, encontrará que le está esperando gran competencia. En Japón, Coca-Cola ya ofrece bebidas para deportistas con el nombre de Aquarius y Gatorade ha tenido problemas con una bebida para deportistas producida localmente. En Italia, H. J. Heinz comercializa una bebida llamada Fitgar que, según dice, cubre 10% del mercado de las bebidas para deportistas. En Francia, al parecer, los consumidores consideran que el agua embotellada es el producto ideal para apagar su sed.

¿Qué deparará el futuro?

Quaker Oats está consciente de la importancia de esta batalla para la salud de la corporación. Gatorade ha dicho que continuará cultivando su imagen deportiva usando a Michael Jordan como su vocero. Además, continuará con los contratos por varios años con las ligas profesionales, desde la Liga Nacional de Futbol, hasta la Asociación de Mujeres Profesionales del Golf. Por último, Gatorade continuará dependiendo de sus estudios científicos, de siempre respetados, para demostrar que el cuerpo absorbe Gatorade a más velocidad que el agua o cualquier otro refresco. No obstante, Quaker entiende que para mantener su posición dominante tiene que estar dispuesta a seguir estrategias mercadotécnicas innovadoras.

Coca-Cola y Pepsi representan una fuerte competencia con mucho dinero y clara determinación. Aunque las dos han fracasado en sus ataques anteriores contra Gatorade, no se puede suponer que fracasarán en su esfuerzos actuales.

Sin embargo, Quaker Oats ha demostrado que trabajará decididamente y que esperará la ocasión de empapar a la competencia con un recipiente naranja de líquido congelado.

PREGUNTAS

1. ¿Cuáles son las variables principales usadas por Quaker Oats y la competencia para segmentar el mercado de las bebidas para deportistas?

2. ¿Qué tipo de estrategia para cubrir el mercado usó Quaker para Gatorade durante las primeras etapas del ciclo de vida del mercado de las bebidas para deportistas? ¿Qué estrategias de cobertura están usando ahora Quaker y sus competidores?

3. ¿Cómo han posicionado sus productos en el mercado de las bebidas para deportistas Quaker y sus competidores?

4. ¿Qué ventajas competitivas tienen Gatorade y sus competidores?

5. Identifique nuevas oportunidades mercadotécnicas que Quaker podría perseguir con Gatorade, inclusive nuevos segmentos del mercado que pueda atacar. Desarrolle una estrategia de mercadotecnia para explotar una de estas oportunidades.

6. La reorganización de Quaker Oats (formar una división para manejar Gatorade mundialmente) sugiere que la empresa quiere que Gatorade sea una marca mundial, como Coca. ¿Es Gatorade una marca mundial? ¿Qué cambios debe considerar Quaker conforme comercialice Gatorade en todo el mundo?

Fuentes: Michael J. McCarthy y Christina Duff, "Quaker Oats Weighs Linkup with Coke for Distribution of Gatorade Beverage", *The Wall Street Journal,* 24 de enero de 1992, p. A8; Michael J. McCarthy, "Coke Hopes to Make Gatorade Sweat in Battle for U.S. Sports-Drink Market", *The Wall Street Journal,* 27 de abril de 1992; Richard Gibson, "Gatorade Unit to Pour It on as Rivalry Rises", *The Wall Street Journal,* 28 de abril de 1992, p. B1; "Gatorade Is Cornerstone to Quaker's Growth", *Advertising Age,* 18 de mayo de 1992, p. 12; "Soft Drinks: The Thirst of Champions", *The Economist,* 6 de junio de 1992, p. 83; Richard Gibson, "Coca-Cola and PepsiCo Are Preparing to Give Gatorade a Run for Its Money", *The Wall Street Journal,* 29 de septiembre de 1992, p. B1. Este caso también se basa en Linda E. Swayne y Peter M. Ginter, "Gatorade Defends Its No. 1 Position", en L. E. Swayne y P. M. Ginter, *Cases in Strategic Marketing* (Englewood Cliffs, N. J.: Prentice Hall, 1993), 2a. ed., pp. 1-21. Reproducido con autorización.

PARTE III

CASO GLOBAL

COCA-COLA: HACIA UNA NUEVA MÁQUINA DE COCA

El fabricante mundial de refrescos más grande del mundo acaricia un sueño nuevo: poner la Coca al alcance de todo oficinista. Coca-Cola espera realizar su sueño con Break-Mate, un sistema compacto expendedor que algún día puede hacer que las máquinas de Coca sean tan comunes en las oficinas como ahora son las expendedoras de café.

Coca-Cola lleva desarrollando la BreakMate más de 20 años, y la ha probado en 30 ciudades de Estados Unidos y el extranjero. Algunos observadores de la industria piensan que representa el proyecto de desarrollo de los refrescos más caro de la historia.

Además de sus posibles consecuencias para las ventas anuales de refrescos de Coca-Cola por 8 mil millones de dólares, BreakMate promete introducir bastante chispa a toda la industria. El consumo de refresco per cápita, actualmente de 45 galones al año, superó al consumo del agua en Estados Unidos, en 1986. Sin embargo, en los pasados 10 años, los principales comercializadores de bebidas han supuesto que no existen vías nuevas de distribución por explorar. En cambio, han buscado el crecimiento tan sólo por medio de productos nuevos, inundando el mercado con marcas nuevas y con extensiones de marcas. Los detallistas han contestado, muchas veces, cobrando a las empresas una cantidad por colocar sus marcas nuevas en los anaqueles de las tiendas. En consecuencia, los fabricantes de refrescos han visto cómo se erosionan las partes del mercado correspondientes a sus marcas principales y cómo aumentan enormemente los costos de sus actividades.

La BreakMate de Coca-Cola señala un nuevo aspecto de la distribución y otra batalla más por el mercado de las oficinas, todavía sin explotar. Las refresqueras piensan que el mercado de las oficinas es muy importante debido a la disminución del consumo de café y al aumento de popularidad de los refrescos con gas. Como dice un analista de la industria: "Las marcas se han segmentado hasta el cansancio en el negocio de los refrescos. Los principales canales de distribución están saturados y conseguir un pequeño porcentaje de crecimiento requiere enormes cantidades de dinero. El centro de trabajo representaría un inmenso mercado inédito para las ventas de jarabe de Coca".

Sin embargo, Coca-Cola no tendrá todo el mercado de las oficinas. Pepsi introdujo, con anterioridad, una minimáquina expendedora de 24 latas. Estas maquinitas, según dice Pepsi, han aumentado 10% las ventas de los distribuidores en general. Aunque Coca-Cola no está posicionando a BreakMate en el mercado en contra de los refrescos en lata, al parecer cuenta con ciertas ventajas. Los distribuidores señalan que los refrescos de fuente de soda, que cuestan unos 8 centavos por vaso, son más económicos que las latas. La sola lata puede costar hasta 10 centavos y para entregar 10 cajas de latas o botellas se requiere más equipo y espacio de almacenaje. Las investigaciones también arrojan que las mujeres prefieren el refresco de 6 1/2 onzas de la BreakMate a la lata normal de 12 onzas.

Las empresas ya han tratado anteriormente de comercializar sistemas de fuente de soda en oficinas. A principios de la década de 1970, Coca-Cola introdujo el programa "Refresh" para oficina, pero el programa fracasó porque el sistema ocupaba demasiado espacio y requería que se usara un abultado cilindro de bióxido de carbono para el gas. Los intentos de otras empresas para ingresar al mercado de las oficinas también han fracasado porque requerían que los oficinistas mezclaran el jarabe y el agua. Con base en los intentos anteriores de la competencia, Coca-Cola aprendió que un sistema de fuente de soda exitoso tendría que ser confiable, fácil de usar y lo bastante pequeño para caber en casi cualquier parte.

Bosch-Siemens, el fabricante de aparatos de Alemania Occidental, ha unido fuerzas con Coca-Cola para producir la BreakMate, patentada. La máquina es, más o menos, del tamaño de un horno de microondas grande y sólo pesa 78 libras cuando está cargada del todo. El cliente conecta la BreakMate, refrigerada, a un suministro de agua, o si no hay uno, usa un recipiente de agua anexo, optativo. La máquina tiene tres cartuchos de jarabe de un litro, cada uno de los cuales produce alrededor de 30 refrescos de 6 1/2 onzas. Sólo los cartuchos de jarabe de Coca sirven para la BreakMate. El cliente también instala un cilindro de bióxido de carbono que sirve para unos 250 refrescos. Cuando el usuario oprime uno de los tres botones para seleccionar sabores, el agua pasa de la zona del refrigerador al canal de mezclado y el bióxido de carbono es inyectado para pro-

ducir el agua con gas. Entonces, un "dosificador" anexado a cada cartucho de jarabe mide la cantidad de jarabe necesaria para producir un refresco perfecto. Bosch-Siemens ha añadido una luz que indica que se ha agotado el recipiente del bióxido de carbono. Asimismo, ha desarrollado un aceptador de monedas optativo, que acepta monedas de 5, 10 y 25 centavos para las oficinas donde los usuarios tienen que pagar. Coca-Cola también puede añadir un mecanismo de hielo molido. El hielo no es necesario porque la máquina sirve el refresco a 32ºF.

Las pruebas de mercado han convencido a Coca-Cola que BreakMate produce refrescos de calidad consistente. Coca-Cola afirma que los usuarios opinan que el sistema es tan fácil de usar como una expendedora de café.

Coca-Cola también ha trabajado para desarrollar el sistema de distribución de BreakMate. Coca-Cola podría enviar los cilindros de jarabe y de bióxido de carbono necesarios para abastecer de BreakMate a los consumidores por entrega directa. Sin embargo, la empresa quiere desarrollar un sistema de distribución que opere directamente con los clientes. En Europa, las redes de embotelladoras darían servicio a las cuentas de BreakMate. En Estados Unidos, no obstante, la mayor parte de los grandes embotelladores no están ofreciendo la calidad de servicios requerida, así que los distribuidores de café, las empresas de agua embotelladas, las empresas distribuidoras y las embotelladoras independientes pequeñas serán las que ofrezcan el servicio.

En Estados Unidos, estas empresas le comprarán las máquinas a Coca-Cola, las instalarán en las oficinas de sus clientes y les suministrarán los recipientes de jarabe de manera muy parecida a la forma en que brindan servicio a las máquinas expendedoras de café y refrescos. Dependiendo de la opción elegida, los distribuidores podrán comprar las máquinas por un precio de 800 a 1,000 dólares. Coca-Cola promueve BreakMate entre distribuidores de café que brindan servicio a oficinas, diciéndoles que se trata de un sistema que les puede servir para incrementar sus utilidades brutas. BreakMate permite a estos distribuidores ofrecer un "sistema total de refrescos" que dura todo el día y levanta ventas de refrescos en el punto donde termina el consumo de café.

Con base en su experiencia de tres años de pruebas de mercado, al parecer, Coca-Cola ha afinado las máquinas BreakMate y ha avanzado mucho en el desarrollo de la estrategia de distribución. Sin embargo, la empresa todavía tiene que aclarar hacia cuáles mercados de clientes finales enfocará su mira. Las investigaciones anteriores de Coca-Cola han arrojado que la máquina expendedora de refrescos normal puede ser rentable en ubicaciones que cuentan con 20 empleados o más. Sin embargo, esto significa que los empleados de más de un millón de oficinas en Estados Unidos que emplean menos de 20 personas no tendrán mucho acceso a los refrescos. Es más, algunos observadores calculan que la cantidad de estas oficinas pequeñas aumentará con gran rapidez conforme el país se dirige hacia una economía más orientada hacia los servicios. Por consiguiente, en un principio Coca-Cola pretendía dirigirse a la mediana o pequeña oficina, a las oficinas con menos de 20 empleados. No obstante, Coca-Cola estima que BreakMate puede ser rentable en oficinas que apenas cuenten con cinco empleados, si la oficina tiene mucho movimiento de visitantes. Además, los distribuidores podrían colocar las máquinas en zonas de oficinas más grandes, donde los empleados tienen que caminar mucho o usar un elevador para llegar a una máquina grande de refrescos.

Dado este cambio en la visión del potencial de la ubicación de BreakMate, Coca-Cola enfrenta un verdadero reto. Coca-Cola y sus distribuidores no podrán desarrollar y servir los millones de ubicaciones posibles de una sola vez. ¿Podrá segmentar el mercado de otras maneras mejores y no sólo a partir de la cantidad de empleados? ¿Habrá ciertos tipos de negocios que sean más receptivos de la BreakMate que otros? ¿Diferentes tipos de negocios seguirán procesos diferentes de decisión de compra?

Coca-Cola piensa que tiene una ventaja de 18 meses sobre su rival Pepsi en este nuevo frente de la Guerra de las Colas. Sin embargo, para aprovechar esta ventaja tendrá que avanzar con rapidez y afinar, con eficacia su estrategia de mercadotecnia. Es más, si tiene éxito en el mercado de las oficinas, Coca-Cola podría estar en situación de abrir otro frente más; BreakMate podía abrir el camino para una máquina expendedora que, algún día, permitirá que la Coca de fuente de soda pueda estar en casa.

PREGUNTAS

1. ¿Qué bases se pueden usar para segmentar el mercado de las oficinas pequeñas? ¿Qué segmentos del mercado puede identificar usted?

2. ¿Qué haría usted para pronosticar la demanda de BreakMate en cada segmento? ¿Qué otros criterios aplicaría para evaluar dichos segmentos?

3. ¿Qué tipo de estrategia para cubrir el mercado debería adoptar Coca-Cola y qué segmento(s) específico(s) debería la empresa colocar en su mira? ¿Por qué?

4. ¿Cómo debería Coca-Cola posicionar a BreakMate en el mercado para atraer a los clientes del (los) segmento(s) meta?

Fuente: Adaptado de Laurie Petersen, "The New Coke Machine", *Adweek's Marketing Week*, 26 de septiembre de 1988. Reproducido con autorización.

10

*E*l diseño de productos: productos, marcas, empaques y servicios

*C*ada año, Revlon vende cosméticos por más de 1 millones de dólares en productos para el arreglo personal y perfumes, a consumidores de todo el mundo. El éxito de sus muchos perfumes coloca a Revlon en el primer lugar del segmento de los precios populares, dentro de un mercado que representa un valor de 4 mil millones de dólares. En cierto sentido, los perfumes de Revlon sólo son una mezcla cuidadosa de aceites y productos químicos que tienen agradables aromas. Empero, Revlon sabe que cuando vende perfumes, está vendiendo mucho más que un líquido aromático; sabe que está vendiendo aquello que las fragancias prometen para las mujeres que los usan.

Sobra decir que el olor de un perfume contribuye a su éxito o fracaso. Quienes comercializan fragancias están de acuerdo: "Si no hay aroma, no hay venta". La mayor parte de las fragancias nuevas son inventadas por "perfumistas" de élite de alguno de los muchos "establecimientos selectos que producen fragancias". Estos establecimientos embarcan los perfumes en tambos enormes y feísimos, ¡de material muy diferente al que compone los sueños! Aunque la producción de un perfume de 180 dólares la onza quizá no cueste más de 10 dólares, para los consumidores de perfumes el producto representa mucho más que un puñado de dólares de ingredientes y un olor agradable.

Además de los ingredientes y el aroma, el atractivo del perfume incluye muchas cosas. De hecho, cuando Revlon diseña un perfume nuevo, el aroma puede ser el *último* elemento que se desarrolla. Revlon primero investiga lo que piensan las mujeres de sí mismas y de sus relaciones con los demás. Después desarrolla y prueba conceptos nuevos de perfumes que se ciñen a los valores, los anhelos y los estilos de vida cambiantes de las mujeres. Cuando Revlon encuentra un concepto nuevo promisorio, inventa un aroma y un nombre adecuados para la idea. Investigaciones realizadas por Revlon a principios de la década de 1970, arrojaron que las mujeres sentían que estaban compitiendo más contra los hombres y que estaban luchando por encontrar su identidad individual. Para esta mujer nueva de los años setenta, Revlon creó Charlie, el primero de los perfumes relacionados con "un estilo de vida". Miles de mujeres adoptaron Charlie porque representaba con audacia su independencia y el perfume no tardó en convertirse en él más vendido del mundo.

A finales de la década de 1970, las investigaciones de Revlon arrojaron que la actitud de las mujeres había cambiado, que "las mujeres habían logrado demostrar el tema de la igualdad que satisfacía Charlie y, ahora ansiaban encontrar la forma de expresar su feminidad". Las muchachas de Charlie habían crecido; ahora querían perfumes sutiles, en lugar de llamativos. Por consiguiente, Revlon sutilmente cambió la posición de Charlie: el perfume seguía representando "un estilo de vida independiente", pero con un tinte de "feminidad y romance". Revlon también lanzó Jontue, un perfume para la mujer de los años ochenta, posicionándolo en el mercado con base en el tema del romance.

Revlon sigue afinando la posición de Charlie y ahora se dirige a la mujer de los noventa, que "puede hacerlo todo, pero es lo bastante lista como para saber qué quiere hacer". Durante casi 20 años, ayudado por un continuo y sutil reposicionamiento, Charlie sigue siendo el perfume que más se vende en el mercado de masas.

El *nombre* del perfume es un atributo importante del producto. Revlon usa nombres como Charlie, Fleurs de Jontue, Ciara, Scoundrel, Guess y Unforgettable para crear imágenes que sustentan la posición de cada perfume. La competencia ofrece perfumes con nombres como Obsession, Passion, Uninhibited, Opium, Joy, Exclamation!, White Linen, Youth Dew y Eternity. Estos nombres sugieren que los perfumes lograrán mucho más que sólo hacer que la persona huela bien. El perfume Ruffles de Oscar de la Renta *empezó* como un nombre, el cual fue elegido porque creaba imágenes de insustancialidad, juventud, esplendor y feminidad; todo ello muy adecuado para el mercado al que se dirigía, de mujeres jóvenes y con estilo. A continuación, se eligió el aroma, de tal manera que se ciñera al nombre y a la posición del producto.

Revlon también debe *empacar* sus perfumes con sumo cuidado. Para las consumidoras, la botella y el empaque son el símbolo más real del perfume y de su imagen. Las botellas deben ser cómodas y fáciles de manejar, además deben tener un aspecto imponente cuando se exhiben en las tiendas. Sobre todo, deben respaldar el concepto y la imagen del producto.

Por tanto, cuando una mujer compra un perfume, está comprando mucho, pero mucho más, que un líquido aromático. La imagen del perfume, sus promesas, su aroma, su nombre y empaque, la empresa que lo fabrica, las tiendas que lo venden, todos ellos forman parte del perfume como producto total. Cuando Revlon vende un perfume, vende algo más que un producto tangible. Vende un estilo de vida, una expresión del yo y exclusividad; triunfo, éxito y posición social; femineidad, romance, pasión y fantasía; recuerdos, esperanzas y sueños.[1]

AVANCE DEL CAPÍTULO

El capítulo 10 abarca algunos de los aspectos más visibles de la mercadotecnia: la manera en que se diseñan, nombran, empacan y forman los productos que constituyen líneas de productos.

En la primera sección del capítulo se define el concepto de producto. Este complejo concepto abarca el *producto básico, el producto real* y *el producto aumentado*. Los productos pueden ser *bienes duraderos, bienes no duraderos* o *servicios* y pueden estar dirigidos a los mercados de *consumo* o a *los industriales*.

Más adelante, se habla de la amplia grama de decisiones que toman los mercadólogos en cuanto a cada producto. Las decisiones respecto a los *atributos del producto* incluyen *calidad, características* y *diseños*. Los mercadólogos deben decidir si le pondrán *marca* al producto o no y en cuanto al *patrocinio, la estrategia* y *la recolocación de la marca*.

A continuación, se repasan los temas que deben analizar los mercadólogos cuando *empacan* y *hacen las etiquetas* del producto. Las decisiones para *respaldar el producto*, que incluyen *la mezcla de servicios* y *los servicios ofrecidos*, también deben considerarse.

Las decisiones en cuanto a *la línea del producto*, inclusive *si se extenderá la línea, si se estirará la línea, si se rellenará la línea, si se modernizará la línea* y *cuáles serán las características de la línea*. El capítulo termina con la explicación de las decisiones sobre *la mezcla del producto a cómo adaptarlas a los mercados internacionales*.

Está claro que cuando Revlon vende un perfume vende algo más que un perfume. El gran éxito de Revlon en el mundo de las fragancias, mercado difícil y lleno de tropiezos, se deriva de la capacidad para desarrollar un concepto innovador del producto. El desarrollo de un concepto eficaz para un producto es el primer paso para los planes de la mezcla de mercadotecnia.

Este capítulo empieza con una interrogante sencilla pero engañosa: *¿qué es un producto?* Después de contestar la pregunta, se analiza cómo se clasifican los productos en los mercados de consumo y de empresas y se explican los vínculos entre tipos de productos y tipos de estrategias de mercadotecnia. A continuación, se explica por qué cada producto requiere varias decisiones que van más allá del diseño básico del producto. Estas decisiones se refieren a la *marca, el empaque y la etiqueta* y *los servicios de respaldo para el producto*. Por último, se pasará de las decisiones sobre productos individuales a decisiones para crear líneas de productos y mezclas de productos.

¿QUE ES UN PRODUCTO?

Una raqueta de tenis Kennex, un corte de cabello en Supercuts, un concierto de Billy Joel, unas vacaciones en Hawaii, la asesoría de un abogado, un camión GMC, los servicios de un contador para la declaración de impuestos son todos productos. Una definición de *producto* sería: **producto** es todo aquello que se ofrece a la atención de un mercado para su adquisición, uso o consumo y que puede satisfacer una necesidad o un deseo; incluye objetos materiales, servicios, personas, lugares, organizaciones e ideas.

Quienes proyectan productos deben considerarlos dentro de tres niveles. En el primer nivel se encuentra el **producto básico,** aquel que respondería la pregunta: *¿qué está comprando el comprador en realidad?* Como ilustra la figura 10-1, el producto básico ocupa el centro del producto total. Este se compone de servicios que resuelvan algún problema o de los beneficios centrales que pretenden obtener los consumidores cuando adquieren un producto. La mujer que adquiere un lápiz labial compra algo más que el color de la barra. Charles Revson, de Revlon, percibió esta situación muy pronto: "En la fábrica, producimos cosméticos; en la tienda vendemos esperanzas". Theodore Levitt ha señalado que los compradores "no compran brocas de un cuarto de pulgada, compran agujeros de un cuarto de pulgada". Así pues, los mercadólogos, al diseñar un producto, primero tendrán que definir los *beneficios* centrales que su producto ofrecerá a los consumidores.

A continuación, al proyectar un producto, se debe crear un **producto real** en torno al producto central. Los productos reales pueden llegar a tener hasta cinco características: *un grado de calidad, sus características, su diseño, el nombre de la marca* y *el empaque*. Por ejemplo, la cámara Handyman de Sony es un producto real. Su nombre y sus componentes, estilo, características, empaque y demás atributos han sido combinados cuidadosamente para que ofrezca un beneficio central; es decir, una forma cómoda que permite captar momentos importantes con gran calidad.

Por último, quienes proyectan productos deberán crear un **producto aumentado** a partir del producto básico y el producto real, ofreciendo otros servicios y beneficios al consumidor. Sony tiene que ofrecer algo más que una cámara. Debe ofrecer a los consumidores una solución completa para los problemas que enfrentan al sacar fotos. Así pues, cuando los consumidores adquieren una Handycam de Sony, reciben algo más que la mera cámara. Sony y sus distribuidores pueden ofrecer a sus compradores una garantía que cubre las piezas y la manufactura, lecciones gratuitas para aprender a usar la cámara, servicios expeditos de reparación en caso necesario y un número telefónico al que pueden llamar, gratuitamente, en caso de que tengan dudas o problemas. Todos estos elementos extraordinarios pasan a formar una parte importante del producto total para el consumidor.

Por consiguiente, un producto es algo más que una simple serie de características tangibles. De hecho, algunos productos, como un corte de cabello o un examen médico, no incluyen característica tangible alguna. Los consumidores suelen considerar que los productos son paquetes complejos de beneficios que satisfacen sus necesidades. Los mercadólogos, al desarrollar los productos, prime-

FIGURA 10-1
Los tres niveles del producto

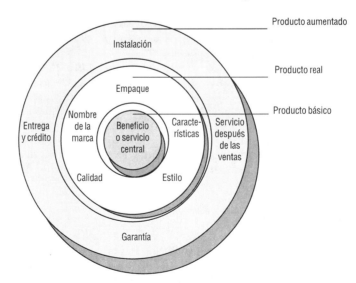

CAPTURE THE ONES YOU LOVE

El producto básico, el real y el aumentado: los consumidores perciben esta cámara de Sony como un paquete complejo de características y servicios tangibles e intangibles que producen un beneficio medular: una manera cómoda de captar momentos importantes, con gran calidad.

ro tienen que identificar las necesidades *básicas* de los consumidores que satisfará un producto. A continuación, tendrán que diseñar el producto *real* y que encontrar maneras de *aumentarlo,* a efecto de crear el paquete de beneficios que mejor satisfarán a los consumidores.

Hoy día, en los países desarrollados, la mayor parte de la competencia ocurre en el nivel de los aumentos al producto. Las empresas triunfadoras suman beneficios a sus ofertas, beneficios que no sólo *satisfacen* al cliente, sino que le producen *gran deleite.* Así, los huéspedes de hoteles encuentran bombones sobre su almohada, o una cesta de fruta, o una videocasetera con videocintas optativas. La empresa está diciendo: "queremos darle un trato especial". No obstante, cada aumento le cuesta dinero a la empresa, y el mercadólogo se debe preguntar si los clientes pagarán lo bastante como para cubrir el costo extra. Es más, los beneficios aumentados no tardan en convertirse en beneficios *esperados:* los huéspedes de los hoteles ahora esperan que los televisores tengan televisión por cable, pequeñas charolas con artículos de tocador y otros detalles en sus habitaciones. Esto significa que los competidores tienen que encontrar más características y beneficios que distingan sus ofertas. Por último, conforme las empresas aumentan sus precios en razón de los aumentos de sus productos, algunos competidores pueden volver a la estrategia de ofrecer un producto más básico, a un precio mucho menor. Por tanto, con el crecimiento de hoteles finos como Four Seasons, Westin y Hyatt, también han surgido hoteles y moteles más baratos, como Red Roof Inns, Fairfield Inns y Motel 6, para clientes que sólo quieren alojamiento en habitaciones básicas.

CLASIFICACIONES DE PRODUCTOS

Al buscar estrategias de mercadotecnia para productos y servicios individuales, los mercadólogos han creado varios planes de clasificación del producto, a partir de las características de éste. A continuación se analizan estos planes y características.

Bienes duraderos, bienes no duraderos y servicios

Los productos se pueden clasificar en tres grupos, con base en su *durabilidad* o *tangibilidad.*[2] Los **bienes no duraderos** son bienes de consumo que, por regla general, se consumen en uno o unos cuantos usos, como la cerveza, el jabón y la sal. Los **bienes duraderos** son los bienes de consumo que se usan durante bastante tiempo y que, por lo regular, llegan a ser propiedad de varias personas. Algunos ejemplos serían los refrigeradores, los automóviles y los muebles. Los **servicios** son las actividades, los beneficios o los satisfactores que se ponen en venta, como los cortes de cabello o las reparaciones del hogar. Los servicios son, en esencia, intangibles y no conducen a la posesión de nada. (Dada la creciente

CAPÍTULO 10   DISEÑO DE PRODUCTOS: PRODUCTOS, MARCAS, EMPAQUES Y SERVICIOS   *327* importancia que están adquiriendo los servicios en nuestra sociedad, éstos se analizarán con más detenimiento en el capítulo 22.)

Bienes de consumo

Los **bienes de consumo** son los que compran los consumidores finales para su consumo personal. Los mercadólogos suelen clasificarlos a partir de los *hábitos de compra de los consumidores*. Los bienes de consumo incluyen *bienes de uso común, bienes de comparación, bienes especializados* y *bienes no buscados* (véase la figura 10-2).[3]

Los **bienes de uso común** son los servicios y los bienes de consumo que el cliente suele comprar con frecuencia, enseguida y con un mínimo de comparaciones o esfuerzo para comprarlos. Por regla general, son fáciles de conseguir, a precio bajo. Algunos ejemplos serían, productos de tabaco, jabones y periódicos. Los bienes de uso común se pueden dividir además en *bienes básicos, bienes por impulso* y *bienes comprados por urgencia*. Los *bienes básicos* son los que los consumidores compran en forma regular, como la salsa de tomate, los dentífricos y las galletas. Los *bienes por impulso* son los que se adquieren con pocos planes o esfuerzo para buscarlos. Estos bienes suelen estar disponibles en muchos lugares porque es raro que los consumidores vayan a buscarlos. Por ejemplo, los chocolates y las revistas están colocados junto a las cajas registradoras a la salida de establecimientos porque, de lo contrario, los compradores no considerarían la posibilidad de comprarlos. Los *bienes de urgencia* son adquiridos cuando la necesidad es urgente; los paraguas en una tormenta, o las botas y las palas en la primera nevada fuerte del año. Los fabricantes de bienes de urgencia los colocan en muchos puntos de venta, con objeto de ponerlos al fácil alcance de los consumidores cuando los necesitan.

Los **bienes de comparación** son los bienes de consumo que el cliente, durante un proceso de selección y compra, suele comparar con base en su conveniencia, calidad, precio y estilo. Los consumidores, cuando adquieren bienes de comparación, dedican bastante tiempo y esfuerzo a reunir información y hacer comparaciones. Algunos ejemplos serían los muebles, la ropa, los autos usados y los electrodomésticos grandes. Los bienes de comparación se pueden dividir en bienes *uniformes* y *no uniformes*. Los compradores consideran que los bienes de comparación de compra uniformes, como los electrodomésticos grandes, tienen calidad similar, pero difieren lo bastante en precio como para justificar las comparaciones para comprarlos. El vendedor tiene que "hablarle de precios" al comprador. No obstante, cuando un consumidor compra ropa, muebles y otros bienes no uniformes, las características del producto suelen ser más importantes que el precio. Si el comprador quiere un traje nuevo, el corte, la caída y el aspecto seguramente tendrán más importancia que las ligeras diferencias de precios. Por consiguiente, el vendedor de bienes de comparación no uniformes debe contar con una amplia variedad para satisfacer los gustos individuales y debe tener vendedores muy capacitados que proporcionen información y consejos a los clientes.

Los **bienes especializados** son bienes de consumo con características singulares o una marca que los identifica, por lo cual un grupo significativo de com-

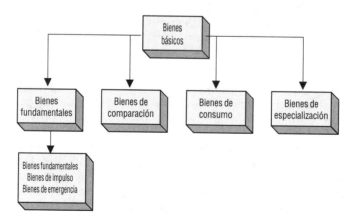

FIGURA 10-2
Clasificación de bienes de consumo

pradores está dispuesto a hacer un esfuerzo especial para comprarlos. Algunos ejemplos serían las marcas y los tipos específicos de autos, equipo fotográfico caro y trajes de hombre hechos a la medida. Por ejemplo, un Jaguar es un bien especializado porque los compradores normalmente están dispuestos a recorrer una gran distancia para adquirirlo. Por regla general, los compradores no comparan bienes especializados. Sólo invierten el tiempo necesario para llegar a los distribuidores que tienen los productos deseados. Aunque estos distribuidores no necesitan estar ubicados en puntos cómodos, sí tienen que hacer saber a los compradores dónde los pueden encontrar.

Los **bienes no buscados** son bienes de consumo que el consumidor no conoce o que sí conoce, pero que normalmente no piensa comprar. Un producto nuevo, por ejemplo un tocacintas digital, no es buscado hasta que la publicidad hace el consumidor sepa de su existencia. Algunos ejemplos clásicos de bienes conocidos, pero no buscados, son los seguros de vida y las enciclopedias. Por su naturaleza, los bienes no buscados requieren mucha publicidad, ventas personales y otras actividades de mercadotecnia. Algunos de los métodos de ventas personales más avanzados han tenido su origen en el reto de vender bienes no buscados.

Bienes industriales

Los **bienes industriales** son los que compran las personas y las organizaciones para ampliar sus procesos o para usarlos en sus actividades. Así, la diferencia entre un bien de consumo y un bien industrial se basa en el *propósito* para el cual se compra el producto. Si un consumidor compra una podadora de césped para usarla en su casa, la podadora será un bien de consumo. Si el mismo consumidor compra la misma podadora de césped para usarla en un negocio dedicado a la jardinería, la podadora será un bien industrial.

Los bienes industriales se pueden clasificar con base en la forma en que entran al proceso de producción y de acuerdo con su costo. Se dividen en tres grupos: *materiales y piezas, bienes de capital* y *suministros y servicios* (véase la figura 10-3).

Los **materiales y las piezas** son los bienes industriales que entran por completo en el producto del fabricante, sea por medio de mayor procesamiento o en forma de componentes. Estos caben en dos categorías: materias primas y materiales y piezas manufacturadas.

Las materias primas incluyen productos agropecuarios (trigo, algodón, ganado, frutos, vegetales) y productos naturales (pescado, madera, petróleo crudo, hierro puro). Los productos agropecuarios son suministrados por muchos pequeños productores que los entregan a intermediarios comercializadores que los procesan y los venden. Los productos naturales suelen ser voluminosos y tener escaso valor unitario, además requieren muchos transportes para llevarlos del productor al usuario. Estos son suministrados por pocos productores, de gran tamaño, que tienden a comercializarlos de manera directa a los usuarios industriales.

Los materiales y las piezas manufacturadas incluyen materiales componentes (hierro, estambre, cemento, cables) y piezas componentes (pequeños motores, neumáticos, troqueles). Los materiales componentes suelen estar más procesados; por ejemplo el hierro puro se convierte en acero y la madeja se convierte en tela.

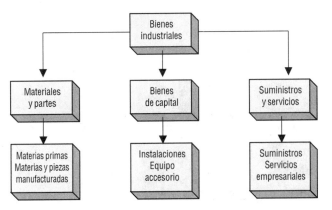

FIGURA 10-3
Clasificación de bienes industriales

Las partes componentes entran al producto terminado sin que su forma sufra cambio extra alguno, por ejemplo, los motores pequeños que se colocan en las aspiradoras y los neumáticos que se colocan en los automóviles. La mayor parte de los materiales y las piezas manufacturadas se le venden, de forma directa, a los usuarios industriales. Los precios y los servicios son factores centrales para su comercialización, la marca y la publicidad suelen ser menos importantes.

Los **bienes de capital** son bienes industriales que entran parcialmente en el producto terminado. Estos abarcan dos grupos: las instalaciones y el equipo accesorio. *Las instalaciones* constan de edificios (fábricas, oficinas) y de equipo fijo (generadores, perforadoras, computadoras grandes, ascensores). Como estas instalaciones significan compras importantes, por regla general, son compradas de forma directa al productor después de un largo periodo de decisión.

El equipo accesorio incluye equipo y herramienta portátil de la fábrica (herramienta de mano, montacargas) y equipo de oficina (máquinas de fax, escritorios). Estos productos no forman parte del producto terminado. Su vida es más corta que la de las instalaciones y sólo son una ayuda para el proceso de producción. La mayor parte de los vendedores de equipo accesorio usan intermediarios porque el mercado está muy diseminado en términos geográficos, los compradores son muchísimos y los pedidos son pequeños.

Los **suministros y los servicios** son bienes industriales que no entran al producto terminado en absoluto. *Los suministros* incluyen abastos para las actividades (lubricantes, carbón, papel para computadora, lápices) y artículos para reparación y mantenimiento (pintura, clavos, escobas). Los suministros son los bienes de uso común del ramo industrial porque suelen ser adquiridos con un esfuerzo mínimo o poca comparación. *Los servicios para empresas* incluyen servicios de mantenimiento y reparación (limpieza de ventanas, reparación de computadoras) y servicios de asesoría empresarial (asesoría jurídica, asesoría administrativa, publicidad). Por regla general, estos servicios se proporcionan mediante contrato. Los servicios de mantenimiento suelen estar a cargo de pequeños productores y los servicios de reparación con frecuencia se pueden conseguir con los fabricantes del equipo original.

Así pues, salta a la vista que las características de un producto tienen muchas consecuencias para la estrategia de mercadotecnia. Por otra parte, la estrategia de mercadotecnia también depende de factores como la etapa del ciclo de vida del producto, la cantidad de competidores, el grado de segmentación del mercado y la situación de la economía.

Piezas componentes: Texas Instruments comercializa, entre fabricantes, chips de circuitos integrados. Este anuncio subraya los servicios: "La integración total combina nuestras mejores tecnologías, herramientas, información y talento ... todo para darle una ventaja competitiva".

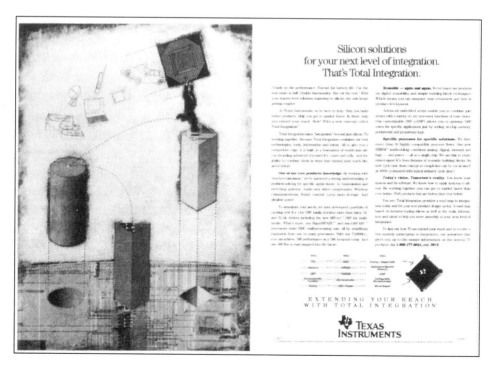

DECISIONES EN CUANTO A UN SOLO PRODUCTO

A continuación se analizan decisiones relacionadas con el desarrollo y la comercialización de productos individuales. El análisis girará en torno a las decisiones en cuanto a *los atributos del producto, la marca, el empaque, la etiqueta* y los servicios de respaldo del producto.

Decisiones en cuanto a los atributos del producto

La creación de un producto entraña la definición de los beneficios que ofrecerá el producto. Estos beneficios son comunicados y ofrecidos por atributos tangibles del producto, por ejemplo, *la calidad, las características* y *el diseño*. Las decisiones en cuanto a estos atributos afectan sobre manera las reacciones que tienen los consumidores ante un producto. A continuación se presentan los problemas que entraña cada decisión.

La calidad del producto

La calidad tiene dos dimensiones: el grado y la consistencia. Cuando se crea un producto, el mercadólogo primero habrá de elegir el *grado de calidad* que sostendrá la posición del producto en el mercado hacia el cual se dirige. La calidad es uno de los instrumentos más importantes que tiene el mercadólogo para posicionar su producto. En este caso, la **calidad del producto** es igual que la capacidad del producto para cumplir con sus funciones. Esta incluye la duración global del producto, su confiabilidad, exactitud, facilidad de manejo y reparación y otros atributos valiosos. Aunque algunos de estos atributos se pueden medir de manera objetiva, desde el punto de vista de mercadotecnia, la calidad se debe medir en términos de la percepción de los compradores. Las empresas rara vez tratan de ofrecer el mayor grado de calidad posible; pocos clientes quieren o pueden pagar los grandes grados de calidad que ofrecen productos como un Rolls Royce, un refrigerador Sub Zero o un reloj Rolex. En cambio, las empresas optan por un grado de calidad que se ciñe a las necesidades del mercado meta y en los grados de calidad de los productos de la competencia.

Sea cual fuere el grado de calidad que se pretenda, todas las empresas deben luchar por tener un elevado grado de *consistencia en la calidad*. Es decir, independientemente del nivel de calidad, la gran calidad también puede significar ofrecer a los consumidores, de manera consistente, el grado de calidad que se pretende. En este sentido, calidad significa "ausencia de defectos o variaciones".

> Así, un Chevrolet puede tener la misma calidad que un Rolls-Royce y el servicio en la tienda de descuento puede ser igual de "bueno" (sin variaciones) que en Bergdorf-Goodman. Incluso un producto perfecto no puede hacer más de lo que se pretende con su diseño: no espere que un Chevy actúe como un Rolls. No obstante, la reducción de las variaciones que producen defectos [garantiza] que los consumidores obtengan aquello por lo cual han pagado.[4]

En los pasados 10 años, la importancia que se ha concedido a la calidad ha generado un movimiento en pro de la calidad global. Las empresas japonesas llevan mucho tiempo practicando la "Administración de la Calidad Total" (ACT), un esfuerzo por mejorar constantemente la calidad del producto y los procesos, en todas las fases de sus actividades. "En 40 años, el hecho de centrarse en la calidad, ha convertido a Japón de fabricante de tonterías, en potencia económica; y las empresas estadounidenses y europeas se han visto obligadas a responder. El resultado: una revolución mundial que afecta todas las facetas de los negocios."[5] Durante más de 40 años, los japoneses han entregado el premio Demming (en recuerdo del pionero de la calidad, W. Edwards Demming) a empresas que han logrado una calidad sobresaliente. En fecha reciente, el Departamento de Comercio de Estados Unidos empezó a otorgar premios similares (los Premios Nacionales para la Calidad, Malcolm Baldridge) a empresas estadounidenses que demostraran ser líderes destacadas en cuanto a su calidad.

Algunas empresas interpretan que mejorar la calidad es igual que tener un mejor control de calidad para reducir los defectos que molestan a los clientes.

DEFINICIÓN DE LOS CLIENTES DE MOTOROLA, CALIDAD "SIGMA SEIS"

Motorola, fundada en 1928, introdujo el primer radio para autos, de ahí el nombre Motorola, que sugiere "sonido en movimiento". Durante la Segunda Guerra Mundial, Motorola inventó los primeros radios de dos bandas ("walkie talkies") y, para la década de 1950, se había convertido en un nombre de productos electrónicos para consumo casero. Sin embargo, en la década de 1970, ante una intensa competencia, en su mayor parte de empresas japonesas, Motorola abandonó los radios y televisores que le habían dado fama. En cambio, se centró en productos de telecomunicaciones y electrónicos avanzados: semiconductores, radios de doble banda, bips, teléfonos celulares y demás aparatos. Para principios de la década de 1980, Motorola seguía enfrentando un desafío. La competencia japonesa estaba amenazando a Motorola con productos de mejor calidad a menor precio.

Después, cambiaron las cosas. En los pasados 10 años, Motorola ha vuelto a rugir. Ahora es una de las líderes del mercado estadounidense de los semiconductores y ocupa el primer lugar mundial de la creciente industria de la telefonía celular. Domina el mercado mundial de los radios portátiles de dos bandas y es la más importante de todos los competidores en el campo de los bips. En lugar de padecer a manos de la competencia japonesa, Motorola ahora los tiene corriendo en estampida, incluso en su terreno nativo. Ocupa el tercer lugar en el mercado de los chips asiáticos, ferozmente competitivo, y está amenazando con superar a la Toshiba que ocupa segundo lugar. Motorola, que una vez estuvo en riesgo de ser completamente eliminada del mercado de los bips, ahora ocupa el primer lugar mundial en ese campo. Además, en Asia, la empresa se ha convertido en la más importante proveedora de radios de doble banda y de teléfonos digitales portátiles. Las ventas de Motorola en Japón ahora pasan de 1 mil millones de dólares, que representan casi el 7% del total de las ventas de la empresa.

¿Cómo ha llegado Motorola a un liderato tan notable? La respuesta es muy simple: dedicándose con obsesión a la *calidad*. A principios de la década de 1980, Motorola emprendió una agresiva cruzada para mejorar la calidad de sus productos, multiplicándola primero por 10 y después por 100. A fin de cuentas, se fijó la inédita meta de la calidad "sigma seis" para 1992. Sigma seis es un término estadístico que significa seis desviaciones estándar a partir de un promedio estadístico de la actuación. En lenguaje sencillo, la norma sigma seis significa que Motorola se impuso reducir los defectos de los productos a menos de 3.4 por millón de componentes fabricados; es decir, 99.9997% sin defectos. "Sigma seis" se convirtió en el grito de batalla de Motorola y, ahora, la empresa es una reconocida pionera de la calidad, pues ha logrado constantes mejoras aplicando los principios de la calidad a todas las fases operativas de la empresa. En 1988, Motorola obtuvo uno de los primeros premios anuales Malcolm Baldrige, a la calidad nacional, en reconocimiento a su "liderato preeminente en la calidad".

Los primeros esfuerzos de Motorola estuvieron dirigidos a mejorar la calidad de los productos por medio de adelantos en la producción. Esto entrañó mucho más que sólo aumentar la cantidad de inspectores de control de calidad. La meta fue evitar, de entrada, que se presentaran defectos, lo cual significó diseñar productos de calidad desde el principio y *hacer bien* las cosas, siempre, desde la *primera* vez. Por ejemplo, el exitoso teléfono celular MicroTac de Motorola, plegable y portátil, sólo lleva una octava parte de las piezas que contenía el teléfono portátil original de 1978; las piezas se embonan, en lugar de ir unidas por tornillos o grapas. Este diseño, más sencillo, deriva en menos defectos de piezas o errores de producción.

Alcanzar la norma sigma seis significa que todo el mundo de la organización está interesado en la calidad. Motorola gasta 120 millones de dólares anualmente en capacitar a los empleados sobre cuestiones de calidad, en enseñarles a inspeccionar su propio trabajo y a mejorar su propia actuación. Además, recompensa a la gente que hace bien las cosas. Por último, como los productos de Motorola no pueden ser mejores que las piezas que los componen, la empresa obliga a los proveedores a cumplir con las mismas normas de gran calidad. Algunos proveedores gruñen, pero los que sobreviven se benefician muchísimo con las mejoras de la calidad. Como dice uno de los proveedores de Motorola: "Si podemos ser proveedores de Motorola, podemos ser proveedores

Otras piensan que se trata de hacer sonoros discursos en cuanto a la importancia de la calidad y a repartir insignias que portan lemas de la calidad. Empero, la administración de la calidad total significa mucho más que todo esto. Se requiere que la empresa se dedique plenamente a mejorar la calidad, de manera constante. La calidad empieza con un claro compromiso de la alta gerencia; muchas empresas han creado "programas de calidad total" encabezados por subdirectores o directores de calidad. A continuación, los empleados de todos los estratos de la organización deben ser educados y motivados para colocar la calidad en primer lugar.

Más que encontrar y corregir defectos después de ocurridos, la administración de la calidad total entraña prevenir los defectos antes de que ocurran, por

de Dios". Por tanto, la calidad total ha pasado a formar parte importante de la cultura corporativa básica de Motorola y todo el mundo ligado a Motorola lucha por mejorar la calidad.

En fecha más reciente, conforme Motorola ha ido entendiendo mejor, en forma más profunda, el significado de calidad, su enfoque inicial de evitar los defectos de fabricación se ha convertido en la importancia de aumentar el valor para el cliente. "La calidad —dice el subdirector de calidad de Motorola— tiene que hacer algo por el cliente". Por tanto, "el propósito fundamental del movimiento de la empresa en pro de la calidad es la satisfacción total del cliente":

[El enfoque de las primeras actividades para mejorar la calidad] era muy interno, se dirigía a aspectos como los defectos de los tableros de circuitos impresos producidos en la fábrica ... Ahora partimos de los valores de los clientes y establecemos, de manera directa, los criterios de calidad [de los clientes] ... La belleza radica en la visión del usuario. Si [un producto] no funciona como el usuario necesita que funcione, para el usuario el defecto es tan grande como si no funcionara de la manera proyectada por el diseñador. Nuestra definición de defecto es: "si al cliente no le gusta, es un defecto".

Este concepto de la *calidad definida por los consumidores* ha ejercido gran presión para que la empresa entienda mejor al cliente. En lugar de sólo concentrarse en los defectos de producción, Motorola aplica encuestas a los clientes para conocer qué calidad necesitan, analiza las quejas de los clientes y estudia los registros de servicios, buscando siempre mejorar el valor para el cliente. Los ejecutivos de Motorola visitan, en forma rutinaria, las oficinas de los clientes para obtener más detalles, más información, de las necesidades de los clientes. En consecuencia, el programa para la administración de la calidad total de Motorola ha llegado mucho más allá de reducir los defectos de producción, ha servido para que el enfoque de la empresa, de una ingeniería orientada al interior, cambie a un enfoque centrado en el cliente e impulsado por el mercado.

Aunque Motorola no alcanzó la meta de 3.4 defectos por millón en 1992, sí mejoró la calidad de la pro-

ducción 170 veces, y en la actualidad tiene 30 defectos por millón, en comparación con los 6,000 por millón de hace apenas cinco años. Con base en su éxito, Motorola ha establecido una nueva meta de calidad: disminuir los defectos 90% cada dos años a lo largo de toda la década de 1990. Además, ahora ha extendido la meta de la calidad a todos sus departamentos y procesos, desde la producción y el desarrollo de productos, hasta la investigación de mercados, las finanzas e, incluso, la publicidad. Ahora, cada departamento tiene su propia meta sigma seis de calidad.

Algunos escépticos piensan que la obsesión de Motorola por la calidad podría causar problemas; por ejemplo, los productos de la empresa, en ocasiones, han llegado tarde al mercado. Otros se preocupan de que establecer tanta calidad para un producto podría resultar demasiado caro. Motorola afirma que no es así. De hecho, ocurre lo contrario, la buena calidad representa la forma de hacer las cosas que entraña costos más bajos. Los costos por vigilar y reparar errores pueden ser muy superiores a los costos por hacer las cosas bien desde la primera vez. Motorola estima que sus actividades en pro de la calidad le han ahorrado más de 3 mil millones de dólares en los pasados seis años. Por último, los escépticos temen que la cruzada por la calidad podría acabar con las innovaciones, haciendo que el personal dedicado a la investigación, el diseño y la producción se ciña a métodos y tecnologías seguros y probados. Pero los resultados sugieren lo contrario. "Estamos haciendo mucho más de lo que habíamos hecho jamás —dice el presidente de Motorola— y, además, estamos haciendo casi todo mejor."

Así, la lucha de Motorola en pro de la calidad sigue adelante. Para el año 2001, Motorola pretende llegar a la cuasi perfección, a la asombrosa cifra de apenas *un* defecto por *mil millones*.

Fuente: Citas de "Future Perfect", *The Economist*, 4 de enero de 1992, p. 61; Lois Therrien, "Motorola and NEC: Going for Glory", *Business Week*, número especial sobre calidad, 1991, pp. 60-61; y B. G. Yovovich, "Motorola's Quest for Quality", *Business Marketing*, septiembre de 1991, pp. 14-16. También véase William Wiggenhorn, "Motorola U: When Training Becomes an Education", *Harvard Business Review*, julio-agosto de 1990; pp. 71-83; y Ernest Raia, "1991 Medal of Professional Excellence", *Purchasing*, 26 de septiembre de 1991, pp. 38-57.

medio de un mejor diseño de productos y mejores procesos de producción. No se trata sólo de reducir los defectos de producción, sino que la meta última de la calidad total es aumentar el valor para los clientes. Por ejemplo, cuando Motorola inició su programa de calidad total, a principios de los años ochenta, su meta era reducir de manera drástica los defectos de producción. No obstante, en años recientes, Motorola ha adaptado su concepto de calidad a uno de "calidad definida por el cliente". Ahora afirma que su meta de calidad es la "satisfacción total del cliente" y define sus defectos en términos de las necesidades y las expectativas de los clientes: "Nuestra definición de un defecto es 'si al cliente no le agrada, es un defecto"[6] (véase Puntos Importantes de la Mercadotecnia 10-1). La satisfacción del cliente es la consideración más importante usada para evaluar a los concursantes del Premio Baldridge a la Calidad.

Muchas empresas han convertido la calidad en una potente arma estratégica. La *calidad estratégica* entraña conseguir una ventaja sobre los competidores, ofreciendo de manera consistente productos y servicios que puedan satisfacer mejor las necesidades y las preferencias de los consumidores en cuanto a la calidad. Como dice un experto: "La calidad no es sólo un problema por resolver; es una oportunidad competitiva".[7] No obstante, otros sugieren que la calidad se ha convertido en una *necesidad* competitiva y que a partir de la década de 1990, sólo prosperarán las empresas que ofrezcan gran calidad.

Las características del producto

Un producto se puede ofrecer con distintas características. Un modelo "austero", sin extras de ningún tipo, es el punto de partida. La empresa puede crear modelos de grados más altos sumando más características. Las características son un instrumento competitivo para diferenciar el producto de la empresa de los productos de la competencia. Ser el primer productor que introduce una característica nueva y necesaria es una de las maneras más eficaces para competir. Algunas empresas son muy innovadoras tratándose de sumar características nuevas.

¿Cómo puede una empresa identificar características nuevas y decidir cuáles sumar a su producto? La empresa debe encuestar periódicamente a los compradores que han usado el producto y formular estas preguntas: ¿Cuánto le gusta el producto? ¿Qué características específicas del producto le gustan más? ¿Qué características podríamos aumentar para mejorar el producto? ¿Cuánto pagaría por cada una de estas características? Las respuestas ofrecen a la empresa una larga lista de ideas en cuanto a características. A continuación la empresa puede evaluar *el valor que concede el cliente* a cada característica y compararlo con el costo para la empresa. Las características a las que el cliente concede poco valor, comparadas con los costos, se deben abandonar; aquellas que merecen gran valor para los clientes, en relación con los costos, se deben aumentar.

El diseño del producto

Otra manera de aumentar la distinción del producto es por medio del **diseño del producto.** Algunas empresas tienen fama de ser muy buenas para el diseño, como Black & Decker en el ramo de los aparatos y la herramienta sin cable; Steelcase en el caso de muebles y sistemas para oficina; Bose para equipo de audio, y Ciba Corning para equipo médico. Sin embargo, muchas empresas, carecen del "toque del diseño". Los diseños de sus productos no funcionan bien, son grises o tienen un aspecto común. Empero, el diseño, dentro del arsenal de mercadotecnia de una empresa, puede ser una de las armas más poderosas para competir.

El diseño es un concepto más amplio que el estilo. El *estilo* sólo describe el aspecto del producto. Los estilos pueden llamar la atención o inspirar bostezos. Un estilo sensacional puede llamar la atención, pero no siempre hará que el producto actúe mejor. En algunos casos, incluso puede producir una actuación peor. Por ejemplo, una silla puede verse maravillosa pero resultar en exceso incómoda. A diferencia del estilo, el *diseño* cala más hondo, llega al mismo centro de un producto. Un buen diseño contribuye a la utilidad del producto, así como a su aspecto. Un buen diseñador considera el aspecto, pero también crea productos de uso y servicio fácil y poco caro, y cuya producción distribución sean sencillas y económicas.

Conforme se intensifique la competencia, el diseño ofrecerá uno de los instrumentos más potentes para diferenciar y posicionar los productos y los servicios de una empresa. La inversión en diseño es rentable. Por ejemplo, el diseño radical del Ford Taurus, con su estilo elegante, la comodidad para los pasajeros, los avances de ingeniería y la producción eficiente convirtió al auto en un enorme éxito. Herman Miller, la empresa fabricante de muebles para oficina en Estados Unidos, ha ganado la admiración y ventas por su comodidad y el distinguido aspecto de sus muebles. Braun, la división alemana de Gillette, que ha elevado el diseño a un arte, ha tenido gran éxito con sus cafeteras, procesadores de alimentos, secadoras de cabello, rasuradoras eléctricas y otros aparatos eléctricos pequeños. El buen diseño puede atraer la atención, mejorar la actuación del producto, reducir costos de producción y dar al producto una clara ventaja competitiva en el mercado meta.[8]

Decisiones en cuanto a la marca

Los consumidores consideran que la marca es una parte importante del producto y la marca puede sumar valor al producto. Por ejemplo, la mayor parte de los consumidores percibirían una botella de perfume White Linen como un producto caro, de gran calidad. Empero, ese mismo perfume, en una botella sin marca, seguramente sería percibido de calidad inferior, incluso aunque la fragancia fuera idéntica.

Las marcas se han convertido en un tema central de la estrategia del producto. Por una parte, la creación de un producto de marca requiere muchas investigaciones de mercados al largo plazo, sobre todo en el caso de publicidad, promoción y empaques. Los fabricantes con frecuencia encuentran que resulta más fácil y menos caro simplemente fabricar el producto y dejar que otros se encarguen de crear la marca. Los fabricantes de Taiwán han optado por este camino. Fabrican gran parte de la ropa, los aparatos electrónicos de consumo y las computadoras del mundo, pero venden estos productos sin el nombre de marca de Taiwán.

Por otra parte, la mayor parte de los fabricantes, con el tiempo, aprenden que el poder está en manos de empresas que controlan los nombres de marcas. Por ejemplo, la ropa, los aparatos electrónicos y las computadoras con el nombre de la marca de una empresa pueden reemplazar las fuentes de sus manufacturas en Taiwán por fuentes más baratas en Malasia u otros puntos. Los productores de Taiwán no pueden hacer gran cosa por evitar perder ventas a manos de proveedores menos caros; los consumidores son leales a las marcas, no a los productores. Sin embargo, las empresas de Japón y de Corea del Sur no han cometido este error. Han invertido mucho para crear nombres de marcas como Sony, Panasonic, JVC, Goldstar y Samsung para sus productos. Incluso cuando estas empresas ya no se pueden dar el lujo de manufacturar sus productos en sus propios países, los nombres de sus marcas siguen mandando en la lealtad de los consumidores.[9]

Los nombres de marcas fuertes tienen *franquicia de los consumidores,* imponen una gran lealtad de los consumidores. Una cantidad suficiente de clientes demanda estas marcas y rechaza sustitutos, aun cuando los sustitutos sean ofrecidos a precios algo más bajos. Las empresas que desarrollan marcas con fuerte apoyo de los consumidores están protegidas contra las estrategias promocionales de la competencia. Por consiguiente, las empresas de todo el mundo invierten mucho para crear reconocimiento y preferencias nacionales, incluso mundiales, para los nombres de sus marcas.

¿Qué es una marca?

Quizá la habilidad más distintiva de los mercadólogos profesionales es su capacidad para crear, mantener, proteger y reforzar sus marcas. Una **marca** es un nombre, término, signo, símbolo o diseño, o una combinación de ellos, que pretende identificar los bienes o servicios de un vendedor o grupo de vendedores y diferenciarlos de los de la competencia.[10] Por tanto, una marca identifica al fabricante o vendedor de un producto. Las marcas difieren de otros activos como las patentes y los derechos de autor, que tienen fechas de vencimiento. Al tenor de la ley de marcas registradas, el vendedor recibe los derechos exclusivos para usar el nombre de una marca por un periodo ilimitado de tiempo.

Una marca representa la promesa del vendedor de entregar, de manera consistente, una serie específica de características, beneficios y servicios a los compradores. Las mejores marcas transmiten una garantía de calidad. Según un ejecutivo de mercadotecnia, una marca puede ofrecer hasta cuatro grados de significado:

- *Los atributos*. Una marca primero despierta en la mente ciertos atributos del producto. Por ejemplo, Mercedes sugiere atributos como "buena ingeniería", "buena fabricación", "duración", "gran prestigio", "velocidad", "caro" y "gran valor de reventa". La empresa puede usar uno o varios de estos atributos en su publicidad. Durante años, Mercedes ha anunciado "Su ingeniería automotriz no tiene igual en el mundo". Esto ofreció la plataforma para posicionar otros atributos del auto.

■ *Los beneficios.* Los clientes no compran atributos, compran beneficios. Por consiguiente, los atributos se deben traducir a beneficios funcionales y emocionales. Por ejemplo, el atributo "duración" se podría traducir en un beneficio funcional, "No tendré que comprar un auto nuevo a los pocos años". El atributo "caro" se podría traducir en un beneficio emocional, "El auto me hace sentir importante y admirado". El atributo "bien fabricado" se podría traducir a un beneficio funcional y emocional, "Estoy seguro en caso de sufrir un accidente".

■ *Los valores.* Una marca también dice algo respecto de los valores de los compradores. Así, los compradores de Mercedes conceden gran valor al rendimiento, la seguridad y el prestigio. El mercadólogo de marcas debe identificar los grupos específicos de compradores de autos cuyos valores coinciden con el paquete de beneficios ofrecido.

■ *La personalidad.* Una marca también proyecta una personalidad. Los investigadores de la motivación en ocasiones preguntan, "Si esta marca fuera una persona, ¿qué tipo de persona sería?" Los consumidores pueden visualizar un auto Mercedes como un ejecutivo de empresas, de mediana edad y rico. La marca atraerá a personas que tienen una imagen de sí mismas, real o deseada, que se ciñe a la imagen de la marca.[11]

Todo esto sugiere que una marca es un símbolo complejo. Si una empresa trata una marca como si fuera sólo un nombre, pasa por alto el punto central de las marcas. El reto de poner marcas es desarrollar una profunda serie de significados para la marca.

Dados los cuatro niveles de significado de la marca, los mercadólogos deben decidir en qué niveles construirán la identidad de la marca. Sería un error promover sólo los atributos de la marca. Los compradores no se interesan tanto por los atributos de la marca como por los beneficios de la misma. Es más, los competidores pueden copiar los atributos con facilidad. Además, los atributos corrientes pueden resultar menos valiosos para los consumidores, más adelante, perjudicando a una marca que está demasiado ligada a atributos específicos.

Incluso promover una marca por uno o varios de sus beneficios puede ser arriesgado. Suponga que Mercedes dice que su beneficio principal es "el gran desempeño". Si varias marcas competidoras surgen con un desempeño mejor o superior, o si los compradores de autos empiezan a darle menos importancia al desempeño en comparación con otros beneficios, Mercedes necesitará libertad para moverse a una nueva posición de beneficios.

Las marcas conocidas le proporcionan información al consumidor, así como reconocimiento y confianza.

Los significados más duraderos de una marca son sus valores y personalidad. Definen la esencia de la marca. Por tanto, Mercedes es sinónimo de "grandes triunfadores y éxito". La empresa debe crear la estrategia de su marca en torno a la creación y protección de esta personalidad de la marca. Aunque en fecha reciente Mercedes se ha rendido a las presiones del mercado introduciendo modelos de precio más bajo, ello podría resultar arriesgado. El comercializar modelos menos caros podría diluir el valor y la personalidad que Mercedes ha creado durante decenios.

El valor de la marca

Las marcas varían en cuanto al poder y el valor que tienen en el mercado. En un extremo están las marcas que son, en gran medida, desconocidas para la mayor parte de los compradores del mercado. A continuación están las marcas que los consumidores *conocen en grado bastante elevado*. Otras marcas más gozan de *ser marcas preferidas;* es decir, los compradores las eligen sobre otras. Por último, algunas marcas consiguen un grado elevado de lealtad a la marca. Un ejecutivo de primera línea de H. J. Heinz propone esta prueba para la *lealtad a la marca:* "Mi prueba ácida ... es cuando un [consumidor] pretende comprar Heinz Ketchup en una tienda y al encontrar que no hay existencias, se sale de la tienda para comprarla en otra parte o si cambia por un producto alternativo".

Una marca fuerte tiene mucho **capital contable en la marca.** Las marcas tienen más capital contable en la marca en la medida que merecen más lealtad por la marca, su nombre es más conocido, la calidad percibida es mayor, y existen fuertes asociaciones con la marca y otros activos como patentes, marcas registradas y relaciones con los canales.[12] Una marca con mucho capital contable en la marca es un activo valioso. De hecho, incluso se puede comprar o vender por un precio. Muchas empresas basan sus estrategias de crecimiento en la adquisición y creación amplia de *carteras de marcas.* Por ejemplo, Grand Metropolitan adquirió diversas marcas de Pillsbury, inclusive vegetales Green Giant, helados Haagen-Dazs y restaurantes Burger King. Nestlé compró Rowntree (Reino Unido), Carnation y Stouffer (Estados Unidos) Buitoni-Perugina (Italia) y Perrier (Francia), convirtiéndose en la empresa de alimentos más grande del mundo.

Es difícil medir el capital contable real del nombre de una marca.[13] Debido a que es difícil de medir, las empresas generalmente no registran el capital contable de la marca en sus estados contables. Aun así, pagan generosamente por ellas. Por ejemplo, Nestlé pagó 4.5 mil millones de dólares para comprar Rowntree, cinco veces su valor en libros. Cuando Gran Metropolitan compró Heublein, aumentó 800 millones de dólares a sus activos para reflejar el valor de Smirnoff y otros nombres. Según algunos cálculos, el capital contable de la marca Marlboro es 31 mil millones, de Coca-Cola 24 mil millones y de Kodak 13 mil millones de dólares.

Las marcas más importantes del mundo incluyen a superpotencias como Coca-Cola, Campbell, Disney, Kodak, Sony, Mercedes-Benz y McDonald's (véase Puntos Importantes de la Mercadotecnia 10-2). El capital contable de una marca famosa ofrece a la empresa muchas ventajas competitivas. Como una marca poderosa es muy conocida por los consumidores e impone gran lealtad, los costos de mercadotecnia de la empresa serán menos que los ingresos. Puesto que los consumidores esperan que las tiendas manejen la marca, la empresa tendrá mucho más peso al negociar con los revendedores. Y, como el nombre de la marca transmite gran credibilidad, la empresa podrá lanzar extensiones de la marca con más facilidad. Sobre todo, una marca fuerte ofrece a la empresa la posibilidad de defenderse contra la feroz competencia de precios.

Los mercadólogos tienen que manejar sus marcas con suma cautela a efecto de preservar el capital contable de la marca. Deben desarrollar estrategias que, de hecho, mantengan o mejoren el grado de conocimiento, la calidad o la utilidad percibidas de la marca, así como las asociaciones positivas que despierta la marca. Esto requiere constantes inversiones para investigación y desarrollo, una publicidad hábil y un excelente servicio a los consumidores y al comercio. Algunas empresas, como Canada Dry y Colgate Palmolive tienen "gerentes para el capital contable de la marca" quienes cuidan las imágenes, las asociaciones y la calidad de las marcas. Además, evitan que los gerentes de marca se excedan en

LOS NOMBRES DE MARCAS MÁS PODEROSAS DEL MUNDO

Coca-Cola, McDonald's, AT&T, Campbell, Disney, Kodak, Kellogg, Hershey; estos conocidos nombres de marcas son palabras que se usan diariamente en la mayoría de los hogares de Estados Unidos. Las empresas de todo el mundo invierten miles de millones de dólares al año para crear el conocimiento y la preferencia para estas marcas y cientos más. Por ejemplo, AT&T, el nombre de marca sujeto a mayor cantidad de publicidad en el país, está respaldado por más de 400 millones de dólares en publicidad al año, con otras marcas conocidas como Ford y McDonald's pisándole los talones. La marca promedio de entre las 20 más importantes de Estados Unidos recibe casi 230 millones de dólares al año por concepto de gasto para publicidad; la marca promedio de entre las 50 más importantes recibe 158 millones de dólares. Los nombres fuertes de marca merecen gran lealtad de los consumidores y ofrecen una ventaja competitiva en el mercado.

¿Cuáles son las marcas más poderosas del mundo? En un estudio reciente, Landor Associates, una empresa de asesoría en imagen, encuestó a 9,000 consumidores de Estados Unidos, Europa Occidental y Japón en cuanto al grado de familiaridad y aprecio por más de 6,000 marcas. A continuación, combinó las calificaciones de la familiaridad y el aprecio para llegar a una clasificación de la "fuerza de la imagen de la marca". A continuación se presenta una lista de las marcas más importantes en las tres partes del mundo.

El estudio de Landor sugiere algunas conclusiones interesantes. Lo más notable quizá sea que las marcas más importantes variaron mucho de una región a otra. En años recientes, muchas empresas se han esforzado por crear marcas mundiales que no sólo sean reconoci-

Los nombres de las marcas más poderosas del mundo

Estados Unidos	Europa	Japón
Coca-Cola	Coca-Cola	Sony
Campbell	Sony	National
Disney	Mercedes-Benz	Mercedes-Benz
Pepsi-Cola	BMW	Toyota
Kodak	Philips	Rolls Royce
NBC	Volkswagen	Seiko
Black & Decker	Adidas	Suntory
Kellogg	Kodak	Matsushita
McDonald's	Nivea	Hitachi
Hershey	Porsche	

das y preferidas en sus países de origen, sino por los consumidores de todo el orbe. No obstante, el estudio de Landor sugiere que pocas marcas han llegado en realidad a una posición mundial. Aunque unas 20 marcas eran conocidas internacionalmente, y otras 45 estaban en posición de preeminencia mundial, sólo dos marcas (Coca-Cola y Sony) figuraron en la clasificación de las 40 más importantes para los tres mercados. Además, sólo seis marcas más llegaron a estar dentro de las 100 más importantes en cada uno de los mercados: Disney, Nestlé, Toyota, McDonald's, Panasonic y Kleenex. Ningún producto llegó a las listas de las 10 marcas más importantes en las tres regiones.

Es más, al parecer, el estudio es contrario a la afirmación reciente, que resumiera Lee Iacoca, presidente de Chrysler, en el sentido de que los consumidores de Es-

la promoción de las marcas con objeto de producir utilidades a corto plazo, a expensas del capital contable de la marca, a largo plazo.

Empresas como Procter & Gamble, Caterpillar, IBM y Sony han conseguido una importante *fuerza para la marca de la empresa,* medida ésta por la proporción de mercados/productos donde la empresa comercializa la marca más importante. Por ejemplo, la impresionante reputación de mercadotecnia que tiene P&G en Estados Unidos se debe a que comercializa una marca líder en 19 de las 39 categorías en que compite y a que cuenta con una de las tres marcas más importantes en 34 de sus categorías. El promedio de la parte del mercado de las marcas que le corresponde es de un asombroso 25%.

Algunos analistas consideran que las marcas son el activo más duradero de una empresa, uno que dura más que sus productos específicos y sus instalaciones. Empero, tras toda marca fuerte existe una serie de clientes leales. Por tanto, el activo básico tras el capital contable de la marca es *el capital contable de los clientes.* Esto sugiere que la estrategia de mercadotecnia debe proponerse extender *el valor de la lealtad del cliente, para toda la vida,* por lo cual la administración de la marca se convierte en instrumento central de la mercadotecnia.

Las marcas representan todo un desafío para el mercadólogo que las propone. La figura 10-4 muestra las decisiones clave para formular marcas.

tados Unidos piensan que "todo lo japonés es perfecto y todo lo estadounidense infecto". El estudio revela que a los estadounidenses sí les agradan los productos estadounidenses. Según Don Casey, el presidente de Landor, "Lo que agrada en Estados Unidos hoy es cálido y acogedor, familiar y tradicional". La lista de las marcas estadounidenses en los primeros 10 lugares subraya lo anterior; resulta como una página extraída del libro de historia de las sociedades de Estados Unidos. De las 100 marcas más importantes de Estados Unidos, 97 son de raíz estadounidense. Los asesores en marcas consideran que el gran reconocimiento de las marcas estadounidenses es prueba de que se requieren muchos decenios para construir una imagen potente como las de Coca-Cola o Kodak. Por ejemplo, "El gran chocolate estadounidense", Hershey, que está clasificado en los lugares más altos de Estados Unidos, también era el chocolate más importante del país en 1925.

La clasificación también sugiere grandes diferencias culturales entre los consumidores de Estados Unidos, Europa y Japón. Por ejemplo, al parecer, los estadounidenses propenden a los alimentos, seis de las 10 marcas más importantes están relacionadas con comida. En las otras regiones, los autos y las marcas de tecnología avanzada merecen más admiración. La lista de las 10 más importantes parece indicar que a los consumidores estadounidenses les satisfacen los placeres sencillos, por ejemplo, una Big Mac, los chocolates y, como un agasajo autocomplaciente, los helados de lujo. Los consumidores europeos y japoneses, según parece, tienen gustos más caros, cuando menos de acuerdo con lo que reflejan las marcas que consideran más importantes. Casey piensa que estas diferencias no sólo están ligadas a diferentes apetitos, sino a diferencias de aspiraciones. "Pienso que, en este país, existe un sentido realista en cuanto a lo que

uno puede esperar de la vida —dice— ... La actitud mental de los estadounidenses tiende más a lo práctico que a las aspiraciones." Así pues, el estudio de Landor sugiere que el mercadólogo mundial puede enfrentar muchos obstáculos culturales cuando trata de crear marcas mundiales.

Es muy difícil medir el poder de una marca. Algunos críticos cuestionan el valor de pedirle a los consumidores que califiquen las marcas en cuanto a factores tan subjetivos como el "aprecio". Es probable que la gente tenga más aprecio por un Mercedes que por una marca de detergente para ropa. Por tanto, algunas de las marcas más importantes de las comercializadoras más fuertes del mundo están evidentemente ausentes de la lista de las marcas más importantes, entre ellas empresas gigantescas de bienes de consumo como Procter & Gamble, Unilever y Philip Morris. Es más, con frecuencia la gente no compra las marcas que les merecen mayor aprecio; mucha gente que concede gran aprecio al Mercedes no tiene capacidad para comprar uno. Empero, independientemente de la forma en que se mida la fuerza de una marca, pocos mercadólogos dudan del valor que tiene una marca poderosa, como entidad verbal y también visual. Como dice un asesor en marcas, casi en cualquier parte del mundo, "estoy casi seguro que, cuando uno dice Kodak, todo el mundo piensa en la caja amarilla".

Fuentes: Partes adaptadas de Cathy Taylor, "Consumers Know Native Brands Best", *Adweek,* 17 de septiembre de 1990, p. 31. También véase Kathleen Deveny, "More Brand Names Gain Recognition Around the World", *The Wall Street Journal,* 13 de septiembre de 1990, p. B7; "Hard Sellers: The Leading Advertisers", *The Wall Street Journal,* 21 de marzo de 1991, p. B4; Craig Endicott, "The Top 200 Brands", *Advertising Age,* 9 de noviembre de 1992, p. 16; y, varias marcas, *World's Greatest Brands* (Nueva York: John Wiley & Son, 1992).

Poner marca o no ponerla

Lo primero que debe decidir la empresa es si le pondrá el nombre de una marca a su producto. Hoy día, las marcas han adquirido tanta fuerza que no existe casi nada que carezca de una. La sal es empacada en recipientes con marca, las tuercas y los tornillos comunes y corrientes son empacados con la etiqueta del distribuidor y las piezas de los automóviles (bujías, neumáticos, filtros) llevan nombres de marcas diferentes de los usados por los fabricantes de autos. Incluso los frutos y los vegetales llevan marca, naranjas Sunkist, piñas Dole y plátanos Chiquita.

No obstante, en fecha reciente, se ha registrado un retorno a la "ausencia de marcas" para ciertos bienes de consumo. Hacia finales de la década de 1970, los productos "genéricos" tomaron por sorpresa a los fabricantes que tenían nombres de marcas. Los productos genéricos son versiones de productos de uso común que no llevan marca, que tienen empaques sencillos y que son menos caros, por ejemplo los espaguetis, las toallas de papel y los duraznos en lata. Estos, con frecuencia, sólo llevan etiquetas en blanco y negro (TOALLAS, AZUCAR, COMIDA PARA GATOS) y su precio llega a ser hasta 40% más bajo que el de las marcas nacionales. El precio puede bajar porque llevan ingredientes de menor calidad, el empaque cuesta menos y los costos de publicidad también son menores.

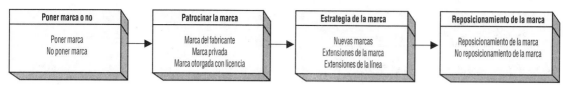

Poner marca o no	Patrocinar la marca	Estrategia de la marca	Reposicionamiento de la marca
Poner marca No poner marca	Marca del fabricante Marca privada Marca otorgada con licencia	Nuevas marcas Extensiones de la marca Extensiones de la línea	Reposicionamiento de la marca No reposicionamiento de la marca

FIGURA 10-4 Principales decisiones sobre la marca

Aunque es probable que los productos genéricos hayan llegado para quedarse, al parecer, su popularidad llegó al máximo a principios de la década de 1980. Desde entonces, la parte del mercado correspondiente a los productos genéricos ha bajado, en gran medida porque los fabricantes que sí tienen nombres de marca han mejorado sus estrategias de mercadotecnia. Estos mercadólogos respondieron reforzando la imagen y la calidad de la marca. Por ejemplo, cuando Ralston Purina se vio amenazada por los alimentos genéricos para animales, elevó su calidad en lugar de reducir su precio y se enfiló hacia dueños de mascotas muy identificados con sus animales y muy interesados en la calidad.

A pesar de que la popularidad de los productos genéricos ha disminuido, hoy sigue vivo el problema de poner marca o no hacerlo. Esta situación subraya algunas interrogantes clave: en primera instancia, ¿para qué tener una marca?, ¿a quién beneficia?, ¿cómo se beneficia?, ¿a qué costo? Las marcas ayudan a los compradores en muchos sentidos. Los nombres de marcas indican al comprador algo en cuanto a la calidad del producto. Los compradores que siempre compran la misma marca saben que obtendrán la misma calidad siempre que la compran. Los nombres de marcas también aumentan la eficiencia de los compradores. Imagine lo que pasaría con un comprador que entra en un supermercado y encuentra miles de productos genéricos. En último lugar, los nombres de marcas pueden servir para llamar la atención de los consumidores hacia productos nuevos que podrían beneficiarlos. El nombre de la marca pasa a ser la base sobre la cual se puede edificar toda una historia sobre las cualidades especiales del producto nuevo.

Las marcas también ofrecen al vendedor varias ventajas. El nombre de la marca facilita al vendedor procesar los pedidos y detectar problemas. Por ejemplo, Anheuser-Busch recibe un pedido de 100 cajas de cerveza Michelob, en lugar de un pedido por "la mejor de sus cervezas". El nombre de la marca del vendedor y la marca registrada ofrecen protección legal a las características singulares del producto, que de otra manera podrían ser copiadas por la competencia. Las marcas permiten al vendedor atraer una serie de clientes leales y rentables. Las marcas ayudan al vendedor a segmentar los mercados. Por ejemplo, General Mills puede ofrecer Cheerios, Wheaties, Total, Lucky Charms y muchas otras marcas de cereales y no sólo un producto general para todos los consumidores.

Las marcas también aumentan el valor que obtienen los consumidores y la sociedad. Los partidarios de las marcas sugieren que conducen a una mejor calidad del producto, a una más consistente. Las marcas también incrementan las innovaciones, pues presentan un incentivo para que los productores busquen características nuevas que los protejan contra la competencia que las imita. Por tanto, las marcas derivan en mayor variedad y selección de productos para los consumidores. Por último, las marcas incrementan la eficiencia de los compradores porque proporcionan mucha más información sobre los productos, así como dónde encontrarlos.

El patrocinador de la marca

Un fabricante tiene tres opciones de patrocinio. El producto puede ser lanzado como **marca de fábrica** (o marca nacional), por ejemplo cuando Kellogg o IBM venden sus productos con sus propios nombres de fábrica. O el fabricante puede vender su producto a revendedores que le ponen una **marca privada** (también llamada *marca de detallista, marca de distribuidor* o *marca de tienda*). Por ejemplo, BASF Wyandotte, el segundo fabricante de anticongelante del mundo, vende su anticongelante por medio de intermediarios que comercializan el producto con unas 80 marcas privadas, inclusive Kmart, True Value, Pathmark y Rite Aid. Por último, aunque la mayor parte de los fabricantes crean los nombres de sus marcas, otorgan *licencias* a otros para que comercialicen sus marcas. Por ejemplo, Rose Art Industries vende sus equipos de arte para niños con el nombre de la marca Kodak, mediante una licencia de la Eastman Kodak Company.

Las marcas de fábrica llevan mucho tiempo dominando el escenario detallista. La mayor parte de los fabricantes tardan años e invierten millones en crear los nombres de sus marcas. Sin embargo, algunas empresas otorgan licencias para usar los nombres o los símbolos que han creado otros fabricantes, los nombres de celebridades o los personajes de películas y libros famosos; es decir, a cambio de una cantidad, cualesquiera de ellos pueden otorgar una licencia para usar el nombre de una marca que sea de actualidad comprobada. Los vendedores de ropa y accesorios pagan inmensas regalías por adornar sus productos (desde blusas hasta corbatas, desde blancos hasta maletas) con los nombres o las iniciales de innovadores de la moda como Bill Blass, Calvin Klein, Pierre Cardin, Gucci y Halston. Los vendedores de productos infantiles usan una lista casi interminable de nombres de personajes en su ropa, juguetes, material escolar, blancos, muñecas, fiambreras, cereales y otros artículos. Los nombres van desde los personajes clásicos de Disney, Carlitos, Barbie y los Picapiedra, hasta los Muppets, Garfield, Batman y los Simpson. La forma más nueva de las licencias son las licencias corporativas; es decir, se alquila la marca registrada de una sociedad anónima o un logo que ha adquirido fama en una categoría, para usarlo en una categoría relacionada. Algunos ejemplos serían los complementos de costura de Singer, la ropa de trabajo de Caterpillar, los tazones y las navajas de afeitar de Old Spice, la joyería de fantasía de Faberge, el equipo Winnebago para acampar y la ropa de playa y lentes para el sol de Coppertone.

En años recientes, la mayor parte de los grandes detallistas y mayoristas han creado sus propias marcas. Hoy, las marcas privadas de los neumáticos de Sears y J. C. Penney son tan conocidas como las marcas de fabricantes como Goodyear y Bridgestone. Sears ha creado varios nombres (baterías Diehard, herramienta Craftsman, pinturas Wheatherbeater) que los compradores buscan y piden. Es cada vez mayor la cantidad de tiendas de descuento y de departamentos, supermercados, estaciones de servicios, tiendas de ropa, farmacias y distribuidores de electrodomésticos que están usando etiquetas privadas. Por ejemplo, en fecha reciente, Wal-Mart introdujo su marca Gret Value, basada en el precio, la cual, con el tiempo, podría llegar a incluir más de 1,000 artículos de la mayor parte de las categorías importantes de productos básicos. Esta nueva línea se une a la marca, de precio más alto, "Sam's American Choice" de Wal-Mart, usada para

Cuando se usa un nombre con licencia, un producto nuevo puede ser reconocido de inmediato y resultar familiar. En este caso, Rose Art Industries tiene una licencia para usar el conocido nombre de Kodak y una marca para sus nuevos juegos de arte Kodak.

refrescos de cola y jugos de fruta con objeto de competir contra las marcas nacionales importantes. Wal-Mart afirma que su propia marca ofrece más valor: "gran sabor a los precios siempre bajos de Wal-Mart". Los analistas suponen que la cadena detallista no tardará en ampliar su línea Sam's Choice e incluirá galletas con chispas de chocolate, botanas y toda una gama de productos más.[14]

A pesar de que, muchas veces, cuesta trabajo establecer marcas privadas y los costos de inventarios y promoción resultan elevados, los intermediarios desarrollan las marcas privadas porque pueden ser rentables. Con frecuencia, los intermediarios encuentran fabricantes que tienen exceso de capacidad y que producirán la marca privada a bajo costo, lo cual deriva en un mayor margen de utilidad para el intermediario. Las marcas privadas también ofrecen al intermediario productos exclusivos que no puede comprar la competencia, lo cual deriva en un mayor movimiento en la tienda y mayor lealtad. Por ejemplo, si Sears promueve aparatos de General Electric, otras tiendas que vendan productos de GE también saldrán beneficiadas. Es más, si Sears abandona la marca GE, perderá los beneficios de las promociones que le haya hecho a GE. Empero, cuando Sears promueve su marca privada de aparatos Kenmore, la propia Sears se beneficia con la promoción y la lealtad de los consumidores por la marca Kenmore se convierte en lealtad por Sears.

La competencia entre las marcas de fábrica y los intermediarios se llama *batalla de las marcas*. En esta batalla, los intermediarios tienen muchas ventajas. Los detallistas no cuentan con mucho espacio en los anaqueles. Muchos supermercados ahora cobran **cuotas por espacio;** es decir, los detallistas le piden a los productores que paguen una cantidad, antes de aceptar productos nuevos, para hacerles un "espacio" en los anaqueles. Por ejemplo, Safeway requirió el pago de 250,000 dólares a un fabricante de pizzas pequeñas para llevar este nuevo producto. Los intermediarios dejan mejor espacio de exhibición para sus propias marcas y se aseguran de que el abasto de éstas sea mejor. Además, ofrecen las marcas de su tienda a precios más bajos que los de las marcas de fábrica comparables, atrayendo así a los compradores conscientes de su presupuesto, sobre todo en tiempos económicos difíciles. Además, la mayoría de los compradores saben que, de cualquier manera, las marcas de la tienda, con frecuencia, son producidas por algún fabricante grande.

En consecuencia, el dominio de las marcas de fábrica se está debilitando. Los consumidores actuales, con más estrecheces económicas, con presiones para gastar su dinero con cuidado, son cada vez más sensibles a la calidad, el precio y el valor. El alud de cupones y precios especiales ha entrenado a una generación de consumidores a comprar fijándose en el precio. La proliferación de productos y la corriente, aparentemente infinita, de extensiones de la marca y de extensiones de la línea han diluido la identidad de la marca. Los consumidores encuentran cada vez más similitudes entre las marcas, conforme los fabricantes y los detallistas que compiten copian las cualidades de las mejores marcas. Según mejora la calidad de las marcas de tienda y conforme los consumidores adquieren confianza en las cadenas de tiendas, las marcas de tienda se están convirtiendo en un fuerte reto para las marcas de fábrica. Analice el siguiente caso:

> Loblaw, la cadena canadiense de supermercados, está aumentando la cantidad de sus marcas de tienda. Loblaw ahora vende la marca de galletas líder de Canadá, su galleta de chispas de Chocolate President's Choice, que sabe mejor y cuesta menos que la marca Chips Ahoy de Nabisco. Ha captado 14% del mercado, quitándoselo principalmente a Nabisco. Loblaw también introdujo su marca privada de refresco de cola, llamada President's Choice, la cual representó el 50% de las ventas de refrescos de cola en lata de Loblaw.

En los supermercados de Estados Unidos, las marcas de tienda captan ahora 22 mil millones de dólares por concepto de ventas y el 13% de las compras, proporción que va en aumento. Los productos de marca privada, tomados como una sola marca, ocupan el primer, segundo o tercer lugar, por marca, en más del 40% de todas las categorías de productos básicos. Por ejemplo, las marcas de tienda representan 44% de las ventas de queso natural, el 36% de las ventas de jugo de naranja congelado y el 14% de las ventas de pañales desechables.[15] Un estudio reciente arrojó que el porcentaje de consumidores de bienes empacados que afirmaban que sólo compraban marcas conocidas bajó de 77% en 1975 a 62% en 1990. Otro estudio arrojó un 66% de consumidores que dijeron que estaban optando por marcas de precios más bajos, sobre todo por marcas de tienda.

Los fabricantes de marcas nacionales están muy frustrados por el creciente poder de los detallistas. Un ejecutivo comenta:

> Hace una década, el detallista era como un perro chihuahueño que mordisqueaba los talones de los fabricantes; sin duda molesto, pero sólo representaba una pequeña irritación. Uno lo alimentaba y se alejaba. Hoy es como un toro bravo que quiere arrancarle a uno las piernas y los brazos. Uno quisiera que hiciera monerías, pero uno está demasiado ocupado defendiéndose como para tratar que lo haga.[16]

Algunos analistas del mercado pronostican que, con el tiempo, las marcas de los intermediarios acabarán con todas las marcas de fábrica, menos las más fuertes.

Los fabricantes han reaccionado gastando enormes cantidades de dinero en publicidad y promociones dirigidas a los consumidores, con objeto de crear una fuerte preferencia por la marca. Por consiguiente, deben cobrar precios un tanto más altos para cubrir estas promociones. Al mismo tiempo, los grandes detallistas están presionándolos para que gasten más dinero en promociones para el ramo y hagan tratos si quieren buen espacio en los anaqueles. Cuando los fabricantes empiezan a caer en estas negociaciones, les queda menos dinero para invertir en promociones y publicidad dirigidas a los consumidores y el liderato de su marca empieza a decaer. Este es el dilema del fabricante que tiene una marca nacional.

Los principales comercializadores de marcas que quieren conservar su fuerza en el ramo, deben invertir en investigación y desarrollo con objeto de sacar marcas nuevas, características nuevas y mejorar la calidad de manera constante. Deben diseñar fuertes programas de publicidad a efecto de que su marca siga siendo conocida y preferida. Deben encontrar la forma de "asociarse" con los principales distribuidores, en busca de economías en la distribución y de estrategias competitivas que mejoren su actuación conjunta. Por ejemplo, P&G ha asignado a 20 de sus administradores a las oficinas centrales de Wal-Mart en Bentonville, Arkansas, para que trabajen al lado de los gerentes de Wal-Mart buscando maneras de mejorar sus costos conjuntos y su desempeño competitivo.

La estrategia de la marca

Las actividades relacionadas con el producto nuevo de una empresa consisten en introducir *marcas nuevas, extensiones de la marca* (el nombre de la marca extendido a categorías nuevas) o *extensiones de la línea* (el nombre de la marca extendido a formas, tamaños y sabores nuevos de una marca existente).

Las marcas nuevas. Una empresa puede crear un nombre nuevo de marca cuando entra a una categoría nueva de productos para la cual ninguno de los nombres presentes de las marcas de la empresa resulta apropiado. Por ejemplo, Sears pone nombres independientes de familia a las diferentes categorías de productos (Kenmore para aparatos eléctricos, Craftsman para herramienta y Homart para instalaciones grandes en el hogar). Por otra parte, la empresa puede entrar a una categoría existente, pero pretender diferenciar su producto nuevo por alguna razón. Por ejemplo, el producto puede ser de mayor o menor calidad que la de la marca actual. Seiko produce una línea de relojes, de precio más bajo, con el nombre de marca Pulsar. Pulsar se usa como una *marca lateral* o *combativa*, dirigida a clientes que quieren un reloj menos caro. Otra razón para introducir un nuevo nombre de marca se debe a que la empresa quiera manejar una gama de nombres de marca dentro de la categoría para sugerir con ellos diferentes funciones o beneficios (con frecuencia llamada la **estrategia de muchas marcas**). Así, Procter & Gamble produce nueve marcas de detergentes para ropa, cada uno de ellos posicionado en el mercado con beneficios diferentes.

La introducción de muchas marcas dentro de una categoría puede ser arriesgada; cada una de las marcas puede cubrir una parte pequeña del mercado y ninguna de ellas resultar muy rentable. En este caso, la empresa habrá diseminado sus recursos entre varias marcas, en lugar de crear una o unas cuantas marcas que le resulten muy rentables. Las empresas deben eliminar las marcas más débiles y establecer normas altas para elegir las marcas nuevas. En un plano ideal, las marcas de una empresa deben quitarle ventas a las marcas de la competencia, pero no se las deben quitar entre sí.

La extensión de la marca. La estrategia de la **extensión de la marca** representa un esfuerzo por usar el nombre de una marca que ha tenido éxito, para lanzar productos modificados o nuevos dentro de otra categoría. Procter & Gamble obtuvo estupendos resultados cuando puso el nombre de Ivory a un detergente para vajillas, a un jabón líquido para manos y a un champú. Fruit of the Loom aprovechó su reconocido nombre para lanzar líneas nuevas de calcetines, de ropa interior masculina y de ropa interior femenina. Honda usa el nombre de la compañía para productos tan diversos como automóviles, motocicletas, quitanieves, podadoras de césped, motores para barcos y vehículos para nieve. Esto permite a Honda anunciar que puede lograr "que seis Hondas quepan en una cochera para dos autos".

La estrategia para la extensión de la marca ofrece muchas ventajas. Un estudio reciente arrojó que las extensiones de la marca captan una parte mayor del mercado y su publicidad es más eficiente que la de las marcas individuales.[17] El nombre de una marca respetada le sirve a la empresa para entrar a otras categorías de productos con más facilidad y permite el reconocimiento instantáneo de un producto nuevo, así como una aceptación más rápida. Sony pone su nombre en la mayor parte de sus productos electrónicos nuevos, creando de inmediato una imagen de gran calidad para cada producto nuevo. Las extensiones de la marca también disminuyen los elevados costos publicitarios que se suelen requerir para familiarizar a los consumidores con el nuevo nombre de la marca.

Por otra parte, la estrategia de la extensión de la marca entraña ciertos riesgos. Algunas extensiones de la marca, por ejemplo, las pantimedias Bic, el chicle Salvavidas y el detergente para ropa Clorox, mueren muy pronto. Si una marca extendida fracasa, puede afectar la actitud de los consumidores hacia los otros productos que lleven el mismo nombre de marca. Es más, el nombre de la marca puede no ser adecuado para un determinado producto nuevo, aunque el producto estuviera bien hecho y fuera satisfactorio, ¿compraría usted una leche Texaco o un chile Alpo? Además, el nombre de la marca puede dejar de tener una posición especial en la mente del consumidor en razón de un uso excesivo. La *marca se diluye* cuando los consumidores ya no asocian la marca con un producto específico o incluso con productos muy similares. Analice la diferencia entre las formas de poner nombre a los hoteles Hyatt y a los Marriott:

> Hyatt aplica una estrategia de extensión de la marca. Su nombre aparece en todas las variantes de hotel; Hyatt Resorts, Hyatt Regency, Hyatt Suites y Park Hyatt. Marriott, por otra parte, aplica la estrategia de muchas marcas. Sus diversos tipos de hoteles se llaman Marriott Marquis, Marriott, Residence Inn, Courtyard y Fairfield Inns. Es difícil que los huéspedes de Hyatt puedan conocer las diferencias entre los tipos de hoteles de Hyatt, mientras que los hoteles Marriott están enfocados con más claridad a diferentes segmentos y los diferentes nombres de marca crean imágenes claras en cada uno de ellos.

Extensiones de la marca: las empresas usan cada vez más nombres de marcas establecidas y con éxito para lanzar productos de categorías nuevas.

Cuando se transfiere el nombre de una marca existente a una categoría nueva se debe tener gran cautela. Por ejemplo, la popular crema de afeitar de S. C. Johnson se llama Edge. El nombre fue extendido, con éxito, a su loción para después de afeitar. Es probable que, si S. C. Johnson Company quisiera hacerlo, podría usar el nombre de Edge para introducir una marca para navajas de afeitar. Empero, el riesgo aumentaría si la empresa tratara de usar el nombre Edge para lanzar un champú o un dentífrico. En tal caso, Edge perdería su significado como nombre de productos para afeitar. Las empresas que sienten la tentación de transferir el nombre de una marca deben investigar si las asociaciones de la marca encajan con el producto nuevo. El mejor resultado sería que la extensión de una marca creará ventas para el producto nuevo y para los existentes. El resultado sería aceptable si el producto nuevo se vende bien sin afectar las ventas de los productos existentes. El peor resultado sería que el producto nuevo fracasara o que perjudicara las ventas de los productos existentes.[18]

Las extensiones de la línea. La **extensión de una línea** significa que una empresa introduce más artículos dentro de una categoría dada de productos y con el mismo nombre de marca, por ejemplo, otros sabores, formas, colores, ingredientes o tamaño de paquetes. Por ejemplo, en fecha reciente, Danon Company introdujo varias extensiones de línea, inclusive siete sabores nuevos de yogurt, un yogurt sin grasa y un yogurt grande, tamaño económico.

La gran mayoría de las actividades relacionadas con productos nuevos son extensiones de línea. Por ejemplo, según *Gorman's New Product News*, de los 6,152 productos nuevos aceptados por misceláneas en los primeros cinco meses de 1991, sólo 5% tenían nombres de marcas nuevas, 6% eran extensiones de marcas y 89% eran extensiones de líneas. Una empresa puede optar por introducir extensiones de su línea por varias razones. Podría pretender satisfacer el deseo de los consumidores de una mayor variedad o podría detectar una preferencia latente de los consumidores y tratar de aprovecharlo. El exceso de capacidad de producción podría llevar a la empresa a introducir más artículos o la empresa podría buscar igualar el éxito obtenido por la competencia con la extensión de una línea. Algunas empresas introducen las extensiones de su línea con el solo propósito de conseguir más espacio en los anaqueles de los revendedores.

Las extensiones de las líneas, al igual que las extensiones de las marcas, entrañan ciertos riesgos. El nombre de la marca podría perder su significado específico; algunos estrategas de mercadotecnia consideran que se trata de "la trampa de la extensión de la línea".[19] Antes, cuando el consumidor pedía una Coca, obtenía una botella de 6 onzas de la bebida clásica. Hoy, el vendedor tiene que preguntar: ¿Nueva, Clásica o de Cereza? ¿Normal o de dieta? ¿Con cafeína o sin cafeína? ¿En botella o en lata? Otro riesgo es que el exceso de extensiones de la línea podría no venderse lo bastante para justificar los costos de desarrollo y promoción. O, aunque se venda mucho, las ventas se podrían dar a expensas de otros artículos de la línea. La extensión de una línea funciona bien cuando le quita ventas a las marcas de la competencia, pero no cuando "se come" a otros artículos de la empresa.

El reposicionamiento de la marca

Independientemente de que una marca se encuentre bien posicionada en un mercado, la empresa tendrá que reposicionarla más adelante. Un competidor podría lanzar una marca, posicionándola junto a la marca de la empresa y quitándole parte del mercado. Los deseos de los clientes pueden cambiar y restarle demanda a la marca de la empresa. Los mercadólogos deben considerar la posibilidad de reposicionar las marcas existentes antes de introducir otras nuevas. De tal suerte, podrán aprovechar el reconocimiento existente para la marca y la lealtad de los clientes.

Cuando se vuelve a posicionar una marca quizás haya que cambiar el producto y su imagen. Por ejemplo, Arrow añadió una línea nueva de camisas informales antes de tratar de cambiar su imagen. Kentucky Fried Chicken cambio su menú, añadió pollo sin pellejo y con menos grasa, además de productos como pollo asado y sandwiches de ensalada de pollo para volver a colocarse en una posición más atractiva para los consumidores de comida rápida, conscientes de su salud. Al parecer, incluso está cambiando su nombre al de KFC. La marca también se puede reposicionar cambiando la imagen del producto. El jabón Ivory se volvió a posicionar sin un cambio material, pasando de un "jabón para bebés" a un "jabón natural" para adultos que quieren tener una piel sana. De igual manera, Kraft volvió a posicionar Velveeta, pasando de un "queso para cocinar" a otro "de buen sabor, natural y nutritivo" para bocadillos. Aunque el producto no cambió, Kraft usó nuevos mensajes publicitarios para cambiar la forma en que los consumidores percibían Velveeta. El mercadólogo, al volver a posicionar una marca, debe tener cuidado de no perder a los usuarios leales que tiene, así como de no confundirlos. Kraft, cuando cambió la posición de Velveeta, se aseguró de que la nueva posición del producto fuera compatible con la anterior. Así, Kraft conservó a los clientes leales, al mismo tiempo que atrajo a otros más.[20]

La elección del nombre de la marca

El nombre de la marca se debe elegir con detenimiento. Un nombre acertado puede influir mucho en el éxito de un producto. La mayor parte de las empresas comercializadoras grandes cuentan con un proceso formal para elegir nombres de marcas. Encontrar el mejor nombre para la marca no es tarea fácil. Empieza por el estudio detenido del producto y sus beneficios, del mercado hacia el cual se dirige y de las estrategias de mercadotecnia propuestas.

Las cualidades deseables para el nombre de una marca serían: (1) Debe sugerir algo sobre los beneficios y las cualidades del producto. Ejemplos: Beautyrest, Craftsman, Sunkist, Spic and Span, Snuggles. (2) No debe ser difícil de pronunciar, reconocer y recordar. Los nombres cortos ayudan. Ejemplos: Tide, Aim, Puffs, aunque los largos, en ocasiones, son efectivos. Ejemplos: "Love My Carpet", limpiador para alfombras, "I Can't Believe It's Not Butter", margarina, Better Business Bureau. (3) El nombre de la marca debe ser distintivo. Ejemplos: Taurus, Kodak, Exxon. (4) El nombre se debe traducir fácilmente a otros idiomas. Antes de gastar 100 millones de dólares para cambiar su nombre a Exxon, la Standard Oil de Nueva Jersey probó el nombre en 54 idiomas en más de 150 mercados del exterior. Encontró que el nombre Enco se refería a un motor estropeado cuando se pronunciaba en japonés. (5) Debe ser sujeto de registro y protección legales. El nombre de una marca no se puede registrar si infringe los nombres de marcas ya registradas. Además, los nombres de marcas que sólo son descriptivos o sugerentes no son susceptibles de protección. Por ejemplo, Miller Brewing Company registró el nombre Lite para su cerveza baja en calorías e invirtió muchos millones para establecer el nombre entre los consumidores. Empero, más adelante, los tribunales sentenciaron que los términos *lite* y *light* son términos genéricos o descriptivos comunes aplicados a la cerveza y que Miller no podía usar el nombre de Lite en forma exclusiva.[21]

Cuando se ha elegido el nombre de una marca, éste debe quedar protegido. Muchas empresas tratan de crear el nombre de una marca que, con el tiempo, se llegue a identificar con la categoría del producto. Nombres de marcas como Frigidaire, Kleenex, Levi's, Jell-O, cinta Scotch, Formica y Fiberglas han triunfado en este sentido. Sin embargo, su mismo éxito puede representar una amenaza para los derechos de la empresa en cuanto al nombre. Muchos nombres de marcas protegidos originalmente, como celofán, aspirina, nilón, queroseno, linóleo, yo-yo, trampolín, escalador, termo y hojuelas de trigo son ahora nombres que puede usar cualquier vendedor.[22]

Decisiones en cuanto al empaque

Muchos de los productos que se ofrecen en el mercado tienen que estar empacados. Algunos mercadólogos consideran que el empaque representa la quinta P, que se suma a las de precio, producto, posición y promoción. Empero, la mayor parte de los mercadólogos piensan que el empaque es un elemento más de la estrategia del producto.

El término **empaque** se refiere a las actividades necesarias para diseñar y producir el recipiente o envoltorio de un producto. El paquete puede incluir el recipiente inmediato del producto (la botella que contiene la loción para después de afeitar de Old Spice); un empaque secundario que se tira a la basura cuando se va a usar el producto (la caja de cartón que contiene la botella de Old Spice) y el empaque del embarque, necesario para almacenar, identificar y transportar el producto (una caja de cartón corrugado que contiene seis docenas de botellas de Old Spice). Las etiquetas también forman parte del empaque y contienen la información impresa que aparece en o con el empaque.

Antes, las decisiones del empaque se basaban, sobre todo, en los costos y en factores de producción; la función primaria del empaque era contener y proteger el producto. Sin embargo, en años recientes, diversos factores han convertido a los empaques en un instrumento importante de la mercadotecnia. El aumento de los autoservicios significa que, ahora, los empaques deben realizar muchas de las tareas de ventas; desde llamar la atención, hasta describir el producto y realizar la venta. La mayor opulencia de los consumidores significa que éstos están dispuestos a pagar un poco más por la comodidad, el aspecto, la confianza y el prestigio de empaques de mayor calidad.

Las empresas también se están dando cuenta de que un empaque bueno es muy importante para propiciar que los consumidores reconozcan, enseguida, una empresa o marca. Por ejemplo, en un supermercado promedio, que maneja entre 15,000 y 17,000 artículos, el comprador típico pasa ante unos 300 artículos por minuto y hace 53% de las compras por impulso. En un entorno muy competitivo, el empaque puede ser la última oportunidad que tenga el vendedor para influir en los compradores. El empaque se convierte en un "comercial de cinco segundos". La empresa Campbell Soup ha estimado que el comprador promedio ve su conocida lata rojo y blanco 76 veces al año, dando por resultado un equivalente a 26 millones de dólares de publicidad.[23]

Los empaques innovadores pueden ofrecer a la empresa cierta ventaja sobre la competencia. Tide líquido no tardó en captar 10% del mercado de los detergentes de uso general, en parte debido a la popularidad de la tapa de su botella, con un innovador pico a prueba de goteo. Las primeras empresas que introdujeron bebidas de fruta en empaques de cartón y aluminio, empacadas al alto vacío (empaques asépticos) y los dentífricos en botellas con bomba, atrajeron a muchos clientes. Por otra parte, los paquetes mal diseñados pueden representar un verdadero dolor de cabeza para los consumidores y significar menos ventas para la empresa (véase Puntos Importantes de la Mercadotecnia 10-3).

En años recientes, la seguridad del producto se ha convertido también en un punto central de los empaques. Todos hemos aprendido a resolver la dificultad de abrir empaques "a prueba de niños". Además, después de la serie de sustos de la década de 1980, a causa de los empaques alterados, la mayoría de los productores de medicinas y alimentos están presentando sus productos en empaques que impiden las intromisiones en su interior.[24]

A efecto de crear un buen empaque para un producto nuevo se deben tomar muchas decisiones. La primera tarea será establecer el concepto del empaque. El **concepto del empaque** es un enunciado de aquello que el empaque debe *ser* o *hacer* para el producto. ¿Cuáles deben ser las funciones principales del empaque: proteger el producto, ofrecer otro sistema para servirlo, sugerir algunas de sus cualidades del producto o de la empresa o cualquier otra cosa? A continuación se deben tomar decisiones en cuanto a elementos específicos del empaque, por ejemplo, el tamaño, la forma, los materiales, el color, el texto y la marca. Estos elementos se deben conjuntar a fin de respaldar la posición del producto y la estrategia de mercadotecnia. El empaque debe ser congruente con la publicidad, el precio y la distribución del producto.

Por regla general, cuando se trata de un producto nuevo, las empresas analizan varios diseños para su empaque. Antes de elegir el mejor empaque, suelen probar los distintos diseños con el propósito de encontrar uno que aguante mejor el uso normal, que los distribuidores puedan manejar con toda facilidad y que despierte la respuesta más favorable de los consumidores. Después de haber elegido e introducido el empaque, la empresa tendrá que rectificarlo, con regularidad, debido a los cambios de las preferencias de los consumidores y a los avances tecnológicos. Antes, el diseño de un empaque podía durar incluso hasta 15 años sin requerir cambios. No obstante, como el entorno actual cambia con gran rapidez, la mayor parte de las empresas rectifican sus empaques cada dos o tres años.[25]

LOS FRUSTRANTES EMPAQUES, QUE NO SON TAN FÁCILES DE ABRIR

La siguiente carta, dirigida por una furiosa consumidora a Robert D. Stuart, a la sazón presidente de Quaker Oats, expresa en forma muy clara, la inmensa frustración que hemos sentido todos al enfrentarnos a un empaque que, supuestamente, se abre con facilidad.

Apreciable señor Stuart:

Soy viuda, tengo 86 años y gozo de bastante buena salud. (Usted quizá piense que se trata de una edad avanzada, pero yo pienso que la descripción se refiere a los años por venir. No obstante, si usted decide dar respuesta a mi carta, no perdería el tiempo, pues las tablas actuariales no dejan de ser lo que son.)

Como dije, gozo de bastante buena salud. No soy débil ni anciana, como se suelen entender estos términos. Mis dos perros doberman y yo caminamos, con viveza, tres millas todos los días. Se trata de dos animales fuertes y enérgicos y se requiere algo de condición para que la "viveza" resulte más bien paseo que loca carrera. Sin embargo, me las arreglo porque todavía tengo fuerzas. En breve, entenderá por qué destaco este hecho.

Me dirijo a usted para referirme al texto cruel, engañoso y del todo [falso] de su harina preparada para hot cakes y waffles, marca Aunt Jemima. El texto del paquete dice: "para abrir, oprima aquí y tire hacia atrás".

Señor Stuart, aunque oprima y empuje, gruña y luche, retuerza, maldiga, sude y jale y empuje, apriete y rasgue ... ¡fiu!, nunca jamás he logrado hacer lo que dice el paquete, "oprima aquí y tire hacia atrás" [la tirita para ello].

¡No es posible! ¡No me diga nada de la fuerza que falla! ¿Ha intentado usted hacerlo alguna vez, lográndolo?

Mi marido, que en paz descanse, era coleccionista de armas y, entre otras, tenía una ametralladora Thompson en un armario cerrado con llave. Que bueno que el armario estaba cerrado con llave. Ay, la cantidad de veces que estuve tentada de pegarle a su paquete unos cuantos balazos.

Esa cerradura y un sentimiento de delicadeza femenina impidieron que cumpliera esa vengativa fantasía. En cambio, guardo en la alacena una pequeña hacha para cuando tengo que abrir un paquete de su deliciosa harina Aunt Jemima para hot cakes.

Durante muchos años, los golpes de hacha cumplieron con un doble propósito. No sólo abrir el paquete (con la tirita para el efecto), sino también para ventilar mi ira contra sus sádicos empleados que voluntaria y maléficamente diseñaron ese aparato de tortura, que pasa por ser un empaque.

¿Un paquete fácil de abrir?

En ocasiones, sólo por el [gozo] del asunto, me dejo llevar por la situación y no me detengo después de haber levantado la tapa. Sigo pegando hachazos hasta que el paquete queda totalmente destruido, ante mi explosión de ira, frustración y venganza. El suelo acaba lleno de su deliciosa harina Aunt Jemima para hot cakes regada por todas partes, pero es un precio barato para esa bendita liberación. (De cualquier manera, los perros lamen el desastre.)

Desde que Aunt Jemima apareció por primera vez con su pañuelo rojo, se han diseñado muchísimas innovaciones ingeniosas, consideradas (incluso compasivas) para los cierres de empaques. ¿No ha considerado usted la posibilidad de introducir un empaque más humano que sustituya el ejemplo de maleficiencia mercadotécnica a la que usted resueltamente se aferra? ¿Le importa algo, señor Stuart?

En realidad, le escribo esta carta para que tenga alguna utilidad y, con el mismo ánimo, le envío una copia al señor Tucker, presidente de Container Corp. Estoy segura que sus inteligentes diseñadores jóvenes podrían serle de inconmensurable utilidad en este asunto. Cuando menos pienso que valdría la pena intentarlo.

En realidad, señor Stuart, espero que no me considere sólo otra vieja loca. Soy el Público, la fuente de sus fortunas.

Sra. Roberta Pavloff
Malvern, Pa.

Fuente: Esta carta fue reproducida en "Some Designs Should Just Be Torn Asunder", *Advertising Age,* 17 de enero de 1983, p. M54.

Es posible mantener un empaque al día aplicándole sólo unos cuantos cambios menores, aunque regulares; cambios tan sutiles que quizás incluso pasen desapercibidos para la mayor parte de los consumidores. Empero, algunos cambios del empaque entrañan decisiones complejas, medidas drásticas, costos elevados y riesgos. Por ejemplo, Campbell lleva muchos años buscando un recipiente nuevo que pueda reemplazar su venerable lata de sopa. Ha experimentado con una serie de recipientes, por ejemplo un tazón de plástico, sellado, que se pueda meter al horno de microondas para calentar la sopa rápidamente, sin que haya que usar abrelatas ni lavar platos. Dado que Campbell ocupa 80% del mercado de las sopas en lata, el cambio de su empaque entraña la posibilidad de enormes riesgos y beneficios. Si Campbell eliminara la lata podría reducir sus costos de empacado hasta 15%, pero renovar las instalaciones de producción le costaría 100 millones de dólares o más. Además, la gerencia de Campbell estima que el cambio tomaría, cuando menos, cinco años. Por último, y quizá lo más importante, Campbell correría el riesgo de perder a aquellos consumidores leales que consideran que la conocida lata rojo y blanco es una tradición en Estados Unidos.

Cuando se habla de empaques, el costo es un elemento importante. Crear el empaque de un producto nuevo puede costar varios cientos de miles de dólares y llevar desde unos meses hasta un año. Asimismo, como en el ejemplo de Campbell, cambiar a un empaque nuevo puede costar millones y aplicar el diseño de un empaque nuevo puede tomar varios años. Los mercadólogos deben sopesar los costos del empaque y compararlos tanto con la forma en que los consumidores perciben el valor que agrega el empaque nuevo, como con el papel que éste desempeña para la consecución de los objetivos de mercadotecnia. La empresa, cuando toma decisiones en cuanto a los empaques, también debe prestar atención a los problemas del ambiente relacionados con ellos y habrá de tomar decisiones que no afecten los intereses de la sociedad y que alcancen los objetivos inmediatos de los clientes y la empresa. No obstante, determinar con exactitud qué satisface los intereses de los consumidores puede ser una cuestión muy engañosa (véase Puntos Importantes de la Mercadotecnia 10-4).

Decisiones en cuanto a la etiqueta

Las etiquetas pueden ir desde simples pedazos de papel pegados en los productos hasta gráficos complejos que forman parte del paquete. Estas cumplen varias funciones y el vendedor tendrá que optar por algunas de ellas. Por lo menos, la etiqueta *identifica* al producto o la marca; por ejemplo, el nombre Sunkist estampado en las naranjas. Una etiqueta también puede *calificar* el producto; los duraznos en lata tienen etiquetas con las calificaciones A, B y C. La etiqueta puede *describir* varias cosas del producto: quién lo hizo, dónde se hizo, cuándo se hizo, su contenido, cómo se debe usar y cómo se debe usar de manera segura. Por último, la etiqueta puede *promover* el producto en razón de gráficos atractivos.

Las etiquetas de marcas conocidas pueden resultar anticuadas después de cierto tiempo y quizá deban ser remozadas. Por ejemplo, la etiqueta del jabón Ivory ha sufrido 18 modificaciones desde la década de 1890, pero sólo han sido cambios graduales en las letras. Por otra parte, la etiqueta del refresco Orange Crush cambió sustancialmente cuando las etiquetas de la competencia empezaron a incluir frutas frescas y a captar más ventas. Orange Crush creó una etiqueta con símbolos nuevos y con colores mucho más fuertes y profundos que sugieren mayor frescura y sabor a naranja.

El historial de los problemas jurídicos de las etiquetas es bastante largo. Es posible que una etiqueta resulte engañosa para los clientes, que no describa ingredientes importantes o que no incluya avisos necesarios para la seguridad. En consecuencia, existen diversas leyes federales y estatales que rigen el etiquetado y, de entre ellas, la más importante es la Ley para los Empaques y las Etiquetas de 1966. En años recientes, las etiquetas se han visto afectadas por los *precios unitarios* (que incluyen el precio por unidad de medida estándar), las *fechas de caducidad* (que incluyen la vida útil que se espera del producto) y *las etiquetas del contenido nutritivo* (que incluyen los valores nutritivos del producto). Los vendedores deben confirmar que sus etiquetas contengan toda la información requerida.

LOS EMPAQUES ASÉPTICOS: ¿AVANCE DE LA CIENCIA DE LOS ALIMENTOS O AMENAZA AMBIENTAL?

Los empaques asépticos, esas cajas de papel y aluminio, cerradas al alto vacío, que contienen raciones individuales de jugo y otras bebidas sin gas, han sido alabados por muchos como un avance de la ciencia de los alimentos. Son irrompibles, cómodos de usar, fáciles de almacenar y conservan su contenido fresco durante varios meses, sin necesidad de refrigeración. En consecuencia, han adquirido gran popularidad entre los consumidores; en Estados Unidos se venden más de 600 millones de dólares de paquetes ascépticos al año.

Sin embargo, su misma popularidad en fiambreras de escuelas y canastas de día de campo ha producido su *im*popularidad entre los ambientalistas. De hecho, sólo un año después de que los empaques asépticos aparecieron en los anaqueles de los supermercados, el estado de Maine tomó medidas para prohibirlos. Los empaques están hechos de seis capas de plástico, papel y aluminio. Esta constitución ofrece grandes beneficios, por ejemplo larga vida en los anaqueles, fuerza y pureza. Pero cuando están vacíos, estas maravillas del empaque se convierten en "desechos mixtos", que impiden su reciclaje. La mayor parte de los programas de recolección no permiten reciclarlos fácilmente. ¿Dónde se deben colocar las cajitas de bebidas vacías? ¿Se deben tirar al bote de los plásticos, con el papel de desecho o en el montón de aluminio reciclable? Incluso cuando se reúnen, las resistentes cajitas de jugo presentan un desafío muy difícil para el reciclaje. Los críticos tienen otras preocupaciones más. La llegada de las cajitas de refrescos a los anaqueles de las tiendas ha afectado las recientes leyes estatales para deshacerse de botellas, que fomentan el reciclaje. Es más, los críticos sostienen que enseñar a los niños a tirar las cajitas a la basura después de usarlas una sola vez, le envía un mensaje equivocado a los consumidores del mañana.

La industria cotraataca diciendo que los empaques asépticos son, de hecho, inocuos para el ambiente. Se pueden compactar y ocupan menos espacio en los rellenos que otros empaques, además como son más ligeros que las botellas de vidrio requieren menos energía para su transporte. Preocupados por la posibilidad de que se presenten más prohibiciones, los fabricantes de empaques asépticos emprendieron un programa piloto de reciclaje. Publicaron grandes anuncios en los periódicos que decían que "las cajas de bebidas son tan fáciles de reciclar como esta hoja de papel". Esta afirmación los llevó a los tribunales. Los procuradores generales de justicia de varios estados dieron trámite a demandas que establecían que el proceso de reciclaje de las cajas de refresco no es viable en términos económicos. La recuperación de la pulpa de madera de los empaques asépticos requiere un proceso de remojado muy costoso. Y aunque las cajas se pueden moler y mezclar con otros plásticos para producir madera sintética, estos programas no están tan generalizados como los que reciclan las botellas de plástico, convirtiéndolas en plástico nuevo.

La discusión sigue produciendo fuertes emociones en los dos bandos. ¿Representa una cantidad adicional en los rellenos sanitarios del país un precio razonable que se debe pagar a cambio de la seguridad y la comodidad de las cajas asépticas de bebidas? Como suele ocurrir en cuestiones de política pública, el tema tiene muchos aspectos.

Fuentes: Gary McWilliams, "The Big Brouhaha Over the Little Juice Box", *Business Week,* 17 de septiembre de 1990, p. 36; John Holusha, "Drink-Box Makers Fighting Back", *The New York Times,* 15 de diciembre de 1990, pp. A33, A35; David Stipp, "Lunch-Box Staple Runs Afoul of Activists", *The Wall Street Journal,* 14 de marzo de 1991, pp. B1, B8; y Edward J. Stana, "Letter: Drink Box Can Help Reduce Landfill Need", *The Wall Street Journal,* 8 de abril de 1991, p. A19.

Decisiones en cuanto a los servicios como apoyo del producto

El servicio a los clientes es otro elemento de la estrategia del producto. La oferta de la empresa suele incluir algunos servicios, mismos que pueden constituir parte de la oferta total, en mayor o menor medida. De hecho, la oferta puede ir desde un bien puro, en un extremo, hasta un servicio puro, en el otro. En el capítulo 22 se verá el concepto de los servicios considerados como producto. Por ahora, sólo se hablará de los **servicios como apoyo del producto,** de los servicios que aumentan los productos en sí. Es cada vez mayor la cantidad de empresas que usan los servicios de apoyo del producto como un instrumento central para obtener una ventaja competitiva.

Los servicios bien ofrecidos al cliente son buenos para el negocio. Cuesta menos conservar la buena voluntad de los clientes existentes, que atraer a clientes nuevos o volver a ganar a clientes perdidos. Las empresas que proporcionan un servicio de gran calidad suelen superar a sus competidores, a aquellos que no ofrecen tantos servicios. Un estudio efectuado por el Instituto de Planeación Estratégica consistió en una comparación del rendimiento de negocios a los cuales los clientes otorgaban calificaciones altas por la calidad de sus servicios con otros a los que daban calificaciones más bajas. Este arrojó que los negocios con servicios buenos podían cobrar más, crecían a más velocidad y obtenían más utilidades.[26] Sobra decir que los mercadólogos deben analizar con detenimiento las estrategias relacionadas con los servicios.

Cómo decidir la mezcla de los servicios

Una empresa debe diseñar su producto y sus servicios de apoyo con el objeto de satisfacer las necesidades de los clientes hacia los que se dirige. Por tanto, el primer paso para decidir qué servicios de apoyo del producto ofrecerá, consiste en determinar cuáles son las servicios que valoran los clientes meta, así como la importancia relativa de dichos servicios. Los clientes no siempre adjudican el mismo valor a diferentes servicios. Algunos consumidores quieren obtener crédito o servicios de financiamiento, entrega rápida y puntual o instalación inmediata. Otros conceden más valor a la información y asesoría técnica, la capacitación para el uso del producto o los servicios y las reparaciones después de la venta.

Para determinar cuáles son los servicios que requieren los clientes, no basta con vigilar las quejas que se reciben por las líneas telefónicas o las tarjetas con comentarios. La empresa debe encuestar a sus clientes, periódicamente, para conocer las calificaciones que merecen sus servicios actuales, así como para obtener otras ideas. Por ejemplo, Cadillac sostiene entrevistas con regularidad, con grupos compuestos por los dueños de uno de sus autos, y analiza con gran cuidado las quejas que reciben sus distribuidoras. Gracias a esta cuidadosa vigilancia, Cadillac se ha enterado que los compradores se molestan mucho cuando las reparaciones no quedan bien desde la primera vez. En consecuencia, la empresa ha establecido un sistema que vincula, directamente, a cada distribuidora con un grupo de 10 ingenieros que pueden ayudar a los mecánicos a efectuar reparaciones difíciles. Estas medidas le han servido a Cadillac para saltar, en un año, del decimocuarto al séptimo lugar de las calificaciones independientes por servicios.[27]

Muchas veces, los productos se pueden diseñar para reducir la cantidad de servicios que requieren. En consecuencia, las empresas tienen que coordinar las decisiones en cuanto al diseño del producto y la mezcla de servicios. Por ejemplo, la copiadora casera de Canon usa un cartucho de toner desechable, el cual disminuye considerablemente la necesidad de hacer llamadas para servicios. Kodak y 3M están diseñando productos que se podrán "conectar" a una instalación central de diagnóstico, que hará pruebas, localizará el problema y arreglará el equipo por la vía telefónica. Luego entonces, una clave para que la estrategia de los servicios tenga éxito radica en diseñar productos que se descompongan rara vez y que se pueden arreglar con facilidad, gastando poco en servicios.

Cómo ofrecer servicios de apoyo al producto

Por último, las empresas deben decidir cómo quieren ofrecer a los clientes los servicios de apoyo al producto. Por ejemplo, piense las muchas formas de servicios de reparación que Maytag puede ofrecer para sus aparatos principales. Puede contratar y entrenar a su propio personal de servicios y ubicarlo en todo el país. Puede llegar a un arreglo con distribuidores y con detallistas para que ellos proporcionen los servicios de reparación o puede autorizar que empresas independientes proporcionen estos servicios.

La mayor parte de las empresas que cuentan con equipo parten de la primera alternativa y ellas mismas proporcionan sus servicios. Les interesa estar cerca del equipo y conocer los problemas que presenta. Además, encuentran que pueden ganar bastante dinero con el "negocio de las refacciones y los servicios". En la medida que sean el único proveedor de las refacciones necesarias, pueden cobrar un precio importante. De hecho, algunos fabricantes de equipo obtienen más de la mitad de sus utilidades por los servicios que proporcionan después de la venta.

Con el tiempo, los productores van pasando el servicio de mantenimiento y reparaciones a distribuidores y comerciantes autorizados. Estos intermediarios están más cerca de los clientes, cuentan con mayor cantidad de locales y pueden ofrecer servicios oportunos, aunque no de mejor calidad. El productor sigue obteniendo utilidad en razón de la venta de refacciones, pero el costo de los servicios recae en los intermediarios.

Más adelante, surgen empresas independientes que proporcionan los servicios. Por ejemplo, más del 40% de los servicios relacionados con autos no son efectuados por las distribuidoras automotrices autorizadas, sino que son proporcionados por talleres independientes y por cadenas como Midas, Muffler, Sears y Kmart. Estos talleres independientes han surgido en la mayor parte de las industrias y, por regla general, sus servicios son más baratos y rápidos que los de los fabricantes o los intermediarios autorizados.

En último lugar, algunos clientes grandes empiezan a manejar sus propios servicios de mantenimiento y reparación. Por ejemplo, una empresa con varios cientos de computadoras personales, impresoras y equipo accesorio podría encontrar que le resulta más barato contar con su propio personal de servicios en sus instalaciones.

El departamento de servicios a clientes

Dada la importancia de los servicios a clientes como instrumento de mercadotecnia, muchas empresas han formado grandes departamentos de servicios a clientes, los cuales se encargan de manejar las quejas y los ajustes, los servicios de crédito, los servicios de mantenimiento, los servicios técnicos y la información a los clientes. Por ejemplo, Whirlpool, Procter & Gamble y muchas otras empresas ahora cuentan con líneas telefónicas para manejar las quejas de los clientes y las solicitudes de información. El departamento de servicios a los clientes, con base en sus registros del tipo de quejas e información solicitada, puede pedir cambios requeridos para el diseño del producto, control de calidad, ventas de gran presión, etc. Cuando el departamento de servicios a clientes funciona bien, coordina todos los servicios de la empresa, produce satisfacción y lealtad de los clientes y contribuye a que la empresa se pueda distinguir aun más de la competencia.

DECISIONES EN CUANTO A LA LINEA DE PRODUCTOS

Se han analizado las decisiones que se requieren para la estrategia del producto; es decir, en cuanto a la marca, el empaque, la etiqueta y los servicios de un producto individual. Empero la estrategia del producto también requiere la creación de una línea de productos. La **línea de productos** es un grupo de productos que están estrechamente relacionados porque funcionan de manera similar, se le venden a los mismos grupos de consumidores, se comercializan por el mismo tipo de canales o caben dentro de un rango dado de precios. Por ejemplo, General Motors produce varias líneas de autos, Revlon produce varias líneas de cosméticos e IBM produce varias líneas de computadoras. Al desarrollar las estrategias de la línea de productos, los mercadólogos se enfrentan a una serie de decisiones difíciles en cuanto a la amplitud de la línea de productos y a las características de la línea de productos.

Decisión de extender la línea de productos

Los gerentes de la línea de productos tendrán que decidir la amplitud de ésta. Una línea se puede calificar de demasiado corta si el gerente puede incrementar las utilidades sumándole artículos y una línea será demasiado extensa si el gerente puede elevar las utilidades eliminando artículos de ella. La extensión de la línea de productos está sujeta a la influencia de los objetivos de la empresa. Las empresas interesadas en que su posición sea la de una empresa que tiene una línea completa o las que pretenden abarcar una parte importante del mercado o su crecimiento dentro de él, suelen tener líneas más extensas. No les preocupa mucho que algunos artículos no eleven las utilidades. Las empresas interesadas en obtener una gran rentabilidad, a corto plazo, suelen tener líneas más breves, compuestas por artículos seleccionados.

Las líneas de productos se suelen extender con el tiempo. El gerente de la línea de productos puede sentir presión para agregar productos nuevos y usar la capacidad fabril excedente. El gerente puede presionar a vendedores y distribuidores para que tengan una línea de productos más completa y satisfagan a sus clientes. El gerente de la línea de productos podría sumar artículos a la línea de productos con el objeto de aumentar las ventas y las utilidades.

No obstante, conforme el gerente va agregando artículos, algunos costos suben: los costos de diseño e ingeniería, los costos de inventarios, los costos de los cambios en las manufacturas, los costos del procesamiento de los pedidos, los costos de transporte y los costos de promoción para introducir los artículos nuevos. Con el tiempo, alguien le pone un alto a la línea de productos que se han multiplicado como hongos. La alta gerencia podría congelar las cosas a causa de falta de fondos o de capacidad fabril. El contralor podría cuestionar la rentabilidad de la línea y requerir un estudio. El estudio quizás arroje que una serie de artículos pierden dinero y éstos serán eliminados de la línea con el propósito de elevar la rentabilidad. El patrón de un crecimiento incontrolado de la línea de productos, seguido por una gran depuración, es típico y se puede repetir varias veces.

La empresa debe proyectar el crecimiento de la línea de productos con sumo cuidado. Puede aumentar la amplitud de su línea de productos, de manera sistemática, en dos sentidos: *extendiendo* su línea o *rellenando* su línea.

La decisión de ampliar la línea de productos

La línea de productos de toda compañía cubre un rango dado de los productos ofrecidos por la industria en general. Por ejemplo, los automóviles BMW se ubican en el mercado de los autos en el rango de los precios que van de altos a medianos y Toyota se centra en el rango de precios que van de bajos a medianos. La **ampliación de la línea de productos** ocurre cuando una empresa amplía su línea de productos para salir de su rango presente. La figura 10-5 muestra que la empresa puede ampliar su línea hacia abajo, hacia arriba o en ambos sentidos.

La ampliación hacia abajo

Al principio, muchas empresas se ubican en el extremo superior del mercado y después amplían sus líneas hacia abajo. La empresa se puede ampliar hacia abajo por diversos motivos. Puede haber empezado en el extremo superior con el propósito de establecer una imagen de calidad y haber tenido la intención de ir bajando más adelante. Puede haber respondido a un ataque en el extremo superior, invadiendo el extremo inferior. Asimismo, la empresa puede añadir un producto en el extremo inferior con objeto de tapar un agujero en el mercado que, en caso contrario, podría atraer a un competidor nuevo. La empresa puede registrar un crecimiento más rápido colocándose en el extremo inferior.

FIGURA 10-5 Decisión de ampliar la línea de productos

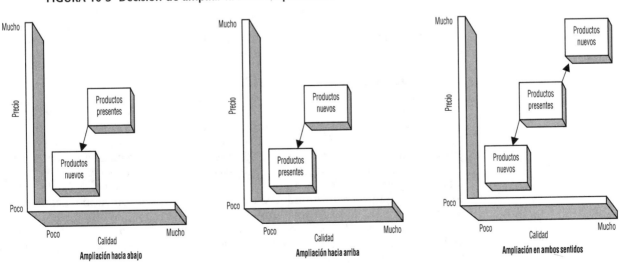

Por ejemplo, Compaq e IBM sumaron líneas de computadoras personales baratas para defenderse de la competencia de los "clones" baratos y para aprovechar el veloz crecimiento del mercado ubicado en el extremo inferior.

Al ampliarse hacia abajo, la empresa corre algunos riesgos. El artículo colocado en el extremo inferior puede hacer que la competencia contraataque, moviéndose al extremo superior. Los distribuidores de la empresa quizá no quieran o no puedan manejar los productos del extremo inferior. Además, el artículo nuevo del extremo inferior se podría comer —*engullirse*— las ventas de los artículos del extremo superior de la misma empresa, empeorando su situación. Analice el siguiente caso:

La División de Sistemas Médicos de General Electric es líder en el mercado de los digitalizadores CAT, costosos aparatos de diagnóstico usados en los hospitales. GE se enteró que un competidor japonés proyectaba atacar su mercado. Los ejecutivos de GE anticiparon que el nuevo modelo japonés sería más pequeño, más avanzado electrónicamente y menos caro. Así, la mejor defensa de GE sería introducir un aparato similar, de precio más bajo, antes de que el modelo japonés entrara al mercado. Empero, algunos ejecutivos de GE manifestaron preocupación porque esta versión más barata perjudicaría las ventas, así como los márgenes de utilidad, más elevados, que producía su digitalizador CAT grande. A fin de cuentas, un gerente cerró la discusión cuando dijo: "¿No sería más conveniente que nos engulléramos a nosotros mismos, en lugar de que los japoneses nos coman?"

Varias sociedades estadounidenses han cometido un importante error de cálculo al dejar destapados agujeros en los niveles inferiores de sus mercados. General Motors se negó a fabricar autos más pequeños y Xerox se negó a producir máquinas copiadoras más pequeñas. Las empresas japonesas encontraron un gran hueco en el extremo inferior y se introdujeron en él a toda velocidad, con gran éxito.

La ampliación hacia arriba

Las empresas en el extremo inferior del mercado podrían querer ingresar en el extremo superior. Se pueden sentir atraídas por una tasa más veloz de crecimiento o por los márgenes de utilidad del extremo superior o quizá sólo se quieran colocar como fabricantes de línea completa. Por ejemplo, General Electric sumó la línea Monogram de aparatos modulares de gran calidad, dirigida a unos cuantos hogares selectos, con ingresos superiores a 100,000 dólares al año y con casas por un valor de más de 400,000 dólares. En ocasiones, las empresas se amplían hacia arriba con objeto de aumentar el prestigio de los productos que tienen; por ejemplo, cuando Chrysler compró Lamborghini el fabricante de autos deportivos exóticos, hechos a mano.

La decisión de extenderse hacia arriba tiene sus riesgos. Los competidores del extremo superior no sólo están bien atrincherados, sino que pueden devolver el golpe entrando al extremo inferior del mercado. Los posibles clientes podrían pensar que el recién ingresado no tiene capacidad para producir productos de calidad. Por último, los vendedores y los distribuidores de la empresa podrían carecer del talento o la preparación para atender el extremo superior del mercado.

La ampliación en ambos sentidos

Las empresas en el rango intermedio del mercado quizás opten por extender sus líneas en ambos sentidos. Sony lo hizo para detener a los competidores que estaban copiando su línea de tocacintas personales Walkman. Sony introdujo su primer Walkman en el mercado intermedio. Conforme los imitadores fueron entrando con modelos más baratos, Sony se fue ampliando hacia abajo. Al mismo tiempo, a efecto de aumentar el atractivo de sus modelos más baratos y para atraer a clientes más ricos, Sony extendió su línea de Walkmans hacia arriba. Ahora, vende más de 100 modelos, que van desde la versión rudimentaria de 32 dólares, que sólo toca en un sentido, hasta una versión de alta calidad y tecnología que cuesta 450, que toca y graba. Con la estrategia de la ampliación en ambos sentidos, Sony abarca ahora 30% del mercado de los tocacintas personales y es la figura dominante.

At Residence Inn, we haven't forgotten where relocating families are used to staying. In their homes. Their nice, big, comfortable homes.

That's why our studio suites are much bigger than ordinary hotel rooms. And we not only give you more room, we also give you a living room where families can stretch out and relax. On top of that, our penthouse suites have an upstairs with an additional bedroom and bath. And most of our rooms have their own fireplaces.

Families won't go hungry for home cooked meals here, either. Every room comes with a full kitchen. We'll even do all of your grocery shopping for you.

But perhaps the biggest surprise of all is the affordable price: rooms are only $60-$90 a night.

So call Residence Inn. Because families should be close. Not cramped. Toll free 1-800-331-3131.

Ever wonder how an ordinary hotel room feels to a relocating family?

Ampliación de la línea de productos: Marriott amplió su línea de productos hoteleros para incluir varias marcas de hotel dirigidas a diferentes mercados. Por ejemplo, los Residence Inn, proporcionan una "casa fuera de casa" para las personas que se ganan la vida viajando, que están cambiándose o que están en asignaciones temporales y que necesitan un alojamiento temporal y barato.

El grupo de hoteles Marriott también ha aplicado la extensión en dos sentidos a su línea de productos hoteleros. A sus hoteles Marriott normales, ha sumado la línea de Marriott Marquis para abordar el extremo superior del mercado, así como los Courtyard, los Residence Inn y los Fairfield Inn para atender el extremo inferior. Cada una de las líneas de hoteles de esta marca está dirigida a un mercado diferente. Los Marriott Marquis pretenden atraer y agradar a ejecutivos de primera línea; los Marriott a los gerentes medios; los Courtyard, a los vendedores, y los Fairfield Inn a los vacacionistas y demás personas con poco presupuesto para viajes. El gran riesgo de esta estrategia es que algunos viajeros optarán por irse hacia abajo cuando descubran que los hoteles de la cadena Marriott, con precios más bajos, les ofrecen casi todo lo que quieren. No obstante, Marriott prefiere captar a los clientes que bajan en lugar de perderlos a manos de la competencia.

La decisión de completar la línea de productos

Una línea de productos puede ampliarse sumando más artículos dentro del rango actual de la línea. Existen varias razones para **completar la línea de productos:** buscar más utilidades, tratar de satisfacer a los distribuidores, tratar de usar la capacidad oficiosa de producción, tratar de ser la empresa líder con una línea completa y llenar huecos para que no se cuele la competencia. Por ello, Sony completó su línea al agregar Walkmans a base de energía solar y a prueba de agua, además de un modelo ultraligero, con una banda sudadera para corredores, ciclistas, jugadores de tenis y otros deportistas.

No obstante, al completar la línea se habrá exagerado si algunos de sus productos engullen a otros y si confunde al cliente. La empresa debe estar segura de que los artículos nuevos son notoriamente diferentes de los existentes.

La decisión de modernizar la línea de productos

En algunos casos, la amplitud de la línea de productos es adecuada, pero la línea exige su modernización. Por ejemplo, el aspecto de la máquina herramienta de una empresa puede parecer de la década de 1950 y, en consecuencia, perder terreno ante líneas de la competencia con más estilo.

Para modernizar la línea de productos la pregunta medular es si remozar la línea poco a poco o de una sola vez. Al hacerlo pieza por pieza, la empresa podrá ver qué tanto le gustan los estilos nuevos a los clientes y a los distribuidores, antes de cambiar la línea entera. Al modernizar gradualmente, la empresa también registra menor drenaje en el flujo de dinero. Una desventaja importante de modernizar pieza por pieza es que los competidores pueden ver los cambios y empezar a rediseñar líneas nuevas.

La decisión en cuanto a las estrellas de la línea de productos

El gerente de la línea de productos suele elegir uno o varios artículos para distinguirla. Esta es la **presentación de la línea de productos.** En ocasiones, los gerentes presentan modelos promocionales del extremo bajo, con el objeto de que sean "agentes de tránsito". Por ejemplo, Sears puede anunciar una máquina de coser especial, de precio muy bajo, con el objeto de atraer a compradores. Asimismo, Rolls Royce anunció "un modelo económico", con precio de venta de sólo 125,000 dólares, a diferencia de su modelo de más de 200,000 dólares, del extremo alto, para que la gente visitara sus salas de exhibición.

En otras ocasiones, los gerentes convierten en estrella a un artículo del extremo superior, con objeto de darle "clase" a la línea de productos. Por ejemplo, Audemar Piquet anuncia un reloj de 25,000 dólares, que compran muy pocas personas, pero que actúa como "barco insignia" y le da importancia a la línea entera.

DECISIONES SOBRE LA MEZCLA DE PRODUCTOS

La organización que tiene varias líneas de productos, también cuenta con una mezcla de productos. La **mezcla de productos** (o **variedad de productos**) representa la serie de todas las líneas de productos y artículos que una organización cualquiera ofrece para su venta. La mezcla de productos de Avon está compuesta por cuatro líneas principales de productos: cosméticos, joyería, modas y artículos para el hogar. Cada línea de productos está compuesta por varias sublíneas. Por ejemplo, los cosméticos se descomponen en lápiz labial, rubor, polvos, etc. Cada línea y sublínea incluyen muchos artículos individuales. En conjunto, la mezcla de productos de Avon consta de 1,300 artículos. Por otra parte, un supermercado grande llega a manejar hasta 17,000 artículos, un Kmart típico cuenta con 15,000 artículos y General Electric llega a fabricar hasta 250,000 artículos.

La mezcla de productos de una empresa tiene cuatro dimensiones importantes: amplitud, extensión, profundidad y consistencia. La tabla 10-1 ilustra estos conceptos con algunos productos de consumo seleccionados de Procter & Gamble.

La *amplitud* de la mezcla de productos de P&G se refiere a la cantidad de líneas diferentes de productos que tiene la empresa. La tabla 10-1 muestra la amplitud de la mezcla de productos de seis líneas. (De hecho, P&G produce muchas más líneas, inclusive enjuagues bucales, toallas de papel, pañales desechables, analgésicos y cosméticos.)

La *extensión* de la mezcla de productos de P&G se refiere al total de artículos que tiene la empresa. En la tabla 10-1, el total de artículos suma 42. Asimismo, la extensión promedio de una línea de P&G se puede calcular dividiendo su extensión total (en este caso 42) entre el total de líneas (en este caso 6). En la tabla 10-1, la línea promedio de productos de P&G consta de 7 marcas.

La *profundidad* de la mezcla de productos de P&G se refiere al número de versiones que se ofrecen de cada uno de los productos de la línea. Así, si la presentación de Crest abarca tres tamaños y dos fórmulas (pasta y gel), Crest tendrá una profundidad de seis. Al contar el número de versiones de cada marca, se podrá calcular la profundidad promedio de la mezcla de productos de P&G.

La *congruencia* de la mezcla de productos se refiere al grado de relación que guardan las diversas líneas de productos y su uso final, los requisitos de producción, los canales de distribución o algún otro aspecto. Las líneas de productos de P&G son congruentes en la medida que son bienes de consumo que pasan por los mismos canales de distribución. Las líneas son menos congruentes en la medida que cumplen diferentes funciones para los compradores.

TABLA 10-1
Amplitud de la mezcla de productos y extensión de la línea de productos para
productos seleccionados de Procter & Gamble

AMPLITUD DE LA MEZCLA DE PRODUCTOS →						
	Detergentes	**Dentífricos**	**Pastillas de jabón**	**Desodo-rantes**	**Jugos de fruta**	**Lociones**
	Ivory Snow	Gleem	Ivory	Secret	Citrus Hill	Wondra
	Dreft	Crest	Camay	Sure	Sunny Delight	Noxema
	Tide	Complete	Lava		Winter Hill	Oil of Olay
	Joy	Denquel	Kirk's		Texsun	Camay
	Cheer		Zest		Lincoln	Raintree
EXTENSION DE LA LINEA DE PRODUCTOS	Oxydol		Safeguard		Speas Farm	Tropic Tan
	Dash		Coast			Bain de Soleil
	Cascade		Oil of Olay			
	Ivory Liquid					
	Gain					
	Dawn					
	Era					
	Bold 3					
	Liquid Tide					
	Solo					

Estas dimensiones de la mezcla de productos ofrecen las bases para definir la estrategia de los productos de la empresa. La empresa puede aumentar sus actividades en cuatro sentidos. Puede sumar líneas nuevas de productos, ampliando así su mezcla de productos. De tal manera, sus líneas nuevas se basan en la reputación que la empresa tiene con sus otras líneas. La empresa también puede extender las líneas existentes de productos para convertirse en una empresa con líneas más completas, o puede sumar a cada producto más versiones del mismo, con objeto de profundizar su mezcla de productos. Por último, la empresa puede perseguir más (o menos) congruencia para su línea de productos, dependiendo de que quiera obtener una reputación sólida en uno o varios campos.

DECISIONES EN CUANTO A PRODUCTOS INTERNACIONALES

Los mercadólogos internacionales enfrentan retos especiales en cuanto a sus productos y empaques. En primer lugar, deben calcular qué productos introducir en qué países. Después deben decidir qué tanto estandarizar o adaptar sus productos a los mercados mundiales. Por una parte, las empresas quisieran estandarizar su oferta. La estandarización ayuda a la empresa a desarrollar una imagen mundial consistente. Además, deriva en menos costos de producción y elimina la duplicación de las actividades de investigación y desarrollo, de publicidad y de diseño de los productos. Por otra parte, los consumidores de todo el mundo tienen diferentes culturas, actitudes y comportamientos para comprar. Además, los mercados varían en cuanto a situación económica, competencia, requisitos jurídicos y entornos materiales. Las empresas, por regla general, deben responder a estas diferencias adaptando los productos que ofrecen. Algo tan sencillo como un contacto eléctrico puede ser fuente de grandes problemas.

Quienes han viajado por Europa conocen la frustración de los enchufes eléctricos, de los diferentes voltajes y de otras molestias de los viajes internacionales ... Philips, el fabricante de aparatos eléctricos, tiene que producir 12 tipos de planchas para su mercado Europeo. El problema es que Europa no cuenta con un norma [eléctrica] universal. Los cables de las planchas terminan en enchufes diferentes para diferentes

DECISIONES RESPONSABLES EN CUANTO A LOS PRODUCTOS Y LOS EMPAQUES

Las decisiones en cuanto a los productos y los empaques están siendo objeto de mayor atención pública cada vez. Los mercadólogos, al tomar estas decisiones, deben analizar con detenimiento los siguientes problemas y reglamentaciones.

Decisiones sobre los productos y políticas públicas

Aumentos al producto y supresiones. Al tenor de la Ley para las Fusiones, el gobierno puede evitar que las empresas sumen productos por vía de una adquisición, si ello amenaza con disminuir la competencia. Las empresas que abandonen ciertos productos deben estar conscientes de que han adquirido obligaciones jurídicas, escritas o implícitas, con los proveedores, distribuidores y clientes que tienen un interés en el producto descontinuado.

Protección de patentes. La empresa, cuando esté desarrollando productos nuevos, debe obedecer las leyes de Estados Unidos que rigen las patentes. Una empresa no puede fabricar un producto "ilícitamente parecido" al producto establecido de otra empresa. Por ejemplo, cabe mencionar la exitosa demanda de Polaroid para evitar que Kodak vendiera su cámara fotográfica instantánea, argumentando que infringía las patentes de la cámara instantánea de Polaroid.

Calidad y seguridad de los productos. Los fabricantes deben cumplir leyes específicas en cuanto a la seguridad y la calidad de los productos. La Ley Federal para Alimentos, Drogas y Cosméticos protege a los consumidores contra los alimentos, los medicamentos y los cosméticos inseguros y adulterados. Varias leyes establecen la inspección de las condiciones sanitarias de las industria procesadora de carnes y aves. Se han aprobado leyes para la seguridad que rigen las telas, las sustancias químicas, los automóviles, los juguetes, los medicamentos y los venenos. La Ley de Seguridad para los Productos de Consumo de 1972 constituyó una Comisión de Seguridad para los Productos de Consumo, la cual tiene facultades para prohibir o incautar productos con poten-

cial dañino, así como fijar diversas sanciones por violaciones a la ley. Si los consumidores han sufrido daños a causa de un defecto del diseño de un producto, pueden demandar a los fabricantes o distribuidores. Las demandas por responsabilidad del producto se están presentando a un ritmo de un millón al año, y los laudos individuales con frecuencia llegan a un millón de dólares. Este fenómeno ha derivado en enormes incrementos en las primas de seguros para la responsabilidad de productos, que ocasionan grandes problemas en algunas industrias. Algunas empresas trasladan estas altas tasas a los consumidores elevando sus precios. Otras se ven obligadas a descontinuar líneas de productos que entrañan muchos riesgos. Por ejemplo, la industria estadounidense de aviones pequeños ha desaparecido virtualmente. Los aviones Cessna, que fueran líderes que dominaran el mundo, dejaron de fabricar aviones pequeños en 1986. Piper Aircraft se declaró en quiebra a mediados de 1991. Tras la andanada de demandas por responsabilidad del producto y las elevadas primas de los seguros, estas empresas sencillamente no pudieron seguir produciendo aviones a precios que los clientes estuvieran dispuestos a pagar. El costo del seguro de responsabilidad para los productores de asientos infantiles para autos subió de 50,000 dólares en 1984 a más de 750,000 dólares en 1986.

Garantías del producto. Muchos fabricantes ofrecen productos con garantía para convencer a los clientes de la calidad de sus productos. Sin embargo, estas garantías, muchas veces, son limitadas y están escritas en términos que el consumidor medio no entiende. Con mucha frecuencia, los consumidores descubren que no tienen derecho a servicios, reparaciones y sustituciones que parecen estar implícitas. A efecto de proteger a los consumidores, el Congreso aprobó la Ley de Garantías Magnuson-Moss en 1975. La ley requiere que las garantías completas satisfagan ciertas normas mínimas, inclusive reparaciones "dentro de un plazo razonable y sin cargo extra" o la sustitución o reembolso completo si el producto no funciona "después de una

---

países. Algunos tienen tres puntas, otros dos; las puntas salen rectas o anguladas, redondas o rectangulares, anchas o delgadas, y en ocasiones con revestimiento. Hay contactos de enchufes circulares, cuadrados, pentagonales y hexagonales; algunas están perforados y otros tienen muescas. Existe un enchufe francés que tiene un saliente como de cerradura. Los enchufes británicos tienen fusibles.[28]

Los empaques también presentan algunos retos para los mercadólogos internacionales. Penn Racquet Sports aprendió mucho cuando trató de lanzar su línea de pelotas de tenis en Japón, en un bote "tradicional" de tres pelotas. Después de empezar apuntándose un 8% del mercado, las ventas de Penn en Japón, sin tardanza, se desplomaron a menos de 1%. El problema: un empaque equivocado.

serie de intentos razonables" para repararlo. De lo contrario, la empresa debe sentar con claridad que sólo está ofreciendo una garantía limitada. La ley ha hecho que varios fabricantes cambien sus garantías plenas por limitadas y que otros dejen de usar las garantías como instrumento de comercialización.

Decisiones del empaque y política públicas
Empaques y etiquetas que digan la verdad. El público está interesado en que los empaques y las etiquetas digan la verdad y no lleven a equivocaciones. La Ley Federal para el Comercio de 1914 afirmaba que las etiquetas o los empaques falsos, equívocos o engañosos representan competencia desleal. Los consumidores también están interesados en que los tamaños y las formas de los empaques no lleven a confusiones que dificulten la comparación de precios. La Ley para la Verdad en los Empaques y las Etiquetas, aprobada por el Congreso en 1967, establecía requisitos obligatorios para las etiquetas, fomentaba las normas voluntarias para los empaques de la industria y permitía que organismos federales establecieran reglamentos en cuanto a los empaques de industrias específicas. La Oficina para los Alimentos y Medicamentos (FDA) ha requerido a los productores de alimentos procesados que incluyan etiquetas nutricionales que claramente establezcan la cantidad de proteínas, grasas, carbohidratos y calorías que contienen los productos, así como su contenido de vitaminas y minerales como porcentaje de la cantidad diaria recomendada. En fecha reciente, la FDA ha empezado a trabajar para controlar las afirmaciones respecto a la salud que contienen algunas etiquetas de alimentos, y ha emprendido acciones contra el uso que podría conducir a errores por descripciones como "dietética", "gran contenido de fibra", "sin colesterol" y otros. Los legisladores preocupados por el consumo ha propugnado por leyes para las etiquetas que requieran las *fechas de caducidad* (que describan la frescura del producto), los *precios por unidad* (que digan el costo del producto con base a una medición estándar), las *etiquetas de gradación* (para calificar el grado de calidad de ciertos bienes de consumo) y las *etiquetas de porcentajes* (para establecer el porcentaje de cada ingrediente importante).

Costos excesivos. Los críticos afirman que el empacado excesivo de algunos productos eleva los precios. Señalan que los empaques secundarios "se tiran", y cuestionan que éstos tengan valor para los consumidores. Señalan que, en ocasiones, el empaque cuesta más que el contenido; por ejemplo, el humidificador de Evian contiene cinco onzas de agua mineral natural, empacada con atomizador, y se vende al precio de 5.50 dólares. Los mercadólogos responden que también están interesados en que los costos del empaque sean bajos, pero que los críticos no entienden todas las funciones del paquete.

Recursos escasos. La creciente preocupación por la escasez de papel, aluminio y otras materias sugiere que los mercadólogos se deben esforzar más por reducir sus empaques. Por ejemplo, el crecimiento de los envases de vidrio, no retornables, ha incrementado 17 veces la cantidad de vidrio usado, en comparación con las botellas retornables. El vidrio y otras botellas desechables también desperdician energía. Algunos estados han aprobado leyes que prohiben los envases no retornables o que les gravan impuestos.

La contaminación. Hasta 40% del total de los desechos sólidos de Estados Unidos están compuestos por material de empaques. Muchos empaques terminan como botellas rotas y latas abolladas que ensucian las calles y los campos. Todos estos empaques crean un enorme problema para deshacerse de desechos sólidos y requiere una cantidad enorme de mano de obra y energía.

Estos problemas de los empaques han despertado el interés público por nuevas leyes para los empaques. Los mercadólogos también se deben preocupar por el tema y deben tratar de diseñar empaques adecuados, económicos y ecológicos para sus productos.

Fuentes: Véase Louis W. Stern y Thomas L. Eovaldi, *Legal Aspects of Marketing Strategy* (Englewood Cliffs, NJ: Prentice Hall, 1984), pp. 76-116; Marisa Manley, "Product Liability: You're More Exposed Than You Think", *Harvard Business Review*, septiembre-octubre, 1987, pp. 28-40; Timothy K. Smith, "Liability Costs Drive Small-Plane Business Back into Pilot's Barns", *The Wall Street Journal*, 11 de diciembre de 1991, pp. A1, A10; y John Carey, "Food Labeling: The FDA Has the Right Ingredients", *Business Week*, 23 de noviembre de 1992, p. 42.

Los estadounidenses juegan con tres pelotas, pero los japoneses sólo usan dos. Un gerente de Penn explica: "Los japoneses pensaron que la latas con tres pelotas representaban un descuento y nos superaron. Nuestro gran error fue no haber conocido el mercado". Penn rediseñó su empaque y las ventas se recuperaron. Ahora diseña latas que satisfacen las necesidades de cada mercado; Japón recibe una lata con dos pelotas, mientras que Australia y Europa reciben tubos de plástico con cuatro pelotas.[29]

Los problemas del empaque pueden ser sutiles. Por ejemplo, los nombres, etiquetas y colores podrían no traducirse fácilmente de un país a otro. El logo de una empresa, con flores amarillas, puede funcionar muy bien en Estados Unidos, pero ser un desastre en México, donde existe una flor amarilla que es símbolo de muerte o falta de respeto. De igual manera, aunque "Regalo de la Naturaleza" podría resultar un nombre atractivo para los gourmets que comen hongos en Estados Unidos, sería mortal en Alemania, donde el término equivalente a "regalo" significa "veneno". Los consumidores de diferentes países prefieren diferentes empaques. Los europeos prefieren cajas eficientes, funcionales, reciclables y con pocos diseños. Por otra parte, los japoneses muchas veces usan los empaques como regalo. Por tanto, en Japón, Lever Brothers empaca el jabón Lux en estilizadas cajas para regalo. El empaque quizás incluso tendría que ser diseñado para satisfacer las características físicas diferentes de los consumidores del mundo. Por ejemplo, en Japón, las latas de refrescos son más pequeñas porque así se adaptan mejor a las manos más pequeñas de los japoneses.

Las empresas quizá tengan que adaptar su empaques para satisfacer reglamentos específicos en cuanto al diseño del empaque o el contenido de la etiqueta. Por ejemplo, algunos países prohiben el uso de un idioma extranjero en las etiquetas; otros países requieren que las etiquetas estén impresas en dos idiomas o más. Las leyes de la etiquetación cambian mucho de un país o otro:

> En Arabia Saudita ... los nombres de los productos deben ser específicos "Chile Picante" no serviría, tendría que decir "Chile Picante Sazonado". En Venezuela, los precios deben estar impresos en las etiquetas, pero en Chile es ilícito poner precios en las etiquetas o sugerir, de la manera que fuere, el precio detallista. Coca-Cola tuvo un problema jurídico en Brasil con la Coca de dieta. La ley brasileña interpreta "dieta" como algo que tiene cualidades medicinales. Al tenor de la ley, los productores deben presentar el consumo diario recomendado en la etiqueta de todas las medicinas. Coca tuvo que obtener una autorización especial para no acatar esta restricción.[30]

Así, aunque la estandarización del producto y el paquete pueden producir beneficios, las empresas, por regla general, tienen que adaptar sus ofertas para satisfacer las necesidades y los requisitos singulares de mercados internacionales específicos.

En resumen, la estrategia del producto, sea nacional o internacional, requiere complejas decisiones en cuanto a la mezcla del producto, la línea de productos, las marcas, los empaques y la estrategia de los servicios. Estas decisiones se deben tomar no sólo entendiendo plenamente las preferencias de los consumidores y las estrategias de la competencia, sino prestando gran atención a la creciente cantidad de políticas públicas que afectan las decisiones en cuanto al producto y el empaque (véase Puntos Importantes de la Mercadotecnia 10-5).

RESUMEN

El concepto *producto* es complejo y se debe definir con sumo cuidado. La estrategia del producto requiere que se tomen decisiones coordinadas en cuanto a los artículos del producto, las líneas del producto y la mezcla del producto.

Cada artículo del producto ofrecido a los clientes se puede contemplar desde tres niveles. El *producto básico* representa el beneficio esencial que el cliente está comprando en realidad. El *producto real* incluye las características, estilo, calidad, nombre de la marca y empaque del producto que se ofrece para su venta. El *producto aumentado* representa el producto real más los diversos servicios que se ofrecen con él, por ejemplo la garantía, la instalación, el mantenimiento o la entrega gratis.

Todos los productos se pueden clasificar dentro de tres grupos, de acuerdo con su durabilidad o tangibilidad (bienes no duraderos, bienes duraderos y servicios). Los *bienes de consumo* se suelen clasificar con base en los hábitos de compra de los consumidores (bienes de uso común, bienes de comparación, bienes especializados y bienes no buscados). Los *bienes industriales* se clasifican de acuerdo con su costo y la manera en que entran al proceso de producción (materias y piezas, bienes de capital, y suministros y servicios).

Las empresas tienen que desarrollar estrategias para los artículos de sus líneas de productos. Deben tomar decisiones en cuanto a los atributos del producto, la marca, el empaque, las etiquetas y los servicios de apoyo al producto. Las *decisiones en cuanto a los atributos del producto* entrañan la calidad del producto, las características y el diseño que ofrecerá la empresa. Con respecto a las *marcas*, la empresa tendrá que optar entre poner marca o no, patrocinar la marca, la estrategia de la marca y el reposicionamiento de la marca.

Los productos también requieren *decisiones en cuanto al empaque* para crear beneficios, como la protección, la economía, la comodidad y la promoción. Los mercadólogos tienen que desarrollar un concepto de empaque y probarlo para cerciorarse de que alcanzará los objetivos deseados y que será compatible con las políticas públicas.

Los productos también requieren *etiquetas* que identifican, califican, describen y promueven el producto. En Estados Unidos, las leyes requieren que los vendedores presenten cierta información mínima en la etiqueta para informar y proteger a los consumidores.

Las empresas tienen que desarrollar *servicios de apoyo al producto,* que sean tanto deseados por los clientes, como eficaces contra la competencia. La empresa debe determinar cuáles son los servicios más importantes que debe ofrecer y la mejor manera de ofrecerlos. La *mezcla de los servicios* puede ser coordinada por medio de un departamento de servicios a clientes que maneje las quejas y los ajustes, el crédito, el mantenimiento, los servicios técnicos y la infor-

mación a clientes. *El servicio a clientes* se debe usar como instrumento mercadotécnico para satisfacer a los clientes y para obtener una ventaja competitiva.

La mayor parte de las empresas produce una línea de productos en lugar de un solo producto. Una *línea de productos* consiste en un grupo de productos que se relacionan en cuanto a su función, la necesidad de los clientes de comprarlos o sus canales de distribución. Cada línea de productos requiere una estrategia para el producto. La *extensión de la línea* plantea la interrogante de ampliar la línea hacia abajo, hacia arriba o en ambas direcciones. *Completar la línea* plantea la interrogante de añadir artículos nuevos dentro del rango presente de la línea. La *presentación de la línea* plantea la interrogante de cuáles artículos lanzar al estrellato para promover la línea.

La *mezcla del producto* describe la serie de líneas de productos y artículos que un vendedor cualquiera le ofrece a los clientes. La mezcla de productos se puede describir con base en cuatro dimensiones: amplitud, extensión, profundidad y congruencia. Estas dimensiones son el instrumento para desarrollar la estrategia del producto de la empresa.

TÉRMINOS CLAVE

EXPOSICIÓN DE PUNTOS CLAVE

1. ¿Cuál es el producto básico, el tangible y el aumentado de la experiencia educativa que ofrecen las universidades?

2. ¿Cómo clasificaría usted el producto que ofrecen los restaurantes, como bienes no duraderos o como servicios? ¿Por qué?

3. En años recientes, los fabricantes estadounidenses de autos han tratado de volver a posicionar muchas de sus marcas en el extremo del mercado correspondiente a

la gran calidad. ¿Qué tanto lo han logrado? ¿Qué otra cosa podrían hacer para cambiar la forma en que los consumidores perciben sus autos?

4. ¿Por qué hay mucha gente dispuesta a pagar más por productos con marca que por productos sin marca? ¿Qué indica esto en cuanto al valor que tienen las marcas?

5. Durante muchos años, sólo hubo un tipo de Coca-Cola, un tipo de Tide y un tipo de Crest (menta y nor-

mal). Ahora existen seis variedades de Coca o más; Tide Ultra, Líquido y sin Aroma; y Crest en forma de gel con chispas para niños. ¿Qué problemas plantean estas extensiones de la marca para los fabricantes, los detallistas y los consumidores?

6. Compare la situación en que el dueño de la marca extiende la marca y la situación en que se otorga licencia del nombre de una marca para que la use otra empresa. ¿Cuáles son las oportunidades y los riesgos de estas situaciones?

APLICACIÓN DE CONCEPTOS

1. Las diferentes zonas de una población pueden atraer diferentes tipos de negocios. (a) Diríjase al centro comercial de su localidad y consulte el directorio. Estudie el mapa y cuente el número de tiendas detallistas para cada tipo de bien de consumo: bienes básicos, bienes de compra, bienes especializados y bienes no buscados. (Muchas veces el índice del mapa está dividido en categorías que le pueden ayudar en la tarea.) (b) Recorra la calle que contenga más comercios de su localidad y cuente, rápidamente, las mismas categorías. (c) Calcule el porcentaje de negocios que caben dentro de cada categoría en ambos casos. ¿Encuentra usted alguna diferencia? En tal caso, en su opinión ¿por qué existen estas diferencias?

2. Diríjase a la parte de su población donde se ubican varios restaurantes de comida rápida. Compare la mezcla de productos de McDonald's y Kentucky Fried Chicken. ¿Existen diferencias en amplitud o profundidad? ¿Cómo podrían extender sus líneas hacia arriba o hacia abajo?

CÓMO TOMAR DECISIONES EN MERCADOTECNIA:

COMUNICACIONES MUNDO PEQUEÑO, S. A.

Lynette Jones y Thomas Campbell están muy contentos con las perspectivas de Comunicaciones Mundo Pequeño. Hicieron una serie de pronósticos de ventas para la empresa: un pronóstico conservador, uno para el "mejor de los casos" y otro "excesivamente optimista". A continuación Lyn hizo estimaciones financieras y encontró que Mundo Pequeño podría ser rentable en los tres niveles de ventas *si* la administración y los presupuestos se manejaran debidamente.

—Pero se trata de "un si con mucho peso", como diríamos en Fond du Lac , —le dijo Lyn a Tom.

—De verdad que ustedes saben cómo manejar las palabras a su antojo, —contestó Tom.

—Bueno —prosiguió Lyn— mi clásico inglés vernáculo quizá no sea muy elegante, pero cuando menos no insisto en citar a Jerry García ni uso el nombre de distintos grupos desconocidos, de los que nadie ha oído hablar.

—No me mates, por favor —repuso él—. Rematemos el asunto y a ver que nos depara el mañana. Te llamaré temprano.

Los usuarios de computadoras han adoptado una actitud muy positiva ante el concepto básico de una conexión para las comunicaciones que incluya todo en uno, pero ahora ellos tendrán que tomar una decisión en cuanto a la marca.

—Mira Lyn, he estado pensando en nuestro producto y los beneficios que ofrece. Necesitamos el nombre de una marca que le indique a los usuarios cuál es nuestro negocio, pero que no sea aburrido. Tengo una idea. Trans-

portamos información de la misma manera que los trenes y los autobuses y camiones transportan personas y carga. Podemos llamar el producto básico algo así como 'Aeropuerto'. Aunque suena algo incompleto, después podemos sumar los nombres de otras características y programas. Nuestro programa de diagnóstico, que indica a los usuarios cómo montar todo, podría ser "Puerto Autoridad". Podríamos usar términos como *terminal, concurso, eje, torre de control, llegada, salida* ... —dijo Tom.

—Además, para aterrizarlo en el mundo real —dijo Lyn, impresionada de que Tom estuviera pensando en términos de mercadotecnia—, podríamos usar palabras realistas como *demora, cancelación, retraso y redirección*. En realidad, podría funcionar. Jugaré con la idea un rato y después te vuelvo a llamar.

Y, ¿AHORA QUÉ?

1. Colóquese en el lugar de Lyn. Usted es el mercadólogo de Mundo Pequeño y quiere lanzar su primer producto con gran éxito. (a) ¿Inventaría un nombre nuevo para la marca, solicitaría licencia para usar el nombre de una marca existente, buscaría un endoso (como la certificación de que el producto ha sido aprobado por Novell para usarse con sus redes) o constituiría una empresa en coparticipación con otra empresa conocida (por ejemplo Microsoft, CompuServe o Peter Norton)? (b) ¿Cuáles son los canjes que debería hacer para cada una de estas opciones?

2. Tom ha sugerido una serie de palabras que servirían como nombres de la marca. A usted quizá le agraden sus sugerencias o no. ¿Puede usted pensar en un nombre mejor? (a) Haga tres columnas en una hoja de papel. En la primera columna haga una lista, cuando menos, de 10 nombres de marcas para el producto de Pequeño Mundo. Trate de incluir algunos nombres que parezcan muy técnicos, otros que resulten muy elegantes y otros que estén en medio de los dos. (b) Tome la lista que acaba de hacer y marque la segunda y tercera columnas con el nombre de *usuarios propensos a lo técnico* y *usuarios no técnicos.* Piense cuánto le podrían agradar los nombres de las marcas a estos grupos de usuarios. Llene las columnas anotando la calificación de cada nombre de marca, en una escala del 1 al 10, en las dos columnas de usuarios. ¿Le indican los resultados algo interesante?

REFERENCIAS

1. Véase, "What Lies Behind the Sweet Smell of Success", *Business Week,* 27 de febrero de 1984, pp. 139-43; S. J. Diamond, "Perfume Equals Part Mystery, Part Marketing", *Los Angeles Times,* 22 de abril de 1988, Sec. 4, p. 1; Pat Sloan, "Revlon Leads New Fragrance Charge", *Advertising Age,* 16 de julio de 1990, p. 14; y Joanne Lipman, "Big 'Outsert' Really Puts Revlon in Vogue", *The Wall Street Journal,* 17 de septiembre de 1992, p. B6.

2. Véase Peter D. Bennett, *Dictionary of Marketing Terms* (Chicago: American Marketing Association, 1988).

3. Véase Bennett, *Dictionary of Marketing Terms.* Para más información sobre la clasificación de productos, véase Patrick E. Murphy y Ben M. Enis, "Classifying Products Strategically", *Journal of Marketing,* julio de 1986, pp. 24-42.

4. Otis Port, "The Quality Imperative: Questing for the Best", *Business Week,* número especial sobre calidad, 1991, pp. 7-16.

5. *Ibid.,* p. 7.

6. B. G. Yovovich, "Motorola's Quest for Quality", *Business Marketing,* septiembre de 1991, p. 15.

7. David A. Garvin, "Competing on Eight Dimensions of Quality", *Harvard Business Review,* noviembre-diciembre de 1987, p. 109. Asimismo, véase Robert Jacobson y David A. Aaker, "The Strategic Role of Product Equality", *Journal of Marketing,* octubre de 1987, pp. 31-44; y Frank Rose, "Now Quality Means Service Too", *Fortune,* 22 de abril de 1992, pp. 97-108.

8. Para más información sobre diseño, véase Philip Kotler, "Design: A Powerful but Neglected Strategic Tool", *Journal of Business Strategy,* otoño de 1984, pp. 16-21; "Competing by Design", *Business Week,* 25 de marzo de 1991, pp. 51-63; Brian Dumaine, "Design that Sells and Sells and...," *Fortune,* 11 de marzo de 1991, pp. 86-94; y Stephen Porter, et al. *The Benefits and Costs of Investment in Design: Using Professional Design Expertise in Product, Engineering and Graphics Projects,* (Manchester, REU: The Open University/UMIST, septiembre de 1991).

9. Pete Engardio, "Quick, Name Five Taiwanese PC Makers", *Business Week,* 18 de mayo de 1992, pp. 128-29.

10. Véase Bennett, *Dictionary of Marketing Terms.*

11. De una ponencia presentada en la Universidad de Northwes-tern por Larry Light, ex presidente de la división internacional de Ted Bates Advertising, 27 de octubre de 1992.

12. David A. Aaker, *Managing Brand Equity* (Nueva York: The Free Press, 1991).

13. Véase Patrick Barwise, et al., *Accounting for Brands* (Londres: Instituto de Contadores Titulados de Inglaterra y Gales, 1990; Peter H. Farquhar, Julia Y. Han y Yuji Ijiri, "Brands on the Balance Sheet", *Marketing Management,* invierno de 1992, pp. 16-22; y Kevin Lane Keller, "Conceptualizing, Measuring, and Managing Customer-Based Brand Equity", *Journal of Marketing,* enero de 1993, pp. 1-22.

14. Wendy Zellner, "The Sam's Generation?", *Business Week,* 25 de noviembre de 1991, pp. 36-38; y Jennifer Lawrence, "Wal-Mart Expands Sam's Choice Line", *Advertising Age,* 27 de abril de 1992, p. 4.

15. Véase Chip Walker, "What's in a Brand?", *American Demographics,* febrero de 1991, pp. 54-56; Julie Liesse, "Making a Name for Selves", *Advertising Age,* 6 de mayo de 1991, p. 36; Jennifer Lawrence, "P&G Battles Private Labels with New Products", *Advertising Age,* 16 de marzo de 1992, pp. 3, 49 y "Retailers Hungry for Store Brands", *Advertising Age,* 11 de enero de 1993, p. 20.

16. Kevin Price, citado en "Trade Promotion: Much Ado About Nothing", *Promo,* octubre de 1991, p. 37.

17. Daniel C. Smith y C. Whan Park, "The Effects of Brand Extensions on Market Share and Advertising Efficiency", *Journal of Marketing Research,* agosto de 1992, pp. 296-313.

18. Para más información sobre las actitudes de los consumidores ante las extensiones de marca, véase David A. Aaker y Kevin L. Keller, "Consumer Evaluation of Brand Extensions", *Journal of Marketing,* enero de 1990, pp. 27-41.

19. Al Ries y Jack Trout, *Positioning: The Battle for Your Mind* (Nueva York: McGraw-Hill, 1981).

20. Véase Christopher Power, "And Now, Finger-Lickin' Good for Ya?", *Business Week,* 18 de febrero de 1991, p. 60; y Gary Strauss, "Building on Brand Names: Companies Freshen Old Product Lines", *USA Today,* 20 de marzo de 1992, pp. 1, 2.

21. Thomas M. S. Hemnes, "How Can You Find a Safe Trademark?", *Harvard Business Review,* marzo-abril de 1985, p. 44.

22. Para una exposición de cuestiones legales en torno al uso de nombres de marcas véase Dorothy Cohen, "Trademark Strategy", *Journal of Marketing,* enero de 1986, pp. 61-74; "Trademark Woes; Help Is Coming", *Sales & Marketing Management,* enero de 1988, p. 84; y Jack Alexander, "What's in a Name? Too Much, Said the FCC", *Sales & Marketing Management,* enero de 1989, pp. 75-78.

23. Véase Bill Abrams, "Marketing", *The Wall Street Journal,* 20 de mayo de 1982, p. 33; y Bernice Kanner, "Package Deals", *New York,* 22 de agosto de 1988, pp. 267-68.

24. Véase Fred W. Morgan, "Tampered Goods: Legal Developments and Marketing Guidelines", *Journal of Marketing*, abril de 1988, pp. 86-96.

25. Véase Alicia Swasy, "Sales Lost Their Vim? Try Repackaging", *The Wall Street Journal*, 11 de octubre de 1989, p. B1.

26. Bro Uttal, "Companies That Serve You Best", *Fortune*, 7 de diciembre de 1987, pp. 98-116. También véase William H. Davidow, "Customer Service: The Ultimate Marketing Weapon", *Business Marketing*, octubre de 1989, pp. 56-64; y Barry Farber y Joyce Wycoff, "Customer Service: Evolution and Revolution", *Sales & Marketing Management*, mayo de 1991, pp. 44-51.

27. Bro Uttal, "Companies That Serve You Best", p. 116.

28. Philip Cateora, *International Marketing*, 7a. ed. (Homewood, IL: Irwin, 1990), p. 260.

29. David J. Morrow, "Sitting Pretty: How to Make Your Package Stand Out in a Crowd", *International Business*, noviembre de 1991, pp. 30-32.

30. Cateora, *International Marketing*, p. 426.

CASO 10

LA LARGA Y FELIZ VIDA DE BINGLE

Cuando Margaret cursaba el segundo año, le regalaron una perrita de pelambre blanco y negro, a la que llamó Bingle. Todos los días, al salir de clases, Margaret corría a jugar con la perrita, le cepillaba el pelo, le ataba cintas al cuello y la llevaba a pasear por todo el barrio. Las dos recorrieron muchas millas durante la colecta anual de la escuela para reunir fondos para los servicios médicos. Más adelante, a Margaret le regalaron una cámara y sus padres pagaron muchos dólares por el revelado de cientos de fotos de Bingle.

Bingle, a lo largo de toda su vida, recibió atención médica de primera. Le hicieron revisiones con regularidad y le pusieron todas las vacunas (las cuales odiaba) correspondientes. A los seis años, el veterinario le encontró cálculos en el riñón y fue sometida a una operación quirúrgica para quitarle las piedras. A los 10 años, tenía un disco de la columna prácticamente deshecho y, en ocasiones, había que inyectarla para calmarle el dolor. A los 12 años le dio cáncer y requirió un tratamiento bastante costoso. Bingle tuvo la fortuna de que los padres de Margaret pudieran costear su atención médica. En consecuencia, Bingle vivió 13 largos y felices años.

No obstante, muchos dueños de mascotas no pueden sufragar el costo de la atención médica para sus animales. Una visita normal al veterinario puede costar entre 40 y 80 dólares. Si se presenta algún problema, la hospitalización y la recuperación pueden salir bastante caras. Por ejemplo, la extracción de un tumor cerebral cuesta alrededor de 4,000 y el tratamiento incluye una imagen de resonancia magnética y cirugía. Los accidentes también pueden salir caros. En fecha reciente, un perro que se había tragado una rana viva fue sometido a tratamiento. El perro y la rana (aún con vida) salieron muy bien, pero el dueño tuvo que tragarse una cuenta de 1,150 dólares por la cirugía.

Debido a la carestía de la atención médica, muchas mascotas amadas son victimadas por medio de eutanasia. El saber que existen tratamientos médicos modernos, como las imágenes de la resonancia magnética, las exploraciones con digitalizador, los tratamientos de radio, la quimioterapia y complejas pruebas de laboratorio que extienden la vida y alivian el dolor de sus mascotas, no hace sino aumentar el dolor de los dueños por su pérdida.

Algunas compañías de seguros ofrecen, desde tiempo atrás, coberturas para animales que producen ingresos, por ejemplo caballos de carreras y ganado. Sin embargo, sólo hasta fecha reciente han advertido el potencial que guardan los seguros para animales domésticos. El mercado es inmenso; alrededor de 110 millones de mascotas (más de 52 millones de perros y 55 millones de gatos). La mayor parte carece de protección médica o sanitaria, salvo aquella que pueden sufragar sus amos. Es más, los componentes de este mercado en potencia representan un riesgo mínimo: no fuman, no beben y no conducen. Aunque muchos de ellos son mascotas de niños, otros son una fuente primaria de compañía, protección y alegría para los viejos o las personas solas. Estos dueños sienten un fuerte impulso y una gran necesidad de ofrecerle atención médica a sus peludos compañeros.

Aunque empresas como Veterinary Pet Insurance (VPI) de Anaheim, California, han contado con coberturas para mascotas desde hace muchos años, este tipo de seguro era considerado algo extraño. Empero, parece que las cosas están cambiando. Fireman's Fund, la importante aseguradora, ha entrado al mercado con Medipet. El Plan A de Medipet, con una prima anual de 99 dólares y un modesto deducible de 50 dólares, cubre 70% de las cuentas por atención médica a mascotas, hasta por un total de 1,000. El Plan B de Medipet paga una prima anual de 42 dólares y un deducible de 250 y cubre el 70%, hasta por un total de 2,500. ¿Qué tanto benefician estos planes a los dueños? Por un tratamiento que cuesta 1,031, el dueño sólo desembolsaría 344 con el Plan A de Medipet y 484 con el Plan B. En 1992, Medipet cubría a todas las mascotas de 10 años o más, en todos los estados menos Tennessee. El VPI se podía adquirir en 34 estados.

Para lanzar Medipet, Fireman's Fund recurrió a una serie de campañas directas por correo, dirigiéndose a 600,000 hogares. Llegó a 20 millones de espectadores más por medio de comerciales informativos, de media hora, por la televisión por cable. Las ventas del Seguro Veterinario para Mascotas (SVM) se han acelerado, logrando resultados asombrosos. En 1991, se vendieron 90,000 pólizas del SVM, 20% más que antes.

Muchos expertos consideran que el futuro de las ventas de seguros para mascotas es muy promisorio. Otros no están tan seguros. Algunos críticos, como Robert Hunter de la Organización Nacional de Consumidores de Seguros y Orin Kramer, el economista de Princeton, afirman que la cobertura del seguro alentará una espiral ascendente de costos. Según ellos, la cobertura del seguro hará que los dueños acepten caros tratamientos que, de otra manera, no admitirían. En consecuencia, aumentarán los costos de la atención médica para todos los animales, al igual que las primas de los seguros. Los veterinarios podrán ganar más dinero y habrá más solicitudes de ingreso a las escuelas de veterinaria.

Incluso aunque estos pronósticos resulten acertados, los dueños de mascotas podrían no tener otra alternativa. Pregúntele a Margaret, quien sin duda contestaría que el bienestar de Bingle valió cada centavo que se invirtió en ella.

PREGUNTAS

1. Describa las características del producto básico, el real y el aumentado del seguro para mascotas.

2. ¿Qué tipo de bien de consumo representa un seguro para mascotas? ¿Está cambiando?

3. ¿Qué problemas en cuanto a la calidad del producto, sus características, empaque y etiquetas giran en torno al seguro para mascotas? ¿Cómo cambiarán conforme más compañías de seguros ofrezcan dicho seguro?

4. ¿Qué estrategia de la marca usó Fireman's Fund? ¿Qué estrategia de la marca podría usar una compañía de seguros como Prudential? ¿Cómo afectaría la estrategia el capital contable de la marca?

Fuentes: William A. Carl, "Finishing in the Money with Horse Mortality Insurance", *American Agent & Broker*, marzo de 1991, pp. 45-48; Peter Kerr, "A New Health-Care Crisis Underfoot", *The New York Times*, 15 de febrero de 1992, pp. A1, A50; Barbara Morris, "Uncommon Perils", *Insurance Review*, marzo 1989, pp. 37-41; y Candyce H. Stapen, "Insuring Your Pet's Health", *Better Homes and Gardens*, noviembre de 1992, p. 204.

CASO EMPRESARIAL 10

COLGATE: CÓMO EXPRIMIR HASTA LA ÚLTIMA GOTA DE UN NOMBRE DE MARCA

Sin duda, usted conoce el dentífrico Colgate, quizás incluso hasta ha usado esta pasta. Pero, ¿qué pensaría si hubiera una aspirina Colgate, un antiácido Colgate, un laxante Colgate o un champú anticaspa Colgate?

Eso, precisamente, es lo que querría saber Colgate-Palmolive. Colgate está estudiando la posibilidad de entrar al mercado de los medicamentos que se venden sin receta médica (SRM). ¿Podrá Colgate usar el nombre de la marca, desarrollado en el mercado de los productos para la higiene bucal, en el mercado de los medicamentos SRM?

¿Por qué le interesa a Colgate el mercado de los medicamentos SRM? En primer lugar, por el tamaño del mercado. Las ventas anuales del mercado mundial de los medicamentos SRM representan 27.3 mil millones de dólares; es decir, la mayor de las industrias de productos de consumo no alimenticios. De este total, Estados Unidos re-presenta 11.9 mil millones de dólares y los mercados internacionales generan 15.4 mil millones de dólares. Es más, el mercado de Estados Unidos está creciendo a un ritmo anual del 25%. Los analistas pronostican que, para 2010, el mercado estadounidense llegará a 30 mil millones de dólares.

Varias tendencias están alimentando este rápido crecimiento. Los consumidores son, cada vez, más sofisticados y tienen mayor interés en recetarse solos, sin tener que visitar al médico. Asimismo, las empresas están cambiando muchos medicamentos que requerían receta médica por otros que no la requieren. Las empresas pueden hacerlo siempre y cuando demuestren, con base en numerosas pruebas clínicas, que los consumidores pueden usar el medicamento sin problemas y sin supervisión médica. Es más, los medicamentos SRM suelen ser productos que tienen ciclos de vida largos. Por otra parte, los investigadores médicos están descubriendo medicamentos nuevos, usos nuevos o beneficios nuevos de los medicamentos existentes. Por ejemplo, los investigadores han visto que la fibra de psilio que se usa para algunos laxantes naturales, que se venden sin receta médica, es efectiva para controlar el colesterol.

Sumado al tamaño y el crecimiento del mercado, Colgate sabe que el mercado de los medicamentos SRM puede ser muy rentable. Los analistas estiman que los bienes vendidos como medicamento SRM tienen un costo promedio de 29%, lo que deja un margen bruto de 71%. De hecho, la publicidad y las promociones de ventas son los rubros más cuantiosos de gastos para estos productos y, en promedio, representan un 42% de las ventas. Los medicamentos SRM producen una utilidad promedio del 11% después de impuestos.

Debido al atractivo del mercado SRM, Colgate realizó una serie de estudios para conocer el peso que tenía el nombre de su marca entre los consumidores. Colgate cree en la siguiente ecuación: conocimiento de la marca + imagen de la marca = valor de la marca. Los estudios arrojaron que, entre los consumidores de medicamentos SRM, Colgate ocupaba un primer lugar en cuanto al conocimiento de la marca, segundo en cuanto a imagen de la marca y en cuanto al valor de la misma, incluso aunque no vendía productos SRM. El nombre de la marca Tylenol ocupó el primer lugar tanto en imagen de la marca como en su valor.

Asimismo, las investigaciones de Colgate arrojaron que el mercado de los medicamentos SRM es muy grande, que está creciendo a gran velocidad y que es muy rentable y, además, que entre los consumidores de medicamentos SRM, Colgate tiene una posición sólida en cuanto al valor de la marca. La mayor parte de las empresas considerarían que esta situación resulta muy atractiva.

Colgate está consciente de que no será fácil entrar al mercado de los medicamentos SRM. En primer término, las investigaciones sugieren que el producto típico SRM tarda cuatro años para llegar a su punto de equilibrio y que los costos de desarrollo no se recuperan sino hasta el séptimo año. Por tanto, las empresas del ramo de los medicamentos SRM deben tomar decisiones acertadas en cuanto al desarrollo de productos o, de lo contrario, corren el riesgo de perder muchísimo dinero.

En segundo, los medicamentos SRM requieren cuantiosos gastos para publicidad y promociones; 25% de las ventas tan sólo para un medio, durante todo el año. Así pues, la empresa debe contar con bastantes recursos financieros para entrar a este mercado.

En tercero, debido al atractivo del mercado, las nuevas empresas enfrentan mucha competencia. Empresas establecidas como Procter & Gamble, Johnson & Johnson y Warner-Lambert cuentan con sólidos equipos de vendedores y organizaciones de mercadotecnia. Además, son fuertes en términos financieros y están dispuestas a llevar a los competidores ante los tribunales si perciben alguna infracción de la ley o de reglamentos. Estas empresas también cuentan con sólidas organizaciones para investigación y desarrollo y generan productos nuevos.

En cuarto, dada la cuantía y el constante aumento de los costos fijos, por ejemplo, los costos de publicidad y de investigación y desarrollo, muchas empresas pequeñas abandonan la industria o son adquiridas por empresas más grandes. Los observadores de la industria estiman que una empresa del ramo de los medicamentos SRM debe percibir, cuando menos, varios cientos de millones de dólares por concepto de ventas, y ser lo bastante grande para sufragar los costos fijos y tener peso ante detallistas grandes como Wal-Mart. Por tanto, las empresas del ramo de los medicamentos SRM crecen más y más y están dispuestas a pelear agresivamente por su parte del mercado.

Dados todos estos obstáculos para el ingreso, usted se preguntará por qué Colgate quiere entrar a los productos SRM, además de porque la industria está creciendo y es rentable. Colgate ha optado por una estrategia que pretende convertirla en la mejor compañía de productos de consumo del mundo. Piensa que los productos para la higiene bucal y los medicamentos SRM son muy parecidos, pues la eficacia de ambos depende de sus ingredientes, ambos están sujetos a reglamentación estricta y ambos comparten elementos mercadotécnicos casi idénticos, inclusive canales de distribución.

Por tanto, Colgate formó sus Laboratorios Colgate para la Atención de la Salud con objeto de explorar el desarrollo de productos y las oportunidades del mercado de los medicamentos SRM. En 1987 y 1988, Colgate realizó una prueba de mercado para una línea de productos SRM, desarrollada por sus Laboratorios para la Atención de la Salud. En ciudades como San Antonio, Texas y Richmond, Virginia, comercializó una línea muy amplia de productos SRM, desde un descongestionante nasal hasta laxantes de fibra natural, con empaques blancos que llevaban el nombre Ektra y la marca Colgate, en letras más pequeñas, abajo del nombre.

Con base en los resultados de esa prueba de mercado, sin hacer ruido, Colgate estableció un mercado de prueba en Peoria, Illinois, con objeto de probar una línea de 10 productos SRM para la atención de la salud, todos con el nombre de la marca Colgate. La línea incluyó un analgésico Colgate, sin aspirina, para competir con Tylenol, un Colgate con ibuprofén para competir con Advil, pastillas Colgate para la gripe para competir con Contact, jarabe para la tos Colgate para competir con Nyquil, antiácido Colgate para competir con Rolaids, un laxante natural Colgate para competir con Metamucil y un champú Colgate contra la caspa para competir con Head & Shoulders.

Algunos observadores de la industria consideran que la nueva línea se distancia, en grado considerable, de los visibles bienes para consumo casero ofrecidos tradicionalmente por Colgate, así como de sus productos para la higiene bucal. Ante ciertas preguntas, Reuben Marks, presidente de Colgate, contesta: "El nombre de Colgate es fuerte en el campo de la higiene bucal, pero ahora queremos saber si puede ser representativo del cuidado de la salud, en toda su extensión. Necesitamos expandernos a categorías más rentables".

Colgate no habla en forma específica de su nueva línea. Sin embargo, los empleados de la farmacia de Peoria dicen que Colgate ha inundado el pueblo con cupones y anuncios. Sus representantes, con la compra de los productos nuevos de Colgate, regalan tubos de dentífrico, así como cupones que prácticamente cubren el valor de los productos nuevos. El dueño de una tienda dice: "Se están gastando muchísimo dinero".

Como si todas estas promociones no bastaran, el gerente de una tienda Walgreen explica que Colgate ha marcado su línea con precios muy inferiores a los de las marcas de la competencia; en algunos casos, hasta 20% más bajos. El mismo gerente dice que los productos nuevos están registrando muchas ventas, pero también dice: "Con toda esta promoción, no cabía esperar otra cosa. Son más baratos y tienen el nombre Colgate".

Incluso aunque la prueba de Colgate logre un sonoro éxito, los asesores en mercadotecnia dicen que la expansión de la nueva línea podría ser arriesgada y, en última instancia, resultar más costosa de lo que podría suponer Colgate. "Si usted coloca el nombre de la marca de Colgate en un montón de productos diferentes, todos ellos en el extremo más bajo, se diluirá lo que representa y no representará nada, ni valdrá nada", dice Clive Chajet, presidente de Lipincott y Margulies, empresa que maneja los proyectos de la identidad de la sociedad.

El señor Chajet piensa que Colgate también podría acabar perdiendo clientes poniéndole su nombre a tantos productos. Si los consumidores están "insatisfechos con un producto, podrían manifestar insatisfacción con todos los demás. Yo no me arriesgaría", dice y pregunta: "¿qué habría pasado con Johnson & Johnson durante el susto del veneno del Tylenol, si todos sus productos, desde el champú para bebés hasta las píldoras anticonceptivas hubieran llevado el nombre de Tylenol?

La prueba de Colgate es una de las correrías más atrevidas de la extensión de línea de una empresa de bienes de consumo. Las empresas atrapadas con las marcas "maduras", marcas que no pueden crecer mucho más, con frecuencia tratan de usar los nombres dorados de esas marcas para probar nueva fortuna, por regla general, con un producto relacionado. Así, el jabón Ivory de Procter & Gamble presentó un champú y acondicionador, Coca-Cola inventó una Coca de dieta y el bicarbonado Arm & Hammer se expandió al desodorante para alfombras.

Sin embargo, a diferencia de esos productos, la nueva línea de Colgate va más allá de un terreno conocido. Aunque su nueva línea se está vendiendo bien, las ventas podrían no ser tan fuertes si no fueran acompañadas de los precios de ahorro y la andanada de publicidad y promociones. "Hoy, la gente lo está viendo como un producto de tipo genérico —dice el gerente de una tienda—. La gente tiene verdadera conciencia de los precios y mientras el precio sea más barato, y se sume a un nombre que inspire confianza, comprará ese producto en lugar de otro."

Al Ries, presidente de Trout & Ries, despacho de asesores de mercadotecnia de Greenwich Connecticut, se pregunta si tiene sentido extender una línea cualquiera, no sólo refiriéndose a Colgate, sino también a los nombres de otras marcas fuertes. Dice que Colgate ha podido entrar en el mercado de las medicamentos que no requieren receta, en primer término, porque otros medicamentos se han expandido y han perdido sus nichos. Por ejemplo, ahora tanto Tylenol como Alka Seltzer producen medicamentos para la gripe y "eso le abre una oportunidad a los extraños, una para que los Colgates entren y digan que no se percibe a nadie como diferente. El consumidor buscará el nombre de cualquier marca aceptable".

El señor Ries argumenta que Colgate y las empresas tradicionales de medicamentos que no requieren patente están convirtiendo sus productos, sobre todo, a medicamentos genéricos y no a marcas. Dice: "Están perdiendo la potencia del enfoque cerrado —y añade—, lo que refleja estupidez por parte de los comercializadores tradicionales de medicamentos que no requieren receta ... Si los medicamentos tradicionales conservaran su enfoque cerrado, no dejarían espacio para una extraña como Colgate".

Por otra parte, si Colgate tiene demasiado éxito, también corre el riesgo de engullirse su producto señero. Los asesores señalan que casi todas las extensiones de línea que alcanzan el éxito, y muchas otras que no tienen tanto, perjudican el producto del cual tomaron su nombre. Citan el caso de Miller High Life, que ha perdido parte del mercado de la cerveza desde que introdujo Miller Lite. El Sr. Ries sostiene: "Si Colgate llegara a destacar con sus medicamentos que no requieren receta, nadie querrá comprar dentífrico Colgate".

El señor Chajet está de acuerdo y dice: "Colgate se ahorraría cientos de millones de dólares al no introducir el nombre de una marca nueva para sus productos, pero, al hacerlo, también podría matar la gallina de los huevos de oro". Otros asesores en mercadotecnia piensan que Colgate podría entrar al mercado, pero que ello requerirá mucho tiempo y dinero. Un asesor comenta: "sencillamente no están contribuyendo con mucho a la fiesta de los medicamentos SRM".

Aunque el señor Marks admite que Colgate seguirá tratando de aumentar su parte en los mercados tradicionales de limpiadores y detergentes, al parecer, la empresa ahora piensa que el aseo personal es un área más fuerte. Sin embargo, apalancar un nombre en una categoría puede ser engañoso y requerir paciencia para ganarse a los minoristas escépticos y los consumidores inconsistentes. "No es tanto cuestión de dónde se puede poner el nombre de la marca —dice un asesor en mercadotecnia—, sino en cuáles productos permitirá el cliente que se ponga el nombre de la marca."

PREGUNTAS

1. ¿Qué producto básico vende Colgate cuando vende dentífricos o los otros productos de su nueva línea?

2. ¿Cómo clasificaría usted los productos nuevos? ¿Qué implicaciones tiene esta clasificación para la comercialización de la línea nueva?

3. ¿Qué decisiones ha tomado Colgate en cuanto a la marca? ¿Qué tipos de decisiones en cuanto a la línea de productos? ¿Son consistentes las decisiones?

4. Si usted fuera el gerente de mercadotecnia de la línea extendida de Colgate, ¿cómo empacaría los productos nuevos? ¿Qué riesgos consideraría para tomar decisiones en cuanto al empaque?

Fuente: Adaptado de Joanne Lipman, "Colgate Tests Putting Its Name on Over-the-Counter Drug Line", *The Wall Street Journal*, 19 de julio de 1989. Reproducido con autorización. También véase Dan Koeppel, "Now Playing in Peoria: Colgate Generics", *Adweek's Marketing Week*, 18 de septiembre de 1989, p. 5. Los Laboratorios Colgate para la Atención de la Salud también contribuyeron a elaborar este caso.

El diseño de productos nuevos: estrategias de desarrollo y ciclo de vida

*L*a 3M Company comercializa más de 60,000 productos, que van desde lijas, adherentes y discos blandos para computadoras, hasta lentes de contacto, discos láser ópticos, pulmones artificiales, frenos transparentes y futuristas ligamentos sintéticos; desde recubrimientos para proteger cascos de barcos hasta cientos de tipos de cintas adherentes: cinta Scotch, masking tape, cinta para flejar e incluso cinta para pañales desechables. La 3M piensa que las *innovaciones* son el camino que la llevará al crecimiento y que los productos nuevos son la sangre que corre por sus venas. La meta de la empresa, sostenida durante mucho tiempo, es alcanzar la increíble cifra del 25% de sus ventas anuales con los productos introducidos en los últimos cinco años. Pero, lo más asombroso es que ¡generalmente lo logra! Cada año, 3M lanza más de 200 productos nuevos. El año pasado, 30% de sus ventas, que sumaron casi 13 mil millones de dólares, correspondieron a productos introducidos en los cinco años anteriores. La legendaria importancia que 3M concede a las innovaciones la ha convertido, consistentemente en una de las empresas más admiradas, de Estados Unidos.

Los productos nuevos no brotan en maceta. La 3M se esfuerza mucho en crear un entorno que propicie las innovaciones. Invierte 6.5% de sus ventas anuales en investigación y desarrollo; el doble que la empresa promedio. Su equipo de trabajo para las innovaciones se dedica a la búsqueda, así como a acabar con la burocracia corporativa que pueda interferir con el desarrollo de productos nuevos. Un grupo de asesores a contrato ayuda a 3M a encontrar formas para que los empleados sean más inventivos.

La 3M fomenta que todos busquen productos nuevos. La afamada regla del "15%" de la empresa permite a todos los empleados dedicar hasta 15% de su tiempo a "transitar"; es decir, a trabajar en proyectos de interés personal, sea que dichos proyectos beneficien a la empresa directamente o no. Cuando se presenta una idea promisoria, 3M constituye un equipo compuesto por el investigador que encontró la idea y por voluntarios de los departamentos de producción, ventas, mercadotecnia y jurídico. El equipo va nutriendo el producto y protegiéndolo contra la burocracia de la empresa. Los miembros del equipo permanecen al lado del producto hasta que éste triunfa o fracasa, y después vuelven a ocupar los puestos que tenían. Algunos equipos han hecho tres o cuatro intentos antes de que una de sus ideas alcance el triunfo. Cada año, 3M entrega los premios Golden Step a los equipos cuyo producto nuevo ha generado, en un plazo de tres años después de su introducción, más de 2 millones de dólares por concepto de ventas en Estados Unidos o 4 millones de dólares de ventas en el mundo.

La 3M sabe que debe probar miles de ideas de productos nuevos para pegarle a un gran ganador. Un conocido lema de 3M es: "Para encontrar al príncipe, hay que besar a muchos sapos". Muchas veces, "besar sapos" significa cometer errores, pero 3M considera que las metidas de pata y los callejones sin salida son parte normal de la creatividad y las innovaciones. De hecho, al parecer, su filosofía sería "si no se están cometiendo errores, es probable que no se esté logrando nada". Sin embargo, así las cosas, "las metidas de pata" han sido algunos de los productos de 3M que han alcanzado más éxito. A los viejos empleados de 3M les encanta contar el caso de la química que, por accidente, derramó una nueva sustancia química en sus zapatos tenis. Unos días después, notó que no se habían ensuciado las partes donde había caído la sustancia química, y ¡Eureka! Al tiempo, la sustancia química se convirtió en Scotchgard, el protector de telas.

También cuentan el caso de Spencer Silver, el científico de 3M. Silver empezó tratando de inventar un adherente super resistente y, en cambio, descubrió uno que no pegaba demasiado bien. Envió la sustancia, al parecer inútil, a otros investigadores de 3M para ver si ellos podían encontrar qué hacer con ella. Durante varios años no pasó nada. Después, Arthur Fry, otro científico de 3M, tenía un problema y tuvo una idea. El señor Fry, miembro del coro de la iglesia local, tenía problemas para señalar lugares en su libro de cánticos, pues los papelitos que usaba para marcarlos se caían. Puso un poco del pegamento débil del señor Silver en uno de los papelitos, el cual se pegó debidamente y después se pudo quitar sin perjudicar el libro. Así, nacieron las notas Post-It de 3M, ¡producto que actualmente registra ventas por casi 100 millones de dólares al año![1]

AVANCE DEL CAPÍTULO

El capítulo 11 describe el proceso de desarrollo de los productos nuevos y habla de las estrategias para administrar las diferentes etapas del ciclo de vida del producto.

Se empieza con una explicación de las primeras etapas del proceso de desarrollo de los productos nuevos: *generación de la idea, tamizado de la idea,* y *desarrollo y prueba del concepto.*

A continuación, se sigue el desarrollo de una idea conforme pasa de su concepción al producto real, con el desarrollo de la *estrategia de mercadotecnia, el análisis de las actividades* y *el desarrollo del producto*.

Se prosigue con la explicación de las etapas finales del proceso de desarrollo, *las pruebas de mercado* y *la comercialización.*

El capítulo termina con una explicación de las etapas del *ciclo de vida del producto: el desarrollo, la introducción, el crecimiento, la madurez* y *la declinación del producto,* y de la necesidad de adaptar las estrategias de mercadotecnia para que sirvan en la administración del ciclo de vida del producto.

Una empresa debe ser buena para desarrollar productos nuevos. Asimismo, debe administrarlos considerando los cambios de gustos, tecnologías y competencia. Al parecer, todo producto pasa por un ciclo de vida: nace, pasa por varias fases y, con el tiempo, muere cuando llegan productos nuevos que satisfacen mejor las necesidades de los consumidores.

Este ciclo de vida del producto entraña dos desafíos importantes. En primer lugar, como todos los productos decaen con el tiempo, la empresa debe encontrar productos nuevos que reemplacen los que envejecen (el problema de *desarrollar productos nuevos*). En segundo, la empresa debe entender cómo envejecen sus productos y adaptar sus estrategias de mercadotecnia conforme los productos van pasando por las etapas del ciclo de vida (el problema de las *estrategias del ciclo de vida del producto*). En primer término se analiza el problema de cómo encontrar y desarrollar productos nuevos y, después, el problema de cómo administrarlos con éxito a lo largo de su ciclo de vida.

ESTRATEGIA PARA DESARROLLAR PRODUCTOS NUEVOS

Dada la velocidad con la que cambian los gustos, la tecnología y la competencia, la empresa no puede depender tan sólo de los productos existentes. Los clientes quieren productos nuevos y mejores, que surgen en razón de la competencia. Toda empresa necesita un programa para desarrollar productos nuevos. Según cálculos de un experto, la mitad de las utilidades del total de empresas de Estados Unidos es generada por productos que no existían 10 años antes.[2]

La empresa puede encontrar productos nuevos por dos vías. Una es por medio de la *adquisición*; es decir, comprando una empresa, una patente, o una licencia para producir el producto de un tercero. La otra es por medio del **desarrollo de productos nuevos**, surgidos del departamento de investigación y desarrollo de la propia empresa. Conforme los costos por concepto de desarrollo e introducción de productos nuevos importantes han ido aumentando, muchas empresas han optado por adquirir marcas existentes, en vez de crear otras nuevas. Otras empresas han ahorrado dinero copiando marcas de la competencia o reviviendo marcas viejas (véase Puntos Importantes de la Mercadotecnia 11-1).

Por *productos nuevos* se entiende productos originales, productos mejorados, productos modificados y marcas nuevas que la empresa desarrolla por medio de sus actividades en el campo de la investigación y el desarrollo. En este capítulo se hablará del desarrollo de productos nuevos.

Las innovaciones pueden entrañar muchos riesgos. Ford perdió más de 350 millones de dólares con el automóvil Edsel; RCA perdió 580 millones de dólares con el aparato SelectaVision para videodiscos; Texas Instruments perdió la impresionante cantidad de 660 millones de dólares antes de retirarse del negocio de las computadoras caseras; y los aviones Concorde jamás redituarán la cantidad que se invirtió en ellos. A continuación se presenta una lista de productos de consumo, lanzados por grandes empresas, que fracasaron:

- Juice Works, jugo de fruta para niños (Campbell)
- Fab 1 Shot, detergente (Colgate-Palmolive)
- LA, cerveza con poco contenido etílico (Anheuser-Busch)
- PCjr, computadora personal (IBM)
- Zap Mail, correo electrónico (Federal Express)
- Polarvision, películas instantáneas (Polaroid)
- Premier, cigarrillos "sin humo" (R. J. Reynolds)
- Detergente Clorox (Clorox Company)

Los productos nuevos siguen fracasando en cantidades inquietantes. Un estudio reciente arrojó que alrededor del 80% de los bienes de consumo empacados, nuevos (en su mayor parte extensiones de líneas), fracasan. Al parecer, este elevado porcentaje de fracasos también afecta a los productos y servicios financieros nuevos; por ejemplo, las tarjetas de crédito, los planes de seguros y los servicios de corredores. Otro estudio arrojó que alrededor del 33% de los productos industriales nuevos fracasan después de su lanzamiento.[3]

¿Por qué fracasan tantos productos nuevos? Por varias razones. Aunque una idea puede ser buena, el tamaño del mercado quizá se haya sobrestimado, o el producto tal vez no se haya diseñado debidamente, o bien se posicionó en el mercado en forma equivocada, se le marcó un precio demasiado alto o se cometió algún error en la publicidad. Podría ser que un ejecutivo apoye demasiado una idea consentida, a pesar de que los resultados de las investigaciones de mercado indiquen que no lo merece. En ocasiones, los costos del desarrollo del producto superan las expectativas y, a veces, la competencia contraataca con más fuerza de la que se esperaba.

Dado que son tantos los productos nuevos que fracasan, las empresas quisieran encontrar la manera de aumentar las probabilidades de triunfo para sus productos nuevos. Una de estas maneras, consiste en detectar productos nuevos que han tenido éxito y encontrar aspectos comunes entre ellos. Un estudio tomó 200 productos nuevos recién lanzados, de tecnología entre moderada y avanzada, para encontrar los factores que compartían los productos triunfadores, mas no los productos fracasados, y arrojó que el primer factor del éxito radica en tener un *producto superior singular*, un producto de mayor calidad, con características nuevas, cuyo uso produzca mayor valor y otros atributos similares. En concreto, los productos que tienen una ventaja clara, triunfan en 98% de las ocasiones, en comparación con los productos con una ventaja moderada (58% de éxitos) o una ventaja mínima (18% de éxitos). Otro factor clave para el éxito radica en *definir bien el concepto de un producto* antes de desarrollarlo, lo que significa que la empresa, antes de proceder, define y evalúa con detalle el mercado al cual se dirigirá, los requisitos del producto y los beneficios que producirá. Otros factores del éxito incluyeron la *sinergia entre tecnología y mercadotecnia, la calidad de la ejecución en todas las etapas y el atractivo del mercado.*[4] En resumen, para crear productos nuevos que triunfen, la empresa debe entender a los consumidores, los mercados y la competencia, además debe desarrollar productos que ofrezcan un valor superior a los clientes.

En el futuro, quizá resulte incluso más difícil desarrollar productos nuevos. La competencia feroz ha llevado a la constante fragmentación del mercado; ahora las empresas se deben dirigir a segmentos más pequeños del mercado, y no a los mercados de masas, lo que significa menos ventas y utilidades para cada producto. Los productos nuevos deben ceñirse a límites sociales y gubernamentales cada vez más estrictos; por ejemplo la seguridad para los consumidores y las normas ecológicas. Los costos por concepto de descubrimiento, desarrollo y lanzamiento de productos nuevos irán subiendo en forma constante porque los costos de producción, publicidad y distribución también irán aumentando. Muchas empresas no pueden reunir o no cuentan con los fondos necesarios para desarrollar productos nuevos. Por ello, acuden a modificar o a imitar productos en lugar de hacer innovaciones auténticas. Incluso cuando un producto nuevo triunfa, las rivales tardan tan poco en copiarlo que, por regla general, el producto nuevo está condenado a vivir una corta vida feliz.

Así, las empresas tienen un problema: deben desarrollar productos nuevos, pero las probabilidades de éxito son muy pocas. La solución radica en hacer planes sólidos para los productos nuevos. A fin de cuentas, la alta gerencia será la responsable del récord de éxitos de los productos nuevos. La alta gerencia no se puede limitar a pedirle al gerente de productos nuevos que encuentre ideas magníficas. Por el contrario, la alta gerencia debe definir el territorio de sus actividades y las categorías de productos que la empresa quiere reforzar. En una empresa del ramo de los alimentos, el gerente de productos nuevos invirtió miles de dólares en la investigación de una botana nueva, para que el presidente le dijera: "Olvídalo, no nos interesa el ramo de las botanas".

La alta gerencia debe definir criterios específicos para la aceptación de ideas para productos nuevos, sobre todo tratándose de grandes empresas pluridivisionales, donde toda suerte de proyectos brotan como favoritos de los diversos gerentes. Estos criterios variarán de acuerdo con el *rol estratégico* específico que se espera del producto. El rol del producto puede ser contribuir a que la empresa conserve su posición en la industria como innovadora, defender la parte del mercado que abarca, o sentar bases para el futuro en un mercado nuevo. Por otra parte, el producto nuevo puede servirle a la empresa para aprovechar sus ventajas especiales o para explotar la tecnología de una manera diferente. Por ejemplo, Gould Corporation definió los siguientes criterios de aceptación para productos nuevos, con el propósito de explotar una tecnología en una forma diferente: (1) el producto se puede introducir en un plazo de cinco años; (2) el producto tiene un potencial de mercado, cuando menos, de 50 millones de dólares y una tasa de crecimiento del 15%; (3) el producto producirá, cuando menos, un rendimiento del 30% sobre las ventas y un 40% sobre la inversión; y (4) el producto logrará ser líder en lo técnico o en el mercado.

Asimismo, la gerencia debe tomar una decisión en cuanto al monto del presupuesto que se destinará al desarrollo de productos nuevos. Los resultados de los productos nuevos son tan inciertos que, para presupuestar la inversión que se les asignará, no se pueden usar criterios normales. Algunas empresas resuelven el problema fomentando y financiando la mayor cantidad posible de proyectos, con la esperanza de obtener un puñado de ganadores. Otras empresas presupuestan su investigación y desarrollo aplicando una cifra convencional de un porcentaje de las ventas o gastando la misma cantidad que gasta la competencia. Otras empresas más deciden la cantidad de productos nuevos triunfadores que necesitan y de ahí retroceden para estimar la inversión que requiere su investigación y desarrollo.

Otro factor importante para el desarrollo de productos nuevos consiste en establecer estructuras organizativas eficaces y encargadas de alimentar y manejar los productos nuevos. La tabla 11-1 (véase la página 376) presenta las formas de organización más comunes para el desarrollo de productos nuevos: gerentes de producto; gerentes de productos nuevos; comités, departamentos y equipos de trabajo de productos nuevos.

PUNTOS IMPORTANTES DE LA MERCADOTECNIA 11-1

CÓMO ESQUIVAR LOS GRANDES COSTOS Y RIESGOS DEL DESARROLLO DE PRODUCTOS NUEVOS

El costo promedio del desarrollo y la introducción de un producto nuevo importante, a partir de cero, llega a mucho más de 100 millones de dólares. Es más, muchos de estos costosos productos nuevos fracasan. Por ello, las empresas ahora aplican estrategias para los productos nuevos que resultan menos costosas y arriesgadas que el desarrollo total de marcas nuevas. En el capítulo 10 se explicaron dos de estas estrategias: *las licencias y las extensiones de la marca*. En este caso explicamos tres estrategias más para los productos nuevos: *la adquisición de marcas nuevas, el desarrollo de productos "yo también" y la resurrección de marcas viejas*.

La adquisición de marcas nuevas

En lugar de crear sus propios productos nuevos, la empresa puede comprar otra empresa, con todo y sus marcas establecidas. En la década de 1980 y principios de la de 1990, las grandes empresas del ramo de los productos de consumo se devoraban entre sí con frenética actividad. Procter & Gamble adquirió Richardson-Vicks, Noxell, y varias marcas de Revlon; R. J. Reynolds compró Nabisco; Philip Morris obtuvo General Foods y Kraft; Nestlé absorbió Carnation; General Electric compró RCA; Bristol-Myers se fusionó con Squibb y Unilever se quedó con Chesebrough-Ponds.

Estas adquisiciones pueden ser engañosas, la empresa debe estar segura de que los productos adquiridos se mezclan bien con sus productos presentes y de que la empresa tiene la capacidad y los recursos necesarios para seguir aprovechando rentablemente los productos adquiridos. Las adquisiciones también pueden tener problemas con los reguladores del gobierno. Por ejemplo, incluso con la laxa política "antitrust" del gobierno de Reagan, los reguladores no permitieron que Pepsi adquiriera 7-Up ni que Coca comprara Dr. Pepper.

Por último, estas adquisiciones cuestan mucho dinero. Nestlé pagó 3 mil millones de dólares por Carnation, RJR pagó 4.9 mil millones por Nabisco, GE erogó más de 6.1 mil millones por RCA y Philip Morris desembolsó 12.6 mil millones por Kraft. No son muchas las empresas que se pueden dar el lujo de comprar marcas ganadoras en el mercado.

Sin embargo, a pesar del elevado monto de los desembolsos iniciales, a largo plazo, la adquisición de marcas establecidas puede resultar más barato que el sufragar los enormes costos que entraña crear marcas bien conocidas partiendo de cero. Además, cuando se adquieren ganadoras probadas se eliminan casi todos los riesgos de que el producto nuevo fracase. Asimismo, la adquisición proporciona una vía fácil y rápida para tener acceso a mercados nuevos o para reforzar posiciones en mercados actuales. Por ejemplo, P&G, al adquirir Richardson-Vicks, entró de inmediato al mercado de la salud y de la belleza. Asimismo, fortaleció su posición en el segmento de los remedios caseros, obteniendo un botiquín lleno de marcas de primera línea como Vapo-Rub de Vicks, Jarabe fórmula 44D para la tos, Sinex, NyQuil y Clearasil, que se sumaron a sus marcas Pepto-Bismol y Cloraséptic.

El desarrollo de productos "yo también"

En años recientes, muchas empresas han recurrido a la estrategia de los productos "yo también"; es decir, a introducir imitaciones de productos de la competencia que han tenido éxito. Así, Tandy, AT&T, Compaq y muchas otras producen computadoras personales compatibles con IBM. Es más, estos "clones", en ocasiones, se venden a precios que representan menos de la mitad del de los modelos IBM que emulan. Los productos "yo también" incluso han afectado la industria de las fragancias.

Luego entonces, el desarrollo de productos nuevos triunfadores requiere un esfuerzo total por parte de la empresa. Las empresas innovadoras que obtienen mayor cantidad de éxitos dedican recursos, en forma consistente, al desarrollo de productos nuevos, diseñan una estrategia para los productos nuevos ligada a su proceso de planeación estratégica y constituyen organizaciones formales y complejas encargadas de administrar el proceso de desarrollo de los productos nuevos.

El *proceso de desarrollo de productos nuevos* para encontrar y desarrollar los productos nuevos consta de ocho pasos centrales (véase la figura 11.1).

Generación de ideas

El desarrollo de productos nuevos se inicia con la **generación de ideas**; es decir, la búsqueda sistemática de ideas para los productos nuevos. Por regla general, la empresa tiene que generar muchísimas ideas para encontrar un puñado de ideas buenas. La búsqueda de ideas para productos nuevos debe ser sistemática y no

Algunas empresas ahora ofrecen réplicas que huelen igual que perfumes populares y caros como Obsession, Opium y Giorgio, a precios 20% más bajos que los originales. El éxito de las fragancias duplicadas también ha inspirado una oleada de copias de modas de diseñador e imitaciones de cosméticos y productos para el cabello muy prestigiados. En la actualidad, las imitaciones representan juego limpio tratándose de productos que van desde refrescos y alimentos hasta *mousses* y camionetas.

Muchas veces, los productos "yo también" se pueden desarrollar a mayor velocidad y menor gasto; la líder del mercado introduce la tecnología y sufraga la mayor parte de los costos del desarrollo del producto. Los productos de imitación ofrecen al cliente, en ocasiones, incluso más valor que los originales líderes del mercado. La empresa copiadora puede partir de la tecnología y el diseño de la líder para crear un producto equivalente, a precio más bajo o incluso un producto mejor al mismo precio o uno más alto. Los productos "yo también" son menos caros y su introducción es menos arriesgada; entran a un mercado probado que ha sido desarrollado por la líder del mercado. Por ejemplo, IBM invirtió muchos millones para desarrollar las computadoras personales y cultivar un mercado, y las fabricantes de clones simplemente se subieron a la cola generosa de IBM para aprovechar el paseo.

No obstante, la estrategia del "yo también" tiene ciertas desventajas. La empresa imitadora entra al mercado tardíamente y debe enfrentarse a un competidor exitoso y bien atrincherado. Algunos productos "yo también" jamás llegan a quitarle muchos negocios a la empresa líder. Otras triunfan en general y acaban representando un desafío para convertirse en líderes. Otras más, se colocan en nichos pequeños, pero rentables, del mercado creado por la líder.

La resurrección de marcas viejas

Muchas empresas han "encontrado oro en lo viejo", reviviendo marcas que tuvieron éxito pero que están muertas o moribundas. Muchas marcas viejas y opacas siguen resultándole mágicas a los consumidores. Con frecuencia, el solo hecho de revivir, reformular y reposicionar una marca vieja puede dar a la empresa un producto "nuevo" exitoso, a muchísimo menor costo que el de la creación de una marca nueva.

Existen algunos ejemplos clásicos de la resurrección de marcas; las ventas del Bicarbonato Arm & Hammer se dispararon cuando fue promovido como desodorante para refrigeradores, botes de basura, autos y cajones para gatos. El jabón Ivory detuvo la caída de sus ventas a principios de los años setenta, cuando su uso fue promovido para adultos, y no sólo para bebés. Las ventas del yogurt Danone se dispararon cuando se le ligó a una vida sana. En años recientes, Warner-Lambert revivió el chicle Black Jack, recurriendo a la nostalgia de un nombre con más de 110 años; Buick desempolvó su añejo nombre de Roadmaster, usado por última vez en 1958; Coca-Cola rejuveneció Fresca, añadiéndole NutraSweet y jugo auténtico de fruta; y Campbell expandió el atractivo de su jugo V8 ligándolo a la moda contemporánea por la condición física.

En ocasiones, un producto nuevo revive con otro nombre, como ocurrió con la marca de entradas New Cookery de Nestlé, con poca grasa, azúcar y sal. Hace algunos años, Nestlé retiró el producto porque fracasó en los mercados de prueba; la empresa le echó la culpa a la época, al nombre del producto y al empaque ordinario. Sin embargo, New Cookery es ideal para los consumidores contemporáneos conscientes de la salud, y Stouffer, una empresa de Nestlé, revivió la línea con el nombre Lean Cuisine. Lean Cuisine resultó un sonoro éxito.

Fuentes: Véase Arthur Bragg, "Back to the Future", *Sales & Marketing Management*, noviembre de 1986, pp. 61-62; y Gary Strauss, "Building on Grand Names: Companies Freshen Old Product Lines", *USA Today*, 20 de marzo de 1992, pp. B1, B2.

fortuita. De lo contrario, si bien la empresa puede encontrar muchas ideas, la mayor parte de ellas no servirán para su tipo de actividad. La alta gerencia puede evitar este error si define con detalle la estrategia para el desarrollo de los productos nuevos. Esta debe definir cuáles son los productos y los mercados impor-

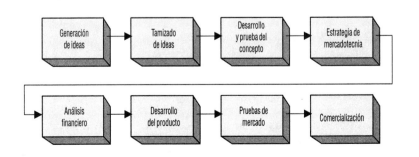

FIGURA 11-1
Principales etapas del desarrollo de productos nuevos

Gerentes de producto

Muchas empresas asignan la responsabilidad de las ideas para productos nuevos a sus gerentes de producto. Como estos gerentes se encuentran cerca del mercado y de la competencia, están en la posición ideal para encontrar oportunidades para productos nuevos y para desarrollarlas. Sin embargo, en la realidad, este sistema adolece de varias fallas. Por regla general, los gerentes de producto están tan ocupados administrando sus líneas de productos que no piensan mucho en productos nuevos, excepción hecha de las modificaciones o las extensiones de marcas. Además, carecen de la capacidad y los conocimientos específicos necesarios para criticar y desarrollar productos nuevos.

Gerentes de productos nuevos

General Foods y Johnson & Johnson cuentan con gerentes de productos nuevos que dependen de gerentes de grupo de productos. Esta ubicación "profesionaliza" la función del producto nuevo. Por otra parte, los gerentes de productos nuevos tienden a pensar en términos de modificaciones del producto y de extensiones limitadas de la línea, de acuerdo con sus productos y mercados corrientes.

Comités de productos nuevos

La mayor parte de las empresas cuentan con un comité de la alta gerencia encargado de revisar y aceptar las propuestas para productos nuevos. Por regla general, está compuesto por representantes de los departamentos de mercadotecnia, producción, finanzas, ingeniería y otros más. Su función no consiste en desarrollar ni coordinar los productos nuevos tanto como en revisar y aprobar los planes para los productos nuevos.

Departamentos de productos nuevos

Las empresas grandes suelen constituir un departamento para productos nuevos, encabezado por un gerente que tiene bastantes facultades y acceso a la alta gerencia. Las responsabilidades centrales del departamento incluyen generar y tamizar ideas nuevas, trabajar con el departamento de investigación y desarrollo y realizar pruebas de campo y comercialización.

Equipos de trabajo de productos nuevos

La 3M Company, Dow, Westinghouse y General Mills, con frecuencia, asignan el desarrollo de productos nuevos importantes a equipos de trabajo. Un equipo de trabajo es un grupo formado con personal de diversos departamentos operativos y encargado de desarrollar un producto o una actividad específicos. Los miembros del equipo quedan liberados de sus demás obligaciones, y reciben un presupuesto y un plazo determinado. En ocasiones, este equipo se queda con el producto mucho después de que ha sido introducido con éxito.

tantes, qué espera la empresa de los productos nuevos, sea gran flujo de dinero, una parte del mercado o algún otro objetivo. Además, debe definir las actividades que se destinarán a desarrollar productos de avanzada, a cambiar los existentes y a imitar los de la competencia.

La empresa puede aprovechar muchas fuentes para conseguir el flujo de ideas para productos nuevos. Algunas fuentes importantes serían las fuentes internas, los clientes, la competencia, los distribuidores y proveedores, así como otras más.

Las fuentes internas

Un estudio arrojó que más del 55% de las ideas para productos nuevos surgen de la misma empresa.[5] La empresa puede encontrar ideas nuevas por medio de la investigación y el desarrollo formales. Puede aprovechar el talento de científicos, ingenieros y obreros, o los ejecutivos de la empresa pueden vertir todas sus ideas para productos nuevos. Los vendedores de la empresa representan otra fuente de ideas, porque tienen contacto diario con los clientes. Toyota afirma que los empleados entregan 2 millones de ideas al año (alrededor de 35 sugerencias por empleado) y que más del 85% de ellas se ponen en práctica.

Consumidores

Casi 28% de todas las ideas para productos nuevos surgen de observar y escuchar a los consumidores. La empresa puede realizar encuestas para saber cuáles son las necesidades y los deseos de los consumidores. Puede analizar las preguntas y las quejas de los clientes para encontrar productos nuevos que resuelvan debidamente los problemas de los consumidores. Los ingenieros o vendedores de la empresa se pueden reunir con los clientes para escuchar sus sugerencias. La División de Productos de Video de General Electric hace que sus ingenieros de diseño hablen con los consumidores finales, con el objeto de sacar ideas para productos electrónicos caseros nuevos. National Steel cuenta con un centro de solicitudes de productos, donde los ingenieros de la empresa se reúnen con los clientes de automóviles para detectar las necesidades de los clientes que podrían requerir productos nuevos. Muchas ideas brotan de sólo observar a los consumidores:[6]

■ El aclamado modelo City de Honda fue concebido así. Honda envió a los diseñadores e ingenieros del equipo encargado del proyecto City a Europa para que "echaran un vistazo" y encontraran el mejor concepto de producto para City. Con base en el Mini Cooper británico, desarrollado hace muchos decenios, el equipo de Honda diseñó un auto "corto y alto", contrario al sentir popular a la sazón de que los autos debían ser largos y bajos.

■ Boeing, observó el potencial creciente del mercado de los países del Tercer Mundo y envió a un equipo de ingenieros a dichos países para estudiar la idiosincrasia del Tercer Mundo en cuanto a la aviación. Los ingenieros encontraron que muchas pistas eran demasiado cortas para aviones jet. Boeing rediseñó las alas del 737, añadió neumáticos de menor presión para evitar los botes en los aterrizajes cortos y rediseñó los motores para hacer despegues más rápidos. En consecuencia, el Boeing 737 se convirtió en el jet comercial más vendido de la historia.

■ En un lapso cualquiera de 10 días, los vendedores de United States Surgical visitan los 5,000 hospitales de Estados Unidos donde se realizan operaciones quirúrgicas. Se visten y entran a los quirófanos para enseñar a los cirujanos a usar los complejos instrumentos que fabrica su empresa. Escuchan los comentarios de los médicos en cuanto a lo que les gusta o no, lo que necesitan o no. Su estrecha relación con los clientes permitió a U.S. Surgical ser de las primeras en participar en los primeros experimentos de la laparoscopía; es decir, cirugía mediante la inserción de una pequeña cámara de TV en el cuerpo, así como instrumentos delgados y con largos mangos. La empresa ahora cubre alrededor del 85% del mercado de la laparoscopía.

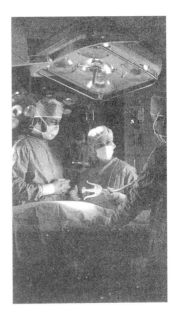

Ideas de los clientes para productos nuevos: en un lapso de 10 días, los vendedores de United States Surgical visitan los 5,000 hospitales de Estados Unidos donde se realizan operaciones quirúrgicas. Se visten y acompañan a los cirujanos a los quirófanos y les proporcionan ayuda técnica para el uso de los productos de U.S. Surgical. Además, oyen decir a los médicos lo que les gusta o no, y lo que necesitan o no. La estrecha relación de la empresa con los clientes ha dado por resultado muchos innovadores productos nuevos.

Por último, los consumidores muchas veces crean productos nuevos por cuenta propia y las empresas se pueden beneficiar si encuentran estos productos y los colocan en el mercado. Pillsbury recibe promisorias recetas nuevas por medio de su concurso anual Bake-Off. Una de las cuatro líneas de harina preparada para pasteles de Pillsbury y algunas variaciones de otra harina salieron directamente de las recetas ganadoras del concurso. Alrededor de la tercera parte de los programas arrendados por IBM para sus computadoras son desarrollados por usuarios externos.[7]

Competidores

Alrededor del 30% de las ideas para productos nuevos se obtienen analizando los productos de la competencia. La empresa puede observar los anuncios de la competencia y otras comunicaciones para sacar pistas en cuanto a sus productos nuevos. Las empresas compran los productos nuevos de la competencia, los desarman para ver cómo funcionan, analizan sus ventas y deciden si a la empresa le conviene sacar un producto nuevo propio. Por ejemplo, cuando Ford diseñó el exitoso Taurus, desarmó más de 50 modelos de la competencia, pieza por pieza, buscando aspectos que pudiera copiar o mejorar. Copió el pedal del acelerador del Audi, el tanque de gasolina del Toyota Supra, el sistema para guardar el gato y el neumático de refacción del BMW 528e y 400 características destacadas más. Ford volvió a hacer lo mismo cuando rediseñó el Taurus en 1992.[8]

Distribuidores, proveedores y otros

Los revendedores están cerca del mercado y pueden proporcionar información sobre los problemas de los consumidores y la posibilidad de productos nuevos. Los proveedores pueden informar a la empresa sobre conceptos, técnicas y materiales nuevos que se pueden usar para desarrollar productos nuevos. Otras fuentes de ideas incluyen las revistas especializadas, las exposiciones y los seminarios, las oficinas de gobierno, los asesores de productos nuevos, las agencias de publicidad, los despachos de investigaciones de mercado, los laboratorios comerciales y de universidades y los inventores.

Tamizado de ideas

El propósito de generar ideas es producir una gran cantidad de ellas. El propósito de las siguientes etapas es *disminuir* esa cantidad. La primera etapa para disminuir la cantidad de ideas consiste en **tamizar las ideas.** El propósito de esta selección es detectar las ideas buenas y descartar las malas lo antes posible. Los costos por concepto del desarrollo de productos aumentan mucho en las etapas posteriores y a la empresa sólo le interesa aprovechar las ideas de productos que puedan llegar a ser rentables.

La mayor parte de las empresas piden a sus ejecutivos que anoten las ideas de productos nuevos en una forma estándar, con objeto de que la pueda revisar un comité para productos nuevos. El contenido de la forma describe el producto, el mercado al que se dirigirá y la competencia, además incluye algunos cálculos aproximados del tamaño del mercado, el precio del producto, el tiempo y los costos del desarrollo, los costos de producción y la tasa de rendimiento. A continuación, el comité evalúa la idea a partir de una serie de criterios generales. Por ejemplo, en la Kao Company de Japón, el comité hace preguntas como las siguientes: ¿Tiene el producto una utilidad real para los consumidores y la sociedad? ¿Es el producto bueno para nuestra empresa en particular? ¿Encaja bien con los objetivos y las estrategias de la empresa? ¿Contamos con el personal, la capacidad y los recursos para lograr su éxito? ¿Es el costo de su actuación superior al de los productos de la competencia? ¿Es fácil anunciarlo y distribuirlo?

Las ideas que sobrevivan se pueden tamizar incluso más, usando un simple proceso de calificación como el que se muestra en la tabla 11-2. La primera columna contiene los factores que se requieren para que el lanzamiento del producto tenga éxito en el mercado. En la siguiente columna, la gerencia califica los factores en cuanto a su importancia relativa. En este caso, la gerencia piensa que la capacidad y la experiencia de mercadotecnia son muy importantes (.20) y que la competencia para las compras y el suministro tiene muy poca importancia (.05).

A continuación, en una escala de .0 a 1.0, la gerencia califica la medida en que la idea del producto nuevo encaja dentro del perfil de la empresa, en cuanto a cada uno de los factores. En este caso, la gerencia piensa que la idea del producto encaja muy bien dentro de las capacidades y la experiencia de mercadotecnia (.9), pero no tan bien con las capacidades para compras y suministros (.5). Por último, la gerencia multiplica la importancia que tiene cada uno de los factores del éxito por la calificación del grado en que encaja y así obtiene la calificación global de la capacidad de la empresa para lanzar el producto con éxito. Así pues, si la mercadotecnia es un factor de éxito importante y si este producto encaja con las capacidades de mercadotecnia de la empresa, ello elevará la calificación global de la idea para el producto. En el ejemplo, la idea para el producto obtuvo una calificación de .74, que lo coloca en el extremo superior del nivel de "idea regular".

Los puntos de la lista sirven para evaluar la idea del producto de manera más sistemática y sirven de base para la discusión; sin embargo, la lista no ha sido diseñada para tomar la decisión en nombre de la gerencia.

Desarrollo y prueba de conceptos

A continuación, las ideas atractivas se deben convertir en conceptos del producto. Es importante señalar la diferencia entre una *idea de un producto*, un *concepto del producto* y una *imagen del producto*. La **idea de un producto** es una idea para un posible producto que la empresa piensa puede ofrecer en el mercado. El **concepto de un producto** es una versión detallada de la idea definida en términos que tengan sentido para los consumidores. La **imagen del producto** es la forma en que los consumidores perciben el producto real o en potencia.

TABLA 11-2
Proceso de calificación de las ideas nuevas

FACTORES PARA EL EXITO DE LOS PRODUCTOS NUEVOS	(A) IMPOR- TANCIA RELATIVA	(B) ADAPTACION ENTRE LA IDEA DEL PRODUCTO Y LAS CAPACIDADES DE LA EMPRESA											CALIFICACION DE LA IDEA (A x B)
		.0	.1	.2	.3	.4	.5	.6	.7	.8	.9	1.0	
Estrategia y objetivos de la empresa	.20									X			.160
Capacidad de mercadotecnia y experiencia	.20										X		.180
Recursos financieros	.15								X				.105
Canales de distribución	.15									X			.120
Capacidad de producción	.10									X			.080
Investigación y desarrollo	.10								X				.070
Adquisiciones y suministros	.05						X						.025
Total	1.00												.740*

* Escala de calificación: .00-.40, malo; .50-.75, regular; .76-1.00, bueno. Nivel mínimo de aceptación: .70

Desarrollo de conceptos

Suponga que un fabricante de autos encuentra la manera de diseñar un automóvil eléctrico que pueda alcanzar una velocidad de hasta 60 millas por hora y recorrer hasta 120 millas antes de necesitar una recarga. El fabricante estima que los costos de operación del auto eléctrico serán, más o menos, la mitad que los de un auto normal.

Esta es una idea para un producto. Sin embargo, los clientes no adquieren una idea para un producto, compran un *concepto* de producto. La tarea del mercadólogo consiste en desarrollar la idea para convertirla en algunos conceptos alternativos del producto, en averiguar qué tan atractivo resulta cada concepto para los clientes y en elegir el mejor de entre ellos.

El mercadólogo puede crear los siguientes conceptos del producto en el caso del auto eléctrico:

- *Concepto 1.* Un subcompacto barato, diseñado para ser segundo auto familiar y usarse dentro de poblaciones. El auto será ideal para ir de compras y transportar niños, así como fácil de estacionar.

- *Concepto 2.* Un auto de mediano tamaño y precio intermedio, diseñado como auto familiar para todo uso.

- *Concepto 3.* Un compacto deportivo, de precio intermedio, atractivo para los jóvenes.

- *Concepto 4.* Un subcompacto barato, atractivo para la gente consciente de que quiere obtener un transporte básico, que gaste poco combustible y produzca poca contaminación.

Pruebas del concepto

Las **pruebas del concepto** requieren que los conceptos del producto nuevo se prueben con un grupo de los consumidores hacia los cuales se dirige. Los conceptos se le pueden presentar a los consumidores de manera simbólica o material. En este caso, se presenta, en forma escrita, el concepto 1:

Un auto subcompacto, eléctrico, eficiente y divertido de manejar, con espacio para cuatro personas. Estupendo para ir de compras o visitar a los amigos. Su funcionamiento cuesta la mitad que el de autos similares a gasolina. Levanta hasta 60 millas por hora y no necesita recarga sino hasta las 120 millas. Su precio es de 9,000 dólares.

El auto eléctrico Impact de GM, que se introducirá a finales de este decenio: este prototipo pasa de 0 a 60 MPH en ocho segundos y recorre más de 120 millas a 55 MPH con una sola carga.

En este caso, la descripción con palabras o imágenes puede ser suficiente. Sin embargo, una presentación más concreta y material del concepto aumentará la fidelidad de la prueba del concepto. Hoy día, los mercadólogos están encontrando formas innnovadoras para hacer que los conceptos del producto le resulten más reales a los sujetos de la prueba del concepto (véase Puntos Importantes de la Mercadotecnia 11-2).

Después de que los consumidores han sido expuestos al concepto, se les pueden preguntar sus reacciones ante el mismo, pidiendo que contesten a las preguntas que contiene la tabla 11-3. Las respuestas ayudarán a la empresa a decidir qué concepto tiene mayor atractivo. Por ejemplo, la última pregunta se refiere a la intención de los consumidores para comprarlo. Suponga que 10% de los consumidores dijeran que "definitivamente" lo comprarían y que otro 5% dijera que "probablemente" lo haría. La empresa podría proyectar estas cifras, considerando el tamaño de la población del grupo que tiene en la mira, para estimar el volumen de las ventas. Incluso así, el cálculo no sería seguro porque la gente no siempre cumple las intenciones que dice tener.[9]

Desarrollo de una estrategia de mercadotecnia

Suponga que el concepto 1 del auto eléctrico resulta el mejor de la prueba. El siguiente paso consiste en **desarrollar una estrategia de mercadotecnia**, en diseñar una estrategia inicial para introducir el auto al mercado.

La **definición de estrategia de mercadotecnia** consta de tres partes. La primera parte describe el mercado meta; la forma en que se proyecta posicionar el producto y las metas de ventas, la participación en el mercado y las utilidades para los primeros años. Luego entonces:

TABLA 11-3
Preguntas para prueba de concepto del automóvil eléctrico

---

1. ¿Entiende usted el concepto de un auto eléctrico?

2. ¿Cree usted lo que se afirma sobre el rendimiento del auto eléctrico?

3. ¿Cuales son las ventajas principales del auto eléctrico en comparación con un auto convencional?

4. ¿Qué sugeriría usted para mejorar las características del auto?

5. ¿Para qué usos preferiría usted un auto eléctrico en lugar de uno convencional?

6. ¿Cuál sería un precio razonable para el auto eléctrico?

7. ¿Quién tomaría parte en su decisión para comprar un auto así? ¿Lo manejaría usted?

8. ¿Compraría usted un auto así? (Definitivamente, probablemente, probablemente no, definitivamente no)

EL MUNDO NUEVO DE LAS PRUEBAS DE CONCEPTOS: LA ESTEREOLITOGRAFÍA Y LA REALIDAD VIRTUAL

Las pruebas de los conceptos de productos sólo resultan confiables en la medida que el concepto resulte real a los consumidores. Cuanto más se parezca la presentación del concepto al producto o la experiencia finales, tanto más confiable será la prueba del concepto. En la actualidad, muchas empresas están desarrollando interesantes métodos nuevos para las pruebas de conceptos de productos.

Por ejemplo, 3D Systems, Inc., aplica una técnica conocida como la impresión en tercera dimensión, o "estereolitografía", para crear modelos tridimensionales de productos materiales, por ejemplo aparatos pequeños y juguetes. El proceso empieza con una imagen tridimensional, generada por una computadora, del prototipo.

Primero se simula un diseño tridimensional en la computadora que, enseguida, "rebana" electrónicamente la imagen en segmentos tan delgados como una oblea. La información digital que diseña cada uno de estos segmentos se usa, a continuación, para guiar un rayo láser, controlado robóticamente, que se centra en un caldo de plástico líquido formulado para hacerse sólido cuando se expone a la luz. El láser construye el objeto conforme crea una capa microdelgada tras otra del plástico endurecido.

En cuestión de horas, el proceso produce prototipos de plástico que, de otra manera, llevarían muchas semanas para su creación. Los investigadores pueden mostrarle estos modelos a los consumidores para conocer sus comentarios y reacciones.

La estereolitografía ha producido algunos casos asombrosos de éxito. Logitech, una empresa que produce ratones para computadores y otros periféricos, aplicó la estereolitografía para conseguir un contrato, que llevaba pretendiendo desde hacía mucho, de un importante fabricante de computadoras. Logitech quedó encantada cuando el fabricante de computadoras le pidió una cotización para fabricar un ratón específico. El único problema era que debía presentar la cotización en un plazo de dos semanas. Con la estereolitografía, Logi-tech pudo diseñar, construir y montar un prototipo to-talmente funcional, de primera calidad, dentro del plazo mencionado. El incrédulo cliente le dio el contrato a Logitech de inmediato. Logitech ahora envía más de un millón de sus veloces ratones al año al fabricante de computadoras.

Además de hacer prototipos, la impresión en tercera dimensión (también llamada "producción de escritorio") ofrece emocionantes perspectivas para fabricar productos a la medida, con sólo pulsar un botón:

En el futuro están las "fábricas" en 3D, produciendo piezas diseñadas por los clientes, empresas almacenando todo su inventario electrónicamente

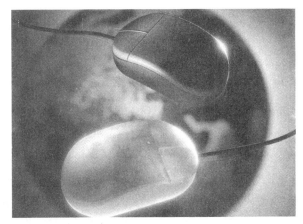

Con la estereolitografía, Logitech pudo diseñar, construir y montar un prototipo del todo funcional de este ratón para computadora en menos de dos semanas.

en los bancos de memoria de la computadora y, quizás incluso, la capacidad de enviar por "fax" un objeto sólido a puntos distantes.

Cuando se trata de un producto material grande, por ejemplo un automóvil, este se puede probar usando un enfoque radicalmente nuevo llamado "realidad virtual". Los investigadores usan un paquete de "software" para diseñar un auto en una computadora. Los sujetos, a continuación, pueden manejar el auto simulado como si fuera un objeto real. Al operar ciertos controles, el entrevistado se puede acercar al auto simulado, abrir la puerta, sentarse en el auto, arrancar el motor, escuchar su sonido, salir manejándolo y dar un paseo. La experiencia entera se puede enriquecer colocando el auto simulado en una sala de exhibición simulada y haciendo que un vendedor simulado aborde al cliente con una actitud y una serie de palabras específicas. Una vez terminada la experiencia, se formulan una serie de preguntas al encuestado sobre lo que le gustó y disgustó, así como sobre las probabilidades de comprar el auto. Los investigadores pueden variar las características del auto y los encuentros en la sala de exhibición para ver cuáles resultan más atractivas. Aunque este enfoque resulta caro, los investigadores averiguan mucho sobre el diseño del auto indicado, antes de invertir millones de dólares en la construcción del producto real.

Fuentes: Citas de "The Ultimate Widget: 3-D 'Printing' May Revolutionize Product Design and Manufacturing", *U.S. News & World Report*, 20 de julio de 1992, p. 55. También véase Benjamin Wooley, *Virtual Worlds* (Londres: Blackwell, 1992); y "The World Leader in Senseware Orchestrates a Sales Tour de Force Using Solid Imaging", *The Edge*, 3D Systems, Inc., primavera de 1993, pp. 4-5.

El mercado meta son los hogares que necesitan un segundo auto para ir de compras, hacer recados y visitar a los amigos. El auto se colocará como un auto de precio y funcionamiento más económicos y más divertido de conducir que los autos existentes en este mercado. La empresa pretenderá vender 200,000 autos el primer año, con una pérdida máxima de 3 millones de dólares. En el segundo año, la empresa pretenderá vender 220,000 autos, con una utilidad de 5 millones de dólares.

La segunda parte de la formulación de estrategia de mercadotecnia describe el precio, la distribución y el presupuesto de mercadotecnia para el primer año:

El auto eléctrico se presentará en tres colores y tendrá las opciones de aire acondicionado y palanca de potencia. Su precio de venta al detalle será de 9,000 dólares, con un descuento del 15% sobre el precio de lista para los distribuidores. Los distribuidores que vendan más de 10 autos al mes tendrán un descuento adicional de 5% por cada auto vendido en ese mes. Un presupuesto para publicidad de 10 millones de dólares será dividido 50-50 entre publicidad nacional y local. La publicidad subrayará la economía y lo divertido del auto. En el primer año, se invertirán 100,000 dólares para investigaciones de mercado, con objeto de averiguar quién está comprando el auto y determinar sus niveles de satisfacción.

La tercera parte de la definición de la estrategia de mercadotecnia describe las metas proyectadas para las utilidades y las ventas a largo plazo y la estrategia para la mezcla de mercadotecnia:

La empresa pretende captar el 3% del total del mercado de autos, a largo plazo, y realizar un rendimiento sobre la inversión, después de impuestos, del 15%. Para ese efecto, la calidad del producto será alta desde el principio y se irá mejorando con el tiempo. El precio se elevará el segundo y tercer año si la competencia lo permite. El presupuesto total para publicidad aumentará, año con año, alrededor del 10%. Las investigaciones mercadotécnicas disminuirán a 60,000 dólares al año, después del primer año.

Análisis financiero

Una vez que la gerencia ha tomado una decisión sobre el concepto del producto y la estrategia de mercadotecnia, podrá evaluar el atractivo comercial de la propuesta. El **análisis financiero** implica una revisión de las proyecciones de ventas, los costos y las utilidades del producto nuevo, a efecto de averiguar si satisfacen los objetivos de la empresa. En caso afirmativo, el producto podrá pasar a la etapa de desarrollo del producto.

Para estimar las ventas, la empresa debe analizar el historial de ventas de productos similares y debe encuestar la opinión del mercado. La empresa debe estimar las ventas mínimas y máximas para conocer el alcance de los riesgos. Tras preparar el pronóstico de ventas, la gerencia puede estimar los costos y las utilidades esperadas para el producto, inclusive los costos por concepto de mercadotecnia, investigación y desarrollo, producción, contabilidad y finanzas. A continuación la empresa se basará en las cifras de ventas y costos para analizar el atractivo financiero del producto nuevo.

Desarrollo del producto

Si el concepto del producto pasa la prueba del análisis financiero, se llega a la etapa del **desarrollo del producto**. En este caso, el departamento de investigación y desarrollo o el de ingeniería, desarrollan el concepto del producto para convertirlo en un producto material. Hasta ahora, el producto sólo ha existido como una descripción oral, un diseño o quizás una maqueta primitiva. Sin embargo, al pasar al desarrollo del producto se requiere un salto importante en cuanto a la inversión. Aquí se demostrará si la idea del producto se puede convertir en un producto viable.

El departamento de investigación y desarrollo creará una o varias versiones materiales del concepto del producto. El departamento se propone diseñar un prototipo que satisfaga y emocione a los consumidores, que se pueda producir con rapidez y de acuerdo con los costos presupuestados.

El desarrollo de un buen prototipo puede llevar días, semanas, meses o incluso años. El prototipo debe tener las características funcionales requeridas y también transmitir las características psicológicas pretendidas. Por ejemplo, el auto eléctrico debe llamar la atención de los consumidores por la seguridad que ofrece y la solidez de su fabricación. La gerencia debe averiguar qué lleva a los consumidores a decidir que el auto está bien fabricado. Algunos consumidores azotan la puerta para escuchar el "ruido". Si el auto no tiene puertas que producen "un ruido seco", los consumidores podrían pensar que está mal fabricado.

Cuando los prototipos están listos, se deben probar. Se realizan pruebas de funcionamiento en condiciones de laboratorio y de campo, para cerciorarse de que el producto actúa de forma segura y eficaz. El nuevo auto debe arrancar sin problema, debe ser cómodo, debe dar vuelta en las esquinas sin voltearse. Se realizan pruebas con consumidores, de tal manera que éstos puedan manejar el auto y calificar su atributos.

Cuando se diseñan productos, la empresa no se debe limitar a crear productos que satisfagan las necesidades y los deseos de los consumidores. Con mucha frecuencia, las empresas diseñan sus productos nuevos sin preocuparse demasiado por la forma en que se producirán los diseños; su meta principal es crear productos que satisfagan a los clientes. A continuación, los diseños se le pasan al departamento de producción, donde los ingenieros deben tratar de encontrar la forma más indicada de fabricar el producto.

En fecha reciente, muchas empresas han adoptado un enfoque nuevo para desarrollar los productos, llamado el *diseño para la fabricación y el montaje* (DPFM). Con este enfoque, las empresas proceden a modelar productos que sean *tanto* satisfactorios para los consumidores, *como* fáciles de fabricar. Esto con frecuencia no sólo deriva en costos más bajos, sino también en productos de mayor calidad y más confiables. Por ejemplo, Texas Instruments, usando el análisis DPFM, rediseñó un mecanismo para detectar armas por medio de rayos infrarrojos que entrega al Pentágono. El producto rediseñado requería 75 piezas menos, además su montaje requería 78% pasos menos y 85% menos de tiempo. El nuevo diseño hizo mucho más que reducir el tiempo y los costos de producción, también funcionó mejor que la versión anterior, más compleja. Por tanto, el DPFM puede ser una gran arma para que las empresas tarden menos en llevar los productos al mercado y para que ofrezcan mejor calidad a precios más bajos.[10]

Pruebas de mercado

Si el producto pasa las pruebas de funcionamiento y de los consumidores, el siguiente paso son las **pruebas de mercado**, la etapa donde el producto y el programa de mercadotecnia se introducen en ambientes de mercado más realistas.

Las pruebas de mercado permiten al mercadólogo obtener experiencia con la comercialización del producto; le permiten detectar problemas potenciales y averiguar dónde se necesita más información, antes de pasar al gran gasto de la introducción completa. El propósito básico de las pruebas de mercado es poner a prueba el producto mismo en situaciones reales de mercado. Sin embargo, las pruebas de mercado también permiten a la empresa probar el programa de mercadotecnia para el producto; su estrategia de posicionamiento, la publicidad, la distribución, los precios, las marcas y los empaques y los montos del presupuesto. La empresa usa los mercados de prueba para averiguar cómo reaccionarán los consumidores y los distribuidores al manejar, usar y readquirir el producto. Los resultados se pueden aprovechar para hacer mejores pronósticos de ventas y utilidades. Por tanto, un buen mercado de prueba puede proporcionar inapreciable información sobre el posible éxito del producto y del programa de mercadotecnia.

El número necesario de pruebas de mercado varía de acuerdo con el producto nuevo. Los costos de las pruebas de mercado pueden ser enormes y además llevan tiempo, mismo que podría permitir a la competencia obtener ventajas. Cuando los costos del desarrollo y la introducción del producto son bajos y cuando la gerencia ya tiene confianza en que el producto nuevo triunfará, la empresa quizá no haga muchas pruebas de mercado o ninguna. Las modificaciones menores de productos existentes o las copias de productos triunfadores de la competencia podrían no requerir pruebas. Por ejemplo, Procter & Gamble introdujo el café descafeinado Folger, en polvo, sin pruebas de mercado y Pillsbury lanzó sus barras de granola Chewy y los Granola Dipps cubiertos de chocolate sin pruebas normales de mercado. Pero cuando la introducción del producto nuevo requiere una inversión grande, o cuando la gerencia no está segura del producto o del programa de mercadotecnia, la empresa podría hacer muchas pruebas de mercado. De hecho, algunos productos y programas de mercadotecnia son sujetos a pruebas, después son retirados, modificados y vueltos a probar muchas veces, a lo largo de varios años, antes de su introducción final. Los costos de estas pruebas de mercado, son muy altos pero, con frecuencia, son bajos en comparación con los costos por cometer un error grave.

Así pues, el hecho de que una empresa tenga mercados de prueba o no y la cantidad de pruebas que haga dependerán, por una parte, del monto de la inversión y del riesgo de la introducción del producto y, por la otra, de los costos de las pruebas y las presiones de tiempo. Los métodos para los mercados de prueba varían con el tipo de producto y la situación del mercado y cada método tiene sus ventajas y desventajas.

Cuando se usan los mercados de prueba, las empresas del ramo de los productos de consumo suelen elegir uno de tres enfoques: mercados de prueba estándar, mercados de prueba controlados o mercados de prueba simulados.

Los mercados de prueba estándar

Los mercados de prueba estándar sirven para probar productos de consumo nuevos, en situaciones similares a las que enfrentarían con un lanzamiento total. La empresa detecta una cantidad pequeña de ciudades representativas para la prueba, donde los vendedores de la empresa intentan convencer a los revendedores de que lleven el producto y le concedan buen espacio en los anaqueles, así como apoyo promocional. La empresa emprende una campaña completa de publicidad y promociones en estos mercados y usa las auditorías de tienda, las encuestas de distribuidores y consumidores, así como otras medidas para calibrar el desempeño del producto. A continuación, usa los resultados para pronosticar las ventas y las utilidades, detectar problemas potenciales del producto y afinar el programa de mercadotecnia (véase Puntos Importantes de la Mercadotecnia 11-3).

Los mercados de prueba estándar tienen algunos inconvenientes. En primer lugar, su aplicación requiere mucho tiempo, en ocasiones de uno a tres años. Si las pruebas resultan innecesarias, la compañía habrá perdido muchos meses de ventas y utilidades. En segundo, los mercados de prueba estándar, si son muy amplios, pueden resultar muy caros; el mercado de prueba estándar promedio cuesta más de 3 millones de dólares y los costos pueden subir mucho más. Procter & Gamble gastó 15 millones de dólares desarrollando las galletas Duncan Hines, listas para comerse, en un mercado de prueba.[11] Por último, los mercados de prueba estándar permiten que la competencia conozca el producto nuevo de la empresa mucho antes de su introducción nacional. Habrá muchos competidores que analicen el producto y vigilen los resultados del mercado de prueba de la empresa. Si las pruebas duran demasiado, la competencia tendrá tiempo de desarrollar estrategias defensivas e incluso quizá llegue al mercado antes que el producto de la empresa. Por ejemplo, hace algunos años, mientras Clorox estaba haciendo pruebas de mercado con su nuevo detergente con blanqueador en mercados seleccionados, P&G lanzó Tide con blanqueador en todo el país. Tide con blanqueador no tardó en convertirse la líder del segmento; más adelante Clorox retiró su detergente. Es más, muchas veces, la competencia puede tratar de distorsionar los resultados del mercado de prueba, bajando sus precios, aumentando sus promociones o incluso comprando el producto a prueba, en las ciudades de las pruebas. A pesar de estas desventajas, los mercados de prueba siguen siendo el procedimiento más usado para hacer pruebas de mercado. Empero, en la actualidad, muchas empresas están optando por métodos más rápidos y baratos para los mercados de prueba, controlados y simulados.

Los mercados de prueba controlados

Diversas empresas del ramo de las investigaciones cuentan con muestras controladas de tiendas que han aceptado llevar varios productos nuevos a cambio de cierta cantidad de dinero. La empresa del producto nuevo especifica la cantidad de tiendas y de ubicaciones geográficas que quiere. La empresa de la investigación entrega el producto a las tiendas participantes y controla la ubicación en los anaqueles, la cantidad de espacio en éstos, los exhibidores y las promociones en el punto de venta, así como los precios de acuerdo con los planes especificados. Se siguen los resultados para determinar el impacto que tienen estos factores en la demanda.

Los sistemas para las pruebas controladas de mercado, como Scantrack de Nielsen y BehaviorScan de Information Resources Inc., llevan un registro del comportamiento de las personas, con un televisor en la caja de salida. Por ejemplo, el IRI lleva muestras de compradores en ciudades cuidadosamente seleccionadas. Usa microcomputadoras para medir a los espectadores de TV en cada hogar de la muestra y puede enviar comerciales especiales a los televisores de los componentes de la muestra. Los consumidores de la muestra compran en las tiendas que cooperan y muestran tarjetas de identificación cuando hacen sus compras. La información detallada del digitalizador electrónico, para las compras de cada consumidor, entra en una computadora central, donde se combina con la información demográfica de los consumidores y la de los espectadores de TV y se reporta diariamente. Por tanto, BehaviorScan puede proporcionar la información de tienda por tienda y de semana por semana, en cuanto a las ventas de productos nuevos que están a prueba. Y, como los digitalizadores registran las compras específicas de los consumidores individuales, el sistema también puede proporcionar información sobre las compras repetidas y sobre la forma en que los diferentes tipos de consumidores están reaccionando ante el nuevo producto, la publicidad y otros elementos del programa de mercadotecnia.[12]

Los mercados de prueba controlados toman menos tiempo que los mercados de prueba estándar (seis meses a un año) y, por regla general cuestan menos (una prueba BehaviorScan de un año puede costar entre 200,000 y 2,000,000 de dólares). No obstante, algunas empresas opinan que la cantidad limitada de ciudades pequeñas y de consumidores de la muestra que usan los servicios de investigación podrían no ser representativos de los mercados para sus productos o de los consumidores meta. Además, al igual que los mercados de prueba estándar, los mercados de prueba controlados permiten que la competencia vea el producto nuevo de la empresa.

Mercados de prueba simulados

Las empresas también pueden probar sus productos en un entorno simulado de compras. La empresa o el despacho de investigaciones exhibe anuncios y promociones, a una muestra de consumidores, de una serie de productos, inclusive el producto nuevo objeto de la prueba. La empresa entrega a los consumidores cierta cantidad de dinero y los invita a una tienda real o a una de laboratorio, donde se pueden quedar con el dinero o usarlo para comprar artículos. Los investigadores registran la cantidad de consumidores que compran el producto nuevo o las marcas de la competencia. Esta simulación proporciona una medida de la eficacia de la prueba y la comercial, comparándola con los comerciales de la competencia. Después los investigadores preguntan a los consumidores qué motivos tuvieron para comprar o no comprar. Algunas semanas después, entrevistan a los consumidores por teléfono, para determinar la actitud ante el producto, el uso, la satisfacción y la intención de volverlo a comprar. A continuación, con complejos modelos de computación, los investigadores proyectan ventas nacionales a partir de los resultados del mercado simulado de prueba.

Los mercados de prueba simulados superan algunas de las desventajas de los mercados de pruebas normales y controlados. Por regla general, cuestan mucho menos (35,000 a 75,000 dólares), toman ocho semanas y no permiten que la competencia vea el producto nuevo. Empero, como las muestras son pequeñas y el entorno de compras es simulado, muchos mercadólogos consideran que los mercados de prueba simulados no son tan exactos ni confiables como las pruebas en

EL MERCADO DE PRUEBA QUE MARCÓ UNA VERDADERA DIFERENCIA

Algunos mercados de prueba sólo sirven para confirmar lo que la gerencia ya sabía. Otros sirven para eliminar los productos nuevos perdedores; la mitad de todos los productos de consumo sometidos a pruebas de mercado mueren antes de llegar a la distribución nacional. Otros mercados de prueba más ofrecen información sumamente útil, que puede salvar a un producto promisorio o hacer que un producto, por lo demás promedio, dé un gran golpe. A continuación se presenta el caso de un mercado de prueba que marcó una verdadera diferencia.

Tras su asombroso éxito de hace unos años, con sus barras de jugo Fruit'n'Juice, Dole Food trabajó febrilmente para encontrar un producto que tuviera para el público un atractivo parecido. No tardó en presentar las barras de fruta y crema. Sin embargo, antes de invertir en una costosa introducción nacional, Dole decidió hacer pruebas en un mercado. La empresa arrancó en el mercado de prueba con grandes expectativas, el gerente de marca de Fruit and Cream pronosticaba enormes ventas y participación en el mercado.

En el mercado de prueba, Dole ofrecía Fruit and Cream en tres sabores, fresas, moras y durazno, en un empaque de cuatro por caja. El empaque mencionaba, modestamente, ingredientes "100% naturales" y contenía el dibujo de un cuenco con fruta y crema. Dole colocó en el mercado de prueba la publicidad y las promociones normales, inclusive campañas por televisión, periódicos, correo directo, punto de ventas y cupones, con objeto de estimular las compras para probar el producto y la recompra del mismo. Los anuncios de Fruit and Cream se dirigían a los consumidores de escala alta, entre 25 y 54 años, con hijos, y se centraba en el producto, así como en su sabor y atractivo para la salud.

El mercado de prueba no tardó en producir algunas sorpresas. Mostró que Fruit and Cream tenía un atractivo mucho mayor de lo que había esperado Dole. Al término del tercer mes, se había convertido en la primera marca dentro de la zona del mercado de prueba. Las sesiones de grupos arrojaron que los compradores de Fruit and Cream pensaban que el producto era una verdadera golosina y opinaban que podían comerlo sin sentir demasiada culpa por la cantidad de calorías. Los consumidores decían que los ingredientes naturales y el gusto natural de Fruit and Cream lo hacían un producto superior a los de la competencia. Sin embargo, a pesar del maravilloso desempeño de las ventas, Dole descubrió que el desempeño de la publicidad por televisión no fue buena; las ventas no saltaron cuando empezó la campaña por televisión.

Con base en los resultados del mercado de prueba, Dole hizo varios cambios en la mezcla de mercadotecnia de Fruit and Cream. Rediseñó el empaque para que el tamaño de la afirmación "100% natural" fuera mayor.

Además, otra foto en el paquete mostraba un chorro de crema vertido sobre la fruta; una diferencia sutil que reforzaba el atractivo de Fruit and Cream para el apetito. Dole preparó otra campaña publicitaria que creaba un ambiente sentimental y se centraba más en el gusto natural. Los anuncios nuevos tenían por fondo una conocida canción vieja, "You're Sweet 16, Peaches and Cream" (Tienes 16 años y eres como un durazno con crema) y reforzaba el lujo del producto. Asimismo, Dole recortó el mercado de prueba de un año a seis meses, aumentó sus proyecciones para las ventas de Fruit and Cream y se apresuró para tener listos dos sabores más (plátano y zarzamora).

Con todos los cambios de mercadotécnica, Dole estaba convencida que Fruit and Cream despegaría como un cohete cuando entrara al mercado nacional. Pero los mercados de prueba no pueden pronosticar las circunstancias futuras del mercado. Cuatro novedades de los helados de la competencia, todos productos a base de frutas, salieron al mismo tiempo que Fruit and Cream; dos de Chiquita, uno de Jell-O y otro de Minute Maid. El resultado fue una pesadilla para cualquier mercadólogo. Fruit and Cream fracasó en cuanto a todas las proyecciones de ventas, pero también fracasaron los competidores, y Fruit and Cream se sostuvo, logrando un 3% del mercado, en lugar del 4% que esperaba. La polvareda finalmente se asentó y Dole llegó a sus proyecciones originales al año siguiente.

Ningún mercado de prueba puede pronosticar las acciones y reacciones futuras de la competencia, las condiciones económicas, los cambios de gusto de los consumidores y otros factores que pueden afectar el éxito del nuevo producto. Sólo puede mostrar la forma en que los consumidores de una zona seleccionada para el mercado reaccionan ante un producto nuevo y su programa de mercadotecnia. Sin embargo, el personal de Dole sigue siendo un gran creyente. Según el gerente de marca de Fruit and Cream: "Si no hubiéramos aplicado los cambios que hicimos como resultado del mercado de prueba, nos habrían pegado mucho más duro".

Fuente: Adaptado de Leslie Brennan, "Test Marketing Put to the Test", *Sales and Marketing Management*, marzo de 1987, pp. 65-68.

el mundo real y de mayor tamaño. Los mercados de prueba simulados se usan mucho y con frecuencia como mercados "de una prueba previa". Como son rápidos y no muy caros, permiten hacer una o varias pruebas simuladas, a efecto de evaluar rápidamente un producto nuevo o su programa de mercadotecnia. Si los resultados de la prueba previa son claramente positivos, se puede introducir el producto sin más pruebas. Si los resultados son muy malos, se puede abandonar el producto o sujetarlo a un cambio de diseño y más pruebas a fondo. Si los resultados son promisorios, pero indefinidos, el producto y el programa de mercadotecnia se pueden probar más en mercados de prueba, controlados o normales.[13]

Las pruebas de mercado para los bienes industriales

Los mercadólogos industriales usan otros métodos para las pruebas de mercado de sus productos nuevos. Por ejemplo, pueden realizar *pruebas de uso del producto*. En este caso, el mercadólogo industrial elige a un grupo pequeño de posibles clientes que aceptan usar el producto nuevo durante cierto tiempo. El personal técnico del fabricante observa la forma en que estos clientes usan el producto. A partir de esta prueba, el fabricante averigua cuáles son los requisitos de capacitación y servicios del cliente. Después de la prueba, el mercadólogo pregunta al cliente cuál es su intención de compra y otras reacciones.

Los productos industriales nuevos también se pueden probar en *exposiciones especializadas*. Estas exposiciones atraen a una gran cantidad de compradores que ven los productos nuevos en unos cuantos días. El fabricante observa la forma en que los compradores reaccionan ante las diversas características y términos del producto y puede determinar el interés del comprador y su intención de comprarlo. El mercadólogo industrial también puede probar productos industriales nuevos en *salas de exhibición de distribuidores o agencias distribuidoras*, donde se pueden colocar junto a otros productos de la empresa y quizá productos de la competencia. Este método produce información sobre preferencias y precios en el entorno normal de ventas del producto.

Por último, algunos mercadólogos de empresas usan *mercados de prueba normales y controlados* para medir el potencial de sus productos nuevos. Producen una oferta limitada del producto y se la entregan a los vendedores para que la vendan en una cantidad limitada de zonas geográficas. La empresa dedica una publicidad completa al producto, las promociones de ventas y otros apoyos para su comercialización. Estos mercados de prueba permiten a la empresa probar el producto y su programa de mercadotecnia en situaciones reales de mercado.

La comercialización

Las pruebas de mercado ofrecen a la gerencia la información que necesita para tomar la decisión final de si debe lanzar un producto nuevo o no. Si la empresa prosigue con la **comercialización**, es decir, con la introducción del producto nuevo en el mercado, incurrirá en costos muy elevados. La empresa tendrá que construir o alquilar instalaciones para la producción. Asimismo, tendrá que gastar, en el caso de un bien de consumo empacado nuevo, entre 10 millones y 100 millones de dólares para publicidad y promoción de ventas en el primer año. Por ejemplo, McDonald's gastó más de 5 millones de dólares *a la semana* para la campaña publicitaria de introducción del sandwich McDLT.

La empresa que lanza un producto nuevo debe tomar cuatro decisiones:

¿Cuándo?

La primera decisión es determinar si el momento es oportuno para introducir el producto nuevo. Si el auto eléctrico se comerá ventas de los otros autos de la empresa, su introducción se debe demorar. Si el auto eléctrico se puede mejorar más, o si la economía está lenta, la empresa podría esperar hasta el año entrante para lanzarlo.[14]

¿Dónde?

La empresa debe decidir si lanza el producto nuevo en una sola ubicación, una región, varias regiones, el mercado nacional o el mercado internacional. Pocas empresas tienen la confianza, el capital y la capacidad para lanzar los productos

DESARROLLO SIMULTÁNEO DE PRODUCTOS: CÓMO ACELERAR LA ENTRADA A LOS MERCADOS DE LOS PRODUCTOS NUEVOS

Philips, la gigantesca empresa holandesa de productos electrónicos de consumo, comercializó la primera videocasetera práctica en 1972, ganando una ventaja de tres años a sus competidores japoneses. Sin embargo, en los siete años que tardó Philips en desarrollar una segunda generación de modelos de videocaseteras, los fabricantes japoneses habían lanzado, cuando menos, tres generaciones de productos nuevos. Víctima de su rechinante proceso para el desarrollo de productos nuevos, Philips jamás se recuperó del ataque japonés. Hoy, la empresa también participa, pero con sólo 2% del mercado, y sigue perdiendo dinero con sus videocaseteras. El caso de Philips es típico; durante los pasados decenios, docenas de grandes empresas han sido víctimas de competidores que tienen programas de desarrollo de productos nuevos más flexibles y veloces. En el mundo actual, tan competitivo y cambiante, el sacar productos nuevos con demasiada lentitud puede desembocar en el fracaso de productos, la pérdida de ventas y utilidades y el desmoronamiento de posiciones en el mercado. En la actualidad, todas las empresas, tienen la preocupación apremiante de "acelerar su entrada al mercado".

Las empresas grandes han usado, tradicionalmente, un procedimiento para desarrollar productos de acuerdo con una secuencia, mediante el cual los productos nuevos se desarrollan siguiendo una serie ordenada de pasos. En una especie de carrera de relevos, cada departamento de la empresa termina su etapa del proceso de desarrollo antes de pasar el producto nuevo al siguiente relevo. El proceso de la secuencia tiene sus virtudes; sirve para poner orden en los proyectos de desarrollo de productos nuevos, por demás arriesgados y complejos. Sin embargo, el enfoque también puede resultar fatalmente lento.

A efecto de acelerar sus ciclos para el desarrollo de productos, muchas empresas están adoptando un procedimiento más rápido, más ágil, a base de equipos, llamado "desarrollo simultáneo de productos". En lugar de pasar el producto nuevo de un departamento a otro, la empresa constituye un equipo de personas de diversos departamentos, que se dedican al producto nuevo de principio a fin. Por regla general, estos equipos incluyen personal de los departamentos de mercadotecnia, finanzas, diseño, producción y jurídico, e incluso a empresas proveedoras. El desarrollo simultáneo se parece más a un partido de rugby que a una carrera de relevos; los miembros del equipo se pasan el producto nuevo una y otra vez, conforme avanzan por el campo para la meta común de un lanzamiento veloz y exitoso para el nuevo producto.

La alta gerencia dirige, de manera general, la estrategia del equipo de desarrollo del producto, pero no le presenta una idea del producto ni un plan de trabajo de corte claro. Reta al equipo con metas rígidas y, al parecer, contradictorias: "entregar productos nuevos cuidadosamente planeados y de calidad superior, pero con toda rapidez", y después otorga al equipo la libertad y los recursos que necesita para enfrentar el reto. El equipo se convierte en la fuerza motora que impulsa el producto hacia adelante. En el proceso de la secuencia, cuando se presenta un cuello de botella en una fase, el proyecto entero se puede demorar muchísimo, o incluso detener. Con el enfoque simultáneo, si un área funcional tiene problemas, trata de resolverlos mientras el resto del equipo sigue avanzando.

La Allen Bradley Company, fabricante de controles industriales, ofrece un buen ejemplo de los enormes beneficios que se derivan del desarrollo simultáneo. Con el viejo enfoque de la secuencia, el departamento mercadotécnico de la empresa entregaba la idea de un producto nuevo a los diseñadores. Los diseñadores, trabajando aislados, preparaban conceptos y se los pasaban a

nuevos recurriendo a una distribución nacional o internacional completas. Con el tiempo, desarrollan una oleada *planeada para el mercado*. En particular, las empresas pequeñas pueden seleccionar una ciudad atractiva y realizar un campaña relámpago para entrar al mercado. Después, pueden entrar a otras ciudades de una en una. Las empresas grandes pueden introducir sus productos en toda una región y después extenderse a la siguiente región. Las empresas con redes de distribución nacionales, como las compañías que fabrican automóviles, muchas veces lanzan sus modelos nuevos en el mercado nacional.

Es cada vez más frecuente que las empresas que tienen sistemas de distribución internacionales introduzcan sus productos nuevos con un ataque global y veloz. Procter & Gamble lo hizo con su línea Pampers Phases de pañales desechables. Antes, P&G normalmente introducía los productos nuevos en el mercado de Estados Unidos. Si tenía éxito, los competidores extranjeros copiaban el producto en sus propios mercados, antes de que P&G pudiera expander su distribución

El exitoso Ford Taurus fue el primer auto estadounidense fabricado usando el desarrollo simultáneo del producto.

ses fabricados con este proceso, el Ford Taurus y el Mercury Sable, han sido todo un éxito mercadotécnico. Con el desarrollo simultáneo del producto, Ford recortó el tiempo de desarrollo de 60 meses a menos de 40. Eliminó 14 semanas de su ciclo con sólo hacer que los departamentos de ingeniería y de finanzas revisaran los diseños al mismo tiempo, en lugar de hacerlo en secuencia. La empresa sostiene que estas medidas han servido para recortar 35% el promedio de los costos de ingeniería de un proyecto.

Sin embargo, el enfoque simultáneo tiene ciertas limitaciones. El desarrollo super rápido de un producto puede ser más arriesgado y caro que el enfoque en secuencia, más lento y ordenado. Además, con frecuencia, produce más tensión y confusión en la organización. Empero, en el caso de industrias que cambian con rapidez, que enfrentan ciclos de vida del producto cada vez más breves, las recompensas del desarrollo rápido y flexible de productos son muy superiores a los riesgos. Las empresas que llevan productos nuevos y mejorados al mercado a mayor velocidad que la competencia logran una ventaja competitiva enorme. Pueden responder antes a los gustos nacientes de los consumidores y cobrar precios más altos por diseños más avanzados. Como dice un ejecutivo de la industria: "Lo que queremos lograr es que el auto nuevo sea aprobado, fabricado y llegue a manos de los consumidores en el menor tiempo posible ... Quien llegue primero se queda con todas las canicas".

los ingenieros de productos. Los ingenieros, también trabajando por su cuenta, desarrollaban costosos prototipos y se los entregaban al departamento de producción, el cual trataba de encontrar la manera de fabricar el producto nuevo. Por fin, después de muchos años y docenas de costosas demoras y compromisos de diseño, se pedía al departamento de mercadotecnia que vendiera el producto nuevo; que con frecuencia resultaba de precio demasiado alto y tristemente pasado de moda. Ahora, Allen-Bradley ha adoptado el enfoque del desarrollo simultáneo del producto. Todos los departamentos de la empresa trabajan juntos, de principio a fin, en el diseño y el desarrollo de productos nuevos que satisfacen las necesidades de los clientes y la capacidad de la empresa. Los resultados han sido asombrosos. Por ejemplo, en fecha reciente, la empresa desarrolló un nuevo control eléctrico en sólo dos años; con el sistema anterior, habría tardado seis años.

La industria automotriz también ha descubierto los beneficios del desarrollo simultáneo de productos. El enfoque se llama "ingeniería simultánea" en GM, "concepto del equipo" en Ford y "diseño impulsado por el proceso" en Chrysler. Los primeros autos estadouniden-

Fuentes: Hirotaka Takeuchi e Ikujiro Nonaka, "The New New Product Development Game", *Harvard Business Review*, enero-febrero de 1986, pp. 137-46; Bro Uttal, "Speeding New Ideas to Market", *Fortune*, 2 de marzo de 1987, pp. 62-65; John Bussey y Douglas R. Sease, "Speeding Up: Manufacturers Strive to Slice Time Needed to Develop New Products", *The Wall Street Journal*, 23 de febrero de 1988, pp. 1, 24; Paul Kunkel, "Competing by Design", *Business Week*, 25 de marzo de 1991, pp. 51-63; y Homer F. Hagedorn, "High Performance in Product Development: An Agenda for Senior Management", en Arthur D. Little Company, *PRISM*, primer trimestre de 1992, pp. 47-58.

mundial. Sin embargo, con Pampers Phases, la empresa introdujo el producto nuevo en los mercados mundiales, en un plazo de un mes a partir de la introducción en Estados Unidos. Proyectó que el producto estuviera en los anaqueles de 90 países a sólo 12 meses de su introducción. Esta rápida expansión mundial cimentó la posición de la marca en el mercado, mucho antes de que los competidores extranjeros pudieran reaccionar. Desde entonces, P&G ha efectuado introducciones mundiales de algunos otros productos nuevos.[15]

¿A Quién?

Dentro de los mercados abarcados, la empresa debe dirigir su distribución y promoción a los mejores grupos de prospectos. Gracias a las pruebas anteriores de mercado, la empresa ya cuenta con el perfil de los prospectos de primera. Ahora, debe afinar la identificación de sus mercados, buscando en especial a las personas que lo aceptarán pronto, lo usarán mucho y a líderes de opinión.

¿Cómo?

La empresa también debe preparar un plan de acción para introducir el producto nuevo en los mercados elegidos. Debe dedicar un presupuesto de mercadotecnia para la mezcla de mercadotecnia y otras actividades. Por ejemplo, el lanzamiento del auto eléctrico podría estar respaldado por una campaña publicitaria y, después, por la oferta de premios para atraer a más personas a las salas de exhibición. La empresa tiene que preparar un plan de mercadotecnia particular para cada mercado nuevo.

Acelerar el desarrollo de productos nuevos

Muchas empresas organizan su proceso de desarrollo de productos nuevos siguiendo una secuencia de pasos ordenados, partiendo de la generación de ideas y terminando con la comercialización. Con este procedimiento del **desarrollo en secuencia de productos,** un departamento de la empresa trabaja por su cuenta para terminar su etapa del proceso antes de pasar el producto nuevo al siguiente departamento y etapa. Este proceso ordenado, paso por paso, puede ayudar al control de proyectos complejos y arriesgados. Aunque, también puede ser peligrosamente lento. En los mercados competitivos y cambiantes, este desarrollo del producto, lento pero seguro, le puede costar a la empresa posibles ventas y utilidades, perdidas a manos de competidores más ágiles.

Hoy, con objeto de llevar los productos nuevos al mercado a mayor velocidad, muchas empresas están dejando el método del *desarrollo en secuencia del producto* y optando por el enfoque, más rápido y flexible, del **desarrollo simultáneo del producto**. Con este nuevo procedimiento, diversos departamentos de la empresa trabajan unidos, sobreponiendo los pasos del proceso del desarrollo del producto, para ahorrarse tiempo y aumentar la eficacia (véase Puntos Importantes de la Mercadotecnia 11-4).

ESTRATEGIAS DEL CICLO DE VIDA DEL PRODUCTO

Tras lanzar el producto nuevo, la gerencia quiere que el producto disfrute de una vida larga y feliz. Aunque no espera que el producto se venda por siempre, la gerencia quiere obtener una cantidad de utilidades razonables para cubrir el esfuerzo y los riesgos que invirtió en su lanzamiento. La gerencia está consciente de que cada producto tendrá un ciclo de vida, aunque no conozca por adelantado su forma y duración.

La figura 11-2 muestra el **ciclo de vida del producto (CVP)**, el curso que siguen las ventas y las utilidades del producto, durante el tiempo que dura su vida. El ciclo de vida del producto consta de cinco etapas distintas:

1. *El desarrollo del producto* se inicia cuando la empresa encuentra y desarrolla la idea para un producto nuevo. Durante el desarrollo del producto, no hay ventas y los costos que invierte la empresa se empiezan a acumular.

FIGURA 11-2
Las ventas y las utilidades durante la vida del producto, desde el principio hasta el ocaso

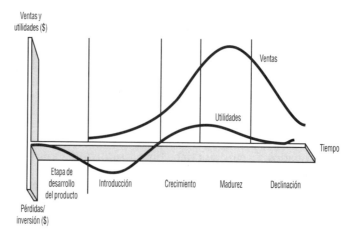

2. *La introducción* es un periodo durante el cual las ventas registran un crecimiento lento, mientras el producto se introduce en el mercado. En esta etapa no hay utilidades, debido a los elevados gastos de la introducción del producto.

3. *El crecimiento* es un periodo durante el cual se registra una aceptación rápida en el mercado y un aumento de utilidades.

4. *La madurez* es un periodo durante el cual el crecimiento de las ventas tiene gran aliento, porque el producto ha sido aceptado por una gran parte de compradores potenciales. Las utilidades se equilibran o disminuyen, debido a que existen erogaciones más fuertes para mercadotecnia, con objeto de defender el producto contra la competencia.

5. *La declinación* es un periodo durante el cual disminuyen las ventas y bajan las utilidades.

No todos los productos siguen este ciclo de vida con forma de S. Algunos productos son introducidos y mueren rápidamente, otros se quedan en la etapa de la madurez durante larguísimo tiempo. Algunos entran a la etapa de declinación y después son reciclados a la etapa del crecimiento en razón de fuertes promociones y su reposicionamiento.

El concepto del CVP puede describir una *clase de producto* (los automóviles a gasolina), una *forma de producto* (las camionetas) o una *marca* (el Ford Taurus). El concepto del CVP se aplica de manera diferente en cada caso. Las clases de productos tienen ciclos de vida más largos. Las ventas de muchas clases de productos permanecen en la etapa de madurez durante mucho tiempo. Por el contrario, las formas de producto suelen tener el comportamiento estándar del CVP. Las formas de producto, por ejemplo los "desodorantes en crema", el "teléfono de disco", los "discos para fonógrafo" pasaron por una historia regular de introducción, crecimiento rápido, madurez y declinación. El ciclo de vida de una marca específica puede cambiar rápidamente en razón de los ataques y las respuestas cambiantes de la competencia. Por ejemplo, aunque los productos para la higiene bucal (clase de producto) y los dentífricos (forma de producto) han gozado de ciclos de vida bastante largos, los ciclos de vida de marcas específicas han tendido a ser mucho más cortos.

El concepto del CVP también se puede aplicar a lo que se conoce como estilos, modas y modas pasajeras. La figura 11-3 muestra sus ciclos de vida especiales. Un **estilo** es un modo de expresión básico y distintivo. Por ejemplo, los estilos se pueden ver en casas (colonial, rancho, Cape Cod); ropa (formal, informal), y arte (realismo, surrealismo, abstracto). Cuando un estilo ha sido inventado, puede durar varias generaciones, estando de moda y dejando de estarlo. Un estilo tiene un ciclo que muestra varios periodos de interés renovado.

Una **moda** es un estilo aceptado o popular, de actualidad, en un campo dado. Por ejemplo, el aspecto "universitario" de la vestimenta de finales de la década de 1970 abrió paso para el "aspecto suelto y en capas" de los años ochenta, el cual a su vez llevó al aspecto menos conservador pero más confeccionado de los años noventa. Las modas pasan por muchas etapas. Primero, por regla general, una cantidad pequeña de consumidores se interesan por algo nuevo que los distingue de los demás. Después, otros consumidores se interesan gracias al deseo de copiar a los líderes de la moda. A continuación, la moda adquiere popularidad y es adoptada por todo el mercado de masas. Por último, la moda se desvanece, conforme los consumidores empiezan a dirigirse hacia otras modas que están empezando a captar su atención. Así, las modas tienden a crecer con lentitud, a gozar de popularidad durante cierto tiempo y a descender poco a poco.

Las **modas pasajeras** son modas que entran con rapidez, son adoptadas con gran celo, llegan a la cúspide muy pronto y decaen muy velozmente. Sólo duran un periodo breve y tienden a atraer a una cantidad limitada de seguidores. Las modas pasajeras muchas veces tienen una índole novedosa o caprichosa, por ejemplo, cuando la gente empezó a comprar los cubos de Rubik, las "rocas de animales", las muñecas Cabbage Patch o los yo-yos. Las modas pasajeras llaman la atención de las personas que buscan emoción, una manera de distinguirse del

Algunos productos permanecen en la etapa de madurez del ciclo de vida del producto durante mucho, mucho tiempo. Kikkoman tiene ¡358 años!

resto o algo que les ofrezca temas de conversación. Las modas pasajeras no viven mucho porque casi nunca satisfacen una necesidad fuerte ni la satisfacen bien.

Los mercadólogos pueden usar el concepto del CVP como útil marco de referencia para describir la forma en que operan los productos y los mercados. Empero, cuando se usa el concepto del CVP para pronosticar la actuación del producto o para desarrollar estrategias de mercadotecnia se presentan algunos problemas prácticos.[16] Por ejemplo, los gerentes pueden tener problemas para identificar en qué etapa del CVP se encuentra el producto, para detectar cuándo el producto pasa a la siguiente etapa y para identificar los factores que afectan el paso del producto por las diferentes etapas. En la práctica, es difícil pronosticar el nivel de ventas en cada una de las etapas del CVP, la duración de cada etapa y la forma de la curva del CVP.

El uso del concepto del CVP para desarrollar la estrategia de mercadotecnia también puede resultar difícil porque la estrategia es tanto causa como resultado del ciclo de vida del producto. La posición presente del producto en el CVP sugiere las mejores estrategias de mercadotecnia y las estrategias resultantes afectan la actuación del producto en etapas posteriores del ciclo de vida del producto. No obstante, si se usa debidamente, el concepto del CVP puede servir para desarrollar buenas estrategias de mercadotecnia para las diferentes etapas del ciclo de vida del producto.

En la primera parte de este capítulo se analiza la etapa del desarrollo del producto del ciclo de vida del producto. A continuación se analizan las estrategias para cada una de las otras etapas del ciclo de vida.

FIGURA 11-3
Los mercadólogos deben entender y pronosticar el estilo, la moda y la moda pasajera

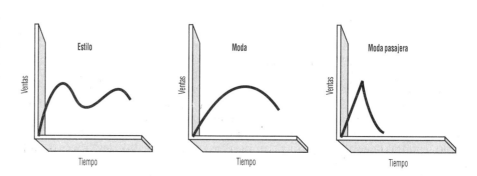

Etapa de introducción

La **etapa de introducción** se inicia cuando el producto nuevo es lanzado por primera vez. La introducción toma tiempo y las ventas suelen registrar un crecimiento lento. Productos conocidos como el café instantáneo, el jugo de naranja congelado y las cremas en polvo para el café pulularon muchos años antes de entrar a la etapa del crecimiento rápido.

En esta etapa, en comparación con otras etapas, las utilidades son negativas o escasas, debido a las pocas ventas y a los elevados gastos por distribución y promoción. Se necesita mucho dinero para atraer a los distribuidores y para crear inventarios. Existe un gasto relativamente alto para promociones, a fin de informar a los consumidores de la existencia del producto nuevo y conseguir que lo prueben. Por regla general, en esta etapa, como el mercado no está listo para versiones afinadas del producto, la empresa y sus pocas competidoras producen versiones básicas del producto. Estas empresas se concentran en venderle a los compradores que están más dispuestos a comprar, que normalmente son los grupos de ingresos más altos.

Una empresa puede adoptar una estrategia de mercadotecnia de entre varias para introducir un producto nuevo. Puede establecer un nivel alto o bajo para cada variable de mercadotecnia, como el precio, la promoción, la distribución y la calidad del producto. Por ejemplo, la gerencia, con base sólo en el precio y la promoción, puede lanzar el producto nuevo con un precio elevado y poco gasto para promoción. El precio alto sirve para recuperar tantas utilidades brutas por unidad como sea posible, al tiempo que el poco gasto para promociones contribuye a mantener bajo el gasto de mercadotecnia. Esta estrategia tiene sentido cuando el tamaño del mercado es limitado, cuando la mayor parte de los consumidores del mercado conocen el producto y están dispuestos a pagar un precio elevado y cuando hay poca competencia inmediata en potencia.

Por otra parte, la empresa podría introducir su producto nuevo con un precio bajo y un gasto grande para promociones. Esta estrategia promete una penetración más rápida en el mercado y una participación mayor. Tiene sentido cuando el mercado es grande, los compradores potenciales son sensibles a los precios y no conocen el producto, hay mucha competencia virtual y los costos de producción por unidad de la empresa van bajando con la escala de producción y la experiencia acumulada de producción.

Una empresa, sobre todo, una *pionera del mercado*, debe elegir una estrategia de lanzamiento consistente con la posición que pretende para el producto. Debe estar consciente de que la estrategia inicial sólo es el primer paso del plan de mercadotecnia mayor para el ciclo de vida entero del producto. Si la pionera opta por una estrategia de lanzamiento para lanzarse a "matar", estará sacrificando los ingresos a largo plazo, en favor de las ganancias a corto plazo. Conforme la pionera pasa por las etapas posteriores del ciclo de vida, tendrá que ir formulando, constantemente, otras estrategias de precios, promociones y de mercadotecnia. Si juega sus cartas correctamente desde el principio, tendrá más posibilidades de conseguir el liderato del mercado y retenerlo.

Etapa de crecimiento

Si el producto nuevo satisface el mercado, entra a la **etapa de crecimiento**, en el cual las ventas empiezan a aumentar velozmente. Las primeras personas en aceptar el producto lo seguirán comprando y las subsiguientes empezarán a seguir los pasos de éstos, sobre todo si escuchan hablar a favor de él. Habrá competidores nuevos que, atraídos por la oportunidad de obtener utilidades, entrarán al mercado. Estos suelen introducir características nuevas en el producto y el mercado se expanderá. El incremento de competidores conduce a un aumento en la cantidad de salidas para la distribución y las ventas saltan sólo para construir los inventarios de los revendedores. Los precios permanecen donde están o caen ligeramente. Las empresas conservan su gasto para promociones en el mismo nivel o en uno un poco más alto. La educación del mercado sigue siendo una meta, pero ahora la empresa también debe enfrentar la competencia.

Las utilidades aumentan durante la etapa de crecimiento, conforme los costos de promoción se distribuyen entre un volumen grande y conforme bajan los

Con objeto de sostener el crecimiento, Sony añade constantemente características nuevas a la línea de Walkmans.

costos de producción por unidad. La empresa usa varias estrategias para sostener el crecimiento rápido del mercado lo más posible. Mejora la calidad del producto y suma características y modelos al nuevo producto. Entra a segmentos nuevos del mercado y a canales nuevos de distribución. Cambia parte de la publicidad destinada a dar a conocer el producto, por otra para crear convicción del producto y propiciar las compras, y baja los precios en el momento oportuno para captar más compradores.

En la etapa de crecimiento, la empresa enfrenta un canje entre la gran participación en el mercado y la gran utilidad presente. Al gastar mucho dinero en la mejora, promoción y distribución del producto, la empresa puede captar una posición dominante. Sin embargo, al hacerlo, cede el máximo de utilidades en el presente, el cual espera obtener en la siguiente etapa.

Etapa de madurez

En algún punto, el crecimiento de las ventas del producto se afloja y el producto entra en la **etapa de la madurez**. Esta etapa, por regla general, dura más tiempo que las etapas anteriores y presenta fuertes desafíos para la gerencia de mercadotecnia. La mayor parte de los productos se encuentran en la etapa de madurez del ciclo de vida y, por consiguiente, la mayor parte de la administración mercadotécnica se refiere al producto maduro.

La lentitud del crecimiento de las ventas produce muchos fabricantes, con muchos productos para vender. A su vez, este exceso de capacidad conduce a más competencia. Los competidores empiezan a bajar los precios, a aumentar su publicidad y promociones de ventas y a elevar sus presupuestos para investigación y desarrollo, con objeto de encontrar mejores versiones del producto. Estos pasos conducen a una reducción de las utilidades. Algunos de los competidores más débiles empiezan a salirse y, con el tiempo, la industria sólo influye a los competidores bien establecidos.

Aunque, al parecer, muchos productos en la etapa madura no cambian durante periodos largos, la mayor parte de los que tienen éxito están evolucionando de hecho para satisfacer las necesidades cambiantes de los consumidores (véase Puntos Importantes de la Mercadotecnia 11-5). Los gerentes de producto deben hacer algo más que sólo ir al lado de sus productos maduros o defenderlos; una buena ofensiva es la mejor defensa. Estos deben considerar la posibilidad de modificar el mercado, producto y mezcla de mercadotecnia.

Modificación del mercado

En esta etapa, la empresa intenta aumentar el consumo del producto. Busca usuarios y segmentos nuevos del mercado, por ejemplo, cuando Johnson & Johnson se dirigió al mercado adulto con su talco y champú para bebés. El gerente también busca maneras para aumentar el uso entre los clientes presentes. Campbell lo hace ofreciendo recetas y convenciendo a los consumidores de que la "sopa es buen alimento". O la empresa quizás opte por volver a posicionar la marca, para que atraiga a un segmento más grande o de crecimiento más rápido, como hizo Arrow cuando introdujo su nueva línea de camisas informales y anunció "Estamos aflojándonos el cuello".

Modificación del producto

El gerente de producto también puede cambiar las características del producto, como la calidad, las peculiaridades o el estilo, para atraer a usuarios nuevos e inspirar a un mayor uso.

Una estrategia de *mejoramiento de la calidad* pretende elevar el desempeño del producto; su duración, fiabilidad, velocidad y gusto. Esta estrategia es efectiva cuando se puede mejorar la calidad, cuando los compradores creen en lo que se dice en cuanto a que ha mejorado la calidad y cuando existe una cantidad suficiente de compradores que quieren mejor calidad.

La estrategia de *mejoramiento de las características* agrega características nuevas que expanden la utilidad, la seguridad o la comodidad del producto. La mejoría de características ha sido usada con éxito por los fabricantes japoneses de relojes, calculadoras y copiadoras. Por ejemplo, Seiko está sumando constantemente estilos y características nuevas a su línea de relojes.

La estrategia de *mejoramiento del estilo* pretende aumentar el atractivo del producto. Por tanto, los fabricantes de autos cambian el estilo de sus autos para atraer a compradores que quieren un aspecto nuevo. Los fabricantes de alimentos de consumo y productos para el hogar introducen sabores, colores, ingredientes o empaques nuevos para revitalizar las compras de los consumidores.

Modificación de la mezcla de mercadotecnia

Los mercadólogos también pueden tratar de mejorar las ventas cambiando uno o varios de los elementos de la mezcla de mercadotecnia. Pueden reducir los precios para atraer a usuarios nuevos y a clientes de la competencia. Pueden lanzar una campaña publicitaria mejor o usar promociones de ventas agresivas; por ejemplo, canjes de productos, descuentos de dinero, premios y concursos. La empresa también puede entrar a canales más grandes del mercado, usando comercializadores masivas, si estos canales están creciendo. Por último, la empresa puede ofrecer servicios nuevos o mejorados a los compradores.

Etapa de declinación

Las ventas de la mayor parte de las formas y las marcas de los productos bajan, con el tiempo. La disminución puede ser lenta, como en el caso de los cereales de avena, o veloz, como en el caso de los discos para fonógrafo. Las ventas se pueden desplomar a cero, o pueden bajar a un nivel bajo donde perduran muchos años. Esta es la **etapa de declinación**.

Las ventas disminuyen por muchas razones, inclusive los adelantos tecnológicos, cambios en los gustos de los consumidores y aumento de la competencia. Conforme disminuyen las ventas y las utilidades, algunas empresas se retiran del mercado. Las que permanecen pueden disminuir la cantidad de ofertas del producto. Muchas quizás abandonen segmentos pequeños del mercado y canales comerciales marginales, o pueden reducir el presupuesto para promociones y reducir incluso más los precios.

Mantener un producto débil puede resultarle muy costoso a la empresa y no sólo en términos de utilidades. Existen muchos costos ocultos. Un producto débil puede ocupar demasiado tiempo de la gerencia. Con frecuencia, requiere ajustes frecuentes de precios e inventarios. Requiere publicidad y la atención de los vendedores, la cual se podría aprovechar mejor para hacer más rentables los productos "sanos". La fama de decadencia de un producto puede despertar preocu-

PUNTOS IMPORTANTES DE LA MERCADOTECNIA 11-5

LAS CRAYOLAS DE CRAYOLA: UN CICLO DE VIDA LARGO Y COLORIDO

Binney & Smith Company empezó a fabricar crayolas junto al arrollo Buschkill, en Peeksill, Nueva York, en 1903. Alice, la esposa del socio Edwin Binney, les puso el nombre de Crayolas, por la palabra francesa *craie*, que significa tubo de color y *ola* que significa aceite. En los noventa y tantos años que han pasado desde entonces las crayolas Crayola se han convertido en un artículo básico de los hogares, no sólo en Estados Unidos, sino en más de 60 países del mundo, en cajas impresas en 11 idiomas. Si usted pudiera colocar las Crayolas producidas en un año, extremo contra extremo, daría la vuelta al mundo cuatro veces y media.

Pocas personas han olvidado su primera caja de 64 crayolas; 64 bellezas perfectamente colocadas adentro de la conocida caja amarillo y verde, con la tapa que se abría hacia arriba y un sacapuntas en la parte posterior. El aroma de una caja de Crayolas recién abiertas sigue enloqueciendo a los niños y hace que los miembros de las generaciones anteriores se remonten a algunos de los momentos más felices de su infancia. Binney & Smith, ahora subsidiaria de Hallmark, domina el mercado de las crayolas. 65% de los niños estadounidenses entre 2 y 7 años toman una crayola, por lo menos una vez al día, y colorean durante un promedio de 28 minutos; 80% de las veces toman una Crayola.

En cierto sentido, las crayolas de Crayola no han cambiado mucho desde 1903, cuando la caja de ocho costaba cinco centavos. Crayola siempre ha sido una marca de primera línea, y las crayolas se siguen haciendo a mano, en forma muy parecida a la de entonces. Sin embargo, un análisis más detenido revela que Binney & Smith ha efectuado muchos ajustes con objeto de que la marca Crayola permanezca en la etapa de madurez, sin caer en la declinación. Con los años, la empresa ha ido añadiendo un chorro de colores, formas, tamaños y empaques nuevos. Aumentó la cantidad de colores, de los 8 originales de 1903 (rojo, amarillo, azul, verde, naranja, negro, café y blanco) a 48 en 1949, a 64 en 1958. En 1972, sumó 8 colores fluorescentes, con nombres llamativos como limón láser, verde brillante y mandarina atómica; en 1990 sumó 7 fluorescentes más, inclusive el lima eléctrico y el rosa centelleante. En fecha reciente, creó una línea nueva de colores plateados; plata cerúleo, cobalto cósmico, musgo tenue, polvo de rosa y 20 más. En total, las crayolas de Crayola ahora incluyen 103 colores y una serie de empaques, entre ellos una especie de portafolios con 72 crayolas.

Con los años, la línea Crayola ha ido creciendo y aumentando muchos tamaños y formas nuevas. Además de la crayola normal de 3 5/8", ahora tiene planas, jumbo y extra grandes. Las crayolas lavables se sumaron a la lista en 1991. Binney & Smith también extendió la marca Crayola a mercados nuevos cuando desarrolló los marcadores Crayola y otros productos afines. Por último, la empresa ha sumado varios programas y servicios para contribuir al fortalecimiento de sus relaciones con los clientes de Crayola. Por ejemplo, en 1984 empezó su programa educativo de pintura Hacedores de Sueños, un programa de diseño para las escuelas primarias de todo el país, con el propósito de que los estudiantes representen sus sueños en papel y recurran al proceso artístico para hacerlos más tangibles. En 1986, estableció una línea telefónica gratuita, la 1-800-CRAYOLA, para mejorar los servicios a clientes. Además, en fecha reciente, emprendió actividades para el reciclaje en todo el país. Ahora, cada tienda cuenta con un cubo para recolectar crayolas y los pedacitos de crayolas reunidos se derriten y vuelven a usar para fabricar el color más usado; el negro.

Los consumidores no han recibido con brazos abiertos todos los ajustes del ciclo de vida de Binney & Smith. Por ejemplo, cuando las ventas se estancaron en la década de 1980, la empresa realizó una investigación de mercado que arrojó que los niños estaban a punto de acabar con la tradición, pues preferían colores nuevos más excitantes. Estaban usando y viendo colores más brillantes y querían tener la posibilidad de colorearlos. Así pues, en 1990, Binney & Smith retiró ocho colores de la venerable caja de 64, tierra de sombra, amarillo limón, maíz, gris azulado, naranja amarillento, naranja rojizo, verde azulado y azul violeta, para mandarlos al Salón de la Fama de Crayola. En su lugar, introdujo ocho tonos más modernos: cerúleo, mandarina fuerte, verde jungla, rosa fuschia, diente de león, verde azulado, morado imperial y fresa salvaje. La medida desató una oleada de protestas por parte de los usuarios fieles a Crayola, que formaron organizaciones como la Sociedad para la Conservación del Sombra de Tierra y el Maíz y el Comité Nacional para Salvar el Amarillo Limón. Binney & Smith recibió un promedio de 334 llamadas al mes de preocupados clientes. Los ejecutivos de la empresa estaban azorados: "Teníamos conciencia de la lealtad y la nostalgia que despertaban las crayolas de Crayola —dice un vocero—, pero no sabíamos que afectaríamos tantos intereses". No obstante, los admiradores de los colores nuevos fueron muchos más que los inconformes y los colores nuevos han llegado para quedarse. Sin embargo, la empresa revivió las colores viejos para que recibieran un último aplauso, en una lata especial para coleccionistas y vendió los 2.5 millones de latas que fabricó. Así, la marca Crayola sigue recorriendo su largo y colorido ciclo de vida.

Fuentes: Cita de "Hue and Cry Over Crayola May Revive Old Colors", *The Wall Street Journal*, 14 de junio de 1991, p. B1. También véase Margaret O. Kirk, "Coloring Our Children's World Since '03", *Chicago Tribune*, 29 de octubre de 1986, Sec. 5, p. 1; Catherine Foster, "Drawing Dreams", *Christian Science Monitor*, 5 de junio de 1989, p. 13; Mike Christiansen, "Waxing Nostalgic Crayolas Retires a Colorful Octet", *Atlanta Constitution*, 8 de agosto de 1990, pp. B1, B4; y Ellen Neuborne, "Expansion Goes Outside Crayon Lines", *USA Today*, 2 de octubre de 1992, pp. B1, B2.

pación en los clientes en cuanto a la empresa y sus otros productos. El costo mayor bien puede estar en el futuro. Mantener productos débiles demora la búsqueda de sustitutos, crea una mezcla de productos tendenciosa, afecta las utilidades actuales y debilita el punto de apoyo de la empresa en el futuro.

Por tal razón, las empresas tienen que prestar más atención a los productos que envejecen. La primera tarea de la empresa consiste en identificar los productos que están en la etapa de declinación, revisando con regularidad las ventas, las partes del mercado, los costos y las tendencias de las utilidades. Después, la gerencia debe decidir si mantiene, cosecha o abandona cada uno de esos productos decadentes.

La gerencia puede optar por *mantener* su marca sin cambios con la esperanza de que la competencia abandone la industria. Por ejemplo, Procter & Gamble obtuvo buenas ganancias permaneciendo en el decadente negocio del jabón líquido conforme otras se retiraban. La gerencia puede optar por *reposicionar* la marca con la esperanza de volver a ponerla en la etapa de crecimiento del ciclo de vida del producto. Por ejemplo, después de observar que las ventas de las tortillas tostadas Tostitos bajaban 50%, de su punto máximo a mediados de la década de 1980, Frito-Lay reformuló las tostadas duplicando su tamaño, cambiando la forma de redonda a triangular y usando harina blanca de maíz, en lugar de amarilla. Las nuevas tortillas tostaditas de Tostitos, Estilo Restaurante, han llegado a la

---

TABLA 11-4
Resumen de las características, los objetivos y las estrategias del ciclo de vida del producto

	INTRODUCCION	CRECIMIENTO	MADUREZ	DECLINACION
Características				
Ventas	Pocas ventas	Ventas aumentan velozmente	Máximo de ventas	Disminución de ventas
Costos				
Utilidades	Costo elevado por cliente	Costo promedio por cliente	Costo bajo por cliente	Costo bajo por cliente
Clientes				
Competidores	Negativas	Utilidades en aumento	Grandes utilidades	Disminución de utilidades
	Innovadores	Primeros en adoptarlo	Mayoría intermedia	Retrasados
	Pocos	Cantidad creciente	Cantidad estable empezando a descender	Cantidad en descenso
Objetivos Mercadotécnicos	Crear conciencia del producto y pruebas	Aumentar al máximo la participación en el mercado	Elevar al máximo las utilidades al tiempo que se defiende la participación en el mercado	Reducir el gasto y exprimir la marca
Estrategias				
Producto	Ofrecer un producto básico	Ofrecer extensiones del producto, servicios, garantías	Diversificar la marca y los modelos	Ir sacando los artículos débiles
Precio	Costo extra por uso	Precio para penetrar en el mercado	Precio para igualar o superar a la competencia	Reducir el precio
Distribución	Crear distribución selectiva	Crear distribución intensiva	Crear una distribución más intensiva	Volverse selectivo: ir eliminando las salidas no rentables
Publicidad	Crear conciencia del producto entre los primeros en adoptarlo y distribuidores	Crear conciencia e interés en el mercado de masas	Reforzar las diferencias y los beneficios de la marca	Disminuir al nivel necesario para conservar a los fieles de corazón
Promoción de ventas	Usar muchas promociones de ventas para fomentar pruebas	Reducir para aprovechar la gran demanda de los consumidores	Incrementar para fomentar el cambio de marcas	Reducir al nivel mínimo

Fuente: Philip Kotler, *Marketing Management: Analysis, Planning, Implementation, and Control*, 8a. ed. (Englewood Cliffs, NJ: Prentice Hall, 1994), p. 365.

cima de la locura reciente, que ha producido ingresos sin precedente, por la comida Tex-Mex.

La gerencia puede optar por *cosechar* el producto, que significa reducir los diversos costos (planta y equipo, mantenimiento, investigación y desarrollo, publicidad, vendedores) y esperar que las ventas se conserven. Si tiene éxito, la cosecha incrementará las utilidades de la empresa en el corto plazo. La gerencia también puede optar por *retirar* el producto de su línea. Se lo puede vender a otra empresa o simplemente liquidarlo a un valor de salvamento. Si la empresa proyecta encontrar un comprador, no querrá estropear el producto mediante la cosecha.[17]

La tabla 11-4 resume las características clave de cada etapa del ciclo de vida del producto. La tabla también contiene las estrategias y los objetivos para cada una de las etapas.[18]

RESUMEN

Las organizaciones deben desarrollar productos y servicios nuevos. Sus productos presentes tienen espacios de vida limitados y tienen que ser reemplazados por productos más nuevos. Sin embargo, los productos nuevos pueden fracasar; los riesgos de la innovación son tan grandes como las recompensas. La clave para que una innovación tenga éxito radica en un esfuerzo total por parte de la empresa, una planeación sólida y un *proceso sistemático para el desarrollo de productos nuevos*.

El proceso para el desarrollo de productos nuevos consta de ocho etapas: *generación de la ideas, tamizado de la idea, desarrollo y prueba del concepto, desarrollo de la estrategia de mercadotecnia, análisis financiero, desarrollo de producto, pruebas de mercado* y *comercialización*. El propósito de cada etapa consiste en decidir si se debe seguir desarrollando la idea o si se debe abandonar. La empresa quiere reducir al mínimo la posibilidad de que las ideas malas prosperen y que las ideas buenas sean rechazadas.

Cada producto tiene un *ciclo de vida* marcado por una serie cambiante de problemas y oportunidades. Las ventas del producto típico siguen una curva con forma de S, compuesta por cinco etapas. El ciclo empieza con la etapa de

desarrollo del producto, cuando la empresa encuentra y desarrolla la idea para un producto nuevo. La *etapa de introducción* se caracteriza por un crecimiento lento y pocas utilidades, debido a que el producto está entrando a su distribución. Si tiene éxito, el producto pasa a la *etapa de crecimiento*, la cual se caracteriza por el rápido crecimiento de las ventas y el aumento de las utilidades. En esta etapa, la empresa trata de mejorar el producto, ingresar a otros segmentos del mercado y canales de distribución, así como bajar sus precios ligeramente. A continuación viene la *etapa de madurez*, donde el crecimiento de las ventas se afloja y las utilidades se estabilizan. La empresa busca estrategias para reanudar el crecimiento de las ventas, inclusive la modificación de mercados, productos y mezcla de mercadotecnia. Por último el producto entra a la *etapa de declinación* en la cual disminuyen las ventas y las utilidades. La tarea de la empresa en esta etapa consiste en identificar el producto decadente y en decidir si éste se debe conservar, cosechar o abandonar. En caso de abandonarlo, el producto se le puede vender a otra empresa o se puede liquidar a valor de rescate.

TÉRMINOS CLAVE

EXPOSICIÓN DE PUNTOS CLAVE

1. Antes de que hubiera cámaras de video caseras, Polaroid introdujo Polavision, un sistema para hacer películas caseras que no requería procesamiento en laboratorio. Al igual que la mayor parte de los sistemas de cine casero, los cartuchos de película de Polavision sólo duraban unos cuantos minutos y no grababan sonido. A pesar de la ventaja del "revelado instantáneo" y de la enorme cantidad que Polaroid gastó en su promoción, Polavision nunca fue muy aceptado. En su opinión, ¿por qué fracasó Polavision, dado el récord anterior de éxitos de los productos nuevos de Po-laroid?

2. Menos de la tercera parte de las ideas para productos nuevos provienen de los clientes. ¿Contradice este escaso porcentaje la filosofía del concepto de mercadotecnia que dice "encontrar una necesidad y satisfacerla"? ¿Por qué sí o por qué no?

3. Muchas empresas cuentan con sistemas y comités formales para el desarrollo de productos nuevos. Sin embargo, un estudio reciente arrojó que los productos nuevos de mayor éxito eran los que no habían estado dentro de un sistema formal. ¿Por qué sería esto así?

4. ¿Qué factores tomaría usted en cuenta para elegir ciudades para hacer pruebas de mercado con una botana nueva? ¿El lugar donde usted vive sería un buen mercado de prueba? ¿Por qué sí o no?

5. Los resultados de los mercados de prueba de un producto nuevo suelen ser mejores que los resultados logrados con las actividades de la misma marca después de su lanzamiento. Ofrezca algunas razones que expliquen lo anterior.

6. Evidencia reciente sugiere que consumir avena y, sobre todo, salvado de avena, puede servir para bajar los niveles de colesterol. ¿Qué impacto tendría este beneficio para la salud en el ciclo de vida de la avena y de los productos a base de avena?

APLICACIÓN DE CONCEPTOS

1. Haga una lista de, cuando menos, 10 ideas para productos nuevos para la cadena de comida rápida que usted prefiera. De estas ideas, según usted, ¿cuáles (en su caso) tendrían posibilidad de tener éxito? ¿Qué porcentaje de sus ideas calificó con buenas posibilidades de éxito? (Divida el número de ideas con potencial para el éxito entre el total de ideas de su lista y multiplique el resultado por 100 para obtener el porcentaje.) ¿Puede usted explicar por qué las ideas con potencial para el éxito parecen más fuertes?

2. Vaya a la tienda de abarrotes y haga una lista de 15 artículos que, al parecer, sean productos nuevos. Califique cada producto por su grado de innovación. Califique con 10 a los productos extremadamente novedosos y sumamente innovadores, y anote un 1 para cada cambio menor, como un empaque o fragancia mejorados. ¿Qué tan nuevos e innovadores son estos productos en realidad y en general? ¿Piensa usted que las empresas se resisten a correr riesgos porque las "pioneras son las que reciben los balazos"?

CÓMO TOMAR DECISIONES EN MERCADOTECNIA:

COMUNICACIONES MUNDO PEQUEÑO, S.A.

Lynette Jones y Thomas Campbell están decidiendo cómo probar el potencial que guarda el mercado para su nuevo producto.

—Si estás pensando en un mercado de prueba para el producto, olvídalo —dijo Tom—. No hay zonas geográficas delimitadas para las ventas de computadoras. Hay muchos distribuidores que venden infinidad de aparatos de cómputo mediante pedidos por correo, además están los fabricantes, como Dell Computers, que también venden muchos otros directamente por correo. Incluso aunque estable-ciéramos un mercado de prueba, estos factores impedirían, de cualquier manera, interpretar los resultados. Pero el problema mayor es la velocidad de este mercado. Para cuando consiguiéramos los resultados del mercado de prueba, el producto estaría atrasado y tendría que ser actualizado, así que los resultados no serían válidos para el futuro. Empero, de cualquier manera, no tendríamos que preocuparnos, porque si esperáramos los resultados del mercado de prueba, en realidad, otro nos robaría la idea, fabricaría un clon de nuestro producto y lo lanzaría en todo el país antes que nosotros. Además, podríamos llevar nuestra oficina matriz al "Monumento Nacional de los Dinosaurios".

—Me encanta tu optimismo desbordado —dijo Lyn—, pero ocurre que estoy de acuerdo contigo. Pienso que tenemos que hacer una prueba beta, como las que hacen las empresas de programas de cómputo. Fabricaremos el mejor producto posible en tu sótano, para obtener los prototipos iniciales y se los enviaremos a una docena de usuarios, más o menos. Les dejaremos que usen el producto, que nos informen lo que tiene de bueno y de malo y veremos qué añadirle o quitarle. Después, modificaremos el diseño, pediremos al fabricante que hayamos contratado que ensamble el producto y lo lanzaremos. ¿Suena factible?

—Se puede hacer —dijo Tom—. Conozco un fabricante pequeño de tableros de circuitos que se especializa en hacer prototipos y cambios rápidos. Con base en las entrevistas que hemos sostenido hasta ahora, ya sé qué diseñar, así que lo haré. Pero, por favor, cuando hables con los banqueros o los posibles clientes, refiérete a las instalaciones diciendo que son nuestro "laboratorio de desarrollo". Esto

le inspira más confianza a la gente que escuchar que el producto salió del "sótano de Tom".

Y, ¿Ahora Qué?

1. Existen muchas maneras de probar un producto nuevo. (a) ¿Cuáles son las ventajas del enfoque de las pruebas que aplicarán Lyn y Tom? (b) ¿Cuáles son los desventajas y los riesgos que proyectan Tom y Lyn? (c) ¿Qué haría usted en su caso?

2. Piense en los ciclos de vida de los productos de la industria de la computación. Tom siente que el ciclo de vida de un modelo particular de su producto será muy corto y que será necesario que un producto reemplace a otro con gran rapidez. (a) Si usted estuviera conformando un plan para desarrollar un modelo nuevo, para lanzarlo en el transcurso de los cinco años siguientes, ¿cómo sería? (b) ¿Cómo administraría usted el ciclo de vida para extender la vida del modelo del año anterior? ¿Cuáles son las ventajas y las desventajas de extender el ciclo de vida de acuerdo con sus sugerencias?

REFERENCIAS

1. Véase Russell Mitchell, "Masters of Innovation: How 3M Keeps Its New Products Coming", *Business Week*, 10 de abril de 1989, pp. 58-64; Joyce Anne Oliver, "3M Vet Enjoys Taking Risks, Knocking Down Barriers", *Marketing News*, 15 de abril de 1991, p. 13; y Kevin Kelly, "3M Running Scared? Forget About It", *Business Week*, 16 de septiembre de 1991, pp. 59-62.

2. Véase "Products of the Year", *Fortune, 9* de diciembre de l985, pp. 106-12.

3. Kevin J. Clancy y Robert S. Shulman, *The Marketing Revolution: A Radical Manifesto for Dominating the Marketplace* (Nueva York: Harper Business, 1991), p. 6; y Robert G. Cooper, "New Product Success in Industrial Firms", *Industrial Marketing Management*, 1992, pp. 215-23. También, véase Brian Dumaine, "Closing the Innovation Gap", *Fortune*, 2 de diciembre de 1991, pp. 56-62; y Gary Strauss, "Building on Brand Names: Companies Freshen Old Product Lines", *USA Today*, 20 de marzo de 1992, pp. B1, B2.

4. Robert G. Cooper y Elko J. Kleinschmidt, *New Product: The Key Factors in Success* (Chicago: American Marketing Association, 1990).

5. Véase Leigh Lawton y A. Parasuraman, "So You Want Your New Product Planning to Be Productive", *Business Horizons*, diciembre de 1980, pp. 29-34. Los porcentajes de esta sección suman más de 100 porque para algunos productos del estudio se mencionó más de una fuente.

6. Para este ejemplo y otros, véase Michael Czinkota y Masaaki Kotabe, "Product Development the Japanese Way", *The Journal of Business Strategy*, noviembre/diciembre de 1990, pp. 31-36; y Jennifer Reese, "Getting Hot Ideas from Customers", *Fortune*, 18 de mayo de 1992, pp. 86-87.

7. Véase "Listening to the Voice of the Marketplace", *Business Week*, 21 de febrero de 1983, p. 90; y Eric von Hipple, "Get

New Products from Consumers", *Harvard Business Review*, marzo-abril de 1982, pp. 117-22.

8. Russell Mitchell, "How Ford Hit the Bullseye with Taurus", *Business Week*, 30 de junio de 1986, pp. 69-70; "Copycat Stuff? Hardly!", *Business Week*, 14 de septiembre de 1987, p. 112; y Jeremy Main, "How to Steal the Best Ideas Around", *Fortune*, 19 de octubre de 1992, pp. 102-6.

9. Para mayor información sobre el concepto de las pruebas del producto véase William L. Moore, "Concept Testing", *Journal of Business Research*, Vol. 10, 1982, pp. 279-94; y David A. Schwartz, "Concept Testing Can Be Improved-and Here's How?, *Market News*, 6 de enero de 1984, pp. 22-23.

10. Véase Otis Port, "Pssst! Want a Secret for Making Superproducts?", *Business Week*, 2 de octubre de 1989, pp. 106-10.

11. Julie Franz, "Test Marketing: Traveling Through a Maze of Choices", *Advertising Age*, 13 de febrero de 1986, p. 11.

12. Véase Howard Schlossberg, "IRI, Mielsen Slug It Out in "Scanning Wars", *Marketing News*, 2 de septiembre de 1991, pp. 1, 47.

13. Para más sobre mercados simulados de prueba, véase Kevin Higgins, "Simulated Test Marketing Winning Acceptance", *Marketing News*, 1 de marzo de 1985, pp. 15, 19; y Howard Schlossberg, "Simulated vs. Traditional Test Marketing", *Marketing News*, 23 de octubre de 1989, pp. 1-2.

14. Véase Robert J. Thomas, "Timing-The Key to Market Entry", *The Journal of Consumer Marketing*", verano de 1985, pp. 77-87.

15. Jennifer Lawrence, "P&G Rushes on Global Diaper Rollout", *Advertising Age*, 14 de octubre de 1991, p. 6; y Zachary Schiller, "No More Mr. Nice Guy at P&G-Not by a Long Shot", *Business Week*, 3 de febrero de 1992, pp. 54-56.

16. Véase George S. Day, "The Product Life Cycle: Analysis and Applications Issues", *Journal of Marketing*, otoño de 1981, pp. 60-67; John E. Swan y David R. Rink, "Fitting Marketing Strategy to Varying Life Cycles", *Business Horizons*, enero-febrero de 1982, pp. 72-76; y Sak Onkvisit y John Shaw, "Competition and Product Management: Can the Product Life Cycle Help?", *Business Horizons*, julio-agosto de 1986, pp. 51-62.

17. Véase Laurence P. Feldman y Albert L. Page, "Harvesting The Misunderstood Market Exit Strategy", *Journal of Business Strategy*, primavera de 1985, pp. 79-85.

18. Para una explicación más amplia de estrategias mercadotécnicas en el transcurso del ciclo de vida del producto véase Philip Kotler, *Marketing Management*, 8a. ed. (Englewood Cliffs, NJ: Prentice Hall, 1994), Cap. 14.

CASO 11

PRODUCTOS NUEVOS, REALIDADES NUEVAS

... Todo está muy oscuro, pero gradualmente puedo ver una habitación llena de aparatos de cocina. Con mi guante mágico, escojo algunos aparatos y los distribuyo en mi cocina. Me aburro pronto, giro a la izquierda y me encuentro en un campo de batalla en el Golfo Pérsico, las bombas estallan junto a mi tanque. Horrorizada, huyo hacia la derecha y me encuentro en una habitación de brillantes cuadros. Pero, ¿qué pasa? Uno de los cuadros rojos está pulsando. Me lo acerco y veo que los precios de las acciones de las empresas pequeñas del ramo de las computadoras están bajando. Pensando "tengo que invertir... tengo que invertir..." trato de salir, pero no puedo. ¡Ay! olvidé quitarme el guante. Si pudiera quitármelo a tiempo...

¿Alicia en una madriguera extraña? ¿Parte de otra novela de Stephen King? No, se trata de la realidad virtual (también llamada ciberespacio), y ya está aquí. Las universidades, como el MIT, y las empresas de computadoras de vanguardia, como Fake Space Labs, Telepresence Research y VPL Research, están desarrollando y fabricando sistemas de realidad virtual que se usan en el campo militar, médico, arquitectónico, educativo y empresarial.

Piense en la habitación con los aparatos de cocina. En Japón, la tienda Matsushita Electric Works contiene una "cocina virtual". Los clientes llevan los planos de sus cocinas a la tienda y ahí, el personal de la tienda, introduce una copia en el sistema de cómputo. A continuación, en la simulación computarizada de su cocina, los clientes incluyen alacenas, colocan aparatos y cambian los colores y los tamaños hasta encontrar la cocina que les gusta. Los clientes no tienen que instalar los artículos para saber si les gustarán o no, y Matsushita cierra la venta en ese instante.

El Instituto para Análisis de Defensa en Arlington, Virginia, creó el campo de batalla del Golfo Pérsico para entrenar a los soldados. Al tocar un botón, este sistema de realidad virtual coloca a los soldados dentro de tanques que avanzan por el desierto de Iraq, y ejecutan las mismas maniobras que

una unidad del 2º regimiento de la caballería armada durante el "Este 73", una batalla real del Golfo Pérsico. Los soldados aprenden a toda velocidad, pues si se equivocan, pueden explotar en pedazos dentro del ciberespacio.

¿Y la habitación con los cuadros brillantes? A diferencia de la cocina y el campo de batalla, que reproducen el mundo real, esta habitación simula un espacio de almacenaje de datos de cómputo, donde cada espacio representa una serie de datos. Los usuarios, parados en medio de los datos de cómputo, pueden detectar problemas de los datos y corregirlos, "ver" las relaciones entre los datos y hacer experimentos moviendo series de datos, para encontrar mejores relaciones.

¿Cómo funciona la realidad virtual? En primer lugar, los diseñadores alimentan datos de un "mundo" específico, como un campo de batalla o el mercado de valores, a potentes computadoras conectadas por medio de cables de fibra óptica a un guante especial y a un casco que contiene pantallas de tercera dimensión. Cuando los usuarios se colocan el casco, las imágenes aparecen ante sus ojos. El guante permite al usuario interactuar con las imágenes de la pantalla. El mundo virtual también incluye efectos auditivos y cuando el guante incluye peso, resistencia y atracción, la realidad virtual incluso puede proporcionar una sensación de tacto.

En la actualidad, la realidad virtual se usa para diseñar productos. Los ingenieros en aeronáutica y automotores encuentran que la realidad virtual les permite identificar la medida en que funcionarán las piezas, sin tener que fabricar costosos prototipos. Los arquitectos pueden "caminar" por los diseños de los edificios nuevos para encontrar errores del diseño, en este caso también sin tener que hacer costosos prototipos. Además, los consumidores podrían comprar casi cualquier cosa por medio de "catálogos virtuales" computarizados.

No obstante, la realidad virtual tiene algunos problemas. La capacidad de imagen, sonido y sensación es un tanto primitiva. Los sistemas actuales, en ocasiones, producen una "zona vomitiva"; es decir, los espectadores pueden perder la orientación y sentir náuseas dentro del espacio virtual. Además, el costo de los sistemas de realidad virtual puede ser abrumador. Un equipo para uso casero costaría, cuando menos, 55,000 dólares; los sistemas comerciales pueden costar 250,000 dólares o más. Por último, los críticos temen que los raros mundos nuevos no sólo podrían cambiar la realidad, sino que quizás incluso la distorsionen. Según los críticos, pasado cierto tiempo, ¿quién podrá distinguir la realidad?

La diversión virtual puede ser una clave para el crecimiento del mercado de consumo. En cierta medida, la diversión virtual ya ha llegado en forma de juegos de video en tercera dimensión y el Nintendo; los guantes del Nintendo son copias del guante de datos, que cuesta 15,000 dólares, del VPL. En la televisión o el video virtuales, uno puede ver a los músicos y actores en tercera dimensión y puede interactuar con ellos. ¡Olvídense del barullo del láser y dénnos videos virtuales!

PREGUNTAS

1. ¿En qué etapa del proceso de desarrollo del producto nuevo se encuentra el video virtual? ¿Qué etapas de desarrollo se podrían presentar antes de que llegue a su comercialización?

2. En la actualidad, sólo un puñado de arquitectos usan la realidad virtual para diseñar edificios. ¿En qué etapa del ciclo de vida del producto se encuentra el uso arquitectónico? Si casi todos los fabricantes de automóviles están usando la realidad virtual para diseñar piezas, ¿en qué etapa del ciclo de vida del producto se encuentra el uso para automotores? ¿Cómo afectaría la etapa del ciclo de vida del producto a la mercadotecnia de cada uno de estos usos?

3. ¿Qué estrategia de precios usaría un productor de sistemas virtuales para introducir (a) una simulación computarizada del mercado de valores y (b) los guantes de Nintendo?

4. ¿Por qué se resistiría un consumidor típico a usar los sistemas de realidad virtual para hacer sus compras? ¿Cómo podrían los mercadólogos superar esta resistencia?

5. ¿Qué otros usos de mercado sugeriría usted para la realidad virtual?

Fuentes: David C. Churbuck, "Applied Reality", *Forbes*, 14 de septiembre de 1992, pp. 486-90; John Hamilton, "Virtual Reality", *Business Week*, 5 de octubre de 1992, pp. 96-105; Harvey P. Newquist, "Virtual Reality's Commercial Reality", *Computerworld*, 30 de marzo de 1992, pp. 93-95; Clinton Wilder, "Virtual Reality Seeks Practicality", *Computerworld*, 27 de abril de 1992, p. 26.

CASO EMPRESARIAL 11

POLAROID: APLICAR LA VISIÓN EN EL MERCADO

Edwin Land, el fundador de Polaroid, tenía un lema personal: "No hagas nada que pueda hacer otro. No emprendas un proyecto, a no ser que sea manifiestamente importante y prácticamente imposible".

Land vivió sujeto a su lema. En 1937, inició Polaroid Corporation en una cochera en Cambridge, Massachusetts, donde inventó el proceso de polarización. En 1943, estando de vacaciones con su familia en Santa Fe, Nuevo México, su hija de tres años le preguntó por qué no podía ver de inmediato la fotografía que le acababa de sacar. En cuestión de una hora, Land se había formado una imagen mental de la cámara, la película y el proceso químico que le permitirían resolver la interrogante que su hija acababa de plantearle. En 1948, Land introdujo su primera cámara instantánea Polaroid. Cuando abandonó la presidencia de la empresa, en 1980, a los 70 años, había hecho de Polaroid una empresa que valía 1.4 mil millones de dólares. Tras su muerte, en 1991, había dejado 537 patentes, ocupando así el segundo lugar después de Thomas A. Edison.

El gran interés de Land por la tecnología condujo a muchos éxitos, pero también al fracaso mayor de su carrera. Convencido de que tenía que llevar el concepto de la cámara fotográfica instantánea a la cámara cinematográfica, Land y sus ingenieros inventaron el sistema de cine instantáneo Polavision y lo lanzaron en 1977. Aunque Polavision satisfacía el criterio de Land en cuanto a "ser prácticamente imposible", la idea no era del todo "manifiestamente importante". Polavision llegó demasiado tarde, otras empresas habían inventado las grabaciones con videocintas. A los dos años, Polaroid tuvo que cancelar el proyecto, que le costó 68.5 millones de dólares.

William McCune, Jr., presidente de Polaroid, era de la opinión que la empresa no podía seguir dependiendo de las fotos instantáneas de aficionados. Land, en lugar de entorpecer su camino, renunció en 1980, y McCune subió a la presidencia.

McCune emprendió diversas actividades para la diversificación de Polaroid, que entró al ramo de las unidades de disco, las fibras ópticas, las videograbadoras, las impresoras de inyección de tinta y los discos blandos. Empero, hacia mediados de la década de 1980, algunos observadores argumentaban que las actividades de diversificación no estaban dando los frutos esperados.

No obstante, las ventas del ramo de la fotografía para aficionados y las ventas de cámaras instantáneas para uso empresarial eran muy fuertes. Para 1986, estas ventas sumaban el 55% de los ingresos de Polaroid. Los consumidores seguían teniendo interés en las cámaras instantáneas. A efecto de estimular la demanda, en 1986, Polaroid introdujo la cámara Spectra, su primera cámara nueva importante desde la SX-70 de 1972. Algunos observadores pronosticaron que la nueva cámara, que valía entre 150 y 225 dólares, resultaba demasiado cara y que no se vendería. De cualquier manera se vendió.

Es probable que Edwin Land se haya sentido reconfortado de que su ex compañía volviera a concentrarse en sus actividades medulares; es decir, en la fotografía instantánea para aficionados. Empero, Land y Polaroid sabían que la empresa enfrentaba enorme competencia en dicho mercado. Las cámaras para grabar videos, las cámaras (SRL) de lente reflex de 35 mm y fáciles de usar, así como el revelado en una hora estaban quitándole gran parte del mercado a Polaroid. Las ventas de cámaras instantáneas habían bajado de un máximo de 13 millones de unidades en 1978 a 4.5 millones en 1990. Las nuevas cámaras de 35 mm se estaban vendiendo mucho más que las instantáneas, en proporción de cinco a uno. Polaroid supo que debía hacer algo para vigorizar su mercado de la fotografía de aficionados y para ampliar su base.

El desarrollo de productos nuevos en Polaroid

En las décadas de 1940 y 1950, Edwin Land aprobó, implícitamente, un proceso de desarrollo de productos llamado "obras ganadoras". Este proceso propiciaba que personas o grupos disidentes buscaran ideas para el diseño de productos nuevos, de manera extra oficial y, con frecuencia, en secreto. Muchas veces, estas personas o grupos generaban diseños para productos nuevos, orientándose hacia la tecnología. Sin embargo, estos diseños eran desarrollados sin tomar en cuenta la estrategia de mercadotecnia ni la administrativa. Es más, con frecuencia, los gerentes de operaciones casi no tenían influencia en el diseño de la maquinaria. El desarrollo de la película y el de la cámara seguían caminos paralelos. El desarrollo del paquete de la película se presentaba después del desarrollo de los componentes de la película. Este proceso de desarrollo producía, invariablemente, problemas graves cuando los gerentes intentaban que todas las partes funcionaran juntas.

En 1984, un equipo de obras ganadoras, con personal de ingeniería de cámaras, empezó a discutir cuál sería la siguiente cámara de Polaroid y un equipo de investigaciones de películas empezó a estudiar la posibilidad de una película nueva. Los dos grupos se reunieron extraoficialmente para compartir ideas. Estas reuniones "a ciegas" abordaban los grandes problemas de la calidad de la imagen, el costo de la película y el tamaño de la cámara. En breve, los grupos redujeron sus discusiones al tema de una película que cupiera en una cámara más pequeña. Asimismo, decidieron que la cámara debería almacenar las fotos en su interior, en lugar de sacarlas automáticamente como hacían las otras cámaras de Polaroid.

A diferencia de otros grupos de trabajo, estos dos grupos buscaron información de mercadotecnia. En 1984 y 1985, el grupo interno de investigaciones de mercadotecnia de Polaroid recurrió a las sesiones de grupo para conocer las reacciones de los consumidores ante las cámaras instantáneas, pequeñas medianas y normales, que además pudieran almacenar fotos. Las sesiones de grupo sugirieron que algunos consumidores sí tenían interés por una cámara más pequeña, con fotos más pequeñas.

Aunque la evidencia obtenida del mercado no bastaba para que la empresa diera todo su apoyo al concepto de la nueva cámara, el presidente de Polaroid, MacAllister Booth, pidió a su ayudante Roger Calpp, que investigara la idea.

La historia de Josué

Aparece Josué. A pesar de que Polaroid había introducido la cámara Spectra en 1986, Booth, que acababa de asumir el puesto de ejecutivo máximo, estaba consciente de que la empresa tenía que seguir trabajando en la siguiente cámara nueva. Nombró a Peter Kliem director de investigaciones e ingeniería, combinando así dos departamentos que, tradicionalmente, habían tenido funciones separadas para el desarrollo de productos nuevos. Booth también pidió a Hal Page, el subdirector de calidad de Polaroid, que se convirtiera en gerente del programa para la siguiente cámara de consumo. Por primera vez, Polaroid contó con un único gerente de programa, de nivel alto, responsable de todos los aspectos del desarrollo de productos nuevos: de la película y de la cámara, de la producción y de la mercadotecnia.

Durante un año, Page volvió a estudiar la situación, con el propósito de generar ideas para una cámara nueva. Empezó por las sesiones con lluvia de ideas, proyectando una película de capacitación que contenía la caricatura de un personaje llamado Josué. En la película, Josué estaba atrapado en una caja y trataba de salir de ella, recurriendo a todas las formas evidentes. Por fin, frustrado, Josué tocaba con un dedo y con suavidad uno de los lados de la caja y descubría, inesperadamente, que el dedo había producido un agujero en la caja. A continuación, se empeñaba en agrandar el agujero, hasta que podía escapar de ella.

Josué transmitió un mensaje a los cientos de personas, de los muchos grupos funcionales, que asistieron a las sesiones con lluvia de ideas de Page. Los empleados, para generar ideas para una cámara nueva, en verdad innovadoras, tendrían que atacar problemas nuevos con una mentalidad nueva, con enfoques "para salir de la caja". La gente, para crear algo diferente, algo que no fuera una extensión de las cámaras existentes de Polaroid, tendría que pensar en forma creativa y abandonar los prejuicios, inclusive, quizás, el prejuicio contra las cámaras pequeñas. Las sesiones de lluvia de ideas también sirvieron para que los participantes se enfrentaran a la tensa interrogante de si los productos nuevos se deberían orientar a la tecnología o a la mercadotecnia. Los participantes no tardaron en conocer la respuesta: tenían que orientarse en ambos sentidos.

Por otra parte, Hal Page proyectó a los grupos una película que ilustraba, dramáticamente, el valor del almacenaje interno de las fotos de la cámara nueva. La película mostraba a gente que estaba en Disney World, sacando foto tras foto con sus cámaras automáticas de 35 mm, mientras otras personas cercanas veían cómo su única foto Polaroid se iba revelando y mientras luchaban por encontrar un lugar para guardarla. Page y otros eran de la opinión que los consumidores sacarían mayor cantidad de fotos si no tuvieran que detenerse, después de cada una, para encontrar un lugar donde guardarla mientras se revelaba. Es más, así, los consumidores dañarían y perderían menos fotos.

Sin embargo, esta característica del alamacenaje requería que la película de la cámara se doblara alrededor de un tubo tras la exposición, para poder entrar al compartimiento de almacenaje. Le habían dicho a Larry Swensen, miembro del departamento de mercadotecnia, que la película normal de Polaroid se rompía o despegaba cuando se doblaba. Sin embargo, Swensen no aceptó esta información general. Fabricó un modelo real de cámara que permitía que la película normal girara 180 grados, en forma de U, durante el proceso. En lugar de que las fotos salieran de la cámara, las fotografías tamaño bolsillo salían a una cámara interna de almacenaje, donde el usuario las podía ver mientras se revelaban. El usuario ya no tendría que dejar de sacar fotos mientras encontraba un lugar seguro para guardar cada foto. La idea de escaparse de la caja de Josué empezaba a funcionar.

Page también recurrió a asesores externos en mercadotecnia. Con base en estudios sobre cámaras pequeñas realizados por Polaroid entre 1984 y 1986, los asesores llegaron a la conclusión de que existía un mercado para una cámara pequeña y de que dicha cámara no se engulliría a las líneas existentes de Polaroid. Otros estudios externos, realizados en 1987 y 1988, analizaron las preferencias de los consumidores en cuanto al tamaño de la cámara, el precio de la cámara y el precio de la película. Otro estudio más, estimó el volumen de ventas que podría esperar Polaroid con diversas combinaciones de características.

Polaroid basó estos estudios en la hipótesis de que la cámara nueva tendría un precio de 150 dólares. Sin embargo, conforme avanzaron los estudios, la gerencia llegó a la conclusión de que el mercado para el precio de 150 dólares sería demasiado pequeño y que el precio de la cámara debería ser del orden de 100 dólares. Este cambio requería más estudios de mercado.

En 1988, Hal Page abandonó Polaroid y Roger Clapp se hizo cargo del "Programa de Josué", como lo llamaban los empleados. Aunque Page y sus grupos habían avanzado mucho, todavía quedaban muchos obstáculos técnicos y de mercadotecnia. Los ingenieros de diseño enfrentaban muchos cambios entre el tamaño y otras características, como el rendimiento y el costo. Roger Clapp detuvo el proceso de diseño y pidió a los inventores que reconsideraran todos los cambios. La pausa sería por cuatro semanas, sin embargo, se convirtió en una interrupción de ocho meses, pues abrió la puerta para que se reconsideraran todos los asuntos pendientes.

Cuando los gerentes de Clapp revisaron el proyecto Josué, vieron que necesitaban aclarar el potencial del mercado de las cámaras de precio bajo y realizar más investiga-

ciones para que la mercadotecnia realmente respaldara el programa. Por fin, los gerentes convinieron en que el último obstáculo de las investigaciones de mercado era una "prueba de asesores", realizado por el profesor Glenn Urban de la Escuela de Administración Sloan del MIT.

La prueba de asesores consistió en establecer tiendas simuladas en cinco puntos geográficos repartidos por todo el país. Estas tiendas ofrecían 25 cámaras diferentes (Polaroid y de modelos de la competencia), con precios que iban desde los baratos hasta los caros. Cada tienda tenía un mostrador real, un anaquel de películas, tarjetas de características y dependientes de ventas que contestaban las preguntas. Los investigadores, como parte del proceso de entrevista, produjeron hojas impresas a todo color con publicidad de la nueva cámara. Polaroid también desarrolló un modelo real de la cámara Josué. A lo largo de un mes, 2,400 personas tomaron parte en entrevistas y pruebas de mercado en las cinco tiendas. Los investigadores fueron tamizando, cuidadosamente, a los participantes, tomando en cuenta factores como la edad, el sexo, la raza y la situación económica, para cerciorarse de que el grupo representaba la demografía de la población estadounidense en general.

Durante este tiempo, surgió el diseño de otra cámara, gracias a la inventiva de un hombre. Aunque el proyecto Josué estaba muy avanzado, Larry Douglas había continuado trabajando en la idea. La cámara Douglas ofrecía el ingenioso diseño de una cámara que se abría para tomar la foto y después se cerraba automáticamente. Como Josué todavía no tenía demasiado apoyo de la empresa, Polaroid también mandó que se realizara una investigación de mercado para la cámara Douglas.

Los dos estudios proporcionaron evidencia convincente de que existía un mercado para una cámara instantánea pequeña y que Josué sería el producto preferido. Polaroid dio luz verde para Josué a finales de 1980.

La visión de la realidad

Aunque Polaroid había invertido muchísimo tiempo y esfuerzo en el proyecto Josué antes de su aprobación a finales de 1989, la cámara y la película seguían en su etapa de desarrollo. Todos los empleados de la empresa Polaroid aún tenían que resolver muchos problemas.

Vista de frente y posterior de la nueva cámara Vision/Captiva

Tamaño real de la fotografía de Vision/Captiva

El departamento de producción tenía que instalar un nuevo sistema de diseño computarizado (CAD) y elegir un material y diseño nuevos para la caja básica de la cámara. La cámara estaría tras el lente, con el mismo sistema de visión de millones de cámaras de 35 mm. El compartimiento de almacenaje de fotos tendría que guardar las 10 fotos de un paquete de película. Además, la cámara tendría que pasar la prueba de Polaroid, de la caída de cuatro pies de altura.

Polaroid estableció un comité de dirección, interdisciplinario, para administrar el proceso de producción de la película. Este equipo abordó diversos problemas, por ejemplo cómo incluir en el paquete de la película la batería que se usaría y cómo diseñar el proceso mismo de producción de la película. A semejanza de otras películas instantáneas de Polaroid, la película Josué se presentaría en un paquete de 10 exposiciones y le costaría al consumidor alrededor de 1.00 dólar por foto, en comparación con los 0.40 de la foto convencional de 35 mm. La película tendría un tamaño aproximado de 2 1/8" por 2 7/8", es decir, sería más pequeña que las fotos de 35 mm.

Los ingenieros electrónicos diseñaron un nuevo microcontrol que sería el centro de la cámara Josué. El nuevo control resolvía muchos problemas añosos técnicos y de producción. A base de "software", proporcionaba las características de "Enfoque y retención", "encuadre y velocidad" y "parpadeo", para medir la luz existente para la foto, fijar la exposición y encontrar la distancia entre la cámara y el objeto. En otras palabras, como muchas cámaras de 35 mm existentes en el mercado, Josué tendría "todo automático". Los gerentes insistían en que, todos estos procesos, debían satisfacer las normas más altas de calidad y fiabilidad.

Para el Día del Trabajo de 1991, el equipo Josué había producido 24 cámaras prototipo para que las probaran los empleados de Polaroid durante el fin de semana feriado. 23 cámaras funcionaron. El equipo siguió produciendo cámaras para pruebas de fin de semana y lanzó un ataque concentrado contra los problemas que se identificaron con las pruebas. Para la Navidad de 1991, el equipo produjo 300 cámaras Josué para que empleados de costa a costa, que no trabajaban en Polaroid, las probaran. Fue la primera vez en que Polaroid, al desarrollar un Producto, pusiera cámaras en manos de usuarios externos. Los gerentes eran de la

opinión de que estaban produciendo una cámara nueva que satisfacía necesidades reales de los clientes, pero querían que sus decisiones estuvieran fundamentadas en investigaciones de mercado y no en sus instintos.

Estas pruebas de campo arrojaron que los usuarios de Josué tomaron más fotos verticales y más acercamientos que los usuarios de otras cámaras Polaroid. Con base en estas reacciones, los ingenieros ajustaron los sistemas de exposición de la cámara, para que ejecutara estupendamente el formato vertical o los acercamientos. Polaroid también realizó pruebas de mercado en otros países. Polaroid calculó que, para cuando presentara la cámara, más de 2,000 consumidores de Polaroid y no consumidores habrían sacado más de 55,000 fotos para analizar las imágenes.

El lanzamiento de Vision

La empresa decidió que introduciría la cámara nueva en septiembre de 1992, en la feria Photokina. Photokina es la feria fotográfica más grande el mundo, que tiene lugar cada dos años en Colonia, Alemania. Alrededor de 200,000 visitantes, de 150 empresas, asisten a la feria. Como Polaroid había decidido que primero comercializaría la cámara en Alemania, Photokina sería el lugar perfecto para introducirla. La decisión misma era importante, porque dejaba atrás la costumbre que tenía Polaroid de entrar primero, de lleno, mediante las ventas en Estados Unidos. Después de Alemania, Polaroid introduciría la cámara en otros países de Europa y, a continuación, en Japón, a principios de 1993. La cámara llegaría al mercado de Estados Unidos hasta finales del verano de 1993.

Esta introducción en secuencia permitiría al equipo del producto ir acelerando la producción gradualmente, en razón de los sucesivos lanzamientos discretos en los mercados internacionales. Para cuando la empresa introduzca la Josué al mercado estadounidense, habrá tenido ocasión de resolver los problemas de producción y contar con la cantidad suficiente de producción que requiere el volumen mucho mayor del mercado mencionado.

Empero, antes de la introducción, la cámara necesitaba un nombre para el mercado. El nombre tenía que tener sentido, cuando menos, en 11 idiomas. Polaroid optó por el nombre Vision, nombre que transmitía la esencia del espíritu y la misión de la empresa. Este sería el nombre de la cámara en el mercado europeo.

Roger Clapp, refiriéndose al desarrollo de Vision, señaló que el enfoque usado por el equipo de Polaroid para desarrollar Vision "... forma parte de una empresa mayor de la compañía, en el cual la producción y el desarrollo se han alineado con la mercadotecnia, desde el principio del proceso, permitiéndonos así llevar productos de gran calidad al mercado a mucha mayor velocidad y con mucho menor esfuerzo".

Sin embargo, Clapp sabe que conforme Vision vaya rodando por Europa y Japón hacia el mercado de Estados Unidos, su equipo tendrá que seguir aprendiendo y revisando sus planes de mercadotecnia. El equipo ya ha decidido que usará el nombre Captiva para la cámara en el mercado de estadounidense. Dado que en este mercado Polaroid cuenta con una distribución establecida y que ha tomado otras decisiones en cuanto al producto y el precio, ahora Polaroid tendrá que decidir cómo promoverá la Captiva para fomentar el crecimiento sostenido del mercado de las fotos instantáneas de aficionados.

Preguntas

1. Compare el proceso tradicional de Polaroid para desarrollar productos nuevos con el proceso seguido para el caso de Josué. ¿Pronosticaría usted que Josué (Vision) tendrá más éxito que un producto como Polavision, desarrollado de acuerdo con el sistema tradicional? ¿Por qué sí o no?

2. Como se presentaron las cosas en el proyecto Josué, ¿siguió Polaroid debidamente los ocho pasos que señala el texto para el proceso de desarrollo de un producto?

¿Cómo podría Polaroid mejorar este proceso para productos futuros?

3. ¿A quién debería Polaroid dirigirse con la campaña de promoción de la Captiva en Estados Unidos y qué ideas de promoción le recomendaría usted a Polaroid para despertar el interés por su nuevo producto?

Fuentes: Subrata N. Chakravarty, "The Vindication of Edwin Land", *Forbes*, 4 de mayo de 1987, pp. 83-84; Frances Westley y Henry Mintzberg, "Visionary Leadership and Strategic Management", *Strategic Management Journal*, Vol. 10, 1989, pp. 17-32; Jane Poss, "Edwin Land Death at 81", *Boston Globe*, 2 de marzo de 1991, p. 1; Joseph Pereira, "Polaroid Points a Smaller Instant Camera at 35 mm Users", *The Wall Street Journal*, 11 de septiembre de 1992, p. B1. La mayor parte de este caso ha sido adaptado a partir de artículos aparecidos en *Viewpoint*, publicación del departamento de comunicación interna de Polaroid, número de octubre de 1992, especialmente "The Joshua Story: Polaroid Takes its Vision to the Marketplace". Reproducido con autorización de Polaroid Corporation.

Fijación de precios de los productos: consideraciones y enfoques

$\mathcal{E}$l consumidor que compra una videocasetera en Sears tiene acceso a una inmensa variedad de modelos y precios: el último catálogo de Sears contiene 14 modelos de videocaseteras, con 12 precios diferentes, desde 294.97 hasta 629.99 dólares. Sin embargo, aunque los consumidores quizá tengan dificultad para elegir entre los diferentes precios, es probable que Sears tenga más problemas para *marcarlos*. En el complejo proceso de poner precios, Sears debe tomar en cuenta infinidad de factores.

Sears, al poner un precio, primero debe pensar en sus *objetivos globales de mercadotecnia* y en el papel que desempeña el precio dentro de la mezcla de mercadotecnia. ¿El precio que establezca Sears será para aumentar al máximo las utilidades sobre las videocaseteras, en el presente, o para aumentar al máximo su participación en el mercado a largo plazo? ¿Sería conveniente aplicar una estretegia de precios altos y poco volumen o una de precios bajos y gran volumen? La gigantesca empresa detallista también debe tomar en cuenta sus *costos;* es decir, los costos que entraña la producción de videocaseteras o el comprárselas a proveedores, los costos por concepto de embarque, almacenaje, inventario y venta de existencias, así como los costos de los servicios que ofrece a los clientes. Sears tendrá que fijar un precio que cubra estos costos más las utilidades que pretenda obtener de las videocaseteras.

Sin embargo, si Sears sólo pensara en los costos cuando establece sus precios, estaría pasando por alto otros factores importantes. Además de los costos, Sears también debe considerar la relación entre el precio y la *demanda* que tienen sus videocaseteras y debe fijar precios que se ciñan al valor que perciben los consumidores. Si Sears cobra un precio superior al valor que perciben los compradores, no venderá muchas videocaseteras. Si cobra uno menor, quizá venda muchas videocaseteras, pero bajarán sus ingresos globales. Por último, Sears debe tomar en cuenta la calidad y los precios de las videocaseteras de la *competencia*. Si Sears cobra más por las videocaseteras que son similares a las de sus principales competidores, corre el riesgo de perder ventas. Si pone precios mucho más bajos que los de productos comparables, perderá la oportunidad de obtener utilidades, incluso si registra más ventas que la competencia.

Así pues, Sears establecerá los precios de sus videocaseteras basándose en diversos factores: los objetivos globales de mercadotecnia, los costos, los precios de la competencia y la demanda, así como los valores que perciben los consumidores. No obstante, el fijar los precios básicos apenas es el principio. A continuación, Sears debe ajustar sus precios para diferentes mercados y para diferentes situaciones del mercado. Por ejemplo, como los consumidores adjudican diferente valor a diversas características de las videocaseteras, Sears ofrece muchos modelos para cubrir los diferentes segmentos de precios. El modelo básico de VHS, con 117 canales y dos cabezas, sin ningún extra, tiene un precio de venta de 294.97 dólares. En el otro extremo, el mejor modelo de Sears, la videocasetera estereofónica, con 120 canales, cuatro cabezas, control remoto con 35 funciones, programación en pantalla, capacidad para imágenes dentro de la imagen y la posibilidad de congelarlas y buscar varios canales, se vende a 629.99 dólares. Luego entonces, Sears ofrece modelos que se ciñen a las preferencias y el presupuesto de cada consumidor.

Sears también ajusta sus precios para que tengan impacto psicológico. Por ejemplo, en lugar de cobrar 300 dólares por su modelo básico, Sears cobra 294.97 dólares. Este precio sugiere una ganga, además los consumidores percibirán el modelo dentro del rango inferior a los 300 dólares y no en el de los precios superiores a los 300 dólares. También, Sears ajusta sus precios para ceñirse a las condiciones del mercado y a los actos de la competencia. Por ejemplo, pasada la Navidad, Sears podría rebajar el precio de su mejor modelo unos 100 dólares, tanto para reducir inventarios como para alentar la demanda. Por tanto, Sears debe estar ajustando sus precios constantemente para ceñirse a las diferencias de los compradores y a las condiciones cambiantes del mercado. Además, debe ajustarlos en el caso de cada uno de los miles de productos que vende.

Las estrategias de precios de Sears han desempeñado un papel medular en las altas y bajas que ha sufrido la empresa a lo largo de 10 decenios. En un principio, Sears se convirtió en la mayor minorista de Estados Unidos porque ofrecía mercancía de calidad a precios asequibles. Sin embargo, hacia finales de los años sesenta, la empresa decidió mejorar la calidad de su mercancía y elevar los precios. Cuando el aumento de precios hizo que muchos compradores leales optaran por competidores que ofrecían precios más bajos, Sears empezó a recurrir a las ventas por medio de rebajas semanales para que sus precios resultaran más competitivos. No obstante, a pesar de la estrategia de las rebajas constantes, Sears siguió perdiendo clientes a manos de Kmart, Wal-Mart y otras tiendas de descuento. Perdió 33% del mercado durante la década de 1980 y la minorista más grande de Estados Unidos se encontró en una situación muy problemática.

En la primavera de 1989, Sears hizo un cambio que llamó el más grande en su historia de 102 años y emprendió una atrevida estrategia de precios. Olvidándose de las rebajas semanales que venía haciendo desde hacía décadas, adoptó una estrategia de *precios bajos todos los días,* sin rebajas. Sears cerró sus 824 tiendas durante 42 horas y reetiquetó toda su mercancía, reduciendo los precios hasta 50%, en algunos casos. En su mayor campaña publicitaria, la enorme minorista decía: "¡Hemos bajado los precios de más de 50,000 artículos! Sears: donde su dinero vale mucho más".

Sears estaba segura de que su nueva estrategia de precios bajos todos los días volvería a atraer a los consumidores a sus tiendas y reviviría las decadentes utilidades. Al principio, con esta nueva política de precios, las ventas resurgieron. Sin embargo, el plan entrañaba muchos riesgos y, cuando las fanfarrias iniciales se callaron, las ventas y las utilidades de Sears volvieron a bajar. Sears, para tener éxito con los *precios* bajos todos los días, primero tendría que conseguir costos bajos todos los días. Sin embargo, sus *costos* siempre habían estado muy por arriba de los de la competencia. La reducción de precios, habida cuenta de la inflada estructura de costos de Sears, prácticamente eliminó sus márgenes, provocando que las utilidades bajaran. Además del problema de los costos, Sears tenía otro problema más serio: tratar de cambiar la percepción de los consumidores en cuanto a sus precios y sus actividades. Durante décadas, Sears había condicionado a los clientes a que "esperaran" para aprovechar sus tradicionales rebajas. Al cambiar rápidamente su política de precios a la de los precios bajos todos los días, confundió a los consumidores. Es más, los consumidores, atacados todos los días por las afirmaciones de muchos detallistas, asegurando que sus precios eran bajos, no le prestaban demasiada atención a estas aseveraciones. Peor aún, algunas encuestas arrojaron que los consumidores simplemente dudaban que los nuevos precios de Sears *fueran* los más bajos del mercado.

A principios de 1990, después de sólo 10 meses, parecía que la estrategia de Sears, de los precios bajos todos los días, iba de salida. La empresa empezó a aplicar una estrategia nueva, poco a poco, concediendo menos importancia a los precios y más al "valor", volviendo a recurrir a sus puntos fuertes tradicionales: a las políticas de la confiabilidad, la devolución de mercancía y la "satisfacción garantizada". Además, empezó a programar rebajas importantes, en un intento por reavivar el entusiasmo de los consumidores y las compras. En 1991, tras varios decenios de ser la líder de ventas del ramo, Sears bajó al tercer lugar, después de la nueva líder del mercado, Wal-Mart y la segunda, Kmart. Para 1993, a pesar de que la enorme reducción de costos produjo utilidades más altas, gran parte de los consumidores no tenían clara la posición de precios de Sears y sus ventas siguieron bajando en comparación con las de los competidores con posiciones más fuertes.

Así pues, Sears sigue buscando una estrategia acertada para sus precios. La forma en que este enorme detallista maneje sus precios y los problemas afines decididamente afectará sus ventas y utilidades, incluso quizá su supervivencia.[1]

AVANCE DEL CAPÍTULO

El capítulo 12 presenta un resumen general de los factores que afectan los precios y compara enfoques generales para establecer precios.

En primer lugar, se parte de los precios como uno de los elementos de la mezcla de mercadotecnia y se muestra cómo se pueden usar para respaldar los objetivos mercadotécnicos generales.

*A continuación, se ofrece una explicación de los costos, inclusive de los **costos variables**, **los costos fijos** y **el costo total** y se demuestra que los costos son el fundamento de los precios de la empresa.*

*El capítulo prosigue con una explicación de los factores externos que afectan los precios, que incluye los precios para diferentes **tipos de mercados**, las percepciones de los consumidores en cuanto a los precios y el valor, la **elasticidad de precios de la demanda**, así como una repaso general de los factores competitivos.*

*El capítulo termina con una explicación general de los procedimientos para establecer precios, considerando **el precio sobre el costo** y el concepto derivado de **los precios para obtener las utilidades pretendidas, los precios considerando a los consumidores** y **los precios considerando a la competencia**.*

Todas las organizaciones lucrativas y muchas no lucrativas deben establecer precios para sus productos o servicios. El *precio* se puede llamar de diferentes maneras:

> Los precios están en todas partes. Usted paga un *alquiler* por su departamento, una *colegiatura* por su educación y *honorarios* a su médico o dentista. La línea aérea, el ferrocarril, el taxi y el autobús le cobran una *tarifa;* las empresas que ofrecen servicios públicos lo llaman *cuota,* y los bancos le cobran *intereses* por sus créditos. El precio por conducir un auto por la autopista se llama *peaje* y la empresa que asegura su auto le cobra una *prima*. El conferencista invitado cobra *honorarios* por hablar del funcionario de gobierno que aceptó un *soborno* para ayudar a un sombrío personaje a robarse las *cuotas* que se le pagaron a la asociación del gremio. Los clubes o las sociedades a las cuales pertenece, pueden efectuar un *cargo* especial para sufragar gastos extraordinarios. Su abogado puede pedirle una *fianza* para garantizar sus servicios. El "precio" de un ejecutivo se llama *sueldo,* el precio de un vendedor puede ser su *comisión* y el precio de un obrero es su *salario*. Por último, aunque los economistas no estarían de acuerdo, muchos pensamos que los *impuestos sobre la renta* son el precio que pagamos por el privilegio de ganar dinero.[2]

En su definición más simple, el **precio** es la cantidad de dinero que se cobra por un producto o servicio. En términos más amplios, el precio es la suma de los valores que los consumidores intercambian por el beneficio de poseer o usar el producto o servicio.

¿Cómo se establecen los precios? Históricamente, los precios eran establecidos en razón de las negociaciones entre los compradores y los vendedores. Los vendedores pedían un precio superior al que esperaban obtener y los compradores ofrecían uno menor al que esperaban pagar. Con este regateo, llegaban a un precio aceptable, los diversos compradores pagaban precios diferentes por los mismos productos, dependiendo de sus necesidades y de su capacidad para negociar.

Hoy, la mayor parte de los vendedores establecen *un* precio para *todos* los compradores. El desarrollo de las tiendas detallistas grandes, a finales del siglo XIX, reforzó esta idea. F. W. Woolworth, Tiffany and Co., John Wanamaker, J. I. Hudson y otros anunciaban que su "política era la de un precio único" porque manejaban muchísimos artículos y, por tanto, tenían muchos empleados.

Históricamente, el precio ha sido un factor central en la elección de los compradores. Esto sigue ocurriendo en el caso de los países pobres, entre los grupos pobres y los productos de primera necesidad. Sin embargo, en decenios recientes, otros factores, ajenos al precio, han ido adquiriendo importancia para el comportamiento que observan los compradores al elegir.

El precio es el único elemento de la mezcla de mercadotecnia que produce ingresos, pues todos los demás elementos representan costos. Además, el precio es uno de los elementos más flexibles de dicha mezcla. A diferencia de las características del producto y de los canales comprometidos, el precio puede ser sujeto a cambios rápidos. Por otra parte, la competencia de los precios y de cómo tirarlos es el problema principal de muchos ejecutivos de mercadotecnia. Sin embargo, muchas empresas no manejan bien sus precios. Los errores más frecuentes son la fijación de precios que está demasiado orientada a los costos; no revisar los precios con la frecuencia suficiente para que reflejen los cambios del mercado; poner precios que no toman en cuenta el resto de la mezcla de mercadotecnia, y poner precios que no son lo bastante variados para los diferentes productos, segmentos del mercado y ocasiones de compra.

En este capítulo y en el siguiente se aborda el problema de la fijación de precios. En este capítulo se habla de los factores que deben considerar los mercadólogos cuando establecen los precios y analizan los enfoques generales para ponerlos. En el siguiente capítulo se analizan las estrategias de fijación de precios, para producto nuevo, la fijación de precios para la mezcla de productos, los cambios de precios y los ajustes de precios tomando en cuenta los factores del comprador y situacionales.

FACTORES A CONSIDERAR EN LA FIJACION DE PRECIOS

Las decisiones de una empresa en cuanto a la fijación de precios están sujetas tanto a factores internos de la empresa, como a factores externos del entorno (véase la figura 12-1). Los *factores internos* incluyen los objetivos de mercadotecnia de la empresa, la estrategia de la mezcla de mercadotecnia, los costos y la organización. Los *factores externos* incluyen el carácter del mercado y de la demanda, la competencia y otros elementos del entorno.

Factores internos que afectan las decisiones de fijación de precios

Objetivos de mercadotecnia

La empresa, antes de poner un precio, debe decidir cuál será la estrategia del producto. Si la empresa ha elegido debidamente el mercado hacia el cual se dirige y su posición en dicho mercado, entonces su estrategia para la mezcla de mercadotecnia, incluyendo el precio, será bastante directa. Por ejemplo, si General Motors decide producir un auto deportivo nuevo para competir con los deportivos europeos en el segmento de ingreso alto, lo indicado sería cobrar un precio elevado. La posición de Motel 6, Econo Lodge y Red Roof Inn es la de moteles que ofrecen habitaciones económicas a viajeros con presupuesto justo y esta posición dicta que se cobre un precio bajo. Así pues, las decisiones que se tomen, previamente, en cuanto a la posición en el mercado determinarán, en gran medida, la estrategia de fijación de precios.

Por otra parte, la compañía podría tener objetivos diferentes. Cuanto más claros sean los objetivos de la empresa, tanto más fácil le será establecer precios. Algunos ejemplos de objetivos comunes serían: *supervivencia, elevar las utilidades actuales, aumentar la participación en el mercado* y *liderazgo en la calidad del producto.*

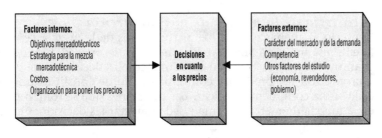

FIGURA 12-1
Factores que afectan las decisiones en cuanto a los precios

Supervivencia. Las empresas se fijan el objetivo prioritario de *sobrevivir* cuando se ven afectadas por exceso de capacidad, gran competencia o deseos cambiantes de los consumidores. Una empresa, para mantener su planta en funcionamiento, quizá fije un precio bajo con la esperanza de elevar la demanda. En este caso, las utilidades pierden importancia ante la supervivencia. En años recientes, muchos distribuidores de automóviles, con el propósito de sobrevivir, han recurrido a poner precios por abajo de los costos o a ofrecer programas de grandes rebajas de precios. Mientras los precios cubran los costos variables y algunos costos fijos, ellos podrán continuar con sus actividades hasta que cambien las condiciones o se corrijan otros problemas.

Elevar las utilidades actuales. Muchas empresas establecen sus precios con el propósito de elevar las utilidades que están obteniendo. Estiman la demanda y los costos usando diferentes precios y eligen el precio que les producirá más utilidades corrientes, flujo de efectivo o rendimiento sobre la inversión. En todos los casos, la empresa quiere obtener resultados financieros en el presente antes que un rendimiento a largo plazo.

Aumentar la participación en el mercado. Otras empresas quieren obtener la parte dominante del mercado. Piensan que la empresa que tenga la mayor parte del mercado también tendrá los costos más bajos y las mejores ganancias a largo plazo. Estas empresas, para llegar a tener la parte mayor del mercado, establecen sus precios lo más bajo posible. Una variación de este objetivo consiste en perseguir un avance específico en el mercado. Por ejemplo, aumentar su parte del mercado del 10 al 15% en un año, para lo cual buscará el precio y el programa de mercadotecnia que alcance esta meta.

Liderazgo en la calidad del producto. Una empresa puede decidir que quiere tener el producto de mayor calidad del mercado. Esto suele requerir el cobro de un precio elevado para cubrir dicha calidad y los grandes costos de investigación y desarrollo. Por ejemplo, la Sub-Zero Freezer Company pretende ser líder en cuanto a la calidad de su producto. Sub-Zero fabrica el Rolls Royce de los refrigeradores; es decir, unidades integradas, hechas a pedido, que más bien parecen muebles o alacenas de madera sólida que refrigeradores. Al ofrecer la mejor de las calidades, Sub-Zero vende refrigeradores de lujo por más de 50 millones de dólares al año, a un precio de 3,000 dólares cada uno.

Otros objetivos. Una empresa también podría usar el precio para alcanzar objetivos más específicos. Puede fijar precios bajos para impedir que la competencia entre al mercado o establecer precios al nivel de la competencia para estabilizar el mercado. Puede fijar precios para retener la lealtad y el apoyo de los revendedores o para evitar la intervención del gobierno. Puede reducir los precios temporalmente a efecto de despertar el interés por un producto o para atraer a mayor cantidad de clientes a una tienda detallista. Quizá le ponga precio a un producto con el propósito de que ayude a la venta de otros productos de la línea de la empresa. Así, el precio puede desempeñar un papel importante para ayudar a lograr los objetivos de la empresa en muchos niveles.

Las organizaciones públicas o las no lucrativas pueden adoptar una serie de objetivos más en cuanto a los precios. Una universidad pretende la *recuperación parcial de sus costos,* pues sabe que depende de donativos privados y subsidios públicos para cubrir los costos restantes. Un hospital no lucrativo puede pretender la *recuperación total de sus costos* mediante sus precios. Una compañía de teatro no lucrativa puede poner un precio a sus localidades que sirvan para llenar la mayor cantidad posible de butacas del teatro. Una oficina dedicada a brindar ayuda social puede establecer un *precio social* de acuerdo con las diversas cantidades de ingresos de sus diferentes clientes.

Estrategia de la mezcla de mercadotecnia

El precio es apenas uno de los instrumentos de la mezcla de mercadotecnia que la empresa usa para alcanzar sus objetivos de mercadotecnia. Las decisiones en cuanto a los precios se deben coordinar con las decisiones de diseño, distribución y promoción del producto, con el propósito de constituir un programa de mercadotecnia congruente y eficaz. Las decisiones que se tomen para otras variables de la mezcla de mercadotecnia pueden afectar las decisiones en cuanto a los pre-

Sub-Zero cobra un precio elevado por sus refrigeradores hechos a pedido con objeto de ser líder en calidad del producto.

cios. Por ejemplo, los productores que recurren a muchos revendedores, que deberán apoyar y promover sus productos, quizá tengan que dejar en sus precios márgenes mayores para el revendedor. La decisión de colocar al producto en el renglón de una muy buena calidad significará que el vendedor tiene que cobrar un precio elevado para cubrir los costos que suben.

Con frecuencia, las empresas primero toman sus decisiones en cuanto a los precios y después basan otras decisiones de la mezcla de mercadotecnia en los precios que quieren cobrar. En este caso, el precio es un factor crucial para la posición del producto, que define el mercado, la competencia y el diseño del producto. El precio pretendido determina cuáles son las características del producto que se pueden ofrecer y cuáles son los costos de producción que se pueden reducir.

Algunas empresas japonesas como NEC, Sharp, Nissan y Toyota apoyan estas estrategias de la posición por medio del precio mediante una técnica llamada *costos con un objetivo,* una potente arma estratégica. Las empresas suelen diseñar un producto nuevo, determinar su costo y después preguntarse: "¿Podemos venderlo a ese precio?" Este enfoque no parte del concepto del precio que *debería* tener el producto. El costo con un objetivo invierte el proceso:

> El equipo a cargo de llevar el producto nuevo al mercado determina el precio al cual es más probable que el producto atraiga a posibles compradores. A partir de este juicio central se deriva todo lo demás. Primero, al precio de ventas pronosticado se le resta el margen de utilidades deseado y después los planificadores estiman cada uno de los elementos que componen los costos del producto... Cada parte o función es tratada como si fuera un componente (no sólo parabrisas, sino también espacios como la cajuela) y a cada uno se le asigna un costo ideal. En este punto se inicia la batalla... [aquí empieza] un intenso proceso de negociación entre la empresa y los proveedores externos y entre los departamentos que son responsables de diferentes aspectos del producto... Para cuando termina la batalla... los compromisos y los canjes... por regla general producen un costo proyectado que queda dentro de un margen que se aproxima al objetivo original.[3]

La empresa, al alcanzar sus *costos con un objetivo,* puede fijar el *precio* objetivo y establecer la posición deseada para el precio.

Otras empresas restan importancia al precio y usan otros instrumentos de la mezcla de mercadotecnia para crear posiciones *ajenas al precio.* Por ejemplo, durante años, Johnson Controls, productor de sistemas de control de temperatura en edificios de oficinas, usó el precio como instrumento primordial de competencia. Empero, cuando las investigaciones arrojaron que los clientes se interesaban más por el costo total de la instalación y el mantenimiento del sistema, que por su precio inicial, la empresa decidió cambiar su estrategia:

> Cuando uno de los viejos sistemas se descomponía, arreglarlo resultaba difícil y caro. Uno tenía que cerrar la calefacción o el aire acondicionado de todo el edificio y después desconectar un montón de cables, enfrentando el peligro de electrocutarse. Para cambiar esta situación,... [Johnson] diseñó un sistema totalmente nuevo llamado Metasys. Ahora, para arreglar un problema, el dueño del edificio sólo tiene que retirar un módulo de plástico gris e introducir uno nuevo; no se necesitan desarmadores ni herramienta. Aunque la producción de Metasys cuesta más que el sistema anterior [y los clientes deben pagar un precio inicial más elevado], su instalación y mantenimiento cuestan menos. Introducido en 1990, [el sistema nuevo de Johnson] produjo ingresos por 500 millones de dólares en su primer año de existencia.[4]

Por tanto, el mercadólogo debe tomar en cuenta la mezcla total de mercadotecnia cuando establece los precios. Si la posición del producto depende de factores ajenos al precio, en tal caso las decisiones en cuanto a la calidad, la promoción y la distribución afectarán mucho el precio. Si el precio es un factor medular para la posición, entonces el precio evidentemente afectará las decisiones que se tomen con respecto a los otros elementos de la mezcla de mercadotecnia. En la mayoría de los casos, la empresa considerará juntas todas las decisiones de la mezcla de mercadotecnia para preparar el programa mercadotécnico.

Competencia ajena a los precios: cuando las investigaciones arrojaron que los clientes estaban más interesados en el total de costos por instalación y mantenimiento del sistema, que en el precio inicial, Johnson Controls cambió de estrategia. Los clientes con gusto pagan un precio inicial más elevado por su sistema Metasys, a cambio de costos más bajos para la instalación y el mantenimiento.

Los costos

Los costos son el fundamento del precio que la empresa puede cobrar por su producto. La empresa querrá cobrar un precio que cubra todos sus costos de producción, distribución y venta del producto incluyendo una tasa justa de rendimiento por su esfuerzo y riesgo. Los costos de la empresa pueden ser un importante elemento en la estrategia de fijación de precios. Muchas empresas se empeñan en ser "productoras que tienen costos bajos" dentro de sus industrias. Las empresas que tienen costos bajos pueden establecer precios bajos, los cuales les producirán más ventas y más utilidades (véase Puntos Importantes de la Mercadotecnia 12-1).

Tipos de costos. Los costos de una empresa son de dos tipos: fijos y variables. Los **costos fijos** son aquellos costos que no varían con la cantidad de ventas ni de producción. Por ejemplo, una empresa debe pagar todos los meses sus cuentas por alquiler, calefacción, intereses y sueldos de ejecutivos, sea cual fuere la producción de la empresa.

Los **costos variables** varían directamente de acuerdo con la cantidad de la producción. Cada calculadora portátil producida por Texas Instruments entraña un costo por concepto de plástico, cables, empaque y otros insumos. Estos costos suelen ser iguales para cada una de las unidades producidas. Se llaman variables porque su total varía de acuerdo con la cantidad de unidades producidas.

El **costo total** es la suma de los costos fijos y los variables con una cantidad de producción dada cualquiera. La gerencia pretenderá cobrar un precio que, cuando menos, cubra los costos totales de la producción, con una cantidad determinada de producción. La empresa debe estar atenta a sus costos. Si la producción y venta del producto le cuestan más a la empresa que a la competencia, la empresa tendrá que cargar un precio más alto u obtener menos ganancias, lo que la colocará en desventaja para competir.

Los costos con diferentes grados de producción. La gerencia, para establecer los precios debidamente, tendrá que saber cuánto varían sus costos de acuerdo con los diferentes grados de producción. Por ejemplo, suponga que Texas Instruments (TI) ha construido una fábrica para producir 1,000 calculadoras portátiles al día. La figura 12-2A muestra la curva típica de los costos promedio a corto plazo (CCCP). La curva muestra que el costo por calculadora aumenta si la fábrica de TI sólo produce unas cuantas al día. Sin embargo, conforme la producción se acerca a 1,000 calculadoras al día, el costo promedio baja. Esto se debe a que los costos fijos se reparten entre más unidades y cada una de ella lleva un costo fijo menor. Texas Instruments puede tratar de producir más de 1,000 calculadoras al día, pero los costos promedio aumentarán porque la planta resulta ineficiente. Los trabajadores tendrán que esperar a que las máquinas estén libres, las

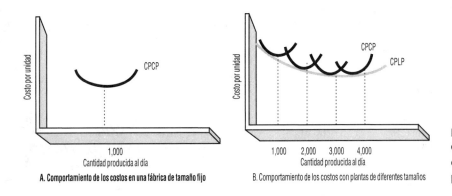

FIGURA 12-2
Costo por unidad con diferentes niveles de producción por periodo

A. Comportamiento de los costos en una fábrica de tamaño fijo

B. Comportamiento de los costos con plantas de diferentes tamaños

máquinas se estropearán con más frecuencia y unos trabajadores entorpecerán el camino de los otros.

Si TI pensara que puede vender 2,000 calculadoras al día, debe analizar la posibilidad de construir una planta más grande. La fábrica tendría maquinaria más eficiente, así como otros arreglos laborales. Además, el costo por unidad con una producción de 2,000 unidades al día, sería inferior al costo por unidad con una producción de 1,000 unidades al día, como lo muestra la curva de los costos promedio a largo plazo (CCLP) (figura 12.2B). De hecho, una fábrica con capacidad para 3,000 sería incluso más eficiente, según la figura 12-2B. Empero, la fábrica que produjera 4,000 unidades al día, sería menos eficiente en razón de que las deseconomías de escala aumentarían; es decir, habría que administrar a demasiados trabajadores, el papeleo retrasaría las actividades, etc. La figura 12-2B muestra que una fábrica con una producción de 3,000 unidades diarias tendría el tamaño ideal si la demanda es lo bastante fuerte para sostener este grado de producción.

Los costos en función de la experiencia de la producción. Suponga que TI tiene una planta que produce 3,000 calculadoras al día. Conforme TI va adquiriendo experiencia en la producción de calculadoras portátiles, aprenderá a ir haciendo mejor las cosas. Los trabajadores encontrarán atajos y se familiarizarán con su maquinaria. Con la práctica, el trabajo resultará mejor organizado y TI encontrará mejor equipo y procesos de producción. Al haber un volumen mayor, TI se tornará más eficiente y obtendrá economías de escala. En consecuencia, el costo promedio tenderá a bajar de acuerdo con la acumulación de experiencia en la producción, como se puede ver en la figura 12-3.[5] Por tanto, el costo promedio de la producción de las primeras 100,000 calculadoras sería de 10 dólares por calculadora. Cuando la empresa ha producido las primeras 200,000 calculadoras, el costo promedio bajará a 9 dólares. Cuando la experiencia acumulada en la producción se vuelve a duplicar, para llegar a 400,000, el costo promedio será de 7 dólares. Esta disminución en el costo promedio en razón de la experiencia acumulada en la producción se conoce por el nombre de **curva de la experiencia** (o **curva de aprendizaje**).

Cuando se presenta una curva con pendiente descendiente, la empresa debe entender su significado. El costo para la empresa por la producción de cada

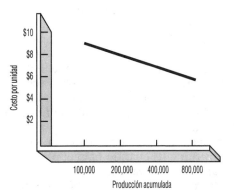

FIGURA 12-3
El costo por unidad está en función de la producción acumulada: la curva de la experiencia

PUNTOS IMPORTANTES DE LA MERCADOTECNIA 12-1

LA ESTRATEGIA GANADORA DE FOOD LION: COSTOS BAJOS Y PRECIOS BAJOS

La cadena de tiendas Food Lion inició sus operaciones en 1957 en una pequeña población de Carolina del Norte. Al principio, a pesar de que recurrió mucho a los cupones, los regalos y otros trucos de la comercialización, Food Lion tuvo problemas para quitarle compradores a los competidores que llevaban más tiempo establecidos. 10 años después, la empresa cerró nueve de sus primeras 16 tiendas. En 1967, por desesperación, Food Lion rebajó 10% todos los precios de las tiendas restantes. Los resultados fueron asombrosos, las ventas se dispararon 54% y las utilidades aumentaron 165% para fin de año. La cadena había encontrado su nicho y una potente arma para competir: los precios bajos.

Food Lion aplicó agresivamente su estrategia de precios bajos, sin adorno alguno, y creció a gran velocidad en Carolina del Norte. Su nuevo lema: "Los alimentos con precios más bajos en Carolina del Norte", aparecía en su publicidad, estaba impreso en las tiendas de la bolsa y pegado en las salpicaderas de miles de autos de los clientes, y se convirtió en una imagen aceptada y conocida en las ciudades y los pueblos de todo el estado. En años recientes, Food Lion ha prosperado incluso más. Se ha colocado sólidamente como la líder en precios bajos en la mayor parte de sus mercados; la cadena ahora cuenta con más de 900 tiendas en todo el Sudeste del país. Los anuncios de Food Lion afirman con confianza "precios muy bajos todos los días". Y, cuando Food Lion entra a una población nueva, la competencia por regla general debe bajar sus precios bastante para competir; hecho que

Food Lion no pasa por alto ninguna oportunidad para ahorrar. Por ejemplo, produce sus propios anuncios, los hace pequeños y recurre a pocos actores remunerados. En consecuencia, los costos de publicidad de Food Lion son por la cuarta parte que los del promedio de la industria.

unidad no sólo disminuirá, sino que bajará más rápido si la empresa produce y vende mayor cantidad durante un lapso dado. Empero, el mercado tendrá que estar dispuesto a comprar esta mayor producción y, para aprovechar la curva de la experiencia, TI deberá tener una participación mayor en el mercado al principio del ciclo de vida del producto. Esto sugeriría la siguiente estrategia de precios: TI debería fijar un precio bajo para sus calculadoras; en consecuencia sus ventas se incrementarían y sus costos bajarían en razón de que aumenta su experiencia y podrá reducir los precios aún más.

Algunas empresas han tenido gran éxito con estrategias desarrolladas con base en la curva de la experiencia. Por ejemplo, en la década de 1980, Bausch & Lomb afianzó su posición en el mercado de los lentes blandos de contacto, recurriendo al diseño computarizado de lentes y expandiendo su planta de Soflens, poco a poco. Así pues, su parte del mercado fue aumentando constantemente hasta llegar a 65%. Empero, el enfoque cerrado que pretende reducir los costos y explotar la curva de la experiencia no siempre funciona. Las curvas de la experiencia adquirieron tono de moda pasajera en la década de 1970 y, como tantas modas pasajeras, la estrategia no siempre se usó debidamente. El poner precios a partir de la curva de la experiencia entraña riesgos importantes. Los precios exagerados pueden rebajar la imagen del producto, como le ocurrió a Texas Instruments cuando bajó el precio de sus computadoras personales a sólo 99 dólares, en comparación con las máquinas de la competencia que tenían un precio de venta superior a los 300. Esta estrategia también presupone que la competen-

señala Food Lion en su publicidad. Cuando la cadena llegó a Florida, sus anuncios osadamente afirmaban: "Food Lion va a llegar a esta ciudad y ¡los precios bajarán!" Sin duda, para cuando Food Lion abrió sus tiendas, los precios del mercado habían bajado casi 15%.

Las afirmaciones sobre los precios de Food Lion no son palabras huecas. En la mayor parte de los casos, en realidad sí ofrece precios más bajos. Sin embargo, la cadena sigue siendo muy rentable; Food Lion tiene un margen de utilidad neto global del 3%, el triple del promedio de la industria. La razón: una total dedicación al control de costos. La empresa afanosamente persigue incluso las más mínimas oportunidades de reducir costos y sus actividades para reducir costos le producen enormes dividendos. Por ejemplo, Food Lion sólo paga 650,000 dólares por cada tiende nueva, sin adornos, que construye; mucho menos de los 1.5 millones que la competencia suele invertir en sus tiendas. Ahorra en los costos de distribución ubicando sus tiendas a 200 millas de alguno de sus tres modernos almacenes de distribución. Para canalizar y simplificar las operaciones, Food Lion maneja 25% menos marcas y tamaños que otras tiendas de alimentos y no cuenta con extras costosos como pescadería fresca, hornos de pan o florerías. Además, Food Lion es un comprador ahorrativo; obtiene gangas de los mayoristas y exprime a los proveedores para obtener más ahorros.

Food Lion rara vez pasa por alto una oportunidad para ahorrar. Recicla el calor que arrojan las unidades de refrigeración para calentar sus tiendas y aprovecha las cajas de plátanos para guardar cosméticos. Gana 1 millón de dólares al año vendiendo huesos molidos y grasas para fertilizantes. Food Lion incluso ahorra en publici-

dad. La empresa produce sus propios anuncios, recurre a pocos actores remunerados y su ejecutivo máximo, Tom E. Smith, hace las veces de locutor para la publicidad. El anuncio promedio en televisión sólo le cuesta 6,000 dólares. Además, Food Lion se ahorra alrededor de 8 millones de dólares al año colocando en los periódicos anuncios más pequeños que la competencia. En consecuencia, los costos de Food Lion para publicidad suman alrededor de la cuarta parte del promedio de la industria. En general, los grandes competidores erogan, en promedio, el 19% de las ventas para el total de gastos. Food Lion ha mantenido los gastos en menos del 13% de las ventas.

La estrategia de Food Lion de los costos bajos y los precios bajos la ha convertido en la cadena de tiendas de alimentos más rentable, y de crecimiento más rápido, de todo el país. En los pasados cinco años, las ventas se han triplicado, al igual que las utilidades. Las 900 tiendas de Food Lion ahora cosechan más de 6.4 mil millones de dólares ingresos al año y la gerencia confiada pronostica que las ventas se duplicarán para 1997. El 32% del rendimiento promedio sobre el capital contable de la cadena, para cinco años, prácticamente duplica el rendimiento promedio de sus principales competidores. El éxito de Food Lion radica en una estrategia muy simple; los costos más bajos significan precios más bajos y los precios más bajos significan más ventas y más utilidades.

Fuentes: Richard W. Anderson, "That Roar You Hear Is Food Lion", *Business Week,* 24 de agosto de 1987, pp. 65-66; William E. Sheeline, "Making Them Rich Down Home", *Fortune,* 15 de agosto de 1988, pp. 51-55; Claire Poole, "Stalking Bigger Game", *Forbes,* 1 de abril de 1991, pp. 73-74; y Walecia Konrad, "Food Lion: Still Stalking in Tough Times", 22 de junio de 1992, p. 70.

cia es débil y que no está dispuesta a luchar enfrentándose a las rebajas de precio de la empresa. Por último, aunque la empresa esté adquiriendo volumen usando una tecnología, un competidor podría encontrar alguna tecnología con costos más bajos que le permita empezar a precios inferiores a los de la líder del mercado, que sigue operando con la vieja curva de la experiencia.[6]

Consideraciones en torno a la organización

La gerencia debe decidir quién establecerá los precios en la organización. Las empresas manejan los precios de diferentes maneras. En las empresas pequeñas, la alta gerencia suele ser la que establece los precios, en lugar de los departamentos de mercadotecnia o ventas. En las empresas grandes, los precios suelen estar a cargo de los gerentes de líneas de productos o de divisiones. En los mercados industriales, los vendedores quizá puedan negociar con los clientes dentro de ciertos rangos de precios. Aun así, la alta gerencia establece las políticas y los objetivos de los precios y, con frecuencia, da el visto bueno a los precios propuestos por los vendedores o gerentes de niveles más bajos. En las industrias donde los precios son un factor central (espacio aéreo, ferrocarriles y petróleo) las empresas suelen contar con un departamento de precios para establecer los mejores precios o ayudar a que otros los pongan. Este departamento depende del departamento de mercadotecnia o de la alta gerencia. Otros que tienen influencia en los precios serían los gerentes de ventas, los de producción, los de finanzas y los contadores.

Factores externos que afectan las decisiones de fijación de precios

El mercado y la demanda

Así como los costos establecen el límite inferior de los precios, el mercado y la demanda establecen el límite superior. Tanto el consumidor como el comprador industrial comparan el precio de un producto o servicio y los beneficios por tenerlo. Por consiguiente, el mercadólogo, antes de poner precios, debe entender la relación entre el precio y la demanda, en el caso de su producto.

En esta sección, se expondrá la forma en que varía la relación entre la demanda y el precio de acuerdo con los diferentes tipos de mercado, y la manera en que la percepción que el comprador tiene del precio afecta la decisión de fijación de precios. A continuación se explicarán los métodos para medir la relación entre el precio y la demanda.

Fijación de precios en diferentes tipos de mercados. La libertad del vendedor para poner sus precios varía de acuerdo con el tipo de mercado. Los economistas reconocen cuatro tipos de mercados, cada uno de los cuales representa un reto diferente de fijación de precios.

En el caso de la **competencia pura,** el mercado está compuesto por muchos compradores y vendedores que negocian una mercancía uniforme, por ejemplo, el trigo, el cobre o los valores financieros. Ningún comprador o vendedor aislado tiene grandes repercusiones en el precio de venta del mercado. Un vendedor no puede cobrar un precio de venta superior, porque los compradores pueden conseguir todo lo que necesitan con el precio corriente. Los vendedores tampoco cobrarían un precio inferior al del mercado, porque pueden vender todo lo que quieren a este precio. Si el precio y las utilidades suben, habrá nuevos vendedores que entren con facilidad al mercado. En un mercado puramente competitivo, las investigaciones mercadotécnicas, el desarrollo de productos, la fijación de precios, la publicidad y la promoción de ventas no desempeñan papel alguno o tienen uno mínimo. Por tanto, los vendedores de estos mercados no dedican mucho tiempo a estrategias mercadotécnicas.

En el caso de la **competencia monopólica,** el mercado consta de muchos compradores y vendedores que negocian una amplia gama de precios, y no un solo precio de mercado. La gama de precios se presenta porque los vendedores pueden diferenciar lo que le ofrecen a los compradores. El producto material puede variar

Competencia monopólica: en el mercado industrial, Stanley distingue sus bisagras de las de docenas de otras marcas mediante los precios y factores ajenos a los precios.

en cuanto a calidad, características o estilo, o los servicios que lo acompañan pueden variar. Los compradores perciben las diferencias en los productos de los vendedores y pagarán diferentes precios por ellos. Los vendedores tratarán de desarrollar ofertas diferentes para diferentes segmentos de clientes y, además del precio, usan libremente las marcas, la publicidad y las ventas personales para hacer que sus ofertas se distingan. Por ejemplo, H. J. Heinz, Vlasic y varias otras marcas nacionales de pepinillos compiten con docenas de marcas regionales y locales, todas ellas diferenciadas por factores del precio y ajenos al precio. Como existen muchos competidores, las estrategias de mercadotecnia de la competencia afectan menos a cada empresa que en el caso de los mercados oligopólicos.

En el caso de la **competencia oligopólica,** el mercado consta de unos cuantos vendedores, en el cual unos son muy sensibles a los precios y a las estrategias mercadotécnicas de otros. El producto puede ser uniforme (acero, aluminio) o no uniforme (autos, computadoras). Existen pocos vendedores, porque no es fácil que entren al mercado vendedores nuevos. Cada vendedor está atento a las estrategias y los conocimientos de la competencia. Si una empresas siderúrgica recorta sus precios 10%, los compradores rápidamente optarán por este proveedor. Los demás fabricantes de acero tendrán que responder reduciendo sus precios o aumentando sus servicios. La empresa oligopólica jamás tiene la seguridad de conseguir un lugar permanente gracias a la reducción de precios. Por otra parte, si la empresa oligopólica eleva sus precios, sus competidores quizá no sigan su ejemplo. En este caso, el oligopolista tendría que reducir su aumento de precios o correrá el riesgo de perder clientes a manos de la competencia.

En un **monopolio puro,** el mercado está compuesto por un solo vendedor. El vendedor puede ser monopolio del gobierno (Servicio de Correos de Estados Unidos), un monopolio regulado del sector privado (una compañía de luz y fuerza) o un monopolio del sector privado, no regulado (DuPont cuando introdujo el nylon). En cada caso, los precios se establecen de manera diferente. El monopolio del gobierno puede perseguir una serie de objetivos con sus precios. Puede establecer un precio muy inferior al costo, porque el producto es importante para compradores que no pueden pagar el costo entero. Puede poner un precio que cubra los costos o que produzca buenos ingresos. Incluso puede poner un precio bastante alto para desalentar el consumo. En el caso del monopolio regulado, el gobierno permite a la empresa establecer tarifas que le produzcan un "rendimiento justo", el cual le permitirá a la empresa mantener y expander sus operaciones conforme lo necesite. Los monopolios no regulados están en libertad de poner los precios que aguante el mercado. No obstante, no siempre cobran el precio entero por diferentes razones: por el deseo de no atraer competencia, por el deseo de penetrar en el mercado a más velocidad con un precio bajo, por el temor a la reglamentación del gobierno.

Las percepciones de los consumidores en cuanto al precio y el valor. En última instancia, el consumidor decidirá si el precio del producto es adecuado. La empresa, cuando establece los precios, debe tomar en cuenta la forma en que los consumidores perciben el precio y la forma en que estas percepciones afectarán la decisión de comprar de los consumidores. Las decisiones en cuanto a los precios, a semejanza de otras decisiones de la mezcla de mercadotecnia deben estar orientadas al comprador:

> Los precios requieren algo más que experiencia técnica. Requieren un juicio creativo y un buen conocimiento de los motivos de los compradores... La clave para poner precios eficaces es la misma que la que abre la puerta... en otras funciones mercadotécnicas: un conocimiento creativo de quiénes son los compradores, por qué compran y cómo toman la decisión de comprar. Reconocer que los compradores difieren en estas dimensiones es tan importante para la eficacia de los precios como para la eficacia de la promoción, la distribución o el desarrollo del producto.[7]

Cuando los consumidores compran un producto, intercambian un valor (el precio) para obtener otro valor (los beneficios de tener o usar el producto). Los precios eficaces, orientados al comprador, implican que se ha entendido la cantidad de valor que los consumidores conceden a los beneficios que obtienen del producto y que se ha establecido un precio que encaja con este valor. Estos beneficios pueden ser tangibles o intangibles. Por ejemplo, calcular el costo de los ingredientes de una comida en un restaurante elegante es relativamente fácil. No obstante, asignar un valor a otros satisfactores, por ejemplo el gusto, el entorno, la tranquilidad, la conversación y el estatus social es muy difícil. Además, estos valores variarán tanto para diferentes consumidores, como para diferentes situaciones. Por tanto, la empresa muchas veces tiene problemas para medir el valor que los clientes conceden a su producto. Por otra parte, el consumidor no usa estos valores para evaluar el precio de un producto. Si el consumidor percibe que el precio es superior al valor del producto, el consumidor no comprará el producto. Si el consumidor percibe que el precio es inferior al valor del producto, lo comprará, pero el vendedor perderá la oportunidad de obtener utilidades (véase Puntos Importantes de la Mercadotecnia 12-2).

Por consiguiente, los mercadólogos deben tratar de entender las razones que llevan a los consumidores a comprar el producto y deben establecer un precio acorde con las percepciones de los consumidores en cuanto al valor del producto. Como los valores que los consumidores asignan a las diferentes características de los productos varían, los mercadólogos muchas veces varían las estrategias para poner los precios para diferentes segmentos. Así, ofrecen series diferentes de características del producto a precios diferentes. Por ejemplo, los fabricantes de televisores ofrecen modelos pequeños y baratos para consumidores que quieren televisores básicos, y modelos más grandes, de precio más alto, llenos de características especiales, para los consumidores que quieren los extras.

Los precios orientados al comprador anulan la posibilidad de que el mercadólogo diseñe un programa mercadotécnico y un producto y después establezca su precio. Los precios debidamente establecidos parten del análisis de las necesidades del consumidor y de la forma en que percibe el precio. El precio se debe tener en cuenta al mismo tiempo que las otras variables de la mezcla de mercadotecnia *antes* de establecer el programa mercadotécnico.[8]

Análisis de la relación entre demanda y precio. Cada uno de los precios que cobre la empresa conducirá a un grado diferente de demanda. La **curva de la demanda** de la figura 12-4A muestra la relación entre el precio cobrado y el consecuente nivel de demanda. La curva de la demanda muestra el número de unidades que comprará el mercado, en un lapso dado, a los diferentes precios que se pueden cargar. En el caso normal, la demanda y el precio guardan una relación inversa; es decir, cuanto mayor el precio, tanto menor la demanda. Así pues, la empresa vendería menos si elevara su precio de P_1 a P_2. En pocas palabras, los consumidores con un presupuesto limitado seguramente comprarían menos de algo si el precio fuera muy alto.

La mayor parte de las curvas de la demanda tienen una pendiente descendente, sea en forma de línea recta o curva, como las de la figura 12-4A. Empero, tratándose de bienes de prestigio, la curva de la demanda en ocasiones oscila hacia arriba, como en la figura 12-4B. Por ejemplo, una empresa perfumera encontró que si elevaba su precio de P_1 a P_2 vendía más perfumes, en lugar de menos. Los consumidores pensaban que el precio más alto significaba perfume de mejor calidad o más deseable. Sin embargo, si la empresa cobra un precio demasiado alto (P_3) el nivel de la demanda será inferior al de P_2.

FIGURA 12-4
Curvas hipotéticas de la demanda

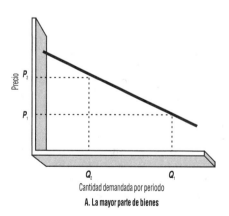

A. La mayor parte de bienes

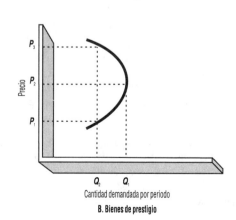

B. Bienes de prestigio

LA POPULARIDAD DE MIATA MARCA SUS PRECIOS

¿Cuánto pagaría usted por un curvilíneo convertible nuevo de dos plazas, confiable por su moderna ingeniería, pero con el aspecto, la sensación y el sonido de coches clásicos como el Triumph TR3 de 1959, el MGA de 1958, el Lotus Elan de 1962 o el Austin-Healy Sprite? El auto era el Miata MX-5 de Mazda, el auto nuevo de 1990. Los consumidores enloquecieron con su aspecto y los críticos de autos alabaron su actuación con pasión. Según *Car and Driver,* si el Miata "fuera más telentoso o tentador, conducir uno sería ilícito". Además, a juzgar por su diseño, actuación, resistencia y confiabilidad, diversión y valor, *Road & Track* lo designó uno de los cinco autos mejores del mundo. Otros incluidos en la calificación con el Miata fueron el Porsche 911 Carrera, el Corvette ZR-1, el Mercedes Benz 300 E y el Ferrari Testarossa de 140,000 dólares. No es mala compañía para un auto con un precio base de sólo 13,800 dólares que fue diseñado "sólo para ser divertido". Además de su aspecto, actuación y precio estupendos, el Miata se disparó al éxito porque no tenía sustitutos. Sus competidores más cercanos eran el Honda CRX Si y el Toyota MR2, pero éstos carecían de un aspecto singular y no eran descapotables. Por tanto, el Miata llevó a sus rivales a la desesperación y a los clientes a una locura codiciosa.

Mazda tuvo dificultades con la cuestión del precio que fijaría para su elegante automovilito. El importador japonés controló los costos cuidadosamente con objeto de que el precio básico del Miata no llegara a 15,000 dólares. Empero, al parecer, a los consumidores no les importaban mucho los costos del Mazda, ni el precio que

se pretendía por él. Cuando debutó el Miata, las ventas se dispararon, al igual que sus precios. Los primeros miles de Miatas que llegaron a las distribuidoras de Mazda se vendieron enseguida. Para que la situación fuera más interesante, Mazda proyectó enviar sólo 20,000 Miatas (en tres colores, rojo, blanco y azul) a sus 844 distribuidoras en 1989 y sólo 40,000 más en 1990. Por tanto, la demanda era superior a la oferta limitada, en proporción de 10 a 1.

El Miata tuvo tanta demanda que los distribuidores elevaron el precio muy por arriba del inicial y, a pesar de ello, casi no tenían autos para vender. En razón de la popularidad del auto, los clientes estaban muy dispuestos a pagar un precio más alto. Como dijo un distribuidor: "La gente está ofreciendo más de lo que pedimos tan sólo para conseguir uno". En promedio, los distribuidores de Estados Unidos subieron los precios 4,000 dólares; en California llegaron a subirlo hasta 8,000 dólares. Algunos propietarios emprendedores incluso ofrecían vender sus Miatas por precios hasta de 45,000 dólares. Todos los días, en el *Los Angeles Times,* aparecían anuncios de dueños en Kansas, Nebraska o Michigan que ofrecían sus Miatas por 32,000 dólares más gastos de entrega.

Así pues, aunque muchas empresas se centren en los costos como clave para establecer los precios, los consumidores rara vez conocen los costos de los vendedores ni les importan. En realidad lo que cuenta es lo que los consumidores estén dispuestos a pagar por el beneficio de poseer el producto. Para algunos consumidores, el pequeño Miata representaba mucho más que la suma de sus piezas mecánicas. Para ellos, representaba los mismos placeres y el prestigio que los autos que se vendían a precios mucho más altos. Por tanto, incluso a precios muy por arriba del básico, la mayor parte de los compradores hicieron un buen trato. Por otra parte, Mazda quizá dejó de ganar algo de dinero.

Fuentes: Rebecca Fannin, "Mazda's Sporting Chance", *Marketing & Media Decisions,* octubre de 1988, pp. 24-30; S. C. Gwynee, "Romancing the Roadster", *Time,* 24 de julio de 1989, p. 39; "The Roadster Returns", *Consumer Reports,* abril de 1990, pp. 232-34; y Larry Armstron, "After the Miata, Mazda Isn't Just Idling", *Business Week,* 2 de septiembre de 1991, p. 35.

Además de su aspecto, actuación y precio estupendos, el Miata fue un éxito porque no tenía sustitutos.

La mayor parte de las empresas tratan de medir las curvas de su demanda. El tipo de mercado hace una gran diferencia. En un monopolio, la curva de la demanda muestra el total de la demanda del mercado que resulta de diferentes precios. Si la empresa enfrenta competencia, su demanda a diferentes precios dependerá de que los precios de la competencia permanezcan constantes o cambien con los propios precios de la empresa. En este caso, se supone que los precios de la competencia permanecen constantes. Más adelante, en este mismo capítulo, se explicará qué ocurre cuando cambian los precios de la competencia. Para medir la curva de la demanda es preciso estimar la demanda a precios diferentes.

Cuando mide la relación entre los precios y la demanda, el investigador de mercado no debe permitir que varíen otros factores que afectan la demanda. Por ejemplo, si Quaker State elevara su presupuesto para publicidad al mismo tiempo que baja sus precios, no sabría qué parte del incremento de la demanda se debe a la reducción del precio y qué parte se debe al incremento de la publicidad. El mismo problema se presentaría en un fin de semana de festividades, si se ha establecido un precio más bajo: la mayor cantidad de tránsito durante el fin de semana hace que la gente compre más gasolina.

Los economistas recurren a los cambios en la curva de la demanda, en lugar del movimiento a lo largo de la curva, para mostrar las repercusiones que los factores ajenos al precio producen en la demanda. Suponga que la curva inicial de la demanda es D_1, en la figura 12-5. El vendedor está cobrando P y vendiendo Q_1 unidades. Ahora suponga que la eoncomía repentinamente mejora o que el vendedor duplica su presupuesto para publicidad. El aumento de la demanda se refleja con el movimiento ascendente de la curva de la demanda, de D_1 a D_2. Sin cambiar el precio P, la demanda del vendedor ahora es Q_2.

La elasticidad de precios de la demanda. Los mercadólogos también tienen que conocer la **elasticidad de los precios,** la medida en que la demanda responderá a los cambios de precios. Piense en las dos curvas de la demanda de la figura 12-6. En la figura 12-6A, el incremento de precios de P_1 a P_2 conduce a una baja de la demanda, relativamente pequeña, de Q_1 a Q_2. Sin embargo, en la figura 12-6B, el mismo incremento de precios conduce a una gran disminución de la demanda de Q_1 a Q_2. Si con un pequeño cambio de precio la demanda casi no cambia, se dice que la demanda es *inelástica*. Si la demanda cambia mucho, se dice que la demanda es *elástica*. La elasticidad de los precios de la demanda se obtiene con la siguiente fórmula:

$$\text{Elasticidad de precios de la demanda} = \frac{\% \text{ de cambio en la cantidad demandad}}{\% \text{ de cambio en el precio}}$$

Suponga que la demanda baja 10% cuando el vendedor eleva su precio 2%. La elasticidad de precios de la demanda será, por tanto, –5 (el signo de menos confirma la relación inversa entre el precio y la demanda) y la demanda es elástica. Si la demanda baja 2%, con un incremento de 2% para los precios, en tal caso la elasticidad será de –1. En este caso, el total de ingresos del vendedor no sufre cambios: el vendedor vende menos artículos, pero a un precio superior, el cual produce el mismo total de ingresos. Si la demanda baja 1%, con un incremento de 2% para los precios, entonces la elasticidad será de –1/2 y la demanda será inelástica. Cuanto menos elástica la demanda, tanto más conveniente que el vendedor suba el precio.

¿Qué determina la elasticidad de precios de la demanda? Los compradores son menos sensibles a los precios cuando el producto que compran es único o cuando es de gran calidad, prestigio o exclusividad. Asimismo, son menos sensi-

FIGURA 12-5
Efectos que la promoción y de otras variables ajenas al precio tienen en la demanda, mostrados en razón de cambios en la curva de la demanda

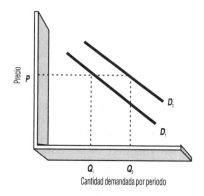

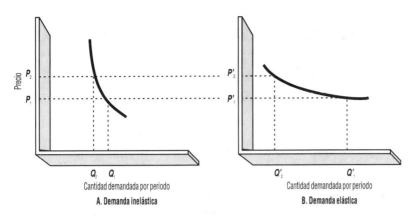

FIGURA 12-6
Demanda inelástica y
elástica

bles a los precios cuando es difícil encontrar productos sustitutos o cuando no resulta fácil comprar la calidad de los sustitutos. Por último, los compradores son menos sensibles a los precios cuando el total del gasto para un producto es poco en comparación con sus ingresos, o cuando los costos son compartidos con un tercero.[9]

Si la demanda es elástica en lugar de inelástica, los vendedores analizarán la posibilidad de bajar sus precios. Un precio inferior elevará el total de los ingresos. Esta medida tiene sentido siempre y cuando los costos extraordinarios por producir y vender más no sean superiores a los ingresos extraordinarios que se producen.

Costos, precios y ofertas de la competencia

Otro factor externo que afecta las decisiones de precios de una empresa son los costos y precios de la competencia, así como las posibles reacciones de los competidores ante los precios que establece la propia empresa. El consumidor que está pensando en comprar una cámara Canon evaluará el precio y el valor de la Canon, partiendo de los precios y los valores de productos comparables fabricados por Nikon, Minolta, Pentax y otras. Además, la estrategia de precios de la empresa puede afectar el carácter de la competencia que enfrenta. Si Canon aplica una estrategia de precios elevados y márgenes grandes, puede atraer competencia. No obstante, la estrategia de precios bajos y márgenes pequeños, puede detener a los competidores o sacarlos del mercado.

Canon tendrá que comparar sus costos con los costos de la competencia para saber si está operando con ventaja o desventaja de costos. Además, tendrá que conocer los precios y la calidad de cada una de las ofertas de la competencia. Canon podría averiguarlo de diversas maneras. Podrá enviar a compradores comparativos con el encargo de ver precios y comparar los productos de Nikon, Minolta y otros competidores. Puede conseguir listas de precios de la competencia, así como comprar equipo de sus competidores y desarmarlo. Además, puede pedirle a los compradores su opinión en cuanto a los precios y la calidad de la cámaras de cada competidor.

Cuando Canon conozca los precios y las ofertas de la competencia, los podrá usar como punto de partida para sus propios precios. Si las cámaras de Canon son similares a las de Nikon, tendrá que poner un precio parecido al de Nikon o perderá ventas. Si las cámaras de Canon no son tan buenas como las de Nikon, no podrá cobrar tanto. Si los productos de Canon son de mejor calidad que los Nikon, podrá cobrar más. Básicamente, Canon usará el precio para colocar su oferta con relación a la de la competencia.

Otros factores externos

Cuando establece sus precios, la empresa también debe tomar en cuenta algunos factores el entorno exterior. Las *condiciones económicas* pueden tener muchas repercusiones en las estrategias de precios de la empresa. Algunos factores económicos, como la inflación, el auge o la recesión y las tasas de interés afectan las decisiones de los precios porque afectan tanto los costos de producción de un producto, como la forma en que los consumidores perciben el precio y el valor del

PUNTOS IMPORTANTES DE LA MERCADOTECNIA 12-3

LOS PRECIOS DE PRODUCTOS FARMACÉUTICOS: ALGO MÁS QUE VENTAS Y UTILIDADES

La industria farmacéutica de Estados Unidos ha sido la industria más rentable del país. En promedio, como resultado de los amplios márgenes que incluyen en las medicinas que venden, los fabricantes estadounidenses de medicamentos obtienen 50% más de rendimiento sobre la inversión que las empresas grandes de otras industrias. Y, mientras muchas industrias estadounidenses han sufrido en el mercado mundial, la industria farmacéutica de Estados Unidos, con ingresos anuales por más de 50 mil millones de dólares, dice abarcar más del 40% de las actividades farmacéuticas del mundo.

No obstante, los críticos de la industria afirman que este éxito ha sido a expensas de los consumidores; que tal éxito sólo es posible porque las fuerzas de la competencia no funcionan bien en el mercado farmacéutico. Los consumidores no suelen buscar dónde comprar las medicinas más baratas; tan sólo toman lo que el médico les manda. Como los médicos que escriben las recetas no pagan las medicinas que recomiendan, no se fijan en los precios. Es más, los terceros que pagan (compañías de seguros, planes de gastos médicos y programas de gobierno), con frecuencia cubren toda la cuenta o parte de ella. Por último, la competencia no es un factor muy importante. En otras industrias, un líder del mercado muy rentable atrae a imitadores que compiten ofreciendo más características o precios más bajos. Sin embargo, en la industria farmacéutica, la enorme inversión y el tiempo necesarios para desarrollar y probar medicamentos no anima a la competencia a desafiar a la líder del mercado.

En ocasiones, estos factores del mercado dejan a las empresas farmacéuticas en libertad para poner precios de manera monopólica. En consecuencia, en el decenio pasado, los precios farmacéuticos aumentaron a más del doble que la tasa de inflación. Por regla general, el precio de venta al mayoreo de los medicamentos nue-

vos es entre tres y seis veces más que el costo de producción del medicamento. En ocasiones, el precio de medicamentos específicos se ha considerado excesivo y ha conducido a consumidores agraviados, a grupos ciudadanos y a hacedores de políticas públicas a acusar a las farmacéuticas de abuso de precios y lucro. Por ejemplo, Burroughs Wellcome, al principio, puso un precio de 10,000 dólares por dosis anual, para el AZT, su medicamento patentado para tratar el SIDA, cantidad muy superior a los costos de producción y muchísimo mayor de la que podían pagar muchas de las personas afectadas por el SIDA. Otro caso controvertido se refirió a Sandoz, fabricante de Clozaril, una avanzada medicina para tratar la esquizofrenia. Al principio, Sandoz requería que los usuarios de Clozaril se hicieran análisis semanales de sangre e insistía en que el medicamento y las pruebas fueran adquiridos a un proveedor específico de California. El costo anual para los compradores: 9,000 dólares. Aunque Burroughs Wellcome después bajó sus precios y Sandoz retiró el requisito de los análisis, la industria sigue siendo blanco de ataques por sus precios.

Las empresas farmacéuticas contestan a las acusaciones de precios injustos diciendo que los costos por desarrollar medicinas nuevas son enormes. La Food and Drug Administration (Oficina de Alimentos y Medicamentos) ha elaborado estrictas reglas para la introducción de medicamentos nuevos; las pruebas y la evaluación de la FDA pueden tardar más de 10 años. Los fabricantes de medicamentos estiman que cuesta más de 230 millones de dólares desarrollar una medicina nueva, inclusive los costos de compuestos que jamás logran pasar el proceso de autorización. Además, después de un decenio de pruebas, sólo gozan de unos cuantos años para recuperar los costos del desarrollo antes de que se agote la protección de la patente, que dura 17 años.

---

producto. Asimismo, la empresa debe considerar las repercusiones que tendrán sus precios en terceros dentro de su entorno. ¿Cómo reaccionarán los *revendedores* a los diversos precios? La empresa debe establecer precios que permitan a los revendedores una utilidad justa, que consigan su apoyo y que les sirvan para vender el producto con eficacia. El *gobierno* es otra influencia externa importante para las decisiones de fijación de precios. Por último, *los intereses de la sociedad* se deben tener bien presentes. Al establecer sus precios, es probable que las ventas a corto plazo, la participación en el mercado y las metas para las utilidades de una empresa tengan que ser templadas, a causa de consideraciones sociales generales (véase Puntos Importantes de la Mercadotecnia 12-3).

ENFOQUES GENERALES DE LA FIJACION DE PRECIOS

El precio que cobre la empresa se ubicará entre uno que es demasiado bajo como para producir utilidades y otro demasiado alto como para producir demanda. La

Cuando la patente expira, el medicamento es "genérico", es decir, cualquier fabricante farmacéutico lo puede producir. La competencia de medicinas genéricas baja los precios enormemente. Así, la industria argumenta que los elevados precios y márgenes para las medicinas de patente son esenciales para financiar investigaciones futuras y para desarrollar medicamentos nuevos.

Los partidarios también señalan que aunque las medicinas son caras, son una ganga. Por ejemplo, los medicamentos y suministros, como porcentaje del gasto para salud de Estados Unidos han bajado de 16% en la década de 1960, a sólo 7% el día de hoy. Esta cifra es muy inferior a la de Japón, donde los medicamentos representan el 17% del gasto para salud. Los partidarios además argumentan que la obra de la industria, que salva vidas, debe estar bien recompensada. Dicen que es verdad que muchos productos farmacéuticos son caros, pero que sus actividades *salvan* vidas. Los beneficios son incalculables y el tratamiento con medicinas, con frecuencia, es más barato que otras alternativas, por ejemplo la cirugía. Los críticos no están de acuerdo con este argumento. Un senador de Estados Unidos dice: "Quizá salven vidas... pero eso no significa que se pueda cobrar el precio que uno quiera. Yo puedo pagar el precio de los medicamentos, pero muchos otros estadounidenses simplemente no pueden hacerlo".

La mayor parte de los estadounidenses aprecian la corriente constante de medicamentos benéficos que produce la industria farmacéutica de Estado Unidos. Aunque algunos puedan estar preocupados por la tardanza de las medicinas salva vidas para llegar al mercado, la mayor parte también está agradecida por el estudio cuidadoso de los riesgos y los beneficios que garantiza el proceso de revisión de la FDA. Sin embargo, cada vez existe mayor preocupación de que la industria pueda estar sacando provecho de su poder monopólico para establecer los precios; Estados Unidos sigue siendo el único país del mundo donde el gobierno no controla los precios farmacéuticos. En consecuencia, la industria está enfrentando cada vez más presiones del gobierno federal, las compañías de seguros y los consumidores para imponer límites al marcar los precios. Se han aprobado leyes para frenar los precios de los medicamentos, aunque hay más pendientes. Por ejemplo, una nueva ley federal requiere que las empresas farmacéuticas concedan descuentos del 12.5% a los programas estatales de medicina para los pobres.

En lugar de esperar a que llegue una legislación más dura para los precios de los medicamentos, algunas empresas con mentalidad futurista están tomando medidas por su cuenta. Por ejemplo, Merck y Glaxo han acordado que el aumento promedio de precios sea del mismo tamaño que la inflación o que esté por abajo de ella. Bristol-Meyers Squibb ha ofrecido, voluntariamente, descuentos a organismos como el Servicio de Salud Pública de Estados Unidos y a centros para la rehabilitación de alcohólicos y drogadictos, financiados con fondos federales. Glaxo y otras empresas ofrecen medicamentos gratis a personas que no pueden comprarlos. Estas empresas reconocen que al fijar sus precios, sus metas de ventas a corto plazo, participación en el mercado y utilidades deben tomar en cuenta intereses sociales más generales. Saben que, a largo plazo, los precios responsables ante la sociedad serán benéficos tanto para el consumidor como para la empresa.

Fuentes: Citas de Brian O'Reilly, "Drugmakers Under Attack", *Fortune,* 29 de julio de 1991, pp. 48-63. También véase Joseph Weber, "For Drug-makers, the Sky's no Longer the Limit", *Business Week,* 27 de enero de 1992, p. 68; Ronald Kotulak, "Companies Attacked for Rising Drug Prices", *Durham Herald-Sun,* 25 de mayo de 1992, pp. A1-A2; Elyse Tanouye, "Price Rises for Drugs Cool, Manufacturer Profits Chill", *The Wall Street Journal,* 9 de abril de 1992, p. B4; Patricia Winters, "Drugmakers Portrayed as Villians, Worry about Image", *Advertising Age,* 22 de febrero de 1993, pp. 1, 42; John Carey, "A Bitter Tonic for Drugmakers", *Business Week,* 8 de marzo de 1993, pp. 84-86; y Shawn Tully, "Why Drug Prices Will Go Lower", *Fortune,* 3 de mayo de 1993, pp. 56-66.

figura 12-7 resume las consideraciones principales para establecer un precio. Los costos del producto marcan la base del precio, la forma en que los consumidores perciben el valor del producto marca el tope. La empresa debe tomar en cuenta los precios de la competencia y otros factores externos e internos para encontrar el mejor precio entre estos dos extremos.

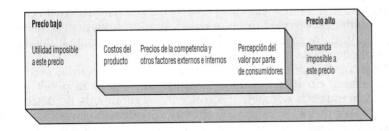

Precio bajo				Precio alto
Utilidad imposible a este precio	Costos del producto	Precios de la competencia y otros factores externos e internos	Percepción del valor por parte de consumidores	Demanda imposible a este precio

Las empresas marcan sus precios seleccionando un enfoque general de fijación de precios que incluye una o varias de estas tres series de factores. Se analizarán los siguientes enfoques: *el enfoque basado en el costo* (fijación de precios a partir de costo más utilidades, análisis de punto de equilibrio y fijación de precios a partir de las utilidades meta); *el enfoque basado en el comprador* (fijación de precios a partir del valor percibido) y *el enfoque basado en la competencia* (fijación de precios a partir del nivel actual de pecios y por cotizaciones selladas).

Fijación de precios basada en el costo

Fijación de precios a partir de costo más utilidades

El método más sencillo para marcar precios es el del **precio sobre el costo más utilidades;** es decir, sumar un recargo cualquiera al costo del producto. Por ejemplo, las cotizaciones que presentan las empresas constructoras de los trabajos que realizarán, consisten en estimar el costo total del proyecto y sumarle un recargo dado para obtener utilidades. Los abogados, contadores y demás profesionales suelen poner sus precios sumando un recargo dado a sus costos. Algunos vendedores le dicen a sus clientes que cobrarán el costo más un recargo dado; por ejemplo, las empresas espaciales ponen así sus precios para el gobierno.

Para ejemplificar el caso, suponga que un fabricante de tostadores tiene los siguientes costos y espera las siguientes ventas:

Costos variables	$10
Costos fijos	$300,000
Ventas unitarias esperadas	50,000

Así, el costo para el fabricante, por tostador, se obtiene:

$$\text{Costo por unidad} = \text{Costos variables} + \frac{\text{costos fijos}}{\text{ventas de unidades}} = \$10 + \frac{\$300,000}{50,000} = \$16$$

Ahora suponga que el fabricante quiere obtener 20% sobre sus ventas. El recargo del precio del fabricante se obtiene así:[10]

$$\text{Sobreprecio} = \frac{\text{costo por unidad}}{(1 - \text{rendimiento sobre ventas deseado})} = \frac{\$16}{1 - .2} = \$20$$

El fabricante cobraría a los distribuidores 20 dólares por tostador y tendría una utilidad de 4 dólares por unidad. A su vez, los distribuidores subirán el precio del tostador. Si los distribuidores quieren ganar 50% sobre el precio de ventas, marcarán el tostador a 40 dólares ($20 + 50% de $40). Esta cifra equivale a un *aumento sobre el costo* del 100% ($20/$20).

Los recargos sobre el precio varían mucho dependiendo de los bienes. Algunos recargos (sobre precios, no sobre costos) en los supermercados serían: 9% para alimentos para bebés, 14% para productos de tabaco, 20% para productos de panadería, 27% para alimentos deshidratados y vegetales, 37% para especies y extractos, y 50% para tarjetas de felicitación.[11] Pero los promedios para estos recargos varían mucho. Por ejemplo, en la categoría de especies y extractos, los recargos sobre el precio al detalle van de un mínimo de 19% a un máximo de 56%. Los recargos suelen ser más altos para los artículos estacionales (para cubrir el riesgo de no venderlos) y en los artículos especializados, los artículos que se mueven con más lentitud, los artículos con costos elevados por manejo y almacenaje y los artículos con demanda inelástica.

¿Tiene lógica usar los recargos normales para establecer los precios? En términos generales, no tiene sentido. Cualquier método para poner precios que ignore la demanda y la competencia corrientes seguramente no desembocará en el mejor de los precios. Suponga que el fabricante de tostadores cobrara 20 dólares, pero sólo vendiera 30,000 tostadores en lugar de 50,000. En tal caso, el costo por unidad sería mayor, pues los costos fijos se repartirían entre menos unidades y el porcentaje del recargo realizado sobre las ventas sería menor. Los sobreprecios sólo funcionan cuando esa parte del precio produce, de hecho, la cantidad esperada de ventas.

No obstante, los recargos de precios son muy populares por diferentes motivos. En primer lugar, los vendedores tienen más seguridad en cuanto a los costos que en cuanto a la demanda. Al ligar el precio a los costos, los vendedores simplifican la tarea de poner precios; es decir, no tienen que estar haciendo ajustes frecuentes conforme cambia la demanda. En segundo, cuando todas las empresas de la industria usan este método para poner precios, los precios tienden a ser similares y, por tanto, la competencia de precios es mínima. En tercero, muchas personas piensan que el precio sobre el costo es más justo para compradores y vendedores. Los vendedores obtienen una ganancia justa sobre su inversión, pero no se aprovechan de los compradores cuando la demanda de los compradores aumenta.

Análisis del punto de equilibrio y fijación de precios a partir de las utilidades meta

Otro enfoque de la fijación de precios orientados a precios, a partir de los costos, son los precios para llegar a **un punto de equilibrio,** o variación, que es la fijación de precios a partir de las **utilidades meta.** La empresa trata de determinar el precio que le permitirá salir a mano o alcanzar las utilidades que pretende. General Motors utiliza la fijación de precios a partir de las utilidades meta cuando pone el precio de sus automóviles con el propósito de obtener una utilidad de entre 15 y 20% sobre su inversión. Este método de precios también es usado por las empresas que brindan servicios público y que tienen límites en cuanto al rendimiento que pueden obtener sobre su inversión.

La fijación de precios meta parten del concepto de la *gráfica del punto de equilibrio*. Una gráfica muestra el total de costos y el total de ingresos que se esperan con diferentes grados para el volumen de ventas. La figura 12-8 muestra la gráfica del punto de equilibrio del fabricante de tostadores antes mencionado. Los costos fijos suman 300,000 dólares, sea cual fuere el volumen de ventas. La curva del total de los ingresos parte de cero y va subiendo con cada unidad vendida. La pendiente de la curva del total de ingresos refleja el precio de 20 dólares por unidad.

La curva del total de ingresos y la del total de costos se cruzan en el punto de las 30,000 unidades. Este es el *volumen de equilibrio*. A 20 dólares, la empresa debe vender cuando menos 30,000 unidades para alcanzar el punto de equilibrio; es decir, para que el total de ingresos cubra el total de costos. El volumen de equilibrio se puede calcular con la fórmula siguiente:

$$\text{Volumen de equilibrio} = \frac{\text{costos fijos}}{\text{precio} - \text{costos variables}} = \frac{\$300,000}{\$20 - \$10} = 30,000$$

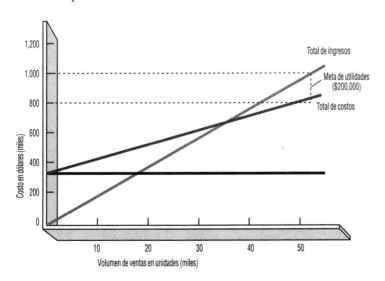

FIGURA 12-8
Gráfica del punto de equilibrio para determinar la meta del precio

Si la empresa quiere alcanzar un objetivo de utilidades, tendrá que vender más de 30,000 unidades a 20 dólares cada una. Suponga que el fabricante de tostadores ha invertido 1,000,000 dólares en el negocio y quiere establecer un precio para obtener una ganancia de 20%, o 200,000 dólares. En tal caso, deberá vender cuando menos 50,000 unidades a 20 dólares cada una. Si la empresa cobra un precio más alto, no tendrá que vender tantos tostadores para alcanzar la meta de su rendimiento. Empero, el mercado quizá no compre siquiera el volumen inferior a ese precio mayor. Mucho dependerá de la elasticidad de precios y de los precios de la competencia.

El fabricante deberá tomar en cuenta diferentes precios y estimar los volúmenes de equilibrio, la demanda probable y las utilidades para cada uno de ellos. La tabla 12-1 contiene esta información. La tabla muestra que conforme el precio aumenta, el volumen de equilibrio baja (columna 2). Sin embargo, conforme el precio aumenta, la demanda de tostadores también baja (columna 3). Al precio de 14 dólares, como el fabricante sólo obtiene 4 dólares por tostador ($14 menos 10 dólares de costos variables), tendrá que vender un volumen muy elevado para salir a mano. Incluso aunque el precio bajo atraiga a muchos compradores, la demanda seguirá quedando por abajo del elevado punto de equilibrio y el fabricante perderá dinero. En el otro extremo, con un precio de 22 dólares, el fabricante obtiene 12 dólares por tostador, y sólo tendrá que vender 25,000 unidades para salir a mano. Sin embargo, a este elevado precio, los consumidores comprarán muy pocos tostadores y las utilidades serán negativas. La tabla muestra que el precio de 18 dólares produce las mejores utilidades. Nótese que ninguno de los precios produce de los 200,000 dólares, las utilidades meta del fabricante. Para alcanzar esta meta del rendimiento, el fabricante tendrá que buscar la manera de bajar los costos fijos o variables, haciendo con ello que descienda el volumen del punto de equilibrio.

Fijación de precios basada en el comprador

Es cada vez mayor el número de empresas que basan sus precios en el valor percibido del producto. **Los precios establecidos según el valor percibido** parten de la forma en que los compradores perciben el valor, y no en los costos del vendedor, como fundamento para los precios. La empresa usa las variables de la mezcla de mercadotecnia, ajenas a los precios, para crear el valor que perciben las mentes de los compradores y establece un precio acorde con el valor percibido.

Piense en los diversos precios que cobran diferentes restaurantes por los mismos productos. El consumidor que pide una taza de café y una rebanada de pastel de manzana puede pagar 1.75 dólares en la barra de una cafetería, 3.00 dólares en un restaurante para familias, 4.50 dólares en la cafetería de un hotel, 6.00 dólares con el servicio de hotel a su habitación y 8.50 dólares en un restaurante elegante. Cada restaurante sucesivo puede ir cobrando más en razón del valor añadido resultado del ambiente.

TABLA 12-1
Volumen del punto de equilibrio y utilidades a diferentes precios

(1) PRECIO	(2) DEMANDA DE UNIDADES NE- CESARIAS PARA EL PUNTO DE EQUILIBRIO	(3) DEMANDA ESPERADA DE UNIDADES A UN PRECIO DADO	(4) TOTAL DE INGRESOS (1) x (3)	(5) TOTAL DE COSTOS*	(6) UTILIDADES (4) – (5)
$14	75,000	71,000	$ 994,000	$1,100,000	–$32.000
16	50,000	67,000	1,072,000	970,000	102,000
18	37,500	60,000	1,080,000	900,000	180,000
20	30,000	42,000	840,000	720,000	120,000
22	25,000	23,000	506,000	530,000	–24,000

* Presupone costos fijos por 300,000 dólares y costos variables constantes por unidad de 10 dólares.

La empresa que pone precios a partir del valor percibido debe saber qué valor le asignan los compradores a las diferentes ofertas de la competencia. En el ejemplo anterior, se podría preguntar a los consumidores cuánto pagarían por la misma taza de café y pastel en diferente entornos. En ocasiones se le pregunta a los consumidores cuánto pagarían por cada uno de los beneficios que se van sumando a la oferta. Si el vendedor cobra una cantidad más alta que el valor que perciben los compradores, las ventas de la empresa se verán afectadas. Muchas empresas adjudican un precio demasiado alto a sus productos y sus productos se venden poco. Otras empresas les ponen un precio demasiado bajo y los productos de precio bajo se venden muy bien, pero producen menos ingresos de los que producirían si el precio subiera al nivel del valor percibido.

Fijación de precios basada en la competencia

Fijación de precios a partir del nivel actual de precios
En la **fijación de precios** a partir del nivel actual de precios, la empresa se basa principalmente, en los precios de la *competencia,* prestando menos atención a sus *propios* costos o a la demanda. La empresa puede cargar un precio, más o menos, igual al de sus principales competidores. En las industrias oligopólicas que venden mercancías como el acero, el papel o los fertilizantes, las empresas suelen cobrar el mismo precio. Las empresas más pequeñas siguen a la líder: cambian sus precios cuando cambian los precios de la líder del mercado, en lugar de hacerlo cuando cambian sus costos o su demanda. Algunas empresas quizá cobren un poco más o menos, pero mantienen constante el monto de la diferencia, Por ejemplo, los pequeños detallistas de gasolina suelen cobrar unos cuantos centavos menos que las grandes empresas petroleras, pero esta diferencia no aumenta ni disminuye.

El precio corriente goza de mucha popularidad. Cuando resulta difícil medir la elasticidad de la demanda, las empresas sienten que el precio corriente representa la opinión colectiva de la industria en cuanto al precio que producirá un rendimiento justo. También piensan que el conservar el precio corriente evitará perjudiciales guerras de precios.

Fijación de precios por propuesta sellada
Los precios con base en la competencia también se usan cuando las empresas presentan *propuestas* para sus trabajos. En el caso de los **precios de propuestas selladas,** la empresa basa su precio en su idea de los precios que podría poner la competencia, y no en sus propios costos ni en la demanda. La empresa quiere conseguir un contrato y para lograrlo tendrá que establecer un precio más bajo que el de otras empresas.

No obstante, la empresa no puede marcar un precio por abajo de cierto nivel. No puede poner un precio por abajo de sus costos sin perjudicar su posición. Por el contrario, cuanto más alto el precio que establezca la empresa sobre sus costos, tanto menor su probabilidad de conseguir el contrato.

El efecto neto de estas dos tendencias contrarias se puede describir en términos de la *utilidad que se espera* de una propuesta particular (véase la tabla 12-2). Suponga que la propuesta de 9,500 dólares representa una gran probabilidad (por decir algo .81) de conseguir el contrato, pero sólo una utilidad mínima (por decir 100 dólares). La utilidad esperada de esta cotización, por tanto, es de 81 dólares. Si la empresa propusiera 11,000 dólares su utilidad sería de 1,600 dólares, pero su probabilidad de conseguir el contrato se reduciría a .01. La utilidad esperada sería apenas de 16 dólares. Por tanto, la empresa podría cotizar un precio que maximizara la utilidad esperada. Según la tabla 12-2, la mejor propuesta sería de 10,000 dólares, de la cual se espera una utilidad de 216 dólares.

Es lógico que la empresa que presenta muchas propuestas recurra a la utilidad esperada como fundamento para establecer sus precios. Al jugar con las probabilidades, la empresa obtendrá el máximo de utilidades al largo plazo. Empero, la empresa que sólo presenta cotizaciones ocasionalmente, o que necesita muchísimo un contrato específico, encontrará que el enfoque de la utilidad esperada no le resulta demasiado útil. Por ejemplo, el enfoque no marca diferencia entre una utilidad de 100,000 dólares con una probabilidad de .10 y una utilidad de 12,500

El valor precibido: una pluma menos cara podría escribir igual de bien, pero algunos consumidores pagarán mucho más por elementos intangibles. Este modelo Parker tiene un precio de 185 dólares, otros alcanzan uno hasta de 3,500. dólares.

TABLA 12-2
Efecto de las diferentes cotizaciones en la utilidad esperada

COTIZACION DE LA EMPRESA	UTILIDAD DE LA EMPRESA	PROBABILIDAD DE GANAR CON LA COTIZACION (PRESUNTA)	UTILIDAD ESPERADA [(1) x (2)]
$ 9,500	$ 100	.81	$ 81
10,000	600	.36	216
10,500	1,100	.09	99
11,000	1,600	.01	16

dólares con una probabilidad de .80. Empero, la empresa que quiere conservar la producción en movimiento preferiría el segundo contrato en lugar del primero.

RESUMEN

A pesar de que los factores ajenos a los precios desempeñan un papel cada vez más importante en el proceso de mercadotecnia, el *precio* sigue siendo un elemento importantísimo de la mezcla de mercadotecnia. Muchos factores internos y externos influyen en las decisiones de la empresa para fijar los precios. Los *factores internos incluyen los objetivos de mercadotecnia, la estrategia de la mezcla de mercadotecnia, los costos y la organización de los precios* de la empresa.

La estrategia de fijación de precios está determinada, en gran medida, *por el mercado meta y los objetivos de posicionamiento de la empresa y el mercado*. Los objetivos comunes de la fijación de precios incluyen supervivencia cuando establecen precios serían sobrevivir, aumentar las utilidades actuales, liderazgo en cuanto a la participación en el mercado y a la calidad del producto.

El precio no es sino uno de los instrumentos de la mezcla de mercadotecnia que usa la empresa para alcanzar sus objetivos y las decisiones en cuanto a los precios afectan y son afectadas por las decisiones en cuanto al diseño, la distribución y la promoción del producto. Las decisiones en cuanto a los precios deben estar bien coordinadas con otras decisiones de la mezcla de mercadotecnia cuando se diseña el programa de mercadotecnia.

Los *costos* representan la base para que la empresa establezca el precio; es decir, el precio debe cubrir todos los costos de la producción y venta del producto, más una tasa justa de rendimiento. La alta gerencia tendrá que decidir quién es la persona de la organización responsable de establecer los precios. En las empresas grandes, en ocasiones se delegan algunas facultades para establecer precios a vendedores y administradores de mandos bajos, sin embargo la alta gerencia suele establecer las políticas de precios y dar su visto bueno a los precios propuestos. Los gerentes de producción, finanzas y contabilidad también influyen en la fijación de precios.

Los *factores externos* que influyen en las decisiones acerca de la fijación de precios incluyen el carácter del mercado y la demanda, los precios y las ofertas de la competencia, y factores como la economía, las necesidades de los revendedores y los actos del gobierno. La libertad del vendedor para establecer los precios varía de acuerdo con el tipo de mercado. La fijación de precios resulta un desafío especial en mercados que se caracterizan por la competencia monopólica u oligopólica.

En última instancia, el consumidor decide si la empresa ha establecido el precio adecuado. El consumidor pondera el precio, comparándolo con los valores que percibe por el uso del producto; si el precio es superior a la suma de los valores, los consumidores no comprarán el producto. Los consumidores no asignan los mismos valores a las diferentes características del producto y los mercadólogos no usan las mismas estrategias para poner precios para diferentes segmentos de precios. Cuando evalúa la demanda y el mercado, la empresa calcula el programa de la demanda, que arroja la cantidad probable que se adquirirá por periodo, a niveles de precios alternativos. Cuanto más *inelástica* la demanda, tanto más alto el precio que podrá poner la empresa. *La demanda y la percepción del valor por parte de los consumidores* establecen el tope de los precios.

Los consumidores comparan el precio de un producto con los precios de los productos de la *competencia*. Una empresa debe conocer el precio y la calidad de las ofertas de la competencia y usarlos como punto de partida para sus propios precios.

La empresa puede elegir una o varias de entre tres enfoques generales para la fijación de precios: *el enfoque a partir del costo* (los precios sobre el costo, el análisis del punto de equilibrio y el precio con un objetivo de utilidades); *el enfoque a partir del comprador* (fijación de precios según el valor percibido) y *el enfoque a partir de la competencia* (tasa corriente o fijación de precios a partir del nivel actual de precio y por cotizaciones selladas).

TÉRMINOS CLAVE

Competencia pura 418

Competencia monopólica 418

Competencia oligopólica 419

Costo total 414

Costos fijos 414

Costos variables 414

Curva de la demanda 420

Curva de la experiencia (curva de aprendizaje) 415

Elasticidad de los precios 422

Fijación de precios 429

Monopolio puro 419

Precio 410

Precios de propuestas selladas 429

Precios establecidos según el valor tangible 428

Precios sobre el costo 426

Punto de equilibrio (precios con un objetivo de utilidades) 427

Utilidad meta 427

EXPOSICIÓN DE PUNTOS CLAVE

1. El uso o la posesión de ciertos productos "baratos" que desperdician energía, que contienen pocas raciones por paquete o que requieren mantenimiento frecuente pueden *costar* mucho más que los de productos que tienen un *precio* de venta más alto. ¿Cómo pueden los mercadólogos usar esta información sobre el "costo real" para lograr una ventaja competitiva para el precio y la promoción de sus productos?

2. El detergente A tiene un precio de 2.19 dólares por 32 onzas y el detergente B uno de 1.99 dólares por 26 onzas. ¿Cuál resulta más atractivo? ¿Cuál ofrece más valor presuponiendo que su calidad es igual? ¿Existe alguna razón psicológica para poner los precios de esta manera?

3. Procter & Gamble sustituyó sus paquetes de café Folgers normal de 16 onzas por paquetes de "tostado rápido" de 13 onzas. El tostado rápido permite a Procter & Gamble usar menos granos de café por paquete, sin consecuencias para el sabor ni la cantidad de raciones por paquete. ¿Qué posición sería la indicada para establecer el precio del café tostado rápido: los precios a partir de los costos, a partir de los compradores o a partir de la competencia?

4. Las ventas de ginebra Fleischmann *aumentaron* cuando se subieron los precios 22% en el transcurso de dos años. ¿Qué indica esto de la curva de la demanda y de la elasticidad de la demanda en el caso de la ginebra Fleischmann? ¿Qué sugiere esto en cuanto a los precios puestos de acuerdo con el valor percibido, para la comercialización de las bebidas alcohólicas?

5. Genentech, empresa del ramo farmacéutico de alta tecnología, ha desarrollado un medicamento que disuelve coágulos, llamado TPA, que detiene el avance de un infarto. El TPA salva vidas, recorta la estadía en el hospital y reduce el tamaño de la lesión del corazón. En un principio su precio era de 2,200 dólares por dósis. ¿Qué posición parece estar usando Genentech para poner su precio? ¿Es probable que la demanda de este medicamento sea elástica según el precio?

6. El articulista Dave Barry dice en broma que la ley federal requiere que se incluye este mensaje abajo de la etiqueta del precio de los autos nuevos: "Aviso para los estúpidos: no pague esta cantidad". ¿Por qué suele el precio de la etiqueta ser superior al precio real de venta de un auto? ¿Cómo establecen los distribuidores de autos los precios reales del auto que venden?

APLICACIÓN DE CONCEPTOS

1. Haga una encuesta de los precios de varias gasolineras de su ciudad, ubicadas en diferentes puntos. De ser posible, revise los precios siguientes: de las estaciones a la salida de una carretera importante, las estaciones en la calle de la zona comercial y una estación pequeña que no esté cerca de ninguna de las otras. Anote la marca de gasolina, los precios de las gasolinas de primera calidad y de las demás calidades, el tipo de ubicación, la distancia del competidor más cerca- no y los precios de la competencia. (a) ¿Existe un patrón para los precios de la gasolina en los diferentes puntos de venta? (b) En su opinión, ¿cómo están estableciendo los precios las estaciones, a partir de los costos, a partir de los compradores o a partir de la tasa corriente?

2. Suponga que ha heredado un negocio de lavado automático de autos, donde los costos fijos anuales suman 50,000 dólares y los costos variables 0.50 dólares por auto lavado. ¿Piensa que la gente estaría dispuesta a pagar 1 dólar para lavar su auto? ¿Cuál sería el volumen del punto de equilibrio con este precio?

CÓMO TOMAR DECISIONES EN MERCADOTECNIA:

COMUNICACIONES MUNDO PEQUEÑO, S. A.

Los planes de Lynette Jones y Thomas Campbell para comercializar un instrumento de comunicación para computadoras personales van prosperando. Con base en sus investigaciones y conversaciones han decidido que el producto se llame, tentativamente, "Aeropuerto". Este singular producto combina las funciones de los modem, faxes y correos de voz con las imágenes adicionales que entran en scanners, videos y audio. Varios módulos de programas integrados permitirán a los usuarios entrelazar sus programas corrientes con servicios de bases de datos y con otros aparatos. Su definición para colocarse en el mercado dice: "Dirigido a los usuarios de computadoras interesados en las comunicaciones, Aeropuerto es el integrador de comunicaciones que conecta su mundo".

—¿Cómo carambas vamos a ponerle precio al producto? —se preguntaba Tom mientras hablaba con Lyn por teléfono—. Parece como si los precios fueran la única parte de la mezcla de mercadotecnia que saben usar los fabricantes de computadoras y la usan para pegarse un balazo en un pie. En el caso de la mayor parte de las categorías de productos uno puede contar con que habrá un poco de inflación de precios, o cuando menos cierta estabilidad de precios. Pero en el caso de los aparatos de cómputo, estoy viendo que un montón de productos se venden a la *mitad* del precio que tenían hace un año.

—Bueno —contestó Lyn—, has vivido la locura de poner precios en San Andreas Products, donde trabajabas antes. ¿Qué hacían ahí?

—Olvídalo —dijo Tom —. San Andreas usa una mezcla de dos posiciones. La gente de finanzas establece las metas de las utilidades que deben obtener los productos nuevos y después establece las metas de los niveles de costos del producto. Mi misión, si decidiera aceptarla, sería diseñar un producto viable que alcanzara sus metas irrealizables de costos. Después viene lo divertido. El departamento de mercadotecnia baja el precio a la tasa corriente; es decir, a estas alturas, el precio original de la meta siempre se ha quedado rezagado, y los de finanzas ponen el grito en el cielo. A continuación, la alta gerencia presiona a los departamentos de compras y de producción para que emprendan frenéticos programas para ahorrar costos y...

espera un segundo. Lyn, ¿dijiste mi *ex* patrón, San Andreas Products? Estoy aquí sentado en S.A.P. mientras hablamos y tengo la impresión de que todavía sigo trabajando aquí.

—Estás totalmente equivocado —repuso Lyn—. Los abogados ya han preparado los documentos constitutivos de nuestra sociedad, acabo de recibir mi bono anual y estoy a punto de decirle adiós a Fond du Lac Foods. Necesito que estés a bordo todo el tiempo, para que todo esté listo cuando emprendamos la aventura capitalista el mes entrante.

—Lynette —dijo Tom pretendiendo sonar frío como el hielo—, ¿qué quieres decir exactamente con eso de *todo*?

—Estoy preparando una gráfica con todos nuestros calendarios —le contestó Lyn desviando su atención, pues sabía que él aún no estaba preparado para escuchar la verdad—, y te la enseñaré en un par de días. Mientras tanto, avísale a tu patrón que dejarás de trabajar y vende parte de tus acciones para aguantar hasta que recibamos el capital para la empresa.

Y, ¿AHORA QUÉ?

1. El nuevo producto de Small World, el Aeropueto, en la actualidad no tiene competidores directos que ofrezcan los mismos beneficios. Sin embargo, existen muchos productos que realizan algunas de las mismas funciones. (a) ¿Piensa usted que Tom y Lyn deben poner un precio para obtener un volumen elevado con un precio bajo (líder de la participación en el mercado) o para un volumen bajo con un precio alto (líder de la calidad del producto)? ¿Por qué? (b) ¿Qué efecto podrían tener estas diferentes estrategias, en su caso, en la imagen de la marca? ¿En su rentabilidad?

2. Mundo Pequeño proyecta contratar a un fabricante para que arme sus productos. El fabricante ha cotizado el precio de 67.50 dólares por unidad, pero requiere un volumen mínimo de 5,000 unidades. (a) ¿Cuáles son los costos variables de Mundo Pequeño? (b) ¿Cuáles son las erogaciones mínimas que puede hacer Mundo Pequeño para producción? ¿Piensa usted que estos costos mínimos son un tipo de costos fijos? Explique.

REFERENCIAS

1. Véase James E. Ellis y Brian Bremner, "Will the Big Markdown Get the Big Store Moving Again?", *Business Week,* 13 de marzo de 1989, pp. 110-114; Kate Fitzgerald, *"Sears' Plan on the Ropes",* 8 de enero de 1990, pp. 1, 42; Susan Caminiti, "Sears' Need: More Speed", *Fortune,* 15 de julio de 1991; y Julia Flynn, "Smaller but Wiser", *Business Week,* 12 de octubre de 1992, pp. 28-29.

2. Véase David J. Schwartz, *Marketing Today: A Basic Approach,* 3a. ed. (Nueva York: Harcourt Brace Jovanovich, 1981), pp. 270-73.

3. Ford S. Worth, "Japan's Smart Secret Weapon", *Fortune,* 12 de agosto de 1991, pp. 72-75.

4. Brian Dumaine, "Closing the Innovation Gap", *Fortune*, 2 de diciembre de 1991, pp. 56-62.

5. En este caso, la producción acumulada se obtiene de una escala semilogarítmiga, de tal manera que distancias iguales representan el mismo incremento porcentual en la producción.

6. Para más información sobre estrategias para la curva de la experiencia, véase Pankaj Ghemawat, "Building Strategy on the Experience Curve", *Harvard Business Review,* marzo-abril de 1985, pp. 143-149; y William W. Alberts, "The Experience Curve Doctrine Reconsidered", *Journal of Marketing,* julio de 1989, pp. 36-49.

7. Thomas T. Nagle, "Pricing as Creative Marketing", *Business Horizons*, julio-agosto de 1983, p. 19.

8. Véase Thomas T. Nagle, *The Strategy and Tactics of Pricing* (Englewood Cliffs, NJ: Prentice Hall, 1987), pp. 1-9.

9. *Ibid.,* cap. 3.

10. Los conceptos aritméticos de los recargos y los márgenes se explican en el apéndice 1, "Aritmética mercadotécnica".

11. "Supermarket 1984 Sales Manual", *Progressive Grocer*, julio de 1984.

CASO 12

AMERICAN AIRLINES: LOS PRECIOS, ¿VÍCTIMAS O VILLANOS?

En los 19 años que Bob Crandall, el ejecutivo máximo de American Airlines, lleva trabajando en la empresa, ha convertido a American de una empresa más en la primera línea aérea del país. Lo ha logrado aplicando el sistema de reservaciones SABRE, que se usa como instrumento para las reservaciones de agencias de viaje y como sofisticado instrumento para hacer pronósticos; introduciendo una estructura salarial de dos niveles para reducir costos; comprando rutas de las quebrantadas Eastern Airlines y TWA; introduciendo el Programa de Super Ahorros en Tarifas para atraer a quienes viajan por placer; y creando la Ventaja AA, el primer programa de la industria para quienes viajan con frecuencia. En razón del aumento de la eficiencia, de la reducción de costos y de las estructuras creativas para los precios, American brincó a la cima de la industria de las líneas aéreas.

En 1992, todas las líneas aéreas ofrecían una serie increíble de tarifas de descuento, dependiendo de la hora del día y del día de la semana en que se volara, de la fecha de la reservación anticipada y de la duración del viaje. Todas habían introducido descuentos especiales para personas afligidas, ciudadanos de la tercera edad, militares y convenciones de sociedades; todas habían promovido ventas especiales con regularidad y paquetes para vacaciones, que incluían tarifa aérea, hotel y renta de auto por un único precio bajo. Estos tipos de precios erosionaron las utilidades de la industria y produjeron pérdidas en muchas líneas aéreas. Sólo nueve líneas aéreas nacionales seguían activas y tres de ellas, Continental, America West y TWA, estaban quebradas. Usando su situación de quebranto para reducir costos, TWA se había labrado un nicho de precios en el mercado, cobrando tarifas 20% más baratas que las de American.

En 1992, como líder de la industria, Bob Crandal decidió que había llegado la hora de eliminar la empantanda estructura de precios de la industria, así como los frecuentes recortes de precios. En abril, introdujo un Plan de Precios de Valor, con la esperanza de lograr que los precios de la industria se estabilizaran. El Plan ofrecía sólo cuatro tarifas para una ruta dada cualquiera. Las tarifas de segunda disminuyeron 38%, pero se suspendieron los descuentos para las corporaciones y demás, de tal manera que la tarifa promedio subió.

A las otras líneas aéreas les agradó la estructura y siguieron el ejemplo de American. Empero, a los consumidores, que habían aprendido a esperar para sacar sus boletos con precios de descuento y promociones, no les gustaron las tarifas nuevas. Cuando los consumidores no respondieron, TWA reanudó sus descuentos y empezó a hacer descuentos que duraban un día y que se acababan antes de que los competidores tuvieran tiempo de reaccionar. Después US Air y Continental bajaron sus tarifas para los vuelos a Florida, y America West ofreció tarifas más baratas fuera de temporada. American respondió bajando las tarifas en aquellos mercados donde competía con estas líneas rengadas y la estructura simplificada de precios ya no resultaba tan simple. Para acabar las cosas, a finales de mayo de 1992, Northwest Airlines introdujo una promoción de vuelos gratis para adultos, con el propósito de fomentar que las familias viajaran en avión durante el verano. Aunque algunas otras líneas igualaron la promoción, como Northwest fue la primera en anunciar el especial pudo cosechar la mayor parte de los beneficios. Sus reservaciones se dispararon 176% en 24 horas.

American respondió vengativamente y le cortó a todas las tarifas de verano compradas con anticipación un sonoro 50%. Otras líneas tuvieron que seguir el ejemplo y se desató una feroz guerra de precios. Los consumidores, a su vez, respondieron con igual fuerza, inundando las agencias de viajes y los mostradores de expedición de boletos. Mientras los consumidores cambiaban los boletos de precios altos por los que tenían descuento, los agentes de viaje trabajaban mucho más, pero perdían comisiones. En consecuencia, American, Delta y Continental convinieron reembolsar a los agentes expedidores sus pérdidas.

La guerra de las tarifas arrojó un chorro de números rojos y las pérdidas de las líneas aéreas se iban amontonando. En lugar de la modesta utilidad de 300 millones de dólares pronosticada para la industria para 1992, se esperaba que las pérdidas del año llegaran a 3.5 mil millones; 500 millones tan sólo para el verano. Además, otras líneas aéreas acusaron a American de ser una depredadora de precios. Bob Crandall contratacó diciendo que American había tenido que recurrir a los descuentos de precios para disciplinar a otras empresas de la industria. Según él, American era "víctima de los competidores más tontos", de los que cobran tarifas bajas, que American y las demás tienen que igualar, pero que con frecuencia impiden que cualquier línea gane dinero.

Después de la guerra de tarifas de 1992, la AMR, la empresa matriz de American, manifestó estar de acuerdo con Crandall. Decidió acabar con las pérdidas de su línea aérea y reforzar su ventaja competitiva en la administración de grandes bases de información. Para lograrlo, despidió a más de 500 empleados de la línea aérea y suprimió las rutas competitivas de recorridos cortos que estaban per-

diendo dinero. En el futuro, American usará la Red SABRE para crear la base de datos con mayor cantidad de información y de transportes de Estados Unidos, para planear los sistemas de precios y de información para el sistema de trenes franceses de alta velocidad y para enseñar a los procesadores de billetes a manejar las reclamaciones de seguros y gastos médicos de clientes como Blue Cross y Blue Shield y Travelers. Si estas medidas no recuperan la rentabilidad de American, la siguiente medida de AMR podría ser que American Airlines no siguiera siendo su subsidiaria.

PREGUNTAS

1. En términos económicos, ¿cómo describiría usted la industria de las líneas aéreas? ¿Qué puede decir de la demanda?

2. ¿Qué tipos de prácticas de precios usan las líneas aéreas? ¿Son las adecuadas?

3. ¿Fue buena idea el intento de American de simplificar los precios? ¿Fue adecuada su "medida disciplinaria"?

4. ¿Es Américan víctima o "villana"?

Fuentes: Christina Duff, "Airlines Expect Break in Marathon of Ticket Sales", *The Wall Street Journal,* 8 de junio de 1992, p. B5; James S. Hirsch, "Delta and Northwest Announce Boosts in Prices of Some Discounted Tickets, *The Wall Street Journal,* 3 de junio de 1992, p. A2; Bridget O'Brian, "Tired of Airline Losses, AMR Pushes its Bid to Diversify Business, *The Wall Street Journal,* 18 de febrero de 1993, pp. A1, A8; "Simplifying Their Fares Proves More Difficult than Airlines Expected", *The Wall Street Journal,* 4 de junio de 1992, pp. A1, A5; "AMR Expects to Report Loss for 2nd Period", *The Wall Street Journal,* 18 de junio de 1992, p. A4; y Wendy Zeliner, "The Airline Mess", *Business Week,* 6 de julio de 1992, pp. 50-55.

CASO EMPRESARIAL 12

JOYAS SILVERADO: LA PARADOJA DE LOS PRECIOS

La Joyería Silverado, situada en el centro de Tempe, Arizona, se especializa en alhajas hechas a mano por indígenas estadounidenses. Sheila Becker, dueña de Silverado y recién regresada de un viaje para comprar mercancía, está analizando un interesante fenómeno de los precios con Mary Meindl, la subgerente de la tienda.

Hace algunos meses, la tienda había recibido una serie de pulseras, aretes y collares de madreperla y plata. A diferencia de los tonos azul-verdoso de los diseños típicos de las alhajas de turquesa, la madreperla es rosada y tiene un fondo blancuzco. En términos de tamaño y estilo, la selección incluía toda una variedad de artículos. Algunos eran objetos con diseños pequeños, redondos y bastante sencillos, otros eran diseños más grandes, bastante intrin-

cados. Además, la colección incluía una serie de pisacorbatas de estilo tradicional para caballero.

Sheila había comprado la colección de madreperla a un precio muy razonable y estaba muy contenta con la variedad de productos diferentes. Pensó que las alhajas le gustarían, sobre todo, a los compradores en general, a los que buscaban algo diferente de las piezas de turquesa que ofrecían casi todas las tiendas de Tempe. Sheila puso los precios de las joyas pensando en que los compradores obtuvieran el valor de su dinero, pero también sumó un recargo suficiente para cubrir los costos de sus actividades más un margen promedio de utilidad.

Los artículos estuvieron en exhibición durante un mes, más o menos, y las ventas habían decepcionado a

Sheila, por lo que decidió aplicar diversas tácticas de comercialización que había aprendido cuando estudiaba en la Universidad de Nevada. Por ejemplo, consciente de que la ubicación de un artículo muchas veces influye en que los clientes contemplen la mercancía o no, cambió las joyas de madreperla a una exhibidor de vidrio a la derecha, justo a la entrada de la tienda.

Como las ventas de la mercancía de madreperla seguían lentas después de la reubicación, decidió hablar con los dependientes de la tienda al respecto durante la reunión semanal. Les sugirió que dedicaran más esfuerzo a "impulsar" esta línea particular y les ofreció una descripción detallada de la madreperla, dándoles una breve charla por escrito, para que se la aprendieran de memoria y se la recitaran a los clientes.

Desgraciadamente, este enfoque también fracasó. A estas alturas, Sheila estaba preparando otro viaje de compras. Frustrada por las ventas flojas de las joyas de madreperla y deseosa de reducir los inventarios corrientes para hacer espacio para las colecciones nuevas que compraría, decidió tomar medidas drásticas: reduciría los precios de la madreperla a la mitad. Al salir de la tienda, de prisa, le dejó una nota a May Meindl que decía:

Cuando volvió, Sheila recibió la grata sorpresa de que se había vendido toda la colección de joyas de madreperla. "En realidad no entiendo por qué —le comentó a Mary Maeindl—, pero los objetos de madreperla simplemente no le gustaron a los clientes. Tendré que tener más cuidado la próxima vez que trate de aumentar la variedad de piedras". Mary contestó que aunque no acababa de entender por qué Sheila había querido aumentar el precio de una mercancía que casi no se movía, le asombró la velocidad con la que se vendió a un precio más alto. Sheila no entendió:

—¿Qué precio más alto? —preguntó—. Mi nota decía que redujeras los precios a la mitad.

—¿A la mitad? —repuso la desconcertada Mary—. Pensé que tu nota decía "¡Todo lo de la vitrina al doble!"

Por tanto, Mary había duplicado los precios en lugar de bajarlos a la mitad.

PREGUNTAS

1. Explique qué ocurrió en este caso. ¿Por qué se vendieron las joyas con tanta rapidez, al doble de su precio normal?

2. ¿Cuál era la hipótesis de Shiela Becker en cuanto a la curva de la demanda de los objetos de madreperla? ¿Cómo se veía en realidad la curva de la demanda de este producto específico?

3. ¿En qué tipo de mercado está operando la joyería Silverado (competencia pura, competencia monopólica, competencia oligopólica o monopolio puro)? ¿Cómo llegó usted a tal conclusión?

4. ¿Cómo podría aprovechar Sheila Becker el concepto de los precios psicológicos? ¿Qué le aconsejaría usted para las decisiones sobre precios que tome en el futuro?

𝓕ijación de precios de los productos: estrategias

*A*l inicio de la temporada de verano de 1992, American Airlines y sus competidores buscaban la manera de estimular a la desfallecida industria de los viajes. Tras dos años de haber registrado pérdidas sin precedente, por muchos millones de dólares, la apesadumbrada industria estadounidense de las líneas aéreas enfrentaba múltiples problemas; una economía enferma, aumentos de costos, exceso de capacidad en la industria y grave competencia de precios. En fecha reciente, varias líneas aéreas habían tenido que abandonar sus actividades y otras más estaban operando bajo amparo por quiebra.

Uno de los factores principales de los males de la industria era la convulsionada estructura de los precios. Durante muchos años, American y las demás líneas aéreas habían ofrecido una desconcertante gama de tarifas, inclusive enormes descuentos en promociones diseñadas para estimular los viajes en avión o para dar a una línea aérea una ventaja temporal sobre las demás. Sin embargo, los precios de estas promociones habían desembocado, en muchos casos, en costosas guerras de precios que socavarían las utilidades de la industria a largo plazo. Es más, la compleja estructura de tarifas y las interminables promociones habían confundido y frustrado a los clientes. Quienes viajaban por negocios se sentían especialmente frustrados. Dado que sus horarios rara vez les permitían aprovechar la reducción de tarifas por comprar su boleto con antelación, con frecuencia pagaban un precio cuatro o cinco veces superior al de las tarifas más bajas. Empero, mientras la debilitada economía proseguía su camino, incluso la gente que viajaba pagando las tarifas más bajas se quejaba de lo caro que resultaba viajar en avión. Todas las personas que viajaban, fuera por negocios o placer, usaban menos el avión y estaban convencidas de que, como lo creían desde hace mucho, las líneas aéreas las estaban estafando con sus precios.

A mediados de abril de 1992, American presentó un atrevido plan de nuevas tarifas, con el cual esperaba emprender el camino hacia la simplificación de la estructura de tarifas en la industria, acabar con las constantes querellas de precios y restañar su rentabilidad y la de la industria. La línea más importante de Estados Unidos publicó anuncios de cuatro páginas en los periódicos más importantes del país, diciendo: "La siguiente página en la historia de las tarifas aéreas". Atrás quedaban las promociones con tarifas super bajas y los descuentos especiales para niños, viejos, militares, familias enlutadas y grandes usuarias corporativas. En su lugar, aparecía una estructura adelgazada, con sólo cuatro tarifas: *tarifas abiertas en segunda* (a la sazón y en promedio 38% más bajas que las tarifas anteriores para viaje completo); *tarifas de primera clase* a precio más bajo (entre 20 y 50% más baratas que las de antes); *tarifas para 21 días compradas con antelación* (aproximadamente a la mitad de precio que las tarifas completas de segunda); y *tarifas para 7 días compradas con antelación* (entre 20 y 60 dólares más que las tarifas para 21 días).

El nuevo plan beneficiaba a todo el mundo, según American. Aunque algunas de las tarifas más baratas subieron un poco, los consumidores se beneficiaban con la reducción general del 38% para las tarifas elevadas. Por otra parte, ayudaba a las líneas aéreas, pues la supresión de los descuentos grandes significaba que subirían las tarifas en promedio. Sin embargo, para que el plan funcionara, American necesitaría la ayuda de dos grupos centrales: los clientes y la competencia. El plan no restañaría las utilidades de la industria a no ser que propiciara el incremento de viajes por avión. Además, American no podría lograrlo sola; la competencia tendría que aplicar estructuras similares de tarifas. Desgraciadamente, American no recibió mucho apoyo de ninguno de los dos grupos.

La reducción de las tarifas no produjo la esperada estampida hacia los mostradores de expedición de boletos. Durante la época en que se registró una gran cantidad de vuelos, en los años ochenta, las líneas aéreas habían enseñado a los viajeros a esperar a que hubiera descuentos especiales y promociones. Cuando American los eliminó, en la recesión de los años noventa, los consumidores se pararon de pestañas y se esperaron para ver si las tarifas nuevas aguantaban. Del otro lado del mostrador de expedición de boletos, la mayor parte de las líneas importantes de la competencia siguieron el ejemplo de American durante algún tiempo. Sin embargo, las líneas más débiles, por ejemplo Trans World Airlines, America West y Continental, todas ellas operando en quiebra, empezaron a socavar los precios nuevos de American desde el momento en que fueron anunciados. TWA, que había aguantado los embates de sus rivales más fuertes labrándose un nicho de precios bajos, contestó de inmediato con tarifas entre 10 y 20% más bajas que las de American. También empezó a ofrecer rebajas, de un día, en algunas ciudades; rebajas que terminaban antes de que la competencia hubiera tenido tiempo de reaccionar. America West redujo sus tarifas para viajes transcontinentales y promovió tarifas baratas para la temporada baja. Southwest Airlines, sin ningún adorno, anunció su programa "los niños vuelan gratis" para el verano.

Como el plan de American no pudo producir suficientes negocios nuevos, las otras líneas empezaron a utilizar sus propios trucos. TWA cambió las tarifas originales para viajes de 21 días por tarifas para 14 días, menos restrictivas. US Air rebajó las tarifas de los vuelos de las principales ciudades del nordeste a Florida, y Continental no tardó en seguir su ejemplo. No obstante, con la esperanza de que su plan de tarifas simplificadas triunfara, la poderosa American Airlines contestó a estas acciones con admirable moderación. Sólo redujo sus tarifas en la medida necesaria en los mercados donde competía con TWA, America West, Southwest, US Air y las demás líneas aéreas renegadas. Sin embargo, una vez empezados los descuentos, no tardaron en aumentar como bola de nieve.

A finales de abril, Northwest Airlines rompió las filas. Con miras a captar a las familias que viajaban durante el verano, lanzó una promoción de "los adultos viajan gratis", dando un boleto gratis a cualquier adulto que viajara con un niño. Northwest publicó sus primeros anuncios de la promoción el martes 26 de mayo por la tarde. Antes de que terminara el día, las reservaciones de la línea habían aumentado 53%; para mediados del miércoles habían llegado a un increíble 176%. American contestó vengativamente a la defección de Northwest y recortó a la mitad todas las tarifas de boletos comprados con antelación. Las demás líneas aéreas saltaron al ruedo y desataron una brutal guerra de precios que duró 10 días.

Las tarifas, increíblemente bajas, produjeron una oleada de demanda. Los consumidores inundaron las agencias de viajes y los mostradores de las líneas aéreas, adquiriendo con avaricia dos, tres o hasta más boletos para viajes de verano. El domingo 31 de mayo, en la cúspide de la locura adquisitiva, las reservaciones de Northwest habían subido 563%, en comparación con las de una semana antes. El martes 2 de junio, Delta recibió la cantidad inédita de 2.5 millones de llamadas, en comparación con las 300,000 de un día normal. La industria vendió viajes por el equivalente a las ventas de todo el verano en poco más de una semana.

Aunque esos días de mayo y principios de junio fueron fechas muy felices para los viajeros, fueron todo un desastre para las líneas aéreas. Como dice un analista: "En el caso de la mayor parte de las líneas aéreas fuertes... acabaron con la posibilidad de un verano rentable. En el caso de las débiles, las tarifas bajas fueron como un beso de muerte". Cuando se despejó el ambiente, los analistas pronosticaron que la industria perdería 3.5 mil millones de dólares en 1992. Las agencias de viajes también salieron perdiendo, trabajando más por comisiones más bajas. Tuvieron que volver a emitir boletos que habían sido adquiridos antes, a los nuevos precios bajos. Además, aunque las líneas aéreas grandes, a la larga, permitieron que las agencias conservaran las comisiones que habían ganado con las compras anteriores, los precios de los boletos nuevos muchas veces eran tan bajos que las agencias no obtenían comisiones lo bastante grandes para cubrir los costos de emisión. Muchas agencias de viajes le echaron la culpa a American; algunas incluso juraron que canalizarían los negocios futuros a otras líneas, en la medida de lo posible. Lo que es peor, Continental demandó a American acusándola de que había impuesto precios predadores; es decir, que había establecido tarifas que no podían ser rentables, con el propósito de eliminar a los competidores débiles. American contestó que sólo intentaba establecer una disciplina en los precios de la industria que permitiera obtener utilidades, no sólo a ella sino a las demás líneas aéreas.

Para otoño, los viajeros de muchas de las rutas de American Airlines volvían a enfrentarse con una compleja gama de tarifas. El revolucionario plan de las tarifas de American en realidad nunca logró despegar del piso. En cambio, su pretensión de sanear las prácticas de los precios de la industria produjo enormes pérdidas, en términos monetarios y de credibilidad de los consumidores. El ejecutivo de una línea aérea se lamenta: "El daño provocado durará mucho, mucho tiempo".[1]

AVANCE DEL CAPÍTULO

El capítulo 13 amplía los conceptos del capítulo anterior y detalla estrategias específicas para la fijación de precios en diferentes situaciones.

En un principio, se habla de las estrategias innovadoras para poner precios a productos nuevos, incluyendo los enfoques *tamizado del mercado* y *penetración del mercado,* así como los temas referentes a la fijación de precios para productos nuevos de imitación.

A continuación, se repasan las *estrategias de fijación de precio a la mezcla de productos,* inclusive los precios para las *líneas de productos, los productos optativos, los productos cautivos, los productos derivados* y *los paquetes de productos.*

Se prosigue con una presentación general de las estrategias para *ajustar precios,* inclusive varias formas de descuentos y los precios *discriminativos, psicológicos, promocionales, del valor, geográficos e internacionales.*

Por último, se cierra con los temas de *cómo iniciar los cambios de precios y cómo responder a los cambios de precios.*

En este capítulo, se analiza la dinámica de los precios. Una empresa no establece un precio único, sino más bien una *estructura de precios* que cubre los diferentes artículos de su línea. Esta estructura de precios cambia con el tiempo, conforme los productos van pasando por sus ciclos de vida. La empresa ajusta los precios de los productos para reflejar los cambios de los costos y de la demanda y para explicar las variaciones de los compradores y las situaciones. Conforme el entorno de la competencia va cambiando, la empresa debe decidir cuándo iniciar los cambios de precios y cuándo responder a ellos.

En el capítulo se analizan las principales estrategias dinámicas de precios con las que cuenta la gerencia. Además, se estudian las *estrategias de fijación de precios para productos nuevos,* en el caso de productos que están en la etapa introductoria del ciclo de vida del producto, las *estrategias de precios para la mezcla de productos* en el caso de productos relacionados dentro de la mezcla de productos, las *estrategias para el ajuste de precios* que se explican en razón de las diferencias de los clientes y las situaciones cambiantes y las *estrategias para iniciar cambios de precios y para responder a ellos.*[2]

ESTRATEGIAS DE PRECIOS PARA PRODUCTOS NUEVOS

Las estrategias de los precios suelen ir cambiando conforme el producto pasa por su ciclo de vida. La etapa de introducción representa un reto especial. Cabe señalar la diferencia entre ponerle precio a un producto innovador, protegido por una patente, y ponerle precio a un producto que imita a productos existentes.

Precios para los productos innovadores

Las empresas que sacan un producto innovador, protegido por una patente, pueden optar por una de dos estrategias: *la fijación de precios por tamizado del mercado y fijación de precios por penetración de mercado.*

Fijación de precios por tamizado del mercado

Muchas empresas que inventan productos nuevos establecen precios altos, en un principio, para "desnatar", capa por capa, los ingresos del mercado. Polaroid usa esta estrategia, de **precios por tamizado del mercado,** con gran frecuencia. Por ejemplo, en el caso de su cámara instantánea original, Polaroid cobró el precio más alto posible, dados los beneficios de su producto nuevo en comparación con los de la competencia. La empresa marcó un precio que *justo* permitía que

Desnatar el mercado: Polaroid introdujo su Spectra con un precio elevado y después presentó versiones de precios más bajos para captar otros segmentos.

algunos segmentos del mercado consideraran que valía la pena adoptar la cámara nueva. Cuando las ventas iniciales empezaron a disminuir, entonces bajó el precio para captar a la siguiente capa de clientes sensible a los precios. Polaroid usó la misma técnica con su cámara Spectra. La Spectra se introdujo a un precio que representaba casi el doble del precio de introducción anterior de Polaroid en este campo. Después de un año, más o menos, Polaroid empezó a introducir versiones más sencillas, a precio más bajo, con objeto de captar otros segmentos. De tal manera, Polaroid captó la cantidad máxima de ingresos posible de diversos segmentos del mercado.[3]

El tamizado del mercado sólo tiene sentido en ciertas condiciones. En primera instancia, la calidad y la imagen del producto deben justificar el precio alto y debe haber suficiente cantidad de compradores que quieran adquirir el producto a ese precio. En segunda, los costos de producción de un volumen bajo no deben ser tan altos que cancelen la ventaja de cobrar más. Por último, la competencia no debe tener capacidad para entrar al mercado fácilmente y socavar el precio alto.

Fijación de precios por penetración de mercado

En lugar de poner un precio inicial alto para *tamizar* segmentos del mercado pequeños, aunque rentables, algunas empresas marcan un precio inicial bajo con objeto de *penetrar* en el mercado con rapidez y a profundidad; es decir, para atraer a una gran cantidad de compradores rápidamente y obtener una parte importante del mercado. Texas Instruments (TI) usa mucho la estrategia de los **precios para penetrar en el mercado.** La empresa edifica una fábrica grande, establece un precio lo más bajo posible, consigue abarcar una parte grande del mercado, realiza la disminución de costos y, después, baja su precio incluso más conforme bajan los costos. Las tiendas de depósito y de descuento también aplican los precios para la penetración. Cobran precios bajos para captar un volumen elevado, el volumen elevado deriva en costos más bajos, mismos que, a su vez, permiten a la tienda de descuento mantener precios bajos.

Se requieren varias condiciones para establecer un precio bajo. En primera instancia, el mercado debe ser muy sensible a los precios, de tal manera que el precio bajo fomente el mayor crecimiento del mercado. En segundo, los costos de producción y de distribución deben bajar conforme el volumen de ventas aumenta. Por último, el precio bajo debe servir para impedir el ingreso de la competencia.

Precios para imitaciones de productos nuevos

La empresa que proyecta desarrollar la imitación de un producto nuevo enfrenta un problema para colocar su producto. Tendrá que decidir dónde colocará el producto en términos de calidad y de precio. La figura 13-1 contiene nueve estrategias posibles relacionadas con la calidad y el precio. Por ejemplo, si la líder del mercado ha usado una estrategia de primera (cuadro 1), produciendo un producto de primera y cobrando el precio más alto, entonces la entrante podría optar por usar una de las demás estrategias. Podría diseñar un producto de gran calidad y cobrar un precio intermedio (cuadro 2), diseñar un producto de calidad intermedia y cobrar un precio intermedio (cuadro 5) y así sucesivamente. La empresa recién llegada debe tomar en cuenta el tamaño y el ritmo de crecimiento del mercado en cada uno de los cuadros, así como la competencia que tendría que enfrentar en ellos.

ESTRATEGIAS DE FIJACION DE PRECIOS SEGUN LA MEZCLA DE PRODUCTOS

Muchas veces es preciso cambiar de estrategia para ponerle precio a un producto cuando éste forma parte de una mezcla de productos. En tal caso, la empresa buscará una serie de precios que maximicen las utilidades generadas por la mezcla total de productos. En estos casos, es difícil poner precios porque los distintos productos tienen costos y demandas relacionadas y se enfrentan a diferentes grados de competencia. A continuación se explican las cinco situaciones para *poner precio a la mezcla de productos* que se muestran en la figura 13-2.

Fijación de precios por línea de producto

Las empresas suelen tener líneas de productos y no productos únicos. Por ejemplo, Snapper produce diversas podadoras de césped, desde versiones sencillas que se impulsan a pie, con precios de 259.95, 299.95 y 399.95 dólares, hasta elaboradas podadoras con carrito para el conductor con un precio de 1,000 dólares o más. Cada podadora de césped sucesiva de la línea ofrece más características. En el caso de los **precios según la línea de producto**, la gerencia debe decidir qué escalones de precios establecer entre las distintas podadoras.

Los escalones de los precios deben tomar en cuenta las diferencias de costos entre las podadoras, la forma en que los clientes evalúan las diferentes características y los precios de la competencia. Si la diferencia de precios entre dos podadoras sucesivas no es grande, los compradores, por regla general, comprarán la podadora más avanzada. Esta probabilidad aumentará las utilidades de la empresa, siempre y cuando la diferencia de costos sea menor que la diferencia de precios. Sin embargo, si la diferencia de precios es grande, los clientes, por regla general, comprarán las podadoras menos avanzadas.

FIGURA 13-1
Nueve estrategias para el precio-calidad

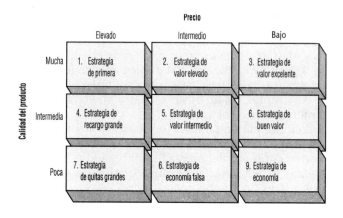

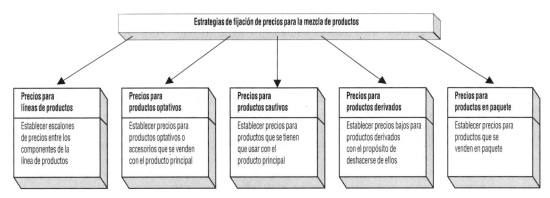

Estrategias de fijación de precios para la mezcla de productos

Precios para líneas de productos	Precios para productos optativos	Precios para productos cautivos	Precios para productos derivados	Precios para productos en paquete
Establecer escalones de precios entre los componentes de la línea de productos	Establecer precios para productos optativos o accesorios que se venden con el producto principal	Establecer precios para productos que se tienen que usar con el producto principal	Establecer precios bajos para productos derivados con el propósito de deshacerse de ellos	Establecer precios para productos que se venden en paquete

FIGURA 13-2   Estrategias de fijación de precios para la mezcla de productos

En muchas industrias, los vendedores recurren a *puntos de precios* bien establecidos para los productos de su línea. Por ejemplo, las tiendas de ropa masculina pueden tener trajes para hombre dentro de tres rangos de precios: 185, 285 y 385 dólares. Es probable que el cliente asocie la calidad baja, promedio y alta de los trajes con los tres puntos de precios. Incluso aunque los tres precios suban un poco, los hombres normalmente comprarán los trajes que están dentro de los puntos de precio que prefieren. La tarea del vendedor consiste en establecer diferencias de calidad que se puedan percibir y sustenten las diferencias de precios.

Fijación de precios para productos opcionales

Muchas empresas aplican **precios para productos opcionales;** es decir, ofrecen vender productos optativos o accesorios con su producto principal. Por ejemplo, la persona que compra un auto puede optar por ventanas eléctricas, faros de niebla y control de viaje. No es fácil ponerle precio a estas opciones. Los fabricantes de autos tienen que decidir qué puntos incluir en el precio básico y cuáles ofrecer como opciones. La estrategia normal de precios de General Motors consiste en anunciar un modelo austero, por decir algo de 12,000 dólares, para atraer a la gente a las salas de exhibición y ahí dedicar la mayor parte del espacio de la sala a la exhibición de autos con infinidad de opciones a 14,000 o 15,000 dólares. El modelo económico carece de tantas comodidades y extras que la mayor parte de los compradores lo rechazan. Sin embargo, en fecha más reciente, GM ha seguido el ejemplo de los fabricantes japoneses de autos y ha incluido en el pre-

Precios para líneas de productos: Infinity ofrece una línea de bocinas para aparatos estereofónicos caseros, a precios que van desde 275 hasta 50,000 dólares el par.

cio base muchas características útiles que antes sólo vendía como opciones. Ahora, el precio anunciado, suele representar un auto bien equipado.

Fijación de precios para productos cautivos

Las empresas que fabrican productos que se deben usar con un producto básico recurren a los **precios para productos cautivos**. Algunos ejemplos de productos cautivos serían las hojas de navajas para afeitar, las películas para cámaras y los programas para computadoras. Los productores de los artículos básicos (rasuradoras, cámaras y computadoras) suelen ponerles un precio bajo y después establecer recargos considerables para los suministros. Por ejemplo, las cámaras de Polaroid tienen precios bajos porque la empresa gana su dinero con la venta de las películas. Los fabricantes de cámaras que no venden película tienen que ponerle un precio más elevado a sus cámaras para obtener la misma cantidad de utilidades globales.

En el caso de los servicios, la estrategia se llama **fijación de precios en dos partes.** El precio del servicio se descompone en una *cuota fija y en una tarifa variable por uso.* Por ejemplo, la compañía telefónica cobra una cuota mensual (una cantidad fija), y carga una cantidad por las llamadas que pasen de un mínimo, la tarifa variable por uso. Los parques de diversión cobran una cantidad por la entrada y otras más por los alimentos, los espectáculos y los paseos que pasan de un mínimo. La empresa de servicios tendrá que decidir cuánto cobrará por el servicio básico y cuánto por el uso variable. La cantidad fija debe ser lo bastante baja como para propiciar que se use el servicio y la utilidad se obtendrá en razón de las tarifas variables por uso.

Fijación de precios para productos derivados

Al fabricar productos procesados de carne, productos del petróleo, productos químicos y otros más, suele haber productos derivados. Si los productos derivados carecen de valor y si cuesta mucho deshacerse de ellos, los precios del producto principal se verán afectados. Al aplicar los **precios de los productos derivados**, el fabricante buscará un mercado para estos productos derivados y aceptará cualquier precio que cubra una cantidad superior al costo por su almacenaje y entrega. Esto le permitirá al vendedor disminuir el precio del producto principal para que resulte más competitivo.

Fijación de precios por paquete de productos

Con los **precios para paquete de productos,** los vendedores suelen combinar varios productos y ofrecer un paquete a un precio muy bajo. Por ejemplo, los teatros y los equipos deportivos venden paquetes de boletos para toda la temporada a precio inferior al que cuesta cada uno de los boletos. Los hoteles venden paquetes de precios especiales que incluyen habitación, alimentos y diversiones y los fabricantes de automóviles venden paquetes de opciones con precios muy atractivos. Los paquetes a buen precio pueden promover la venta de productos que los consumidores no adquirirían en caso contrario, pero el precio de la combinación debe ser lo bastante bajo como para convencerlos de que adquieran el paquete.[4]

ESTRATEGIAS PARA AJUSTAR PRECIOS

Las empresas suelen ajustar sus precios básicos para tomar en cuenta las diferencias del consumidor y los cambios de situación. La figura 13-3 resume seis estrategias para ajustar precios: *fijación de precios por descuento y bonificaciones, precios discriminatorios, precios psicológicos, precios promocionales, precios de valor, precios geográficos y precios internacionales.*

Fijación de precios por descuento y bonificaciones

La mayor parte de las empresas ajustan sus precios básicos para recompensar a los clientes por ciertas aciones, como el pronto pago de cuentas, las compras por vo-

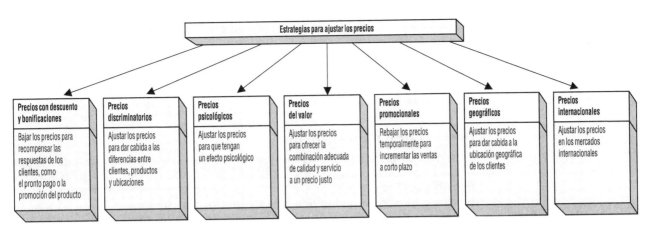

FIGURA 13-3 Estrategias para ajustar los precios

lumen y las compras fuera de temporada. A continuación se describen estos ajustes de precios (llamados *descuentos* y *bonificaciones*).

Descuentos por pago en efectivo

Un **descuento por pago en efectivo** es una reducción del precio que se concede a los compradores que paguen sus cuentas de inmediato. Un ejemplo típico sería "2/10, neto 30", que significa que aunque el pago vence en un palzo de 30 días, el comprador puede descontar 2% si paga la cuenta en un plazo de 10 días. El descuento se le debe conceder a todos los compradores que cumplan con estos términos. Estos descuentos son normales en muchas industrias, contribuyen a la liquidez de los vendedores y sirven para disminuir los gastos de cobro de créditos y de las cuentas incobrables.

Descuentos por volumen

Un **descuento por volumen** es una reducción de precio que se concede a los compradores que adquieren volúmenes grandes. Un ejemplo típico sería "10 dólares por unidad en menos de 100 unidades, 9 dólares por unidad en 100 unidades o más". Los descuentos por volumen se deben ofrecer a todos los clientes y no deben ser superiores a los costos que se ahorra el vendedor por vender cantidades grandes. Estos ahorros incluyen la reducción de gastos por concepto de ventas, inventarios y transportes. Los descuentos son un aliciente para que el cliente compre a un solo vendedor una cantidad más grande, en lugar de comprar a diferentes fuentes.

Descuentos funcionales

Un **descuento funcional** (también llamado *descuento comercial*) es el que le ofrece un vendedor a los miembros de un canal comercial que desempeñan ciertas funciones, por ejemplo vender, almacenar o llevar registros. Los fabricantes pueden ofrecer diferentes descuentos funcionales a diferentes canales comerciales, en razón de los distintos servicios que desempeñan, pero los fabricantes deben ofrecer los mismos descuentos funcionales en cada canal comercial.

Descuentos por temporada

Un **descuento por temporada** es una reducción de precio que se le concede a los compradores que adquieren mercancías o servicios fuera de temporada. Por ejemplo, en primavera y verano, los fabricantes de esquíes ofrecen a los detallistas descuentos por temporada, con el objeto de fomentar que coloquen sus pedidos pronto. Los hoteles, los moteles y las líneas aéreas ofrecen descuentos por temporada durante las temporadas bajas. Los descuentos por temporada permiten al vendedor mantener su producción constante durante todo el año.

Descuentos por bonificación

Los **descuentos por bonificación** son otro tipo de descuentos que se aplican a la lista de precios. Por ejemplo, los **descuentos por trueque** son los descuentos de precio que se conceden por entregar a cambio un artículo viejo en la compra de otro nuevo. Dichos descuentos son muy comunes en la industria automovilísitca y también se presentan en el caso de otros bienes duraderos. Los **descuentos promocionales** son pagos o descuentos de precios que sirven para recompensar a los distribuidores por participar en programas de publicidad y apoyo a las ventas.

Precios descriminatorios

Con frecuencia, las empresas ajustan sus precios básicos para dar cabida a las diferencias de los clientes, los productos y las ubicaciones. Los **precios discriminatorios** sirven para que la empresa entregue un producto o servicio a dos precios o más, aunque la diferencia de precios no esté basada en diferencias de costos. Los precios discriminatorios adoptan diversas formas.

Precios para un segmento de clientes. Diferentes clientes pagan diferentes precios por el mismo producto o servicio. Por ejemplo, los museos cobran menos a estudiantes y personas mayores.

Precios para una forma del producto. Diferentes versiones del producto tienen diferentes precios, pero no por diferencias en sus costos. Por ejemplo, el precio de la plancha más cara de Black & Decker es de 54.98 dólares, que es dos dólares más cara que la plancha que le sigue. El modelo avanzado tiene la característica de que se limpia solo; sin embargo, la producción de esta característica extra sólo representa unos cuantos dólares más.

Precios por la ubicación. Las diferentes ubicaciones tienen precios diferentes, aun cuando el costo de la oferta en cada ubicación sea el mismo. Por ejemplo, las localidades de los teatros tienen diferentes precios, porque el público prefiere ciertas ubicaciones, y las universidades estatales cobran colegiaturas más altas a los estudiantes de otros estados.

Precios según el momento. Los precios varían de acuerdo con la estación, el mes, el día o incluso la hora. Los usuarios comerciales pagan diferentes precios por los servicios públicos de acuerdo con la hora del día y dependiendo de que sea un día laboral o uno festivo. La compañía telefónica cobra más baratas las llamadas hechas "fuera de horas pico", y los hoteles ofrecen descuentos fuera de temporada.

Para que los precios discriminatorios resulten una estrategia eficaz, deben existir ciertas condiciones. El mercado debe ser segmentable y los segmentos deben tener diferentes grados de demanda. Los miembros del segmento que pagan el precio más bajo no deben tener capacidad para revender el producto al segmento que paga el precio más alto. Los competidores no deben tener capacidad para vender más barato que la empresa en el segmento donde se cobra el precio más alto. Además, los costos de la segmentación y vigilancia del mercado no deben exceder de los ingresos extraordinarios que se obtengan por la diferencia de precios. La práctica no debe despertar el resentimiento de los clientes ni su mala voluntad. Por último, los precios discriminatorios deben ser lícitos.

Precios psicológicos

El precio habla del producto. Por ejemplo, muchos consumidores usan el precio para juzgar la calidad. Un frasco de perfume de 100 dólares quizá sólo contenga 3 dólares de esencia, pero hay personas dispuestas a pagar los 100 porque el precio indica algo especial.

Al usar los **precios psicológicos,** los vendedores toman en cuenta la psicología de los precios y no simplemente su economía. Por ejemplo, un estudio de la relación entre la forma en que se precibía la calidad y el precio de los autos arrojó que los consumidores piensan que los autos de mayor calidad son aquellos con un precio incluso superior al que tienen en realidad.[5] Cuando los consumidores pueden juzgar la calidad de un producto estudiándolo o recurriendo a sus experiencias pasadas, no usan tanto el precio para juzgar la calidad. Cuando los consumidores no pueden juzgar la calidad porque carecen de información o capacidad, el precio se convierte en una señal importante de calidad (véase Puntos Importantes de la Mercadotecnia 13-1).[6]

Otro aspecto de los precios psicológicos son los **precios de referencia;** es decir, los precios que los compradores tienen en mente y a los cuales se refieren cuando ven un producto dado cualquiera. Los precios de referencia se pueden formar anotando los precios corrientes, recordando los precios pasados o evaluando la situación de la compra. Los vendedores pueden influir en estos precios de referencia de los consumidores o usarlos cuando establecen los precios. Por ejemplo, una empresa podría exhibir su producto junto a otros más caros con el propósito de implicar que pertenece a la misma categoría. Las tiendas de departamentos muchas veces venden la ropa para damas en departamentos separados, que se diferencian por los precios; la ropa que se encuentra en el departamento más caro supuestamente es de mejor calidad. Las empresas también pueden influir en los precios de referencia de los consumidores especificando los precios sugeridos por el fabricante, indicando que el producto originalmente tenía un precio mucho más alto o señalando el precio más alto de algún competidor.

Incluso las pequeñas diferencias de precios pueden sugerir diferencias del producto. Piense en un aparato de estereo que tiene un precio de 300 dólares, en comparación con otro de 299.95. La verdadera diferencia de precio es de sólo 5 centavos, pero la diferencia psicológica puede ser mucho mayor. Por ejemplo, algunos consumidores pensarán que 299.95 dólares es un precio dentro del rango de los 200 y no de los 300. Así como el precio de 299.95 tiene más probabilidades de ser considerado un precio ganga, el precio de 300 dólares sugiere más calidad. Algunos psicólogos opinan que cada dígito tiene cualidades simbólicas y visuales que se deben tomar en cuenta al fijar los precios. Por ejemplo, el 8 es redondo y equilibrado y produce un efecto tranquilizante, mientras que el 7 es angular y produce un efecto desgarrador.

Precios promocionales

Con los **precios promocionales,** las empresas ponen precios temporales a sus productos, por abajo del precio de lista y, en ocasiones, aun por abajo del costo. Los precios promocionales adoptan diversas formas. Los supermercados y los almacenes ponen precio a unos cuantos productos que serán *líderes de pérdidas,* pero que atraerán a los clientes a la tienda, con la esperanza de que éstos compren otros artículos con precios normales. Los vendedores también aplican *precios para eventos especiales* en ciertas temporadas para atraer mayor cantidad de clientes. Por ejemplo, la ropa blanca siempre tiene precios de promoción en enero, para conseguir que los cansados compradores navideños vuelvan a las tiendas. En ocasiones, los fabricantes ofrecen *descuentos en efectivo* a los consumidores que compran su producto a distribuidores dentro de un tiempo especificado; el fabri-

Precios promocionales: las empresas con frecuencia bajan sus precios temporalmente para fomentar las ventas.

cante envía el descuento directamente al cliente. En fecha reciente, los descuentos han adquirido popularidad entre fabricantes de autos y productores de bienes duraderos y electrodomésticos pequeños. Algunos fabricantes ofrecen *financiamiento con intereses muy bajos, garantías más largas o mantenimiento gratis,* para bajar el "precio" de consumidor. Esta práctica se ha vuelto la favorita de la industria automovilística. El vendedor también puede ofrecer *descuentos* sobre los precios normales para aumentar las ventas y reducir los inventarios.

Precios de valor

Durante la recesiva década de 1990, de escaso crecimiento, muchas empresas ajustaron sus precios para que se ciñeran a las condiciones económicas y el consecuente cambio fundamental de la actitud de los consumidores ante la calidad y el valor. Es cada vez mayor la cantidad de mercadólogos que han adoptado estrategias de **precios de valor**; es decir, ofrecer justo la combinación adecuada de calidad y buen servicio a un precio justo. En muchos casos, esto ha implicado que se introduzcan versiones más baratas de productos de marcas establecidas. Por ejemplo, Campbell introdujo la línea de alimentos congelados Great Starts Budget, Holiday Inn abrió varios hoteles económicos Holiday Express, Charles of de Ritz de Revlon ofreció su línea de cosméticos asequibles de la colección Express Bar, y restaurantes de comida rápida como Taco Bell y McDonald's ofrecieron "menús a su valor". En otros casos, los precios del valor han implicado el nuevo diseño de marcas existentes con el propósito de ofrecer mayor calidad por un precio dado o la misma calidad por un precio menor (véase Puntos Importantes de la Mercadotecnia 13-2).

Precios según las regiones

La empresa también debe decidir cómo fijar el precio de sus productos para clientes situados en diferentes partes del país o del mundo. ¿Debe la empresa arriesgarse a perder negocios con clientes distantes cobrándoles precios más altos que cubran los costos de envió mayores? O ¿debe la empresa cobrarle a todos los clientes los mismos precios, sea cual fuere su ubicación? A continuación se analizan cinco estrategias de precios geográficos en una situación hipotética:

La Papelera Peerless está ubicada en Atlanta, Georgia y vende productos de papel a clientes repartidos a lo largo de Estados Unidos. El costo del envío es alto y afecta a las empresas a las que los consumidores compran el papel. Peerless quiere establecer una política de precios geográficos. Está tratando de determinar qué precio ponerle a un pedido de 100 dólares, de tres clientes específicos: el cliente A (Atlanta), el cliente B (Bloomington, Indiana) y el cliente C (Compton, California).

Fijación de precios de origen - LAB

Una opción es que Peerless le pida a cada uno de los clientes que cubran el costo del envío de la fábrica de Atlanta a la ubicación del cliente. Los tres clientes pagarían el mismo precio de fábrica de 100 dólares, pero el cliente A pagaría, por decir algo, 10 dólares por concepto de envío, el cliente B, 15 dólares y el cliente C, 25 dólares. Esta práctica, llamada **fijación de precios de origen LAB**, significa que los bienes se entregan libre a bordo (*free on board*) a un transportista y en ese momento el título de propiedad y la responsabilidad pasan al cliente, quien paga el transporte desde la fábrica hasta su destino.

Como cada cliente sufraga sus costos, los partidarios de los precios LAB opinan que ésta es la manera más justa de determinar los cargos por concepto de transporte. No obstante, tiene la desventaja de que convertirá a Peerless en una empresa de costos muy elevados para los clientes distantes. Si el competidor más importante de Peerless, por azar, está en California, este competidor, sin lugar a dudas, venderá más que Peerless en California. De hecho, el competidor venderá más que Peerless en la mayor parte del oeste, mientras que Peerless dominará en el este. De hecho, se podría trazar una línea vertical en el mapa, la cual uniría a las ciudades donde los precios de las dos empresas, más los costos de transporte, serían más o menos los mismos. Los precios de Peerless tendrían ventaja al este de esta línea y los de su competidor tendrían ventaja al oeste de ella.

Fijación de precios uniformes de entrega

Los **precios uniformes de entrega** son exactamente lo contrario de los precios FOB. En este caso, la empresa cobra el mismo precio, más el transporte, a todos los clientes, sea cual fuere su ubicación. El cargo del transporte se establece a partir de un costo promedio. Suponga que se trata de 15 dólares. Así pues, el precio uniforme de entrega hace que el cliente de Atlanta pague un precio más alto (pues paga 15 dólares por transporte en lugar de 10) y que cliente de Compton pague un precio más bajo (pues paga 15 en lugar de 25). Por una parte, el cliente de Atlanta preferirá comprarle el papel a una papelera local, que aplique los precios de origen FOB. Por otra parte, Peerless tiene más probabilidad de conquistar al cliente de California. Otras ventajas de los precios uniformes de entrega son que resultan bastante fáciles de administrar y que permiten a la empresa anunciar sus precios en todo el país.

Fijación de precios por zona

Los **precios por zona** se ubican entre los precios de origen - LAB y los precios uniformes de entrega. La empresa delimita dos o más zonas. Todos los clientes dentro de una zona dada pagan un único precio total; cuanto más lejana la zona, tanto mayor el precio. Por ejemplo, Peerless podría marcar una Zona Este y cobrar 10 dólares por concepto de transporte a todos los clientes de esta zona, una Zona del Medio Oeste donde cobraría 15 dólares y una Zona Oeste donde cobraría 25. De tal manera, los clientes dentro de una zona de precios dada no obtendrían ninguna ventaja con los precios de la empresa. Por ejemplo, los clientes de Atlanta y Boston pagarían el mismo precio total a Peerless. No obstante, el agravante sería que el cliente de Atlanta estaría pagando parte del costo del transporte del cliente de Boston. Además, incluso quizá sólo existan unas cuantas millas de distancia, un cliente ubicado justo al oeste de la línea que divide al este del oeste medio, pagaría mucho más que uno ubicado justo al este de la referida línea.

Fijación de precios para un punto de partida

Con los **precios para un punto de partida,** el vendedor elige una ciudad cualquiera que será su "punto de partida" y le cobrará a todos los clientes el costo del transporte desde dicha ciudad hasta la ubicación de cada cliente, sea cual fuere

PRECIOS DEL VALOR: CÓMO OFRECER MÁS POR MENOS

Los mercadólogos tienen una nueva palabra mágica para los años noventa y se escribe V-A-L-O-R. A lo largo de los años ochenta, los mercadólogos se basaron en el lujo, el prestigio, la extravagancia, incluso lo caro, para cualquier producto, desde helados hasta autos. Empero, cuando se inició la recesión, empezaron a rediseñar, reempacar, reposicionarse, y recomercializar los productos con objeto de destacar su valor. Ahora, el precio del valor, es decir ofrecer más por mucho menos, subrayando la calidad del producto al mismo tiempo que se destaca su precio, ha dejado de ser un chorrito y se ha convertido en una marejada verde.

El precio del valor puede tener muchos significados para los mercadólogos. Para algunos significa bajar precios, para otros significa tratos especiales, por ejemplo, ofrecer más de un producto al mismo precio; para otros más significa una imagen nueva, una que convenza a los consumidores de que están recibiendo mucho. No obstante, sea cual fuere su definición, el precio del valor se ha convertido en una estrategia fundamental para cortejar a los consumidores. Las tácticas centradas en el estrato superior, que dominaron en los años ochenta, han desaparecido materialmente. Ahora, todo lo pretencioso de los años ochenta se usa como antítesis. Veamos el anuncio del Maxima GXE de Nissan aparecido en una revista : "Hoy, la idea de gastar muchos miles de dólares más en un sedán de lujo por la distinción de tener un ornamento en el casco resulta del todo injustificada. Estamos en los años noventa, en una época con otra sensibilidad".

Los mercadólogos están encontrando que la atonía económica y los cambios demográficos de los consumidores han creado otra clase de compradores sofisticados, que buscan gangas y que están atentos a qué, dónde y cómo compran. Así como antes estaba de moda presumir de opulencia y gastar en forma descarada, ahora está de moda decir que se consiguió una ganga. Con el propósito de convencer a los consumidores de que están obteniendo más por su dinero, las empresas, desde las cadenas de comida rápida hasta los corredores de acciones y los fabricantes de autos, han remozado el contenido de su mercadotecnia.

■ La división Hefty de Mobil redujo los precios hasta 20% y aumentó un 20% más de bolsas de plástico por caja. Hefty también ha tirado a la basura su orientación mercadotécnica de dos decenios, que se centraba en la resistencia de las bolsas. El nuevo lema: "Nuestra resistencia tiene un valor". Un gerente de Mobil dice: "En los años noventa, la gente espera obtener algo de valor, incluso en las bolsas para basura".

■ La cadena Taco Bell de PepsiCo introdujo un menú especial, con enorme éxito, que ofrecía tacos de 59 centavos y otros 15 productos a 59 centavos, 79 centavos o 99 centavos. McDonald's siguió el ejemplo con comidas de valor Extra, subrayándolas con el tema, "Buena comida, con más Valor". Wendy's, Burger King y otros competidores no tardaron en entrar al juego con sus propios planes de precios de valor.

■ Los corredores de bolsa Shearson-Lehman Hutton están buscando una nueva campaña publicitaria que les sirva para contrarrestar las afirmaciones que hacen los corredores que ofrecen descuento y dicen tener precios bajos. "La gente se pregunta, ¿estoy obteniendo el valor de lo que pagué?", comenta un ejecutivo de mercadotecnia de Shearson. "Las compañías están enfrentando el desafío de [definir] el valor de lo que ofrecen comparado con el precio que cobran." La nueva campaña se centrará en servicios como la asesoría en inversiones y la planeación financiera que hacen que suba el valor de los servicios completos que ofrece Shearson, incluso aunque cobre precios más altos.

■ Hace poco, en un recorrido por el mundo, Jack Welch, el presidente de General Electric, notó que los clientes de todo el mundo se interesan ahora más por el precio que por la tecnología. "Ha llegado el decenio del valor —explica—. Si uno no es capaz de vender un producto de primera calidad al precio más bajo posible del mundo, se quedará fuera del juego." En consecuencia, GE está trabajando para poder ofrecer unidades básicas, confiables, a precios sin parangón, para productos que van desde refrigeradores hasta digitales CAT y motores de jet.

■ Buick está lanzando el Park Avenue, de gran tamaño y en la punta de la línea, como "El auto de mayor valor en Estados Unidos", a un precio de lista sugerido de 25,800 dólares. La afirmación de Buick se sustenta en los resultados de IntelliChoice, empresa indepen-

la ciudad desde la cual se envían los bienes. Por ejemplo, Peerless podría elegir a Chicago como punto de partida y cobrarle 100 dólares a todos los clientes, más el transporte desde Chicago hasta sus ubicaciones. Esto significaría que el cliente de Atlanta pagaría el costo del transporte desde Chicago hasta Atlanta, a pesar de que los bienes quizá sean enviados desde Atlanta. Al designar un punto de partida,

Precio del valor: Buick, con base en factores como los costos de mantenimiento, el ahorro de combustible y la depreciación, anuncia su Park Avenue, de 25,800 dólares, en la punta de la línea, de tamaño grande, como el "Auto de mayor valor en Estados Unidos".

diente dedicada a las investigaciones, que calificó al Park Avenue como el primero en factores co-mo costos de mantenimiento, ahorro de combustible y depreciación. "Estamos diciendo que no es necesario comprar [un auto económico] para obtener el valor de un dólar", dice el gerente de publicidad nacional de Buick: No hay que ceder lujo, rendimiento o tamaño para obtener un buen valor".

El precio del valor entraña bastante más que bajar los precios. Significa encontrar un delicado equilibrio entre la calidad y el precio, el cual entregue a los consumidores el valor que pretenden. Los consumidores no interpretan el "valor" como sinónimo de "barato". El precio del valor requiere que se reduzcan los precios y que se encuentren formas para mantener o incluso mejorar la calidad, al tiempo que se obtienen utilidades. Los consumidores que gozaron de los productos de marca, de primera calidad, durante los años ochenta, ahora quieren la misma calidad de primera, pero a pre-

cios mucho más bajos. Por tanto, el precio del valor muchas veces entraña volver a diseñar los productos y los procesos de producción, con objeto de reducir costos y de conservar los márgenes de utilidad, con precios más bajos. Por ejemplo, antes de lanzar su menú especial, Taco Bell volvió a diseñar sus restaurantes, con objeto de aumentar el tráfico de clientes y de reducir costos. Redujo el tamaño de las cocinas, amplió el espacio para mesas e introdujo nuevos productos en el menú, especialmente diseñados para su fácil preparación en las nuevas cocinas más pequeñas. De igual manera, al diseñar la computadora Clásica de Macintosh, con un precio inferior a los 1,000 dólares, los ingenieros de Apple partieron de la vieja Macintosh SE y le fueron quitando las características que habían ignorado una gran mayoría de usuarios. El resultado fue una máquina sencilla, de gran calidad, que ofreció a los consumidores un precio ganga y a Apple buenos márgenes de utilidad.

Aunque la tendencia hacia el precio del valor empezó con la recesión, sus raíces son mucho más profundas. La tendencia refleja las reacciones de los mercadólogos ante cambios fundamentales en las actitudes de los consumidores, producto de la edad alcanzada por los miembros del baby boom y de sus presiones financieras. Hoy, los "consumidores padecen estrecheces", están atrapados por las deudas adquiridas durante el despilfarro de los años ochenta y enfrentan más gastos por la educación de sus hijos, la compra de casa y el retiro futuro, por lo cual continuarán exigiendo obtener más valor mucho después de que mejore la situación económica. Incluso antes de que la economía se viera afectada, los compradores estaban empezando a replantearse la ecuación precio-calidad. Por tanto, es probable que los precios del valor sigan siendo una estrategia crucial a lo largo de los años noventa y después. Para ganarse a los consumidores del mañana, cada vez más astutos, se tendrán que encontrar formas nuevas de ofrecerles más por menos.

Fuentes: Partes adaptadas de Gary Strauss, "Marketers Plea: Let's Make a Deal", *USA Today,* 29 de septiembre de 1992, pp. B1-B2, Copyright 1992, USA TODAY. Reproducido con autorización. La cita de Jack Welch es de Stratford Sherman, "How to Prosper in the Value Decade", *Fortune,* 30 de noviembre de 1992, pp. 90-104. También véase Joseph B. White, "'Value Pricing' Is Hot as Shrwed Consumers Seek Low-Cost Quality", *The Wall Street Journal,* 12 de marzo de 1991, pp. A1, A9; Kathleen Madigan, "The Latest Mad Plunge of the Price Slachers"; *Business Week,* 11 de mayo de 1992, p. 36; Faye Rice, "What Intelligent Consumers Want", *Fortune,* 28 de diciembre de 1992, pp. 56-60 y Bill Kelley, "The New Consumer Revealed", *Sales & Marketing Management,* mayo de 1993, pp. 46-52.

que no es la fábrica misma, aumenta el precio para los clientes que están cerca de la fábrica y disminuye el precio para los clientes que se ubican lejos de ella.

Si todos los vendedores usan la misma ciudad como punto de partida, los precios de entrega serán iguales para todos los clientes y se acabará con la competencia de precios. Industrias como las del azúcar, el cemento, el acero y los automóviles usaron la fijación de precios de un punto de partida durante muchos años, aunque el método ha perdido popularidad en nuestros días. Algunas empresas establecen diversos puntos de partida para conseguir mayor flexibilidad. Cotizan los cargos de transporte desde la ciudad que sirve de punto de partida y que se encuentra más cerca del cliente.

Fijación de precios por absorción de flete

Por último, el vendedor muy deseoso de hacer transacciones con cierto cliente o zona geográfica puede aplicar la **fijación de precios por absorción de flete.** Con esta estrategia se absorben todos los cargos de transporte reales, o parte de ellos, con objeto de conseguir el negocio deseado. El vendedor piensa que si consigue más negocios su promedio de costos registrará una disminución y que ello compensará con creces el aumento de los costos de transporte. Los precios que absorben los costos de transporte se usan para penetrar en mercados y para aguantar en mercados muy competitivos.

Fijación de precios internacionales

Las empresas que comercializan sus productos internacionalmente deben decidir qué precios cobrarán en los diferentes países donde operan. En algunos casos, una empresa puede establecer un precio mundial uniforme. Por ejemplo, Boeing vende sus aviones más o menos al mismo precio en todas partes, sea en Estados Unidos, Europa o el Tercer Mundo. No obstante, la mayor parte de las empresas ajustan sus precios de acuerdo con las condiciones de los mercados locales y las consideraciones referentes a los costos.

El precio que debería cobrar una empresa en un país dado dependerá de muchos factores, inclusive de la situación económica, la situación de la competencia, las leyes y los reglamentos y el funcionamiento del sistema de ventas al mayoreo y al detalle. Las percepciones y las preferencias de los consumidores también pueden variar de un país a otro y requerir precios diferentes. Por otra parte, la empresa puede tener diferentes objetivos de mercadotecnia en distintos mercados mundiales, los cuales requieren cambios en la estrategia de precios. Por ejemplo, Sony podría introducir un producto nuevo, en mercados maduros, en países muy desarrollados, con el propósito de ganar parte del mercado de masas con gran rapidez; en este caso, se requeriría una estrategia de precios para la penetración. Por otra parte, Sony podría entrar a un mercado menos desarrollado, dirigiéndose a segmentos más pequeños, menos sensibles a los precios; en este caso, lo lógico será aplicar precios para tamizar el mercado.

Los costos desempeñan un papel muy importante para fijar precios internacionales. Quienes viajan al exterior muchas veces se asombran de encontrar bienes que son relativamente baratos en su país y cuestan muchísimo más en otros países. Un par de pantalones Levis, con un precio de venta de unos 30 dólares en Estados Unidos, cuestan unos 63 dólares en Tokyo y 88 dólares en París. Una hamburguesa Big Mac de McDonald's, que sólo cuesta 2.25 dólares en Estados Unidos, cuesta 5.75 dólares en Moscú. Por el contrario, una bolsa de Gucci que sólo cuesta 60 dólares en Milán, Italia, llega a valer 240 dólares en Estados Unidos. En algunos casos, este *aumento de precios* puede ser resultado de diferencias en la estrategia de ventas o de las condiciones del mercado. Sin embargo, en la mayoría de los casos, no es sino resultado de vender en mercados exteriores, lo cual entraña costos más altos, debido a los costos adicionales por modificar el producto, al aumento de los costos del transporte y el seguro, a las tarifas aduanales y los impuestos, a los costos de las fluctuaciones de los cambios de moneda y al aumento de costos de los canales de distribución y la distribución misma. Analice la experiencia de Campbell en el Reino Unido:

> [Campbell] encontró que sus... costos de distribución eran 30% más altos en el Reino Unido que en Estados Unidos. Los costos extraordinarios se debían a que la sopa era adquirida en cantidades muy pequeñas; los tenderos ingleses normalmente compran cajas de 24 latas de *sopas surtidas* (y cada caja es empacada a mano para su envío). En Estados Unidos la unidad típica de compra son cajas de 48 latas de una misma sopa y se compran por docenas, cientos o miles. Los hábitos de compra de Europa obli-

garon a la empresa a [añadir] un nivel mayorista extraordinario a su canal para [manejar] pedidos pequeños. Los patrones de frecuencia de las compras también [elevaron] los costos de facturación y de pedidos: los mayoristas y los detallistas compran con el doble o triple de frecuencia que sus cogéneres estadounidenses... Estos factores de los costos de distribución y otros más no sólo llevaron a [Campbell] a cambiar de precios... sino que la obligaron a reestructurar el sistema de sus canales.[7]

Por consiguiente, los precios internacionales presentan algunos problemas especiales y otras complejidades. En el capítulo 21 se analizan los temas relacionados con los precios internacionales con más amplitud.

CAMBIOS DE PRECIOS

Cómo iniciar el cambio de precios

La empresa, una vez desarrolladas sus estructuras y estrategias de precios, podría enfrentar situaciones donde querrá bajar o elevar sus precios.

Cómo iniciar las rebajas de precios

Varias situaciones podrían llevar a una empresa a considerar la posibilidad de bajar sus precios. Una de estas circunstancias sería el exceso de capacidad. En este caso, la empresa necesita más negocios y no los puede conseguir aumentando las actividades de los vendedores, mejorando el producto ni con otras medidas. A finales de la década de 1970, muchas empresas abandonaron la "fijación de precios por imitación del líder", es decir, cobrar más o menos el mismo precio que su principal competidor, y empezaron a recortar muchísimo sus precios para aumentar sus ventas. Sin embargo, en años recientes, las industrias de las líneas aéreas, el equipo para construcción y otras más han aprendido que bajar los precios en una industria con gran exceso de capacidad puede conducir a guerras de precios, desatadas por los competidores que tratan de aferrarse a su parte del mercado.

Otra situación que propicia los cambios de precios se presenta cuando disminuye la participación en el mercado a causa de la fuerte competencia de precios. Varias industrias estadounidenses (por ejemplo, las de automóviles, aparatos electrónicos de consumo, cámaras, relojes y acero) han perdido parte de su mercado a manos de competidores japoneses, cuyos productos de gran calidad tenían precios más bajos que los de sus cogéneres estadounidenses. En consecuencia, las empresas estadounidenses recurrieron a medidas más agresivas en cuanto a los precios. Por ejemplo, General Motors redujo 10% los precios de su auto subcompacto, en la costa oeste, donde la competencia japonesa era más fuerte.[8]

La empresa también puede bajar sus precios con la intención de dominar el mercado en razón de que cuesta menos. La empresa puede empezar con costos más bajos que sus competidores y bajar sus precios con la esperanza de ganar parte del mercado, con lo cual reducirá más los costos, en razón del aumento de volumen. Bausch & Lomb utilizó la estrategia agresiva de costos bajos y precios bajos para convertirse en líder del competido mercado de los lentes blandos de contacto.

Cómo iniciar los incrementos de precios

Por otra parte, muchas empresas han tenido que *elevar* los precios en años recientes. Lo han hecho a sabiendas de que clientes, distribuidores o, incluso, sus propios vendedores podrían resentir el aumento de precios. Empero, un incremento de precios exitoso puede elevar notablemente las utilidades. Por ejemplo, si el margen de utilidad de la empresa es de un 3% de las ventas, el incremento de 1% en el precio aumentará las utilidades 33%, siempre y cuando no se afecte el volumen de ventas.

Un factor primordial de los incrementos de precios es la inflación de los costos. El aumento de costos disminuye los márgenes de utilidad y lleva a las empresas a aplicar rondas regulares de aumentos de precios. Es frecuente que las empresas suban sus precios más que el incremento de los costos, anticipándose al aumento de la inflación. Las empresas no quieren establecer convenios de precios al largo plazo con los clientes, pues temen que la inflación de los costos se trague sus márgenes de utilidad. Otro factor que conduce a los incrementos de precios es el exceso de demanda: cuando una empresa no puede satisfacer todas las necesidades de sus clientes puede elevar sus precios, racionar sus productos a los clientes o hacer ambas cosas.

Las empresas pueden incrementar sus precios de diferentes maneras con objeto de seguir el ritmo de los costos que van en aumento. Los precios se pueden elevar, de manera casi invisible, dejando de hacer descuentos y aumentando a la línea unidades de mayor precio. Además, los precios se pueden subir abiertamente. La empresa, al pasar los incrementos de precios a los clientes, debe evitar la impresión de que extorsiona con los precios. Los incrementos de precios se deben respaldar con un programa de comunicación de la empresa, explicando a los clientes por qué se aumentan los precios. Los vendedores de la empresa deben ayudar a los clientes a encontrar la manera de ahorrar.

En la medida de lo posible, la empresa debe buscar la manera de satisfacer la demanda o los costos más altos sin elevar los precios. Por ejemplo, puede reducir el tamaño del producto en lugar de elevar el precio, como hacen con frecuencia los fabricantes de chocolates. Asimismo, puede sustituir ingredientes por otros menos caros o eliminar ciertas características del producto, del empaque o de los servicios. Además, puede "deshacer el paquete" de sus productos y servicios, eliminar elementos de la oferta y a los demás ponerles precio por separado. Por ejemplo, ahora, IBM ofrece la capacitación como un servicio con precio independiente. Muchos restaurantes ya no cuentan con menú del día y todos sus precios son a la carta.

Reacciones de los compradores ante los cambios de precios

Sea que el precio suba o baje, la medida afectará a los compradores, los competidores, los distribuidores, los proveedores y también puede interesar al gobierno. Los clientes no siempre interpretan los precios en forma directa. Pueden tomar la *reducción* del precio de diferentes maneras. Por ejemplo, ¿qué pensaría usted si Sony, de repente, rebaja a la mitad los precios de sus videocaseteras? Usted podría pensar que las videocaseteras están a punto de ser reemplazadas por modelos nuevos o quizá que tienen alguna falla y que no se están vendiendo bien. Usted podría pensar que Sony tiene problemas financieros y que tal vez no aguante en el mercado lo bastante para encontrar refacciones en el futuro. Usted podría pensar que la calidad ha disminuido o que el precio bajará incluso más y que vale la pena esperar para ver qué ocurre.

De igual manera, un *incremento* de precios, que normalmente haría bajar las ventas, puede tener algunos significados positivos para los compradores. ¿Qué pensaría usted si Sony aumentara el precio de su último modelo de videocasetera? Por una parte, usted podría pensar que el artículo es lo "último" y que quizá no lo pueda conseguir más adelante si no lo compra de una vez. También podría pensar que la grabadora representa un valor muy bueno. Por otra parte, usted podría pensar que Sony es una codiciosa, que está cobrando lo que aguanta el mercado.

Las reacciones de la competencia ante los cambios de precios

La empresa que considera la posibilidad de cambiar los precios tiene que tomar en cuenta tanto las reacciones de la competencia, como la de sus clientes. Es más probable que la competencia reaccione cuando no hay muchas empresas involucradas, cuando el producto es uniforme y cuando los compradores están bien informados.

¿Cómo puede la empresa suponer cuál será la reacción probable de la competencia? En el supuesto de que la empresa se enfrente a un competidor grande, si el competidor tiende a reaccionar de cierta manera a los cambios de precios, entonces se puede anticipar su reacción. Pero si el competidor trata cada cambio de precio como un desafío nuevo y reacciona de acuerdo con sus propios intereses, la empresa tendrá que suponer cuál es el interés del competidor en ese momento.

The costliest perfume in the world.

NEIMAN-MARCUS

¿Los compradores reaccionan a los cambios de precios? ¿Qué pensaría usted si el precio de Joy de repente bajara a la mitad?

El problema es complejo debido a que, como el cliente, el competidor puede interpretar la rebaja de precios de una compañía de varias maneras. Puede pensar que la compañía lo hace para obtener una parte más grande del mercado, y lo está haciendo para impulsar sus ventas, o que la compañía desea que toda la industria rebaje sus precios para incrementar la demanda.

Cuando existen varios competidores, la compañía debe de adivinar la probable reacción de los competidores. Si todos éstos se comportan de modo semejante, esta cantidad se analiza considerando un competidor típico. En cambio si los competidores no se comportan de manera semejante, por diferencia en tamaño, parte del mercado o políticas, entonces será necesario un análisis por separado. Sin embargo, si algunos competidores aceptan el cambio de precio, es probable que el resto también lo acepte.

Cómo responder a los cambios de precios

Ahora, la pregunta es la contraria, ¿cómo debe la empresa responder a los cambios de precio de la competencia? La empresa tiene que tomar en cuenta varios puntos: ¿Por qué cambió de precio la competencia? ¿Lo hizo para ganar mercado, para usar su exceso de capacidad, para enfrentarse a los cambios de costos o para inducir un cambio de precios en toda la industria? ¿Se trata de un cambio temporal o permanente? ¿Qué pasará con la parte del mercado de la empresa y con sus utilidades si no responde? ¿Responderán las otras empresas? ¿Cuáles serán las respuestas ante cada una de las reacciones posibles, por parte de las otras empresas o del competidor?

Además de estos aspectos, la empresa debe hacer un análisis más amplio. Tendrá que analizar la etapa del ciclo de vida de su propio producto, su importancia dentro de la mezcla de productos de la empresa, las intenciones y los recursos del competidor y las posibles reacciones de los consumidores ante los cambios de precio. Sin embargo, la empresa no siempre puede hacer un análisis amplio de sus alternativas en el momento del cambio del precio. El competidor quizás haya dedicado mucho tiempo a preparar su decisión, pero la empresa tal vez tenga que reaccionar en cuestión de horas o de días. La única manera de reducir el tiempo de la reacción es hacer planes anticipados tanto para los posibles cambios de precio de la competencia, como para las respuestas posibles. La figura 13-4 muestra el programa de reacción de precios de una empresa para enfrentar una posible reducción

PUNTOS IMPORTANTES DE LA MERCADOTECNIA 13-3

PRECIOS Y POLÍTICAS PÚBLICAS

Cuando Rusia levantó el control del precio del pan como parte de su cambio de dirección hacia una economía de libre mercado, los panaderos de Moscú se llamaban todas las mañanas para ponerse de acuerdo en cuanto a rondas regulares para aumentar los precios. Esto hizo que *The Wall Street Journal* comentara: "¡Todavía no entienden!" Quienes han crecido en una economía de libre mercado, bien regulada, entienden que convenir los precios de esa manera se opone claramente a las reglas de la competencia justa. Los precios son un elemento importante de un mercado competitivo y existen muchas leyes federales y estatales que rigen las reglas del juego justo para poner precios.

En Estados Unidos, las leyes más importantes referentes a los precios son la Ley de Sherman, la de Clayton y la de Robinson-Patman, en su inicio aprobadas para impedir la formación de monopolios y para regular prácticas empresariales que podrían frenar el comercio en forma injusta. Dado que estos estatutos federales sólo se pueden aplicar al comercio interestatal, algunos estados han aprobado disposiciones similares para las empresas que operan en lo local. Las políticas públicas en cuanto a los precios giran en torno a tres prácticas de precios que podrían ser lesivas: los precios concertados, los precios discriminatorios y los precios engañosos.

Los precios concertados. Las leyes federales tocantes a los precios concertados estipulan que los vendedores deben establecer sus precios sin hablar con la competencia; de lo contrario se presupone que existe confabulación de precios. Los precios concertados son ilícitos *per se*; es decir, el gobierno no acepta ninguna explicación para concertar precios. Incluso una simple conversación entre competidores puede tener graves consecuencias:

A principios de los años ochenta, American Airlines y Braniff desataron una guerra de precios en el mercado de Texas. Una línea aérea fue minando a la otra, hasta que ambas llegaron a ofrecer tarifas absurdamente bajas y las dos estaban perdiendo dinero en muchos vuelos. En el fragor de la batalla, el ejecutivo máximo de American, Robert Crandall, llamó al presidente de Braniff y le dijo: "Aumenta tus... tarifas 20%. Elevaré las mías al día siguiente". Para fortuna de Crandall, el presidente de Braniff lo puso sobre advertencia cuando dijo: "¡No podemos hablar de precios!" Resulta que la conversación telefónica fue grabada y que el Departamento de Justicia de Estados Unidos entabló juicio contra Crandall y American por convenir precios. Con el tiempo, se abandonaron las acusaciones; los tribunales sentenciaron que, puesto que Braniff había rechazado la oferta de Crandall, la colusión no había existido de hecho y que el proponer concertar precios no infringía la ley. Este caso y otros similares han hecho que la mayor parte de los ejecutivos se cuiden muy bien de discutir los precios de manera alguna con la competencia. Para obtener información sobre los precios de la competencia, se guían por material abiertamente publicado, por ejemplo, encuestas de asociaciones del gremio y catálogos de la competencia.

Los precios discriminatorios. La Ley de Robinson-Patman pretende garantizar que los vendedores ofrezcan los mismos precios dentro de un nivel de comercio dado. Por ejemplo, todo minorista tiene derecho a los mismos precios, trátese de un minorista como Sears o de una tienda de bicicletas local. No obstante, los precios dis-

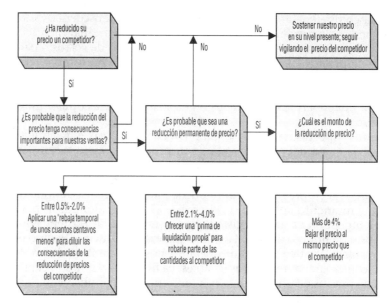

FIGURA 13-4
Programa de reacción de precios para enfrentar una reducción de precios de la competencia

FALTA DE FUENTE   TRADUCCION

criminatorios sí están permitidos siempre y cuando el vendedor pueda demostrar que sus costos difieren al venderle a diferentes minoristas; por ejemplo, que el costo por unidad es menor cuando le vende un gran volumen de bicicletas a Sears que cuando le vende unas cuantas bicicletas a un distribuidor local. El vendedor puede usar precios discriminatorios si fabrica el producto con diferente calidad para diferentes minoristas. El vendedor tiene que demostrar que dichas diferencias son proporcionales. Las diferencias de precios también son válidas si se trata de "igualar a la competencia" de "buena fe", siempre y cuando la empresa esté tratando de enfrentar a la competencia en su mismo nivel de competencia y que la discriminación de precios sea temporal, local y defensiva, en lugar de ofensiva.

Los precios engañosos. Los precios engañosos se refieren al hecho de que un vendedor declare precios o ahorros que, de hecho, no están a disposición de los consumidores. Los consumidores no siempre pueden detectar algunos de estos engaños, por ejemplo, cuando una línea aérea anuncia una tarifa muy baja para un boleto en una sola dirección, que sólo está disponible con la compra de otro boleto para un viaje redondo, o cuando un detallista establece precios "normales", elevados artificialmente, y después anuncia precios de "venta" cercanos a los precios anteriores. Hay muchos estatutos federales y estatales que rigen los precios engañosos. Por ejemplo, la Ley para la Información Explícita sobre Automóviles dispone que los fabricantes de autos deben pegar en las ventanas de los autos nuevos una etiqueta que contenga el precio sugerido por el fabricante para la venta al detalle, los precios del equipo optativo y los cargos de transporte del distribuidor. La Comisión Federal para el Comercio publica su *Guides Against Deceptive Pricing*, donde advierte a los vendedores que no deben anunciar una rebaja de precios a no ser que represente un descuento sobre el precio normal al detalle, que no deben anunciar precios de "fábrica" o "mayoreo" a no ser que éstos sean los precios que se declaran y que no anuncien precios de valores comparables pero aplicados a bienes defectuosos. Muchos estados han elaborado lineamientos para la publicidad de las ventas al detalle, con objeto de garantizar que los precios anunciados localmente sean exactos y para que los consumidores los entiendan con toda claridad.

Otras prácticas para regular los precios. Además, se prohíbe a los vendedores *aplicar precios depredadores;* es decir, vender por abajo del costo con la intención de destruir a la competencia. Los mayoristas y minoristas en más de la mitad de los estados están sujetos a leyes que requieren que se recargue un porcentaje mínimo sobre el costo de su mercancía más transporte. Estas leyes pretenden proteger a los pequeños vendedores contra los grandes, con capacidad para vender artículos por abajo del costo con objeto de atraer clientes. También está prohibido exigir que *se mantenga un precio de reventa;* es decir, un fabricante no puede requerir que los distribuidores cobren un precio minorista determinado por su producto. Aunque el vendedor puede *sugerir* a los distribuidores un precio de fábrica para la venta al menudeo, no se puede negar a venderle a un distribuidor que pone precios en forma independiente ni puede castigar al distribuidor tardando en enviarle la mercancía o negándole bonificaciones por publicidad.

Fuentes: Para más sobre precios y políticas públicas véase Louis W. Stern y Thomas L. Eovaldi, *Legal Aspects of Marketing Strategy* (Englewood Cliffs, NJ: Prentice Hall, 1984), Cap. 5; Thomas T. Nagle, *The Strategy and Tactics of Pricing* (Englewood Cliffs, NJ: Prentice Hall, 1987), pp. 321-37; y Robert J. Posch, *The Complete Guide to Marketing and the Law* (Englewood Cliffs, NJ: Prentice Hall, 1988), Cap. 28.

de precios por parte de un competidor. Los programas de reacción para enfrentar los cambios de precio suelen aplicarse en las industrias donde los cambios de precios son frecuentes y donde resulta muy importante reaccionar con rapidez. Algunos ejemplos serían las industrias de la carne, la madera y el petróleo.

Las estrategias y tácticas para la fijación de precios constituyen un elemento importante de la mezcla de mercadotecnia de la empresa. Esta, al fijar sus precios, debe analizar con cuidado una gran variedad de factores internos y externos antes de elegir el precio que le dará la mayor ventaja competitiva en los mercados hacia los que se dirige. No obstante, por regla general, las empresas no están en libertad de cobrar los precios que quieren. Existen varias leyes que rigen los precios, además de una serie de cuestiones éticas que afectan las decisiones de fijación de precios. Puntos Importantes de la Mercadotecnia 13-3 plantea varios asuntos de políticas públicas que giran en torno a los precios.

RESUMEN

La fijación de precios es un proceso dinámico. Las empresas diseñan una *estructura de precios* que abarca todos sus productos. Cambian esta estructura con el tiempo y la ajustan para ceñirse a diferentes clientes y situaciones.

Las estrategias de fijación de precios suelen cambiar conforme el producto va pasando por su ciclo de vida. En tratándose de poner precio a productos nuevos innovadores, la empresa puede aplicar una *política para desnatar*, estableciendo desde el principio precios elevados con objeto de "desnatar" la mayor cantidad posible de ingresos de diversos segmentos del mercado. También puede usar *precios de penetración*, estableciendo un precio inicial bajo, con objeto de obtener una parte importante del mercado. Para introducir un producto de imitación, la empresa productora puede optar por una de entre nueve estrategias de precio-calidad.

Cuando el producto forma parte de una mezcla de productos, la empresa busca un conjunto de precios que aumente al máximo las utilidades del total de la mezcla. La empresa elige *zonas de precios* para los componentes de su línea de productos, así como los precios que le pondrá a los *productos optativos,* los *productos cautivos* y los *productos derivados.*

Las empresas aplican una serie de *estrategias para ajustar los precios* de tal manera que expliquen las diferencias de las situaciones y los segmentos de clientes. Una de ellas es la de los *precios geográficos,* mediante la cual la empresa decide cómo poner precios para clientes distantes y elige entre alternativas como los precios LAB, los precios uniformes de entrega, los precios por zonas, los precios desde el punto de partida y los precios que absorben los costos del transporte. Otra es la de los *precios de descuento y las bonificaciones,* mediante la cual la empresa establece descuentos por pronto pago, descuentos por volumen, descuentos funcionales, descuentos por temporada y descuentos por bonificación. Una tercera es la de los *precios discriminatorios,* mediante la cual la empresa establece diferentes precios para diferentes clientes, formas de producto, ubicaciones o tiempos. Una cuarta es la de los *precios psicológicos,* en que la empresa ajusta el precio para comunicar debidamente la posición que se pretende con el producto. La quinta es la de los *precios promocionales,* mediante la cual la empresa decide poner precio a un líder de pérdidas, poner precios para eventos especiales, así como descuentos psicológicos. La sexta es la del *precio del valor,* mediante la cual la empresa ofrece la combinación exacta de calidad y buen servicio a un precio justo. La séptima es la de los *precios internacionales,* mediante la cual la empresa ajusta su precio para ceñirse a diferentes condiciones y expectativas en los diferentes mercados mundiales.

Cuando una empresa considera la posibilidad de emprender un *cambio de precios,* debe tomar en cuenta las reacciones de los clientes y de la competencia. Las reacciones de los clientes están sujetas al significado que éstos adjudiquen al cambio de precio. Las reacciones de la competencia se derivan de una política de reacción fija o de un nuevo análisis de cada situación. La empresa que emprenda un cambio de precios también tendrá que anticipar las reacciones probables de los proveedores, intermediarios y gobierno.

La empresa que enfrenta un cambio de precios emprendido por un competidor debe tratar de entender la intención del competidor, así como la duración y el impacto probables del cambio. Cuando resulta deseable que la reacción sea rápida, la empresa tendrá que proyectar con antelación las reacciones posibles ante las diversas medidas en cuanto a los precios que podrían tomar los competidores.

TÉRMINOS CLAVE

EXPOSICIÓN DE PUNTOS CLAVE

1. Cuando el dólar está débil, los precios de las importaciones suben y los precios de los Mercedes y los Porsches también suben. Sin embargo, cuando el dólar está fuerte, los precios de estos autos no bajan y, en consecuencia, producen enormes utilidades. Explique si Mercedes y Porsche deberían bajar sus precios cuando bajan sus costos. ¿Qué consecuencias tendría esto en los precios de los autos usados y los valores de los autos que se dan a cambio?

2. Describa cuál estrategia (desnatar el mercado o penetrar en el mercado) usan estas empresas para poner precio a sus productos: (a) McDonald's; (b) Curtis Mathes (televisores y otros electrodomésticos); (c) Bic Corporation (bolígrafos, encendedores, maquinillas para afeitar y demás productos); y (d) IBM. ¿Son acertadas estas estrategias para estas empresas? ¿Por qué sí o no?

3. Carpet Fresh era líder en desodorantes para alfombra, a un precio de 2.49 dólares por 13 onzas. Arm & Hammer lanzó un producto competitivo al precio de 1.99 dólares por 26 onzas, el cual rápidamente pasó a ser la marca en primer lugar. Explique los aspectos psicológicos de este precio. ¿Encaja esta estupenda estrategia del valor con la imagen de Arm & Hammer?

4. La fórmula del blanqueador de cloro es prácticamente igual para todas las marcas. Clorox cobra un precio mayor por el mismo producto y, sin embargo, sigue siendo la líder incuestionable del mercado. Explique lo que esto implica en cuanto al valor del nombre de una marca. ¿Entrañan este tipo de precios problemas éticos?

5. Un producto derivado de la fabricación de pelotas de tenis son las pelotas "muertas"; es decir, aquellas que no botan bastante para cumplir con las normas (o sea, rebotan menos de 53 pulgadas cuando se dejan caer de una altura de 100 pulgadas sobre una superficie de concreto). ¿Qué estrategia se debe usar para ponerle precio a estas pelotas?

6. Una tienda de ropa vende trajes de hombre dentro de tres rangos de precios: 180, 250 y 340 dólares. Si los compradores usan estos puntos de precios como precios de referencia para comparar diferentes trajes, ¿qué consecuencias tendría añadir una línea nueva de trajes de 280 dólares? ¿Cabe esperar que las ventas de los trajes de 250 aumenten, disminuyan o no cambien?

APLICACIÓN DE CONCEPTOS

1. Haga una lista, cuando menos, de cinco tiendas que usen la estrategia de precios como parte de su comunicación de mercadotecnia, por ejemplo, un supermercado que se considera el "líder en precios bajos", o incluso el nombre de Importaciones Baratas. ¿Explican sus ejemplos la oferta de precios promedio o muy altos? ¿Por qué no?

2. Vaya al supermercado más cercano y observe los tamaños y los precios de algunas categorías de productos. ¿Son los tamaños de los paquetes (su peso o la cantidad de unidades que contienen) comparables para todas las marcas? Encuentre cuando menos dos casos en que el fabricante ha reducido el tamaño del paquete con el propósito de ofrecer un precio más bajo al detalle. ¿Piensa que el recurso resulta efectivo? Si su mercado tiene etiquetas de precio por unidad, observe si el precio por unidad es superior, inferior o igual al de los competidores de esta marca. ¿La información del precio por unidad cambió su opinión personal sobre la eficacia de esta estrategia?

CÓMO TOMAR DECISIONES EN MERCADOTECNIA:

COMUNICACIONES MUNDO PEQUEÑO, S. A.

Thomas Campbell y Lynette Jones han llevado a Comunicaciones Mundo Pequeño a otra etapa: los dos han renunciado a su empleo y han empezado a trabajar de lleno en la nueva empresa. Por el momento, están trabajando en sus casas mientras eligen una ubicación definitiva para la empresa. Los prototipos del producto Aeropuerto hechos por Tom han merecido comentarios muy favorables de los usuarios de computadoras que los han probado. Ahora,

Tom está afinando la forma final del diseño, está añadiendo unas cuantas características nuevas que pidieron los usuarios, además han contratado a un programador para que complete los módulos de los programas de software hechos a la medida.

Tom viajará a la Costa Este para reunirse con un fabricante de chips, pero quedó en que se detendría en Chicago para reunirse con Lyn.

—¿Tienes muchos planes mientras estás aquí? —preguntó Lyn.

—Quizá —repuso Tom —. Pienso darme una vueltecita para visitar a mi primo Wayne en Aurora y a lo mejor salimos a ver cómo está la vida nocturna en Chicago. Mi primo conoce un club donde tocan Buddy Guy y Junior Wells y...

—Por favor, no vayas a escuchar blues mientras estás aquí —le suplicó Lyn—, odio como te pones cuando escuchas blues.

—¿Por qué? ¿No te gusta mi versión de guitarra de B. B. King? —preguntó Tom.

—Tom, necesitas la ayuda de un terapeuta, pero el verdadero problema es que cuando escuchas blues te deprimes, te desanimas y, en ocasiones, esto dura muchos días. Ahora necesito que estés de primera, así que escucha música ligera y alegre, y quizás algunas cintas de motivación. Mientras tanto, tenemos que preparar por nuestra estrategia para los precios.

—He estado pensando en el tema —contestó Tom—. Contamos con la única solución para integrar las comunicaciones que necesita la gente, cuando menos por unos cuantos meses. Tenemos que crear una imagen de calidad y necesitamos dinero en efectivo. Todas estas cosas encajan dentro de una estrategia de precios para desnatar el mercado. Al principio ponemos un precio alto y, cuando se lance un competidor, bajamos nuestro precio de inmediato, a una cantidad un poco mayor que la de los demás. Esto tiene su lado psicológico; la gente sabrá que fuimos los primeros y la pequeña cantidad extra seguirá enviando la señal de que somos los mejores.

—Hasta ahí suena bien —dijo Lyn— ¿Pero ¿qué haremos a largo plazo?

—Muy fácil —contestó Tom—. Cuando esté lista nuestra siguiente generación, el Aeropuerto II, pasamos a una estrategia de dos líneas: desnatamos el mercado en el extremo superior y penetramos en el mercado en el extremo inferior, reduciendo muchísimo el precio de nuestro producto original.

—Esto parece muy viable, en el supuesto de que podamos conseguir suficiente información de inteligencia mercadotécnica respecto a lo que está haciendo la competencia. Ahora tengo que revisar mi correo de voz, pero recuérdame que te pregunte cómo podremos usar los precios para que los fabricantes de comptuadoras incluyan el Airport en el mismo paquete que sus máquinas.

Y, ¿AHORA QUÉ?

1. Al principio del ciclo de vida de un producto, los productos de computadora nuevos, innovadores o mejorados pueden usar la estrategia de desnatar el mercado para obtener grandes utilidades. Conforme el mercado madura, la competencia empezará a sacar productos con características similares o mejores, y los precios y las utilidades promedio disminuirán. Explique cómo proyecta Mundo Pequeño integrar los planes de su producto nuevo y la estrategia de precios. (a) ¿Resulta razonable este plan? (b) ¿Qué riesgos entraña este plan?

2. Las computadoras Compaq usan elementos con marcas de otros fabricantes, inclusive el software (Microsoft Windows), hardware (pistas de Logitech) y otros servicios (membresía a prueba para la base de datos Prodigy). A Lyn le encantaría que Compaq y otros fabricantes de equipo original compraran, directamente, el producto de Mundo Pequeño. (a) ¿Qué factores debe tomar en cuenta Mundo Pequeño para ponerle precio a su producto dirigido a un fabricante de equipo original? (b) ¿Qué ventajas o desventajas mercadotécnicas tendría Mundo Pequeño con un arreglo así? (c) ¿Deberían las posibles ventajas y desventajas influir en la decisión de los precios?

REFERENCIAS

1. Citas de Andrea Rothman, "The Superlosers in the Supersaver War", *Business Week*, 15 de junio de 1992, p. 44. También véase Bridget O'Brian, "Airlines Seek to Earn More from an Irritated Clientele", *The Wall Street Journal*, 16 de marzo de 1992, pp. B1, B6; James E. Ellis, "Sure They're Simpler, But...", *Business Week*, 27 de abril de 1992, p. 40; Bridget O'Brian y James S. Hirsch, "Flying Low: Simplifying Their Fares Proves More Difficult than Airlines Expect", *The Wall Street Journal*, 4 de junio de 1992, pp. A1, A5; Wendy Zellner, "The Airlines Are Killing Each Other Again", *Business Week*, 8 de junio de 1992, p. 32; y Julie Schmit, "American Says Fare Structure Failed", *USA Today*, 12 de octubre de 1992, p. 1B.

2. Para una descripción más amplia y una comparación de diversas estrategias de precios, véase Gerard J. Tellis, "Beyond the Many Faces of Price: An Integration of Pricing Strategies", *Journal of Marketing*, octubre de 1986, pp. 146-60.

3. Véase James E. Ellis, "Spectra's Instant Success Gives Polaroid a Shot in the Arm", *Business Week*, 3 de noviembre de 1986, pp. 32-34; y Thomas T. Nagle, *The Strategy and Tactics of Pricing* (Englewood Cliffs, NJ: Prentice Hall, 1987), pp. 116-17.

4. Véase Tellis, "Beyond the Many Faces of Price", p. 155; y Nagle, *The Strategy and Tactics of Pricing*, pp. 170-72.

5. Gary M. Erickson y Johny K. Johansson, "The Role of Price in Multi-Attribute Product Evaluations", *Journal of Consumer Research*, septiembre de 1985, pp. 195-99.

6. Véase Nagle, *The Strategy and Tactics of Pricing*, pp. 66-68; Tellis, "Beyond the Many Faces of Price", pp. 152-53; y Gerard J. Tellis y Gary J. Gaeth, "The Best Value, Price-Seeking, and Price Aversion: The Impact of Information and Learning on Consumer Choices", *Journal of Marketing*, abril de 1990, pp. 34-52.

7. Philip R. Cateora, *International Marketing*, 7a. ed. (Homewood, IL: Irwin, 1990), p. 540.

8. Para más información sobre la reducción de precios y sus consecuencias, véase Kathleen Madigan, "The Latest Mad Plunge of the Price Slashers", *Business Week*, 11 de mayo de 1992, p. 36 y Bill Saporito, "Why the Price Wars Never End", *Fortune*, 23 de marzo de 1992, pp. 68-78.

CASO 13

PÍLDORAS PARA BORREGOS USADAS EN HUMANOS

Hace 30 años, Johnson & Johnson introdujo el Levamisole, una medicina usada para desparasitar borregos. Los campesinos vieron que en los borregos desparasitados gracias a la medicina también se presentaban menos casos de tifo y los investigadores empezaron a estudiar la posibilidad de usar la medicina para humanos. El doctor Charles Moertel, del Centro Mayo para la Lucha Contra el Cáncer, con el patrocinio del Instituto Nacional del Cáncer y con algunas píldoras gratis que le proporcionó Johnson & Johnson, usó el Levamisole combinado con una droga básica para la quimioterapia, llamada 5-fluoruracil, para realizar pruebas de tratamientos contra el cáncer. La combinación resultó efectiva para enfermos de cáncer de colon en etapa avanzada (etapa C). Redujo 40% los casos de la enfermedad y disminuyó las muertes una tercera parte.

El tratamiento representó un gran avance. En Estados Unidos, el cáncer de colon ocupa el segundo lugar como causa de muerte por cáncer. El diagnóstico de cáncer de colon en etapa C afecta a unas 22,000 personas al año y el diagnóstico de etapas anteriores del mal afecta a una cantidad muchísimo mayor de personas. La FDA (Food and Drug Administration), con base en las investigaciones del Dr. Moertel, no tardó en aprobar el uso de Levamisole para humanos. En 1990, la división Janssen de Johnson & Johnson introdujo el medicamento con el nombre de Ergamisol.

Desde entonces, las ventas de Levamisole han alcanzado 15 millones de dólares al año; cifra respetable aunque no muy grande para los parámetros de la industria. Todo parecía estar marchando muy bien para Janssen, hasta que una campesina de Illinois notó que sus píldoras contra el cáncer contenían el mismo ingrediente activo que la medicina que usaba para desparasitar a sus borregos. No le inquietó el hecho de que humanos y borregos estuvieran usando el mismo medicamento. En realidad, lo que le molestó es que la medicina para borregos costaba unos cuantos centavos por pastilla, mientras que la medicina para humanos costaba entre 5 y 6 dólares la tableta. En el plazo de un año, un humano podía gastar entre 1,250 y 3,000 dólares en Ergamisol, mientras que el costo para el tratamiento de un borrego apenas sumaba 14.95 dólares.

La discrepancia de precios dio origen a interminables comentarios. Los médicos del Centro de Cáncer del Hospital MacNeal de Chicago recorrieron las farmacias de la población y encontraron que los pacientes pagaban un promedio de 1,200 dólares al año por el Levamisole. En la reunión anual de la Sociedad Americana de Oncología Clínica, en mayo de 1992, el Dr. Moertel atacó a Johnson & Johnson por haber sido tan irresponsable al poner ese precio a la medicina. Este ataque representó la primera vez en que cuestiones de mercado eran el centro del escenario en un foro académico, por lo que tuvo gran impacto. El Dr. Moertel, satisfecho, vio cómo su ponencia merecía "el aplauso más fuerte que se hubiera oído jamás en una reunión de la Sociedad Oncológica y reflejaba la ira de los médicos practicantes".

Como si la publicidad de los comentarios del Dr. Moertel no hubiera sido suficiente, Frank Glickman, consumidor de Chicago, demandó a Janssen en agosto de 1992. En su demanda decía que había tenido que pagar "un precio infame, irresponsable y extorsionador por una medicina que servía para salvar su vida", la cual se vendía a un precio muchísimo menor para curar a borregos. Janssen contestó que el precio de Ergamisol era razonable si se comparaba con otros medicamentos usados para salvar vidas, como el AZT, cuyo uso puede costar entre 6,000 y 8,000 dólares al año. La empresa también afirmó que el precio reflejaba decenios de costosas investigaciones realizadas para determinar si el Levamisole se podía usar en tratamientos humanos. La empresa sostuvo que había realizado más de 1,400 estudios con 40,000 sujetos.

El Dr. Moertel no está de acuerdo. Afirma que el Instituto del Cáncer, financiado con fondos del contribuyente estadounidense, había patrocinado los estudios que demostraron que el Levamisole servía para tratamientos humanos. Es más, el doctor afirma que la aprobación de la FDA se logró gracias a sus investigaciones, que sólo le costaron unos cuantos centavos a Janssen. Moertel resume así las cosas: "A la empresa le pusieron un regalo en las manos... se lo servimos en bandeja de plata". Además, señala que, antes de vender la medicina para humanos, Janssen tuvo 25 años para recuperar su inversión.

El ejemplo del Levamisole destaca varios temas importantes en cuanto a los precios de las medicinas. En primer término, los precios de las medicinas se han disparado de manera astronómica; alrededor de 158% tan sólo en la década de 1980. Aunque parte del incremento se puede atribuir al aumento de los costos de los materiales y la producción, una parte importante corresponde a los costos de promoción y ventas de los productos medicinales. Cada año, los representantes farmacéuticos regalan a los médicos miles de muestras gratis y otros alicientes.

En segundo, la industria farmacéutica, cuando es blanco de ataques, despierta la acción de un fuerte cabildeo en el Congreso. En consecuencia, la industria farmacéutica de Estados Unidos (a diferencia de su homóloga en Europa) casi no está sujeta a reglamentos. Por último, el aumento de los precios de las medicinas contribuye en gran parte al incremento de los costos de la atención médica, que se refleja en las primas de los seguros que pagamos todos.

Sin embargo, la acusación más grave contra la carestía de las medicinas es que podría ser causa de vida o muerte. Sin el Levamisole, algunos enfermos de cáncer de colon podrían morir. A diferencia de las compras de otros productos de consumo, las compras de medicinas no se pueden posponer. Además, los consumidores no pueden buscar dónde comprar para ahorrarse dinero. Debido a las patentes y a la autorización de la FDA, son pocas las marcas que compiten y éstas no hacen rebajas. Todo esto plantea una interrogante importantísima ¿es válido que una empresa obtenga utilidades a expensas de la vida humana?

PREGUNTAS

1. ¿Es el Ergamisol un producto nuevo? ¿Cómo se le debe poner precio?

2. ¿Cómo ilustra el caso del Levamisole/Ergamisol la forma de poner precios a una línea de productos?

3. ¿Constituyen los precios del Levamisole/Ergamisol un ca- so de precios discriminatorios? ¿Se puede defender su caso? ¿Qué sugiere la respuesta que ha ofrecido usted en cuanto a los precios del valor percibido?

4. ¿Es válido el argumento de Janssen en el sentido de que el Ergamisol resulta relativamente barato en comparación con otras medicinas para salvar vidas, como el AZT? En caso contrario, ¿qué sugiere su respuesta en cuanto a los precios del valor percibido?

5. Algunos críticos sugieren que los precios de la industria farmacéutica deberían estar reglamentados. ¿Qué consecuencias tendría dicha reglamentación? ¿Qué costos tendría?

Fuentes: Citas de Marilyn Chase, "Doctor Assails J&J Price Tag on Cancer Drug", *The Wall Street Journal*, 20 de mayo de 1992, p. B1. También véase "Cancer Patient Sues Johnson & Johnson over Drug Pricing", *The Wall Street Journal*, 13 de agosto de 1992, p. B6; y Mike King, "Colon Cancer Drug: 5 Cents for an Animal, $5 for Humans,", *Atlanta Constitution*, 11 de marzo de 1991, p. E1.

CASO EMPRESARIAL 13

NISSAN: EL PRECIO DEL ALTIMA

Cómo crear una imagen

Dese principios de los años setenta, pasando por los ochenta y hasta entrados los noventa, parecía que los fabricantes japoneses de autos no fallaban nunca. Estos mismos fabricantes de autos habían tenido un magnífico arranque en las décadas de 1950 y 1960, cuando ingresaron al mercado de Estados Unidos con autos de los cuales se burlaban los consumidores porque parecían "patinetas planas". Los consumidores consideraban que los autos eran corrientes y que sólo servían para el transporte básico.

No obstante, las empresas japonesas fueron pacientes. Estudiaron a los consumidores estadounidenses para determinar qué querían. Mejoraron sus procesos de producción, así como la calidad y el estilo de sus productos. Desarrollaron fuertes redes de distribuidoras en Estados Unidos y trabajaron con ellas para que hicieran hincapié en satisfacer a los clientes.

El trabajo arduo, la paciencia y el pensar en los consumidores retribuyeron su esfuerzo a las empresas japonesas. Durante las crisis del petróleo de la década de 1970, cuando los precios de la gasolina se dispararon de un día para otro y se redujo el suministro, los consumidores estadounidenses salieron disparados a comprar autos japoneses, que tenían precios razonables y gastaban poca gasolina. Estos consumidores descubrieron que los autos japoneses eran de gran calidad y muy ahorrativos, además de que no ofrecían muchas opciones extraordinarias pues venían del todo equipados. Como los modelos japoneses no ofrecían muchas opciones y como los distribuidores se adherían al precio de lista de los autos, los consumidores casi no tenían que regatear el precio. Es más, los autos japoneses casi no se depreciaban, mientras que los autos estadounidenses perdían valor a gran velocidad. Además, los consumidores encontraron que los autos japoneses casi no tenían problemas de funcionamiento y que, cuando se requerían reparaciones, había corteses distribuidores a su disposición, esforzándose por satisfacerlos.

Los fabricantes japoneses de autos habían aprendido muy bien la lección, y los consumidores estadounidenses no tardaron en aprender. Las ventas de autos japoneses se dispararon. Los fabricantes de autos japoneses se engulleron una parte muy grande del mercado, que había estado en manos de las empresas estadounidenses por costumbre, y llegó el punto en que uno de cada cuatro autos vendidos en Estados Unidos era japonés. En los años ochenta, parecía que las empresas japonesas siempre iban un paso adelante del mercado y, cuando menos, dos pasos adelante de sus competidores estadounidenses. Ford luchó, Chrysler casi quebró y General Motors sigue buscando la fórmula adecuada.

La excepción de la regla

En 1960, Nissan envió a Yukata Katayama a Estados Unidos para que estableciera distribuidoras de sus autos marca

Datsun. Al igual que otros autos japoneses de la época, el pequeño Datsun, feo y poco potente, no encajó bien en el mercado de Estados Unidos. Sin embargo, Katayama se puso a trabajar con ingenieros en Japón y, hacia finales de los años sesenta, Nissan estaba vendiendo más de 150,000 autos al año en Estados Unidos. El éxito llegó en 1968 con la introducción de los modelos Datsun 510. Estos pequeños sedanes, de cuatro puertas y muy resistentes, funcionaban muy bien y se vendían a 1,800 dólares, precio que estaba al alcance de casi todo el mundo.

En 1969, a instancias de Katayama, Nissan introdujo el Datsun 240Z, un elegante auto deportivo, de dos plazas, a 3,500 dólares. El 240Z redefinió el mercado de los autos deportivos y cambió la imagen del Datsun sedán. El éxito del 240Z sugirió a Nissan que debía dirigirse al mercado de los autos deportivos. En consecuencia, en la década de 1970, Nissan se enfocó a la velocidad y el rendimiento, mientras que Toyota, su rival, se centro en los sedanes de cuatro puertas. En 1975, Nissan superó a la Volkswagen, quedándose con el primer lugar de los exportadores a Estados Unidos.

Katayama se retiró en 1977 y los gerentes de Nissan en Japón, poco a poco, se fueron haciendo del control de las decisiones referentes a los productos para el mercado de Estados Unidos. En las décadas de 1970 y 1980, su competidora Toyota tuvo la capacidad de producir autos específicamente diseñados para Estados Unidos, al mismo tiempo que diseñaba autos para el mercado interno. Honda, aunque más pequeña que Nissan o Toyota en Japón, enfocó sus recursos a los autos específicamente diseñados para su propio mercado de Estados Unidos. Nissan no tenía bastantes recursos para cubrir el mercado de Estados Unidos y el de Japón al mismo tiempo, así que produjo autos para el mercado japonés, con la esperanza de que los distribuidores de Datsun en Estados Unidos vendieran lo que les enviaban.

Para 1980, la posición de Nissan, Toyota y Honda en Estados Unidos era prácticamente la misma. Entonces, en 1981, los gerentes de Nissan decidieron que querían consolidar las marcas de la empresa en todo el mundo. Decretaron que la división de Estados Unidos abandonara el nombre de Datsun y que empezara a usar el nombre social de Nissan para los autos que vendía en Estados Unidos. El cambio de nombre duró cinco años, durante los cuales los frustrados distribuidores lucharon con la conversión y los confundidos clientes se preguntaban qué era un Nissan.

En los años ochenta, Nissan siguió enfocándose hacia los modelos deportivos, la velocidad y el rendimiento. Por tanto, la calidad y el diseño de los sedanes sufrieron las consecuencias. El Accord de Honda y el Corolla de Toyota le ganaron mercado a los modelos Sentra y Stanza de Nissan. Los ejecutivos de Nissan en Estados Unidos, incapaces de ganarle a sus grandes rivales, sintieron gran frustración. Nissan ni siquiera empezó a diseñar una minivan para el mercado de Estados Unidos, sino hasta cinco años después de que Chrysler había introducido su minivan con gran éxito. Es más, Nissan había manifestado gran lentitud para iniciar la producción de autos en Estados Unidos; no empezó a fabricar sus primeros autos en Estados Unidos sino hasta 1985, año en que Honda produjo más de 117,000

en dicho país. Ese año, 57% de las ventas de Nissan en Estados Unidos correspondieron a sus dos vehículos de precio más bajo y menor margen, el Sentra y la camioneta pickup, que estaba en su etapa de introducción.

Para 1992, la participación de los fabricantes japoneses de autos en el mercado de Estados Unidos había aumentado de 18.7 a 25%. Durante este mismo lapso, la parte del mercado estadounidense correspondiente a Nissan había bajado a 4.5%, de un máximo de 5.7% en 1983. En 1991, Nissan vendió menos autos que en cualquier otro año desde de 1982. Sin embargo, quizá lo más importante fue que de las 34 marcas que estima J. D. Power and Associates, Nissan obtuvo calificaciones por abajo de la media en dos puntos críticos: la calidad inicial y la satisfacción de los dueños a la entrega del auto.

En sólo 10 años, Nissan había perdido su ventaja competitiva. Aunque los analistas de la industria calificaron algunos de los autos Nissan entre los mejores, en comparación con los de sus competidores directos, la empresa carecía de un auto intermedio fuerte en su línea de productos; uno entre el Sentra en el nivel básico y el Máxima en la cima de la línea. Mientras Toyota y Honda habían atacado el mercado estadounidense del sedán familiar con sus Camrys y Accords, Nissan se había quedado en la meta de salida. Jamás se dio cuenta de que, conforme el recuerdo de la crisis del petróleo de los años setenta se iba esfumando, los consumidores estadounidenses querían cambiar sus pequeños Civics de Honda y Corollas de Toyota por autos familiares más grandes. Además, Nissan había confundido a los clientes con sus cambios de mercadotecnia y había tensionado sus relaciones con los distribuidores.

Llega el momento del cambio

En 1988, los funcionarios de Nissan, con miras a llenar el hueco en su línea de productos y desarrollar un auto que se pudiera enfrentar al Camry de Toyota, al Taurus de Ford y al Accord de Honda, establecieron una competencia entre sus equipos de diseño, en Japón y en La Jolla, California. Los grupos debían diseñar un auto nuevo, capaz de competir en el extenso mercado intermedio de Estados Unidos. Después de todo, este era el segmento que generaba el verdadero volumen del mercado estadounidense de autos y, en el caso de un negocio con costos fijos elevados, el volumen es fundamental para la rentabilidad.

El equipo de diseño de La Jolla, encabezado por Gerald P. Hirshberg, ganó la competencia. Hirshberg, licenciado en ingeniería mecánica por la Universidad Estatal de Ohio, había abandonado General Motors para unirse a Nissan en 1979. Hirshberg quería que su equipo diseñara un auto que sirviera para que Nissan pasara de ser una empresa conocida por su autos rápidos y deportivos, a otra reconocida por su calidad confiable. Además, quería que el diseño pusiera fin a la "tiranía de la forma de cuña" que, en su opinión, dominaba el diseño de los sedanes. Hirshberg estaba consciente de que Nissan se encontraba entre la espada y la pared y que el nuevo auto tendría que cambiar la imagen de Nissan.

Hirshberg y su equipo diseñaron un auto nuevo, de tamaño mediano, que Nissan llamó Altima, derivado del Latín "altus" que sugiere "un orden superior". Las investigaciones arrojaron que las decisiones de los compradores en cuanto a qué modelo escoger dependían cada vez más del atractivo emocional que despertaran el estilo y la imagen del auto. El nombre del auto serviría para activar esas emociones.

Las características del nuevo Altima enfrentaron muchísima competencia. El auto tenía motor de cuatro cilindros, con potencia de 150 caballos y 2.4 litros. El motor normal del Taurus era de seis cilindros y el Camry también tenía la opción del V6. Un nuevo diseño del Accord pronto debutaría con un V6. Los competidores ofrecían sedanes, camionetas y coupés, pero el único modelo del Altima era el sedán de cuatro puertas. Además, los autos de la competencia eran más grandes, considerando el parámetro que fuera.

El Altima tenía transmisión delantera y el modelo con transmisión automática aceleraba de 0 a 60 millas por hora en 9.5 segundos. El auto alcanzaba una velocidad máxima aproximada de 118 millas por hora y un consumo de combustible, de calificación EPA, de 21 millas por galón en la ciudad y 29 millas por galón en carretera.

El Altima estándar, es decir, el modelo XE, tenía dirección de potencia, espejos eléctricos, volante inclinable, control interno de la cajuela y el tapón de la gasolina, tacómetro y bolsa de aire en el asiento del conductor. Las opciones incluían quemacocos, transmisión automática, aire acondicionado, frenos destrabables, interior de cuero y tocadiscos CD. Había cuatro modelos de Altima, el XE, el GXE el SE y el GLE, cada uno de ellos con diferentes paquetes de opciones.

Un crítico, tras probar el auto nuevo, escribió que las líneas curvas del Altima le daban ventaja ante la competencia en cuanto a estilo. Además, sugirió que el interior del auto era agradable y familiar. Sin embargo, al crítico no le gustaron los cinturones mecánicos de seguridad ni el motor de cuatro cilindros.

Nissan invirtió 490 millones de dólares en la ampliación de su planta en Smyrna, Tennessee, para fabricar el Altima y la Questa, una nueva minivan. Para que las operaciones de la planta fueran rentables, las ventas del Altima tendrían que pasar de 100,000 unidades al año. No obstante, las ventas del Stanza de Nissan, el auto remplazado por el Altima, sólo habían alcanzado un promedio de 50,000 unidades al año en los cinco años anteriores.

La comercialización del Altima

Nissan encargó a Thomas D. Mignanelli, director de ventas y mercadotecnia de Nissan en Estados Unidos y exdirector de ventas de Ford, la tarea de comercializar el Altima y alcanzar las elevadas metas de ventas. Mignanelli pronosticó que las ventas del Altima pasarían de las 150,000 unidades, el triple que las ventas del Stanza.

Mignanelli hizo dos cambios importantes. Primero cambió la agencia de publicidad de Nissan, escogiendo a Chiat/Day/Mojo, Inc., y dio órdenes a ésta de que volviera a crear una imagen de Nissan como había sido antes, que produjera anuncios que reforzaran la resistencia, la calidad y la confiabilidad. Después, Mignanelli se dirigió al Boston Consulting Group para que le ayudara con las relaciones con los distribuidores. Los asesores aconsejaron a Nissan a crear el puesto de gerente de operaciones con distribuidores (GOD). Los GOD trabajan con los distribuidores con objeto de ayudarles a reducir costos fijos, a mejorar la satisfacción de los clientes y a desarrollar sus propios anuncios locales. Mignanelli también reorganizó la estructura del personal de la oficina central, estableciendo líneas de gerentes de marca, para que una persona tuviera la responsabilidad entera del plan mercadotécnico de cada modelo de vehículo.

Ahora Mignanelli sólo tiene que tomar otra decisión importante: qué precio ponerle al Altima. Al igual que todas las otras decisiones, la decisión del precio ha desatado muchas discusiones entre la división de Estados Unidos y la oficina central de Japón. Un grupo sostiene que Nissan debe fijar el precio básico del Altima en el rango de los 13,000 dólares, colocándolo unos 2,000 dólares por abajo de los precios básicos del Accord y el Camry. Esto significaría que los precios de los modelos más caros del Altima, como el SE o el GLE, también serían entre 1,500 y 2,000 dólares más baratos que los modelos de la competencia, con equipo comparable. Los modelos de precios más altos podrían tener un precio de lista hasta de 20,000 dólares, con toda una gama de opciones. Este grupo afirma que, con estos precios, Nissan y sus distribuidores podrán obtener utilidades aceptables.

El precio de lista del Sentra XE de Nissan es de 10,685 dólares. Con aire acondicionado, radio AM/FM y control de crucero, tiene un precio de 12,610 dólares. El precio de lista del Sentra GXE es de 15,020 dólares. Con aire acondicionado, quemacocos, bolsa de aire, radio, control de crucero y puertas eléctricas, tiene un precio de lista de 16,195 dólares. El Maxima SE de Nissan tiene un precio de lista de 24,435 dólares.

Otro grupo argumenta que el precio del Altima debería estar dentro del mismo rango que los precios de la competencia directa. Este grupo piensa que si el Altima ofrece características similares, Nissan debería poner un precio comparable. Se pregunta cuál será la reacción de los clientes si Nissan le pone al Altima un precio muy por abajo de los precios de los modelos comparables de la competencia. El grupo también señala que la caída del valor del dólar de Estados Unidos frente al yen japonés durante el inicio de la década de 1990, ya está ejerciendo presión para que eleven precios todas las empresas japonesas fabricantes de autos. La baja del valor del dólar significa que los dólares de Estados Unidos que reciben los fabricantes japoneses de autos valen menos que antes en Japón. Una caída de valor es como si se bajaran los precios; es decir, los márgenes se reducen.

Mignanelli y los demás funcionarios de Nissan están conscientes de la importancia que tiene la decisión del precio. Nissan perdió 178 millones de dólares en los primeros seis meses del ejercicio fiscal que empezó el 1o. de abril de 1992; registrando la primera pérdida en 40 años. Es más, los años noventa no han sido buenos para muchas de las antes invencibles empresas japonesas. Honda, Toyota, Isuzu y Mazda han tenido problemas; Daihatsu se salió totalmente del mercado de Estados Unidos. Sin embargo, Nissan espera tener la capacidad de crear una imagen nueva con el Altima y así recuperar la rentabilidad.

Preguntas

1. ¿Qué estrategias suelen usar las empresas fabricantes de autos para poner precios a la mezcla del producto?

2. ¿Qué estrategias suelen aplicar las empresas fabricantes de autos y los distribuidores para ajustar los precios?

3. ¿Cómo afectan tales estrategias los sentimientos de los consumidores en cuanto al proceso de adquisición de un automóvil?

4. ¿Qué recomendaciones específicas haría usted en cuanto a los precios para el Altima de Nissan? ¿Por qué? ¿Cómo reaccionaría la competencia, especialmente Toyota y Honda, si Nissan aplicara las recomendaciones que usted acaba de hacer?

5. ¿Qué otras recomendaciones haría usted para la mezcla de mercadotecnia del Altima?

Fuentes: Karen Lowry Miller, Larry Armstrong y James B. Treece, "Will Nissan Get It Right this Time?", *Business Week,* 20 de abril de 1992, pp. 82-87; Amy Harmon, "Hopes Ridign High on New Car", *The Los Angeles Times,* 9 de mayo de 1992, pp. D1-D2; Alex Taylor III, "Driving for the Market's Heart", *Fortune,* 15 de junio de 1992, pp. 120-21; "Ultimately, Nissan Calls Car 'Altima'", *New York Times,* 24 de junio de 1992, p. D17; Jacqueline Mitchell, "Nissan Has a Lot Riding on New Altima", *The Wall Street Journal,* 24 de agosto de 1992, p. B1; Paul Dean, "A New Contender for Mid-Size Title", *The Los Angeles Times,* 6 de noviembre de 1992, pp. E1, E10; Patrick Boyle, "The Sun Also Sets", *Los Angeles Times Magazine,* 10 de enero de 1993, pp. 15-19; Larry Armstron, "Altima's Secret: The Right Kind of Sticker Shock", *Business Week,* 18 de enero de 1993, p. 37; Marshall Schuon, "From Nissan, a New Name, a New Car", *New York Times,* 31 de enero de 1993, Sección 8, p. 14.

14

Colocación de productos: canales de distribución y distribución física

urante más de 60 años, Goodyear Tire & Rubber Company vendió sus neumáticos de refacción exclusivamente por medio de una poderosa red de distribuidores independientes de Goodyear. Tanto Goodyear como sus 2,500 empresas distribuidoras sacaban provecho de esta sociedad. Goodyear merecía la atención y lealtad indivisas de sus distribuidores de una sola marca y los distribuidores tenían el derecho exclusivo de vender la línea, tan respetada, de llantas Goodyear. No obstante, a mediados de 1992, Goodyear rompió la tradición y cimbró a sus distribuidores anunciándoles que empezaría a vender neumáticos marca Goodyear por medio de los centros automovilísticos Sears, colocando a los distribuidores de Goodyear en competencia directa con la enorme detallista. Este distanciamiento de la red de distribuidores, hasta entonces sagrada, alarmó y enfadó a muchos de ellos. Un distribuidor de Goodyear declaró: "Se siente como si después de 35 años de matrimonio, su [cónyuge] lo abandonara".

Fueron varios los factores que impusieron el cambio en el sistema de distribución de Goodyear. A finales de los años ochenta, la consolidación masiva internacional cambió la forma de la industria de los neumáticos, dejando sólo a cinco competidores. Bridgestone de Japón adquirió Firestone, Continental de Alemania compró General Tire, Pirelli de Italia se quedó con Armstrong y Michelin de Francia adquirió Uniroyal Goodrich. Tras seis decenios de ser el fabricante de neumáticos más grande del mundo, Goodyear cayó a segundo lugar, después de Michelin. Como la única empresa hulera estadounidense que restaba, en lugar de ganarle el camino a los pequeños rivales nacionales, Goodyear se encontró luchando por el mercado de Estados Unidos contra competidores internacionales, grandes y reforzados.

Los males de Goodyear se agravaron porque los consumidores estaban cambiando la forma y el lugar para comprar neumáticos. Los compradores de neumáticos, con el valor en mente, compraban cada vez más en puntos de venta de descuento, con muchas marcas y más baratos, en tiendas de departamentos y en clubes de almacén. La parte del mercado correspondiente a estas salidas había crecido 30% en los cinco años anteriores, mientras que la de los distribuidores de neumáticos había bajado 4%. Goodyear, vendiendo exclusivamente por medio de su red de distribuidores, sencillamente no estaba colocando sus neumáticos en el lugar donde había muchos consumidores comprándolos. Los cambios en las compras de los consumidores también estaban ocasionándole problemas a los distribuidores. Si bien Goodyear ofrecía una gran variedad de líneas de primera, no proporcionaba a sus distribuidores ninguna de las líneas de precios bajos que los consumidores estaban exigiendo.

Al empezar la década de 1990, Goodyear estaba tambaleándose. Aunque seguía siendo la número uno en Estados Unidos, su parte del mercado de los neumáticos de refacción en dicho país había bajado 3% en sólo cinco años. Goodyear, luchando contra la recesión prolongada y una terrible competencia de precios por parte de Michelin y Bridgestone, perdió dinero por primera vez en un año desde la Gran Depresión. Se necesitaban medidas drásticas.

Entró una nueva gerencia, encabezada por Stanley Gault, el gerente milagroso que recientemente había transformado a Rubbermaid de una empresa hulera durmiente de Ohio en una de las líderes más admiradas del mercado estadounidense. Gault se puso el casco a mediados de 1991 y de inmediato tomó medidas para activar a Goodyear, reduciendo su enorme deuda, recortando costos y vendiendo negocios no centrales. Empero, los cambios más grandes fueron en el campo de la mercadotecnia. Con Gault, Goodyear aceleró el desarro-llo de productos nuevos y aumentó el gasto para publicidad. Por ejemplo, a finales de 1991, introdujo cuatro neumáticos nuevos en forma simultánea; la innovadora Aquatred no-hidroplaneadora, la línea Wrangel para camiones pick-up y camionetas van, un neumático "verde" para poco consumo de combustible y un nuevo modelo Eagle, de alto rendi-miento. En 1992, Goodyear sacó 12 neumáticos nue-vos más, el triple de la cantidad acostumbrada.

Gault tampoco perdió tiempo para zarandear el tieso sistema de distribución de Goodyear. Además de vender neumáticos Goodyear por medio de Sears, la empresa empezó a fomentar negocios nuevos con marcas privadas. Su unidad Kelly-Springfield no tardó en firmar un contrato para vender neumáticos de marca privada por medio de Wal-Mart; además, es problable que sigan otros convenios con Kmart, Montgomery Ward e incluso los almacenes tipo club. Desde entonces, Goodyear también ha empezado a explorar otras opciones nuevas de distribución. Por ejemplo, ahora está probando los neumáticos Just en el concepto de tienda de descuento, sin extras y con servicio rápido, con el propósito de defenderse de los competidores de precio bajo. En fecha reciente, pro-bó también vender los neumáticos de marca Good-year a menudistas que manejan muchas marcas, en algunas ciudades seleccionadas de Estados Unidos.

La comercialización, la distribución y otros cambios han puesto a Goodyear en marcha de nueva cuenta. En su primer año bajo el mando de Gault, las ventas y los ingresos de Goodyear se dispararon, su participación en el mercado aumentó 1% y el precio de sus acciones se cuadruplicó. Al parecer, la expan-sión del sistema de distribución es un punto muy importante, cuando menos a corto plazo. Por ejemp-lo, Sears controla, por su cuenta, 10% del mercado de los neumáticos de refacción de Estados Unidos Para Goodyear, apenas un 20% de participación del nego-cio de Sears, significa tres millones de neumáticos más al año, cantidad bastante para remover más de la mitad del mercado perdido por la empresa ante-riormente.

Sin embargo, a largo plazo, el plan podría resul-tar contraproducente. El desarrollo de canales nue-vos bien podría aumentar su participación en el mer-cado y las utilidades de inmediato, pero también es un riesgo que podría erosionar la lealtad y la eficacia de la red exclusiva de distribuidores de Goodyear, tan apreciada y uno de los activos más importantes de la empresa para competir. Goodyear y sus distri-buidores, para ser plenamente eficaces, deben traba-jar juntas, en armonía, para beneficio de ambas. Em-pero, el convenio con Sears ha creado resentimientos y conflictos entre las partes. Muchas empresas dis-tribuidoras, enfadadas, están devolviendo el golpe aceptando marcas privadas más baratas y promo-viéndolas agresivamente; marcas que ofrecen már-genes más amplios a los distribuidores y que tienen mayor atractivo para los consumidores conscientes del valor. Estas medidas de los distribuidores pueden debilitar el nombre Goodyear con el tiempo, así co-mo el precio extra que puede merecer.

Goodyear ha tomado medidas para reforzar a los anhelantes distribuidores. Por ejemplo, les está entrengando la línea que tanto necesitaban de neu-máticos Goodyear de precio más bajo. Goodyear sin-ceramente piensa que la ampliación de la distribu-ción ayudará a los distribuidores más de lo que les perjudicará. Gault sostiene que, a fin de cuentas, el vender por medio de Sears significa mayor visibilidad para el nombre Goodyear y que la expansión de actividades resultante significará más dinero para apoyar a las distribuidoras. Sin embargo, muchos dis-tribuidores están escépticos. A largo plazo, las defec-ciones de los distribuidores podrían menguar el peso de Goodyear en el mercado y cancelar las ganancias obtenidas por las ventas en los canales nuevos. Por ejemplo, poco después de que se anunciara la cues-tión de Sears, una gran distribuidora de Goodyear en Florida aceptó varias marcas privadas de precio más bajo, con lo que sus ventas de neumáticos Goodyear disminuyeron 20%, pero sus márgenes de utilidad incrementaron. El desafiante distribuidor comenta: "Ahora vendemos lo que suponemos que será más valioso para el cliente y eso no siempre es Good-year". Por tanto, aunque Goodyear está marchando otra vez, el paseo no ha terminado. Todavía quedan muchos baches en el camino por venir.[1]

AVANCE DEL CAPÍTULO

El capítulo 14 contiene una explicación general de los conceptos clave de los canales de distribución y de la distribución física.

*En primera instancia, se analiza el carácter de los **canales de distribución**: por qué existen **intermediarios**, cuáles son las **funciones** de un canal de distribución y **la cantidad de niveles** que tiene un canal, así como la forma en que operan los canales en el **sector de los servicios**.*

*A continuación, el capítulo repasa el **comportamiento de los canales y su organización**, los tipos de sistemas de comercialización vertical y el crecimiento de los sistemas **horizontales o de varios canales**.*

*El capítulo trata también temas clave para el **diseño de canales**, inclusive **el análisis de los servicios que necesitan los clientes**, la definición de los **objetivos del canal**, la consideración acerca de los **tipos alternativos de intermediarios y su número**, además la **distribución intensiva, selectiva y exclusiva**. Se repasan también las decisiones en cuanto a la **administración del canal**, inclusive la **selección**, **la motivación** y **la evaluación** de los miembros del canal.*

*El capítulo termina con un resumen de los problemas que enfrentan las empresas para establecer los **sistemas de distribución física**, inclusive **el procesamiento de los pedidos, el almacenaje, la administración de inventarios** y **las formas de transporte**.*

Las decisiones referentes al canal para la comercialización se cuentan entre las decisiones más importantes de la gerencia. Las decisiones que tome la empresa sobre el canal afectan, de forma directa, todas las demás decisiones de mercadotecnia. Los precios que establezca la empresa dependerán de si usa comercializadoras masivas o tiendas especializadas de gran calidad. Las decisiones de la empresa en cuanto a la fuerza de ventas y de publicidad dependerán de cuánta persuasión, capacitación y motivación requieran los distribuidores. El hecho de que una empresa desarrolle o adquiera ciertos productos nuevos podría depender del grado en que dichos productos se ciñan a la capacidad de los miembros de los canales.

Es frecuente que las empresas presten muy poca atención a sus canales de distribución y, en ocasiones, con resultados muy perjudiciales. Por ejemplo, los fabricantes de autos han perdido una cantidad considerable de actividades en el campo de las refacciones y los servicios a manos de empresas como NAPA, Midas, Goodyear y otras porque no han querido aplicar los cambios que necesitaban sus redes de franquicias a distribuidores. Por el contrario, muchas empresas han recurrido a sistemas imaginativos de distribución para *conseguir* una ventaja competitiva. El creativo sistema de distribución impositivo de Federal Express la hizo líder en la industria de la entrega de paquetes pequeños. American Hospital Supply consiguió una clara ventaja sobre la competencia ligando su sistema de distribución en forma directa a los hospitales, por medio de un sofisticado sistema de procesamiento de datos.[2]

Las decisiones en cuanto al canal de distribución suelen involucrar compromisos a largo plazo con otras empresas. Por ejemplo, un fabricante de muebles no tendría problema para cambiar sus programas de publicidad, precios o promoción. Puede descartar diseños de productos viejos e introducir otros nuevos conforme lo vayan pidiendo los gustos del mercado. Empero, cuando establece un canal de distribución por medio de contratos con distribuidores independientes, si las condiciones cambian, no puede reemplazar fácilmente este canal con sucursales propiedad de la empresa. Por tanto, la gerencia debe diseñar sus canales con gran cuidado, poniendo la vista tanto en el entorno probable de las ventas del mañana, como en las de hoy.

En este capítulo se analizan cuatro interrogantes centrales para los canales de distribución: *¿Cuál es la índole de los canales de distribución? ¿Cómo interactúan y se organizan las empresas-canal para realizar el trabajo del canal? ¿Qué problemas tienen las empresas cuando diseñan y administran sus canales? ¿Qué papel desempeña* *la distribución física para atraer y satisfacer a los clientes?* En el capítulo 15 se analizarán cuestiones referentes a los canales de distribución desde el punto de vista de los mayoristas y los detallistas.

NATURALEZA DE LOS CANALES DE DISTRIBUCION

La mayoría de los productores recurren a intermediarios para que lleven sus productos al mercado. Tratan de forjar un **canal de distribución**, es decir, una se-rie de organizaciones interdependientes involucradas en el proceso de lograr que el consumidor o el usuario industrial pueda usar o consumir el producto o servicio.[3]

¿Por qué existen intermediarios?

¿Por qué dejan los productores parte del trabajo de ventas en manos de intermediarios? Después de todo, hacerlo significa ceder parte del control sobre cómo se venden los productos y a quién se venden. Se recurre a intermediarios porque éstos son más eficientes tratándose de llevar los bienes a los mercados que se tienen en la mira. Los intermediarios, en razón de sus contactos, experiencia, especialización y grado de maniobras suelen ofrecer a la empresa más de lo que ésta puede lograr por cuenta propia.

La figura 14-1 muestra cómo el hecho de recurrir a intermediarios puede producir ahorros. La parte A contiene a tres fabricantes y cada uno de ellos usa la comercialización directa para llegar a tres clientes. Este sistema requiere nueve contactos diferentes. La parte B contiene a los tres fabricantes, funcionando por medio de un distribuidor, que se pone en contacto con los tres clientes. Este sistema sólo requiere seis contactos. De tal suerte, los intermediarios disminuyen la cantidad de trabajo que deben realizar productores y consumidores.

Desde el punto de vista económico del sistema, el papel del intermediario consiste en transformar las variedades de productos fabricadas por los productores en las variedades que desean los consumidores. Los productores fabrican grandes cantidades de productos de variedades limitadas, pero los consumidores quieren pequeñas cantidades de productos de muchas variedades. En los canales de distribución, los intermediarios compran grandes cantidades de muchos productores y las descomponen en variedades más amplias y en cantidades más pequeñas que quieren los consumidores. Por tanto, los intermediarios desempeñan un importante papel para ajustar la oferta y la demanda.

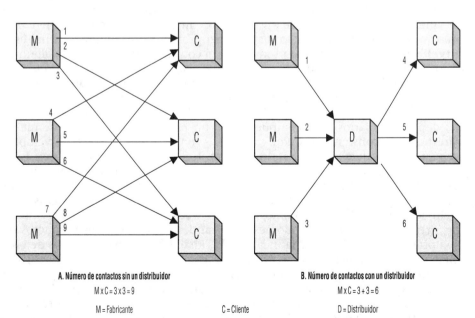

FIGURA 14-1
Forma en que el distribuidor reduce la cantidad de transacciones del canal

A. Número de contactos sin un distribuidor

M x C = 3 x 3 = 9

M = Fabricante   C = Cliente

B. Número de contactos con un distribuidor

M x C = 3 + 3 = 6

D = Distribuidor

Funciones de los canales de distribución

Un canal de distribución lleva los bienes de los productores a los consumidores. Supera las principales brechas de tiempo, lugar y posesión de los bienes y servicios individuales de quienes los usarán. Los miembros de un canal de comercialización realizan muchas funciones básicas:

- *Información:* recabar y distribuir información e investigaciones de mercado sobre los actores y las fuerzas del entorno mercadotécnico necesaria para planear y ayudar al intercambio.

- *Promoción:* desarrollar y difundir comunicaciones persuasivas sobre una oferta.

- *Contacto:* encontrar a los posibles compradores y comunicarse con ellos.

- *Adaptación:* conformar y ajustar la oferta a las necesidades de los compradores, incluyendo aquellas actividades como la producción, la gradación, el ensamblado y el empacado.

- *Negociación:* llegar a arreglos en cuanto al precio y otros términos de la oferta, de tal manera que permita la transferencia del dominio o la posesión.

- *Distribución física:* transportar y almacenar bienes.

- *Financiamiento:* obtener y usar los fondos para cubrir los costos de operación del canal.

- *Aceptación de riesgos:* asumir los riesgos que entraña realizar las operaciones del canal.

Las primeras cinco funciones sirven para realizar transacciones, las últimas tres sirven para cumplir las transacciones terminadas.

La cuestión no radica en *si* se deben desempeñar estas funciones (sí se deben realizar), sino más bien en *quién* las debe realizar. Todas las funciones comparten tres cosas en común. Usan recursos escasos, muchas veces se pueden realizar mejor en razón de la especialización y se pueden intercambiar entre los miembros del canal. En la medida en que el fabricante realice estas funciones, sus costos subirán y sus precios tendrán que ser más altos. Por otra parte, cuando parte de estas funciones se pasan a manos de los intermediarios, los costos del productor y los precios quizá sean más bajos, pero los intermediarios deben cobrar más para cubrir los costos de su trabajo. Cuando se divide el trabajo del canal, las diversas funciones se deben asignar a los miembros del canal que las puedan realizar de manera más eficaz y eficiente, con objeto de proporcionar a los consumidores meta, variedades de bienes que resulten satisfactorias.

Número de niveles de canal

Los canales de distribución se pueden describir en razón de la cantidad de niveles que incluyen. Cada uno de los estratos de intermediarios que efectúen algún trabajo para reunir el producto y acercar su propiedad al comprador final es un **nivel del canal**. Como cada productor y el consumidor final realizan algún trabajo, forman parte de todos los canales. *La cantidad de niveles de intermediarios* sirve para indicar la *longitud* del canal. La figura 14-2A muestra varios canales de distribución de productos de consumo de diferente extensión.

El canal 1, llamado **canal de comercialización directa,** no tiene niveles de intermediarios. Está compuesto por un fabricante que vende, de manera directa, a los consumidores. Por ejemplo, Avon y la World Book Encyclopedia venden sus productos de puerta en puerta; L. L. Bean vende su ropa en forma directa, mediante pedidos por correo y por teléfono; y Singer vende sus máquinas de coser por medio de sus propias tiendas. El canal 2 contiene un nivel de intermediarios. En los mercados de consumo, este nivel suele ser un detallista. Por ejemplo, grandes detallistas como Wal-Mart y Sears venden televisores, cámaras, neumáticos, muebles, electrodomésticos grandes y muchos otros productos que compran directamente a los fabricantes. El canal 3 contiene dos niveles de intermediarios. En los mercados de consumo, estos niveles suelen ser un mayorista y un detallista. Los pequeños fabricantes de alimentos, medicamentos, ferretería y otros productos suelen usar este canal. El canal 4 contiene tres niveles de intermediarios. En la industria de los embutidos, por ejemplo, los corredores suelen estar entre los mayoristas y los detallistas. El intermediario compra a los mayoristas y vende a detallistas más pequeños que, por regla general, no son atendidos por los grandes mayoristas. En ocasiones existen otros canales de distribución, pero son mucho menos frecuentes. Desde el punto de vista del productor, cuanto mayor es la cantidad de niveles, tanto menor es el control sobre el canal y mayor su complejidad.

La figura 14-2B muestra algunos canales comunes para la distribución industrial. El productor de bienes industriales puede recurrir a su propia fuerza de ventas para vender, de manera directa, a los clientes industriales. Además, puede vender a distribuidores industriales, quienes a su vez venden a clientes industriales. Puede vender por medio de representantes del fabricante o sus propias sucursales de venta a clientes industriales, o puede usar estos representantes y sucursales para vender por medio de distribuidores industriales. Luego entonces, los mercados de bienes industriales suelen incluir canales de distribución de nivel cero, uno y dos.

Todas las instituciones del canal están conectadas por diferentes tipos de *flujos*. Estos incluyen el *flujo físico* de los productos, el *flujo de la propiedad*, el *flujo de los pagos*, el *flujo de información* y el *flujo de promociones*. Estos flujos incluso pueden hacer que canales con sólo uno o dos niveles resulten muy complejos.

Canales en el sector de servicios

El concepto de los canales de distribución no se limita a la distribución de bienes materiales. Los productores de servicios y de ideas también enfrentan el problema de hacer que su producto *llegue a manos* de las poblaciones que tienen en la mira. Estos desarrollan "sistemas de distribución educativa" y sistemas "de servicios de salud". Deben inventar organismos y ubicaciones para alcanzar a una población muy extendida:

> Los hospitales se deben ubicar en una zona geográfica para brindar a las personas una atención médica total, también se deben edificar escuelas cerca de los niños que

De Coca-Cola Company, a la embotelladora, al detallista, al consumidor; los miembros del canal deben trabajar juntos para que Coca tenga éxito.

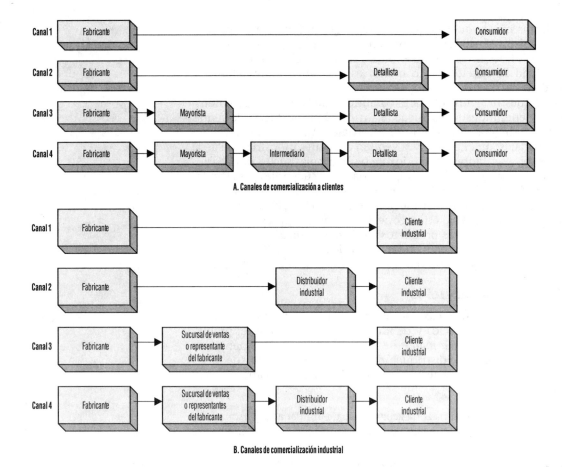

FIGURA 14-2
Canales de comercialización de bienes de consumo e industriales

tienen que aprender. Las estaciones de bomberos deben estar situadas de tal manera que permitan el rápido acceso a posibles incendios y las casillas electorales deben estar situadas de tal manera que la gente pueda emitir su voto sin invertir cantidades exageradas de tiempo, esfuerzo o dinero para llegar a ellas. La mayor parte de los estados de norteamérica enfrentan el problema de ubicar las sucursales de universidades de modo que puedan atender a la creciente población, cada vez más preparada. En las ciudades debemos crear y ubicar parques para niños. Muchos países con exceso de población deben distribuir clínicas de control de la natalidad para proporcionar a la gente información sobre la contracepción y la planificación familiar. [4]

Los canales de distribución también se usan para la comercialización de "personajes". Antes de 1940, los actores profesionales lograban auditorio por medio de teatros de variedades, eventos especiales, centros nocturnos, la radio, las películas, los festivales y los teatros. En la década de 1950, la televisión se convirtió en un canal muy fuerte y las variedades desaparecieron. En fecha más reciente, los actores tienen más canales que incluyen eventos promocionales, el endoso de productos, la televisión por cable y las videocintas. Los políticos también deben encontrar canales a buen costo; los medios masivos y los mítines para difundir su mensaje entre los votantes. En el capítulo 22 se analiza la mercadotecnia de personajes con más detalle.

CONDUCTA Y ORGANIZACION DE LOS CANALES

Los canales de distribución son algo más que una simple reunión de empresas ligadas por diversos flujos. Son complejos sistemas de conducta donde las personas y las empresas interactúan para alcanzar metas individuales, empresariales y las del propio canal. Los sistemas de algunos canales sólo consisten en la interactuación informal de empresas poco organizadas; otros consisten en interacciones formales, guiadas por fuertes estructuras organizativas. Es más, los sistemas de los canales no son estáticos; surgen nuevos tipos de intermediarios y aparecen sistemas enteros de canales nuevos. A continuación se analiza el comportamiento de los canales y la forma en que los miembros se organizan para realizar el trabajo del canal.

Conducta del canal

Un canal de distribución está compuesto por diferentes empresas que se han reunido para provecho común. Cada uno de los miembros del canal depende de los demás. Por ejemplo, un distribuidor de Ford depende de Ford Motor Company para el diseño de autos que satisfagan las necesidades de los consumidores. A su vez, Ford depende del distribuidor para atraer clientes, convencerlos de que compren autos Ford y darle servicio a los autos después de la venta. El distribuidor de Ford también depende de otros distribuidores para lograr buenas ventas y proporcionar servicios que conserven la fama de Ford y de su cuerpo de distribuidores. De hecho, el éxito de los distribuidores individuales de Ford depende de la forma en que todo el canal de distribución de Ford compita con los canales de otros fabricantes de autos.

Cada miembro de un canal se desempeña en un papel y se especializa en realizar una o varias funciones. Por ejemplo, el papel de IBM es producir computadoras personales que le agraden a los consumidores y crear demanda por medio de la publicidad nacional. El papel de Computerland es exhibir estas computadoras IBM en lugares cómodos, contestar las preguntas de los compradores, cerrar ventas y proporcionar servicio. El canal será más efectivo cuando se le asigne a cada miembro las tareas que puede realizar mejor.

En un plano ideal, puesto que el éxito de los miembros individuales del canal depende del éxito general del canal, todas las empresas del canal deberían trabajar juntas sin problemas. Deberían entender y aceptar sus papeles, coordinar sus metas y actividades y cooperar para alcanzar las metas globales del canal. Al cooperar, pueden sentir, servir y satisfacer con más eficacia el mercado que tengan en la mira.

No obstante, los miembros individuales del canal rara vez adoptan una posición tan general. Normalmente, están más interesados en sus propias metas a corto plazo y en sus tratos con las empresas más próximas a ellos en el canal. En ocasiones, cooperar para lograr las metas globales del canal significa abandonar las metas individuales de la empresa. Aunque los miembros del canal dependen unos de otros, es frecuente que actúen solos, en aras de su propio interés, a corto plazo. Muchas veces no están de acuerdo con los papeles que debe desempeñar cada uno, en cuanto a quién debe hacer qué y a cambio de qué recompensa. Estos desacuerdos en cuanto a las metas y los roles generan **conflictos en los canales** (véase Puntos Importantes de la Mercadotecnia 14-1).

El *conflicto horizontal* es un conflicto entre empresas que están en el mismo nivel dentro del canal. Por ejemplo, si algunos distribuidores de Ford en Chicago se quejan de que otros distribuidores de la ciudad les están quitando ventas con precios agresivos o porque se anuncian o venden fuera de los territorios que se les han asignado. Algunos franquiciatarios de Pizza Inn se podrían quejar de que otros franquiciatarios de Pizza Inn hacen trampa con los ingredientes, dan mal servicio y lastiman la imagen general de Pizza Inn.

El *conflicto vertical* es incluso más frecuente y se refiere a conflictos entre diferentes niveles del mismo canal. Por ejemplo, hace algunos años, General Motors tuvo un conflicto con sus distribuidores porque trató de imponer políticas de servicios, precios y publicidad. Coca-Cola tuvo un conflicto con algunas embotelladoras que aceptaron embotellar Dr. Pepper, refresco de la competencia. Una compañía de sierras de cadena causó un conflicto cuando decidió pasar por alto a sus distribuidores mayoristas y vender directamente a grandes detallistas como J. C. Penney y Kmart, que competían de manera directa con detallitas más pequeños.

Algunos conflictos en el canal adquieren forma de una competencia sana. Esta competencia puede ser buena para el canal; sin ella, el canal se podría tornar

CONFLICTO EN LOS CANALES: PROCTER & GAMBLE LUCHA CON LOS REVENDEDORES

Procter & Gamble, la gigantesca productora de bienes de consumo empacados forma parte de un complejo canal de distribución de la industria de los alimentos, compuesto por productores, distribuidores mayoristas de alimentos y tiendas detallistas. A pesar de la inmensa popularidad de sus marcas entre los consumidores, P&G jamás se ha llevado muy bien con todos los detallistas y mayoristas. En cambio, con los años, la empresa ha adquirido fama de ejercer un peso un tanto abusivo en el mercado y de no tomar muy en cuenta los deseos de los revendedores. En fecha reciente, las relaciones de P&G con muchos de estos revendedores empeoró claramente. "Pensamos que [P&G] acabará donde terminan casi todos los dictadores, en problemas", dice airado el presidente de Stop & Shop, cadena con 1,996 tiendas en el nordeste de Estados Unidos. A cientos de millas de distancia, el subdirector de Super Valu de Paulbeck, en International Falls, Minnesota, comparte estos resentimientos: "Deberíamos dejar de llevar sus marcas importantes (como la mitad de los tamaños de Tide) y decirles 'Ahora vean quién los pone en los anaqueles y quién los quita de ellos'".

La causa de las quejas es la nueva política del "precio del valor" de P&G. Con este arrollador plan, la empresa está acabando con la mayor parte de los grandes descuentos para promociones que les había ofrecido a los revendedores en el pasado. Al mismo tiempo, está bajando los precios de lista de estos productos, al mayoreo, entre 10 y 25%. P&G insiste en que las fluctuaciones de precios y las promociones se han desbocado. En los pasados 10 años, el promedio de los descuentos comerciales se ha triplicado con creces. Ahora, alrededor del 44% de los dólares que gastan los fabricantes para mercadotecnia, se destinan a promociones comerciales, cifra muy superior al 24% que se destinaba para el mismo efecto hace un decenio.

Los fabricantes ahora dependen de promociones orientadas a los precios para diferenciar sus marcas y para alentar las ventas a corto plazo. A su vez, los mayoristas y las cadenas detallistas están condicionados a esperar a que el fabricante ofrezca "especiales". Muchas han perfeccionado "las compras adelantadas"; es decir, se abastecen durante las promociones de precios de los fabricantes con mucha más mercancía de la que pueden vender y después se la revenden a los consumidores a precios más altos cuando se termina la promoción. Estas compras anticipadas producen costosas ineficiencias de producción y distribución. Las fábricas de P&G se deben adaptar para satisfacer los consecuentes cambios de la demanda, que son enormes. Mientras tanto, los supermercados necesitan que más compradores encuentren los mejores precios y más almacenes para guardar y manejar la mercancía comprada "como ganga". P&G afirma que, de hecho, sólo 30% del dinero para promociones comerciales llega a los consumidores en forma de precios más bajos, mientras que 35% se pierde por ineficiencias y otro 35% acaba en los bolsillos de los detallistas. La "enfermedad de las promociones" de la industria también ha infectado a los consumidores. Los fluctuan-tes precios al menudeo también han erosionado la lealtad por la marca, enseñándole a los consumidores a comprar lo que está rebajado y no evaluando los méritos de cada marca.

Procter & Gamble espera que, por medio del precio del valor, pueda restaurar la integridad de los precios de sus marcas y así empezar a alejar a la industria y a los consumidores de los precios de descuento. Empero, la estrategia ha creado muchos conflictos en los canales de distribución de P&G. Los descuentos son el pan diario de muchos detallistas y mayoristas que usan los productos que le compran a P&G a precios especialmente bajos, para realizar ventas semanales que atraen a sus supermercados o tiendas, a los consumidores con el valor en mente. En otros casos, los detallistas y los mayoristas

Por medio del precio del valor, Procter & Gamble espera trabajar con los detallistas para restaurar la integridad de los precios de sus marcas.

pasivo y poco innovador. Empero, en ocasiones, el conflicto puede perjudicar al canal. Para que el canal funcione bien en general, se debe especificar el papel de cada miembro del canal y se debe manejar el conflicto del canal. La cooperación, la asignación de roles y el manejo de conflictos en el canal se logran por medio de un claro liderazgo dentro del canal. El canal funcionará mejor si incluye una

dependen de los descuentos para parchar sus utilidades por medio de las adquisiciones anticipadas. Además, aunque no se alteren los costos promedio de los productos para los revendedores, éstos están perdiendo los dólares de promociones que controlaban antes (y no P&G). Así, el nuevo sistema permite a P&G mayor control sobre la comercialización de sus productos, pero disminuye la flexibilidad de precios de detallistas y mayoristas.

La nueva estrategia de P&G es arriesgada. Excluye a algunos de los mismísimos negocios que venden sus mercancías al público y ofrece a la competencia la ocasión de sacar ventaja de la prohibición de promociones, subrayando sus propios especiales. Procter & Gamble está contando con su enorme peso en el mercado; los detallistas no se pueden dar el lujo, o por lo menos eso espera la empresa, de eliminar marcas potentes y muy publicitadas, como el detergente Tide, el dentífrico Crest, el café Folger, el champú Pert y el jabón Ivory. Pero incluso el tamaño y el peso de P&G podrían no bastar. Algunas cadenas grandes como A&P, Safeway y Rite Aid están eliminando algunos tamaños de P&G y dejando de manejar marcas marginales como Prell y Gleem. Certified Grocers, un mayorista del Oeste medio, ha descartado alrededor de 50 de las 300 variedades de P&G que manejaba. Y muchísimas otras cadenas están considerando cambiar las marcas de P&G del espacio de primera, a la vista, a anaqueles menos visibles, y colocar productos de marca privada, más rentables, y productos de la competencia en el lugar de P&G.

Super Valu, el mayorista más grande de Estados Unidos, que también tiene tiendas detallistas, está añadiendo sobrecargos a algunos productos de P&G y demorando pedidos para compensar las pérdidas que dice estar registrando. Un comprador de Super Valu estima que la adquisición anticipada genera 70% de las utilidades de la mayor parte de los mayoristas y 40% en el caso de los supermercados. Empero, con el nuevo sistema, éstos no obtendrán tantas utilidades, porque no pueden cargarle a los clientes un precio muy superior al suyo. El comprador no está contento con P&G. "Abandonaré cualquier artículo de P&G que sea marginal", afirma.

A pesar de las fuertes reacciones, P&G proyecta seguir adelante con su nuevo enfoque ante los precios. La empresa piensa que cuando se haya asentado, el precio del valor beneficiará a todas las partes, a fabricantes, a revendedores y a consumidores, porque impondrá costos y precios más bajos y estables. Muchos revendedores, e incluso competidores, están al margen, calladamente

aplaudiendo las medidas de P&G, con la esperanza de que se restaure el orden en los precios y las promociones. P&G dice que muchos de los grandes detallistas, especialmente los comercializadores masivos como Wal-Mart, que ya emplean estrategias de precios bajos todos los días, están enamorados del sistema y que, de hecho, fueron quienes lo inspiraron. Es más, la mayor parte de los competidores grandes de P&G, si bien no están atacando con sus propios planes de precios del valor, no han aumentado la cantidad de promociones de precios para aprovechar la situación.

La lucha emprendida por P&G para volver a dar forma al distorsionado sistema de precios de la industria demuestra el dinamismo de las fuerzas de la cooperación, el poder y el conflicto en los canales de distribución. Está claro que, para bien de todas las partes, P&G y sus revendedores deben trabajar en sociedad con miras a comercializar, de manera rentable, los productos alimenticios que llevan a los consumidores. Sin embargo, es frecuente que los canales no operen así de bien, pues en ocasiones estallan luchas por poder y conflictos. En años recientes, conforme ha ido aumentando la cantidad de productos que compiten por el espacio limitado de los anaqueles de los supermercados y conforme los scanners ofrecen más información del mercado a los detallistas, dándoles con ello más peso, el equilibrio del poder se ha desviado, quizá demasiado, hacia los detallistas de abarrotes. Al parecer, con su nueva política de precios, P&G está tratando de recuperar parte del control del mercado que había perdido. Está apostando mucho, pues el nuevo programa puede fortalecer a P&G y remozar la forma en que la mayor parte de los mayoristas y detallistas realizan sus transacciones o puede afectar la participación de P&G en el mercado, obligándola a retirarse. A corto plazo, el conflicto afectará a todas las partes, de alguna manera. No obstante, la lucha podría ser sana para el canal a largo plazo y servir para que éste se adapte y crezca.

Fuentes: Partes adaptadas de Valerie Reitman, "Retail Resistance: Eliminated Discounts on P&G Goods Annoy Many Who Sell Them", *The Wall Street Journal*, 11 de agosto de 1992, pp. A1, A3. Usado con autorización. @ Dow Jones & Company, Inc. Todos los derechos mundiales reservados. También véase Jennifer Lawrence y Judann Dagnoli, "P&G's Low-Price Strategy Cuts Trade Fees, Irks Retailers", *Advertising Age*, 23 de diciembre de 1991, p. 3; Zachary Schiller, "Not Everyone Loves a Supermarket Special", *Business Week*, 17 de febrero de 1992, pp. 64-68; "P&G Plays Pied Piper on Pricing", *Advertising Age*, 9 de marzo de 1992, p. 6; Patricia Sellers, "The Dumbest Marketing Ploy", *Fortune*, 5 de octubre de 1992, pp. 88-94; y Jennifer Lawrence, "Supermarket Tug of War", *Advertising Age*, 19 de abril de 1993, pp. 1, 42.

empresa, una agencia o un mecanismo que tenga facultades para asignar roles y manejar conflictos.

En una empresa grande, la estructura formal de la organización asigna los roles y proporciona el liderazgo necesario. Sin embargo, en un canal de distribución compuesto por empresas independientes, el liderazgo y las facultades no están establecidas de manera formal. Tradicionalmente, los canales de distribución han carecido del liderazgo necesario para asignar roles y manejar conflictos. Sin embargo, en años recientes, han aparecido nuevos tipos de organización en los canales que proporcionan un liderazgo más firme y permiten una mejor actuación.[5]

Organización del canal

Históricamente, los canales de distribución han sido la libre unión de empresas independientes, cada una de ellas con poco interés por el desempeño global del canal. Estos *canales convencionales de distribución* han carecido de un liderazgo sólido y han sufrido las consecuencias de conflictos perjudiciales y poco rendimiento.

El crecimiento de los sistemas verticales de comercialización

Uno de los avances más grandes registrados en fecha reciente por los canales han sido los *sistemas de comercialización vertical*, que han surgido para enfrentarse a los canales convencionales de comercialización. La figura 14-3 compara los dos tipos de arreglo de los canales.

Un **canal convencional de distribución** consta de uno o varios productores independientes, mayoristas y detallistas. Cada uno es un negocio independiente que pretende aumentar sus propias utilidades al máximo, incluso a expensas de las utilidades del sistema en general. Ningún miembro del canal tiene mucho control sobre los otros miembros y no existe una manera formal de determinar los roles ni de resolver los conflictos del canal. Por el contrario un **sistema de comercialización vertical (SCV)** consta de productores, mayoristas y detallistas que actúan como si fueran un sistema unido. Un miembro del canal es dueño de los otros, tiene contratos con ellos, o ejerce tanto poder que todos cooperan. Los SCV pueden estar dominados por el productor, el mayorista o el detallista. Los sistemas de comercialización vertical adquirieron vida con el propósito de controlar el comportamiento del canal y manejar los conflictos de los canales. Estos logran economías en razón del tamaño, el poder de negociación y la supresión de servicios duplicados. Los sistemas de comercialización vertical han llegado a dominar en la comercialización de productos de consumo y cubren hasta 64% del mercado total.

A continuación se analizan los tres tipos fundamentales de SCV que aparecen en la figura 14-4. Cada tipo usa un medio diferente para establecer el mando y las facultades del canal. En un *SCV corporativo,* el manejo de los conflictos y la coordinación se logra por medio de la propiedad común en diferentes niveles del canal. Un *SCV contractual* se logra por medio de contratos firmados entre los

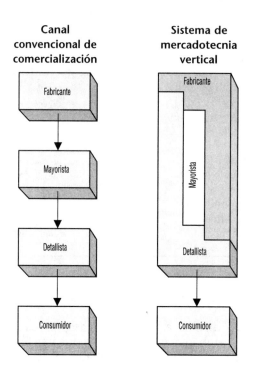

FIGURA 14-3
Un canal convencional de comercialización y un sistema de mercadotecnia vertical

miembros del canal. En un *SCV administrado* el liderazgo es asumido por uno o varios miembros dominantes del canal. A continuación se explica cada tipo de SCV con detalle.

El ***SCV corporativo.*** Un **SCV corporativo** combina etapas sucesivas de producción y distribución bajo un solo propietario. Por ejemplo, Sears obtiene más del 50% de sus bienes de empresas que son suyas, con dominio total o parcial. Sherwin-Williams produce pintura, pero también es dueña y maneja 2,000 puntos de venta al detalle que venden sus pinturas y otros productos. Giant Food Stores opera una fábrica para hacer hielo, una fábrica embotelladora de refrescos, una fábrica de helado y una panadería que abastece a las tiendas Giant desde rosquillas hasta pasteles de cumpleaños. Gallo, el fabricante de vino más grande del mundo, hace mucho más que sólo transformar uvas en vino:

Los hermanos [Gallo] son dueños de Fairbanks Trucking Company, una de las camioneras interestatales más grande de California. Sus 200 semitrailers y 500 trailers transportan vino permanentemente de Modesto (California) y llevan materias primas de regreso; inclusive... cal para la cantera de Gallo al este de Sacramento. Gallo es el único de los productores de vino que fabrica botellas (dos millones al día) y su Midcal Aluminium Co. expele corchos a tanta velocidad como se llenan las botellas. La mayor parte de las 1,300 vinateras del país, más o menos, se concentran en la producción y descuidan la comercialización. Por el contrario, Gallo participa en todos los aspectos de las ventas, menos hablarle al oído a cada bebedor. La empresa posee distribuidoras en casi una docena de mercados y probablemente compraría más... muchas más... si las leyes de la mayor parte de los estados no se lo prohibieran.[6]

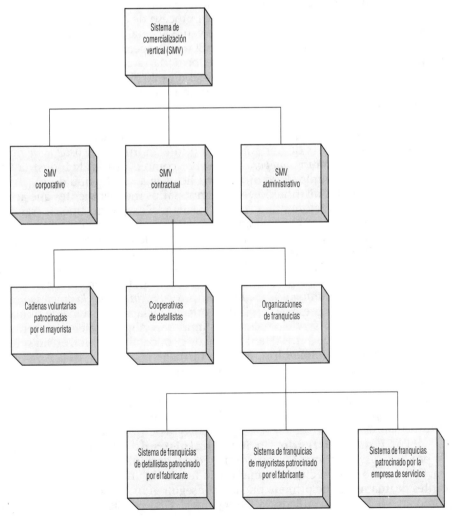

FIGURA 14-4
Tipos principales de sistemas de mercadotecnia vertical

En estos sistemas corporativos, la cooperación y el manejo de los conflictos se administran por medio de los canales normales de la organización.

El ***SCV contractual.*** Un **SCV contractual** está compuesto por empresas independientes, de diferentes niveles de producción y distribución, que se unen por medio de contratos para obtener más economías o impacto de ventas que los que podrían tener cada una de ellas por cuenta propia. Los SCV contractuales se han expandido rápidamente en años recientes. Hay tres tipos de SCV contractuales: las cadenas voluntarias patrocinadas por mayoristas, las cooperativas de detallistas y las organizaciones de franquicias.

Las **cadenas voluntarias patrocinados por mayoristas** son sistemas en que los mayoristas organizan cadenas voluntarias de detallistas independientes para ayudarles a competir con organizaciones de cadenas grandes. El mayorista desarrolla un programa para que los detallistas independientes estandaricen sus prácticas de ventas y logren economías de compra que permitan al grupo competir de manera eficaz con las organizaciones de cadenas. Algunos ejemplos serían la Alianza de Abarroteros Independientes, Western Auto y Ferreterías Sentry.

Las **cooperativas de detallistas** son sistemas donde estos distribuidores organizan un negocio nuevo, de propiedad en comandita, para realizar el mayoreo y posiblemente la producción. Los miembros compran la mayor parte de sus bienes por medio de la cooperativa detallista y planean su publicidad conjuntamente. Las utilidades se regresan a los miembros en proporción con sus compras. También pueden participar en la cooperativa detallistas que no sean miembros, pero éstos no comparten utilidades. Algunos ejemplos serían los Abarroteros Certificados, los Abarroteros Asociados y las Ferreterías True Value.

En las **organizaciones de franquicias** un miembro del canal, el otorgante de la *franquicia*, liga varias etapas del proceso de distribución de la producción. Las franquicias han sido la forma de venta al detalle que ha crecido con más velocidad en años recientes. Las más de 500,000 operaciones de franquicias en Estados Unidos ahora representan alrededor de la tercera parte de las ventas al detalle y quizá representen la mitad para el año 2000.[7] Hoy por hoy, casi todo tipo de negocio ha sido posible por franquicia; desde moteles y restaurantes de comida rápida hasta dentistas y servicios de citas, desde asesores matrimoniales y servicios domésticos hasta funerarias y pulidores de tinas y tejas. Aunque la idea básica es muy antigua, algunas formas de franquicia son bastante nuevas.

Existen tres formas de franquicias. La primera forma es el *sistema de franquicias para detallistas patrocinado por el fabricante*, como ocurre en la industria de los automóviles. Por ejemplo, Ford otorga una licencia a sus distribuidores para que vendan sus autos; los distribuidores son empresarios independientes que aceptan satisfacer varias condiciones de ventas y servicios. El segundo tipo de franquicia es el *sistema de franquicias para mayoristas patrocinado por el fabricante*, como se encuentra en la industria de los refrescos. Por ejemplo Coca-Cola otorga licencias a las embotelladoras (mayoristas) de diversos mercados, que compran jarabe concentrado de Coca-Cola y después le ponen gas, lo embotellan y venden el producto terminado a los detallistas de los mercados locales. La tercera forma de franquicia es el *sistema de franquicias para detallistas patrocinado por la empresa de servicios*, en el que una empresa de servicios otorga licencia a un sistema de minoristas para que ofrezcan su servicio a los consumidores. Algunos ejemplos serían los negocios de alquiler de autos (Hertz, Avis); de comida rápida (McDonald's, Burger King) y de moteles (Holiday Inn, Ramada Inn).

El hecho de que la mayor parte de los consumidores no puedan señalar la diferencia entre los SCV contractuales y los corporativos demuestra que las organizaciones contractuales compiten con las cadenas de corporaciones con gran éxito. El capítulo 15 presenta una explicación más amplia de los diversos SCV contractuales.

El ***SCV administrado***. Un **SCV administrado** coordina etapas sucesivas de producción y distribución, no por medio del dominio común o vínculos contractuales, sino por medio del tamaño y la fuerza de una de las partes. Los fabricantes de una marca de primera pueden conseguir gran cooperación del ramo, así como apoyo de los revendedores. Por ejemplo, General Electric, Procter & Gamble, Kraft y Campbell Soup pueden conseguir que los revendedores cooperen ampliamente con exhibidores, espacio en anaqueles, promociones y políticas de precios. Los grandes detallistas como Wal-Mart y Toys 'R' Us pueden ejercer fuerte influencia en los fabricantes que suministran los productos que venden (véase Puntos Importantes de la Mercadotecnia 14-2).

El crecimiento de los sistemas de comercialización horizontal

Otro desarrollo del canal es el **sistema de comercialización horizontal** en el que dos o más empresas de un nivel se unen para ir tras una nueva oportunidad de mercadotecnia. Al trabajar juntas, las empresas pueden combinar su capital, capacidad de producción o recursos de mercadotecnia para lograr más de lo que podría lograr una de las empresas trabajando por su cuenta. Las empresas pueden unir fuerzas con competidores o con no competidores.[8] Pueden trabajar con cada uno de ellos de manera temporal o permanente, o pueden crear una sociedad independiente:

- El Lamar Savings Bank de Texas estableció un arreglo para ubicar sus oficinas de ahorro y cajeros automáticos en las tiendas Safeway. Así, Lamar pudo entrar más rápido al mercado, a bajo costo, y Safeway pudo ofrecer a sus clientes la comodidad de un banco en la tienda.

- Coca-Cola y Nestlé constituyeron una sociedad en participación para comercializar, en todo el mundo, café y té listos para beber. Coca contribuye con su experiencia mundial en la comercialización y distribución de bebidas y Nestlé con dos nombres de marca establecidos: Nescafé y Nestea.

- Los bufetes de abogados H&R Block y Hyatt Legal Services constituyeron una sociedad en participación, que permite a Hyatt albergar sus servicios legales en las oficinas de H&R Block, especializadas en declaraciones fiscales. Hyatt paga una cantidad por concepto de espacio de oficina, ayuda secretarial y uso del equipo de oficina. Hyatt, al trabajar en la red de oficinas de H&R Block en todo el país, puede penetrar rápidamente en el mercado y, H&R Block, a su vez, se beneficia alquilando sus instalaciones que, de lo contrario, estarían sujetas a un patrón muy estacional.

- Estos arreglos entre canales funcionan muy bien en todo el mundo. Nestlé, en razón de su estupenda cobertura de los mercados internacionales, vende la marca Cheerios de General Mills en otros mercados además de los de América del Norte. L. Hattori, el socio para la distribución de relojes Seiko en Japón, comercializa las rasuradoras Schick y, en consecuencia, esta última es líder en participación en el mercado japonés, a pesar de la fuerza general que tiene Gillette en muchos otros mercados.[9]

La cantidad de estos sistemas de comercialización horizontal ha aumentado inmensamente en años recientes y, al parecer, no tiene final.

Crecimiento de sistemas de mercadotecnia de canales múltiples

En el pasado, muchas empresas usaban un solo canal para vender a un solo mercado o segmento del mercado. Hoy, con la proliferación de segmentos de clientes y de posibles canales, es cada vez mayor de empresas que han adoptado la distribución por medio de muchos canales. Esta **mercadotecnia de canales múltiples** se presenta cuando una sola empresa establece dos o más canales de comercialización para llegar a uno o varios segmentos de clientes. Por ejemplo, General Electric vende aparatos electrodomésticos grandes, tanto por medio de detallistas independientes (tiendas de departamentos, tiendas de descuento, tiendas por catálogo), como directamente por medio de sus vendedores a los constructores de grandes conjuntos habitacionales, compitiendo así, en cierta medida, con sus propios detallistas. McDonald's vende por medio de una red de franquiciatarios independientes, pero es dueña de más de una cuarta parte de sus puntos de venta. Por tanto, los restaurantes de su propiedad compiten, en cierta medida, con los que son propiedad de los franquiciatarios de McDonald's.

El comercializador que usa muchos canales, con cada nuevo canal, aumenta sus ventas y la cobertura del mercado, además tiene la posibilidad de adaptar los canales a las necesidades específicas de diversos segmentos de clientes. Sin embargo, estos sistemas son más difíciles de controlar y generan conflictos en la

TOYS 'R' US ADMINISTRA SU CANAL

Toys 'R' Us maneja 411 supermercados de juguetes que generan al año 5.5 mil millones de dólares por concepto de ventas y cubren alrededor del 25% del inmenso mercado estadounidense de los juguetes. Además, la gigantesca detallista está creciendo enormemente; algunos expertos pronostican que su participación en el mercado se duplicará en la década de 1990. Toys 'R' Us, en razón de su tamaño y enorme peso en el mercado, ejerce gran influencia en los fabricantes de juguetes, en cuanto a productos, precios, estrategias de promoción y casi todo lo que hacen.

Los críticos preocupados afirman que Toys 'R' Us es *demasiado* grande y tiene tanta influencia que se aprovecha, de manera injusta, de los fabricantes de juguetes. Las reacciones de los compradores de Toys 'R' Us pueden levantar o reventar un juguete nuevo. Por ejemplo, Hasbro invirtió alrededor de 20 millones de dólares para desarrollar Nemo, un sistema casero de juegos de video capaz de competir con el exitoso sistema Nintendo, pero después canceló el proyecto cuando los ejecutivos de Toys 'R' Us reaccionaron en forma negativa. Toys 'R' Us también vende sus juguetes a precios bajos todos los días. En ocasiones, esto frustra a los fabricantes de juguetes porque Toys 'R' Us vende los jueguetes a precios muy por abajo de los precios recomendados para la venta al detalle, obligando a los fabricantes a quedarse con márgenes y utilidades más bajos. Otros analistas han acusado a Toys 'R' Us de cargarle la mano a los pequeños fabricantes de juguetes, exigiendo que todos sus proveedores paguen una cuota para que sus juguetes sean incluidos en los anuncios de Toys 'R' Us que publican los periódicos.

Sin embargo, otros expertos de la industria son de la opinión que Toys 'R' Us es más benéfica que lesiva para la industria juguetera. Por ejemplo, mientras que otros detallistas ofrecen los juguetes durante la temporada navideña, Toys 'R' Us ha creado un mercado de juguetes que dura todo el año. Es más, sus precios bajos producen más ventas para la industria en general y obligan a los fabricantes a trabajar con más eficiencia. Por último Toys 'R' Us comparte sus amplios datos sobre el mercado con los fabricantes de juguetes, ofreciéndoles información inmediata en cuanto a los productos y los programas de mercadotecnia que están funcionando y los que no.

Está claro que Toys 'R' Us y los fabricantes de juguetes se necesitan mutuamente; los fabricantes de juguetes necesitan a Toys 'R' Us para comercializar sus productos en forma agresiva y la gigantesca detallista necesita un cuerpo de fabricantes saludables que le proporcionen una corriente constante de productos nuevos populares para llenar sus anaqueles. Al paso de los años, las dos partes han reconocido su interdependencia. Por ejemplo, a mediados de los años setenta, cuando Toys 'R' Us estuvo al borde de la quiebra debido a problemas financieros de la compañía matriz, la Asociación de Fabricantes de Juguetes trabajó con los bancos, en forma directa, para salvar al detallista afectado. Los bancos otorgaron créditos a Toys 'R' Us, en gran parte, debido a que varios fabricantes importantes de juguetes estaban dispuestos a otorgar dichos créditos por su cuenta. La Asociación, con esta actitud, demostró un claro reconocimiento de que toda la industria juguetera se beneficiaba con la salud de Toys 'R' Us.

Por otra parte, Toys 'R' Us ha reconocido que le interesa mucho que los fabricantes de juguetes tengan éxito. En años recientes, las escasas ventas de juguetes han colocado a muchos grandes fabricantes en una difícil situación financiera, pero Toys 'R' Us les ha brindado su sólida ayuda. Por ejemplo, muchas veces, Toys 'R' Us ayuda a los fabricantes de juguetes a superar la escasez de liquidez y otras dificultades financieras concediéndoles crédito y pagando las facturas por adelantado. Además, sus hábiles compradores revisan los productos nuevos de los fabricantes de juguetes de antemano y les ofrecen sugerencias oportunas y valiosas en cuanto a posibles mejoras en su diseño y comercialización. Este tipo de consejos sirvió a Galoob Toys para que su línea de Armas del Ejército (juguetes que se convierten en diferentes tipos de armas) en lugar de ser un fracaso fuera uno de los 20 juguetes más vendidos. Ohio Arts, gracias a los consejos de Toys 'R' Us, cambió la estrategia publicitaria de sus bloques plásticos de contrucción Zaks, elevando las ventas 30%. El presidente de Tyco Toys dice: "Toys 'R' Us es muy criticada por ser grande y aprovecharse de los fabricantes, pero me gustaría tener más clientes que nos ayudaran tanto como ellos".

Fuentes: Amy Dunkin, "How Toys 'R' Us Controls the Game Board", *Business Week*, 19 de diciembre de 1988, pp. 58-60; Louis W. Stern y Adel I. El-Ansary, *Marketing Channels* (Englewood Cliffs, NJ: Prentice Hall, 1992), pp. 14-15; Alison Fahey, "Toys 'R' Us Sets Lower Pricing", *Advertising Age*, 4 de marzo de 1991, p. 4; y Mark Maremont, "Brawls in Toyland", *Business Week*, 21 de diciembre de 1992, pp. 36-37.

medida en que aumenta la cantidad de canales que compiten por clientes y ventas. Los canales existentes pueden gritar que existe "competencia injusta" y amenazar con abandonar al comercializador, a no ser que limite la competencia o les proponga alguna recompensa, quizás ofreciéndoles modelos exclusivos o descuentos especiales.

En algunos casos, todos los canales del comercializador que usa muchos canales son de su propiedad y están bajo su control. Por ejemplo, J. C. Penney cuenta con las tiendas de departamentos, las tiendas de comercialización en masa y las tiendas especializadas, cada una de las cuales ofrece diferentes variedades de productos a diferentes segmentos del mercado. Estos arreglos eliminan los conflictos con los canales externos, pero el comercializador puede enfrentar conflictos internos a causa de la cantidad de apoyo financiero que merece cada canal.

DECISIONES EN CUANTO AL DISEÑO DE LOS CANALES

A continuación se analizan varios problemas que enfrentan los fabricantes en cuanto a los canales. Los fabricantes, cuando diseñan los canales de comercialización, luchan entre lo ideal y lo práctico. La empresa nueva suele empezar vendiendo en una zona limitada del mercado. Como su capital es limitado, normalmente sólo usa unos cuantos intermediarios de los existentes en cada mercado, unos cuantos agentes de ventas de los fabricantes, unos cuantos mayoristas, algunos de los detallistas existentes, unas cuantas empresas camioneras y unos cuantos almacenes. La decisión de cuáles son los mejores canales quizá no represente problema, sino que éste, más bien, sería cómo convencer a uno o varios intermediarios buenos de que manejen la línea.

Si la nueva empresa tiene éxito, tal vez se ramifique a mercados nuevos. De nueva cuenta, el fabricante propenderá a trabajar con los intermediarios existentes, aunque esta estrategia quizá signifique que tiene que usar diferentes *tipos* de canales para comercializar su producto en zonas diferentes. En los mercados pequeños, la empresa puede venderle directamente a los detallistas; en los mercados grandes puede vender por medio de distribuidores. En una parte del país puede otorgar franquicias exclusivas, porque los comerciantes suelen operar así en esa zona; en otra, puede vender por vía de todos los puntos de venta que estén dispuestas a manejar la mercancía. Por tanto, el sistema del canal del fabricante va evolucionando y adaptándose a las oportunidades y las condiciones locales.

Para diseñar un sistema de canales se requiere analizar los servicios que necesitan los clientes, establecer los objetivos y las limitaciones del canal, identificar los principales canales alternativos y evaluarlos.

Análisis de los servicios que necesitan los consumidores

El diseño del canal de distribución empieza por averiguar cuáles son los servicios que los consumidores, de los diversos segmentos que se tienen en la mira, quieren obtener del canal. El grado de servicios necesarios del canal depende de las respuestas a varias preguntas.[10] ¿Quieren los consumidores comprar en lugares cercanos, recorrerán cierto trecho para llegar a ubicaciones centralizadas distantes o comprarán por teléfono o por correo? Cuanto más descentralizado el canal, tantos más servicios ofrece. ¿Quieren los consumidores una entrega inmediata o están dispuestos a esperar? La entrega más rápida significa más servicios para el canal. ¿Quieren los consumidores gran variedad del valor o prefieren la especialización? Cuanto mayor la variedad que ofrezca el canal, tanto mayor su grado de servicios. Por último, ¿quieren los consumidores muchos servicios adicionales (entregas, crédito, reparaciones, instalación) o los obtendrán en otra parte? La suma de servicios al canal significa una cantidad mayor de servicios.

Analice los servicios del canal de distribución que necesitan los compradores de computadoras personales.

El servicio ofrecido podría incluir aspectos como la demostración del producto antes de la venta, la oferta de garantías a largo plazo o un financiamiento flexible. Después de la venta, podrían existir programas de capacitación para usar el equipo, así como un programa para instalarlo y repararlo. Los clientes podrían recibir máquinas a "préstamo" mientras se repara su equipo o asesoría técnica por una línea telefónica especial.[11]

Así pues, el diseñador, para crear un canal efectivo, debe saber qué grados de servicio desean los consumidores. Empero, quizá no sea posible ni práctico ofrecer todos los servicios deseados. La empresa y los miembros de su canal tal vez carezcan de los recursos o las capacidades necesarias para ofrecer todos los servicios deseados. Además, el aumento del grado de servicios proporcionados deriva en el aumento de costos para el canal y de precios para los consumidores. La empresa debe comparar los servicios que necesitan los clientes no sólo con su viabilidad y con los costos de estas necesidades, sino también con los precios que prefieren los clientes. El éxito de las detallistas de descuento demuestra que los consumidores, con frecuencia, están dispuestos a aceptar grados menores de servicios, si ello significa una reducción de precios.

Cómo establecer los objetivos y las limitaciones de los canales

Los objetivos del canal se deben definir en términos del grado de servicios que desean los consumidores que están en la mira. Por regla general, una empresa puede identificar varios segmentos que quieren obtener diferentes grados de servicios del canal. La empresa debe decidir qué segmentos abarcará y cuáles serán los mejores canales para cada caso. En cada segmento, la empresa querrá bajar al mínimo el total de costos del canal por entregar el grado de servicios deseados.

Los objetivos del canal de la empresa también están sujetos a la influencia del carácter de sus productos, sus políticas empresariales, sus intermediarios y competidores, así como su entorno. *Las características del producto* influyen muchísimo en el diseño del canal. Por ejemplo, los productos perecederos requieren una comercialización más directa, que evite las demoras y el exceso de manejo. Los productos voluminosos, por ejemplo los materiales de construcción o los refrescos, requieren canales que reduzcan al mínimo la distancia del transporte y la cantidad de manejo.

Las *características de la empresa* también desempeñan un papel importante. Por ejemplo, el tamaño de la empresa y su situación financiera determinan cuáles funciones mercadotécnicas puede manejar ella misma y cuáles debe dejar en manos de intermediarios. Además, si la estrategia de mercadotecnia de la empresa es la rápida entrega a los clientes, ésta afectará las funciones que la empresa

Las características del producto afectan las decisiones en cuanto al canal: las flores naturales se deben entregar a la brevedad posible y con un mínimo de manipulación.

quiere que efectúen sus intermediarios, la cantidad de puntos de venta y la elección de sus métodos de transporte.

Las *características de los intermediarios* también influyen en el diseño del canal. La empresa debe encontrar intermediarios dispuestos a realizar las tareas que se necesitan y que tienen la capacidad para hacerlo. La capacidad de los intermediarios para manejar las promociones, los contactos con los clientes, el almacenaje y el crédito casi nunca es igual. Por ejemplo, algunos representantes del fabricante, también contratados por otras empresas, pueden establecer contacto con un cliente a costo muy bajo porque varios clientes comparten el costo total. No obstante, el esfuerzo por vender el producto será menos intenso que si los vendedores de la propia empresa se encargaran de las ventas.

La empresa, cuando diseña sus canales, también debe tomar en cuenta los *canales de sus competidores*. En algunos casos, la empresa quizá quiera competir en los mismos puntos de venta que cuentan con productos de la competencia o cerca de ellos. Por ejemplo, las empresas que ofrecen comida quieren que sus marcas se exhiban cerca de las marcas de la competencia; Burger King se quiere ubicar cerca de McDonald's. En otros casos, los productores pueden evitar los canales que usa la competencia. Por ejemplo, Avon decidió que no competiría con otros fabricantes de cosméticos para conseguir una posición en las tiendas detallistas y, en cambio, estableció una rentable estructura de ventas de puerta en puerta.

Por último, los *factores ambientales*, como la situación económica y las limitaciones jurídicas, afectan las decisiones en cuanto al diseño del canal. Por ejemplo, en una economía deprimida, los productores querrán distribuir sus bienes de la manera más económica posible, usarán canales más cortos y abandonarán los servicios innecesarios que sólo aumentan el precio final de los bienes. Los reglamentos legales prohíben que se establezcan canales que puedan "contribuir a disminuir la competencia sustancialmente o a crear un monopolio".

Cómo identificar las alternativas más importantes

Una vez que la empresa ha identificado los objetivos de su canal, tendrá que identificar las principales alternativas de éste, en términos de *tipos* de intermediarios, *número* de intermediarios y *responsabilidades* de cada uno de los miembros del canal.

Tipos de intermediarios

Una empresa debe identificar los tipos de intermediarios existentes para realizar el trabajo de su canal. Por ejemplo, suponga que un fabricante de equipo para pruebas ha desarrollado una aparato para autos, el cual detecta las fallas de contactos mecánicos en cualquier motor con partes móviles. Los ejecutivos de la empresa piensan que el mercado del producto serían todas las industrias donde se fabrican o usan motores eléctricos, de combustión o de vapor. El mercado incluye industrias como la aviación, los automóviles, los ferrocarriles, los alimentos enlatados, la construcción y el petróleo. La empresa no cuenta con muchos vendedores y el problema radica en cómo llegar mejor a las diferentes industrias. La gerencia quizá tendría que analizar los siguientes canales alternativos:

Fuerza de ventas de la empresa. Ampliar la fuerza de ventas directas de la empresa; asignar representantes a territorios y pedirles que se pongan en contacto con todos los prospectos de la zona o desarrollar cuerpos independientes de vendedores de la empresa para las diferentes industrias.

Agencias del fabricante. Contratar agencias de fabricantes —empresas independientes cuyos cuerpos de vendedores manejen productos relacionados, de muchas empresas— en diferentes regiones o industrias para vender el nuevo equipo de prueba.

Distribuidores industriales. Encontrar distribuidores en diferentes regiones o industrias que estén interesados en comprar y manejar la línea nueva. Darles la distribución exclusiva, buenos márgenes, capacitación en el producto y apoyo promocional.

En ocasiones, la empresa no puede desarrollar el canal que prefiere debido a cierta dificultad o el costo por usarlo, y tiene que desarrollar otro. No obstante, la decisión puede tener resultados excelentes. Por ejemplo, U.S. Time Company primero trató de vender sus relojes baratos Timex por medio de joyerías normales, pero la mayor parte de éstas se negaron a manejarlos. Más adelante, la empresa logró colocar sus relojes en puntos de comercialización en masa. La decisión resultó muy sabia, a la luz del rápido crecimiento de la comercialización masiva.

Número de intermediarios

Las empresas también deben determinar el número de intermediarios que usarán en cada nivel. Existen tres estrategias: distribución intensiva, distribución exclusiva y distribución selectiva.

Distribución intensiva. Los productores de bienes básicos y materias primas comunes normalmente optan por la **distribución intensiva**; estrategia mediante la cual abastecen de sus productos al mayor número posible de negocios. Estos bienes deben estar a disposición de los consumidores en el lugar y en el momento en que los quieren. Por ejemplo, el dentífrico, los caramelos y otros artículos similares se venden en millones de tiendas, con objeto de exponer la marca al máximo y ofrecer comodidad a los consumidores.

Distribución exclusiva. Por otra parte, algunos productores limitan, a propósito, el número de intermediarios que manejan sus productos. La forma extrema de esta práctica es la **distribución exclusiva**, mediante la cual el productor otorga a una cantidad limitada de distribuidores el derecho exclusivo de distribuir sus productos en sus territorios. La distribución exclusiva suele darse en el caso de los autos nuevos y la ropa femenina de firma. Cuando concede la distribución exclusiva, el fabricante espera que el distribuidor apoye más las ventas y ejercer mayor control en los precios, las promociones, el crédito y los servicios de los intermediarios. La distribución exclusiva con frecuencia refuerza la imagen del producto y da cabida a recargos más altos.

Distribución selectiva. Entre la distribución intensiva y la exclusiva se encuentra la **distribución selectiva**; es decir, se recurre a más de un intermediario, pero no a todos los que están dispuestos a manejar los productos de una empresa. Cuando usa la distribución selectiva, la empresa no tiene que repartir sus esfuerzos entre muchos establecimientos, muchos de ellos marginales. Puede desarrollar una buena relación de trabajo con los intermediarios que elige y esperar un esfuerzo para vender por arriba de la media. La distribución selectiva permite que el productor cubra el mercado bastante bien y tenga más control y menos costos que recurriendo a la distribución intensiva. La mayor parte de las marcas de televisores, muebles y aparatos electrodomésticos pequeños se distribuyen de esta manera.

Responsabilidades de los miembros del canal

El productor y los intermediarios se tienen que poner de acuerdo en cuanto a los términos y las responsabilidades de cada miembro del canal. Deben estar de acuerdo en las políticas de precios, las condiciones de venta, los derechos de territorios y los servicios especiales que cumplirá cada una de las partes. El productor debe establecer un precio de lista y una serie justa de descuentos para los intermediarios. Debe definir el territorio de cada intermediario y debe fijarse bien

Las mercancías básicas, como los productos de limpieza, se venden en todo tipo posible de tiendas. Los bienes de prestigio, por ejemplo, los autos de lujo, se venden exclusivamente en unas cuantas tiendas.

dónde coloca a los nuevos revendedores. Los servicios y las obligaciones de las partes se deben definir con cuidado, especialmente en el caso de los canales de franquicias y de distribución exclusiva. Por ejemplo, McDonald's proporciona a los franquiciatarios apoyo para promociones, un sistema para llevar registros, capacitación y ayuda administrativa general. A su vez, los franquiciatarios deben cumplir con las normas de la empresa en cuanto a las instalaciones materiales, cooperar con los nuevos programas de promoción, proporcionar la información solicitada y comprar los productos alimenticios especificados.

Evaluación de las principales alternativas

Suponga que una empresa ha identificado varios canales alternativos y que quiere elegir el que satisfaga mejor sus objetivos a largo plazo. La empresa debe evaluar cada una de las alternativas usando criterios económicos, de control y de adaptación. Analice la siguiente situación:

Un fabricante de muebles de Memphis quiere vender su línea, en la costa del oeste, por medio de minoristas. El fabricante está tratando de decidir entre dos alternativas.

- Podría contratar a 10 nuevos representantes de ventas que operarían en una oficina de ventas en San Francisco y que percibirían un sueldo básico más una comisión sobre ventas.

- Podría usar una agencia de ventas de un fabricante de San Francisco que tiene muchos contactos con minoristas. La agencia cuenta con 30 vendedores que recibirían una comisión sobre sus ventas.

Criterios económicos

Cada uno de los canales alternativos producirá diferentes grados de ventas y de costos. El primer paso consiste en averiguar la cantidad de ventas que producirían los vendedores de la empresa, en comparación con las ventas de la agencia. La mayoría de los gerentes de mercadotecnia son de la opinión que el cuerpo de vendedores de una empresa venderá más. Los vendedores de la empresa sólo venden los productos de la empresa y están mejor capacitados para manejarlos. Además, venden de forma más agresiva porque su futuro depende de la empresa y tienen más éxito porque los clientes prefieren tener trato directo con la empresa.

Por otra parte, es posible que la agencia de ventas pudiera vender más que el cuerpo de vendedores de la empresa. En primer lugar, la agencia de ventas cuenta con 30 vendedores y no sólo 10. En segundo, los vendedores de la agencia pueden ser tan agresivos como los vendedores directos, dependiendo de la comisión que les ofrezca la línea en comparación con las otras líneas que manejan. En tercero, algunos clientes prefieren tener trato con agentes que representan a varios fabricantes, y no con los vendedores de una empresa. En cuarto, la agencia cuenta con muchos contactos existentes, mientras que los vendedores de la empresa tendrían que partir de cero.

El siguiente paso consiste en estimar los costos que entraña vender diferentes volúmenes por medio de cada canal. La figura 14-5 contiene estos costos. Los costos fijos por usar una agencia de ventas son inferiores a los de montar una oficina de ventas de la empresa. Sin embargo, los costos aumentan a mayor velocidad en el caso de la agencia de ventas, porque sus agentes obtienen comisiones más altas que las de los vendedores de la empresa. Existe un nivel de ventas (S_B) donde los costos de las ventas son iguales para los dos canales. La empresa optaría por usar el despacho de ventas tratándose de cualquier volumen de ventas por abajo de S_B, y las ventas de la empresa se ramificarían tratándose de cualquier volumen superior a S_B. En general, las empresas de menor tamaño suelen recurrir a los agentes de ventas, también las empresas de tamaño mayor, pero en territorios más pequeños, donde el volumen de ventas es demasiado bajo para ameritar un cuerpo de vendedores de la empresa.

Criterios de control

A continuación, se debe ampliar la evaluación y tomar en cuenta los problemas de control de los dos canales. La agencia de ventas presenta más problemas de

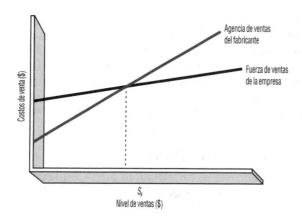

FIGURA 14-5
Costo de punto de equilibrio: fuerza de ventas de una empresa y una agencia de ventas del fabricante

control, porque es un negocio independiente, interesado en aumentar sus utilidades al máximo. El agente se concentraría en los clientes que le compran un mayor volumen de bienes, de toda su mezcla de empresas clientes, en lugar de interesarse más en los bienes de una empresa particular. Además, los vendedores de la agencia quizá no dominen bien los detalles técnicos del producto de la empresa ni manejen con eficacia sus materiales de promoción.

Criterios de adaptación

Cada canal entraña un compromiso a largo plazo, así como cierta pérdida de flexibilidad. La empresa que utiliza una agencia de ventas quizá tenga que establecer un contrato a cinco años. Durante este periodo, otros medios de ventas, como el cuerpo de vendedores de la empresa, podrían resultar más efectivos, pero la empresa no puede abandonar la agencia de ventas. Para tomar en consideración un canal que entraña un compromiso largo, deberá ser muy superior en términos económicos o de control.

Diseño de canales internacionales de distribución

Los mercadólogos internacionales enfrentan otras muchas complejidades cuando diseñan sus canales. Cada país cuenta con un sistema de distribución singular, que ha ido evolucionando con el tiempo y que cambia con gran lentitud. Los sistemas de estos canales pueden variar mucho de un país a otro. Por tanto, los mercadólogos mundiales por regla general deben adaptar las estrategias de sus canales a las estructuras existentes dentro de cada país. En algunos mercados, el sistema de distribución es complejo y difícil de penetrar, está compuesto por muchos estratos y grandes cantidades de intermediarios. Analice el caso de Japón:

> El sistema de distribución de Japón se origina a principios del siglo XVII, cuando la industria de las cabañas y la población urbana [de veloz crecimiento] gestaron una clase comerciante... A pesar de los logros económicos de Japón, el sistema de distribución ha permanecido notablemente fiel a su antiguo patrón... [Este] abarca una amplia gama de mayoristas y otros agentes, corredores y detallistas, que difieren de sus homólogos estadounidenses más en cuanto a cantidad que a función. Existen infinidad de pequeñísimas tiendas al detalle y una cantidad incluso más grande de mayoristas les suministra sus bienes, estrato tras estrato, en cantidad muy superior a la que consideraría necesaria cualquier ejecutivo estadounidense. Por ejemplo, cuando un jabón sale de la fábrica y antes de que llegue al punto de venta minorista, podría pasar por tres mayoristas más un despacho de ventas. Un filete de carne pasa del ganadero a los consumidores mediante un proceso que muchas veces entraña a media docena de agentes... La red de distribución... refleja los tradicionales vínculos estrechos de muchas empresas japonesas... [y concede] mucha más importancia a las relaciones personales con los usuarios... aunque [estos canales resulten] ineficientes y pesados, al parecer, funcionan con el cliente japonés... La mayor parte de las amas de casa japonesas, como casi no tienen espacio para almacenar en sus pequeñas casas, hacen compras varias veces a la semana y prefieren las tiendas de barrio más cómodas [y personales].[12]

Muchas empresas occidentales han tenido serios problemas para entrar en la red de distribución japonesa, de trama tan cerrada y limitada por la tradición.

En el otro extremo están los sistemas de distribución de los países en vías de desarrollo, que a veces están diseminados, son ineficientes o quizá ni siquiera existan. Por ejemplo, China e India representan mercados inmensos, cada uno de ellos con miles de millones de personas. Sin embargo, en realidad, estos mercados son mucho menores de lo que sugieren las cifras de su población. Como los sistemas de distribución en ambos países son inadecuados, la mayor parte de las empresas sólo tienen acceso rentable a una pequeña parte de la población, a la ubicada en las ciudades más opulentas de estos países.[13]

Luego entonces, los mercadólogos internacionales tienen una amplia gama de canales alternativos. El diseño de sistemas de canales eficientes y efectivos para los mercados de diversos países y entre ellos es todo un reto. En el capítulo 21 se analizan las decisiones en cuanto a la distribución internacional con más detenimiento.

DECISIONES SOBRE LA ADMINISTRACION DE LOS CANALES

Una vez que la empresa ha analizado los canales alternativos y optado por el mejor diseño de canal, deberá implementar y administrar el canal elegido. La administración del canal requiere seleccionar y motivar a intermediarios individuales y evaluar su rendimiento con el paso del tiempo.

Cómo seleccionar a los miembros del canal

No todos los productores tienen la misma capacidad para atraer a intermediarios calificados. Algunos productores no tienen problemas para contratar a intermediarios. Por ejemplo, Toyota no tuvo ningún problema para atraer distribuidores nuevos interesados en su línea Lexus. De hecho, tuvo que rechazar a muchos posibles revendedores. En algunos casos, la promesa de la distribución exclusiva o selectiva de un producto deseable atraerá a muchos solicitantes.

En el otro extremo se encuentran los productores que tienen gran dificultad para reunir suficientes intermadiarios calificados. Por ejemplo, cuando Polaroid empezó, no pudo lograr que las tiendas fotográficas manejaran sus cámaras nuevas y se tuvo que dirigir a las tiendas de comercialización en masa. Asimismo, los pequeños productores de alimentos con frecuencia tienen problemas para convencer a las cadenas de supermercados que manejen sus productos.

La empresa, al elegir a los intermediarios, tendrá que decidir cuáles son las características que distinguen a los mejores intermediarios. Podría evaluar la cantidad de años que el intermediario lleva en el negocio, las otras líneas que maneja, su crecimiento y las utilidades obtenidas, su tendencia a cooperar y su fama. Si el intermediario es un agente de ventas, la empresa podría evaluar el número y las características de las otras líneas que maneja, así como el tamaño y la calidad de su cuerpo de vendedores. Si el intermediario es una tienda minorista que quiere la distribución exclusiva o selectiva, la empresa podría evaluar a los clientes de la tienda, su ubicación y su potencial de crecimiento futuro.

Cómo motivar a los miembros del canal

Una vez elegidos los intermediarios deben ser motivados constantemente para que hagan las cosas lo mejor posible. La empresa no sólo debe vender *por medio* de los intermediarios, sino que también le debe vender *a ellos*. Muchos productores consideran que el problema radica en encontrar la manera de asegurar la cooperación de los intermediarios. Aplican la teoría del palo y la zanahoria. En ocasiones, ofrecen motivadores *positivos*, por ejemplo márgenes más amplios, tratos especiales, primas, bonificación por publicidad en cooperación, descuentos por exhibidores y concursos de ventas. En otras ocasiones usan motivadores *negativos*, como amenazas de que reducirán los márgenes, retardarán las entregas no terminarán con la relación. El producto que recurre a esta táctica, por regla gene-

PUNTOS IMPORTANTES DE LA MERCADOTECNIA 14-3

GENERAL ELECTRIC ADOPTA UN SISTEMA DE "INVENTARIO VIRTUAL" PARA APOYAR A SUS DISTRIBUIDORES

A principios de los años ochenta, General Electric se esforzaba por vender *a través* de sus distribuidores, en lugar de venderles *a* ellos o vender *con* ellos. GE aplicaba el sistema tradicional de tratar de llenar el canal con aparatos de GE, partiendo de la premisa de que los "distribuidores repletos son distribuidores leales". Según esto, los distribuidores llenos tendrían menos espacio para manejar otras marcas y recomendarían los aparatos de GE a sus clientes con objeto de reducir sus elevados inventarios. GE, con el propósito de saturar a sus distribuidores, ofrecía el precio más bajo posible cuando el distribuidor pedía un camión lleno de aparatos de GE.

Con el tiempo, GE se dio cuenta que esta actitud ocasionaba muchos problemas, sobre todo en el caso de los distribuidores independientes y pequeños, que no se podían dar el lujo de llevar muchas existencias. Estos distribuidores estaban sujetos a la enorme presión de enfrentarse a la competencia de precios de los distribuidores grandes, que manejaban muchas marcas. GE, reanalizó su estrategia para lograr la satisfacción y la rentabilidad de los distribuidores y creó un modelo alternativo de distribución llamado Sistema de Conexión Directa. Con este sistema, los distribuidores de GE sólo cuentan con modelos de exhibición. Dependen de un "inventario virtual" para llenar sus pedidos. Los distribuidores tienen acceso al sistema de procesamiento de pedidos de GE las 24 horas del día, constatan las existencias del modelo y colocan sus pedidos para su entrega al día siguiente. Con el Sistema de Conexión Directa, los distribuidores también pueden obtener el mejor precio de GE, financiamiento de crédito de GE, sin cargo alguno de intereses para los primeros 90 días.

Los distribuidores se benefician porque sus costos por inventarios disminuyen mucho, al tiempo que tienen a su disposición, virtualmente, un enorme inventario para satisfacer las necesidades de sus clientes. A cambio de este beneficio, los distribuidores se comprometen a vender nueve categorías importantes de productos de GE, las cuales generan 50% de sus ventas de productos de GE, a permitir que GE revise sus libros y pagarle a GE, todos los meses, por medio de transferencia electrónica de fondos.

Como consecuencia de la Conexión Directa, los márgenes de utilidad de los distribuidores se han disparado. GE también se ha beneficiado. Sus distribuidores ahora están más comprometidos con GE y dependen más de ella, y el nuevo sistema para tomar pedidos ha permitido que GE se ahorre muchos costos de papeleo. Ahora, GE conoce las ventas reales de su mercancía al menudeo, lo cual le sirve para programar su producción con más exactitud. Además, puede producir en respuesta a la demanda, y no sujeto a las reglas para resurtir inventarios. Además, GE ha simplificado la ubicación de sus almacenes de depósito, de tal manera que puede entregar aparatos al 90% de Estados Unidos en un plazo de 24 horas. Por tanto, con esta sociedad, GE se ayuda a sí misma tanto como a sus distribuidores.

Fuente: Véase Michael Treacy y Fred Wiersema, "Customer Intimacy and Other Discipline Values", *Harvard Business Review*, enero-febrero de 1993, pp. 84-93.

---

ral, no ha estudiado debidamente las necesidades, los problemas, las virtudes y los defectos de sus distribuidores.

Las empresas avanzadas tratan de establecer sociedades a largo plazo con sus distribuidores. Esto implica crear un sistema de comercialización vertical, bien planeado y administrado de manera profesional, un sistema que satisfaga las necesidades del fabricante y las de los distribuidores.[14] La empresa identifica las necesidades de los distribuidores y crea programas para ayudar a cada distribuidor a comercializar el producto de la empresa. Trabaja en unión de los distribuidores haciendo planes para las metas de la comercialización, los niveles de inventarios, las estrategias de comercialización, la capacitación de vendedores, la publicidad y las promociones. El propósito es convencer a los distribuidores de que pueden ganar dinero si forman parte de un sistema avanzado de mercadotecnia vertical (véase Puntos Importantes de la Mercadotecnia 14-3).

Cómo evaluar a los miembros del canal

El productor debe evaluar la actuación de los intermediarios en forma regular, usando parámetros como cuotas de ventas, nivel promedio de inventarios, tiempo de entrega al cliente, trato de bienes perdidos o dañados, cooperación para los programas de promoción y capacitación de la empresa y servicios al cliente. La empresa debe ofrecer reconocimiento y recompensas a los intermediarios que actúan debidamente. Los intermediarios que no estén actuando bien deben recibir ayuda o, en último de los casos, ser relevados.

La empresa puede "volver a calificar" a sus intermediarios de manera periódica, y con ello eliminar a los más débiles. Por ejemplo, cuando IBM introdujo las computadoras personales PS/2, volvió a evaluar a sus distribuidores y sólo autorizó que los mejores manejaran los modelos nuevos. Cada uno de los distribuidores de IBM tuvo que presentar un plan de actividades, enviar a empleados de ventas y servicios a cursos de capacitación en IBM y cumplir con las nuevas cuotas de ventas. Sólo alrededor de las dos terceras partes de los 2,200 distribuidores de IBM calificaron para manejar los modelos PS/2.[15]

Por último, los fabricantes tienen que ser sensibles a sus distribuidores. Quienes no tratan debidamente a sus distribuidores no sólo corren el riesgo de perder su ayuda, sino también el de originar algunos problemas legales. En los Puntos Importantes de la Mercadotecnia 14-4 se describen los diversos derechos y obligaciones que corresponden a los fabricantes y a los miembros de su canal.

DECISIONES SOBRE LA DISTRIBUCION FISICA

Los productores deben decidir cuál será la mejor manera de almacenar, manejar y transportar sus bienes y servicios, de tal manera que estén a disposición de los clientes en el momento y lugar oportunos. Los productores, por regla general, tienen que contratar los servicios de empresas dedicadas a la distribución material (almacenes y empresas transportistas) para que les ayuden en su tarea. La eficacia de la distribución física tendrá muchas consecuencias en la satisfacción de los clientes y en los costos de la empresa. Un mal sistema de distribución puede dar al traste con un esfuerzo mercadotécnico que, de lo contrario, sería estupendo. A continuación se explican *el carácter, los objetivos, los sistemas y algunos aspectos de la organización* de la distribución física.

Naturaleza de la distribución física

La figura 14-6 contiene los principales elementos de la mezcla de distribución física. La **distribución física** (también llamada **logística del mercado**) entraña hacer planes, aplicarlos y controlar el flujo físico de las materias primas y de los bienes acabados, de su punto de origen a su punto de uso, con objeto de satisfacer los requisitos de los clientes y obtener una utilidad. El propósito de la distribución física es manejar las *cadenas de suministro*, los flujos del valor añadido, desde los proveedores hasta los usuarios finales, como se muestra a continuación:

Por tanto, la labor logística consiste en coordinar las actividades de proveedores, agentes de compras, comercializadores, miembros del canal y clientes.

Las empresas administran sus cadenas de abasto por medio de información. Los avances de la tecnología de la información han sido muy provechosos para la eficiencia de la distribución, sobre todo en el caso de las computadoras, terminales en el punto de ventas, códigos uniformes para los productos, rastreo por satélite, intercambio electrónico de datos (IED) y transferencia electrónica de fondos (TEF). Estos avances han permitido a los fabricantes hacer promesas como "el producto estará en el muelle 25 mañana a las 10 A.M." y controlar dichas promesas por medio de información. Minoristas como Wal-Mart también han aprovechado la información para mejorar su logística:

Wal-Mart fue uno de los primeros detallistas que invirtiera mucho en tecnología de información. Equipó sus tiendas con aparatos scanner computarizados en las cajas registradoras. Así, cuando un adolescente compraba unos tenis Reebok talla 10, la

PUNTOS IMPORTANTES DE LA MERCADOTECNIA 14-4

POLÍTICAS PÚBLICAS Y DECISIONES SOBRE LA DISTRIBUCIÓN

En su mayor parte, las empresas no están sujetas a leyes para establecer los arreglos que más les convengan con los canales. De hecho, las leyes que rigen los canales pretenden impedir las tácticas excluyentes que podrían aplicar algunas empresas para impedir que otras usaran el canal que quieran. Es evidente que esto significa que la propia empresa debe evitar tales tácticas excluyentes. La mayor parte de las leyes sobre los canales se refieren a los derechos y las obligaciones de las partes del canal, una vez que sus miembros han establecido una relación.

Convenios de exclusividad

A muchos productores y mayoristas les gusta desarrollar canales exclusivos para sus productos. Cuando el vendedor sólo permite que ciertas tiendas manejen sus productos, dicha estrategia se conoce con el nombre de *distribución exclusiva*. Cuando el vendedor exige que estos distribuidores no manejen productos de la competencia, la estrategia se llama *convenio de exclusividad*. Las dos partes se benefician con los convenios de exclusividad: el vendedor obtiene puntos de venta más leales y confiables y los distribuidores obtienen una fuente de suministro constante, así como más apoyo de los vendedores. Empero los convenios de exclusividad impiden que otros productores vendan a estos distribuidores. Esta situación hace que los contratos de exclusividad queden sujetos a las disposiciones de la Ley de Clayton de 1914. Los contratos serán lícitos siempre y cuando no disminuyan sustancialmente la competencia ni tiendan a crear un monopolio y siempre y cuando las dos partes firmen el contrato de manera voluntaria.

Territorios exclusivos

Los contratos de exclusividad muchas veces incluyen convenios sobre la exclusividad de territorios. El productor quizás acepte no vender a otros distribuidores dentro de una zona dada, o el comprador quizás acepte vender sólo dentro de su propio territorio. La primera situación es normal tratándose de sistemas de franquicias y como medio para aumentar el entusiasmo y compromiso de los distribuidores. Asimismo, es perfectamente lícita, la ley no obliga a un vendedor a vender en mayor cantidad de tiendas de las que quiere. El segundo caso, en el cual el productor pretende que el distribuidor no venda fuera de su territorio, se ha convertido en tema de análisis legales.

Contratos vinculantes

Los productores de una marca fuerte, en ocasiones, sólo venden a los distribuidores si éstos toman parte del resto de la línea o toda ella. Esto se llama imponer la línea completa. Estos contratos vinculantes no siempre son ilícitos, aunque sí infringen la Ley de Clayton cuando pretenden disminuir la competencia sustancialmente. La práctica puede impredir que los consumidores elijan, con libertad, de entre los proveedores competidores de estas otras marcas.

Derechos de los distribuidores

Los productores están en libertad de elegir a sus distribuidores, pero su derecho de terminar con los distribuidores está un tanto retringido. En general, los vendedores pueden abandonar a los distribuidores "por causa justificada". Empero, no pueden abandonar a los distribuidores si, por ejemplo, éstos se niegan a cooperar en un convenio legal dudoso, por ejemplo algún contrato de exclusividad o vinculante.

---

información iba directamente a las computadoras de Reebock, activando una sustitución o la producción. Este sistema permite a Wal-Mart saber qué están comprando los clientes y después indicar a los fabricantes qué producir y a dónde enviar los bienes. Wal-Mart exige a sus proveedores que etiqueten el precio y lo fijen en la mercancía antes de que la envíen. Por tanto, después, puede colocar los bienes directamente en el espacio de la tienda dedicado a las ventas, reduciendo los costos por concepto de almacenaje y de procesamiento de datos. En consecuencia, las tiendas Wal-Mart sólo usan 10% de su espacio para almacenar mercancía, en comparación con el promedio del 25% del espacio que tienen las tiendas de la competencia para tal efecto. Otro resultado del sistema computarizado de pedidos de Wal-Mart es que la cadena insiste en que sus computadoras estén directamente ligadas a las de sus proveedores, ahorrándose con ello a los corredores y otros intermediarios, y pasándole el ahorro a los clientes.[16]

El costo más importante de la distribución física es el transporte, después el de manejo de inventarios, almacenaje, procesamiento de pedidos y servicio a clientes. La gerencia de casi todas las empresas se preocupa mucho por el total de

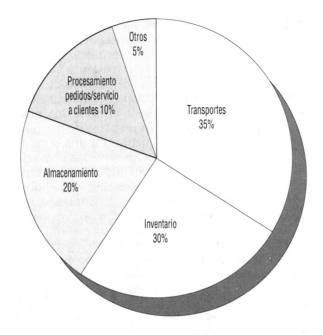

FIGURA 14-6
Costos de los elementos de la distribución física como porcentaje del total de costos de la distribución física
Fuente: Véase Cynthia R. Milsap, "Distribution Costs Full - Rules Off", *Business Marketing*, febrero de 1985, p. 9.

costos de la distribución física. Los expertos opinan que puede haber un gran ahorro en el campo de la distribución física. Una equivocación en la distribución material deriva en un aumento de costos. A veces, incluso las empresas grandes casi no recurren a los instrumentos modernos para tomar decisiones con objeto de coordinar los niveles de inventarios, las formas de transporte y la ubicación de plantas, almacenes y tiendas. Por ejemplo, el anticuado y costoso sistema de distribución de Sears es el culpable, cuando menos en parte, de que, en años pasados, las ventas hayan crecido con lentitud y los ingresos hayan bajado. Los vetustos almacenes de varios pisos y el equipo no automatizado han hecho que Sears sea mucho menos eficiente que sus competidores. En el caso de Sears, los costos de distribución representan 8% de las ventas, en comparación con menos del 3% para sus competidores Kmart y Wal-Mart.[17]

Es más, la distribución material es más que un costo, es un gran instrumento para crear demanda. Por una parte, las empresas pueden atraer mayor cantidad de clientes si ofrecen mejor servicio o precios más bajos en razón de una buena distribución física. Por la otra, las empresas pueden perder clientes si no entregan los bienes con oportunidad.

El objetivo de la distribución física

Muchas empresas definen su objetivo como hacer que los bienes adecuados lleguen a los lugares indicados en el momento oportuno, al costo más bajo posible. Por desgracia, no existe ningún sistema de distribución física que pueda *aumentar* al máximo los servicios para los clientes *y* reducir al mínimo los costos de distribución. El servicio máximo a clientes entraña grandes inventarios, transporte estupendo y muchos almacenes, todo lo cual eleva los costos de la distribución. Por otra parte, el costo mínimo para la distribución entraña transporte barato, inventarios escasos y pocos almacenes.

La empresa no puede dejar que cada uno de los administradores de la distribución física mantenga bajos sus costos. Los costos de transporte, almacenamiento y procesamiento de pedidos interactúan, muchas veces, en sentido contrario. Por ejemplo, los niveles bajos de inventarios disminuyen los costos por llevar inventarios, pero también aumentan los costos por falta de existencias, pedidos atrasados, papeleo, partidas especiales de producción y embarques de costos elevados y envíos urgentes. Como los costos y las actividades de la distribución material entrañan grandes canjes, las decisiones que se tomen se deben fundamentar en el sistema completo.

El punto de partida para el diseño del sistema está en analizar qué quieren los clientes y qué ofrece la competencia. Los clientes quieren obtener varias cosas de los proveedores: entregas oportunas, inventarios bastante grandes, capacidad para satisfacer necesidades urgentes, manejo cuidadoso de la mercancía, servicio bueno después de la venta y las devoluciones o los cambios de bienes defectuosos. Una empresa debe analizar la importancia que le conceden los clientes a estos servicios. Por ejemplo, el tiempo del servicio de reparación es muy importante para quienes compran equipo copiador. Por tanto, Xerox estableció un parámetro para los servicios, diciendo que "puede arreglar una máquina estropeada, en cualquier punto de Estados Unidos, en un plazo de tres horas a partir de que recibe la solicitud del servicio". Xerox cuenta con una división para servicios compuesta por 12,000 personas dedicadas a los servicios y las refacciones.

Normalmente, la empresa pretenderá ofrecer, cuando menos, el mismo grado de servicios que sus competidores. Empero, el objetivo es maximizar las *utilidades* y no las ventas. Por consiguiente, la empresa debe analizar los costos que entraña ofrecer grados superiores de servicios. Algunas empresas ofrecen menos servicios y cobran precios más bajos. Otras empresas ofrecen más servicios que sus competidores, pero cobran precios más elevados para cubrir el aumento de costos.

A fin de cuentas, la empresa debe establecer objetivos para la distribución material que sirvan de guía para sus planes. Por ejemplo, Coca-Cola quiere "que siempre haya una Coca al alcance del deseo". Las empresas van más allá y definen parámetros para cada uno de los factores del servicio. Un fabricante de aparatos ha establecido las siguientes normas para sus servicios: entregar, cuando menos, 95% de los pedidos de los distribuidores en un plazo de siete días a partir de la recepción del pedido, cubrir el pedido del distribuidor con 95% de exactitud, contestar las preguntas de los distribuidores, por orden de recepción, en un plazo de tres horas y garantizar que los daños sufridos por la mercancía en tránsito no pasen del 1%.

Dada una serie de objetivos, la empresa está lista para diseñar su sistema de distribución física que reducirá al mínimo los costos para alcanzar dichos objetivos. Las decisiones centrales serían: ¿Cómo manejar los pedidos (*procesamiento de pedidos*)? ¿Dónde ubicar las existencias (*almacenamiento*)? ¿Qué cantidad de existencias tener a la mano (*inventarios*)? y ¿Cómo enviar los bienes (*transporte*)?

El procesamiento de los pedidos

La distribución material empieza con el pedido del cliente. El departamento de pedidos prepara las facturas y las envía a distintos departamentos. Aquellos artículos de los que no hay existencia se vuelven a pedir. Los artículos que se envían van acompañados de documentos de envío y cobranza, con copias dirigidas a diversos departamentos.

Tanto la empresa como sus clientes se benefician cuando los pasos del proceso de los pedidos se llevan a efecto con rapidez y precisión. En un plano ideal, los vendedores envían sus pedidos todos los días, a veces usando computadoras en línea. El departamento de pedidos procesa los pedidos a la brevedad y el almacén envía los bienes puntualmente. Las facturas se emiten tan pronto como sea posible. Con frecuencia, las computadoras sirven para acelerar el ciclo del pedido-envío-facturación. Por ejemplo, General Electric cuenta con un sistema computarizado que, al recibir el pedido del cliente, revisa la situación crediticia del cliente, si hay existencias de estos artículos y dónde están. A continuación la computadora gira órdenes para que se efectúe el envío, emite la factura del cliente, actualiza los registros del inventario, envía una orden de producción para más existencias y devuelve el mensaje al vendedor, diciendo que el pedido del cliente se está tramitando; todo ello en menos de 15 segundos.

El almacenamiento

Toda empresa debe almacenar sus bienes mientras espera a que se vendan. Se necesita la función del almacenamiento porque es raro que los ciclos de producción y de consumo sean concurrentes. Por ejemplo, Snapper, Toto y otros fabricantes de podadoras de césped tienen que producir todo el año y almacenar su producto para la temporada alta de compras en primavera y verano. La función del almacenamiento supera las diferencias que se presentan entre las cantidades requeridas y el tiempo.

La empresa tiene que decidir cuál es la cantidad ideal de puntos de almacenamiento. Cuantos más puntos de almacenamiento, tanto más rápido se podrán entregar las mercancías a los clientes. Sin embargo, el aumento de la cantidad de puntos representará más costos por concepto de almacenamiento. Así pues, la empresa tendrá que equilibrar el grado de servicios a los clientes y los costos de distribución.

Una parte de las existencias de una empresa se guardan en la fábrica o cerca de ella y el resto se ubica en almacenes repartidos por todo el país. La empresa puede ser dueña de almacenes privados, puede alquilar espacio en almacenes públicos o hacer las dos cosas. Las empresas controlan más sus propios almacenes, pero éstos atan su capital y son menos flexibles cuando cambian las ubicaciones deseadas. Por el contrario, los almacenes públicos cobran por el espacio alquilado y proporcionan servicios adicionales (por un precio) para inspeccionar bienes, empacarlos, enviarlos y facturarlos. Las empresas que usan los almacenes públicos también tienen muchas opciones para escoger la ubicación o el tipo de almacén.

Las empresas pueden usar *depósitos de almacenamiento* o *centros de distribución*. Los depósitos sirven para almacenar bienes por lapsos breves o largos. Los **centros de distribución** están diseñados para el movimiento de bienes y no sólo para su almacenamiento. Se trata de almacenes grandes y muy automatizados, diseñados para recibir bienes de diversas plantas y proveedores, tomar pedidos, llenarlos con eficacia y entregar los bienes a los clientes a la brevedad posible. Por ejemplo, Wal-Mart cuenta con enormes centros de distribución. Un centro, que satisface las necesidades diarias de 165 tiendas de Wal-Mart, consta de unos 28 acres de espacio bajo un solo techo. Scanners láser envían hasta 190,000 cajas de bienes al día, a lo largo de bandas transportadoras de 11 millas, y los 1,000 empleados del centro cargan o descargan 310 camiones al día.[18]

Las instalaciones de los almacenes y la tecnología del equipo han mejorado mucho en años recientes. Los almacenes viejos, de muchos pisos, con lentos ascensores y trasnochados métodos para manejar los materiales están enfrentando la competencia de *almacenes automatizados*, de un solo piso y más modernos, con sistemas avanzados para el manejo de los materiales bajo el control de una computadora central. En estos almacenes sólo se necesitan unos cuantos empleados. La computadora lee los pedidos y gira instrucciones a los montacargas, las grúas eléctricas o los robots para que reúnan los bienes, los lleven a los muelles de carga y emitan las facturas. Estos almacenes han reducido las lesiones de los trabajadores, los costos de mano de obra, los robos y los estropicios y han mejorado el control de inventarios.

Los inventarios

Los niveles de inventarios también afectan la satisfacción de los clientes. A los mercadólogos les gustaría que sus empresas tuvieran suficientes existencias para llenar los pedidos de los clientes en seguida. Sin embargo, a la empresa le sale

Almacenes automatizados: este sofisticado centro de distribución de computadoras COMPAQ puede enviar cualesquiera de entre 500 tipos de computadoras COMPAQ, y sus opciones, en un lapso de cuatro horas después de recibir el pedido.

demasiado caro llevar un inventario tan grande. Los costos de inventarios aumentan a velocidad cada vez mayor conforme el nivel de servicios del cliente se acerca al 100%. Para justificar los inventarios grandes, la gerencia debe saber si las ventas y las utilidades incrementarán en consecuencia.

Las decisiones en cuanto a inventarios entrañan saber *cuándo* colocar un pedido y *cuánto* pedir. La empresa, para decidir cuándo pedir, tiene que ponderar los riesgos de quedarse sin existencias, comparándolos con los costos por llevar demasiadas. La empresa, para decidir cuánto pedir, tiene que comprar los costos del procesamiento del pedido con los costos por llevar inventarios. Cuanto mayor el tamaño promedio del pedido, tanto menor cantidad de pedidos y tanto menos costos por procesamiento de pedidos, pero también tanto mayores los costos por llevar inventarios.

El transporte

Los mercadólogos deben participar en las decisiones de la empresa en cuanto al *transporte*. La elección del medio de transporte afecta los precios de los productos, la oportunidad de las entregas y la condición de los bienes cuando se reciben, y todos ellos afectarán la satisfacción de los clientes.

La empresa, al enviar los bienes a sus almacenes, distribuidoras y clientes, puede escoger una de entre cinco formas de transporte: ferrocarril, marítima, camionera, ductos y aérea. La tabla 14-1 contiene un resumen de cada una de estas formas de transporte.

Los ferrocarriles

Aunque los ferrocarriles perdieron mercado hasta mediados de los años setenta, en la actualidad siguen siendo el transporte más importante del país, con 37% del total de la carga transportada. Los ferrocarriles son una de las formas más baratas de enviar grandes cantidades de productos a granel (carbón, arena, minerales, productos agrícolas y forestales) a grandes distancias. Además, los ferrocarriles han empezado a aumentar, en fecha reciente, los servicios a clientes. Han diseñado equipo nuevo para manejar categorías especiales de bienes, incluso vagones planos para transportar camiones de volteo sobre ellos, y proporcionar servicios en tránsito, como la separación, durante el trayecto, de los bienes enviados a otros destinos y el procesamiento de los bienes durante el trayecto. Por tanto, después de muchos decenios de perder terreno ante los camiones, los ferrocarriles parecen listos para un retorno triunfal.[19]

Los camiones

La participación de los camiones en el transporte ha ido aumentado de manera constante y ahora abarcan 25% del total de la carga. Cubren la mayor parte de los transportes *dentro* de las ciudades, y no *entre* éstas. En Estados Unidos, cada año, los camiones recorren más de 600 mil millones de millas; casi igual a 1.3 millones de viajes redondos a la luna, y transportan 2.5 mil millones de toneladas de carga.[20] Los camiones tienen rutas y horarios muy flexibles, pueden transportar mercancía de puerta en puerta y ahorrarle a la persona que envía la mercancía la necesidad de transbordar los bienes del camión al ferrocarril y de nueva cuenta al camión, perdiendo tiempo y corriendo el riesgo de robos o daños. Los camiones son eficientes para trayectos cortos y mercancía muy valiosa. En muchos casos, sus tarifas son muy competitivas en comparación con las del ferrocarril, y los camiones, por regla general, ofrecen un servicio más expedito.

Marítima

En Estados Unidos, una gran cantidad de bienes son transportados por barcos y barcazas a lo largo de la costa y de canales. Tan sólo las barcazas del río Mississippi representan 15% de la carga transportada en dicho país. Por otra parte, el costo del transporte marítimo es muy bajo para enviar productos a granel, no perecederos, baratos y voluminosos, como arena, carbón, cereales, petróleo y metales. Por otra parte, el transporte marítimo es el más lento de todos y, en ocasiones, se ve afectado por el clima.

TABLA 14-1
Características de los principales medios de transporte

MEDIO DE TRANSPORTE	VOLUMEN URBANO DE CARGA* (%)			PRODUCTOS TIPICOS TRANSPORTADOS
	1970	1980	1987	
Ferrocarril	771 (39.8%)	932 (37.5%)	976 (36.5%)	Productos agrícolas, minerales, arena, productos químicos, automóviles
Camión	412 (21.3)	555 (22.3)	666 (24.9)	Ropa, alimentos, libros, computadoras, productos de papel
Marítimo	319 (16.5)	407 (16.4)	435 (16.3)	Petróleo, granos, arena, grava, minerales metálicos, carbón
Ductos	431 (22.3)	588 (23.6)	587 (22.0)	Petróleo, carbón, productos químicos
Avión	3.3 (0.17)	4.8 (0.10)	8.7 (0.34)	Instrumentos técnicos, productos perecederos, documentos

*En miles de millones de toneladas de millar de carga.
Fuente: Statistical Abstract of the United States, 1989.

Los ductos

Los ductos son una forma especializada por enviar petróleo, gas natural y sustancias químicas de su fuente a los mercados. El envío de productos petrolíferos por medio de ductos es menos caro que su envío por ferrocarril, pero más que el marítimo. La mayor parte de los ductos son usados por sus dueños para enviar sus propios productos.

El aéreo

Aunque el transporte de carga aérea cubre menos del 1% de los bienes del país, está adquiriendo cada vez más importancia como forma de transporte. Las tarifas de la carga aérea son muy superiores a las de los ferrocarriles o camiones, pero la carga aérea es ideal cuando se necesita velocidad o hay que llegar a mercados muy distantes. Entre los productos que se envían con más frecuencia por carga aérea están los perecederos (pescado fresco, flores cortadas) y los de gran valor y poco volumen (instrumentos técnicos, alhajas). Las empresas consideran que la carga aérea también disminuye sus niveles de inventarios, costos de empaque y cantidad de almacenes requeridos.

Cómo elegir las formas de transporte

Hasta finales de la década de 1970, las rutas, las tarifas y los servicios de la industria del transporte estaban estrechamente regulados por el gobierno federal. Hoy, la mayor parte de estos reglamentos se han levantado. La desregulación ha producido cambios rápidos y profundos. Las empresas de los ferrocarriles, los barcos y barcazas, los camiones, las líneas aéreas y los ductos son ahora mucho más competitivas y flexibles y responden más a las necesidades de sus clientes. Estos cambios han producido mejores servicios y precios más bajos para las personas que envían productos. Empero, estos cambios también significan que los mercadólogos deben planear mejor sus transportes para poder aprovechar con plenitud las nuevas oportunidades del entorno cambiante de los transportes.[21]

Al elegir una forma de transporte para un producto, las personas que lo envían toman en cuenta cinco criterios, mismos que aparecen en la tabla 14-2. Por tanto, si la persona que envía los productos requiere velocidad, su mejor opción son los aviones o los camiones. Si la meta es el costo bajo, entonces podrían ser convenientes los transportes marítimos o los ductos. Al parecer, los camiones son los que ofrecen más ventajas, hecho que explica por qué ha aumentado su participación en el mercado de los transportes.

Gracias a la popularidad de los *contenedores*, las personas que envían productos ahora combinan dos o más formas de transporte. Los **contenedores** son cajas o trailers que contienen los bienes y que se pueden transbordar fácilmente

TABLA 14-2
Clasificación de los medios de transporte (1 = rango más alto)

	VELOCIDAD (tiempo de entrega de puerta a puerta)	CONFIABILIDAD (entregas puntuales)	CAPACIDAD (habilidad para manejar diversos productos)	DISPONIBILIDAD (cantidad de puntos geográficos cubiertos)	COSTO (por tonelada-milla)
Ferrocarril	3	4	2	2	3
Marítimo	4	5	1	4	1
Camión	2	2	3	1	4
Ducto	5	1	5	5	2
Avión	1	3	4	3	5

Fuente: Véase Carl M. Guelzo, *Introduction to Logistics Management* (Englewood Cliffs, NJ: Prentice Hall, 1986), p. 46.

entre dos modos de transporte.[22] Existen varias combinaciones de transportes posibles, por ejemplo, los bienes se pueden transportar por medio de ferrocarril y camión, por agua sobre naves y después camiones, o por naves y ferrocarril, también se pueden transportar por aire, en aviones, y después en camiones. Cada combinación ofrece ciertas ventajas a la persona que envía la mercancía. Por ejemplo, la combinación de ferrocarril y camión es más barata que el camión puro y además resulta más flexible y cómoda.

Distribución física a partir de las respuestas

Hoy, muchas empresas están abandonando las *cadenas de suministro anticipado* y optando por las *cadenas de suministro en razón de la respuesta*.[23] En el caso de la dis-

Combinación de medios de transporte usando contenedores: por ferrocarril y camión, por vía marítima y ferrocarril, por vía aérea y camión y por ferrocarril y vía marítima.

tribución física anticipada, la empresa produce la cantidad de bienes que señala el pronóstico de ventas. Crea y mantiene existencias en diferentes puntos de abasto, como la fábrica, los centros de distribución y los puntos de venta al detalle. Cada punto de abasto coloca pedidos en forma automática cuando llega al punto de colocar pedidos. Cuando las ventas son más lentas de lo esperado, la empresa trata de reducir sus inventarios haciendo descuentos y promociones. Por ejemplo, la industria automovilística de Estados Unidos produce autos mucho antes de la demanda, y estos autos suelen estar muchos meses en inventario, hasta que las empresas emprenden una promoción agresiva.

Por otra parte, los clientes son los que activan la cadena de abasto en razón de la respuesta. El productor está creando y reemplazando, en forma constante, las existencias conforme entran los pedidos. Produce lo que se está vendiendo. Por ejemplo, los fabricantes japoneses de autos levantan los pedidos, después los producen y los envían en un plazo de cuatro días. Algunos fabricantes de electrodomésticos, como Whirlpool y GE, están usando este sistema. Benetton, la marca italiana de ropa, usa un *sistema de respuesta rápida*, tiñendo los suéteres en los colores que se venden, en lugar de tratar de adivinar por adelantado cuáles serán los colores que quiere la gente. El producir para los pedidos en lugar de para los pronósticos reduce en forma considerable los costos de inventarios y los riesgos.

Responsabilidad de la organización en la distribución física

Las decisiones en cuanto a almacenaje, inventarios y transportes requieren gran coordinación. Muchas empresas han creado comités permanentes compuestos por gerentes responsables de las diferentes actividades de la distribución física. Estos comités se reúnen con frecuencia para establecer políticas con miras a mejorar la eficiencia general de la distribución. Algunas empresas tienen un subdirector de distribución física, que depende del director de mercadotecnia, del director de producción o incluso del director general. La ubicación del departamento de la distribución física dentro del organigrama de la empresa es del todo secundaria. Lo importante es que la empresa coordine sus actividades de mercadotecnia y de distribución material con objeto de producir gran satisfacción en el mercado, a un costo razonable.

RESUMEN

Las decisiones en cuanto al canal de distribución se cuentan entre las más complejas y difíciles que enfrenta la empresa. El sistema de cada canal produce un grado diferente de ventas y de costos. Cuando se ha elegido un canal de distribución, la empresa normalmente tiene que quedarse con él durante mucho tiempo. El canal elegido afecta los demás elementos de la mezcla de mercadotecnia, pero también es afectado por ellos.

Cada empresa tendrá que identificar vías alternativas para llegar a su mercado. Los medios existentes van desde las ventas directas hasta el uso de *canales* con uno, dos, tres o más *niveles* de intermediarios. Los canales para la comercialización están cambiando siempre, en ocasiones en forma drástica. Tres de las tendencias más importantes son el crecimiento de los *sistemas de mercadotecnia verticales, los horizontales y los de muchos canales*. Estas tendencias afectan la cooperación, los conflictos y la competencia de los canales. Cada canal alternativo se debe evaluar con base en criterios económicos, de control y de adaptación. La ad-

ministración de los canales requiere que se escojan intermediarios calificados y que se les motive. Los miembros individuales de los canales deben ser sujetos a evaluaciones de manera regular.

Así como el concepto de mercadotecnia está captando cada vez más atención, también hay cada vez más empresas que están prestando atención al concepto de la distribución física. La *distribución física* es un campo que tiene gran potencial para bajar costos y para mejorar la satisfacción de los clientes. Las decisiones que toman los procesadores de pedidos, los proyectistas de almacenes, los administradores de inventarios y los administradores de transportes afectan los costos de los demás y su capacidad para manejar la demanda. El concepto de la distribución física requiere que todas estas decisiones se traten dentro de un marco unificado. La tarea consiste en diseñar sistemas de distribución física que reduzcan al mínimo el total de costos requeridos para ofrecer un grado deseado de servicios a los clientes.

TÉRMINOS CLAVE

Cadenas voluntarias patrocinados por mayoristas 479

Canal convencional de distribución 478

Canal de comercialización directa 472

Canal de distribución (canal de comercialización) 470

Centros de distribución 495

Conflictos en los canales 475

Contenedores 497

Cooperativas de detallistas 480

Distribución exclusiva 486

Distribución física (o logística del mercado) 492

Distribución intensiva 485

Distribución selectiva 486

Mercadotecnia de canales múltiples 472

Nivel del canal 397

Organización de franquicias 403

SCV administrado 404

SCV contractual 402

SCV corporativo 402

Sistemas de comercialización horizontal 480

Sistema de comercialización vertical (SCV) 478

EXPOSICIÓN DE PUNTOS CLAVE

1. El club del Libro del Mes lleva más de 50 años comercializando libros por correo, con gran éxito. ¿Por qué son tan pocas las editoriales que venden sus libros por correo? ¿Cómo ha resistido el Club la competencia de B. Dalton, Waldenbooks y otros libreros grandes en años recientes?

2. ¿Por qué están creciendo a tanta velocidad las franquicias como forma de organización detallista?

3. ¿Por qué se están presentando con más frecuencia, en años recientes, las estructuras de mercadotecnia horizontal? Sugiera varios pares de empresas que, en su opinión, podrían aplicar, con éxito, programas de mercadotecnia horizontal?

4. Describa las necesidades de servicios del canal en el caso de (a) consumidores que compran una computadora para uso casero; (b) detallistas que compran computadoras para revenderlas a consumidores individuales; y (c) agentes de compras que adquieren computadoras para uso de la empresa. ¿Qué canales diseñaría un fabricante de computadoras para satisfacer estas necesidades de servicios diferentes?

5. ¿Qué estrategias de distribución (intensiva, selectiva o exclusiva) se usan para los siguientes productos, y por qué? (a) Relojes Piaget; (b) automóviles Acura; (c) chocolates Snickers.

6. Cuando se proyectan los niveles deseados de inventarios, ¿cuáles son las consecuencias que se deben tomar en cuenta para el caso de quedarse sin existencias?

APLICACIÓN DE CONCEPTOS

1. Los centros comerciales de descuento y los centros con tiendas de fábrica están adquiriendo cada vez más popularidad. Muchas de sus tiendas son operadas por los fabricantes que, normalmente, sólo venden por medio de intermediarios. Si existe uno de estos centros cerca de usted, visítelo y estudie las tiendas detallistas. ¿Qué tipo de mercancía venden estas tiendas? ¿Parecen ser propiedad de la fábrica? ¿Compiten estas tiendas con los detallistas normales del fabricante? ¿Cuáles son los pros y los contras de operar este tipo de tiendas?

2. Ojee una revista de cámaras o computadoras, fijándose en los anuncios grandes de detallistas que venden por correo. Busque anuncios de productos de marca que usan la distribución selectiva, por ejemplo las cámaras Nikon o las computadoras Compaq. ¿Puede usted encontrar un anuncio que, con toda claridad, sea de un distribuidor autorizado, y uno que parezca no serlo? ¿Cómo puede usted juzgar qué canal es legítimo? ¿Existen diferencias de precios entre los distribuidores legítimos y los no autorizados y, en su caso, son lo que cabría esperar?

CÓMO TOMAR DECISIONES EN MERCADOTECNIA:

COMUNICACIONES MUNDO PEQUEÑO, S. A.

Lynette Jones y Thomas Campbell están repasando todos los puntos necesarios para concluir los planes de mercadotecnia de Comunicaciones Mundo Pequeño. Lyn está analizando parte de la logística necesaria:

—En muchos sentidos somos, de hecho, una "sociedad virtual" que hace las cosas sin comprar muchas plantas ni equipo. Esa estrategia le ha funcionado muy bien a Dell Computers. Sin embargo, aunque tenemos algo de intangible, vamos a producir cajas reales con productos reales. En consecuencia, necesitamos armar la distribución física.

—De hecho —dijo Tom—, ese punto no me preocupa mucho, existen una serie de empresas distribuidoras que podemos contratar para que se encarguen de la tarea. Incluso pueden ocuparse de la facturación si lo requerimos. Lo que me preocupa está en un punto más avanzado del canal. ¿Quién venderá nuesto producto en realidad? Me agrada el modelo de Dell Computer y Cincinnatti Microwave, fabricante de los radares detectores Escort. Los dos comercializan de manera directa, proporcionan mucha información técnica y asistencia de ventas por teléfono, y se quedan con cierta cantidad extra de utilidades que irían a manos de otros miembros del canal.

—Puede ser una gran estrategia —repuso Lyn—, pero las dos empresas venden un producto conocido que, en esencia, se entiende, y nosotros tenemos este nuevo quién-sabe-qué que la gente tiene que ver. Creo que primero deberíamos intentar un camino más tradicional.

—No me extraña de ti —dijo Tom para molestarla.

—Esos tipos pueden tomar un producto aburrido y hacerlo volar con un plan radical de comercialización, nosotros vamos a partir de un producto radical y... —repuso Lyn, desentendiéndose de Tom mientras analizaba algunos de los detalles que tendrían que cubrir.

Y, ¿AHORA QUÉ?

1. Cuando el producto Aeropuerto esté debidamente instalado y montado, será muy fácil de usar. No obstante, los usuarios encontrarán muchas veces que la configuración de su computadora es singular y que requieren instrucciones especiales para poner todo en marcha. La mayor parte de los vendedores de las tiendas de computadoras no tienen la capacitación suficiente para proporcionar la información. (a) ¿Es este un problema del canal de distribución? (b) ¿Qué nivel de distribución sería más útil para resolver este problema, la distribución intensiva, la selectiva o la exclusiva? ¿Por qué? (c) ¿Cómo puede Mundo Pequeño motivar a sus intermediarios para que aumenten su nivel de servicios?

2. Mundo Pequeño tendrá que montar salidas para los pedidos por teléfono y por correo para su Aeropuerto. (a) ¿Qué ventajas tendrá Mundo Pequeño si usa un canal directo sin intermediarios y toma los pedidos por teléfono? (b) En el supuesto de que Mundo Pequeño también distribuya por medio de pedidos por correo y tiendas detallistas, ¿qué tipo de conflictos ocasionaría la comercialización directa en los canales? (c) En la actualidad existen muchos distribuidores de computadoras que ofrecen descuentos con los pedidos por correo y que manejan casi todas las marcas importantes. ¿El recurrir a estos distribuidores representaría una buena alternativa para montar una operación de comercialización directa propia? ¿Qué ventajas y desventajas tendría vender por medio de estos distribuidores en lugar de hacerlo de manera directa?

REFERENCIAS

1. Citas de Dana Milbank, "Independent Tire Dealers Rebelling Against Goodyear", *The Wall Street Journal*, 8 de julio de 1992, p. B1; y Zachary Schiller, "Goodyear Is Gunning Its Marketing Engine", *Business Week*, 16 de marzo de 1992, p. 42. También véase Nancy Hass, "CEO of the Year: Stanley Gault of Goodyear", *Financial World*, 31 de marzo de 1992, pp. 26-33; Zachary Schiller, "After a Year of Spinning Its Wheels Goodyear Gets a Retread", *Business Week*, 26 de marzo de 1990, pp. 56-58; y Peter Nulty, "The Bounce Is Back at Goodyear", *Fortune*, 7 de septiembre de 1992, pp. 70-72.

2. Véase Louis W. Stern y Frederick D. Sturdivant, "Customer-Driven Distribution Systems", *Harvard Business Review*, julio-agosto de 1987, p. 34.

3. Louis Stern y Adel I. El-Ansary, *Marketing Channels*, 4a. ed. (Englewood Cliffs, NJ: Prentice Hall, 1992), p. 3.

4. Ronald Abler, John S. Adams, y Peter Gould, *Spatial Organizations: The Geographer's View of the World* (Englewood Cliffs, NJ: Prentice Hall, 1971), pp. 531-32.

5. Para un estupendo resumen de los conflictos y el poder de los canales, véase Stern y El-Ansary, *Marketing Channels*, Caps. 6 y 7.

6. Jaclyn Fierman, "How Gallo Crushes the Competition", *Fortune*, 1 de septiembre de 1986, p. 27.

7. Véase Laura Zinn, "Want to Buy a Franchise? Look Before You Leap", *Business Week*, 23 de mayo de 1988, pp. 186-87;

"Why Franchising Is Taking Off", *Fortune*, 12 de febrero de 1990, p. 124; y Dan Fost y Susan Mitchell, "Small Stores with Big Names", *American Demographics*, noviembre de 1992, pp. 52-57.

8. Se le ha dado el nombre de "comercialización simbiótica". Para más información, véase Lee Adler, "Symbiotic Marketing", *Harvard Business Review*, noviembre-diciembre de 1966, pp. 59-71; P. "Rajan" Varadarajan y Daniel Rajaratnam, "Symbiotic Marketing Revisited", *Journal of Marketing*, enero de 1986, pp. 7-71; y Gary Hamel, Yves L. Doz y C. D. Prahalad, "Collaborate with Your Competitors - and Win", *Harvard Business Review*, enero-febrero de 1989, pp. 133-39.

9. Véase Allan J. Magrath, "Collaborative Marketing Comes of Age - Again", *Sales & Marketing Management*, septiembre de 1991, pp. 61-64; y Lois Therrien, "Cafe Au Lait, A Croissant - and Trix", *Business Week*, 24 de agosto de 1992, pp. 50-51.

10. Véase Stern y Sturdivant, "Customer-Driven Distribution Systems", p. 35.

11. *Ibid.*, p. 35.

12. Subhash C. Jain, *International Marketing Management*, 3a. ed. (Boston, MA: PWS-Kent Publishing, 1990), pp. 489-91.

13. Véase Philip Cateora, *International Marketing*, 7a. ed. (Homewood, IL: Irwin, 1990), pp. 570-71.

14. Véase James A. Narus y James C. Anderson, "Turn Your Industrial Distributors into Partners", *Harvard Business Review*, marzo-abril de 1986, pp. 66-71.

15. Véase Katherine M. Hafner, "Computer Retailers: Thing Have Gone from Worse to Bad", *Business Week*, 8 de junio de 1987, p. 104.

16. Véase Rita Koselka, "Distribution Revolution", *Forbes*, 25 de mayo de 1992, pp. 54-62.

17. Patricia Sellers, "Why Bigger Is Badder at Sears", *Fortune*, 5 de diciembre de 1988, p. 82; Kate Fitzgerald, "Sears' Plan on the Ropes", 8 de enero de 1990, pp. 1, 42; y Julia Flynn Siler, "Are the Lights Dimming for Ed Brennan?", *Business Week*, 11 de febrero de 1991, pp. 56-57.

18. John Huey, "Wal-Mart: Will It Take Over the World?", *Fortune*, 30 de enero de 1989, pp. 52-64.

19. Shawn Tully, "Comeback Ahead for Railroads", *Fortune*, 13 de agosto de 1990, pp. 25-35.

20. Véase "Trucking Deregulation: A Ten-Year Anniversary", *Fortune*, 13 de agosto de 1990, pp. 25-35.

21. Véase Lewis M. Schneider, "New Era in Transportation Strategy", *Harvard Business Review*, marzo-abril de 1985, pp. 118-26.

22. Para una explicación más amplia, véase Norman E. Hutchinson, *An Integrated Approach to Logistics Management* (Englewood Cliffs, NJ: Prentice Hall, 1987), p. 69.

23. Basado en una ponencia del profesor Donald J. Bowersox, en la Universidad Estatal de Michigan, pronunciada el 5 de agosto de 1992.

CASO 14

ESTIPENDIOS PARA ADQUIRIR ESPACIO: EL COSTO DEL ACCESO AL MERCADO

Como muchas madres de mediados de la década de 1980, Mary Alice Bendini se preocupa por los hábitos alimenticios de sus hijos y quiere que ingieran alimentos sanos y nutritivos. Puede encontrar productos alimenticios aceptables en todas las categorías, menos en la de postres. A sus hijos les gusta llevar galletas a la escuela, pero en su tienda de abarrotes nunca encuentra galletas naturales que tengan buen sabor.

Al mismo tiempo que Mary Alice recorre infructuosamente los anaqueles de la tienda buscando las galletas naturales, Richard Worth, empresario del ramo de los alimentos naturales del otro lado de la ciudad, visita a Ed Buschard, comprador de abarrotes de la cadena de supermercados donde hace sus compras Mary Alice. Richard vende una galleta natural, endulzada con jugo de fruta, llamada Frookie. Ed Buschard, intrigado, prueba una Frookie

y admite que sabe bien. Pero existe un problema. Como casi todas las tiendas de abarrotes, la empresa de Ed es bombardeada con productos nuevos, hasta 26,000 productos en un año cualquiera. La mayor parte de ellos son simples copias o extensiones de línea; tamaños o sabores nuevos. No obstante, muchos de ellos fracasan y a las tiendas de abarrotes les cuesta muy caro incluir productos nuevos y retirar los que fracasan. La marca Frookie puede presentar incluso más riesgos, pues difiere mucho de las marcas existentes, no tiene antecedentes y no es fabricada por una empresa grande y conocida.

La empresa de Ed se ha encontrado ante esta disyuntiva muchas veces. Los clientes quieren productos nuevos, pero almacenar y retirar los productos nuevos aumenta los costos, lo cual eleva los precios al menudeo y, a su vez, puede perjudicar la posición competitiva del detallista, así como aumentar la insatisfacción de los consumidores. Para evitar estos incrementos de precios, la cadena ha empezado a cobrar "estipendios por espacio"; es decir, cuotas para dar a los productos nuevos espacio en los anaqueles y que permiten trasladar al fabricante parte de los costos de la adopción del producto nuevo.

Así, Ed le dice a Rich que incluirá la línea nueva de Frookie, si Rich está dispuesto a pagar el estipendio por espacio. La cadena de Ed cobra más de 10,000 dólares por artículo, aproximadamente lo mismo que el resto de la industria. Como Rich no cuenta con mucho capital, pero tiene algunas variedades, por ejemplo Avena 7 Granos, Jengibre y Chispas de Chocolate con Mandarina, no puede pagar los más de 40,000 dólares por concepto de estipendios para el espacio que requiere.

La siguiente persona que entra a la oficina de Ed es un representante de uno de los fabricantes de alimentos más grandes del país, una empresa con producción, distribución e instalaciones mercadotécnicas en todo el mundo. Cuando Ed plantea la cuestión del estipendio para espacio, el representante primero trata de que le rebaje la cuota, pero después acepta pagar la cantidad normal, a cambio de que se le conceda un buen lugar en los anaqueles, inclusive un exhibidor en la cabeza del pasillo durante las dos primeras semanas.

Estas situaciones ilustran un problema de los canales que se presenta con frecuencia. El flujo de los productos nuevos que se consideran necesarios para mantener e incrementar los ingresos de los fabricantes aumentan los costos del detallista. A su vez, el detallista le cobra a los fabricantes el espacio en los anaqueles para los productos nuevos. Esto, sin querer, puede producir una carga prohibitiva para los productores pequeños. En consecuencia, los productos nuevos se limitarían a las ofertas de empresas grandes, bien establecidas.

El éxito obtenido por los "estipendios para espacio" ha llevado a algunos detallistas a cobrar "cuotas por fracaso"; es decir, a imponer cargos por retirar de sus anaqueles los productos que fallan, así como a considerar la posibilidad de cobrar "cuotas anuales por renovación". Estos cargos podrían elevar los costos de promoción de los produc-

tos nuevos incluso hasta 44% dentro del presupuesto de mercadotecnia de un producto. Incluso las sociedades sólidas podrían carecer de capacidad para absorber cargos tan elevados. Por otra parte, quizá tendrían que trasladarle los costos a los consumidores mediante precios más altos.

Así las cosas, ¿qué hizo Richard Worth para conseguir espacio en los anaqueles? Regaló a los minoristas exhibidores independientes para los pasillos. Además, le vendió a los distribuidores parte de su empresa, con la idea de que los dueños-distribuidores al tener un interés, impulsarían el producto con más fuerza.

Como no todos los fabricantes pueden aplicar estas soluciones, algunos han encontrado canales alternativos para sus productos nuevos, canales que no cobran desaforadas cuotas por promociones ni estipendios por espacio. Las tiendas de fábrica, como el Sam's, el Price Club y Pace, representan una seria amenaza para los abarroteros tradicionales pues sus ventas están creciendo; alcanzaron alrededor de 35 mil millones de dólares de ventas en 1992. Con el crecimiento de este tipo de canal, los abarroteros podrían tener cada vez más dificultades para ejercer control en el canal tradicional de la distribución de alimentos.

PREGUNTAS

1. Resuma los atributos positivos y negativos de los estipendios para espacio, desde el punto de vista del detallista, el fabricante y el consumidor.

2. ¿Qué funciones paga el fabricante cuando paga estipendios para espacio? ¿Qué funciones absorbe el fabricante?

3. ¿Qué efectos tendrían los estipendios para espacio en los diversos tipos de sistemas de comercialización vertical?

4. ¿Cómo podrían los estipendios para espacio afectar la selección y la evaluación de los miembros del canal, en el caso de diferentes tipos de bienes?

5. ¿Qué amenazas plantea el canal alternativo para el canal de distribución tradicional de alimentos?

CASO EMPRESARIAL 14

LA ACÚSTICA DE LOS ICONOS: LA TRADICIÓN SUPERADA

El sueño

A semejanza de la mayor parte de los empresarios, Dave Fokos acaricia muchos sueños. Imagina que cientos de

clientes llaman a Icon Acoustics, en Billerica, Massachusetts, pidiendo sus bocinas estereofónicas, hechas al gusto de los consumidores. Sueña que las ventas se disparan, el

dinero abunda y cientos de felices trabajadores se empeñan en fabricar productos de primera calidad que deleitan a los clientes de Icon.

A semejanza de la mayor parte de los empresarios, Dave ha dedicado mucho tiempo a materializar su sueño. Todo empezó cuando cursaba sus estudios de ingeniería eléctrica en Cornell. Dave descubrió que tenía un claro interés por la ingeniería de sonido. Tomó cursos especiales en este campo y, al terminar su licenciatura, ya había diseñado y fabricado un par de bocinas estereofónicas que parecían comercializables. Al terminar sus estudios, Dave siguió con su interés por la ingeniería de sonido. Consiguió un empleo como diseñador de bocinas en Conrad-Johnson, un fabricante de equipo de sonido de primera línea en Fairfax, Virgina. En cuatro años, Dave había diseñado 13 modelos de bocinas y decidió constituir su propia empresa.

David encontró un nicho en el mercado que, en su opinión, no habían visto otras empresas del ramo de las bocinas. Este nicho estaba compuesto por "adictos al sonido", por personas amantes de la música que aprecian un equipo estereofónico de primera calidad. Estos clientes opulentos, con muchos estudios, están en verdad obsesionados con su equipo estereofónico. "Prefieren comprar un par de bocinas que comer", comenta Dave.

Dave enfrentó un problema medular: cómo distribuir los productos de Icon. Su experiencia en Conrad-Johnson le había enseñado que la mayor parte de los fabricantes distribuyen su equipo primordialmente por medio de distribuidores de estereofónicos. Dave no tenía muy buena opinión de la mayor parte de estos distribuidores; pensaba que muchas veces le jugaban rudo a los fabricantes, obligándoles a quedarse con márgenes muy pequeños. Es más, los distribuidores sólo se concentraban en un puñado de productores conocidos que ofrecían modelos producidos en masa. Esto impedía que las empresas que ofrecían productos más especializados pudieran tener acceso al mercado. Pero lo peor, según Dave, era que los distribuidores establecidos con frecuencia no vendían lo mejor para los clientes, sino lo que tenían en inventario ese mes.

Dave soñaba con ofrecer bocinas estereofónicas, de primera calidad, directamente a los obsesos del sonido, pasando por alto la red establecida de distribuidores. Al dirigirse directamente a los clientes, Dave podría evitar los recargos de los distribuidores y ofrecer productos y servicios de primerísima calidad a precios razonables. "En mi visión del futuro, todos los fabricantes venden sus productos directamente al usuario final. De tal manera, incluso los fonófilos de Dead Horse, Alaska podrán tener acceso a todo lo que puede ofrecer la comunidad fabricante de aparatos de sonido."

El plan

A los 28 años, Dave se lanzó a convertir sus sueños en una realidad. Algunos clientes que conocían el trabajo de Dave apoyaron su sueño con entusiasmo e invirtieron 189,000 dólares en Icon, a cambio del 40% de las acciones. Con este dinero y 10,000 dólares propios, Dave renunció a su trabajo en Conrad-Johnson y arrancó las operaciones de Icon, en instalaciones alquiladas en un parque industrial.

El mercado. Alrededor de 335 fabricantes de bocinas estereofónicas compiten en Estados Unidos, en el mercado de componentes de audio, que representa un valor de 3 mil millones de dólares. Alrededor de 100 de estos fabricantes venden en los segmentos bajo e intermedio del mercado, que representan 90% del volumen de unidades del mercado y alrededor del 50% de su valor. El precio de sus productos llega a 2,000 dólares, pero el promedio es del orden de 500 dólares, por un par de bocinas. Además de competir entre sí, los fabricantes estadounidenses también tienen que competir con empresas japonesas que ofrecen productos a precios asequibles.

Los otros 235 fabricantes, más o menos, compiten por el 10% restante del volumen de unidades del mercado y el 50% de su valor; es decir, por el extremo alto. Este es el segmento donde Dave espera encontrar a sus clientes. Los observadores de la industria señalan que la mayor parte de las sociedades que compiten en el extremo alto son pequeñas, desconocidas y tienen poco capital. Las empresas tienden a dedicar su dinero a desarrollar sus productos y no les queda mucho para la comercialización de los mismos.

La estrategia de mercadotecnia de Icon. Para atender el segmento de los adictos al buen sonido, Dave sólo ofrece bocinas de primerísima calidad. Ha creado dos modelos: el Lumen y el Parsec. Fabrica los dos modelos con piezas que, con frecuencia, cuestan hasta 10 veces más de lo que un fabricante de bocinas producidas en masa gastaría en componentes similares. El Lumen tiene 18 pulgadas de alto y pesa 26 libras y está diseñado para colocarse en una base. El Parsec, que va sobre el piso, tiene 47 pulgadas de alto y pesa 96 libras. Ambos modelos cuentan con gabinetes hechos a la medida, en nogal americano y roble, en color natural o negro. Dave puede producir y enviar dos pares de bocinas Lumen o un par de bocinas Parsec al día, por cuenta propia. A efecto de contar con un inventario adecuado de piezas, tiene que invertir 50,000 dólares de su capital en los costosos componentes.

Dave fijó un precio de 795 y 1,795 dólares para el par de bocinas Lumen y Parsec, respectivamente. Optó por estos precios calculando un margen bruto del 50%. Piensa que los distribuidores tradicionales venderían bocinas equivalentes al doble de precio al menudeo. Para realizar su sueño, Dave distribuye sus bocinas directamente a sus clientes, evitando el acostumbrado recargo del 50% de los distribuidores (como porcentaje del precio de venta) sobre el precio de fábrica. Los clientes pueden llamar a Icon, marcando el número 800 para llamadas gratis, para pedir las bocinas o para obtener asesoría directa de Dave. Icon cubre los costos de embarque y de devolución vía Federal Express; el viaje redondo para un par de Parsecs cuesta 486 dólares.

Dave ofrece cubrir el costo de la devolución porque una parte central de su estrategia promocional es una prueba de 30 días, sin obligación alguna, en casa del cliente. En sus anuncios Dave habla de "La audición de 43,200 minutos, sin presión de ningún tipo". Este periodo de prueba permite a los clientes escuchar el sonido de las bocinas en su entorno real antes de tomar la decisión de comprarlas. En la sala de exhibición de un distribuidor, el cliente debe escucharlas en un entorno artificial y, con frecuencia, se siente presionado para tomar una decisión rápida.

No obstante, antes de que los clientes en potencia llamen, tendrán que oír hablar de Icon y sentirse convencidos. Dave piensa que el cliente típico del extremo alto puede comprar las bocinas por motivos "irracionales": éste quiere un producto de calidad y sonido nítido, pero también quiere imagen. Por tanto, Dave ha tratado de crearse una imagen singular por medio del aspecto de las bocinas y reflejando esa imagen en toda la mercadotecnia de la empresa. Antes de escoger la empresa que le convenía, se entrevistó con siete empresas dedicadas al diseño gráfico. Invirtió más de 40,000 dólares en papelería propia, tarjetas de visita, un folleto y un solo anuncio de exhibición. Además diseñó una etiqueta laminada, que coloca justo arriba de la chapa dorada del enchufe en cada bocina. La etiqueta dice: "Esta bocina fue hecha a mano por [aquí se incluye manuscrito, de su propio puño y letra, el nombre del técnico que armó la bocina]. Hecho en los Estados Unidos de Norteamérica por Icon Acoustics, Inc., Billerica, Mass."

Para difundir información, Dave recurre a reseñas del producto en revistas especializadas y ferias del ramo, como la feria High End Hi-Fi de Nueva York. Los asistentes a la feria votan para elegir "El mejor sonido de la feria". En la votación, de entre 200 marcas, las bocinas Parsec de Icon obtuvieron un decimoquinto lugar. Entre las 10 marcas superiores, la menos cara fue un par con precio de 2,400 y los precios de otros seis sistemas estaban entre los 8,000 y los 18,000 dólares. Un articulista, en un número reciente de la revista *Stereophile*, evaluó las bocinas de Icon y dijo: "Su sonido general es sólido y dinámico, con un bajo particularmente potente. La calidad de las piezas y de la manufactura son de primera. Sin duda una empresa que se debe tener en cuenta".

A finales de 1991, Dave proyectó invertir en un elegante anuncio a cuatro tintas en *Stereo Review*, la revista para consumidores con mayor circulación (600,000).

EJEMPLO 14-1
Estado financiero de Icon Acoustics (miles de dólares)

	1991	1992	1993	1994	1995
Pares de bocinas vendidas	224	435	802	1,256	1,830
Total de ingresos por ventas	$303	$654	$1,299	$2,153	$3,338
Costo de las ventas:					
Materiales y empaque	$130	$281	$561	$931	$1,445
Transporte	$43	$83	$157	$226	$322
Total de costos de ventas	$173	$364	$718	$1,157	$1,767
Utilidad bruta	$130	$290	$581	$996	$1,571
Margen bruto	43 %	44 %	45 %	46 %	47 %
Egresos					
Adquisición de bienes y equipo	$3	$6	$12	$15	$18
Comercialización	$13	$66	$70	$109	$135
Generales y administrativos	$51	$110	$197	$308	$378
Reembolso de créditos	$31	$31	$0	$0	$0
Cuentas pendientes pagaderas	$30	$0	$0	$0	$0
Total de gastos	$128	$213	$279	$432	$531
Utilidad antes de impuestos	$2	$77	$302	$564	$1,040
Margen antes de impuestos	1 %	12 %	23 %	26 %	31 %

Asimismo espera otra reseña favorable en la revista *Stereophile*.

La realidad

Con sus pantalones vaqueros y sudadera con capucha, Dave suspende el montaje de una caja de cartón para un em-barque, se acerca una silla y se recarga contra el muro de concreto del área de producción. Al repasar las experiencias que ha tenido en su primer año de actividades, Dave se da cuenta que ha aprendido a sortear los obstáculos que enfrenta el empresario típico.

El primer obstáculo fueron los proveedores. Dave tuvo problemas de calidad con su primer proveedor de gabinetes. A continuación, se quedó sin un componente central, tras una confusión con otro proveedor. Después, su banco falló e impidió que los clientes de Icon pudieran usar sus tarjetas de crédito. Por último, a pesar de su interés por evitar el endeudamiento, tuvo que pedir un crédito bancario por 50,000 dólares. Los precios de sus gabinetes y algunos componentes subieron y las devoluciones de productos fueron más de las esperadas (19% en los pasados seis meses). Estos incrementos de precios y de costos ejercieron presión en los márgenes, obligando a Dave a subir los precios (a los que se mencionaron antes). A pesar del incremento de precios, sus márgenes se quedaron por abajo del objetivo del 50%.

No obstante, Dave está satisfecho con el avance logrado. Al parecer, el incremento de precios no ha afectado la demanda. Los pocos anuncios y la publicidad de boca en boca, al parecer, están funcionando. Dave recibe alrededor de cinco llamadas telefónicas al día y una de cada siete desemboca en una venta. Asimismo, Dave siente la presión de las muchas horas de trabajo y la poca retribución. No tiene capacidad para pagarse un sueldo alto; apenas 9,500 dólares en 1991.

Dave se estira y toma sus proyecciones más recientes del restirador (véase testimonio 14-1). Ha revisado sus proyecciones con base en los cambios recientes más importantes. Piensa que este año saldrá a mano y, después, la habrá hecho. Dave vuelve a colocar las proyecciones en el restirador y su mente vaga entre sus planes para introducir dos bocinas nuevas más, la Micron (2,495 dólares el par) y la Millennium (7,995 dólares el par). Además se pregunta si sus bocinas tendrán mercado en el exterior. En tal caso, ¿deberá usar la misma estrategia de comercialización directa para los mercados exteriores o deberá considerar la posibilidad de recurrir a distribuidores? El sueño continúa.

PREGUNTAS

1. ¿Qué funciones desempeñan los distribuidores tradcionales de estereofónicos?

2. ¿Por qué ha decidido Dave Fokos establecer un canal directo? ¿Qué objetivos y qué limitaciones han dado forma a su decisión?

3. ¿Qué necesidades de servicios tienen los clientes de Dave?

4. ¿Qué problemas enfrentará Dave como resultado de sus decisiones en cuanto al canal? ¿Qué cambios le recomendaría usted a Dave para su estrategia de distribución, en su caso? ¿Funcionará su estrategia en mercado exteriores?

5. ¿Qué otros cambios recomendaría usted para la estrategia mercadotécnica de Dave?

Fuente: Adaptado de "Sound Strategy", *INC.*, mayo de 1991, pp. 46-56. @ 1991 de Goldhirsh Group, Inc. Usado con autorización. Dave Fokos también proporcionó información para sustentar este caso.

15

*C*olocación de productos:
comercios detallista y mayorista

Cuando la escandinava IKEA (pronunciado *ai-key-ah*), la enorme fabricante de muebles, abrió su primera tienda en Estados Unidos en 1985, causó gran conmoción. El día de la inauguración, la gente llegaba a raudales a la tienda suburbana de Filadelfia, desde puntos tan distantes como Washington, D.C. El tránsito en las cercanías de la tienda abarcaba seis millas, y hubo un momento en que había tantos clientes en la tienda que la gerencia ordenó que cerraran las puertas hasta que saliera parte de la multitud. En la primera semana, la tienda IKEA fue visitada por 150,000 personas, las cuales gastaron más de 1 millón de dólares en muebles. Cuando se asentó la polvareda, la tienda seguía con un promedio de 50,000 clientes a la semana. Asimismo, cuando IKEA inauguró su tienda en Elizabeth, Nueva Jersey, a unas 15 millas de Manhattan, la respuesta por poco adquiere dimensiones de motín. En el primer día de actividades, la autopista de Nueva Jersey estaba atascada a lo largo de unas nueve millas, mientras 26,000 compradores se dirigían a la tienda nueva y generaban 1 millón de dólares en ventas, duplicando el récord del día de la inauguración de IKEA.

IKEA es una de entre una nueva clase de detallistas llamadas "asesinas de una categoría". Estas tiendas al detalle derivan su nombre de su estrategia de mercadotecnia: manejan una enorme variedad de mercancía en una sola categoría de productos, a precios tan buenos que aniquilan a la competencia. Las asesinas de una categoría ahora están atacando en toda una gama de industrias, inclusive las de los muebles, los juguetes, los discos, los artículos deportivos, los materiales para el hogar y los aparatos electrónicos de consumo.

Una tienda IKEA mide más o menos tres veces lo que un campo de futbol. Cada tienda maneja más de 6,000 artículos; todos ellos muebles o enseres domésticos, desde tarros para café, pasando por sofás de piel, hasta alacenas para cocina. IKEA vende muebles de diseño escandinavo "desmontables"; cada artículo es un juego, reducido a un empaque plano, que se arma en casa. Los consumidores recorren la cómoda zona de exhibición de la tienda, donde cada artículo tiene letreros y etiquetas que contienen su precio, detalles de su fabricación, instrucciones para armarlo, ubicación en el almacén adyacente e incluso qué otras piezas complementan el artículo. Los clientes sacan los artículos que desean de las pilas almacenadas, transportan los que eligen en grandes carritos y pagan a la salida, en cajas con gigantescos mostradores. La tienda también cuenta con un restaurante de precios razonables para los compradores que sienten hambre y los cansados padres pueden acudir a una zona de juegos para niños que cuenta con supervisión. Empero, lo más importante es que los precios de IKEA son muy bajos. La tienda funciona con base en una filosofía muy sencilla: proporcionar una amplia variedad de muebles para el hogar, de buen diseño y a precios que están al alcance de casi todo el mundo.

Aunque la primera asesina de categoría Toys 'R' Us surgió a finales de los años cincuenta, otros detallistas acaban de adoptar la idea. A diferencia de los clubes de bodegas y de otros detallistas de "descuento", que ofrecen los precios más bajos, pero pocas opciones dentro de una categoría dada cualquiera, los asesinos de categorías ofrecen una variedad exhaustiva de una línea. Toys 'R' Us lleva existencias de 18,000 juguetes diferentes, en tiendas del tamaño de un campo de futbol. Huge Sportmart ofrece 100,000 artículos deportivos, inclusive 70 tipos de sacos para dormir, 265 estilos de medias deportivas, 12,000 pares de zapatos y 15,000 anzuelos. Las tiendas de Tower Records manejan hasta 75,000 títulos; 25 veces más que el competidor promedio. Gran-den's, el asesino de categoría en el ramo de productos y muebles para el hogar, ofrece una variedad de 30 cafeteras, 25 planchas, 100 diseños de sábanas y 800 adminículos para cocina. Con estas variedades tan extensas, las asesinas de categorías generan enormes ventas que, con frecuencia, les permiten cobrar precios tan bajos como los de sus competidores de descuento.

Las asesinas de categorías tienen unos cuantos problemas. Por ejemplo, IKEA ha tenido ciertos problemas para manejar su enorme inventario, en ocasiones prometiendo demasiado a los clientes o incomodándolos. La expansión de las tiendas de la empresa también requiere enormes inversiones e inmensos mercados. Algunos clientes piensan que quieren obtener más servicios personales que los que ofrece IKEA o que el ahorro no vale el esfuerzo que se requiere para encontrar los productos en la inmensa tienda, sacarlos y armarlos en casa. A pesar de estos problemas, IKEA ha prosperado mucho más allá de los sueños de sus fundadores. Ahora cuenta con 95 tiendas en 23 países, que ganan más de 3.7 mil millones de dólares al año por concepto de ventas. Desde la inauguración de su primera tienda en Filadelfia, Estados Unidos, ha abierto otras tiendas en Washington, D.C., Baltimore; Pittsburgh; Elizabeth (Nueva Jersey); Long Island, y el Sur de California. En total, IKEA proyecta abrir 60 tiendas en todo el país en el transcurso de los próximos 25 años.

La mayor parte de los expertos en menudeo pronostican gran éxito para tiendas como IKEA. Un analista de las ventas al menudeo, Wallace Epperson, Jr. estima que "IKEA ganará cuando menos una participación del 15% de cualquier mercado al que entre y expandirá el mercado cuando lo haga". Si las palabras del señor. Epperson sirven de indicador, las perspectivas de IKEA son muy buenas. Epperson, al recorrer IKEA en su condición profesional, no pudo resistirse a la tienda. "Gasté 400 dólares —dijo—. Es increíble."[1]

AVANCE DEL CAPÍTULO

El capítulo 15 presenta una visión general de los detallistas, los comercializadores directos y los mayoristas.

En la primera parte del capítulo, se estudian las *tiendas detallistas* tradicionales, considerando diferentes formas de segmentar una tienda: por *cantidad de servicios* ofrecidos, *amplitud y longitud de la línea de productos, niveles relativos de precios, control de puntos de ventas* y *tipo de conglomerado de tiendas.*

A continuación, se considera el *comercio detallista sin tiendas,* inclusive diferentes formas de *comercialización directa* como la *comercialización por catálogo y por correo directo, las ventas por teléfono, las compras por televisión y electrónicas y la comercialización directa integrada.* El tema de la venta al detalle termina con una explicación de las *decisiones de mercadotecnia del detallista* y del futuro de la venta al detalle.

Por último, se examina a los mayoristas, inclusive a *los mayoristas mercantiles con servicios completos o servicios limitados, los corredores y las sucursales y los agentes de ventas de los fabricantes.* El capítulo termina con un análisis de las *decisiones de mercadotecnia de los mayoristas* y las tendencias del mayoreo.

El presente capítulo trata del *detalle* y el *mayoreo.* En la primera parte se analiza el carácter de la venta al detalle y su importancia, los tipos básicos de tiendas y detallistas que no operan en tiendas, las decisiones que toman los detallistas y el futuro de la venta al detalle. En la segunda parte, se analizan los mismos temas, pero en relación con los mayoristas.

LA VENTA AL DETALLE

¿Qué es la venta al detalle? Todos sabemos que Wal-Mart, Sears y Kmart son detallistas, pero también lo son los representantes de Avon, los Holiday Inn y un médico que visita a sus pacientes. La **venta al detalle** se refiere a todas las actividades que entraña la venta directa de bienes o servicios a los consumidores finales para uso personal, no comercial. Muchas instituciones, fabricantes, mayoristas y detallistas venden al detalle. Empero, los **detallistas** son los que se encargan de la mayor parte de las ventas al detalle; es decir, los negocios cuyas ventas se basan *primordialmente* en el detalle. Aunque la mayor parte de la venta al detalle ocurre

TABLA 15-1
Diferentes maneras de clasificar las tiendas detallistas

CANTIDAD DE SERVICIOS	LINEA DE PRODUCTOS VENDIDOS	IMPORTANCIA RELATIVA A LOS PRECIOS	CONTROL DE TIENDAS	TIPOS DE CONJUNTOS DE TIENDAS
Autoservicio	Tienda de especialidades	Tienda de descuento	Cadena de una sociedad	Zona comercial del centro
Servicios limitados	Tienda de departamentos	Detallistas con precios rebajados	Cadena voluntaria y cooperativa de detallistas	Centro de compras regional
Servicios completos	Supermercado	Sala de exhibición de catálogo	Organización de franquicias	Centro de compras de la comunidad
	Tienda de abarrotes		Conglomerado para la comercialización	Centro de compras del barrio
	Tienda combinada, supertienda e hipermercado			
	Negocio de servicios			

en tiendas detallistas, en años recientes ha crecido mucho el detalle ajeno a tiendas, por ejemplo las ventas por correo, por teléfono, los contactos de puerta en puerta, las máquinas expendedoras y numerosos medios electrónicos. Como el detalle de tiendas representa la mayor parte de las actividades detallistas, éste se analizará primero y, después, se verá el comercio detallista sin tiendas.

LAS TIENDAS DETALLISTAS

Las tiendas detallistas tienen infinidad de tamaños y formas, además siguen apareciendo nuevos tipos de detallistas. Estos se pueden clasificar de acuerdo con una o varias características: *la cantidad de servicios, la línea de productos, los precios relativos, el control de los puntos de venta y el tipo de conglomerado de tiendas.* La tabla 15-1 muestra estas clasificaciones y los tipos de detallistas correspondientes.

La cantidad de los servicios

Cada producto requiere una cantidad diferente de servicios y cada cliente prefiere diferentes servicios. Se hablará de tres niveles de servicios: autoservico, servicio limitado y servicio completo, así como de los tipos de detallistas que los usan.

Los **detallistas por autoservicio** aumentaron a gran velocidad en Estados Unidos durante la Gran Depresión, en la década de 1930. Los clientes estaban dispuestos a realizar sus propios procesos de "localizar-comparar-seleccionar" para ahorrarse dinero. En la actualidad, el autoservicio es la base de todos los negocios de descuento y, normalmente, lo usan los vendedores de bienes básicos (por ejemplo supermercados) y bienes de consumo que se mueven con rapidez y tienen marcas nacionales (por ejemplo salas de exhibición por catálogo como Best Products o Service Merchandise).

Los **detallistas con servicios limitados**, como Sears o J. C. Penney, ofrecen más ayuda para realizar las ventas, porque manejan más bienes de los cuales los clientes necesitan información para comprarlos. Asimismo, ofrecen servicios adicionales como crédito y devolución de mercancía que, por lo general, no ofrecen las tiendas con pocos servicios. El incremento de sus costos de operación resulta en precios más altos.

En el caso de los **detallistas con servicios completos,** como las tiendas especializadas y los almacenes de primera categoría, los vendedores ayudan a los clientes en todas las fases del proceso de compra. Las tiendas con servicios completos suelen manejar más bienes especializados y artículos que se mueven con más lentitud, por ejemplo, cámaras, alhajas y modas, y a los clientes les gusta que los "atiendan" para comprarlos. Cuentan con políticas más liberales para las devoluciones, diversos planes de crédito, entrega gratis, servicios a domicilio e instalaciones como salas de descanso y restaurantes. La gran cantidad de servicios

Las tiendas especializadas están floreciendo; éstas ofrecen productos de primera calidad, ubicaciones cómodas, horarios amplios y servicios magníficos.

resulta en costos de operación mucho más elevados, los cuales se trasladan a los clientes en forma de precios más altos.

La línea de productos

Los detallistas también se pueden clasificar con base en la amplitud y la longitud de su variedad de productos. Entre los tipos más importantes de detallistas se cuentan *las tiendas especializadas, las tiendas de departamentos, los supermercados, las tiendas de abarrotes, las supertiendas y los negocios de servicios.*

Las tiendas especializadas

Una **tienda especializada** maneja una línea reducida de productos, con muchas variedades dentro de esa línea. Algunos ejemplos serían las tiendas que venden artículos deportivos, muebles, libros, aparatos electrónicos, flores o juguetes. Además, las tiendas especializadas se pueden clasificar de acuerdo con la limitación de sus líneas de productos. Por ejemplo, una tienda de ropa es una *tienda de una sola línea*, una tienda de ropa masculina es una *tienda de línea limitada* y una tienda de camisas hechas a la medida es una *tienda superespecializada.*

En la actualidad, las tiendas especializadas están floreciendo por varias razones. La mayor segmentación del mercado, la selección del mercado meta y la especialización por productos han creado la necesidad de tiendas concentradas en productos y segmentos específicos. Además, debido a que el estilo de vida de los consumidores ha ido cambiando y a que cada vez hay más hogares con dos fuentes de ingresos, muchos consumidores cuentan con más recursos, pero con menos tiempo para comprar. Estos consumidores se sienten atraídos por tiendas especializadas que les ofrecen productos de gran calidad, ubicaciones cómodas, horarios amplios, servicio excelente y la posibilidad de entrar y salir rápidamente.

Las tiendas de departamentos

Una **tienda de departamentos** maneja una amplia variedad de líneas de productos; por lo regular, ropa, accesorios domésticos y bienes para el hogar. Cada línea es manejada como si se tratara de un departamento independiente, administrado por compradores o comercializadores especializados. Algunos ejemplos de tiendas de departamentos muy conocidas serían Bloomingdale's, Marshall Field y Filene's. Las *tiendas de departamentos especializadas* sólo manejan ropa, zapatos, cosméticos, maletas y regalos; algunos ejemplos serían Saks Fifth Avenue e I. Magnin.

Las tiendas de departamentos crecieron a gran velocidad durante la primera mitad del presente siglo. Sin embargo, después de la Segunda Guerra Mundial, empezaron a perder terreno ante otros tipos de detallistas, incluyendo las tiendas de descuento, las cadenas de tiendas especializadas y los detallistas con "rebajas". El tránsito, los problemas de estacionamiento y la decadencia general del centro de las ciudades, donde muchas tiendas de departamentos habían hecho sus grandes inversiones, provocaron que las compras ahí resultaran menos atractivas. En consecuencia, muchas tiendas de departamentos cerraron sus puertas o se fusionaron con otras.

PUNTOS IMPORTANTES DE LA MERCADOTECNIA 15-1

ESO ES LO QUE SE LLAMA UN BUEN SERVICIO

En el siguiente relato, una turista estadounidense en Japón describe la experiencia que vivió al comprar en Odakyu, la tienda de departamentos.

La última vez que mi esposo y yo estuvimos en Tokyo compramos un souvenir: un tocadiscos DC Sony. La transacción en Odakyu, la tienda de departamentos, nos tomó siete minutos, incluyendo el tiempo que necesitamos para encontrar el departamento indicado y el que tuvimos que esperar mientras el vendedor llenaba otra nota de compra, porque había escrito mal el nombre de mi marido en la primera.

Mis suegros, que eran nuestros anfitriones en la ciudad de Sagamihara, cerca de ahí, tenían muchas ganas de ver lo que había comprado su hijo, así que, al día siguiente, él abrió el paquete. Sin embargo, cuando trató de usar el tocadiscos, éste no funcionó. Nos asomamos a su interior. ¡No tenía entrañas! Mi marido invirtió el tiempo hasta las 10:00, hora en que abriría Odakyu, para practicar sus manifestaciones de indignación, caso raro en ese país. Sin embargo, faltando un minuto para las 10:00 una llamada de la tienda impidió que lo hiciera.

Mi suegra contestó la llamada y tuvo que separar el auricular de su oreja para que no la inundaran todos los términos honoríficos pronunciados en japonés. El subdirector de Odakyu se dirigía hacia nuestra casa con otro tocadiscos.

50 minutos después, un taxi se detenía a la puerta de la casa y de él salieron el subdirector y un empleado menor lleno de paquetes y un block de notas. En la antesala los dos hombres se deshicieron en caravanas.

El joven seguía inclinado mientras leía las notas de un registro que señalaba el avance de sus actividades para rectificar el error, a partir de las 4:32 P.M. del día anterior, cuando el vendedor avisó a los empleados de seguridad de la tienda que [detuvieran] a mi marido en la puerta. Como no pudieron hacerlo, el vendedor acudió a su supervisor, quien a su vez acudió a su supervisor, hasta que se armó todo un equipo de emergencia, con todo y el subdirector, siguiendo las únicas pistas: un nombre y el número de una tarjeta de American Express. El vendedor, que recordó que el cliente le había preguntado si podría usar el tocadiscos en Estados Unidos, llamó a 32 hoteles de Tokyo y cercanías para saber si tenían registrado a un Sr. Kitasei. Cuando esto no dio resultado, la Odakyu giró órdenes para que un miembro del equipo se quedara hasta las 9 P.M. para llamar a la oficina central de American Express en Nueva York. American Express le dio nuestro número telefónico de Nueva York. Pasadas las 11:00 de la noche, el hombre habló con mis padres, que estaban en mi departamento y mi madre le dio el número telefónico de mis suegros.

El joven levantó la vista de sus notas y nos entregó, además del tocadiscos de 280 dólares, un juego de toallas, una caja de galletas y un disco de Chopin. Tres minutos después de su llegada, la exhausta pareja se volvió a subir al taxi que estaba esperando a la puerta. El subdirector, de repente, regresó. Se le había olvidado pedir disculpas a mi marido porque había tenido que esperar mientras el vendedor repetía el talón de compra, pero esperaba que fuéramos comprensivos pues se trataba del primer día de trabajo del joven.

Fuente: Reproducido de Hilary Hinds Kitasei, "Japan's Got Us Beat in the Service Department, Too", *The Wall Street Journal*, 30 de julio de 1985, p. 10. Reproducido con autorización. @ 1985, Dow Jones & Company, Inc. Todos los derechos mundiales reservados.

En los pasados decenios, las tiendas de departamentos han estado librando una "guerra por volver". La mayor parte de ellas han abierto tiendas en los suburbios y muchas han incluido "sótanos con gangas" para enfrentarse a la amenaza de los detallistas de descuento. Otras más han remodelado las tiendas o han montado "boutiques" u otras modalidades que compiten con las tiendas especializadas. Muchas están intentando las ventas por teléfono y por correo. Sin embargo, las tiendas de departamentos siguen enfrentando problemas en la competencia con las tiendas especializadas, más centradas y flexibles, por una parte, y con las tiendas de descuento, más eficientes y con precios más bajos, por la otra.

Los servicios siguen siendo el factor clave de la diferencia. Muchas tiendas de departamentos, como Nordstrom's y Neiman Marcus, están restaurando la importancia del servicio, en un esfuerzo por retener a los viejos clientes y conseguir otros nuevos. Cuando se trata de servicio, la mayoría de los detallistas podrían aprender una lección de Odakyo, la tienda japonesa de departamentos (véase Puntos Importantes de la Mercadotecnia 15-1).

En años recientes, muchas grandes cadenas de tiendas de departamentos se han unido a la competencia, en lugar de pelearse con ella, diversificándose en tiendas de descuento y especializadas. Por ejemplo, Dayton-Hudson, opera Target (tiendas de descuento), Mervyn's (ropa barata), B. Dalton (libros) y muchas otras cadenas además de sus Dayton's, Hudson's y otras tiendas de departamentos. Estos negocios de descuento y especializados representan ahora mucho más del 80% del total de ventas de la empresa.[2]

Los supermercados

Los **supermercados** son las tiendas de autoservicio, más grandes, con menos costos, márgenes más estrechos y volumen más grande, que manejan una gran variedad de productos alimenticios, de limpieza y para el hogar. La mayor parte de los supermercados de Estados Unidos son propiedad de cadenas de supermercados como Safeway, Kroger, A&P, Winn-Dixie, Publix, Food Lion y Jewel. Las cadenas representan casi el 70% del total de ventas de los supermercados.

Los primeros supermercados introdujeron los conceptos del autoservicio, torniquetes de paso a la entrada y cajas en los mostradores de salida. El crecimiento de los supermercados se inició en la década de 1930 y creció a gran velocidad durante varios decenios. No obstante, hoy, las ventas de la mayoría de los supermercados están registrando poco crecimiento debido a que el crecimiento de la población ha disminuido y a que la competencia por parte de tiendas de abarrotes, tiendas de descuento y supertiendas ha aumentado. Asimismo, se han visto afectados por el veloz crecimiento de la costumbre de comer fuera de casa. Por tanto, los supermercados están buscando la manera de aumentar sus ventas. Ahora, muchas cadenas incluyen menos tiendas, pero más grandes. Practican la "comercialización miscelánea", manejando muchos productos no comestibles, productos para la belleza y para el hogar, juguetes, farmacia, electrodomésticos, videocaseteras, artículos deportivos, artículos de jardín, con la esperanza de encontrar líneas que tengan márgenes grandes y les sirvan para mejorar sus utilidades.

Los supermercados también están mejorando sus instalaciones y sus servicios con miras a atraer a más clientes. Algunas mejoras típicas son la ubicación en puntos más accesibles, mejor decoración, horarios más largos, aceptación de cheques, entregas o incluso atención de infantes. Aunque los consumidores siempre han esperado que los supermercados les ofrezcan buenos precios, estén ubicados en puntos cómodos y les permiten salir sin tardanza, hoy, los compradores de alimentos son más sofisticados y quieren obtener más. Por tanto, algunos supermercados están "subiendo de escala" en el mercado y ofrecen productos de panadería, así como departamentos de salchichonería y de pescados y mariscos frescos. Otros están recortando costos, estableciendo operaciones más eficientes y bajando los precios, a efecto de competir con más eficacia con las tiendas que ofrecen descuento en alimentos. Por último, muchas cadenas grandes de supermercados para atraer a más clientela, están empezando a adaptar sus tiendas a barrios específicos. Están ciñendo el tamaño de la tienda, la variedad de productos, los precios y las promociones a las necesidades económicas y étnicas de los mercados locales.

Las tiendas de abarrotes

Las **tiendas de abarrotes** son tiendas pequeñas que manejan una línea limitada de bienes básicos, de mucha rotación. Algunos ejemplos serían las tiendas 7-Eleven, Circle K y Stop-N-Go. Estas tiendas se ubican cerca de zonas residenciales y están abiertas muchas horas, los siete días de la semana. Las tiendas de abarrotes tienen que cobrar precios altos para compensar sus elevados costos de operación y su menor volumen de ventas. Empero, satisfacen una necesidad importante de los consumidores. Los consumidores recurren a las tiendas de abarrotes para "completar" sus compras en horas inhábiles o cuando tienen poco tiempo y están dispuestos a pagar por esa comodidad. El número de tiendas de abarrotes pasó de unas 2,000 en 1957 a más de 80,000 en 1989.

Sin embargo, a últimas fechas, la industria de las tiendas de abarrotes ha sufrido por exceso de capacidad, pues su mercado primario, los hombres jóvenes

Muchos operadores de tiendas de abarrotes están aplicando la microcomercialización. Por ejemplo, una tienda Stop-N-Go en un barrio opulento (izquierda) maneja víveres frescos, salsas de gourmet para pastas, agua de Evian y vinos caros. Una tienda Stop-N-Go en un barrio hispano (derecha) maneja revistas en español y otros artículos que satisfacen las necesidades específicas de los clientes hispanos.

y trabajadores, ha disminuido. En consecuencia, muchos operadores de tiendas de abarrotes están rediseñando sus tiendas, con la mente puesta en clientes del sexo femenino. Están cambiando los colores, abandonando los videojuegos, mejorando los estacionamientos y el alumbrado y poniendo precios más competitivos. Las principales cadenas de tiendas de abarrotes también están probando la micromercadotecnia; es decir, adaptar la mercancía de cada tienda a las necesidades específicas del barrio circundante. Por ejemplo, un Stop-N-Go en un barrio opulento maneja productos frescos, salsas de gourmet para pastas, agua de Evian y vinos caros, mientras que una tienda en un barrio hispano maneja revistas en español. Con estas medidas, las tiendas de abarrotes esperan diferenciarse claramente de otros tipos de tiendas de alimentos, al tiempo que se adaptan al acelerado ritmo de vida de los consumidores contemporáneos.[3]

Las supertiendas, las tiendas combinadas y los hipermercados

Las supertiendas, las tiendas combinadas y los hipermercados son más grandes que el supermercado convencional. El tamaño de las **supertiendas** es casi el doble que el del supermercado normal y manejan una amplia variedad de productos comestibles y no comestibles. Ofrecen servicios de tintorería, correo, fotografía, pago de cheques, pago de cuentas, mostradores para comer, atención de autos y atención de mascotas. Debido a su gran variedad, los precios de las supertiendas son entre 5 y 6% más altos que los de supermercados convencionales.

Muchas cadenas importantes están optando por las supertiendas. Algunos ejemplos son Safeway Pak y Pathmark Super Centers. Casi 80% de las tiendas Safeway nuevas que se abrieron en los últimos años son supertiendas. En 1975 a las supertiendas les correspondió casi 3% del total de ventas de alimentos en tiendas, pero hacia 1986 el guarismo aumentó a 26%. Ese mismo año, 39% de todas las tindas que venden abarrotes y alimentos abrieron nuevas sucursales.

Las **tiendas combinadas** son tiendas que combinan alimentos y medicinas. En promedio, son del tamaño de un campo de futbol y medio, más o menos el doble que el de las supertiendas. Algunos ejemplos serían el Family Mart de A&P y Kroger-Sav-On. Las tiendas combinadas captan menos del 5% de las actividades de las tiendas de alimentos, pero representan el 21% de las nuevas tiendas de abarrotes que se inauguran.

Los **hipermercados** son incluso más grandes que las tiendas combinadas, quizá sean tan grandes como *seis* campos de futbol. Combinan el comercio detallista del supermercado, el almacén de descuento y la tienda de bodega. Un hipermercado típico puede tener hasta 50 cajas de salida. Manejan algo más que los bienes que se compran en forma rutinaria, también venden muebles, electrodomésticos, ropa y muchas otras cosas. El hipermercado opera como una bodega. Los productos están colocados en "canastas" de alambre y almacenados en anaqueles metálicos; durante el horario de ventas, hay grúas recorriendo y resurtiendo los anaqueles. La tienda concede descuentos a los clientes, quienes son los encargados de sacar sus propios aparatos y muebles de la tienda. Algunos ejemplos serían Bigg's en Cincinnati, Ralph's Giant Stores en el Sur de California y Carrefour en Filadelfia.

Los hipermercados han crecido a gran velocidad en Europa. Sin embargo, aunque detallistas importantes como K-mart y Wal-Mart han probado manejar hipermercados, las gigantescas tiendas todavía no prenden en Estados Unidos. La principal ventaja de los hipermercados, su tamaño, también puede ser su mayor inconveniente para algunos clientes. A muchas personas, sobre todo las de edad más avanzada, les molesta caminar tanto. A pesar de su tamaño y el volumen de sus ventas, la mayor parte de los hipermercados sólo cuentan con una variedad limitada de productos. Las encuestas arrojan que los clientes obtienen 25% menos satisfacción con los hipermercados que con los supermercados convencionales, lo que hace que la mayor parte de los expertos manifiesten escepticismo en cuanto al futuro de estas tiendas gigantescas.[5]

Los negocios de servicios

Para algunos negocios, la "línea de productos" es un servicio. Los detallistas de servicios incluyen hoteles y moteles, bancos, líneas aéreas, universidades, hospitales, cines, teatros, clubes de tenis, boliches, restaurantes, talleres de reparación, salones de belleza y tintorerías. Los detallistas de servicios en Estados Unidos están creciendo a más velocidad que los detallistas de productos y cada una de las industrias de servicios tiene su propio drama en el comercio al detalle. Los bancos buscan formas nuevas para distribuir sus servicios, inclusive cajeros automáticos, depósitos directos y servicios bancarios por teléfono. Las organizaciones del ramo de la salud están cambiando la forma para que los consumidores reciban y paguen los servicios. La industria de la diversión ha generado Disney World y otros parques y H&R Block ha creado una red de franquicias para que los consumidores paguen lo menos posible al tío Sam.

Los precios relativos

Los detallistas también se pueden clasificar de acuerdo con los precios que cobran. La mayoría de los detallistas cobran precios medios y ofrecen bienes normales de calidad y servicio a clientes. Algunos ofrecen bienes y servicios de más calidad a precios más altos. Los detallistas que tienen precios bajos son las tiendas de descuento, los detallistas con "rebajas" y las salas de exhibición con catálogos.

La tienda de descuento

Una **tienda de descuento** vende mercancía normal a precios más bajos, porque acepta márgenes más estrechos y vende mayor volumen. La aplicación de descuentos ocasionales y ofertas no convierte a la tienda en una de descuento. Una verdadera tienda de descuento vende *regularmente* su mercancía a precios más bajos y, en su mayor parte, ofrece marcas nacionales, pero no bienes de menor calidad. Las primeras tiendas de descuento redujeron sus gastos instalándose en estructuras tipo bodega, con renta baja en distritos muy transitados. Destrozaron los precios, se hicieron mucha publicidad y manejaban una serie de productos de amplitud y longitud razonables.

En años recientes, ante la intensa competencia de otras tiendas de descuento y departamentos, muchos detallistas de descuento se han "refinado". Han mejorado la decoración, han sumado líneas y servicios nuevos y abierto sucursales en los suburbios, todo lo cual ha conducido a costos y precios más altos. Además, como algunas tiendas de departamentos han bajado sus precios para competir con las tiendas de descuento, la diferencia entre muchas tiendas de descuento y de departamentos resulta borrosa. En consecuencia, varias tiendas de descuento importantes desaparecieron en la década de 1970 porque perdieron su ventaja en los precios. Además muchas tiendas detallistas de departamentos han mejorado la calidad de sus tiendas y servicios, volviendo a diferenciarse de las tiendas de descuento que han aplicado mejoras.

Los detallistas con precios rebajados

Cuando las tiendas de descuento más importantes se mejoraron, una nueva oleada de **detallistas con precios rebajados** subieron un peldaño para llenar la laguna del precio bajo y el gran volumen. Las tiendas de descuento normales compran a precios normales al mayoreo y aceptan márgenes más estrechos con el propósito de mantener bajos los precios. Por el contrario, los detallistas con precios rebajados compran a precios de mayoreo inferiores a los normales y cobran a los consumidores menos que los detallistas. Estas suelen manejar una colección cambiante e inestable de mercancía de gran calidad, con frecuencia excedentes, productos descontinuados y defectuosos, que los fabricantes y otros detallistas les venden a precios bajos. Los detallistas con precios rebajados han avanzado un largo trecho en el ramo de la ropa, los accesorios y el calzado. Sin embargo, operan en todos los campos, desde la banca sin servicios extra, hasta corretaje con descuento y las tiendas de alimentos y aparatos electrónicos.

Los tres tipos principales de detallistas con precios rebajados son las *tiendas de fábrica, los independientes* y *los clubes de bodega*. Las **tiendas de fábrica** son propiedad de los fabricantes y son operadas por ellos mismos y suelen manejar los productos excedentes, descontinuados o defectuosos de los fabricantes. Algunos ejemplos serían The Burlington Coat Factory Warehouse, Manhattan's Brand Name Fashion Outlet y las tiendas de fábrica de Levi Strauss, Carter's y Ship'n Shore. En ocasiones, estas tiendas se agrupan en *centros comerciales de tiendas de fábrica* y *centros de valor al menudeo*, donde docenas de tiendas ofrecen precios al detalle hasta 50% más baratos y en una amplia gama de artículos. Así como los centros comerciales de tiendas están compuestos primordialmente por tiendas de fábrica, los centros de valor al detalle combinan tiendas de fábrica y tiendas detallistas con rebajas, así como tiendas de departamentos para vender saldos. La cantidad de centros comerciales con tiendas de fábrica pasó de menos de 60 en 1980 a unos 280 en 1991, convirtiéndose en una de las áreas del menudeo con mayor crecimiento. Ahora, los centros están subiendo de escala, manejando marcas como Esprit y Liz Claiborne, llevando a las tiendas de departamentos a protestar con los fabricantes de estas marcas. Dado que tienen costos más altos, las tiendas de departamentos tienen que cobrar más que las tiendas de rebaja. Los fabricantes contestan que envían las mercancías del año anterior y segundas a los centros comerciales de tiendas de fábrica y no la mercancía nueva que entregan a las tiendas de departamentos. Los centros también están ubicados lejos de las zonas urbanas, haciendo que llegar a ellos resulte más difícil. No obstante, las tiendas de departamentos están preocupadas porque cada vez hay más compradores dispuestos a realizar largos recorridos los fines de semana para abastecerse de mercancía de marca, con ahorros considerables.[6]

Los clubes de bodegas funcionan en enormes instalaciones, tipo barracón, tienen pocos gastos fijos y los clientes mismos tienen que llevar los enormes artículos a la cola de las cajas de salida. Sin embargo, estos clubes ofrecen precios muy bajos.

Los comercios **detallistas independientes con precios rebajados** son propiedad de los empresarios o están administrados por ellos, también son divisiones de sociedades detallistas más grandes. Aunque muchos de los negocios con precios rebajados son administrados por detallistas independientes pequeños, las mayor parte de los negocios de rebajas son propiedad de cadenas detallistas más grandes. Algunos ejemplos serían Loehmann's (propiedad de Associated Dry Goods, dueño de Lord & Taylor), Filene's Basement (Federated Department Stores) y T.J. Maxx (Zayre).

Los **clubes de bodegas** (o *clubes de mayoristas* o *bodegas de socios*) venden una variedad limitada de artículos alimenticios de marca, aparatos eléctricos, ropa y un batiburrillo de bienes, con grandes descuentos, a socios que pagan entre 25 y 50 dólares al año por su inscripción. Algunos ejemplos serían Price Club, Sam's Wholesale Club, BJ's Wholesale Club, Pace Membership Warehouse y Costco. Los clubes de mayoreo operan en inmensas instalaciones, tipo bodega, con pocos gastos fijos, y ofrecen pocos extras. Muchas veces, las tiendas están llenas de corrientes en invierno y resultan sofocantes en verano. Los clientes tienen que cargar los muebles, aparatos pesados y demás artículos grandes a la cola de las cajas de salida. Estos clubes no entregan a domicilio ni aceptan tarjetas de crédito. Sin embargo, sí ofrecen precios muy bajos, normalmente entre 20 y 40% más bajos que los de supermercados y tiendas de descuento.

Los vendedores detallistas con descuento florecieron a principios de la década de 1980, pero la competencia se ha endurecido conforme ha ido aumentando la cantidad de detallistas con rebajas que entran al mercado. En fecha reciente, el crecimiento de las ventas al detalle con rebaja disminuyó un poco debido a las efectivas contraestrategias usadas por las tiendas de departamentos y las tiendas normales de descuento. No obstante, los detallistas con rebajas siguen siendo una fuerza vital y creciente dentro del menudeo moderno.

Las salas de exhibición con catálogos

Una **sala de exhibición con catálogo** vende una gran variedad de artículos con alto margen de utilidad y de marca, que se mueven rápido, a precios con descuento. Estos incluyen alhajas, herramienta eléctrica, cámaras, equipaje, aparatos eléctricos pequeños, juguetes y artículos deportivos. Las salas de exhibición con catálogo ganan dinero porque recortan sus costos y márgenes, con el propósito de ofrecer precios bajos que producen un volumen mayor de ventas. La industria de las salas de exhibición con catálogo está encabezada por empresas como Best Products y Service Merchandise.

Surgidas a finales de la década de 1960, las salas de exhibición con catálogo se convirtieron en una de las nuevas formas de ventas más populares. Empero, en años recientes, han estado luchando por conservar su parte del mercado detallista. Por una parte, las tiendas de departamentos y los detallistas de descuento, están registrando ventas regulares, que se comparan con los precios de las salas. Además, los detallistas con rebajas siempre ofrecen mejores precios que los de las salas de exhibición con catálogo. En consecuencia, muchas cadenas de salas están ampliando sus líneas, haciéndose más publicidad, renovando sus tiendas y añadiendo servicios para captar más negocios.

El control de los puntos de venta

Alrededor del 80% de las tiendas detallistas son independientes y representan dos tercios del total de las ventas al detalle. Otras formas de propiedad son la *cadena corporativa,* la *cadena voluntaria y la cooperativa detallista,* la *organización de franquicias* y el *conglomerado para la comercialización.*

La cadena corporativa

La cadena de tiendas representa uno de los avances más importantes logrado por el comercio detallista en el presente siglo. Las **cadenas de tiendas** están compuestas por dos o más puntos de venta que, por regla general, son propiedad y están controladas por la sociedad, emplean métodos de adquisición y comercialización centrales y venden líneas similares de mercancía. Hay cadenas corporativas en todos los tipos del menudeo, pero las más fuertes son las de tiendas de departamentos, las tiendas variadas, las tiendas de alimentos, las farmacias, las zapaterías y las tiendas de ropa femenina. Las cadenas corporativas tienen muchas ventajas sobre los detallistas independientes. Su tamaño les permite comprar cantidades muy grandes a precios muy bajos. Además, se pueden dar el lujo de contratar a administradores especialistas en aspectos como precios, promociones, comercialización, control de inventarios y pronósticos de ventas. Además, las cadenas tienen economías en su promoción, porque sus costos de publicidad se reparten entre muchas tiendas y un gran volumen de ventas.

La cadena voluntaria y la cooperativa detallista

El gran éxito de las cadenas corporativas hizo que muchos detallistas independientes se reunieran en grupos, formando uno de dos tipos de asociación contractual. Uno es la *cadena voluntaria*, es decir, un grupo de detallistas independientes patrocinado por mayoristas, que compran en grupo y comercializan en común. Algunos ejemplos incluyen la Independent Gocers Aliance (IGA), Sentry Hardwares y Western auto. La otra forma de asociación contractual es la *cooperativa detallista*, es decir, un grupo de detallistas independientes que se reúnen para montar una operación central de mayoreo, de propiedad en comandita, que realiza actividades de comercialización y promoción en conjunto. Algunos ejemplos incluyen Associated Grocers y True Value Hardware. Estas organizaciones permiten a los detallistas independientes economías en la adquisición y la promoción que les son necesarias para enfrentar los precios de las cadenas corporativas.

La organización de franquicias

Una **franquicia** es una sociedad contractual entre un fabricante, un mayorista o una organización de servicios (el otorgante de la franquicia) y empresarios independientes (los franquiciatarios) que adquieren el derecho de poseer y operar una o varias unidades del sistema de franquicias. La diferencia principal entre una franquicia y otros sistemas contractuales (cadenas voluntarias y cooperativas detallistas) es que el sistema de franquicias normalmente se basa en algún producto o servicio singular, en un método para realizar las actividades o en un nombre de marca, proceso o patente que el fanquiciador ha desarrollado. Las franquicias han tenido un desempeño notable en el campo de la comida rápida, los moteles, las gasolineras, las tiendas de videos, los gimnasios, el alquiler de autos, los salones de belleza, los bienes raíces, las agencias de viajes y docenas más de productos y servicios.

La retribución que recibe el franquiciatario puede incluir una cuota inicial, regalías sobre ventas, cuotas por arrendamiento de equipo y participación de utilidades. Por ejemplo, los franquiciatarios de McDonald's pueden invertir hasta 600,000 dólares por concepto de costos iniciales para echar a andar una franquicia. A continuación, McDonald's cobra una cuota de 3.5% por servicios y, por concepto de renta, carga el 8.5% sobre el volumen del franquiciatario. Además requiere que los franquiciatarios asistan a la Universidad de las Hamburguesas durante tres semanas para aprender a manejar el negocio.[7]

El conglomerado para la comercialización

Los **conglomerados para la comercialización** son sociedades que combinan varias formas de menudeo bajo un dominio central y que comparten algunas funciones de distribución y administración. Algunos casos serían Dayton-Hudson, J. C. Penney y F. W. Woolworth. Por ejemplo, F. W. Woolworth además de su variedad de tiendas, opera 28 cadenas especializadas, inclusive Kinney Shoe Stores (zapaterías), Afterthoughts (bisutería y bolsas de mano), Face Fantasies (cosméticos baratos), Herald Square Stationers, Frame Scene, Foot Locker (calzado deportivo) y Kids Mart. El menudeo diversificado, que proporciona mejores sistemas de administración y economías para beneficio de todos los negocios detallistas por separado, seguramente aumentará durante la década de 1990.

El tipo de conjunto de tiendas

La mayor parte de las tiendas se agrupan con el propósito de tener más fuerza de atracción de clientes y ofrecer a los consumidores la comodidad de comprar todo de una vez. Los tipos principales de conglomerados de tiendas son el *distrito comercial del centro* y el *centro comercial*.

El distrito comercial del centro

Los distritos comerciales del centro fueron la forma principal de conglomerados detallistas hasta la década de 1950. Toda ciudad o población grande tenía un distrito comercial en el centro, con tiendas de departamentos, tiendas especializadas, bancos y cines. Sin embargo, cuando la gente empezó a cambiarse a los suburbios, estos distritos comerciales del centro, con sus problemas de tránsito, estacionamiento y delincuencia, empezaron a perder negocios. Los comerciantes del centro abrieron sucursales en los centros comerciales de los suburbios y no tardó en llegar el ocaso de los distritos comerciales del centro. En años recientes, muchas ciudades grandes se han unido a los comerciantes para tratar de revivir las zonas comerciales del centro, construyendo centros comerciales y estacionamientos subterráneos. Algunos distritos comerciales del centro han resurgido y otros siguen un ocaso lento y posiblemente irreversible.

El centro comercial

Un **centro comercial** es un grupo de negocios detallistas proyectados, desarrollados, poseídos y administrados como una sola unidad. El *centro de compras regional* es el centro de compras más grande y llamativo, es como una pequeña zona comercial del centro. Normalmente contiene entre 40 y 100 tiendas y atrae a clientes de una zona muy amplia. Los centros comerciales regionales más grandes, con frecuencia, cuentan con varias tiendas de departamentos y una amplia variedad de tiendas especializadas en diversos niveles de compras. Muchos centros han incluido nuevos tipos de detallistas: dentistas, gimnasios e incluso sucursales de librerías.

Un *centro de compras comunitario* contiene entre 15 y 50 tiendas detallistas. Normalmente cuenta con alguna sucursal de una tienda de departamentos o un almacén general, un supermercado, tiendas especializadas, oficinas de profesionales y, en ocasiones, un banco. La mayor parte de los centros comerciales son *centros de compras de barrio* y suelen contener entre 5 y 15 tiendas. Están cerca de los consumidores y les resultan cómodos. Por regla general contienen un supermercado, quizás una tienda de descuento y varias tiendas de servicios: tintorería, lavandería, farmacia, videorrentas, peluquero y salón de belleza, ferretería y otras tiendas. Estos centros de barrios representan 87% de los centros de compras y 51% de las ventas al detalle de los centros comerciales.[8]

En combinación, los centros comerciales representan alrededor de la tercera parte de las tiendas detallistas, pero quizás hayan llegado al punto de saturación. Por ejemplo, entre 1986 y 1989, el número de centros aumentó 22%, a 34,683. Empero la cantidad de compradores que van a los centros todos los meses sólo aumentó 3%. Por consiguiente, muchas áreas contienen demasiados centros y conforme bajan las ventas por pie cuadrado, las tasas de desocupación de locales aumentan. Algunos expertos pronostican que de los centros comerciales regionales que ahora operan en Estados Unidos, para el año 2000 se habrán "eliminado", cerrando sus puerta, hasta un 20% de ellos. A pesar del desarrollo reciente de unos cuantos "megacentros" nuevos, como el espectacular Mall of America cerca de Minneápolis, la tendencia actual se dirige a centros más pequeños, situados en ciudades medianas y pequeñas, en zonas que registran un crecimiento veloz, como el sudoeste.[9]

VENTA AL DETALLE SIN TIENDAS

Aunque la mayor parte de los bienes y servicios se venden por medio de tiendas, las ventas al detalle ajenas a tiendas han crecido a mucha más velocidad que las de las ventas al detalle en tiendas. Las operaciones detallistas sin tiendas representan ahora más del 14% de las compras que realizan los consumidores y, para finales de siglo, podrían llegar a la tercera parte de las ventas. El comercio detallista sin tiendas incluye la *comercialización directa, las ventas directas y las ventas por medio de máquinas automáticas.*

La comercialización directa

La **comercialización directa** recurre a varios medios de publicidad para interactuar de manera directa con los consumidores y, por lo general, requiere que el consumidor responda de manera directa. La publicidad masiva suele llegar a un número indeterminado de personas que, en su mayoría, no están en el mercado de un producto ni lo comprarán hasta una fecha futura. Los vehículos de la publicidad directa se usan para obtener pedidos inmediatos, directamente de los consumidores que se tienen en la mira. Aunque la comercialización directa, en un pricipio, consistía en su mayor parte de correspondencia directa o de catálogos de pedidos por correo, en años recientes ha adoptado otras formas, inclusive las ventas por teléfono, la comercialización directa por radio y televisión y la comercialización electrónica.

Crecimiento y ventajas de la comercialización directa

La comercialización directa ha florecido en años recientes. Todo tipo de organizaciones usan la comercialización directa: los fabricantes, las detallistas, las empresas de servicios, los comerciantes por catálogo y los organizaciones no lucrativas, por mencionar algunas. El aumento de su uso para las ventas de consumo es, en gran parte, una respuesta a la "desmasificación" de los mercados masivos, que ha producido un número cada vez mayor de segmentos fragmentados del mercado, con necesidades y preferencias muy individualizadas. La comercialización directa permite a los vendedores concentrarse, con eficacia, en estos minimercados, con ofertas más adecuadas para las necesidades específicas de los consumidores.

Otras tendencias también han alimentado el crecimiento de la comercialización directa. El gran número de mujeres que trabajan fuera del hogar ha disminuido el tiempo que se tiene para comprar. El aumento de costos por conducir un auto, la congestión del tránsito y los problemas de estacionamiento, la escasez de vendedores detallistas y las largas colas en las cajas de salida, todo ha promovido las compras realizadas desde casa. La aparición de los números telefónicos para llamadas gratis y el incremento en el uso de tarjetas de crédito han ayudado a los vendedores a llegar a los clientes y hacer transacciones con ellos fuera de las tiendas con más facilidad. Por último, el creciente peso de la computadora, que ha permitido a los mercadólogos crear mejores bases de datos de clientes, de entre los cuales pueden seleccionar los mejores prospectos para productos específicos.

La mercadotecnia directa también ha crecido rápidamente debido a la comercialización de negocio a negocio. Esta puede servir para reducir los elevados costos que entraña llegar a los mercados de empresas por medio de vendedores. Los medios, que ahora cuestan menos, como las ventas por teléfono y la correspondencia directa, se pueden usar para identificar a los mejores prospectos y para hacer una selección antes de vender por medio de una llamada costosa.

La comercialización directa también tiene muchas ventajas para los consumidores. Las personas que compran por correo directo o por teléfono dicen que estas compras son cómodas, sin presiones y divertidas. Les ahorran tiempo y les presentan nuevos estilos de vida, así como una selección más amplia de mercancía. Los consumidores pueden comparar productos y precios sentados en sus mecedoras, contemplando catálogos. Pueden pedir y recibir los productos sin tener que salir de sus casas. Los clientes industriales pueden averiguar sobre productos y servicios y ordenarlos sin dedicar valioso tiempo a reuniones o a escuchar a los vendedores.

La comercialización directa también tiene ventajas para los vendedores. Permite mayor *selectividad*. El comercializador directo puede comprar una lista de correos con los nombres de miembros de casi cualquier grupo; millonarios, padres de recién nacidos, zurdos o estudiantes recién egresados. El mensaje de la comercialización directa puede ser *personal y a la medida*. Con el tiempo, según un experto, "almacenaremos cientos... de mensajes en la memoria. Seleccionaremos 10,000 familias con 12 a 20 características específicas y les enviaremos cartas muy individualizadas, impresas con rayo láser".[10]

Con la comercialización directa, el vendedor puede establecer una *relación continua* con cada cliente. Los nuevos padres pueden recibir correspondencia, con regularidad, describiendo ropa nueva, juguetes y otros productos que irá necesitando su bebé mientras crece. Es más, como el material de la comercialización directa llega a los prospectos más *interesados,* en los momentos más oportunos, *es más leído* y *recibe más respuestas.* La comercialización directa también permite *probar*, con facilidad, mensajes y medios específicos. Como los resultados son directos e inmediatos, la comercialización directa se presta para facilitar la *medición de las respuestas.* Por último, la comercialización directa proporciona *intimidad*, la competencia no ve la oferta ni la estrategia del comercializador directo.

A pesar de sus muchas ventajas para consumidores y mercadólogos, la comercialización directa también ha desatado muchas controversias en años recientes. Los críticos afirman que cuando la comercialización directa es excesivamente agresiva o carente de ética, se puede irritar o perjudicar a los consumidores. Los mercadólogos deben estar conscientes de los principales problemas éticos y de las políticas públicas que giran en torno a la comercialización directa (véase Puntos Importantes de la Mercadotecnia 15-2).

Formas de comercialización directa

Las cuatro formas principales de la comercialización directa son *la comercialización directa por correo o catálogo, las ventas por teléfono, la comercialización por televisión* y *las compras electrónicas.*

La **comercialización directa por correo y catálogo**. La **comercialización directa por correo** entraña simples envíos que incluyen cartas, anuncios, ejemplos, folletos y otros "vendedores con alas" que se le envían a prospectos contenidos en listas de correo. Estas listas de correo se obtienen a partir de listas de clientes o se le compran a negocios del ramo de listas por correo, los cuales ofrecen el nombre de personas que encajan dentro de casi cualquier descripción; los superricos, los dueños de trailers, los veterinarios, los dueños de mascotas o lo que fuere.

Un estudio arrojó que la correspondencia directa y los catálogos representaron 48% del total de las ofertas, de respuesta directa, conducentes a pedidos (en comparación con las ventas por teléfono con el 7%, las circulares con el 7% y las revistas y los periódicos con el 6% cada uno).[11] La correspondencia directa goza de popularidad porque permite una amplia selección de los mercados meta, puede ser muy personal, es flexible y permite la fácil medición de los resultados. Aunque el costo por 1,000 personas alcanzadas es superior al de los medios masivos como la televisión o las revistas, la gente a la que llega son prospectos mucho mejores.

Más del 35% de los estadounidenses han respondido a anuncios por correspondencia directa y su cantidad va en aumento. La correspondencia directa ha resultado muy útil para promover libros, suscripciones a revistas y seguros, además se usa cada vez más para vender artículos novedosos y regalos, ropa, alimentos selectos y productos industriales. Las organizaciones dedicadas a las obras de caridad también usan la correspondencia directa y reúnen miles de millones de dólares al año, representando alrededor del 25% del ingreso generado por la correspondencia directa.

La **comercialización por catálogo** implica vender por medio de catálogos que se envían a una lista de clientes seleccionados o que se regalan en tiendas. Este enfoque es usado por muchos detallistas que manejan mercancía general, por ejemplo J. C. Penney y Spiegel, que manejan una línea completa de mercancía. No obstante, en fecha reciente, las gigantes han enfrentado el desafío de miles de catálogos especializados que se dirigen a ciertos públicos concretos. Estos pequeños detallistas que venden por catálogo han llenado con gran éxito nichos del mercado muy especializados. Por otra parte, en 1993, Sears descontinuó su catálogo anual "Big Book", que tenía 97 años de vida, después de años de no resultar rentable. Otros vendedores por catálogo se apresuraron para llenar ese hueco.

Los consumidores pueden comprar casi cualquier cosa por medio de un catálogo. Más de 14 mil millones de ejemplares, de más de 8,500 catálogos de consumo, se envían anualmente por correo, y el hogar promedio recibe, cuando

PUNTOS IMPORTANTES DE LA MERCADOTECNIA 15-2

COMERCIALIZACIÓN DIRECTA CON RESPONSABILIDAD SOCIAL

Los comercializadores directos y sus clientes suelen establecer relaciones gratificantes para las dos partes. Sin embargo, en ocasiones, surge un aspecto negro. Las tácticas agresivas, no siempre claras, de unos cuantos comercializadores directos pueden molestar o perjudicar a los consumidores, asestándole un golpe a toda la industria. Los abusos van desde simples excesos que irritan a los consumidores, hasta actos indebidos o incluso engaños o fraudes descarados. En años recientes, la industria de la comercialización directa también ha enfrentado problemas, acusada de invadir la intimidad.

La irritación

Las excesivas promociones de la comercialización directa, en ocasiones, molestan u ofenden a los consumidores. Muchas personas consideran que la infinidad de invitaciones que se les dirigen, con el propósito de lograr vender, son una verdadera lata. A casi todos nos disgustan los comerciales de televisión, de respuesta directa, que tienen un volumen demasiado alto, que son demasiado largos y muy insistentes. Las llamadas telefónicas a la hora de comer o entrada la noche son especialmente molestas, así como las llamadas hechas por personas mal preparadas o las computarizadas, que entran por medio de máquinas contestadoras que las marcan.

Los actos indebidos

Los comercializadores directos han adquirido tanta habilidad para dirigirse a sus públicos y presentar atractivos eficaces que se les ha llegado a acusar de que se aprovechan, indebidamente, de los compradores impulsivos o menos sofisticados. Los programas de compras por TV y los "comerciales informativos" con el mismo tiempo de duración que un programa, al parecer, son los más culpables. Estos presentan a locutores que se expresan con soltura, demostraciones elaboradamente preparadas, afirmaciones de drásticas rebajas de precios, limitaciones de "mientras haya suficientes" y facilidades inigualables para comprar, con objeto de inflamar a los compradores que casi no pueden resistirse a comprar.

Los engaños y los fraudes

Los llamados comerciantes en caliente diseñan envíos y escriben textos que tienen la intención de confundir a los compradores. Quienes reúnen fondos para políticos se cuentan entre los principales infractores; en ocasiones usan trucos como sobres "parecidos" que semejan documentos oficiales, recortes que parecen ser notas de periódicos y falsifican títulos y reconocimientos. Otros comercializadores directos, inclusive algunas organizaciones no lucrativas, fingen estar realizando encuestas para investigaciones, cuando en realidad están haciendo preguntas guiadas para tamizar o convencer a los clientes. Otros engaños posibles podrían ser las exageraciones en cuanto al tamaño y la actuación del producto, así como el hablar de ciertos precios normales o de algunos "detallistas", diciendo que son mucho más altos de lo que jamás han sido en realidad.

Los planes fraudulentos, como los de inversión o los donativos para obras de caridad, se han multiplicado en años recientes. La Comisión Federal para el Comercio recibe miles de quejas al año, y la cantidad va en aumento. Iracundos consumidores inundan sus Oficinas de Mejores Negocios en la localidad, con más quejas sobre abusos locales. Es difícil atrapar a un comercializador directo que obra indebidamente: en el caso de la comercialización directa, los clientes suelen responder con rapidez, no interactúan con el vendedor en persona y, por regla general, cuentan con que tendrán que esperar cierto tiempo para la entrega. Para cuando los compradores se dan cuenta que les han tomado el pelo y avisan a las autoridades, los ladrones ya se encuentran en otra parte preparando otros planes.

La invasión de la intimidad

La invasión de la intimidad podría ser el más difícil de los problemas de política pública que enfrenta, en la actualidad, la industria de la comercialización directa. Hoy, parece como si casi cada vez que el consumidor pide un producto por correo o teléfono, entra en un concurso, solicita una tarjeta de crédito o se suscribe a una publicación, su nombre, dirección y comportamiento para comprar fueran alimentados a la gruesa base de datos de alguna empresa. Los comercializadores directos, mediante complejas tecnologías computarizadas, pueden usar las bases de datos para "microdirigir" sus actividades de venta con gran eficacia.

menos, 50 catálogos al año. El año pasado, 98.6 millones de personas hicieron pedidos a partir de catálogos.[12] Hanover House envía 22 catálogos diferentes, vendiendo desde zapatos hasta decorativos pájaros para jardín. Sharper Image vende tablas de surf, con propulsión de motor, de 2,400 dólares. The Banana Republic Travel y Safari Clothing Company contienen todo lo necesario para ir de excursión al Sáhara o a las selvas tropicales. La lista de catálogos especializados es interminable.

En ocasiones, los consumidores se benefician con esta comercialización por medio de bases de datos; por ejemplo, reciben más ofertas que se ciñen a sus intereses. Sin embargo, los comercializadores directos, en ocasiones, tienen problemas para distinguir la fina línea que divide su interés por llegar a públicos cuidadosamente detectados y el derecho de los consumidores a su intimidad. Muchos críticos afirman que los comercializadores quizá sepan *demasiado* de la vida de los consumidores y que pueden usar estos conocimientos para aprovecharse indebidamente de ellos. Sostienen que, en algún punto, el uso generalizado de las bases de datos se entromete en la intimidad del consumidor. Se preguntan, por ejemplo, si se debe permitir que AT&T le venda a los mercadólogos los nombres de clientes que marcan con frecuencia los números 800 de las empresas que trabajan con catálogos. ¿Es lícito que los despachos de crédito reúnan y vendan listas de personas que han solicitado tarjetas de crédito en fecha reciente, personas que se consideran blancos primarios de la comercialización directa debido a su comportamiento para gastar? O, ¿es lícito que los estados vendan los nombres y las direcciones de los dueños de licencias para conducir, junto con información sobre su estatura, peso y sexo, para permitir que los vendedores de prendas de vestir se dirijan a personas altas o gruesas con ofertas de tallas especiales? Estas prácticas han desatado una "revuelta para defender la intimidad", callada y decidida, por parte de los consumidores y de los hacedores de políticas.

En una encuesta realizada recientemente, 78% de los encuestados manifestaron estar preocupados ante las amenazas contra su intimidad personal. En otra encuesta, *Advertising Age* preguntaba a ejecutivos de la industria de la publicidad su opinión sobre la comercialización con bases de datos y el problema de la intimidad. Las respuestas de tres ejecutivos indican que incluso los miembros de la industria tienen opiniones diferentes:

> La comercialización de datos específicos sobre los hogares, por ejemplo, la información financiera, entraña cuestiones éticas muy profundas... Tratándose de cada uno de los hogares de Estados Unidos, la computadora puede adivinar, con asombrosa exactitud... cosas como el uso de crédito, el valor de las posesiones y las inversiones, el tipo de información que la mayoría de las personas no revelaría jamás y mucho menos vendería a un

> mercadólogo... Soy de la opinión que estas revelaciones, incluso aunque no sean reales, podrían asombrar y, posiblemente, enfadar a muchos consumidores.

> Verdaderamente pienso que uno se debe acercar al cliente tanto como sea posible... [Por ejemplo], me encanta la jardinería; [pido semillas del catálogo de Burpee y] Burpee vende mi nombre - [el resultado es que recibo] el tipo de material que me gusta mirar... Las propagandas de tarjetas de crédito no me gustan. La información sobre viajes sí, sobre todo si me interesa el destino.

> No me importa que la gente sepa que vivo en un suburbio de Columbus, Ohio y que tengo X hijos. [Sí] me molesta que estas personas sepan el nombre de mi esposa y los de mis hijos y que sepan a qué escuela van. Actúan... como si me conocieran, cuando el fondo del asunto es que están tratando de venderme algo. Siento que la mercadotecnia por medio de bases de datos ha permitido que las empresas crucen la línea tenue que separa la intimidad... En algunos casos es difícil saber cuándo se cruza la línea. Pero en muchos casos, pienso que saben que la han cruzado.

La industria de la comercialización directa está esforzándose por resolver algunas cuestiones éticas y de políticas públicas. Saben que estos problemas, si no se atacan, irán despertando cada vez mayor cantidad de actitudes negativas por parte de los consumidores, porcentajes más bajos de respuestas y más demandas para que leyes estatales y federales restrinjan las prácticas de la comercialización directa. Sin embargo, en última instancia, la mayor parte de los comercializadores directos quieren lo mismo que los consumidores: ofertas honradas, con buen diseño mercadotécnico, dirigidas exclusivamente a los consumidores que tengan capacidad para apreciarlas y responder a ellas. La comercialización directa es demasiado cara para desperdiciarla en consumidores que no la quieren.

Fuentes: Partes adaptadas de Terrence H. Witowske: "Self-Regulation Will Suppress Direct Marketing's Downside", *Marketing News*, 24 de abril de 1989, p. 4. Citas de Melanie Rigney, "Too Close for Comfort, Execs Warn", *Advertising Age*, 13 de enero de 1992, p. 31. También véase Evan I. Schwartz, "The Rush to Keep Mum", *Business Week*, 8 de junio de 1992, pp. 36-38; y Cynder Miller, "Privacy vs. Direct Marketing", *Marketing News*, 1 de marzo de 1993, pp. 1, 14.

En fecha reciente, las tiendas de departamentos especializadas, como Neiman Marcus, Bloomingdale's y Saks Fifth Avenue han empezado a enviar catálogos para cultivar los mercados de clase media alta, para mercancía de precios altos, muchas veces exótica. Varias sociedades importantes también han constituido o adquirido divisiones para pedidos por correo. Por ejemplo, Avon ahora publica 10 catálogos de moda femenina, así como catálogos de ropa para hombres y niños. Hershey y otras empresas del ramo de los alimentos están investi-

Todos los años se envían miles de millones de catálogos por correo; el hogar promedio recibe 50 catálogos al año.

gando las oportunidades de los catálogos. Incluso Walt Disney Company está entrando al mundo de los catálogos, envía más de 6 millones de catálogos al año que contienen videos, animales de peluche y otros artículos de Disney.

A la mayoría de los consumidores les gusta recibir catálogos y, en ocasiones, incluso pagan por recibirlos. Muchos comercializadores por catálogo ahora incluso venden sus catálogos en librerías y puestos de periódicos. Algunas empresas como Royal Silk, Neiman Marcus, Sears y Spiegel también están probando usar catálogos en forma de videocintas, o "videologos". Royal Silk le vende a sus clientes un catálogo de video de 35 minutos por 5.95 dólares. La cinta contiene una exclusiva presentación de productos de Royal Silk, enseña a los clientes cómo cuidar la seda y proporciona información para hacer pedidos. Soloflex usa un folleto de video para fomentar sus ventas de equipo para ejercicio en casa de 1,000 dólares:

[La] cinta de 22 minutos, que se puede conseguir llamando al número 800 de Soloflex o llenando un cupón en anuncios de revistas, presenta una atractiva pareja demostrando los múltiples ejercicios posibles con el sistema. La producción de cada cinta le cuesta a la empresa 6.50 dólares, pero [Soloflex] afirma que casi la mitad de las personas que ven el video publicitario llegan a pedir un sistema de ejercicio casero Soloflex por teléfono. Es una buena cifra, superior al 10%, de personas que piden el sistema después de usar el producto, como se ofrece por correspondencia. [13]

Muchas empresas que venden a otras empresas también usan bastante los catálogos. Sea en forma de folleto simple, de carpeta anillada o libro, o grabado en una videocinta o un disco de computadora, los catálogos siguen siendo una de las herramientas de ventas contemporáneas que más se usan. De hecho, en el caso de algunas empresas, los catálogos han tomado el lugar de los vendedores. En total, las empresas envían más de 1.1 mil millones de catálogos de empresa a empresa, cosechando más de 50 mil millones de dólares por concepto de ventas por catálogo.[14]

Las ventas por teléfono. Las **ventas por teléfono,** uso del teléfono para vender directamente a los consumidores, se han convertido en un importante instrumento de la comercialización directa. Los mercadólogos invierten alrededor de 41 mil millones de dólares al año en gastos de teléfono para ayudar a vender sus productos y servicios. Usan la comercialización por medio de llamadas telefónicas para vender directamente a consumidores y empresas. Algunos sistemas de ventas por teléfono están totalmente automatizados. Por ejemplo, las máquinas que marcan de manera automática y contienen un mensaje grabado marcan números, hacen sonar un mensaje publicitario activado por la voz que contesta y toman pedidos de los clientes interesados por medio de la contestadora automática o remitiendo la llamada a una operadora. El hogar promedio recibe 19 llamadas telefónicas de ventas al año y hace 16 llamadas para colocar pedidos.

Los mercadólogos usan número 800, de llamada sin costo, para recibir los pedidos de los anuncios de radio y televisión, la correspondencia directa o los catálogos. En enero de 1982, más de 700 personas marcaron un número 800 por minuto, en respuesta a comerciales de televisión. En 1990, AT&T registró más de 7 mil millones de llamadas con número 800.[15] Otros mercadólogos usan número 900 para venderle a los consumidores información, diversión o la oportunidad de expresar una opinión. Por ejemplo, por un cargo, los consumidores pueden obtener pronósticos del tiempo de American Express (1-900-WEATHER, 75 centavos de dólar por minuto); información para el cuidado de mascotas de Quaker Oats (1-900-PETS, 95 centavos por minuto); consejos sobre ronquidos y otros problemas de sueño de Somnus (1-900-USA-SLEEP, 2 dólares el primer minuto y 1 dólar por minuto adicional); o lecciones de golf del *Golf Digest* (1-900-454-3288, 95 centavos por minuto). En total, la industria del número 900 ahora genera 860 millones de dólares de ingresos al año.[16]

Las ventas por teléfono se usan para la comercialización a empresas o a consumidores. De hecho, el año pasado, más de 115 mil millones de dólares en productos industriales fueron vendidos por teléfono. Por ejemplo, General Electric usa las ventas por teléfono para generar y calificar pistas de ventas y para manejar las cuentas pequeñas. Raleigh Bycicles ahora usa las ventas por teléfono para reducir la cantidad de ventas personales que se necesitan para ponerse en contacto con sus distribuidores; en el primer año, los costos de viaje del cuerpo de vendedores disminuyó 50%, y las ventas en un trimestre aumentaron 34%.[17]

La reciente explosión de llamadas telefónicas de ventas no requeridas ha molestado a muchos consumidores que se oponen a la cantidad de "llamadas basura" diarias que los levantan de la mesa cuando están comiendo o atascan sus máquinas contestadoras. Los hacedores de leyes del país están respondiendo a las quejas de los airados consumidores. Han propuesto una serie de leyes, desde prohibir las llamadas de ventas por teléfono no solicitadas, durante ciertas horas, o prohibir por ley las máquinas que marcan de manera automática, hasta permitir que los hogares firmen una lista nacional de "no me llamen", sancionando a los vendedores por teléfono que llamen a las personas que incluya la lista. Al mismo tiempo, muchos consumidores aprecian muchas de las ofertas que reciben por teléfono. Las ventas por teléfono, debidamente diseñadas y dirigidas, producen grandes beneficios, inclusive la comodidad para comprar y el aumento de información sobre productos y servicios.

La mayoría de los vendedores por teléfono respaldan ciertas medidas contra las ventas por teléfono indiscriminadas y mal dirigidas. Por ejemplo, hace seis años, la Direct Marketing Association (DMA) empezó a distribuir entre los mercadólogos telefónicos, su propia lista de "no me llamen", con 400,000 nombres. Como dice un vocero de la DM: "Queremos dirigirnos a personas que quieren recibir el mensaje". Así pues, tanto consumidores como vendedores por teléfono tienen la misma meta para las ventas por teléfono; ofertas bien diseñadas, dirigidas a consumidores que las apreciarán y responderán a ellas. Para evitar consumidores furiosos y leyes restrictivas, los vendedores deben esmerarse cuando enfocan sus ofertas hacia los blancos elegidos.[18]

Comercialización por televisión. La **comercialización por televisión** adopta una de dos formas básicas. La primera es la *publicidad para obtener una respuesta directa*. Los comercializadores directos proyectan anuncios por televisión, con frecuencia de 60 o 120 segundos de duración, que persuasivamente describen un producto y ofrecen a los clientes un número, gratuito, para pedirlo. Los observadores trasnochados de televisión incluso pueden encontrar programas publicitarios de 30 minutos para un solo producto. La publicidad para obtener una respuesta directa funciona bien en el caso de revistas, libros, electrodomésticos pequeños, cintas y colecciones de discos compactos y muchos otros productos. Algunos anuncios exitosos de respuesta directa han sido transmitidos durante muchos años y se han convertido en clásicos. Por ejemplo, los anuncios de Dial Media de los cuchillos Ginsu fueron proyectados durante siete años y vendieron casi 3 millones de juegos de cuchillos, con ventas por más de 40 millones de dólares; los anuncios de las ollas Armourcote generaron más del doble de dicha cantidad.[19]

Las *canales para las compras caseras*, otra forma de comercialización directa por televisión, son programas de televisión o canales enteros dedicados a vender bienes y servicios. La más grande es la Home Shopping Network (HSN). Con HSN, los telespectadores pueden sintonizar el Home Shopping Club, que transmite las 24 horas del día. El programa cubre ofertas con precios de ganga para productos que van desde alhajas, lámparas, muñecas de colección y ropa, hasta herramienta eléctrica y aparatos electrónicos de consumo; usualmente comprados por HSN a precios de mercancía descontinuada. El espectáculo está muy estudiado, los locutores tocan bocinas, chiflan pitos y alaban a los espectadores por su buen gusto. Los espectadores marcan un número 800 para pedir los bienes. En el otro extremo de la operación, 400 operadoras manejan más de 1,200 líneas que reciben llamadas y registran los pedidos directamente en terminales de computadora. Los pedidos son enviados en un plazo de 48 horas.

Las ventas por medio de algunos canales de compras crecieron de 450 millones de dólares en 1986 a unos 2 mil millones de dólares en 1991. Más de la mitad de los hogares estadounidenses tienen acceso a HSN u otros canales de compras desde casa, como Quality Value Channel (QVC), Value Club of America, Home Shopping Mall, o TelShop. Sears, Kmart, J. C. Penney, Spiegel y otros detallistas importantes están poniendo ahora la vista en la industria de las com-

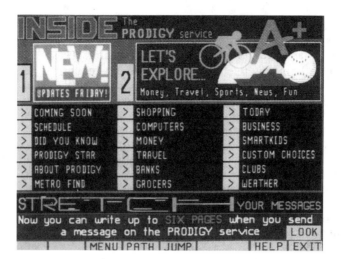

Compras electrónicas: Prodigy ofrece servicios con ofertas para comprar desde casa y mucho más.

pras desde casa. Algunos expertos afirman que las compras desde casa por televisión son una moda pasajera, pero la mayor parte piensa que el sistema ha llegado para quedarse.[20]

Las compras electrónicas. La forma más importante de las **compras electrónicas** es el *videotex*, un sistema de dos canales que vincula a los consumidores con los bancos de datos de computadora del vendedor, por medio de líneas de cable o de teléfono. El servicio videotex compone un catálogo computarizado de productos ofrecidos por productores, detallistas, bancos, organizaciones de viajes y otros más. Los consumidores pueden usar un televisor normal, con un aparato de teclado especial conectado al sistema por un cable de dos vías, o pueden engancharse el sistema por teléfono, usando una computadora casera. Por ejemplo, un consumidor que quiere comprar un tocadiscos de discos compactos pediría una lista de marcas de tocadiscos CD en el catálogo computarizado, compararía las marcas y después pediría uno usando una tarjeta de débito, sin salir de su casa.

El videotex sigue siendo una idea bastante nueva. En años recientes, varios sistemas grandes de videotex han fracasado debido a la falta de suscriptores o uso. Sin embargo, dos sistemas que en la actualidad están teniendo éxito en Estados Unidos son CompuServe y Prodigy. Prodigy, desarrollado en sociedad por IBM y Sears, ofrece servicios para comprar desde casa y mucho más. Con Prodigy los suscriptores pueden pedir, electrónicamente, miles de productos y servicios de docenas de tiendas y catálogos importantes. Asimismo, pueden hacer sus transacciones bancarias con los bancos locales, comprar y vender inversiones por medio de un servicio de corredores con descuento; reservar líneas aéreas, hoteles y alquiler de autos; jugar juegos, acertijos y concursos; repasar las calificaciones de *Consumer Reports* en cuanto a diversos productos; recibir los resultados y las últimas estadísticas de los deportes; obtener pronósticos del clima e intercambiar mensajes con otros suscriptores de todo el país. Aunque ahora son relativamente pocos los consumidores suscritos a estos sistemas electrónicos, se espera que la cantidad aumente en años futuros, conforme vaya creciendo la cantidad de consumidores que adquieren televisión por cable y computadoras personales y que descubran las maravillas de las compras electrónicas.[21]

Comercialización directa integrada y bases de datos para la comercialización directa

La mayor parte de los comercializadores directos usan un solo vehículo publicitario, un esfuerzo "único" para llegar a un prospecto y venderle. También pueden usar un solo vehículo, pero varias etapas en una campaña para activar las compras. Por ejemplo, el editor de una revista quizá tenga que enviar una serie hasta de cuatro avisos de correspondencia directa a un hogar, para conseguir que el destinatario ceda y renueve la suscripción. Un método más potente es la **comercialización directa integrada**, que implica usar varios vehículos y campañas de varias etapas. Estas campañas pueden mejorar mucho las respuestas:

Si una pieza de correspondencia, con probabilidad de generar una respuesta del 2% ella sola, se completa con un canal telefónico para pedidos, con las llamadas gratis del número 800, por regla general, la cantidad de respuestas aumenta 50%. Cuando las actividades de ventas por teléfono están bien integradas, la respuesta puede aumentar incluso un 500%. Si a la correspondencia que plantea "negocios normales" se le suman canales interactivos para la comercialización, una respuesta del 2%, de repente, puede pasar al 13% o más. Normalmente, el hecho de sumar medios a la mezcla de medios integrados no eleva mucho más el costo por pedido, en términos de dólares y centavos, debido a la gran cantidad de respuestas que genera... Cuando se suma un medio al programa de comercialización, aumenta el total de respuestas... porque la gente tiende a responder a estímulos diferentes.[22]

Asimismo, se pueden usar campañas mercadotécnicas integradas más elaboradas. Piense en la siguiente campaña con muchos medios y etapas:

En este caso, el anuncio pagado crea conciencia del producto y estimula las preguntas. De inmediato, la empresa envía correspondencia directa a quienes preguntan. A los pocos días, la empresa hace una llamada telefónica para conseguir un pedido. Algunos prospectos quizá hagan su pedido por teléfono, otros podrían solicitar una visita de ventas frente a frente. Con esta campaña, el mercadólogo pretende elevar el porcentaje de respuestas, así como las utilidades, sumando medios y etapas que más que aumentar los costos, contribuirán a aumentar la cantidad de ventas.

Las empresas, para tener éxito con la comercialización directa integrada, deben contar con buenos sistemas de bases de datos mercadotécnicos. Una **base de datos mercadotécnicos** es una serie organizada de datos de clientes o prospectos individuales que la empresa puede usar para generar y calificar pistas de clientes, para vender productos y servicios y para mantener relaciones con los clientes.

La mayor parte de las empresas aún no han creado buenos sistemas de bases de datos de mercadotecnia. Por regla general, los mercadólogos de masas saben muy poco de los clientes individuales. Los detallistas quizá saben mucho de los clientes que tienen cuentas por pagar, pero casi nada de los clientes que pagan en efectivo o con tarjeta de crédito. Los bancos tal vez elaboren bases de datos de los clientes para cada producto o servicio por separado, pero fracasan cuando ligan toda esta información para formar los perfiles completos de los clientes que podrían usar para intervender productos y servicios.

La preparación de una base de datos mercadotécnica requiere mucho tiempo y entraña costos elevados, pero cuando funciona debidamente puede redituar estupendos dividendos. Por ejemplo, General Electric tiene una base de datos de clientes que contiene las características geográficas, demográficas y psicográficas de cada cliente, así como su historial de compras de aparatos. Los comercializadores directos de GE pueden recurrir a esta base de datos para determinar cuánto tiempo han tenido sus aparatos ciertos clientes y qué viejos clientes pueden estar a punto de volver a comprar. Pueden determinar qué clientes necesitan una videograbadora, un tocadiscos de discos compactos, un aparato estereofónico o cualquier otro producto de GE que complemente a otros productos electrónicos recién adquiridos. También pueden detectar quiénes han sido los mejores compradores de GE en el pasado y enviarles certificados de regalo y otras promociones que podrían aplicar en las compras futuras de aparatos GE. Sin duda, la abundante base de datos de clientes lleva a GE a realizar nuevos negocios rentables pues le permite localizar buenos prospectos, anticipar las necesidades de los clientes, intervender productos y servicios y recompensar a los clientes fieles.[23]

Ventas directas

Las **ventas de puerta en puerta**, que iniciaron hace muchos años los buhoneros itinerantes, se han convertido en una enorme industria. Son más de 600 las sociedades que venden sus productos de puerta en puerta, de oficina en oficina o en reuniones caseras para vender. Las empresas pioneras de las ventas de puerta en puerta son Fuller Brush Company, las empresas de aspiradoras como Electrolux y las empresas que venden libros como World Book y Southwestern. La imagen de las ventas de puerta en puerta mejoró mucho cuando Avon entró a la industria con su representante Avon; amiga del ama de casa y asesora de belleza. Tupperware y Mary Kay Cosmetics contribuyeron a popularizar las reuniones caseras para vender. En este tipo de reuniones, varias amigas y vecinas se juntan en una casa para asistir a la demostración de productos, que después se les venden.

Las ventas de puerta en puerta tienen la ventaja de que son cómodas para los consumidores y brindan atención personal. Sin embargo, los elevados costos que implica contratar, capacitar, remunerar y motivar al cuerpo de vendedores derivan en precios más altos. Aunque algunas empresas dedicadas a las ventas de puerta en puerta siguen prosperando, este tipo de ventas tienen un futuro bastante incierto. Al aumentar la cantidad de hogares con una sola persona o con una pareja que trabaja ha disminuido la probabilidad de encontrar a un comprador en casa. Las empresas que organizan reuniones caseras para vender, ahora tienen problemas para encontrar mujeres que no trabajan y que estén dispuestas a dedicar parte de su tiempo a vender productos. Y, con los recientes avances de la tecnología interactiva para la comercialización directa, en el futuro, el vendedor de puerta en puerta bien podría ser reemplazado por un teléfono, un televisor o una computadora casera.

Los vendedores automáticos

Las **ventas automáticas** no son nuevas; en 215 a.C. los egipcios podían adquirir agua bendita de expendedores que trabajaban con una moneda. Empero, este método de ventas se disparó después de la Segunda Guerra Mundial. En la actualidad, existen alrededor de 4.5 millones de máquinas vendedoras en Estados Unidos; una máquina por cada 55 personas. Las ventas automáticas de hoy usan la tecnología de la era espacial y la de las computadoras para vender una amplia gama de bienes de consumo y de antojo: cigarrillos, bebidas, caramelos, periódicos, alimentos y botanas, medias, cosméticos, libros en rústica, camisetas, pólizas de seguro, pizza, audiocintas y videocasetes, incluso lustrada de calzado y gusanos para pescar. Las máquinas expendedoras están en todas partes, en fábricas, oficinas, antesalas, tiendas detallistas, gasolineras, aeropuertos y terminales de autobuses y ferrocarril. Las máquinas de los cajeros automáticos ofrecen a los clientes del banco servicios para movimientos de cheques, ahorros y retiro y transferencia de fondos. Las máquinas vendedoras, comparadas con las ventas en tiendas detallistas, ofrecen a los clientes mayor comodidad (24 horas, autoservicio) y menos bienes dañados. Empero, el costoso equipo y el trabajo que requieren las ventas automáticas, hacen que sea un canal muy costoso y los precios de los bienes vendidos así suelen ser entre 15 y 20% más caros que los de las tiendas detallistas. Los clientes también se enfrentan a la molestia de encontrar que la máquina está estropeada, los artículos están agotados y que no pueden devolver la mercancía.[24]

DECISIONES DE MERCADOTECNIA DEL DETALLISTA

Los detallistas siempre están buscando nuevas estrategias mercadotécnicas para atraer a clientes y retenerlos. En el pasado, los detallistas atraían a los clientes con productos singulares, con mayor cantidad o calidad de servicios que los ofrecidos por la competencia o con tarjetas de crédito. Hoy, los fabricantes de marcas nacionales, en su búsqueda de mayor volumen, han colocado sus bienes de marca en todas partes. Por consiguiente, las tiendas ofrecen variedades más similares; las marcas nacionales no sólo están en las tiendas de departamentos, sino también en muchas tiendas de comercialización masiva o de descuento. En consecuencia, las tiendas se parecen cada vez más; se han "mercantilizado". En cualquier ciudad, el comprador podrá encontrar muchas tiendas, pero poca variedad.

Las diferencias de los servicios que ofrecen los detallistas también se han erosionado. Muchas tiendas de departamentos han recortado sus servicios, mientras que las de descuento han aumentado los suyos. Los clientes son más listos y más sensibles a los precios. No encuentran razón alguna para pagar más por marcas idénticas, especialmente cuando las diferencias de los servicios son menos. Además, como ahora la mayor parte de las tiendas aceptan tarjetas de crédito bancarias, los consumidores ya no necesitan el crédito de una tienda particular. Por todos estos motivos, muchos detallistas están reconsiderando sus estrategias mercadotécnicas.[25]

Los detallistas enfrentan cinco decisiones de mercadotecnia por cuanto se refiere a los *mercados meta, la variedad de productos y servicios, los precios, las promociones* y *la plaza.*

La decisión del mercado meta

En primer término, los detallistas deben definir sus mercados meta y después decidir cómo se posicionarán en estos mercados. ¿Estará la tienda dirigida a compradores de escala alta, escala intermedia o escala baja? ¿Quieren los compradores variedad, extensión de la variedad, comodidad o precios bajos? Los detallistas, mientras no definan y perfilen sus mercados, no podrán tomar decisiones congruentes en cuanto a variedad de productos, servicios, precios, publicidad, decoración de la tienda o cualesquiera otras decisiones que sustenten sus posiciones.

Son muchos los detallistas que no definen con claridad los mercados hacia los cuales se dirigen ni sus posiciones. Tratan de tener "algo para todo el mundo" y acaban por no satisfacer bien a ningún mercado. Por otra parte, los detallistas que triunfan definen muy bien sus mercados meta y se posicionan en ellos sólidamente:

> En 1963, Leslie H. Wexner concertó un crédito por 5,000 dólares para crear *The Limited,* la cual arrancó como una sola tienda dirigida a las mujeres jóvenes, conscientes de la moda. Todos los aspectos de la tienda, la variedad de ropa, los adornos, la música, los colores, el personal, estaban pensados para ceñirse al consumidor hacia el cual se dirigían. The Limited siguió abriendo más tiendas, pero un decenio después, sus clientes originales ya no pertenecían al grupo de las "jóvenes". Wexner, para captar a los nuevos "jóvenes", constituyó Limited Express. Con los años, fue iniciando o adquiriendo otras cadenas de tiendas con una mira definida, inclusive Lane Bryant, Victoria's Secret, Lerner y otras más, para llegar a segmentos nuevos. Hoy, The Limited, Inc. opera más de 3,400 tiendas en siete segmentos diferentes del mercado, con ventas por más de 6.3 mil millones de dólares.

Incluso tiendas grandes como Wal-Mart, Kmart y Sears deben definir los mercados a los que se dirigen principalmente, con objeto de diseñar estrategias de mercadotecnia eficaces. De hecho, en años recientes, gracias a su clara dirección y sólida posición, Wal-Mart ha ido más allá de Sears y Kmart para convertirse en el detallista más grande de Estados Unidos (véase Puntos Importantes de la Mercadotecnia 15-3).

Un detallista debe realizar investigaciones mercadotécnicas periódicas para constatar si está satisfaciendo a los clientes meta. Piense en una tienda que quiere atraer a consumidores ricos, pero con una *imagen de la tienda* representada por la línea magenta de la figura 15-1. Esta tienda, en la actualidad, no resulta atractiva para el mercado al cual se dirige, debe cambiar la mira o rediseñarse como una tienda con más "clase". Suponga que la tienda eleva la calidad de sus productos, servicios y vendedores y eleva sus precios. Cierto tiempo después, una segunda encuesta de clientes puede arrojar la imagen que muestra la línea cortada de la figura 15-1. La tienda ha establecido una posición que se ciñe a su mercado meta.

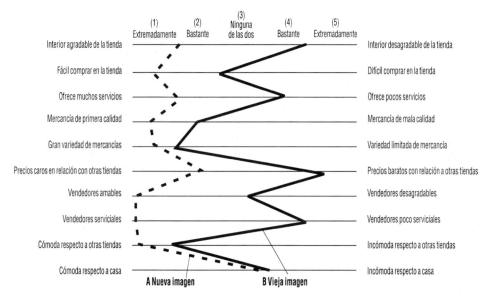

	(1) Extremadamente	(2) Bastante	(3) Ninguna de las dos	(4) Bastante	(5) Extremadamente	
Interior agradable de la tienda						Interior desagradable de la tienda
Fácil comprar en la tienda						Difícil comprar en la tienda
Ofrece muchos servicios						Ofrece pocos servicios
Mercancía de primera calidad						Mercancía de mala calidad
Gran variedad de mercancías						Variedad limitada de mercancía
Precios caros en relación con otras tiendas						Precios baratos con relación a otras tiendas
Vendedores amables						Vendedores desagradables
Vendedores serviciales						Vendedores poco serviciales
Cómoda respecto a otras tiendas						Incómoda respecto a otras tiendas
Cómoda respecto a casa						Incómoda respecto a casa

A Nueva imagen   B Vieja imagen

FIGURA 15-1 Comparación entre la imagen nueva y la vieja de una tienda que pretende atraer un mercado de primera clase
Fuente: Adaptado de David W. Cravens, Gerald E. Hills y Robert B. Woodruff, *Marketing Decision Marking: Concepts and Strategy* (Homewood, IL.: Irwin, 1976), p. 234.

Variedad de productos y decisión sobre los servicios

Los detallistas deben tomar decisiones en cuanto a tres variables básicas de los productos: *la variedad de productos, la mezcla de servicios* y *el ambiente de la tienda.*

La *variedad de productos* del detallista debe ceñirse a las expectativas de los compradores meta. El detallista debe determinar tanto la *amplitud* de la variedad de productos como su *extensión.* Así, un restaurante puede ofrecer una variedad estrecha y limitada (una barra pequeña), una variedad estrecha y extensa (delicatessen), una variedad amplia y limitada (cafetería) o una variedad amplia y extensa (restaurante grande). Otro elemento de la variedad de los productos es la *calidad* de los bienes. Al cliente no sólo le interesa la amplitud de opciones, sino también la calidad de los productos disponibles.

Sea cual fuere la variedad de productos de la tienda y su grado de calidad, siempre habrá competidores que tengan variedades y calidades similares. Por consiguiente, el detallista deben encontrar otras maneras de *distinguirse* de competidores similares. Puede usar alguna de las estrategias que existen para diferenciar sus productos. En primer lugar, puede ofrecer mercancía que no maneje ningún otro competidor; es decir, sus propias marcas privadas o marcas nacionales que maneje en exclusiva. Por ejemplo, The Limited diseña la mayor parte de las prendas que maneja su tienda y Saks tiene el derecho exclusivo de manejar la marca de un famoso diseñador. En segundo, el detallista puede organizar eventos llamativos para vender; por ejemplo, Bloomingdale's es conocida por las ferias espectaculares que giran en torno a bienes de cierto país, como India o China. Por otra parte, la empresa minorista puede ofrecer mercancía sorpresa; por ejemplo, cuando Lohemann ofrece sorpresas con variedades de segundas, saldos y mercancía descontinuada. Por último, el detallista se puede diferenciar mucho ofreciendo una variedad de productos dirigidos a un segmento específico; por ejemplo, Lane Bryant maneja tallas grandes para mujeres, Brookstone ofrece una enorme variedad de chucherías, se podría decir que es como una juguetería para adultos.

Los detallistas también deben decidir qué *mezcla de servicios* ofrecerán a los clientes. La vieja tienda de abarrotes de los "abuelitos" ofrecía entrega a domicilio, crédito y una buena charla, servicios que hoy ignoran los supermercados. La mezcla de servicios es uno de los instrumentos, ajeno a los precios, clave para competir y para distinguir a una tienda de otra. La tabla 15-2 contiene una lista de los principales servicios que pueden ofrecer los detallistas que tienen todos los servicios.

TABLA 15-2
Servicios típicos al detalle

SERVICIOS PRIMARIOS	SERVICOS COMPLEMENTARIOS	
Modificaciones	Carritos para niños	Compras personales
Manejo de quejas	Pago de cuentas	Localizador de productos
Horario cómodo, empacado	Listas de boda	Restaurantes o cafeterías
Crédito	Aceptación de cheques	Asesores para las compras
Entregas	Guardería para niños	Información para las compras
Probadores, baños	Demostraciones	Desfiles, exhibidores y vitrinas
Instalación y armado	Ropero	Pedidos especiales
Devolución de mercancía y adaptaciones	Oficina de objetos perdidos	Sillas de ruedas
Servicios y reparaciones	Mostrador para guardar objetos	
Pedidos por teléfono	Empaques y envoltura de regalos	

El *ambiente de la tienda* es otro elemento del arsenal del detallista. Cada tienda tiene una distribución de espacios que facilita o dificulta los movimientos en su interior. Cada tienda tiene un "toque especial"; una tienda está abigarrada, otra es refinada, otra más lujosa y la cuarta sombría. El ambiente que proyecte la tienda se debe ceñir al mercado hacia el cual se dirige y debe motivar las compras por parte de los clientes. Un banco debe ser tranquilo, sobrio y silencioso; un cabaret debe ser deslumbrante, ruidoso y vibrante. Los detallistas se esfuerzan constantemente para crear entornos de compra que se ciñan a sus mercados meta. Cadenas como Sharper Image y Banana Republic están convirtiendo sus tiendas en teatros que transportan a los clientes a ambientes extraños y emocionantes para comprar (véase Puntos Importantes de la Mercadotecnia 15-4). Incluso la conservadora Sears divide las zonas de ropa de cada almacén en seis "tiendas" diferentes, cada una con su entorno de ventas diseñado para satisfacer los gustos de los segmentos individuales.[26]

La decisión sobre el precio

La política de precios del detallista es un elemento crucial para su posición y la decisión se debe tomar en relación con el mercado hacia el cual se dirige, su variedad de productos y servicios y sus competidores. A todos los detallistas les gustaría cobrar recargos grandes y vender un gran volumen, pero éstos rara vez se dan juntos. La mayor parte de los detallistas quieren recargos grandes sobre volumen bajo (tiendas de especialidades) *o* recargos bajos sobre volumen grande (tiendas masivas o de descuento). Así, Bijan's, en Rodeo Drive de Beverly Hills tiene trajes de hombre con precios desde 1,000 dólares y zapatos desde 400; vende un volumen muy bajo, pero obtiene una enorme ganancia sobre cada venta. En el otro extremo, T. J. Maxx vende ropa de marca a precios de descuento y espera un margen bajo para cada venta, pero vende un volumen mucho mayor.

Los detallistas también deben prestar atención a las tácticas de fijación de precios. La mayor parte de ellos marcarán precios bajos para algunos artículos, con el objeto de que sirvan como "creadores de tráfico" o "líderes de pérdidas". En algunas ocasiones, tienen rebajas en toda la tienda, en otras proyectan rebajas para la mercancía que se mueve con más lentitud. Por ejemplo, los detallistas, de calzado presuponen que venderán 50% de sus zapatos con un margen normal de ganancia, 25% con un margen de 40% y el restante 25% al costo.

La decisión sobre las promociones

Los detallistas usan los instrumentos normales de las promociones; es decir, publicidad, ventas personales, promoción de ventas y relaciones públicas, para llegar a los consumidores. Los detallistas se anuncian en periódicos, revistas, radio y televisión. La publicidad puede complementarse con circulares y corresponden-

WAL-MART: EL DETALLISTA MÁS GRANDE DE ESTADOS UNIDOS

En 1962, Sam Walton y su hermano inauguraron la primera tienda de descuento Wal-Mart, en un pueblito llamado Rogers, en Arkansas. Era una tienda enorme, plana, tipo barracón, que vendía de todo, desde prendas para vestir, pasando por material para automóviles, hasta aparatos eléctricos pequeños, a precios muy bajos. Los expertos le auguraban poco futuro a la naciente detallista; la idea generalizada era que las tiendas de descuento sólo podían triunfar en ciudades grandes. Empero, a partir de este modesto inicio, la cadena creció a gran velocidad, y abrió tiendas nuevas en un pueblecito sureño tras otro. Hacia mediados de la década de 1980, Wal-Mart había hecho su entrada triunfal al escenario detallista de Estados Unidos. Empezó a levantar tiendas en ciudades más grandes, como Dallas, San Luis y Kansas. Para 1990, la cadena contaba con 1,600 tiendas en 35 estados y producía más de 32 mil millones de dólares por concepto de ventas al año. Aunque parezca increíble, en menos de 30 años a partir de la inauguración de su primera tienda, Wal-Mart superó a Sears, la eterna líder de la industria, y se convirtió en la detallista más importante de Estados Unidos.

El crecimiento fenomenal de Wal-Mart no tiene señal alguna de desgaste. En la actualidad, la empresa está construyendo más tiendas, en ciudades más grandes, y expandiéndose hacia el nordeste y el lejano oeste. En 1992, las ventas pasaron de 55 mil millones de dólares y la gerencia espera que sus ventas se duplicarán con creces, a 125 mil millones de dólares, para finales de siglo. En los pasados 10 años, el rendimiento anual sobre la inversión de Wal-Mart ha sido, en promedio, de 45%, recompensando a los inversionistas generosamente. Una inversión de 1,000 dólares en acciones de Wal-Mart en 1970, hoy valdría la escalofriante cifra de 500,000 dólares.

¿Qué secretos están en el fondo de este éxito espectacular? Wal-Mart escucha a sus clientes y los cuida, trata a los empleados como si fueran socios y aplica mano dura para frenar sus costos.

Escuchar a los clientes y cuidarlos

Wal-Mart se colocó sólidamente en un mercado elegido con sumo cuidado. En un principio, Sam Walton se dirigió a los consumidores conscientes del valor de los pueblecillos de Estados Unidos. La cadena se labró una sólida posición de precios bajos todos los días mucho antes de que se pusiera de moda en el menudeo. Creció a gran velocidad llevando precios lo más bajos posible a pueblos ignorados por las cadenas nacionales de descuento, pueblos como Van Beuren, Arkansas e Idable, Oklahoma.

Wal-Mart conoce a sus clientes y los cuida muy bien. Como dijo un analista: "El evangelio de la empresa... es bastante sencillo: ser agente de los clientes, averiguar qué quieren y vendérselo al precio más bajo posible". Por tanto, la empresa escucha atentamente; por ejemplo, todos los altos mandos de Wal-Mart van a los lugares donde se reúnen sus clientes. Cada uno dedica, cuando menos, dos días a la semana a visitar las tiendas, a hablar de frente con los clientes y a ver, en forma directa, las operaciones. Además, Wal-Mart le entrega a los clientes lo que éstos quieren: una amplia variedad de bienes cuidadosamente seleccionados, a precios sin igual.

Empero, la mercancía indicada, al precio adecuado, no es la única llave del éxito de Wal-Mart. Esta también ofrece un servicio insuperable, que hace que los clientes queden satisfechos. En la entrada de cada tienda hay un letrero que dice, con toda claridad: "Garantizamos su satisfacción". Otro letrero, en el interior dice: "La meta de Wal-Mart es que usted siempre sea el siguiente en la cola". Con frecuencia, hay "saludadores" que le dan la bienvenida a la gente que llega a la tienda, simplemente como gesto de amabilidad, y les ofrecen sus servicios. Sobra decir que la tienda siempre que se necesita abre más cajas de pago para que no se formen largas colas para pagar a la salida.

El recorrer este camino extra para los clientes ha rendido frutos. Una encuesta realizada en fecha reciente por una empresa independiente, en pueblos donde Wal-Mart compite con K mart y Target, arrojó que los compradores de Wal-Mart eran los más satisfechos y los de Kmart los menos. Más claro aún, mientras que el promedio de ventas de la tienda típica de Kmart produce alrededor de 150 dólares por pie cuadrado al año, la tienda típica de Wal-Mart produce 250 dólares.

Tratar a los empleados como si fueran socios

Wal-Mart es de la opinión que, a fin de cuentas, el personal de la empresa es lo que, en realidad, la hace mejor. Por consiguiente, se esfuerza por demostrarle a sus empleados que le preocupan. Wal-Mart llama a los empleados "socios", costumbre que ahora copian muchos competidores. Los socios trabajan como si lo fueran, toman parte decidida en las operaciones y comparten las recompensas de la buena actuación.

En Wal-Mart todo el mundo [es] socio, desde [el ejecutivo máximo]... hasta la cajera que se llama Janet y trabaja en el Wal-Mart de la Carretera 50 en Ocoee, Florida. "Nosotros", "nos" y "nuestro" son los sujetos de la operación. Los jefes de departamento de Wal-Mart, socios continuos que están atentos a uno o más de treinta y tantos departamentos, que abarcan desde artículos deportivos hasta aparatos electrónicos, tienen acceso a cifras que la mayor parte de las empresas jamás le muestra a sus gerentes generales: costos, precios de

Un "saludador" de Wal-Mart ofrece sus servicios.

transporte, márgenes de utilidad. La empresa establece un margen de utilidad para cada tienda y, si la tienda lo supera, entonces los socios continuos comparten parte de la utilidad adicional.

El concepto de la sociedad está muy arraigado en la cultura social de Wal-Mart. Está sustentado en políticas de puerta abierta y de reuniones con las bases, que permiten a los empleados manifestar su opinión en cuanto a lo que está ocurriendo, además de que los alienta a presentar sus problemas a la gerencia. La preocupación de Wal-Mart por sus empleados, se traduce en gran satisfacción de los empleados que, a su vez, se traduce en más satisfacción de los clientes.

Mano dura para frenar los costos

Wal-Mart tiene la estructura de costos más bajos de la industria: los gastos de operación sólo representan 16% de las ventas, en comparación con el 23% de K mart. Por tanto, Wal-Mart puede cobrar precios más bajos y, sin embargo, cosechar grandes utilidades, con lo que puede ofrecer mejor servicio. Esto crea un "círculo de productividad"; es decir, los precios más bajos y el buen servicio de Wal-Mart atraen mayor cantidad de compradores, que producen más ventas, que hacen que la empresas sea más eficiente, lo cual le permite bajar sus precios incluso más.

Los costos bajos de Wal-Mart se derivan, en parte, de su estupenda administración y tecnología sofisticada. Su oficina central, en Bentonville, Arkansas, contiene "un sistema de comunicación por computadora equiparable con el del Departamento de Defensa", el cual ofrece a los gerentes de todo el país acceso inmediato a información en cuanto a ventas y operaciones. Además, sus enormes centros de distribución, completamente automatizados, emplean lo más avanzado de la tecnología para abastecer las tiendas con eficiencia. Asimismo, Wal-Mart gasta menos que la competencia en publicidad; sólo 0.5% de las ventas, en comparación con 2.5 de K mart y 3.8 % de Sears. Como Wal-Mart tiene lo que los clientes quieren, a los precios que sí pagarán, su fama se ha extendido, a gran velocidad, de boca en boca. No ha necesitado más publicidad.

Por último, Wal-Mart mantiene bajos los costos por medio de las viejas "compras rudas". Así como la empresa es famosa por la calidez con la que trata a los clientes, también es conocida por la forma fría y calculada con la que exprime precios bajos de los proveedores. El siguiente párrafo describe una visita a las oficinas de compras de Wal-Mart.

No espere encontrar un saludador ni un ambiente amigable... Una vez que entra a uno de los espartanos cuartitos de los compradores, espere una mirada fría del otro lado del escritorio y prepárese para bajar su precio. "Se preocupan mucho, pero mucho, por la gente y presionan con su poder de compra más que ningún otro comprador en Estados Unidos —dice el subdirector de mercadotecnia de un vendedor importante—. Todos los rituales normales de apareamiento están [prohibidos]. Su verdadero prioridad es asegurarse de que todo el mundo, en todo momento y en todos los casos sepa quién está al mando; es decir, Wal-Mart. Hablan bonito, pero tienen fondo de pirañas, y si uno no está totalmente preparado cuando entra ahí, le cortarán la [cabeza] para colocarla en una bandeja."

Algunos observadores se preguntan si Wal-Mart podrá continuar creciendo a un ritmo tan abrumador, sin perder su punto focal o su posición. Se preguntan si un Wal-Mart, siempre creciente, podrá estar cerca de sus clientes y empleados. Los directivos de la empresa apuestan a que sí. Un ejecutivo dice: "Nos irá bien mientras no dejemos de responderle al cliente".

Fuentes: Las citas son de Bill Saporito, "Is Wal-Mart Unstoppable?", *Fortune,* 6 de mayo de 1991, pp. 50-59; y John Huey, "Wal-Mart: Will It Take Over the World?", *Fortune,* 30 de enero de 1989, pp. 52-61. También véase Christy Fisher, "Wal-Mart's Way", *Advertising Age,* 18 de febrero de 1991, p. 3; Zachary Schiller y Wendy Zellner, "Clout", *Business Week,* 21 de diciembre de 1992; y Bill Saporito, "David Glass Won't Crack Under Fire", *Fortune,* 8 de febrero de 1993, pp. 75-80.

LOS DETALLISTAS CONTEMPORÁNEOS RECURREN A BROADWAY

Richard Melman es el restaurantero más destacado de Chicago. Ha diseñado cada uno de sus 32 restaurantes en torno a un tema intrigante: Tucci Benucch parece un café al aire libre en un pueblito italiano, Ed Debevic es un merendero kitsch de la década de 1950, R. J. Grunts es un barracón deteriorado de hamburguesas y picadillo, Ambria es un restaurante elegante, con manteles, candelabros y buena cristalería. Según un asesor de la industria de los alimentos: "Rich Merlman es el Andrew Lloyd Webber de la industria restaurantera. No sólo produce comida, también produce teatro".

La idea de convertir los establecimientos detallistas en teatros no se limita a los restaurantes. FAO Schwartz, el juguetero, abrió una juguetería de tres pisos en la elegante Avenida Michigan de Chicago, donde los clientes hacen cola para poder entrar. Cuando han entrado, los clientes suben por escaleras eléctricas al tercer piso y después van bajando por diferentes boutiques, donde hay multitudes reunidas en torno a espectaculares exhibiciones de Lego, departamentos de muñecas Barbie, enormes animales de peluche e incluso un árbol parlante. El "teatro" de FAO Schwartz contrasta enormemente con la tienda típica de Toys 'R' Us, donde, al parecer, no hay nada excepcional, sino los precios bajos y una variedad que atolondra los sentidos, o sea 15,000 jueguetes apilados en fila tras fila de anaqueles.

A sólo unas cuantas cuadras al sur de FAO Schwartz está Niketown, con sus cuatro pisos, que ahora atrae a mayor cantidad de visitantes que el famoso Museo de Ciencia e Industria de Chicago. Niketown es lo último en nichos del mercado; cada habitación está dedicada a los atuendos y el calzado específicos para un deporte. El adolescente que quiere ser estrella del baloncesto se debe dirigir al segundo piso, donde encontrará una inmensa fotografía de Michael Jordan, una asombrosa variedad de zapatos y ropa para el baloncesto e incluso una can-cha de baloncesto donde puede probar los zapatos, lanzar unas cuantas canastas y sentir cómo le quedan los zapatos.

Al lado de Niketown está un teatro más tranquilo: la sala de exhibición de Sony, donde Sony ha colocado diversos productos, de tal manera que los clientes los puedan tocar, encender y probar. En el segundo piso, los clientes pueden entrar al teatro de la casa del futuro, con una pantalla gigante y sonido para teatro. En el primer piso, contemplan la imagen televisada de un bello ramo de flores que ha sido tomado con una videocámara Sony Handycam y que se exhibe en un televisor de alta definición. La belleza de la imagen es casi superior a la de las flores reales.

La más llamativa de las tiendas convertidas en teatro podría ser Mall of America, cerca de Minneápolis. El Mall, que contiene más de 800 tiendas especializadas, es todo un centro de recreación. Bajo un solo techo alberga un parque de diversiones Knott's Berry Farm, en un espacio de 7 acres, con 23 juegos y diversiones, una pista de hielo para patinaje, un Mundo Submarino con cientos de ejemplares marinos y un espectáculo de delfines y un campo de golf miniatura de dos pisos. Una de las tiendas, Oshman Supersports USA tiene una cancha de baloncesto, un gimnasio de box, una jaula de bateo de beisbol, un campo de arquería de 50 pies y una pendiente simulada para esquiar.

Todo lo anterior confirma que las tiendas detallistas son mucho más que un simple punto de reunión de bienes varios. Son entornos que debe sentir la gente que compra en ellos. El ambiente de las tiendas es un potente instrumento que puede servir a los detallistas para diferenciar sus tiendas de las de la competencia.

Fuente: Véase, "Why Rich Melman Is Really Cooking", *Business Week*, 2 de noviembre de 1992, pp. 127-28.

---

cia directa. Las ventas personales requieren que se capacite a los vendedores con gran atención, para que sepan cómo saludar a los clientes, satisfacer sus necesidades y manejar sus quejas. Las promociones de ventas pueden incluir demostraciones en la tienda, exhibidores, concursos y vistas de celebridades. Además, los detallistas siempre tienen a su disposición actividades de relaciones públicas, como conferencias de prensa y discursos, inauguración de tiendas, eventos especiales, boletines informativos, revistas y actividades en pro de los servicios públicos.

Decisión sobre la plaza

Con frecuencia, los detallistas citan tres factores centrales para su éxito: ¡*ubicación, ubicación* y *ubicación*! La ubicación de un detallista es clave para su capacidad de atraer clientes. Además, los costos de la construcción o el alquiler de instalaciones repercuten en las utilidades de los detallistas. Los pequeños detallistas quizá tengan que conformarse con las ubicaciones que puedan encontrar o pagar. Los grandes detallistas suelen emplear especialistas para que elijan su ubicación, aplicando métodos muy avanzados.

EL FUTURO DEL COMERCIO DETALLISTA

Varias tendencias afectarán el futuro del menudeo. Al disminuir el crecimiento de la población y la economía, las ventas y las utilidades de los detallistas ya no registrarán crecimiento en razón de la expansión natural de los mercados presentes o los nuevos. El crecimiento se derivará de la mayor participación en los mercados actuales. Sin embargo, como habrá más competencia y nuevos tipos de detallistas, será más difícil aumentar la participación en el mercado.

La industria del menudeo adolece de un gran exceso de capacidad. Existe demasiado espacio dedicado al comercio detallista; más de 18 pies cuadrados por cada hombre, mujer y niño, más del doble que en 1972. Los patrones demográficos, los estilos de vida y los hábitos de compra de los consumidores también están cambiando a gran velocidad. Por tanto, la década de 1990 será muy difícil para los detallistas:

Las señales de negocios cerrados, quiebras y ventas constantes presagian tiempos difíciles para la industria del menudeo. Comerciantes robustos como B. Altman y Garfinkel's han desaparecido. La matriz de Bloomingdale's, Burdines y Rich's están [quebradas]. Corren muchos rumores sobre la posible defunción de R. H. Macy y otras... "El menudeo no es un campo que guarde esperanzas —dice [un ejecutivo detallista]—. No es divertido. Es como una guerra." Además, es probable que siga aumentando la cantidad de bajas. Hacia finales de los años noventa... ya no existirá la mitad de los detallistas que hay en el país en la actualidad... Las empresas que logren triunfar serán las que eviten el endeudamiento incapacitante, las que se dirijan con claridad a clientes o productos específicos y que se enganchen a la tecnología para mantener bajos los costos y reforzar el servicio. Un numerito muy difícil.[27]

Luego entonces, para tener éxito, los detallistas tendrán que seleccionar cuidadosamente los segmentos meta y posicionarse en ellos con solidez. Es más, el veloz aumento de los costos hará que la operación eficiente y las compras inteligentes sean esenciales para el éxito del menudeo. En consecuencia, las tecnologías del comercio detallista están adquiriendo cada vez más importancia como instrumentos para competir. Los detallistas progresistas están usando computadoras para producir mejores pronósticos, controlar costos de inventarios, colocar pedidos electrónicos con los proveedores, comunicarse entre tiendas e incluso venderle a los clientes en las tiendas. Están adoptando sistemas de scanner en las cajas de salida, televisores en las tiendas, procesamiento de transacciones en línea y transferencia electrónica de fondos.

El **concepto de la rueda de la venta al detalle**[28] explica, en parte, muchas innovaciones detallistas. Según este concepto muchos tipos nuevos de formas de venta al detalle empiezan como negocios con márgenes pequeños, precios bajos y nivel bajo. Desafían a los detallistas establecidos que han "engordado" y dejado que sus costos y márgenes aumenten. El éxito de los detallistas nuevos les lleva a mejorar sus instalaciones y a ofrecer más servicios. A su vez, sus costos se incrementan, obligándoles a elevar sus precios. Con el tiempo, los detallistas nuevos se tornan como los detallistas convencionales a los que reemplazaron. El ciclo vuelve a empezar cuando otros tipos de nuevos detallistas aparecen con costos y precios más bajos. Al parecer, el concepto de la rueda de la venta al detalle explica el éxito inicial y los problemas posteriores de las tiendas de departamentos, los supermercados y las tiendas de descuento y el éxito reciente de los detallistas con precios de rebaja.

Seguirán surgiendo formas nuevas de menudeo para satisfacer nuevas necesidades de los clientes y nuevas situaciones. Sin embargo, el ciclo de vida de las nuevas formas de menudeo será cada vez más breve; las formas más recientes, como las salas de exhibición con catálogos y las bodegas de muebles, llegaron a su madurez en unos 10 años. En tal entorno, las posiciones de los detallistas, aparentemente sólidas, se pueden derrumbar a gran velocidad. Por ejemplo, de los 10 detallistas de descuento más importantes en 1962 (el año en que empezaron Wal-Mart y K mart) no existe ninguna hoy. Por tanto, los detallistas ya no se pueden sentar con los brazos cruzados cuando tienen una fórmula del éxito; si quieren seguir triunfando tienen que seguir adaptándose.[29]

EL COMERCIO MAYORISTA

El **mayoreo** incluye todas las actividades que entraña vender bienes y servicios a quienes los compran para revenderlos o usarlos en su empresa. Una panadería detallista se dedica al mayoreo cuando le vende su producto a un hotel de la localidad. Se consideran **mayoristas** aquellas empresas que se dedican *primordialmente* a las actividades de las ventas al mayoreo.

Los mayoristas le compran, en su mayor parte, a los productores y le venden, en su mayor parte, a detallistas, consumidores industriales y otros mayoristas. Pero, ¿por qué se usan los mayoristas? Por ejemplo, ¿por qué recurriría un productor a los mayoristas, en lugar de venderle directamente a los detallistas y los consumidores? Sencillamente porque, con frecuencia, los mayoristas efectúan mejor una o varias de las siguientes funciones del canal:

- *Ventas y promociones.* La fuerza de ventas de los mayoristas ayuda a los fabricantes a llegar a muchos clientes pequeños a bajo costo. El mayorista tiene más contactos y, con frecuencia, el comprador confía más en él que en el fabricante distante.

- *Compras y creación de variedades.* Los mayoristas pueden elegir artículos y crear las variedades que necesitan sus clientes, ahorrando trabajo a los consumidores.

- *Desmenuzar grandes volúmenes.* Los mayoristas le ahorran dinero a sus clientes porque compran lotes enormes y desmenuzan el volumen (descomponen lotes grandes en cantidades pequeñas).

- *Almacenamiento.* Los mayoristas llevan inventarios, reduciendo con ello los costos por inventarios y los riesgos de proveedores y clientes.

- *Transportes.* Los mayoristas pueden ofrecer entregas más expeditas a los compradores porque están más cerca de ellos que los productores.

- *Financiamiento.* Los mayoristas financian a sus clientes otorgándoles créditos y financian a los proveedores colocando pedidos con anticipación y pagando sus facturas puntualmente.

- *Correr riesgos.* Los mayoristas absorben los riesgos adquiriendo el dominio y corriendo con los costos derivados de robos, daños, estropicios y obsolescencia.

- *Información del mercado.* Los mayoristas ofrecen información a los proveedores y clientes sobre la competencia, los productos nuevos y los cambios de los precios.

- *Servicios administrativos y asesoría.* Con frecuencia, los mayoristas ayudan a los detallistas a capacitar a sus vendedores, a mejorar la distribución y los exhibidores de las tiendas y a establecer sistemas de contabilidad y control de inventarios.

TIPOS DE MAYORISTAS

Los mayoristas se pueden clasificar en tres grupos básicos (véase la tabla 15-3): *mayoristas mercantiles, corredores y agentes,* y *sucursales oficinas de ventas de los fabricantes.*

Mayoristas mercantiles

Los **mayoristas mercantiles** son negocios propiedad de personas independientes que adquieren el título de propiedad de la mercancía que manejan. Componen el grupo más grande de mayoristas y realizan alrededor del 50% de todo el

TABLA 15-3
Clasificación de mayoristas

MAYORISTAS MERCANTILES	CORREDORES Y AGENTES	SUCURSALES Y OFICINAS DE FABRICANTES Y DETALLISTAS
Mayoristas con todos los servicios	Corredores	Sucursales y oficinas de ventas
Mayoristas mercantiles	Agentes	Oficinas de compras
Distribuidores industriales		
Mayoristas con servicios limitados		
Mayoristas que requieren pago al contado		
Mayoristas camioneros		
Transportistas de volteo		
Intermediarios de estantería		
Cooperativas de productores		
Mayoristas de pedidos por correo		

comercio al mayoreo. Los mayoristas mercantiles se dividen en dos tipos generales: los *mayoristas con servicios completos* y los *mayoristas con servicios limitados*.

Los mayoristas con servicios completos
Los **mayoristas con servicios completos** ofrecen toda una serie de servicios, por ejemplo, llevan existencias, usan un cuerpo de vendedores, ofrecen crédito, hacen entregas y proporcionan ayuda administrativa. Son *mayoristas mercantiles* o *distribuidores industriales*.

Los mayoristas mercantiles le venden, en su mayor parte, a detallistas y ofrecen toda una gama de servicios. La amplitud de su línea de productos varía. Algunos manejan varias líneas de bienes para satisfacer las necesidades de los detallistas que manejan mercancía en general y de los que se ocupan de una sola línea. Otros manejan una o dos líneas de bienes con mayor cantidad de variedades.

Algunos ejemplos serían los mayoristas de ferretería, los mayoristas de medicinas y los mayoristas de ropa. Otros mayoristas especializados sólo manejan parte de una línea a profundidad, por ejemplo los mayoristas de alimentos naturales, los mayoristas de mariscos y pescado y los mayoristas de autopartes. Estos ofrecen a sus clientes una variedad más extensa y conocen mejor el producto.

Los distribuidores industriales son mayoristas mercantiles que venden a los productores, antes que a los detallistas. Ofrecen inventarios, créditos, entregas y otros servicios. Pueden manejar una amplia variedad de mercancías, una línea general o una línea especializada. Los distribuidores industriales se pueden concentrar en líneas como suministros para mantenimiento y operaciones, artículos para el equipo original (como cojinetes y motores) o equipo (como herramienta eléctrica y camiones de volteo).

Los mayoristas con servicios limitados
Los **mayoristas con servicios limitados** ofrecen menos servicios a sus proveedores y clientes. Existen varios tipos de mayoristas con servicios limitados.

Los *mayoristas que requieren pago en efectivo* llevan una línea limitada de bienes de gran movimiento, venden a detallistas pequeños contra pago en efectivo y, normalmente, no hacen entregas de mercancía. Por ejemplo, un pescadero detallista, por lo general, al amanecer acude con un pescadero mayorista, que requiere pago en efectivo, compra varias cajas de pescado, paga al momento, se lleva la mercancía a su pescadería y la descarga.

Los *mayoristas camioneros* (también llamados *intermediarios camioneros*) venden y también entregan. Llevan una línea limitada de bienes (por ejemplo, leche,

Mayoristas mercantiles: un centro de distribución de alimentos al mayoreo típico de Fleming Companies, Inc. El almacén promedio de Fleming tiene una superficie de 500,000 pies cuadrados (con un techo de 30 pies de altura), maneja 16,000 artículos comestibles y ofrece sus servicios a entre 150 y 200 detallistas, en un radio de 500 millas.

pan o botanas), que venden contra pago en efectivo cuando hacen rondas por supermercados, pequeñas tiendas de abarrotes, hospitales, restaurantes, cafeterías de fábricas y hoteles.

Los *transportistas de volteo* operan en las industrias que manejan productos a granel, como el carbón, la madera y el equipo pesado. No llevan inventarios ni manejan el producto. Cuando reciben un pedido, se dirigen al productor que enviará los bienes directamente al cliente. El transportista de volteo adquiere la posesión y el riesgo de la mercancía, desde el momento en que acepta el pedido hasta el momento en que la entrega al cliente. Como los transportistas de volteo no llevan inventarios, tienen costos un poco más bajos y le pueden transmitir cierto ahorro a los clientes.

Los *intermediarios de estantes* se dirigen a los detallistas que manejan productos básicos y medicinas, sobre todo en el campo de productos que no son alimentos. Estos detallistas no quieren colocar pedidos ni tener exhibidores de cientos de artículos que son alimentos. Los intermediarios de estantes envían camiones para entregar la mercancía en las tiendas y la persona que entrega arma las pilas de juguetes, libros, artículos de ferretería, medicamentos, productos de belle-za y otros más. Además, le ponen precio a los artículos, vigilan que estén frescos y llevan registros de inventarios. Los intermediarios de estantes venden a consig-nación, conservan la propiedad de los bienes y expiden facturas a los detallistas tan sólo por la cantidad de bienes que se hayan vendido a los consu-midores. Por tanto, prestan servicios como hacer entregas, colocar la mercancía en los anaqueles, llevar inventarios y ofrecer financiamiento. No se promueven mucho porque muchos de los artículos que manejan son de marcas muy publi-citadas.

Las *cooperativas de productores* son propiedad de los campesinos que pertene-cen a ellas y reúnen sus productos agrícolas para venderlos en los mercados loca-les. Las utilidades se dividen entre sus miembros al término de cada año. Con fre-cuencia, se esfuerzan por mejorar la calidad de los productos y por promover el nombre de la marca de la cooperativa, por ejemplo las pasas Sun Maid, las naran-jas Sunkist y las nueces Diamond.

Los *mayoristas de pedidos por correo* envían catálogos a clientes detallistas, industriales e institucionales, ofreciendo alhajas, cosméticos, alimentos selectos y otros artículos pequeños. Sus clientes principales son los negocios de zonas pe-queñas y remotas. No cuentan con cuerpo de vendedores para visitar a los clien-tes. Los pedidos se colocan por correo y se envían por correo, camión o algún otro medio.

Corredores y agentes

Los *corredores* y *agentes* se diferencian de los mayoristas mercantiles en dos senti-dos: no tienen la propiedad de los bienes y sólo efectúan unas cuantas funciones. Su función principal es ayudar a comprar y vender, y por tal servicio obtienen una comisión sobre el precio de venta. Al igual que los mayoristas mercantiles, por regla general, se especializan en líneas de productos o tipos de cliente. Sus actividades representan 11% del volumen total del mayoreo.

Los corredores

Un **corredor** reúne a compradores y vendedores y les ayuda en las negociaciones. La parte contratante es la responsable de pagarle a los corredores. No llevan inventarios, no participan en el financiamiento ni asumen riesgos. Los ejemplos más conocidos son los corredores de alimentos, los corredores de bienes raíces, los corredores de seguros y los corredores de valores.

Los agentes

Los **agentes** representan a los compradores o a los vendedores de manera más permanente. Existen varios tipos. Los *agentes del fabricante* (también llamados representantes del fabricante) son el tipo más común de agente mayorista. Estos representan a dos o más fabricantes de líneas relacionadas. Tienen un contrato formal con cada fabricante que cubre precios, territorios, procedimientos para manejar pedidos, entregas, garantías y porcentajes de comisiones. Conocen bien la línea de productos de cada fabricante y usan sus muchos contactos para vender los productos. Los agentes del fabricante se usan para líneas como prendas de vestir, muebles y aparatos eléctricos. La mayor parte de los agentes del fabricante son negocios pequeños, con unos cuantos empleados que son vendedores capacitados. Los contratan los pequeños productores que no pueden darse el lujo de mantener un cuerpo de vendedores de campo, así como los productores grandes que quieren abrir territorios nuevos o vender en campos donde no pueden sostener a un vendedor de tiempo completo.

Los *agentes de ventas* firman un contrato con un productor para vender su producción entera, sea porque al fabricante no le interesa dedicarse a la venta o porque siente que no está calificado para hacerlo. El agente de ventas también hace las veces de departamento de ventas y ejerce gran influencia en los precios y los términos y condiciones de la venta. El agente de ventas, normalmente, no está limitado a un territorio. Los agentes de ventas trabajan en líneas de productos como textiles, maquinaria y equipos industriales, carbón y coque, productos químicos y metales.

Los *agentes de compras*, por regla general, establecen una relación a largo plazo con los compradores. Se encargan de hacer adquisiciones para los compradores y, con frecuencia, reciben, inspeccionan, almacenan y envían los bienes a los compradores. Un tipo de agente de compras son los *compradores de planta* de los mercados grandes de prendas de vestir; éstos son especialistas en compras que ven líneas de prendas de vestir que pueden ser manejadas por pequeños detallistas en ciudades pequeñas. Saben mucho de sus líneas de productos y ofrecen a los clientes útil información del mercado, además son capaces de conseguir los mejores artículos al mejor precio posible.

Los *comerciantes a comisión* son agentes que adquieren el título de propiedad de los productos y negocian su venta. Por regla general, no trabajan a largo plazo. Con frecuencia se dedican a la comercialización de productos agrícolas, en nombre de campesinos que no quieren dedicarse a la venta de sus productos y que no pertenecen a ninguna cooperativa. Normalmente, el comerciante a comisión lleva un camión con productos agrícolas a un mercado central, lo vende al mejor precio posible, descuenta los gastos y una comisión y le paga al campesino la cantidad de dinero restante.

Sucursales y oficinas de ventas de los fabricantes

El tercer tipo básico de mayoreo es el realizado por vendedores o compradores, en lugar de por medio de mayoristas independientes, en las **sucursales y oficinas de ventas del fabricante**. Las sucursales y oficinas de ventas de los fabricantes se encargan aproximadamente del 31% del volumen del mayoreo. Con frecuencia, los fabricantes establecen sus propias sucursales y oficinas de ventas para mejorar el control de inventarios, las ventas y las promociones. Las *sucursales de ventas* llevan inventarios y trabajan en industrias como la maderera y la de autopartes y equipo para automóviles. Las *oficinas de ventas* no llevan inventarios y, con mucha frecuencia, trabajan en las industrias de los bienes generales y novedosos. Muchos detallistas establecen *oficinas de compras* en centros comerciales importantes como la ciudad de Nueva York y Chicago. Estas oficinas de compras realizan una función parecida a la de los corredores o agentes, pero forman parte de la organización del comprador.

DECISIONES DE MERCADOTECNIA DEL MAYORISTA

En años recientes, los mayoristas se han visto sujetos a la creciente presión de la competencia. Han tenido que enfrentarse a nuevas fuentes de competencia, a clientes más exigentes, a tecnologías nuevas y a programas de compras más directas, por parte de los grandes compradores detallistas, institucionales e industriales. En consecuencia, han tenido que tomar mejores decisiones estratégicas en cuanto a mercados meta, variedades de productos y servicios, precios, promociones y plaza.

La decisión del mercado meta

Al igual que los detallistas, los mayoristas deben definir sus mercados meta, pues no pueden servirle a todo el mundo. Pueden escoger un grupo de acuerdo con el tamaño del cliente (sólo detallistas grandes), el tipo de cliente (sólo tiendas de productos básicos), la necesidad de servicios (clientes que necesitan crédito) u otros factores. Dentro del grupo que colocan en la mira, pueden identificar a los clientes más rentables, diseñar ofertas más sólidas y establecer mejores relaciones con ellos. Pueden proponer sistemas automáticos para colocar pedidos, establecer sistemas de administración y asesoría o incluso patrocinar una cadena voluntaria. Pueden desanimar a los clientes menos rentables, requiriéndoles pedidos más grandes o sumándole a los más pequeños cargos por ciertos servicios.

La decisión sobre la variedad de productos y servicios

El "producto" del mayorista es su surtido. Los mayoristas tienen la enorme presión de manejar una línea completa y de contar con existencias suficientes para hacer entregas inmediatas. Sin embargo, dicha situación puede afectar sus utilidades. Hoy, los mayoristas están reduciendo el número de líneas que manejan, quedándose sólo con las más rentables. Los mayoristas también están volviendo a analizar cuáles son los servicios que cuentan más para establecer relaciones sólidas con los clientes, cuáles se deben abandonar y cuáles cobrar. La clave está en encontrar la mezcla de servicios que tenga más valor para los clientes hacia los que se dirige.

La decisión sobre los precios

Los mayoristas, por regla general, suman un porcentaje determinado al costo de los bienes, por decir algo, un 20%. En este caso, los gastos quizá representen 17% del margen bruto, lo que deja un margen de utilidad del 3%. En el caso del mayoreo de abarrotes, el margen promedio de utilidad suele ser de menos de 2%. Los mayoristas están tratando de encontrar otras formas de poner precios. En ocasiones, quizá reducen su margen en algunas líneas, con objeto de conseguir más clientes importantes. En otras, tal vez pidan descuentos especiales de precios a los proveedores, con el aliciente de que pueden conseguir un incremento de ventas para el proveedor.

La decisión sobre las promociones

La mayor parte de los mayoristas no se inclinan por las promociones. En su caso, la publicidad comercial, la promoción de ventas, las ventas personales y las relaciones públicas son muy dispersas y no planeadas. Muchos de ellos están muy atrasados en el tema de las ventas personales; siguen considerando que las ventas son el acto de una persona que habla con un cliente, no las entienden como el esfuerzo de un equipo para vender, crear cuentas grandes y brindarles servicios. Además, los mayoristas tendrían que adoptar algunas de las técnicas de promoción, no personales, que usan los detallistas. Deberían desarrollar una estrategia global para sus promociones y aprovechar mejor los materiales y programas promocionales de los proveedores.

La decisión sobre la ubicación

Los mayoristas, típicamente, se ubican en zonas donde tanto los alquileres como los impuestos son bajos y suelen invertir poco dinero en sus edificios, equipo y sistemas. En consecuencia, sus sistemas para manejar materiales y procesar pedidos también suelen estar pasados de moda. Sin embargo, en años recientes, los grandes mayoristas progresistas están reaccionando ante el aumento de costos y están invirtiendo en almacenes automatizados y sistemas computarizados para los pedidos. Los pedidos del sistema del detallista son alimentados directamente a la computadora del mayorista; a continuación los artículos son levantados por dispositivos mecánicos y transportados, en forma automática, a una plataforma de embarque, donde son preparados. Muchos mayoristas están recurriendo a las computadoras para llevar su contabilidad, facturación, control de inventarios y pronósticos. Los mayoristas progresistas están adaptando sus servicios a las necesidades de los clientes hacia los que se dirigen y buscando métodos que les permitan reducir los costos de sus actividades.

TENDENCIAS DEL MAYOREO

Los mayoristas progresistas están siempre dispuestos a encontrar maneras que les permitan satisfacer mejor las necesidades cambiantes de sus proveedores y consumidores meta. Reconocen que, a la larga, la única razón de su existencia consiste en mejorar la eficiencia y la eficacia del canal de mercadotecnia entero. Para alcanzar esta meta, deben estar mejorando, de manera constante, sus servicios y reduciendo sus costos.

McKesson, el enorme mayorista de medicinas, es un ejemplo de mayoreo progresista. Para sobrevivir, McKesson tuvo que conseguir costos más eficientes que los de las oficinas de ventas de los fabricantes. Por tanto, la empresa automatizó 72 de sus almacenes, estableció vínculos directos con las computadoras de 32 fabricantes de medicinas, diseñó para los farmacéuticos un programa computarizado de cuentas por cobrar y proporcionó a las farmacias terminales de computadoras para colocar pedidos de inventarios. Los detallistas incluso pueden usar el sistema de cómputo de McKesson para llevar el perfil médico de sus clientes. Así, McKesson ha entregado más valor tanto a los fabricantes como a sus clientes detallistas.

Existe un estudio que pronostica varios cambios en la industria del mayoreo.[30] La consolidación de empresas mayoristas disminuirá muchísimo su cantidad. El tamaño de las empresas mayoristas restantes irá en aumento, sobre todo en razón de adquisiciones, fusiones y expansión geográfica. La expansión geográfica requerirá que los distribuidores aprendan a competir con eficacia en campos más amplios o más diversos. El mayor uso de sistemas computarizados y automatizados ayudará a los mayoristas. Para 1990, más de las tres cuartas partes de los mayoristas estarán usando sistemas de pedidos de computadoras en línea.

La diferencia entre los grandes detallistas y los grandes mayoristas sigue siendo poco clara. Ahora, muchos detallistas trabajan con formatos como los de clubes de mayoreo y de hipermercados que realizan muchas de las funciones del mayoreo. En cambio, muchos grandes mayoristas están montando sus propias

McKesson, el mayorista de medicinas, mejoró su eficiencia estableciendo vínculos de computadora para comunicarse directamente con fabricantes y farmacias detallistas.

operaciones detallistas. Super Valu y Flemming, importantes mayoristas los dos, ahora cuentan con sus propias tiendas detallistas.

Los mayoristas seguirán aumentando la cantidad de servicios que proporcionan a los detallistas; es decir, fijación de precios detallistas, publicidad en cooperación, reportes de información de mercados y administrativa, servicios de contabilidad y otros más. El aumento de costos por una parte, y la demanda de más servicios por la otra, recortarán las utilidades de los mayoristas. Los mayoristas que no encuentren formas eficientes para entregar valor a sus clientes no tardarán en quedarse rezagados a un lado del camino.

Por último, ante el lento crecimiento de los mercados nacionales y hechos como el Tratado de Libre Comercio de América del Norte, muchos mayoristas grandes están optando por globalizar sus actividades. La Asociación Nacional de Distribuidores Mayoristas pronostica que para el año 2000 los mayoristas generarán 18% de sus ventas fuera de Estados Unidos, el doble de la cifra corriente.[31] Por ejemplo, en 1991, McKesson compró Provigo, su socio canadiense. La empresa ahora recibe alrededor del 13% de sus ingresos de Canadá.

RESUMEN

Las actividades del comercio mayorista y el detallista constan de muchas organizaciones que llevan bienes y servicios desde el punto de producción hasta el punto de uso. El *menudeo* incluye todas las actividades que entraña el vender bienes o servicios directamente a los consumidores finales para su uso personal y no comercial. Los detallistas se pueden clasificar como tiendas detallistas y como detallistas sin tiendas. Las *tiendas detallistas* se pueden clasificar por la *cantidad de servicios* que ofrecen (autoservicio, servicio limitado, o servicio completo); la *línea de productos vendidos* (tiendas especializadas, tiendas de departamentos, supermercados, tiendas de abarrotes, tiendas combinadas, supertiendas, hipermercados y negocios de servicios); los *precios relativos* (tiendas de descuento, detallistas con rebajas y salas de exhibición con catálogos); el *control de las tiendas* (cadenas de sociedades, cadenas voluntarias y cooperativas de detallistas, organizaciones de franquicias y conglomerados para la comercialización) y el *tipo de conglomeración de las tiendas* (distritos comerciales del centro y centros comerciales).

Si bien la mayor parte de los bienes y servicios se venden por medio de tiendas, las ventas al detalle fuera de tiendas han crecido a ritmo mucho más veloz que el de las tiendas detallistas. Los *detallistas sin tiendas* representan en la actualidad más del 14% del total de las compras de consumo y, para finales del presente siglo, podrían representar la tercera parte de las ventas. El menudeo no realizado en tiendas consiste en la *comercialización directa* (ventas detallistas directas por correo o catálogos, ventas por teléfono, comercialización por televisión y compras electrónicas), las *ventas directas* y los *vendedores automáticos*. La mercadotecnia directa integrada, es decir, el uso de muchos vehículos y campañas de muchas etapas, puede mejorar enormemente las respuestas de la comercialización directa.

Para aplicar la mercadotecnia directa integrada, las empresas primero tienen que desarrollar buenos sistemas de bases de datos de mercadotecnia.

Cada detallista debe tomar decisiones en cuanto a sus mercados meta, la variedad de productos y servicios, los precios, las promociones y las ubicaciones. Los detallistas tienen que elegir con gran cuidado sus mercados meta y posicionarse en ellos con solidez.

Las *ventas al mayoreo* incluyen todas las actividades que entraña el vender bienes o servicios a quienes compran con el propósito de revenderlos o de usarlos en un negocio. Los mayoristas realizan muchas funciones, entre ellas vender y promover, comprar y constituir un surtido de producto, fraccionar grandes volúmenes, almacenar, transportar, financiar, correr riesgos, proporcionar información del mercado y ofrecer servicios administrativos y asesoría. Los mayoristas se pueden clasificar en tres grupos. El primero es el de los *mayoristas mercantiles* que adquieren posesión de los bienes. Este grupo incluye a los *mayoristas con servicios completos* (mayoristas mercantiles, distribuidores industriales) y a los *mayoristas con servicios limitados* (mayoristas que requieren pago al contado, mayoristas camioneros, transportistas de volteo, intermediarios de estantería, cooperativas de productores y mayoristas de pedidos por correo). El segundo son los *agentes* y los *corredores* que no adquieren posesión de los bienes, pero que reciben una comisión por ayudar a su compra y venta. Por último, las *sucursales* y *oficinas de ventas de los fabricantes* realizan operaciones mayoristas, aunque no son mayoristas, con el objeto de pasar por alto a los mayoristas. El mayoreo tiene su propia economía. Los mayoristas progresistas están adaptando sus servicios a las necesidades de los consumidores meta y están buscando métodos para reducir los costos de sus actividades.

TÉRMINOS CLAVE

EXPOSICIÓN DE PUNTOS CLAVE

1. ¿Qué serviría más para incrementar las ventas de una tienda de abarrotes, un incremento en la amplitud o en la extensión de su variedad de productos? ¿Por qué?

2. Los clubes de bodegas con acceso sólo para socios, por ejemplo Costco y Sam's Wholesale, están creciendo a gran velocidad. Ofrecen una línea muy amplia pero muy corta de productos, con frecuencia en empaques institucionales a precios muy bajos. Algunos socios compran para revender, otros para abastecer a sus negocios y otros más para uso personal. ¿Son estas tiendas mayoristas o detallistas? ¿Cómo se puede definir la diferencia?

3. Los detallistas con precios rebajados representan una ruda competencia de precios para otros detallistas. ¿El creciente poder de los grandes detallistas de los canales de distribución afectará la disposición de los fabricantes a venderle a precios de mayoreo inferiores a los normales a los detallistas que manejan precios rebajados? ¿Qué política debería aplicar Sony en el caso de las ventas a detallistas con precios rebajados?

4. Al aumentar el costo del correo resulta más caro enviar a los consumidores correspondencia directa, catálogos y productos adquiridos. ¿Cómo supone usted que responderían los comercializadores por correspondencia directa y catálogos a un aumento de costos del correo?

5. Una "tienda de pueblo" típica en una comunidad agrícola vende una serie de artículos alimenticios y no alimenticios; botanas, productos básicos, ferretería y muchos otros tipos de bienes. ¿A qué tipo de mayoristas recurren los dueños de estas tiendas para obtener los artículos que venden? ¿Se trata de los mismos proveedores que usan los supermercados?

6. ¿Existen diferencias fundamentales en los tipos de decisiones de mercadotecnia que toman detallistas, mayoristas y fabricantes? Ofrezca ejemplos de las decisiones de mercadotecnia que toman los tres grupos que muestren las diferencias y las similitudes.

APLICACIÓN DE CONCEPTOS

1. Reúna todos los catálogos que haya recibido por correo en fecha reciente. (a) Clasifíquelos por tipo de línea de productos. ¿Existe algún patrón en cuanto a los tipos de comercializadores directos que se están dirigiendo a usted? (b) ¿De dónde piensa usted que obtuvieron su nombre estas compañías de catálogos? (c) ¿Cómo cree usted que describiría sus hábitos de compras una compañía que le está vendiendo su nombre y dirección a un comercializador directo?

2. Vea el canal de compras por televisión o sintonice algún programa nocturno de compras por televisión (con frecuencia en estaciones UHF). (a) ¿Cómo pretenden dirigirse a los consumidores de estos programas? ¿Mezclan los tacos de zapatos de futbol y la loza fina en el mismo programa o abordan diversas metas con más cuidado? (b) ¿Qué parte de la mercancía que exhiben parece descontinuada? ¿Cómo puede saberlo usted?

CÓMO TOMAR DECISIONES EN MERCADOTECNIA:

COMUNICACIONES MUNDO PEQUEÑO, S. A.

Thomas Campbell y Lynette Jones están decidiendo si colocarán su producto por medio de mayoristas o detallistas. Tom está cavilando dónde se podría vender su producto.

—En este mercado, es difícil conocer el menudeo. El mercado sigue creciendo, pero los detallistas caen muertos como moscas. IBM trató de establecer sus propias tiendas de computadoras, pero no le funcionó. ComputerLand quebró. CompuAdd, el comercializador directo, abrió una línea de tiendas, pero las cerró en 1993 para volver a la comercialización directa. Si estuviéramos manejando un producto de masas, podríamos acudir a Wal-Mart y K mart y, en potencia, llegar a la mayoría de los estadounidenses. Está claro que tendremos que dedicar mucho trabajo a constituir un canal que nos sirva y esté basado en los detallistas que todavía existen y se dedican a las especialidades para computadoras —dijo Tom.

—Me gustaría que fuera más fácil —añadió Lynn—, pero existen otras cadenas nacionales relacionadas desarrollándose, como Egghead Software y Walden Software. Ninguna de las dos vende computadoras, pero ambas venden modems. Podríamos tratar de conseguir la distribución ahí. Y no te olvides de los lugares como los clubes de mayoreo y las supertiendas de descuento para oficinas. Todas están vendiendo computadoras a personas y a negocios pequeños, y pienso que es un buen lugar para tener una posición. Además, tendríamos que armar una red de agentes que nos ayuden a vender el producto. Este proyecto requiere mucho esfuerzo.

—Bueno —contestó Tom alegremente—, más vale acelerarse que estar quieto. Echemos a andar nuestro plan.

Y, ¿AHORA QUÉ?

1. Mundo Pequeño está considerando la posibilidad de dirigirse a dos tipos de detallistas de precios rebajados: los clubes de bodegas, como Sam's Wholesale, y las tiendas de descuento de material para oficinas como Office Depot. (a) ¿Qué tipo de clientes es probable que atiendan estas tiendas? (b) ¿Qué tan bien "encaja" el producto Aeropuerto (aparato de computadora complejo y bastante caro) en estas tiendas? (c) ¿Qué ventajas tendría Mundo Pequeño si se distribuyera por vía de estos detallistas?

2. El Aeropuerto de Mundo Pequeño ha sido diseñado para grandes usuarios de comunicaciones electrónicas. Estos posibles clientes ya usan muchas bases electrónicas de datos y servicios como Prodigy y CompuServe. La mayor parte de estos servicios ahora venden "espacio" publicitario y ofrecen capacidad para ventas directas. (a) ¿Es éste un buen entorno detallista para Mundo Pequeño? ¿Por qué sí o no? (b) ¿Qué tan importante piensa que podría ser este canal para Mundo Pequeño ahora? ¿Dentro de cinco o 10 años?

REFERENCIAS

1. La cita es de Steve Weiner, "With Big Selections and Low Prices, 'Category Killer' Stores Are a Hit", *The Wall Street Journal*, 17 de junio de 1986, p. 33. También Véase Bill Saporito, "IKEA's Got 'Em Lining Up", *Fortune*, 11 de marzo de 1991, p. 72; Jeffrey Trachenberg, "IKEA Furniture Chain Pleases with Its Prices, Not with Its Service", *The Wall Street Journal*, 17 de septiembre de 1991; y "North America's Top 100 Furniture Stores", *Furniture Today*, 18 de mayo de 1992, p. 50.

2. Para más información sobre tiendas de departamentos, véase Arthur Braff, "Will Department Stores Survive?", *Sales and Marketing Management*, abril de 1986, pp. 60-64; Laura Zinn, "Who Will Survive", *Business Week*, 26 de noviembre de 1990, pp. 134-44; y Alison Fahey, "Department Store Outlook", *Advertising Age*, 28 de enero de 1991, p. 23.

3. Véase Toni Mack, "A Six-Pack of Cabernet Please", *Forbes*, 18 de septiembre de 1989, pp. 168-69; "Stop-N-Go Micromarkets New Upscale Mix", *Chain Store Age Executive*, enero de 1990, p. 145; y Christy Fisher, "Convenience Chains Pump for New Life", *Advertising Age*, 23 de abril de 1990, p. 80.

4. Véase Ruth Hamel, "Food Fight", *American Demographics*, marzo de 1989, p. 38.

5. Véase Kevin Kelley, "Wal-Mart Gets Lost in the Vegetable Aisle", *Business Week*, 28 de mayo de 1990, p. 48; y Laurie M. Grossman, "Hypermarkets: A Sure-Fire Hit Bombs", *The Wall Street Journal*, 25 de junio de 1992, p. B1.

6. Véase Debra Rosenberg, "Where the Price Is Always Right", *Newsweek*, 13 de enero de 1992, p. 45; y Adrienne Ward, "New Breed of Mall Knows: Everyone Loves a Bargain", *Advertising Age*, 27 de enero de 1992, p. S5.

7. Véase "Why Franchising Is Taking Off", *Fortune*, 12 de febrero de 1990, p. 124.

8. Chip Walker, "Strip Malls: Plain but Powerful", *American Demographics*, octubre de 1991, pp. 48-50.

9. Véase Francesca Turchiano, "The Unmalling of America", *American Demographics*, abril de 1990, pp. 36-42; Kate Fitzgerald, "Mega Malls: Built for the '90s, or the '80s?", *Advertisign Age*, 27 de enero de 1992, pp. S1, S8; y David Greising, "Guys and Malls: The Simon's Crapshoot", *Business Week*, 17 de abril de 1992, pp. 52-53.

10. Véase Mary Lou Roberts y Paul D. Berger, *Direct Marketing Management* (Englewood Cliffs, NJ: Prentice Hall, 1989), pp. 11-15.

11. Véase Eileen Norris, "Alternative Media Try to Get Their Feet in the Door", *Advertising Age*, 17 de octubre de 1985, p. 15.

12. Annetta Miller, "Up to the Chin in Catalogs", *Newsweek*, 20 de noviembre de 1989, pp. 57-58; Cyndee Miller, "Sears, Penney Revamp Catalogues to Compete with Specialty Books", *Marketing News*, 1 de abril de 1991, pp. 1, 6; Kate Fitzgerald, "Catalogers Brace for Major Cutbacks", *Advertising Age*, 15 de abril de 1991, p. 35; y Kate Fitzgerald, "Shopping by the Book", *Advertising Age*, 7 de octubre de 1991, p. 4.

13. Richard L. Bencin, "Telefocus: Telemarketing Gets Synergized", *Sales & Marketing Management*, febrero de 1992, pp. 49-53, aquí p. 50.

14. Bristol Voss, "Calling All Catalogs!", *Sales & Marketing Management*, diciembre de 1990, pp. 32-37.

15. Rudy Oetting, "Telephone Marketing: Where We've Been and Where We Should Be Going", *Direct Marketing*, febrero de 1987, p. 98.

16. Para una explicación más amplia, véase Junu Bryan Kim, "800/900: King of the Road in Marketing Value, Usage", *Advertising Age*, 17 de febrero de 1992, pp. S1, S4.

17. Bill Kelley, "Is There Anything that Can't Be Sold by Phone?", *Sales & Marketing Management*, abril de 1989, pp. 60-64; Rudy Oetting y Geri Gantman, "Dial M for Maximize", *Sales & Marketing Management*, junio de 1991, pp. 100-106.

18. Véase Dan Fost, "Privacy Concerns Threaten Database Marketing", *American Demographics*, mayo de 1990, pp. 18-21; y Michael W. Miller, "Lawmakers Are Hoping to Ring Out Era of Unrestricted Calls by Telemarketers", *The Wall Street Journal*, 28 de mayo de 1991, pp. B1, B5.

19. Jim Auchmute, "But Wait There's More!", *Advertising Age*, 17 de octubre de 1985, p. 18.

20. Véase Howard Schlossberg, "Picture Still Looks Bright for TV Shopping Networks", *Marketing News*, 23 de octubre de 1989, p. 8; y Laura Zinn, "Home Shoppers Keep Turning In - But Investors Are Turned Off", *Business Week*, 22 de octubre de 1990, pp. 70-72.

21. Véase Rebecca Piirto, "Over the Line", *American Demographics*, julio de 1992, p. 6; Evan I. Schwartz, "Prodigy Installs a New Program", *Business Week*, 14 de septiembre de 1992, pp. 96-100; y Scott Donaton, "Prodigy Overhauls Marketing Setup", *Advertising Age*, 18 de enero de 1993, p. 4.

22. Ernin Roman, *Integrated Direct Marketing* (Nueva York: McGraw Hill, 1988), p. 108.

23. Véase Joe Schwartz, "Databases Deliver the Goods", *American Demographics*, septiembre de 1989, pp. 23-25; Lynn G. Coleman, "Data-Base Masters Become King in the Marketplace", *Marketing News*, 18 de febrero de 1991, pp. 13, 18; Laura Loro, "Data Bases Seen As Driving Force", *Advertising Age*, 18 de marzo de 1991, p. 39; y Gary Levin, "Database Draws Fevered Interest", *Advertising Age*, 8 de junio de 1992, p. 31.

24. Véase J. Taylor Buckley, "Machines Start New Fast-Food Era", *USA Today*, 19 de julio de 1991, pp. B1, B2; y Laurie McLaughlin, "Vending Machines Open to New Ideas", *Advertising Age*, 19 de agosto de 1991, p. 35.

25. Para una explicación más amplia, véase Lawrence H. Wortzel, "Retailing Strategies for Today's Mature Marketplace", *The Journal of Business Strategy*, primavera de 1987, pp. 45-56.

26. Para una explicación más amplia, véase Mary Jo Bittner, "Servicescapes: The Impact of Physical Surroundings on Customers and Employees", *Journal of Marketing*, abril de 1992, pp. 57-71.

27. Laura Zinn, "Retailing: Whoi Will Survive?", *Business Week*, 26 de noviembre de 1990, p. 134. También véase Susan Caminiti, "The New Retailing Champs", *Fortune*, 24 de septiembre de 1990, pp. 85-100.

28. Véase Malcolm P. McNair y Elanor G. May, "The Next Revolution of the Retailing Wheel", *Harvard Business Review*, septiembre-octubre de 1978, pp. 81-91; y Elanor G. May, "A Retail Odyssey", *Journal of Retailing*, otoño de 1989, pp. 356-67.

29. Bill Saporiti, "Is Wal-Mart Unstoppable?", *Fortune*, 6 de mayo de 1991, pp. 50-59. Para más sobre tendencias detallistas, véase Elanor G. May, C. William Ress y Walter J. Salmon, *Future Trends in Retailing* (Cambridge, MA: Marketing Science Institute, febrero de 1985); Daniel Sweeney, "Toward 2000", *Chain Store Age Executive*, enero de 1990, pp. 27-39; y Louis W. Stern y Adel I. El-Ansary, *Marketing Channels* (Englewood Cliffs, NJ: Prentice Hall, 1992).

30. Véase Arthur Andersen & Co., *Facing the Forces of Change: Beyond Future Trends in Wholesale Distribution* (Washington, DC: Distribution Research and Education Foundation, 1987), p. 7. Véase también Joseph Weber, "Mom and Pop Move Out of Wholesaling", *Business Week*, 9 de enero de 1989, p. 91; y Weber, "It's 'Like Somebody Had Shot the Postman'", *Business Week*, 13 de enero de 1992, p. 82.

31. Joseph Weber, "On a Fast Boat to Anywhere", *Business Week*, 11 de enero de 1993, p. 94.

CASO 15

LOS MCDUDS DEL DETALLE

En 1991, mientras los detallistas tradicionales pasaban por uno de los peores años que hubieran sufrido jamás, los que ganaron posiciones en razón del valor prosperaron. En consecuencia, el valor pasó a ser la palabra mágica del menudeo para esta década. El concepto del valor no es nuevo, pero su significado sí ha cambiado. Valor ya no significa ofrecer bienes al precio más bajo, ni siguiera bienes a precios bajos. En cambio, significa ofrecer los estilos y la calidad adecuados, al precio adecuado para el consumidor que se tiene en la mira.

Existe una asociación entre la posición del valor y los detallistas de descuento o con precios rebajados, pero éste también ha permitido que The Gap, el detallista especializado, se convierta en el detallista más activo de la década de 1990. Aunque el gasto doméstico destinado a ropa bajó 2.4% en 1991, las ventas de las tiendas The Gap aumentaron 30%. Además, el valor de las acciones de The Gap se dispararon de 4 en 1987 a casi 50 a principios de 1992 y la proporción de precio a ganancias fue de 35. Estas cifras son notables para un detallista.

¿Qué hace que The Gap tenga tanto éxito? Cinco factores clave. En primer lugar, The Gap se concentra en productos básicos. Vende artículos de consumo básico, pantalones vaqueros, camisas, faldas y chaquetas, todos con diseños relativamente básicos. The Gap no tiene prendas locas ni maneja modas de corta vida.

En segundo, The Gap ha extendido el concepto del valor básico de la ropa informal para adultos a la ropa informal para toda la familia, tanto para trabajar como para la recreación. Al incluir en su mezcla de productos las chaquetas de algodón, las corbatas y los pantalones de caqui ha explotado la tendencia de la década de 1990 que dicta normas más relajadas en el vestir para el trabajo. La cadena de tiendas con los departamentos GapKids y BabyGap permite que todos los miembros de la familia compren ropa en The Gap. Con su estrategia de "algo para cada miembro de la familia", The Gap espera ser en el ramo de la ropa lo que

McDonald's es en el de la comida. De ahí, que algunos la hayan llamado "el McDuds del detalle".

En tercero, conforme los consumidores han empezado a evitar los centros comerciales, The Gap los ha ido siguiendo, ubicando tiendas nuevas en calles comerciales e incluso en zonas del centro. Estas ubicaciones aprovechan otra tendencia que están registrando los consumidores: la falta de agrado por comprar y la falta de tiempo para hacerlo. En la década de 1990, los consumidores están menos dispuestos a invertir su tiempo en transportarse a grandes centros comerciales y caminar largas distancias por estacionamientos, subir y bajar escaleras y recorrer largos pasillos. Cada vez hay más consumidores que planifican sus compras y acuden a las tiendas de acceso fácil, que satisfacen una serie de necesidades.

En cuarto, The Gap rota su mercancía a gran velocidad; cada dos meses en lugar de las 3.5 veces al año acostumbradas. Los artículos que no se venden rápido son rebajados y salen rápidamente. En consecuencia, los consumidores casi siempre pueden encontrar algo nuevo en The Gap, incluso aunque compren ahí con frecuencia.

Por último The Gap lleva un estrecho control de las operaciones de las tiendas. Todas las tiendas tienen el mismo aspecto limpio y espacioso. Todas tienen pisos de madera, que se lavan y pulen dos veces por semana. La mercancía, bien doblada, está dispuesta sobre mesas de acuerdo con color y talla y sólo hay unos cuantos artículos colocados en percheros de tubo. En consecuencia, los consumidores pueden recorrer los exhibidores para ver y evaluar las ofertas de la tienda. La disposición sobre las mesas ayuda a los compradores a elegir los colores y las tallas con rapidez. Además, la distribución de todas las tiendas The Gap es muy parecida, lo cual ayuda a los consumidores a adaptarse sin tardanza cuando compran en otra tienda The Gap.

The Gap también lleva estrecho control de las operaciones ajenas a la tienda por medio de una avanzada red de distribución. A principios de 1992, abrió un centro de distribución totalmente computarizado, con un costo de 75 mil millones de dólares. Este sistema para dar respuestas rápidas, lleva los inventarios de 14 muelles de recepción que llegan a tener hasta 54,000 bultos (cajas de cartón con bienes varios) que son transportados sobre 9,000 pies de bandas a 8 escalerillas de almacenamiento que están rotando constantemente, cada uno de los cuales puede tener hasta 54,272 bultos. Las escalerillas de almacenamiento se pueden programar con la computadora para que coloquen los bultos en las bandas, que los transportan a las estaciones de trabajo, donde se seleccionan los bienes y se vuelven a armar los paquetes que se enviarán a las tiendas individuales. Al máximo de su capacidad de operación, este centro puede enviar, al día, casi 15,000 cajas de bienes varios a más de 300 tiendas The Gap en la costa oriental. Los controles también sirven para hacer cambios rápidos de la mercancía de las tiendas y contribuyen a que no suban los costos.

The Gap ha logrado una posición dominante en el menudeo, una posición que según sus críticos no podrá mantener. Según afirman estos críticos, cuando la economía mejore, los consumidores volverán a gastar en artículos de gran moda, más elegantes. Tal vez. Sin embargo, la gerencia de The Gap apuesta a que, aun después de la recesión, los consumidores mantendrán vivo a The Gap y lo mismo dicen quienes invierten en acciones de The Gap.

PREGUNTAS

1. ¿Qué tipo de detallista es The Gap?

2. Describa el mercado hacia el que se dirige The Gap y por qué el posicionamiento del valor de The Gap resulta atractivo en este mercado.

3. ¿Cómo es que la variedad de productos, la estrategia de precios, la ubicación y el ambiente de The Gap transmiten el posicionamiento de la tienda?

4. Suponga que los críticos tienen razón cuando pronostican que los consumidores no se fijarán tanto en el valor. ¿Cómo podría cambiar The Gap para llamar la atención de estos consumidores menos ahorrativos?

Fuentes: Gary Forger, "Breakthrough System Helps The Gap Ship to Hundreds of Stores", *Modern Material Handling,* mayo de 1992, pp. 42-46; Russell Mitchell, "The Gap - Can The Nation's Hottest Retailer Stay on Top?", *Business Week,* 9 de marzo de 1992, pp. 58-64; Laura Richardson, "State of The Industry: Value Priced Apparel Stores Attract Recession-Weary Shoppers", *Chain Store Age Executive,* agosto de 1992, pp. A34-A35; y Maria Shao, "Everybody's Falling into The Gap", *Business Week,* 23 de septiembre de 1991, p. 36.

CASO EMPRESARIAL 15

LOS SOCIOS DE LA BODEGA PACE: VOLUMEN PARA COMPETIR

Los primeros clientes y socios de la bodega PACE, en el barrio Buckhead, de Atlanta, recibieron una sopresa. Además, de los paquetes normales de papel de baño, las botellas extragrandes de salsa ketchup y las resmas de papel para copiadora, estos clientes encontraron camisas de Christian Dior, televisores Sony y champagne Dom Perignon. Al recorrer la gigantesca tienda de 137,000 pies cuadrados (más o menos igual a dos campos de futbol y un tercio) también encontraron una óptica y un departamento de víveres frescos. A diferencia del típico aspecto sombrío de la mayor parte de los clubes de bodegas, PACE había pintado el techo de blanco para dar más luminosidad al ambiente. Si los clientes sienten hambre después de hacer sus compras, se pueden sentar en mesas situadas a la entrada de la tienda para comerse un perro caliente.

PACE, subsidiaria de K mart, contaba con abrir entre 20 y 25 tiendas como esta en Atlanta durante 1993. La tienda típica de PACE sólo tendría 108,000 pies cuadrados, con unos 8,500 pies cuadrados dedicados a productos frescos, carnes y panadería. Los ejecutivos decían que estos nuevos departamentos aumentarían la frecuencia de las compras y elevarían el promedio del total de la compra entre 5 y 10%.

PACE, como otros clubes de bodegas para socios (CBS) encontró que necesitaba hacer algunos cambios para responder al aumento de competencia y a los cambios de los consumidores. PACE, uno de las cuatro grandes CBS, competía a mucha distancia tras Sam's, una división de Wal-Mart (véase el ejemplo 15-1).

Los clubes de bodegas para socios

El formato de CBS surgió a finales de los años setenta y principios de los ochenta, con el propósito primordial de atender a clientes que eran negocios pequeños. Estos clientes no eran lo bastante grandes para ameritar las reba-

CLUB MAYORISTA	VOLUMEN ESTIMADO 1992 (MILLONES)	UNIDADES 1992
Sam's Club	$13,500	250
Price Company	7,500	82
Costco Wholesale Club	6,500	89
PACE Membership Warehouse	4,600	115
BJ's Wholesale Club	1,900	39
The Warehouse Club	233	10
Wholesale Depot	110	8
SourceClub	50	3
Bodega	40	2
Total	$34,443	598

Fuente: Encuesta de *Discount Merchandiser.*

jas de precios que se ofrecían a los negocios grandes que compraban grandes cantidades. Sin embargo, los CBS compraban esa cantidad y daban precios más bajos a sus clientes pequeños. Dado que los clientes de los CBS compraban los artículos para revenderlos o para usarlos para sus operaciones, los CBS vendían los bienes por volumen, por ejemplo cajas enteras o tamaños extragrandes.

La mayor parte de los clubes de bodegas requerían que los clientes se asociaran a ellos, mediante el pago de una cuota de inscripción, normalmente de unos 25 dólares. Esta cuota proporcionaba el ingreso al club y aumentaba la lealtad de los clientes. Los clientes compraban ahí con regularidad, porque habían pagado una cuota de inscripción.

Desde el principio, los CBS fueron operaciones manejadas. Tenían que conservar costos bajos para atraer a los clientes, que eran negocios pequeños. En consecuencia, los clubes no ofrecían compras con adornos. No tenían edificios elegantes ni costosos sistemas de scanners en las cajas de salida. Manejaban las marcas más importantes, pero sólo con una cantidad limitada de existencias de unidades almacenadas (EUA), normalmente entre 3,000 y 4,000. La tienda típica de descuento, por otra parte, manejaba entre 70,000 y 80,000 EUAs. Los clubes de bodegas sólo aceptaban pagos en efectivo y se dedicaban a tener gran rotación de inventarios. Ofrecían muy pocos servicios a los clientes. Los clientes tenían que llevar la mercancía que compraban, desde cajas enteras de duraznos hasta enormes aparatos eléctricos, a la cola de las cajas de salida. Muchos estaban dispuestos a soportar la incomodidad con objeto de aprovechar los precios que llegaban a ser hasta 26% más bajos que los precios normales de los supermercados.

Los clientes

Un analista estimó que 12.2% de la población estadounidense de más de 20 años (alrededor de 22 millones de pesonas) eran socios primarios o secundarios de un CBS.

Aunque los CBS se dirigían en principio a los negocios, también permitían que las personas físicas se asociaran, pagando una cuota de inscripción. En consecuencia, para 1993 alrededor del 70% de los socios de los CBS eran miembros detallistas (hogares), mientras que alrededor del 30% eran socios empresariales. Sin embargo, los negocios asociados representaban entre 65 y 70% de las ventas de los CBS.

En 1992, el Grupo de Investigaciones Detallistas de Babson College realizó un estudio de los CBS. El grupo encuestó a 2,150 clientes de CBS en ocho ciudades de Estados Unidos y tres de Canadá. En las 11 ciudades, más de la mitad de la población había oído hablar de los CBS. Sin embargo, el grupo encontró que el número promedio de compradores que acudían a los CBS cuando menos cuatro veces al año era de 5 a 41%, con un promedio de 21%. El promedio global de la frecuencia de las compras era de una vez cada tres semanas. En algunas ciudades, una empresa controlaba entre 80 y 100% del mercado, mientras que en otras el mercado estaba muy competido.

El comprador típico del CBS llevaba 35 meses de ser socio y una cuarta parte de los compradores se hacían acompañar por un vecino, amigo o pariente para sus compras. Los compradores tendían a ser de escala más alta que la población general; el 40% con ingresos familiares de más de 50,000 dólares. Los compradores frecuentes explicaban un porcentaje elevado de las ventas de los CBS.

El grupo de Babson estudió los hábitos de compra del hogar cliente. Encontró que 92% de los tarjetahabientes compraban en los CBS comida para su familia, y que estos clientes gastaban 8 dólares en víveres para su familia, por cada dólar que los negocios invertían en comestibles. La familia promedio gastaba 90 dólares en comestibles por viaje. El informe estimaba que los CBS captaban 7% del total de dólares destinados a comestibles por los consumidores. El informe de Babson llegaba a la conclusión de que la familia promedio gastaba 75 dólares por viaje en productos no alimenticios. Con todas las compras combinadas, la familia promedio gastaba 160 dólares por viaje al CBS, con una frecuencia promedio de compras de una vez cada tres semanas. El cliente típico recorría 13 millas para llegar al CBS, en comparación con una distancia promedio de una a dos millas para llegar a un supermercado.

En el caso de los negocios, el cliente promedio gastaba 103 dólares en artículos alimenticios y 114 dólares en artículos no alimenticios. Alrededor del 40% de los compradores, de hogares y de negocios, compraban carnes frescas y panadería fresca. Aunque la lógica hacía suponer que el negocio cliente típico sería un restaurante o una tienda de abarrotes, el estudio arrojó que la mayor parte de los negocios socios compraban comida y otros productos no comestibles. Los productos no comestibles adquiridos eran, primordialmente, papelería y material para oficinas.

Los investigadores le pidieron a los dos tipos de clientes su opinión en cuanto a la experiencia de comprar en un CBS. Los compradores se quejaron de la lentitud del servicio en las cajas de salida, de los procedimientos de seguridad, del tamaño de los paquetes, de las multitudes y de la falta de continuidad de marcas de un mes a otro.

Los investigadores de Babson llegaron a la conclusión de que el hecho de perder los clientes hogares perjudicaría a los CBS más que perder los clientes negocios. En consecuencia, dicen que los CBS deberían incrementar sus esfuerzos para atraer a clientes hogares.

La competencia

Sam's Club. Con oficinas centrales en Bentonville, Arkansas, Sam's era el más grande de los CBS, después de abrir 50 unidades en 1992. Se esperaba que las ventas al cierre del ejercicio fiscal de 1993 pasaran de 13,500 millones de dólares, 44% más que en 1992. Sam's usaba dos prototipos de diseño para sus tiendas: una tienda de 130,000 pies cuadrados que contenía departamentos de carnes frescas, embutidos, víveres frescos y panadería y una tienda de 100,000 pies cuadrados sin estos departamentos. Hasta 1991, Sam's se diferenciaba de otros CBS porque no requería una cuota de inscripción. No obstante, Sam's cambió su política y estaba eliminando a los socios que no habían pagado inscripción. Para 1993 esperaba tener sólo socios de paga.

Wal-Mart, en una sociedad en participación con CIFRA, S.A., un detallista mexicano, abrió su primer Club Aurrerá en la ciudad de México en 1992 y tenía planes para abrir entre seis y ocho más. Sam's también estaba estudiando la posibilidad de entrar a Inglaterra.

El **Price Club**. Este CBS con oficinas centrales en San Diego, operaba 70 unidades en Estados Unidos, 12 en Canadá y una en México. Sin embargo, Price tenía una presencia comercial importante en California y la recesión en dicho estado afectó sus actividades en general. En consecuencia, aunque seguía proyectando expandirse hacia el mercado del oeste medio, Price estaba volviendo a estudiar sus planes de expansión. Las tiendas de Price de 130,000 pies cuadrados tenían, como las de Wal-Mart, departamentos de alimentos frescos. Price también estaba experimentando con el sistema "Touch & Shop", mediante el cual los clientes elegían la mercancía tocando una pantalla de computadora. La computadora, a continuación, producía un boleto que guiaba a los trabajadores que sacaban ese artículo del almacén.

Costco. Con oficinas centrales en Kirkland, Washington, Costco operaba 78 tiendas en Estados Unidos y 11 en Canadá. La empresa proyectaba abrir 20 tiendas nuevas en 1993. Costco estaba experimentando una nueva sección de material para casas de 30,000 pies cuadrados, así como una de regalos de lujo, un laboratorio de revelado de fotos en una hora y una tienda de sandwiches. El tamaño típico de las tiendas de Costco era de 118,000 pies cuadrados. Los ejecutivos señalaban que Costco concentraría su crecimiento sobre todo en los mercados que ya atendía.

BJ's. Con oficinas centrales en Natick, Massachusetts, BJ's se concentraba básicamente en la costa oriental y operaba 39 tiendas a finales de 1992. Pretendía abrir entre 10 y 15 clubes nuevos al año. La empresa proyectaba incluir departamentos nuevos y también mejorar su variedad de productos y elevar su calidad. Herb Zarkin, presidente de BJ's, comentó que pretendía que los clientes se emocionaran al entrar a sus tiendas. Así pues, incluyó otras marcas con nombres como Toshiba, Panasonic, Polo y Bugle Boy. La gerencia también estaba considerando la posibilidad de incluir una farmacia. La tienda típica de BJ's tenía una superficie de 115,000 pies cuadrados. A diferencia de otros CBS, BJ's había incluido scanners en las cajas de salida.

Otros competidores. Wholesale Depot, The Warehouse Club, SourceClub y Bodega eran competidores más pequeños que siguieron a los líderes de la industria, pero que también estaban aplicando ideas nuevas. Algunos estaban experimentando con los pedidos por fax, la ropa infantil y las ventas por teléfono. SourceClub, que operaba en Michigan, eliminaba las tradicionales restricciones para los socios y cobraba 20 dólares por inscripción. Pretendía ser "un club mayorista de socios, al que se pudiera inscribir cualquiera sin mayor problema". Bodega, de San Antonio, Texas, abrió dos tiendas de 35,000 pies cuadrados. Aunque más pequeñas, eran como clubes de bodegas, salvo que la inscripción era gratis. Las dos unidades marchaban muy bien en las zonas hispanas.

El desafío de PACE

PACE y las otras empresas tienen tres problemas. En primer lugar, el apabullante ritmo de crecimiento de la industria se ha desacelerado. Tras crecer a un ritmo anual del 28% desde 1986 hasta 1991, la industria con valor de 34 mil millones de dólares, al parecer, ha perdido algo de ímpetu. Las ventas de las tiendas tanto en el caso de Sam's, como de PACE, han bajado, alterando las ganancias de dos dígitos que registraran las empresas hasta mediados de 1992. Algunos analistas piensan que si continúa disminuyendo la tasa de crecimiento, ésta llevará a una dolorosa concentración en la industria, donde sólo sobrevivirán las empresas más grandes y fuertes.

En segundo, la competencia va en aumento. Hace algunos años, un CBS habría encontrado una ciudad para establecerse sin problemas, y habría sido el único ahí. Como todas estas empresas han tratado de crecer, y como sólo existen una cantidad determinada de mercados lo bastante grandes como para sostener estas tiendas grandes, el aumento de competencia es inevitable. Por ejemplo, Sam's, que ya cuenta con cinco tiendas en Atlanta, abrirá una sexta a menos de una milla de distancia de una tienda nueva de PACE. Es más, los supermercados no están cruzados de brazos viendo como les roban el mercado. Muchos están montando "pasillos de refuerzo", que incluyen productos del estilo de los de las bodegas. Las tiendas "asesinas de categoría", como Office Depot y Office Max, amenazan con quitarle negocios a los CBS, centrándose en los precios de ciertas categorías clave.

Por último, ¿cómo pueden PACE y otros CBS diferenciarse entre sí y de sus competidores? Si, al parecer, todas las tiendas están probando las mismas cosas, ¿cómo podrán diferenciarse?

PREGUNTAS

1. ¿Son los clubes de bodegas de socios tiendas mayoristas o detallistas?

2. ¿Cómo clasificaría usted los CBS usando las categorías para clasificar las tiendas detallistas que se explican en el presente capítulo?

3. ¿Qué decisiones de mercadotecnia de detallistas/mayoristas han tomado los CBS? ¿Cómo están cambiando dichas decisiones?

4. En su opinión ¿qué pasará con la industria de los CBS en los cinco años siguientes?

5. ¿Qué medidas de mercadotecnia debe tomar la gerencia de PACE para resolver los retos que enfrenta?

Fuentes: Debra Chanil, "Wholesale Clubs: Romancing America", *Discount Merchandiser*, noviembre de 1992, pp. 26-41; Terry Cotter, Stephen J. Arnold y Douglas Tigert, "Warehouse Membership Clubs in North America", *Discount Merchandiser*, noviembre de 1992, pp. 42-47, usado con autorización. También véase: James M. Degen, "Warehouse Clubs Move Revolution to Evolution", *Marketing News*, 3 de agosto 1992, p. 8; Edd Johns, "Marketing Strategies Come to Warehouse Clubs", *Chain Store Age Executive*, agosto de 1992, pp. 32A-33A; Zachary Schiller, Wendy Zellner, Ron Stodghill II, y Mark Maremont, "Clout! More and More, Retail Giants Rule the Marketplace", *Business Week*, 21 de diciembbre de 1992, pp. 66-73; y Susannah Vessey, "PACE Store Reflects Bid to Meet New Challenges", *The Atlanta Journal and the Atlanta Constitution*, 30 de abril de 1993, pp. F1-F2.

Promoción de productos: la estrategia de comunicación y promoción

*L*a mayor parte de las marcas Quaker Oats se han convertido en productos básicos de las alacenas estadounidenses. Quaker domina el mercado de los cereales calientes, en forma apabullante, con el 61% del mercado y su marca Aunt Jemima es la primera en el campo de los productos congelados para desayuno y las harinas preparadas para hotcakes. Quaker tiene 25% del inmenso mercado de los alimentos para perros (Gravy Train, Gainesburgers, Cycle, Ken-L Ration, Kibbles 'n Bits). Es más, ocupa el cuarto lugar entre los productores de cereales preparados (Cap's Crunch, Life, Oat Squares, 100% Natural). Otras marcas líderes de Quaker serían Gatorade, Van Camp's Pork and Beans, Granola Bars, Celeste pizza y Rice-A-Roni. Las marcas que son líderes en sus mercados representan más del 60% de las ventas de Quaker, que alcanzan la cantidad de 5.5 mil millones de dólares al año.

Una empresa del tamaño de Quaker tiene muchas cosas que decir a sus muchos públicos y varios instrumentos de promoción con los cuales decirlas. Cientos de empleados de Quaker trabajan en unidades de publicidad, ventas personales, promociones de ventas y relaciones públicas en toda la empresa. Media docena de grandes agencias de publicidad y relaciones públicas enfocan las comunicaciones cuidadosamente proyectadas hacia consumidores, detallistas, medios de comunicación, accionistas, empleados y otros públicos.

Nosotros, como consumidores, sabemos mucho de la publicidad de Quaker; año con año, Quaker nos bombardea con unos 329 millones de dólares de publicidad que nos habla de sus marcas y pretende convencernos de que las compremos. Quaker también invierte mucho dinero en promociones de ventas para los consumidores, como cupones, premios y regalos para convencernos aún más. Usted quizá recuerde la promoción de "encuentra el tesoro", en la que Quaker regaló 5 millones de dólares en monedas de oro y plata, introducidas al azar en las latas de Ken-L Ration. También hizo la promoción "¿Dón-

de está el capitán?", en la que Quaker quitó la imagen del capitán Horacio Crunch del frente de la caja de cereal y ofrecía pistas para localizarlo en el revés del paquete. Los consumidores que usaban las pistas para encontrar al capitán podían obtener premios en metálico. La promoción de 14 semanas le costó a Quaker 18 millones de dólares, pero aumentó las ventas 50%. La publicidad dirigida a los consumidores y las promociones de ventas funcionan, de manera directa, para crear demanda de consumo y esta demanda "atrae" a los productos Quaker que transitan a lo largo de su canal.

Empero la publicidad dirigida a los consumidores y las promociones de ventas sólo representan una mínima parte de la mezcla total de Quaker para promociones. La empresa invierte muchísimo más dinero en actividades promocionales que no se ven y que "impulsan" sus productos hacia los consumidores. Las ventas personales y las promociones comerciales son armas indispensables en la batalla que libra Quaker para ganar el favor de los detallistas. El objetivo central de la empresa es tener espacio en los anaqueles de más de 300,000 supermercados, tiendas de abarrotes y tiendas de barrio de todo el país. El ejército de vendedores de Quaker corteja a los detallistas con buen servicio, márgenes comerciales, exhibidores atractivos y otras promociones comerciales. Piden a los detallistas que concedan a los productos Quaker más espacio en los anaqueles con mejor ubicación, y que coloquen anuncios de las marcas Quaker. Estas promociones para impulsar los productos actúan estrechamente con los esfuerzo para atraer clientela y crean tanto ventas como participación en el mercado. Las actividades que atraen convencen a los clientes de que busquen las marcas Quaker; las actividades que impulsan garantizan que haya productos Quaker disponibles, que no sea difícil encontrarlos y que estén debidamente comercializados cuando los consumidores empiezan a buscarlos.

Además de la publicidad, las promociones de ventas y las ventas personales, Quaker se comunica por medio de la propaganda y de las relaciones públicas. El departamento de publicidad de la empresa y su agencia de relaciones públicas envían información noticiosa sobre Quaker y sus productos a los medios impresos. Preparan informes trimestrales y anuales para comunicarse con los inversores y los públicos financieros y sostienen conferencias de prensa para los medios de comunicación. Quaker patrocina muchas actividades del campo de las relaciones públicas para fomentar la imagen de la empresa como buena ciudadana. Por ejemplo, año con año, la Fundación Quaker Oats dona millones de dólares en metálico y en productos para obras de beneficencia, envía donativos de los empleados a organizaciones no lucrativas, regala alimentos para los pobres y sostiene una red de centros que ofrecen terapia a familias de niños minusválidos.

Quaker debe gran parte de su éxito a que sus productos de calidad le resultan muy atractivos a millones de consumidores en todo el mundo. Sin embargo, el éxito también depende de la habilidad de Quaker para hablarle al público de la empresa y sus productos. Todos los instrumentos que usa Quaker para sus promociones: la publicidad, las ventas personales, las promociones de ventas y las relaciones públicas, se deben mezclar armónicamente en un programa eficaz de comunicación que difunda la historia de Quaker.[1]

AVANCE DEL CAPÍTULO

El capítulo 16 explica la estrategia para la comunicación y las promociones, es decir, los fundamentos básicos de todas las actividades para promover los productos.

Se empieza con una explicación de *cómo definir la respuesta* que se pretende del público meta, la cual puede ser de *conciencia, conocimiento, agrado, preferencia, convicción o adquisición del producto.* A continuación, se presentan los lineamientos para *elegir un mensaje,* inclusive *el contenido, la estructura y el formato* y para *elegir los medios,* inclusive *los canales de comunicación, personales* y *no personales.*

A continuación se repasan los métodos básicos para *armar un presupuesto total para las promociones:* los métodos de la *cantidad accesible, el porcentaje sobre las ventas, la semejanza con la competencia* y *el objetivo-y-la tarea.*

Se analiza el carácter de cada uno de los instrumentos para las promociones: *la publicidad, las ventas personales, las promociones de ventas y las relaciones públicas.* Por último, se termina analizando los factores que sirven para establecer la *mezcla de las promociones: el tipo de producto y de mercado, las estrategias para impulsar y atraer, los estados de alerta de los compradores* y *la etapa del ciclo de vida del producto.*

La mercadotecnia moderna requiere bastante más que sólo desarrollar un buen producto, adjudicarle un precio atractivo y ponerlo al alcance de los clientes que están en la mira. Las empresas también se deben *comunicar* con sus clientes y aquello que comunican no puede dejarse al azar.

Las empresas, para comunicarse debidamente, muchas veces contratan los servicios de agencias de publicidad para que preparen anuncios efectivos, especialistas en promociones de ventas para que diseñen programas de incentivos para las ventas, especialistas en comercialización directa para que elaboren bases de datos e interactúen con los clientes y los prospectos por medio del correo y el teléfono, así como empresas dedicadas a las relaciones públicas para que desarrollen la imagen de la sociedad. Capacitan a sus vendedores para que sean amables, serviciales y persuasivos. Para la mayor parte de las empresas, la cuestión no es tanto si se *deben* comunicar o no, sino más bien *cuánto gastar en ello* y *cómo.*

Una empresa moderna maneja un complejo sistema de comunicación mercadotécnico (véase la figura 16-1). La empresa se comunica con sus intermediarios, consumidores y públicos. Sus intermediarios se comunican con sus clientes y públicos. Los consumidores sostienen comunicación verbal entre sí y con otros públicos. Mientras tanto, cada grupo realimenta a los demás grupos.

El programa entero de comunicación mercadotécnica de una empresa, llamado su **mezcla de promoción,** está compuesto por una mezcla específica de

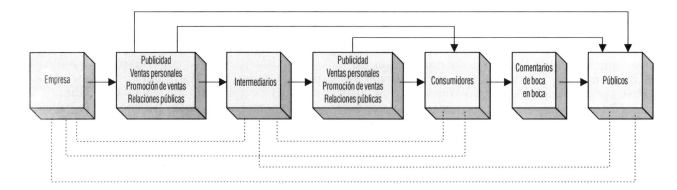

FIGURA 16-1
El sistema de comunicaciones de mercadotecnia

instrumentos para la publicidad, las ventas personales, las promociones de ventas y las relaciones públicas que la empresa usa para alcanzar los objetivos de su publicidad y mercadotecnia. Una definición de los cuatro instrumentos principales para las promociones sería:

> **Publicidad:** Cualquier forma pagada de presentación, que no sea personal, y de promociones de ideas, bienes o servicios por parte de un patrocinador identificado.
>
> **Ventas personales:** Una presentación oral en una conversación con uno o varios posibles compradores con el propósito de realizar ventas.
>
> **Promoción de ventas:** Incentivos a corto plazo para fomentar la adquisición o la venta de un producto o servicio.
>
> **Relaciones públicas:** Establecer buenas relaciones con los diferentes públicos de una empresa, derivando de ello una publicidad favorable, creando una buena "imagen corporativa" y manejando o desviando los rumores, los cuentos y los hechos desfavorables.[2]

Dentro de estas categorías se encuentran instrumentos específicos. Por ejemplo, la publicidad incluye material impreso, transmisiones, medios exteriores y otras formas más. Las ventas personales incluyen presentaciones de ventas, ferias y exposiciones, y programas de incentivos. Las promociones de ventas incluyen actividades como exhibidores en el punto de compra, premios, descuentos, cupones, publicidad especializada y demostraciones. Por otra parte, la comunicación va más allá de estos instrumentos específicos para las promociones. El diseño del producto, su precio, la forma y el color del empaque, así como las tiendas que lo venden, *todos* comunican algo al comprador. Por consiguiente, aunque la mezcla para las promociones es la actividad comunicativa primaria de la empresa, la mezcla de mercadotecnia entera (las promociones *y* el producto, el precio y la ubicación) debe estar coordinada para lograr un mayor impacto de la comunicación.

El presente capítulo aborda dos interrogantes: *¿cuáles son los pasos básicos para lograr una comunicación de mercadotecnia efectiva?*, y *¿cómo se deben definir el presupuesto y la mezcla para las promociones?* En el capítulo 17 se analizarán los instrumentos de la comunicación colectiva: publicidad, promoción de ventas y relaciones públicas. El capítulo 18 examinará la fuerza de ventas como instrumento de comunicación y promoción.

PASOS PARA EL DESARROLLO DE UNA COMUNICACION EFICAZ

Los mercadólogos tienen que entender cómo funciona la comunicación. La comunicación entraña los nueve elementos que aparecen en la figura 16-2. Dos

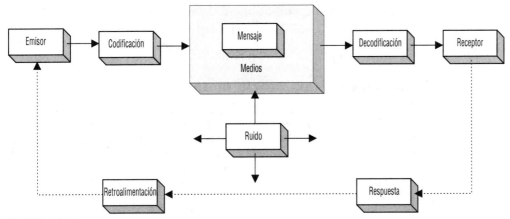

FIGURA 16-2
Elementos del proceso de comunicación

de estos elementos son las partes centrales de una comunicación: *el emisor y el receptor.* Otros dos son los instrumentos básicos de la comunicación: *el mensaje* y *el medio.* Cuatro más son funciones de la comunicación: *codificación, decodificación, respuesta y retroalimentación.* El último elemento es *el ruido* dentro del sistema. A continuación, se presenta una definición de estos elementos, aplicados a un anuncio de televisión de McDonald's:

- *Emisor:* la *parte que envía el mensaje* a otra parte: McDonald's.

- *Codificación:* el proceso de *expresar los pensamientos en forma de símbolos;* la agencia de publicidad de McDonald's reúne las palabras y las ilustraciones en un anuncio que transmitirá el mensaje que se pretende.

- *Mensaje:* la *serie de símbolos* que transmite el emisor; el anuncio de McDonald's.

- *Medios:* los *canales de comunicación* por los cuales el mensaje pasa del emisor al receptor; en este caso, la televisión y los programas específicos de televisión que McDonald's seleccione.

- *Decodificación:* el proceso mediante el cual el receptor asigna *significado a los símbolos* transmitidos por el emisor; un consumidor ve el anuncio de McDonald's e interpreta las palabras y las ilustraciones que contiene.

- *Receptor: la parte que recibe el mensaje* enviado por la otra parte; el consumidor que ve el anuncio de McDonald's.

- *Respuesta: la reacción del receptor* después de haber estado expuesto al mensaje; cualesquiera de cientos de posibles respuestas, como que al consumidor le guste más McDonald's, que sea más probable que coma en un McDonald's la siguiente vez que opte por comida rápida, o que no haga nada.

- *Retroalimentar:* la parte de la *respuesta del receptor que le regresa al emisor;* las investigaciones de McDonald's arrojan que a los consumidores les agrada el anuncio y lo recuerdan, o los consumidores llaman o le escriben a McDonald's alabando o criticando el anuncio o los productos de McDonald's.

- *Ruido:* la *estática o la distorsión no proyectadas* durante el proceso de comunicación, que da lugar a que el receptor reciba un mensaje que no es el que envió el emisor; el televisor del consumidor no tiene buena recepción o los miembros de la familia distraen al consumidor cuando está viendo el anuncio.

Este modelo señala los factores centrales de una buena comunicación. Los emisores tienen que saber a qué publicos quieren llegar y qué respuestas quieren obtener. Deben ser capaces de cifrar mensajes que tomen en cuenta la forma en que los descifran los públicos hacia los cuales se dirigen. Deben enviar el mensaje por medios que lleguen a la audiencia meta y deben desarrollar canales de retroalimentación, de tal manera que puedan evaluar la respuesta del público ante el mensaje.

Por tanto, el comunicador de mercadotecnia debe seguir los siguientes pasos: identificar la audiencia meta, determinar la respuesta que pretende, elegir el mensaje, elegir los medios para enviar el mensaje, seleccionar la fuente del mensaje y reunir datos para la retroalimentación.

Identificación de la audiencia meta

El comunicador mercadotécnico empieza por tener en mente, con claridad, el público hacia el cual se dirigirá. El público puede estar compuesto de posibles compradores o usuarios presentes, de personas que toman la decisión de comprar o que influyen en ella. El público puede estar compuesto por personas físicas, grupos, públicos especiales o público en general. La audiencia meta afectará decididamente las decisiones del comunicador en cuanto a *qué* se dirá, *cómo* se dirá, *cuándo* se dirá, *dónde* se dirá y *quién* lo dirá.

Determinación de la respuesta que se pretende

Cuando se ha definido la audiencia meta, el comunicador de mercadotecnia debe decidir qué respuesta pretende obtener. Sobra decir que, en la mayor parte de los casos, la respuesta final es la *compra*. Sin embargo, una compra es resultado de un largo proceso de decisiones por parte del consumidor. El comunicador de mercadotecnia debe saber dónde está parado el público que tiene en la mira y hacia dónde debe moverlo.

La audiencia meta puede encontrarse en alguno de seis **estados de madurez para la compra;** es decir, los estados por los que suelen pasar los consumidores para llegar a efectuar una compra. Estos estados serían de *información previa, conocimiento, atractivo, preferencia, convicción* o *compra* (véase la figura 16-3).

Información previa

Lo primero que debe saber el comunicador es el grado de información acerca del producto o la organización que tiene la audiencia meta. El público tal vez no tenga conciencia de que éstos existen, quizá sólo conozca el nombre o sepa unas cuantas cosas de ellos. Si la mayor parte del público no tiene conciencia de su existencia, el comunicador tratará de crear dicha conciencia, a lo mejor partiendo del reconocimiento del nombre. El proceso puede empezar con mensajes sencillos que repiten el nombre de la empresa o el producto. Incluso así, se requiere tiempo para crear dicha conciencia. Suponga que una pequeña universidad de Iowa, llamada Pottsville, quiere conseguir aspirantes de Nebraska, pero que ahí no se conoce su nombre. Además, suponga que en Nebraska hay 30,000 estudiantes que terminan el bachillerato y que podrían tener interés en entrar a la universidad de Pottsville. La universidad podría fijarse la meta de lograr que 70% de estos estudiantes lleguen a conocer el nombre de Pottsville en un plazo de un año.

Conocimiento

El público que está en la mira quizá tenga conciencia de que existe una empresa o producto, pero podría no saber mucho más. Pottsville quizá quiera que su audiencia meta sepa que se trata de una universidad que ofrece planes de estudios de cuatro años, con estupendos programas en el campo de las letras y las artes. Por consiguiente, la universidad de Pottsville tendrá que averiguar cuántas personas del público hacia el cual se dirige saben poco, algo o mucho de Pottsville. A con-

FIGURA 16-3
Estados de madurez del comprador

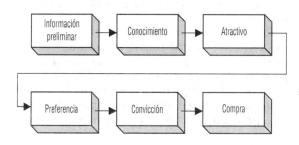

tinuación, la universidad podría decidir que la información sobre el producto es el primer objetivo de la comunicación.

Atractivo

Suponiendo que la audiencia meta *conoce* el producto, entonces ¿qué *opina* del mismo? Se puede recurrir a una escala para determinar los grados de aceptación; por ejemplo, me disgusta mucho, me disgusta un poco, me es indiferente, me gusta algo y me gusta mucho. Si el público tiene una opinión desfavorable de la universidad de Pottsville, entonces el comunicador deberá averiguar por qué y después preparar una campaña de comunicación para despertar sentimientos favorables. Si la opinión negativa se basa en problemas reales de la universidad, en tal caso las comunicaciones no podrán llegar a su objetivo. Pottsville tendrá que resolver sus problemas antes de comunicar que ha renovado su calidad. Las buenas relaciones públicas requieren "obras buenas reforzadas por palabras veraces".

Preferencia

El público meta quizá manifieste agrado por el producto, pero no lo *prefiera* sobre otros. En tal caso, el comunicador debe tratar de conseguir la preferencia de los consumidores, promoviendo la calidad, el valor, la actuación y otras características del producto. El comunicador puede evaluar el éxito de la campaña midiendo las preferencias del público, de nueva cuenta, después de la campaña. Si la universidad de Pottsville averigua que a muchos egresados de bachillerato les agrada Pottsville, pero optan por asistir a otras universidades, tendrá que identificar los renglones donde su oferta resulta mejor que la de las universidades de la competencia. A continuación debe fomentar sus ventajas para conseguir que los posibles estudiantes la prefieran.

Convicción

La audiencia meta quizá *prefiera* el producto, pero tal vez no esté *convencido* de comprarlo. Por ejemplo, algunos estudiantes podrían preferir Pottsville, aunque no sepan si quieren asistir a la universidad o no. La labor del comunicador será crear la convicción de que asistir a la universidad representa el camino indicado.

Compra

Por último, algunos miembros del público meta pueden tener la *convicción,* aunque no estar del todo decididos a efectuar la *compra.* Quizá quieran esperar a contar con más información o tal vez proyecten actuar más adelante. El comunicador debe llevar a estos consumidores a que den el último paso. Para ello, podría ofrecer el producto a un precio bajo, ofrecer algún servicio extra o permitir que los consumidores lo prueben con ciertos límites. Por ejemplo, Pottsville podría invitar a algunos estudiantes de bachillerato a que visiten sus instalaciones y que asistan a algunas clases, o podría ofrecer becas a los estudiantes destacados.

Al explicar los estados de madurez del comprador, se ha supuesto que los compradores pasan por la etapa cognoscitiva (conciencia, conocimiento), la afectiva (agrado, preferencia, convicción) y la conductual (compra), en ese orden. Esta secuencia de "aprender-sentir-actuar" es la indicada cuando los compradores tienen gran interés en una categoría de productos y perciben las marcas de la categoría como algo muy diferenciado, por ejemplo cuando compran un automóvil. Sin embargo, los consumidores muchas veces siguen otras secuencias. Pueden seguir una secuencia de "actuar-sentir-aprender" tratándose de productos que despiertan gran interés y son pocas las diferencias percibidas, como las molduras de aluminio. Otra secuencia sería la de "aprender-actuar-sentir", en cuyo caso los consumidores tienen poco interés y perciben pocas diferencias, por ejemplo cuando compran un producto como la sal. El mercadólogo, al entender las etapas del proceso de compra de los consumidores y su debida secuencia, puede proyectar mejor sus comunicaciones.

Elección de un mensaje

Tras definir la respuesta que desea del público, el comunicador empieza a crear un mensaje efectivo. En un plano ideal, el mensaje debe llamar la *atención,* mantener el *interés*, despertar el *deseo* y motivar un *acto* (esquema conocido como el *modelo AIDA*). En la realidad, pocos mensajes logran llevar al consumidor desde la información preliminar hasta la compra, pero el marco AIDA sugiere las cualidades ideales de un buen mensaje.

Al formular el mensaje, el comunicador de mercadotecnia tendrá que resolver tres problemas: qué decir (*contenido del mensaje*), cómo decirlo de manera lógica (*estructura del mensaje*) y cómo decirlo con símbolos (*formato del mensaje*).

Contenido del mensaje

El comunicador tiene que encontrar un reclamo o tema que produzca la respuesta deseada. Existen tres tipos de reclamos: a la razón, a las emociones y a la moral. Los **reclamos a la razón** se dirigen al propio interés del público. Muestran cómo el producto producirá los beneficios deseados. Algunos ejemplos serían los mensajes que exhiben la calidad, la economía, el valor o la actuación del producto. Por ejemplo, en sus anuncios, Mercedes ofrece automóviles que tienen "una ingeniería incomparable con la de auto alguno", que refuerzan la ingeniería, el rendimiento y la seguridad. Los vendedores de IBM, cuando presentan los sistemas de computadora a las empresas usuarias, hablan de la calidad, el desempeño, la confiabilidad y el aumento de productividad.

Los **reclamos a las emociones** tratan de despertar las emociones positivas o negativas que pueden conducir a una compra. Estas incluyen reclamos al temor, la culpa y la vergüenza, que hacen que la gente haga lo que debería hacer (cepillarse los dientes, comprar neumáticos nuevos) o deje de hacer lo que no deberían hacer (fumar, beber demasiado, comer con exceso). Por ejemplo, un anuncio reciente de Crest recurría a cierto miedo cuando afirmaba "Hay cosas con las que uno no puede jugar" (las muelas picadas). Lo mismo hacían los anuncios de neumáticos Michelin que presentaban monísimos niños pequeños y sugerían "Porque nuestros neumáticos llevan tanto".[3] Los comunicadores también usan los reclamos a emociones positivas como el amor, el sentido del humor, el orgullo y la alegría. Por ejemplo, el tema del anuncio de AT&T "Estire la mano y acérquese a alguien" despierta toda una serie de emociones fuertes.

Los **reclamos a la moral** están dirigidos al sentir del público en cuanto a lo "bueno" y "aceptable". Con frecuencia se usan para que la gente apoye causas sociales, como un entorno más limpio, mejores relaciones raciales, igualdad de derechos para las mujeres y ayuda para los pobres. Un ejemplo de un reclamo de tipo moral es el postulado de la Marcha de los centavos: "Dios te hizo completo. Ayuda a quienes no tuvieron esa suerte".

Estructura del mensaje

El comunicador también debe decidir cómo manejar tres problemas relacionados con la estructura del mensaje. El primero es si debe llegar a una conclusión o dejar que el público mismo la descubra. Las primeras investigaciones que se realizaron al respecto arrojaban que, por regla general, era más efectivo llegar a una conclusión. Sin embargo, investigaciones recientes sugieren que, en muchos casos, el anunciante logra más formulando interrogantes y dejando que los compradores lleguen a sus propias conclusiones. El segundo problema de la estructura del mensaje es si debe presentar un argumento unilateral (hablar sólo de las virtudes del producto) o un argumento bilateral (alabar las virtudes del producto, pero también admitir sus fallas). Por lo general, el argumento unilateral es más efectivo en el caso de las presentaciones de ventas, salvo cuando los públicos tienen muchos estudios y una actitud negativa. El tercer problema de la estructura del mensaje es decidir si los argumentos más fuertes se deben presentar al principio o al final. Si se presentan al principio merecen gran atención, pero pueden conducir a un final anticlimático.[4]

Formato del mensaje

El comunicador también requiere un *formato* fuerte para el mensaje. En el caso de un anuncio impreso, el comunicador tiene que decidir cuál será el titular, el texto, la ilustración y el color. Los anunciantes, para atraer la atención, pueden usar novedades y contrastes: fotos llamativas y titulares, formatos distintivos, tamaño

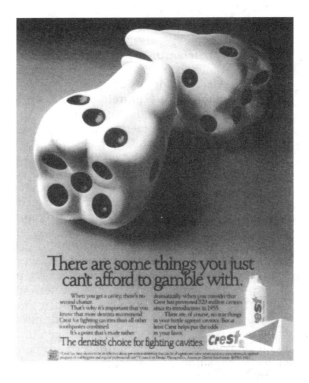

Un leve reclamo al temor: "Cuando se pica una muela, no hay otra oportunidad".

y posición del mensaje, así como color, forma y movimiento. Si el mensaje pasará por radio, el comunicador tendrá que elegir las palabras, los tonos del sonido y las voces. El "tono" de un locutor que promueve un auto usado debe ser diferente del que promueve muebles de calidad.

Si el mensaje va a pasar por televisión o se va a presentar en persona, entonces se tienen que proyectar todos estos elementos, más el lenguaje corporal. Los presentadores estudian sus expresiones faciales, gestos, atuendo, postura y peinado. Si el producto o su empaque llevan el mensaje, el comunicador tendrá que estar atento a la textura, el olor, el color, el tamaño y la forma. Por ejemplo, el color desempeña un papel central para la comunicación cuando se trata de preferencias por comida. De un grupo de consumidores que probaron cuatro tazas de café, colocadas junto a envases de color marrón, azul, rojo y amarillo (las tazas de café eran idénticas, pero los consumidores no lo sabían), 75% pensó que el café junto al envase marrón era demasiado fuerte; cerca del 85% opinió que el café junto al envase rojo era el más sabroso; casi todos opinaron que el café junto al envase azul era suave y que el café junto al envase amarillo era aguado. Por tanto, si una empresa quiere comunicar que su café es sabroso, es probable que deba usar un envase rojo con una etiqueta que diga en su texto que el café tiene muy buen sabor.

Elección de los medios

A continuación, el comunicador deberá elegir los *canales de comunicación*. Existen dos tipos generales de canales de comunicación; *los personales* y los *no personales*.

Canales de comunicación personal
En los **canales de comunicación personal,** dos o más personas se comunican entre sí, de manera directa. Se pueden comunicar frente a frente, de una persona a su público, por teléfono o incluso por correo. Los canales de comunicación personal son efectivos porque dan cabida al trato personal y a la retroalimentación.

Algunos canales de comunicación personal son controlados por el comunicador en forma directa. Por ejemplo, los vendedores de la empresa se ponen en contacto con los compradores del mercado meta. Sin embargo, otras comunicaciones personales en cuanto al producto pueden llegar a los compradores por medio de canales que no están controlados directamente por la empresa. Estos pueden incluir a expertos independientes que le hacen afirmaciones a los compradores meta; defensores del consumidor, guías de compras de consumidores y otros más. También pueden ser vecinos, amigos, miembros de la familia y compañeros que hablan con los compradores potenciales. Este último canal, conocido con el nombre de **influencia de boca en boca,** tiene grandes repercusiones en el caso de muchos productos.

La influencia personal tiene mucho peso en el caso de productos caros o que entrañan riesgos evidentes. Por ejemplo, los compradores de automóviles o aparatos eléctricos grandes, con frecuencia, van más allá de las fuentes de los medios de masas y piden la opinión de conocedores.

Las empresas pueden tomar varias medidas para que los canales de comunicación personal funcionen a su favor. Pueden dedicar un esfuerzo extraordinario para vender sus productos a personas o empresas conocidas, quienes a su vez influirán para que otros compren. Pueden crear *líderes de opinión* (personas cuya opinión pesa en terceros) proporcionando el producto a ciertas personas, en condiciones atractivas. Por ejemplo, las empresas pueden trabajar por medio de miembros de la comunidad como disc jockeys, presidentes de sociedades de alumnos y presidentes de organizaciones locales. Además, pueden incluir a personas influyentes en sus anuncios o crear anuncios que tengan un gran "valor de conversación". Por último, la empresa se puede esforzar por manejar la comunicación de boca en boca, averiguando qué le dicen unos consumidores a otros, tomando medidas adecuadas para satisfacer a los consumidores y corrigiendo los problemas y ayudando a los consumidores a buscar información sobre la empresa y sus productos.[5]

Canales de comunicación no personal

Los **canales de comunicación no personal** son medios que llevan el mensaje, sin que haya contacto ni retroalimentación personales. Incluyen a los medios masivos, los ambientes y los acontecimientos. Los **medios** masivos constan de medios impresos (periódicos, revistas, correspondencia directa), medios de transmisión (radio, televisión) y medios de exhibición (tableros, letreros, carteles). Los **ambientes** son entornos diseñados para crear o reforzar la propensión del comprador a adquirir un producto. Por ejemplo, los despachos de abogados y los bancos están diseñados para comunicar confianza y otros aspectos que pueden ser de valor para sus clientes. Los **acontencimientos** son situaciones preparadas para comunicar mensajes a los públicos meta. Por ejemplo, los departamentos de relaciones públicas arreglan conferencias de prensa, inauguraciones grandiosas, recorridos públicos y otros actos para comunicarse con públicos específicos.

La comunicación no personal afecta a los compradores directamente. Además, los medios masivos muchas veces afectan a los compradores indirectamente porque producen mayor comunicación personal. Las comunicaciones masivas afectan las actitudes y el comportamiento por medio de un *proceso de comunicación que fluye en dos etapas*. En el proceso, la comunicación primero fluye de la televisión, las revistas y otros medios masivos a los líderes de opinión y después de estos líderes de opinión a sectores menos activos de la población.[6] Este proceso de flujo en dos etapas significa que el efecto de los medios masivos no es tan directo, potente y automático como se pensó en un principio. Por el contrario, los líderes de opinión se interponen entre los medios masivos y sus públicos. Los líderes de opinión están más expuestos a los medios masivos y llevan los mensajes a las personas que están menos expuestas a los medios.

El concepto del flujo en dos pasos es contrario a la idea de que las compras de las personas están sujetas a un "goteo descendente" de opiniones e información que provienen de las clases sociales superiores. Como las personas interactúan principalmente con otras de su misma clase social, toman sus modas y demás ideas de personas *como ellas,* que son líderes de opinión. El concepto del flujo en dos pasos también sugiere que los comunicadores de masas deben dirigir sus mensajes directamente a los líderes de opinión, para que éstos lleven el mensaje a los demás.

Las celebridades imbuyen parte de su aceptación y confianza a los productos que recomiendan. En este caso Michael Jordan y el conejo Bugs hablan a favor de Nike.

Selección de la fuente del mensaje

Las repercusiones del mensaje en el público también están sujetas a la forma en que el público ve al emisor. Los mensajes presentados por fuentes muy creíbles son más persuasivos. Por ejemplo, las empresas farmacéuticas buscan a médicos para que hablen de las bondades de sus productos, porque los médicos son figuras creíbles. Ahora, muchas empresas del ramo de los alimentos están dirigiéndose a médicos, dentistas y otros encargados de la salud, con el objeto de convencer a es-tos profesionales de que recomienden sus productos a los pacientes (véase Puntos Importantes de la Mercadotecnia 16-1). Los mercadólogos también contratan a actores y deportistas para que presenten sus mensajes. Bill Cosby habla a favor de Kodak y Jell-O, Ray Charles canta acerca de Pepsi dietética y Michael Jordan, el jugador de baloncesto, se pronuncia a favor de Gatorade, McDonald's y Nike.[7]

¿Qué factores hacen que una fuente resulte creíble? Los tres factores más frecuentes serían, la experiencia, lo confiable y lo apetecible. La *experiencia* se refiere a la autoridad que tiene el comunicador para respaldar su afirmación. Los médicos, los científicos y los profesores merecen calificaciones altas en cuanto a experiencia en sus campos. Lo *confiable* habla del grado de objetividad y honradez que parece tener la fuente. Por ejemplo, uno confía más de los amigos que de los vendedores. Lo *apetecible* se refiere al atractivo que la fuente le ofrece al público; a la gente le gustan las fuentes francas, con sentido del humor y naturales. No es raro que la fuente más confiable sea una persona que alcanza calificaciones altas en estos tres factores.

Conseguir retroalimentación

Tras enviar el mensaje, el comunicador debe investigar sus repercusiones en el público hacia el cual se dirige. Esto entraña preguntarle a los miembros de la audiencia meta si recuerdan el mensaje, cuántas veces lo vieron, qué puntos recuerdan, qué opinan del mensaje y su actitud pasada y presente ante el producto y la empresa. El comunicador también pretende medir el comportamiento que resulta del mensaje, cuántas personas compraron el producto, si hablaron con otras del mismo o fueron a una tienda.

La figura 16-4 muestra un ejemplo de cómo medir la retroalimentación en el caso de dos marcas hipotéticas. En el caso de la Marca A, un 80% del mercado total tiene conciencia de ella, 60% de las personas que conocen su existencia lo han probado, pero sólo 20% de las personas que lo probaron quedaron satisfechas. Estos resultados sugieren que si bien el programa de comunicación está creando *conciencia*, el producto no logra proporcionar a los consumidores la *satisfacción* que esperan. Por tanto, la empresa debería tratar de mejorar el produc-

PUNTOS IMPORTANTES DE LA MERCADOTECNIA 16-1

PRODUCTOS PROMOVIDOS POR MÉDICOS Y OTROS PROFESIONALES

Los comercializadores de alimentos están descubriendo que el camino al estómago del consumidor podría ser la recomendación de un médico. Ante el diluvio de demandas de salud presentadas contra diferentes productos alimenticios, el consumidor contemporáneo, más consciente de la nutrición, muchas veces busca los consejos de médicos y profesionales de la salud para saber qué productos le convienen. Kellogg, Procter & Gamble, Quaker y otras grandes empresas del ramo de los alimentos están reconociendo, cada vez más, lo que las empresas farmacéuticas han sabido desde hace muchos años: las recomendaciones de los profesionales pueden influir mucho en las decisiones de los consumidores para comprar o no. Por tanto, están acelerando las promociones para médicos, dentistas y otros profesionales, con la intención de informarles sobre los beneficios de los productos y motivarlos para que recomienden a sus pacientes las marcas promovidas.

Los médicos son el grupo que recibe mayor cantidad de atención de los comercializadores de alimentos. Por ejemplo, Cumberland Packing coloca anuncios en publicaciones médicas de Sweet 'N Low, su sustituto del azúcar, que dicen: "Algo que usted puede hacer para que la dieta de su paciente sea más fácil de tragar". Kellog lanzó su promoción "Proyecto Nutrición", para convencer a los médicos de las bondades de comer en el desayuno cereales con mucha fibra. La promoción consiste en pruebas de colesterol de 100,000 estadounidenses de todo el país y los anuncios están dirigidos a los médicos en el *Journal of the American Medical Association* y el *New England Journal of Medicine*, además de un nuevo boletín trimestral llamado *Health Vantage* enviado a 50,000 profesionales de la salud en Estados Unidos. Asimismo, Quaker envía a todos los médicos del país un boletín trimestral, *Fiber Report*, que incluye artículos, informes de investigaciones y relatos de casos que hablan sobre la importancia de la fibra en las dietas.

Procter & Gamble proporciona literatura sobre algunos de sus productos para que los médicos se la pasen a sus pacientes. Un folleto del jugo de naranja Calcium Plus de Citrus Hill incluso contiene un cupón para un descuento de 20 centavos. Además, P&G busca activamente la recomendación de médicos. Hace años, una recomendación de la American Dental Association,

muy promovida, contribuyó a que Crest, marca de P&G, llegara a ser la marca líder de los dentífricos. La empresa espera que la recomendación de la American Medical Women's Association dé un impulso similar a sus jugos de fruta Citrus Hill, reforzados con calcio.

Otros profesionales que están en la mira de las empresas del ramo de los alimentos son dentistas, veterinarios, profesores e, incluso, entrenadores deportivos de bachillerato. Los fabricantes del chicle Trident, del sustituto del azúcar Equal, del enjuague bucal Plax y de docenas de productos más llegan a los dentistas por medio de coloridos folletos, muestras y anuncios en publicaciones de dentistas. Quaker entrega muchas muestras de sus alimentos para mascotas, Gaines y Ken-L Ration por medio de veterinarios. Además saca anuncios de Gatorade en revistas leídas por entrenadores deportivos de bachillerato y patrocina una flotilla de camionetas que peinan el país, ofreciendo información sobre Gatorade y muestras en mercados clave. Así, las empresas del ramo de los alimentos cortejan activamente a los profesionales para que sean voceros que ofrecen consejos sobre salud o nutrición a los consumidores.

Muchos médicos y otras personas dedicadas a la salud aceptan gustosos las promociones como fuentes válidas de información sobre alimentos sanos y nutrición, que les pueden servir para dar mejores consejos a sus pacientes. Sin embargo, otros no se sienten cómodos recomendando marcas específicas de alimentos, algunos incluso llegan a molestarse por las promociones que intentan influir en su opinión. Aunque quizá se requiera mucho tiempo e inversión para que estos profesionales cambien sus costumbres, los resultados probablemente justificarán los esfuerzos y el gasto. Si una empresa puede convencer a personas clave de la atención de la salud que el producto merece su recomendación, entonces ganará poderosos aliados para su comercialización. Como dice un mercadólogo: "Si un médico le entrega un producto para que lo use, esa recomendación pesa muchísimo".

Fuente: Véase Laurie Freeman y Liesse Erickson, "Doctored Strategy: Food Marketers Puch Products Thgourgh Physicians", *Advertising Age,* 28 de marzo de 1988, p. 12.

to, al tiempo que se queda con el exitoso programa de comunicación. Por el contrario, sólo 40% del mercado total conoce de la existencia de la Marca B y sólo 30% de quienes tienen conciencia de la Marca B la han probado, sin embargo, 80% de los que la han probado están satisfechos. En este caso, el programa de comunicación tiene que ser más fuerte y aprovechar la ventaja de la fuerza de la marca para lograr satisfacción.

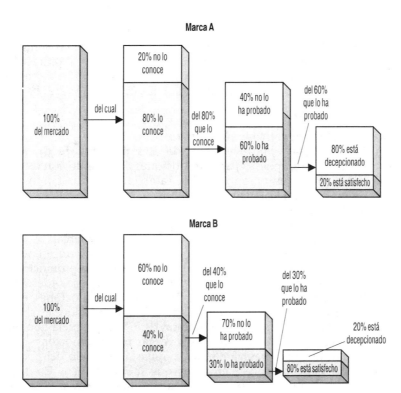

FIGURA 16-4
Resultados de la retroalimentación respecto a dos marcas

ESTABLECIMIENTO DEL PRESUPUESTO TOTAL Y DE LA MEZCLA DE PROMOCION

Se han analizado los pasos para planear y enviar las comunicaciones hacia un público. Sin embargo, ¿cómo decide la empresa cuál será el total del *presupuesto para las promociones* y cómo lo dividirá entre los instrumentos básicos de las promociones, con objeto de crear la *mezcla de promoción*? A continuación se analizan estas interrogantes.

Establecimiento del presupuesto total de promoción

Una de las decisiones de mercadotecnia más difíciles que enfrenta cualquier empresa es cuánto destinar a las promociones. John Wanamaker, el magnate de las tiendas de departamentos, dijo en cierta ocasión: "Sé que la mitad de mi publicidad se desperdicia, pero no sé cuál mitad. Dediqué 2 millones de dólares a publicidad, pero no sé si eso es la mitad de lo que debería gastar o el doble de lo necesario". Así pues, no es raro que las industrias y las empresas inviertan cantidades muy diferentes en las promociones. El gasto para promociones puede ser entre 20 y 30% de las ventas en el caso de la industria de los cosméticos y de sólo entre 5 y 10% en el de la industria de la maquinaria industrial. Dentro de una industria dada cualquiera, puede haber tanto empresas que gasten mucho, como otras que gasten poco.

¿Cómo decide una empresa cuál será su presupuesto para las promociones? A continuación se analizan cuatro métodos usados con frecuencia al establecer el presupuesto para publicidad: el *método de lo factible,* el *método del porcentaje de ventas,* el *método de la paridad competitiva* y el *método de objetivo y tarea.*

Método de lo factible

Muchas empresas aplican el **método de lo factible,** es decir, establecen el presupuesto para promociones en un nivel al cual la empresa puede tener acceso. Un ejecutivo explica este método así: "Es muy simple. Primero, subo a la oficina del contralor y le pregunto cuánto nos puede proporcionar este año. Contesta que un millón y medio. A continuación, el jefe me pregunta cuánto deberíamos gastar y yo respondo, 'bueno, alrededor de millón y medio'".[9]

Desgraciadamente, este método para establecer presupuestos pasa por alto las repercusiones de las promociones en el volumen de las ventas. Conduce a un presupuesto anual incierto para las promociones, lo cual dificulta los planes para el mercado a largo plazo. Aunque el método de la cantidad accesible puede llevar a que se gaste demasiado en publicidad, las más de las veces hace que el gasto se quede corto.

Método del porcentaje de ventas

Muchas empresas aplican el **método del porcentaje de ventas,** es decir, establecen su presupuesto para promociones de acuerdo con cierto porcentaje de las ventas, presentes o pronosticadas. También presupuestan un porcentaje sobre el precio de venta. Las empresas automovilísticas suelen presupuestar un porcentaje fijo para su promociones, con base en el precio proyectado para el auto. Las empresas petroleras fijan el presupuesto con base en alguna fracción de un centavo por cada galón de gasolina vendida con su marca.

El método del porcentaje sobre las ventas tiene una serie de ventajas. En primer lugar, cuando se usa este método, el gasto para promociones seguramente variará con la cantidad "accesible" que tiene la empresa. Además, sirve para que la gerencia analice la relación entre el gasto para promociones, el precio de venta y la utilidad por unidad. Por último, este método produce estabilidad competitiva, supuestamente, porque las empresas de la competencia tienden a gastar, más o menos, el mismo porcentaje de sus ventas para promociones.

Sin embargo, a pesar de estas ventajas, el método del porcentaje sobre las ventas no tiene muchos elementos que lo justifiquen. Considera las ventas, equivocadamente, como la *causa* de las promociones y no como su *resultado.* El presupuesto se basa en la disponibilidad de fondos, y no en las oportunidades. Puede impedir que se aumente el gasto que, en ocasiones, se requiere para cambiar el curso de las ventas que caen. Como el presupuesto varía con las ventas de un año a otro, los planes a largo plazo resultan difíciles. Por último, el método no ofrece base alguna para elegir un porcentaje *específico,* salvo la experiencia pasada o lo que está haciendo la competencia.

Método de la paridad competitiva

Otras empresas aplican el **método de la paridad competitiva** y establecen su presupuesto para promociones a semejanza de las partidas de la competencia. Observan la publicidad de la competencia o consiguen estimaciones del gasto para promociones de la industria, de publicaciones o asociaciones del gremio, y después establecen sus presupuestos con base en el promedio de la industria.

Este método está sustentado en dos argumentos. En primer lugar, los presupuestos de la competencia representan la idea general de la industria. En segundo, al gastar lo que gasta la competencia se evitan las guerras de promociones. Por desgracia, ninguno de los dos argumentos es válido. No existen bases para suponer que la competencia tiene más idea de lo que debería estar gastando una empresa en las promociones que la idea que pueda tener la propia empresa. Las empresas difieren mucho unas de otras, y cada una tiene sus necesidades particulares en cuanto a las promociones. Por último, no existe prueba alguna de que los presupuestos basados en la semejanza con la competencia eviten las guerras de promociones.

Método de objetivo y tarea

El método más lógico para establecer presupuestos es el **método de objetivo y tarea,** con el cual la empresa establece su presupuesto para promociones con base en lo que quiere lograr con sus promociones. Los mercadólogos preparan sus presupuestos para promociones: (1) definiendo los objetivos específicos; (2) determinando las tareas que se deben realizar para alcanzar estos objetivos, y (3) estimando los costos por realizar estas tareas. La suma de estos costos se convierte en el presupuesto de promoción que se propone.

El método de objetivo y tarea obliga a la gerencia a detallar sus hipótesis en cuanto a la relación entre los dólares gastados y los resultados de las promociones. Sin embargo, también es el método más difícil de usar. Muchas veces, resulta muy difícil calcular qué tareas específicas alcanzarán los objetivos específicos. Por ejemplo, suponga que Sony quiere lograr una conciencia del 95% para su último modelo de videocámara, durante un periodo de introducción de seis meses. ¿Qué mensajes publicitarios y qué horarios en los medios necesitaría Sony para alcanzar este objetivo? ¿Cuánto costarían estos mensajes y medios? La gerencia de Sony debe analizar estas interrogantes, a pesar de que resulte difícil contestarlas.

Establecimiento de la mezcla de promoción

A continuación la empresa debe dividir el total del presupuesto para promociones entre los instrumentos básicos para las promociones: publicidad, ventas personales, promociones de ventas y relaciones públicas. Debe mezclar los instrumentos de las promociones con cuidado para formar una *mezcla coordinada de promociones* que alcance sus objetivos publicitarios y de mercadotecnia. Las empresas dentro de la misma industria varían mucho en la forma en que diseñan sus mezclas de promoción. Por ejemplo, Avon dedica la mayor parte de sus fondos para promociones a las ventas personales y a la comercialización por catálogo (su publicidad sólo representa 1.5% de las ventas), mientras que Helene Curtis Industries gasta mucho en publicidad para los consumidores (alrededor del 23% de las ventas). Electrolux vende 75% de sus aspiradoras de puerta en puerta, mientras que Hoover recurre más a la publicidad.

Las empresas siempre están buscando la forma de mejorar sus promociones, cambiando un instrumento de promoción por otro que cumpla con la misma tarea, pero de manera más económica. Muchas empresas han reemplazado parte de sus actividades de ventas de campo con ventas por teléfono y por correspondencia directa. Otras empresas han aumentado su gasto para las promociones de ventas en relación con la publicidad, con objeto de conseguir ventas más rápidas.

El diseño de la mezcla de promociones resulta incluso más complejo cuando se debe usar un instrumento para promover otro. Por ejemplo, cuando McDonald's decide anunciar sus premios de un millón de dólares en sus puntos de venta de comida rápida (una promoción de ventas), también tiene que pasar anuncios que le informen al público del concurso. Cuando General Mills usa una campaña de publicidad para los consumidores y para promover las ventas a efecto de respaldar una nueva harina preparada para pastel, tiene que apartar dinero para promover esta campaña entre los revendedores para conseguir su apoyo.

Son muchos los factores que influyen en los instrumentos de promoción que elije un mercadólogo. A continuación se analizan dichos factores.

Naturaleza de cada instrumento de promoción

Cada uno de los instrumentos de promoción, *publicidad, ventas personales, promoción de ventas* y *relaciones públicas,* tiene características y costos propios. Los mercadólogos tienen que entender estas características para elegir sus instrumentos.

Publicidad. Dada las muchas formas de publicidad y sus usos resulta muy difícil hacer generalizaciones en cuanto a sus cualidades particulares como parte de la mezcla de promociones. Aun así, cabe destacar algunas cualidades. El carácter público de la publicidad sugiere que el producto anunciado es algo normal y legítimo. Como muchas personas ven los anuncios del producto, los compradores saben que la adquisición del producto será entendida y aceptada públicamente. La publicidad también permite que el vendedor repita un mensaje muchas veces y hace posible que el comprador reciba y compare los mensajes de diversos competidores. La publicidad a gran escala, por parte de un vendedor, dice algo positivo en cuanto al tamaño, la popularidad y el éxito del vendedor.

La publicidad también es muy expresiva y permite que la empresa represente sus productos por medio del uso artístico de las impresiones, el sonido y el color. Por una parte, la publicidad se puede usar para crear una imagen del producto a largo plazo (como los anuncios de Coca-Cola). Por la otra, la publicidad puede disparar ventas rápidas (como cuando Sears anuncia una rebaja de fin de semana). La publicidad puede llegar a masas de compradores geográficamente dispersos, a un costo bajo por cada exposición.

La publicidad también tiene sus fallas. Aunque llega con rápidez a mucha gente, la publicidad es impersonal y no puede ser tan convincente como un

En el caso de las ventas personales, el cliente se siente más obligado a escuchar y contestar, incluso aunque la respuesta sea un cortés "no, gracias".

vendedor de la empresa. La publicidad sólo puede ser una comunicación unilateral con el público, y el público no siente la necesidad de prestar atención ni de responder. Además, la publicidad puede ser muy cara. Aunque algunas formas de publicidad, como los periódicos o los anuncios por radio, se pueden hacer con presupuestos pequeños, otras formas, como los anuncios en red de televisión, requieren presupuestos enormes.

Ventas personales. Las ventas personales son el instrumento más efectivo en ciertas etapas del proceso de compra, sobre todo para desarrollar preferencias, convicción y acción en los compradores. En comparación con la publicidad, las ventas personales tienen varias cualidades singulares. Entrañan la interacción personal entre dos personas o más, de tal suerte que cada una de ellas puede observar las necesidades y las características de las otras y hacer ajustes rápidos. Las ventas personales también permiten que broten todo tipo de relaciones, desde una relación de ventas casual, hasta una amistad personal profunda. El vendedor eficaz recuerda bien los intereses del cliente con el propósito de crear una relación a largo plazo. Por último, con las ventas personales, el comprador suele sentir una mayor necesidad de escuchar y responder, incluso aunque la respuesta sea un cortés "no, gracias".

Estas cualidades singulares, sin embargo, tienen su precio. Un cuerpo de vendedores requiere una inversión a plazo más largo que la publicidad; la publicidad se puede activar y desactivar, pero el tamaño de la fuerza de ventas no se cambia con facilidad. Las ventas personales también son el instrumento para las promociones más costoso para una empresa; cuesta a las empresas industriales un promedio de 200 dólares por visita de ventas.[10] Las empresas estadounidenses gastan el triple en ventas personales que en publicidad.

Promoción de ventas. La promoción de ventas incluye una amplia gama de instrumentos: cupones, concursos, descuentos de dinero, premios y otros más; todos ellos tienen muchas cualidades singulares. Captan la atención del consumidor y proporcionan información que puede conducir a una compra. Ofrecen muchos incentivos para comprar porque incluyen atractivos o contribuciones que ofrecen más valor a los consumidores. Además, las promociones de ventas invitan a una respuesta rápida y la recompensan. Mientras que la publicidad dice "compre nuestro producto", las promociones de ventas dicen "cómprelo ya".

Las empresas usan los instrumentos de promoción de ventas para crear una respuesta más fuerte y veloz. La promoción de ventas se puede usar para representar las ofertas de productos y revivir las ventas que bajan. Sin embargo, las repercusiones de la promoción de ventas suelen durar poco y no son eficaces para lograr la preferencia por la marca a largo plazo.

Relaciones públicas. Las relaciones públicas ofrecen varias cualidades únicas. Son muy creíbles: los relatos de casos, los ejemplos y los actos resultan más reales y creíbles a los lectores que los anuncios. Las relaciones públicas también pueden alcanzar a muchos prospectos que evitan el contacto con los vendedores y los anuncios: el mensaje llega a los compradores en forma de "noticia", y no como una comunicación dirigida a las ventas. Además, al igual que la publicidad, las relaciones públicas pueden hacer resaltar una empresa o producto.

Los mercadólogos tienden a usar las relaciones públicas muy poco o a usarlas en segunda instancia. Empero, una campaña de relaciones públicas bien concebida, usada con otros elementos de la mezcla de promociones, puede ser muy eficaz y económica.

Factores en el establecimiento de la mezcla de promociones

Las empresas toman en cuenta muchos factores cuando preparan sus mezclas de promociones, inclusive el tipo de producto/mercado, el uso de una estrategia para atraer o impulsar, la etapa de madurez del comprador y la etapa del ciclo de vida del producto.

El tipo de producto/mercado. La importancia de los diferentes instrumentos de promoción varía según se trate de mercados de consumo o de empresas (véase la figura 16-5). Las empresas del ramo de los bienes de consumo suelen dedicar mayor cantidad de fondos a la publicidad, seguidos por los destinados a la promoción de ventas, las ventas personales y las relaciones públicas. Por otra parte, las empresas de bienes industriales dedican la mayor cantidad de sus fondos a las ventas personales, seguidos por los de promoción de ventas, publicidad y relaciones públicas. En general, las ventas personales se usan más en el caso de bienes caros y que entrañan riesgos, así como en mercados con pocos vendedores de mayor tamaño.

Aunque en los mercados de empresas la publicidad es menos importante que las visitas de ventas, no deja de desempeñar un papel importante. La publicidad puede crear conciencia y conocimiento del producto, desarrollar pistas para las ventas y dar seguridad a los compradores. De igual manera, las ventas personales pueden contribuir con mucho a las actividades para la comercialización de bienes de consumo. No se trata sólo de que "los vendedores coloquen los productos en los anaqueles y la publicidad los quite". Los vendedores de bienes de consumo, bien preparados, pueden firmar convenios con más distribuidores para que manejen una marca particular, convencerlos de que concedan más espacio a la marca en los anaqueles y pedirles que usen exhibidores especiales y promociones.

La estrategia de atraer y la de impulsar. La mezcla de las promociones está claramente sujeta a la estrategia para *atraer* o para *impulsar* que elija la empresa. La figura 16-6 compara las dos estrategias. La **estrategia para impulsar** implica "impulsar" el producto por medio de canales de distribución para que lleguen al consumidor final. El productor dirige las actividades de mercadotecnia (primordialmente las ventas personales y las promociones comerciales) hacia los miembros del canal para inducirlos a que manejen el producto y lo promuevan hasta que llegue a los consumidores finales. El productor, al recurrir a la **estrategia para atraer,** dirige sus actividades de mercadotecnia (primordialmente publicidad y promociones para el consumo) hacia los consumidores finales, con el

FIGURA 16-5
Importancia relativa de los instrumentos de promoción en los mercados de consumo y los industriales

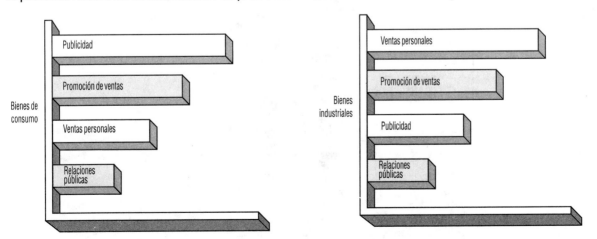

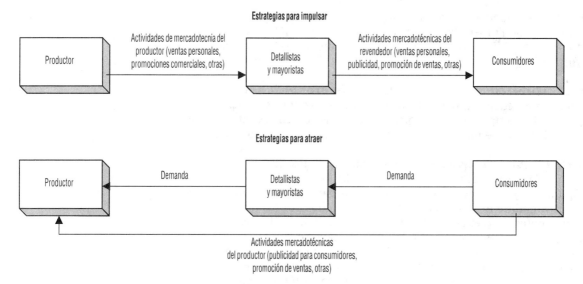

Estrategias para impulsar

Productor → Actividades de mercadotecnia del productor (ventas personales, promociones comerciales, otras) → Detallistas y mayoristas → Actividades mercadotécnicas del revendedor (ventas personales, publicidad, promoción de ventas, otras) → Consumidores

Estrategias para atraer

Productor ← Demanda ← Detallistas y mayoristas ← Demanda ← Consumidores

Actividades mercadotécnicas del productor (publicidad para consumidores, promoción de ventas, otras)

FIGURA 16-6
Estrategias para impulsar y para atraer

objeto de inducirlos a que compren el producto. Si la estrategia para atraer es eficaz, los consumidores demandarán el producto a los miembros del canal, quienes a su vez lo demandarán a los productores. Así, con una estrategia de atracción, la demanda de consumo "atrae" al producto mientras pasa por los canales.

Algunas compañías pequeñas que fabrican bienes industriales sólo utilizan estrategias para impulsar; otras sólo para atraer. Casi todas las compañías grandes emplean alguna combinación de ambas. Por ejemplo RJR/Nabisco utiliza la publicidad de medios masivos para atraer sus productos y una fuerza de ventas y promociones comerciales considerables para impulsar sus productos a través de los canales. Durante los últimos años, las compañías que fabrican bienes de consumo han disminuido las porciones de atracción de sus mezclas de promoción y han optado por un mayor impulso (véase Puntos Importantes de la Mercadotecnia 16-2)

La publicidad puede desempeñar un papel importantísimo en la mercadotecnia industrial, como muestra este anuncio clásico de McGraw-Hill.

PUNTOS IMPORTANTES DE LA MERCADOTECNIA 16-2

¿ESTÁN VOLVIÉNDOSE DEMASIADO "IMPULSORAS" LAS EMPRESAS DE BIENES DE CONSUMO?

Las empresas del ramo de los comestibles empacados como Kraft/General Foods, Procter & Gamble, RJR/Nabisco, Campbell, y Gillette se volvieron gigantes aplicando, principalmente, estrategias de atracción. Usaron dosis masivas de publicidad nacional para diferenciar sus productos, conseguir participación en el mercado y conservar la lealtad de los clientes. Sin embargo, en los pasados 20 años, estas empresas se han vuelto más "impulsoras", restándole importancia a la publicidad nacional y dedicando una parte mayor de sus presupuestos para las ventas personales y la promoción de ventas. Las promociones comerciales (mayores márgenes de utilidad para el comerciante, exhibidores, publicidad en cooperación) ahora representan alrededor del 50% del total del gasto para mercadotecnia de las empresas de productos de consumo; las promociones para los consumidores (cupones, descuento de centavos, extras) representan otro 25%. Esto deja sólo 25% del total del gasto de mercadotecnia para la publicidad en los medios, cantidad inferior al 42% de hace sólo 10 años.

¿Por qué han cambiado estas empresas tan claramente hacia las estrategias de impulsión? Una de las razones es que, en años recientes, las campañas en los medios masivos se han encarecido y resultan menos efectivas. Los costos de las redes de televisión han subido notablemente, mientras que los públicos han bajado, haciendo que la publicidad nacional tenga costos menos efectivos. Las empresas también han aumentado sus actividades para segmentar los mercados y están adaptando sus programas de mercadotecnia a límites más estrechos, haciendo que la publicidad nacional sea menos aconsejable que las promociones de detallistas locales. Además, en estos días cuando muchos productos son extensiones de marcas y copias, las empresas, en ocasiones, tienen dificultad para encontrar diferencias significativas del producto que puedan mencionar en la publicidad. Por tanto, han diferenciado sus productos por medio de descuentos de precios, ofertas de extras, cupones y otras técnicas para impulsar el producto.

Otro factor que ha acelerado el cambio de la estrategia de atracción por la de impulso ha sido el aumento de peso de los detallistas. Los minoristas contemporáneos son más grandes y tienen mayor acceso a rebajas de productos e información de utilidades. Ahora tienen la fuerza necesaria para exigir y obtener lo que quieren, y lo que quieren es más impulso. Mientras que la publicidad nacional los pasa por alto en su camino hacia las masas, las promociones impulsoras los benefician directamente. Las promociones para los consumidores ofrecen a los detallistas el aumento inmediato de las ventas y el dinero de los márgenes comerciales contribuye a sus utilidades. Por tanto, los productores con frecuencia deben usar el impulso sólo para obtener buen espacio en los anaqueles y el apoyo publicitario de los detallistas importantes.

Sin embargo, muchos mercadólogos están preocupados porque el uso desmedido del impulso conducirá a una feroz competencia de precios y a una espiral interminable de descuentos de precios y concertación de tratos. Esta situación llevaría a márgenes más estrechos y las empresas tendrían menos dinero para invertir en investigación y desarrollo, empaques y publicidad necesarios para mejorar los productos y conservar la preferencia y la lealtad de los consumidores a largo plazo. Si las promociones para impulsar se usan indebidamente, se puede hipotecar el futuro de una marca a cambio de las ganancias a corto plazo. Las promociones de ventas consiguen el apoyo de los revendedores y las ventas de los consumidores a corto plazo, pero la publicidad aumenta el valor de la marca y la preferencia de los consumidores a largo plazo. Al disminuir el presupuesto de publicidad para pagar más promociones de ventas, las empresas podrían ganar la batalla para obtener ingresos a corto plazo, pero perder la guerra por la lealtad de los consumidores y la participación en el mercado a largo plazo.

Por tanto, muchas empresas de bienes de consumo están reconsiderando sus estrategias de promoción, revirtiendo la tendencia y desviando poco a poco sus presupuestos de promoción hacia la publicidad. Las estrategias de impulsión siguen siendo muy importantes. En el caso de la comercialización de bienes empacados, el éxito a corto plazo muchas veces depende más del apoyo de los detallistas, que de la publicidad del producto. Sin embargo, muchas empresas se han dado cuenta de que no es cuestión de enfrentar la promoción de ventas con la publicidad, ni de impulsar o atraer. El éxito radica en encontrar la mezcla ideal de las dos: una publicidad consistente para aumentar el valor de la marca y la preferencia de los consumidores a largo plazo, y promoción de ventas para conseguir el apoyo del comercio y el entusiasmo de los consumidores a corto plazo. La empresa tiene que mezclar los elementos de la impulsión y la atracción en un programa de promociones integradas que le permita satisfacer las necesidades inmediatas de los consumidores y detallistas, así como las necesidades estratégicas a largo plazo.

Fuentes: James C. Schroer, "Ad Spending: Growing Marketing Share", *Harvard Business Review*, enero-febrero de 1990, pp. 44-48; John Philip Jones, "The Double Jeopardy of Sales Promotions", *Harvard Business Review*, septiembre-octubre de 1990, pp. 145-52; Zachary Schiller, "Not Everyone Loves a Supermarket Special", *Business Week*, 17 de febrero de 1992, pp. 64-68; Karen Herther, "Survey Reveals Implications of Promotion Trends for the '90s", *Marketing News*, 1 de marzo de 1993, p. 7; y Lois Therrien, "Brands on the Run", *Business Week*, 19 de abril de 1993, pp. 26-29.

El estado de madurez del comprador. Las consecuencias de los instrumentos promocionales varían de acuerdo con las diversas etapas de disposición de los compradores. La publicidad, así como las relaciones públicas, desempeña un papel central en las etapas de conciencia y conocimiento, más importante que el desempeñado por las "visitas en frío" hechas por vendedores. Las ventas personales afectán más el agrado, la preferencia y la convicción del cliente, y la publicidad les sigue muy de cerca. Por úlitmo, las ventas normalmente se cierran

---

PUNTOS IMPORTANTES DE LA MERCADOTECNIA 16-3

PUBLICIDAD Y VENTAS PERSONALES CON RESPONSABILIDAD SOCIAL

La mayor parte de los mercadólogos se esfuerzan por comunicarse franca y honradamente con los consumidores. Sin embargo, a veces se presentan abusos y los hacedores de políticas públicas han ido armando un conjunto sustancial de leyes y reglamentos que rigen las actividades de la publicidad y las ventas personales.

La publicidad

La ley establece que las empresas deben evitar la publicidad falaz o engañosa. Los publicistas no pueden hacer afirmaciones falsas, por ejemplo decir que un producto sirve para curar algo, cuando no es así. Deben evitar las demostraciones falsas, por ejemplo usar plexividrio cubierto de arena, en lugar de lijas, en un comercial para demostrar que una navaja de afeitar puede afeitar la lija.

Los publicistas no pueden hacer anuncios que puedan resultar engañosos, incluso aunque no lleguen a engañar a nadie. No se puede anunciar que un automóvil rinde 32 millas por galón, a no ser que eso se logre en condiciones normales, ni se puede anunciar que un pan dietético tiene menos calorías, simplemente porque sus rebanadas son más delgadas. El problema está en determinar la diferencia entre engañar e "inflar", es decir, pronunciar simples exageraciones aceptables sin pretender que alguien las crea.

Los vendedores deben evitar la publicidad de gancho-y-cambio que atrae a los compradores con ofrecimientos falsos. Por ejemplo, suponga que un vendedor anuncia una máquina de coser a 79 dólares. Cuando algún consumidor quiera comprar la máquina anunciada, el vendedor no se puede negar a vendérsela, quitarle alguna de sus funciones, mostrarle una defectuosa o prometerle fechas de entrega absurdas con el propósito de que opte por una máquina más cara.

Las actividades de promoción comercial de la empresa también están sujetas a muchos reglamentos. Por ejemplo, al tenor de la Ley Robinson-Patman, los vendedores no pueden favorecer a ciertos clientes cuando aplican promociones comerciales. Deben poner los márgenes de las promociones y los servicios a disposición de todos los revendedores en términos proporcionalmente iguales.

Las ventas personales

Las empresas que comercializan sus productos directamente por medio de su fuerza de ventas se deben asegurar de que sus vendedores respeten las reglas de la "competencia leal". La mayor parte de los estados han aprobado leyes que estipulan lo que está prohibido en el caso de las ventas engañosas. Por ejemplo, los vendedores no pueden mentirle a los consumidores ni engañarlos en cuanto a las ventajas que obtendrían al comprar un producto. Para evitar la aplicación del gancho-y-cambio, las afirmaciones de los vendedores deben ceñirse a lo que se afirme en la publicidad.

Desde el punto de vista de las políticas públicas, los consumidores que son visitados en su hogar están protegidos por reglamentos diferentes de los que protegen a los que acuden a una tienda en busca de un producto. Como las personas que son visitadas en su hogar pueden ser sorprendidas y resultar muy vulnerables a las técnicas de venta que ejercen gran presión, la Comisión Federal para el Comercio ha adoptado la *regla de tres días de enfriamiento*, para ofrecer una protección especial a los clientes que no buscan los productos. Al tenor de esta regla, los clientes que aceptan, en sus hogares, comprar algo de más de 25 dólares, contarán con un plazo de 72 horas para cancelar un contrato o devolver la mercancía y obtener un reembolso, sin que medie pregunta alguna.

Gran parte de las ventas personales son de comercio a comercio. Los vendedores que venden a empresas no pueden ofrecer sobornos a los agentes de compras ni a persona alguna que puede influir en la venta. No pueden conseguir ni usar secretos técnicos o comerciales de la competencia, obtenidos por medio de sobornos o espionaje industrial. Por último, los vendedores no pueden desbancar a los competidores ni a los productos de la competencia sugiriendo cosas que no son ciertas.

Fuente: Para más información sobre los aspectos jurídicos referentes a las promociones, véase Louis W. Stern y Thomas I. Eovaldi, *Legal Aspects of Marketing Policy* (Englewood Cliffs, NJ: Prentice Hall, 1984), Caps. 7 y 8; Robert J. Posch, *The Complete Guide to Marketing and the Law* (Englewood Cliffs, NJ: Prentice Hall, 1988), Caps. 15 al 17; y Kevin Kelly, "When a Rival's Trade Secret Crosses Your Desk...", *Business Week*, 20 de mayo de 1991, p. 48.

con visitas de ventas o promociones de ventas. Está claro que las ventas personales, dado que son muy caras, se deben concentrar en las últimas etapas del proceso de compra del cliente.

La etapa del ciclo de vida del producto. Las consecuencias de los diferentes instrumentos para las promociones también varían con las etapas del ciclo de vida del producto. En la etapa de introducción, la publicidad y las relaciones públicas sirven para producir mucha conciencia y las promociones de ventas sirven para fomentar las primeras pruebas. Las ventas personales se deben usar para que los comerciantes manejen el producto. En la etapa de crecimiento, la publicidad y las relaciones públicas siguen siendo influencias poderosas, mientras que las promociones de ventas se pueden disminuir, porque no se necesitan tantos incentivos. En la etapa de madurez, la promoción de ventas vuelve a ser importante con relación a la publicidad. Los compradores conocen las marcas y la publicidad sólo sirve para recordarles el producto. En la etapa de declinación, la publicidad queda a nivel de recordatorio, las relaciones públicas se hacen a un lado y los vendedores prestan poca atención al producto. Sin embargo, la promoción de ventas podría seguir siendo fuerte.

Cómo administrar y coordinar el proceso de comunicación de la comercialización

Los miembros del departamento de mercadotecnia suelen tener diferentes opiniones en cuanto a la forma de dividir el presupuesto para promociones. El gerente de ventas preferiría contratar a unos cuantos vendedores más que gastar 150,000 dólares en un solo comercial de televisión. El gerente de relaciones públicas piensa que él podría hacer maravillas si se le quitara un poco de dinero a publicidad y se destinara a las relaciones públicas.

Antes, las empresas dejaban estas decisiones en manos de diferentes personas. No había una única persona responsable de analizar los roles de los diversos instrumentos de promoción y de coordinar la mezcla de las promociones. Sin embargo, hoy día, son cada vez más las empresas que están adoptando el concepto de las *comunicaciones de mercadotecnia integradas.* Con este concepto, la empresa prepara las funciones que desempeñarán los diversos instrumentos de promoción y la medida en que se usará cada uno de ellos. Se coordinan con atención todas las actividades promocionales y sus tiempos dentro de las campañas importantes. Se sigue la pista del gasto para promociones por producto, instrumento de promoción, etapa del ciclo de vida del producto y consecuencias observadas, con objeto de mejorar el uso futuro de los instrumentos de la mezcla de promociones. Por último, a efecto de aplicar su estrategia de mercadotecnia integrada, la empresa nombra a un director de comunicaciones mercadotécnicas, quien asume la responsabilidad general de las actividades de comunicación persuasiva de la empresa.

Las comunicaciones de mercadotecnia integradas derivan en una mayor consistencia en las comunicaciones y un mayor impacto en las ventas; dejan la responsabilidad en manos de una persona (que antes no existía), encargada de unificar la imagen de la empresa mientras va siendo conformada por miles de actividades de la empresa. Además, conducen a una estrategia total para la comunicación de mercadotecnia, enfocada a mostrar la forma en que la empresa y sus productos pueden ayudar a los clientes a resolver sus problemas.

Independientemente de la persona que esté al mando, el personal de todos los niveles de la organización debe estar consciente de la cantidad creciente de leyes y reglamentos que rigen las actividades de la comunicación de mercadotecnia. Además de entender y respetar estas leyes y reglamentos, las empresas deben asegurarse de que se están comunicando de manera honrada y justa con los consumidores y los detallistas (véase Puntos Importantes de la Mercadotecnia 16-3).

RESUMEN

La *promoción* es uno de los cuatro elementos principales de la mezcla de mercadotecnia de una empresa. Los instrumentos fundamentales de la promoción: *publicidad, promociones de ventas, relaciones públicas* y *ventas personales* trabajan todas juntas para alcanzar los objetivos de comunicación de la empresa.

Al preparar las comunicaciones de mercadotecnia, el comunicador debe entender los nueve elementos que incluye cualquier proceso de comunicación: *emisor, receptor, codificación, decodificación, mensaje, medios, respuesta, retroalimentación* y *ruido*. La primera tarea del comunicador es identificar la audiencia meta y sus características. A continuación, el comunicador tendrá que definir la respuesta que pretende, ya se trate de *información preliminar, conocimiento, atractivo, preferencia, convicción* o *compra*. Después, se debe preparar un mensaje con contenido, estructura y formato eficaces. Deben seleccionarse los medios, sea para comunicación personal o para comunicación no personal. El mensaje debe ser presentado por una *fuente* creíble, alguien que sea experto, confiable y agra-

dable. Por último, el comunicador debe conseguir *retroalimentación*, observando qué parte del mercado adquiere conciencia, prueba el producto y queda satisfecho en el proceso.

La empresa también tiene que decidir cuánto gastará en promoción. Los enfoques más populares son invertir una cantidad accesible para la empresa, aplicar un porcentaje sobre las ventas, basar las promociones en el gasto de la competencia o basarlo en el análisis y los costos de los objetivos y las tareas de la comunicación.

Por último, la empresa tiene que dividir el *presupuesto de promoción* entre los principales instrumentos a efecto de crear una *mezcla de promoción*. Las empresas se guían por las características de cada uno de los instrumentos de promoción, el tipo de producto/mercado, lo aconsejable de una estrategia para *atraer* o *impulsar*, el *estado de madurez del comprador* y la *etapa del ciclo de vida del producto*. Las diferentes actividades para las promociones requieren que exista una buena coordinación para lograr un impacto máximo.

TÉRMINOS CLAVE

Acontecimentos 560

Ambientes 560

Canales de comunicación no personal 560

Canales de comunicación personal 559

Estados de madurez para la compra 556

Estrategia para atraer 567

Estrategia para impulsar 567

Influencia de boca en boca 560

Medios 560

Método de lo factible 563

Método de la paridad competitiva 564

Método de objetivo y tarea 564

Método del porcentaje de ventas 564

Mezcla de promoción 553

Promociones de ventas 554

Publicidad 554

Reclamos a la moral 558

Reclamos a la razón 558

Reclamos a las emociones 558

Relaciones públicas 554

Ventas personales 554

EXPOSICIÓN DE PUNTOS CLAVE

1. ¿Qué forma de comunicación de mercadotecnia representa cada uno de los casos siguientes? (a) Una playera de U2 vendida en un concierto; (b) una entrevista de un *Rolling Stones* con Eric Clapton, arreglada por su gerente, (c) un revendedor vendiendo boletos en un concierto de Michael Jackson, y (d) una tienda de discos que vende álbumes de M. C. Hammer con un descuento de 2 dólares durante la semana de presentación de su último video musical en televisión nacional.

2. Bill Cosby ha aparecido en anuncios de productos y empresas como Jell-O, Coca, Texas Instruments y E. F. Hutton. ¿Es él una fuente creíble para todas estas empresas o varía su credibilidad? ¿Ha sido seleccionado por su credibilidad como vocero o por alguna otra característica?

3. ¿Cómo puede una organización recibir retroalimentación sobre las consecuencias de sus actividades de comunicación? Describa la forma en que (a) la Marcha de los Centavos y (b) Procter & Gamble pueden obtener retroalimentación de los resultados de sus comunicaciones.

4. Las empresas gastan miles de millones de dólares en publicidad para crear una imagen de calidad de sus productos. Al mismo tiempo, gastan miles de millones más en promociones de ventas orientadas a los descuentos, ofrecer pecios más bajos como un motivo principal para comprar. Explique si las promociones están reforzando o reduciendo los efectos de la publicidad. ¿Puede usted encontrar un ejemplo en que un gasto refuerce al otro?

5. En fecha reciente, las empresas farmacéuticas han empezado a comunicarse directamente con los consumidores por medio de los medios masivos, incluso aunque no puedan mencionar los nombres del producto medicinal ni los beneficios en el mismo anuncio de televisión. Los médicos prometen en los anuncios que cuentan con un auxiliar no definido para la calvicie. Los parches de nicotina de Nicoderm, Habitrol y Prostep luchan por captar la atención de los consumidores, pero no pueden hablar de la adicción al tabaco.

¿Estamos hablando de publicidad o de relaciones públicas? ¿Piensa usted que es efectivo?

6. ¿Por qué se hacen publicidad algunos vendedores industriales en televisión nacional, cuando su audiencia meta sólo representa una fracción de las personas a las que le pagan para llegar con su mensaje? Haga una lista de algunos comerciales no dirigidos a consumidores que haya visto en televisión y describa qué estaban tratando de lograr los mercadólogos con ellos.

APLICACIÓN DE CONCEPTOS

1. Piense en un producto o servicio anunciado en todo el país y que haya estado pasando un mensaje publicitario consistente durante varios años. Vaya a la biblioteca y copie varios ejemplos de publicidad impresa de esta marca aparecida en números atrasados de revistas. (a) Estudie estos anuncios detenidamente y diga ¿qué tan consistentes son el contenido, la estructura y el formato del mensaje? (b) En su opinión, ¿qué respuestas está buscando esta campaña: conciencia, conocimiento, agrado, preferencia, convicción o compra? (c) En su opinión, ¿logra la compaña publicitaria obtener la respuesta deseada? ¿Por qué sí o por qué no?

2. Piense en una marca de automóvil que conozca bien. (a) Haga una lista de ejemplos de la forma en que esta marca aplica la publicidad, las ventas personales, las promociones de ventas y las relaciones públicas. (Quizá tenga problemas para encontrar ejemplos de relaciones públicas, pero piense en la forma en que se usan los autos en las películas o los programas de televisión o como vehículos de celebridades en torneos o desfiles deportivos.) (b) ¿Usa este fabricante de autos los instrumentos de promoción en forma coordinada para crear una imagen consistente o están fragmentados sus esfuerzos? Explique.

CÓMO TOMAR DECISIONES EN MERCADOTECNIA:

COMUNICACIONES MUNDO PEQUEÑO, S. A.

Lyn Jones está leyendo un mensaje de correo electrónico de su socio, Tomas Campbell.

De: Thomas Campbell   25801, 1122
Para: Lyn Jones   27707, 2241
Fecha: 03-marzo 01:48:08

Estoy seguro de que estás contenta ahora que ha llegado el momento de la VERDADERA mercadotecnia. He conseguido tarjetas de tarifas de publicidad de Byte & InfoWorld. Proporcióname las cifras del presupuesto y calcularé cuantos anuncios podremos pagar.

Tom - listo para lanzar a este infante

Lyn movió la cabeza, diciéndose: "Es tan impredecible. En ocasiones pienso que ya entendió. Hoy, el botarate piensa que es planeador de medios. Me gustaría que acabara de preparar los prototipos antes de hacerse cargo de mis responsabilidades. Quizás, si no le hago caso, se olvidará del tema. Aunque... tiene razón en que ha llegado el momento de terminar nuestras estrategias de comunicación y promociones".

Lyn empezó a hacer unas notas en un block de hojas amarillas. Decía:

Respuesta requerida: CONCIENCIA, etc.
Necesidad de manejar la mezcla de promociones:
   publicidad - clave pero muchos $$
   relaciones públicas - *gran* potencial
   fuerza de ventas - centrales pero no pueden llegar a usuarios finales
   promoción ventas - ?? quizá robarle la idea a Joe Camel

Ly estaba pensando en todo. "Todo parece radicar en lo fundamental; Aeropuerto es nuevo y singular. Hasta que logremos cierta conciencia, todo lo demás será secundario. Tal vez."

Y, ¿AHORA QUÉ?

1. Prepare una breve estrategia de comunicación y promoción del producto Aeropuerto de Comunicaciones Mundo Pequeño. Asegúrese de incluir los siguientes pun-

tos: (a) sus ideas sobre cómo definir la audiencia meta; (b) una definición de la respuesta pretendida; (c) las primeras ideas para el contenido, la estructura y el formato del mensaje; (d) ideas para los medios convenientes, y (e) formas para conseguir retroalimentación sobre la eficacia del mensaje.

2. Mundo Pequeño es muy flexible en esta primera etapa y Lyn y Tom pueden estructurar sus empresa para ceñirla a sus planes de mercadotecnia. Piense en los cuatro instru-

mentos usados para la mezcla de promoción: publicidad, ventas personales, promoción de ventas y relaciones públicas. (a) ¿Tienen todos estos instrumentos la misma importancia para Mundo Pequeño cuando lance el *Aeropuerto*? Si no tienen la misma importancia, anote los instrumentos por orden de importancia y explique por qué. (b) Explique por qué su elección de la parte (a) podría afectar la forma en que Lyn y Tom estructurarán su empresa. ¿Afectará ello el tipo de personal que deben contratar?

REFERENCIAS

1. Véase Richard Edel, "No End in Site for Promotion's Upward Spiral", *Advertising Age,* 23 de marzo de 1987, p. S2; Lois Therrien, "Quaker Oats' Pet Peave", *Business Week,* 31 de julio de 1989, pp. 32-33; Joshua Levine", Locking Up the Week-End Warriors", *Forbes,* 2 de octubre de 1989, pp. 234-35; y "100 Leading National Advertisers", edición de *Advertising Age,* 25 de septiembre de 1991, p. 59.

2. Para estas definiciones y otras, véase Peter D. Bennett, *Dictionary of Marketing Terms* (Chicago: American Marketing Association, 1988).

3. Para más datos sobre reclamos al temor, véase John F. Tanner, James B. Hunt y David R. Eppright, "The Protection Motivation Model: A Normative Model of Fear Appeals", *Journal of Marketing,* julio de 1991, pp. 36-45.

4. Para más información sobre el contenido y la estructura del mensaje, véase Leon G. Schiffman y Leslie Lazar Kanuk, *Consumer Behavior,* 4a. ed. (Englewood Cliffs, NJ: Prentice Hall, 1991), Cap. 10; Frank R. Kardes, "Spontaneous Inference Processes in Advertising: The Effects of Conclusion Omission and Involvement on Persuasion", *Journal of Consumer Research,* septiembre de 1988, pp. 225-33; Alan G. Sawyer y Daniel J. Howard, "Effects of Omitting Conclusions in Advertisements to Involved and Uninvolved Audiences", *Journal of Marketing Research,* noviembre de 1991, pp. 467-74;

y Cornelia Pechmann, "Predicting When Two-Sided Ads Will Be More Effective Than One-Sided Ads: The Role of Correlational and Correspondent Inferences", *Journal of Marketing,* noviembre de 1992, pp. 441-53.

5. Véase K. Michael Haywood, "Managing Word of Mouth Communications", *Journal of Services Marketing,* primavera de 1989, pp. 55-67.

6. Véase P. F. Lazarsfeld, B. Berelson y H. Gaudet, *The People's Choice,* 2a. ed. (Nueva York: Columbia University Press, 1948), p. 151; y Schiffman y Kanuk, *Consumer Behavior,* pp. 571-72.

7. Véase Michael Oneal y Peter Finch, "Nothing Sells Like Sports", *Business Week,* 31 de agosto de 1987; y Pat Sloan y Laurie Freeman, "Advertisers Willing to Share Their Stars", *Advertising Age,* 21 de marzo de 1988, pp. 4, 81.

8. Para una explicación más amplia sobre cómo establecer presupuestos para promociones, véase Michael L. Rothschild, *Advertising* (Lexington, MA: D. C. Health, 1987), Cap. 20.

9. Citado en Daniel Seligman, "How Much for Advertising?", *Fortune,* diciembre de 1956, p. 123.

10. Véase *1922 Sales Manager's Budget Planner*, publicado por *Sales & Marketing Management,* 22 de junio de 1992, p. 8.

CASO 16

LA PUBLICIDAD ORIENTADA HACIA UNA META: BLANCO DE CRÍTICAS

En 1990, G. Heileman Brewing Company tenía un problema. Aunque las ventas de la industria cervecera habían subido 11% entre 1985 y 1990, las ventas de Colt 45, la bebida de malta de Heileman, se habían estancado. La mayor parte del crecimiento de la industria correspondía a marcas retadoras, más pequeñas, por ejemplo Red Bull de

Schlitz, Olde English 800 de Pabst y St. Ides de McKenzie River Company. Heileman necesitaba un producto nuevo para poder competir.

El mercado de las bebidas de malta representa alrededor del 3% del total de las ventas de bebidas alcohólicas. Aunque no muchas, las ventas se concentran claramente en los grupos de negros, hispanos y habitantes del centro. Esta gran concentración geográfica hace que el mercado de las bebidas de malta sea muy atractivo. Los vendedores aprovechan la eficiencia de venderle a mercados estrechamente definidos, con publicidad de bajo costo, como los anuncios exteriores. Además, los reclamos normales funcionan muy bien para los diferentes grupos que componen este mercado.

Para competir en la industria de las bebidas de malta, los fabricantes dependen mucho de la gran diferenciación del producto, partiendo de la concentración de alcohol. Por ejemplo, la Colt 45 normal de Heileman tiene un contenido alcohólico de 4.5%, mientras que las marcas nuevas contienen más alcohol: Olde English tiene 4.6% y Red Bull de Schlitz tiene 5.4%. La competencia por posiciones también depende el contenido de alcohol. La posición de la Colt 45 de Heileman gira en torno al atractivo sexual. Voceros como Billy Dee Williams persiguen con éxito a despampanantes mujeres, en ambientes románticos de escala social alta. En lo más álgido de la persecución, sin embargo, Billy se detiene para recordar a los consumidores que "jamás se queden sin Colt 45", un ingrediente esencial de su fórmula para el éxito con el otro sexo. Los fabricantes de productos con más alcohol, suelen hacer hincapié en la poder. En el caso de Olde English 800, "Es poder", y en el de Red Bull de Schlitz es "Verdadero poder".

Heileman, para diferenciar su nuevo producto, desarrolló una bebida de malta con un contenido alcohólico de 5.9%, que proyectaba colocarse con base en su sabor. La agencia de publicidad de Heileman sugirió el nombre "PowerMaster", y el lema publicitario "Atrevida, pero no áspera", para destacar el sabor atrevido del producto. De acuerdo con los requisitos, Heileman presentó sus planes mercadotécnicos a la Oficina para el Alcohol, el Tabaco y las Armas de Fuego de Estados Unidos (BATF por sus siglas en inglés), la cual aprobó el nombre de PowerMaster. Con la autorización en mano, Heileman proyectó la introducción para julio de 1991.

Sin embargo, poco antes de la introducción, ocurrió un desastre. Algunos clérigos y otros líderes de la comunidad de ciudades grandes como Chicago y Boston atacaron la nueva marca, oponiéndose a que se colocara en el mercado la idea sobre su poder. Sus protestas despertaron una amplia cobertura negativa en los medios. Otras cervecerías no tardaron en participar en el pleito, criticando el nuevo producto de Heileman. La controversia llevó a la BATF a revisar su decisión en cuanto al nombre Power-Master.

¿Qué produjo todas estas controversias? Los clérigos y los líderes de la comunidad argumentaban que el nombre PowerMaster y la publicidad de Heileman ligaban el uso de productos con mayor contenido alcohólico a ilusiones de poder, dominio, facultades sexuales extraordinarias, que a su vez conducirían al aumento de las tasas de mortalidad en razón de la violencia y las enfermedades relacionadas con el consumo de alcohol, como la cirrosis. Es más, afirmaban que al dirigirse a los jóvenes de los centros de las ciudades se aprovechaba indebidamente a los consumidores que no tienen muchos estudios y están poco preparados para resistir los reclamos de la publicidad que ofrecen gran poder.

Con base en la revisión, la BATF retiró su autorización de PowerMaster y criticó ampliamente la publicidad de otras marcas de bebidas de malta. Llegó a la conclusión de que los temas de poder violan la disposición contra la publicidad basada en el contenido alcohólico. En consecuencia, a Heileman sólo se le permitió vender el inventario de PowerMaster que tenía.

El caso de Heileman presenta tres problemas centrales. En primera instancia, cuestiona la legalidad de recurrir a reclamos de poder para vender bebidas de malta. En segundo, despierta preocupación en cuanto a la conveniencia de dirigirse específicamente a los negros y otras minorías. En consecuencia, los ejecutivos de la industria de la publicidad sugieren que muchos productores ahora dudan si dirigir *cualquier* publicidad a las minorías. Al hacerlo, corren el riesgo de tener problemas con diversos grupos de interés que podrían atacar las actividades de su enfoque. En tercero, la controversia también podría desalentar el desarrollo y la comercialización de productos aceptables y valiosos, hechos para satisfacer las necesidades especiales de segmentos minoritarios. En fecha reciente, las empresas del ramo de los cosméticos se han dirigido a las necesidades especiales de segmentos minoritarios sumando productos diseñados para mujeres negras, hispanas y asiáticas. Otros productos, como la muy aceptada muñeca negra "Huggy Bean" de Golden Ribbon Playthings, quizá jamás lleguen al mercado.

¿Qué hizo Heileman a fin de cuentas? ¿Evitó el riesgo de venderle a consumidores de minorías? No. Heileman volvió a introducir la bebida, llamándola ahora Colt Premium 45. Aunque los ejecutivos afirman que en realidad no es una PowerMaster disfrazada, los reguladores del gobierno afirman que la fórmula no ha cambiado. Esto plantea el último problema ¿Lograron su objetivo los clérigos y los grupos de interés proteccionista?

PREGUNTAS

1. ¿Qué errores cometió Heileman al desarrollar su producto PowerMaster y la campaña mercadotécnica? ¿Podría Heileman haber evitado la controversia?

2. ¿Deberían los productores dirigir su publicidad hacia segmentos minoritarios del mercado? ¿En qué circunstancias?

3. ¿Cuál debería ser el papel de las oficinas de gobierno y los grupos de interés externos en estas cuestiones del enfoque?

4. La Secretaria de Salubridad ha sugerido que las etiquetas de las bebidas alcohólicas deberían indicar el contenido de alcohol con toda claridad. ¿Evitaría esto que los consumidores compraran productos con más contenido alcóholi-co?

5. ¿Lograron su objetivo los clérigos y otros grupos de interés proteccionistas?

Fuentes: Steven W. Colford e Ira Teinowitz, "Malt Liquor 'Power' Failure", *Advertising Age,* 1 de julio de 1991, pp. 1, 29; Alix Freedman, "Marketing: Heileman Tries a New Name for Strong Malt", *The Wall Street Journal,* 11 de mayo de 1992, p. B1; Greg Prince, "Heileman Has to Power Down as Federal Heat Withers Debut of Its Souped-Up Malt Liquor", *Beverage World,* 31 de julio de 1991, pp. 1, 3; Ira Teinowitz, "Fighting the 'Power'", *Advertising Age,* 24 de junio de 1991, pp. 3, 61.

CASO EMPRESARIAL 16

EL RETO DE PEPSI Y DE COCA-COLA: UN REFRESCO DE COLA EN EL DESAYUNO

Ron Watson condujo su camión de 18 ruedas a la rampa de salida de la carretera Interestatal 85, justo al sur de la frontera entre Virginia y Carolina del Norte. Aunque apenas eran las 7 A.M., Ron llevaba casi cuatro horas manejando desde que salió de la terminal principal de su empresa camionera en Charlotte, Carolina del Norte y el estómago de este conductor de 26 años tenía sensación de vacío. Ron se hizo a un lado y estacionó su camión. Tomó un periódico matutino al entrar al restaurante y se sentó en la barra. Una mesera, con aspecto de seguir medio dormida, le entregó a Ron una carta y le preguntó si quería pedir.

—Claro —contestó asintiendo con la cabeza—. Quiero dos huevos estrellados, una orden de hotcakes y una Pepsi.

La mesera, que estaba concentrada anotando lo que pedía, dejó de escribir y miró a Ron asombrada. Otro cliente, sentado ahí cerca, levantó la vista del periódico.

—¿Dijo usted Pepsi? —preguntó la mesera como si el sueño hubiera afectado lo que oía.

—Así es —repuso Ron, con una sonrisa que le iluminó la cara—. Me he desayunado con Pepsi desde hace muchos años. Debería probarlo.

—¡No gracias! —contestó la mesera al tiempo que escribía "Pepsi" en la libreta de comandas y se dirigía hacia la cocina diciendo—. No cabe duda que hay gente rara.

Ron Watson se ha acostumbrado a las miradas de asombro cuando pide su desayuno, pero no está solo. Miles de clientes más se han unido a las filas de personas que les agrada un refresco de cola frío en el desayuno, en lugar del tradicional café caliente. De hecho, el Grupo para el Desarrollo del Café, una asociación de la industria, estima que el consumo diario de café per cápita llegó a su cúspide en 1962, con 3.12 tazas, y desde entonces ha venido descendiendo constantemente hasta su nivel actual de 1.76 tazas. Por otra parte, la industria de los refrescos ha calculado que el consumo matutino de refrescos representa 12% del total de las ventas de refrescos; cifra superior al 9% de hace 10 años.

Los fabricantes de refrescos han prestado mucha atención a este avance de 3 puntos de porcentaje en un mercado donde el 1% del mercado representa más de 400

millones de dólares de ventas al detalle. Aunque el cambio ha sido gradual, los analistas de la industria argumentan que la tendencia es testigo de la fuerza de la publicidad sofisticada. Dicen que, en decenios recientes, los fabricantes de refrescos han gastado más que casi todos los demás productores de bebidas no alcohólicas. Además, han invertido muchísimo dinero en publicidad diseñada para convencer a los jóvenes de que beban más refrescos. Estos jóvenes han crecido bebiendo refrescos y, ahora, son una fuerza de compras importante. Es más, el veloz crecimiento de la comercialización de la comida rápida, el crecimiento explosivo de la industria de las máquinas expendedoras y la proliferación de tiendas de abarrotes han puesto los refrescos al alcance de todos, en cualquier parte y casi en cualquier momento. En consecuencia, el *Beverage Industry Digest* informa que la gente de entre 24 y 44 años representan el grupo más grande de consumidores de refrescos, con 27% del total de las ventas del mercado.

Coca-Cola, refiriéndose a lo que llama un "movimiento de sondeo", fue la primera empresa que tomó medidas directas para aprovechar el crecimiento del consumo matinal de refrescos. En 1987, la empresa probó una campaña promocional llamada "Coca en la mañana" en ciudades de todo Estados Unidos. A principios de 1988, Coca-Cola puso el programa en manos de sus embotelladoras en todo el país. La campaña no ataca el café directamente, que sigue representando 47% de las bebidas matinales vendidas, en comparación con 21% para jugos, 17% para leche, 7% para el té y sólo 4% para los refrescos. En cambio, la campaña diseñada por McCann-Erickson, la agencia de publicidad de Coca-Cola, se dirige a la hora en que el consumidor sale de su casa en la mañana y al descanso a media mañana para tomar café.

Al principio, Pepsi-Cola Company, como el resto de la industria, se hizo a un lado para ver qué pasaba con los esfuerzos de Coca-Cola. Sin embargo, ahora Pepsi-Cola está entrando a la carga con una estrategia incluso más agresiva que la de Coca-Cola. A finales de 1989, Pepsi-Cola anunció que lanzaría su nueva estrategia en mercados de prueba en el oeste medio. Los mercados de prueba de Pepsi-Cola revelaron la agresividad de la nueva estrategia. En primer término, en lugar de sólo colocar su producto normal para consumo matinal, Pepsi-Cola ha desarrollado una marca nueva, la Pepsi A.M., diseñada específicamente para el segmento matutino. Pepsi A.M. viene en presentación normal y para dieta. Mientras que la Pepsi normal contiene 3.2 miligramos de cafeína por onza de líquido y la Coca-Cola Clásica contiene 3.8 miligramos, la Pepsi A.M. tiene 4 miligramos. No obstante, el grado de cafeína de Pepsi A.M. es alrededor de la cuarta parte de la cantidad de cafeína que contiene una taza normal de café. Pepsi-Cola también disminuyó la cantidad de gas del nuevo refresco para ayudar a su digestión.

La estrategia de la promoción de Pepsi-Cola para Pepsi A.M. es tan importante para las actividades mercadotécnicas como el cambio del producto. Los anuncios atacan el café de frente. Por ejemplo, un anuncio impreso muestra una serie de tazas de café y una lata de Pepsi A.M. Impresa abajo la lata de Pepsi A.M. está la leyenda "Un descanso refrescante del tedio diario".

Tanto Coca-Cola con su enfoque sutil, como Pepsi-Cola con su campaña agresiva enfrentan un verdadero desafío para tratar de abrir el mercado de las bebidas mati-nales. Los bebedores de café son famosos por su lealtad. Es más, las dos empresas deben superar el "factor del asco", pues como la mesera de Ron Watson, muchos consumidores consideran que beber Coca por la mañana es una porquería. Por último, como cabría suponer, es poco probable que la industria del café se cruce de brazos mientras ve cómo Pepsi y Coca le roban mercado.

Por tanto, Pepsi y Coca podrían desafiarse cualquier día para conseguir parte del creciente mercado del refresco de cola matinal. Sin embargo, antes de que puedan luchar entre ellas en este segmento, como lo hacen en otros segmentos, primero tendrán que ganarle la batalla a la tradición para conseguir que sus refrescos de cola tengan un lugar en la mesa del desayuno y en los descansos en el trabajo.

PREGUNTAS

1. ¿Cuál es el público hacia el cual se dirige la campaña de Coca-Cola "Coca en la mañana"? ¿Cuál es el blanco de la Pepsi A.M.? ¿Se trata del mismo público?

2. ¿Qué respuestas están tratando de producir Coca-Cola y Pepsi-Cola de parte de los consumidores meta?

3. ¿Qué decisiones en cuanto al contenido del mensaje general y su estructura deben tomar las dos empresas para establecer las estrategias de sus mensajes?

4. ¿Qué mezclas de promoción deberían usar las empresas? ¿Deberían las dos empresas usar las mismas mezclas o diferentes? ¿Por qué?

5. Dada la mezcla de promoción recomendada por usted, ¿qué anuncios específicos y otras ideas promocionales recomendaría usted a Pepsi-Cola y Coca-Cola para ayudarles a conquistar el mercado de los refrescos de cola matinales?

6. ¿Debería Pepsi-Cola preocuparse por el problema ético que plantea el alentar a los consumidores a beber refrescos de cola en el desayuno, especialmente si sus actividades fomentan que los niños pequeños beban refrescos de cola en el desayuno?

17

Promoción de productos: publicidad, promoción de ventas y relaciones públicas

$\mathcal{A}$l entrar en la década de 1990, Eveready estaba dispuesta a recargar su imagen. La empresa se centró en su marca Energizer, que estaba trabada en una batalla frente a frente con Duracell para ocupar el primer lugar en el inmenso segmento de las pilas alcalinas. La clave sería crear una imagen clara para Energizer y generar la emoción de los consumidores, tarea muy difícil en la industria de las pilas, que normalmente ha estado dominada por unas cuantas marcas, en gran medida poco diferenciadas. ¿La solución? Quizá la campaña publicitaria más innovadora del año, ¡con un extraño conejito rosa, tocando el tambor!

Imagine esta escena llena de liebres: usted está sentado frente al televisor, mirando la pantalla con la mente en blanco, viendo una interminable serie de los mismos viejos comerciales de siempre. Entonces, aparece un anuncio de Energizer, con un altivo conejo mecánico color rosa, batiendo un tambor con más fuerza y durante más tiempo que un montón de conejillos más. De repente, el conejo marchando sale del comercial, del escenario de la televisión y del estudio. Algunas voces detrás de la cámara gritan: "¡detengan a ese conejo!" Pero, claro está, es imposible detenerlo. Continúa marchando por entre una serie de parodias, de 15 segundos, de comerciales de otros productos, de café, descongestionantes y vinos, alterándolos. En otros anuncios, este merodeador rosa se dedica a destripar replicas de anuncios, brillantemente diseñadas, de jabón de tocador "Alarm!", de chicharrón "Pigskins", de refrescante de ambiente "Airdale", de refresco "Chug-a-Cherry" y de un disco de los mayores éxitos de "Olga Montiera", personaje ficticio que toca el arpa. Con el tiempo, el conejo incluso irrumpirá en anuncios de Cat Chow de Purina y de otros productos de Ralston-Purina, la sociedad matriz de las pilas Eveready.

¿Qué hace que la campaña del conejo de Energizer resulte tan especial? No es tanto el conejito rosa, pues ya había aparecido en la campaña del año anterior sin causar gran revuelo. Más bien es la ejecución original de la campaña; el elemento de sorpresa que deja a los consumidores pensando dónde volverá a aparecer el conejo renegado. Además, al parecer, a los consumidores les gusta la forma en que la campaña se burla de la industria de la publicidad. Muchos consumidores se molestan porque una serie de comerciales, carentes de imaginación, no cesan de interrumpir sus programas de televisión preferidos. Sin embargo, en el anuncio de Energizer, el incansable conejo interrumpe los *comerciales*. Además, las inteligentes parodias representan la opinión de muchos consumidores en cuanto a la mediocridad de parte de la publicidad televisada en la actualidad.

El conejo de Energizer ha sido estupendo para las actividades de Eveready. La conciencia de los consumidores respecto al mensaje de la marca, como un producto de "larga duración", ha aumentado 49% desde que empezó la campaña y Energizer ha ido ganando mercado constantemente. La empresa ha recibido una cantidad abrumadora de cartas de los consumidores, en su mayor parte muy positivas. Aunque Eveready corrió un riesgo al satirizar los comerciales, el nuevo enfoque parece gustar al público. Además, la campaña ha ganado varios premios y generado muchísima publicidad. *Advertising Age* eligió el primer anuncio del conejo Energizer como el mejor spot publicitario del año y el conejito rosa se ha convertido en tema frecuente de historietas de monitos y de programas de entrevistas. Incluso tuvo una presentación, no programada, en Late Night de David Letterman. Letterman decapitó al conejito con un bat de beisbol, pero el cuerpo siguió marchando, marchando y marchando...

La campaña del conejo también le ha servido a Eveready para mejorar sus relaciones mercantiles. La empresa regala conejitos de peluche y los ofrece como material para los puntos de compra de suministros. Una investigación arrojó que la cantidad de exhibidores que usan los detallitas para comercializar pilas Energizer había aumentado 40%. Además, Eveready está ampliando el impacto de la campaña poniendo la imagen del conejo en los empaques y creando otras promociones con el conejo. Por ejemplo, una versión viva del conejo incansable lanzó la primera bola de la temporada de 1992 y se presentó en los campos de los estadios de la liga mayor de beisbol en todo el país. Sin embargo, es probable que Eveready ahora se mueva con cautela y no permita que su popular conejito atraviese cualquier comercial. No quiere correr el riesgo de quemar su innovadora idea publicitaria dejando que se caliente en exceso, con demasiada velocidad. Sin embargo, después de dos años y de más de un par de docenas de inteligentes parodias de comerciales, la agencia publicitaria de la empresa tiene infinidad de ideas para otros anuncios con el conejo de Energizer. Como dijo un ejecutivo de la agencia de publicidad: "hay muchísima publicidad mala para parodiar".[1]

AVANCE DEL CAPÍTULO

El capítulo 17 explica la forma en que se promueven los productos por medio de la publicidad, la promoción de ventas y las relaciones públicas.

En primer término se repasan *las principales decisiones de la publicidad,* entre ellas *cómo establecer los objetivos y el presupuesto, cómo crear y evaluar el mensaje publicitario, cómo elegir los medios publicitarios* con base en *el alcance, la frecuencia y el impacto y cómo elegir los tipos de medios, sus vehículos y tiempos.*

A continuación se repasan las *promociones de ventas,* a partir de los *objetivos* y analizando *las promociones para consumidores, las promociones mercantiles y los instrumentos para promover actividades.*

El capítulo termina con una explicación de cómo usar *las relaciones públicas como instrumento* para comunicarse con diversos públicos.

Las empresas, además de hacer buenos productos, deben informar a los consumidores cuáles son los beneficios del producto y colocar los productos, cuidadosamente, en la mente de los consumidores. Para ello, deben ser hábiles en el uso de los instrumentos para las promociones masivas, que serían *la publicidad, la promoción de ventas* y *las relaciones públicas.* En el presente capítulo se analiza, con detalle, cada uno de estos instrumentos.

PUBLICIDAD

La **publicidad** se define como cualquier forma remunerada de presentaciones no personales y de promoción de ideas, bienes o servicios por parte de un patrocinador identificado. En 1991, la cuenta por publicidad en Estados Unidos sumó casi 126 mil millones de dólares. Las sociedades mercantiles no fueron las únicas en gastar en publicidad, también lo hicieron organizaciones no lucrativas, profesionales y organizaciones sociales que anuncian sus causas a los diversos públicos que tienen en la mira. De hecho, la organización que ocupa el trigésimo noveno lugar por gasto en publicidad no es lucrativa y es el gobierno de Estados Unidos.

Las 100 empresas que se hacen más publicidad en el país representan alrededor de la cuarta parte del total de la publicidad.[2] La tabla 17-1 contiene a las 10 empresas que se hicieron más publicidad en 1991. Procter & Gamble encabeza la lista con más de 2.1 mil millones de dólares, o casi el 14% del total de sus ventas en Estados Unidos. P&G también es la empresa que se hace más publicidad en el *mundo,* y gasta para ello la impresionante cantidad de 3.6 mil millones de dólares.[3] Otras empresas que gastan mucho pertenecen a la industria detallista, la de automóviles y la de comestibles. La publicidad, como porcentaje de las ventas, no es mucha en la industria automovilística y es enorme en las de alimentos, medicinas, productos para el aseo personal y cosméticos; le siguen las industrias del chicle, dulces y jabones. La empresa que gastó en publicidad el porcentaje más alto de sus ventas fue Warner-Lambert (25%).

PUNTOS IMPORTANTES DE LA MERCADOTECNIA 17-1

HITOS EN LA HISTORIA DE LA PUBLICIDAD

La publicidad se remonta al principio de la historia. Los arqueólogos que trabajan en los países de la zona del Mar Mediterráneo han excavado restos que hablan de diversos eventos y ofertas. Los romanos pintaban los muros para anunciar los combates de los gladiadores y los fenicios pintaban cuadros para promover sus mercancías, los cuales colocaban sobre grandes rocas a lo largo de sus rutas. Uno de los muros pintados de Pompeya alaba a un político y requería los votos de la gente.

Otra de las primeras formas de la publicidad fue el pregonero. En Grecia, en la Edad de Oro, los pregoneros anunciaban la venta de esclavos, ganado y otros bienes. Uno de los primeros comerciales "cantados" decía: "Para ojos que brillan, para mejillas como el amanecer/para la belleza que dura después de ida la juventud/para precios razonables, la mujer que sabe/le comprará sus cosméticos a Aesclyptos".

Otra de las primeras formas de la publicidad fue la marca que los comerciantes ponían en sus bienes, por ejemplo, en la cerámica. Conforme la reputación de la persona se difundía de boca en boca, los compradores empezaban a buscar esta marca especial, justo como lo hacen hoy los consumidores que buscan marcas registradas y nombres de marcas. Hace más de mil años, en Europa, la calidad del lino de Osnabruck estaba estrechamente vigilada y su precio llegaba a ser 20% superior al de los linos, sin marca, de Westfalia. Conforme la producción se fue centralizando y los mercados se fueron distanciando, la marca fue adquiriendo incluso más importancia.

El punto crítico de la historia de la publicidad se presentó en el año 1450, cuando Juan Gutenberg inventó la imprenta. Los publicistas ya no tenían que producir a mano las copias de un aviso. El primer anuncio impreso en inglés apareció en 1478.

En 1622, la publicidad recibió un gran impulso debido al lanzamiento del primer periódico inglés, *The Weekly Newes*. Más adelante, Joseph Addison y Richard Steele publicaron el *Tatler* y con ello respaldaron la publicidad. Addison daba estos consejos a los que redactaban el texto de las copias: "El gran arte de la redacción de publicidad está en encontrar el método ideal para atrapar al lector, pues sin él algo bueno puede pasar inadvertido o perderse entre comisiones de quiebras". El *Tatler* del 14 de septiembre de 1710 contenía anuncios de asentadores de navajas, medicinas de patente y otros productos de consumo.

El mayor crecimiento de la publicidad se registró en Estados Unidos. Benjamín Franklin ha recibido el nombre de padre de la publicidad estadounidense porque su *Gazette,* que empezó a publicarse en 1729, tenía mayor circulación y contenía más anuncios que cualquier otro periódico de los Estados Unidos coloniales. Varios factores hicieron que dicho país fuera la cuna de la publicidad. En primer lugar, la industria estadounidense contaba con una enorme producción en masa, la cual produjo superávit y la necesidad de convencer a los consumidores de que compraran más. En segundo, el desarrollo de una estupenda red de canales, carreteras y caminos permitió el transporte de bienes y medios de publicidad al campo. En tercero, el decreto de 1813, en cuanto a la obligatoriedad de la educación pública, aumentó la alfabetización y el crecimiento de los periódicos y las revistas. Más adelante, al inventarse el radio y la televisión, se crearon dos medios asombrosos para la difusión de la publicidad.

TABLA 17-1
Los 10 anunciantes nacionales más importantes

LUGAR	EMPRESA	TOTAL DE PUBLICIDAD EN EUA (MILLONES)	TOTAL DE VENTAS EN EUA (MILLONES)	PUBLICIDAD COMO PORCENTAJE DE LAS VENTAS
1	Procter & Gamble	$2,149	$15,579	13.8
2	Philip Morris	2,046	37,890	5.4
3	General Motors	1,442	86,973	1.7
4	Sears	1,179	57,242*	
5	PepsiCo	903	15,168	6.0
6	Grand Metropolitan	745	7,878	9.5
7	Johnson & Johnson	733	6,248	11.7
8	McDonald's	694	3,710	18.7
9	Ford	677	61,149	1.1
10	Eastman Kodak	661	10,882	6.1

* Ventas mundiales; ventas de Estados Unidos no disponibles. Porcentaje de ventas no calculado.
Fuente: Reproducido con autorización de "100 Leading National Advertisers", *Advertising Age,* 4 de enero de 1993, p. 16.

El origen de la publicidad se remonta al principio de la historia (véase Puntos Importantes de la Mercadotecnia 17-1). Si bien la iniciativa privada es la que recurre más a la publicidad, también la usa una gama muy amplia de organizaciones y agrupaciones de otro tipo, desde museos y grupos de actores, hasta la Oficina de Correos de Estados Unidos, así como ramas de las fuerzas armadas. La publicidad sirve muy bien para informar y convencer, trátese de vender Coca-Cola en todo el mundo o de convencer a los consumidores de un país en vías de desarrollo de que beban leche o controlen la natalidad.

Las diferentes organizaciones manejan la publicidad de diferentes maneras. En las empresas pequeñas, la publicidad quizás esté a cargo de alguien del departamento de ventas. Las empresas grandes constituyen departamentos de publicidad, encargados de establecer el presupuesto y trabajar con la agencia de publicidad, así como de manejar la publicidad por correo directo, los exhibidores de los distribuidores y otro tipo de publicidad que no hace la agencia. La mayor parte de las empresas grandes acuden a agencias publicitarias externas por las ventajas que les ofrecen (véase Puntos Importantes de la Mercadotecnia 17-2).

PRINCIPALES DECISIONES EN PUBLICIDAD

La gerencia mercadotécnica debe tomar cinco decisiones importantes para preparar un programa de publicidad (véase la figura 17-1).

Cómo establecer objetivos

El primer paso para preparar un programa publicitario es establecer los *objetivos de la publicidad*. Estos objetivos se fundamentarán en las decisiones que se hayan tomado antes en cuanto al mercado meta, la posición en el mercado y la mezcla de mercadotecnia. La posición de mercadotecnia y la estrategia de la mezcla definirán la labor que corresponde a la publicidad dentro del programa total de mercadotecnia.

Un **objetivo de publicidad** es una *tarea* específica de la comunicación, que se debe dirigir hacia una audiencia *meta* específica, dentro de un *lapso* específico.[4] Los objetivos de la publicidad se pueden clasificar de acuerdo con su propósito; es decir, si pretenden *informar, persuadir* o *recordar*. La tabla 17-2 contiene ejemplos de cada uno de estos objetivos.

La **publicidad informativa** se usa mucho para introducir una categoría nueva de productos. En este caso, el objetivo es crear demanda primaria. Por ejemplo, los productores de tocadiscos compactos, primero informaron a los consumidores de las ventajas que ofrecían los discos compactos en cuanto a sonido y comodidad. La **publicidad persuasiva** va adquiriendo importancia conforme aumenta la competencia. En este caso, el objetivo de la empresa es crear demanda selectiva. Por ejemplo, cuando los tocadiscos compactos habían sido aceptados y estaban establecidos, Sony empezó a tratar de persuadir a los consumidores de que su marca ofrece la mejor calidad posible por su precio.

FIGURA 17-1 Principales decisiones en publicidad

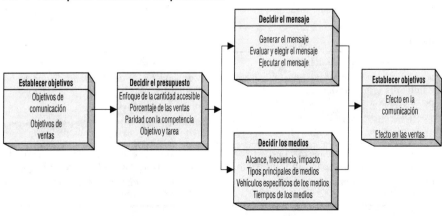

PUNTOS IMPORTANTES DE LA MERCADOTECNIA 17-2

¿CÓMO FUNCIONA UNA AGENCIA DE PUBLICIDAD?

El nombre de Madison Avenue le resulta conocido a la mayor parte de los estadounidenses. Se trata de una calle en la ciudad de Nueva York donde están las oficinas centrales de algunas agencias de publicidad de primera línea. Empero, la mayor parte de las 10,000 agencias de Estados Unidos no están en Nueva York y casi todas las ciudades cuentan, por lo menos, con una agencia, aunque se trate de un taller de una sola persona. Algunas agencias publicitarias son inmensas, la agencia más grande de Estados Unidos, Roung & Rubican, registra una facturación mundial anual (el monto de publicidad en dólares colocada en nombre de los clientes) de más de 7.5 mil millones de dólares. Dentsu, la agencia publicitaria japonesa, es la más grande del mundo, con una facturación de más de 10 mil millones de dólares.

Los vendedores y corredores que trabajaban para los medios y recibían una comisión por vender espacio publicitario a diversas empresas fueron los que empezaron las agencias de publicidad. Conforme fue pasando el tiempo, los vendedores empezaron a ayudar a los clientes a preparar sus anuncios. Más adelante, formaron agencias y se acercaron más a los anunciantes que a los medios. Las agencias ofrecían a sus clientes tanto más publicidad, como más servicios mercadotécnicos.

Incluso las empresas con departamentos publicitarios fuertes recurren a los servicios de las agencias de publicidad. Las agencias contratan a especialistas que, con frecuencia, pueden realizar las tareas publicitarias mejor que el propio personal de la empresa. Las agencias también proporcionan un punto de vista externo para resolver problemas de la empresa, así como mucha experiencia por trabajar con diferentes clientes y situaciones. Las agencias reciben su paga, en parte, por medio de descuentos en los medios y, con frecuencia, le cuestan a la empresa muy poco. Como la empresa puede abandonar a la agencia en cualquier momento, ésta se empeña en hacer un trabajo excelente.

Por regla general, las agencias de publicidad tienen cuatro departamentos: *el cretivo* que desarrolla y produce los anuncios; *el de medios,* que elige los medios y coloca los anuncios; *el de investigación,* que estudia las características y los deseos del público; *el comercial,* que maneja las actividades comerciales de las agencias. Cada cuenta es supervisada por un ejecutivo de cuenta y, por regla general, se asigna personal de cada departamento para que trabaje en una o varias cuentas.

Las agencias normalmente atraen negocios nuevos en razón de su reputación o tamaño. Sin embargo, por lo general, un cliente invita a unas cuantas agencias a que hagan una presentación de sus negocios y después elige una.

Las agencias, casi siempre, cobran sus servicios por medio de comisiones y algunas tarifas. Con este sistema, la agencia suele recibir 15% del costo de los medios como rebaja. Por ejemplo, suponga que la agencia compra 60,000 dólares de espacio en revistas para un cliente. La

---

TABLA 17-2
Posibles objetivos de la publicidad

INFORMAR

Comunicar al mercado el producto nuevo	Describir los servicios disponibles
Sugerir usos nuevos de un producto	Corregir falsas impresiones
Informar al mercado un cambio de precio	Disminuir los temores de los compradores
Explicar cómo funciona el producto	Crear la imagen de la empresa

PERSUADIR

Crear preferencia por la marca	Convencer a los compradores de que compren ya
Fomentar que se cambie a la marca de uno Cambiar la forma en que los compradores perciben los atributos del producto	Convencer a los compradores de que acepten una visita de ventas

RECORDAR

Recordar a los compradores que pueden necesitar el producto en un futuro próximo	Hacer que los compradores tengan el producto en mente durante las temporadas bajas
Recordar a los compradores dónde comprar el producto	Mantener la conciencia del producto en primer lugar en la mente

factura que la revista entrega a la agencia de publicidad es por 51,000 (60,000 dólares menos 15%) y la agencia presenta una factura al cliente por 60,000 dólares, quedándose con la comisión de 9,000 dólares. Si el cliente comprara espacio directamente en la revista, pagaría los 60,000 dólares, porque las comisiones sólo se le pagan a agencias de publicidad reconocidas.

Sin embargo, tanto anunciantes como agencias se han ido decepcionando del sistema de las comisiones. Los anunciantes grandes se quejan de que pagan más por los mismos servicios que reciben los más pequeños, simplemente porque colocan más publicidad. Los anunciantes también piensan que el sistema de las comisiones aleja a las agencias de los medios de costos bajos y de las campañas publicitarias cortas. Las agencias no están contentas porque realizan servicios extras para una cuenta sin recibir mayor remuneración. En consecuencia, ahora se tiende a pagar una tarifa directa o una combinación de comisión y tarifa. Además, algunos anunciantes grandes están atando la compensación de la agencia y la actuación de las campañas publicitarias de la agencia. Hoy, sólo alrededor del 35% de las empresas le siguen pagando a sus agencias con base en comisiones.

Otra tendencia está afectando al negocio de la publicidad: en años recientes, conforme el crecimiento del gasto para publicidad ha disminuido, muchas agencias han tratado de seguir creciendo tragándose a otras agencias, creando con ello inmensas empresas tenedoras de agencias. El mayor de estos "megagrupos" de agencias es el Grupo WPP que incluye varias agencias grandes,

Ogilvy & Mather; J. Walter Thompson; Scali, McCabe, Sloves; Fallon McElligott y otras más, con una facturación combinada de más de 18 mil millones de dólares. Muchas agencias también han buscado el crecimiento diversificándose a servicios de mercadotecnia relacionados. Estas nuevas agencias diversificadas ofrecen una lista completa de servicios integrados de mercadotecnia y promoción bajo un solo techo; incluyen publicidad, promociones de ventas, relaciones públicas, comercialización directa e investigaciones de mercado. Algunas incluso han sumado unidades de asesoría mercadotécnica, producción para televisión y entrenamiento para vendedores, con el propósito de convertirse en "socios mercadotécnicos" completos para sus clientes. No obstante, la mayor parte de las agencias están descubriendo que los anunciantes no quieren mucho más de ellas que los servicios tradicionales de publicidad en los medios, así como comercialización directa, promociones de ventas y, en ocasiones, relaciones públicas. Por tanto, en fechas recientes, muchas agencias han abandonado las actividades inconexas a efecto de concentrarse más en los servicios tradicionales de la publicidad.

Fuentes: Véase Craig Endicott, "Ad Age 500 Grows 9.7%", *Advertising Age,* 26 de marzo de 1990, pp. S1-S2; Gary Levin, "Ad Agencies Ax Side Ventures", *Advertising Age,* 18 de marzo de 1991, p. 4; Mark Landler, "Advertising's Big Bang' Is Making Noise at Last", *Business Week,* 1 de abril de 1991, pp. 62-63; y "World's Top 50 Advertising Organizations", *Advertising Age,* 13 de abril de 1992, p. S10.

La publicidad comparativa: Visa compara su tarjeta directamente con la de sus principales competidores: "De todas las tarjetas en todas las carteras de hombres y mujeres en Estados Unidos, hay una que resalta sobre todas las demás: la tarjeta Visa".

Parte de la publicidad persuasiva se ha convertido en **publicidad de comparación,** mediante la cual una empresa compara su marca, de manera directa o indirecta, con una o varias marcas más. Por ejemplo, Avis, en su clásica campaña comparativa, se colocaba ante Hertz, la líder del mercado y afirmaba "Somos los segundos, así que nos esforzamos más". Procter & Gamble colocó Scope, el enjuague bucal, ante Listerine, diciendo que el sabor mentolado de Scope "combate el mal aliento pero no produce aliento a medicina". La publicidad comparativa también se ha usado en el caso de productos como refrescos, computadoras, desodorantes, dentífricos, automóviles, analgésicos y servicios telefónicos de larga distancia.

La **publicidad de recordatorio** es importante en el caso de productos maduros, pues hace que los consumidores sigan pensando en el producto. Los costosos anuncios de televisión de Coca-Cola pretenden recordarle Coca-Cola a las personas, y no informarles ni convencerlas de nada.

Cómo establecer el presupuesto para publicidad

Después de definir los objetivos de la publicidad, la empresa tiene que establecer el *presupuesto publicitario* para cada uno de los productos. El papel de la publicidad es influir en la demanda de un producto. La empresa querrá gastar la cantidad necesaria para alcanzar la meta de ventas. En el capítulo 16 se habló de cuatro métodos muy utilizados para establecer el presupuesto de publicidad. A continuación se describen algunos factores específicos que se deben tomar en cuenta al establecer un presupuesto de publicidad:

- *Etapa del ciclo de vida del producto.* Los productos nuevos suelen requerir presupuestos enormes para publicidad, con el propósito de crear conciencia y conseguir que los consumidores los prueben. Las marcas maduras suelen requerir presupuestos más bajos en proporción con las ventas.

- *Participación en el mercado.* Las marcas que abarcan una parte importante del mercado suelen necesitar más gasto para publicidad como porcentaje de las ventas que las marcas que tienen una participación menor. Tanto crear mercado como quitarle parte a la competencia requieren que se gaste más en publicidad que cuando se trata sólo de conservar la participación que se pueda tener en el presente.

- *Competencia y saturación.* En un mercado donde existen muchos competidores y se gasta mucho en publicidad, una marca debe hacer mayor publicidad para que su mensaje se escuche sobre el ruido del mercado.

- *Frecuencia de la publicidad.* Cuando se necesitan muchas repeticiones para presentarle el mensaje a los consumidores, el presupuesto de publicidad tiene que ser mayor.

- *Diferenciación del producto.* Una marca que se parece mucho a las otras marcas de su clase de productos (cigarrillos, cervezas, refrescos) requiere mucha publicidad para distinguirse de las demás. Cuando el producto difiere mucho del de la competencia, la publicidad puede servir para señalarle las diferencias a los consumidores.[5]

Empresas como Du Pont y Anheuser-Busch con frecuencia hacen experimentos que forman parte del proceso de sus presupuestos para publicidad. Por ejemplo, hacia finales de los años ochenta, Anheuser-Busch probó una nueva cerveza *ultrapremium,* sin hacerle nada de publicidad. Es poco probable que una cerveza importante pueda sobrevivir sin publicidad, pero en este caso, la empresa quería ver si su cerveza especial podría lograrlo tan sólo con información de boca en boca. De hecho, la ausencia de publicidad incluso podría aumentar el atractivo de la cerveza. Si estas marcas pueden triunfar sin publicidad, es probable que Anheuser-Busch revise con atención la cifra de más de 460 millones de dólares que gasta al año en publicidad para sus otros productos.

Establecer un presupuesto para publicidad no es tarea fácil. ¿Cómo sabe una empresa si está gastando la cantidad adecuada? Algunos críticos dicen que las grandes empresas del ramo de los bienes de consumo empacados suelen gastar demasiado en publicidad y que las empresas industriales, por lo general, gastan demasiado poco en publicidad. Dicen que, por una parte, las grandes empresas de bienes de consumo usan profusamente la publicidad de la imagen, sin conocer en realidad sus consecuencias. Gastan en exceso como si fuera un tipo de "seguro" contra no gastar lo bastante. Por otra parte, las empresas industriales, tienden a depender demasiado de su fuerza de ventas para conseguir pedidos. Subestiman el potencial de la empresa y de la imagen del producto para prevenderle a los clientes industriales. Por ejemplo, no gastan suficiente en publicidad para crear conciencia en los clientes y aumentar sus conocimientos.

¿Qué tanto impacto tiene la publicidad, en realidad, en las compras de los consumidores y su fidelidad a la marca? Una investigación que giraba en torno a las compras familiares de productos de consumo comprados con frecuencia arrojó la siguiente conclusión asombrosa:

> Al parecer, la publicidad sirve para incrementar el volumen adquirido por los compradores leales, pero es menos eficaz para conseguir compradores nuevos. En el caso de los compradores fieles, una gran cantidad de exposiciones a la semana puede resultar improductiva debido a que la eficacia de los anuncios se nivela... Al parecer, la publicidad no produce un efecto acumulable que conduzca a la lealtad... Las características, los exhibidores y, en especial, el precio tienen un impacto más fuerte en la respuesta que la publicidad.[6]

Estos resultados no le sentaron nada bien a la comunidad publicista y varias personas atacaron los datos y la metodología del estudio. Afirmaban que el estudio medía, en su mayor parte, las consecuencias en las ventas a corto plazo. Por tanto, favorecía las actividades de los precios y la promoción de ventas, que tienden a tener un impacto más inmediato. Por el contrario, la mayor parte de la publicidad tarda muchos meses, o incluso años, para crear posiciones sólidas de la marca y fidelidad de los consumidores. Estas consecuencias a largo plazo son difíciles de medir. Sin embargo, un estudio más reciente de datos de BehaviorScan durante un periodo de 10 años, arrojó que la publicidad sí produce aumento de las ventas a largo plazo, incluso dos años después de que ha terminado la campaña.[7] Este debate subraya el hecho de que la medición de los resultados del gasto para publicidad sigue siendo un tema poco conocido.

Cómo crear el mensaje publicitario

Un presupuesto grande para publicidad no es garantía de éxito para una campaña publicitaria. Dos anunciantes pueden dedicar una cantidad muy parecida a publicidad y, sin embargo, obtener resultados muy diferentes. Los estudios señalan que la creatividad de los mensajes publicitarios puede ser más importante para el éxito de la publicidad que la cantidad de dinero invertida. Sea cual fuere el presupuesto, la publicidad sólo tiene éxito si los comerciales captan atención y comunican con propiedad. Por tanto, el presupuesto se debe invertir en mensajes publicitarios eficaces.

Los buenos mensajes publicitarios han adquirido mucha importancia en el entorno publicitario actual, tan costoso y saturado. El consumidor promedio cuenta con 22 estaciones de televisión y 11,500 revistas de entre las cuales puede elegir. Sume la infinidad de estaciones de radio y la catarata constante de catálogos, anuncios por correspondencia directa y medios afuera del hogar, y verá que los consumidores están sujetos a un enorme bombardeo de anuncios, en casa, en el trabajo y en todos los puntos intermedios.[8]

Aunque toda esta publicidad podría molestar a algunos clientes, también provoca problemas importantes para los anunciantes. Piense en la situación que enfrentan los anunciantes en las redes de televisión. Estos, normalmente, pagan entre 100,000 y 200,000 dólares por 30 segundos de tiempo de publicidad en un programa popular de televisión de tiempo A; incluso más si se trata de un programa muy popular, por ejemplo como "Murphy Brown" (310,000 dólares por anuncio); "Roseanne" (290,000 dólares), o un evento como el Super Bowl (850,000 dólares). En estos casos, sus anuncios se entremeten, apretados, en un montón de alrededor de otros 60 comerciales, anuncios y promociones de la red por hora.

Espere un poco, ¡la situación es incluso peor! Hasta hace poco, los televidentes eran un público bastante cautivo de los anunciantes. Los televidentes sólo podían escoger de entre unos cuantos canales. Los que tenían energía para levantarse y cambiar de canal durante las aburridas interrupciones para comerciales, usualmente encontraban más de lo mismo en los otros canales. Pero, al crecer la televisión por cable, las videocaseteras y las unidades con control remoto, los televidentes ahora tienen muchísimas más opciones. De hecho, pueden evitar los anuncios viendo canales por cable que no tienen comerciales. Pueden "brincarse" los comerciales oprimiendo el botón de avance rápido de programas grabados. Con el control remoto, pueden quitar el sonido de inmediato durante un comercial o "juguetear" con los canales para ver qué hay. Los anunciantes toman estos "brincos" y "juegos" con gran seriedad. Un experto pronostica que para el año 2000, 60% de los televidentes podrán apagar los comerciales de manera regular.[9]

Por consiguiente, sólo para captar y retener la atención, los mensajes publicitarios de hoy necesitan estar mejor planeados, ser más imaginativos, más entretenidos y más gratificantes para los consumidores. Por tanto, las estrategias creativas desempeñarán un papel cada vez más importante para el éxito de la publicidad. Los pubilicistas pasan por tres pasos para crear una estrategia creativa: *generar el mensaje, evaluar y elegir el mensaje,* y *ejecutar el mensaje.*

Generar el mensaje

La gente creativa encuentra ideas para el mensaje publicitario de diferentes maneras. Muchos creativos empiezan por hablar con los consumidores, los distribuidores, los expertos y los competidores. Otros tratan de imaginar a los consumidores usando el producto y averiguan los beneficios que buscan los consumidores cuando compran y usan el producto. Por regla general, aunque los publicistas crean muchos mensajes posibles, sólo usarán unos cuantos en última instancia.

Evaluar y elegir el mensaje

El publicista debe evaluar los mensajes posibles. Los reclamos usados en los mensajes deben tener tres características. En primer lugar, deben tener *sentido,* señalando los beneficios que hacen que el producto sea más deseable o interesante para los consumidores. En segundo, los reclamos deben ser *distintivos*; es decir, deben indicar en qué aspectos es mejor el producto que los de la competencia. Por último, deben ser *creíbles*. Este último objetivo es difícil porque muchos consumidores dudan de la veracidad de la publicidad en general. Un estudio arrojó que una tercera parte del público considera que los mensajes publicitarios son "increíbles".[10]

Por tanto, los anunciantes deben evaluar sus mensajes publicitarios aplicando los factores mencionados. Por ejemplo, *La marcha de los centavos* buscó un tema publicitario para reunir dinero para su lucha contra los defectos congénitos.[11] Después de una sesión de lluvia de ideas, surgieron 20 mensajes posibles. Se pidió a un grupo de padres jóvenes que calificaran cada uno de los mensajes, en cuanto al interés, la distinción y la credibilidad, adjudicando hasta 100 puntos a cada uno de ellos. Por ejemplo, el mensaje "Quinientos mil niños por nacer mueren al año a causa de defectos congénitos", obtuvo 70, 60 y 80 en cuanto a interés, distinción y credibilidad, respectivamente. El mensaje "Su próximo hijo podría nacer con un defecto congénito", obtuvo 58, 50 y 70. Por tanto, el primer mensaje obtuvo una calificación más alta que el segundo y se usó en la publicidad de la marcha de los centavos.

Ejecutar el mensaje

El impacto del mensaje no sólo depende de lo *que* se dice, sino de *cómo* se dice; es decir, de la ejecución del mensaje. El publicista tiene que presentar el mensaje de tal manera que capte la atención y el interés del mercado al que se dirige.

El publicista suele empezar enunciando el objetivo y el enfoque deseados del anuncio. A continuación se presenta la definición de un producto de Pillsbury llamado 1869 Brand Biscuits:

> El objetivo de la publicidad es convencer a los consumidores de galletas que ahora pueden comprar unas galletas en lata que son tan sabrosas como las hechas en casa: las 1869 Brand Biscuits de Pillsbury. El contenido de la publicidad subrayará que las galletas parecen hechas en casa, que tienen la misma textura que las hechas en casa

Estilo de ejecución del mensaje: Singapore Airlines crea un ambiente en torno a sus servicios.

y que saben como las hechas en casa. El respaldo para la promesa de "tan sabrosas como si fueran hechas en casa" será doble: (1) 1869 Brand Biscuits están hechas con un tipo especial de harina (harina blanca de trigo) usado para hacer galletas en casa, pero nunca antes usado para hacer galletas de lata, y (2) el uso de las recetas tradicionales de Estados Unidos para hacer galletas. El tono de la publicidad será como si se anunciara una noticia, templado por un ambiente cálido y meditativo, salido de una oteada retrospectiva a la calidad tradicional de las galletas estadounidenses.

Los creativos deben encontrar el mejor estilo, tono, texto y formato para ejecutar el mensaje. Cualquier mensaje puede recurrir a diferentes *estilos de ejecución,* como los siguientes:

- *Escenas de la vida real.* Este estilo proyecta una o varias personas que el producto en una situación típica. Por ejemplo, una familia sentada a la mesa, comiendo y hablando de una marca nueva de galletas.

- *Estilo de vida.* Este estilo muestra la forma en que un producto·encaja con un estilo de vida particular. Por ejemplo, un anuncio del National Dairy Board muestra a un grupo de mujeres haciendo ejercicio y habla de que la leche contribuye a un estilo de vida saludable y activo.

- *Fantasía.* Este estilo crea una fantasía en torno al producto o su uso. Por ejemplo, el primer anuncio de Jontue de Revlon proyectaba a una mujer descalza, con un vestido de chifón, saliendo de un antiguo granero francés, cruzando un prado y encontrándose a un guapo joven sobre un corcel blanco y alejándose en la montura con él.

- *Estado de ánimo o imagen.* Este estilo crea un estado de ánimo o una imagen en torno al producto, por ejemplo, la belleza, el amor o la serenidad. No se dice nada del producto, salvo por medio de sugerencias. Muchos anuncios de viajes y turismo crean estados de ánimo.

- *Musical.* Este estilo muestra uno o varios personajes vivos o del mundo de las caricaturas cantando una canción sobre el producto. Muchos anuncios de refrescos usan este formato.

- *Símbolo de personalidad.* Este estilo crea un personaje que representa al producto. El personaje puede ser de *animación* (el Jolly Green Giant, el Cap'n Crunch, Garfield el gato) o *real* (el hombre de Marlboro, Betty Crocker, Morris el gato de 9-Lives).

- *Experiencia técnica.* Este estilo muestra la experiencia de la empresa para fabricar el producto. Por ejemplo, Maxwell House proyecta a uno de sus compradores seleccionando granos de café con gran cuidado y Gallo nos habla de sus muchos años de experiencia en la vitivinicultura.

- *Evidencia científica.* Este estilo presenta resultados de una encuesta o pruebas cintíficas de que la marca es mejor o más aceptada que otras marcas. Durante años, el dentífrico Crest ha usado evidencia científica para convencer a los compradores de que Crest es mejor que otras marcas para combatir las picaduras.

- *Evidencia testimonial.* Este estilo presenta a una fuente muy confiable o querida que recomienda el producto. Puede ser una persona famosa como Bill Cosby (Jell-O Pudding o película Kodak) o una persona normal diciendo cuánto le gusta un producto dado cualquiera.

El publicista también debe elegir un *tono* para el anuncio. Procter & Gamble siempre usa un tono positivo: sus anuncios dicen algo muy positivo de sus productos. P&G también evita el sentido del humor que podría restarle atención al mensaje. En cambio, los anuncios de cerveza Bud Light recurren al humor y se burlan de las personas que piden "cualquier cerveza light".

El publicista debe usar en el anuncio *palabras* que capten la atención y se puedan recordar. Por ejemplo, los siguientes temas, en la columna de la izquierda, habrían tenido mucho menos impacto si no hubieran ido junto a las palabras creativas de la columna de la derecha:

Tema	*Texto creativo*
7-Up no es un refresco de cola.	"La no-cola".
Viaje en nuestros camiones en lugar de manejar su auto.	"Suba al autobús y nosotros nos encargamos de manejar" (Greyhound).
Si usted bebe mucha cerveza, Schaefer es la cerveza que debe beber.	"La única cerveza que se puede beber cuando piensa beber más de una".
No rentamos tantos autos, así que tenemos que esforzarnos más con nuestros clientes.	"Somos los segundos, así que nos esforzamos más" (Avis).
Los calcetines Hanes duran más que otros menos caros.	"Compre calcetines baratos y sus dedos gordos lo pagarán".
Los tenis Nike le ayudarán a saltar más alto y a jugar baloncesto mejor.	"No incluye paracaídas".

Por último, los elementos del *formato* marcan una diferencia en cuanto al impacto del anuncio y su costo. Un cambio ligero en el diseño de un anuncio puede marcar una gran diferencia en sus repercusiones. La *ilustración* es lo primero que ve el lector; ésta debe tener fuerza bastante para captar su atención. A continuación, el *titular* debe servir para atraer a la gente para que lea el texto. Por último, el *texto,* el conjunto principal de palabras del anuncio, debe ser sencillo pero sólido y convincente. Es más, estos tres elementos deben trabajar *juntos,* con eficacia. Incluso así, del público expuesto a un anuncio, menos del 50% notará uno incluso verdaderamente destacado; alrededor del 30% recordará el tema central del titular; alrededor del 25% sólo recordará el nombre del anunciante; y menos del 10% leerá la mayor parte del texto del anuncio. Por desgracia, los anuncios que no son excepcionales, no obtendrán ni siquiera estos resultados.

Cómo seleccionar los medios de la publicidad

A continuación, el publicista elige los medios publicitarios que llevarán el mensaje. Los pasos básicos para seleccionar los medios son: (1) decidir *el alcance*, *la frecuencia y el impacto*; (2) elegir los medios de entre los *tipos principales*; (3) elegir los *vehículos específicos de los medios*, y (4) decidir los *tiempos de los medios*.

Cómo decidir el alcance, la frecuencia y el impacto

El publicista, para elegir los medios, tendrá que decidir el alcance y la frecuencia que se requieren para alcanzar los objetivos de la publicidad. El **alcance** mide el *porcentaje* de personas del mercado meta que quedan expuestas a la campaña publicitaria durante un lapso dado. Por ejemplo, el publicista quizá pretenda llegar a 70% del mercado meta, en los primeros tres meses de la campaña. La **frecuencia** mide la cantidad de *veces* que la persona media del mercado meta queda expuesta al mensaje. Por ejemplo, el publicista puede pretender que la frecuencia promedio de exposiciones sea de tres. El publicista también debe decidir qué **impacto** desea que tengan los medios; es decir, el *valor cualitativo de una exposición al mensaje* por vía de un medio dado. Por ejemplo, en el caso de productos que se tienen que demostrar, los mensajes por televisión pueden tener más impacto que los mensajes por radio, porque la televisión usa la vista y el sonido. El mismo mensaje en una revista (por decir, *Newsweek*) puede ser más creíble que en otra (por decir, *The National Enquirer*).

Suponga que el producto del anunciante puede ser atractivo en un mercado de 1 millón de consumidores. La meta será llegar a 700,000 consumidores (70% de 1,000,000). Como el consumidor promedio estará expuesto tres veces, se deben comprar 2,100,000 exposiciones (700,000 x 3). Si el publicista quiere exposiciones con un impacto de 1.5 (suponiendo un impacto promedio de 1.0), se debe comprar una cantidad de exposiciones calificadas de 3,150,000 (2,100,000 x 1.5). Si mil exposiciones con este impacto cuestan 10 dólares, el presupuesto para publicidad tendrá que ser 31,500 dólares (3,150 x 10 dólares). En general, cuanto mayores sean el alcance, la frecuencia y el impacto que pretenda el anunciante, tanto mayor tendrá que ser el presupuesto para publicidad.

Cómo elegir los medios de entre los tipos principales

Para planear los medios se debe conocer el alcance, la frecuencia y el impacto de cada uno de los tipos principales de medios. La tabla 17-3 presenta un resumen de los tipos principales de medios, a saber: periódicos, televisión, correo directo, radio, revistas y exteriores. Cada uno de los medios tiene ventajas y desventajas.

Los planeadores de los medios toman en cuenta muchos factores cuando eligen los medios que usarán. La *costumbre de los consumidores meta* en cuanto al uso de los medios influirá en la selección de los mismos; por ejemplo, la radio y la televisión son los mejores medios para llegar a los adolescentes. El *carácter del producto* también influirá; la publicidad de modas es más conveniente en revistas a color y las cámaras Polaroid se pueden demostrar mejor en televisión. Los diferentes *tipos de mensajes* pueden requerir diferentes medios. Un mensaje que anuncia una rebaja importante mañana requerirá periódicos o radio; un mensaje con un montón de datos técnicos requerirá revistas o correo directo. El *costo* también es un factor importante para elegir los medios. Por ejemplo, así como la televisión es muy cara, la publicidad en periódicos cuesta mucho menos. La persona que planea los medios analiza tanto el total de costos por usar un medio, como el costo por mil exposiciones; es decir, el costo por llegar a 1,000 personas usando ese medio.

El impacto del medio y el costo se deben revisar con regularidad. Durante mucho tiempo, la televisión y las revistas dominaron la mezcla de medios de los anunciantes nacionales, y los otros medios con frecuencia pasaban a segundo lugar. Sin embargo, en fechas recientes, los costos y la saturación de estos medios han aumentado, los públicos han disminuido y los mercadólogos están adoptando estrategias dirigidas a segmentos más estrechos. En consecuencia, los ingresos por concepto de publicidad en televisión y revistas se han nivelado o incluso disminuido.[12] Los publicistas están acudiendo cada vez más a otros medios, desde televisión por cable y anuncios exteriores, hasta parquímetros y carritos de compras (véase Puntos Importantes de la Mercadotecnia 17-3).

TABLA 17-3
Perfil de los principales tipos de medios

MEDIO	VOLUMEN EN MILES DE MILLONES	PORCENTAJE	EJEMPLOS DE COSTOS	VENTAJAS	DESVENTAJAS
Periódicos	30.7	23.4%	29,800 dólares por una página, entre semana, *Chicago Tribune*	Flexibilidad, oportunidad, buena cobertura del mercado local, gran aceptación, mucha credibilidad	Corta duración, mala calidad de reproducción, poco público que se la pasa entre sí
Televisión	29.4	22.4	1,500 dólares por 30 segundos de tiempo de primera en Chicago	Combina vista, sonido y movimiento, atractiva para los sentidos, gran atención, gran alcance	Elevado costo absoluto, mucha saturación, exposición pasajera, menos selectividad de público
Correo directo	25.4	19.3	1,520 dólares por el nombre y la dirección de 40,000 veterinarios	Selectividad del público, flexibilidad, sin competencia de anuncios dentro del mismo medio, personalización	Costo relativamente elevado, imagen de "correspondencia chatarra"
Radio	8.7	6.6	700 dólares por un minuto de tiempo de conducción (en horarios alernos A.M. y P.M.) en Chicago	Uso masivo, gran selectividad geográfica y demográfica, costo muy bajo	Sólo presentación auditiva, menor atención que la televisión, estructuras de tarifas no estandarizadas, exposición pasajera
Revistas	7.0	5.3	84,390 dólares por una plana, a cuatro tintas, en *Newsweek*	Gran selectividad geográfica y demográfica, credibilidad y prestigio, reproducción de gran calidad, mucha duración, muchos lectores se la pasan entre sí	Mucho tiempo para comprar el anuncio, alguna circulación desperdiciada, ninguna garantía de posición
Exteriores	1.0	0.8	25,500 dólares al mes por 71 carteles en la zona metropolitana de Chicago	Flexibilidad; alta exposición a la repetición, bajo costo, baja competencia	Ninguna selectividad de público, limitaciones para creatividad
Otros	29.1	22.2			
Total	131.3	100.0			

Fuentes: Las columnas 1 y 2 reproducidas con permiso de Robert J. Cohen, "Ad Gains Could Exceed 6% This Year", *Advertising Age,* 3 de mayo de 1993, p. 4.

Dadas estas características de los medios y otras más, el planeador de los medios debe decidir qué cantidad comprar de cada tipo de medio. Por ejemplo, Pillsbury, al lanzar sus nuevas galletas, podría optar por gastar 6 millones de dólares para publicidad diurna en redes de televisión, 4 millones de dólares en revistas femeninas y 2 millones de dólares en periódicos en 20 mercados importantes.

Cómo elegir los vehículos específicos de los medios

A continuación, el planeador de los medios debe elegir los mejores **vehículos de los medios;** es decir, los medios específicos dentro de cada tipo general de medio. Por ejemplo, los vehículos de la televisión serían "Roseanne", "Murphy Brown", "60 Minutos", y "ABC World New Tonight". Los vehículos de las revistas serían *Newsweek, People, Sports Illustrated* y *Reader's Digest.* Si la publicidad es para revistas, el planeador de los medios deberá consultar las cifras de circulación y los costos de diferentes tamaños de anuncio, opciones de colores, colocación de los anuncios y frecuencia de revistas específicas. Después el planeador tendrá que evaluar cada una de las revistas en cuanto a factores como credibilidad, prestigio, calidad de edición, posición editorial y fechas de entrega de la publicidad. Al final, el planeador de los medios tendrá que decidir qué vehículos proporcionan mayor alcance, frecuencia e impacto por el dinero que cuestan.

Los planeadores de los medios también deben computar el costo por cada 1,000 personas que alcanza un vehículo. Por ejemplo, si un anuncio de plana entera, a cuatro tintas, en *Newsweek* cuesta 100,000 dólares y *Newsweek* cuenta con 3.3 millones de lectores, el costo por llegar a cada grupo de 1,000 personas cuesta alrededor de 30 dólares. El mismo anuncio en *Business Week* podría costar sólo 57,000 dólares, pero sólo llegaría a 775,000 personas; con un costo por millar del orden de 74 dólares. El planeador de los medios clasificaría cada revista de acuerdo con su costo por millar de lectores y preferiría las revistas con menor costo por millar, para llegar a los consumidores meta.

El planeador también debe tomar en cuenta los costos de la producción de los anuncios para diferentes medios. Así como la producción de anuncios de periódico puede costar muy poco, los llamativos anuncios de televisión pueden costar millones. En promedio, los publicistas pagan 118,000 dólares para producir un solo comercial de televisión de 30 segundos. Timex pagó un millón cerrado por un anuncio de 30 segundos de su reloj deportivo Atlantis 100 y Apple Computer gastó, hace poco, 6 millones de dólares por la producción de seis anuncios de televisión.[13]

Así pues, el planeador de los medios tendrá que comparar sus datos sobre el costo de los medios con varios factores de las repercusiones de los medios. En primer término, el planeador deberá comparar los costos con la *calidad del público* del vehículo del medio. Por ejemplo, en el caso de un anuncio de loción para bebés, la revista *New Parents* tendría un gran valor de exposición, *Gentlemen's Quarterly* tendría muy poco valor de exposición. En segundo, el planeador de los medios deberá tomar en cuenta la *atención del público*. Por ejemplo, los lectores de *Vogue* suelen prestar más atención a los anuncios que los lectores de *Newsweek*. En tercero, el planeador deberá evaluar la *calidad editorial* del vehículo; *Time* y *The Wall Street Journal* son más creíbles y tienen más prestigio que *The National Enquirer*.

Cómo decidir los tiempos de los medios

El publicista también debe decidir cómo programar la publicidad durante el transcurso del año. Suponga que las ventas de un producto llegan a su cúspide en diciembre y bajan en marzo. La empresa puede variar su publicidad adaptándola al patrón estacional, oponiéndola a dicho patrón o de tal manera para que sea igual todo el año. La mayor parte de las empresas hacen algo de publicidad estacional. Otras *sólo* se hacen publicidad estacional. Por ejemplo, Hallmark sólo anuncia sus tarjetas de felicitación antes de las fiestas importantes.

Por último, el publicista tendrá que escoger el patrón de los anuncios. La **continuidad** significa que programará los anuncios de una manera simétrica dentro de un lapso dado. La **pulsación** significará que programa los anuncios asimétricamente para un lapso dado. Por tanto, 52 anuncios se podrían programar a un ritmo de uno por semana durante un año o en forma de varias pulsaciones. La idea es anunciarse mucho durante un plazo corto para crear una conciencia que dura hasta el siguiente periodo de publicidad. Los partidarios de las pulsaciones piensan que éstas pueden lograr el mismo impacto que un programa constante, pero a un costo mucho menor. Sin embargo, algunos planeadores de medios piensan que aunque la pulsación logra despertar una conciencia mínima, sacrifica la profundidad de los comunicados publicitarios.

Cómo evaluar la publicidad

El programa publicitario debe evaluar tanto las *consecuencias de la comunicación,* como las *consecuencias en las ventas* derivadas de la publicidad regular.

Cómo medir los resultados de la comunicación

Cuando se miden los resultados de la comunicación de un anuncio **(pruebas del copy)** se sabe si el anuncio está comunicando debidamente. Las pruebas del copy se pueden hacer antes o después de imprimir o transmitir el anuncio. Existen tres métodos básicos para hacer *pruebas previas de la publicidad.* La primera es por medio de *ratings directos,* en cuyo caso el publicista expone a un grupo de consumidores varios anuncios y les pide que los califiquen. Estas calificaciones

LOS PUBLICISTAS BUSCAN MEDIOS ALTERNATIVOS

Conforme los costos de las redes de televisión se disparan y los públicos se encogen, muchos publicistas están buscando formas nuevas para llegar a los consumidores. El movimiento hacia las estrategias de microcomercialización, para centrarse más de cerca en grupos específicos de consumidores, también ha activado la búsqueda de medios alternativos que reemplacen o complementen las redes de televisión. Ahora, los publicistas están destinando una parte mayor de sus presupuestos a medios que cuestan menos y que llegan a sus blancos con más eficacia.

Dos medios que se han beneficiado con este cambio son la publicidad exterior y la televisión por cable. En años recientes, los carteles han resurgido. Si bien el gasto para publicidad exterior se ha nivelado en años recientes, los publicistas ahora destinan más de 1.1 mil millones de dólares al año a medios exteriores, un incremento de 25% en comparación con la cifra de hace 10 años. Los feos anuncios que eran una molestia para la vista son cosa del pasado, en su lugar ahora vemos otros que llaman la atención por su colorido e inteligente diseño. La publicidad exterior es una manera excelente de llegar a segmentos importantes de consumidores locales.

La televisión por cable también está floreciendo. Hoy, más del 60% de los hogares estadounidenses están suscritos a cable, cantidad superior al simple 20% de 1980 y los ingresos de la publicidad en televisión por cable ahora pasan de 3 mil millones de dólares al año, en comparación con sólo 58 millones de dólares de 1980. Expertos de la industria esperan que la publicidad en televisión por cable siga creciendo de manera explosiva a lo largo de la década de 1990. Los sistemas de cable permiten los formatos estrechos en la programación, por ejemplo todo deportes, todo noticias, programas de nu-trición, programas de arte y otros que se dirigen a grupos selectos. Los publicistas pueden aprovechar esta "estre-chez de enfoque" para "apuntar su rifle" a segmentos especiales del mercado, en lugar de usar una "escopeta" como en el caso de las transmisiones por redes.

Al parecer, la publicidad en televisión por cable y en exteriores tienen mucho sentido. Sin embargo, es cada vez más frecuente que surjan anuncios en puntos ilógicos y distantes. En su esfuerzo por encontrar maneras menos caras y más enfocadas para llegar a los consumidores, los anunciantes han descubierto una sorprendente colección de "medios alternativos". Como consumidores, estamos acostumbrados a anuncios en televisión, en revistas y periódicos, en la radio y en las carreteras. Pero en estos días, vaya uno donde vaya o

Los comercializadores han descubierto una serie sorprendente de "medios alternativos".

directas indican la medida en que los anuncios sirven para captar la atención y cuánto afectan a los consumidores. Aunque se trata de una medición imperfecta del impacto real del anuncio, una calificación alta indica que el anuncio tiene más potencial para ser eficaz. En las *pruebas de cartera* los consumidores ven o escuchan una cartera de anuncios, tomándose todo el tiempo que necesitan. A continuación se les pide que recuerden los anuncios y su contenido, con ayuda de un entrevistador o sin ella. Su cantidad de recuerdos indica la capacidad del anuncio para destacarse y que su mensaje sea entendido y recordado. Las *pruebas de laboratorio* usan equipo para medir las reacciones psicológicas de los consumidores ante el anuncio: el ritmo cardiaco, la presión sanguínea, la dilatación de las

haga lo que haga, es probable que se tope con alguna forma nueva de publicidad.

Por ejemplo, pequeñas pantallas de video en los carritos de compras, activadas por el pasillo donde está comprando el consumidor, le muestran anuncios de anunciantes nacionales y envían mensajes de ofertas especiales de la tienda. Mientras alguien está en la línea para comprar sus abarrotes, pantallas de televisión enfocada al "canal de las cajas de salida", le proyectan las últimas noticias, entre anuncio y anuncio de productos alimenticios. Al dirigirse a su auto, uno encuentra letreros en los parquímetros que anuncian todo, desde Jeeps hasta cámaras Minolta y alimento Recipe para perros. Si uno huye al campo de beisbol, encontrará que hay pantallas de video del tamaño de un gran tablero, pasando anuncios de Budweiser, mientras un pequeño dirigible, con un mensaje electrónico, gira lentamente en el aire.

Alguien que paga su entrada al cine de la localidad, tendrá que ver antes una fantasía de ciencia ficción, que dura dos minutos y resulta ser un anuncio de estereofónicos portátiles General Electric. Después, la película misma estará llena de anuncios promocionales, no tan sutiles, de Pepsi, Domino's Pizza, Alka-Seltzer, Master-Card, Fritos o cualesquiera de muchos otros productos. En el aeropuerto se puede ver el Canal de Vuelos y en la estación de ferrocarril el Canal de Viajeros. Hay barcos que atraviesan las playas públicas llevando mensajes publicitarios de Sundown Sunscreen o Gatorade a las personas que se están asoleando. Incluso los boletines de las iglesias llevan anuncios de sopa Campbell's. Los anunciantes que buscan una alternativa realmente fuera de este mundo pueden llegar a pagar hasta 500,000 dólares por 58 pies de espacio publicitario de primera en el casco de un cohete expansible Conestoga 1620, que lanzará la NASA en primavera.

Algunos de estos medios alternativos resultan un poco rebuscados y, en ocasiones, irritan a los clientes. Sin embargo, muchos mercadólogos piensan que estos medios pueden ahorrar dinero y ser una manera de llegar a los consumidores seleccionados, en el lugar donde viven, compran, trabajan y juegan. Claro está que esto le hará preguntarse si quedará algún reducto para los consumidores hartos de anuncios donde no haya comerciales. ¿Quizá la parte trasera del asiento de un taxi, un elevador público o los excusados de un baño público? ¡Olvídelo! Todos han sido invadidos por mercadólogos innovadores.

Fuentes: Véase Alison Leign Coway, "Marketers Worry as Ads Crop Up in Unlikely Places", *Raleigh News and Observer,* 21 de febrero de 1988, p. 11; Kathy Martin, "What's Next? Execs Muse Over Boundless Ad Possibilities", *Advertising Age,* 27 de agosto de 1990; John P. Cortez, "Ads Head for the Bathroom", *Advertising Age,* 18 de mayo de 1992, p. 24; Ronald Grover, Laura Zinn e Irene Recio, "Big Brother Is Grocery Shopping with You", *Business Week,* 29 de marzo de 1993, p. 60; Richard Szathmary, "The Great (and Not So Great) Outdoors", *Sales & Marketing Management,* marzo de 1992, pp. 75-81; Riccardo A. Davis, "More Ads Go Outdoors", *Advertising Age,* 9 de noviembre de 1992, p. 36; y Kathy Haley, "Cable '93: Breakthroughs Set Stage for 1993", *Advertising Age,* 22 de febrero de 1993, pp. C3 C4.

pupilas, la sudoración. Estas pruebas miden la capacidad del anuncio para captar la atención, pero no dicen nada de sus repercusiones en las creencias, las actitudes o las intenciones.

Existen dos métodos populares para hacer *pruebas posteriores* de los anuncios. En el caso de las *pruebas de memoria,* el publicista pide a las personas que han estado expuestas a revistas o programas de televisión que recuerden cuanto puedan sobre los anunciantes y los productos que vieron. Las calificaciones de los recuerdos señalan la capacidad del anuncio para ser notado y retenido. En las *pruebas de reconocimiento* el investigador pide a los lectores de un número dado, por decir algo, de una revista, que señalen las cosas que reconocen por haberlas visto antes. Las calificaciones del reconocimiento sirven para evaluar las repercusiones del anuncio en diferentes segmentos del mercado y para comparar los anuncios de la empresa con los de la competencia.

Cómo medir los resultados en las ventas

¿Qué cantidad de ventas produce un anuncio que aumenta 20% la conciencia de la marca y 10% la preferencia por la marca? Muchas veces, las consecuencias de la publicidad en las ventas son más difíciles de medir que las consecuencias de la comunicación. Además de la publicidad, hay muchos factores que afectan las ventas; por ejemplo, las características, el precio y la disponibilidad del producto.

Una manera de medir los resultados de la publicidad en las ventas consiste en comparar las ventas pasadas con los desembolsos destinados a publicidad en el pasado. Otra manera es por medio de experimentos. Du Pont fue una de las primeras empresas que recurriera a experimentos publicitarios.[14] El departamento de pinturas de Du Pont dividió 56 territorios de ventas en territorios de alta, media y baja participación en el mercado. Du Pont gastó la cantidad normal para publicidad, en una tercera parte del grupo; en otro tercio dos veces y media gastó de la cantidad normal, y asignó el cuádruple de la cantidad normal a la tercera parte restante. Al final del experimento, Du Pont estimó la cantidad de ventas extraordinarias que se derivaron del aumento del gasto para publicidad. Encontró que el hecho de gastar más en publicidad incrementaba las ventas a un ritmo descendente y que el incremento de ventas era menor en los territorios donde existía gran participación en el mercado.

Decisiones en cuanto a la publicidad internacional

Los publicistas internacionales enfrentan muchos problemas que no tienen los anunciantes nacionales. El problema básico se refiere al grado en que la publicidad global se debe adaptar a las características singulares de los mercados de los distintos países. Algunos grandes publicistas han intentado respaldar sus marcas globales con publicidad mundial bastante estandarizada. La estandarización produce muchos beneficios: costos publicitarios más bajos, mayor coordinación de las actividades publicitarias globales y una empresa o imagen del producto mundial más consistente. Sin embargo, la estandarización también tiene inconvenientes. Sobre todo, no toma en cuenta el hecho de que los mercados de los países son muy diferentes en cuanto a cultura, demografía y situación económica. Por tanto, la mayor parte de los publicistas internacionales piensan en términos globales, pero actúan en términos locales. Preparan *estrategias* publicitarias mundiales que confieren eficiencia y consistencia a sus actividades publicitarias mundiales. A continuación, adaptan sus *programas* publicitarios para que respondan mejor a las necesidades y las expectativas de los consumidores de los mercados locales.

No todas las empresas adaptan su publicidad a los mercados locales en igual medida. Por ejemplo, los comerciales de Frosted Flakes de Kellogg's son casi idénticos en todo el mundo, con sólo unos pequeños ajustes para las diferencias de las culturas locales.[15] El anuncio usa el tema de un partido de tenis, que tiene atractivo en todo el mundo, y presenta a actores adolescentes con un aspecto genérico que no es ni demasiado nordeuropeo ni demasiado latinoamericano. Claro está que Kellogg traduce los comerciales a diferentes idiomas. Por ejemplo, en la versión inglesa, Tony gruñe "They're Gr-r-reat!", mientras que en la versión alemana dice "Gr-r-rossartig!" Otras adaptaciones son más sutiles. En el anuncio estadounidense, Tony, después de ganar el partido, salta la red en señal de triunfo. En otras versiones, simplemente "levanta la mano" ante su joven compañero. ¿Por qué? Porque los europeos no saltan sobre la red después de ganar un partido de tenis.

Por otra parte, Parker Pen Company cambia mucho su publicidad de un país a otro.

> Los anuncios impresos en Alemania simplemente muestran una pluma Parker en una mano que está escribiendo un titular: "Así se escribe con precisión". En el Reino Unido, donde es marca líder, [los anuncios subrayan] los exóticos procesos usados

Los comerciales de Zucaritas de Kellogg's son casi iguales en todo el mundo, sólo tienen ajustes menores para las diferencias culturales locales.

para fabricar la pluma, como pulir suavemente los puntos de oro con astillas de nogal... En Estados Unidos, el tema de la campaña publicitaria es el estatus social y la imagen. Los titulares dicen... "Así es como se sabe quién es el jefe", "Hay ocasiones cuando tiene que ser Parker". La empresa considera que los diferentes temas son necesarios debido a las diferentes imágenes del producto y... los motivos de los consumidores en cada uno de los mercados.[16]

Los publicistas globales tienen otros problemas más. Por ejemplo, los costos de los medios de publicidad y la disponibilidad varían considerablemente de un país a otro. Algunos países tienen muy pocos medios para manejar toda la publicidad que se les ofrece. Otros países están preparados con tal cantidad de medios que el publicista no puede obtener cobertura nacional por un costo razonable. Muchas veces, los precios de los medios son objeto de negociaciones y pueden variar mucho. Por ejemplo, un estudio arrojó que el costo de llegar a 1,000 consumidores en 11 países europeos iba desde 1.58 dólares en Bélgica, hasta 5.91 en Italia. En el caso de las revistas femeninas, el costo publicitario por página iba de 2.51 dólares por circulación de 1,000 ejemplares en Dinamarca a 10.87 dólares en Alemania.[17]

La cantidad de normas que regulan la publicidad en los diferentes países tampoco es igual. Muchos países tienen amplios sistemas de leyes que restringen la cantidad que una empresa puede destinar a publicidad, los medios que puede usar, el carácter de los postulados de la publicidad y otros aspectos del programa publicitario. Con frecuencia, estas restricciones requieren que los publicistas adapten sus campañas de un país a otro. Piense en los siguientes ejemplos:

Cuando la subsidiaria europea Toy Group de General Mills lanzó un producto de soldados y juguetes bélicos parecidos a los G.I. Joe, tuvo que preparar dos comerciales para televisión, una versión general para la mayor parte de los países de Europa y otra para los países que prohiben los anuncios de productos con contenido militar o violento. En consecuencia, en la versión que pasa en Alemania, Holanda y Bélgica, los jeeps reemplazan a los tanques de juguete y los soldados de jueguete no llevan armas en las manos.[18]

Un comercial de Kellogg, de 30 segundos, producido para la televisión británica requería [varios] cambios para que resultara aceptable en [otras partes de] Europa. En los Países Bajos, se tenían que suprimir las referencias al hierro y las vitaminas. En Francia, se tenía que editar la imagen de un niño con una camiseta de Kellogg, porque está prohibido que los niños anuncien productos en televisión. En Alemania, la línea "Kellogg's hace las mejores hojuelas de maíz que se hayan hecho jamás", se tenía que suprimir en razón de las reglas que rigen las aseveraciones competitivas. Después de estos cambios, el comercial de 30 segundos sólo duraría unos cinco segundos.[19]

Por tanto, aunque los publicistas pueden preparar estrategias globales para dirigir sus actividades publicitarias en general, normalmente deben adaptar programas específicos a las culturas y costumbres locales, las características de los medios y los reglamentos de la publicidad.

LA PROMOCION DE VENTAS

Dos instrumentos para la promoción masiva se suman a la publicidad: *la promoción de ventas* y *las relaciones públicas*. La **promoción de ventas** consta de incentivos a corto plazo para fomentar la adquisición o las ventas de un producto o servicio. Mientras que la publicidad ofrece motivos para comprar un producto o servicios, la promoción de ventas ofrece motivos para comprarlo *ya*. Existen ejemplos por todas partes:

> Un cupón del periódico dominical señala claramente un ahorro de 40 centavos en la compra del café X. El exhibidor al fondo del pasillo enfrenta a un comprador impulsivo con un montón de botanas. Una familia compra una cámara de video y obtiene gratis una mochila o compra un auto y recibe un cheque por un descuento de 500 dólares. El detallista de aparatos eléctricos obtiene un descuento del 10% del fabricante sobre los pedidos de enero, con la condición de que el minorista anuncie el producto en el periódico local.[20]

La promoción de ventas incluye una gran variedad de instrumentos para la promoción, diseñados para que el mercado responda antes o con más fuerza. Incluye las **promociones para consumidores** (muestras, cupones, rebajas, descuentos, extras, concursos y otros más), las **promociones mercantiles** (márgenes en las compras, bienes gratis, márgenes para la mercancía, publicidad en comparación, dinero para impulsar, concursos de ventas de los distribuidores) y la **promoción de la fuerza de ventas** (bonos, concursos, convenciones).

El veloz crecimiento de la promoción de ventas

La mayor parte de las organizaciones usan instrumentos para promover las ventas, inclusive los fabricantes, los distribuidores, los detallistas, las asociaciones gremiales y las instituciones no lucrativas. Se ha calculado que el gasto anual para promoción de ventas llega a 125 mil millones de dólares y que ha ido aumentando a gran velocidad en años recientes. Hace unos cuantos decenios, la proporción entre el gasto para publicidad y el gasto para promoción de ventas era del orden de 60/40. Hoy, en muchas empresas del ramo de bienes de consumo empacados, el panorama ha cambiado y la promoción de ventas representa 75% o más del gasto de mercadotecnia. El gasto para promoción de ventas ha ido aumentando al 12% anual, en comparación con un incremento para publicidad de sólo 7.6%.[21]

Son varios los factores que han contribuido al veloz crecimiento de la promoción de ventas, particularmente en los mercados de consumo. En primer término, dentro de la empresa, la promoción es más aceptada como la alta gerencia un instrumento de ventas eficaz y más gerentes de producto están preparados para usar los instrumentos de promoción de ventas. Es más, los gerentes de producto enfrentan cada vez más presiones para aumentar las ventas corrientes. En segundo, fuera de la empresa, ésta enfrenta más competencia y las marcas que compiten están menos diferenciadas. Los competidores recurren cada vez a más y más promociones, y los consumidores ahora buscan más gangas. En tercero, la eficiencia de la publicidad ha disminuido en razón del aumento de costos, la saturación de los medios y las limitaciones jurídicas. Por último, los detallistas están pidiéndole más tratos especiales a los fabricantes.

El abundante uso de la promoción de ventas ha producido una *saturación de promociones*, parecida a la saturación de la publicidad. Los consumidores están olvidándose cada vez más de las promociones, debilitando con ello su capacidad para activar una compra inmediata. De hecho, el grado en que los consumidores de Estados Unidos han llegado a dar por sentadas las promociones, quedó ilustrado notablemente con las reacciones que tuvieron los consumidores de Europa del este cuando, en fecha reciente, Procter & Gamble repartió muestras gratis de un champú que acababa de introducir. Para P&G, la campaña de las muestras era una actividad normal. Para los consumidores de Polonia y Checoslovaquia era como un milagro:

> Sin que se esperara nada a cambio, los compradores de Varsovia estaban recibiendo muestras gratis del champú Wash & Go de Vidal Sasoon. Sólo por el privilegio de

probar el producto nuevo, no por formar cola para recibir un producto que quizá ni siquiera estaría en los anaqueles. Algunas personas estaban tan asombradas que estuvieron a punto de soltarse a llorar. En un pueblecito de Checoslovaquia, el jefe de la oficina de correos local estaba tan orgulloso de formar parte de un programa de muestras enviadas por correo, que envió al jefe de personal de P&G un ramo de rosas para manifestarle su agradecimiento. El jefe de la oficina de correos le dijo al de P&G: "Esto es lo más emocionante que ha ocurrido en esta oficina jamás; es una experiencia inigualable formar parte de la nueva economía de mercado que está llegando".[22]

Aunque es poco probable que ninguna promoción de ventas produzca tanta emoción entre los consumidores de Estados Unidos y de otros países occidentales, acostumbrados a las promociones, los fabricantes están buscando la forma de superar la saturación, quizás ofreciendo cupones de más valor o creando exhibidores más llamativos para los puntos de compra.

El propósito de la promoción de ventas

Los instrumentos de la promoción de ventas varían en cuanto a sus objetivos específicos. Por ejemplo, una muestra gratis provoca una prueba por parte del consumidor; un servicio de asesoría administrativa gratuito es la base para una relación al largo plazo con un detallista. Los vendedores recurren a la promoción de ventas para atraer a personas que prueben el producto por primera vez, para recompensar a los clientes fieles y para elevar los porcentajes de repetición por parte de compradores ocasionales.

Existen tres tipos de personas que prueban el producto por primera vez: las que no usan la categoría del producto, los usuarios fieles a otra marca y los usuarios que cambian de marca con frecuencia. Las promociones de ventas suelen atraer al último grupo (las personas que cambian de marca), porque las que no usan la categoría y las que usan otras marcas no siempre notan una promoción ni actúan por su causa. Las personas que cambian de marca suelen estar buscando precios bajos y buen valor. Es poco probable que la promoción de ventas las conviertan en usuarios leales a la marca. Por tanto, la promoción de ventas aplicadas en mercados donde las marcas son muy parecidas suelen producir una respuesta de muchas ventas a corto plazo, pero muy pocas ganancias permanentes de participación en el mercado. Sin embargo, en los mercados donde las marcas difieren mucho, las promociones de ventas pueden alterar la participación en el mercado de forma más permanente.

Muchos vendedores piensan que la promoción de ventas en un instrumento para malograr la lealtad por la marca y que la publicidad es un instrumento para crear lealtad por la marca. Por tanto, un punto importante para los gerentes de mercadotecnia radica en cómo dividir el presupuesto entre promociones de ventas y publicidad. Hace 10 años, los gerentes de mercadotecnia normalmente habrían decidido primero cuánto tenían que gastar en publicidad y, después, habrían dedicado el resto a la promoción de ventas. Hoy, es cada vez mayor la cantidad de gerentes de mercadotecnia que deciden primero cuánto necesitan gastar en promociones comerciales, luego deciden qué cantidad dedicarán a promociones para los consumidores y después presupuestan la cantidad que resta para la publicidad.

Sin embargo, existe el peligro de que la publicidad se quede a la zaga de la promoción de ventas. Al recortar el gasto para publicidad se puede perder lealtad de los clientes por la marca. Un estudio reciente sobre la lealtad para 45 marcas importantes de bienes empacados, arrojó que cuando baja una parte de la publicidad, también disminuye la lealtad por la marca. A partir de 1975, la lealtad por la marca, con un aumento de gasto para publicidad, disminuyó 5%. Sin embargo, en el caso de marcas con menos gasto para publicidad, la lealtad por la marca bajó 18%.[23]

Cuando una empresa promueve los precios de una marca con demasiada frecuencia, los consumidores empiezan a considerarla una marca barata. En breve, muchos consumidores sólo comprarán la marca cuando está de oferta. Nadie sabe cuándo ocurrirá, pero el riesgo aumenta notablemente si la empresa promueve una marca líder, bien conocida, más del 30% del tiempo. Los mercadólogos rara vez recurren a la promoción de ventas para marcas dominantes, porque las promociones no harían sino subsidiar a los usuarios corrientes.

Muchos analistas piensan que las actividades de promoción de ventas no crean preferencia ni lealtad de los consumidores a largo plazo, como lo hace la publicidad. En cambio, las promociones suelen producir ventas a corto plazo que no se pueden mantener. Los competidores que tienen una parte pequeña del mercado encuentran ventajas en la promoción de ventas porque no se pueden dar el lujo de igualar los grandes presupuestos publicitarios de los líderes del mercado. Tampoco pueden conseguir espacio en los anaqueles si no ofrecen mayores márgenes comerciales o estimular a los consumidores a que prueben el producto si no ofrecen incentivos al consumidor. Por tanto, las marcas pequeñas que buscan aumentar su parte del mercado son las que recurren a la competencia de precios, pero ésta suele ser menos efectiva en el caso de una empresa líder del mercado cuyo crecimiento radica en expandir la categoría entera de productos.[24]

La cuestión es que muchas empresas de bienes de consumo empacados se sienten obligadas a usar más promociones de ventas que las que les gustaría usar. En fecha reciente, Kellogg, Kraft, Procter & Gamble y varias otras líderes del mercado han anunciado que darán cada vez más importancia a las promociones de atracción y a incrementar sus presupuestos para publicidad. Consideran que el uso exagerado de la promoción de ventas es la causa de la disminución de la lealtad por las marcas, del aumento de sensibilidad de los consumidores ante los precios, del hacer planes de mercadotecnia a corto plazo y de la erosión de la imagen de calidad de las marcas.

Sin embargo, algunos mercadólogos disputan estas críticas. Argumentan que el uso abundante de la promoción de ventas es síntoma de estos problemas, pero no su causa. Hablan de causas más básicas, como el crecimiento más lento de la población, los consumidores más informados, el exceso de capacidad de la industria, la disminución de la eficacia publicitaria, el aumento de fuerza de los revendedores y la importancia que conceden los negocios estadounidenses a las utilidades a corto plazo. Estos mercadólogos afirman que la promoción de ventas ofrece muchos beneficios importantes a los fabricantes y a los consumidores. La promoción de ventas permite a los fabricantes ajustarse a cambios de la oferta y la demanda a corto plazo y a diferencias en los segmentos de clientes. Permiten a los fabricantes cobrar un precio de lista más elevado para probar "qué tan alto es alto". Las promociones de ventas fomentan que los consumidores prueben los productos nuevos en lugar de quedarse siempre con los mismos. Conducen a formas de menudeo más variadas, como la tienda de precios baratos todos los días o la tienda de precios de promociones, que ofrecen a los consumidores más opciones. Por último, las promociones de ventas conducen a mayor conciencia de los consumidores en cuanto a los precios y a que los consumidores tengan la satisfacción de sentirse compradores listos cuando pueden aprovechar las gangas de precios.[25]

La promoción de ventas suele ir de la mano con la publicidad o las ventas personales. Las promociones para los consumidores, normalmente, se deben anunciar y pueden aumentar emoción y poder de atracción a los anuncios. Las promociones mercantiles y para los cuerpos de vendedores respaldan el proceso de ventas personales de la empresa. Una empresa, para usar la promoción de ventas, tendrá que establecer objetivos, elegir los instrumentos adecuados, preparar el mejor programa, hacer pruebas previas y aplicarlo y evaluar los resultados.

Cómo establecer los objetivos de la promoción de ventas

Los objetivos de la promoción de ventas son muy variados. Los vendedores pueden recurrir a las *promociones para los consumidores* con el propósito de aumentar las ventas a corto plazo o crear una participación mayor en el mercado, a largo plazo. El objetivo quizá sea convencer a los consumidores de que prueben un producto nuevo, robarle consumidores a los productos de la competencia, conseguir que los consumidores se "llenen" de un producto maduro o retener y recompensar a los clientes fieles. Los objetivos de las *promociones mercantiles* serían conseguir que los detallistas manejen artículos nuevos y más inventarios, que anuncien el producto y le concedan más espacio en los anaqueles y que efectúen compras anticipadas. En el caso de la *fuerza de ventas,* los objetivos serían conseguir más apoyo de los vendedores para productos nuevos o actuales, o lograr que los vendedores consigan firmar cuentas nuevas.

En general, las promociones de ventas deben **conseguir que los consumidores privilegien la marca;** es decir, deben promover la posición del producto e incluir un mensaje de ventas y un trato especial. En un plano ideal, el objetivo es crear demanda de consumo a largo plazo, y no alentar un cambio temporal de marcas. Todo instrumento para la promoción de ventas, cuando es debidamente diseñado, tiene potencial para conseguir que el consumidor privilegie la marca.

Cómo seleccionar los instrumentos para la promoción de ventas

Se pueden usar muchos instrumentos para alcanzar los objetivos de la promoción de ventas. El planeador de las promociones debe tomar en cuenta el tipo de mercado, los objetivos de la promoción de ventas, la competencia y los costos, así como la eficacia de cada instrumento. A continuación se explican los instrumentos principales de las promociones de consumo y las mercantiles.

Los instrumentos de las promociones de consumo

Los instrumentos básicos de las promociones para los consumidores serían las muestras, los cupones, los reembolsos en efectivo, los paquetes a precio especial, los extras, los artículos publicitarios, los premios por preferir la marca, los exhibidores y demostraciones en el punto de compra, así como los concursos, las rifas y los juegos.

Las **muestras** son ofertas para probar una cantidad cualquiera de un producto. Algunas muestras son gratis, otras son por un precio mínimo que sirve a la empresa para compensar los costos. La muestra se puede entregar de puerta en puerta, enviar por correo, ofrecer en una tienda, anexar a otro producto o incluir en un anuncio. Las muestras representan la forma más eficaz, aunque la más cara, de introducir un producto nuevo. Por ejemplo, Lever Brothers tenía tanta confianza en Surf, su nuevo detergente, que invirtió 43 millones de dólares en la distribución de muestras gratis en cuatro de cada cinco hogares de Estados Unidos.

Los **cupones** son certificados que ofrecen a los compradores el ahorro de cierta cantidad cuando adquieren productos específicos. En Estados Unidos se distribuyen más de 330 mil millones de cupones al año. Los consumidores rescatan casi 8 mil millones de dichos cupones, con un valor nominal promedio de 59 centavos por cupón, y se ahorran más de 4.7 mil milllones de dólares en sus compras. Los cupones pueden enviarse por correo, incluirse con otros productos o colocarse en anuncios. Pueden estimular las ventas de una marca madura o fomentar las primeras pruebas de una marca nueva. Algunas empresas del ramo de los bienes empacados están experimentando con las máquinas expendedoras de cupones en el punto de venta. Las primeras pruebas con estas "máquinas de cupones instantáneos" han producido una tasa promedio de rescate del 24% y han levantado las ventas alrededor del 32%.[26]

Los **reembolsos de metálico** (o **rebajas**) se parecen a los cupones, pero la disminución del precio se presenta después de la compra y no en la tienda detallista. El consumidor envía una "prueba de que ha comprado" al fabricante, quien a su vez reembolsa parte del precio de compra por correo. Por ejemplo, Toro recurrió a una inteligente promoción de pretemporada para algunos de sus modelos de rompevientos, ofreciendo una rebaja si las nevadas que se presentaran en la zona de mercado del comprador resultaban por abajo de la media. Los competidores no pudieron igualar esta oferta en un plazo tan corto y la promoción tuvo gran éxito. Por otra parte, las rebajas son ahora tan comunes en la industria de los automóviles que muchos compradores de autos demoran su compra hasta que se anuncian las rebajas. Como la mayor parte de las empresas automovilísticas ofrecen rebajas similares, las empresas no salen ganando gran cosa. Más valdría que invirtieran su dinero en publicidad para fortalecer la imagen de sus marcas.

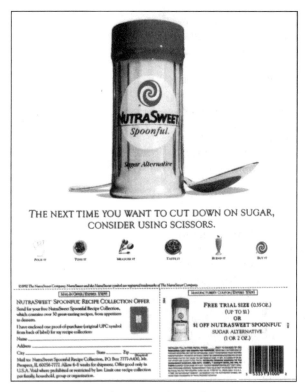

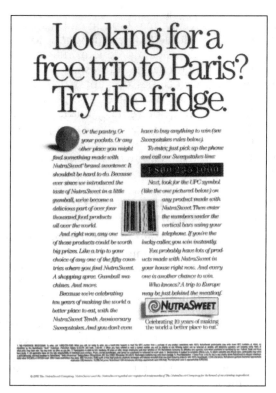

Instrumentos para las promociones de consumo: en este caso NutraSweet trata de estimular la adquisición inmediata por medio de una combinación de incentivos, inclusive la oferta de una muestra (una prueba gratis), la oferta de un cupón (1 dólar de descuento para tamaños grandes) y la oferta de un extra (una colección de recetas). A la derecha, celebra su décimo cumpleaños ofreciendo un sorteo.

Los **paquetes a precio especial** (también llamados **tratos especiales**) ofrecen a los consumidores ahorrarse unos centavos sobre el precio normal de un producto. El productor marca el descuento del precio directamente en la etiqueta o el paquete. Los paquetes a precio especial pueden ser un solo paquete que se vende a precio más bajo (por ejemplo dos por el precio de uno) o dos productos relacionados y reunidos (como un cepillo de dientes y un dentífrico). Los paquetes a precio especial son muy efectivos, incluso más que los cupones, para estimular las ventas a corto plazo.

Los **extras** son bienes que se ofrecen gratis o a bajo costo, como incentivo para que se compre un producto. Por ejemplo, en la promoción de "Encuentre el tesoro", Quaker Oats introdujo 5 millones de dólares en monedas de oro y plata en las latas de comida para perros Ken-L Ration. El escocés Cutty Sark, en una promoción reciente, ofrecía una bandeja de bronce con la compra de una botella de Cutty y una lámpara de escritorio con la compra de dos botellas. El extra puede venir en el interior del paquete o en el exterior del mismo. El empaque, si se puede volver a usar, podría ser el extra; por ejemplo una lata decorativa. En ocasiones, los extras se envían por correo a los consumidores después de que han enviado prueba de haber comprado un producto, por ejemplo, la tapa de una caja. Un extra *autofinanciable* es un extra que se vende a un precio inferior a su precio normal al menudeo, a los consumidores que lo solicitan. Los fabricantes ofrecen ahora a los consumidores todo tipo de extras que llevan el nombre de su empresa: los admiradores de Budweiser pueden pedir camisetas, globos de aire caliente y cientos de artículos más con el nombre de Bud a precios sumamente bajos.

Los **artículos publicitarios** son objetos útiles que llevan impreso el nombre del anunciante y se regalan a los consumidores. Los artículos típicos serían: plumas, calendarios, llaveros, relojes, bolsas, camisetas, cachuchas y tarros. Las empresas estadounidenses gastan más de 4 mil millones de dólares al año en artículos publicitarios. Estos artículos pueden ser muy eficaces. Un estudio reciente arrojó que 63% de los consumidores encuestados llevaban, en las manos o puesto, un artículo publicitario. Más de las tres cuartas partes de los que llevaban un artículo de estos pudieron recordar el nombre o el mensaje del anunciante antes de mostrarle el artículo al encuestador.[27]

Los **premios por preferir la marca** son premios en metálico o de otro tipo ofrecidos por usar, de manera regular, los productos o servicios de una empresa. Por ejemplo, las líneas aéreas ofrecen "planes para personas que vuelan con frecuencia", mediante los cuales se suman puntos por la cantidad de millas recorridas, los cuales se pueden canjear por vuelos gratis en esa línea aérea. Los hoteles Marriott han adoptado un plan de "huésped especial" que regala puntos a los usuarios de sus hoteles. Baskin-Robbins ofrece premios por compras frecuentes; por cada 10 compras, los clientes reciben un litro de helado gratis. Polaroid y Pan Am ofrecen, juntas, un "Programa de sonrisas frecuentes"; es decir, cuando los miembros compran determinados productos Polaroid obtienen puntos que pueden usar para obtener billetes gratis en Pan Am. Las estampillas que se canjean también son recompensas por preferir una marca, pues los clientes reciben las estampillas cuando le compran a ciertos comerciantes y después las pueden canjear por artículos en los centros de canje o por medio de catálogos de envíos por correo.

Las **promociones en el punto de compra (PEP)** incluirían los exhibidores y las demostraciones que se presentan en el punto de compra o de venta. Un ejemplo sería el exhibidor de cartón de cinco pies de altura del Cap'n Crunch junto a las cajas de cereal de Cap'n Crunch. Por desgracia, a muchos detallistas no les gusta manejar los cientos de exhibidores, letreros y carteles que reciben de los fabricantes año tras año. Los fabricantes han contestado ofreciendo materiales de PEPs de más calidad, ligándolos a mensajes impresos o televisados y ofreciéndose para armarlos. Un buen ejemplo sería el exhibidor de "la lata que se ladea" de Pepsi, el cual fue premiado. En un exhibidor normal de un empaque de seis latas de Pepsi, en un pasillo de supermercado, un empaque mecánico de seis latas empieza a ladearse, llamando la atención de los compradores que pasan por ahí y piensan que el empaque se está cayendo. Un letrero recuerda a los compradores: "¡No olvide su Pepsi!" En las tiendas donde se realizaron pruebas de mercado, el exhibidor sirvió para conseguir más respaldo de los comerciantes y aumentó mucho las ventas de Pepsi.

Los **concursos, las rifas y los juegos** ofrecen a los consumidores la probabilidad de ganar algo, por ejemplo dinero, viajes u objetos, por azar o por alguna actividad extraordinaria. Un *concurso* requiere que los consumidores entreguen algo —una canción, un acertijo, una sugerencia— que será calificado por un juzgado que elegirá las mejores entregas. Las *rifas* requieren que los consumidores entreguen sus datos para participar en un sorteo. Los *juegos* entregan algo a los consumidores (números de lotería, letras que faltan) cada vez que compran algo y ello puede servirles para ganar el premio o no. Los concursos de ventas sirven para que los distribuidores y los vendedores hagan un mayor esfuerzo y para que los que vendan más reciban un premio.

Instrumentos para las promociones mercantiles

Es mayor la cantidad de dólares destinada a promoción de ventas que se dirigen a los detallistas y los mayoristas (66%) que la que se destina a los consumidores (34%). La promoción mercantil pueden convencer a los mayoristas o detallistas de que manejen una marca, le concedan espacio en los anaqueles, la promuevan en su publicidad y la impulsen ante los consumidores. En estos días, el espacio en los anaqueles está tan escaso que los fabricantes muchas veces deben ofrecer descuentos de precios, márgenes, garantía de devolución o artículos gratis a los detallistas y los mayoristas para conseguir que los coloquen en el anaquel y para que, una vez ahí, conserven su lugar.

Los fabricantes usan varios instrumentos para las promociones mercantiles. Muchos de los instrumentos usados para las promociones de consumo (concursos, extras, exhibidores) también se pueden usar para las promociones mercantiles. Asimismo, el fabricante puede ofrecer un **descuento** directo sobre el precio de lista por cada caja que se compre dentro de determinado periodo de tiempo (también llamado *descuento de precio, descuento sobre factura, descuento sobre lista*). La oferta lleva a los distribuidores a comprar mayor volumen y a manejar el artículo nuevo. Los distribuidores pueden usar el descuento para obtener utilidades de inmediato, para publicidad o para rebajar el precio a sus clientes.

Los fabricantes también pueden ofrecer un **margen** (por regla general un descuento dado cualquiera por caja) a cambio de que el detallista acepte llevar los productos del fabricante de alguna forma determinada. El *margen para publicidad* compensa a los detallistas por anunciar el producto. El *margen por exhibir el producto* los compensa por usar exhibidores especiales.

Los fabricantes pueden ofrecer *bienes gratis,* es decir cajas extra de mercancía, a los intermediarios que compran cierta cantidad o que respaldan un sabor o tamaño determinado. También pueden ofrecer *dinero para impulsar* los bienes del fabricante; es decir, dinero o regalos para los distribuidores o los vendedores que "impulsan" el producto. Los fabricantes pueden entregar a los detallistas *artículos publicitarios* gratis, con el nombre de la empresa, por ejemplo: plumas, lápices, calendarios, pisapapeles, cerillos, libretas de notas, ceniceros y cintas métricas.

Instrumentos para las promociones empresariales

Las empresas gastan miles de millones al año para promoverse entre los clientes industriales. Estas promociones empresariales sirven para generar pistas de negocios, estimular las compras, recompensar a los clientes y motivar a los vendedores. Las promociones empresariales incluirían muchos de los instrumentos que se usan para las promociones de consumo y las mercantiles. A continuación se habla de dos instrumentos básicos para las promociones empresariales: las convenciones y las ferias del ramo y los concursos de ventas.

Convenciones y ferias del ramo. Muchas empresas y asociaciones mercantiles organizan *convenciones y ferias del ramo* para promover sus productos. Las empresas que le venden a una industria exhiben sus productos en una feria del ramo. En Estados Unidos, hay más de 5,800 ferias al año, las cuales atraen a cerca de 80 millones de personas. Las empresas vendedoras obtienen muchos beneficios, por ejemplo, la posibilidad de encontrar pistas para ventas, ponerse en contacto con sus clientes, introducir productos nuevos, encontrar clientes nuevos, vender más a los clientes presentes y educar a los clientes por medio de publicaciones y material audiovisual.

Las ferias también le sirven a las empresas para llegar a muchos prospectos que no alcanzan por medio de su fuerza de ventas. Alrededor del 90% de los visitantes de una feria se ponen en contacto con los vendedores de la empresa, por primera vez, en la feria. El asistente promedio dedica casi ocho horas para ver la exhibición, durante un periodo de dos días, y pasa un promedio de 22 minutos ante cada muestra. Alrededor del 85% de los asistentes toman la decisión de comprar uno o varios de los productos exhibidos. El costo promedio por visitante alcanzado (inclusive muestras, viaje del personal, viáticos y salarios, y costos de promoción antes de la feria) es de 87 dólares, cantidad inferior al costo promedio de una visita de ventas industriales.

Los comercializadores empresariales quizá destinen a las ferias del ramo hasta un 35% de sus presupuestos anuales para promociones. Estos enfrentan varias decisiones: en qué ferias participar, cuánto gastar en cada feria, cómo preparar puestos llamativos que atraigan la atención y cómo seguir con eficacia las pistas para vender más.[28]

Los concursos de ventas. Un *concurso de ventas* es un concurso para vendedores y distribuidores que pretende motivarlos para que aumenten la cantidad de ventas durante un periodo dado. La mayor parte de las empresas tienen concursos de ventas anuales, o más frecuentes, para sus vendedores. Estos concursos, llamados "programas de incentivos", motivan a los buenos vendedores y reconocen sus méritos, y éstos pueden obtener viajes, premios en metálico u otro tipo de premios. Algunas empresas abonan puntos por el rendimiento y el receptor los puede canjear por una serie de premios. Los concursos de ventas funcionan mejor si están ligados a objetivos de ventas mensurables y alcanzables (por ejemplo, encontrar cuentas nuevas, revivir cuentas viejas o aumentar la rentabilidad de cuentas) y cuando los empleados sienten que tienen la misma posibilidad de ganar que los demás. De lo contrario, los empleados que piensan que las metas del concurso no son razonables ni equitativas, no participarán en el desafío.[29]

Cómo desarrollar un programa de promoción de ventas

El mercadólogo debe tomar algunas decisiones más a efecto de definir el programa entero de la promoción de ventas. En primer término, el mercadólogo debe decidir el *tamaño del incentivo*. Se necesita un incentivo mínimo dado para que la promoción tenga éxito; un incentivo grande producirá una mayor respuesta en las ventas. Algunas de las empresas grandes que venden bienes de consumo empacados cuentan con un gerente de promoción de ventas que estudia las promociones del pasado y recomienda grados de incentivos a los gerentes de marca.

El mercadólogo también debe establecer las *condiciones de la participación*. Los incentivos se le pueden ofrecer a todo el mundo o sólo a grupos seleccionados. Por ejemplo, el extra se le puede ofrecer exclusivamente a quienes regresen las tapas de la cajas. Los sorteos ofrecidos en ciertos estados podrían excluir a la familia del personal de la empresa o a las personas de menos de cierta cantidad de años.

A continuación, el mercadólogo tendrá que decidir cómo *promover y distribuir el programa de promociones* mismo. Un cupón para un descuento de 50 centavos se puede entregar en un paquete, en una tienda, por correo o en un anuncio. Cada método de distribución entraña un grado de alcance y un costo diferentes. Los mercadólogos están mezclando, cada vez con mayor frecuencia, varios medios en concepto total de campaña:

> Un juego de trivia deportiva para que los bares se sientan atraídos hacia una marca de cerveza de calidad extra recurriría a la televisión para llegar a los consumidores, al correo directo para incentivar a los distribuidores, al punto de compra para el respaldo de detallistas, a los teléfonos para recibir llamadas de los consumidores, a una oficina de servicios para procesar las llamadas, a operadores adistrados para registrar los datos y a un programa de computación y computadoras para unir todos estos puntos... Las empresas recurren a las telepromociones, no sólo para impulsar un producto hacia el menudeo, sino también para identificar a los clientes, generar pistas, crear bases de datos y entregar cupones, muestras de productos y ofertas de rebajas.[30]

La *duración de la promoción* también es importante. Si el lapso de la promoción de ventas es demasiado corto, muchos prospectos (que podrían no estar comprando a la sazón) se la perderán. Si la promoción dura demasiado, la ganga perderá parte de la fuerza que tiene el "actúe ya". Los gerentes de marca deben establecer fechas del calendario para sus promociones. Los departamentos de producción, ventas y distribución usarán estas fechas. Quizá se necesiten también algunas promociones no planeadas, que requieran cierta cooperación a corto plazo.

Por último, el mercadólogo debe determinar el *presupuesto para la promoción de ventas*, el cual se puede preparar de dos maneras. El mercadólogo puede elegir las promociones y estimar el total de costos. Sin embargo, la manera más común consiste en aplicar a la promoción de ventas un porcentaje del total del presupuesto. Un estudio arrojó que la forma en que las empresas presupuestan las promociones de ventas tiene tres problemas básicos. En primer lugar, no consideran la vigencia de los costos. En segundo, en lugar de establecer la erogación para alcanzar los objetivos, se limitan a aumentar la erogación del año anterior, partiendo de un porcentaje de las ventas esperadas o usando el "enfoque de lo asequible". Por último, es muy frecuente que los presupuestos para publicidad y promociones se preparen por separado.[31]

Cómo hacer pruebas previas y cómo aplicarlas

Siempre que sea posible, los instrumentos de la promoción de ventas se deben *probar con antelación* para averiguar si son los adecuados y si el incentivo es del tamaño indicado. Empero, pocas promociones son probadas previamente; 70% de las empresas no prueban las promociones de ventas antes de iniciarlas.[32] No obstante, se pueden hacer pruebas previas, con rapidez y sin mucho costo, de las

promociones de ventas para los consumidores. Por ejemplo, se puede pedir a los consumidores que califiquen o clasifiquen diferentes promociones posibles o se pueden aplicar promociones en forma limitada en zonas geográficas seleccionadas.

Las empresas deben preparar planes para poner en práctica cada una de las promociones, los cuales tendrán que cubrir el tiempo de preparación y el tiempo de duración. El *tiempo de preparación* es el tiempo que se requiere para armar el programa antes de lanzarlo. El *tiempo de la duración* empieza con el lanzamiento y termina cuando acaba la promoción.

Cómo evaluar los resultados

La evaluación también es muy importante. Sin embargo, las empresas no siempre evalúan sus programas de promoción de ventas y otras los evalúan en forma muy superficial. Los fabricantes pueden aplicar varios métodos de evaluación. El método más común es comparar las ventas, antes, durante y después de la promoción. Suponga que una compañía tiene 6% del mercado antes de la promoción, que salta al 10% durante la promoción, baja al 5% justo después y sube a 7% más adelante. Según parece, la promoción atrajo a personas nuevas y a más compras de los clientes existentes. Después de la promoción, las ventas bajaron conforme los consumidores agotaban sus inventarios. El aumento al 7%, a largo plazo, significa que la empresa captó algunos usuarios nuevos. Si la parte del mercado correspondiente a la marca hubiera regresado al mismo nivel, entonces la promoción sólo habría cambiado el tiempo de la demanda y no el *total* de la demanda.

Las investigaciones sobre los consumidores también arrojan el tipo de personas que respondieron a la promoción y lo que hicieron cuando ésta terminó. Las *encuestas* pueden ofrecer información sobre cuántos consumidores recuerdan la promoción, qué pensaron de ella, cuántos la aprovecharon y cómo afectó sus compras. Las promociones de ventas también se pueden evaluar en razón de *experimentos* con diversos factores, por ejemplo, el valor del incentivo, la duración y el método de distribución.

Está claro que la promoción de ventas desempeña un papel importante en la mezcla total de promociones. Para usarla bien, el mercadólogo tendrá que definir los objetivos de la promoción de ventas, elegir los mejores instrumentos, diseñar el programa de la promoción de ventas, hacer pruebas previas y aplicar el programa, además de evaluar los resultados. En Puntos Importantes de la Mercadotecnia 17-4 se habla de algunas campañas de promoción de ventas que han ganado premios.

LAS RELACIONES PUBLICAS

Otro instrumento importante para las promociones masivas son las **relaciones públicas;** es decir, establecer buenas relaciones con los diversos públicos de la empresa, obteniendo propaganda favorable, creando una "imagen social" buena, y manejando o desviando los rumores, casos y hechos negativos. Antes, las relaciones públicas de mercadotecnia se llamaban **propaganda** y se veían simplemente como una serie de actividades para promover a una empresas o sus productos, colocando noticias sobre ella en los medios, sin que el patrocinador pagara una cantidad. Las relaciones públicas representan un concepto mucho más amplio que incluye la propaganda, pero también muchas otras actividades. Los departamentos de relaciones públicas usan muchos instrumentos:

- *Las relaciones con la prensa:* Colocar información noticiosa en los medios informativos para atraer la atención hacia una persona, producto o servicio.

- *La propaganda del producto:* Hacerle publicidad a productos específicos.

- *Los comunicados de la sociedad:* Preparar comunicados internos y externos para fomentar el conocimiento de la empresa o la institución.

- *El cabildeo:* Tratar con los legisladores y funcionarios del gobierno para promover o descartar leyes y reglamentos.

■ *La asesoría:* Asesorar a la gerencia en cuanto a asuntos públicos y la posición y la imagen de la empresa.[33]

Las relaciones públicas sirven para promover productos, personas, lugares, ideas, actividades, organizaciones e, incluso, países. Las asociaciones comerciales han recurrido a las relaciones públicas para revivir el interés por mercancías en descenso como huevos, manzanas, leche y papas. La ciudad de Nueva York cambió su imagen cuando logró que arraigara la campaña "Amo a Nueva York", que llevó a millones de turistas a la ciudad. El manejo magistral de las relaciones públicas de Johnson & Johnson desempeñó un papel medular para impedir que Tylenol se extinguiera después del susto con los productos alterados. Los países han usado las relaciones públicas para atraer a mayor cantidad de turistas, inversiones extranjeras y apoyo internacional.

Las relaciones públicas pueden tener muchas repercusiones en la conciencia del público, a un costo mucho menor que los anuncios. La empresa no paga el espacio ni el tiempo usados en los medios. En cambio, le paga a un equipo para que prepare y distribuya información y maneje los eventos. Si la empresa inventa un relato interesante, éste puede ser cubierto por varios medios y tener las mismas consecuencias que un anuncio que costaría millones de dólares. Además, resultaría más creíble que el anuncio. En ocasiones, los resultados de las relaciones públicas pueden ser espectaculares. Piense en el caso clásico de las muñecas Cabbage Patch:

> Las relaciones públicas fueron centrales para hacer que las muñecas Cabbage Patch de Coleco resultaran una sensación de un día para otro. Las muñecas fueron presentadas, formalmente, en una conferencia de prensa en Boston, donde niñas de las escuelas locales realizaron una ceremonia de adopción en masa ante la prensa. Gracias a la maquinaria de las relaciones públicas de Coleco, algunos psicólogos infantiles recomendaron públicamente las Cabbage Patch Kids y la Dra. Joyce Brothers y otros articulistas de periódicos proclamaron que las muñecas Cabbage Patch eran juguetes recomendables. Las principales revistas femeninas presentaban a las muñecas como regalo ideal para Navidad y, tras una presentación de cinco minutos en el programa *Today,* las Cabbage Patch completaron el circuito de la información hablada. Los mercadólogos de otros productos usaron como premio las Cabbage Patch, tan difíciles de conseguir, y los detallistas las usaron para atraer a clientes a sus tiendas. El rumor se extendió y toda niña *sencillamente* tenía que poseer una de estas muñecas. Las muñecas se vendieron enseguida y se inició el gran "Pánico de las Cabbage Patch".

A pesar de sus muchas virtudes en potencia, las relaciones públicas suelen ser tratadas como hija adoptiva de la mercadotecnia, debido a que no se usan mucho ni ampliamente. El departamento de relaciones públicas suele estar ubicado en las oficinas centrales de la corporación. Su personal está tan ocupado tratando con diversos públicos (accionistas, empleados, legisladores, funcionarios públicos), que los programas de relaciones públicas para respaldar los objetivos de mercadotecnia de los productos no se toman en cuenta. Además, los gerentes de mercadotecnia y los publirrelacionistas no siempre hablan el mismo idioma. Por una parte, muchos publirrelacionistas consideran que su labor sólo consiste en comunicar. Por otra parte, los gerentes de mercadotecnia tienden a estar mucho más interesados en las repercusiones que la publicidad y las relaciones públicas tienen en las ventas y las utilidades.

No obstante, la situación está cambiando. Ahora, muchas empresas quieren que sus departamentos de relaciones públicas manejen todas sus actividades, perfilándose hacia la comercialización de la empresa y al mejoramiento de las bases. Algunas empresas están constituyendo unidades especiales de *relaciones públicas de mercadotecnia* para que respalden, directamente, la promoción del producto y de la sociedad y para que construyan su imagen. Muchas empresas contratan empresas dedicadas a las relaciones públicas de mercadotecnia para que manejen sus programas de relaciones públicas o para que le ayuden al equipo encargado de ellas. En una encuesta de gerentes de mercadotecnia, tres cuartas partes dijeron que sus empresas sí usaban las relaciones públicas de mercadotecnia. Manifesta-

LAS PROMOCIONES DE VENTAS QUE HAN GANADO PREMIOS

Año con año, las empresas estadounidenses bombardean a los clientes con miles y miles de diversas promociones de ventas. Algunas salen mal libradas y jamás alcanzan sus objetivos, otras logran un rendimiento apabullante. A continuación se presentan algunos ejemplos de promociones de ventas que han ganado premios.

La oferta de un "examen gratis de su gato" de 9-Lives

En esta extraña promoción de un regalo, Star-Kist Foods se unió a la American Animal Hospital Association para ofrecer a los amos de gatos un examen médico gratis, de 15 dólares, a cambio de pruebas de haber comprado alimentos 9-Lives para gatos. Los 1,500 miembros de la AAHA donaron sus servicios para fomentar que los amos de gatos les llevaran a sus animales para exámenes regulares. Star-Kist respaldó la oferta del premio con 63 millones de cupones y descuentos comerciales para conseguir el apoyo de los detallistas. La promoción costó alrededor de 600,000 dólares (excluyendo los medios). Los consumidores rescataron 40% más cupones que la cantidad normal y Star-Kist entregó más de 50,000 certificados para exámenes gratis. Durante la promoción, los productos enlatados 9-Lives alcanzaron su mayor participación en el mercado en dos años.

Sorteo del X Cumpleaños de NutraSweet

Para celebrar su décimo cumpleaños, NutraSweet desarrolló un innovador sorteo mediante llamadas. El objetivo: aumentar las ventas y la conciencia de la amplia aceptación de NutraSweet, desde su introducción 10 años antes. La empresa también quería agradecer a sus muchos clientes empresariales. Como NutraSweet no cuenta con un cuerpo de vendedores que coloquen materiales en las tiendas, diseñó una promoción usando códigos de barras universales en productos que contenían NutraSweet, los cuales servían como "números de suerte" para un sorteo. Los clientes participaban llamando a un número gratis y apretando una UPC. Las personas que llamaban, de inmediato, escuchaban el mensaje de "ha ganado" o "vuelva a intentarlo". La promoción consistía en 18,000 premios, desde máquinas de chicles hasta viajes a uno de los 50 países donde se venden productos que contienen NutraSweet. Las UPC de los clientes clave de NutraSweet también activaban mensajes propios como "Gracias por escoger Diet Pepsi". El soreteo se promovió por medio de inserciones nacionales gratuitas. Generó más de 1.5 millones de llamadas, el triple de la cantidad proyectada. Los clientes empresariales quedaron muy complacidos y la agencia que diseñó la promoción recibió, mediante votación, el premio para la agencia con la mejor promoción del año, concedido por *Advertising Age*.

La promoción de "vuele con el Barón Rojo"

El Servicio de Pizzas Red Baron usó una imaginativa combinación de eventos especiales, cupones y actividades caritativas para elevar las ventas de sus pizzas congeladas. La empresa recreó al Baron Manfred von Richtofen, as de la aviación de la Primera Guerra Mundial, y

ron que era especialmente eficaz para crear conciencia y conocimiento de la marca, tanto en el caso de productos nuevos como en el de los ya establecidos. En algunos casos, sus costos resultan más eficaces que los de la publicidad.[34]

Principales instrumentos de las relaciones públicas

Los profesionales de las relaciones públicas usan diversos instrumentos. Uno de los principales son las *noticias*. Los publirrelacionistas profesionales encuentran o inventan noticias positivas referentes a la empresa y sus productos o personal. En ocasiones, las noticias se presentan de manera natural, en otras el publirrelacionista puede sugerir eventos o actividades que darían pie a noticias. Los *discursos* también pueden hacerle propaganda al producto y la empresa. Los ejecutivos de las empresas tienen que contestar, cada vez con más frecuencia, cuestionarios de los medios o pronunciar discursos en asociaciones comerciales o juntas de ventas y estos actos pueden levantar la imagen de la empresa o perjudicarla. Otro instrumento común de las relaciones públicas son los *eventos especiales,* que van desde conferencias de prensa, recorridos con la prensa e inauguraciones magnas; desde fuegos artificiales hasta espectáculos con láser, liberación de globos aerostáticos, presentaciones ante diversos medios, y programas especiales con personajes y estrellas alcanzarán e interesarán a los públicos en la mira.

El personal de relaciones públicas también prepara material *escrito* para que llegue a los mercados meta e influya en ellos. Este material pueden ser informes

su biplano Stearman, con todo y cabina abierta y su equipo tradicional para volar, haciéndolo vocero de la empresa. Los pilotos del Baron Rojo atacaron 13 mercados, mostraban el avión, realizaban trucos en el aire, regalaban cupones e invitaban a los clientes a "ven a volar con el Barón Rojo". La empresa hizo donativos de 500 dólares para una organización de jóvenes local, en cada uno de los mercados, y pidió a los clientes que igualaran el donativo. Las promociones mercantiles, sumadas a promociones locales, consiguieron el apoyo de los detallistas. El presupuesto total: alrededor de 1 millón de dólares. Los resultados: durante las cuatro semanas que hubo vuelos, y después de ellos, las ventas unitarias, en los 13 mercados, aumentaron un promedio de 100%. En los 90 días después de los vuelos, las ventas en algunos mercados aumentaron hasta 400%.

El concurso del "techador más rápido del mundo" de Georgia-Pacific

Georgia-Pacific desarrolló esta creativa promoción empresarial para dar a conocer, en el mercado de contratistas de techado que tenía en la mira, la gama entera de productos de G-P y para celebrar a los "héroes desconocidos" de la industria: los techadores. Sobre todo, el concurso permitiría que los techadores probaran el Summit, una teja nueva, de gran calidad, cuya característica básica era la facilidad de instalación. Los jueces eligieron al ganador con base en una combinación de velocidad para techar y calidad del trabajo. El primer premio consistía en un viaje a Hawai para dos personas, con todos los gastos pagados. El concurso empezó con ocho eliminatorias regionales, en los centros de distribución de G-P en todo

el país. Con meses de anticipación, cada centro de distribución promovió el concurso entre los techadores de la zona, usando material de promoción por correo directo, proporcionado por el departamento de relaciones públicas de G-P. En total, más de 150 techadores compitieron en los concursos locales. Los ocho ganadores regionales volaron a Atlanta para competir en el concurso nacional, programado para que coincidiera con la semana nacional de techadores. Los vínculos establecidos con una estación de radio de Atlanta, dirigida a los hogares, sacaron al aire una promoción amplísima y además reunió varios miles de dólares para un hospital infantil de Atlanta. El alcalde de Atlanta hizo una declaración reconociendo a los techadores, la Semana nacional de techadores y a G-P. Se regalaron gorras, camisetas y carteles para comercializar el evento, local y nacionalmente. Después del concurso, G-P envió un juego de material impreso y un video a los medios nacionales clave, a los medios de Atlanta y a los medios de los lugares de origen de los participantes en el concurso. El presupuesto: sólo entre 50,000 y 75,000 dólares. Los resultados: la promoción generó más de 2.5 millones de impresiones en los medios y aumentó 90 % las ventas en los mercados a los que se dirige Georgia-Pacific.

Fuentes: Véase William A. Robinson, "Event Marketing at the Crossroads", *Promote,* 14 de noviembre de 1988, pp. P11-P23; Alison Fahey, "CBS, K mart Lead Reggie Winners", *Advertising Age,* 19 de marzo de 1990, p. 47; Jon Lafayette, "Hadley Group Sweeps Competition", *Advertising Age,* 20 de enero de 1992, p. 43; y "7-Eleven Cups Supper Reggie", *Advertising Age,* 16 de marzo de 1992, p. 39.

anuales, folletos, artículos, boletines internos y revistas. El *material audiovisual,* por ejemplo, películas, programas de sonido e imagen, videocintas y audiocintas, se usa cada vez más como instrumento de la comunicación. El *material de identidad de la corporación* puede servir para crearle una identidad a la sociedad que el público reconozca de inmediato. Los logos, la papelería, los folletos, los letreros, las formas comerciales, las tarjetas de visita, los edificios, los uniformes y los autos y camiones de la empresa se convierten todos en instrumentos mercadotécnicos cuando son atractivos, distintivos y recordables.

Las empresas también pueden mejorar la aceptación del público contribuyendo con dinero y tiempo a *actividades para el bienestar público.* Por ejemplo, Procter & Gamble y Publishers' Clearing House realizaron una promoción conjunta para reunir dinero para los Juegos Olímpicos Especiales. La correspondencia de Publishers' Clearing House incluía cupones de productos y Procter & Gamble donaba 10 centavos por cupón rescatado para los Juegos Olímpicos Especiales. En otro caso, B. Dalton Booksellers donó 3 millones de dólares durante un periodo de cuatro años para combatir el analfabetismo.[35]

Decisiones básicas de las relaciones públicas

La gerencia, al analizar cuándo y cómo usará las relaciones públicas para el producto, debe establecer los objetivos de las relaciones públicas, elegir sus mensajes y vehículos, aplicar el plan y evaluar los resultados.

Cuando los logos de las empresas son atractivos y distintivos, se convierten en un instrumento importantísimo para la comercialización.

Cómo establecer los objetivos de las relaciones públicas

La primera tarea consiste en establecer los *objetivos* de las relaciones públicas. Hace algunos años, los vitivinicultores de California contrataron a una empresa dedicada a las relaciones públicas para que preparara un programa que respaldara dos objetivos mercadotécnicos básicos: convencer a los estadounidenses que beber vino forma parte agradable de la buena vida y mejorar la imagen y la participación de los vinos de California entre todos los vinos. Se establecieron los siguientes objetivos para las relaciones públicas: preparar artículos sobre los vinos para su publicación, colocándolos en las revistas de más circulación (por ejemplo *Time* y *House Beautiful*) y en periódicos (espacios sobre alimentación y secciones especiales); preparar artículos sobre los múltiples valores del vino para la salud y dirigirlos a los médicos; y preparar propaganda específica para el mercado de los adultos jóvenes, de los universitarios, de los organismos gubernamentales y de diversas comunidades étnicas. Estos objetivos se convirtieron en metas concretas a efecto de evaluar los resultados finales.

Cómo elegir los mensajes y los vehículos de las relaciones públicas

A continuación, la organización debe encontrar cosas interesantes qué relatar sobre el producto. Suponga que una escuela superior quiere que el público la conozca más. Tendrá que buscar algunos temas: ¿hay alguien del colegio de profesores que tenga antecedentes destacados o que está trabajando en proyectos poco comunes?, ¿se están impartiendo cursos nuevos de algún interés o están ocurriendo cosas interesantes en la escuela? Por regla general, esta investigación revelará cientos de temas que se pueden proporcionar a la prensa. Los casos elegidos deben reflejar la imagen que pretende tener la escuela.

Si no existen suficientes temas, la escuela podría patrocinar eventos que hagan noticia. En este caso, la organización *crea* la noticia, en lugar de encontrarla. Algunas ideas podrían ser organizar reuniones de académicos importantes, invitar a conferencistas conocidos, convocar a conferencias de prensa. Cada evento creará muchos temas para muchos públicos diferentes.

La creación de acontecimientos es muy importante en el caso de propagar las actividades para reunir fondos para las organizaciones no lucrativas. Las personas que reúnen fondos han desarrollado una larga serie de eventos especiales, por ejemplo exposiciones de arte, subastas, noches de gala, ventas de libros, concursos, bailes, cenas, ferias, desfiles de modas, fonatones, bazares, paseos y maratones. Apenas se ha creado un tipo de evento, por ejemplo, el maratón caminando, la competencia no tarda en crear otras versiones, como el maratón de lectura, el maratón en bicicleta y el maratón para corredores aficionados.

Cómo poner en práctica el plan de las relaciones públicas

Las relaciones públicas se deben poner en práctica con gran cuidado. Piense en el caso de los relatos que se envían a los medios. Un caso *magnífico* se coloca con facilidad, pero la mayor parte de los casos no son estupendos y quizá ni siquiera pasen la prueba de los ocupados editores. Por consiguiente, uno de los activos más importantes de los publirrelacionistas son sus relaciones personales con los editores de los medios. De hecho, los publirrelacionistas profesionales muchas veces fueron periodistas y conocen a muchos editores de los medios y además saben lo que quieren éstos. Consideran que los editores de los medios son un mercado que se debe satisfacer, de tal manera que los editores sigan publicando sus artículos.

Cómo evaluar los resultados de las relaciones públicas

No es fácil medir los resultados de la relaciones públicas, porque éstas se usan con otros instrumentos para las promociones y sus repercusiones suelen ser indirectas. Si las relaciones públicas se usan antes que otros instrumentos, su contribución es más fácil de medir.

La medida más fácil de las relaciones públicas es la cantidad de exposiciones en los medios. Los publirrelacionistas dan al cliente un "libro de recortes" que muestra todos los medios que incluyeron noticias sobre el producto y un resumen como el siguiente:

La cobertura de los medios sumó 3,500 pulgadas de columnas de noticias y fotografías en 350 publicaciones con una circulación combinada de 79.4 millones, 2,500 minutos de tiempo al aire en 290 estaciones de radio y un público estimado de 65 millones; y 660 minutos de tiempo al aire en 160 estaciones de televisión, con un público estimado de 91 millones. Si este tiempo y espacio se hubieran comprado a tarifas de publicidad, habrían sumado 1,047,000 dólares.[36]

Sin embargo, esta medida de la exposición no es muy satisfactoria. No indica cuántas personas leyeron o escucharon el mensaje de hecho, ni lo que pensaron después. Además, como los medios de lectores y espectadores se traslapan, no se proporciona información sobre el público *neto* alcanzado.

Una medida más acertada sería el cambio de conciencia y conocimiento del producto, así como la actitud que resulta de la campaña publicitaria. Para evaluar el cambio se requieren los grados previos y posteriores de estas medidas. Por ejemplo, la oficina de la *papa* averiguó que la cantidad de personas que estaban de acuerdo con la afirmación "las papas tienen muchas vitaminas y minerales" pasó de 36% antes de su camapaña de relaciones públicas a 67 % después de la campaña. El cambio representó un gran incremento en el conocimiento del producto.

Las consecuencias en las ventas y utilidades, siempre que se puedan obtener, son la mejor medida del esfuerzo de las relaciones públicas. Por ejemplo, las ventas de 9-Lives aumentaron 43% al término de una importante campaña de "Morris el Gato". Sin embargo, la publicidad y la promoción de ventas también se habían intensificado y su contribución se debe tomar en cuenta.

RESUMEN

Los tres instrumentos principales de las promociones masivas son la publicidad, la promoción de ventas y las relaciones públicas. Se trata de instrumentos para la comercialización masiva, a diferencia de las ventas personales que se dirigen a compradores específicos.

La *publicidad,* o el uso de medios que paga un vendedor para informar, persuadir y recordar sus productos u organización, es un fuerte instrumento de las promociones. Los mercadólogos estadounidenses gastan más de 125 mil millones de dólares al año en publicidad, la cual adquiere muchas formas y se usa de diferentes maneras. La *toma de decisiones respecto a la publicidad* es un proceso de cinco pasos que consiste en decisiones sobre los objetivos, el presupuesto, el mensaje, los medios y, por último, la evaluación de resultados. Los publicistas deben establecer *objetivos* claros que definan si la publicidad debe informar, persuadir o recordar a los compradores. El *presupuesto* para publicidad se puede basar en una cantidad que resulta accesible, en un procentaje sobre las ventas, en el gasto de los competidores o en objetivos y tareas. La *decisión sobre el mensaje* requiere que se diseñen mensajes, se evalúen y se ejecuten en forma eficaz. La *decisión acerca de los medios* requiere que se definan el alcance, la frecuencia y el impacto deseado; seleccionar entre los tipos principales de medios; elegir los vehículos de los medios y programar los medios. Por último, la *evaluación* requiere que se evalúen los efectos de la publicidad sobre la comunicación y las ventas antes, durante y después de la campaña.

La *promoción de ventas* abarca una amplia variedad de instrumentos de incentivos a corto plazo, cupones, premios, concursos, bonificaciones al comprar, diseñados para estimular a los consumidores, al comercio y a la fuerza de ventas de la empresa. En años recientes, el gasto para promoción de ventas ha ido aumentando a mayor velocidad que el gasto para publicidad. La promoción de ventas requiere que se establezcan los objetivos de promoción de ventas; selección de los instrumentos; desarrollo, pruebas previas y puesta en práctica del programa de promoción de ventas: y que se evalúen los resultados.

Las *relaciones públicas,* o sea hacer propaganda favorable y crear una imagen positiva de la empresa, es, entre los instrumentos principales, el menos usado para las promociones, aunque tiene un gran potencial para crear conciencia y preferencia. Las relaciones públicas implican establecer los objetivos de las relaciones públicas, elegir sus mensajes y vehículos, poner en práctica el plan de las relaciones públicas y evaluar los resultados.

TÉRMINOS CLAVE

Alcance 591

Artículos publicitarios 602

Concursos, rifas y juegos 603

Continuidad 593

Cupones 601

Descuento 603

Extras 602

Frecuencia 591

Impacto de los medios 591

Margen 604

Muestras 601

Objetivo de la publicidad 583

Reembolso (rebajas) 601

Paquetes a precio especial 602

Promoción para consumidores 598

Promoción de la fuerza de ventas 598

Promoción en el punto de compra (PEP) 603

Promociones mercantiles 598

Promoción de ventas 598

Propaganda 606

Pruebas del copy 593

Publicidad 581

Publicidad de comparación 586

Publicidad informativa 583

Publicidad persuasiva 583

Publicidad de recordatorio 586

Pulsación 593

Premios por preferir la marca 603

Relaciones públicas 606

Vehículos de los medios 592

EXPOSICIÓN DE PUNTOS CLAVE

1. ¿Cuáles son algunas de las ventajas y las desventajas de la publicidad comparativa? ¿Quién obtendrá más beneficios de la publicidad comparativa la marca líder del mercado o una marca menor? ¿Por qué?

2. Las encuestas muestran que muchos estadounidenses se muestran escépticos ante las aseveraciones publicitarias. ¿Desconfía usted de la publicidad? ¿Por qué sí o por qué no? ¿Qué deben hacer los publicistas para aumentar la credibilidad?

3. ¿Qué factores requieren más *frecuencia* en un programa de medios de publicidad? ¿Qué factores requieren más *alcance*? ¿Cómo se puede incrementar uno de ellos sin

sacrificar al otro o incrementar el presupuesto para publicidad?

4. Un anuncio afirma que las galletas Almost Home son "las galletas más suavecitas, sabrosas y bien horneadas que jamás haya probado el mundo", aparte de las hechas en casa. Si usted piensa que las galletas de otra marca son más suavecitas y sabrosas, ¿es falsa la afirmación de Almost Home? ¿Deberían estar reglamentados este tipo de aseveraciones?

5. Las empresas, con frecuencia, emprenden actividades para la publicidad, la promoción de ventas y las relaciones públicas al mismo tiempo. ¿Se pueden separar sus efectos? Explique cómo podría una empresa evaluar la eficacia de cada uno de los elementos de esta mezcla.

6. ¿Por qué están muchas empresas destinando más dinero a promociones mercantiles y promociones para los consumidores que a publicidad? ¿El hecho de gastar mucho en promociones de ventas resulta una buena estrategia para las utilidades a largo plazo? ¿Por qué sí o por qué no?

APLICACIÓN DE CONCEPTOS

1. Compre un periódico dominical y revise los anuncios a color y los cupones que aparecen en él. Encuentre varios ejemplos que combinen publicidad, promoción de ventas y relaciones públicas. Por ejemplo, un fabricante puede tener un anuncio de plana entera, que también incluye un cupón e información explicando que patrocina una obra de caridad, como los Sellos de pascua o las Olimpiadas especiales. (a) ¿Es usted de la opinión que estos enfoques con varios instrumentos son más o menos efectivos que un enfoque simple? ¿Por qué? (b) Trate de encontrar anuncios de dos competidores directos. ¿Están estas marcas usando instrumentos de promoción similares y de manera similar?

2. Encuentre dos anuncios de televisión actuales que, en su opinión, sean particularmente efectivos y otros dos que considere muy poco eficaces. (a) Describa con exactitud por qué piensa que los anuncios buenos son efectivos y por qué fallan los ineficaces. (b) ¿Cómo mejoraría los anuncios menos efectivos? Si piensa que son tan malos que no se pueden mejorar, escriba el borrador de un anuncio alternativo para ellos.

CÓMO TOMAR DECISIONES EN MERCADOTECNIA:

COMUNICACIONES MUNDO PEQUEÑO, S.A.

Tom Campbell estaba analizando ideas para promover el producto *Aeropuerto* de Mundo Pequeño con Lyn Jones.

—Quizá, dijo Tom, podríamos conseguir que algunos líderes de opinión usaran el *Aeropuerto* y expresaran sus comentarios en medios como los tableros de los boletines electrónicos de los *opsis*.

—¿No son éstos los gigantes con un solo ojo que Ulises...? —preguntó Lyn.

—Dije *opsis*, operadores de sistemas, los que manejan los tableros de los boletines electrónicos, no hablé de *cíclopes*. A pesar de tu sarcasmo pienso que es una magnífica idea. Los comentarios hablados pueden ser muy importantes para las pequeñas empresas nuevas y los opsis hablan con todos los grandes usuarios de comunicaciones por computadora que hay por ahí.

—Perdona, anoche trabajé hasta tarde y estoy desvelada. Creo que tienes algo; estoy convencida de que las relaciones públicas son fundamentales para el *Aeropuerto*. Es como conseguir reseñas cinematográficas, queremos que nos recomienden autoridades objetivas del exterior, por ejemplo los articulistas que escriben sobre computadoras

en revistas importantes. Después resaltamos lo que digan ellos en nuestros anuncios y sus palabras se convierten en parte del mensaje.

—Tienes toda la razón —añadió Tom—. Hay una recomendación que nos interesa más que ninguna otra, el sello de garantía del editor de *PC Magazine*. Ellos tienen el sello que podríamos usar en nuestros anuncios, folletos y el empaque. Creo que nos puede servir para crear conciencia del producto y, sin lugar a dudas, credibilidad.

—Ganaste, repuso Lyn, sobre todo porque tus diseños han merecido el sello de garantía del editor en varias ocasiones. ¿Cómo se consigue?

—Básicamente, dijo Tom, se necesita un buen producto, que ya tenemos, y causar una impresión impecable a los de la revista que hacen las pruebas. Eso significa que hemos probado totalmente nuestro diseño antes de que sea objeto de reseñas, hemos añadido documentación completa del todo y hemos enviado una muestra de primerísima calidad. Un punto a nuestro favor, en estos momentos, es que *Aeropuerto* es la única solución para una necesidad apremiante. Si el producto funciona como pienso que funcionará y si nadie ha tenido la misma idea aún, entonces tenemos muchas probabilidades de que nos elijan.

—Es evidente que eres un veterano en estos asuntos, comentó Lyn. Repasemos algunos puntos básicos del plan de publicidad antes de que sufra un choque y lo digo sin doble sentido.

Y, ¿AHORA QUÉ?

1. Piense en las relaciones públicas como parte del lanzamiento de *Aeropuerto.* (a) Explique el grado de importancia que usted otorgaría a las relaciones públicas tratándose de este producto. (b) Haga una lista con tres ideas concretas que se podrían usar para que las actividades de publicidad y de relaciones públicas se complementaran. (c) Describa un plan de relaciones públicas para el lanzamiento del *Aeropuerto* de Mundo Pequeño. Incluya los objetivos, los mensajes y los vehículos, así como alguna forma para evaluar el éxito de su plan.

2. Prepare un plan de publicidad para el lanzamiento de *Aeropuerto.* (a) ¿Cuáles son los objetivos de su publicidad? (b) ¿Qué estilos de ejecución son adecuados para su mensaje? (c) Con la idea de que sus socios capitalistas limitarán su presupuesto, sugiera los medios de publicidad adecuados y ofrezca su opinión en cuanto al alcance y la frecuencia que requieren éstos.

REFERENCIAS

1. Véase "Advertising Age Best Advertising of 1989: Pink Bunny Romps Through 'Best' TV Spot", *Advertising Age,* 30 de abril de 1990, p. 29; Vera Vaughan, "That Cute Pink Bunny", *Business Today,* invierno de 1990, p. 78; Julie Liesse, "How the Bunny Charged Eveready", *Advertising Age,* 8 de abril de 1991, pp. 20, 55; y Liesse, "Opening Day, and the Bunny Goes Up to Bat", *Advertising Age,* 6 de abril de 1992, pp. 1, 37.

2. La información estadística de esta sección sobre el tamaño y la composición de la publicidad está basada en "Advertising Fact Book", *Advertising Age,* 6 de enero de 1992, pp. S1-S13; y Robert J. Cohen, "How Bad a Year for Ads Was 1991?", *Advertising Age,* 4 de mayo de 1992, pp. 3, 51.

3. Julie Skur Hill, "Top Ad Spenders: Unilever, P&G", *Advertising Age,* 28 de octubre de 1991, p. 1; y "Ad Dollars Outside the U.S.", *Advertising Age,* 14 de diciembre de 1992, p. S1.

4. Véase Russell H. Colley, *Defining Advertising Goals for Measured Advertising Results* (Nueva York: Association for National Advertisers, 1961). En este conocido libro, Colley presenta una lista de 52 objetivos de la publicidad. Esboza un método llamado DAGMAR (por el título del libro) para convertir los objetivos de la publicidad en metas específicas mensurables. Para una explicación más amplia del DAGMAR, véase Michael L. Rothschild, *Advertising* (Lexington, MA: D. C. Health, 1987), pp. 142-55.

5. Véase Donald E. Schultz, Dennis Martin y William P. Brown, *Strategic Advertising Campaigns* (Chicago: Crain Books, 1984), pp. 192-97.

6. Gerard J. Tellis, "Advertising Exposure, Loyalty, and Brand Purchase: A Two-Stage Model of Choice", *Journal of Marketing Research,* mayo de 1988, pp. 134-35. Para otras posiciones, véase Magid M. Abraham y Leonard M. Lodish, "Getting the Most Out of Advertising and Promotion", *Harvard Business Review,* mayo-junio de 1990, pp. 50-60.

7. Gary Levin, "Tracing Ads' Impact", *Advertising Age,* 4 de noviembre de 1991, p. 49.

8. Véase Bickley Townsend, "The Media Jungle", *American Demographics,* diciembre de 1988, p. 8; y Sam Alfstad, "Don't Shrug Off Zapping", *Advertising Age,* 9 de septiembre de 1991, p. 20.

9. Christine Dugas, "And Now, A Wittier Word from Our Sponsors", *Business Week,* 24 de marzo de 1986, p. 90.

También véase Dennis Kneale, "Zapping' of TV Ads Appears Pervasive", *The Wall Street Journal,* 25 de abril de 1988, p. 29.

10. Véase Faye Rice, "How to Deal with Tougher Customers", *Fortune,* 3 de diciembre de 1990, pp. 38-48.

11. Véase William A. Mindak y H. Malcolm Bybee, "Marketing's Application to Fund Raising", *Journal of Marketing,* julio de 1971, pp. 13-18.

12. Véase Mark Landler, "Neck and Neck at the Networks", *Business Week,* 20 de mayo de 1991, pp. 36-37; Faye Rice, "A Cure for What Ails Advertising", *Fortune,* 16 de diciembre de 1991, pp. 119-22; y Allan J. Magrath, "The Death of Advertising Has Been Greatly Exaggerated", *Sales & Marketing Management,* febrero de 1992, pp. 23-24.

13. Janet Meyers y Laurie Freeman, "Marketers Police TV Commercial Costs", *Advertising Age,* 3 de abril de 1989, p. 51.

14. Véase Robert D. Buzzell, "E.I. Du Pont de Nemours & Co.: Measurement of Effects of Advertising" en su libro *Mathematical Models and Marketing Management* (Boston: División de Investigaciones, Escuela Superior de Administración, Universidad de Harvard, 1964), pp. 157-79.

15. Michael Lev, "Advertisers Seek Global Messages", *The New York Times,* 18 de noviembre de 1991, p. D9.

16. Philip R. Cateora, *International Marketing,* 7a. ed. (Homewood, IL: Irwin, 1990), p. 462

17. *Ibid.,* p. 475.

18. Michael R. Czinkota e Ilkka A. Ronkainen, *International Marketing,* 2a. ed. (Chicago: Dryden, 1990), p. 615.

19. Cateora, *International Marketing,* pp. 466-67.

20. Tomado de Robert C. Blattberg y Scott A. Neslin, *Sales Promotion: Concepts, Methods, and Strategies* (Englewood Cliffs, NJ: Prentice Hall, 1990). Este texto presenta un magnífico resumen de conceptos y estrategias para las promociones de ventas.

21. Alison Fahey, "Shops See Surge in Promotion Revenues", *Advertising Age,* 20 de febrero de 1989, p. 20; y Scott Hume, "Sales Promotion: Agency Services Take on Exaggerated Importance for Marketers", *Advertising Age,* 4 de mayo de 1992, pp. 29, 32.

22. Jennifer Lawrence, "Free Samples Get Emotional Reception", *Advertising Age,* 30 de septiembre de 1991, p. 10.

23. Scott Hume, "Brand Loyalty Steady", *Advertising Age,* 2 de marzo de 1992, p. 19.

24. Véase F. Kent Mitchel, "Advertising/Promotion Budgets: How Did We Get Here, and What Do We Do Now?", *The Journal of Consumer Marketing,* otoño de 1985, pp. 405-47.

25. Para más información sobre las promociones de ventas en contraposición a la publicidad, véase Paul W. Farris y John A. Quelch, "In Defense of Price Promotion", *Sloan Management Review,* otoño de 1987; y John Philip Jones, "The Double Jeopardy of Sales Promotions", *Harvard Business Review,* septiembre-octubre de 1990, pp. 145-52.

26. Véase Jan Larson, "Farewell to Coupons?", *American Demographics,* febrero de 1990, pp. 14-18; "Coupon Redemptions Up 14%", *Marketing News,* 2 de marzo de 1992, p. 1; y Scott Hume, "Coupon Use Jumps 10% as Distribution Soars", *Advertising Age,* 5 de octubre de 1992, pp. 3, 44.

27. Véase J. Thomas Russell y Ronald Lane, *Kleppner's Advertising Procedure,* 11a. ed. (Englewood Cliffs, NJ: Prentice Hall, 1990), pp. 383-86; y "Power to the Key Ring and T-Shirt", *Sales & Marketing Management,* diciembre de 1989, p. 14.

28. Véase Thomas V. Bonoma, "Get More Out of Your Trade Shows", *Harvard Business Review,* enero-febrero de 1983, pp. 75-83; Jonathan M. Cox, Ian K. Sequeira y Alissa Eckstein, "1988 Trade Show Trends: Shows Grow in Size; Audience Quality Remains High", *Business Marketing,* junio de 1989, pp. 57-60; y Richard Szathmary, "Trade Shows", *Sales & Marketing Management,* mayo de 1992, pp. 83-84.

29. Para más información sobre concursos de ventas, véase C. Robert Patty y Robert Hite, *Managing Sales People,* 3a. ed. (Englewood Cliffs, NJ: Prentice Hall, 1988), pp. 313-27.

30. Citado de Kerry E. Smith, "Media Fusion", *PROMO,* mayo de 1992, p. 29.

31. Roger A. Strang, "Sales Promotion - Fast Growth, Faulty Management", *Harvard Business Review,* julio-agosto de 1976, p. 119.

32. "Pretesting Phase of Promotions Is Often Overlooked", *Marketing News,* 29 de febrero de 1988, p. 10.

33. Adaptado de Scott M. Cutlip, Allen H. Center y Glen M. Brown, *Effective Public Relations,* 6a. ed. (Englewood Cliffs, NJ: Prentice Hall, 1985), pp. 7-17.

34. Tom Duncan, *A Study of How Manufacturers and Service Companies Perceive and Use Marketing Public Relations* (Muncie, IN: Ball State University, diciembre de 1985).

35. Para más ejemplos, véase Laurie Freeman y Wayne Walley, "Marketing with a Cause Takes Hold", *Advertising Age,* 16 de mayo de 1988, p. 34; y P. Rajan Varadarajan y Anil Menon, "Cause-Related Marketing: A Coalignment of Marketing Strategy and Corporate Philanthropy", *Journal of Marketing,* julio de 1988, pp. 58-74.

36. Arthur M. Merims, "Marketing's Stepchild: Product Publicity", *Harvard Business Review,* noviembre-diciembre de 1972, pp. 111-12. Para más sobre la evaluación de la eficacia de las relaciones públicas, véase Katharine D. Paine, "There *Is* a Method for Measuring PR", *Marketing News,* 6 de noviembre de 1987, p. 5; y Eric Stoltz y Jack Torobin, "Public Relations by the Numbers", *American Demographics,* enero de 1991, pp. 42-46.

CASO 17

LOS INFOMERCIALES: ¿ANUNCIOS, PROGRAMAS O DOCUMENTALES?

Es la una de la madrugada y no puedo dormir. ¿Qué habrá en la tele? (Clic). Ah, e-e-es el JUICEMAN. Fuchi. ¡Al diablo! (Clic). Ah, esto está mejor... Pat Summerall con... ¿Kenny Rogers? Un programa de invitados. ¿A quién están entrevistando? A alguien que se llama Wally, sobre golf. ¡Caramba! Wally va a mejorar su drive con una percha para ropa y el mango de su palo de golf. Tengo que verlo. (Pausa). ¿Ahora va a pegarle a la pelota de rodillas? ¡Cielos, lo logró! Quizá yo podría hacer lo mismo si comprara una de esas videocintas que están vendiendo.

　　¿Alguna vez ha encendido la televisión de madrugada y se ha encontrado viendo un comercial de 30 minutos, de los llamados infomerciales, CDPs (comerciales con duración de un programa) u ofertas de mercadotecnia de un paso? En los horarios flojos de la madrugada o la noche,

se transmiten en más de 15 redes de televisión por cable y 1,180 estaciones transmisoras, entrando a 55 millones de hogares o más. Las ventas de los infomerciales sumaron 1,000 millones de dólares en 1992, a diferencia de los 450 millones de dólares de 1989. Un promedio de entre 10,000 y 30,000 personas responden a un infomercial. A 50 por viaje, en el caso de las cintas de golf de Wally, eso representa entre 1 millon a 1.5 millones de dólares de ventas. La "Deal-a-Meal" de Richards Simmons produce, cuando menos, entre 2.4 y 3.5 millones de dólares, a 120 dólares cada una.

　　¿Dónde nacieron estos anuncios? A principios de la década de 1980, la explosión de canales generada por la introducción de la televisión por cable llevó a la Comisión Federal para las Comunicaciones a aflojar sus reglamentos para la programación. Al permitir comerciales más largos, la CFC permite que los canales por cable vendan más tiempo de transmisión. Por desgracia, la calidad de los anuncios y la legitimidad de los productos anunciados en aquellos días crearon una imagen muy mala de los infomerciales. En consecuencia, la cantidad de infomerciales se niveló a mediados de los años ochenta.

Empero, los productores de infomerciales no se quedaron con los brazos cruzados. Constituyeron la National Infomercial Marketing Association, con dos propósitos: (1) certificar que todos los infomerciales se puedan indentificar con claridad como tales, y (2) encargarse de que sólo se anuncien productos legítimos. La asociación (quizás en combinación con algunas audiencias coincidentes en el Congreso) tuvo gran éxito para limpiar la imagen de los infomerciales y, con ello, fomentó su crecimiento. Incluso Saatchi and Saatchi, la prestigiada empresa publicitaria, piensa hacer infomerciales, aunque de buen gusto. Dicen que no habrá cortadoras, rebanadoras ni peladores de plátanos. Esta afirmación nos lleva a preguntarnos, ¿qué venderán?

¿Por qué gozan de tanta popularidad los infomerciales? Una razón básica es su costo. La producción de uno infomercial de 30 minutos cuesta, más o menos, lo mismo que la de un anuncio de 30 segundos. Empresas especialistas como Guthy-Renker y Hawthorne Productions pueden escribir el guión del programa, filmarlo, realizar la postproducción y comprar el espacio en los medios por una cantidad que estriba entre los 320,000 y los 500,000 dólares, ahorrando con ello mucho dinero y esfuerzo al anunciante.

En segundo, con los infomerciales, empresas como Volvo, por ejemplo, tienen la oportunidad de relatarle a los consumidores todo el caso de la seguridad de su auto, y estados como Arizona pueden dedicar 30 minutos a mostrar sus desiertos y montañas a posibles turistas. El Club Med usa los infomerciales para promover sus paquetes completos de vacaciones en un solo anuncio, en lugar de hablar de un solo plan vacacional por anuncio. Sería imposible presentar cualesquiera de estos casos en sólo 30 segundos.

En tercero, es fácil medir la eficacia de los infomerciales gracias a los números telefónicos con 800 y los sistemas que contestan de manera automática. Los anunciantes sólo tienen que contar la cantidad de llamadas. Por regla general, los publicistas conocen la cantidad de respuestas que tuvo un infomercial a una hora de que fue transmitido, sin el gasto adicional que significa realizar pruebas para saber cuánto se recuera o reconoce el producto.

El formato del infomercial es simple y predecible. Los anuncios captan la atención de los consumidores por medio de personas famosas (¿recuerda a Pat Summerall?) y les ofrecen información en un marco parecido al de los programas de invitados. Muestran el producto (Wally de rodillas) y usan testimonios de los famosos (Kenny Rogers avalando la eficacia del gancho de plástico o una mujer feliz y *delgada*

abrazando a Richard Simmons). Sobre todo, ofrecen múltiples posibilidades para pedir por teléfono o correo, por regla general en tres pagos. El proporcionar tantas oportunidades para pedir el producto ayuda al anunciante a superar el factor del cambiazo de canal, porque el espectador no recibe ningún aviso especial que le permita usar el control remoto cuando aparecen las instrucciones para pedir el producto.

¿Qué se vende bien con los infomerciales? Aparatos pequeños de todo tipo, extractores de jugo, hidratantes de alimentos, sandwicheras y batidoras, así como productos para el cuidado de la piel, autos, viajes y paquetes turísticos. Además, ahora hay algo nuevo, los documerciales, infomerciales de 30 minutos que muestran un producto, pero no lo venden. Un ejemplo sería un "programa" de 30 minutos transmitido por General Motors sobre su planta Saturn. Además, está Stan Feingold, que consiguió que los vendedores por catálogo le pagaran 3,000 dólares cada uno para quedar incluidos en "The Smart Business Show", una serie de infomerciales de 30 minutos que habla de las ventajas de comprar equipo y suministros para oficinas por medio de catálogos (llamados "infocatálogos").

Bueno, son las 2:30 A.M. y sigo despierto. En cuanto al truco de la percha para ropa... Sé que tengo algunas perchas grandes en alguna parte... (dónde, dónde).

PREGUNTAS

1. Compare los tipos de objetivos de ventas y comunicación que se formularían en el caso de un infomercial en contraposición con los de un anuncio normal.

2. ¿Qué tipos de estilos de ejecución se usan con más frecuencia en los infomerciales? ¿Por qué? ¿Qué otros tipos de ejecuciones se podrían usar?

3. ¿Cómo pueden los publicistas medir el alcance, la frecuencia y los resultados de los infomerciales?

4. En ocasiones, los espectadores quizá tengan problemas para distinguir los infomerciales de los programas normales de televisión. ¿Qué posibles problemas éticos y de responsabilidad social presentan los infomerciales? ¿Cuál es la responsabilidad relativa de los publicistas, los medios y las oficinas de gobierno para atacar estos problemas?

5. ¿Cómo funcionarían los infomerciales para las siguientes empresas o productos: (a) cosméticos Avon; (b) videoteléfonos AT&T; (c) enciclopedias World Book?

Fuentes: "B-to-B Cataloger Expanding TV's 'Horizons'", *Catalog Age,* mayo de 1992, p. 22; Thimothy Hawthorne, "Infomercial Phone Response to Grow Dramatically", *Telemarketing Magazine,* agosto de 1992, pp. 25-26; Mark Landler, "The Infomercial Inches Toward Respectability", *Business Week,* 4 de mayo de 1992, pp. 175; Gary Slutsker, "The Power of Juicing", *Forbes,* 2 de marzo de 1992, pp. 82-83.

CASO EMPRESARIAL 17

AVON: UNA REMAQUILLADA A LA ESTRATEGIA DE LAS PROMOCIONES

"Ding-dong, Avon toca a su puerta". Con este simple mensaje publicitario, en los pasados 107 años, Avon Products levantó un negocio mundial de productos de belleza, con un valor de 3.5 mil millones de dólares. Avon, fundada en 1886 y constituida como California Perfume Products en 1916, empleó a todo un ejército de mujeres para vender sus productos. Estas "mujeres de Avon", 40 millones en la historia de la empresa, se reunían con amigas y vecinas en sus hogares, demostraban los productos, recibían y entregaban pedidos y obtenían comisiones sobre ventas. Con las ventas directas, Avon superó la batalla de espacio y atención que libraron sus competidores en las tiendas de departamentos y, más adelante, en supermercados y farmacias de descuento. Las ventas directas también le ofrecían comodidad al cliente, sumado a los consejos personales para la belleza que eran ofrecidos por una amiga.

El plan de Avon funcionó muy bien. La mayor parte de las vendedoras de un equipo que llegó a ser 500,000 personas eran amas de casa que no querían un empleo de tiempo completo fuera del hogar. Estas elaboraron listas de clientes de entre sus amigas y vecinas, a las que visitaban de tiempo en tiempo. Las clientes también podían acudir a ellas entre visitas. No era difícil reclutar vendedoras y una buena vendedora podía crear un tronco leal de clientes que compraban una y otra vez.

Sin embargo, en las décadas de 1970 y 1980, el entorno cambió. En primer término, aumentó la cantidad de mujeres que empezaron a trabajar fuera del hogar. Por consiguiente, cuando las mujeres de Avon tocaban a su puerta, con frecuencia no la abría nadie. En segundo, muchas mujeres de Avon decidieron que necesitaban algo más que empleos de medio tiempo. En algunos puestos, la tasa de rotación de las vendedoras de Avon llegó a más de 200% al año. En tercero, debido a la rotación de las vendedoras, muchas de las clientes de Avon que querían dirigirse a una vendedora no la encontraban. En cuarto, más empresas competidores, como Amway, Mary Kay Cosmetics y Tupperware, estaban luchando por quedarse con parte de las personas interesadas en tener un empleo en las ventas directas, de medio tiempo o de tiempo entero. Por último, además de todos estos factores, la creciente movilidad de la población de Estados Unidos significó que tanto clientes como vendedoras se cambiaban de un lugar a otro. Esto dificultaba que las vendedoras establecieran bases de clientes fieles y estables.

En 1988, con el propósito de atacar estos problemas, Avon Products contrató a James E. Preston como presidente del consejo y ejecutivo máximo. Sin embargo, Preston primero tuvo que defenderse de tres intentos poco amigables de quedarse con la empresa, inclusive uno de Amway. A continuación, enfrentó la atonía económica de principios de los años noventa, que cerró la puerta en las narices a las ventas de casa en casa. En comparación con una tasa de crecimiento de entre 5 a 7% para la industria de los cosméticos en general, las ventas de puerta en puerta permanecieron niveladas desde 1989. Es más, Giorgio de Beverly Hills, el negocio de Avon para la clase alta, que incluía perfumes hasta de 175 dólares la onza, también sufrió las consecuencias de la atonía económica. Incluso las ventas internacionales de Avon, en más de 100 países que representaban 55% del total de ventas, resultaron lentas. Aunque había algunos puntos brillantes, como el caso de China, las ventas en mercados básicos, como Brasil y Japón, bajaron notablemente.

Preston decidió que Avon necesitaba remozar su estrategia de mercadotecnia. Primero, trató de que el enfoque de la empresa volviera hacia su actividad medular: la venta de cosméticos, fragancias y productos para el arreglo personal. Por consiguiente, vendió las acciones que Avon poseía de centros para el cuidado de la salud y asilos, acabando con una estrategia de diversificación que había emprendido para compensar los problemas que estaba registrando su actividad central. A continuación, redujo los precios de los productos Avon, algunos hasta 75%. En tercero, llevó los perfumes Giorgio a mercados externos. Por último, probó un nuevo programa de remuneración que permitía a las representantes de ventas ganar hasta 21%, gracias a bonos que se basaban en las ventas de las representantes nuevas que reclutaran. Sin embargo, esta reducción de precios y expansión de mercados redujo los márgenes brutos e incrementó los costos. Entre 1990 y 1991, los ingresos bajaron de 195 millones a 135 millones de dólares. Los gastos para mercadotecnia, distribución y administración, durante este periodo, aumentaron de 1.682 mil millones a 1.746 mil millones de dólares.

Preston dirigió su atención a la estrategia de Avon para las promociones. A partir de 1988, Avon había recortado el gasto para publicidad, en parte para reducir los costos durante los intentos por quedarse con la empresa. Había disminuido su presupuesto para publicidad de 22 millones a 11 millones de dólares en 1989 y después a 4.6 millones de dólares en 1990. Preston decidió que Avon ahora tenía que restaurar el presupuesto, cubriéndolo mediante una reducción de la cantidad de premios y otras actividades dirigidas a la promoción de ventas. La empresa concentraría la mayor parte de su publicidad en los medios impresos.

Preston pensaba que Avon contaba con 10 millones de ex clientes o clientes en potencia que se habían quedado atoradas por el camino. Estas clientes querían comprar productos Avon, pero debido a la rotación de vendedoras, no sabían cómo encontrar a la vendedora o pedir los productos. 14% de las mujeres de Estados Unidos representaban la tercera parte de las ventas de Avon y otro 62% eran clientes al margen. Estas clientes tenían una opinión positiva de Avon, pero no compraban con regularidad. Otro 15% de estadounidenses eran receptivas a Avon en potencia, pero no necesariamente estaban interesadas en tratar con la representante de ventas tradicional de Avon.

Por tanto, el segundo paso de la estrategia de promoción remaquillada fue elaborar un catálogo y probar las ventas por correo directo. Las investigaciones de Avon arrojaban que su cliente promedio tenía más de 45 años y un ingreso familiar promedio de menos de 30,000 dólares. El catálogo estaría dirigido a clientes más jóvenes, de ingresos más altos. Preston pensaba que, con el catálogo, la empresa podría reducir la edad de la cliente promedio a 38 años y elevar el promedio del ingreso familiar a más de 30,000 dólares.

Avon llegaba tarde al negocio de los catálogos. Tupperware había experimentado usar catálogos a finales de 1991, enviándolos por correo a 25,000 clientes en potencia, identificados por las representantes de ventas. Beauti-Control Cosmetics, Inc., comercializador directo con sede en Dallas y un competidor clave, había introducido un catálogo en 1984. Enviaba 600,000 catálogos a todo el país, seis veces al año, a clientes cuyos nombres eran proporcionados por sus vendedoras. Sin embargo, Fuller Brush, otro comercializador directo, había abandonado su negocio con catálogos en 1990, después de varios años de experimentación, decidiendo en cambio concentrarse en sus actividades básicas en las ventas directas.

Avon, antes de meterse en los catálogos, probó la idea. Encontró que 75% de las clientes que habían realizado compras durante la prueba, o no habían comprado nunca antes nada de Avon, o bien, no habían comprado nada en los pasados seis meses. Es más, 11% de las personas que recibieron los catálogos compraron algo, en comparación con una tasa promedio de compras para esta industria de sólo entre 2 y 3%. Sin embargo, Avon sabía que había envi-

ado catálogos primordialmente a ex clientes y que esto podría justificar el elevado porcentaje de compras.

Según el plan de Avon, sus vendedoras proporcionarían nombres de clientes que se habían cambiado de casa o que ya no eran compradoras activas. Avon proyectaba enviar hasta 1 millón de catálogos y las receptoras podrían colocar sus pedidos directamente en Avon o con sus vendedoras. Si enviaban los pedidos a la empresa, Avon pagaría a las representantes de ventas una comisión del 20%, alrededor de la mitad de la comisión normal. Avon enviaría los pedidos directamente a las clientes, en lugar de que la representante de ventas los entregara.

Avon respaldó el programa de los catálogos iniciando una campaña de publicidad impresa que contenía el lema: "Avon, la tienda más inteligente del pueblo". Los anuncios proporcionaban a las clientes un número telefónico, para que marcaran gratis y colocaran sus pedidos con base en el catálogo. Cuando las personas llamaban, Avon les asignaba a la representante que estaba más cerca de ellas, quien recibía comisiones sobre cualquier pedido que colocara la cliente directamente en Avon. Avon contaba con que el proyecto del catálogo generaría entre 20 y 25 millones de dólares, por concepto de ventas, en 1992. Preston pronosticó que los negocios por correspondencia directa generarían ventas entre 300 y 500 millones de dólares en un plazo de tres a cinco años. La treta del anuncio impreso del catálogo funcionó y las llamadas de las clientes se dispararon de 9,000 a 90,000 al mes.

Para la tercera fase de la nueva estrategia para promociones, Avon pensaba lanzar en 1993 una serie de comerciales de televisión, lo cual no había hecho desde 1988. Los nuevos anuncios de televisión harían que las mujeres marcaran el número telefónico gratis y compraran productos Avon. Avon respaldaría los anuncios con otra campaña en los medios impresos. Los analistas estimaban que en 1993 Avon gastaría 34 millones de dólares en publicidad y que financiaría el programa mediante la reducción de costos y recortando algunos programas de incentivos para las representantes de ventas. Asimismo, Avon pensaba gastar alrededor de 70 millones de dólares en publicidad fuera de Estados Unidos, a diferencia de los 35 millones de dólares de 1992.

Además de toda la publicidad, las ventas y las promociones de ventas, Avon había continuado con su programa clave de relaciones públicas: el premio para la empresaria del año. Avon había seguido patrocinando eventos de tenis y carreras. Sin embargo, a partir de 1987, año tras año, Avon había solicitado a varios cientos de organizaciones femeninas que presentaran candidatas para sus premios. Pedía nombres de mujeres que hubieran superado alguna tragedia, prejuicio o desventaja personal o que hubieran triunfado en los negocios. Cada año, Avon entregaba cinco premios ganadores, en una comida de gala en la ciudad de Nueva York, a la que asistían 1,200 personas entre empresarios, comerciantes, directivos de Avon y representantes de los medios.

Algunos ejecutivos de la publicidad piensan que Avon está en el camino atinado. Como dice un analista, varias empresas han demostrado que la venta de cosméticos por televisión sí funciona. Sin embargo, otro añade que la publicidad y los números para marcar gratis podrían no agradarle a algunas vendedoras, pues pueden sugerirles que Avon podría dejar fuera de la jugada al ejército de las mujeres de Avon.

Sea arriesgada la estrategia o no, Avon y Preston están concientes de que ha llegado el momento de actuar. El año pasado, los ingresos por ventas de Avon en Estados Unidos bajaron 2%, a 1.36 mil millones de dólares, y las utilidades disminuyeron 3%, a 182 millones de dólares. Además, el cuerpo de vendedoras de Avon bajó 4%, a 425,000. Mientras tanto, Mary Kay Cosmetics tuvo un buen año, quizás activado por un nuevo plan de incentivos de compensación que permitió que algunas gerentes de ventas de Mary Kay ganaran hasta 1 millón de dólares. Beauti-Control, al igual que Avon, tuvo problemas. Pretendía anunciar un nuevo plan de incentivos para sus vendedoras en 1993.

PREGUNTAS

1. ¿De qué manera cambia la mezcla de promociones la nueva estrategia de Avon? ¿Cómo se respaldan unos a otros los elementos de la nueva mezcla de promociones?

2. ¿Cuáles son los objetivos de Avon para sus campañas de catálogos, medios impresos y televisión?

3. ¿Qué mensajes publicitarios debería comunicar Avon con sus nuevos programas y qué estilos para la ejecución de los mensajes recomendaría usted? ¿Cómo mediría usted las repercusiones de las nuevas campañas?

4. ¿Qué promociones para consumidores o vendedores recomendaría usted a Avon?

5. ¿Es la actividad del Premio de la empresaria del año adecuada para Avon?

6. En mercados exteriores, ¿debería Avon ceñirse a su estrategia tradicional de las ventas personales o debería emplear la estrategia nueva que está aplicando en Estados Unidos?

Fuentes: Jeffrey A. Trachtenberg, "Catalogs Help Avon Get a Foot in the Door", *The Wall Street Journal,* 28 de febrero de 1992, p. B1; y Jeffrey A. Trachtenberg, "Avon's New TV Campaign Says, 'Call Us'", *The Wall Street Journal,* 28 de diciembre de 1992, p. B1. Reproducido con autorización de *The Wall Street Journal.* Véase también, Pat Sloan, "Avon is Calling on New Tactics, FCB", *Advertising Age,* 7 de enero de 1991, p. 3; Andrew Tanzar, "Ding-dong, Capitalism Calling", *Forbes,* 14 de octubre de 1991, pp. 184-85; Wendy Zeller, "Despite the Face-Lift, Avon Is Sagging", *Business Week,* 2 de diciembre de 1991, pp. 101-02; Julie C. Mason, "Corporate Sponsorships Help Target the Right Audience", *Management Review,* noviembre de 1992, pp. 58-61.

18

*L*a promoción de productos:
ventas personales y
administración de ventas

18

de abril: GPA anuncia que comprará 182 Boeing 737, 757 y 767. Precio: 9.4 mil millones de dólares.

25 de abril: US Air anuncia que comprará 18 Boeing 737: Precio: 567 millones de dólares.

26 de abril: United Airlines anuncia que comprará 180 Boeing 737 y 757. Precio: 7.1 mil millones de dólares.

27 de abril: KLM anuncia que comprará 15 Boeing 737 y 747. Precio: 955 millones de dólares.

¡No está mal para 10 días de trabajo! Sin embargo, cabría esperar este éxito de una empresa que tiene 55% del mercado de los aviones comerciales, una empresa que ha acumulado la magnífica cantidad de 90 mil millones de dólares de pedidos, una empresa que se ha dedicado en forma obsesiva a realizar ventas. La empresa, evidentemente, se llama Boeing, la gigante del espacio aéreo que vale 29 mil millones de dólares. En un campo donde las ventas grandes no suelen ser noticia, Boeing captó la atención de todo el mundo cuando levantó pedidos por 18 mil millones de dólares en poco más de una semana. A pesar de las dificultades que ha venido registrando la industria aérea en años recientes, Boeing ha logrado conservar su participación dominante en el mercado.

Casi toda la responsabilidad de la comercialización de los aviones comerciales de Boeing descansa en hombros del cuerpo de vendedores de la empresa. En cierto sentido, vender aviones no es lo mismo que vender otros productos industriales. En todo Estados Unidos sólo existen alrededor de 55 clientes en potencia, sólo hay tres competidores grandes (Boeing, McDonnell Douglas y Airbus) y el producto, de tecnología de punta, es complejo en extremo y presenta innumerables desafíos. Sin embargo, en muchos otros sentidos, vender aviones comerciales es como vender cualquier otro producto industrial. Los vendedores definen las necesidades, demuestran cómo su producto satisface estas necesidades, tratan de cerrar la venta y ofrecen seguimiento después de la venta.

Los vendedores de Boeing, para determinar las necesidades, se convierten en expertos en cuanto a las líneas aéreas que caben dentro de su ámbito, de manera muy parecida a los analistas de Wall Street en el suyo. Averiguan dónde quiere crecer cada línea aérea, cuándo quiere reemplazar sus aviones y detalles de su situación financiera. A continuación encuentran la forma de satisfacer las necesidades de los clientes. Pasan al Boeing, así como a los aviones de la competencia, por sistemas de computadoras que simulan las rutas de la línea aérea, el costo por asiento y otros factores que demuestran que sus aviones son los más eficientes. Además, es muy probable que recurran a personal de finanzas, planeación y técnico para contestar todas las preguntas.

Ahí empiezan las negociaciones. Se hacen tratos, se aplican descuentos y se ofrecen programas de capacitación. En ocasiones, se llama a los altos mandos, tanto de la línea aérea como de Boeing, para que cierren el trato. El proceso de venta es devastador para los nervios por su lentitud, desde la primera presentación de ventas hasta el día en que se anuncia la venta pueden pasar dos o tres años. Los vendedores, una vez conseguido el pedido, deben estar en contacto permanente para seguir la pista de las necesidades del equipo que lleva la cuenta y para cerciorarse de que el cliente esté satisfecho. El éxito depende de establecer relaciones sólidas y duraderas con los clientes, basadas en el cumplimiento y la confianza. Según un analista, los vendedores de Boeing "son el vehículo mediante el cual se reúne información y se establecen los contactos necesarios para que ocurra todo lo demás".

El cuerpo de vendedores de Boeing está compuesto por vendedores expertos que usan un enfoque conservador y directo para vender. Son conocedores y seguros de sí mismos, y les gusta vender realidades y lógica, en lugar de palabras huecas y promesas.

De hecho, suelen subestimar los beneficios del producto, en lugar de exagerarlos. Por ejemplo, un escritor comenta que "siempre subestiman el rendimiento del combustible. Dicen que representará un ahorro del 5%, que resultará ser 8". Por tanto, el cliente que piense efectuar una compra de 2 mil millones de dólares puede estar seguro de que, efectuada la venta, los productos Boeing cumplirán las expectativas.

Los vendedores de Boeing le llevan ventaja a la competencia. Pueden vender una amplia mezcla de estupendos productos y, además, el tamaño y la fama de Boeing les ayudan a conseguir pedidos. Los vendedores de la empresa se enorgullecen de vender aviones Boeing y su orgullo resulta en una actitud de triunfo que el director de comunicaciones de mercadotecnia resume así: "Se dice por ahí que Boeing es la Mercedes de la industria aérea. Nosotros pensamos que es al revés, que Mercedes es la Boeing de la industria automovilística".[1]

AVANCE DEL CAPÍTULO

El capítulo 18 gira en torno a otro aspecto importante para promover los productos: el papel que desempeñan las ventas personales y la administración de las ventas.

Se empieza con una explicación de *cómo establecer los objetivos de la fuerza de ventas*, paso central que antecede al *diseño eficaz de un cuerpo de vendedores*. Otros aspectos cubiertos son cómo establecer *la estrategia de la fuerza de ventas*, cómo elegir una *estructura —por territorio, producto, cliente o compleja—* y cómo asegurarse de que el *tamaño de la fuerza* de *ventas* y *su remuneración* son los adecuados.

Una vez establecida la estructura, es preciso *reclutar, seleccionar* y *capacitar a los vendedores*. El capítulo recorre los temas centrales para la capacitación y la supervisión de vendedores, inclusive su *dirección, motivación con cuotas e incentivos* y *evaluación de su actuación*.

Por último, se presenta una explicación de los principios del proceso de las *ventas personales* y se esbozan los pasos de dicho proceso: *la calificación, el acercamiento previo* y *el acercamiento, la presentación* y *la demostración, el manejo de objetivos, el cierre* y *el seguimiento*.

En cierta ocasión, Robert Louis Stevenson comentó que "todo el mundo vive de vender algo". Las organizaciones no lucrativas así como las lucrativas cuentan con una fuerza de ventas. En las universidades los reclutadores son los vendedores, encargados de conseguir estudiantes. Las iglesias recurren a los comités de feligreses para captar miembros nuevos. Los especialistas en agricultura del Servicio de Extensión Agrícola de Estados Unidos visitan a los campesinos para venderles métodos agrícolas nuevos. Los hospitales y museos cuentan con personas que buscan donantes y así reúnen dinero.

Las personas que venden se conocen por muchos nombres: *vendedores, representantes de ventas, ejecutivos de cuenta, asesores de ventas, ingenieros de ventas, representantes de campo, agentes, gerentes de distrito* y *representantes de comercialización*, por sólo mencionar algunos. La profesión de vendedor es una de las más antiguas del mundo.

Existen muchos estereotipos de vendedores. La palabra "vendedor" puede traer a la mente la imagen de Willy Loman, el triste personaje de *La Muerte de un Vendedor* de Arthur Miller, o la de Harold Hill, el personaje con puro en boca, contando chistes y dando palmadas en la espalda de *The Music Man* de Meredith Wilson. Normalmente, se piensa que un vendedor es extrovertido y sociable, aunque a muchos vendedores, de hecho, les desagrada la socialización innecesaria. Se dice que los vendedores imponen bienes a las personas, aunque es frecuente que los compradores busquen a los vendedores.

El término "vendedor" abarca una serie muy amplia de puestos, desde el empleado que vende en una tienda detallista, hasta el vendedor de ingeniería que asesora a las empresas clientes.

De hecho, la palabra **vendedor** abarca una amplia gama de empleos que suelen tener más diferencias que similitudes. A continuación se presenta una clasificación normal de los empleos en el campo de las ventas:

- Empleos donde la tarea del vendedor consiste, en gran medida, en *entregar* el producto; por ejemplo, leche, pan, gasolina o aceite.

- Empleos donde el vendedor es, en gran medida, el *encargado de tomar pedidos* en el interior de la empresa; por ejemplo los vendedores de las tiendas de departamentos que están tras el mostrador, o el encargado de tomar pedidos en el exterior de la empresa, como el vendedor de una empacadora, de jabones o especies.

- Empleos donde no se espera ni permite que el vendedor tome pedidos, pero sí que consiga la *buena disposición de los compradores o los eduque* (llamado ventas de "misionero"), por ejemplo, el "detallista" de una empresa farmacéutica que visita a los médicos para darles información sobre los productos médicos de la empresa y para convencerlos de que los receten a sus pacientes.

- Empleos donde la importancia radica en los *conocimientos técnicos;* por ejemplo, el vendedor de ingeniería que, básicamente, es asesor de las empresas clientes.

- Empleos que exigen la *venta creativa* de productos tangibles; por ejemplo, aparatos, casas o equipo industrial, o intangibles como seguros, servicios de publicidad o estudios.[2]

Esta lista va desde las formas menos creativas para vender hasta las más creativas. Por ejemplo, los empleos que encabezan la lista requieren que se brinden servicios, se lleven cuentas y se tomen pedidos, mientras que los otros sólo requieren cazar a los compradores y conseguir que compren.

En el presente capítulo, se hablará de las formas más creativas para vender y del proceso para formar y administrar una eficaz fuerza de ventas. La **administración de la fuerza de ventas** se entenderá como el análisis, la planeación, la aplicación y el control de las actividades de la fuerza de ventas. Esta incluye establecer los objetivos y diseñar la estrategia para la fuerza de ventas, así como reclutar, seleccionar, capacitar, supervisar y evaluar a los vendedores o representantes de la empresa. La figura 18-1 muestra las decisiones básicas de la administración de la fuerza de ventas.

COMO ESTABLECER LOS OBJETIVOS DE LA FUERZA DE VENTAS

Las empresas establecen diferentes objetivos para su fuerza de ventas. Los representantes de ventas de IBM deben "vender, instalar y actualizar" el equipo de

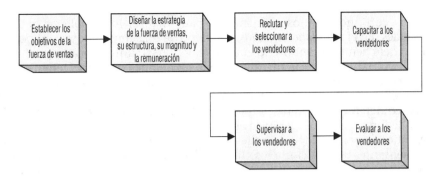

cómputo de los clientes; los vendedores de AT&T deben "desarrollar, vender y proteger" las cuentas. Por regla general, los vendedores realizan una o varias tareas. Encuentran y cultivan a clientes nuevos y les comunican información sobre los productos y servicios de la empresa. Venden productos acercándose a los clientes, presentándoles sus productos, contestando objeciones y cerrando las ventas. Además, los vendedores ofrecen servicios a los clientes, efectúan investigaciones de mercado y trabajo de inteligencia y llenan informes sobre las visitas de ventas.

Algunas empresas tienen objetivos y actividades bien específicas para su fuerza de ventas. Una empresa aconseja a sus vendedores que dediquen 80% de su tiempo a los clientes presentes y 20% a los prospectos, así como 85% de su tiempo a los productos corrientes y 15% a los nuevos. Esta empresa piensa que si no hubiera establecido estas normas, los vendedores tenderían a dedicar casi todo su tiempo a vender los productos corrientes a las cuentas corrientes y que descuidarían los productos nuevos y los prospectos nuevos.

Conforme las empresas se perfilan más hacia los mercados, su fuerza de ventas también tendrá que enfocarse más hacia los mercados y los clientes. Antes se pensaba que los vendedores tenían que preocuparse de las ventas y que la empresa tenía que preocuparse de las utilidades. Sin embargo, una posición más moderna afirma que los vendedores se deben interesar en mucho más que sólo producir *ventas*; también deben saber cómo lograr *la satisfacción de los clientes* y *las utilidades de la empresa*. Deben saber analizar datos de ventas, medir el potencial del mercado, reunir información de inteligencia sobre el mercado y preparar estrategias y planes de mercadotecnia. Los vendedores deben tener conocimientos para el análisis mercadotécnico, sobre todo en los niveles altos de la administración de ventas. A largo plazo, una fuerza de ventas perfilada al mercado será más eficaz que la orientada a las ventas. Esto no sólo será más eficiente para conseguir clientes nuevos, sino también para crear relaciones rentables y duraderas con los clientes existentes.

COMO DISEÑAR LA ESTRATEGIA DEL CUERPO DE VENDEDORES

Una vez que la empresa ha establecido los objetivos de fuerza de ventas, puede pasar a resolver las cuestiones de la estrategia, la estructura, el tamaño y la remuneración del cuerpo de vendedores.

Diseño de la estrategia de la fuerza de ventas

Toda empresa compite con otras para conseguir los pedidos de los clientes. Así pues, debe fundamentar su estrategia en el conocimiento del proceso que sigue el cliente para comprar. Una empresa puede usar una o varias técnicas de ventas para ponerse en contacto con los clientes. Un vendedor se puede limitar a hablar con un prospecto o cliente, en persona o por teléfono. Un vendedor puede hacer una presentación de ventas ante un grupo de compradores. Un *equipo* de ventas (por ejemplo, un ejecutivo, un vendedor y un ingeniero de ventas de la empresa) puede hacer una presentación de ventas ante un grupo de compradores. En la *conferencia de ventas,* el vendedor hace que el personal de recursos de la empresa se reúna con uno o varios compradores para analizar los problemas y las oportunidades. En el *seminario de ventas,* el equipo de una empresa ofrece al personal técnico del cliente un seminario educativo sobre los últimos avances del ramo.

Por tanto, es frecuente que el vendedor actúe como un "gerente de cuenta" que concierta contactos entre el personal de compras y de ventas de las empresas. Como los vendedores necesitan la ayuda de otras personas de la empresa, las ventas requieren que se trabaje en equipo. Otras personas que podrían ayudar a los vendedores serían la gerencia general, sobre todo cuando se trata de ventas grandes; el personal técnico que ofrece información técnica a los clientes; los representantes de servicios a los clientes que ofrecen servicios de instalación, mantenimiento y otros más; y el personal de oficina, como analistas de ventas, procesadores de pedidos y secretarias.

Cuando la empresa ha optado por una forma de vender deseable, puede recurrir a un cuerpo de vendedores directo o a contrato. Un *cuerpo de vendedores directo (o de la empresa)* está compuesto por empleados, de medio tiempo o tiempo completo, que trabajan en exclusiva para la empresa. Este cuerpo de vendedores incluye *vendedores internos,* que realizan sus actividades en oficinas por medio del teléfono o recibiendo visitas de posibles compradores, y *vendedores de campo,* que se trasladan para visitar a los clientes. Un *cuerpo de vendedores a contrato* está compuesto por representantes, agentes de ventas o corredores del fabricante que reciben una comisión sobre sus ventas.

La estructura de la fuerza de ventas

La estrategia de la fuerza de ventas influye en su estructura. La decisión en cuanto a la estructura de la fuerza de ventas es sencilla cuando la empresa vende una línea de productos a una industria con clientes en muchos lugares. En tal caso, la empresa podría *estructurar el cuerpo de vendedores por territorios.* Cuando la empresa vende muchos productos a muchos tipos de clientes quizá necesita *estructurar su fuerza de ventas por productos* o *por clientes.*

Estructura territorial de la fuerza de ventas

Cuando **la fuerza de ventas se estructura por territorios,** se asigna un territorio exclusivo a cada vendedor, dentro del cual venderá la línea entera de productos o servicios de la empresa. Esta estructura del cuerpo de vendedores es la organización más sencilla para vender y ofrece muchas ventajas. En primer lugar, define con claridad la labor del vendedor y, como sólo una persona cubre el territorio, ésta se lleva todo el mérito o la culpa del territorio de ventas. En segundo, la estructura por territorios fomenta el afán del vendedor por establecer vínculos comerciales locales que, a su vez, mejorarán la eficacia del vendedor para vender. Por último, como cada vendedor se mueve dentro de una zona geográfica pequeña, los gastos de transporte son relativamente modestos.

Con frecuencia, la organización de las ventas por territorios se sustenta en muchos niveles de empleo dentro de la administración de ventas. Por ejemplo, en fecha reciente, Campbell Soup cambió la estructura de su fuerza de ventas por producto a la de territorios y ahora cada vendedor tiene la función de vender todos los productos de Campbell Soup. Partiendo de la base de la organización, los *comercializadores de ventas* dependen de los *representantes de ventas,* que dependen de los *supervisores de ventas al menudeo,* que dependen de *directores de operaciones de ventas al menudeo,* que dependen de uno de entre 22 *gerentes regionales de ventas.* A su vez, los gerentes regionales de ventas dependen de uno de cuatro *gerentes generales de ventas* (Occidente, Centro, Sur y Oriente) que dependen de un *subgerente y un gerente general de ventas.*[3]

Estructura de la fuerza de ventas por producto

Los vendedores deben conocer sus productos, sobre todo si los productos son muchos, no están relacionados y son complejos. Esta necesidad, sumada a la tendencia hacia la administración de productos, ha llevado a muchas empresas a adoptar una **estructura por productos** para su cuerpo de vendedores, en cuyo caso el cuerpo de vendedores vende líneas de productos. Por ejemplo, Kodak usa una fuerza de ventas para sus productos fílmicos y otra para sus productos industriales. El cuerpo de vendedores de productos fílmicos maneja productos sencillos y distribuidos ampliamente, mientras que el cuerpo de vendedores de productos industriales maneja productos complejos que requieren conocimientos técnicos.

No obstante, la estructura por producto puede crear problemas si un cliente dado cualquiera compra muchos productos de la empresa. Por ejemplo, Baxter International, una empresa que vende suministros a hospitales, cuenta con varias divisiones de productos, cada una de ellas con un cuerpo de vendedores independiente. Varios vendedores de Baxter podrían visitar el mismo hospital, el mismo día. Esto significa que recorren las mismas rutas y esperan para que los reciban los agentes de compras. Estos costos extraordinarios se deben comparar con los beneficios que ofrece el mayor conocimiento del producto y la atención a los productos individuales.

Estructura de la fuerza de ventas por clientes

Muchas veces, las empresas usan la **estructura por clientes para su fuerza de ventas,** en cuyo caso organizan al cuerpo de vendedores de acuerdo con clientes o industrias. Se pueden armar cuerpos de vendedores para diferentes industrias, para atender a clientes corrientes, en contraposición de encontrar a otros nuevos, y para cuentas importantes, en contraposición a las cuentas normales. Por ejemplo Xerox clasifica a sus clientes en cuatro grupos básicos, cada uno de ellos atendido por diferentes vendedores. El primer grupo está compuesto por las grandes cuentas nacionales, ubicadas en muchos puntos diseminados. Estos clientes son atendidos por unos 250 a 300 *gerentes de cuentas nacionales*. A continuación están las cuentas grandes que, aunque no son nacionales, pueden estar ubicadas en varios puntos dentro de una región; estas son manejadas por alguno de los mil y pico *gerentes de cuentas grandes* de Xerox. El tercer grupo de clientes está compuesto por cuentas comerciales normales, con un potencial de ventas de entre 5,000 a 10,000 dólares al año y son atendidas por *representantes de cuentas*. Todos los demás clientes son atendidos por *representantes de comercialización*.[4]

El hecho de organizar su fuerza de ventas por clientes puede servirle a la empresa para enfocarse con más precisión hacia los clientes. Por ejemplo, la gigantesca ABB, fabricante de equipo industrial con sede en Suiza y ventas por 29 mil millones de dólares al año, en fecha reciente cambió su estructura de vendedores por productos a la de vendedores por clientes. Esta nueva estructura produjo una enfoque más orientado hacia los clientes y mejoró los servicios a éstos:

> Hasta hace cuatro meses, David Donaldson vendía calderas de ABB... Despés de 30 años, Donaldson sabía mucho de calderas, pero no sabía gran cosa de la amplia gama de los demás productos ofrecidos por la división de Plantas Eléctricas de ABB en E.stados Unidos. Los clientes estaban molestos porque hasta una docena de vendedores de ABB llegaban a visitarlos en diferentes momentos para promover su mercancía. En ocasiones, los representantes incluso llegaban a cruzarse en las salas de espera de los clientes, sin saber que trabajaban para la misma empresa. Los jefes de ABB decidieron que así no se debía dirigir un cuerpo de vendedores. Por consiguiente, [hace poco] David Donaldson y 27 vendedores de plantas eléctricas más empezaron un trabajo nuevo. [Donaldson] ahora también vende turbinas, generadores y tres líneas de productos más. Maneja seis cuentas grandes... en lugar de un [conjunto mezclado] de 35. Su labor: conocer al cliente íntimamente y venderle los productos que le servirán para trabajar de manera productiva. Donaldson dice: "Mi labor consiste en facilitarle al cliente los negocios con nosotros... Le digo a quién dirigirse en ABB cuando tenga un problema". El presidente del negocio de plantas eléctricas de ABB [añade]: "Si una empresa quiere moverse en razón de los clientes, la organización de ventas se tiene que diseñar en torno a los compradores individuales y no en torno a los productos".[5]

Estructuras complejas de la fuerza de ventas

Cuando una empresa vende una gran variedad de productos a muchos tipos de clientes, en una zona geográfica extensa, con frecuencia combina varios tipos de estructuras para su fuerza de ventas. Los vendedores se pueden especializar por territorio y producto, por territorio y mercado, por producto y mercado o por territorio, producto y mercado. El vendedor dependería de uno o varios gerentes o gerentes generales.

Magnitud de la fuerza de ventas

Cuando la empresa ha optado por su estrategia y estructura, podrá pasar a considerar el *tamaño de la fuerza de ventas*. Los vendedores representan uno de los activos más productivos de la empresa, y también más caros. Por consiguiente, al aumentar su cantidad subirán tanto ventas como costos.

Muchas empresas usan algún tipo de **enfoque de la carga de trabajo** para establecer el tamaño de su fuerza de ventas. Con esta idea, la empresa agrupa las cuentas en diferentes categorías por tamaño y, después, determina el número de vendedores que se requieren para visitarlas la cantidad deseada de veces. El razonamiento de la empresa podría ser: suponiendo que tenemos 1,000 cuentas de tipo A y 2,000 cuentas de tipo B y que las cuentas de tipo A requieren 36 visitas al año y que las cuentas tipo B requieren 12 visitas al año, en tal caso, la *carga de trabajo* —la cantidad de visitas que debe hacer al año— del cuerpo de vendedores será 60,000 visitas [(1,000 x 36) + (2,000 x 12) = 36,000 + 24,000 = 60,000)]. Suponiendo que el vendedor promedio puede efectuar 1,000 visitas al año, la empresa necesitará 60 vendedores (60,000/1,000).

La remuneración del cuerpo de vendedores

La empresa, para atraer a los vendedores, debe tener un plan de remuneración atractivo. Estos planes varían mucho de acuerdo con la industria y con la empresa dentro de la misma industria. El monto de la remuneración se debe acercar a la "cantidad vigente" para el tipo de trabajo de ventas y la capacidad requerida. Por ejemplo, en 1991, el ingreso promedio de un vendedor industrial con experiencia, de nivel intermedio, era del orden de 41,000 dólares.[6] Si se paga menos de la cantidad vigente se atraería a muchos vendedores de poca calidad y, por otra parte, sería absurdo pagar más.

La remuneración está compuesta por varios elementos: una cantidad fija, una cantidad variable, gastos y prestaciones. La cantidad fija, por regla general un sueldo, permite al vendedor tener un ingreso fijo. La cantidad variable, que podrían ser comisiones o bonos sobre las ventas realizadas, recompensa al vendedor por realizar un esfuerzo mayor. Los estipendios para gastos, con los que se reembolsa a los vendedores los gastos relacionados con su trabajo, permiten a los vendedores realizar actividades de ventas necesarias y deseables. Las prestaciones, como vacaciones pagadas, permisos por enfermedad o accidente, pensiones y seguro de vida, ofrecen seguridad laboral y satisfacción.

La gerencia debe elegir la *mezcla* de estos elementos de compensación que sea la más sensata para cada trabajo de ventas. Las diferentes combinaciones de remuneraciones fijas y variables da lugar a cuatro tipos básicos de planes de remuneración: sueldo directo, comisión directa, sueldo más bono y sueldo más comisión. Un estudio sobre los planes de remuneración para cuerpos de vendedores arrojó que alrededor del 14% de las empresas pagaban un sueldo directo, 19% pagaban una comisión directa, 26% pagaban un sueldo más bono, 37% pagaban sueldo más comisión y 10% pagaban sueldo más comisión y bonificación.[7]

COMO RECLUTAR Y SELECCIONAR A LOS VENDEDORES

La empresa, una vez establecida la estrategia, la estructura, el tamaño y la remuneración de la fuerza de ventas, tiene que establecer sistemas para *reclutar y seleccionar, capacitar, supervisar* y *evaluar a los vendedores.*

La importancia de una selección cuidadosa

La base del buen funcionamiento de un cuerpo de vendedores está en seleccionar buenos vendedores. Los grados de rendimiento de un vendedor promedio y de uno superior pueden ser muy diferentes. En un cuerpo de vendedores típico, el 30% de los vendedores superiores pueden producir el 60% de las ventas. Por tanto, la selección cuidadosa de los vendedores puede aumentar mucho la actuación general del cuerpo de vendedores.

Además de las diferencias en el rendimiento de las ventas, una selección equivocada provoca una costosa rotación. Un estudio arrojó una tasa anual promedio de rotación de vendedores de un 27% para todas las industrias. Los costos de la rotación frecuente pueden ser considerables. Cuando un vendedor renuncia, el costo por encontrar y capacitar a otro, sumado al costo de las ventas que se pierden, puede ser de entre 50,000 y 75,000 dólares. Además, un cuerpo de vendedores con muchos elementos nuevos es menos productivo.[8]

¿Qué hace que un vendedor sea bueno?

La elección de vendedores no sería problemática si la empresa supiera qué características buscar. Por ejemplo, si supiera que los vendedores buenos son extrovertidos, agresivos y enérgicos, simplemente podría verificar si los solicitantes tienen estas características. Sin embargo, muchos vendedores exitosos son tímidos, correctos y muy tranquilos. Los vendedores exitosos pueden ser altos, pero también chaparros, pueden expresarse muy bien, o hacerlo muy mal, y pueden vestir con gran elegancia o en forma atroz.

No obstante, se continúa buscando la lista mágica de características que asegure la capacidad para las ventas. Una encuesta sugiere que los buenos vendedores tienen mucho entusiasmo, persistencia, iniciativa, confianza en sí mismos y dedicación a su trabajo. Se dedican a las ventas como medio de vida y se inclinan mucho por relacionarse con clientes. Otro estudio sugiere que los buenos vendedores son independientes y autónomos y que son excelentes para escuchar. Otro estudio más aconseja que los vendedores deben ser amigos de los clientes, así como persistentes, entusiastas, atentos y, sobre todo, honrados.[9] Charles Garfield encontró que los buenos vendedores corren riesgos en cuanto a las metas fijadas y se identifican muchísimo con sus clientes (véase Puntos Importantes de la Mercadotecnia 18-1).

¿Cómo puede una empresa averiguar qué características deben tener los vendedores de su industria? Sus *obligaciones* laborales sugerirían algunas de las características que debe buscar la empresa. ¿Se requiere mucho papeleo? ¿Se requiere viajar mucho? ¿Tendrá que aguantar el vendedor muchas negativas? El vendedor exitoso tendrá que adecuarse a estas obligaciones. Además, la empresa debe analizar los rasgos de sus vendedores más exitosos para encontrar pistas de las características que se necesitan.

Procedimientos para el reclutamiento

Cuando la gerencia ha decidido qué características necesita, tiene que *reclutar* a los vendedores. El departamento de recursos humanos busca aspirantes consiguiendo nombres proporcionados por sus vendedores, recurriendo a oficinas de empleo, publicando anuncios clasificados y contratando a estudiantes universitarios. Hasta hace poco, las empresas tenían problemas para convencer a los universitarios de que se dedicaran a las ventas. Muchos de ellos pensaban que vender era un empleo, pero no una profesión, que los vendedores tenían que engañar para tener éxito y que las ventas entrañaban mucha inseguridad y viajes. Además, algunas mujeres pensaban que las ventas eran carrera de hombres. Los reclutadores, para contrarrestar estas objeciones, ahora ofrecen elevados sueldos iniciales, la posibilidad de aumentar los ingresos y subrayan el hecho de que más de la cuarta parte de los directores de las grandes sociedades de Estados Unidos iniciaron su carrera en la mercadotecnia y las ventas. Señalan que más del 28% de las personas que venden productos industriales en la actualidad son del sexo femenino. Las mujeres representan un porcentaje mucho más elevado del total de vendedores en algunas industrias, por ejemplo la textil y del vestido (61%), la banca y servicios financieros (58%), las comunicaciones (51%) la editorial (49%). Véase Puntos Importantes de la Mercadotecnia 18-2.[10]

Cómo seleccionar a los vendedores

El reclutamiento atraerá a muchos solicitantes, de entre los cuales la empresa tendrá que seleccionar a los mejores. El procedimiento de selección puede ser desde una sola entrevista informal hasta extensas pruebas y entrevistas. Muchas empresas aplican pruebas formales a los solicitantes para ventas. Las pruebas suelen medir la aptitud para las ventas, la capacidad analítica y organizativa, los rasgos de la personalidad y otras características más.[11] Los resultados de las pruebas cuentan mucho en empresas como IBM, Prudential, Procter & Gamble y Gillette. Gillette dice que las pruebas han disminuido 42% la rotación de personal y que las calificaciones de las pruebas guardan bastante relación con la actuación posterior de los vendedores nuevos. Sin embargo, las calificaciones de las pruebas sólo son una parte de la información dentro de un conjunto que incluye características personales, referencias, empleos anteriores y reacciones en la entrevista.

COMO PREPARAR A LOS VENDEDORES

Antes muchas empresas ponían a sus vendedores a trabajar casi después de contratarlos. Les daban muestras, blocks de pedidos e instrucciones generales ("vende

EN ACTIVO CON DOS VENDEDORAS EXITOSAS

Catherine Hogan y Joyce Nardone, dos exitosas vendedoras; la palabra "vendedor" tiene un tinte arcaico.

La palabra *vendedor* tiene un tinte arcaico. El ingreso de las mujeres al campo de las ventas profesionales, que fuera bastión masculino, ha sido rápido y abrumador. Más del 28% de las personas que venden productos industriales son del sexo femenino, en comparación con sólo 7% en 1975. En algunas industrias, este porcentaje llega incluso a 60%. A continuación se presentan dos ejemplos de vendedoras técnicas que han tenido mucho éxito.

Catherine Hogan, gerente de cuenta, Bell Atlantic Network Services

Cuando estudiaba en la universidad, Catherine Hogan no pensaba que su carrera estaría en las ventas, mucho menos en las ventas técnicas.

—Era una persona cálida y gentil —dice—, con habilidad para los trabajos manuales.

Ahora, a sólo seis años de distancia, se encuentra en un ambiente pesado, manejando con éxito una línea compleja de productos técnicos en un mundo que, antes, estaba dominado por los hombres. ¿Por qué el cambio?

—Necesitaba salir al mundo y sentir la presión, correr riesgos, manejar a los clientes, ser responsable de sus quejas—, explica Hogan.

Aunque todavía dista mucho de ser una técnica, ha adquirido con rapidez los conocimientos que requiere su trabajo en cuanto a los servicios modernos de la comunicación y la forma en que se pueden ofrecer a las empresas por medio de la red de telefonía de Bell Atlantic.

La empresa se está diversificando a tanta velocidad, que Hogan, con habilidad manual o no, se encuentra estudiando sobre computadoras, programas de software y programas de arrendamiento para poder explicárselos a las empresas clientes y a los propios ejecutivos de cuenta de Bell, que tienen una responsabilidad constante con esos clientes. Los ejecutivos de cuenta pueden manejar las solicitudes locales de los clientes por su cuenta, pero forman equipo con Hogan cuando los clientes quieren servicios de datos o de voz a larga distancia. Este tipo de ventas en cooperación requiere em-

patía y habilidad. En las visitas mancomunadas, Hogan tiene mucho cuidado de no interferir en las negociaciones entre el ejecutivo de cuenta y el cliente.

En un plano más personal, Hogan ha analizado los pros y los contras de ser una novedad en una industria que está sometida a enormes cambios.

—En esta industria, la gente está acostumbrada a ver a hombres blancos, de mediana edad, con estudios técnicos —dice Hogan—. Es todo un desafío ser joven, mujer y de otra etnia.

¿Qué le aconseja a otras en situaciones parecidas?

—Superen lo que el mundo les receta. Tengan la fuerza suficiente para matar al dragón, pero sean lo bastante suaves como para vestirse de seda.

Joyce Nardone, gerente de ventas, Amfax America, División de Faxsímiles

Si quiere escuchar un relato vívido de lo que se requiere para triunfar en las ventas, oiga las palabras de Joyce Nardone sobre los temores y los triunfos que entraña venderle a desconocidos que jamás han escuchado su nombre antes de cruzar la puerta.

—Soy buena para las visitas en frío, pero se requiere mucho tiempo para aceptar los rechazos —dice—. En ocasiones, el solo hecho de bajarse del auto significa toda una hazaña.

Sin embargo, Joyce, que tiene 24 años, es tan perseverante, que antes de ser ascendida, hace poco, a un puesto administrativo, reunió un expediente impresionante en la labor de tocar puertas en nombre de Amfax America, distribuidor de equipo de oficina, cuya línea principal son las copiadoras y los aparatos de fax marca Sharp.

—Una tiene que ser amigable y simpática —dice—. Si una tiene aspecto de ganadora, le comprarán a usted.

Nardone, aunque es muy buena para las visitas en frío, suma un ingrediente especial a un negocio que, por tradición, ha consistido en la venta única: sigue la relación con sus clientes y se asegura de que estén satisfechos con el producto.

—Tengo más de 100 clientes y los considero mis amigos —dice—. La mayoría de los vendedores no se molestan en volver, pero yo les llevo un rollo de papel gratis o les envío un fax por Hanukka o Navidad.

Por ello, los clientes muchas veces hablan de Nardone a otras empresas, de tal manera que ella tiene una corriente constante de negocios nuevos.

Por fortuna, la gerencia también reconoce su talento. Nardone ahora está a cargo del cuerpo de vendedores de la División de Faxsímiles de Amfax. En su calidad de gerente, es la responsable de la capacitación, la motivación y la actuación general de ocho vendedores directos. Además, coordina la publicidad y las ferias. ¿Su consejo a las nuevas vendedoras?

—Para encontrar las necesidades de los clientes, ¡escuchen lo que dicen!

Fuentes: Adaptado de partes de Martin Everett, "Selling's New Breed: Smart and Feisty", *Sales & Marketing Management,* octubre de 1989, pp. 52-64. También véase Bill Kelley, "Selling in a Man's World", *Sales & Marketing Management,* enero de 1991, pp. 28-35.

al oeste del Mississippi"). Los programas de capacitación eran un lujo. Para muchas empresas, el programa de capacitación se traducía en un gasto enorme por concepto de instructores, materiales, espacio y sueldo para una persona que no estaba vendiendo aún, así como en pérdida de oportunidades para realizar ventas, porque la persona no estaba trabajando en la calle.

Sin embargo, los vendedores nuevos de hoy quizá se pasen desde unas cuantas semanas, hasta muchos meses, preparándose. El lapso promedio de capacitación es de cuatro meses. IBM gasta 1 mil millones de dólares al año preparando a sus empleados y clientes. La capacitación inicial para ventas dura 13 meses y los vendedores nuevos normalmente no trabajan solos durante un plazo de dos años. IBM también espera que sus vendedores dediquen 15% de su tiempo al año en cursos de capacitación.[12]

Los programas de capacitación tienen diferentes metas. Los vendedores tienen que conocer a la empresa e identificarse con ella, por consiguiente la mayor parte de las empresas dedican la primera parte del programa de capacitación a describir el historial y los objetivos de la empresa, su organización, su estructura financiera y sus instalaciones, así como sus productos y mercados principales. Como los vendedores también tienen que conocer los productos de la empresa, se muestra a los vendedores que se están capacitando cómo se fabrican los productos y cómo funcionan. Los vendedores también deben conocer las características de los clientes y de los competidores, por lo que el programa de capacitación les enseña cosas sobre las estrategias de la competencia y sobre los diferentes tipos de clientes y sus necesidades, motivos para comprar y hábitos de compra. Los vendedores deben aprender a hacer presentaciones efectivas, así que se les enseñan los principios de las ventas y la empresa esboza los argumentos principales para poder vender cada producto. Por último, los vendedores tienen que entender los procedimientos para trabajar en la calle y sus responsabilidades. Además deben aprender a dividir el tiempo entre cuentas activas y en potencia y cómo llevar una cuenta de gastos, preparar informes y enviar las comunicaciones debidamente.

Las compañías gastan cientos de millones de dólares para enseñar a sus vendedores el arte de vender.

COMO SUPERVISAR A LOS VENDEDORES

Los vendedores nuevos necesitan algo más que un territorio, una remuneración y capacitación, también necesitan *supervisión*. La empresa, por medio de la supervisión, *dirige* y *motiva* al cuerpo de vendedores para que realice mejor su trabajo.

Cómo dirigir a los vendedores

¿Qué tanta estructura administrativa de ventas debe haber para ayudar a los vendedores a administrar sus territorios? Esto puede depender desde el tamaño de la empresa hasta la experiencia de su fuerza de ventas. Por tanto, las empresas varían mucho en cuanto al grado de supervisión que dedican a sus vendedores. Además, lo que le funciona a una empresa, quizá no le sirva a otra.[13]

Cómo desarrollar prospectos de venta y las normas para visitas

La mayor parte de las empresas clasifican a los clientes de acuerdo con el volumen de ventas, las utilidades y el posible crecimiento, y establecen las normas para las visitas en consecuencia. Así pues, los vendedores podrían realizar visitas semanales en el caso de cuentas con muchas ventas o potencial, pero visitas poco frecuentes en el caso de cuentas pequeñas. Además del tamaño y el potencial de las ventas, las normas para las visitas pueden depender de otros factores como la actividad de la competencia en cuanto a sus visitas y el estado de desarrollo de la cuenta.

Las empresas, con frecuencia, especifican cuánto tiempo deben dedicar sus vendedores a buscar prospectos para cuentas nuevas. Por ejemplo, Spector Freight quiere que sus vendedores dediquen 25% de su tiempo a encontrar prospectos y que suspendan las visitas al prospecto después de tres intentos infructuosos. Las empresas establecen normas para buscar prospectos por varias razones. Por ejemplo, si se deja que los vendedores actúen solos, muchos dedicarán la mayor parte de su tiempo a los clientes presentes, que representan cantidades conocidas. Es más, un prospecto podría no producir negocios nunca, pero los vendedores pueden dar por hecho que las cuentas que tienen les darán algunos negocios. Por consiguiente, a no ser que los vendedores reciban una recompensa por abrir cuentas nuevas, quizás eviten desarrollarlas. Algunas empresas incluso podrían depender de un cuerpo especial de vendedores para abrir cuentas nuevas.

Cómo aprovechar el tiempo de las ventas

Los vendedores tienen que saber aprovechar su tiempo muy bien. Un instrumento para tal efecto sería el *programa anual de visitas,* que indica qué clientes y qué prospectos se deben visitar en qué meses y qué actividades se deben realizar. Las actividades incluyen la participación en ferias, la asistencia a reuniones de ventas y la realización de investigaciones mercadotécnicas. Otro instrumento sería el *análisis del tiempo y de las obligaciones.* Además del tiempo dedicado a las ventas, el vendedor dedica tiempo a transportarse, esperar, comer, descansar y hacer tareas administrativas.

La figura 18-2 muestra cómo invierten su tiempo los vendedores. ¡En promedio, el tiempo dedicado a las ventas frente a frente sólo representa 30% del total del tiempo trabajado! Si el tiempo dedicado a vender pudiera subir de 30 a 40%, ello significaría un incremento del 33% para el tiempo dedicado a las ventas. Las empresas siempre están buscando la manera de ahorrar tiempo —usando el teléfono en lugar de viajar, simplificando la forma de llevar registros, encontrando mejores planes para hacer las rutas y las visitas, y proporcionando más información de los clientes, de mejor calidad.

Los avances en la tecnología de las computadoras y la información (las computadoras portátiles, las telecomunicaciones, los programas de computadora para ventas personales, los aparatos para videodiscos, las contestadoras automáticas y otros más) han hecho que muchas empresas adopten *sistemas automatizados para los cuerpos de vendedores,* es decir, se trata de operaciones computarizadas para las ventas, las cuales permiten operaciones más ordenadas para registrar pedidos, mejorar el servicio a los clientes y más apoyo para el vendedor que toma decisiones. Muchos cuerpos de vendedores, en realidad, se han vuelto "electrónicos". Un estudio reciente de 100 sociedades grandes arrojó que 48% están "probando

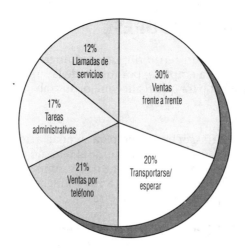

FIGURA 18-2
**Cómo invierten el tiempo
los vendedores**
Fuente: Dartnell Corporation: 27th
Survey of Sales Force Compensation.
© 1992; Dartnell Corporation

activamente" la automatización del cuerpo de vendedores; otro 34% está proyectándola o considerando la posibilidad de usarla.[14] Los vendedores usan las computadoras para obtener perfiles de los clientes y prospectos, analizar y pronosticar las ventas, administrar las cuentas, programar las visitas de ventas, registrar pedidos, revisar niveles de existencias y pedidos, preparar informes de ventas y gastos, procesar correspondencia y realizar muchas otras actividades. La automatización del cuerpo de vendedores no sólo reduce la cantidad de visitas de los vendedores, sino que mejora la productividad, así como la calidad de las decisiones de la gerencia de ventas. A continuación se presentan algunos ejemplos de empresas que han introducido teconologías de computación y otras más con gran éxito en las operaciones de sus cuerpos de vendedores:

Shell Chemical Company preparó un paquete para computadoras portátiles con diversas aplicaciones. Aunque en un principio muchos vendedores se resistían a la computadora, argumentando que no sabían mecanografiar, que no tenían tiempo para aprender el programa o algún otro pretexto, algunas aplicaciones les resultaron muy atractivas. Al principio, los vendedores respondieron al programa de *estados automáticos de gastos,* que les facilitaba registrar los gastos y conseguir su reembolso rápidamente. En breve, descubrieron la *función de preguntas del vendedor* que les permitía el acceso inmediato a la última información sobre la cuenta, inclusive números telefónicos, direcciones, cambios recientes y precios. Ya no tenían que esperar a que el personal de oficina les proporcionara información tardía. Al poco tiempo, los vendedores estaban usando el paquete entero. El *correo electrónico* les permitía recibir y enviar mensajes, muy rápidamente, a terceros. Diversas *formas corporativas,* como los planes de trabajo por territorio y los informes de visitas de ventas se podían realizar más rápidamente y enviar en forma electrónica. Otras aplicaciones útiles incluían un *calendario de citas, una función de pendientes, un programa con hoja de cálculo y un paquete de gráficos,* que servía a los vendedores para preparar tablas y gráficas para las presentaciones ante los clientes. Hoy día, incluso los vendedores que en un principio se oponían al paquete de cómputo se preguntan cómo pudieron arreglárselas antes sin él.[15]

Al término de cada día laborable, 10,000 vendedores de Frito-Lay enchufan sus computadoras de mano a minicomputadoras en sus oficinas locales de ventas o a módems en sus hogares. Después, se sientan tranquilamente a esperar mientras los informes de sus esfuerzos diarios son enviados a las oficinas centrales de Frito-Lay en Dallas. 24 horas después, los gerentes de mercadotecnia de Frito-Lay tienen un informe completo analizando el comportamiento observado por las ventas de Fritos, Doritos y las demás marcas de la empresa el día anterior, por total, marca y ubicación. El sistema no sólo sirve a los gerentes de mercadotecnia de Frito-Lay para tomar mejores decisiones, sino que hace que los vendedores sean más eficientes y efectivos. Ahora, en lugar de pasar muchas horas preparando informes, los vendedores de Frito-Lay permiten que las computadoras se encarguen del trabajo y ellos dedican más tiempo a vender. Como resultado del sistema, las ventas están subiendo entre 10 y 12% al año, sin aumentar ni un solo vendedor más.[16]

Sistemas automatizados para la fuerza de ventas: muchas empresas están computarizando su fuerza de ventas para que los vendedores sean más eficientes y efectivos.

Muchas empresas, para reducir el tiempo que se exige a su *fuerza de ventas externa,* han aumentado el tamaño de su *fuerza de ventas interna.* Los vendedores internos incluyen personal de apoyo técnico, ayudantes de ventas y comercializadores por teléfono. El *personal de apoyo técnico* proporciona información técnica y respuestas a las preguntas de los clientes. Los *ayudantes de ventas* ofrecen apoyo burocrático a los vendedores externos. Llaman previamente para confirmar citas, realizan verificaciones de crédito, vigilan las entregas y contestan las preguntas de los clientes cuando los vendedores externos no están disponibles. Los *comercializadores* por teléfono usan el aparato para encontrar pistas nuevas, calificar prospectos y venderles y ofrecerles servicios (véase Puntos Importantes de la Mercadotecnia 18-3).

La fuerza de ventas interna libera a los vendedores externos para dedicar más tiempo a las cuentas grandes y encontrar prospectos nuevos importantes. Dependiendo de la complejidad del producto y el cliente, un comercializador por teléfono puede establecer entre 20 y 33 contactos diarios con personas que toman decisiones, en comparación con el promedio de cuatro que puede visitar un vendedor externo. Además, en el caso de muchos tipos de productos y situaciones de ventas, la comercialización por teléfono puede ser tan efectiva como una visita personal, aunque su costo es mucho menor. Por ejemplo, mientras que la visita personal típica de un vendedor puede costar más de 200 dólares, una llamada industrial rutinaria para la comercialización por teléfono sólo cuesta alrededor de 5 dólares y una llamada compleja alrededor de 20 dólares.[17]

Cómo motivar a los vendedores

Algunos vendedores realizarán su mayor esfuerzo sin ninguna presión especial de la gerencia. Para ellos, las ventas pueden ser la tarea más fascinante del mundo. Pero las ventas también pueden ser frustrantes. Los vendedores suelen trabajar solos y, en ocasiones, deben viajar a gran distancia de sus hogares. Pueden enfrentarse a clientes y vendedores de la competencia agresivos y difíciles. En ocasiones carecen de facultades para hacer lo necesario para conseguir una venta y, por tanto, pueden perder grandes pedidos que les ha costado mucho trabajo conseguir. Por eso, con frecuencia, los vendedores necesitan un aliento especial para hacer un buen trabajo. La gerencia puede elevar el ánimo y la actuación del cuerpo de vendedores por medio del *clima de la organización, las cuotas de ventas* y *los incentivos positivos.*

El clima de la organización

El clima de la organización se refiere a la opinión que tienen los vendedores en

LAS VENTAS POR TELÉFONO: UN TELÉFONO PUEDE SER MEJOR QUE UN ROSTRO

Vender frente a frente es, con mucho, la mejor manera de establecer simpatía personal con un prospecto, ¿verdad? Falso, afirma LeRoy Benham, presidente de Climax Portable Machine Tools. Una empresa, si combina las ventas por teléfono y las computadoras, puede ahorrar dinero y darle a los compradores una atención exquisita que los asombrará.

Sin duda, esta estrategia depende tanto del carácter del mercado como de la apuesta que se tenga en él, pero pocos podrían discutir el récord impresionante de Benham. En un momento cuando la mayor parte de fabricantes de máquinas-herramienta de Estados Unidos han pasado por una profunda depresión, Benham ha labrado un nicho para sus herramientas portátiles. Este año, las ventas aumentarán 20%, a 5 millones de dólares. Las utilidades de la empresas subirán más de 20% por tercer año consecutivo desde que Climax empezó ha deshacerse de su red de distribuidores y a usar las ventas por teléfono.

Con el otro sistema, los ingenieros de ventas dedicaban una tercera parte de su tiempo a transportarse, capacitar a los vendedores del distribuidor y acompañarles en sus visitas.

—Tenían unos cuatro contactos al día —dice Benham—. Encontraban que, de hecho, obtenían más información de los prospectos cuando habían regresado a su oficina y preparaban sus citas por teléfono.

Ahora, cada uno de los cinco ingenieros de ventas de la fuerza de ventas por teléfono de Benham llama a unos 30 prospectos al día, dándole seguimiento a las pistas generadas por anuncios y correspondencia directa. Como se requiere alrededor de cinco llamadas para cerrar una venta, los ingenieros de ventas actualizan un archivo de computadora sobre los prospectos cada vez que hablan con ellos, anotando su grado de compromiso, requisitos, fecha de la siguiente llamada y comentarios personales.

—Si alguien dice que se irá de vacaciones a pescar, nuestro ingeniero de ventas registra la información en la

Los vendedores por teléfono usan el aparato para encontrar prospectos nuevos y realizar la venta.

computadora y la usa para que la siguiente venta se más personal —dice Benham, y señala que esa es sólo una manera de establecer buenas relaciones. Otra es que el primer material que se envía por correo al prospecto incluye la tarjeta de visita del ingeniero, con su fotografía.

Claro está que se requiere más que amabilidad para vender máquinas-herramienta de 15,000 dólares (los pedidos especiales pueden llegar a 200,000 dólares) por teléfono, pero Benham tiene pruebas de que la personalidad es rentable. Cuando se preguntó a los clientes de Climax: "¿Ven al ingeniero de ventas con la frecuencia necesaria?", la respuesta fue mayoritariamente afirmativa. Es evidente que muchas de las personas no se dieron cuenta de que el único contacto que habían tenido con Climax había sido por teléfono.

Fuentes: Adaptado de "A Phone Is Better Than a Face", *Sales & Marketing Management,* octubre de 1987, p. 29. Véase también Aimee L. Stern, "Telemarketing Polishes Its Image", *Sales & Marketing Management,* junio de 1991, pp. 107-10; y Richard L. Bencin, "Telefocus: Telemarketing Gets Synergized", *Sales & Marketing Management,* febrero de 1992, pp. 49-57.

cuanto a las oportunidades, el valor y las recompensas para el buen rendimiento dentro de la empresa. Algunas empresas tratan a los vendedores como si no fueran muy importantes. Otras empresas tratan a sus vendedores como motores primordiales y les brindan oportunidades sin límite para obtener ingresos y ascensos. No es extraño que la actitud que adopta la empresa ante sus vendedores afecte su comportamiento. Cuando los vendedores no merecen gran estima, existe gran rotación y poco rendimiento. Si merecen gran estima, existe menor rotación y mayor rendimiento.

El trato que reciben los vendedores, de parte de su supervisor inmediato, tiene especial importancia. Un buen gerente de ventas está siempre en contacto con su cuerpo de vendedores por medio de cartas y llamadas telefónicas, visitas

Incentivos para la fuerza de ventas: muchas empresas otorgan dinero, cheques, mercancía o viajes como incentivos por una actuación destacada en las ventas.

de campo y sesiones de evaluación en la oficina matriz. Según el momento, el gerente de ventas actúa como jefe, compañero, entrenador y confesor del vendedor.

Las cuotas de ventas

Muchas empresas establecen **cuotas de ventas** para los vendedores; es decir parámetros que indican la cantidad que deben vender y la forma en que las ventas se deben dividir entre los productos de la empresa. Con frecuencia la remuneración guarda relación con la medida en que los vendedores alcanzan sus cuotas.

Las cuotas de ventas se establecen cuando se prepara el plan anual de mercadotecnia. La empresa primero hace un pronóstico de ventas que resulte razonablemente viable. Con base en este pronóstico, la gerencia proyecta la producción, la cantidad de trabajadores y las necesidades financieras. A continuación, establece cuotas de ventas para sus regiones y territorios. En general, las cuotas de ventas se establecen en un punto más alto que el pronóstico de ventas, con objeto de fomentar que los gerentes de ventas y los vendedores hagan su mejor esfuerzo. En caso de que no lleguen a cumplir sus cuotas, la empresa puede hacer su pronóstico de ventas.

Los incentivos positivos

Las empresas también recurren a los incentivos para aumentar el esfuerzo del cuerpo de vendedores. Las *juntas de ventas* representan actos sociales, cambios en la rutina, posibilidad de reunirse y hablar con los "grandes de la empresa", así como la oportunidad para ventilar sentimientos y para identificarse con el grupo en general. Las empresas también promueven los *concursos de ventas* para alentar al cuerpo de vendedores a que haga un esfuerzo por vender más allá de lo que cabría esperar normalmente. Otros incentivos serían los reconocimientos, los premios en mercancía o metálico, los viajes y los planes de repartición de utilidades.

COMO EVALUAR A LOS VENDEDORES

Hasta aquí se ha hablado de la forma en que la gerencia comunica lo que deberían hacer los vendedores y de cómo los motiva para que lo hagan. Sin embargo, el proceso requiere buena retroalimentación y ésta significa obtener información regular sobre los vendedores para evaluar su actuación.

Fuentes de información

La gerencia obtiene información sobre sus vendedores de diversas maneras. La fuente más importante es el *informe de ventas.* También se puede obtener información de la observación personal, de las cartas y las quejas de los clientes, de encuestas de clientes y de charlas con otros vendedores.

Los informes de ventas se dividen en planes de actividades futuras y explicaciones de actividades terminadas. El mejor ejemplo del primer caso sería un *plan de trabajo* que los vendedores entregan con una semana o un mes de anticipación. El plan describe las visitas que se piensan hacer y las rutas. Con base en este informe, el cuerpo de vendedores proyecta y programa sus actividades. Asimismo, permite a la gerencia saber dónde andan los vendedores y ofrece una base para comparar los planes y el desempeño. A continuación los vendedores pueden ser evaluados de acuerdo con su capacidad para "planear su trabajo y trabajar su plan". En ocasiones, los gerentes contratan a vendedores individuales para que les sugieran cómo mejorar los planes de trabajo.

Las empresas también están empezando a pedir a sus vendedores que preparen *planes anuales de comercialización para su territorio,* en los cuales esbozan los planes para conseguir cuentas nuevas y aumentar las ventas de las cuentas existentes. Los formatos varían mucho; algunos requieren ideas generales para el desarrollo del territorio, otros piden estimaciones detalladas de ventas y utilidades. Estos informes colocan a los vendedores como gerentes de mercadotecnia de los territorios. Los gerentes de ventas estudian los planes para el territorio, hacen sugerencias y usan los planes para desarrollar cuotas de ventas.

Los vendedores escriben las actividades que han realizado en los *informes de visitas.* Los informes de las visitas mantienen a los gerentes de ventas informados de las actividades de los vendedores, les muestran qué está pasando con la cuenta de cada cliente y les proporcionan información que puede resultar útil para visitas posteriores. Los vendedores también entregan *informes de gastos* que se les deben reembolsar, en su totalidad o en parte. Algunas empresas también piden informes sobre negocios nuevos, negocios perdidos, así como negocios y situación económica locales.

Estos informes proporcionan los datos escuetos para que la gerencia pueda evaluar la actuación de la fuerza de ventas. ¿Están haciendo muy pocas visitas diarias los vendedores? ¿Están dedicando demasiado tiempo a cada visita? ¿Están gastando demasiado dinero en invitaciones? ¿Están cerrando suficientes pedidos por cada 100 visitas? ¿Están encontrando suficientes clientes nuevos y conservando suficientes clientes viejos?

Evaluación formal del rendimiento

La gerencia de ventas, usando los informes de los vendedores y otros datos, puede evaluar, de manera formal, a los miembros del cuerpo de vendedores. La evaluación formal tiene cuatro ventajas. En primer lugar, la gerencia debe preparar y comunicar parámetros claros para juzgar la actuación. En segundo, la gerencia debe reunir información bien fundamentada sobre cada vendedor. En tercero, los vendedores reciben retroinformación constructiva que les sirve para mejorar su actuación futura. Por último, los vendedores tienen motivos para rendir mucho, puesto que saben que, una mañana, tendrán que reunirse con su gerente de ventas y explicarle su actuación.

Cómo comparar la actuación de los vendedores

Un tipo de evaluación compara y clasifica la actuación de diferentes vendedores en cuanto a las ventas. Sin embargo, estas comparaciones pueden conducir a error. Los vendedores pueden rendir en grados diferentes en razón de diferencias del potencial del territorio, la carga de trabajo, el grado de competencia, las actividades promotoras de la empresa y otros factores. Es más, por regla general, las ventas no son el mejor indicador del rendimiento. La gerencia más bien debe estar interesada en la cantidad con la que cada vendedor contribuye a la utilidad neta, punto que requiere que se analicen los gastos y la mezcla de ventas de cada vendedor.

Cómo comparar las ventas actuales con las pasadas

Otro tipo de evaluación consiste en comparar la actuación corriente del vendedor con su actuación pasada. Esta comparación debe señalar, directamente, el avance personal. La tabla 18-1 contiene un ejemplo.

El gerente de ventas puede averiguar muchas cosas de Chris Bennett con base en esta tabla. El total de ventas de Bennett aumentó todos los años (línea 3). Esto no necesariamente significa que Bennett está trabajando mejor. La división por productos señala que Bennett ha podido impulsar las ventas del producto B más que las del producto A (líneas 1 y 2). De acuerdo con las cuotas para los dos productos (líneas 4 y 5), el éxito de aumentar las ventas del producto B puede haber sido a expensas de las ventas del producto A. Según la utilidad bruta (líneas 6 y 7), la empresa gana el doble de utilidad bruta (como proporción de las ventas) con A que con B. Bennett quizás esté impulsando el producto con margen más bajo y mayor volumen, a expensas del producto más rentable. Aunque el total de ventas de Bennett aumentó 1,100 dólares entre 1992 y 1993 (línea 3), la utilidad bruta sobre el total de ventas, de hecho, disminuyó 580 dólares (línea 8).

El gasto para ventas (línea 9) muestra un incremento constante, aunque el total de gasto como porcentaje del total de ventas, al parecer, está controlado (línea 10). La tendencia ascendente del total de gastos, en dólares, de Bennett, al parecer no está justificado por un incremento en la cantidad de visitas (línea 11), aunque podría guardar relación con su consecución de clientes nuevos (línea 14). Sin embargo, existe la posibilidad de que, al buscar prospectos para clientes nuevos, Bennett esté descuidando a los clientes actuales, como lo señala la tendencia ascendente de la cantidad anual de clientes perdidos (línea 15).

TABLA 18-1
Cómo evaluar la actuación de los vendedores

TERRITORIO: INTERMEDIO	VENDEDOR: CHRIS BENNETT 1990	1991	1992	1993
1. Ventas netas del producto A	$251,300	$253,200	$270,000	$263,100
2. Ventas netas del producto B	$423,200	$439,200	$553,900	$561,900
3. Total de ventas netas	$674,500	$692,400	$823,900	$825,000
4. Porcentaje de la cuota del producto A	95.6	92.0	88.0	84.7
5. Porcentaje de la cuota del producto B	120.4	122.3	134.9	130.8
6. Utilidad bruta del producto A	$ 50,260	$ 50,640	$ 54,000	$ 52,620
7. Utilidad bruta del producto B	$ 42,320	$ 43,920	$ 53,390	$ 56,190
8. Total de utilidad bruta	$ 92,580	$ 94,560	$109,390	$108,810
9. Gasto para ventas	$ 10,200	$ 11,100	$ 11,600	$ 13,200
10. Gasto para ventas como porcentaje del total de ventas	1.5	1.6	1.4	1.6
11. Cantidad de visitas	1,675	1,700	1,680	1,660
12. Costo por visita	$ 6.09	$ 6.53	$ 6.90	$ 7.95
13. Promedio de clientes	320	324	328	334
14. Cantidad de clientes nuevos	13	14	15	20
15. Cantidad de clientes perdidos	8	10	11	14
16. Promedio de ventas por cliente	$ 2,108	$ 2,137	$ 2,512	$ 2,470
17. Promedio de utilidad bruta por cliente	$ 289	$ 292	$ 334	$ 326

Las dos últimas líneas de la tabla indican el grado y la tendencia de las ventas y la utilidad bruta de Bennett por cliente. Estas cifras adquieren más sentido cuando se comparan con los promedios generales de la empresa. Si la utilidad bruta promedio por cliente de Chris Bennett es inferior al promedio de la empresa, Chris quizá se esté concentrando en los clientes equivocados o tal vez no esté dedicando suficiente tiempo a cada cliente. Si se repasa la cantidad anual de visitas (línea 11), Bennett puede estar haciendo menos visitas que el vendedor promedio. Si las distancias del territorio no son muy diferentes, esto significaría que no está trabajando el día entero, que planea sus rutas mal o que no reduce al mínimo el tiempo de espera o que dedica demasiado tiempo a ciertas cuentas.

La evaluación cualitativa de los vendedores

La *evaluación cualitativa* suele analizar cuánto sabe la persona sobre la empresa, los productos, los clientes, la competencia, el territorio y las tareas. Los rasgos personales, el modo, el aspecto, la expresión y el temperamento, se pueden calificar. El gerente de ventas también puede revisar problemas en la motivación o el cumplimiento. Cada empresa debe decidir qué elementos sería más conveniente conocer. Debe comunicar estos criterios a los vendedores para que éstos sepan cómo se evalúa su actuación y para que puedan hacer un esfuerzo por mejorarla.

LOS PRINCIPIOS DE LAS VENTAS PERSONALES

Ahora se pasará del diseño y la evaluación del cuerpo de vendedores al proceso real de las ventas personales. Las ventas personales son un antiquísimo arte que ha generado muchísimos libros y principios. Los vendedores efectivos trabajan usando muchas cosas más que el instinto; tienen grandes conocimientos de métodos para analizar territorios y administrar clientes.

El proceso de las ventas personales

Las empresas destinan cientos de millones de dólares a seminarios, libros, cintas y demás material para enseñar a sus vendedores el "arte" de las ventas. Millones de libros sobre ventas se publican todos los años, con títulos atractivos como *How to Sell Anything to Anybody, Hoy I Rasied Myself from Failure to Success in Selling, The Four Minute Sell, The Best Seller, The Power of Enthusiastic Selling, Where do You Go From No.1?* y *Winning Through Intimidation.* Uno de los libros perdurables sobre ventas es *How to Win Friends and Influence People* de Dale Carnegie.

Todas las corrientes de capacitación tratan de convertir al vendedor de un *tomador pasivo de pedidos* a un *conseguidor activo de pedidos.* Los tomadores de pedidos presuponen que los clientes conocen sus necesidades, que nos les agradaría ningún intento por influir en ellos y que prefieren a los vendedores corteses y reservados. Un ejemplo de un tomador de pedidos es el vendedor que visita a una docena de clientes al día, sencillamente preguntando si el cliente necesita algo.

Existen dos maneras de capacitar a los vendedores para que se conviertan en *conseguidores* de pedidos; un enfoque orientado a las ventas y un enfoque orientado a los clientes. El *enfoque orientado a las ventas* enseña al vendedor técnicas de ventas de gran presión, por ejemplo las usadas para vender enciclopedias o automóviles. Esta forma de vender presupone que los clientes sólo comprarán bajo presión, que son influenciados por una presentación inmaculada y que no se arrepentirán después de firmar el pedido (y si se arrepienten ya no importa).

El *enfoque orientado a los clientes,* el más usado para las ventas profesionales de hoy, enseña a los vendedores a resolver problemas de los clientes. El vendedor aprende a identificar las necesidades del cliente y a encontrar soluciones. Este enfoque presupone que el cliente tiene que ofrecer oportunidades de ventas, que los clientes aprecian los buenas sugerencias y que los clientes serán fieles a los vendedores que tienen en mente sus intereses a largo plazo. Una encuesta reciente arrojó que los agentes de compras aprecian a los vendedores que entienden sus necesidades y las satisfacen. Como dice un agente de compras:

Yo *espero* de los vendedores que hayan cumplido con su tarea en casa, que hayan descubierto algunas de nuestras necesidades, intentado descubrir otras necesidades y presentado argumentos convincentes de ventajas para las dos organizaciones... [El problema es que] no siempre veo que lo hagan.[18]

Las características de los vendedores que *desagradaban más* a los agentes de compras eran la imposición, los retrasos, la falta de preparación y la desorganización. Las cualidades que *valoraban más* eran la honradez, la seguridad, la atención al detalle y el seguimiento. El vendedor que resuelve problemas encaja mejor con el concepto mercadotécnico que el del vendedor rudo o el tomador de pedidos.

Los pasos del proceso de ventas

La mayor parte de los programas de capacitación consideran que el **proceso de ventas** consta de varios pasos que el vendedor debe dominar (véase la figura 18-3).

Cómo buscar prospectos y calificarlos

El primer paso del proceso de ventas es la **búsqueda de prospectos;** es decir, identificar a clientes en potencia calificados. El vendedor se debe acercar a muchos prospectos para conseguir apenas unas cuantas ventas. Por ejemplo, en la industria de los seguros, sólo uno de cada nueve prospectos llega a ser cliente. En el negocio de las computadoras, 125 llamadas telefónicas, pueden producir 25 entrevistas que conducen a cinco demostraciones y una venta.[19] Aunuqe la empresa proporcione algunas pistas, los vendedores necesitan habilidad para encontrar las suyas propias. Pueden pedirle a sus clientes que les proporcionen el nombre de prospectos. Pueden crear fuentes de referencias, como los proveedores, los distribuidores, los vendedores que no son de la competencia y los banqueros. Se pueden afiliar a organizaciones a las que pertenezcan los prospectos o se pueden comprometer con actividades donde pronuncien discursos o escriban artículos que llamen la atención. Pueden buscar nombres en periódicos o directorios y usar el teléfono y el correo para seguir su pista. También, pueden presentarse, sin previo aviso, en diversas oficinas (práctica llamada como "visita en frío").

Los vendedores deben saber cómo *calificar* las pistas; es decir, cómo identificar las buenas y descartar las malas. Los prospectos se pueden calificar analizando la capacidad financiera, el volumen de negocios, las necesidades especiales, la ubicación y la posibilidad de crecimiento.

El acercamiento previo

Antes de visitar a un prospecto, el vendedor debe averiguar todo lo posible de la organización (qué necesita, quién toma parte en las compras) y sus compradores (sus características y estilos para comprar). Este paso se llama el **acercamiento previo.** El vendedor puede consultar fuentes estándar (*Moody's, Standard & Poor's, Dun & Bradstreet*), conocidos y otras personas para conocer cosas de la empresa. El vendedor debe establecer *objetivos para su visita,* que pueden ser calificar el prospecto, reunir información o efectuar una venta inmediata. Otra tarea es decidir cuál será el mejor acercamiento, que puede ser una visita personal, una llamada telefónica o una carta. El momento oportuno se debe estudiar con suma atención porque muchos prospectos están muy ocupados en ciertos horarios. Por último, el vendedor debe analizar una estrategia general de ventas para la cuenta.

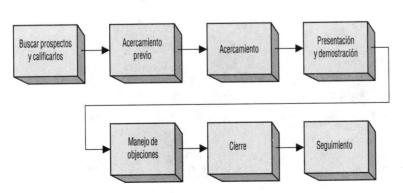

FIGURA 18-3
Pasos principales en las ventas eficaces

El acercamiento

En el paso del **acercamiento,** el vendedor debe saber cómo reunirse y saludar al comprador y empezar la relación con un buen inicio. Este paso entraña el aspecto del vendedor, sus primeras palabras y los comentarios del seguimiento. Las primeras palabras deben ser positivas, por ejemplo: "Sr. Johnson, soy Chris Anderson de Alltech Company. Mi empresa y yo agradecemos que me haya recibido. Haré todo lo posible para que mi visita sea rentable y útil para usted y su empresa". A continuación de estas palabras, se pueden formular algunas preguntas clave para averiguar más acerca de las necesidades del cliente o para demostrar una muestra o ejemplo para atraer la atención y la curiosidad del comprador.

La presentación y la demostración

En el paso de la **presentación** del proceso de venta, el vendedor presenta el "caso" del producto al comprador, mostrando la forma en que el producto le producirá o ahorrará dinero. El vendedor describe las características del producto, pero se concentra en presentar las ventajas para el cliente.

Las empresas pueden usar tres estilos de presentaciones de ventas: el enfoque encasillado, el enfoque de la fórmula y el enfoque de la satisfacción de una necesidad. El *enfoque encasillado* es el tipo más viejo y consiste en memorizar o llevar anotada una charla que cubre los puntos básicos del vendedor. Este enfoque no es muy útil para las ventas industriales, pero las presentaciones con guión pueden ser muy efectivas para algunas situaciones de ventas por teléfono. Un guión debidamente preparado y ensayado debe sonar natural y hacer aparecer al vendedor con toda tranquilidad durante la presentación. Con los guiones electrónicos, las computadoras pueden guiar al vendedor por la secuencia de un mensaje de ventas preparado, en el momento, para adaptarse a las respuestas del prospecto.

Con el *enfoque de la fórmula,* el vendedor primero identifica las necesidades, las actitudes y el estilo de comprar del comprador. El vendedor pasa a una presentación formulada que demuestra la forma en que el producto satisfará las necesidades del comprador. Aunque no es una presentación encasillada, sí sigue un plan general.

El *enfoque de la satisfacción de necesidades* empieza con una investigación de las necesidades del cliente, haciendo que el cliente sea quien hable más. Este enfoque requiere gran capacidad para saber escuchar y resolver problemas. Un director de mercadotecnia describe el enfoque así:

> [Los vendedores de alto desempeño] toman como reto personal el poder entender las necesidades y las metas del cliente antes de sacar cualquier cosa de su bolsa de productos... Estos vendedores dedican el tiempo necesario a conseguir conocimientos completos del negocio del cliente, haciendo preguntas que les conducirán a soluciones que pueden abordar nuestros sistemas.[20]

Cualquier estilo de presentación de ventas se puede mejorar con auxiliares para la demostración, como folletos, gráficas, transparencias, videocintas y audiocintas y muestras del producto.

En la presentación de ventas, el vendedor presenta a los compradores la versión del producto.

Si los compradores pueden ver o manejar el producto, recordarán mejor sus características y ventajas.

Cómo manejar las objeciones

Los clientes casi siempre presentan objeciones durante la presentación o cuando tienen que hacer un pedido. El problema puede ser lógico o psicológico y las objeciones muchas veces no se presentan en forma expresa. El vendedor, para **manejar las objeciones,** debe usar un enfoque positivo, buscar objeciones ocultas, pedir al comprador que aclare cualquier objeción, considerar las objeciones como oportunidades para ofrecer más información y convertir las objeciones en razones para comprar. Cada vendedor se debe preparar para tener la capacidad de manejar objeciones.

El cierre

Tras manejar las objeciones de los prospectos, el vendedor tratará de cerrar la venta. Algunos vendedores no llegan al **cierre** o no lo manejan bien. Quizá carezcan de confianza, se sientan culpables cuando solicitan el pedido o no pueden reconocer el momento indicado para cerrar la venta. Los vendedores deben saber cómo reconocer las señales del cierre que envía el comprador, incluyendo actos físicos, comentarios y preguntas. Por ejemplo, el cliente quizá se incline hacia adelante y asiente con la cabeza o pregunte los precios y las condiciones del crédito. Los vendedores pueden usar alguna de varias técnicas para el cierre. Pueden confirmar el pedido, revisar los puntos del contrato, ofrecerse a llenar el pedido, preguntar si el comprador quiere este o aquel modelo o comentar que el comprador saldrá perdiendo si no hace el pedido en ese momento. El vendedor puede ofrecer al comprador motivos especiales para el cierre, por ejemplo un precio más bajo o una cantidad extra sin cargo alguno.

El seguimiento

El último paso del proceso de venta, el **seguimiento,** es necesario para que el vendedor se asegure de la satisfacción del cliente y éste haga más negocios en el futuro. Justo después del cierre, el vendedor debe completar cualquier detalle en cuanto a tiempo de entrega, condiciones de la compra y otros aspectos. A continuación, el vendedor debe programar una visita de seguimiento, después de recibido el pedido inicial, para asegurarse de que el mismo está bien instalado, para dar instrucciones y ofrecer servicios. Esta visita revelará cualquier problema, asegurará al comprador que el vendedor está interesado y reducirá las preocupaciones que le podrían haber surgido al comprador después de la venta.

La comercialización por relaciones

Los principios de las ventas personales se describen como *orientadas a las transacciones;* es decir su propósito es ayudar al vendedor a cerrar una venta específica con un cliente. Sin embargo, en muchos casos, la empresa no pretende simplemente una venta: podría ser que se dirija a la cuenta de un cliente importante que le gustaría conseguir y atender. A la empresa le gustaría demostrarle al cliente de la cuenta que tiene la capacidad requerida para atender las necesidades de la cuenta de forma superior, sobre todo si se puede establecer una *relación de compromiso.*

Hoy, es cada vez mayor la cantidad de empresas que están abandonando la mercadotecnia de transacciones y optando por la *mercadotecnia de relaciones.* Los días en que el vendedor solitario trabajaba en un territorio y sólo se guiaba por una cuota de ventas y un plan de remuneración están contados. Hoy, los clientes son grandes y, con frecuencia, mundiales. Prefieren a los proveedores que pueden vender y entregar una serie coordinada de productos y servicios en muchas localidades; que pueden resolver, con rapidez, problemas que surgen en diferentes partes del país o del mundo y que pueden trabajar con los equipos de personal de los clientes para mejorar los productos y los procesos. Por desgracia, muchas empresas no están preparadas para satisfacer estos requisitos. Con frecuencia, éstas venden sus productos por medio de representantes independientes, que casi nunca trabajan juntos. Muchas veces, sus gerentes de cuentas nacionales reciben una negativa cuando piden la ayuda de un vendedor del distrito. Su personal técnico, en muchas ocasiones, no está dispuesto a dedicar tiempo a educar al cliente.

Las empresas reconocen que el trabajo de los equipos de ventas irá adquiriendo importancia para conseguir y conservar cuentas. Empero, reconocen que no logran su objetivo con sólo pedir a su personal que trabaje en equipo. Las empresas deben revisar sus sistemas de remuneración para reconocer en ellos el trabajo en cuentas compartidas y deben establecer metas y medidas más claras para sus cuerpo de vendedores. Estos deben subrayar la importancia del trabajo en equipo en sus programas de capacitación, al mismo tiempo que respetan la importancia de la iniciativa individual.[21]

La mercadotecnia de relaciones se basa en la premisa de que las cuentas importantes requieren atención bien enfocada y constante. Los vendedores que trabajan con clientes clave deben hacer algo más que sólo llamar al cliente cuando piensan que éste va a colocar un pedido. También deben vigilar cada cuenta clave, conocer sus problemas y estar dispuestos a servirle de diversas maneras. Deben hacer llamadas o visitas con frecuencia, aprovechar las sugerencias para mejorar las actividades del cliente, invitar al cliente a comer e interesarse por el cliente en calidad personal.

En años recientes, se ha ido reconociendo, cada vez más, la importancia de la mercadotecnia de relaciones. Las empresas están viendo que consiguen mejor rendimiento de los recursos invertidos en conservar a los clientes que del dinero destinado a captar a otros nuevos. Están dándose cuenta de las ventajas de realizar ventas cruzadas a los clientes actuales. Más y más empresas están constituyendo sociedades estratégicas, haciendo que la mercadotecnia de relaciones de calidad sea esencial. Además, en el caso de clientes que compran productos grandes y complejos, por ejemplo, equipo de robótica o sistemas de cómputo grandes, la venta sólo marca el principio de la relación. Así pues, aunque la mercadotecnia de relaciones no es adecuada para todos los casos, su importancia va en aumento. En el capítulo 19 se habla más de la mercadotecnia de relaciones.

RESUMEN

La mayor parte de las empresas cuentan con vendedores y muchas de ellas les asignan un papel central en la mezcla de mercadotecnia. El elevado costo de una fuerza de ventas requiere un *proceso de administración de ventas* muy efectivo, el cual consta de seis pasos: *establecer los objetivos del cuerpo de vendedores;* diseñar *la estrategia, la estructura, el tamaño y la remuneración del cuerpo de vendedores; reclutarlo y seleccionarlo; capacitarlo, supervisarlo y evaluarlo.*

La fuerza de ventas, como elemento de la mezcla mercadotécnica, es muy efectivo para alcanzar ciertos objetivos mercadotécnicos y para realizar actividades como, por ejemplo, encontrar prospectos, comunicar, vender y ofrecer servicios y reunir información. Un cuerpo de vendedores perfilado hacia el mercado necesita capacidad para el análisis y la planeación de mercadotecnia, además de la habilidad tradicional para vender.

Cuando se han establecido los objetivos del cuerpo de vendedores, la estrategia será la respuesta a las interrogantes que preguntan para qué tipo de ventas serían más efectivas (ventas individuales, ventas en equipo), qué tipo de estructura del cuerpo de vendedores funcionará mejor (estructurado por territorio, producto o cliente), qué tamaño debe tener el cuerpo de vendedores y cómo se debe re-

munerar en términos de sueldo, comisiones, bonos, gastos y prestaciones.

Para no elevar los costos por contratar al personal equivocado, es preciso *reclutar* y *seleccionar* a los vendedores con gran atención. Los programas de *capacitación* no sólo familiarizan a los vendedores nuevos con el arte de las ventas, sino también con la historia de la empresa, sus productos y políticas, así como las características de su mercado y competencia. Todos los vendedores requieren supervisión y quizá necesiten aliento constante porque deben tomar muchas decisiones y enfrentar muchas frustraciones. La empresa debe evaluar su rendimiento periódicamente para ayudarles a trabajar mejor.

El arte de las ventas entraña un *proceso de siete pasos para vender: buscar y calificar los prospectos, acercamiento previo, presentaciones y demostraciones, manejar objeciones, cierre y seguimiento.* Estos pasos ayudan a los mercadólogos a cerrar una venta específica. Sin embargo, los tratos del vendedor con los clientes deben estar dirigidos por el concepto general de la *mercadotecnia de relaciones;* es decir, la fuerza de ventas de la empresa se debe esforzar por establecer relaciones duraderas con las cuentas clave.

TÉRMINOS CLAVE

EXPOSICIÓN DE PUNTOS CLAVE

1. Las tiendas de abarrotes requieren que los vendedores de los proveedores no sólo les vendan, sino que también hagan las veces de empleados de pasillo. Estos vendedores deben reabastecer y ordenar los anaqueles, montar los exhibidores especiales y montar el material del punto de compra. ¿Es importante que un fabricante satisfaga estas demandas? ¿Existen formas creativas para que el vendedor tenga más tiempo para usos más productivos?

2. ¿Por qué hay tantos planes de remuneración del cuerpo de vendedores que combinan el sueldo y bonos o comisiones? ¿Cuáles son las ventajas y las desventajas de usar los bonos como incentivos, en lugar de usar las comisiones?

3. Muchas personas piensan que no tienen capacidad para ser buenos vendedores. ¿Qué papel desempeña la capacitación para que alguien pueda desarrollar su capacidad para vender?

4. Algunas empresas han instalado sistemas computarizados para seguir la pista de los inventarios que, en forma automática, envían pedidos a la computadora de los proveedores conforme se necesita su reabastecimiento. ¿Es probable que se extienda este proceso? Explique las consecuencias que podría tener en el papel del vendedor.

5. El camino más seguro para convertirse en administrador de una fuerza de ventas es ser un vendedor brillante. ¿Cuáles son las ventajas y las desventajas de llevar a los vendedores brillantes a puestos administrativos? ¿Por qué rechazaría su ascenso un vendedor brillante?

6. Los buenos vendedores conocen los productos de la competencia tan bien como los propios. ¿Qué haría si su empresa esperara que usted vendiera un producto que, en su opinión, es de menos calidad que el de la competencia? ¿Por qué?

APLICACIÓN DE CONCEPTOS

1. Experimente hacer una venta. Diríjase a una tienda detallista donde sea probable que los vendedores trabajen a comisión, por ejemplo una distribuidora de autos, una distribuidora de aparatos eléctricos y electrónicos o una tienda de ropa. (a) Califique a su vendedor. ¿Fueron efectivos su enfoque, presentación y demostración? (b) Piense en su respuesta emocional al hecho de vender. ¿Le gustó la experiencia o le resultó difícil de aguantar? ¿Por qué reaccionó así?

2. Diríjase a una tienda detallista especializada en productos complejos como computadoras y programas, equipo estereofónico o de video. Pida a un vendedor que le explique el producto y hágale preguntas concretas. (a) ¿Tenía conocimientos el vendedor y pudo contestar sus preguntas en forma útil y creíble? (b) ¿Pensó usted que la experiencia del vendedor añadía valor al producto o no? (c) ¿Preferiría usted comprarle este producto al vendedor que lo atendió o comprarlo por correo, a un precio ligeramente menor?

CÓMO TOMAR DECISIONES EN MERCADOTECNIA:

COMUNICACIONES MUNDO PEQUEÑO, S. A.

Thomas Campbell y Lynette Jones están repasando los problemas que enfrentarán cuando armen un cuerpo de vendedores para Comunicaciones Mundo Pequeño.

—Bueno, nuestra situación monetaria nos lleva en una dirección inevitable —dijo Lyn—. Tendremos que contratar a un par de personas que cumplan con el tipo de muy buenos administradores de ventas y tendremos que manejar algunas cuentas nosotros mismos, pero está claro que Comunicaciones Mundo Pequeño usará un cuerpo de vendedores a contrato. Sencillamente no tendremos el volumen de ventas para pagarle a un cuerpo de vendedores directo, por lo menos no aún.

—Está bien por el momento —aceptó Tom—, pero quizá tengamos que cambiar conforme vayamos creciendo. También estaba pensando en el tipo de clientes al que le venderemos. Considero que serían los detallistas de computadoras, los comercializadores por correspondencia directa y los fabricantes del equipo, como tres grupos claros con necesidades diferentes. Los usuarios finales serían un cuarto grupo, pero como decidimos que no haríamos ventas directas, por el momento, podemos olvidarnos de ellos.

—Querido Thomas, no es posible que nos olvidemos de nuestros usuarios finales. ¿No querrás decir que los atenderemos mejor usando un cuerpo de vendedores que trabaje por medio de canales establecidos de distribución?

—Lynette, evidentemente me expresé mal, pero ten piedad. Mis capacidades lingüísticas se quedaron truncas hace mucho, desde que era niño. Diseñé suficientes aparatos de computadora como para que me dijeran que era un niño prodigio, pero inhalé demasiado plomo despedido por la soldadura. Tengo los circuitos fundidos. Ahora bien, ¿puedo continuar?

—Perdona —dijo Lyn—, sabes que desvarío en cuanto a las necesidades de los clientes.

—Como te iba diciendo, necesitamos venderle, con eficacia, a tres tipos de clientes. Para ello, tendremos que optar por una estructura para el cuerpo de vendedores y averiguar que tipo de gerentes de ventas contrataremos. Punto.

Y, ¿AHORA QUÉ?

1. Tom y Lyn tendrán que vender su producto en breve, pero todavía no cuentan con una fuerza de ventas. Están de acuerdo en que los dos manejarán, personalmente, algunas cuentas nacionales grandes. Piensan contratar a un pequeño equipo para que administre las ventas y usar agentes del fabricante para cubrir el resto. (a) En su opinión, ¿qué tipo de diseño de fuerza de ventas sería más conveniente para Mundo Pequeño, por territorio, por producto, por cliente o complejo? ¿Por qué? (b) ¿Qué tipo de plan de remuneración propondría usted para la fuerza de ventas, sueldo directo, comisión directa, sueldo y bono o sueldo y comisión?

2. Mundo Pequeño está iniciando sus actividades de ventas sin experiencia previa en este mercado. No saben con exactitud quiénes son sus prospectos ni cómo llegar a ellos en forma efectiva. (a) ¿Debería Mundo Pequeño contratar a un experto en vender en el mercado de computadoras? Haga una lista de los puntos que serían útiles al respecto. (b) Presente dos sugerencias concretas que podrían servir para que Mundo Pequeño triunfara en cada una de las etapas del proceso para vender: buscar prospectos y calificarlos, acercamiento previo, acercamiento, presentaciones y demostraciones, manejar objeciones, cierre y seguimiento.

REFERENCIAS

1. Partes adaptadas de Bill Kelley, "How to Sell Airplanes, Boeing-Style", *Sales & Marketing Management,* 9 de diciembre de 1985, pp. 32-34. También véase Dori Jones Yang y Andrea Rothman, "Boeing Cuts Its Altitude as the Clouds Roll In", *Business Week,* 8 de febrero de 1993, p. 25; y Shawn Tully, "Boeing: Is 'The Lazy B' a Bad Rap?", *Fortune,* 25 de enero de 1993, p. 10.

2. Para una comparación de varias clasificaciones, véase William C. Moncrief III, "Selling Activity and Sales Position Taxonomies for Industrial Salesforces", *Journal of Marketing Research,* agosto de 1986, pp. 261-70.

3. Véase Rayna Skolnik, "Campbell Stirs Up Its Salesforce", *Sales & Marketing Management,* abril de 1986, pp. 56-58.

4. Véase Thayer C. Taylor, "Xerox's Sales Force Learns a New Game", *Sales & Marketing Management,* 1 de julio de 1986, pp. 48-51; y Taylor, "Xerox's Makeover", *Sales & Marketing Management,* junio de 1987, p. 68.

5. Patricia Sellers, "How to Remake Your Salesforce", *Fortune,* 4 de mayo de 1992, pp. 96-103, en este caso p. 96.

6. Véase *1992 Sales Manager's Budget Planner,* publicado por *Sales & Marketing Management,* 22 de junio de 1992, p. 70.

7. Los porcentajes suman más del 100% porque algunas empresas usan más de un tipo de plan. Véase "1989 Survey of Selling Costs", *Sales & Marketing Management,* 20 de febrero de 1989, p. 26.

8. Véase George H. Lucas, Jr., A. Parasuraman, Robert A. Davis y Ben M. Enis, "An Empirical Study of Salesforce Turnover", *Journal of Marketing,* julio de 1987, pp. 34-59; Lynn G. Coleman, "Sales Force Turnover Has Managers Wondering Why", *Marketing News,* 4 de diciembre de 1989, p. 6; y Thomas R. Wotruba y Pradeep K. Tyagi, "Met Expectations and Turnover in Direct Selling", *Journal of Marketing,* julio de 1991, pp. 24-35.

9. Véase Thayer C. Taylor, "Anatomy of a Star Salesperson", *Sales & Marketing Management,* mayo de 1986, pp. 49-51; Bill Kelley, "How to Manage a Superstar", *Sales & Marketing Management,* noviembre de 1988, pp. 32-34; y "What Is the Best Advice on Selling You Have Ever Been Given?", *Sales & Marketing Management,* febrero de 1990, pp. 8-9.

10. Véase "Women in Sales: Percentages by Industry", *Sales & Marketing Management,* 26 de febrero de 1990, p. 81; Bill Kelley, "Selling in a Man's World", *Sales & Marketing Management,* enero de 1991, pp. 28-35; y Patrick L. Schul y Brent M. Wren, "The Emerging Role of Women in Industrial Selling: A Decade of Change, *Journal of Marketing,* julio de 1992, pp. 38-54.

11. Véase Richard Kern, "IQ Tests for Salesmen Make a Comeback", *Sales & Marketing Management,* abril de 1988, pp. 42-46. También véase Robert G. Head, "Systemizing Salesperson Selection", *Sales & Marketing Management,* febrero de 1992, pp. 65-68.

12. Patricia Sellers, "How IBM Teaches Techies to Sell", *Fortune,* 6 de junio de 1988, pp. 141-46. También véase *1991 Sales Manager's Budget Planner,* publicado por *Sales & Marketing Management,* 17 de junio de 1991, p. 77; y Matthew Goodfellow, "Hiring and Training: A Call for Action", *Sales & Marketing Management,* mayo de 1992, pp. 87-88.

13. Véase Bill Kelley, "How Much Help Does a Salesperson Need?", *Sales & Marketing Management,* mayo de 1989, pp. 32-35.

14. Thayer C. Taylor, "SFA: The Newest Orthodoxy", *Sales & Marketing Management,* febrero de 1993, pp. 26-28. También véase Rowland T. Moriarty y Gordon S. Swartz, "Automation to Boost Sales and Marketing", *Harvard Business Review,* enero-febrero de 1989, pp. 100-108; y Thayer C. Taylor, "Back from the Future", *Sales & Marketing Management,* mayo de 1992, pp. 47-60.

15. Véase "Computer Based Sales Support: Shell Chemical's System" (Nueva York: El Consejo Directivo, Informe de la Administración: Mercadotecnia, abril/mayo de 1989), pp. 4-5.

16. Véase Jeremy Main, "Frito-Lay Shortens Its Business Cycle", *Fortune,* 15 de enero de 1990, p. 11; y Jeffrey Rotfeder y Jim Bartimo, "How Software Is Making Food Sales a Piece of Cake", *Business Week,* 2 de julio de 1990, pp. 54-55.

17. Véase Rudy Oetting y Geri Gantman, "Dial 'M' for Maximize", *Sales & Marketing Management,* junio de 1991, pp. 100-106; Linda J. Neff, "Six Myths About Telemarketing", *Sales & Marketing Management,* octubre de 1992, pp. 108-11.

18. Derrick C. Schnebelt, "Turning the Tables", *Sales & Marketing Management,* enero de 1993, pp. 22-23.

19. Vincent L. Zirpoli, "You Can't 'Control' the Prospect, So Manage the Presale Activities to Increase Performance", *Marketing News,* 16 de marzo de 1984, p. 1.

20. Thayer C. Taylor, "Anatomy of a Star Salesperson", p. 50. También véase Harvey B. Mackay, "Humanize Your Selling Strategy", *Harvard Business Review,* marzo-abril de 1988, pp. 36-47; y Barry J. Farber y Joyce Wycoff, "Relationships: Six Steps to Success", *Sales & Marketing Management,* abril de 1992, pp. 50-58.

21. Véase Frank V. Céspedes, Stephen X. Doyle y Robert J. Freedman, "Teamwork for Today's Selling", *Harvard Business Review,* marzo-abril de 1989, pp. 44-54, 58.

CASO 18

LAS VENTAS POR TELÉFONO

Cuando usted termine sus estudios, quizá le ofrezcan empleo como RVT, o representante de ventas por teléfono. Debido a la imagen negativa de los vendedores por teléfono, creada por los medios o por su experiencia personal en el pasado, su primera reacción podría ser contestar que no. Pero piénselo dos veces.

En la comercialización de negocio a negocio, las ventas profesionales por teléfono no tienen nada que ver con llamar a los consumidores, en frío, para venderles un seguro de vida. Como usted le vendería productos empresariales a otros profesionales de empresas, la empresa que lo contrate reconocerá su calidad profesional y el gran valor añadido de sus servicios. En consecuencia, podría ofrecerle un buen ambiente laboral, con oficina propia, cómodos

muebles y equipo de calidad. Usted incluso podría tener la ocasión de contribuir con el diseño de su espacio de trabajo. Es más, como representante de ventas por teléfono, a diferencia de los vendedores externos, usted casi no tendría que viajar y podría elegir la ubicación que más le convenga.

¿Qué deben hacer los contratantes para atraer a vendedores por teléfono de primera línea? Como punto de partida para sus planes de reclutamiento, deben determinar el tipo de persona que necesitan. Los vendedores por teléfono deben tener personalidad y tono agradable deben actuar de manera profesional y estar auténticamente interesados en ayudar a los clientes a resolver sus problemas. Como primera medida, el contratante podría colocar un anuncio en la sección de anuncios clasificados del periódico, pidiendo a los solicitantes que llamen por teléfono; una entrevista telefónica con un posible RVT revelará su personalidad en el teléfono. Si el solicitante produce una buena impresión, el contratante podrá realizar una entrevista frente a frente.

Una vez contratados, los nuevos vendedores por teléfono tienen que pasar por una capacitación estricta, para aprender las técnicas de ventas por teléfono, así como información sobre el producto y la empresa. Algunos de los instrumentos que se usan para la capacitación serían cómo actuar ciertos papeles, cómo preparar guías para las llamadas, practicar presentaciones usando grabadoras y hacer llamadas en vivo. Algunos consejos para los aspirantes a RVT podrían ser: (1) jamás le pregunte a un extraño, "¿Cómo está?"; (2) asegúrese de que habla con la persona que toma la decisión, tiene gran influencia en ella o es la encargada de vigilar el acceso; (3) use el nombre del prospecto; (4) deje su nombre pero no un número para que le regresen la llamada; (5) conserve una actitud positiva; y (6) fíjese mucho en la oportunidad. Si parece que el prospecto tiene prisa, sugiérale una llamada futura, en un momento cuando esté en mejor disposición para escuchar y comprar. Asimismo, evite llamar en horarios del día con mucha carga de trabajo (entrada la mañana, hora de comer y entrada la tarde).

Cuando han recibido capacitación para su empleo, los RVT deben quedar sujetos a supervisión y motivación. Los supervisores deben conocer mejor a los RVT, entender sus necesidades y anhelos, darles suficiente libertad para actuar de la manera que les resulte más cómoda y tratar de aumentar la cohesión del grupo. Los supervisores también podrían usar los informes de ventas, diarios y semanales, con datos como la cantidad de llamadas, el porcentaje de éxitos (la proporción de las llamadas exitosas respecto a las llamadas hechas), la cantidad de llamadas a prospectos, la cantidad de clientes nuevos conseguidos y el porcentaje de éxitos según la proporción entre clientes nuevos y llamadas a prospectos. Los RVT pueden ser remunerados con los incentivos pecuniarios adecuados: sueldos, comisiones, bonos, méritos y cuotas, y con incentivos no pecuniarios, como concursos, premios, regalos y promociones.

Para que un RVT pueda funcionar de manera productiva, las empresas le deben proporcionar equipo, por ejemplo marcadoras automáticas que hacen varias llamadas simultáneas, se desconectan de las líneas ocupadas y sólo le pasan las llamadas que entran al RVT. Esto puede ahorrarle mucho tiempo y esfuerzo a los vendedores por teléfono. Como las marcadoras automáticas pueden recorrer largas listas de nombres, a gran velocidad, para locali-

zar a los prospectos, resultan de gran utilidad con bases de datos grandes. Es más, las marcadoras automáticas comenten menos errores.

Durante una llamada de ventas típica por teléfono, los primeros 30 segundos son los más importantes; en ellos el vendedor debe captar el interés del prospecto, sin el cual no habrá venta. El vendedor por teléfono, a continuación, hace algunas preguntas para determinar los problemas y las necesidades del prospecto y después le ofrece soluciones. Cuando se ha sugerido la solución, el prospecto podría hacer preguntas y comentarios, además de plantear objeciones. A estas alturas, los vendedores por teléfono recurren a su preparación para contestar las preguntas y superar las objeciones con objeto de cerrar la venta. Más adelante, el vendedor por teléfono debería dar seguimiento a la venta para asegurarse de que el cliente está satisfecho.

¿Todavía escéptico sobre su carrera en las ventas por teléfono? Recuerde, una manera de motivar a los vendedores por teléfono es ascenderlos a supervisores de ventas o algún otro puesto mercadotécnico. Por consiguiente, las ventas por teléfono pueden ser un medio para entrar y subir por la jerarquía administrativa.

PREGUNTAS

1. Compare los pasos para seleccionar vendedores para ventas en la calle y para ventas por teléfono.

2. ¿Cuáles son los fundamentos para los seis consejos dados a los estudiantes para RVT que se dan aquí?

3. Explique las diferencias entre los vendedores externos y los vendedores por teléfono para el acercamiento y la realización y conclusión de las llamadas para vender.

4. ¿Cuáles son las diferencias entre supervisar y motivar a los vendedores por teléfono, en contraposición a los vendedores externos?

5. Incluso con una buena capacitación y con condiciones laborales agradables, las ventas por teléfono pueden ser muy tensionantes. En su opinión, ¿aumentarán o disminuirán las ventas por teléfono en el futuro? ¿Por qué?

Fuentes: Doreen V. Blanc, "Understanding Your TSRs Is Key to Achieving Motivation, *Telemarketing Magazine,* octubre de 1991, pp. 74-77; Thomas A. De Prizio, "A Step-by-Step Process for Starting Up a Telemarketing Department", *Sales & Marketing Management in Canada,* abril de 1990, pp. 9-11; y Kevin Jones, "Take Advantage of the Newest Trends in Auto-Dialers", *Telemarketing Magazine,* enero de 1991, pp. 32-33.

CASO EMPRESARIAL 18

DESECANTES MULTIFORMES: CÓMO DISEÑAR UNA FUERZA DE VENTAS EFECTIVA

Steven Stepson, el nuevo director de ventas y mercadotecnia de Multiform Desiccants, Inc. (MDI), sabía, cuando aceptó el empleo, que enfrentaría muchos obstáculos para hacer de MDI una organización de ventas y mercadotecnia de primera línea. Las ventas habían subido 15% el año anterior, pero los ejecutivos de la empresa pensaban que un cuerpo de vendedores mejor organizado y administrado podría derivar en un crecimiento incluso mayor de las ventas. Stepson ahora enfrentaba el reto de evaluar la estructura de su fuerza de ventas y de recomendar cambios convenientes.

Casi todos sabemos que los desecantes son los paquetitos que se encuentran dentro de las cajas de aparatos estereofónicos, cámaras y artículos de piel, con la inscripción "No se come" en su envoltura. Los desecantes absorben la humedad que podría perjudicar al producto. No obstante, en términos más técnicos, las aplicaciones de los desecantes son muy especializadas y, por regla general, requieren una mezcla especial de productos químicos para cada uso diferente. Los productos de MDI, seguros, naturales, no tóxicos, erradican la humedad y los olores de los contenedores y empaques, al tiempo que disminuyen enormemente los efectos destructivos del oxígeno. Los desecantes vienen en muchas presentaciones, desde gel hasta cápsulas de todos los tamaños y formas. Estos innovadores productos están en una serie de productos, que van desde frascos de vitaminas hasta unidades de aire acondicionado para autos, desde paquetes de película fotográfica hasta contenedores para transportación marítima. Un caso típico de MDI sería el de la empresa farmacéutica que debe evitar que la humedad afecte sus productos durante el transporte y almacenaje. Otros usos van desde baleros antivaho para sensores ópticos de misiles hasta bolsitas para mantener secos los cristales del jugo de naranja. En total, MDI fabrica 774 productos para 23 mercados diferentes.

Multiform Desiccants fue constituida a finales de los años sesenta, como negocio de cochera, por un joven empresario que tenía un sueño. Este químico, que trabajaba en una empresa fabricante de desecantes a granel, pensaba que existía la necesidad de formular y empacar desecantes en paquetes pequeños, para uso singular. Su patrón no quiso entrar al negocio de los empaques en este ramo, pero dio su autorización para que desarrollara sus ideas durante su horario no laborable. Aunque la mayor parte de las empresas técnicas exigen que sus empleados firmen un contrato otorgándole a la empresa todos los derechos sobre los inventos relacionados con sus actividades, esta empresa le permitió conservar los derechos sobre todas sus patentes.

Antes de que MDI se encargara de esta tarea, las empresas tenían que comprar los desecantes a granel y después empacarlos para sus usos especiales. Al empacar los desecantes en una serie de materiales para bolsas, y etiquetarlos para los clientes, satisfizo las necesidades de un mercado, hasta entonces, desatendido. Eso fue hace 25 años. Hoy, las ventas de MDI pasan de 15 millones de dólares y la empresa es líder en el campo de los desecantes empacados.

No obstante, considerando que podía realizar muchas más ventas, MDI contrató a Stepson para aumentar el volumen de ventas. Stepson, como en el caso de cualquier puesto administrativo de ventas, tenía la presión inmediata de aumentar las ventas sin tardanza. El grupo que, con toda probabilidad, tendría mayor impacto inmediato en las ventas de MDI serían su cuerpo de vendedores nacionales. Por tanto, el nuevo director primero realizó un análisis de la situación para determinar la posición de MDI en el mercado. Este análisis incluyó una auditoría externa de la competencia y de otros factores del mercado, un pronóstico de los puntos donde podría darse el crecimiento del mercado y una auditoría interna del cuerpo de vendedores de MDI.

El diseño de la fuerza de ventas entrañaba varios problemas y un gran reto para Stepson, quien encontró que la frecuencia de la rotación de vendedores había asolado a MDI en el pasado. MDI sólo contaba con tres vendedores para cubrir todo Estados Unidos y cada uno de ellos percibía un sueldo directo. En conjunto, atendían más de 3,850 cuentas, aunque sólo 161 de estos clientes representaban más del 80% de los negocios de MDI. Por tanto, era importante que la empresa conservara esta base, al tiempo que seguía desarrollando cuentas importantes nuevas. Stepson vio que tres factores habían influido en la estructura del cuerpo de vendedores: la ubicación geográfica de los clientes, la capacidad técnica necesaria para vender desecantes y el largo ciclo de ventas dictado por el carácter del producto.

Los mercados de las organizaciones suelen estar concentrados geográficamente y los mercados de MDI eran típicos en este sentido. La mayor parte de los clientes, actuales y en potencia, se ubicaban en las grandes zonas metropolitanas al oriente del río Mississippi, a lo largo de la costa occidental, sobre todo en California. Por tanto, MDI asignó representantes de ventas a territorios definidos geográficamente con objeto de aprovechar la agrupación de los clientes. Stepson sabía que, por desgracia, la asignación de territorios geográficos creaba una situación donde los representantes de ventas debían tener conocimientos de la serie entera de negocios de todos sus clientes. Un re-

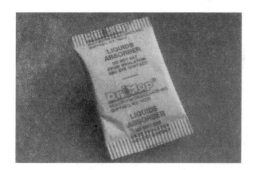

presentante de ventas tendría que visitar a clientes de industrias tan diversas como la automovilística, la farmacéutica y la aérea.

Stepson también encontró un segundo problema. La complejidad de los desecantes requiere que los vendedores tengan formación técnica. Los representantes de ventas muchas veces tenían grado universitario en ingeniería, química o mecánica. Por tanto, los conocimientos técnicos eran esenciales para vender los productos con éxito. Por ejemplo, para vender un producto desecante a un cliente nuevo, el representante de ventas tenía que analizar las necesidades del cliente. ¿Cuánta humedad se debía absorber? ¿A qué velocidad se debía absorber? ¿En qué ambiente (por ejemplo, la temperatura) funcionaría el desecante? Estas son apenas algunas de las interrogantes que los representantes tendrían que responder para resolver el problema que afectaba al cliente. Salta a la vista que las respuestas a este tipo de preguntas son muy técnicas. El enfoque perfilado hacia el cliente exigía que, además de tener conocimientos sobre las cualidades técnicas del producto, los representantes tendrían que ser innovadores para resolver los problemas.

Por último, trabajar con un cliente importante para encontrar un producto de MDI que satisficiera una necesidad particular, con frecuencia, requería muchas visitas de ventas, reuniones y conversaciones telefónicas. Como cada nueva solicitud es sometida a rigurosas pruebas antes de ser aceptada finalmente como una compra rutinaria por parte del cliente, el proceso de ir nutriendo una cuenta importante lleva, cuando menos, entre 12 y 18 meses. Como se requería tanto tiempo para aterrizar una cuenta nueva, MDI pensaba que pagándole un sueldo base a su cuerpo de vendedores, éstos podrían tener un flujo constante de ingresos. Sin embargo, aunque el sistema de remuneración mediante el sueldo proporcionaba un ingreso constante, ofrecía a los vendedores pocos incentivos para luchar por aumentar las ventas. Es más, con 161 cuentas que representaban más de 12 millones de dólares de ingresos al año y ante la cantidad de cuentas nuevas que aumentaban de manera constante, los vendedores pensaban que no estaban recibiendo una parte justa de los ingresos que generaban.

Como descubrió Stepson, los planes de viajes y visitas también eran un problema. Las visitas a los diversos clientes, por regla general, requerían pasaje aéreo, alquiler de autos y muchos gastos de hospedaje para atender las cuentas debidamente. Los viajes representaban, cuando menos, tres cuartos de un día por semana. Los vendedores generalmente pasaban dos días a la semana en sus oficinas para ponerse al día en el papeleo y hacer citas para las siguientes semanas. Este calendario sólo dejaba $2\frac{1}{4}$ de días para visitar a clientes. Por tanto, los vendedores, en promedio, sólo podían hacer cinco visitas a clientes por semana, arreglo que no permitía la penetración necesaria para alcanzar las metas de ventas proyectadas. Es más, los vendedores estaban muy ocupados atendiendo las cuentas existentes, asignando poco tiempo a buscar prospectos de clientes nuevos.

Stepson consideró la posibilidad de contratar más vendedores, pero el cuerpo de vendedores existentes se opuso a la idea. Sentían que el hecho de traer a más personas, con el mismo nivel de sueldos, diluiría su impacto y disminuiría su importancia y remuneración. Los tres vendedores existentes amenazaron con renunciar si se adoptaba esa política.

Otro problema era el grado de estudios y la capacitación del cuerpo de vendedores. Aunque los vendedores existentes tenían una experiencia técnica sólida, Stepson sentía que carecían de la habilidad requerida para vender productos MDI con eficacia. Por ejemplo, como había una serie de competidores que vendían sustitutos, cuando un producto fuera elegido por el cliente y adquirido en forma rutinaria, la labor de ventas dejaba de ser un problema técnico y se convertía en una cuestión de precios. Por tanto, realizar las ventas iniciales y atender la cuenta en el futuro eran actividades de ventas muy diferentes, que requerían una serie de habilidades para vender.

A fin de cuentas, el trabajo de Stepson estuvo hecho a su medida.

PREGUNTAS

1. ¿Qué objetivos debería establecer Stepson para el cuerpo de vendedores de MDI?

2. Diseñe una estrategia para el cuerpo de vendedores de MDI que alcance estos objetivos. No olvide abordar las cuestiones de tamaño, remuneración y estructura.

3. Dados los objetivos y la estrategia que ha desarrollado usted, ¿cómo debería Stepson supervisar y evaluar a sus vendedores?

Fuente: Este caso fue preparado por Richard V. Resh, socio de DICRIS Company, Búfalo, Nueva York.

PARTE IV

CASO GLOBAL

ALIMENTOS SMITH'S HOME: SMITH PARTE EL QUESO

Ronald Smith, presidente de Smith Country Hams, en Ashton, Carolina del Norte, entró a la oficina de su hija y se dejó caer en una de las sillas que estaban frente a su escritorio.

—Christy, dijo, acabo de revisar las cifras del mes pasado y son muy decepcionantes. Tenemos que encontrar la manera de mover más el negocio de los alimentos entregados a domicilio. No sé bien qué está mal, pero de alguna manera siento que hemos colocado la carreta adelante del buey. Estoy convencido de que si pudiéramos encontrar el botón acertado y oprimirlo, todo saldría bien.

—Papá, estoy tan frustrada como tú, contestó Christy Smith, mirando a su padre y su ropa informal. Parece que nada de lo que hacemos sale bien. Incluso cuando conseguimos atraer a clientes nuevos, no son como deberían ser.

Christy era una mujer muy ocupada. Además de sus obligaciones en la empresa, iba todos los días a una universidad, situada en una población cercana, donde estaba estudiando administración de empresas. Llevaba trabajando en el negocio de la familia desde que tenía memoria, y le había sorprendido y complacido mucho que su padre le pidiera que se hiciera cargo del negocio Smith's Home Foods, recién constituido. Mirando el calendario sobre su escritorio, vio la fecha: 4 de abril de 1993. Casi no podía creer que hubieran pasado cinco meses desde que había aceptado el puesto. Aunque contenta por la confianza que su padre había depositado en ella, sabía que estaba frustrado por la lentitud con la que se estaba desarrollando el negocio Smith's Home Foods.

Mientras Christy y su padre charlaban, Sonny Jones, uno de los dos vendedores de tiempo completo de Home Foods entró a la oficina y se unió a la conversación. Parecía alterado.

—La sociedad financiera nos acaba de rechazar dos casos más, dijo gruñendo. Rechazaron a las dos familias a las que les vendí planes anoche. Al parecer, no podemos caminar en línea recta.

—¿Qué quieres decir?, preguntó Christy.

—Siempre pasa lo mismo, contestó Sonny, las dos familias que visité anoche viven en Dogwood Acres, son gente correcta y todo lo demás, pero no tienen ingresos muy altos. Tenemos que encontrar la forma de atraer a gente con ingresos más altos, que viva del otro lado del camino, en el barrio de Ashton.

—No me importa cuál pueda ser el problema, dependo de ustedes dos para averiguarlo y decirme qué debemos hacer. Además, tienen que empezar a moverse ya, dijo Ronald Smith mientras salía.

Antecedentes

Smith's Country Hams, un negocio familiar, con 25 años de existencia, que se dedica al mayoreo de productos cárnicos como jamón, tocino y otros derivados del cerdo, vende a restaurantes y establecimientos de comida rápida en el este de Carolina del Norte. En julio de 1991, con la idea de encontrar oportunidades para crecer, Ronald Smith echó a andar otra división: Smith's Home Foods. Sacó la idea de un empleado que había trabajado antes en una empresa que entregaba alimentos a domicilio. Ronald, que siempre está buscando la forma de ganar más dinero, pensó que la idea tenía potencial. Sabía que, en estos días, la gente quiere más comodidad. Por tanto, un servicio que ofrece carnes, vegetales y fruta entregada a domicilio debería tener bastante demanda. También sabía que podría usar sus propios productos cárnicos para el negocio, creando así ventas nuevas para Smith's Country Hams.

Ronald reacondicionó unas viejas instalaciones de producción que estaban inactivas y estableció ahí las oficinas de Smith's Home Foods. Puso al empleado que había tenido la idea a cargo del negocio. Sin embargo, para octubre de 1992, el empleado no había respondido a las expectativas de Ronald y había renunciado. Entonces, Ronald le pidió a Christy que se hiciera cargo. Sabía que la asignación sería todo un reto para ella. Christy seguía siendo estudiante universitaria de tiempo completo. En consecuencia, sólo podría dedicar la tarde y el tiempo libre que pudiera sacar de algún lado, para administrar Smith's Home Foods.

El negocio de Home Foods. El negocio de los alimentos entregados a domicilio consiste en entregar en el domicilio de las familias un surtido de comestibles, previamente establecido. Smith's Home Foods ofrece 11 paquetes estándar, que contienen diversas combinaciones congeladas de carnes, vegetales y frutas. El tamaño y el costo de los paquetes varía, pero cada uno ofrece un abasto de alimentos para cuatro meses. La muestra IV-1 incluye los artículos de un paquete típico. La muestra IV-2 resume las características de cada uno de los 11 paquetes.

Cuando Christy asumió la administración del negocio, se preguntó por qué todo se vendía en paquetes de cua-

MUESTRA IV-1
Contenido de un paquete típico de Smith's Home Foods

#107	Carne de res, peso neto
6	Bistecs, promedio #2
4	Costillas, promedio #2
1	Sirloin, promedio #3
1	Cuete, promedio #3
1	Lomo, promedio #3
20	Agujas 8 onz.
12	T-bones 12 onz.
#8	Bistecs de falda
#10	Aguayón
18	Tiras para asar 8 onz. Caja #9
#32	Carne molida (#1 rollo/hamburguesas 4 onz.)
#6	Chuletas de cerdo
#6	Bistecs de cerdo
#5	Jamón tipo americano
30	Embutidos
20	Croquetas
1	Mariscos
60	Vegetales (16 onz.)
12	Frutas
32	Jugos (12 onz.)
#6	Queso
#6	Margarina

Banco	$1,094.38
Impuesto	54.71
	1,149.09
Depósito	35.00
Monto financiado	1,114.09
Cargo financiamiento	56.23
Pago diferido	1,170.32
Precio total	1,205.32

4 pagos de $292.58
$68.04 a la semana

MUESTRA IV-2
Características de los paquetes de Smith's Home Foods

NUMERO DEL PAQUETE DE ALIMENTOS	LIBRAS DE CARNE POR SEMANA	TAMAÑO MINIMO DEL CONGELADOR	TAMAÑO DE LA FAMILIA	PRECIO DEL PAQUETE
1	14	21 cu ft	3-4	$1,205
2	12	18	3-4	1,088
3	12	18	3	1,070
4	10	15	2-3	940
5	17	21	4-5	1,532
6	6.5	12	2	65
7	8	15	2-3	1,093
8	9.5	12	2-3	825
9	11	15	2-3	809
10	11	15	2-3	834
11	13	21	4-5	958

* Precio de un paquete para cuatro meses, incluye impuestos y cargos de financiamiento.

tro meses. Según Sonny Jones, que había trabajado en otro servicio de entrega de alimentos a domicilio, la mayor parte de los competidores ofrecen paquetes similares para cuatro meses. En consecuencia, la calidad de los alimentos entregados con cada paquete requiere que los clientes tengan un congelador o adquieran uno. Por tanto, Smith's Home Foods, al igual que otras empresas del ramo de los alimentos entregados a domicilio, también vende un congelador de 21 pies cúbicos en abonos. En general, el requisito para tener un congelador no parece ser obstáculo para las ventas de los paquetes de comida.

Christy piensa que los clientes tienen muchas ventajas con la entrega a domicilio de los alimentos. En primer lugar, es cómodo; los clientes pueden hacer menos viajes a la tienda porque los paquetes de Smith's Home Foods permiten que haya en el hogar una amplia variedad de comestibles fácilmente disponibles. Por tanto, la persona que se encarga de cocinar no tiene que preocuparse por tener suficientes alimentos a la mano. En segundo, Christy piensa que Smith's ofrece productos de primerísima calidad, sobre todo carnes, en comparación con los que suelen encontrar los consumidores en las tiendas de comestibles. Ella y su padre seleccionan con detenimiento la carne que se ofrece en los paquetes. Claro está que entregan sus propios productos de Smith's Home Foods, de primera calidad. Le compran todas las demás carnes a otros mayoristas de calidad, sea en porciones envueltas individualmente, como los T-bones de ocho onzas, o en "porciones familiares", como los costillares de cinco libras. Los mayoristas empacan al vacío las carnes con envoltorio de plástico retráctil para proteger su frescura y sabor. Los paquetes de Smith's Home Foods tienen carnes de marcas como Morrell, Armour, Jimmy Dean y Fishery. Los paquetes también incluyen frutas y vegetales de marcas como Dulany y McKenzie, que son compradas a mayoristas. Smith's garantiza la calidad de sus alimentos, diciendo que cambiará cualquier alimento que no satisfaga plenamente al cliente.

Por último, Christy argumenta que comprar por medio de un servicio de alimentos entregados a domicilio ahorra dinero a los consumidores. Como los clientes compran grandes cantidades, consiguen precios más bajos. Además, no tienen que pagar los aumentos de precios que se registran en el periodo de cuatro meses que duran los paquetes. El hacer menos viajes a la tienda también sirve para que los clientes eviten las costosas compras por impulso.

El programa mercadotécnico de Smith's Home Foods

El precio de los paquetes de comestibles Smith's está entre 655 y 1,532 dólares, incluyendo impuestos y cargos por financiamiento, y el precio promedio es de 1,000 dólares. El costo promedio de los bienes vendidos por Smith es del 48% en el caso de los 11 paquetes, sin incluir un costo variable de 30 dólares por entrega de paquete. Los clientes pueden pagar en efectivo, cargarlo a su cuenta o financiar sus compras. Aunque Smith's acepta las tarjetas Visa y MasterCard, los clientes rara vez usan las tarjetas para comprar los paquetes de comestibles. Otra opción permite a los clientes pagar la mitad en efectivo, al firmar el contrato, y la otra mitad en un plazo de 30 días, sin intereses.

Smith's ofrece crédito a los clientes calificados, por medio de Fair Finance Company de Akron, Ohio, una de las pocas sociedades financieras que financia la compra de alimentos. Los clientes que optan por el financiamiento hacen un pago inicial de 35 dólares y llenan una solicitud de crédito. Si Fair aprueba la solicitud, el cliente efectúa el primer pago (la cuarta parte del monto financiado) 30 días después de la entrega de los comestibles. Por tanto, en el caso de un paquete de alimentos de 1,200 dólares financiado por Fair, el cliente efectúa cuatro pagos de 300 dólares. Como el primer pago no vence sino hasta pasado un mes de la entrega, el plan de financiamiento le permite a este cliente ahorrarse 75 dólares a la semana, en alimentos, en cada una de las cuatro semanas que transcurren antes del primer pago, y así sucesivamente para los tres pagos restantes. Aunque la sociedad financiera absorbe el riesgo de la compra, Smith's asume el riesgo hasta en tanto se efectúa el primer pago. Es decir, si el cliente recibe los comestibles, pero no efectúa el primer pago, Smith's acepta la responsabilidad por el monto entero financiado y debe emprender las acciones necesarias para conseguir el pago o reclamar los alimentos.

Cuando el vendedor levanta el pedido de un paquete de comestibles, si el cliente quiere financiamiento, Smith's envía un fax con copia del pedido a la Fair Finance Company. Normalmente, la sociedad financiera aprueba o rechaza la solicitud en el plazo de un día hábil. Si el crédito es autorizado, un oficinista llena una "hoja desprendible" que indica a los empleados del almacén qué paquete compró el cliente y qué productos incluye. Por lo general, el gerente del almacén retiene los pedidos hasta que tiene cinco o seis para armar y después establece una fecha de entrega con el cliente.

En el caso de los clientes que quieren comprar congeladores, Smith's vende un congelador de 21 pies cúbicos por unos 800 dólares, con un costo de 435 dólares para las unidades vendidas. Este congelador también puede ser financiado por la sociedad financiera independiente, los consumidores hacen un pago inicial de 12.95 dólares y 24 pagos mensuales del orden de 33 dólares. Cuando un cliente solicita un congelador y se aprueba su crédito, Smith's llama a la tienda de electrodomésticos, que se encarga de entregar el congelador al cliente y de instalarlo. El congelador, una vez instalado, debe estar funcionando unos tres días antes de alcanzar la temperatura adecuada para recibir los alimentos. Por tanto, la entrega de los comestibles debe estar coordinada con la entrega del congelador.

En este punto, Smith's Home Foods guarda su inventario en las instalaciones de almacenamiento y las cámaras de Smith's Country Hams. Cuenta con un camión de una tonelada, equipado con un congelador, para hacer las entregas a los clientes. Dos empleados de Smith's Home Foods se encargan de las entregas y colocan, personalmente, los alimentos en el congelador del cliente.

Smith's Home Foods usa técnicas de ventas personales y masivas para promover su servicio. Tiene dos vende-dores de tiempo completo, Sonny Jones y Barbara Johnson, que perciben un sueldo más comisión sobre sus ventas. Sonny y Barbara también han reclutado a otros cuatro vendedores, que trabajan medio tiempo y a comisión. Smith's paga a sus vendedores una comisión de 100 dólares sobre cada paquete vendido. También paga una comisión adicional de 25 dólares a Sonny y Barbara por cada venta realizada por los vendedores de medio tiempo. Paga las mismas comisiones sobre cada congelador vendido.

Cuando los vendedores hacen una visita, con frecuencia, se deben reunir con los clientes por la noche y pasar hasta dos horas explicando el servicio y llenando las solicitudes.

Cada vendedor lleva una carpeta que contiene toda la información necesaria para la presentación de ventas. La carpeta incluye 12 hojas de fotos de los productos de res y de cerdo, seis hojas de fotos de los productos de aves y pescados, tres hojas de fotos de los productos vegetales y frutas y una hoja con fotos de postres. Lleva también otras hojas que describen los costos y las condiciones de cada uno de los 11 paquetes. La carpeta también incluye fotos de los congeladores que se pueden comprar y listas de los cambios que se pueden hacer a los paquetes.

Con el propósito de generar pistas para el cuerpo de vendedores, Smith's usa varias técnicas de ventas masivas. En primer lugar, se ha anunciado tres veces, en fecha reciente, en el periódico de Ashton, que también llega a la pequeña comunidad cercana de Wolfsburg y al condado circundante, con una población total de unas 100,000 personas. Cada inserción cuesta alrededor de .04 dólares. Las inserciones subrayan la posibilidad de ahorrar dinero que ofrece el servicio e incluyen una tarjeta desprendible que se puede enviar por correo, con porte pagado, a la empresa.

En fecha más reciente, la empresa ha contratado los servicios de Welcome Wagon para que distribuya un cupón de descuento de 10 dólares para los productos de Smith's, así como otras promociones que entrega a recién casados, familias que acaban de tener un hijo y personas que acaban de llegar a la comunidad. Por último, Christy también preparó un volante que describe el servicio. Los vendedores dejan estos volantes en diferentes puntos de la comunidad, por ejemplo en los salones de belleza.

Christy piensa que Smith's Home Foods no enfrenta competencia directa en la zona de Ashton. Southern Foods, de Greensboro, Carolina del Norte, otra empresa grande y establecida, tiene un servicio de entrega a domicilio parecido al de Smith's. Sin embargo, aunque Southern Foods también opera en otros estados y tiene clientes en todo el estado de Carolina del Norte, no se dirige directamente a la zona de Ashton. De hecho, Christy piensa que Southern Foods probablemente le ha ayudado a su negocio, pues ha desarrollado el mercado en general y ha logrado que los clientes en potencia conozcan el tipo de servicios que ofrece Smith's.

Cuando Christy se hizo cargo, aplicó de inmediato una serie de cambios, con la intención de mejorar el rendimiento. Rediseñó los paquetes de alimentos para que resultaran más atractivos y preparó la inserción en el periódico, el volante y la carpeta de ventas. Sin embargo, a pesar de sus esfuerzos, el negocio se ha desarrollado con mucha lentitud. Como dijera Sonny, la gente que está respondiendo más a los anuncios de Smith's son las familias de ingresos bajos que no tienen dinero para pagar en efectivo y que no califican para el financiamiento. Smith's ha tenido dificultades para atraer a las familias de ingresos medios o altos que, en opinión de Christy, son las ideales para recibir este servicio.

Aunque sólo unas ocho familias habían contratado el servicio cuando Christy se hizo cargo, los clientes ahora suman 60. Sin embargo, muchas de las familias que firmaron a partir de su llegada pronto estarán terminando su primer paquete. Christy estaba preocupada por la cantidad de estos clientes que volverían a colocar pedidos. Además le preocupaba cuánto duraría la paciencia de su padre, quien le dijo que invertiría un máximo de 250,000 dólares para echar a andar el negocio. Ya había invertido 25,000 en inventarios. Es más, Christy estimaba que los costos fijos anuales de Smith's Home Foods sumarían 57,000 dólares, incluyendo sueldos, renta y servicios públicos y otros gas-

tos fijos. Christy tendría dudas en cuanto a la rentabilidad del negocio y la cantidad de clientes que necesitaría para alcanzar un punto de equilibrio.

PREGUNTAS

1. Describa la estrategia de mercadotecnia de Smith's Home Foods. ¿Qué vende en realidad Smith's Home Foods?

2. ¿Qué problemas, en su caso, considera que existen en cada uno de los elementos de la estrategia?

3. Con la información presentada en el caso, calcule la contribución promedio por paquete de alimentos y la cantidad de clientes que necesita Smith's Home Foods para salir a mano.

4. Con base en su análisis, ¿qué pasos le recomendaría a Christy para mejorar su estrategia mercadotécnica y la actuación de Smith's?

Cómo satisfacer a los clientes con calidad, valor y servicios

En 1934, Wooster Rubber Company aumentó un producto insignificante a su línea de globos: un recogedor de hule. Vendía el nuevo recogedor, de puerta en puerta, a un dólar, precio muy superior a los 39 centavos que estaba cobrando la competencia por las versiones metálicas. Sin embargo, este recogedor era especial; estaba bien diseñado, era muy duradero y de estupenda calidad. Incluso al precio de un dólar, valía lo que costaba. Ahora, Wooster Rubber Company se llama Rubbermaid y el ordinario recogedor resultó todo un ganador. Desde entonces, los mismos conceptos que llevaron al desarrollo del recogedor han transformado a Rubbermaid de una empresa adormilada, de productos de hule para pueblos pequeños, en una líder muy dinámica del mercado.

Hoy, Rubbermaid domina totalmente su fragmentada industria, sin competencia seria. Fabrica una apabullante serie de más de 4,700 productos, que van desde recipientes para alimentos, botes de basura y archivos para el hogar, hasta autos de juguete, buzones y comederos de plástico para pájaros. Vende 1.7 mil millones de dólares al año de objetos caseros, juguetes, muebles de exterior y productos para oficina. El ascenso de Rubbermaid a la cima ha sido bastante espectacular. En sólo unos 10 años, más o menos, sus ventas se han multiplicado por cuatro y las utilidades por seis. Lleva registrados 54 años consecutivos con utilidades, 44 trimestres consecutivos con aumento en las ventas y los ingresos, así como un rendimiento promedio de 18% por acción desde 1985. La revista *Fortune* ha calificado a Rubbermaid como una de las siete empresas más admiradas de Estados Unidos durante cinco años seguidos.

El éxito de Rubbermaid es el resultado de una estretegia de mercadotecnia sencilla, pero eficaz y competitiva: ofrecer, en forma consistente, gran valor a los clientes. En primer lugar, la empresa estudia y escucha a los clientes con detenimiento. Recurre a análisis de la demografía y los estilos de vida para detectar las tendencias de los consumidores y realiza grupos focales, entrevistas y pruebas del producto en el hogar para averiguar cuáles son los problemas y las necesidades de los consumidores, lo que les gusta o les desagrada. A continuación, ofrece a los consumidores lo que quieren: un flujo constante de productos útiles, innovadores y de gran calidad.

Rubbermaid se ha forjado una posición sólida en el mercado. Para muchos consumidores, el nombre de Rubbermaid es sinónimo de gran valor y calidad. Los clientes saben que los productos de Rubbermaid están bien diseñados y fabricados, y están dispuestos a pagar precios altos para tenerlos. La gerencia de Rubbermaid protege su reputación con gran celo. La empresa tiene una verdadera obsesión por la calidad. Con un estricto programa de control de calidad ningún producto sale de la fábrica si tiene, aunque sea, un rasguño. Se cuenta que Stanley Gault, ex director general de Rubbermaid, que encabezó la empresa durante su crecimiento espectacular a lo largo de los años ochenta, visitaba las tiendas detallistas varias veces a la semana para ver cómo se exhibían los productos de la empresa y para revisar su calidad y hechura. Si detectaba algún problema, tomaba la mercancía de inmediato, la llevaba a la oficina matriz y regañaba acremente a los ejecutivos de la empresa responsables del caso. En la empresa era sabido que se ponía lívido cada vez que encontraba defectos en los productos.

Rubbermaid avanza encontrando formas nuevas para servir a los clientes. Las innovaciones y el desarrollo de productos nuevos han pasado a ser una especie de religión en la empresa. El año pasado, Rubbermaid introdujo la inmensa cantidad de 365 productos nuevos. Su meta es generar, cuando menos, 30% del total de ventas con productos que tengan menos de cinco años, meta que suele alcanzar o superar. La empresa incluso fundamenta parte de la remuneración de sus ejecutivos en el porcentaje de las ventas que corresponde a los productos nuevos. A pesar del veloz paso de las introducciones nuevas,

Rubbermaid ha tenido un éxito sorprendente. En una industria donde la competencia es feroz, donde 90% de los productos nuevos suelen fracasar, Rubbermaid puede jactarse de un asombroso 90% de *éxitos* para sus productos nuevos.

Rubbermaid, con el propósito de acelerar el flujo de productos nuevos, forma equipos pequeños, compuestos por expertos de los departamentos de mercadotecnia, diseño, producción y finanzas, que se ocupan de cada una de sus 50 categorías de productos, más o menos. Estos equipos encuentran ideas para productos nuevos y las escoltan en su paso por las etapas de diseño, desarrollo e introducción. Los equipos atacan con gran entusiasmo el reto de desarrollar el producto nuevo. Por ejemplo, la gerente de accesorios para baño, cubiertas decorativas y organizadores para el hogar de Rubbermaid, comenta que su "equipo para baños" respira y se alimenta de jaboneras, papeleras y canastillas para regadera. Los miembros del equipo asisten a ferias, revisan revistas, recorren anaqueles de supermercados y van por el mundo buscando ideas para productos nuevos. Dice: "Somos como esponjas".

Las versiones de productos normales de Rubbermaid suelen ofrecer mejoras sencillas y elegantes. Por ejemplo, su nuevo buzón, más ancho, permite que las revistas queden planas, no se oxida, no permite que entre el agua cuando se abre y eleva un banderín amarillo para indicar que el correo ha llegado. Su nueva fiambrera Sidekick, sencilla y estilizada, no "produce basura", porque sus contenedores que tienen espacio para un sandwich, un refresco y otro artículo, eliminan la necesidad de envolturas plásticas, empaques de leche, latas y demás desechos posibles. La Sidekick tiene un precio de 10 dólares, cantidad muy superior a los 6 o 7 dólares que cuestan los productos de la competencia. Sin embargo, la colorida fiambrera nueva ha enloquecido a los padres que se preocupan por la enorme cantidad de basura producida en el país y a los niños de primaria que, permanentemente, están recibiendo mensajes ambientales en la escuela. Se espera que la parte de Rubbermaid del mercado, 35 millones de dólares en fiambreras, aumente un 12%; además la empresa piensa introducir seis versiones nuevas de la Sidekick.

Además de desarrollar productos nuevos a partir de cero, Rubbermaid ha tenido mucho éxito comprando empresas pequeñas, subvaluadas, y levantándolas. Por ejemplo, en 1984, sumó a su cartera de negocios a Little Tykes, una fabriquita de juguetes de plástico. En 1991, con la adquisición de Eldon Industries, constituyó su grupo de productos para oficina, que fabrica accesorios para escritorio, contenedores y organizadores para oficina, muebles modulares, letreros para oficina y otros productos para el hogar y las oficinas comerciales. Estas inteligentes movidas de la planeación estratégica han rendido frutos. Hoy,

por su tamaño, Little Tykes es la segunda unidad de la empresa. El año pasado, introdujo 30 juguetes nuevos y, actualmente, contribuye al total de ventas con cerca del 21% y a las utilidades con 27%. Además, Rubbermaid está preparándose para extender su dominio en los mercados mundiales. Piensa que para el año 2000, 25% de sus ventas provendrán del exterior de Estados Unidos, en comparación con el 15% actual.

Por otra parte, Rubbermaid ha establecido relaciones sólidas con sus "otros clientes", los detallistas que manejan las más de 120,000 tiendas que venden productos Rubbermaid. Los detallistas aprecian la consistencia de la gran calidad de la empresa, los márgenes de utilidad amplios, el magnífico servicio y el atractivo para los clientes. De hecho, en fecha reciente, Rubbermaid recibió el galardón de "Empresa del año" otorgado por la industria de la comercialización masiva. La empresa ha establecido fuertes alianzas con las tiendas de descuento, que crecen a gran velocidad, como Wal-Mart y Kmart, las cuales representan el grueso de las ventas de artículos para el hogar. Además, creó las "Boutiques Rubbermaid", secciones enteras dentro de las tiendas que sólo contienen productos Rubbermaid. Por ejemplo, las tiendas Twin Valu montaron 10 largos anaqueles de 24 pies con productos Rubbermaid, desplazando entre 20 y 490 pies de productos de la competencia. Con ello, la mayor parte de los competidores de Rubbermaid tienen problemas sólo para conseguir espacio en los anaqueles.

Así pues, Rubbermaid ha hecho todo lo que debe hacer una empresa comercializadora destacada para establecer su liderato y conservarlo. Como dijera un analista de la industria: "[Rubbermaid tiene] la habilidad de ejecutar su estrategia de manera impecable. Rubbermaid tiene algo mágico que los competidores no pueden copiar sino con mucho trabajo". Rubbermaid se ha colocado en una posición sólida y ha logrado su ventaja competitiva ofreciendo buen valor a los consumidores. Ha marcado el ritmo de la industria y controlado el avance de la competencia gracias a sus constantes innovaciones. Por último, ha creado una corriente sostenida de productos útiles, de gran calidad, en su lucha permanente por ofrecer a los consumidores más valor cada vez. De hecho, algunos observadores se preguntan si Rubbermaid podrá mantener su acelerado paso actual. Se preguntan: ¿cuántos productos y enfoques nuevos más podrá encontrar la empresa? "Es un poco como lo ocurrido en 1900, cuando se legisló para cerrar la oficina de patentes —contesta un ejecutivo de Rubbermaid—. El país estaba convencido de que todo lo que se podía inventar ya se había inventado. [Pero tratándose de formas nuevas, frescas y vendibles, para servir a nuestros clientes] jamás vamos a quedarnos sin ideas".[1]

AVANCE DEL CAPÍTULO

El capítulo 19 analiza una tendencia central de la mercadotecnia para el siglo XXI: la tendencia a usar la "mercadotecnia de relaciones" con objeto de satisfacer mejor a los clientes.

El capítulo se enmarca en una reinterpretación de lo que quiere decir el concepto de mercadotecnia, subrayando la necesidad de ofrecer al *cliente verdadero valor* y *verdadera satisfacción,* para poder competir con eficacia.

A continuación, se explica la forma en que las empresas proporcionan *valor* y *satisfacción* por medio de una *cadena de valor* y un *sistema para proporcionar valor.* Se analiza el hecho de que los comercializadores suelen dedicarse a atraer a usuarios nuevos, aunque también deberían *retener a los clientes existentes* desarrollando la *mercadotecnia de relaciones.*

Por último, se repasa la *mercadotecnia de calidad total,* con una definición de calidad y una explicación de la importancia que tiene establecer con los clientes relaciones plenas de valor y rentables.

Hoy, las empresas enfrentan la mayor competencia que hayan tenido que enfrentar en muchos decenios y la situación se agravará en los años venideros. En los capítulos anteriores se explicó que, para tener éxito en los mercados contemporáneos, ferozmente competitivos, las empresas tendrán que abandonar *la filosofía del producto y las ventas* y adoptar una *filosofía del cliente y la mercadotecnia.* Este capítulo explica con más detalle lo que pueden hacer las empresas para conseguir clientes y superar la actuación de la competencia. La respuesta radica en el significado del concepto de mercadotecnia; es decir en *resolver y satisfacer las necesidades de los clientes* mejor que antes.

En los mercados de vendedores, es decir los que se caracterizan por las escaseces y los cuasi monopolios, las empresas no se esfuerzan mucho por complacer a los clientes. Por ejemplo, hoy, en Europa Oriental existen millones de consumidores que forman líneas sombrías durante muchas horas para recibir ropa, productos de belleza, aparatos eléctricos y otros productos mal hechos y muy caros. Los fabricantes y los detallistas no se preocupan mucho si los bienes y servicios satisfacen a los clientes. Los vendedores casi no le prestan atención a la teoría mercadotécnica ni a su ejercicio.

Por otra parte, en los mercados de compradores, los clientes pueden elegir de entre una amplia gama de bienes y servicios. En estos mercados, si los vendedores no ofrecen productos y servicios de una calidad aceptable, no tardarán en perder clientes a manos de la competencia. Además, lo que resulta aceptable hoy podría no serlo para los clientes de mañana, cada vez más exigentes. Los consumidores tienen más conocimientos cada vez y son más exigentes, además la calidad que esperan es mayor gracias a las prácticas aplicadas por fabricantes y detallistas de primera. La caída registrada por muchas industrias estadounidenses en años recientes (autos, cámaras, máquinas herramienta, aparatos electrónicos de consumo) es una muestra dramática de que las empresas que sólo ofrecen una calidad media, ante los embates de competidores superiores, pierden el favor de los consumidores.

Las empresas, para triunfar o tan sólo para sobrevivir, necesitan otra filosofía. Las empresas, para ganar en los mercados contemporáneos, deben **centrarse en el cliente;** es decir, deben proporcionar más valor a los clientes que tienen en la mira. Deben ser aptas para *crear consumidores* y no sólo para *crear productos.* Deben ser hábiles para la *ingeniería de mercados* y no sólo para la *ingeniería de productos.*

Son muchas las empresas que consideran que conseguir clientes es tarea del departamento de mercadotecnia o de ventas. Sin embargo, las empresas triunfadoras se han dado cuenta que la mercadotecnia no puede hacer sola todo el trabajo. De hecho, la mercadotecnia, aunque desempeña un papel importantísimo, no puede sino ser socia tratándose de atraer a los clientes y retenerlos. El mejor departamento de mercadotecnia del mundo no podrá vender bien productos mal hechos, que no satisfagan las necesidades de los clientes. El departamento de mercadotecnia sólo será eficaz en aquellas empresas donde todos los departamentos y empleados hayan formado un equipo para constituir un *sistema para proporcionar un valor a los clientes* superior al de la competencia.

Piense en McDonald's. La gente no acude a los 11,000 restaurantes de McDonald's en el mundo sólo porque les encantan las hamburguesas de la cadena. Muchos otros restaurantes hacen hamburguesas que tienen mejor sabor. Los consumidores acuden al sistema de McDonald's y no sólo buscan sus productos comestibles. En todo el mundo, el sistema bien afinado de McDonald's ofrece una cantidad importante de CSHV (calidad, servicio, higiene y valor), como la llama la empresa. Este sistema incluye muchos componentes, internos y externos. McDonald's sólo será efectivo en la medida que logre establecer una sociedad con sus empleados, franquiciatarios, proveedores y demás para proporcionar, en forma mancomunada, un valor excepcionalmente alto al cliente.

Este capítulo habla de la filosofía de la mercadotecnia para crear valor para el cliente y de la empresa orientada hacia el cliente. Aborda varias interrogantes importantes: ¿Qué son el valor para los clientes y la satisfacción de los clientes? ¿Cómo están organizadas las empresas importantes con el objeto de crear y proporcionar gran valor y satisfacción? ¿Cómo pueden las empresas conservar a los clientes existentes y conseguir otros nuevos? ¿Cómo pueden las empresas aplicar la mercadotecnia de la calidad total?

COMO DEFINIR EL VALOR Y LA SATISFACCION DE LOS CLIENTES

Hace más de 35 años, Peter Drucker tuvo la visión de observar que la tarea primordial de una empresa es "crear una clientela". No obstante, crear una clientela puede resultar una tarea muy difícil. Los clientes de hoy tienen que elegir de entre una amplísima gama de productos y marcas, precios y proveedores. La empresa debe contestar la pregunta básica: ¿cómo eligen los clientes?

La respuesta es que los clientes eligen la oferta de mercadotecnia que les ofrece más valor. Los clientes quieren maximizar el valor, dentro del marco de los costos de la búsqueda y los conocimientos limitados, la movilidad y el ingreso. Tienen expectativas en cuanto al valor y actúan en consecuencia. A continuación, comparan el valor real que obtienen al consumir el producto y el valor que esperaban y ello afecta su satisfacción y el comportamiento para volver a comprar. A continuación se analizan los conceptos de valor para el consumidor y la satisfacción del cliente con más detenimiento.

El valor para los clientes

Los consumidores compran a la empresa que, en su opinión, ofrece mayor **valor proporcionado al cliente;** es decir, la diferencia entre el *valor total para el cliente y el costo total para el cliente* (véase la figura 19-1). Por ejemplo, suponga que una gran constructora quiere comprar un bulldozer. La empresa tiene en mente una aplicación concreta para el bulldozer: usará la máquina para obras de construcción de casas. Quiere que el bulldozer le ofrezca ciertos grados de confianza, duración y rendimiento. Puede comprarle el equipo a Caterpillar o a Komatsu. Los vendedores de las dos empresas le describen sus ofertas, con detalle, al comprador.

Suponga que la constructura evalúa las dos ofertas de bulldozer y piensa que el bulldozer de Caterpillar ofrece más confianza, duración y desempeño. El cliente decide también que Caterpillar viene acompañado de mejores servicios, a saber: entrega, capacitación y mantenimiento. Considera que el personal de Caterpillar tiene más conocimientos y sensibilidad. Por último, el cliente concede más valor a la reputación de Caterpillar. La constructora suma los valores de estas cuatro fuentes (*producto, servicios, personal* e *imagen*) y decide que Caterpillar ofrece un **valor total para el cliente** superior al de Komatsu.

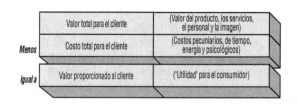

FIGURA 19-1
Valor proporcionado al cliente

¿Compra la constructora el bulldozer Caterpillar? No necesariamente. La empresa también estudiará el **costo total para el cliente** que entraña comprar el bulldozer Caterpillar, comparándolo con el producto Komatsu. En primer lugar, la empresa compradora comparará los precios que tendrá que pagar por cada uno de los productos. Si el bulldozer de Caterpillar cuesta mucho más que el de Komatsu, el precio elevado podría compensar la ventaja del valor total para el cliente. Es más, el costo total para el cliente está compuesto por varios elementos, no sólo los costos monetarios. Adam Smith observó hacer más de dos siglos: "El verdadero precio de algo está en el trabajo y la molestia requeridos para adquirirlo". El costo total para el consumidor también comprende el tiempo, la energía y los costos psicológicos que invertirá el comprador. La constructora evaluará estos costos, sumados a los costos monetarios, para llegar a un estimado completo de sus costos.

La empresa compradora pasará a comparar el valor total para el cliente y el costo total para el cliente, y determinará el valor total proporcionado por el bulldozer Caterpillar. De la misma manera, determinará el valor total proporcionado por el bulldozer Komatsu. Así, la empresa comprará el producto del competidor que ofrezca proporcionarle mayor valor.

¿Cómo puede Caterpillar aprovechar este concepto de la decisión que toma el comprador para lograr venderle su bulldozer a dicho comprador? Caterpillar puede mejorar su oferta en tres sentidos. Primero, Caterpillar puede aumentar el valor total para el consumidor superando los beneficios del producto, los servicios, el personal o la imagen. En segundo, Caterpillar puede reducir los costos no monetarios para el comprador, reduciendo los costos del comprador en cuanto a tiempo, energía y los psicológicos. En tercero, Caterpillar puede reducir los costos monetarios para el comprador, rebajando su precio, ofreciendo condiciones más fáciles para la compra o, a largo plazo, reduciendo los costos de operación y mantenimiento del bulldozer.

Suponga que Caterpillar realiza una *evaluación del valor para el cliente* y llega a la conclusión de que los compradores consideran que la oferta de Caterpillar vale 20,000 dólares. Es más, suponga que a Caterpillar le cuesta 14,000 dólares fabricar el bulldozer. Esto significa que la oferta de Caterpillar genera, en potencia, 6,000 dólares (20,000 – 14,000) de valor agregado total. Caterpillar tendrá que fijar el precio de su bulldozer entre 14,000 y 20,000 dólares. Si cobra menos de 14,000 no cubrirá sus costos. Si cobra más de 20,000, el precio pasará del total del valor para el cliente. El precio que cobre Caterpillar determinará la cantidad del valor agregado total que se le proporcionará al comprador y la cantidad que irá para Caterpillar. Por ejemplo, si Caterpillar cobra 16,000 dólares, entregará al cliente 4,000 de valor agregado total y retendrá 2,000 como su utilidad. Si Caterpillar cobra 19,000 dólares, sólo entregará 1,000 de valor agregado total al cliente y retendrá 5,000 como su utilidad. Sobra decir que cuanto más bajo el precio de Caterpillar, tanto más alto el valor proporcionado por su oferta y, por consiguiente, tanto mayor el incentivo del cliente para comprarle a Caterpillar. El valor proporcionado se debe considerar la "utilidad para el cliente". Dado que Caterpillar quiere conseguir la venta, tendrá que ofrecer proporcionar más valor que Komatsu.[2]

Algunos mercadólogos dirán, con justicia, que el concepto de la forma en que los compradores eligen de entre las alternativas del producto es demasiado racional. Pueden mencionar ejemplos en que los compradores no eligieron la oferta con base en el mayor valor proporcionado, medido de manera objetiva. Analice el caso siguiente:

> El vendedor de Caterpillar convence a la constructora de que, tomando en cuenta los beneficios relacionados con el precio de compra, el bulldozer de Caterpillar le ofrece

un valor mayor. El vendedor también señala que el bulldozer de Komatsu consume más combustible y requiere reparaciones más frecuentes. No obstante, la empresa opta por comprar el bulldozer de Komatsu.

¿Cómo se puede explicar este comportamiento que, al parecer, no maximiza el valor? Existen muchas explicaciones posibles. Por ejemplo, podría ser que los compradores de la constructora tengan una vieja amistad con el vendedor de Komatsu. Podría ser que los compradores de la construcción tengan órdenes estrictas de su empresa de comprar al precio más bajo. Tal vez, la constructora recompense a sus compradores por la actuación a corto plazo, llevándolos a elegir el bulldozer de Komatsu, menos caro, incluso aunque la máquina Caterpillar funcionará mejor y su operación será menos cara a largo plazo.

Evidentemente, los compradores están sujetos a diferentes limitaciones y, en ocasiones, optan por salidas que dan más importancia a sus beneficios personales que a los de la empresa. No obstante, el marco del valor proporcionado al cliente se aplica en muchas situaciones y ofrece abundante información. El marco sugiere que los vendedores primero tienen que determinar el valor total para el cliente y el costo total para el cliente, ligados a sus ofertas de mercadotecnia y a las de la competencia, para determinar cómo salen libradas sus ofertas en términos de valor proporcionado al cliente. Si un vendedor encuentra que la competencia proporciona más valor, tendrá dos alternativas. Puede tratar de elevar el valor total para el cliente, fortaleciendo o aumentando los beneficios del producto, los servicios, el personal o la imagen, o puede disminuir el costo total para el cliente, rebajando el precio, simplificando el proceso de pedido y entrega o absorbiendo parte del riesgo del comprador, ofreciendo una garantía.[3]

La satisfacción de los clientes

Así pues, los consumidores se forman una opinión en cuanto al valor de las ofertas mercadotécnicas y toman sus decisiones de comprar con base en dichas opiniones. *Satisfacer al cliente* con una compra, dependerá del rendimiento del producto con relación a las expectativas del comprador. Un cliente puede experimentar diferentes grados de satisfacción. Si la actuación del producto no llega a cumplir sus expectativas, el cliente estará insatisfecho. Si la actuación está a la altura de las expectativas, el cliente estará satisfecho. Si la actuación supera las expectativas, el cliente estará muy satisfecho o encantado.

Pero, ¿cómo se forman expectativas los compradores? Las expectativas se fundamentan en las experiencias que ha tenido el cliente al comprar, en la opinión de amigos y compañeros y en la información y las promesas del comercializador y la competencia. Los comercializadores deben tener cuidado cuando establecen el grado de expectativas. Si establecen expectativas demasiado bajas, quizá satisfagan a quienes compran, pero no puedan atraer a suficientes compradores. Por el contrario, si establecen expectativas demasiado altas, es probable que los compradores se decepcionen. Por ejemplo, Holiday Inn hizo una campaña, hace algunos años, llamada "Sin sorpresas", que prometía alojamiento y servicios que no ocasionarían problema alguno. Sin embargo, los huéspedes de Holiday Inn encontraban infinidad de problemas y las expectativas creadas por la campaña sólo lograron clientes más insatisfechos. Holiday Inn tuvo que retirar la campaña.

Sin embargo, algunas de las empresas más exitosas de hoy están elevando las expectativas, y proporcionando una actuación correspondiente. Estas empresas son partidarias de la *satisfacción total del cliente*. Por ejemplo, Honda afirma: "Una razón por la que nuestros clientes están tan satisfechos es que nosotros no lo estamos". Cigna promete "Jamás estaremos satisfechos al 100%, mientras usted no lo esté". Estas empresas apuntan muy alto, porque saben que los clientes que sólo están satisfechos, no tendrán problema para cambiar de proveedor cuando se les presente una oferta mejor. En el caso de una categoría de bienes empacados de consumo, 44% de los consumidores que dijeron estar satisfechos, cambiaron de marca más adelante. Por el contrario, los clientes que están *muy* satisfechos no están tan dispuestos a cambiar. Un estudio arrojó que 75% de los compradores de Toyota estaban muy satisfechos y que, más o menos, 75% dijo que pensaban volver a comprar un Toyota. Por tanto, el *encanto* del cliente produce una

At the CIGNA Group Pension Division, customer satisfaction is our number one priority. Sounds good in an ad. But how do we achieve it? By giving the customer a voice. And then listening to it. When our customers told us that simplifying participant financial statements was a major priority, we listened. Then, using their input we designed more user-friendly reports.

When customers told us they wanted more investment options, we listened, too. Responding to their request with new accounts—six investing in mutual funds. Including highly rated funds from well-known outside investment companies.

And because even a little thing can often be a big thing, we listen to everything. For example, when customers told us they preferred talking to people rather than computers, we eliminated recorded messages in our customer service areas.

The point is, when the customer talks, we listen. To find out precisely how well, call CIGNA Group Pension Division, 1-800-238-2525.

Of course, we're not saying that we're perfect. But what we are saying is that we'll never be 100% satisfied until you are, too.

La satisfacción total del cliente. Cigna promete: "Jamás estaremos satisfechos al 100%, mientras usted no lo esté".

afinidad emocional con el producto o el servicio y no sólo una preferencia racional, y esto produce una gran fidelidad del cliente.

Hoy, las empresas triunfadoras siguen la pista de las expectativas de sus clientes, la forma en que perciben la actuación de la empresa y la satisfacción de los clientes. También siguen la pista de esta información de la competencia. Analice el siguiente caso:

> Una empresa estaba muy contenta de que 80% de sus clientes había afirmado que estaban satisfechos con su producto nuevo. Sin embargo, al parecer, el producto no se vendía muy bien en los anaqueles de las tiendas, junto al producto del competidor líder. Los investigadores de la empresa no tardaron en averiguar que el producto de la competencia lograba una calificación de 90% en cuanto a satisfacción del cliente. La gerencia de la empresa también se asombró cuando supo que su competidor pretendía llegar a una calificación del 95% para la satisfacción.

El recuadro Puntos Importantes de la Mercadotecnia 19-1 describe cómo pueden las empresas seguir la pista de la satisfacción de los clientes.

En el caso de las empresas que se centran en el cliente, la satisfacción del cliente es tanto meta, como factor medular para el éxito de la empresa. Las empresas que obtienen calificaciones altas para la satisfacción del cliente se aseguran de que el mercado hacia el cual se dirigen conozca el dato. En la industria automovilística, el Accord de Honda mereció la mejor calificación en cuanto a satisfacción del cliente, otorgada por J. D. Powers por varios años consecutivos, y la línea de la publicidad de Honda sirvió para vender más Accords. Asimismo, el crecimiento meteórico de Dell Computer en la industria de las computadoras personales se debió, en parte, porque mereció la mejor calificación en cuanto a satisfacción del cliente y anunció el dato.

Estas empresas y otras más se han dado cuenta de que los clientes muy satisfechos ofrecen varias ventajas a la empresa. Son menos sensibles a los precios y permanecen leales durante más tiempo. A la larga, compran otros productos conforme la empresa va introduciendo productos relacionados o mejorados. Además, hablan favorablemente a otras personas de la empresa y sus productos.

Aunque la empresa orientada al consumidor pretende proporcionar gran satisfacción al cliente en relación con la competencia, no trata de aumentar al *máximo* la satisfacción del cliente. Una empresa siempre puede aumentar la satisfacción del cliente, rebajando su precio o aumentando sus servicios, pero esto puede derivar en utilidades más bajas. Además de los clientes, la empresa cuenta con muchas personas que apuestan con ella, inclusive empleados, distribuidores, proveedores y accionistas. El hecho de gastar más para elevar la satisfacción del cliente podría desviar fondos que deberían aumentar la satisfacción de estos "socios". Por tanto, el propósito de la mercadotecnia consiste en generar valor para los clientes de manera rentable. En última instancia, la empresa debe proporcionar un grado importante de satisfacción al cliente, al mismo tiempo que proporciona los grados mínimos aceptables de satisfacción a los que están involucrados con la empresa. Esto requiere un equilibrio muy fino: el mercadólogo debe seguir generando más valor y satisfacción para el cliente, pero sin "regalar la casa".[4]

COMO PROPORCIONARLE VALOR Y SATISFACCION AL CLIENTE

El valor y la satisfacción proporcionados al cliente son ingredientes importantes de la fórmula del mercadólogo para alcanzar el éxito. Pero ¿qué se requiere para producir valor para el cliente y proporcionárselo? A efecto de contestar esta pregunta, se estudiarán los conceptos de la *cadena de valor* y del *sistema para proporcionar valor*.

La cadena del valor

Michael Porter propuso la **cadena de valor** como el instrumento básico para identificar la manera de crear más valor para el cliente (véase la figura 19-2).[5] Cada empresa consta de una serie de actividades desarrolladas para diseñar, producir, comercializar, entregar y respaldar los productos de la empresa. La cadena de valor descompone a la empresa en nueve actividades que crean valor, con el propósito de entender el comportamiento de los costos en negocios específicos y las fuentes potenciales de diferenciación de la competencia. Las nueve actividades para crear valor incluyen cinco actividades primarias y cuatro actividades secundarias.

Las actividades primarias entrañan la secuencia para llevar materiales al negocio (logística hacia el interior), operar con ellos (operaciones), enviarlos al exterior (logística hacia el exterior), comercializarlos (mercadotecnia y ventas) y darles mantenimiento (servicios). Las actividades secundarias se presentan dentro de cada una de estas actividades primarias; el departamento de adquisiciones sólo se ocupa de una fracción de la procuración. El desarrollo de la tecnología y la administración de recursos humanos también se presentan en todos los departamentos. La infraestructura de la empresa cubre los gastos fijos de la gerencia general y de los departamentos de planeación, finanzas, contabilidad y jurídico, y los aspectos de gobierno correspondientes a todas las actividades primarias y secundarias.

Con este concepto de la cadena de valor, la empresa debe estudiar sus costos y desempeño para cada actividad que crea valor, buscando la forma de mejo-

FIGURA 19-2
Una cadena genérica de valor
Fuente: Michael E. Porter, *Competitive Advantage* (Nueva York: Free Press, 1985), p. 37.

CÓMO SEGUIRLE LA PISTA A LA SATISFACCIÓN DEL CLIENTE

Los instrumentos para seguir la pista y medir la satisfacción de los clientes pueden ir desde los muy primitivos hasta los muy sofisticados. Las empresas emplean los siguientes métodos para medir la cantidad de satisfacción que producen en los clientes.

Sistemas de quejas y sugerencias

La organización que gira en torno a los clientes facilita que éstos presenten sugerencias y quejas. Los restaurantes y los hoteles proporcionan formas para que los huéspedes puedan anotar lo que les agradó o disgustó. Los hospitales colocan buzones para sugerencias en los pasillos, proporcionan tarjetas de comentarios a los pacientes que salen y emplean a personal que visita a los clientes para conocer sus quejas. Algunas compañías orientadas al consumidor, como P&G, General Electric y Whirlpool, cuentan con líneas telefónicas para los clientes, con números 800, para facilitar que éstos hagan preguntas y sugerencias o presenten quejas. Estos sistemas no sólo sirven para que las empresas actúen con más rapidez para resolver problemas, sino que también les proporcionan muchas ideas buenas para mejorar los productos y los servicios.

Encuestas de la satisfacción de los clientes

El solo hecho de tener sistemas de quejas y sugerencias quizá no ofrezca a la empresa un panorama completo de la satisfacción y la insatisfacción de los clientes. Los estudios muestran que una de cada cuatro compras no satisface al cliente, pero que menos del 5% de los clientes insatisfechos se queja. Los clientes pueden pensar que sus quejas son menores, que recibirán mal trato en caso de quejarse, o que la empresa no hará mucho por remediar el problema de cualquier manera. En lugar de quejarse, la mayor parte de los clientes simplemente cambia de proveedor. En consecuencia, la empresa pierde clientes sin necesidad.

Las empresas sensibles miden, de forma directa, la satisfacción de sus clientes por medio de encuestas aplicadas con regularidad. Envían cuestionarios o llaman por teléfono a una muestra de clientes recientes para averiguar su opinión en cuanto a diversos aspectos de la actuación de la empresa. Asimismo, encuestan la opinión de los compradores en cuanto a la actuación de la competencia. Whirlpool encuesta la satisfacción de los clientes a escala masiva y, después, actúa de acuerdo con los resultados.

Cuando los clientes hablan, Whirlpool escucha. Cada año la empresa envía su encuesta de Medición de la Satisfacción del Aparato Estándar a 180,000 hogares, pidiendo a la gente que califique sus aparatos en cuanto a docenas de atributos. Cuando el producto de un competidor obtiene calificaciones más altas, los ingenieros de Whirlpool lo despedazan para averiguar el porqué. La empresa [también] le paga a cientos de consumidores para que prueben productos simulados en computadora, en el laboratorio de usos de la empresa, mientras los ingenieros registran en videocintas las reacciones de los usuarios.

Una empresa puede medir la satisfacción de los clientes de diversas maneras. Puede medir la satisfacción de forma directa preguntando: ¿Qué tan satisfecho está usted con el producto? ¿Está usted muy insatisfecho, un poco insatisfecho, ni satisfecho ni insatisfecho, un tanto satisfecho o muy satisfecho? También puede pedir a los encuestados que califiquen la medida que esperaban obtener de ciertos atributos y la cantidad que obtuvieron, de hecho. Por último, la empresa puede pedir a los encuestados que hagan una lista de los problemas que han tenido con la oferta y que sugieran mejoras.

Al reunir datos sobre la satisfacción de los clientes, las empresas suelen hacer otras preguntas útiles más. Con frecuencia miden si los clientes tienen la *intención de volver a comprar;* ésta, por lo general, será grande si la satisfacción del cliente es mucha. Según John Young, máximo ejecutivo de Hewlett-Packard, en las encuestas de HP, nueve de cada 10 clientes que se califican de muy satisfechos dicen que, definitiva o probablemente, volverían a comprar HP. La empresa también puede averiguar la cantidad de probabilidades o la inclinación del cliente para recomendar la empresa y la marca a otras personas. Una calificación positiva, de boca en boca, sugiere gran satisfacción de los clientes.

Compradores fantasma

Otra manera muy útil de evaluar la satisfacción de los clientes es contratar a personas que se hacen pasar por

rarlos. Además, debe estimar los costos y la actuación de los competidores que le servirán como punto de comparación. En la medida que la empresa pueda realizar ciertas actividades mejor que la competencia, podrá contar con una ventaja competitiva.

El éxito de la empresa no sólo depende de la medida en que cada departamento ejecute su trabajo debidamente, sino también en la medida en que las actividades de los diversos departamentos se coordinan como se debe. Con mucha frecuencia, los departamentos maximizan individualmente sus propios

compradores, y que después hablan de su experiencia al comprar los productos de la empresa y de la competencia. Estos "compradores fantasma" incluso pueden presentar problemas específicos para corroborar si el personal de la empresa maneja bien las situaciones difíciles. Por ejemplo, en un restaurante, el comprador fantasma se puede quejar de la comida para ver cómo se maneja la queja. Las empresas no se deben limitar a la contratación de compradores fantasma, sino que los gerentes mismos deben salir de sus oficinas, de tiempo en tiempo, para experimentar, de primera mano, el trato que reciben como "clientes". Otra alternativa es que los gerentes llamen por teléfono a sus propias compañías, planteando diferentes preguntas y quejas para ver cómo se maneja su llamada.

Cómo seguirle la pista a la satisfacción de los clientes: año con año, Whirlpool envía, a 180,000 hogares, su encuesta Medida de Satisfacción del Aparato Estándar, pidiéndoles que califiquen todos sus aparatos.

Análisis de clientes perdidos

Las empresas se deben poner en contacto con clientes que han dejado de comprar o que han optado por la competencia, para averiguar qué pasó. Cuando IBM pierde un cliente, emprende una serie de actividades para averiguar en qué falló: ¿fue demasiado alto el precio de IBM, malo su sevicio o estuvieron sus productos por abajo de la norma? La empresa no sólo debe realizar estas *entrevistas de salida*, también debe vigilar el *porcentaje de clientes perdidos*. Un porcentaje que sube es indicador de que la empresa no está satisfaciendo a sus clientes.

Algunas advertencias al medir la satisfacción de los clientes

Las calificaciones de la satisfacción de los clientes, en ocasiones, son difíciles de interpretar. Cuando los clientes califican su satisfacción respecto a algún elemento de la actuación de la empresa, por decir algo la entrega, pueden presentar definiciones muy diferentes de una buena entrega. En su opinión, ésta puede significar una entrega antes de lo esperado, una entrega puntual, un pedido completo o cualquier otra cosa. Empero, si la empresa tratara de definir cada elemento con detalle, los clientes tendrían que contestar un larguísimo cuestionario.

Las empresas también deben reconocer que dos clientes pueden manifestar que están "muy satisfechos", pero por diferentes motivos. Uno puede estar satisfecho, sin mayor dificultad, la mayor parte del tiempo, mientras que el otro puede ser difícil de complacer, pero en esta ocasión estar complacido. Es más, los gerentes y los vendedores pueden manipular las calificaciones de la satisfacción de los clientes. Pueden ser especialmente amables con los clientes justo antes de la encuesta o tratar de evitar que los clientes insatisfechos queden incluidos en ella. Por último, si los clientes saben que la empresa hará todo lo posible por complacerlos, incluso aunque sean clientes satisfechos, pueden manifestar gran insatisfacción para obtener más concesiones.

Fuente: Cita de Sally Solo, "Whirlpool: How to Listen to Consumers", *Fortune*, 11 de enero de 1993, pp. 77-79. También véase *Measure*, julio-agosto de 1990, p. 28.

intereses, en lugar de los de la empresa total y los del cliente. Por ejemplo, un departamento de crédito podría tratar de reducir sus deudas malas tomando mucho tiempo para verificar el crédito de posibles clientes, mientras tanto, los vendedores se irán frustrando y los clientes estarán esperando. Un departamento de distribución podría decidir que ahorrará dinero enviando la mercancía por ferrocarril; de nueva cuenta el cliente tendrá que esperar. En estos casos, los departamentos independientes, han eregido muros que impiden proporcionar al cliente un servicio de calidad.

Para superar este problema, las empresas deben conceder más importancia a la buena administración de los *procesos de los negocios medulares*, que en su mayor parte entrañan insumos y cooperación de muchos departamentos funcionales. Estos procesos de los negocios medulares incluyen, entre otros, los siguientes:

- *El proceso de desarrollo del producto:* todas las actividades que entraña identificar, investigar y desarrollar productos nuevos en forma veloz, con gran calidad y a costo razonable.

- *El proceso de administración de inventarios:* todas las actividades que entraña desarrollar y administrar los niveles adecuados de inventarios de materias primas, así como de productos semiterminados y terminados, de tal manera que existan suficientes suministros disponibles, al tiempo que se evita el costo del exceso de existencias.

- *El proceso desde el pedido hasta el pago:* todas las actividades que entraña recibir pedidos, aprobarlos, enviar los bienes en su oportunidad y cobrar el pago.

- *El proceso de servicios al cliente:* todas las actividades que permitan facilitar que el cliente se ponga en contacto con las partes de la empresa que le proporcionarán servicios, respuestas a sus preguntas y solución a sus problemas.

Las empresas que tienen éxito desarrollan una capacidad extraordinaria para administrar estos procesos centrales y otros más. A su vez, las empresas, por el hecho de dominar estos procesos torales de sus actividades, consiguen una ventaja competitiva considerable.[6] Por ejemplo, uno de los puntos fuertes de Wal-Mart es su extraordinario manejo del proceso de administración de inventarios y flujo de pedidos. Cuando cada una de las tiendas de Wal-Mart vende su mercancía, la información de las ventas no sólo fluye hacia la oficina matriz de Wal-Mart, sino también a los proveedores de Wal-Mart, quienes envían mercancía para reabastecer las tiendas de Wal-Mart casi con la misma velocidad que ésta desaparece de los anaqueles.

El sistema para proporcionar valor

La empresa, al buscar una ventaja competitiva, tiene que ver más allá de su cadena de valor, tiene que ver las cadenas de valor de sus proveedores, distribuidores y, en última instancia, de sus clientes. Es cada vez mayor el número de empresas que se "asocian" con otros miembros de la cadena de suministro para mejorar la actuación del **sistema para proporcionar valor al cliente.** Por ejemplo:

Campbell Soup cuenta con un programa de proveedores calificados en el cual establece elevadas normas para éstos; elige sólo a los pocos que están dispuestos a cumplir con sus exigentes requisitos de calidad, puntualidad en las entregas y superación constante. A continuación, Campbell asigna a un grupo de expertos para

Sistema para proporcionar valor al cliente: Campbell's cuenta con un programa de proveedores calificados, mediante el cual elige sólo a los pocos proveedores que pueden satisfacer sus exigentes requisitos de calidad. A continuación, los expertos de Campbell's trabajan con los proveedores para mejorar, de manera constante, su actuación conjunta.

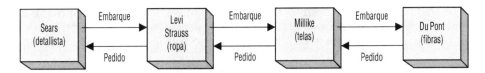

FIGURA 19-3
El sistema para proporcionar
valor de Levi Strauss

que trabajen con los proveedores con miras a mejorar, en forma sostenida, su actuación conjunta.

Procter & Gamble ha asignado a 20 empleados para que trabajen en la oficina central de Wal-Mart con el propósito de reducir costos y acelerar la entrega de productos de P&G a las sucursales de Wal-Mart.

Un estupendo sistema para proporcionar valor vincula a Levi Strauss, el fabricante de pantalones vaqueros, con sus proveedores y distribuidores (véase la figura 19-3). Uno de los principales detallistas de Levi's es Sears. Todas las noches, Levi's recibe información sobre las tallas y los estilos de pantalones vaqueros que se vendieron por medio de Sears y otras tiendas importantes. A continuación, Levi's pide, por vía electrónica, más tela a Milliken Company, quien le suministra los géneros. A su vez, Milliken pide más fibra a Du Pont, el proveedor de las fibras. De tal manera, los socios de la cadena de suministro usan la mayor parte de la información de las ventas actuales para fabricar lo que se está vendiendo, en lugar de fabricar su producto con base en pronósticos de ventas que podrían ser inexactos. Con este sistema, llamado de *respuesta rápida,* la demanda tira de los productos, en lugar de que la oferta los empuje.

Conforme las empresas se esfuerzan por ser más competitivas, irónicamente, caen en un grado mayor de cooperación. Antes, las empresas consideraban que sus proveedores y distribuidores eran centros de costos y, en algunos casos, adversarios. Sin embargo, hoy, están eligiendo a sus socios con gran atención y preparando estrategias rentables para todas las partes interesadas. En los mercados actuales, es muy frecuente que la competencia ya no se dé entre competidores individuales, sino, más bien, que se presente entre los sistemas enteros para proporcionar valor que han creado estos competidores. Por consiguiente, si Levi Strauss ha creado un sistema para proporcionar más valor que el de Wrangler, o el de cualquier otro competidor, conseguirá mayor participación en el mercado y más utilidades.

Por tanto, ya no se puede hablar de la mercadotecnia como si fuera un departamento de ventas. Esta concepción sólo dejaría en manos de la mercadotecnia la responsabilidad de formular una mezcla mercadotécnica orientada a las promociones, sin gran relación con las características, los costos y otros elementos importantes del producto. Con la nueva concepción, la mercadotecnia tiene la responsabilidad de *diseñar y administrar un sistema extraordinario para proporcionar valor, con el propósito de llegar a los segmentos de clientes que están en la mira.* Los gerentes de mercadotecnia de hoy no sólo deben pensar en vender los productos presentes, sino también en cómo estimular el desarrollo de productos mejorados, cómo trabajar, en forma activa, con otros departamentos para administrar los procesos de los negocios medulares y cómo establecer mejores sociedades en el exterior.[7]

COMO CONSERVAR A LOS CLIENTES

Además de establecer relaciones más sólidas con los socios de la cadena de suministro, las empresas deben empeñarse en desarrollar vínculos más fuertes con sus clientes finales y conseguir su fidelidad. Antes, muchas empresas tomaban a sus clientes como algo hecho. Con frecuencia, los clientes no tenían muchos proveedores alternativos, los demás proveedores también ofrecían mala calidad y servicios o el mercado crecía a tanta velocidad que la empresa no se preocupaba por satisfacer plenamente a sus clientes. Una empresa quizá perdía 100 clientes a la semana, pero conseguía a otros 100 clientes y consideraba que sus ventas eran satisfactorias. La empresa que opera con la teoría de los negocios en una "cubeta agujerada", piensa que siempre existirán bastantes clientes para reemplazar a los desertores. No obstante, este gran *revoltillo de clientes* entraña costos más altos que si la empresa conservara a los 100 clientes y no consiguiera ninguno nuevo.

El costo de los clientes que se pierden

Las empresas deben vigilar de cerca el porcentaje de deserción de clientes y tomar medidas para acotarlo. En primer término, la empresa debe definir y medir su porcentaje de retención. Por ejemplo, en el caso de una revista, lo haría con el porcentaje de renovaciones; en el caso de una empresa de bienes empacados de consumo, con el porcentaje de la repetición de compras.

A continuación, la empresa tendrá que identificar las causas que llevan a los clientes a desertar y determinar cuáles se pueden reducir o suprimir. No se puede hacer mucho en cuanto a los clientes que cambian de zona ni a las empresas compradoras que cesan sus actividades. Sin embargo, sí se puede hacer mucho en cuanto a los clientes que desertan a causa de productos de poca calidad, de servicios deficientes o de precios demasiado altos. La empresa debe preparar una gráfica de distribución de la frecuencia que permita conocer el porcentaje de clientes que desertan por diferentes motivos.

Las empresas pueden estimar el monto de las utilidades que pierden cuando los clientes desertan sin necesidad. En el caso de un cliente individual, esto sería equivalente al *valor duradero para el cliente.* Una empresa transportista, que perdió un grupo de clientes, estimó las utilidades perdidas de la manera siguiente:

> La empresa tenía 64,000 cuentas. En el año, perdió 5% de sus cuentas (3,200 cuentas) a causa de la deficiencia de sus servicios. La cuenta perdida promedio representó una pérdida de ingresos equivalente a 40,000 dólares. Por tanto, la empresa perdió ingresos por 3,200 x 40,000 = 128,000,000 de dólares. Dado que su margen de utilidad es del 10%, la empresa perdió 12,800,000 dólares sin necesidad.

La empresa tiene que averiguar cuánto le costaría reducir el porcentaje de defecciones. Si el costo de éstas es inferior a las utilidades que se pierden, la empresa debería dedicar ese monto a reducir la deserción de clientes. En el ejemplo anterior, si la empresa transportista con gastar menos de 12,800,000 dólares quizá podría retener todas estas cuentas, entonces, sería aconsejable que lo hiciera.

La necesidad de conservar a los clientes

Hoy, las empresas que sobresalen hacen todo lo posible por conservar a sus clientes. Muchos mercados han llegado a su madurez y no hay muchos clientes nuevos ingresando a casi ninguna categoría de mercado. La competencia va en aumento y los costos por atraer a clientes nuevos también están subiendo. En estos mercados, atraer a un cliente nuevo quizá cueste cinco veces más que mantener contento a uno existente. La mercadotecnia ofensiva normalmente cuesta más que la mercadotecnia defensiva, porque para robarle clientes satisfechos a la competencia se requieren grandes esfuerzos y gastos.

Por desgracia, la teoría y la práctica clásicas de la mercadotecnia giran en torno al arte de atraer a clientes nuevos, en lugar de cómo conservar a los existentes. Se ha subrayado la importancia de hacer *transacciones*, en lugar de establecer *relaciones*. El análisis se ha dirigido a las *actividades antes de vender* y las *actividades para vender,* en lugar de a las *actividades después de vender*. No obstante, hoy, son más las empresas que reconocen la importancia que tiene el conservar a los clientes existentes. Según un informe, una empresa que logre reducir 5% la defección de clientes, podría elevar su utilidad entre 25 y 85%.[8] Sin embargo, y por desgracia, la mayor parte de los sistemas contables de las empresas no muestran el valor de los clientes fieles.

Así pues, aunque gran parte de la mercadotecnia actual se dedica a formular mezclas de mercadotecnia que produzcan ventas y clientes nuevos, la primera línea defensiva de la empresa está en conservar a sus clientes, y la mejor manera de conservar a los clientes es proporcionarles gran satisfacción, con lo cual se conseguirá su sólida fidelidad.

La clave: comercializar mediante relaciones con los clientes

La **comercialización por medio de relaciones** entraña establecer, mantener y reforzar relaciones sólidas con los clientes y otros interesados. El punto focal de la mercadotecnia se aleja cada vez más de las transacciones individuales, para dirigirse a establecer relaciones plenas de valor y redes para la comercialización. La comercialización por medio de relaciones se orienta más a largo plazo. La meta es proporcionar a los clientes un valor a largo plazo y la medida del éxito es la satisfacción del cliente a largo plazo. La comercialización por medio de relaciones exige que todos los departamentos de la empresa trabajen con el de mercadotecnia, en forma de equipo, para servir al cliente. Esto implica establecer relaciones en muchos niveles —económico, social, técnico y jurídico—, que redundarán en la fidelidad del cliente.

Son cinco los niveles o las relaciones que se pueden establecer con los clientes que han comprado un producto de la empresa, por ejemplo un automóvil o un aparato:

- *El básico:* El vendedor de la empresa vende el producto, pero no le da seguimiento en forma alguna.

- *El reactivo:* El vendedor vende el producto y pide al cliente que le llame si llega a tener alguna duda o problema.

- *El responsable:* El vendedor llama al cliente, poco después de la venta, para saber si el producto está cumpliendo sus expectativas. Además, el vendedor pide al cliente que le comunique sugerencias para mejorar el producto y decepciones concretas. Esta información sirve a la empresa para mejorar su oferta de manera constante.

- *El proactivo:* El vendedor o alguna otra persona de la empresa llama al cliente, de tiempo en tiempo, para hablarle de los usos mejorados del producto o de productos nuevos que le podrían ser de utilidad.

- *El de la sociedad:* La empresa trabaja, en forma sostenida, con el cliente y con otros clientes para encontrar la forma de proporcionarles más valor.

La figura 19-4 indica que la estrategia de una empresa para la comercialización por medio de relaciones dependerá de la cantidad de clientes que tenga y de su rentabilidad. Por ejemplo, las empresas que tienen muchos clientes, con

Comercialización por medio de relaciones: son cada vez más las empresas que están dejando de centrarse en las transacciones individuales y dirigiendo su punto focal a establecer relaciones plenas de valor con sus clientes. En este caso PaineWebber declara: "Invertimos en relaciones".

poco margen, aplicarán la comercialización *básica*. Por ejemplo, H. J. Heinz no llama a todos los compradores de su salsa de tomate para manifestarles su agradecimiento por la transacción. En el mejor de los casos, Heinz será reactiva y montará un servicio de información para clientes. En el otro extremo, en los mercados con pocos clientes y márgenes amplios, la mayor parte de los vendedores se acercarán a la comercialización de socios. Por ejemplo, Boeing trabajará estrechamente con United Airlines para diseñar sus aviones y para asegurarse de que los aviones Boeing satisfacen todos los requisitos de United. Entre estas dos situaciones extremas, se presentarán otros niveles de la comercialización por medio de relaciones.

¿Qué instrumentos de mercadotecnia concretos puede usar una empresa para establecer vínculos más sólidos con los clientes y mayor satisfacción? Puede adoptar alguna de las tres posiciones para crear valor para el cliente.[9] La primera consiste, primordialmente, en sumar beneficios económicos a la relación con el cliente. Por ejemplo, las líneas aéreas ofrecen programas para los pasajeros frecuentes, los hoteles asignan mejores habitaciones a los huéspedes frecuentes y los supermercados entregan reembolsos a sus clientes. En fecha reciente, Procter & Gamble ofreció una singular garantía de la-devolución-de-su-dinero para el dentífrico Crest, con la intención de establecer un vínculo duradero con sus clientes:

> [P&G incluye en el anuncio] un número para que los clientes llamen gratis y se inscriban en un programa con el cual el dentífrico Crest grantiza la devolución del dinero. P&G proporciona a los pacientes odontológicos unas formas de evaluación que deberán llenar sus dentistas. Los dentistas anotan en ellas la cantidad de caries y de sarro. Los pacientes, tras usar Crest durante seis meses, vuelven al dentista y, si no han mejorado, se les reembolsa el dinero que hayan gastado en Crest.[10]

Además de asegurar a los clientes que Crest les proporciona valor, esta promoción sirve para crear una base de datos de clientes que contiene el historial odontológico de las familias que se inscriben. Con esta base de datos, P&G puede ampliar sus relaciones con los clientes, ofreciéndoles otros productos y servicios relacionados.

Aunque estos programas de reembolsos y otros incentivos monetarios crean la preferencia de los clientes, también pueden ser imitados por la competencia con gran facilidad y, por tanto, podrían no servir para diferenciar la oferta de la empresa de manera permanente. El segundo enfoque consiste en *sumar beneficios sociales,* a la par que beneficios económicos. En este caso, el personal de la empresa se esfuerza por aumentar sus vínculos sociales con los clientes, averiguando cuáles son las necesidades y los anhelos de clientes individuales y, después, individualiza y personaliza los productos y servicios; hace que los *compradores* se conviertan en *clientes:*

> Una institución, seguramente, no conoce el nombre de los compradores, pero sí el de los clientes. Los compradores forman parte de la masa o de los segmentos grandes que reciben servicios; los clientes reciben atención individual... Los compradores son atendidos por quienquiera que esté a la mano... los clientes son atendidos... por el profesional... asignado a ellos.[11]

FIGURA 19-4
Grados de relación en función del margen de utilidad y la cantidad de clientes.

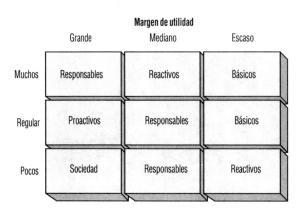

	Margen de utilidad		
	Grande	Mediano	Escaso
Muchos	Responsables	Reactivos	Básicos
Regular	Proactivos	Responsables	Básicos
Pocos	Sociedad	Responsables	Reactivos

En un esfuerzo por establecer una relación duradera con sus clientes, en fecha reciente, Procter & Gamble ofreció una singular garantía de devolución de dinero para su dentífrico Crest.

El tercer enfoque para establecer relaciones sólidas con los clientes consiste en sumar *vínculos estructurales,* a la par que beneficios sociales y económicos. Por ejemplo, un negocio comercializador puede ofrecer a sus clientes equipo especial o enlaces de computadora que le ayuden a administrar sus pedidos, nómina e inventarios. McKesson Corporation, mayorista líder de la industria farmacéutica, ha invertido millones de dólares en el sistema *electrónico para el intercambio de datos (EID)* para ayudar a las farmacias pequeñas a manejar sus inventarios, colocar pedidos y aprovechar espacio en los anaqueles. Otro ejemplo sería Federal Express y su programa Powership, que ofrece a su clientela, de más de 20,000 empresas, evitar que sus mejores clientes deserten para irse con competidores como UPS: proporciona a los clientes de Powership computadoras gratis, ligadas a la oficina central de Federal Express. Las empresas pueden usar las máquinas para verificar la situación de sus paquetes de Federal Express o aquellos que envían en nombre de sus clientes. Para reforzar más sus relaciones con los clientes importantes, Federal Express encuesta a 1,000 de sus clientes de Powership todos los meses, con el propósito de encontrar la forma de mejorar el servicio que les ofrece.[12]

A continuación se presentan los pasos básicos para establecer en una empresa un programa de comercialización por medio de relaciones:

- *Identificar a los clientes básicos que ameritan la administración por medio de relaciones.* Elegir a los clientes buenos o grandes y señalarlos para la administración por medio de relaciones. Los clientes que registren crecimiento excepcional o sean pioneros en avances de la industria también se pueden sumar al grupo.

- *Asignar a un administrador, hábil para las relaciones, para cada cliente clave.* El vendedor que esté atendiendo al cliente debe recibir capacitación en la administración por medio de relaciones o ser reemplazado por alguien que tenga más capacidad para este tipo de administración. El administrador de relaciones debe contar con características que se ciñan al cliente o que le sean atractivas.

- *Formular una descripción clara de las funciones de los administradores de relaciones.* Describir su ubicación en el organigrama, sus objetivos, obligaciones y criterios para la evaluación. Hacer que el administrador de relaciones sea el punto focal para todos los tratos con el cliente y respecto al mismo. Encargar a cada administrador el manejo de sólo una o unas cuantas relaciones.

■ *Pedir a cada administrador de relaciones que prepare planes anuales y a largo plazo de sus relaciones con el cliente.* Estos planes deben establecer objetivos, estrategias, medidas concretas y recursos requeridos.

■ *Nombrar a un gerente general encargado de supervisar a los administradores de relaciones.* Esta persona preparará la descripción de las funciones, los criterios de evaluación y la cantidad de recursos para mejorar la eficacia del administrador de relaciones.

Cuando la organización aplica debidamente la administración de relaciones, coloca su punto focal en la administración de sus clientes, así como en la de sus productos. Por otra parte, aunque muchas empresas están optando cada vez más por la administración de relaciones, ésta no es eficaz en todas las situaciones:

Cuando se trata de la comercialización por medio de relaciones... no se trata de establecer una relación con todos los clientes... De hecho, existen clientes muy malos. [El objetivo es] averiguar qué clientes vale la pena cultivar porque uno puede satisfacer sus necesidades con más eficacia que cualquier otro.[13]

En última instancia, las empresas deben juzgar qué segmentos y qué clientes específicos serán rentables. Puntos Importantes de la Mercadotecnia 19-2 explica la importancia de las relaciones en el caso de empresas comercializadores y el tipo de situaciones donde la comercialización por medio de relaciones resulta más efectiva.

La prueba última: la rentabilidad de los clientes

En última instancia, la mercadotecnia es el arte de atraer a *clientes rentables* y de conservarlos. Sin embargo, las empresas suelen encontrar que entre 20 y 40% de sus clientes no son rentables. Es más, muchas empresas informan que sus clientes más rentables no son los más grandes, sino los clientes medianos. Los clientes grandes exigen más servicios y reciben mayores descuentos, reduciendo así la utilidad de la empresa. Los clientes pequeños pagan el precio entero y reciben menos servicios, pero los costos de las transacciones con los clientes pequeños dismi-nuyen su rentabilidad. En muchos casos, los clientes medianos, que pagan el precio casi entero y reciben buenos servicios, son los más rentables. Esto explica por qué muchas empresas grandes, que antes sólo se dirigían a los clientes grandes, ahora están invadiendo el mercado intermedio.

Una empresa no debe tratar de perseguir y satisfacer a todos los clientes. Por ejemplo, si las empresas que son clientes de Courtyard (el motel menos caro de Marriott) empiezan a pedir servicios empresariales del nivel que ofrece Marriott, Courtyard tendrá que negárselos. Si ofreciera dicho servicio, sólo confundiría las posiciones respectivas del sistema Marriott y el de Courtyard.

Algunas organizaciones... tratan de hacer todo o cualquier cosa que sugieren los clientes... Sin embargo, aunque los clientes muchas veces hacen sugerencias válidas, también sugieren muchas otras cosas que no son viables ni rentables. El seguir estas sugerencias al azar no tiene nada que ver con el enfoque hacia el mercado; es decir, con elegir, en forma disciplinada, qué clientes se deben atender, y con qué combinación específica de beneficios y precios se les proporcionarán los servicios (y cuáles se les negarán).[14]

¿Qué hace que un cliente sea rentable? Se entiende por *cliente rentable,* aquella persona, hogar o empresa cuyos ingresos superan, con el tiempo, en monto aceptable, los costos de la empresa por atraer a ese cliente y ofrecerle y venderle servicios. Nótese que la definición subraya los ingresos y costos a la larga y no la utilidad por una sola transacción. A continuación, se presentan algunas ilustraciones clarísimas del **valor duradero para el cliente:**

PUNTOS IMPORTANTES DE LA MERCADOTECNIA 19-2

CUÁNDO Y CÓMO USAR LA COMERCIALIZACIÓN POR MEDIO DE RELACIONES

Aunque la comercialización por medio de relaciones podría no ser efectiva para todos los casos, sí funciona muy bien en los casos indicados. La comercialización por medio de transacciones, que se centra en una transacción de ventas por vez, es más indicada que la comercialización por medio de transacciones tratándose de clientes cuyo horizonte de tiempo es corto y que pueden cambiar de un proveedor a otro sin gran esfuerzo o inversión. Esta situación se suele presentar en los mercados de "bienes primarios", como el acero, donde diversos proveedores ofrecen productos que, en gran medida, no están diferenciados. El cliente que compra acero se lo puede comprar a uno de varios proveedores de acero y elegir al que le ofrezca las mejores condiciones para cada una de sus compras. El hecho de que un proveedor de acero se esfuerce por establecer una relación más duradera con un comprador no le gana automáticamente la siguiente venta; el precio y las demás condiciones tienen que ser competitivos.

Por otra parte, la comercialización por medio de relaciones puede ser muy rentable en el caso de clientes que tienen horizontes de tiempo más largos y que pagarían elevados costos si optaran por otro proveedor, por ejemplo los compradores de sistemas automatizados para oficina. Estos compradores de sistemas grandes suelen investigar detenidamente a los proveedores que compiten y elegir a uno del que esperan tecnología de punta y buen servicio a largo plazo. Tanto el cliente como el proveedor invierten mucho dinero y tiempo para establecer la relación. El cliente encontraría que le resulta caro y arriesgado cambiar de proveedor y el vendedor consideraría que perder a este cliente sería una gran pérdida. Por tanto, las dos partes pretenden establecer una relación laboral sólida y duradera. La comercialización por medio de relaciones rinde sus mayores frutos con este tipo de clientes.

En estos casos, el "proveedor incluido" y el "proveedor excluido" tienen diferentes desafíos. El porveedor incluido trata de dificultarle al cliente la posibilidad de cambiarlo por otro. Desarrolla sistemas de productos que son incompatibles con los de los proveedores de la competencia e instala sus propios sistemas de pedidos, para simplificar el manejo de inventarios y las entregas. Se esfuerza por convertirse en el socio indispensable del cliente. Por otra parte, los proveedores excluidos tratan de facilitar el cambio de proveedores, de hacer que resulte más barato. Diseñan sistemas de productos que son compatibles con el sistema del cliente, que son fáciles de instalar y aprender, que le ahorran al cliente mucho dinero y que guardan la promesa de mejorar con el tiempo.

Algunos mercadólogos piensan que la cuestión de la comercialización por medio de transacciones, en contraposición a la comercialización por medio de relaciones, no depende tanto del tipo de industria, como de los deseos del cliente específico. Algunos clientes conceden valor al proveedor que ofrece buenos servicios y se quedarán con dicho proveedor mucho tiempo. Otros clientes quieren bajar costos y, sin tentarse el corazón, cambiarán de proveedor para conseguir costos más bajos. En el segundo caso, la empresa puede tratar de conservar al cliente aceptando bajar su precio, siempre y cuando ese cliente esté dispuesto a aceptar menos servicios. Por ejemplo, el cliente puede descartar las entregas gratuitas, la ayuda para el diseño, la capacitación o algo más. Sin embargo, sería aconsejable que el vendedor tratara a este tipo de cliente con base en sus transacciones, y no con el propósito de establecer una relación. Mientras que los costos de la empresa disminuyan en la misma medida, o más, que la disminución de precios, le será rentable el cliente por transacciones.

Por tanto, la comercialización por medio de relaciones no es el mejor enfoque para todos los casos. Tratándose de ciertos tipos de clientes, sencillamente no es rentable invertir mucho en la relación. Sin embargo, la comercialización por medio de relaciones puede ser muy efectiva con el tipo indicado de clientes; es decir, con aquellos que adquieren grandes compromisos con un sistema y después esperan un servicio consistente, de gran calidad, a largo plazo. Para conseguir y conservar estas cuentas, el mercadólogo tendrá que invertir mucho en la comercialización por medio de relaciones y su rendimiento bien valdrá la inversión.

Fuentes: Véase Barbara Bund Jackson, *Winning and Keeping Industrial Customers: The Dynamics of Customer Relationships* (Lexington, MA: Heath, 1985); James C. Anderson y James A. Narus, "Value-Based Segmentation, Targeting, and Relationship-Building in Business Markets", ISBM Report #12 – 1989, El Instituto para el Estudio de Mercados Empresariales, Universidad Estatal de Pennsylvania, University Park, PA, 1989; Lawrence A. Crosby, Kenneth R. Evans y Deborah Cowles, "Relationship Quality and Services Selling: An Interpersonal Influence Perspective", *Journal of Marketing,* julio de 1990, pp. 68-81; y Barry J. Farber y Joyce Wycoff, "Relationships: Six Steps to Success", *Sales & Marketing Management,* abril de 1992, pp. 50-58.

Stew Leonard, que maneja un supermercado muy rentable, dice que cada vez que ve a un cliente molesto, también ve cómo 50,000 dólares vuelan de su tienda. ¿Por qué? Porque su cliente promedio gasta alrededor de 100 dólares a la semana, compra 50 semanas al año y permanece en la zona unos 10 años. Si este cliente tiene una expe-

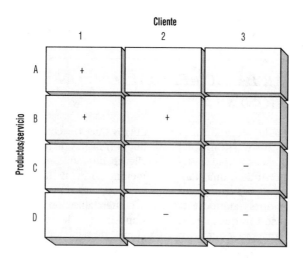

Cliente

Productos/servicio

FIGURA 19-5
Análisis de la rentabilidad
cliente/producto

riencia desafortunada y se cambia a otro supermercado, Stew Leonard habrá perdido 50,000 dólares de ingresos. La pérdida puede ser mucho mayor si el cliente decepcionado comparte su experiencia negativa con otros clientes y hace que estos también deserten.

Tom Peters, conocido autor de varios libros sobre excelencia administrativa, dirige un negocio que gasta 1,500 dólares al mes en el servicio de Federal Express. Su empresa gasta esta cantidad los 12 meses del año y espera durar activa, cuando menos, otros 10 años. Por tanto, espera gastar más de 180,000 dólares en servicios futuros de Federal Express. Si Federal Express tiene un margen de utilidad del 10%, el negocio duradero de Peters le dará a Federal Express una utilidad de 18,000. Federal Express corre el riesgo de perder esta utilidad si Peters recibe mal servicio de un chofer de Federal Express o si un competidor le ofrece mejor servicio.

Pocas empresas miden activamente el valor y la rentabilidad del cliente individual. Por ejemplo, los bancos dicen que es difícil hacerlo porque los clientes usan diferentes servicios bancarios y las transacciones se cargan a diferentes departamentos. Sin embargo, los bancos que han logrado vincular las transacciones de los clientes y medir su rentabilidad se han asombrado al encontrar una enorme cantidad de clientes que no son rentables. Algunos bancos dicen que pierden dinero con más del 45% de sus clientes menudistas. Así pues, no es raro que muchos bancos ahora cobren cuotas por servicios que antes ofrecían gratis.

La figura 19-5 contiene un tipo muy útil de análisis de la rentabilidad. Los clientes constituyen las columnas verticales de la figura y los productos o servicios las horizontales. Cada celda contiene un símbolo de la rentabilidad por vender un producto o servicio dado a un cliente dado. El cliente 1 es muy rentable; éste compra dos productos que producen utilidad, el producto A y el producto B. La rentabilidad del cliente 2 es mixta, compra un producto rentable y uno no rentable. El cliente 3 genera pérdidas porque compra dos productos de la empresa que no son rentables ("líderes de pérdidas"). ¿Qué puede hacer la empresa con los clientes que son como el cliente 3? En primer término, la empresa debe considerar la posibilidad de aumentar el precio de los productos menos rentables o de eliminarlos. La empresa también puede tratar de intervenir los productos que le producen utilidad a los clientes que no son rentables. Si estas medidas hacen que los clientes no rentables deserten, podría ser para bien. De hecho, la empresa se podría beneficiar *fomentando* que los clientes que no le son rentables optaran por la competencia.

COMO APLICAR LA COMERCIALIZACION DE CALIDAD TOTAL

La satisfacción del cliente y la rentabilidad de la empresa están estrechamente ligadas a la calidad del producto y del servicio. La buena calidad produce mayor satisfacción de los clientes, al tiempo que justifica los precios más altos y, con frecuencia, disminuye los costos. Por tanto, los programas para *mejorar la calidad* suelen elevar la rentabilidad. Los conocidos estudios del impacto en la utilidad de la estrategias mercadotecnias arrojan una gran correlación entre la calidad relativa del producto y la rentabilidad.[16]

La tarea de mejorar la calidad del producto y del servicio debe ser prioritaria para la empresa. Muchos de los grandes éxitos de las empresas japonesas en el mundo han sido resultado de la calidad excepcional de sus productos. La mayor parte de los clientes ya no toleran una calidad promedio o mala. Hoy, las empresas no tienen más opción que adoptar la *administración de la calidad total (ACT)* para seguir dentro de la carrera y, mucho más, para ser rentables. Según John F. Welch, Jr., presidente del consejo de GE: "La calidad es la que nos asegura la alianza del cliente, es nuestra defensa más firme contra la competencia extranjera y el único camino para lograr un crecimiento sostenido y ganancias".[17] (Véase Puntos Importantes de la Mercadotecnia 19-3.)

Algunas definiciones de calidad serían "lo que produce un uso adecuado", "lo que se ciñe a los requisitos" y "lo que carece de variaciones".[18] La Sociedad Americana para el Control de la Calidad define el término **calidad** como el total de rasgos y características de un producto o servicio que repercuten en su capacidad para satisfacer necesidades, sean tácitas o implícitas. Esta es una definición de calidad que, con claridad, gira en torno al cliente. Sugiere que una empresa proporciona calidad siempre que su producto y servicio satisfacen o superan las necesidades, requisitos y expectativas de los clientes. Una empresa que satisface la mayor parte de las necesidades de sus clientes, la mayor parte del tiempo, es una empresa de calidad.

Es importante señalar la diferencia entre calidad de actuación y calidad de concordancia. La *calidad de actuación se refiere a la medida* en que un producto cumple con sus funciones. Por ejemplo, la calidad de actuación de un Mercedes es superior a la de un Volkswagen, pues corre con más suavidad, es más fácil de manejar y dura más tiempo; también es más caro y se vende en un mercado con mayor cantidad de recursos y requisitos. La *calidad de concordancia* se refiere a la ausencia de defectos y a la *consistencia* con la que un producto produce una cantidad especificada de resultados. Por tanto, se puede decir que un Mercedes y un Volkswagen ofrecen una calidad acorde con sus respectivos mercados, en la medida que cada uno de ellos proporcione, de manera consistente, lo que espera su mercado. Un auto de 50,000 dólares, que satisface todos sus requisitos, es un auto de calidad, pero también lo es uno de 15,000 que satisface todos sus requisitos. Empero, si el Mercedes no es cómodo de manejar o si el Volkswagen no rinde muchos kilómetros por litro de gasolina, entonces los autos no habrán proporcionado calidad y, en consecuencia, la satisfacción del cliente se verá afectada.

La calidad total es la clave para crear valor para el cliente, así como satisfacción. La calidad total es tarea de todo el mundo, al igual que la mercadotecnia es tarea de todo el mundo:

> Los mercadólogos que no aprendan a mejorar la calidad, la producción y las operaciones se quedarán tan atrasados como si fueran carretas de bueyes. Los días de la mercadotecnia por funciones han pasado a mejor historia. Uno ya no se puede considerar investigador de mercado, publicista, comercializador directo o estratega de la mercadotecnia; uno se tiene que considerar satisfactor del cliente, partidario de los procesos enteros que se enfocan a los clientes.[19]

La gerencia de mercadotecnia tiene dos funciones en una empresa que giran en torno a la calidad. En primer término, la gerencia de mercadotecnia debe tomar parte en la formulación de estrategias y políticas diseñadas para que la empresa logre una calidad total excelente. En segundo, la gerencia de mercadotecnia debe producir calidad de mercadotecnia, pero también calidad de producción. Debe efectuar cada una de las actividades de mercadotecnia (investigación de mercadotecnia, capacitación de vendedores, publicidad, servicios a clientes y demás) sujeto a normas elevadas.

Los mercadólogos desempeñan varios papeles importantes para ayudar a sus empresas a definir y ofrecer bienes y servicios de gran calidad a los clientes que

EL PREMIO NACIONAL MALCOLM BALDRIGE A LA CALIDAD: ACICATE PARA LA MEJOR CALIDAD DEL MUNDO

Para muchas empresas, la competencia ha dejado de ser local y se ha convertido en algo mundial. Mientras los mercados nacionales estén abiertos, entrará mercancía extranjera más barata, de mejor calidad, o ambas cosas. Por tanto, las empresas de un país deben esforzarse por producir bienes que sean competitivos o superiores en los mercados mundiales. En consecuencia, para alentar que sus empresas busquen la mejor calidad del mundo, algunos países han establecido un premio nacional, para otorgárselo a las empresas que son ejemplo de la mejor calidad o de grandes mejoras.

Japón fue el primer país en entregar un premio nacional a la calidad, el premio Deming, llamado así en honor del estadístico estadounidense que enseñó al Japón de la posguerra la importancia de la calidad. A mediados de los años ochenta, Estados Unidos estableció el Premio Nacional Malcolm Baldrige a la Calidad, llamado así en honor del finado secretario de Comercio del mismo nombre. El premio fomenta que las empresas estadounidenses apliquen normas de calidad. Cuando los resultados de su calidad lo justifican, las empresas pueden presentar la solicitud y las pruebas para el premio Baldrige.

El jurado de los Baldrige puede otorgar hasta dos premios al año, para cada una de tres categorías: empresas manufactureras, empresas de servicios y empresas pequeñas. Los criterios del premio se basan en siete medidas, que van desde el grado de calidad de liderato ofrecido por la alta gerencia de la empresa, hasta el grado en que la empresa desarrolla sus recursos humanos para respaldar la calidad, o el grado en que la empresa se dirige hacia los clientes y logra su satisfacción. Cada una de las siete medidas representa cierta cantidad de puntos para el premio, hasta un total de 1,000 puntos. De estas medidas, *el enfoque hacia el cliente y su satisfacción* tiene el mayor puntaje (300). Los 300 puntos se descomponen en puntos otorgados por entender las expectativas de los clientes, por manejar bien las relaciones con los clientes y por determinar la satisfacción de los clientes. Hasta ahora, los premios Baldrige se han entregado a conocidas gigantes como AT&T, Texas Instruments, Xerox, Motorola, Federal Express, IBM y la división Cadillac de General Motors, pero también a negocios más pequeños, menos conocidos, como Granite Rock Company de Watsonville, California y Globe Metallurgical de Cleveland, Ohio.

Una empresa que está compitiendo para un Premio Nacional Baldrige a la Calidad, en la categoría de la pequeña empresa, es una empresa dedicada a las investigaciones mercadotécnicas, Custom Research Incorporated (CRI), con sede en Minneapolis. En 1990, CRI empezó a usar los criterios del premio Baldrige como marco para desarrollar su sistema de calidad. Solicitó el premio en 1991 y obtuvo retroalimentación que condujo a más mejoras. En 1992, CRI fue seleccionada para recibir una visita *in situ*. La CRI piensa que se ha ganado esta visita porque aplica, con gran determinación, los siguientes principios de calidad:

El Premio Nacional Malcolm Baldrige a la Calidad fomenta que las empresas estadounidenses apliquen normas de primera calidad mundial.

1. Centrarse en establecer buenas relaciones con los clientes.

2. Organizarse en equipos interdisciplinarios, centrados en el cliente.

3. Desarrollar procesos y procedimientos para realizar el trabajo, después medir los resultados.

4. Preguntar a los clientes, explícitamente, qué esperan de una relación laboral asociada.

5. Buscar retroalimentación del cliente en cuanto a proyectos individuales y a la relación general.

6. Contratar al mejor personal e invertir en su desarrollo.

7. Ser flexible, ágil, veloz; facultar a todos los componentes de la empresa para "hacer las cosas".

8. Divertirse con alboroto y reconocimiento.

9. Crear calidad de forma constante.

10. Jamás estar satisfecho.

Todas las empresas harían bien en emular esta definición estupenda del pensamiento de las empresas y la mercadotecnia modernas.

Fuente: Véase el folleto, *1993 Award Criteria,* Malcolm Baldrige National Quality Award, Departamento de Comercio de Estados Unidos, Instituto Nacional de Normas y Tecnología, Gaithersburg, MD.

PUNTOS IMPORTANTES DE LA MERCADOTECNIA 19-4

LA ESTRATEGIA DE MERCADOTECNIA DE LA CALIDAD TOTAL

No hace mucho tiempo que las empresas pensaban que podían arreglárselas con sólo colocar en el mercado ofertas y servicios de calidad media. Sin embargo, mientras tanto, las empresas japonesas y alemanas estaban ofreciendo productos de calidad superior. Los japoneses tomaron en serio las lecciones del asesor W. Edwards Deming sobre cómo ganar con la *administración para la calidad total* (ACT). Este esfuerzo por la calidad rindió estupendos frutos. Los consumidores de todo el mundo se volcaron a comprar productos japoneses de gran calidad, dejando atrás a muchas empresas estadounidenses.

En años recientes, las empresas estadounidenses han luchado por estrechar la brecha de la calidad. Muchas han emprendido sus programas de ACT para competir contra los japoneses en los mercados nacionales y mundiales. Muchas empresas de Estados Unidos han creado el puesto de "Subdirector de Calidad", para que dirija la ACT. La ACT reconoce las siguientes premisas para mejorar la calidad:

1. *La calidad está en la opinión del cliente.* La calidad debe partir de las necesidades del cliente y terminar en las percepciones del cliente. Como dice el subdirector de calidad de Motorola:

   La calidad tiene que servirle de algo al cliente... La belleza depende de la visión del espectador. Si [un producto] no funciona como el usuario necesita que funcione, el usuario pensará que el defecto es tan grande como si el producto no funcionara de acuerdo con el proyecto del diseñador. Nosotros definimos un defecto así: "Si al cliente no le gusta, se trata de un defecto".

   Por tanto, el propósito fundamental del movimiento hacia la calidad hoy día se ha convertido en la "satisfacción total del cliente". Las mejoras en calidad sólo son significativas cuando las perciben los consumidores

2. *La calidad no se debe reflejar sólo en los productos de la empresa, sino en todas las actividades de ésta.* Leonard A. Morgan de GE dice: "No nos preocupa sólo la calidad del producto, sino también la calidad de nuestra publicidad, servicios, literatura sobre el producto, entregas y apoyo después de las ventas".

3. *La calidad requiere el compromiso total de los empleados.* Sólo las empresas en las que todos los empleados están comprometidos con la calidad, y motivados y capacitados para producirla, pueden llegar a proporcionarla. Las compañías exitosas eliminan las barreras que se interponen entre departamentos. Sus empleados trabajan como equipo para realizar procesos centrales de negocios y generar los resultados que se desean. Los empleados trabajan para satisfacer a sus clientes a nivel interno así como a los externos.

4. *La calidad requiere socios de gran calidad.* Sólo las empresas que, en la cadena de valor, cuenten con socios que también proporcionen calidad, podrán proporcionarla.

5. *Un programa de calidad no puede rescatar un mal producto.* El Fiero de Pontiac emprendió un programa de calidad, pero como el auto no tenía un motor bueno para sustentar su imagen de rendimiento, el programa de calidad no salvó al auto. Las actividades por conseguir calidad no pueden compensar las deficiencias del producto.

6. *Siempre es posible mejorar la calidad.* Las mejores empresas creen en el concepto japonés del *kaizen*, "que todo el mundo mejore constantemente todo". La mejor manera de afinar la calidad es comparar la actuación de la empresa con los competidores "de mayor categoría" o con las mejores empresas de otras industrias, y luchar por igualarlas o superarlas. Por ejemplo, Alcoa midió a los competidores de primera categoría y se fijó la meta de estrechar, 80% en dos años, la brecha que la separaba de ellas.

7. *En ocasiones, para mejorar la calidad, se requieren pasos gigantescos.* Aunque una empresa debe esforzarse siempre para mejorar la calidad, en ocasiones debe buscar mejoras grandes de calidad. En ocasiones, las empresas pueden mejorar un poco con sólo esforzarse más. Sin embargo, las grandes mejoras requieren soluciones nuevas y trabajo inteligente. Por ejemplo, John Young de Hewlett-Packard no pidió que se redujeran 10% los defectos, sino que la disminución de defectos se multiplicara por 10, y lo logró.

8. *La calidad no cuesta más.* Philip Crosby afirma que la "calidad no cuesta nada". Antes, los gerentes decían que obtener más calidad costaría más y disminuiría el ritmo de la producción. Empero, para mejorar la calidad sólo hay que aprender la manera de "hacer las cosas bien desde la primera vez". La calidad no debe ser objeto de *inspección*, sino sujeto del *diseño*. Cuando se hacen las cosas bien desde la primera vez, disminuyen los costos por concepto de salvamento, reparación y rediseño, por no hablar de la pérdida del favor de los clientes. Motorola dice que sus actividades en pro de la calidad le han ahorrado 700 millones de dólares por concepto de costos de manufacturación, en los pasados cinco años.

9. *La calidad es necesaria, pero podría no ser bastante.* Es completamente imprescindible mejorar la calidad de una empresa para satisfacer las necesidades de los compradores más exigentes. Por otra parte, el hecho de mejorar la calidad quizá no garantice una ventaja ganadora, sobre todo cuando los competidores mejoran su calidad más o menos en igual medida. Por ejemplo, Singapore Airlines tenía fama de ser la mejor línea aérea del mundo. No obstante, en fecha reciente, algunas líneas aéreas competidoras han captado mayor cantidad de pasajeros, estrechando la brecha percibida entre la calidad de sus servicios y la calidad de los servicios de Singapore.

Fuentes: Citas de Lois Therrien, "Motorola and NEC: Going for Glory", *Business Week*, número especial sobre la calidad, 1991, pp. 60-61. También véase David A. Garvin, "Competing on Eight Dimensions of Quality", *Harvard Business Review*, noviembre-diciembre, 1987, p. 109; Robert Jacobson y David A. Aaker, "The Strategic Role of Product Quality", *Journal of Marketing*, octubre de 1987, pp. 31-44; y Frank Rose, "Now Quality Means Service Too", *Fortune*, 22 de abril de 1992, pp. 97-108.

tienen en la mira. En primer lugar, los mercadólogos cargan con la responsabilidad de identificar, de manera correcta, las necesidades y los requisitos de los clientes y de comunicar las expectativas de los clientes, debidamente, a los diseñadores del producto. En segundo, los mercadólogos deben asegurar que los pedidos de los clientes son llenados debida y puntualmente y deben verificar si los clientes han recibido instrucciones, capacitación y asistencia técnica adecuados para usar el producto. En tercero, los mercadólogos deben establecer contacto con los clientes, después de la venta, para cerciorarse de que, de hecho, éstos continúan satisfechos. Por último, los mercadólogos deben reunir las ideas del cliente en cuanto a mejoras para el producto y el servicio y transmitirlas a los departamentos indicados de la empresa.

Por otra parte, irónicamente, existe un estudio que arrojó que el personal de mercadotecnia daba lugar a más cantidad de quejas de los clientes que cualquier otro departamento (35%). Los errores de mercadotecnia incluían casos en que los vendedores presentaban las características especiales del producto pedidas por los clientes, pero no le notificaban los cambios al departamento de producción; en que la tramitación equivocada del pedido derivaba en la fabricación y el envío del producto equivocado; y en que las quejas de los clientes no habían sido atendidas debidamente.[20]

Esto implicaría que los mercadólogos deben dedicar tiempo y esfuerzo no sólo a mejorar la mercadotecnia externa, sino también a mejorar la mercadotecnia interna. Los mercadólogos deben ser el perro vigía o guardián de los clientes, quejándose decididamente, en nombre del cliente, cuando un producto o servicio no son buenos. Los mercadólogos deben sujetarse siempre a la norma de "ofrecer al cliente la mejor solución". Puntos Importantes de la Mercadotecnia 19-4, de la página anterior, presenta algunas conclusiones en cuanto a la estrategia mercadotécnica para la calidad total.

RESUMEN

Hoy, los clientes tienen al alcance una gama creciente de opciones en cuanto a los productos y servicios que pueden comprar. Fundamentan sus decisiones en la forma en que perciben la *calidad, el valor y los servicios*. Las empresas tienen que entender qué determina el *valor para los clientes y su satisfacción*. El *valor proporcionado al cliente* es la diferencia entre el valor total para el cliente y el costo total para el cliente. Por regla general, los clientes optarán por la oferta que les proporcione un máximo de valor.

La satisfacción del cliente es el resultado obtenido por los compradores que han experimentado la actuación de una empresa que ha satisfecho sus expectativas. Los clientes quedan satisfechos cuando se cumplen sus expectativas y quedan encantados cuando se superan sus expectativas. Los clientes satisfechos son fieles durante más tiempo, compran más, son menos sensibles a los precios y se expresan favorablemente de la empresa.

Para *producir la satisfacción del cliente,* las empresas deben manejar sus propias *cadenas de valor* y el sistema entero para proporcionar valor centrándose en el cliente. La meta de la empresa no radica en sólo conseguir clientes sino, más importante aún, en retenerlos. La *comercializa-

ción por medio de relaciones con los clientes* es la clave para conservar a los clientes y entraña crear beneficios económicos y sociales, así como establecer ligas estructurales con los clientes. Las empresas deben elegir el grado de las relaciones que establecerán con diferentes segmentos del mercado y clientes individuales, desde los niveles básico, reactivo, responsable y proactivo hasta el de la sociedad plena. Para determinar cuál de ellos es el mejor, se deberá tomar en cuenta el *valor duradero para el cliente* con relación a los costos requeridos para atraerlo y retenerlo.

La *administración de la calidad total* se ha convertido en un enfoque medular para producir la satisfacción del cliente y las utilidades de la empresa. Las empresas deben entender cómo perciben la calidad sus clientes y cuánta calidad esperan. A continuación, las empresas deben satisfacer las expectativas de calidad mejor que sus competidores. Para ofrecer calidad se requiere de una administración total y del compromiso de los empleados, así como de sistemas de medición y recompensa. Los mercadólogos desempeñan un papel verdaderamente crítico en las actividades de su empresa para alcanzar una calidad mejor.

TÉRMINOS CLAVE

EXPOSICIÓN DE PUNTOS CLAVE

1. Suponga que su profesor es su cliente. *Usted, en su papel de estudiante* es el producto central de la empresa. Usted está tratando de crear valor agregado para su persona, con la ayuda del profesor. (a) ¿Qué tareas estudiantiles consideraría usted logística para el interior, operaciones, logística para el exterior, mercadotecnia y ventas y servicios? (b) ¿Cómo ejecutaría usted estas tareas para maximizar el valor para el cliente?

2. Recuerde alguna actividad cuando haya realizado un esfuerzo más allá de lo normal y "haya echado todas las ganas" para producir la mejor calidad. ¿Qué medida de la mejoría de calidad notaron otras persona; toda, algo o nada? ¿Existe un punto de equilibrio que proporciona la mezcla acertada de calidad y esfuerzo?

3. Describa una situación en la que usted se haya convertido en un "cliente perdido". ¿Desertó debido a la mala calidad del producto, la mala calidad del servicio o las dos?

4. ¿Qué departamento debería definir las normas de calidad: investigación y desarrollo, ingeniería, producción o mercadotecnia? Explique por qué.

5. La reforma del sistema de salud es, en la actualidad, un tema muy discutido en Estados Unidos. Una de las preocupaciones es su falta de valor: con frecuencia, los costos de la atención médica parecen superiores a los beneficios. Proponga algunas formas sensatas para medir la calidad de la atención médica que se podrían usar con el propósito de mejorar su valor.

6. La administración de inventarios "justo a tiempo" deja en manos de los proveedores la responsabilidad de entregar piezas, en cantidades exactas, precisamente en el momento oportuno. Las empresas que aplican bien la JAT encuentran que sus beneficios suelen ir más allá del ahorro de costos de inventarios y que se logra mejorar mucho la calidad gracias al proceso de trabajar en estrecha colaboración con los proveedores. ¿Se usan las ideas de la cadena de valor en la administración JAT? ¿Puede la administración JAT tener éxito *sin* usar los conceptos de la cadena de valor?

APLICACIÓN DE CONCEPTOS

1. Escriba una carta a una empresa, quejándose de sus productos o servicios. Después de ello, ¿recibió usted un reembolso, le cambiaron el producto, una carta de respuesta o ningún tipo de respuesta? ¿Cómo afecta el tipo de respuesta su actitud ante la empresa?

2. Encuentre un producto, servicio o persona activa que haya establecido una relación clara y sólida con sus clientes. Algunos ejemplos serían: automóviles BMW o motos Harley Davidson; repeticiones de *The Lawrence Welk Show* o un concierto de Greatful Dead; Jesse Jackson o Rusch Limbaugh. Hable con varios clientes que se identifiquen decididamente con un "producto" así. ¿Cómo ven su relación con el producto? ¿Cuáles son los valores básicos que reciben? ¿Qué hace el "fabricante", en su caso, para mantener esta relación?

CÓMO TOMAR DECISIONES EN MERCADOTECNIA:

COMUNICACIONES MUNDO PEQUEÑO, S. A.

Thomas Campbell y Lynette Jones están analizando algunos de los aspectos, a largo plazo, de la comercialización de su vínculo de comunicaciones llamado *Aeropuerto*. Tom hablaba de los elementos de su programa de calidad total.

—Mientras no tengamos más experiencia con este producto, quiero ser un tanto exagerado con los procedimientos de calidad para asegurarme de que estamos sacando un producto verdaderamente bueno. Esto significa una inspección al 100%, y "analizar con lupa" el producto durante 96 horas antes de probarlo y empacarlo. Llevaremos estadísticas minuciosas sobre los resultados y quizá, más adelante, podamos hacer lo mismo que Compaq. Ahí, encontraron que una prueba de dos horas del producto sacaba los mismos defectos que una completa de 96 horas, así que abreviaron sus procedimientos de prueba. Sin embargo, por ahora, pienso que tenemos que ser conservadores al respecto.

—Estoy de acuerdo Tom, pienso que hoy tú tienes que encargarte de una parte de la calidad. Pero tenemos que ir más allá de sólo cumplir con las especificaciones y tener un porcentaje bajo de fallas. Son puntos críticos, pero también sólo forman parte de lo que tenemos que hacer para crear verdadero valor para el cliente y para darle satisfacción. *Aeropuerto* tiene que ser fácil de entender, rápido de instalar, sencillo de arrancar y no necesitar muchos sesos para su uso. Tenemos que hacerlo a precio justo y ofrecer la seguridad de una garantía y asistencia técnica fácil de conseguir.

—Está bien Lyn —repuso Tom—, pero todo esto tiene otra cara. Tenemos que volver a los públicos hacia los que nos dirigiremos, y tenemos usuarios finales, revendedores y fabricantes de equipo original todos ellos con diferentes necesidades, y definir lo que significan el valor y la satisfacción para cada uno de estos clientes.

—Thomas —dijo Lyn con una sonrisa—, todavía hay esperanzas de que te conviertas en todo un mercadólogo.

Y, ¿AHORA QUÉ?

1. Mundo Pequeño producirá *Aeropuerto* para tres tipos de clientes: usuarios finales, revendedores y fabricantes de equipo original. Analice las diferencias entre estos clientes. (a) Haga una gráfica con tres columnas verticales, una para "Usuario final", otra para "Revendedores" y la tercera para "Fabricante de equipo". Incluya las columnas horizontales de la gráfica: 1) Tamaño de compra; 2) Frecuencia de readquisición; 3) Motivo de la readquisición; 4) Definición de valor por parte del usuario; 5) Elementos básicos que producen satisfacción del usuario. (b) Encuentre algunas diferencias entre estos tres tipos de consumidores meta. ¿Requieren relaciones diferentes con Comunicaciones Mundo Pequeño? (c) ¿Qué estrategia de mercadotecnia por medio de relaciones es mejor para cada uno de los tipos de clientes en la mira: básica, reactiva, responsable, proactiva o sociedad? ¿Por qué?

2. (a) ¿Qué elementos de *Aeropuerto* constituyen el valor total para el cliente? ¿Es el valor temporal o lo puede apreciar el cliente en el uso diario del producto? (b) Todos los productos cuestan dinero, pero piense en los costos no monetarios de *Aeropuerto:* instrucciones escritas, instalación, montaje y limpieza, aprender a usar el nuevo programa de software, preocupación por si servirá o si puede estropear la computadora si se instala mal. ¿Son grandes los costos no monetarios? ¿Cómo pueden Lyn y Tom abordar estos costos para mejorar el valor que se proporciona al cliente? (c) Note que casi todos los costos, monetarios y no monetarios, se presentan muy cerca de la compra, mientras que los beneficios de *Aeropuerto* se presentan, más adelante, en el uso diario. Sugiera algunas de las maneras en que Mundo Pequeño podría minimizar la forma en que se perciben los costos y maximizar la forma en que se percibe el valor total con objeto de aumentar el valor proporcionado al cliente.

REFERENCIAS

1. Citas de Valerie Reitman, "Rubbermaid Turns Up Plenty of Profit in the Mundane", *The Wall Street Journal*, 27 de marzo de 1992, p. B4. También véase Erik Calonius, "Smart Moves by the Quality Champs", en *The New American Century*, edición especial de *Fortune*, 1991, pp. 24-28; Cristy Marshall, "Rubbermaid: Yes, Plastic", *Business Month*, diciembre de 1988, p. 38; Maria Mallory, "Profits on Everything but the Kitchen sink", *Business Week*, edición especial sobre innovaciones, 1991, p. 122; William Brand, "Use Baldrige Criteria as Guide to Improving Quality, *Marketing News*, 1 de octubre de 1991, pp. 2, 18; Zachary Schiller, "At Rubbermaid, Little Things Mean a Lot", *Business Week*, 11 de noviembre de 1991; y "Rubbermaid: Breaking all the Molds", *Sales & Marketing Management*, agosto de 1992, p. 42.

2. Para más información sobre cómo medir el valor proporcionado al cliente y sobre "proporciones de valor a precio", véase Irwin P. Levin y Richard D. Johnson, "Estimating Price-Quality Tradeoffs Using Comparative Judgements", *Journal of Consumer Research*, 11 de junio de 1984, pp. 593-600.

3. Para una explicación muy interesante sobre el valor y las estrategias del valor, véase Michael Treacy y Fred Wiersema, "Customer Intimacy and Other Value Disciplines", *Harvard Business Review*, enero-febrero de 1993, pp. 84-93.

4. Thomas E. Caruso, "Got a Marketing Topic? Kotler Has an Opinion", *Marketing News,* 8 de junio de 1992, p. 21.

5. Michael E. Porter, *Competitive Advantage: Creating and Sustaining Superior Performance* (Nueva York: Free Press, 1985).

6. Véase George Stalk, Philip Evans y Laurence E. Shulman, "Competing Capabilities: the New Rules of Corporate Strategy", *Harvard Business Review,* marzo-abril de 1992, pp. 57-69; y Benson P. Shapiro, V. Kasturi Rangan y John J. Sviokla, "Staple Yourself to an Order", *Harvard Business Review,* julio-agosto de 1992, pp. 113-22.

7. Para una explicación más amplia, véase Frederick E. Webster, Jr., "The Changing Role of Marketing in the Corporation", *Journal of Marketing,* octubre de 1992, pp. 1-17.

8. Frederick F. Reichheld y W. Earl Sasser, Jr., "Zero Defections: Quality Comes to Services", *Harvard Business Review,* septiembre-octubre de 1990, pp. 301-7.

9. Leonard L. Berry y A. Parasuraman, *Marketing Services: Competing Through Quality* (Nueva York: The Free Press, 1991), pp. 136-42.

10. Aimee L. Stern, "Courting Consumer Loyalty with the Feel-Good Bond", *The New York Times,* 17 de enero de 1993, p. F10.

11. James H. Donnelly, Jr., Leonard L. Berry y Thomas W. Thompson, *Marketing Financial Services - A Strategic Vision* (Homewood, IL: Dow Jones-Irwin, 1985), p. 113.

12. *Ibid.,* p. F10.

13. Caruso, "Kotler: Future Marketers Will Focus...", p. 21.

14. Michael J. Lanning y Lynn W. Phillips, "Strategy Shifts Up a Gear", *Marketing,* octubre de 1991, p. 9.

15. Véase Thomas M. Petro, "Profitability: The Fifth 'P' of Marketing", *Bank Marketing,* septiembre de 1990, pp. 48-52.

16. Robert D. Buzzell y Bradley T. Gale, *The PIMS Principles: Linking Strategy to Performance* (Nueva York: The Free Press, 1987), Cap. 6.

17. "Quality: The U.S. Drives to Catch Up", *Business Week,* noviembre de 1982, pp. 66-80, en este caso p. 68. Para una evaluación reciente de los avances, véase "Quality Programs Show Shoddy Results", *The Wall Street Journal,* 14 de mayo de 1992, p. B1.

18. Véase "The Gurus of Quality: American Companies Are Heading the Quality Gospel Preached by Deming, Juran, Crosby, and Taguchi", *Traffic Management,* julio de 1990, pp. 35-39.

19. J. Daniel Beckham, "Expect the Unexpected in Health Care Marketing Future", en *The Academy Bulletin,* julio de 1992, p. 3.

20. Kenneth Kivenko, *Quality Control for Management* (Englewood Cliffs, NJ: Prentice Hall, 1984). También véase Kate Bertrand, "Marketing Discovers What 'Quality' Really Means", *Business Marketing,* abril de 1987, pp. 58-72.

CASO 19

FRAUDE EN LA REPARACIÓN DE AUTOS

Primer golpe: a principios de junio de 1992, después de una investigación que tardó un año, el Departamento de Asuntos del Consumidor de California acusa a Sears de venderle a los clientes refacciones y servicios innecesarios.

Segundo golpe: a mediados de junio de 1992, La División de Asuntos del Consumidor de Nueva Jersey acusa a Sears de efectuar reparaciones innecesarias.

Tercer golpe: a finales de junio de 1991, la Junta de Protección al Consumidor de Nueva York reprueba en forma "preliminar" los servicios de reparación de autos de Sears.

¿Cuáles fueron las acusaciones concretas contra Sears? Sears fue acusada de "meter" refacciones innecesarias; frenos, abrazaderas, amortiguadores, alineaciones y condensadores. La investigación de California reveló que Sears realizaba servicios o reparaciones innecesarias en el 90% de los casos. Peor aún, con frecuencia, los vehículos regresaban a sus dueños en peores condiciones que cuan-

do se habían recibido. El promedio de las ventas exageradas era de 200 dólares. El seguimiento realizado en California, después de que Sears fue avisada de la investigación, arrojó un porcentaje de 80% de ventas exageradas.

Los investigadores pensaron que las reparaciones y las ventas innecesarias se podían atribuir a las cuotas de ventas que Sears establecía para sus departamentos de reparación de autos. Sears giraba instrucciones a sus empleados de vender una cantidad determinada de reparaciones o servicios durante cada turno. Cuando Sears cambió de sistema, para remunerar a los mecánicos a base de comisiones, éstos tenían muchos motivos para sugerir más reparaciones que las estrictamente necesarias.

¿Fue Sears culpable de fraude en la reparación de autos? Depende de a quién se le pregunte. El personal de Sears dice que no. Marci Grossman, gerente de relaciones con los medios de Sears, dice que Sears *no* usa cuotas de ventas. Ed Brennan, ejecutivo máximo de Sears, admitió que se habían presentado "errores aislados", pero que no había ningún patrón definitivo de comportamiento equivocado. Dirk Schenkkan, abogado de Sears, niega que Sears haya obrado indebidamente y acusa al Departamento de Asuntos del Consumidor de California de apalear a Sears con el propósito de mejorar su imagen.

Muchos ex clientes de Sears no están de acuerdo. Ruth Hernández, ex cliente, afirma que Sears intentó venderle un par de abrazaderas. Cuando buscó una segunda opinión, supo que las abrazaderas no eran necesarias. Michael Stumpf sostiene que su esposa fue por un trabajo de abrazaderas anunciado a 89.99 dólares y acabó con una cuenta de 650 dólares por reparaciones. Como resultado de estos presuntos abusos, las ventas de reparaciones de autos de Sears bajaron 15% en Estados Unidos.

¿Cómo manejó Sears la crisis del fraude de autos? Publicó negativas, admitiendo algunos errores. Jamás admitió su culpa. Ed Brennan envió una carta a todos los clientes de autos de Sears en la que afirmaba que la gerencia de Sears estaba segura de que ofrecía gran satisfacción a sus clientes y que quería seguir ofreciéndola. En la carta se asegura a los clientes que Sears ha eliminado el sistema de comisiones, aumentado las actividades para el control de calidad por medio de auditorías en los talleres, pedido a los procuradores generales de los estados que visitaran sus centros de reparación de autos para constatar la calidad del trabajo y ayudado a emprender un esfuerzo conjunto entre consumidor-industria-gobierno para revisar las formas en que se reparan los autos en la actualidad.

Sears, en un arreglo extrajudicial, aceptó reembolsar 50 dólares a todo cliente que hubiera requerido reparaciones entre el 1 de agosto de 1990 y 31 de enero de 1992. Esto podría costarle hasta 46.7 millones de dólares, aunque Sears tiene la esperanza de que pagará menos de 26 millones. Asimismo, Sears reembolsará al estado de California 3.5 millones de dólares por concepto de los costos legales y de la investigación y donará 1.5 millones de dólares para programas de capacitación de reparación de autos en los colegios mayores comunitarios de California. En Nueva Jersey, Sears aceptó pagar 200,000 dólares para patrocinar un estudio de normas para la reparación de autos. Sin embargo, el verdadero costo para Sears es muy superior a lo que puedan costar estos arreglos. El verdadero costo es que los clientes han perdido confianza y credibilidad, y que éste es uno de los activos más fuertes de Sears. Es peor, la confianza que se ha perdido para las reparaciones de autos se puede trasladar a otros productos y servicios de Sears.

Los consumidores suelen sospechar de las reparaciones de autos, en general, y por tanto creen en las acusaciones de fraude contra Sears. Dado que los servicios de reparación de autos son intangibles es difícil calibrar su necesidad o calidad. Como la mayoría sabemos muy poco de mecánica de autos, dependemos de los mecánicos. Sin embargo, en lo más profundo, la mayoría nos preguntamos: ¿en realidad se necesitaba la reparación?

¿Qué consecuencias tendrán las respuestas de Sears? ¿Restaurarán la confianza? ¿El hecho de eliminar las comisiones convencerá a los consumidores de que los mecánicos no recomendarán refacciones o servicios innecesarios? Al aceptar el arreglo ¿ha aceptado Sears implícitamente que obró mal? ¿La negativa de Sears ("no hicimos nada sistemáticamente mal") ayudará a su causa?

El caso de Sears subraya los posibles problemas que puede enfrentar la empresa cuando decide realizar actividades de servicios. Los servicios de calidad pueden aumentar enormemente el favor del cliente por la empresa que los ofrece, así como su rentabilidad. Por el contrario, los servicios malos pueden hacerle mucho daño. Pasará mucho tiempo para que Sears repare el daño sufrido en junio de 1992.

PREGUNTAS

1. Describa el *sistema para proporcionar valor al cliente de Sears en el caso de las reparaciones de automóviles.* ¿Por qué funcionó bien antes de que se le acusara de fraude en la reparación de autos?

2. ¿Qué tipo de "relación mercadotécnica" tenía Sears con los clientes que reparaban sus autos antes de que se le acusara de fraude en las reparaciones?

3. ¿Cómo podría Sears usar la administración de la calidad total para mejorar la calidad de sus servicios de reparación de autos?

4. En su opinión, ¿qué tan efectivas serán las "soluciones" presentadas por Sears?

5. ¿Qué otras medidas puede tomar Sears para recuperar la confianza de los consumidores.

Fuentes: Julia Flynn, "Did Sears Take Other Customers for a Ride?", *Business Week,* 3 de agosto de 1992, pp. 24-25; Kevin Kelly, "How Did Sears Blow This Gasket?", *Business Week,* 29 de junio de 1992, pp. 38; Gregory A. Patterson, "Sears Will Pay $15 Million, Settling Cases", *The Wall Street Journal,* 3 de septiembre de 1992, p. A4; David Streitfeld, "Avoiding the Shaft", *Washington Post,* 22 de junio de 1992, p. B5.

CASO EMPRESARIAL 19

LA EMPRESA STEEL PRODUCTS: CÓMO DETENER LA CAÍDA DEL ALUMINIO

Mike Smithson, gerente general de una de las sucursales de la Compañía Steel Products (SPC) de Chicago, dirigió la mirada hacia Sam Jordan, gerente general de la sucursal de Atlanta, sentado frente a él en la mesa de la sala de juntas.

—Insisto Sam —dijo—, no sé qué harán *ustedes*, pero *nuestra* sucursal no venderá aluminio, y punto final.

Sam Jordan respiró profundamente y se alejó con lentitud de la mesa. Miró a Bill Olney, presidente de SPC, y luego a cada uno de los otros cinco gerentes de sucursales que se sentaban junto a él en la junta de marzo de 1992. Sam no estaba seguro sobre qué hacer, pero sabía que sus acciones durante los cinco segundos siguientes podrían hacer que SPC continuara con sus esfuerzos por mejorar sus ventas de aluminio, o bien, desistiera de su intento. Después de una pausa prolongada y tensa volteó hacia Bill Olney y exclamó "Si la sucursal de Mike *no* vende aluminio la *nuestra* no venderá *acero*.

—¿Qué quieres decir con que no venderán acero? —preguntó Bill con tono de incredulidad—. ¡Somos una empresa dedicada al acero! Sencillamente no puedes decidir que no venderán acero.

—También hemos sido una empresa del aluminio, aunque cada vez menos —contestó Sam—, y si Mike puede decidir que él no venderá aluminio, entonces yo decido que ya no venderé más acero.

Bill Olney se recargó en el respaldo de su silla, levantó los ojos al cielo unos instantes, y dirigió la mirada a los gerentes generales de sucursales que estaban sentados alrededor de la mesa. Había entendido lo que quería decir Sam Jordan.

—Está bien Sam —aceptó—. Venderemos acero y aluminio. Nos volveremos a reunir dentro de dos semanas para discutir el tema. Quiero que, en esa junta, me presentes una estrategia mercadotécnica completa para revitalizar el negocio del aluminio y quiero que cada uno de ustedes —dijo dirigiéndose a los demás— cooperen con Sam, en la medida que lo necesite, para prepararlo.

Antecedentes

La Compañía Steel Products ofrece productos de acero y aluminio, en la primera etapa de procesamiento, y los distribuye entre clientes industriales. Además de la oficina matriz de Chicago, la empresa cuenta con otras cinco sucursales: dos en la zona de la ciudad de Nueva York, dos en la zona de Atlanta y otra más en la zona de Chicago. La empresa ubica sus sucursales de dos en dos porque una sucursal de la pareja sólo maneja acero laminado en caliente, mientras que la otra sólo maneja acero laminado

en frío. Un gerente general de sucursal supervisa las ventas, la mercadotecnia y las operaciones de cada sucursal. Los gerentes generales de las sucursales dependen, directamente, de Bill Olney.

Bill y un grupo de inversionistas adquirieron SPC en 1989, cuando las ventas de la empresa eran del orden de 120 millones de dólares. En los pasados dos años, Bill y los gerentes generales se habían dedicado a reforzar los negocios del acero. Cuando Bill se hizo cargo de la empresa, ésta había estado languideciendo con ventas y utilidades relativamente bajas, tanto en la línea de productos de acero como en la de los de aluminio. Como el acero representaba alrededor del 80% del total de las ventas, la prioridad de Bill, tras la adquisición, había sido lograr el control de las operaciones de acero de SPC y mejorarlas.

Para 1992, Bill había podido controlar el negocio del acero. Por consiguiente, pensaba que podía dirigir su atención a las operaciones de aluminio de SPC. Unas cuantas semanas antes, había pedido a Sam Jordan que hablara del gran éxito logrado por la sucursal de Atlanta en las ventas de los productos de aluminio. Tras una breve reunión, Bill había pedido a Sam que, en la siguiente junta de los gerentes generales de las sucursales, explicara cuál era la posición de la empresa en cuanto a los productos de aluminio. Esa presentación había conducido al diálogo anterior con Mike Smithson.

Las actividades del centro de suministro de acero

La Compañía Steel Products opera lo que se conoce como "centros de suministro de acero". Los centros operan en el canal de distribución entre las siderúrgicas y las fábricas, y cumplen con varias funciones para sus clientes manufactureros. En primer término, como las propias siderúrgicas no pueden suministrar el acero de manera consistente o confiable, los fabricantes tienen problemas en sus tratos directos con las siderúrgicas. Los centros de suministro del acero resuelven este problema porque llevan un inventario de acero para sus clientes y lo distribuyen en forma confiable cuando lo necesitan. Por tanto, los centros de suministro funcionan como un "mayorista" tradicional. En segundo, algunos centros de suministro de acero se encargan de realizar la primera etapa de procesamiento del acero para sus clientes. Por ejemplo, SPC compra acero a las siderúrgicas y lo lamina, de tal manera, que salen grandes rollos parecidos a los de toallas de papel. Estos rollos miden entre 12 y 48 pulgadas de ancho y el acero tiene un grosor que varía de 20 milésimas a un octavo de pulgada. Antes de entregarlo al cliente, SPC corta estos rollos para producir otros más estrechos o láminas de acero de diferente longitud. Por ejemplo, un cliente de SPC, fabricante de cafeteras por goteo, requiere rollos de 6 pulgadas de ancho. Alimenta el acero de estos rollos a troqueles que cortan las "placas caloríficas" que llevan las cafeteras. Dependiendo del uso que requiera el cliente del centro de suministro, éste pone gran cuidado en vigilar la consistencia del acero y el control estadístico de cualquier tipo de corte. El acero cortado que no da el ancho requerido, que no tiene el grosor debido en algún punto o que no tiene la resistencia correcta puede dañar equipo muy caro e incluso obligar al cliente a detener sus operaciones, a un costo muy elevado.

La segmentación. El centro de suministro de acero puede segmentar sus mercados de diferentes maneras. En primer lugar, lo puede segmentar de acuerdo con el *tipo* de metal que use el cliente. El acero "laminado en caliente" es acero fabricado por la siderúrgica, pero sin sujetarlo a mayor procesamiento. Tiene un acabado primitivo y su grosor o ancho pueden variar. El acero "laminado en frío" es acero laminado en caliente, que ha sido sujeto a un paso más de procesamiento, a efecto de estrechar sus dimensiones y de darle un acabado más pulido. En segundo, los centros de suministro pueden segmentar el mercado con base en la *forma* del metal que se entrega al cliente final; por ejemplo, rollos o láminas. En tercero, las empresas lo pueden segmentar con base en la *cantidad pedida* por los clientes. Algunos clientes piden "lotes enteros que llenan un camión", con un peso equivalente a 40,000 libras. Otros clientes piden "lotes pequeños", cuyo volumen puede ser bastante menor al necesario para llenar un camión. En cuarto, las empresas pueden agrupar a sus clientes de acuerdo con los *requisitos de entrega*; por ejemplo, algunos clientes requieren entregas de un día para otro, pero otros tienen largos tiempos de espera. Por último, algunos clientes colocan pedidos sujeto a contratos y otros piden para sus inventarios en general, sin un requisito de compras mínimas al año. Los contactos de los clientes suelen solicitar cotizaciones a varios centros de suministro de acero una vez al año, con base en el acero o aluminio que requerirán para el año entrante. Después, firman un contrato en el cual se comprometen a adquirir cierta cantidad del producto, en volúmenes determinados, durante el plazo del contrato.

Los centros de suministro de acero usan diferentes combinaciones de estas variables de la segmentación para formar los nichos del mercado que atenderán. Por ejemplo, una empresa se puede especializar en atender a clientes que necesitan entregas, de un día para otro, de rollos de acero sin cortar para sus inventarios generales, en lotes de diferentes tamaños. La Compañía Steel Products se especializa en clientes que piden muchas toneladas (de preferencia camiones enteros), volúmenes grandes y que requieren la primera etapa de procesamiento. Cada una de las tres sucursales de acero laminado en frío de SPC cuenta con equipo sofisticado para cortar y controlar las dimensiones y la resistencia del acero. SPC proporciona a los clientes una impresión de computadora que muestra las características y las dimensiones del acero que compran. Asimismo, SPC trabaja con sus clientes para ofrecerles entregas justo-a-tiempo y pedidos electrónicos colocados por medio de conexiones de computadora. Una encuesta aplicada en fecha reciente a los clientes de SPC arrojó que ésta tiene fama sólida y positiva entre sus clientes. Estos clientes saben que SPC compra acero de gran calidad y ofrece el control de calidad estadístico necesario para garantizar que ellas recibirán justo lo que piden.

El precio. Como el acero es un producto primario, los centros de suministro de acero adolecen de una competencia feroz. Los centros de suministro de acero deben negociar el precio con las siderúrgicas cuando adquieren sus inventarios. Además, a su vez, deben negociar, formal e informalmente, los precios con sus clientes. Por tanto, SPC compite con otros centros de suministro de acero en cuanto a los precios de casi cualquier pedido. En 1992, SPC cobraba a sus clientes un precio promedio de 30 centavos de dólar por libra de acero.

La promoción. Cada una de las seis sucursales de SPC tiene tres vendedores externos y tres internos. Los vendedores externos visitan a los clientes en sus territorios para estar al tanto de sus necesidades y los pedidos que requieren, así como para vigilar la calidad de los productos que reciben. Los vendedores externos trabajan con los internos para determinar los precios de las cotizaciones y para dar seguimiento después de la entrega o para atender problemas de servicio.

Con el plan normal de remuneración de las ventas de SPC, cada vendedor externo recibe un sueldo base más una comisión trimestral de acuerdo con los porcentajes alcanzados de las metas de la utilidad bruta sobre los productos vendidos por ese vendedor. Por ejemplo, en la actualidad, SPC ha establecido un porcentaje para la meta de la utilidad bruta del 20%. SPC sube o baja la comisión del vendedor por cada medio punto porcentual en que su actuación trimestral pase o no llegue a la meta. SPC paga a los vendedores internos un sueldo base más un bono basado en el porcentaje de la utilidad bruta de la sucursal.

En 1992, SPC estaba percibiendo una utilidad bruta promedio ponderada del orden del 20% sobre los seis tipos de acero que vende. Algunos tipos de productos de acero tienen un margen bruto más alto y otros tienen uno menor. SPC calcula el margen bruto con una simple resta del ingreso por cada pedido menos el costo del acero vendido en dicho pedido. Por ejemplo, si SPC le compra a una siderúrgica una libra de acero a 23 centavos y la vende a 30 centavos, su margen bruto es 7 centavos, y el porcentaje de la utilidad bruta es 23.3% (7 centavos/30 centavos). En 1991, la tasa de rotación de inventarios de productos de acero de SPC fue de 4.26%.

La venta de aluminio

Sam Jordan entró a SPC en 1988, después de trabajar para la competencia, ocupando el puesto de gerente general de sucursal en una de las sucursales de Atlanta. Sam había oído que, apenas en 1987, las ventas de los productos de aluminio de la empresa entera habían sido del orden de 40 millones de dólares. Empero, el "paladín de los productos" de aluminio había abandonado la empresa ese año. Desde entonces, nadie había prestado mucha atención al aluminio y las ventas de aluminio habían empezado a bajar. Aunque Sam era responsable de todas las operaciones de su sucursal, prestó especial atención a las ventas de aluminio. El gran éxito que obtuvo llamó la atención de Bill Olney cuando éste se hizo cargo de la empresa en 1989. Bill decidió que las otras sucursales de laminado en frío deberían prestar mayor importancia al aluminio. En consecuencia, las otras dos sucursales habían contratado gerentes para los productos de aluminio. Estos gerentes de producto habían comprado, de inmediato, considerables inventarios de aluminio y le habían pedido al cuerpo de vendedores que empezaran a impulsar el aluminio. Sam, desesperado, veía que en las otras sucursales estos esfuerzos se encaminaban al fracaso. Los dos gerentes de los productos de aluminio no tardaron en abandonar la empresa y, a finales de 1991, una de las sucursales todavía tenía un importante inventario de aluminio, de 2 millones de dólares.

La SPC vende el aluminio casi de la misma manera que el acero. Compra el aluminio en rollos y ofrece la primera etapa de procesamiento. La mayor parte de las ventas de aluminio de la empresa corresponden a clientes que también compran acero. Aunque SPC cobra un precio promedio de 30 centavos de dólar por libra de acero, cobra un promedio de 1.50 dólares por libra de aluminio. Sin embargo, SPC logra un margen bruto promedio de apenas 16% sobre el aluminio, en comparación con un promedio del 20% para el acero. En 1991, la tasa de la rotación de inventarios de aluminio de SPC era de 6.15%.

Aunque las ventas de aluminio en la sucursal de Sam de Atlanta seguían funcionando bien, las ventas de todas las demás sucursales seguían bajando. En 1991, el total de las ventas de aluminio de SPC apenas sumó unos 17 millones de dólares. Sam sabía que si no se tomaban medidas de inmediato, las ventas de aluminio de la empresa seguirían bajando. Y, considerando que el mercado del acero estaba estancado o iba a la baja, ello dañaría gravemente las utilidades de la sucursal y de la empresa.

Una conversación con Mike

Un día después de la junta, Sam, en su oficina, estaba pensando en su plan de ataque. Decidió tomar el toro por los cuernos y llamar a Mike Smithson, quien le contestó al primer intento.

—Oye, Sam —dijo Mike—, quiero pedirte una disculpa si ayer estuve un poco rudo en la junta. Sé que estás vendiendo aluminio muy bien, pero creo que no deberíamos dedicarnos a esa actividad. El otro día, hablaba con uno de nuestros competidores que también vende aluminio, y me dijo que, en realidad, es un negocio diferente. Piensa en todos los competidores que tendríamos —prosiguió Mike—. También sabes que tengo un gran inventario atorado después de nuestro último intento de vender aluminio. Francamente, creo que en esta ocasión no nos irá mucho mejor. Después de todo, nuestra empresa se dedica al acero. Además, los vendedores están preocupados porque eso de estar entrando y saliendo del campo del aluminio puede perjudicar nuestra buena fama en el ramo del acero.

—Bueno, Mike —repuso Sam—, lo único que te pido es que tengas una mentalidad abierta hasta que haga mi presentación. Pienso que puedo contestar todas tus objeciones y preocupaciones. Como sabes, creo que es importante que nos dediquemos al aluminio y al acero. Trataré de presentarte un plan que, en esta ocasión, será un éxito seguro.

—Está bien, Sam —dijo Mike—. Trataré de tener una mentalidad abierta, pero te va a costar mucho trabajo venderme la idea. Más vale que tengas todos los datos reunidos para la junta.

Preguntas

1. Describa las estrategias de mercadotecnia de Steel Products Company para el acero y el aluminio. ¿Hacia qué mercados se dirige y cuáles son las mezclas de mercadotecnia para estos dos productos?

2. ¿Cuál es la actividad de SPC? ¿Qué vende en realidad? ¿Cómo agrega valor para sus clientes?

3. ¿Por qué no ha tenido éxito SPC en la venta de aluminio? De entre los problemas de mercadotecnia que enfrenta, ¿cuál es el problema de mercadotecnia *central*?

4. Colóquese en la posición de Sam Jordan y prepare el plan de una estrategia de mercadotecnia que le presentará al director y a los gerentes generales de sucursales en una junta próxima. ¿Qué le puede recomendar a Sam para que cambie la situación? Asegúrese de incluir los temas de la retención de clientes, la comercialización por medio de relaciones y el análisis de la rentabilidad de los clientes.

20

Cómo lograr una ventaja competitiva: análisis de la competencia y estrategias para una mercadotecnia competitiva

*F*ederal Express, casi por cuenta propia, creó la industria de las entregas exprés, como las conocemos en la actualidad. Fundada en 1973, la empresa arrancó con lentitud; enseñar al público estadounidense el valor de las entregas de un día para otro llevaba tiempo. Sin embargo, fundándose con tesón en la promesa de su publicidad: "cuando total y definitivamente *tiene* que llegar a tiempo" y en un innovador sistema de distribución, ahora tan copiado, FedEx pasó a ser uno de los arranques más veloces de la historia de Estados Unidos. Después de tres años de pérdidas, creció explosivamente; las ventas anuales llegaron a 1 mil millones de dólares en 1983, 5 mil millones en 1989 y casi 8 mil millones en 1991. El mercado de las entregas exprés consta ahora de 3 millones de paquetes enviados al día, que generan más de 20 millones de dólares de ganancias al año. Además, a pesar de que existe el desafío de innumerables imitadores surgidos con los años, Federal Express sigue siendo la líder indiscutible del mercado. En la actualidad controla 45% del mercado de Estados Unidos, muy a la cabeza de las retadoras grandes, UPS con 25%, Airborne con 14% y el Servicio de Correos con 8%, más o menos.

No será fácil mantenerse a la cabeza del negocio de la entrega inmediata de paquetes; para lograrlo se requerirá una estretegia competitiva bien diseñada y ejecutada. Aunque el mercado es grande, y está creciendo al acelerado ritmo de entre 25 y 40% al año, la competencia es enorme. Federal Express se ha convertido en un combatiente involuntario de las guerras del "servicio exprés". Ahora lucha en la calle con sus competidores, en cuanto al precio, y busca la manera de reducir costos y aumentar la productividad para que sus precios sean competitivos. Empero, FedEx no es, y tal vez no será nunca, el servicio de entrega inmediata más barato. Incluso aunque la competencia reduzca peligrosamente sus precios, la empresa ha tenido cuidado de que la reducción de costos no socave la fuente principal de su ventaja competitiva: la calidad superior. Federal Express siempre se ha distinguido por ofrecer a sus clientes un servicio y una confiabilidad inigualables, y no por atraer a los clientes en razón de precios bajos. Con los años, ha invertido enormes cantidades de dinero y esfuerzo para mejorar la calidad de sus servicios. En 1987, estableció un proceso formal para mejorar la calidad, estableciendo metas de calidad sencillas, aunque muy altas: puntualidad de entregas al 100%, información exacta sobre cada embarque en cualquier punto del mundo al 100% y satisfacción de los clientes al 100%.

En Federal Express, la calidad es mucho más que lemas y palabras huecas. En 1980, FedEx se convirtió en la primera organización de servicios que recibiera el Premio Nacional Malcolm Baldridge a la Calidad por su destacada calidad en el campo de los servicios. La empresa elaboró un Indice de la Calidad de los Servicios (ICS), compuesto por 12 puntos que decepcionan a los clientes: cuántos paguetes se entregaron en fecha equivocada, cuántos llegaron tarde, cuántos llegaron dañados, cuántas correcciones de facturación tuvo que hacer la empresa y otros errores similares. FedEx computa el ICS todos los días, y toma la tarea muy en serio. "Equipos en pro de la calidad" estudian los resultados del ICS, buscando puntos problemáticos y maneras para acabar con ellos. Incluso los bonos de la gerencia están ligados a la consecución de las metas del ICS. La empresa invierte al año más de 200 dólares en cada uno de sus 86,000 empleados por tener iniciativas para la calidad.

Federal Express es de la opinión que la calidad de primera bien vale la pena la gran inversión, aun cuando se refleje en precios más altos. En una industria donde una entrega tardía puede desatar un desastre, una tasa de 98% de éxito no es lo bastante buena. Muchos clientes están dispuestos a pagar más por la tranquilidad de saber que tienen un servicio superior y una confianza a prueba de todo. Por el contrario, la mala calidad significa perder clientes a manos de la competencia. Por tanto, aunque mejorar la calidad del servicio pueda costar mucho, la deserción masiva de clientes puede costar muchísimo más. La obsesión de Federal Express por la calidad ha producido enormes dividendos. En años recientes, a pesar de la lentitud de la economía, de una competencia más intensa y de la guerra de precios a largo plazo, las ventas y las utilidades derivadas de sus principales negocios en Estados Unidos han registrado un sano crecimiento.

A principios de los años ochenta, encantada con su éxito nacional, Federal Express decidió que había llegado el momento de incursionar en el mundo. Con la esperanza de recrear sus resultados fenomenales en el extranjero, empezó a comprar empresas extranjeras competidoras, invirtió mucho para montar una versión europea de su venerable sistema de entregas y se preparó para iniciar un ataque frontal completo en Europa. En 1989, coronó su red mundial con la adquisición de la legendaria Flying Tigers, el mayor transportista mundial de carga pesada. Con esta adquisición, tenía capacidad para transportar carga del tamaño que fuere. Para principios de 1990, Federal Express se había convertido en la compañía transportista exprés más grande del mundo, con 441 aviones y 30,000 camionetas en 173 países para recoger y entregar. Su nueva meta mundial: poder entregar carga en cualquier punto de la red mundial en un plazo de dos días.

A pesar de sus grandes esperanzas y cuantiosas inversiones, el esfuerzo mundial resultó un desastre. Flying Tigers resultó un albatros y, aunque las ventas internacionales se duplicaron en un año, las utilidades se desplomaron; Federal Express amasó 1.2 mil millones de dólares de pérdidas en sólo cuatro años. Más aún, la competencia no cejó de robarle clientes en Estados Unidos. Por ejemplo, en 1989, mientras la atención de la empresa estaba centrada en sus operaciones internacionales perdedoras, Airborne, el competidor estadounidense, registró su mejor año en la historia de la empresa, logrando un aumento de ventas de 171%.

¿Qué salió mal? En primer lugar, al parecer, Federal Express sobreestimó el mercado que había en Europa para las entregas inmediatas, que se quedó en apenas 100,000 paquetes diarios. En segundo, la empresa quizá subestimó a la competencia. Aunque FedEx es líder indiscutible del mercado de Estados Unidos, en Europa es un retador. Para ganar en Europa, tuvo que superar a un competidor fuertemente atrincherado, DHL, la líder mundial en las entregas inmediatas internacionales. El agresivo ataque de FedEx en los mercados internacionales provocó una defensa también muy agresiva, no sólo por parte de DHL, sino también de UPS, con sede en Australia, y de otras rivales internacionales grandes. Por ejemplo, DHL reforzó su base internacional forjando relaciones nuevas con Lufthansa y Japan Airlines. UPS invirtió mucho dinero para reforzar su red mundial de entregas, ampliando la cobertura a 175 países. El resultado: demasiados competidores tras muy pocos negocios, bajando los precios y las utilidades de todos.

En mayo de 1992, Federal Express inició una retirada decisiva de su desastrosa campaña en Europa. Cerró sus negocios en más de 100 países, despidió a 6,600 empleados y firmó contratos con otras empresas para que manejaran sus entregas en todas las ciudades de Europa, menos 16 (como Londres, París y Milán), a las que sigue atendiendo en forma directa. Los ejecutivos de FedEx insisten en que retirarse no es igual que rendirse. La empresa sigue siendo líder del mercado de Estados Unidos, y ha conservado una base sólida para crear negocios internacionales más sólidos. La retirada de Europa es sólo una señal de un enfoque más cauteloso ante la expansión internacional. A pesar de las pérdidas, Federal Express ha sacado una enseñanza de su mala fortuna internacional. La lección más importante podría ser que una estrategia competitiva magnífica que lleva a una empresa a ser "ama de los cielos" en casa, no necesariamente servirá en el extranjero.[1]

AVANCE DEL CAPÍTULO

El capítulo 20 gira en torno a la necesidad de "estrategias competitivas" efectivas, basadas en "análisis sólidos de la competencia".

Se empieza **identificando a los competidores**, de acuerdo con la **industria** o la **perspectiva del mercado**. A continuación, se habla de los competidores, inclusive sus **objetivos y estrategias, virtudes y debilidades** y **patrones de reacción**, y de cómo decidir si se los **ataca o evita**.

A continuación, el capítulo explica cómo preparar **estrategias competitivas** basadas en el análisis. En el caso de las **líderes del mercado**, se repasan los enfoques para **expandir el mercado total, proteger la participación en el mercado y ampliar la participación en el mercado**. En el caso de las **retadoras del mercado**, se definen varias **estrategias para el ataque**. Por último, se repasan los enfoques posibles para **las seguidoras del mercado y para las que ocupan nichos en los mercados**.

El capítulo termina con un recordatorio que recomienda el **equilibrio** del enfoque basado en los clientes y el basado en la competencia, pues los dos se necesitan para el éxito.

Hoy no basta con entender a los clientes. La década de 1990 es de gran competencia, en el país y en el extranjero. La mayor parte de las economías están eliminando reglamentos y alentando el juego de las fuerzas del mercado. La Comunidad Europea está retirando las barreras comerciales existentes en los países de Europa Occidental. Las multinacionales están entrando agresivamente en mercados nuevos y aplicando una mercadotecnia global. Así, la única opción que le queda a las empresas, es cultivar la "competitividad". Deben empezar a prestar tanta atención a seguir la pista de sus competidores, como a entender a los clientes que tienen en la mira.

Las empresas pueden conseguir una **ventaja competitiva** apoyándose en el concepto de mercadotecnia, diseñando ofertas que satisfagan las necesidades de los clientes meta *mejor que las ofertas de la competencia*. Pueden proporcionar más valor a los clientes, ofreciendo a los consumidores precios más bajos que los de la competencia, por productos y servicios similares, o bien ofreciendo más beneficios que justifiquen los precios más altos. Así, las estrategias mercadotécnicas no sólo deben tomar en cuenta las necesidades de los consumidores meta, sino también las estrategias de la competencia. El primer paso es el **análisis de los competidores**; es decir, el proceso de identificar a los competidores clave, evaluar sus objetivos, ventajas y debilidades, estrategias y patrones de reacción, y elegir a los que se atacará y a los que se evitará. El segundo paso consiste en elaborar **estrategias competitivas** que coloquen a la empresa en una posición sólida ante sus competidores y que le confieran una ventaja competitiva lo más sólida posible.

ANALISIS DE LA COMPETENCIA

La empresa, para planear estrategias de mercadotecnia competitivas y eficaces, tiene que averiguar todo lo posible acerca de sus competidores. Debe comparar, de manera constante, sus productos, precios, canales y promociones con los de sus competidores cercanos. De tal manera, la empresa podrá encontrar campos con potencial para una ventaja o desventaja competitiva. Además, puede emprender campañas de mercadotecnia más efectivas contra sus competidores y preparar defensas más fuertes contra los actos de la competencia.

Pero ¿que necesitan saber las compañías acerca de sus competidores? por ejemplo, ¿quiénes son éstos? ¿cuáles son sus objetivos? ¿cuales son sus estrategias? ¿cuáles son sus fortalezas y debilidades? ¿qué patrones de reacción presentan? La figura 20-1 ilustra los pasos principales a seguir al analizar a los competidores.

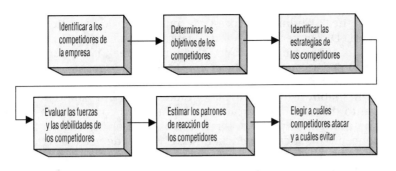

FIGURA 20-1
Pasos para analizar a la
competencia

Cómo identificar a los competidores de la empresa

Cabe suponer que una empresa puede identificar a sus competidores sin mayor problema. Coca-Cola sabe que Pepsi es su mayor competidor; y Caterpillar sabe que compite con Komatsu. En el nivel más evidente, la empresa puede definir a la competencia como las empresas que ofrecen un producto y servicios similares, a los mismos clientes, a precios similares. Por ejemplo, Buick puede considerar que Ford es un competidor importante, pero no así Mercedes ni Hyundai.

Sin embargo, en la actualidad, las empresas se enfrentan a una gama mucho más extensa de competidores. En términos más amplios, la empresa puede definir a la competencia como todas las empresas que fabrican el mismo producto o clase de productos. Por ejemplo, Buick consideraría que compite contra todos los demás fabricantes de autos. En términos incluso más amplios, la competencia incluiría a todas las empresas que fabrican productos que ofrecen el mismo servicio. En este caso Buick consideraría que compite no sólo contra otros fabricantes de autos, sino contra los fabricantes de camiones, motos o, incluso, bicicletas. Por último, en un sentido todavía más amplio, la competencia podría incluir a todas las empresas que compiten por obtener los dólares de los mismos consumidores. En este caso, Buick consideraría que compite contra todas las empresas que venden bienes duraderos de consumo, vacaciones en el extranjero, casas nuevas o reparaciones grandes de casas.

Las empresas deben evitar la "miopía que impide ver a los competidores". Es más probable que una empresa sea "enterrada" por competidores latentes que por competidores presentes. Por ejemplo, Eastman Kodak, en el campo de las películas, se ha venido preocupando por el aumento de la competencia de Fuji, la fabricante japonesa de películas. Sin embargo, Kodak enfrenta una amenaza mucho mayor por los avances recientes de la tecnología de la "cámara sin película". Estas cámaras, vendidas por Canon y Sony, toman fotos fijas en video que se pueden ver en un televisor, convertir en copia y, después, borrar. ¿Puede haber una amenaza mayor para el negocio de las películas que una cámara que no usa película?

El punto de vista de la industria

Muchas compañías identifican a sus competidores desde el punto de vista de la *industria*. Una **industria** es un grupo de empresas que ofrecen un producto o clase de producto que son sustituidos entre sí. Hablamos de la industria automotriz, del petróleo, la farmacéutica o cualquier otra. En cualquier industria, si se eleva el precio de un producto, ocasiona que se eleve la demanda por otro producto. Por ejemplo, si se eleva el precio del café, esto aumenta la demanda del té, refrescos o alguna otra bebida de la industria afín. Así, el café, té y refresco se sustituyen entre sí, aunque físicamente sean productos diferentes. Una compañía debe avocarse a comprender los modelos de competencia de su industria si desea ser un "elemento importante˝ de su industria.

El punto de vista del mercado

En lugar de identificar a la competencia desde el punto de vista de la industria, la empresa puede adoptar el punto de vista del **mercado.** En tal caso, define a la competencia como las empresas que están tratando de satisfacer la misma necesidad de los clientes o servir al mismo grupo de clientes. Desde el punto de vista de la industria, Coca-Cola puede considerar que sus competidores son Pepsi, Dr Pepper, 7-Up y otros fabricantes de refrescos. Sin embargo, desde el punto de vista del mercado, el cliente en realidad quiere "apagar su sed". Esta necesidad se puede satisfacer con té helado, jugos de fruta, agua embotellada y muchos otros líquidos. Así, Crayola podría definir a su competencia como los demás fabricantes de crayolas y material infantil para dibujar. Empero, desde el punto de vista del mercado, incluiría como competencia a todas las empresas que produzcan productos recreativos para el mercado infantil. En general, el concepto de la competencia desde el punto de vista del mercado abre la vista a una serie más amplia de competidores, presentes y en potencia. Esto conduce a mejores planes de mercado, a largo plazo.

La clave para identificar a los competidores está en ligar el análisis de la industria y el del mercado, definiendo los productos/segmentos del mercado. La figura 20-2 contiene los productos/segmentos del mercado de los dentífricos por tipo de producto y grupo de edad de los clientes. En ella, P&G (con varias versiones de Crest y Gleem) y Colgate-Palmolive (con Colgate) ocupan seis de los segmentos. Lever Brothers (Aim), Beecham (Aqua Fresh) y Topol ocupan dos segmentos cada una. Si Topol quisiera entrar a otros segmentos, tendría que estimar el tamaño del mercado de cada segmento, la parte del mercado que tienen los competidores presentes y su actual capacidad, objetivos y estrategias. Está claro que cada producto/segmento del mercado presentaría diferentes problemas y oportunidades competitivas.

Cómo determinar los objetivos de la competencia

La gerencia, una vez que ha identificado a los principales competidores, se pregunta: ¿Qué busca cada competidor en el mercado? ¿Qué motiva el comportamiento de cada competidor?

Al principio, el mercadólogo podría suponer que todos los competidores quieren maximizar sus utilidades y determinar sus acciones, en consecuencia. Sin embargo, las empresas no siempre conceden la misma importancia a las utilidades a corto plazo y a las de largo plazo. Además, algunos competidores pueden inclinarse por "satisfacer", en lugar de por "maximizar" las utilidades. Han establecido metas para las utilidades y se satisfacen con alcanzarlas, incluso aunque podrían haberse producido más utilidades usando otras estrategias.

Por tanto, los mercadólogos deben ver más allá de las metas de las utilidades de la competencia. Cada competidor cuenta con una mezcla de objetivos, cada uno de ellos con diferentes grados de importancia. La empresa querrá conocer la importancia relativa que el competidor concede a la rentabilidad corriente, el crecimiento de la participación en el mercado, el flujo de efectivo, el liderato tecnológico, el liderato en los servicios y otras metas. El hecho de conocer la mezcla de objetivos del competidor revela si éste está satisfecho con la situación presente y cómo podría reaccionar ante diferentes actos de la competencia. Por ejemplo, una empresa que quiere ser líder en costos bajos reac-

**FIGURA 20-2
Segmentos del
producto/mercado de los
dentífricos**

Fuente: William A. Cohen. *Winning on
the Marketing Front* (Nueva York: John
Wiley & Sons, 1986), p. 63.

Segmentación por clientes

Segmentación por productos	Niños/jóvenes	19-35 años	+36 años
Dentrífico normal	Colgate-Palmolive Procter & Gamble	Colgate-Palmolive Procter & Gamble	Colgate-Palmolive Procter & Gamble
Dentrífico con fluoruro	Colgate-Palmolive Procter & Gamble	Colgate-Palmolive Procter & Gamble	Colgate-Palmolive Procter & Gamble
Gel	Colgate-Palmolive Procter & Gamble Lever Bros.	Colgate-Palmolive Procter & Gamble Lever Bros.	Colgate-Palmolive Procter & Gamble Lever Bros.
Con rayas	Beecham	Beecham	
Dentrífico para fumadores		Topol	Topol

cionará con mucha más fuerza a los avances de un competidor para reducir los costos de producción que a un incremento en publicidad del mismo competidor. Además, la empresa deberá vigilar los objetivos de sus competidores en cuanto al ataque de diversos productos/segmentos del mercado. Si la empresa encuentra que un competidor ha descubierto un segmento nuevo, podría ser una oportunidad. Si encuentra que la competencia tiene planes de entrar a segmentos cubiertos actualmente por la empresa, quedará advertida y, cabe esperar, que prevenida.

Cómo identificar las estrategias de los competidores

Cuanto más se parezca la estrategia de una empresa a la estrategia de otra empresa, tanta más competencia habrá. En la mayor parte de las industrias, los competidores se pueden clasificar por grupos que persiguen diferentes estrategias. Un **grupo estratégico** es un grupo de empresas, en una industria, que siguen la misma estrategia, o una similar, dentro de un mercado dado. Por ejemplo, en el caso de la industria de los electrodomésticos, General Electric, Whirlpool y Sears pertenecen al mismo grupo estratégico. Cada una de ellas produce una línea completa de aparatos de mediano precio y ofrece buenos servicios. Maytag y Kitchen Aid, por otra parte, pertenecen a otro grupo estratégico. Producen una línea limitada de aparatos de primerísima calidad, ofrecen muy buenos servicios y cobran un precio elevado.

Al identificar los grupos estratégicos se obtiene información importante. Por ejemplo, si una empresa entra dentro de uno de los grupos, los miembros de dicho grupo pasan a ser sus competidores principales. Por tanto, si la empresa entra al primer grupo, contra General Electric, Whirlpool y Sears, sólo podrá triunfar si consigue algunas ventajas estratégicas frente a estos grandes competidores.

Aunque la competencia es más intensa dentro de un grupo estratégico, también existe rivalidad entre grupos. En primer término, algunos grupos estratégicos podrían resultar atractivos para segmentos de clientes que se traslapan. Por ejemplo, sea cual fuere su estrategia, todos los fabricantes importantes de electrodomésticos perseguirán el segmento de constructores de apartamentos y casas. En segundo, los clientes podrían no notar grandes diferencias en las ofertas de los diferentes grupos; podrían encontrar muy poca diferencia de calidad entre Whirlpool y Maytag. Por último, los miembros de un grupo estratégico podrían expandirse a segmentos estratégicos nuevos. Por ejemplo, General Electric podría optar por ofrecer una línea de primera calidad y precio elevado para competir con Kitchen Aid.

La empresa tiene que analizar todas las dimensiones que identifican a los grupos estratégicos dentro de la industria. Debe conocer la calidad, las características y la mezcla del producto de cada competidor, sus servicios a los clientes, políticas de precios, cobertura de la distribución, estrategia de su fuerza de ventas, así como los programas de publicidad y promoción de ventas. Además, debe estudiar detalles de las estrategias de cada competidor para investigación y desarrollo, producción, adquisiciones, finanzas y otras más.

Cómo medir la fuerza y la debilidad de los competidores

¿Pueden los competidores de una empresa aplicar sus estrategias y alcanzar sus metas? Esto dependerá de los recursos y la capacidad de cada competidor. Los mercadólogos deben identificar, con exactitud, las fuerzas y las debilidades de cada competidor.

Para empezar, la empresa reúne datos clave de las actividades de cada competidor en el transcurso de los años pasados. Quiere conocer cosas acerca de las metas, las estrategias y la actuación del competidor. Sobra decir que parte de esta información será muy difícil de conseguir. Por ejemplo, las empresas del ramo de los bienes industriales tienen problemas para estimar la parte del mercado que cubren sus competidores porque no tienen los mismos servicios de datos sindicados que están a disposición de las empresas de bienes de consumo empacados. Es más, toda la información que puedan conseguir les ayudará a estimar mejor la fuerza y la debilidad de cada competidor.

Las empresas suelen conocer la fuerza y la debilidad de sus competidores por medio de datos secundarios, experiencias personales y palabras de terceros. Además, pueden adquirir más información realizando investigaciones de mercado primarias con clientes, proveedores y distribuidores. En fecha reciente, muchas compañías se han dirigido a encontrar **puntos de comparación**; es decir, a comparar los productos y los procesos de la empresa con los de la competencia o los de empresas líderes en otras industrias, con objeto de encontrar la manera de mejorar la calidad y el rendimiento. Esta selección de puntos de comparación se ha convertido en un potente instrumento para elevar la competitividad de la empresa (véase Puntos Importantes de la Mercadotecnia 20-1).

Una empresa, cuando busca las debilidades de la competencia, debe tratar de identificar hipótesis sobre sus actividades y el mercado que ya no sean válidas. Algunas empresas piensan que tienen la mejor calidad de la industria, cuando ya no es así. Muchas empresas caen víctimas de reglas tradicionales, por ejemplo "los clientes prefieren a las empresas que tienen líneas enteras", "el cuerpo de vendedores es el único instrumento de mercadotecnia importante", o "los clientes conceden más valor al servicio que al precio". Si un competidor está funcionando con una hipótesis importante equivocada, la empresa puede aprovechar el hecho.

Cómo calcular los patrones de reacción de la competencia

Los objetivos, las estrategias, las fuerzas y las debilidades de un competidor coadyuvan a explicar cómo podría actuar y también cómo podría reaccionar ante algunas medidas de la empresa, por ejemplo una reducción de precios, un aumento de promociones o la introducción de un producto nuevo. Por otra parte, cada competidor tiene una filosofía dada para realizar negocios, así como cierta cultura interna y postulados generales. Los gerentes de mercadotecnia deben conocer a

La expansión a otro segmento estratégico: General Electric ofrece una línea de aparatos eléctricos para cocina de primera calidad y precio elevado.

fondo la mentalidad de la competencia para poder anticiparse a los actos y las reacciones de sus competidores.

Cada uno de los competidores reaccionará de manera diferente. Algunos no reaccionarán con rapidez ni vigor a una medida tomada por un competidor. Quizá presupongan que sus clientes son leales, o sean lentos para darse cuenta de la medida o, tal vez, carezcan de los fondos necesarios para reaccionar. Algunos competidores sólo reaccionan a unos tipos de ataques y no a otros. Quizá siempre respondan con fuerza a las reducciones de precios, con objeto de enviar la señal de que éstos jamás triunfarán. Sin embargo, podrían no responder en absoluto a un aumento de publicidad, presuponiendo que ésta representa una amenaza menor. Otros competidores reaccionarán con rapidez y fuerza ante cualquier ataque. Por ejemplo, P&G no permite que un detergente nuevo entre en el mercado con facilidad. Muchas empresas evitan competir de manera directa con P&G y buscan presas más fáciles, pues saben que P&G reaccionará ferozmente ante los desafíos. Por último, algunos competidores no reaccionan siguiendo un patrón pronosticable. Podrían reaccionar o no hacerlo en determinadas ocasiones y no existe forma de anticipar sus actos con base en su economía, historial o cualquier otro elemento.

En algunas industrias los competidores conviven en relativa armonía; en otras están luchando permanentemente. El hecho de saber cómo reaccionará la competencia presenta a la empresa pistas para saber cómo atacar a sus competidores o cómo defender bien sus posiciones actuales.[2]

Cómo decidir a quién atacar y a quién evitar

La gerencia ya ha determinado, en gran medida, cuáles son sus principales competidores, por medio de decisiones tomadas con anterioridad en cuanto a los objetivos que tiene en la mira, los canales de distribución y la estrategia para la mezcla de mercadotecnia. Estas decisiones definen el grupo estratégico al que pertenece la empresa. Ahora, la gerencia tendrá que decidir hacia cuáles competidores dirigirá su mayor lucha. La empresa puede dirigir su ataque considerando los diversos tipos de competidores.

Competidores fuertes o débiles

La mayor parte de las empresas prefieren dirigir sus tiros hacia los competidores débiles, pues ello requiere menos recursos y tiempo. Empero, al hacerlo así, la empresa podría salir ganando muy poco. Cabe afirmar que la empresa también debe luchar contra competidores fuertes a efecto de aguzar sus capacidades. Es más, incluso los competidores fuertes tienen algunas debilidades y, vencerlos, suele brindar más frutos.

Un intrumento de gran utilidad para medir las fuerzas y las debilidades de un competidor es el **análisis de los valores de los clientes**; es decir, preguntar a los clientes cuáles son los beneficios que, en su opinión, tienen valor y la calificación que le otorgan a la empresa, en comparación con otros competidores, en cuanto a atributos importantes (véase Puntos Importantes de la Mercadotecnia 20-2). El análisis de los valores de los clientes también detecta aquellos campos donde la empresa podría ser vulnerable a los actos de la competencia.

Competidores próximos o distantes

La mayor parte de las empresas compiten con los competidores que más se les parecen. Por ejemplo, Chevrolet compite más contra Ford que contra Jaguar. Por otra parte, la empresa quizá trate de no "destruir" a un competidor cercano. El siguiente ejemplo habla de un "triunfo" cuestionable:

A finales de la década de 1970, Bausch & Lomb había actuado agresivamente contra otros fabricantes de lentes blandos con gran éxito. Empero, ello condujo a que un competidor tras otro se vendieran a empresas más grandes como Revlon, Schering-Plough y Johnson & Johnson y, en consecuencia, Bausch & Lomb tuvo que enfrentarse a competidores mucho mayores y pagar los resultados. Por ejemplo, Johnson & Johnson adquirió Vistakon, empresa que ocupaba un nicho pequeño, con

CÓMO SIRVE UN PUNTO DE COMPARACIÓN PARA MEJORAR LA ACTUACIÓN COMPETITIVA

En la mayor parte de las industrias existen una o unas cuantas empresas que actúan mucho mejor que la competencia. Una empresa de categoría mundial puede llevarle una ventaja de 10 veces a una empresa promedio en cuanto a su calidad, desempeño y costos. Así, el marcar un punto de comparación se convierte en un arte para averiguar cómo y por qué algunas empresas efectúan algunas tareas mucho mejor que otras.

La empresa que marca un punto de comparación trata de imitar, o más aún, de superar las mejores prácticas de las otras empresas. Los japoneses usaron mucho este método después de la Segunda Guerra Mundial copiando muchos productos y prácticas estadounidenses. En 1979, Xerox emprendió uno de los primeros proyectos importantes en Estados Unidos a partir de un punto de comparación. Xerox quería saber cómo podían los competidores japoneses producir copiadoras más confiables y cobrar precios inferiores a los costos de producción de Xerox. Xerox compró copiadoras japonesas y las estudió por medio de una "ingeniería inversa" y aprendió a mejorar muchísimo la confiabilidad y los costos de sus propias copiadoras. Sin embargo, Xerox no paró ahí. Se planteó más interrogantes: ¿Se cuentan los científicos y los ingenieros de Xerox entre los mejores en sus respectivas especialidades? ¿Se cuentan el personal y las prácticas de mercadotecnia y de ventas de Xerox entre los mejores del mundo? Para contestar a estas preguntas, la empresa tuvo que identificar a las empresas con las "mejores prácticas" en el mundo y tuvo que aprender de ellas. Si bien el punto de comparación en un principio serviría para estudiar los productos y los servicios de otras empresas, más adelante se extendió para incluir puntos de comparación en cuanto a procesos laborales, funciones del personal, actuación de la organización y el proceso entero para proporcionar valor al cliente.

Una de las empresas pioneras en usar el punto de comparación fue Ford. Ford estaba perdiendo ventas ante los fabricantes de autos de Europa y Japón. Don Peterson, a la sazón presidente de Ford, giró instrucciones a sus ingenieros y diseñadores para que construyeran un auto nuevo que combinara las 400 características que, según los clientes de Ford, eran las más importantes. Si Saab fabricaba los mejores asientos, entonces Ford debería copiar los asientos de Saab. Si Toyota rendía más litros por kilómetro y si BMW tenía el mejor sistema para guardar el gato y el neumático de refacción, entonces Ford debería copiar estas características también. Sin embargo, Peterson llegó más allá: pidió a los ingenieros que "mejoraran lo mejor" en la medida de lo posible. Cuando el auto nuevo (el exitoso Taurus) quedó terminado, Peterson afirmó que sus ingenieros habían mejorado, y no sólo copiado, las mejores características de los autos de la competencia.

En otro proyecto a partir de un punto de comparación, Ford encontró que empleaba a 500 personas para manejar sus cuentas por cobrar, mientras que Mazda, su socia en participación con japoneses, realizaba la misma tarea con 10 personas. Después de estudiar el sistema de Mazda, Ford instaló un "sistema de voz interna" que redujo su equipo a 200 personas.

Hoy, muchas empresas como AT&T, IBM, Kodak, Du Pont, Intel, Marriott y Motorola usan los puntos de comparación como un instrumento normal. Algunas empresas sólo usan a las mejores empresas de su industria para establecer el punto de comparación. Otras lo establecen a partir de las "mejores prácticas" del mundo. En este sentido, establecer un punto de comparación va más allá de un simple "análisis de la competencia". Por ejemplo, Motorola inicia cada proyecto, estableciendo su punto de comparación tras una búsqueda de lo "mejor de su género" en el mundo. Según uno de sus ejecutivos: "Cuanto más lejos de nuestra industria buscamos las comparaciones, tanto más nos complacen. En última instancia, estamos buscando la superioridad competitiva y no sólo una paridad competitiva".

Un ejemplo de la búsqueda del "mejor de su género" sería el caso de Robert C. Camp, el experto en fijar puntos de partida para Xerox, que voló a Freeport, Maine, para entrevistarse con L. L. Bean, la empresa de catálogos para "exteriores". Camp quería averiguar cómo se las arreglaban los trabajadores de los almacenes de L. L. Beans para "recoger y empacar" artículos al triple de velocidad que Xerox. Como no era su competidor, L. L. Bean con gusto describió su práctica y Xerox acabó rediseñando su sistema de computación y de almacenes. En otra ocasión, Xerox tomó como punto de comparación a American Express en cuanto a su experiencia en facturación, y a motores Cummins en cuanto a su experiencia en programas de producción.

Para establecer un punto de comparación se deben seguir siete pasos: (1) determinar qué funciones serán el punto de comparación; (2) identificar las variables clave de la actuación que se medirán; (3) identificar a las mejores empresas de su clase; (4) medir la actuación de las mejores empresas de su clase; (5) medir la actuación de la empresa; (6) especificar los programas y las medidas para estrechar la brecha, y (7) aplicar los resultados y vigilarlos.

Cuando una empresa trabaja con puntos de comparación, puede tratar de aplicar dichos puntos a todas sus actividades. Puede constituir un departamento de puntos de comparación que fomente su práctica y que le enseñe sus técnicas al personal de otros departamentos. Sin embargo, establecer puntos de comparación toma tiempo y cuesta mucho dinero. Las empresas sólo deben aplicar los puntos de comparación a tareas medulares que afecten profundamente la satisfacción de los clientes y los costos de la empresa, y cuando se tenga la certeza de que existe una actuación sustancialmente mejor.

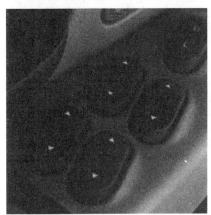

Cuando Ford rediseñó el Taurus, tomó como punto de comparación estas características y otras 200 más, comparándolas con las de sus mayores competidores. Estos puntos de comparación sirvieron para que Ford fabricara el auto más vendido del mundo.

¿Cómo puede una empresa identificar a las empresas que tienen las "mejores prácticas"? Como punto de partida se le puede preguntar a clientes, proveedores y distribuidores que digan quién, en su opinión, realiza mejor su trabajo. También, la empresa se puede poner en contacto con empresas dedicadas a la asesoría y que cuentan con grandes archivos de las "mejores prácticas". Cabe destacar que el punto de comparación se puede establecer sin recurrir al espionaje industrial.

Una vez identificadas las empresas que cuentan con la "mejor práctica", la empresa tiene que medir su rendimiento respecto a los costos, tiempos y calidad. Por ejemplo, una empresa que estudiaba su proceso para la administración de suministros descubrió que sus costos de adquisición eran cuatro veces superiores a los de sus competidores en el mundo, que su selección de proveedores tardaba cuatro veces más que la de éstos y que su tiempo de entrega era 16 veces peor que la de ellos.

Algunos críticos sugieren que las empresas deben tener cuidado de no confiar *demasiado* de los puntos de comparación. Lo advierten porque los puntos de comparación toman la actuación de otras empresas como punto de partida y ello puede entorpecer la verdadera creatividad. Además, puede conducir a un producto o práctica tan sólo marginalmente mejor, cuando las otras empresas están dando grandes zancadas hacia adelante. Con mucha frecuencia, los estudios para establecer pun-

tos de comparación toman muchos meses y, para entonces, quizás hayan surgido mejores prácticas en otras partes. Los puntos de comparación pueden hacer que la empresa se concentre demasiado en la competencia, al tiempo que pierde contacto con las necesidades cambiantes de los consumidores. Por último, los puntos de comparación pueden distraer esfuerzos para aplicar otras mejoras en las competencias medulares de la empresa.

Sin embargo, una empresa no se debe limitar a sólo analizar el interior cuando está tratando de mejorar su actuación en forma constante. Para tener una ventaja competitiva, debe comparar sus productos y procesos con los de sus competidores y los de las empresas líderes de otras industrias. Por ello, los puntos de comparación siguen siendo uno de los instrumentos más potentes para mejorar la calidad y la actuación competitiva.

Fuente: Robert C. Camp, *Benchmarking, The Search for Industry-Best Practices that Lead to Superior Performance* (White Plains, NY: Quality Resources, 1989); A. Steven Walleck, *et al.*, "Benchmarking World Class Performance", *McKinsey Quarterly*, Núm. 1, 1990, pp. 3-24; Michael J. Spendolini, *The Benchmarking Book* (Nueva York: AMACOM, 1992); Jeremy Main, "How to Steal the Best Ideas Around", *Fortune*, 19 de octubre de 1992; y Betsy Weisendanger, "Benchmarking for Beginners", *Sales & Marketing Management*, noviembre de 1992, pp. 59-64.

PUNTOS IMPORTANTES DE LA MERCADOTECNIA 20-2

ANÁLISIS DEL VALOR PARA EL CLIENTE: LA CLAVE DE LA VENTAJA COMPETITIVA

Al estudiar a la competencia y buscar una ventaja competitiva, uno de los instrumentos de mercadotecnia más valiosos es el *análisis del valor para el cliente*. El propósito de un análisis del valor para el cliente es determinar los beneficios que tienen valor para los clientes que estén en la mira y la forma en que éstos califican el valor relativo de las diferentes ofertas de la competencia. Los pasos principales del análisis del valor para el cliente serían:

1. *Identificar los principales atributos que merecen valor para los clientes.* Diferentes personas de la empresa pueden tener ideas diferentes en cuanto a las cosas que valúan los clientes. Por tanto, los investigadores de mercadotecnia de la empresa deben preguntar a los propios clientes cuáles son las características y los grados de desempeño que pretenden obtener cuando eligen un producto o a un vendedor. Los diferente clientes hablarán de diferentes características y beneficios. Si la lista es demasiado larga, el investigador puede suprimir los atributos que se repiten.

2. *Determinar la importancia de los diferentes atributos.* En este caso, se pide a los clientes que califiquen o clasifiquen la importancia que tienen diferentes factores. Si las calificaciones de los clientes varían mucho, se deben agrupar en diferentes segmentos de clientes.

3. *Determinar la actuación de la empresa y de la competencia en cuanto a diferentes valores para los clientes, que califiquen con las calificaciones de la importancia de los valores.* A continuación, se pide a los clientes que califiquen la actuación de cada competidor en cuanto a cada atributo. En un plano ideal, la actuación de la empresa tendrá calificaciones altas en los atributos que los clientes valoran más y bajas en los atributos que los clientes valoran menos. Dos noticias malas serían: (a) la actuación de la empresa

merece calificaciones altas para atributos menores (un caso de "matar por lo alto"), y (b) la actuación de la empresa merece calificaciones bajas para atributos mayores (un caso de "matar por lo bajo"). La empresa también debe fijarse en las calificaciones que merece cada competidor en cuanto a los atributos importantes.

4. *Estudiar la forma en que los clientes de un segmento específico califican la actuación de la empresa, comparándola con un competidor importante específico, atributo por atributo.* La clave para tener ventaja competitiva es tomar cada segmento de clientes y estudiar cómo queda la oferta de la empresa en comparación con la de su principal competidor. Si la oferta de la empresa queda mejor que la del competidor en todos los atributos importantes, la empresa puede cobrar un precio más alto y obtener más utilidades, o puede cobrar el mismo precio y conseguir mayor participación en el mercado. Sin embargo, si resulta que la actuación de la empresa es inferior a la de su principal competidor en cuanto a algunos atributos importantes, tendrá que invertir en reforzar esos atributos o en encontrar otros atributos importantes donde pueda llevarle ventaja al competidor.

5. *Vigilar los cambios de los valores de los clientes con el tiempo.* Aunque los valores de los clientes son bastante estables a corto plazo, es probable que cambien conforme aparezcan tencologías y características de la competencia y conforme los clientes vivan en diferentes climas económicos. Una empresa que presupone que los valores de los clientes permanecerán estables estará coqueteando con el peligro. La empresa debe revisar los valores de los clientes y la posición de la competencia, de tiempo en tiempo, para que sus estrategias sean eficaces.

---

ventas anuales por sólo 20 millones de dólares y que cubría una parte mínima del mercado de lentes de contacto para personas con astigmatismo. Sin embargo, respaldada por la rica talega de J&J, Vistakon resultó un magnífico contrincante. Cuando la unidad de Vistakon, pequeña y ágil, introdujo sus innovadores lentes desechables Acuvue, la gran Bausch & Lomb tuvo que tragarse una sopa de su propio chocolate. Según un analista, "La velocidad del desarrollo [de Acuvue] y lo novedoso de los anuncios, con elevado presupuesto [de J&J], dejaron a la gigantesca Bausch & Lomb... completamente apaleada". Para 1992, Vistakon de J&J ocupaba el primer lugar del segmento de los lentes desechables, el cual crecía a gran velocidad, y había captado alrededor del 25% del mercado entero de los lentes de contacto de Estados Unidos.[3]

En este caso, una empresa logró perjudicar a una rival próxima, pero propició la entrada de más competidores rudos.

Competidores "bien portados" o "perturbadores"

Una empresa, en verdad, necesita tener competidores y se puede beneficiar del hecho. La existencia de estos competidores produce varios beneficios estratégicos. La competencia puede servir para aumentar la demanda total. Los competidores comparten los costos del desarrollo de mercados y productos y coadyuvan a legitimar la tecnología nueva. Además, pueden abarcar segmentos menos atractivos o conducir a mayor diferenciación de los productos. Por último, reducen el riesgo de que aparezcan monopolios y aumentan el poder de negociación ante los sindicatos y los reguladores.

Sin embargo, la empresa quizá piense que no todos sus competidores son benéficos. Una industria suele contener competidores "bien portados" y competidores "perturbadores".[4] Los competidores bien portados juegan de acuerdo con las reglas de la industria. Son partidarios de una industria estable y sana, establecen precios que guardan una relación razonable con los costos, motivan a otros para que bajen sus costos o mejoren la diferenciación y aceptan un grado razonable de participación en el mercado y las utilidades. Los competidores perturbadores, por otra parte, infringen las reglas. Tratan de comprar su participación del mercado en lugar de ganársela, corren grandes riesgos, invierten en demasiada capacidad y, en términos generales, convulsionan a la industria. Por ejemplo, American Airlines considera que Delta y United son competidoras bien portadas porque juegan de acuerdo con las reglas y tratan de establecer tarifas sensatas. Empero, American considera que TWA, Contienental y America West son competidoras perturbadoras porque desestabilizan la industria de las líneas aéreas en razón de sus constantes descuentos de precios y alocados planes de promoción. La empresa hará bien en respaldar a los competidores bien portados y en dirigir sus ataques contra los perturbadores. Por ejemplo, algunos analistas afirman que los inmensos descuentos de tarifas aplicados por American en el verano de 1992 estuvieron diseñados, con toda intención, para darle una lección a las líneas aéreas renegadas y perturbadoras, o para sacarlas totalmente del negocio.[5]

Lo anterior implica que las empresas "bien portadas" deben tratar de configurar una industria que esté compuesta sólo por competidores bien portados. Por medio de licencias otorgadas con sumo cuidado, venganzas selectivas y coaliciones pueden dar forma a la industria, de tal manera que la competencia se comporte en forma racional y armónica, siga las reglas y trate de ganar su participación en lugar de comprarla, y se diferencie un poco para competir de manera menos directa.

Cómo diseñar un sistema de inteligencia sobre la competencia

Se ha descrito la información general sobre la competencia que deben tener las personas que toman las decisiones en una empresa. Esta información se debe reunir, interpretar, distribuir y usar. Aunque reunir información de inteligencia sobre la competencia cuesta mucho dinero y requiere tiempo, es más caro no reunirla. Además, la empresa debe diseñar su sistema de inteligencia sobre la competencia con base en costos efectivos.

El sistema de inteligencia sobre la competencia empieza por identificar los tipos de información vital sobre la competencia, así como las fuentes más adecuadas para reunirla. A continuación, el sistema se dedica a reunir información, en forma permanente, del campo (fuerza de ventas, canales, proveedores, investigaciones de mercado, agrupaciones comerciales) y de datos publicados (publicaciones del gobierno, discursos, artículos). Luego, el sistema analiza la información para conocer su validez y confiabilidad, la interpreta y la organiza en forma adecuada. Por último, envía la información a las personas correspondientes para que éstas tomen decisiones y respondan a las preguntas formuladas por los administradores acerca de los competidores.

Con este sistema, los administradores de la empresa pueden recibir información oportuna sobre la competencia por medio de llamadas telefónicas, boletines, avisos e informes. Además, los administradores se pueden poner en contacto con el sistema cuando necesitan interpretar el movimiento repentino de un competidor, cuando quieren conocer la fuerza y la debilidad de un competidor o cuando tienen que saber la forma en que un competidor responderá a una acción proyectada por la empresa.

Las empresas pequeñas que no tengan capacidad para establecer una oficina formal de inteligencia sobre la competencia, pueden pedir a determinados ejecutivos que se encarguen de la tarea de vigilar a competidores específicos. Por ejemplo, si un gerente trabajó con un competidor, éste puede seguir de cerca todos los cambios referentes a dicho competidor y sería el experto "interno" sobre dicho competidor. Cualquier administrador que necesitara saber algo de un competidor dado se podría poner en contacto con el experto interno asignado al caso.[6]

ESTRATEGIAS PARA LA COMPETENCIA

La empresa, tras identificar y evaluar a los competidores más importantes, tendrá que diseñar estrategias de mercadotecnia generales para competir y colocar su oferta, en la mente de los consumidores, en la mejor posición posible ante las ofertas de la competencia; estrategias que le darán a la empresa o a sus productos la ventaja competitiva más solida posible.[7] Sin embargo, ¿qué estrategias de mercadotecnia generales podría usar la empresa? ¿Cuáles son más convenientes para una compañía cualquiera o para las diferentes divisiones y productos de la empresa?

No existe una única estrategia conveniente para todas las empresas. Cada empresa tendrá que determinar cuál tiene más sentido dada su posición en la industria y sus objetivos, oportunidades y recursos. Incluso dentro de una empresa, quizá se requieran diferentes estrategias para diferentes actividades o productos. Johnson & Johnson aplica una estrategia de mercadotecnia para sus marcas líderes en mercados de consumo estable y otra estrategia de mercadotecnia para sus productos y negocios nuevos en el campo de la salud y la tecnología de punta. A continuación se analizan las estrategias de mercadotecnia generales que pueden usar las empresas para competir.

Posiciones competitivas

Las empresas que compiten en un determinado mercado meta, en un momento dado cualquiera, tendrán diferentes objetivos y recursos. Habrá empresas grandes y pequeñas, algunas tendrán muchos recursos y otras tendrán pocos fondos, algunas serán antiguas y estarán bien establecidas, otras serán nuevas y frescas, algunas lucharán porque su participación en el mercado crezca velozmente, mientras que otras buscarán las utilidades a largo plazo. Además, las empresas ocuparán diferentes posiciones competitivas en el mercado meta.

Michael Porter dice que las empresas pueden aplicar cuatro estrategias básicas para ocupar sus posiciones competitivas: tres estrategias para ganar y una para perder.[8] Las estrategias para ganar serían:

Liderato general de costos. En este caso la empresa se esfuerza por alcanzar los costos más bajos de producción y distribución, de tal manera que le permitan poner precios más bajos que sus competidores y abarcar una parte grande del mercado. Texas Instruments y Wal-Mart son líderes aplicando esta estrategia.

Diferenciación. En este caso, la empresa se dedica a crear una línea de productos y un programa de mercadotecnia sumamente diferenciados, de tal manera que se proyecta como líder de su clase dentro de la industria. La mayor parte de los clientes preferirían tener esta marca si su precio no fuera demasiado alto. IBM y Caterpillar siguen esta estrategia en el campo de las computadoras y la maquinaria pesada para construcción, respectivamente.

Punto focal. En este caso la empresa dirige su punto focal a atender muy bien a unos cuantos segmentos del mercado, en lugar de abarcar el mercado entero. Por ejemplo, la vidriera AFG Industries se concentra en los usuarios de vidrio templado y teñido;

fabrica 70% del vidrio para puertas de hornos de microondas y 75% del vidrio para puertas de baño y cubiertas de mesas de jardín. Por otra parte, U.S. Surgical se concentra en fabricar instrumentos para cirugía laparoscópica; cirugía que se practica introduciendo una pequeña cámara de televisión en el cuerpo, así como instrumentos quirúrgicos delgados y con mangos muy largos. U.S. Surgical cubre 80% de este mercado.[9]

Las empresas que aplican una estrategia clara (una de las antes mencionadas) tienen muchas probabilidades de funcionar bien. La empresa que aplique mejor esa estrategia será la que obtenga más utilidades. Sin embargo, las empresas que no aplican una estrategia clara, *las que se quedan a medio camino,* saldrán muy mal libradas. Sears, Chrysler e International Harvester pasaron por dificultades porque no se destacaron como la empresa de costos más bajos, la de mayor valor percibido ni la mejor en sus servicios para ese segmento del mercado. Las empresas que están a medio camino tratan de destacar en las tres estrategias, pero acaban por no sobresalir en ninguna (véase Puntos Importantes de la Mercadotecnia 20-3).

Se adoptará una clasificación diferente para las posiciones competitivas, con base en el papel que la empresa desempeña en el mercado hacia el cual se dirige: líder, retadora, seguidora y ocupante de nicho. Suponga que una industria contiene las empresas que muestra la figura 20-3. 40% de ese mercado está en manos de la **líder del mercado**, la empresa que abarca mayor parte del mercado. Otro 30% está en manos de una **retadora del mercado**, una empresa ascendente que está luchando duro por ampliar su participación en el mercado. Otro 20% está en manos de una **seguidora del mercado**, otra empresa ascendente que quiere conservar su participación, pero sin hacer olas. El 10% restante está en manos de las que **ocupan nichos**, empresas que cubren los segmentos pequeños que no le interesan a las demás.

A continuación se analizarán las estrategias de mercadotecnia específicas a disposición de las empresas líder, las retadoras, las seguidoras y las que ocupan nichos en el mercado. En las siguientes secciones, recuerde que las clasificaciones de las posiciones competitivas muchas veces no se aplican a la empresa entera, sino sólo a su posición en una industria específica. Por ejemplo, las empresas grandes y diversificadas, como IBM, Sears o General Mills, o sus negocios, divisiones o productos individuales, pueden ser líderes en algunos mercados y ocupar nichos en otros. Por ejemplo, Procter & Gamble es líder en muchos segmentos de bienes de consumo empacados, como los detergentes para ropa o para vajillas, los pañales desechables y el champú, pero es retadora de Lever Brothers en el campo de los jabones de tocador. Estas empresas suelen usar diferentes estrategias para diferentes unidades de negocios o productos, dependiendo de la situación competitiva de cada uno de ellos.

Estrategias del líder del mercado

La mayor parte de las industrias contienen a una líder reconocida en el mercado. La líder cuenta con la parte más grande del mercado y, por regla general, dirige a las otras empresas tratándose de cambios de precios, introducción de productos nuevos, cobertura de la distribución y gasto para promociones. La líder puede ser admirada y respetada o no serlo, pero las otras empresas aceptan su dominio. La líder es el punto focal de la competencia, una empresa digna de desafíos, imitaciones o evasiones. Algunas líderes de mercado bien conocidas son General Motors (autos), Kodak (fotografía), IBM (computadoras), Caterpillar (maquinaria agrícola), Coca-Cola (refrescos), Campbell (sopas), Wal-Mart (detallista), McDonald's (comida rápida) y Gillette (rasuradoras).

La existencia de una empresa líder no es nada fácil. Debe estar siempre vigilante. Las demás empresas están siempre desafiando sus fuerzas o tratando de sacar provecho de sus debilidades. No es difícil que la líder del mercado no vea un recoveco en el mercado y caiga a segundo o tercer lugar. Se puede presentar la innovación de un producto y dañar a la líder (por ejemplo, cuando Tylenol, el analgésico sin aspirina, le quitó el liderato a la Aspirina de Bayer, o cuando Tide, el primer detergente de ropa sintética de P&G le ganó a las marcas líderes de Lever Brothers).

PUNTOS IMPORTANTES DE LA MERCADOTECNIA 20-3

ESTRATEGIAS COMPETITIVAS: NO SE QUEDE A MEDIO CAMINO

Antes, formar parte de la corriente principal era una bendición para los productos, ahora es una maldición. Hoy, las empresas de la mayor parte de las industrias tienen mercados que crecen con gran lentitud y son ferozmente competitivos. Es más, el ingreso de las familias ha aumentado con gran lentitud durante los pasados 10 años, haciendo que los consumidores de todos los niveles de ingresos busquen gangas. Al mismo tiempo, los consumidores de clase media, que no están muy seguros de su posición económica, prefieren no ser identificados con las marcas que están a medio camino. En consecuencia, o compran ahorrativamente y optan por gangas, o se desatan y envuelven en marcas de prestigio.

Empresas con nombres sólidos, a medio camino, como Sears o Holiday Inn están luchando contra una manada de competidores nuevos que las golpean por arriba y por abajo. Rodeadas por rivales que ofrecen bienes más lujosos o bienes sencillos y más baratos, las empresas con productos intermedios están viendo cómo menguan sus mercados y están buscando la manera de deslindarse de la imagen de ser "promedio". "Quedarse atorado en medio es una suerte horrible, dice el ejecutivo de una agencia de publicidad. Uno se queda como una marca masiva, mientras el mercado se divide."

Existen muchos ejemplos de productos y servicios atrapados en medio, adecuados pero no emocionantes, que pierden terreno ante competidores con posiciones más puras, tanto en el extremo superior como en el inferior. Por ejemplo, tiendas elegantiosas como Neiman Marcus y tiendas baratas como Wal-Mart están prosperando, mientras que la sólida Sears se tambalea. Haagen-Dazs, Ben & Jerry's y otros helados "super especiales" están prosperando, al igual que las marcas baratas de las tiendas, mientras que marcas intermedias como Kraft, General Foods y Sealtest están luchando por salir adelante. Los viajeros quieren alojamiento barato en cadenas como Day's Inn y Motel 6, o dormir en brazos del lujo, dejando a los hoteles adecuados, pero ni caros ni lujosos, como Ramada Inn o Holiday Inn en la oscuridad. Así pues, las marcas del "pantanoso medio" están sometidas a la presión de competidores de los dos extremos del espectro. El publicista ejecutivo dice: "Los productos que le gustan un poco a todo el mundo no tienen futuro".

Si una marca intermedia no se puede vender por su prestigio, tiene que competir por su valor. Para que Sealtest sobresaliera ante los helados con marca de tienda, Kraft ha recurrido a algunas tácticas de marcas más elegantes. Hace poco incluyó una cubierta de celofán en el interior del empaque, como el que tiene Breyers. Además, cambió los elementos gráficos del empaque por otros más claros y modernos. La idea es mantener el precio más o menos en medio, pero dar la imagen de que se ofrece más valor. No obstante, el producto sigue en ese limbo de ni-barato-ni-caro donde resulta tan difícil vender.

La imagen promedio también asecha a Sears, que ha visto desertar a sus clientes de ingresos intermedios, que se dirigen a tiendas de descuento o a elegantes tiendas especializadas. Sears está luchando por revivir sus ventas, manejando más marcas nacionales y publicando anuncios más llamativos y con más estilo, en un esfuerzo por proyectar una imagen que está un paso más allá de lo básico. Sears afirma que este programa para elevar su imagen ha tenido mucho éxito, pero que cuesta mucho trabajo cambiar las percepciones de los consumidores. Sears todavía no ha podido establecer una posición clara y distintiva. Un asesor en imagen dice: "Sears no representa ninguna de las aspiraciones de los consumidores".

En algunos casos, todo se reduce a que el mercado intermedio no vale la pena. Marriott trató de reunir a todas sus cafeterías Bob's Big Boy, Allie's y Wag's en una sola cadena de restaurantes informales. Era un nicho difuso que pocos consumidores querían: los restaurantes no eran tan baratos ni tan atractivos para los niños como los de comida rápida y tampoco complacían a los adultos con un entorno elegante, para comer fuera de casa. Marriott acabó saliéndose del negocio de los restaurantes. Un vocero de Marriott dice: "Eramos el jamón del sandwich".

En la industria hotelera, donde las cadenas se han extendido con gran rapidez, las empresas están tratando de eludir el medio extendiéndose bien hacia el alojamiento barato, bien hacia el de precio alto. Los Holiday Inn, que ya no cuentan con todas las familias que viajan de manera informal, han sumado los Crown Plaza, de escala más alta, a la cadena. Ramada ahora maneja una cadena sin adornos, llamada Rodeway Inns y una elegantísima llamada Renaissance.

Por tanto, para ganar en el mercado, la empresa debe conseguir una ventaja competitiva ofreciendo algo que la competencia no ofrezca. Puede ofrecer a los consumidores el mejor precio para un nivel de calidad dado. También puede ofrecer un producto diferente, uno con características singulares o calidad superior, por el cual los clientes estén dispuestos a pagar un precio más alto. Además, se puede concentrar en atender las necesidades especiales de un segmento específico del mercado. Sin embargo, las empresas que tratan de quedarse en medio ofreciendo un poco de todo, suelen terminar no sirviendo mucho para nada. ¿La moraleja? No se quede en el confuso medio del camino.

Fuente: Partes adaptadas de Kathleen Deveny, "Middle-Price Brands Come Under Siege", *The Wall Street Journal*, 2 de abril de 1990, pp. B1, B7. Reproducido con autorización, © 1990 Dow Jones & Company, Inc. Todos los derechos mundiales reservados.

Líder del mercado	Retadora del mercado	Seguidora del mercado	Ocupantes de nichos en el mercado
40%	30%	20%	10%

FIGURA 20-3
Estructura hipotética del mercado

Además, la empresa líder puede engrosar, volverse torpe y perder terreno ante rivales nuevas y más vigorosas. (La parte del mercado mundial de las copiadoras de Xerox cayó de más del 80 a menos del 35% cuando, en sólo cinco años, los productores japoneses la desafiaron con copiadoras más baratas y confiables.)

Las empresas líder quieren seguir siendo número uno. Esto requiere que actúen en tres frentes. En primer lugar, la empresa debe encontrar la manera de aumentar la demanda total. En segundo, la empresa debe proteger su participación presente en el mercado por medio de medidas defensivas y ofensivas. En tercero, la empresa puede tratar de expandir aún más su parte del mercado, incluso cuando el tamaño del mercado sea constante.

Cómo expandir el mercado total

Casi siempre, la empresa líder es la que sale ganando más cuando el mercado total se expande. Si los estadounidenses sacan más fotos, es probable que Kodak sea quien más gane, porque vende más del 80% de las películas del país. Si Kodak puede convencer a una mayor cantidad de estadounidenses que saquen fotos, que saquen fotos en más ocasiones o que saquen más fotos en cada ocasión, sacará un gran provecho. En general, la líder del mercado debe buscar usuarios nuevos, usos nuevos y mayor uso de sus productos.

Usuarios nuevos. Cada clase de productos atrae a compradores que todavía no tienen conocimiento del producto, que se resisten a él en razón del precio o la ausencia de ciertas características. Por regla general, el vendedor puede encontrar usuarios nuevos en muchos lugares. Por ejemplo, Revlon podría encontrar otras usuarias de perfume, en sus mercados existentes, si logra convencer a las mujeres que no usan perfume de que lo hagan. Además, podría encontrar usuarios en otros segmentos demográficos, por decir algo, produciendo colonia para hombres. También podría extenderse a otros segmentos geográficos, tal vez vendiendo sus perfumes en otros países.

El champú infantil de Johnson es un ejemplo clásico de cómo crear usuarios nuevos. Cuando el "baby boom" había pasado y la tasa de natalidad había disminuído, la empresa se empezó a preocupar por el crecimiento futuro de las ventas. Sin embargo, los mercadólogos de J&J notaron que otros miembros de la familia, en ocasiones, usaban el champú infantil para lavarse el cabello. La gerencia desarrolló una campaña publicitaria dirigida a los adultos. En poco tiempo, el champú infantil de Johnson se convirtió en marca líder del mercado entero de los champúes.

Usos nuevos. El mercadólogo puede ampliar los mercados encontrando y promoviendo usos nuevos del producto. El nylon de Du Pont es un ejemplo clásico de la expansión por medio de usos nuevos. Cada vez que el nylon se convertía en un producto bien elaborado, se descubría algún uso nuevo. Al principio, el nylon se usó como fibra para paracaídas, después para medias de mujer, más adelante como material básico para camisas y blusas y, todavía más adelante, para neumáticos de automovil, telas de tapicería y alfombras. Otro ejemplo de la expansión de usos nuevos es el caso del bicarbonato Arm & Hammer. Sus ventas estaban estancadas después de 125 años. Entonces, la empresa averiguó que los consumidores estaban usando el bicarbonato como desodorante de refrigeradores. Lanzó una enorme campaña publicitaria y de propaganda que giraba en torno a este uso y convenció a los consumidores de la mitad de los hogares de Estados Unidos que colocaran una caja abierta de bicarbonato en sus refrigeradores y que la cambiaran a los pocos meses.

Mayor uso. La tercera estrategia de expansión del mercado consiste en convencer a la gente de que use el producto con más frecuencia o que use mayor cantidad en cada ocasión de uso. Campbell fomenta que la gente coma sopa con más frecuencia colocando anuncios que contienen recetas nuevas en *Better Homes and Gardens* y otras revistas para el hogar. Procter & Gamble aconseja a los usuarios que usen dos aplicaciones de su champú Head and Shoulders, en lugar de una, para obtener mejores resultados.

Hace años, la empresa de neumáticos Michelin encontró una manera creativa de aumentar el uso por ocasión. Quería que los franceses dueños de un coche recorrieran más millas al año, para que cambiaran más neumáticos. Michelin empezó a calificar los restaurantes franceses con un sistema de tres estrellas. Decía que muchos de los mejores restaurantes estaban en el sur de Francia, haciendo que muchos parisinos fueran el fin de semana al sur. Michelin también publicaba guías con mapas y fotos de estos lugares para fomentar los viajes de visita.

Cómo proteger la parte del mercado

Al tiempo que trata de ampliar el tamaño total del mercado, la empresa también debe proteger, en forma constante, sus negocios existentes en contra de los ataques de la competencia. Coca-Cola siempre se está cuidando de Pepsi-Cola; Gillete de Bic; Kodak de Fuji; McDonald's de Wendy's; General Motors de Ford.

¿Qué puede hacer una líder del mercado para proteger su posición? En primer lugar, debe prevenir o hacer ajustes en aquellas debilidades que ofrecen oportunidades a los competidores. Debe mantener sus costos bajos y sus precios de acuerdo con el valor que los clientes encuentran en la marca. La líder debe "tapar agujeros" de tal manera que los competidores no puedan entrar. La mejor defensa es una buena ofensiva y la mejor respuesta es la *innovación constante*. La líder no se contenta con el estado presente de las cosas y encabeza a la industria tratándose de productos nuevos, servicios a clientes, eficacia de la distribución y reducción de costos. Siempre está aumentando la eficacia de su competencia y el valor para los clientes. Toma la ofensiva, establece el ritmo y explota las debilidades de la competencia.

En años recientes, el aumento de la competencia ha despertado el interés de la administración por los modelos de guerra militares. Se ha asesorado a empre-

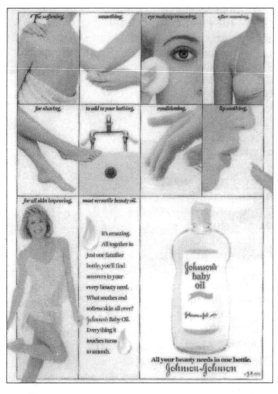

Estrategias de la líder del mercado para expander el mercado: J&J desarrolla usuarios nuevos y Campbell promueve un mayor uso.

sas líderes para que protejan su posición en el mercado usando estrategias competitivas modeladas siguiendo estrategias militares defensivas. La figura 20-4 contiene seis estrategias defensivas que podría usar una líder del mercado.[10]

La posición defensiva. La defensa básica es la posición defensiva, mediante la cual la empresa levanta fortificaciones en torno a su posición presente. Sin embargo, la mera defensa de la posición o de los productos actuales rara vez funciona. Henry Ford la intentó con su Modelo T y llevó a la Ford Motor Company, de envidiable salud, al borde de la ruina económica. Incluso marcas duraderas como Coca-Cola y Aspirina de Bayer no pueden ser las únicas bases que produzcan todo el crecimiento futuro y la rentabilidad de sus empresas. Estas marcas se deben mejorar y adaptar a las condiciones cambiantes y también se deben desarrollar marcas nuevas. Hoy, Coca-Cola, a pesar de que produce más del 40% de los refrescos de Estados Unidos, está extendiendo sus líneas de bebidas agresivamente y se ha diversificado al campo del equipo desalinizador y los plásticos.

La defensa de los flancos. La líder del mercado, al cuidar su posición global, debe vigilar estrechamente sus flancos débiles. Las competidoras inteligentes suelen atacar los puntos débiles de la empresa. Por ejemplo, los japoneses pudieron entrar al mercado de los autos pequeños porque los fabricantes estadounidenses dejaron un agujero en ese submercado. La empresa, para defender sus flancos, los vigila cuidadosamente y protege los más vulnerables.

La defensa preventiva. La líder puede iniciar una defensa preventiva más agresiva, atacando a sus competidores antes de que éstos se muevan en su contra. La defensa preventiva presupone que más vale prevenir que lamentar. Por ejemplo, los motores Cummins, cuando a mediados de la década de 1980 se vieron amenazados por la inminente entrada de los fabricantes japoneses al mercado de Estados Unidos, recortaron los precios casi una tercera parte para salvar su posición primaria en el mercado de motores para camiones pesados, con un valor de 2 mil millones de dólares. Hoy, Cummins dice que tiene un 50% del mercado en América del Norte y que no hay ni un solo camión tractor-trailer construido en Estados Unidos que contenga un motor japonés.[11]

La defensa de contraofensiva. Cuando una líder del mercado es blanco de ataques, a pesar de sus medidas preventivas y de defender sus flancos, puede iniciar una defensa contraofensiva. Cuando Fuji atacó a Kodak en el mercado estadounidense de las películas, Kodak contraatacó aumentando muchísimo sus promociones e introduciendo varios productos innovadores para sus películas.

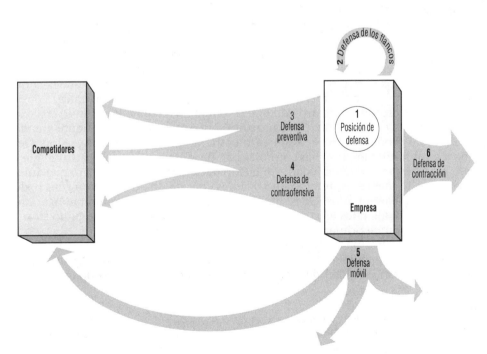

FIGURA 20-4
Estrategias de defensa

Federal Express, ante los ataques del precio bajo de UPS, contraatacó rebajando sus precios. Cuando P&G fue atacada por el detergente con blanqueador de Clorox, respondió con Tide con blanqueador, que sacó a la marca Clorox del mercado y captó un 17% del total de las ventas de detergente en Estados Unidos.[12]

En ocasiones, las empresas se aguantan un rato antes de contraatacar. Esto puede resultar un peligroso juego de "esperar y ver", pero muchas veces existen motivos de peso para no dispararse. La empresa, cuando espera, puede entender a plenitud la ofensiva del competidor y quizás hasta encontrar un hueco para colarse y tener éxito con su contraofensiva.

La defensa móvil. La defensa móvil no consiste en sólo defender agresivamente la posición presente en el mercado. La líder se extiende a otros mercados que le pueden servir de base, en el futuro, para lanzar ofensivas y defensivas. Al *ampliar el mercado*, la empresa cambia el punto focal dirigiéndolo del producto presente a la necesidad general básica del consumidor. Por ejemplo, Armstrong Cork redefinió su punto focal, de "cubiertas para pisos" a "cubiertas decorativas para habitaciones" (inclusive muros y techos) y se expandió a negocios relacionados, en un equilibrio de crecimiento y defensa. La *diversificación del mercado* entrando a industrias inconexas es otra alternativa para generar "profundidad estratégica". Cuando tabacaleras estadounidenses como R.J. Reynolds y Philip Morris enfrentaron un aumento de prohibiciones para los cigarrillos, rápidamente se dirigieron hacia otras industrias de productos de consumo. RJR adquirió Nabisco y Philip Morris compró General Foods y Kraft para convertirse en la empresa más grande del mundo en el ramo de los bienes de consumo empacados.

La defensa por contracción. En ocasiones, las empresas grandes descubren que no pueden defender todas sus posiciones. La dispersión adelgaza mucho sus recursos y los competidores están mordisqueando en varios frentes. En tal caso, la mejor medida sería la defensa retractiva (o la retirada estratégica). La empresa abandona las posiciones más débiles y concentra sus recursos en las más fuertes. En la década de 1970, muchas empresas se diversificaron alocadamente y se dispersaron demasiado. En la década de 1980, con su lento crecimiento, ITT, Gulf & Western, Georgia Pacific, General Mills, Kraft, Quaker y docenas de empresas más limpiaron sus carteras para concentrar sus recursos en los productos y las actividades de sus industrias torales. Estas empresas ahora abarcan menos mercados, pero los atienden mucho mejor.

Cómo expandir la parte del mercado

Las líderes del mercado también pueden crecer aumentando aún más su parte del mercado. En muchos mercados, un pequeño aumento de la participación en el mercado puede significar un aumento muy grande en las ventas. Por ejemplo, en el mercado del café, un incremento del 1% en el mercado vale 48 millones de dólares, en el de los refrescos, ¡440 millones de dólares! No es raro pues que la competencia normal, en estos mercados, sea toda una guerra mercadotécnica.

Muchos estudios han arrojado que la rentabilidad aumenta cuando crece la participación en el mercado.[13] Los negocios con una parte relativamente grande del mercado produjeron un rendimiento bastante mayor sobre la inversión. Debido a estos resultados, muchas empresas han buscado expandir su parte del mercado para mejorar su rentabilidad. Por ejemplo, General Electric declaró que quiere ser, cuando menos, la número uno o la dos en cada uno de sus mercados o, de lo contrario, abandonarlos. GE se deshizo de sus negocios de computadoras, aire acondicionado, aparatos eléctricos pequeños y televisores porque no pudo alcanzar una posición de primera en estas industrias.

Otros estudios han arrojado que muchas industrias contienen una o unas cuantas empresas grandes muy rentables, varias empresas rentables y más enfocadas y una gran cantidad de empresas medianas con resultados pobres en sus utilidades.

> Las grandes empresas... tienden a abordar el mercado entero, consiguiendo ventajas de costos y una parte grande del mercado realizando economías de escala. Las competidoras pequeñas obtienen grandes utilidades concentrándose en un segmento

más estrecho del negocio y desarrollando posiciones especializadas en la producción, la comercialización y la distribución para ese segmento. Irónicamente, las competidoras medianas... son las que suelen arrojar peores resultados en cuanto a las utilidades. Atrapadas en una "tierra de nadie" estratégica, son demasiado grandes para cosechar los beneficios de la competencia con un enfoque más cerrado y, sin embargo, demasiado pequeñas para beneficiarse de las economías de escala que favorecen a sus competidoras grandes.[14]

Por tanto, parece que la rentabilidad aumenta conforme un negocio aumenta su participación, en relación con sus competidores, en el *mercado atendido*. Por ejemplo, Mercedes sólo tiene una parte pequeña del mercado total de autos, pero obtiene una elevada utilidad debido a que se trata de una empresa que tiene una parte muy grande en el segmento de los autos de lujo. Además, ha conseguido esta gran participación en el mercado que atiende porque hace otras cosas bien, como producir con gran calidad, ofrecer buen servicio y mantener bajos sus costos.

Sin embargo, las empresas no deben pensar que si logran incrementar su parte del mercado mejorará su rentabilidad en forma automática. Gran parte depende de la estrategia que usen para aumentar su participación. Existen muchas empresas que tienen una gran participación y una escasa rentabilidad y muchas empresas que tienen una escasa participación y una elevada rentabilidad. El costo que entraña comprar una participación mayor en el mercado puede ser muy superior a sus frutos. La participación mayor tiende a producir más utilidades sólo cuando los costos por unidad bajan al incrementar la participación en el mercado o cuando la empresa ofrece un producto de calidad superior y cobra un precio extra que cubre con creces el costo por ofrecer la mayor calidad.

Estrategias de la retadora del mercado

Las empresas que ocupan un segundo, tercero o sucesivo lugar en una industria, en ocasiones, también son bastante grandes, como Colgate, Ford, Kmart, Avis, Westinghouse, Miller y PepsiCo. Estas empresas, que van subiendo, pueden adoptar una de dos estrategias competitivas. Pueden atacar a la líder y otras competidoras con una oferta agresiva para conseguir una parte mayor del mercado (retadoras del mercado), o pueden seguir el juego de la competencia y no mover el barco(seguidoras del mercado). A continuación se analizan las estrategias competitivas para las retadoras del mercado.

Cómo definir el objetivo de la estrategia y al competidor
La retadora del mercado primero tiene que definir el objetivo de su estrategia. La mayor parte de las retadoras del mercado pretenden incrementar su rentabilidad aumentando su participación en el mercado. Empero, el objetivo estratégico elegido depende de quién es el competidor. En la mayor parte de los casos, la empresa puede elegir a los competidores que retará.

La retadora puede atacar a la líder del mercado, una estrategia de mucho riesgo, pero con potencial para grandes ganancias, que tiene sentido si la líder no está atendiendo debidamente su mercado. Para triunfar con este ataque, una empresa debe tener una ventaja competitiva sostenible sobre la líder; una ventaja de costos que conduzca a precios más bajos o la capacidad para proporcionar más valor a un precio de primera. En la industria de la maquinaria para construcción, Komatsu retó a Caterpillar, con éxito, ofreciendo la misma calidad a un precio mucho más bajo. Por otra parte, P&G captó una parte grande del mercado del papel higiénico ofreciendo un producto más suave y absorbente que el ofrecido por Scott, la líder del mercado. Cuando una retadora ataca a una líder, también debe buscar la forma de minimizar la respuesta de la líder. De lo contrario su ganancia puede durarle poco tiempo.[15]

La retadora puede evitar a la líder y, en cambio, atacar a empresas de su propio tamaño o a empresas regionales o locales más pequeñas. Muchas de estas empresas tienen poco financiamiento y no atienden bien a sus clientes. Varias empresas cerveceras grandes no alcanzaron su tamaño actual atacando a las competidoras grandes, sino engullendo a las competidoras locales o regionales pequeñas.

Por tanto, el objetivo estratégico de la empresa retadora dependerá de la competidora que elija para su ataque. Si la emprende contra la líder del mercado, su objetivo sería conseguir cierta participación en el mercado. Bic sabe que no puede ganarle a Gillette en el mercado de las rasuradoras, sencillamente quiere conseguir una parte más grande. Por otra parte, la meta de la retadora puede ser hacerse del liderato del mercado. IBM entró tarde al mercado de las computadoras personales, como retadora, pero rápidamente se convirtió en líder del mercado. Si la empresa se lanza contra una empresa local pequeña, su objetivo podría ser sacar a la empresa del mercado. El punto importante sería el mismo: la empresa debe elegir a sus contrincantes cuidadosamente y tener un objetivo definido con claridad y alcanzable.

Cómo elegir una estrategia para el ataque

¿Cómo puede la retadora del mercado atacar mejor al competidor que ha elegido y alcanzar los objetivos de su estrategia? La figura 20-5 muestra cinco estrategias posibles para el ataque.

El ataque frontal. En un ataque frontal completo, la retadora iguala el producto, la publicidad, el precio y la distribución de la competidora. Ataca los puntos fuertes de la competidora y no los débiles. El resultado dependerá de cuál tenga más fuerza y resistencia. Incluso el tamaño y la fuerza pueden no bastar para retar con éxito a una competidora bien atrincherada y con recursos.

> Unilever registra el doble de ventas en el mundo que Procter & Gamble y cinco veces más que Colgate Palmolive. Sin embargo, su subsidiaria en Estados Unidos, Lever Brothers, está a una gran distancia tras P&G. Hace algún tiempo, Lever emprendió un ataque frontal pleno contra P&G en el mercado de los detergentes. Wisk, de Lever, ya era el detergente líquido líder. En rápida sucesión, sumó una larga lista de productos nuevos, el detergente Sunlight para vajillas, el suavizante de telas Snuggle, el jabón en polvo Surf), y los respaldó con promociones agresivas y actividades de distribución. Sin embargo, P&G gastó mucho para defender sus marcas y retuvo la mayor parte de sus negocios. Además, contraatacó con Tide líquido, que surgió de ninguna parte, en sólo 17 meses, a una carrera, cabeza a cabeza, con Wisk. Lever ganó participación en el mercado, pero la mayor parte derivada de competidoras pequeñas.[16]

Si la retadora del mercado tiene menos recursos que la competidora, el ataque frontal no tiene sentido.

Nissan, retadora del mercado, ataca a sus competidores más caros, diciendo que el Altima de Nissan puede hacer lo mismo que un auto de 40,000 dólares. Debidamente equipado, el Altima puede "arrancar más rápido que el legendario Acura L Sedan", "frenar mejor que el BMW 325si" y "ofrecer más potencia en la carretera que un Mercedes-Benz 190E 2.3".

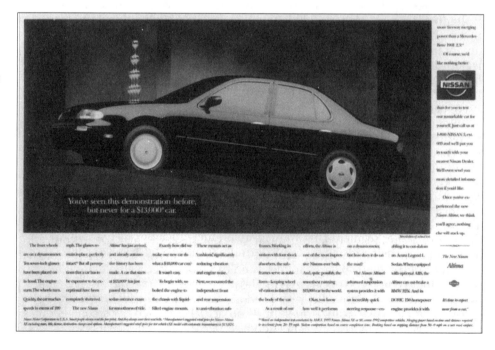

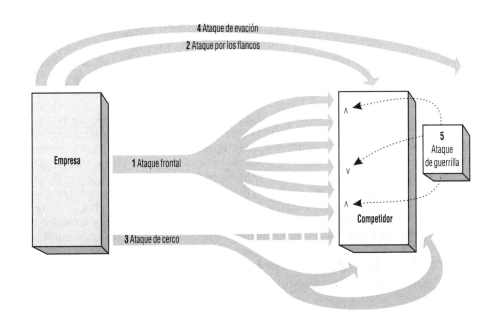

FIGURA 20-5
Estrategias de ataque

El ataque por los flancos. En lugar de atacar de frente, la retadora puede emprender un ataque por los flancos. La competidora, con frecuencia, concentra sus recursos para proteger sus posiciones más fuertes, pero por regla general tiene algunos flancos más débiles. Al atacar estos puntos débiles, la retadora puede dirigir su fuerza contra las debilidades de la competidora. Los ataques por los flancos tienen sentido cuando la empresa tiene menos recursos que la competidora. PepsiCo atacó a Coca-Cola por el flanco cuando creó Slice, un refresco con auténtico jugo de fruta. Sprite, el refresco de lima-limón de Coca, no contenía jugo de fruta. Slice rápidamente ocupó el lugar de Sprite en la segunda posición de los refrescos de lima-limón, tras 7-Up, en la mayor parte de los mercados.

Otra estrategia para atacar por los flancos es encontrar lagunas que no han sido llenadas por los productos de la industria, llenarlas y convertirlas en segmentos fuertes. Los fabricantes de autos alemanes y japoneses no optaron por competir con los fabricantes estadounidenses produciendo automóviles, grandes, llamativos y tragadores de gasolina. En cambio, reconocieron un segmento de consumidores no atendidos que querían autos pequeños, de gran rendimiento, y se dedicaron a llenar este hueco. Para su satisfacción, y para sorpresa de Detroit, este segmento creció hasta convertirse en parte importante del mercado.

El ataque de cerco. El ataque de cerco significa que se avanza desde todas las direcciones, de tal manera que el competidor tiene que proteger su frente, sus flancos y su retaguardia al mismo tiempo. La estrategia del ataque en forma de cerco tiene sentido cuando la retadora tiene muchos recursos y piensa que puede romper, velozmente, el dominio del competidor en el mercado. Un ejemplo sería el ataque de Seiko en el mercado de los relojes. Seiko lleva varios años llevándose la distribución en todas las tiendas importantes de relojes y abrumando a sus competidores con una gran variedad de modelos cambiantes. En Estados Unidos ofrece alrededor de 400 modelos, pero su garra mercadotécnica está sustentada en los 2,300 modelos que fabrica y vende en el mundo entero.

El ataque de evasión. El ataque de evasión es una estrategia indirecta. La retadora evita al competidor enfocando su mira a mercados más fáciles. La evasión puede implicar diversificarse en productos no relacionados, dirigirse a otros mercados geográficos o dar un salto aplicando tecnologías nuevas que sustituyan a los productos existentes. El salto tecnológico es una estrategia de evasión usada con mucha frecuencia en las industrias de alta tecnología. En lugar de copiar el producto del competidor y de montar un costoso ataque frontal, la retadora desarrolla, pacientemente, la siguiente tecnología. Cuando está satisfecha con su superioridad, lanza su ataque ahí donde tiene ventaja. Por ejemplo, Minolta superó a Canon quitándole el liderato en el mercado de las cámaras de 35mm SLR cuando introdujo su cámara Maxxum, con enfoque automático y tecnología avanzada. La parte del mercado correspondiente a Canon bajó a un 20%, más o menos, mientras que la de Minolta se disparó a más del 30%. Canon tardó tres años en introducir una tecnología equiparable.[17]

El ataque de guerrilla. El ataque de guerrilla es otra opción a disposición de las retadoras del mercado, sobre todo las pequeñas con poco dinero. La retadora emprende ataques pequeños y periódicos para molestar y desmoralizar al competidor, con la esperanza de establecer, a la larga, puntos de avanzada permanentes. Puede recurrir a recortes selectivos de precios, redadas ejecutivas, explosiones de promociones intensas o diversos actos legales. Por regla general, las empresas pequeñas son las que lanzan los ataques guerrilleros contra las grandes. Sin embargo, una campaña de guerrilla constante puede ser muy cara y, con el tiempo, también se debe emprender un ataque más fuerte para que la retadora le "gane" al competidor. Así pues, las luchas de guerrilla no siempre resultan baratas.

Estrategias de la seguidora del mercado

No todas las empresas ascendentes optan por enfrentarse a la líder del mercado. La líder jamás toma a la ligera los esfuerzos destinados a restarle clientes. Si el señuelo de la retadora consiste en bajar precios, mejorar servicios o aumentar las características del producto, la líder igualara todo ello, sin tardanza, para diluir el ataque. Es probable que la líder tenga más posibilidades de permanecer en el caso de una batalla del todo por el todo. Un combate rudo puede hacer que las dos empresas queden en peor situación, por lo que, la retadora debe pensar las cosas dos veces antes de atacar. Así pues, muchas empresas prefieren seguir a la líder en lugar de atacarla.

Una seguidora puede tener muchas ventajas. La líder del mercado suele sufragar enormes gastos por concepto de desarrollo de productos y mercados nuevos, expansión de los canales de distribución, brindar información y educar al mercado. La recompensa para todo este trabajo y riesgo, normalmente, es el liderato del mercado. La seguidora del mercado, por otra parte, puede sacar provecho de la experiencia de la líder y copiar o mejorar los productos y los programas de mercadotecnia de la líder, por regla general, con una inversión mucho menor. Aunque es poco probable que la seguidora desbanque a la líder, muchas veces sí puede llegar a ser tan rentable como ella.[18]

En algunas industrias (acero, fertilizantes y sustancias químicas) existe muy poco margen para la diferenciación, la calidad de los servicios suele ser comparable y la sensibilidad de los precios es enorme. Las guerras de precios pueden estallar en cualquier momento. Las empresas en estas industrias evitan hacerse de parte del mercado a corto plazo, porque dicha estrategia sólo logra desatar venganzas. La mayor parte de las empresas optan por no robarse clientes entre sí. En cambio, presentan ofertas similares a los compradores, muchas veces copiando a la líder. La participación en el mercado suele ser muy estable.

Esto no quiere decir que las seguidoras del mercado no tengan estrategias a su alcance. Una seguidora del mercado debe saber cómo retener a sus clientes presentes y cómo ganar una cantidad respetable de clientes nuevos. Cada seguidora puede introducir ventajas distintivas en el mercado meta: ubicación, servicios, financiamiento. La seguidora es un blanco importante para los ataques de las retadoras. Por consiguiente, la seguidora del mercado debe mantener sus costos de producción bajos y sostener una gran calidad en sus productos y servicios. Además, debe entrar a los mercados nuevos que se vayan abriendo. Ser seguidora no es sinónimo de ser pasiva ni de ser copia fiel de la líder. La seguidora tiene que definir una ruta de crecimiento, pero una que no desate la venganza de la competencia.

Las empresas seguidoras del mercado caben dentro de uno de tres tipos generales. La *clon* que copia exactamente los productos, la distribución, la publicidad y demás medidas mercadotécnicas de la líder. La *clon* no origina nada, simplemente trata de vivir medrando de las inversiones de la líder del mercado. La *imitadora* copia algunas cosas a la líder, pero conserva ciertas diferencias en términos de empaques, publicidad, precios y otros factores. A la líder no la afecta la imitadora, siempre y cuando ésta no emprenda ataques agresivos. La imitadora incluso puede servirle a la líder para evitar acusaciones de monopolio. Por último, la *adaptadora* se fundamenta en los productos y los programas de mercadotecnia de la líder, pero suele mejorarlos. La adaptadora puede optar por vender en otros mercados a efecto de evitar una confrontación directa con la líder. Sin embargo, la adaptadora muchas veces se convierte en una retadora a futuro, como sería el caso de muchas empresas japonesas tras adaptar y mejorar productos desarrollados en otros países.

Estrategias para las que ocupan un nicho en el mercado

Casi toda industria incluye empresas que se especializan en cubrir nichos del mercado. En lugar de dirigirse al mercado entero, o incluso a segmentos grandes del mercado, estas empresas se enfocan hacia segmentos dentro de segmentos, o nichos. Esto es frecuente tratándose de empresas pequeñas, porque éstas cuentan con pocos recursos. Empero, las divisiones pequeñas de empresas grandes también aplican estrategias para ocupar nichos. EG&G es un buen ejemplo de una empresa grande que aplica con éxito la estrategia para ocupar nichos:

> EG&G es una empresa del ramo de la maquinaria industrial y las refacciones, con ventas por 1.4 mil millones de dólares, compuesta por más de 175 unidades de negocios diferentes e independientes, muchas de ellas con ventas que no llegan a los 10 millones de dólares en mercados que registran ventas por 25 millones. Muchas de las unidades de negocios de EG&G realizan sus propias actividades de investigación y desarrollo, producción, y cuentan con su fuerza de ventas. En la actualidad, la empresa es la líder del mercado o la líder técnica en 80% de sus nichos en el mercado. Lo más asombroso es que, en la lista de las mil empresas de *Fortune*, EG&G ocupó el segundo lugar en cuanto a dividendos pagados por acción y el primero en cuanto a rentabilidad. EG&G ilustra que ocupar nichos en el mercado puede producir más ganancias que la comercialización en masa.

Aquí, lo importante es señalar que las empresas que abarcan una parte pequeña del total de un mercado pueden ser muy rentables si se ocupan nichos con inteligencia (véase Puntos Importantes de la Mercadotecnia 20-4).

Un estudio de medianas empresas triunfadoras arrojó que, en casi todos los casos, éstas ocupaban nichos dentro de un mercado mayor, en lugar de dirigirse al mercado entero.[19] Un ejemplo sería el caso de A.T. Cross, que ocupa un nicho en el mercado de las plumas y los portaminas de precio muy elevado y fabrica los famosos instrumentos de oro, para escribir, que poseen muchos ejecutivos o que querrían poseer. Cross, concentrada en el nicho de los precios altos, ha registrado un buen crecimiento tanto para sus ventas como para sus utilidades. Queda claro que el estudio arrojó que las pequeñas empresas triunfadoras también compartían otras características: ofrecían mucho valor, cobraban un precio extraordinario, tenían una visión clara y una cultura social sólida.

¿Por qué es rentable ocupar nichos? La razón principal sería que la empresa que ocupa el nicho acaba conociendo tanto a los clientes que tiene en la mira, que satisface sus necesidades mejor que las otras empresas que, casualmente, le venden a este nicho. En consecuencia, la empresa que ocupa el nicho puede cobrar un recargo sustancial sobre sus costos debido al valor agregado. Así como el comercializador de masas consigue alcanzar un *volumen cuantioso*, la empresa que ocupa un nicho obtiene *márgenes muy amplios*.

Las empresas que ocupan nichos tratan de encontrar uno o varios nichos en el mercado que resulten seguros y rentables. El nicho ideal en el mercado es lo bastante grande para resultar rentable, aunque también debe tener potencial para crecer. Es uno que la empresa puede atender con eficacia. Sin embargo, lo más importante es que el nicho no despierta el interés de los competidores importantes. Además, la empresa puede aumentar su capacidad y el favor de su clientela para defenderse contra los ataques de los competidores grandes, conforme crece el nicho y adquiere mayor atractivo.

El concepto medular de los nichos está en la especialización. La especialización de la empresa se debe establecer con base en el mercado, el cliente, el pro-

MERCADOTECNIA CONCENTRADA: LAS BICICLETAS TERRY ENCUENTRAN UN NICHO ESPECIAL

¿Existe espacio para que un nuevo competidor florezca al lado de Schwinn y otros gigantes de la industria de las bicicletas? Georgena Terry piensa que sí, al igual que cientos de personas más que ahora montan bicicletas Terry. Terry ha desarrollado un nicho pequeño, pero promisorio, en el mercado de las bicicletas: las bicicletas de alto rendimiento para mujeres.

La idea no tenía nada de extraño. Hace tres años, Terry, entonces una estudiante de maestría de 34 años, decidió empezar a fabricar bicicletas. Claro, se especializaría en bicicletas femeninas, de precio elevado, haciéndose un nicho justo como le habían enseñado en la Escuela de Administración de Wharton. Sin embargo, la industria de las bicicletas, con un valor de 1.3 mil millones de dólares, no tembló ante la idea de la diminuta Terry agarrando una llave inglesa. Sin duda, podría tener un giro interesante: sus bicicletas tendrían un tubo superior más corto y una rueda delantera un poco más pequeña que proporcionarían más comodidad a las mujeres que montaban bicicleta entre 40 y 50 millas de un tirón, pero ¿quién monta tanto? La mayor parte de las personas sólo usan sus bicicletas para ir a tomar un helado al Dairy Queen o para pasear por el barrio los domingos por la tarde. Además, si resultaba que tenía algo interesante, la industria siempre podría arreglárselas para ganarle.

Así que cuando Terry inició sus actividades, nadie lo notó. Sin embargo, ahora sí la notan. En su primer año, Terry Precision Bicycles for Women, Inc., vendió 20 bicicletas. En el segundo año envió 1,300 y en el tercer año vendió 2,500 más. De repente, su banquero es más amable, las revistas especializadas en bicicletas le están llamando para conocer su opinión sobre esto o aquello y, ¡ah! sí, la gente de Schwinn Bicycle Company la ha invitado a visitarlos si pasa por la ciudad.

Terry ha triunfado concentrándose en atender las necesidades especiales de las mujeres que toman el ciclismo en serio. La idea surgió cuando la propia Terry se interesó en el ciclismo. Descubrió que tenía problemas para encontrar una posición cómoda para montar: "La bicicleta normal, incluso la bicicleta femenina, está diseñada para hombres. Para adaptarse a las mujeres, que tienen piernas más largas y torsos más cortos, las tiendas de bicicletas empujan el sillín hacia adelante e inclinan el manubrio hacia atrás". Esto no le servía de nada a Terry, que mide un metro sesenta y pesa 45 kilos, y empezó a preguntarse si acortar el marco mejoraría las cosas. Tomó un soplete —"un amigo me enseñó a usarlo para que no me matara"— y se dirigió al sótano. Salió con una bicicleta que tenía un marco más pequeño. Sus amigas la vieron, la pidieron prestada y le solicitaron que les hiciera sus marcos. Dos años después, seguía haciendo marcos y ganándose la vida, más o menos.

Por fin, se aburrió de sólo ir saliendo del paso y constituyó una empresa. El ciclismo estaba registrando una minimoda y 70% de las participantes nuevas eran del sexo femenino, así que se especializaría en bicicletas para mujer. Llevó siete u ocho de sus bicicletas a un Rally en Nueva Inglaterra, en Amherst, Massachusetts. "Pensé que nos iría muy bien o muy mal. Las mujeres dirían ¿a quién le interesa esto? o les encantaría." Ese fin de semana, vendió tres bicicletas (a 775 dólares cada una) y levantó pedidos para cuatro más. Terry dice: "Jamás en la vida he estado más emocionada".

Cabe señalar que los movimientos de Terry fueron deliberados. Su principal innovación era el marco, así que se concentró en eso y no trató de reinventar la rueda (de bicicleta). Su plan de mercadotecnia también fue muy cuidadoso. Conforme se iba difundiendo su existencia, la gente llamaba y pedía comprar una bicicleta.

ducto o la mezcla de mercadotecnia. A continuación se presentan algunos roles de especialización para la empresa que ocupa un nicho:

- *Especialista en usuarios finales*. La empresa se especializa en atender a un tipo de usuario final. Por ejemplo, un bufete jurídico se puede especializar en el derecho penal, el civil o el mercantil.

- *Especialista en nivel vertical*. La empresa se especializa en algún nivel del ciclo de la producción-distribución. Por ejemplo, una empresa cuprífera se puede concentrar en producir láminas de cobre, piezas de cobre o productos terminados de cobre.

- *Especialista en tamaño del cliente*. La empresa se dedica a vender a clientes grandes, medianos o pequeños. Muchas empresas que ocupan nichos se especializan en servir a clientes pequeños que son desatendidos por los grandes.

- *Especialista en cliente específico*. La empresa limita sus ventas a uno o unos cuantos

La mercadotecnia concentrada: Georgena Terry ha demostrado que una empresa pequeña puede tener éxito ante competidoras más grandes.

"Nos emocionaba muchísimo, pero siempre preguntábamos el nombre de la tienda de bicicletas de su localidad. A continuación, llamábamos a la tienda y decíamos: "Felicidades, acaban de vender una bicicleta Terry". Los detallistas, que de repente se ganaban unos cientos de dólares sin mayor esfuerzo, por regla general pedían unas cuantas bicicletas más. Y así fue como Terry montó su red de distribuidores.

Terry, casi sin dinero para publicidad, se concentró en las promociones. Contrató a una empresa de relaciones públicas que no tardó en colocar su nombre como si se tratara de un David de sexo femenino, que atacaba a los Goliats de las bicicletas. El enfoque rindió frutos, la prensa especializada descubrió a Terry y respaldó sus bicicletas con entusiasmo. Esto llevó a las clientes a las tiendas y a las bicicletas a la calle. El enfoque comercial profesional de Terry la ha llevado a sobresalir entre los competidores de la industria de bici-

cletas del extremo alto con innumerables fabricantes pequeños que llegan a tardar meses en surtir pedidos y que, con frecuencia, no le responden a los clientes ni a los dueños de tiendas. Terry, que envía su mercancía puntualmente, corteja a los detallistas y responde a las preguntas de los clientes, no tardó en ser preferida.

Aun cuando el plan de mercadotecnia la puso a andar y pedalear, Terry tomó medidas para prevenir la competencia. Reconociendo que su elevado precio asustaría a muchos clientes, Terry empezó a segmentar casi de inmediato. Pronto estaba vendiendo sus modelos del extremo superior a 1,200 dólares y para prevenir la competencia extranjera que sabía que no tardaría en llegar, firmó contratos con dos empresas asiáticas para que éstas fabricaran versiones de su bicicleta, a un precio al detalle de entre 450 y 850 dólares. La estrategia le ha funcionado hasta ahora. Aunque seis empresas, inclusive Fuji America, venden ahora bicicletas para mujeres, Terry tiene lo suyo. Las bicicletas de la competencia sencillamente no son tan buenas. Como dice una cliente: "Las mujeres pueden notar la diferencia con sólo darle la vuelta a la manzana. Alcanzo los pedales con más comodidad y me resulta más fácil llegar a los frenos de mano. En una de sus bicicletas, una siente que tiene más control".

La constancia del éxito no está asegurada. Con el tiempo, sus competidores mejorarán sus diseños. Además, cuanto más éxito tenga Terry, tanta más competencia tendrá. Sin embargo, ella ha demostrado que una compañía con pocos recursos puede tener éxito ante competidores grandes, concentrándose en un segmento pequeño, de gran calidad. En algún punto, como ocurre con muchos ocupantes pequeños de nichos, Terry quizá tenga que pensar en vender su negocio o en unir fuerzas con una empresa más grande para sobrevivir. Empero, todavía le falta mucho camino. Por el momento, Terry dice: "Esto es maravilloso".

Fuente: Adaptado de Paul B. Brown, "Spokeswoman", *Career Futures*, primavera-verano de 1989, pp. 30-32.

clientes importantes. Muchas empresas venden toda su producción a una sola empresa, como Sears o General Motors.

■ *Especialista geográfico.* La empresa sólo vende en un lugar, una región o una zona del mundo.

■ *Especialista en un producto o una característica.* La empresa se especializa en la producción de un producto, una línea de productos o una característica del producto. En la industria del equipo para laboratorios hay empresas que sólo fabrican microscopios, o incluso menos, sólo lentes para microscopios.

■ *Especialista en calidad-precio.* La empresa opera en el extremo inferior o superior del mercado. Por ejemplo, Hewlett-Packard se especializa en el mercado de las calculadoras de bolsillo de gran calidad y precio elevado.

■ *Especialista en servicios.* La empresa ofrece uno o varios servicios que no proporcionan otras empresas. Un ejemplo sería un banco que aceptara solicitudes de crédito por teléfono y que entregara el dinero en mano al cliente.

Centrada en los clientes

	No	Sí
No	Orientación hacia el producto	Orientación hacia los clientes
Sí	Orientación hacia los competidores	Orientación hacia el mercado

(eje vertical: Centrada en la competencia)

**FIGURA 20-6
Orientaciones de una
compañía en evolución**

Los nichos entrañan el gran riesgo de que el nicho del mercado se puede agotar o ser blanco de ataques. Por tal motivo, muchas empresas *ocupan varios nichos*. La empresa, al desarrollar dos nichos o más, tendrá más posibilidad de sobrevivir. Existen algunas empresas grandes que prefieren una estrategia para ocupar varios nichos que abarcar el mercado total. Un importante bufete jurídico tiene fama, en todo el país, en tres campos: las fusiones y adquisiciones, las quiebras y el desarrollo de fraccionamientos, y no se dedica a nada más.

COMO EQUILIBRAR LA ORIENTACION HACIA LOS CLIENTES Y LA COMPETENCIA

Se ha subrayado la gran importancia de que una empresa vigile a la competencia muy de cerca. Independientemente de que la empresa sea líder, retadora, seguidora o que ocupe un nicho en el mercado, tendrá que encontrar la estrategia de mercadotecnia competitiva que la coloque en una posición eficiente para enfrentarse a sus competidores. Además, tendrá que estar adaptando sus estrategias, constantemente, al entorno cambiante de la competencia.

La pregunta ahora sería: ¿puede la empresa invertir demasiado tiempo y esfuerzo en seguir la pista de sus competidores, perjudicando su orientación hacia los clientes? La respuesta es afirmativa. Una empresa puede llegar a estar tan concentrada en la competencia que pierde el enfoque, aun más importante, hacia sus clientes. Una **empresa centrada en la competencia** es aquella cuyos movimientos se basan principalmente en las acciones y las reacciones de los competidores. La empresa dedica la mayor parte de su tiempo a seguir la pista de los actos de la competencia y su participación en el mercado, y a tratar de encontrar estrategias para contrarrestarlas.

Esta forma de planificación estratégica tiene algunas ventajas y desventajas. En la parte positiva, la empresa desarrolla una orientación de combatiente. Prepara a sus mercadólogos para que estén siempre alerta, vigilantes de las debilidades de su propia situación y atentos a las debilidades de los competidores. En la parte negativa, la empresa se vuelve demasiado reactiva. En lugar de aplicar su propia estrategia orientada hacia los clientes, en forma consistente, fundamenta sus acciones en los movimientos de la competencia. Por consiguiente, no actúa siguiendo un curso proyectado hacia una meta. No sabe dónde terminará, pues mucho depende de lo que haga la competencia.

Una **empresa enfocada hacia los clientes**, por otra parte, para diseñar sus estrategias, centra más su punto focal en las circunstancias de los consumidores. Sobra decir que la empresa que se centra en los clientes está en mejor posición para detectar oportunidades nuevas y para armar una estrategia que tiene sentido a largo plazo. Al observar cómo evolucionan las necesidades de los clientes, puede decidir qué grupos de clientes y qué necesidades emergentes merecen mayor atención, dados sus recursos y objetivos.

En la práctica, las empresas de hoy deben ser **empresas centradas en el mercado**, que vigilan tanto a los clientes como a los competidores. No deben dejar que el hecho de observar a los competidores distorsione su enfoque hacia los clientes. La figura 20-6 muestra que las empresas han pasado por cuatro orientaciones con el transcurso de los años. En la primera etapa, se orientaban hacia los productos, prestando poca atención a clientes y competencia. En la segunda etapa, se orientaron hacia los clientes y empezaron a prestarle atención a éstos. En la tercera etapa, cuando empezaron a prestarle atención a la competencia, se orientaron hacia los competidores. Hoy, las empresas tienen que orientarse hacia el mercado, prestando una atención equilibrada tanto a clientes como a competidores. La orientación hacia el mercado rinde enormes dividendos; un estudio reciente arrojó que existe una relación positiva entre la orientación de mercadotecnia de la empresa y su rentabilidad, relación que resultó válida independientemente del tipo de negocio o del entorno del mercado.[20]

RESUMEN

A efecto de preparar una estrategia de mercadotecnia eficaz, la empresa debe tomar en cuenta tanto a la competencia, como a sus clientes, actuales o en potencia. Debe analizar a sus competidores constantemente y desarrollar estrategias de mercadotecnia competitivas que la coloquen en una posición efectiva para enfrentarse a sus competidores y que le concedan la mayor *ventaja competitiva* posible.

El primer paso del *análisis de la competencia* es identificar a los principales competidores de una empresa, partiendo de un análisis de la industria y del mercado. A continuación, la empresa debe reunir información sobre los objetivos, las estrategias, las fuerzas, debilidades y patrones de reacción de los competidores. Con esta información a la mano, puede decidir qué competidores atacará y cuáles evitará. La información de inteligencia sobre la competencia se debe reunir, interpretar y distribuir en forma constante. Además, los gerentes de mercadotecnia de la empresa deben tener capacidad para obtener información plena y confiable sobre cualquier competidor que afecte sus decisiones.

Cual sea la *estrategia de mercadotecnia competitiva* más eficiente dependerá de la posición de la empresa en la industria, así como de sus objetivos, oportunidades y recursos. La estrategia de mercadotecnia competitiva dependerá de que la empresa sea líder, retadora, seguidora u ocupante de un nicho en el mercado.

La *líder del mercado* enfrenta tres desafíos: ampliar el mercado total, proteger su participación en el mercado y aumentar su parte del mercado. A la líder del mercado le interesa encontrar la manera de ampliar el mercado total porque será la que obtenga mayor provecho de cualquier incremento de las ventas. La líder, para *expandir el tamaño del mercado*, busca *usuarios nuevos, usos nuevos y mayor uso* del producto. La *líder del mercado* tiene varias *defensas* para proteger su parte del mercado: *la defensa de su posición, la defensa de los flancos, la defensa preventiva, la defensa con-*

traofensiva, la defensa móvil y la defensa contráctil. Las líderes más sofisticadas se protegen haciendo todo bien, sin dejar huecos para los ataques de la competencia. Las líderes también pueden tratar de aumentar su participación en el mercado. Esto tiene sentido cuando la rentabilidad aumenta con una mayor participación en el mercado.

La *seguidora del mercado* es una empresa que trata, en forma agresiva, de aumentar su parte del mercado, atacando a la líder, a otras empresas ascendentes o a empresas pequeñas dentro de la industria. La retadora puede elegir alguna de varias *estrategias de ataque*, entre ellas, *el ataque frontal, el ataque por los flancos, el ataque de cerco, el ataque de evasión* y *el ataque de guerrilla.*

La *seguidora del mercado* es una empresa ascendente que opta por no hacer olas, normalmente porque piensa que puede perder más de lo que podría ganar. Sin embargo, la seguidora también cuenta con estrategias y aplica sus capacidades específicas para conseguir crecimiento en el mercado. La tasa de rendimiento de algunas seguidoras es superior a la de las líderes de su industria.

La empresa que *ocupa un nicho en el mercado* es pequeña y abarca una parte del mercado que seguramente no atraerá a las empresas grandes. Las empresas que ocupan nichos muchas veces se especializan en un uso final, un nivel vertical, un tamaño de clientes, un cliente específico, una zona geográfica, un producto o característica de un producto o un servicio.

En los mercados contemporáneos es importante tener una orientación competitiva, pero las empresas no deben exagerar y centrarse demasiado en los competidores. Es más probable que las empresas se vean perjudicadas en razón de las necesidades emergentes de los consumidores y de los competidores nuevos que a causa de los competidores existentes. Las empresas que equilibran las consideraciones respecto a los consumidores y aquellas referentes a los competidores son las que, en verdad, se están orientando hacia el mercado.

TÉRMINOS CLAVE

Análisis de los competidores 690

Análisis de los valores de los clientes 695

Empresas centradas en el mercado 714

Empresa centrada en la competencia 714

Empresa enfocada hacia los clientes 714

Estrategias competitivas 690

Grupo estratégico 693

Industria 691

Líder del mercado 701

Ocupante de un nicho en el mercado 701

Puntos de comparación 694

Retadora del mercado 701

Seguidora del mercado 701

Ventaja competitiva 690

EXPOSICIÓN DE PUNTOS CLAVE

1. Las empresas "bien portadas" prefieren una competencia bien portada. ¿Le afecta al consumidor que la competencia sea "bien portada" o "perturbadora"? ¿Por qué sí o no?

2. Hewlett-Packard, líder del extremo alto del mercado de las calculadoras, se encuentra oprimida entre las computadoras portátiles promovidas en forma agresiva y las calculadoras, más baratas, con características cada vez más complejas. ¿Qué estrategia de líder del mercado le recomendaría usted a Hewlett-Packar? ¿Por qué?

3. ¿Cómo podría Morton Salt expandir el mercado total de la sal de mesa? Explique el papel que desempeñarían las promociones de ventas para conseguir usuarios nuevos, comunicar usos nuevos o incrementar el uso de la sal de mesa.

4. Muchas empresas medianas se encuentran en un territorio intermedio, no rentable, entre las empresas grandes y las pequeñas, con un enfoque más limitado. Explique cómo podrían las empresas medianas usar estrategias para ocupar nichos en el mercado a efecto de elevar su rentabilidad.

5. El objetivo del concepto de mercadotecnia es satisfacer las necesidades y los deseos de los clientes. ¿Cuál sería la meta de una estrategia centrada en la competencia? Explique si el concepto de mercadotecnia y estrategia centrada en la competencia se contraponen.

6. Suponga que usted es gerente de productos, a cargo del desinfectante Lysol o del jabón para prendas finas Woolite. Su marca cubre más del 60% del mercado y ninguna otra marca de la competencia ha logrado superarla. ¿Qué estrategia aplicaría usted para aumentar su cantidad de negocios?

APLICACIÓN DE CONCEPTOS

1. En un puesto de periódicos o una biblioteca consiga una guía para comprar autos nuevos y estúdiela. Analice distintos aspectos de los autos, entre ellos, características, estilo e imagen y precio. (a) Identifique las empresas que, en su opinión, están compitiendo con base en el punto de vista del mercado. (b) ¿Qué tipo de estrategias competitivas piensa usted que están usando las líderes, las seguidoras, las retadoras y las ocupantes de nichos en el mercado? (c) ¿Qué grupos estratégicos puede usted identificar en la industria automovilística. ¿Cuáles grupos compiten contra cuáles otros?

2. Con frecuencia, las líderes del mercado tratan de ampliar el mercado total, sobre todo en el caso de mercados maduros, que crecen con más lentitud. (a) Analice los anuncios de diferentes números de revistas femeninas, como *Family Circle* o *Ladies Home Journal*. Encuentre ejemplos de casos en que los fabricantes estén tratando de ampliar la demanda del mercado total para sus productos. (b) Busque ejemplos de este tipo en el supermercado de su localidad. (c) ¿Qué estrategias específicas están aplicando estos intentos: usuarios nuevos, usos nuevos o mayor uso? Califique la posibilidad de éxito que tendría cada uno de los ejemplos que ha encontrado.

CÓMO TOMAR DECISIONES EN MERCADOTECNIA:

COMUNICACIONES MUNDO PEQUEÑO, S. A.

Thomas Campbell y Lynette Jones están analizando las entretelas de sus planes de mercadotecnia para lanzar el vínculo de comunicaciones *Aeropuerto.*

—Tom, ¿te importaría revisar la lista de nuestros posibles competidores otra vez? No encuentro grandes diferencias entre ellos.

—Tienes razón Lyn. Estas empresas están sacando productos casi idénticos. Las normas internacionales lo explican en parte. Las computadoras, para comunicarse entre sí, tienen que hablar el mismo lenguaje, a la misma velocidad, así que todos los módem son casi iguales. Los módem también comparten la tecnología, todo el mundo usa los mismos chips en los circuitos integrados, producidos por los mismos fabricantes. Estos productos son casi idénticos en términos técnicos y casi cualquiera puede entrar al negocio básico de los módem con bastante facilidad. Existen un par de tableros distintos en el mercado: los dos TyIN 2000, de The Complete Communicator y de National Semiconductor, transmiten datos, faxes y correo de voz. El TyIN 2000 también permite incluir comentarios en los documentos, graba la voz, la guarda como parte de un archivo, y la reproduce a voluntad del usuario. Nosotros haremos lo mismo, pero también manejaremos, en forma automática, todas las necesidades del correo electrónico.

—Hasta aquí vamos bien, Tom. Ahora, vuelve a repetir el nombre de todos los competidores importantes.

—Bueno, Lyn, el nombre más conocido en el mundo de los módem es Hayes y también U.S. Robotics. Las empresas grandes, que en este caso son jugadoras pequeñas, cuando menos por ahora, serían Intel, National Semiconductor y AT&T, además de las empresas de computadoras que venden sus propias marcas. Además, está el peso de empresas pequeñas como nosotros: Supra, Zoom Telephonics, TwinCom, Practical Peripherals, Complete PC. Una de mis favoritas es MegaHertz Corporation, que ocupa un nicho del mercado. Se especializa en hacer módem de fax internos para computadoras portátiles y en 1993 sacaron un pequeño módem PCMIA del tamaño de una tarjeta de crédito, adelantándose a todo el mundo. Cuando se lo-

gra algo así, no se tiene gran competencia, por lo menos durante cierto tiempo.

—Bueno —contestó Lyn, pensando unos instantes—, una empresa como Intel o AT&T nos aplastaría como un insecto, pero creo que no lo harían, porque aún no han matado a nadie. Además, nosotros compraremos algunos chips de Intel y nuestros usuarios aumentarán las cuentas de las llamadas de larga distancia de AT&T, así que nosotros sacaremos provecho de las dos. El montón de empresas pequeñas es lo que tenemos que analizar. No podemos elaborar estrategias para competir mientras no decidamos quiénes serán nuestros contrincantes.

Y, ¿AHORA QUÉ?

1. Comunicaciones Mundo Pequeño está ofreciendo un tipo nuevo de producto, en un mercado complejo, con muchos competidores. Ningún otro producto ofrece tantos beneficios como *Aeropuerto,* pero muchos otros productos realizan algunas de sus funciones. (a) ¿Debería Mundo Pequeño definir a sus competidores desde el punto de vista de la industria o del mercado? ¿Cambiaría ello las estrategias que deben elegir? (b) Mundo Pequeño se podría comportar como líder del mercado, retadora del mercado u ocupante de un nicho en el mercado. ¿Qué enfoque le recomendaría usted a Lyn y Tom? ¿Por qué?

2. Todas las empresas deben encontrar el equilibrio entre la orientación hacia los clientes y la orientación hacia la competencia. Pequeño Mundo debe hacer su elección para preparar sus estrategias de mercadotecnia. (a) Dada la información que usted tiene sobre el producto *Aeropuerto,* ¿qué resulta más importante: definirse en contraposición a la competencia o dirigirse a las necesidades de los clientes? ¿Por qué? (b) Haga una lista de tres ejemplos de la manera en que la mezcla de mercadotecnia de *Aeropuerto* podría cambiar si Mundo Pequeño cambiara su enfoque dirigido hacia los clientes para dirigirlo hacia los competidores. ¿Existen diferencias importantes?

REFERENCIAS

1. Chuck Hawkins, "FedEx: Europe Nearly Killed the Messenger", *Business Week,* 25 de mayo de 1992, pp. 124-26; Erik Calonius, "Federal Express's Battle Overseas", *Fortune,* 3 de diciembre de 1990, pp. 137-40; Joseph Maglitta, "Being the Best in the Business", *Computer World,* 25 de febrero de 1991, pp. 61-64; Shlomo Maital, "When You Absolutely, Positively Have to Give the Better Service", *Across the Board,* marzo de 1991, pp. 8-12; y "Pass the Parcel", *The Economist,* 21 de marzo de 1992, pp. 73-74.

2. Para una buena explicación de las reglas básicas de la interacción y la reacción de la competencia, véase Gloria P. Thomas y Gary F. Soldow, "A Rules-Based Approach to Competitive Interaction", *Journal of Marketing,* abril de 1988, pp. 63-74.

3. Véase Joseph Weber, "How J&J's Foresight Made Contact Lenses Pay", *Business Week,* 4 de mayo de 1992, p. 132.

4. Véase Michael E. Porter, *Competitive Advantage* (Nueva York: The Free Press, 1985), pp. 226-27, Cap. 6.

5. Wendy Zellner, "The Airline Mess", *Business Week*, 6 de julio de 1992, pp. 50-55.

6. Para una explicación más amplia, véase William L. Sammon, Mark A. Kurland y Robert Spitalnic, *Business Competitor Intelligence* (Nueva York: Ronald Press, 1984); Leonard M. Fuld, *Monitoring the Competition* (Nueva York: John Wiley & Sons, 1988); Howard Schlossberg, "Competitive Intelligence Pros Seek Formal Role in Marketing", *Marketing News*, 5 de marzo de 1990, pp. 2, 28; y Michele Galen, "These Guys Aren't Spooks, 'They're Competitive Analysts'", *Business Week*, 14 de octubre de 1991, p. 97.

7. Véase Michael E. Porter, *Competitive Advantage*; Pankaj Ghemawat, "Sustainable Advantage", *Harvard Business Review*, septiembre-octubre de 1986, pp. 53-58; Michael E. Porter, "From Competitive Advantage to Corporate Strategy", *Harvard Business Review*, mayo-junio de 1987, pp. 43-59; y George S. Day y Robin Wensely, "Assesing Competitive Advantage: A Framework for Diagnosing Competitive Superiority", *Journal of Marketing*, abril de 1988, pp. 1-20.

8. Michael E. Porter, *Competitive Strategy*: *Techniques for Analyzing Industries and Competitors* (Nueva York: Free Press, 1980), Cap. 2.

9. Véase Stuart Gannes, "The Riches in Market Niches", *Fortune*, 27 de abril de 1987, p. 228; y Tim Smart, "Will U.S. Surgical's Cutting Edge Be Enough?", *Business Week*, 21 de septiembre de 1992, pp. 50-51.

10. Para una explicación más amplia de estrategias para el ataque y la defensa, véase Philip Kotler, *Marketing Management: Analysis, Planning, Implementation, and Control* (Englewood Cliffs, NJ: Prentice Hall, 1994), Cap. 14.

11. Véase Lois Therrien, "Mr. Rust Belt", *Business Week*, 17 de octubre de 1988, pp. 72-80.

12. Véase Bradley Johnson, "Wash-Day Washout", *Advertising Age*, 3 de junio de 1991, p. 54.

13. Véase Robert D. Buzzell, Bradley T. Gale y Ralph G. M. Sultan, "Market Share - the Key to Profitability", *Harvard Business Review*, enero-febrero de 1975, pp. 97-106; y Ben Branch, "The Laws the Marketplace and ROI Dynamics", *Financial Management*, verano de 1980, pp. 58-65. Otros sugieren que la relación entre la participación en el mercado y las utilidades se ha exagerado. Véase Carolyn Y. Woo y Arnold C. Cooper, "Market Share Leadership - Not Always So Good", *Harvard Business Review*, enero-febrero de 1984, pp. 2-4; y Robert Jacobson y David A. Aaker, "Is Market Share All It's Cracked Up to Be?", *Journal of Marketing*, otoño de 1985, pp. 11-22.

14. Véase John D. C. Roach, "From Strategic Planning to Strategic Performance: Closing the Achievement Gap", *Outlook*, publicado por Booz, Allen & Hamilton, Nueva York, primavera de 1981, p. 21. Michael Porter dice lo mismo en *Competitive Strategy* (Nueva York: The Free Press, 1980).

15. Véase Michael E. Porter, "How to Attack the Industry Leader", *Fortune*, 19 de abril de 1985, pp. 153-66.

16. Véase Andrew C. Brown, "Unilever Fights Back in the U.S.", *Fortune*, 26 de mayo de 1986, pp. 32-38.

17. Véase Otis Port, "Canon Finally Challenges Minolta's Mighty Maxxum", 2 de marzo de 1987, pp. 89-90.

18. Véase Daniel W. Haines, Rajan Chandran y Arvind Parkhe, "Winning by Being First to Market... Or Last?", *Journal of Consumer Marketing*, invierno de 1989, pp. 63-69.

19. Donald K. Clifford y Richard E. Cavanagh, *The Winning Performance: How America's High. and Midsize Growth Companies Succeed* (Nueva York: Bantam Books, 1985).

20. Véase John C. Narver y Stanley F. Slater, "The Effect of a Market Orientation on Business Profitability", *Journal of Marketing*, octubre de 1990, pp. 20-35.

CASO 20

MICROSOFT: PLEITO CON LA IBM

Hace 10 años, IBM entró, con éxito, al mercado de las computadoras. Empero, algunas decisiones tomadas por IBM entonces, quizá la estén acechando ahora. En primer término, IBM se concentró en el "hardware" de las máquinas y puso el desarrollo del sistema operativo en manos de Microsoft, que creó el MS-DOS. En segundo, IBM impuso precios muy altos a sus computadoras personales. La calidad de su producto estimuló la demanda, pero el precio tan alto impidió que muchos consumidores pudieran comprar una IBM, dejando una demanda instisfecha que llevó a otros fabricantes a hacer "clones" de la CP de IBM. No tardó en haber muchas máquinas "tipo CP" en uso. Aunque no todas estas máquinas eran de IBM, todas necesitaban el MS-DOS.

Conforme Microsoft vendía más copias de su DOS que IBM de sus CP, Microsoft iba creciendo, al tiempo que la parte del mercado correspondiente a IBM iba decreciendo. Al aumentar la competencia en el mercado de las computadoras, IBM tuvo que bajar sus precios, reduciendo sus utilidades. En consecuencia, para elevar ventas y utilidades, IBM decidió fabricar y comercializar su propio sistema operativo.

En 1985, IBM y Microsoft convinieron desarrollar, en forma mancomunada, un sistema operativo llamado OS/2.

Sin embargo, mientras procedía el trabajo del OS/2, las dos empresas trabajaron, de manera independiente, en otros productos de la competencia. IBM obtuvo licencias para los programas de software de Next y de Metaphor Computer Systems, que le ofrecían alternativas para el Windows, otro sistema operativo desarrollado antes por Microsoft. Al mismo tiempo, Microsoft introdujo una versión mejorada del MS-DOS. Por tanto, incluso aunque cooperaban para el OS/2, las empresas competían ferozmente con otros productos.

En 1989, IBM y Microsoft se dividieron el mercado de los sistemas operativos. IBM endosaba el Windows de Microsoft para las computadoras de poca energía y Microsoft aceptó dar prioridad a las aplicaciones escritas del OS/2. Sin compatibilidad entre el sistema operativo y los programas para aplicaciones, los dos resultan relativamente inútiles. Por tanto, las ventas del OS/2 dependían de los paquetes de aplicaciones que funcionan con él. IBM necesitaba la cooperación de Microsoft para poder competir con ella.

En 1990, la competencia entre IBM y Microsoft se puso muy fea. Microsoft reveló el Windows 3.0 y las ventas aumentaron. Como respuesta, IBM se quedó con el desarrollo del OS/2. La competencia entre las dos gigantes se recrudeció. En 1992, Microsoft lanzó una versión nueva del Windows e IBM lanzó una versión nueva del OS/2. En este choque frontal, Microsoft vendió 3 millones de copias de Windows 4.0 en seis semanas e IBM vendió 1 millón de copias del OS/2 en cuatro meses.

Microsoft está ganando la batalla por dos motivos. En primer lugar, cuenta con el dinero para desarrollar más productos y para dedicar más energía de mercadotecnia a su sustentación. Por ejemplo, cuando lanzó el Windows 4.0, Microsoft tenía más paquetes de aplicaciones, así como 500 personas ante teléfonos para contestar a las preguntas de los nuevos compradores. En segundo, es más probable que los usuarios que han invertido tiempo y esfuerzo en aprender el DOS o el Windows prefieran actualizaciones de dichos productos, en lugar de cambiarse totalmente a la nueva tecnología del OS/2.

¿Qué tan bien librada saldrá IBM? Algunos expertos afirman que el OS/2 es un producto de más calidad, que es más bonito que el Windows, que tiene una mejor interfase gráfica con una característica de arrastre similar a la de la Apple de Macintosh, y que es más grande y más potente. Se ha dicho que se trata del reemplazo de MS-DOS, con potencia industrial. Sin embargo, el OS/2 también presenta algunos problemas. Viene en veintitantos discos y requiere seis megabytes de memoria; Windows viene en siete discos y sólo requiere dos megabytes de memoria. Windows tiene dos ventajas más: es más barato y fácil.

Por tanto, al parecer, Microsoft tiene todos los elementos a su favor. Sin embargo, hay un punto flaco. Microsoft se ha convertido en una inmensa empresa que abarca hasta el 80% del mercado de los sistemas operativos. Con tanto éxito, Microsoft podría tener problemas con la Comisión Federal para el Comercio. Las especulaciones de que Microsoft podría ser objeto de descomposición a manos de la CFC plantean algunas interrogantes interesantes. Sin su fuerza monetaria, ¿qué tanto competiría Microsoft con IBM en el mercado de los programas de software? ¿Qué ocurriría si DOS y Windows pertenecieran a empresas separadas, que compitieran entre sí, y contra IBM? Sin la capacidad de Microsoft para desarrollar e introducir una cascada de paquetes de aplicación de DOS o Windows, ¿perderían dichos productos suficiente atractivo como para que los usuarios optaran por el OS/2?

¿Confundir? ¡Ay!, por poco me olvido. El producir confusión es una técnica competitiva que consiste en difundir temores, incertidumbre y dudas sobre los productos rivales. Microsoft lo hace despreciando las afirmaciones de IBM en cuanto al volumen de sus ventas y jactándose de que sus productos registran más ventas. Esta actitud quizá le produzca ventas a Microsoft, pero no popularidad, ni entre la competencia ni ante la CFC.

PREGUNTAS

1. ¿Cuáles son los objetivos competitivos de Microsoft e IBM en términos de las líneas de productos de las dos empresas?

2. ¿Cuáles son las posiciones competitivas de los sistemas operativos como producto de Microsoft y de IBM?

3. ¿Qué estrategia o estrategias de defensa está usando Microsoft para defender su posición en el mercado?

4. ¿Qué tipo de estrategia de ataque está usando IBM? ¿Cuánto éxito piensa usted que tendrá?

Fuentes: Richard Brandt y Evan Schwartz, "IBM and Microsoft: They're Still Talking, But ...", *Business Week*, 1 de octubre de 1990, pp. 164-69; "Microsoft: Top of the World", *The Economist*, 4 de abril de 1992, pp. 88-89; Laurence Hooper, "IBM Trumpets Sales Milestone for OS/2 as Skeptical Microsoft Blows Own Horn", *The Wall Street Journal*, 13 de agosto de 1992, p. 6B; y George Tibbits, "Microsoft Plays Hardball: Competitors Cry 'Foul'", *Greensboro News and Record*, 14 de marzo de 1993, pp. E1, E5.

CASO EMPRESARIAL 20

PROCTER & GAMBLE EN MARCHA MUNDIAL: OTRA ARRUGA EN EL MUNDO DE LOS COSMETICOS

Procter & Gamble, la empresa multinacional con sede en Cincinnati, conocida por sus productos para el hogar, ha decidido tomar en serio el negocio de los cosméticos. La pregunta es, ¿puede la empresa que nos ha ofrecido pañales Pamper para nuestros bebés, ayudado a cuidar las caries con Crest y a lavar con Tide la mugre de nuestra ropa, aplicar su potente capacidad mercadotécnica para maquillarnos la cara?

Paso 1: La diversificación

Edwin L. Artzt, el agresivo presidente de P&G, piensa que sí puede. La empresa entró, de puntitas, al negocio del cuidado de la piel en 1985, cuando compró Oil of Olay, la línea de productos para el cuidado de la piel. Después, al mando de Artzt, P&G se lanzó a fondo al negocio de los cosméticos. En 1989, compró 1.3 mil millones de dólares de acciones de Noxell Corporation y de las líneas de cosméticos de marca Cover Girl y Clarion.

Un farmacéutico de Baltimore fundó Noxell en 1917 para vender tarritos azules de un remedio para las quemaduras de sol, que más adelante llamó crema Noxzema. A principios de la década de 1960, Noxell lanzó la línea Cover Girl, compuesta por una crema base diseñada para ocultar los granos. Recurrió a modelos famosas para anunciar el producto y, con el tiempo, se convirtió en la marca de cosméticos de más venta en los mercados de masas, superando a Maybelline en 1986. Noxell también tuvo éxito con el lanzamiento de Clarion en 1987, una línea de cosméticos para pieles sensibles, en un mercado masivo y a precio moderado. No obstante, para desarrollar sus negocios nuevos, por ejemplo la costosa introducción de Clarion, Noxell tenía que sacar dinero de los presupuestos de mercadotecnia correspondientes a Cover Girl y Noxzema. En conse-

cuencia, a finales de los años ochenta, estas marcas establecidas corrían el peligro de desaparecer.

Artzt vió la ocasión de aplicar los recursos considerables de P&G para reforzar las actividades de mercadotecnia de Noxell y, al mismo tiempo, de brindar a P&G otras oportunidades de crecimiento, ajenas a su grupo de productos maduros. Artzt también reconoció que los cosméticos dejaban amplios márgenes y aguantaban las recesiones. A partir de junio de 1990, el 47.7% del total de las ventas de P&G, por 24,080 millones de dólares, se derivó de los productos para el cuidado personal. Alrededor de la mitad de estas ventas se deriva de los productos de papel, inclusive los pañales. Otro 32.2% del total de las ventas se deriva de los productos para lavar o limpiar, 13.4% de alimentos y bebidas y 6.7% de productos químicos y pulpa.

Tras adquirir Noxell, Artzt dejó sueltos a los mercadólogos de P&G, quienes no tardaron en rediseñar el empaque de Cover Girl, dándole un aspecto más atractivo, aunque conservando la estrategia de precios bajos de la marca. P&G también aceleró el desarrollo de productos nuevos. Respaldó estos cambios con un incremento de 58 por ciento para la publicidad, gastando 47.5 millones de dólares en Cover Girl sólo en los primeros nueve meses de 1990. Los anuncios proyectaban a famosas modelos de diferentes edades, que lucían un aspecto más natural. Para 1991, la parte del mercado cubierta por Cover Girl había aumentado a 23%, en comparación con el 21% de 1986. Mientras tanto, la parte correspondiente a Maybelline, la segunda del mercado, había bajado a 17%, en comparación con el 19% de 1986.

Paso 2: El crecimiento

P&G sabía que no podía depender de su éxito. La industria de los cosméticos estaba atenta y P&G tendría que atacar para convertirse en un contrincante serio. Muchas consumidoras estaban abandonando las tiendas de departamentos, en busca de las diferentes marcas ofrecidas por las cadenas de tiendas especializadas en ropa y en cosméticos, como Body Shop. Los analistas pensaban que las mujeres estaban hartas de ser objeto de ataques cuando entraban a las secciones de cosméticos de las tiendas de departamentos. Las mujeres querían comprar sus cosméticos en el mismo lugar donde adquirían otros artículos, es decir, cada vez más, en tiendas especializadas. En consecuencia, las ventas de cosméticos de las tiendas de departamentos estaban disminuyendo y la parte del mercado para las tiendas de masas estaba aumentando. La marca Cover Girl también tenía problemas, por ejemplo, el nombre Cover Girl sugería

que el diseño de la marca correspondía a mujeres jóvenes y encantadoras, dejando de lado el problema inherente de falta de atractivo para mujeres profesionales, amas de casa o mujeres con más años. Además, 90 por ciento de las ventas de Cover Girl se generaban en Estados Unidos, mientras que el resto de la industria era cada vez más mundial. Por consiguiente, Artz volvió a salir de compras.

Al mismo tiempo, Ronald Perelman, financiero de Nueva York, había decidido que quizá tendría que vender Revlon, su empresa de productos de belleza. Perelman había comprado Revlon en 1985 por 183 mil millones de dólares, después de una amarga batalla llena de hostilidades. Sin embargo, Perelman había usado bonos chatarra para financiar este negocio y otros más y, como tenía que reembolsar un monto importante de endeudamiento, se encontraba con falta de liquidez. En consecuencia, Perelman estaba considerando la posibilidad de vender algunas o todas las marcas de Revlon, inclusive los cosméticos Max Factor y Almay, los perfumes Charlie y Jontou y el champú Flex.

Además de P&G, varias empresas grandes manifestaron interés por Revlon. Al igual que P&G, estas empresas querían expandir sus actividades en el campo de los cosméticos por medio de adquisiciones. Unilever, una multinacional holandesa, había empezado a comprar marcas de productos para el cuidado personal en Estados Unidos en 1989. A resultas de la adquisición de Faberge y Elizabeth Arden, Unilever ocupaba el tercer lugar, tras Estee Lauder y L'Oreal, en cuanto a ventas en los mostradores de cosméticos de las tiendas de departamentos de Estados Unidos. Las ventas mundiales de productos para el cuidado personal de Unilever sumaron 4,700 millones de dólares en 1990. Gesparal, S.A., poseía mayoría en L'Oreal de Cosmair, que en 1989 había registrado ingresos por 5,300 millones de dólares. A su vez, Nestlé, el conglomerado suizo del ramo de los alimentos, poseía 49% de Gesparal.

P&G tenía especial interés en las líneas Max Factor y Metrix de Revlon, porque 80 por ciento de sus ventas se realizaban fuera de Estados Unidos. Estas dos marcas encajarían muy bien con las otras líneas de P&G y le darían a la empresa una base sólida para competir y conseguir una parte mayor del negocio mundial de los cosméticos y las fragancias, con un valor de 16 mil millones de dólares. En abril de 1991, Artz anunció que P&G pagaría 1,100 millones de dólares por las dos líneas de Revlon, que juntas sumaban 800 millones de dólares de ventas. Artz decidió que no compraría las otras marcas importantes de Revlon, que se vendían a precios más altos en las tiendas de departamentos.

Sin embargo, resultó que Artzt tenía algo más en mente que sólo comprar líneas que le darían a P&G una presencia internacional. Vió la posibilidad de usar las redes de comercialización y distribución de las marcas nuevas para acelerar la transición de Cover Girl, de una marca estadounidense a una internacional. Max Factor y Betrix dieron a P&G un acceso inmediato a Europa y Japón. Antes de las adquisiciones, P&G no tenía ventas de cosméticos o fragancias en Japón y sólo tenía 28 millones de dólares en Europa. Después de la adquisición, P&G registró ventas anuales por 237 millones de dólares en Japón y por 340 millones de dólares en Europa. Alrededor de 75% de las ventas de Max Factor, por 600 millones de dólares, se realizaba fuera de Estados Unidos, mientras que el total de los 200 millones de Betrix procedían de otros países. Un analista calculó que Procter & Gamble se había ahorrado tres años del tiempo que habría tardado para convertirse en una firma mundial con sus marcas estadounidenses.

Las líneas de Max Factor y Betrix ayudaron a P&G y la adquisición por parte de P&G ayudó enormemente a las dos marcas. Betrix, sobre todo, había visto que se requería mucho dinero para competir en el negocio internacional de los cosméticos. Obtuvo alrededor del 62.5% de sus ventas en su mercado de origen, Alemania, y el resto se derivaron de Suiza, España, Italia y Suecia. Betrix quiso atacar el mercado francés, pero no había tenido éxito en su combate con la poderosa L'Oreal, que dominaba dicho mercado. La fuerza de mercadotecnia de P&G le permitiría abrirse camino en el mercado francés. Las marcas principales de Betrix eran los productos femeninos para el cuidado de la piel y los cosméticos Ellen Betrix, de precio intermedio, y los productos Henry M. Betrix, para caballeros. Su subsidiaria Eurocos Cosmetic comercializaba cosméticos de alto nivel con las marcas Hugo Boss y Laura Biagiotti.

Paso 3: La resurrección de Max Factor en el mercado de Estados Unidos

P&G pensaba que podía hacer que Max Factor fuera más competitiva en Estados Unidos porque no estaría bajo el cobijo de Revlon. Como había hecho en el caso de Cover Girl, P&G no tardó en aprender las actividades de Max Factor y preparó estrategias para mejorar su actuación. Los gerentes de P&G cuestionaron que Max Factor usara a la actriz Jaclyn Smith como vocera. Remozaron Max Factor con productos nuevos y mejoras tecnológicas y reforzaron las promociones y la publicidad de la marca.

Sin embargo, Revlon no se quedó quieta después de venderle Max Factor a P&G. Contrató a otro equipo administrativo para la marca Revlon, redujo sus costos de producción y lanzó una andanada publicitaria de 200 millones de dólares que presentaba un musical mensaje de jazz de "mueve tu cuerpo".

Ambas empresas estaban conscientes de que tenían que encontrar la manera de atraer a mujeres más jóvenes, incluso adolescentes, sin ahuyentar a sus clientes de más edad. Las ventas en los mercados masivas, como las ventas por medio de farmacias y tiendas de descuentos, sólo crecieron 2% en 1991, en comparación con el 6% de 1990. El cambio de la demografía y los hábitos de compra de las consumidoras, al parecer, explicaba esta disminución. Las hijas del "baby boom", al tener más años, habían decidido invertir en productos para el cuidado de la piel y estaban comprando menos cosméticos como maquillaje, barniz de uñas y lápiz labial.

Estos cambios significaban que resultaba mucho más importante atraer a mujeres jóvenes, con objeto de que las empresas dedicadas a los cosméticos pudieran revivir el crecimiento de las ventas. Una estudiante universitaria dijo que entendía el interés que tenían las empresas por las consumidores jóvenes, pues era de la opinión que las mujeres jóvenes, con frecuencia, querían verse mayores y solían usar mayor cantidad de cosméticos de la necesaria. "El aplicarse maquillaje —dijo—, es parte importante del proceso de crecimiento." Una asesora de la industria dijo que "las mujeres jóvenes, constantemente, están cambiándose y volviéndose a aplicar barniz de uñas, cosa que no hacen las mujeres con más años".

Sin embargo, las empresas tenían problemas para atraer a clientes jóvenes. En primer lugar, había menos mujeres jóvenes que mujeres producto del baby boom. En segundo, todos los fabricantes de cosméticos estaban peleándose por espacio en los anaqueles y por la atención de las compradoras jóvenes. Un analista comentó que sencillamente había demasiados fabricantes y demasiados productos en busca de muy pocas clientes. La competencia era intensa. El analista señaló que incluso en el mercado de masas, en el extremo del prestigio, L'Oreal había dejado de darle importancia a la calidad y había empezado a subrayar la diversión, con el propósito de atraer a mayor cantidad de clientes jóvenes. Además, estaba la competencia de las líneas de productos de tiendas de departamentos, tiendas especializadas, comercializadores directos como Avon, e incluso redes de compras desde el hogar.

En consecuencia, las ventas de cosméticos de P&G permanecieron fijas durante l991 en 722 millones de dólares y su parte del mercado cayó levemente a 34%, en comparación con el 34.4% de 1990. La parte de Revlon subió a 22.5%, en comparación con el 20.4% de 1990, en parte a expensas de P&G. Sin embargo, incluso con la disminución, P&G siguió siendo la mayor vendedora del país, tratándose de cosméticos vendidos por medio de tiendas de mercancía masivas y farmacias. P&G admitió que seguía aprendiendo el negocio de los cosméticos. Enfrentaba problemas de distribución, era lenta para llenar pedidos y lenta para entregar los productos nuevos prometidos. Además, la empresa había consolidado su fuerza de ventas de cosméticos. Sus vendedores ahora vendían las tres líneas, Cover Girl, Clarion y Max Factor. Algunos distribuidores argumentaban que P&G esperaba demasiado de un solo vendedor, las líneas de productos eran sencillamente demasiado amplias como para esperar que una persona supiera mucho de todos los productos. P&G contestó que el nuevo sistema reduciría la cantidad de vendedores con los que tendrían que tratar los detallistas.

Paso 4: Hacia la globalización

En fecha más reciente, P&G ha decidido remozar la línea de Max Factor y emprender su primera introducción mundial simultánea de un producto. La empresa introdujo la nueva línea de Max Factor en la primavera de 1993. Los nuevos productos tienen un estilo más elegante y más colores. P&G primero produjo sombras para ojos, ruborés y nuevos lápices de labios. En 1994, bases, polvos faciales y maquillajes nuevos.

Todos estos productos serán iguales, sin importar el punto del mundo donde los venda P&G. Antes, P&G había usado diferentes productos y estrategias para diferentes mercados, con frecuencia usando fabricantes locales. Por ejemplo, en Japón, la línea de Max Factor había consistido, primordialmente, de productos para el cuidado de la piel, vendidos a precios elevados en tiendas de departamentos.

Max Factor había representado 28% de las ventas de Revlon en Japón, por 507 millones de dólares, en 1990. Sin embargo, la marca no había seguido el ritmo de los cambios de gustos y estilos de vida de Japón, y estaba perdiendo mercado en forma constante. Kao Corporation y Shiseido Company estaban surgiendo como competidores fuertes en el mercado japonés. En Europa, P&G vendía los productos de Max Factor en cadenas de tiendas y farmacias, a precios más bajos.

La línea nueva tendría estilos, colores e imágenes similares en todos los mercados internacionales. Los empaques son azul oscuro con una cintilla dorada. Los productos vienen en una serie de colores para satisfacer las necesidades de mujeres con diferentes tonos de piel. P&G también ha revisado sus exhibidores en las tiendas. Para respaldar estos cambios, incrementará sus precios entre 8 y 10% sobre los precios que tenía Max Factor.

P&G está siguiendo las estrategias exitosas de Clinique de Estee Lauder y de Chanel, que han tenido éxito con la comercialización global estandarizada. Las consumidoras de todo el mundo reconocen el empaque azul-verde de Clinique y los compactos clásicos negros de Chanel. P&G espera que la estrategia de la estandarización le permita ahorrar dinero al unificar y consolidar muchos de sus esfuerzos de mercadotecnia.

Paso 5: Vigilar a la competencia

Sin embargo, a pesar del optimismo permanente de Artzt, P&G sabe que está haciendo una jugada atrevida. Ninguna otra empresa ha tratado de desarrollar una marca de cosméticos mundial, para un mercado masivo. La empresa ya ha aprendido de sus experiencias en el mercado de Estados Unidos que el negocio de los cosméticos es muy complicado. P&G también sabe que Revlon estará justo atrás de ella con su estrategia global. Revlon ya obtiene entre 30 y 35% de sus ingresos de 126 países del mundo y P&G espera que Revlon trate de hacer mundiales más marcas regionales.

P&G también sabe que debe estar vigilando el mercado nacional. Observando la atención que se le presta a las mujeres jóvenes, Maybelline ahora se está dirigiendo a las mujeres del baby boom que van cumpliendo años. Piensa introducir una línea nueva llamada Maybelline Revitalizante, dirigida a mujeres de 35 años o más. Maybelline afirma que estos productos ayudarán a las mujeres maduras a verse más jóvenes y piensa vender estos productos por medio de tiendas del mercado de masas. Para estar a la cabeza de los competidores en los cosméticos, Procter & Gamble tendrá que encontrar algunas arrugas mercadotécnicas nuevas.

PREGUNTAS

1. ¿Quiénes son los competidores de Procter & Gamble, desde el punto de vista de la industria y desde el punto de vista del mercado? ¿Existen grupos estratégicos en la industria? ¿Por qué son estas interrogantes importantes para P &G?

2. ¿Qué tendencias están dando forma a los objetivos de la competencia en la industria de los cosméticos?

3. Con base en la información de este caso, ¿cuál de las posiciones competitivas de Michael Porter han seguido los diversos competidores del campo de los cosméticos para ganar una ventaja competitiva?

4. ¿Qué medidas debe tomar P&G para expander el mercado total de los cosméticos y para proteger y ampliar su parte del mercado?

5. ¿Qué estrategias competitivas le recomendaría usted a los competidores de P&G?

Fuentes: Randall Smith, Kathleen Deveny y Alecia Swasy, "Sale of Revlon Beauty Line Is Considered by Perelman", *The Wall Street Journal*, 1 de marzo de 1991, p. B4; Alecia Swasy, "Cover Girl Is Growing Up and Moving Out as Its New Parent, P&G Takes Charge", *The Wall Street Journal*, 28 de marzo de 1991, p. B1; Pat Sloan y Jennifer Lawrence, "What P&G Plans for Cosmetics", *Advertising Age*, 15 de abril de 1991, pp. 3, 46; Zachary Schiller y Larry Light, "Procter & Gamble is Following Its Nose", *Business Week*, 22 de abril de 1991, p. 28; Valerie Reitman y Jeffrey A. Trachenberg, "Battle to Make Up the Younger Woman Pits Revlon Against Its New Rival, P&G", *The Wall Street Journal*, 10 de julio de 1992; Valerie Reitman, "P&G Planning a Fresh Face for Max Factor", *The Wall Street Journal*, 29 de diciembre de 1992, p. B1; Marilyn Much, "Cosmetic War Gets Ugly as Front Moves Abroad", *Investor's Business Daily*, 14 de enero de 1993, p. 4; y Gabriella Stern, "Aging Boomers Are New Target for Maybelline", *The Wall Street Journal*, 13 de abril de 1993, p. B1.

PARTE V

CASO GLOBAL

UN NUEVO EQUILIBRIO: LA MARATÓN DE LOS NEGOCIOS

Obtener utilidades es importante, pero no es lo más importante. En mi opinión, lo más importante es fabricar un producto en el que uno cree.

Este lema ha dado forma a la posición de Jim Davis desde que adquirió New Balance Athletic Shoe, Inc., hace 21 años, el día que se corrió el Maratón de Boston de 1972. El ganador del maratón de Boston rompió la cinta de la meta en poco más de dos horas, pero el maratón empresarial de Jim Davis sigue avanzando. La interrogante es si Jim y su empresa se "toparán con pared" y si su negocio fracasará subiendo por un "monte descorazonador" o si gracias a un esfuerzo final New Balance podrá llegar a la meta, a la cabeza de Nike y Reebok, sus rivales más grandes y fuertes.

New Balance había funcionado en Watertown, Massachusetts desde 1906, como fabricante de calzado ortopédico, y había empezado a fabricar calzado deportivo en 1962. Cuando Davis compró New Balance en 1972, la empresa sólo contaba con seis empleados, que trabajaban en una cochera y producían 30 pares de zapatos al día.

Davis, viendo que había cada vez más personas interesadas en caminar y correr, reunió 100,000 dólares como pudo para comprar la empresa, monto equivalente al de las ventas anuales del negocio. Su presentimiento fue magnífico, la moda de correr prendió en 1974. En 1976, la revista *Runner's World* eligió a uno de los modelos de zapatos New Balance como el mejor y clasificó a cuatro de sus modelos entre los 10 mejores zapatos para correr.

Con esa recomendación, las ventas se dispararon. El problema principal de Davis, entonces, fue producir en su fábrica la cantidad requerida de productos. Para 1982, las ventas sumaron 60 millones de dólares y, para mediados de la década de 1980 llegaron a 85 millones de dólares, con buena utilidad.

Después, New Balance "topó con pared". En los maratones, la *pared* es un punto imaginario, a unas 18 millas de iniciada la carrera, donde los corredores pueden encontrar, de repente, que aunque hayan estado corriendo bien, ya no pueden proseguir. Incluso aunque la industria del calzado deportivo siguió expandiéndose, el crecimiento de las ventas de New Balance se extinguió.

—Nos equivocamos de enfoque —dijo Davis, echándose la culpa—. No hicimos las cosas bien, tratamos de perseguir a Nike y a Reebok en términos de diseño, y jamás lo deberíamos haber hecho. El resultado fue un montón de negocios clausurados y un montón de ventas por abajo del precio recomendado para el mayoreo.

—Lo que se siguió vendiendo siempre —agregó— fueron nuestros productos básicos para correr y nuestros zapatos tenis. Sin embargo, nunca teníamos una cantidad suficiente de ellos porque nos habíamos dispersado demasiado, cubriendo todas las áreas periféricas. Sabíamos que no existía gran conciencia de nuestra marca, pero incluso aunque hubiéramos tenido dinero para publicidad, no lo habríamos gastado porque no estábamos haciendo las cosas debidamente.

En 1989, la alta gerencia de Davis lo convenció de que dejara de fabricar en Estados Unidos y que se uniera a la moda de fabricar en el Lejano Oriente. Le señalaron que Nike, que había empezado en el mismo año que New Balance, ya había pasado la marca de 1 mil millones de dólares de ventas. Nike, gracias a la mano de obra barata y a las economías de escala, podía alimentar su inmensa maquinaria publicitaria y de mercadotecnia. Según ellos, New Balance estaba luchando por salir a mano con ventas por 95 millones de dólares. Es más, los gerentes le plantearon que era imposible que una empresa que pagaba entre 12 y 13 dólares la hora, incluidas las prestaciones, pudiera competir contra empresas que recurrían a obreros chinos, que ganaban 80 dólares al mes. Así, como la mano de obra barata permitía mayores márgenes, las líderes de la industria podían bombardear a Estados Unidos con publicidad, para reforzar su dominio.

No obstante, a pesar de los consejos de sus gerentes, Davis se aferró a su filosofía. Aunque New Balance sí fabricó algunos zapatos y piezas en el extranjero, Davis siempre había pensado que las ventajas de producir en el país eran muchas más que las derivadas de la mano de obra barata en el extranjero.

—Al principio, fabricábamos aquí, peorque cuando compré la empresa los zapatos se fabricaban aquí —explica —. Después, vimos que es más fácil controlar la calidad desde aquí. Se pueden establecer técnicas propietarias para mejorar la calidad del producto. [Sin embargo] seríamos una empresa más grande y rentable si fabricáramos todo en el extranjero.

No obstante, como sugiere el lema de Davis, la utilidad no lo es todo. De hecho, hasta principios de la década de 1990, la mayor parte de las empresas del ramo del calzado deportivo no tenían problema alguno para lograr utilidades. La industria había surgido cuando se presentó la locura por la condición física en la década de 1970. Las ventas se habían disparado en la década de 1980, con tasas de crecimiento anual que llegaron incluso al 20%. Para 1992, el calzado para correr y para tenis, baloncesto y otros deportes respresentaba el 40% del total de ventas de calzado en Estados Unidos. A lo largo de esta fase de crecimiento veloz había existido mucho espacio para los fabricantes de las 25 marcas más importantes.

Después, de repente, se terminó la fiesta. En el segundo semestre de 1991 y el primero de 1992, el mercado estadounidense de calzado deportivo se contrajo. El volumen anual de unidades cayó de 393 millones de pares a 381 millones. Las ventas detallistas disminuyeron 2.6%. Los analistas dijeron que la recesión, la saturación del mercado y el cambio de los gustos de los consumidores eran las causas del estancamiento.

En consecuencia, se desató un pleito descarnado, que afectó a todas las marcas, menos a las más grandes. Nike y Reebok siguieron dominando la industria; en 1992, cosecharon entre las dos ventas por 3,300 millones de dólares, más de la mitad del mercado total. No obstante, las participantes pequeñas, como New Balance, que tenían menos del 3% del mercado, se encontraron en una lucha cuesta arriba. Algunos analistas especularon que muchos de los competidores pequeños desaparecerían.

Cómo cambiar las cosas

Con objeto de atacar la colina angustiosa de la industria, que a semejanza de su equivalente en el maratón de Boston agotará a los competidores que carezcan de recursos suficientes, Davis ideó una nueva estrategia. En primer térmi-

no, se dirigió a la producción. New Balance contaba con cuatro fábricas, dos en Massachusetts y dos en Maine. Los 800 obreros de estas plantas producían 10,000 pares de zapatos diarios. Davis quería que, para 1994, dicha cantidad se duplicara. Además, quería bajar, de seis semanas a dos días, el tiempo que transcurría desde que se corta el material para un par de zapatos hasta que se coloca en su caja.

Para acelerar el proceso de producción, Davis descartó el anticuado sistema de producción a destajo de New Balance, cambiándolo por un concepto de equipo, que llamó producción modular. Todo el mundo trabajaba menos piezas, que pasaban por sus manos a mayor velocidad, en lugar de trabajar muchos zapatos, que se movían en forma más lenta. Además de bajar los costos de inventarios, el proceso nuevo recortó el tiempo para el desarrollo de productos nuevos. New Balance había estado tardando un año desde que aparecía la idea para un producto nuevo, hasta que se entregaba el nuevo modelo de zapatos. Davis quería recortar este tiempo a cuatro meses.

—Es una meta muy ambiciosa, pero es importante porque, si uno logra emocionar a los detallistas con un producto, lo quieren recibir ya, y no dentro de un año —explica Davis, pensando que si se involucra a los equipos desde el principio del proceso, se puede llegar a la meta de los cuatro meses.

Estos primeros pasos para revitalizar a la empresa, sirvieron para que las ventas de New Balance subieran a 100 millones en 1991 y se recuperara la rentabilidad de la empresa. Además, en 1991 y 1992, Davis invirtió 2 millones de dólares en una planta y en equipo nuevo, y pensaba invertir 3 millones en 1993.

La nueva estrategia

Después de estos primeros pasos, Davis ahora quiere aplicar una estrategia nueva, de varios pasos, para recuperar la posición, el aumento de las ventas y la rentabilidad de New Balance.

Continuar con las tallas con varios anchos. New Balance siempre había fabricado zapatos de calidad comparable a la de cualquier competidor. Su ventaja competitiva se debe a que se ha concentrado en las tallas con varios anchos. Todos sus zapatos vienen en varios anchos, algunos desde AA hasta EEEE. Son pocos los competidores que van más allá de fabricar versiones anchas y estrechas de algunos productos. En el caso de los zapatos para hombre, la competencia fabrica un ancho D; en el de las mujeres fabrica un ancho B. Cuando la competencia ofrece varios anchos, se suele limitar a que han cortado el material de la parte superior del zapato con mayor o menor amplitud, para después pegarlo a suelas del ancho normal.

Fabricar tallas con varios anchos es difícil y costoso. El proceso complica la producción, porque requiere lotes más pequeños y una producción más flexible. También requiere que los obreros usen muchas hormas, o sea los moldes que se usan para hacer zapatos. Con muchos anchos y con tallas desde la 6 hasta la 16, New Balance puede tener más de 80 tallas de un solo modelo. A pesar de este problema, las tallas con diferentes anchos representan el calzado deportivo más adaptable a la persona que se puede conseguir. Davis es de la opinión que, conforme la población vaya teniendo más años, los consumidores darán más importancia a la comodidad del calzado.

Conservar el control de la producción. Aunque fabricar en el país entraña ciertos inconvenientes, tiene una enorme ventaja. New Balance controla su propia producción en sus propias fábricas, en lugar de depender de empresas extranjeras para hacerlo. Por tanto, Davis no tiene el problema que enfrentan algunas empresas, cuando quieren encontrar más tiempo en las fábricas para producir zapatos porque se requiere una mayor cantidad de éstos. La capacidad para responder a los cambios del mercado afecta a los detallistas. Uno de ellos dijo que su empresa compraba parte de sus zapatos a ASICS Tiger Corporation, la sociedad japonesa y comentó, que en ocasiones, su empresa se había quedado sin zapatos de ASICS y que no había podido conseguir más en tres o cuatro meses. Además, dijo que "no pueden controlar las fábricas como lo hace New Balance, porque no son sus dueños".

Aplicar el "justo a tiempo" al detalle. Al ser dueño de sus propias fábricas, Davis puede reforzar su idea de brindar mejor servicio a los clientes detallistas. Los equipos permiten que New Balance responda con más celeridad a las necesidades de los detallistas. New Balance, al igual que otros fabricantes de calzado deportivo, requiere que los detallistas coloquen sus pedidos con seis meses de antelación. Esto contribuye a planear la producción. Sin embargo, New Balance, al acelerar su producción, tiene capacidad para surtir pedidos en menos de 30 días. Además, la empresa piensa tener existencias permanentes de los 14 modelos que más se venden.

Davis argumenta que esta capacidad para responder con rapidez es muy importante. El comprador de una cadena de 58 tiendas, con sede en Florida, confirmó las palabras de Davis y dijo:

—Cuando le compramos a Nike o Reebok, tenemos que colocar el pedido con seis meses de antelación. Sin una bola de cristal es muy difícil proyectar los negocios con tanta anticipación. En el caso de New Balance, podemos colocar un pedido con 30 días, y nos están surtiendo 90% [del pedido] o más. Es magnífico. Cuando se tienen 58 tiendas, el pedido surtido puede significar 200,000 dólares. Como New Balance nos entrega en el plazo de una semana,

podemos comprar cantidades que se ciñan a nuestras necesidades presentes. De tal manera, no estamos perdiendo ventas ni tenemos que llevar un gran inventario.

Davis considera que esto es "compartir el riesgo" con el detallista, una especie de sociedad que resulta importante para sus planes de crecimiento y dice:

—Somos de la opinión que con los mejores minoristas de todo el país, nosotros podemos captar más negocios tan sólo por trabajar en forma más estrecha con ellos, por fabricar un producto de más calidad y por ofrecer mejor servicio. Además, esto les significa mayores márgenes.

Continuar mejorando el capital. Hacia finales de 1944, Davis habrá invertido 6 millones de dólares, en un plazo de tres años, en equipo de tecnología de punta para reforzar la flexibilidad y la velocidad de sus operaciones. Un nuevo sistema de diseño computarizado ayudará al departamento de investigación y desarrollo a recortar el tiempo necesario para introducir un modelo nuevo. Las máquinas computarizadas para cortar y coser elevarán la productividad de las fábricas. Estas inversiones contribuirán a subir los márgenes brutos, del orden del 30% a la meta del 40%. La meta del margen sale bien librada cuando se compara con la que obtienen los competidores de New Balance por fabricar en el extranjero. En 1992, el margen bruto de Nike fue de 38.7%.

Elevar la produccion nacional. El aumento de capital encaja dentro del plan de Davis para fabricar más zapatos en el país. Dada la estructura de costos de New Balance, la empresa no puede marcar el precio de un par de zapatos producidos en el país en menos de 50 dólares, al menudeo. La empresa importa alrededor del 36% de sus productos terminados, 1.3 millones de pares, para surtir los zapatos de precio más bajo. Conforme aumenten los márgenes nacionales, Davis proyecta producir mayor cantidad de zapatos en Estados Unidos.

Explotar la tendencia a "comprar lo esta-dounidense". Davis quiere aprovechar esta tendencia. Piensa jugar con la preferencia por lo producido en el país en la nueva publicidad de New Balance, así como en los exhibidores del punto de compra. Algunos minoristas piensan que hay cada vez más clientes que piden zapatos hechos en Estados Unidos, sobre todo obreros. Otros sugieren que los consumidores han visto que los zapatos hechos en Estados Unidos tienen tallas más consistentes. Los zapatos fabricados en el extranjero pueden tener tallas con ligeras diferencias, ocasionándole problemas a detallistas y clientes.

Reforzar la calidad del producto. La tasa de defectos de New Balance había llegado al 8%. Davis, alarmado, ha reestructurado el sistema de remuneración de los obreros de las fábricas, de tal manera que el 70% de su salario depende de la calidad y 30% del volumen. En consecuencia, ahora, 99.9% de los zapatos llegan al punto de empacado, listos para ser embarcados. New Balance también seguirá usando materiales y piezas de primerísima calidad. Un folleto sobre el "sistema de suspensión" de los zapatos, presume de ingredientes como una "barra rotatoria" que aguanta el movimiento de los pies hacia adelante y hacia atrás, el cojinete amortiguador entresuelas Encap, que "dispersa el impacto" y el diseño del tacón contraequilibrado que "como trampolín invertido... aumenta el rebote del paso".

Davis sabe que la calidad es importante, pero que el precio también está adquiriendo mucha importancia. En el análisis de *Consumer Reports* de mayo de 1992, sobre zapatos para correr, el modelo Saucony Jazz 3000 ocupó el primer lugar en la categoría masculina y en la femenina. La revista calificó a estos zapatos como "la mejor compra" a 68 dólares el par. La calificación más alta para New Balance correspondió al modelo M997, en octavo lugar, a 120 dólares. El M997 fue derrotado por zapatos de Nike (a $125, al menudeo), Avia ($70), ASICS ($85 y $55), Adidas ($85) y otro modelo de Saucony, el Azura II ($82). New Balance salió mejor librada en la categoría femenina, pues los jueces clasificaron el modelo W997 en segundo lugar. Un analista dijo que, el año pasado, los detallistas hicieron descuentos en el 64% del calzado deportivo, en comparación con el 62% de 1991.

Introducir productos nuevos. New Balance proyecta introducir 30 modelos nuevos, en la línea del modelo 78, para 1993. Los modelos nuevos incluyen un zapato para correr, fuera de pista, con estrías profundas; un zapato con tacos de colores brillantes; cuatro modelos para baloncesto; y dos modelos de botas para montaña. También se está desarrollando un modelo para voleibol.

No obstante, lo que más emociona a Davis es la nueva línea, American Classic, de calzado masculino para vestir. La línea tendrá seis estilos de mocasines, choclos y zapatillas. Davis presume que "serán tan cómodos como cualesquiera de nuestros zapatos deportivos". Los American Classics competirán con la línea Rockport de Reebok, la gigante de la categoría de calzado cómodo para vestir. Davis cuenta con que la empresa venderá 200,000 pares, con un valor de 10 millones de dólares, en 1993.

La nueva línea forma parte de la línea creciente de New Balance de zapatos para calle. De hecho, New Balance ofrece 28 modelos para calle y 24 para deporte. Davis piensa que los zapatos para calle se venderán más que los deportivos en cinco años. Dice que muchos miembros del baby boom dejarán de correr cuando las rodillas les empiecen a dar problemas. Estos consumidores empezarán a caminar como ejercicio alternativo y necesitarán zapatos adecuados.

Aumentar la publicidad. Por último, Davis sabe muy bien que debe aumentar la conciencia de la marca. Aunque los consumidores asocian el nombre de New Balance con calidad, son muy pocos los consumidores que saben de la empresa o sus productos. Una investigación de mercado realizada en 1991 reveló que sólo 4% de los estadounidenses podían identificar a la empresa como una fabricante de calzado deportivo.

Es más, la publicidad es central en esta industria. Tan sólo en 1993, Nike invertirá unos 120 millones de dólares en publicidad y muchos millones más en pagos de promociones a deportistas como Michael Jordan y Bo Jackson. Reebok contraatacará con un presupuesto de 100 millones de dólares para publicidad, inclusive 20 millones para promover a Shaquille O'Neal, el jugador de Orlando Magic.

New Balance ha tenido poco dinero para competir. Estos competidores gastan más en *publicidad* de lo que New Balance percibe por concepto de *ventas*. Hace unos años, New Balance lanzó anuncios que decían "nadie recomienda la marca". La empresa pensaba que su sola calidad vendería los zapatos.

Para enviar el mensaje de que un zapato que queda mejor, sirve más, Davis piensa invertir 6 millones de dólares en publicidad en 1993, en comparación con 1 millón en 1990. La empresa gastará dinero en anuncios impresos y de radio en cooperación con sus detallistas. Sin embargo, por primera vez, New Balance comprará tiempo en la televisión nacional, destinando 700,000 dólares a comerciales en ESPN, TNT, Sports Channel y Discovery Channel.

Davis sacará anuncios en revistas como *Runner's World, Tennis, Esquire, Travel and Leisure, Sierra* y *Outside*. Además comprará páginas en revistas femeninas como *Self, Glamour* y *Working Woman*.

Por último, la empresa dedicará 500,000 dólares a exhibidores en el punto de compra y otros artículos para reforzar la identidad de la marca.

La meta final

La interrogante sería, ¿funcionará esta estrategia que Davis llama Operación Golpe Rápido? ¿Es la estrategia lo bastante fuerte para garantizar la supervivencia de New Balance en la carrera contra Nike, Reebok y la serie de pequeñas empresas que se dirigen hacia la meta final? ¿Podrá Davis duplicar las ventas de New Balance, a 200 millones de dólares, en los próximos tres años? ¿Puede un competidor, que tiene una parte pequeña del mercado, aguantar en las grandes ligas?

PREGUNTAS

1. Describa la estrategia de mercadotecnia de New Balance, considerando los nuevos pasos estratégicos que piensa dar. ¿Cuál es el mercado que tiene en la mira? ¿Cuál es su mezcla de mercadotecnia? ¿Cuál es su estrategia competitiva?

2. ¿Cómo refuerza New Balance el valor principal proporcionado a sus clientes? ¿Cómo influye en las expectativas de los clientes? ¿Cómo la nueva estrategia de New Balance afectará las actividades de su cadena de valor?

3. ¿Qué amenazas y oportunidades enfrenta New Balance? ¿Cuáles son sus objetivos y qué problemas presentan estos objetivos?

4. ¿Qué cambios recomendaría usted para la estrategia de mercadotecnia de la empresa?

5. ¿Cómo reaccionaría usted ante las palabras de Jim Davis que se presentan al principio de este caso? ¿Es la utilidad lo más importante, o lo es hacer algo en lo que uno cree?

Fuente: Adaptado de Jay Finegan, "Surviving in the Nike/Reebok Jungle", *INC. Magazine*, mayo de 1993, pp. 98-108. Usado con autorización.

El mercado mundial

LINKにふさわしい再生紙利用マークを募集します！

地球にやさしい
LINKであるために

LINKの制作には今号から再生紙を採用しています。地球の自然環境を大切にしたい、という私たちの願いを、少しでも具体的な行為として実現できればと考えました。そんな地球にやさしいLINKにふさわしい再生紙利用のシンボルマークを読者の皆さんから募集したいと思います。アップルと皆さんを結ぶコミュニケーションマガジンの表紙にふさわしいマークを制作してください。なお、採用させていただいた方には、賞品として、Macintosh Classic 1台をプレゼントさせていただきます。

応募要項	
●募集期限	1991年3月10日［日］まで
●応募作品	1人1作品、未発表のものにかぎります
●作品条件	マークのサイズは3cm×3cm以内、カラー印刷に使用できるものを求めます。作品はMacintosh のアプリケーションソフトを利用し、Paint、PICT、PICT2、TIFF、EPSフォーマットで作成されたものに限ります。
●賞　品	1名　Macintosh Classic 1台
●発　表	「LINK」1991年春号誌上
●応募方法	2DDor2HD、3.5インチディスケットにデータを入れ、住所、氏名、年齢、電話番号、職業、使用したソフト（versionNo.含）を明記の上、「LINK」係まで、お送りください。

※

制作にあたって、他者が制作した写真、絵画、イラスト等を下絵として採用する場合、著作権等の問題に抵触することのないよう充分に配慮してください。主催者側はこの問題について一切責任を負いません。問題となった場合、採用を取り消す場合もあります。また応募された作品は返却いたしませんので、必ずコピーを保管するようにしてください。採用された作品の著作権並びに掲載権は、いずれもアップルコンピュータジャパン㈱に帰属します。

finales de la década de 1970, Apple Computer invadió Japón. El mercado japonés de las computadoras personales, con un valor de 7 mil millones de dólares, justo atrás del inmenso mercado de Estados Unidos, ofrecía posibilidades muy atractivas para el crecimiento. Si Apple hubiera hecho buenas jugadas entonces, podría haber inundado Japón antes de que la competencia se pudiera establecer. Sin embargo, más de diez años después, Apple no había logrado pasar mucho más allá de ser venta novedosa y abarcar el pequeñísimo 1.4% del mercado. En retrospectiva se puede decir que, en Japón, Apple hizo casi todo mal, en lugar de jugar como se requería.

Apple de Japón cometió algunos errores clásicos. Sus gerentes, en su mayor parte estadounidenses, jamás se tomaron la molestia de entender, en verdad, el mercado japonés. En cambio, trataron el mercado de Japón como si fuera una extensión del de Apple en Estados Unidos. Por ejemplo, las muchas peticiones de los distribuidores japoneses para que la computadora Macintosh y otros productos de Apple fueran adaptados para que se pudieran usar en Japón cayeron en oídos sordos. Incluso aunque la potente capacidad gráfica de la Mac la hacía la máquina ideal para manejar el Kanji, los complejos caracteres chinos usados para escribir japonés, Apple insistió en vender su versión estadounidense en Japón, casi sin diferencias a la de Estados Unidos. Es peor, las primeras Mac llegaron a Japón en empaques defectuosos y con teclados que no servían. Apple ni siquiera proporcionaba un manual de operaciones en japonés.

Los compradores japoneses también se desanimaron ante los elevados precios de la Mac, casi el doble de los de máquinas japonesas equiparables. Es más, la distribución de las máquinas de Apple era deficiente y la empresa rara vez anunció sus productos en Japón ni los exhibió en ferias comerciales. Por último, los programas de software de apoyo para las Mac japonesas brillaban por su ausencia. Cuando Apple entró a Japón, de inmediato adquirió fama de ser una "arrogante yanqui", entre los negocios locales que vendían programas de software. En lugar de pagarle a creadores de software, para que convirtieran sus paquetes con objeto de que sirvieran en las Mac, práctica común en Japón, Apple les *cobraba* por su información técnica. Además, se negó a afiliarse a cualquier asociación comercial japonesa o incluso a prestar Macs a los creadores de software. Por otra parte, cuando NEC entró al mercado de las computadoras personales a principios de la década de 1980, puso todo su empeño en cortejar a los negocios de software. En consecuencia, a finales de la década de 1980, sólo había 15 paquetes de software japonés para la Mac, en comparación con más de 5,000 para las computadoras NEC, mismos que le sirvieron a ésta para abarcar un asombroso 60% del mercado.

Para 1988, Apple de Japón era una vergüenza. Las ventas de Mac eran casi nulas y los japoneses de línea dura, detractores de Estados Unidos, hablaban de Apple de Japón como un ejemplo clásico de la incompetencia del "americano feo". A fin de cuentas Apple vio una luz y con ella se abocó a cambiar su fortuna en Japón. Para empezar, Apple contrató a un equipo de ejecutivos, compuesto sólo por japoneses: un nuevo presidente de Toshiba, un gerente de ingeniería de Sony y un gerente de servicios de apoyo de NCR de Japón. El nuevo equipo tomó medidas, de inmediato, para bajar los precios, ampliar la distribución y reparar su fama entre los creadores de software, los distribuidores y los consumidores japoneses.

Apple introdujo tres Macs de precio más bajo. La menos cara de ellas, una máquina con precio de venta de menos de 1,500 dólares, más adelante crecería hasta llegar a representar más de la mitad de las ventas unitarias de Apple en Japón. La empresa también se preparó para ofrecer una familia de productos en japonés, inclusive una nueva versión, con caracteres japoneses, de su muy aclamada impresora láser Postscript y KanjiTalk, un sistema operativo en japonés. Para reforzar la distribución, Apple reclutó a varias empresas japonesas de primera línea para que vendieran las Mac, inclusive a Brother Industries, la gigante del equipo para empresas, a Kokuyo, la líder papelera, así como a Mitsubishi, Sharp y Minolta. Además, empezó a abrir centros Apple, tiendas que sólo venden productos Apple en el mercado de las sociedades anónimas.

Pero, lo más importante, Apple de Japón empezó a mejorar sus relaciones con los negocios de software de Japón. Se unió a la Asociación Japonesa de Software para Computadoras Personales (JPSA) y empezó a reclutar a muchos creadores de software. Incluso contrató a ingenieros de empresas de software de Estados Unidos, de primera categoría, para que trabajaran en unión con empresas japonesas para desarrollar versiones japonesas de paquetes estadounidenses probados. Los negocios de software respondieron. Para 1992, había 200 programas de software compatibles con Mac y la cantidad aumentaba día con día. Algunos de los creadores de software más grandes de Japón ahora recomiendan y distribuyen Macs. Una encuesta reciente realizada por la JPSA arrojó que los programadores japoneses de software consideran que las Mac son la segunda opción, después de las NEC, entre las máquinas que les gustaría comprar.

Para completar el cambio y reparar su manchada imagen, Apple emprendió una campaña de promociones a gran escala, inclusive con publicidad impresa y televisada que proyectaba a la Mac como un instrumento creativo y fácil de usar. Apple también patrocinó varios eventos muy difundidos, como el primer torneo de la Asociación japonesa de mujeres profesionales del golf y un concierto de Janet Jackson en Tokyo. El concierto atrajo a 60,000 fanáticos y cada uno de ellos encontró, en su asiento, una bolsa con información sobre Apple. Para reforzar incluso más su imagen, Apple comercializó, por medio de las tiendas detallistas de Tokyo, la "colección Apple"

de playeras, tarros de café, llaveros, gorras y demás mercancía adornada con el colorido logo de Apple.

El remozamiento de Apple tuvo resultados asombrosos: ahora las Mac brotan por todas partes en Japón. Apple domina los segmentos del diseño gráfico y la actividad editorial de escritorio y está quitándole parte del mercado a los competidores japoneses en algunas otras áreas importantes. La cantidad de Macs que surgen en aulas universitarias y en escuelas primarias y secundarias, donde Apple se ha ganado la fama de ser fácil de usar, es cada vez mayor. Japón se ha convertido en el mercado de Apple que registra mayor crecimiento. A pesar de que, en fecha reciente, toda la industria de las computadoras personales ha registrado cierta atonía en Japón, las ventas de Apple se han duplicado en cada uno de los tres años pasados. Su parte del mercado ha aumentado, en consecuencia, a casi 6%, casi igualando a la de IBM, el competidor extranjero más grande de Japón. Algunos analistas pronostican que la parte del mercado japonés correspondiente a Apple podría llegar, dentro de poco tiempo, al 13%.

Sus experiencias en Japón le han enseñado a Apple que la mercadotecnia internacional entraña mucho más que sólo tomar algo que tiene éxito en su país de origen y exportarlo al extranjero. Por el contrario, entrar a un mercado extranjero requiere un fuerte compromiso y una clara comprensión de culturas y entornos de mercadotecnia que, en ocasiones, son muy diferentes. Casi siempre implica adaptar los productos, los programas y los enfoques de la empresa a las necesidades y las circunstancias especiales de cada uno de los nuevos mercados del mundo. Para una cantidad siempre creciente de japoneses, el enfoque nuevo, más adaptable, de Apple ha transformado a la vieja "Apple agusanada" en una nueva "Apple consentida".[1]

AVANCE DEL CAPÍTULO

El capítulo 21 se refiere al mercado mundial, un campo cuya importancia va en aumento constante.

Al principio del capítulo, se propone el análisis de cuatro aspectos clave: el *sistema del comercio exterior* y los *entornos económicos, jurídico-políticos* y *culturales* que afectan las decisiones de mercadotecnia.

A continuación, se analizan las decisiones en cuanto a si se debe entrar a mercados exteriores y a qué mercados entrar. Las tres *posiciones básicas para entrar son* las *exportaciones*, las *empresas en participación* y *la inversión directa*.

A continuación, se habla de la necesidad de *adaptar la mezcla de mercadotecnia* a los mercados mundiales. Se termina con un resumen de tres formas de organización posibles: el *departamento de exportaciones*, la *división internacional* y la *organización global*.

Antes, las empresas estadounidenses prestaban muy poca atención al comercio internacional. Si podían realizar algunas ventas extraordinarias por medio de exportaciones, no pasaba nada. Sin embargo, el mercado grande estaba dentro del país y estaba lleno de oportunidades. Además, el mercado interno era mucho más seguro. Los gerentes no tenían que aprender otros idiomas, tratar con monedas extrañas y cambiantes, enfrentar incertidumbres políticas y jurídicas ni adaptar sus productos a las necesidades y expectativas de otros clientes.

Sin embargo, hoy, la situación es muy diferente. La década de 1990 representa el primer decenio en que las empresas de todo el mundo han tenido que empezar a pensar en términos globales. El tiempo y la distancia se están encogiendo, a gran velocidad, debido a la presencia de comunicaciones, transportes y flujos financieros más rápidos. Los productos desarrollados en un país están encontrando entusiasta aceptación en otros países.

Cierto es que bastantes empresas llevan muchos decenios realizando actividades internacionales. IBM, Kodak, Nestlé, Shell, Bayer, Toshiba y otras sociedades son conocidas por la mayor parte de los consumidores de todo el mundo. Empero, la competencia global del presente se intensifica. Las empresas extranjeras se están expandiendo en forma agresiva hacia mercados internacionales nuevos y los mercados internos ya no ofrecen tantas oportunidades. Algunas empresas nacionales que jamás pensaron tener competidores extranjeros, de repente, encuentran que éstos han llegado a sus patios traseros. La empresa que se queda en su país, para jugarla a la segura, no sólo podría perder la oportunidad de entrar a otros mercados, sino que también corre el riesgo de perder su mercado nacional.

Los titulares de todos los días nos hablan de triunfos obtenidos por los productores japoneses sobre los estadounidenses en todo, desde aparatos electrónicos de consumo y motocicletas hasta cámaras y copiadoras. Hablan de los avances de las importaciones japonesas, alemanas, suecas e incluso coreanas en el mercado de autos de Estados Unidos. Nos cuentan del éxito de los ataques de Bic contra Gillette, del avance de Nestlé en los mercados del café y los chocolates, así como de la pérdida de mercados de textiles, muebles y calzado a manos de importaciones del Tercer Mundo. Nombres como Sony, Toyota, Nestlé, Perrier, Norelco, Mercedes y Panasonic se han convertido en palabras de uso casero. Otros productos y servicios que, al parecer, son estadounidenses, en realidad son producidos o propiedad de empresas extranjeras, libros Bantam, helado Baskin-Robbins, televisores GE y RCA, neumáticos Firestone, betún Kiwi, té Lipton, leche Carnation, productos Pillsbury, Motel 6 y Bloomingdale's, por sólo mencionar algunos. Estados Unidos también está atrayendo inmensas inversiones extranjeras para industrias básicas como la del acero, el petróleo, los neumáticos y los productos químicos, así como para empresas turísticas y bienes raíces, ilustradas por las tierras que han adquirido los japoneses en Hawaii y California, el desarrollo hotelero de Kuwait en la costa de Carolina del Sur y los edificios de oficinas que han comprado japoneses y árabes en Manhattan. Ahora, son pocas las industrias estadounidenses que se encuentran a salvo de la competencia.

Aunque algunas empresas querrían acabar con la oleada de importaciones extranjeras por medio del proteccionismo, esta respuesta sólo sería una solución temporal. A largo plazo, elevaría el costo de la vida y protegería la ineficiencia de las empresas estadounidenses. La verdadera respuesta es que deben ser más las empresas estadounidenses que aprendan a entrar a los mercados exteriores y a aumentar su competitividad mundial. Muchas empresas de Estados Unidos han tenido éxito en la comercialización internacional: Gillette, Colgate, IBM, Xerox, Corning, Coca-Cola, McDonald's, General Electric, Caterpillar, Du Pont, Ford, Kodak, 3M, Boeing, Motorola y docenas de empresas estadounidenses más han hecho del mundo su mercado. Pero hay muy pocas como ellas. De hecho, sólo cinco empresas estadounidenses representan 12% del total de exportaciones; 1,000 fabricantes (de 300,000) representan el 60%.[2]

Todo gobierno cuenta con un programa para fomentar las exportaciones con el que trata de convencer a las empresas nacionales de que exporten. Dinamarca paga más del doble de sueldo a los asesores en mercadotecnia que ayudan a las empresas danesas, medianas y pequeñas, a entrar a la exportación. Muchos países llegan más allá y subsidian a sus empresas, otorgándoles terrenos preferenciales y reducción de precios de energía; incluso ofrecen a sus empresas dinero, directamente, para que puedan cobrar precios más bajos que los de sus competidores extranjeros.

Cuanto más tarden las empresas en tomar medidas para internacionalizarse, tanto más riesgo correrán de quedar excluidas de los crecientes mercados de Europa Occidental, Europa Oriental, el Lejano Oriente y otras partes. Los negocios nacionales que pensaban estar seguros, ahora encuentran que las empresas de los países vecinos invaden sus mercados nacionales. Todas las empresas tendrán que formularse algunas interrogantes básicas: ¿qué posición en el mercado debemos tratar de establecer en nuestro país, nuestro continente y en el mundo?, ¿quiénes serán nuestros competidores en el mundo y cuáles serán sus estrategias y recursos?, ¿dónde debemos producir o ubicar nuestros productos?, ¿qué alianzas estratégicas debemos establecer con otras empresas del mundo?

Irónicamente, aunque ahora existe mayor necesidad que antes de que las empresas se dirijan al extranjero, también existen más riesgos. Las empresas que se vuelven mundiales enfrentan varios problemas importantes. En primer lugar, el gran endeudamiento, la inflación y el desempleo de diversos países han dado por resultado gobiernos y monedas muy inestables, que limitan el comercio y exponen a las empresas estadounidenses a muchos riesgos. En segundo, los gobiernos están imponiendo más reglamentos para las empresas extranjeras, por ejemplo, requieren una sociedad en participación con socios nacionales, obligan

Muchas empresas estadounidenses han hecho del mundo su mercado.

a que se contrate personal nacional y limitan la cantidad de utilidades que se pueden repatriar del país. En tercero, los gobiernos extranjeros, con frecuencia, imponen elevados aranceles o barreras comerciales con el propósito de proteger a sus industrias. Por último, la corrupción es un problema que crece; es frecuente que los funcionarios de algunos países no concedan el negocio a la mejor oferta, sino al mejor soborno.

Cabría llegar a la conclusión de que las empresas están condenadas, sea que se quedan en su país o se dirijan al exterior. Sin embargo, la única opción que tienen las empresas que venden en industrias mundiales es internacionalizar sus operaciones. Una **industria global** es aquella donde las posiciones estratégicas de los competidores, en mercados nacionales o geográficos dados, se ven afectadas por sus posiciones en el mundo, en general. Por consiguiente, una **empresa global** es aquella que, dadas sus operaciones en más de un país, consigue ventajas en investigación y desarrollo, producción, comercialización y finanzas, en cuanto a sus costos y reputación, mismos que no están al alcance de los competidores puramente nacionales.[3] La empresa global considera que el mundo es un solo mercado. Minimiza la importancia de las fronteras nacionales y reúne capital, fuentes de materiales y piezas, y fabrica y comercializa sus bienes dondequiera que lo pueda hacer mejor. Por ejemplo, el "camión mundial" de Ford tiene una cabina hecha en Europa, un chasis hecho en América del Norte, es ensamblado en Brasil e importado a Estados Unidos para su venta. Así pues, las empresas globales consiguen ventajas cuando planean, operan y coordinan sus actividades en forma mundial.

Como las empresas de todo el mundo se están globalizando a gran velocidad, las empresas nacionales en industrias globales deben actuar con rapidez, antes de que la puerta se les cierre en las narices. Esto no significa que las empresas medianas y pequeñas deban operar en una docena de países para tener éxito. Estas empresas pueden dedicarse a las actividades globales, pero como el mundo está haciéndose más pequeño, toda compañía que opere en una industria global, sea grande o pequeña, debe evaluar y establecer su lugar en los mercados mundiales.

Como muestra la figura 21-1, una empresa enfrenta seis decisiones importantes para la comercialización internacional. En este capítulo, se analizará cada una de estas decisiones con detalle.

PANORÁMICA DEL ENTORNO MUNDIAL DE LA MERCADOTECNIA

La empresa, antes de decidir si venderá en el exterior, debe entender a fondo el entorno de mercadotecnia mundial. Este entorno ha cambiado mucho en los pasados veinte años, creando tanto oportunidades como problemas nuevos. La economía mundial se ha globalizado. El comercio mundial y las inversiones han crecido a gran velocidad y se han abierto muchos mercados atractivos en Europa Oriental y Occidental, China, Rusia y otras partes. Las marcas mundiales han crecido en el ramo de los automóviles, los alimentos, la ropa, los aparatos electrónicos y muchas categorías más. La cantidad de empresas globales ha aumentado enormemente. Mientras tanto, la posición dominante de Estados Unidos se ha deteriorado. El poderío económico de otros países en los mercados mundiales,

**FIGURA 21-1
Decisiones básicas
de la comercialización
internacional**

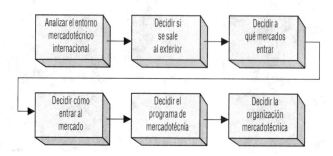

como Japón y Alemania, ha aumentado (véase Puntos Importantes de la Mercadotecnia 21-1). El sistema financiero internacional se ha tornado más complejo y frágil y las empresas estadounidense enfrentan cada vez mayor cantidad de barreras comerciales, erigidas para proteger a los mercados nacionales contra la competencia extranjera.

El sistema del comercio internacional

La empresa estadounidense que dirija la mirada al exterior, tiene que empezar por entender el *sistema del comercio internacional*. La empresa estadounidense, para vender en otro país, enfrentará diversas restricciones comerciales. La más común es la **tarifa,** es decir, un impuesto que gravan los gobiernos extranjeros sobre ciertos productos importados. El propósito de la tarifa puede ser elevar los ingresos o proteger a las empresas nacionales. El exportador quizá también tendrá que enfrentar una **cuota,** que establece límites en cuanto a la cantidad de bienes, de ciertas categorías de productos, que aceptará el país importador. El propósito de la cuota es conservar la cantidad de divisas extranjeras y proteger a la industria y el empleo locales. Los **embargos** son la expresión más fuerte de las cuotas, pues prohíben totalmente algunos tipos de importaciones.

Las empresas estadounidenses pueden enfrentar **controles de cambios** que limitan la cantidad de dinero que se puede convertir a moneda extranjera y el tipo de cambio frente a otras monedas. La empresa también puede enfrentar **barreras comerciales no arancelarias,** como prejuicios contra las ofertas de empresas de Estados Unidos y normas restrictivas para ciertos productos, las cuales afectan las características de productos estadounidenses:

> Una de las maneras más inteligentes que han encontrado los japoneses para evitar que los fabricantes extranjeros entren al mercado nacional es escudarse en su "singularidad". El gobierno argumenta que la piel japonesa es diferente, por lo cual, las empresas extranjeras del ramo de los cosméticos, antes de vender sus productos en Japón, primero deben realizar pruebas ahí. Los japoneses dicen que sus estómagos son pequeños y sólo tiene espacio para la *mikan,* la mandarina nacional, y por consiguiente las importaciones de naranjas estadounidenses están limitadas. Ahora los japoneses han encontrado un argumento incluso más inconcebible: su nieve es diferente, así que el equipo para esquiar también debe ser diferente.[4]

Al mismo tiempo, ciertas fuerzas *coadyuvan* al comercio entre países, o cuando menos entre ciertos países. Algunos países han formado *zonas de libre comercio* o **comunidades económicas;** es decir, grupos de países que se han organizado para alcanzar metas comunes, a efecto de reglamentar el comercio internacional. Entre estas agrupaciones, la más importante es la Comunidad Europea (CE) conocida también como Mercado Común Europeo. La CE está compuesta por algunos de los principales países de Europa Occidental y tiene una población combinada que pasa de los 320 millones de personas. La CE está tratando de crear un solo mercado europeo, eliminando las barreras materiales, financieras y técnicas que existen para el comercio entre las naciones que pertenecen a la Comunidad. La Comunidad Europea se constituyó en 1957, pero todavía no ha logrado el verdadero "mercado común" que contempló desde el principio. Sin embargo, en 1985, los países de la Comunidad renovaron sus esfuerzos de integración en términos económicos (véase Puntos Importantes de la Mercadotecnia 21-2). Desde la formación de la CE, se han creado otras comunidades, como la Comunidad Europea de Libre Comercio (CELC), la Asociación para la Integración de América Latina (AIAL), el Mercado Común de Centroamérica (MCC) y el Consejo para la Ayuda Económica Mutua (CAEM) de Europa Oriental. En América del Norte, Estados Unidos y Canadá eliminaron las barreras comerciales en 1989 y, dependiendo de un acuerdo de libre comercio con México, en breve podrían crear una zona norteamericana de libre comercio, que abarcaría desde el Yukon hasta Yucatán. Se ha propuesto una zona de libre comercio similar que incluiría a todos los países de América del Sur.[5]

Aunque la tendencia reciente hacia las zonas de libre comercio ha despertado mucha excitación y creado nuevas oportunidades de mercado, la tendencia

LOS MEJORES VENDEDORES DEL MUNDO: LOS JAPONESES

Pocos discutirán que los japoneses han realizado un milagro económico después de la Segunda guerra mundial. En un lapso muy corto, han logrado ser líderes del mercado mundial en muchas industrias: automóviles, motocicletas, relojes, cámaras, instrumentos ópticos, acero, astilleros, computadoras y aparatos electrónicos de consumo. Han avanzado bastante en el camino de los neumáticos, los productos químicos, las máquinas-herramienta e incluso la ropa de diseñador, los cosméticos y la comida. Algunos acreditan el éxito mundial de las empresas japonesas a su singular ejercicio de las actividades comerciales y administrativas. Otros lo explican gracias a la ayuda que reciben del gobierno japonés, de las poderosas compañías comerciales y de los bancos. Otros más dicen que el éxito de Japón se debe a los salarios bajos y a políticas desleales de dumping.

De cualquier manera, una de las claves centrales del éxito de Japón es, sin duda, su hábil uso de la mercadotecnia. Los japoneses fueron a Estados Unidos para estudiar mercadotecnia y volvieron a casa entendiéndola mejor que muchas empresas estadounidenses. Saben cómo escoger un mercado, entrar debidamente en él, conseguir su participación en el mercado y proteger esa parte contra la competencia.

Cómo elegir mercados. Los japoneses ponen gran empeño en identificar mercados mundiales atractivos. En primer lugar, buscan industrias que requieran muchas capacidades y mano de obra, pero pocos recursos naturales. Estas incluyen los aparatos electrónicos de consumo, las cámaras, los relojes, las motocicletas y los productos farmacéuticos. En segundo, prefieren mercados en que los consumidores del mundo entero estén dispuestos a comprar productos con un mismo diseño. Por último, buscan industrias en las que los líderes del mercado son débiles o complacientes.

Cómo entrar en los mercados. Un equipo de estudio japonés puede pasar varios meses evaluando el mercado que tiene en la mira y buscando nichos del mercado que no estén cubiertos. En ocasiones, empiezan con una versión del producto de precio bajo y del todo austero, en otras con un producto que es tan bueno como el de la competencia, pero de precio más bajo, y en otras más con un producto de mejor calidad o características nuevas. Los japoneses arman buenos canales de distribución con objeto de ofrecer servicio expedito. Además, usan una publicidad muy efectiva para presentar sus productos a la atención del público. Su estrategia básica es conseguir participación en el mercado, en lugar de obtener utilidades pronto; con frecuencia, los japoneses están dispuestos a esperar hasta una década para lograr utilidades.

Cómo conseguir participación en los mercados. Cuando las empresas japonesas han sentado sus reales en el mercado, empiezan a ampliar su partici-

también produce cierta preocupación. Por ejemplo, los grupos de países que comercian libremente entre sí podrían elevar barreras para los extraños (por ejemplo, creando una "Europa fortificada"). Las reglas locales de contenido más estricto podrían sumar una nueva especie de burocracia que, de nueva cuenta, limitaría el comercio internacional. En Estados Unidos, los sindicatos temen que la creación de la zona de libre comercio en América del Norte produzca un éxodo mayor de empleos hacia México, donde los salarios son mucho más bajos. Además, los ambientalistas temen que las empresas que no están dispuestas a ceñirse a las estrictas reglas de la Oficina de Estados Unidos para la protección del ambiente se reubiquen en México, donde el control de la contaminación ha sido bastante laxo.

Cada país tiene características singulares que se deben entender. La apertura de un país a diferentes productos y servicios y su atractivo como mercado para empresas extranjeras dependen de su entorno económico, jurídico-político y cultural.

El entorno económico

El mercadólogo internacional debe estudiar la economía de cada país. Dos factores económicos reflejan el atractivo que puede tener un país como mercado: la estructura industrial del país y su distribución del ingreso.

La *estructura industrial* del país da forma a sus necesidades de productos y servicios, niveles de ingreso y niveles de empleo. Los cuatro tipos de estructuras industriales serían:

pación en él. Invierten mucho dinero en mejorar el producto y en modelos nuevos, de tal manera que les permita ofrecer más productos, de mejor calidad, que los de la competencia. Detectan oportunidades nuevas por medio de la segmentación de mercados, desarrollan mercados en otros países, y se esfuerzan por crear una red de mercados mundiales y puntos de producción.

Cómo proteger la participación en los mercados. Cuando los japoneses llegan al liderato del mercado, se convierten en defensores, en lugar de ser atacantes. Su estrategia defensiva consiste en el desarrollo constante de productos y en la segmentación refinada de mercados. Su filosofía es hacer "ligeras mejoras en miles de lugares".

En fecha reciente, algunos expertos han cuestionado si las empresas japonesas podrán sostener su dominio en la mercadotecnia mundial. Sugieren que la importancia que conceden los japoneses a la participación en el mercado a largo plazo, en lugar de las utilidades a corto plazo, y su habilidad para comercializar productos de gran calidad, a precios bajos, se han logrado a expensas de sus empleados, accionistas y comunidades. Señalan que, en comparación con las empresas occidentales, las sociedades japonesas hacen que sus empleados trabajen más horas, por salarios más bajos, pagan a sus accionistas menos dividendos y contribuyen menos a causas comunitarias y ambientales. No obstante, otros analistas pronostican que es probable que el éxito de mercadotecnia de Japón continúe.

Las empresas estadounidenses han contestado el golpe sumando líneas de productos nuevos, con políticas de precios más agresivas, acelerando la producción, comprando o fabricando componentes en el extranjero y constituyendo sociedades estratégicas con empresas extranjeras. Ahora, muchas empresas estadounidenses funcionan con éxito en Japón. De hecho, las compañías de Estados Unidos venden más de 50,000 productos diferentes en Japón y muchas son líderes en su mercado; Coca es líder en los refrescos (60% del mercado), Schick en rasuradoras (71%), Polaroid en cámaras instantáneas (66%) y McDonald's en comida rápida. Procter & Gamble comercializa la marca líder en varias categorías, desde pañales desechables y detergentes líquidos para ropa, hasta tratamientos para el acné. Apple, Motorola, Levi Strauss, Dow y veintenas de empresas estadounidenses más han encontrado que Japón ofrece mercados con grandes oportunidades y muy rentables. Por ejemplo, a partir de la década de 1980, las ventas de empresas estadounidenses en Japón han aumentado 48% en computadoras, 41% en los productos farmacéuticos y 63% en componentes electrónicos.

Fuentes: Véase Philip Kotler, Liam Fahey y Somkid Jatusripitak, *The New Competition* (Englewood Cliffs, NJ: Prentice Hall, 1985); Vernon R. Alden, "Who Says You Can't Crack Japanese Markets?", *Harvard Business Review*, enero-febrero de 1987, pp. 52-56; Howard Schlosberg, "Japan Market Hardly Closed to U.S. Firms", *Marketing News*, 9 de julio de 1990, pp. 1, 12; Ford S. Worthy, "Keys to Japanese Success in Asia", *Fortune*, 7 de octubre de 1991, pp. 157-160; "Why Japan Must Change", *Fortune*, 9 de marzo de 1992, pp. 66-67; y Kevin Kelly, "Besting Japan", *Business Week*, 7 de junio de 1993, pp. 26-28.

Las comunidades económicas: los tratados entre Estados Unidos, Canadá y México crearán una zona de libre comercio en América del Norte que irá desde el Yukón en Alaska hasta Yucatán en México. En este caso, el EDS ofrece su ayuda a las empresas que quieren probar este nuevo mercado, sea por el aumento de oportunidades, sea para enfrentar la creciente amenaza de competencia.

PUNTOS IMPORTANTES DE LA MERCADOTECNIA 21-2

REFORMA DE LA COMUNIDAD EUROPEA

La Comunidad Europea (o Mercado Común), formada en 1957, se proponía crear un solo mercado europeo, abatiendo las barreras comerciales entre los países asociados y desarrollando políticas europeas para todo el comercio con los países no asociados. Sin embargo, el sueño de un verdadero "mercado común" no tardó en quedar enterrado bajo montones de reglamentos y pleitos nacionalistas. A Pesar de las primeras iniciativas para el mercado común, Europa siguió siendo un laberinto fragmentado de mercados nacionales aislados y protegidos, que la convertían en un lugar difícil y confuso para hacer negocios. Las empresas que le vendían a Europa, u operaban ahí, enfrentaban un batiburrillo de restricciones comerciales, condiciones económicas y tensiones políticas que variaban mucho de un país a otro. En consecuencia, Europa se quedó a la zaga de Estados Unidos, Japón y otros países del Lejano Oriente en cuanto a crecimiento económico e innovaciones tecnológicas.

Sin embargo, en 1985, los países de la Comunidad Europea reanudaron su intención de crear un mercado común. Conjuntamente firmaron la Ley de una Sola Europa, que fijaba la meta del 31 de diciembre de 1992 como fecha para completar el proceso de la unificación económica de Europa. La ley requería una desregulación general que eliminaría las barreras para el libre flujo de productos, servicios, finanzas y trabajadores entre los países asociados. Por tanto, "1992" se convirtió en símbolo de la transformación total de la economía europea.

La Comunidad Europea representa uno de los mercados más grandes del mundo. Cuenta con 340 millones de consumidores y representa 20% de las exportaciones del mundo, en comparación con 14% para Estados Unidos y 12% para Japón. Para el año 2000, la CE podría tener hasta 450 millones de personas en 25 países, conforme mayor cantidad de países europeos pidan su admisión a la zona de libre comercio. Por tanto, la unificación económica de Europa guarda grandes oportunidades para las empresas de Estados Unidos, pues conforme las barreras comerciales vayan cayendo, los costos más bajos producirán mayor eficiencia operativa y productividad. Los mercados europeos crecerán y serán más accesibles. En consecuencia, la mayor parte de las empresas estadounidenses han preparado estrategias nuevas para cultivar el mercado europeo vigorizado.

Empero, muchos administradores estadounidenses tienen reacciones encontradas: aunque 1992 ha creado muchas oportunidades, también presenta amenazas. Como resultado de una mayor unificación, las empresas europeas crecerán más y serán más competitivas. Por tanto, muchas empresas de Estados Unidos, Japón y otros países no europeos están preparándose para un ataque de nueva competencia europea, tanto en Europa Oriental como en otros mercados mundiales. No obstante, les preocupa más el hecho de que la disminución de barreras en el *interior* de Europa sólo servirá para crear muros más gruesos hacia el *exterior*. Algunos observadores contemplan una "Europa fortificada", que derrama favores para las empresas de los países de la Comunidad Europea, pero entorpece el camino de los extranjeros imponiendo obstáculos como cuotas más estrictas sobre las importaciones, requisitos de contenido local y otras barreras no arancelarias. Las empresas que ya operan en Europa estarán a salvo de estas medidas proteccionistas. Por tanto, las empresas que le venden a Europa, pero por ahora no tienen operaciones ahí, se están apresurando para hacerse internas, antes de que la iniciativa de la unificación amenace con dejarlas fuera. Están creando sus propias operaciones en Europa, adquiriendo empresas que ya existen ahí o constituyendo alianzas estratégicas con empresas europeas establecidas.

La reanudación de los esfuerzos por lograr la unificación ha despertado mucha emoción dentro de la Co-

■ *Economías de subsistencia.* En una economía de subsistencia, la gran mayoría de las personas se dedican a la agricultura simple. Consumen la mayor parte de su producción y truecan el resto por bienes y servicios simples. Ofrecen pocas oportunidades de mercado.

■ *Economías exportadoras de materias primas.* Estas economías son ricas porque tienen un recurso natural o varios, pero son pobres en otros sentidos. Gran parte de sus ingresos provienen de la exportación de dichos recursos. Por ejemplo, Chile (latón y cobre), Zaire (cobre, cobalto y café) y Arabia Saudita (petróleo). Estos países son buenos mercados para maquinaria pesada, herramientas y aditamentos y camiones. Si contienen muchos residentes extranjeros y una clase alta rica, también son mercados para bienes de lujo.

■ *Economías en vías de industrialización.* En una economía en vías de industrialización, las manufacturas representan entre el 10 y el 20% de la economía del país. Por ejemplo, Egipto, Filipinas, India y Brasil. Conforme las manufacturas aumentan, el país

munidad Europea, pero también ha sido objeto de críticas. Los europeos todavía no se ponen de acuerdo, y existe cierta confusión entre ellos, en cuanto al alcance y el carácter de los cambios que quieren. Por tanto, Europa distó mucho de su meta de total unificación para 1992; muchos dudan que la meta se llegue a alcanzar jamás. Hacia mediados de 1992, menos de la mitad de las 279 disposiciones del plan original de 1992 habían sido ratificadas. Los problemas más difíciles, que entrañan el libre flujo de dinero, personas y mercancías, seguían sin estar resueltos. Por ejemplo, en diciembre de 1991, los líderes de la Comunidad Europea aprobaron el Tratado de Maastricht, una enmienda a la carta constitutiva original de la CE que requiere que se establezca una sola moneda europea y un banco central para 1999. Sin embargo, antes de que el tratado sea ley, los 12 estados asociados deben aprobarlo por medio de votación legislativa o de referéndum. Hasta ahora, el tratado ha tenido un inicio espinoso; en 1992, los votantes daneses rechazaron el tratado y los franceses lo aprobaron por un margen muy estrecho. Así, aunque la creación de una moneda común facilitaría mucho el comercio, es poco probable que la medida llegue a ser realidad, cuando menos, durante diez años más, si es que llega a serlo.

Además de los problemas de la moneda, las medidas para estandarizar los impuestos, abolir las vistas aduanales y forjar otros esfuerzos para toda Europa requerirán que se cambie la composición económica entera de Europa. Los países individuales tendrán que ceder parte de su independencia por el bien común, dejando a un lado el nacionalismo que ha regido la historia europea durante muchos siglos. Por tal motivo, es poco probable que Europa jamás llegue a realizar su visión de una unificación completa.

Incluso aunque la Comunidad Europea llegue a estandarizar sus reglamentos generales para el comercio, la creación de una comunidad económica no creará un mercado homogéneo. Europa, con nueve idiomas diferentes y diversas costumbres nacionales, será cualquier cosa menos un "mercado común". Aunque las fronteras políticas y económicas se abatan, las diferencias sociales y culturales permanecerán. Y, aunque el esfuerzo de unificación pueda crear normas comunes generales, las empresas que comercialicen en Europa tendrán que enfrentar una masa abrumadora de reglas locales. Por ejemplo, tomemos la publicidad. Una sola agencia publicitaria grande ha preparado un libro de 52 páginas que contiene muchas estadísticas sobre las restricciones impuestas país por país. Por ejemplo, Irlanda prohíbe los anuncios de bebidas alcohólicas, pero los permite en el caso de la cerveza y el vino, siempre y cuando se transmitan después de las 7 P.M. España sólo permite los anuncios de bebidas con un contenido de alcohol inferior al 23% y sólo pueden ser transmitidos después de las 9:30 P.M. En Holanda, los anuncios de caramelos tienen que mostrar un cepillo de dientes en la esquina de la pantalla del televisor. Las metas de 1992 tendrán pocas repercusiones en esta reglas locales.

Por tanto, el mercado Europeo siempre será mucho más diverso que el mercado de Estados Unidos o el de Japón. Es poco probable que la Cumunidad Europea jamás llegue a ser los "Estados Unidos de Europa". No obstante, en Europa se están dando grandes cambios. Aunque sólo tenga éxito en parte, la unificación europea producirá una Europa más eficiente y competitiva, una potencia mundial que habrá que enfrentar. Las empresas mejor preparadas se beneficiarán más. Por tanto, sea que la alaben o la teman, todas las empresas ahora tendrán que prepararse para la Nueva Europa o correr el riesgo de quedar excluidas después.

Fuentes: John Rossant, Richard A. Melcher y Steward Toy, "Is Europe's Express Train to Unity Slowing Down?", *Business Week,* 3 de febrero de 1992, p. 46; Cyndee Miller, "Marketers Optimistic About Ec Despite Monetary Muddle", *Marketing News,* 26 de octubre de 1992, p. 2; Shawn Tully, "Europe 1992: More Unity Than You Think", *Fortune,* 24 de agosto de 1992, pp. 136-142; y Andrew Hilton, "Mythology, Markets and the Emerging Europe", *Harvard Business Review,* noviembre-diciembre de 1992, pp. 50-54.

necesita importar más cantidad de materias primas textiles, acero y maquinaria pesada y menos importaciones de textiles terminados, productos de papel y automóviles. La industrialización suele crear una clase de nuevos ricos y una clase media pequeña y creciente, y las dos demandan nuevos tipos de bienes importados.

- *Economías industriales*. Las economías industriales son grandes exportadoras de bienes manufacturados y fondos de inversión. Comercian sus bienes entre sí y también los exportan a otros tipos de economías a cambio de materias primas y bienes semiterminados. Las variadas actividades fabriles de estos países industriales y sus grandes clases medias las hacen mercados ricos para todo tipo de bienes.

El segundo factor económico es la *distribución del ingreso* del país. El mercadólogo internacional puede encontrar países con un patrón de distribución del ingreso de entre cinco: (1) ingreso familiar muy bajo; (2) ingreso familiar en su mayor parte bajo; (3) ingreso familiar muy bajo/muy alto; (4) ingreso familiar bajo/mediano/alto; (5) ingreso familiar en su mayor parte medio. Piense en el

La distribución del ingreso: los costosos Lamborghinis se venden bien en países pequeños y ricos como Arabia Saudita.

mercado de los Lamborghinis, un automóvil que cuesta 128,000 dólares. El mercado sería muy pequeño en los países que tienen el primero o el segundo patrón de ingresos. Por tanto, la mayor parte de los Lamborghinis se venden en mercados grandes como Estados Unidos, Europa y Japón, que tienen grandes segmentos de consumidores de ingresos altos, o en países pequeños, pero muy ricos, como Arabia Saudita.

El entorno jurídico-político

El entorno jurídico-político es muy diferente de un país a otro. Para decidir si se tendrán actividades en un país dado, se deben estudiar cuando menos cuatro factores jurídico-políticos: la actitud ante las compras internacionales, la estabilidad política, los reglamentos monetarios y la burocracia gubernamental.

La actitud ante las compras internacionales

Algunos países reciben muy bien a las empresas extranjeras, pero otros son bastante hostiles. Por ejemplo, México ha estado atrayendo a negocios extranjeros desde hace muchos años, ofreciendo incentivos para la inversión y servicios para la ubicación. Por el contrario, India ha molestado a los negocios extranjeros con cuotas para las importaciones, restricciones monetarias y límites para el porcentaje del equipo de gerentes que pueden ser extranjeros. En consecuencia, IBM y Coca-Cola abandonaron India debido a estas molestias. Sin embargo, Pepsi tomó medidas positivas para convencer al gobierno hindú de que le permitiera realizar sus actividades en ese país en condiciones razonables (véase Puntos Importantes de la Mercadotecnia 21-3).

La estabilidad política

La estabilidad es otro problema. Los gobiernos cambian de manos, en ocasiones en forma violenta. Incluso aunque no cambie, un gobierno puede decidir que responderá a nuevos sentimientos populares. Los bienes de la sociedad extranjera pueden ser incautados, sus posesiones monetarias bloqueadas o se le pueden fijar nuevas cuotas para importaciones o aranceles. Los mercadólogos internacionales pueden encontrar que resulta rentable operar en un país inestable, pero la situación cambiante afectará la forma en que se manejen los asuntos comerciales y financieros.

Los reglamentos monetarios

Los vendedores quieren llevarse sus utilidades en forma de valor monetario. En un plano ideal, el comprador puede pagar en la moneda del vendedor o en cualesquiera de las monedas mundiales. Además de esto, los vendedores pueden aceptar una moneda bloqueada, es decir, cuya repatriación del país está restringida por el gobierno del comprador, si pueden comprar otros bienes en ese país, sea que los necesitan ellos o que los pueden vender en otra parte a cambio de la moneda que se necesita. Además de los límites monetarios, un tipo de cambio cambiante también representa un elevado riesgo para el vendedor.

La mayor parte del comercio internacional se hace con transacciones monetarias. Sin embargo, muchos países tienen muy poca liquidez y no le pueden pagar sus compras a otros países. Quizá quieran pagar con otros productos en lugar de dinero, lo que ha llevado al **contracomercio** que se practica cada vez más y representa alrededor del 25% del total del comercio mundial. El contracomercio adopta varias formas. El *canje* entraña el intercambio directo de bienes y servicios, por ejemplo cuando los alemanes construyeron una siderúrgica en Indonesia a cambio de petróleo. Otra forma es la *compensación (o readquisición)*, en cuyo caso el vendedor vende una planta, equipo o tecnología a otro país y conviene aceptar el pago con los productos que resulten. Por ejemplo, Goodyear proporcionó a China materiales y capacitación para una imprenta, a cambio de etiquetas terminadas. Otra forma es la *contradquisición*. En este caso, el vendedor recibe el pago completo en dinero, pero acepta gastar parte de ese dinero en el otro país, dentro de un periodo de tiempo definido. Por ejemplo, Pepsi vende jarabe de cola a Rusia a cambio de rublos, y ha convenido comprar vodka rusa para venderla en Estados Unidos. Las transacciones del contracomercio pueden ser muy complicadas. Por ejemplo, Daimler-Benz aceptó, en fecha reciente, venderle 30 camiones a Rumania, a cambio de 150 jeeps rumanos, que vendió a Ecuador a cambio de plátanos, que a su vez fueron vendidos a una cadena de supermercados alemana a cambio de moneda alemana. Con este complicado proceso, Daimler-Benz finalmente obtuvo su pago en dinero alemán.[6]

La burocracia gubernamental

El cuarto factor es la medida en que el gobierno anfitrión cuenta con un sistema eficiente para ayudar a las empresas extranjeras: manejo aduanal eficiente, buena información sobre mercados y otros factores que facilitan hacer negocios. Una sorpresa que se llevan muchos estadounidenses es la velocidad con la que desaparecen las barreras para el comercio cuando se le entrega un pago (soborno) a algún funcionario.

El entorno cultural

Cada país tiene sus propias costumbres, normas y tabúes. El vendedor debe estudiar la manera de pensar de los consumidores, así como el uso que dan a ciertos productos, antes de planear un programa de mercadotecnia. Con frecuencia hay sorpresas. Por ejemplo, el francés promedio usa casi el doble de cosméticos y auxiliares de la belleza que su esposa. Los alemanes y los franceses comen más espagueti empacado, de marca, que los italianos. A los niños italianos les gusta comer bocadillos consistentes en una barra de chocolate metida en un pan. Las mujeres de Tanzania no le dan huevos a sus hijos por temor a que les produzcan calvicie o impotencia.

Las normas y el comportamiento comerciales también son diferentes de un país a otro. Los ejecutivos estadounidenses deben tener conocimiento de estos factores antes de iniciar actividades en otro país. A continuación se presentan algunos ejemplos de comportamiento comercial diferente en el mundo.

- A los sudamericanos les gusta pararse o sentarse muy cerca unos de otros cuando hablan de negocios, de hecho, casi nariz contra nariz. El ejecutivo estadounidense tiende a retroceder conforme el sudamericano se le va acercando. Por tanto, los dos pueden terminar ofendiéndose.

- En la comunicación frente a frente, los ejecutivos japoneses rara vez le dicen que no a un ejecutivo estadounidense. Por tanto, los estadounidenses se suelen sentir frustrados y quizá ni siquiera sepan qué terreno pisan. Los estadounidenses llegan al grano sin tardanza, los ejecutivos japoneses consideran que tal comportamiento es ofensivo.

- En Francia, los mayoristas no promueven los productos. Preguntan a sus detallistas lo que quieren y lo entregan. Si una empresa estadounidense basa su estrategia en la cooperación del mayorista francés para sus promociones, seguramente fracasará.

- Cuando los ejecutivos estadounidenses intercambian tarjetas de visita, uno generalmente le echa un vistazo a la del otro y la guarda en su bolsillo para usarla más adelante. Sin embargo, en Japón, los ejecutivos estudian detenidamente las tarjetas durante la presentación, fijándose con cuidado en el nombre de la empresa y el puesto. Primero le entregan su tarjeta a la persona de mayor jerarquía.

Así pues, cada país y región tiene sus tradiciones, preferencias y comportamientos culturales y el mercadólogo los debe estudiar.

LA DECISION DE SALIR AL EXTRANJERO

No todas las empresas se deben aventurar en los mercados exteriores para sobrevivir. Por ejemplo, muchas empresas son negocios locales que sólo necesitan vender bien en el mercado local. Sin embargo, las empresas que operan en industrias mundiales, donde sus posiciones estratégicas en mercados específicos se ven muy afectadas por sus posiciones generales en el mundo, deben pensar y actuar en términos globales. Por ejemplo, IBM se debe organizar en términos globales para conseguir ventajas en sus compras, producción, finanzas y comercialización. Las empresas dentro de una industria global deben competir en todo el mundo para tener éxito.

Existen varios factores que podrían llevar a una empresa al ruedo internacional. Los competidores globales podrían atacar el mercado interno de la empresa, ofreciendo productos de más calidad o precios más bajos. La empresa quizás opte por contraatacar a estos competidores en sus mercados nacionales para constreñir sus recursos. Además, la empresa podría encontrar mercados exteriores que ofrecen la posibilidad de obtener utilidades más altas que en el mercado nacional. El mercado nacional de la empresa podría estar encogiéndose o la empresa quizá necesite una base de clientes más amplia a efecto de conseguir economías de escala. Asimismo, a la empresa quizá le gustaría depender menos de un mercado dado cualquiera para reducir su riesgo. Por último, los clientes de la empresa se podrían estar expandiendo en el extranjero y podrían requerir servicios internacionales.

La empresa, antes de salir al exterior, debe ponderar diversos riesgos y plantearse muchas interrogantes en cuanto a su capacidad para operar globalmente. ¿Puede la empresa aprender a entender las preferencias y el comportamiento para comprar de los consumidores de otros países? ¿Puede ofrecer productos atractivos que compitan? ¿Podrá adaptarse a las culturas comerciales de otros países y tener trato positivo con los oriundos del otro país? ¿Cuentan los gerentes de la empresa con la experiencia internacional que se necesita? ¿Ha considerado la gerencia las repercusiones de los reglamentos extranjeros y los entornos políticos?

Dados los riesgos y las dificultades del ingreso a mercados exteriores, la mayor parte de las empresas no actúan sino hasta que alguna situación o circunstancia las arroja al ruedo internacional. Alguien —un exportador nacional, un importador extranjero, un gobierno extranjero— le puede pedir a la empresa que venda en el exterior. Por otra parte, la empresa se puede encontrar con exceso de capacidad y tendrá que encontrar otros mercados para sus bienes.

LA DECISION DE INGRESAR A CIERTOS MERCADOS

Antes de salir al exterior, la empresa debe tratar de definir sus *objetivos y políticas de mercadotecnia*. En primer término, debe decidir qué *volumen* de ventas quiere alcanzar en el exterior. La mayor parte de las empresas empiezan siendo pequeñas en el exterior. Algunas proyectan quedarse pequeñas y consideran que las ventas en el exterior forman una parte mínima de sus actividades. Otras empresas tienen planes más ambiciosos y consideran que los negocios en el exterior pueden ser iguales o incluso más importantes que sus actividades en el interior.

En segundo, la empresa debe elegir *cuántos* países constituirán su mercado. Por ejemplo, Bulova Watch Company decidió operar en muchos mercados exteriores y se expandió a más de 100 países. En consecuencia, se extendió demasiado, obtuvo utilidad en sólo dos países y perdió alrededor de 40 millones de dólares. Por regla general, es más sensato operar en menos países, penetrando más en cada uno de ellos.

En tercero, la empresa debe decidir a qué *tipos* de país ingresará. El atractivo de un país depende del producto, de factores geográficos, del ingreso y la población, del clima político y de otros factores. El vendedor puede preferir ciertos grupos de países o partes del mundo.

Después de hacer una lista de los mercados internacionales posibles, la empresa debe escoger y clasificar a cada uno de ellos. Piense en este ejemplo:

Muchos mercadólogos de masas sueñan con venderle a los mil millones de habitantes de China. Algunos piensan en el mercado de forma menos elegante, como dos mil millones de sobacos. Sin embargo, para PepsiCo, el mercado son bocas y la República Popular resulta especialmente atractiva; es el país más populoso del mundo y Coca-Cola todavía no lo domina.[7]

La decisión de PepsiCo de entrar al mercado chino parece bastante sencilla y directa: China es un mercado inmenso sin competencia establecida. Además de vender los refrescos de Pepsi, la empresa espera construir muchos restaurantes Pizza Hut en China. Sin embargo, se puede cuestionar si el *puro* tamaño del mercado es razón suficiente para elegir a China. PepsiCo también debe tomar en cuenta otros factores. ¿Será estable el gobierno chino y ayudará a la empresa?

Pepsi en China, un mercado enorme pero arriesgado.

TABLA 21-1
Indicadores del potencial del mercado

1. **Características demográficas**
   Tamaño de la población
   Ritmo de crecimiento de la población
   Grado de urbanización
   Densidad de la población
   Estructura de edad y composición de la población

2. **Características geográficas**
   Magnitud física del país
   Características topográficas
   Condiciones climatológicas

3. **Factores económicos**
   PNB per cápita
   Distribución del ingreso
   Tasa de crecimiento del PNB
   Relación de la inversión al PNB

4. **Factores tecnológicos**
   Grado de capacidad tecnológica
   Tecnología de producción existente
   Tencología de consumo existente
   Grado de estudios

5. **Factores socioculturales**
   Valores dominantes
   Patrones del estilo de vida
   Grupos étnicos
   Fragmentación lingüística

6. **Planes y metas nacionales**
   Prioridades de la industria
   Planes de inversión en infraestructura

Fuente: Susan P. Douglas, C. Samuel Craig y Warren Keegan, "Approaches to Assessing International Marketing Opportunities for Small and Medium-Sized Business", *Columbia Journal of World Business,* otoño de 1982, pp. 26-32.

¿Cuenta China con las tecnologías de producción y distribución necesarias para producir y comercializar los productos de Pepsi de manera rentable? ¿Encajarán la Pepsi y la pizza con los gustos, medios y estilos de vida de los chinos?

Los mercados globales posibles se deben clasificar con base en diversos factores, inclusive tamaño del mercado, crecimiento del mercado, costo por realizar actividades, ventaja competitiva y grado de riesgo. La meta es determinar el potencial de cada mercado, usando indicadores como los que contiene la tabla 21-1. A continuación, el mercadólogo debe decidir qué mercados ofrecen el mayor rendimiento sobre la inversión, a largo plazo.

LA DECISION DE COMO INGRESAR AL MERCADO

Cuando la empresa ha decidido que venderá en otro país, debe determinar cuál será la mejor manera para ingresar en él. Sus opciones son *las exportaciones, las empresas en participación* y *la inversión directa.* La figura 21-2 contiene tres estrategias para entrar en el mercado, así como las opciones que ofrece cada una de ellas. Como puede verse en la figura, cada estrategia sucesiva entraña más compromisos y riesgos, pero también más control y posibles utilidades.

Las exportaciones

La manera más sencilla de entrar en un mercado exterior es **exportando.** La empresa puede exportar, pasivamente, sus excedentes de tiempo en tiempo, o puede adoptar una actitud activa para expandir sus exportaciones a un mercado específico. En cualquiera de los casos, la empresa produce todos sus bienes en su país. Además, puede modificarlos para el mercado de exportación o no. Las exportaciones entrañarán la menor cantidad de cambios posible en las líneas de productos, organización, inversiones o misión de la empresa.

FIGURA 21-2
Estrategias para entrar en los mercados

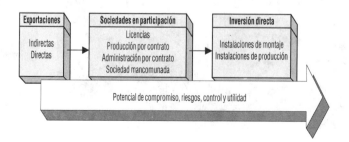

Las empresas suelen empezar con *exportaciones indirectas,* trabajando por medio de intermediarios internacionales independientes para la comercialización. Las exportaciones indirectas implican menos inversión, porque la empresa no requiere una fuerza de ventas en el extranjero ni una serie de contactos. Además entraña menos riesgos. Los intermediarios internacionales para la comercialización —comerciantes o agentes nacionales para la exportación, organizaciones cooperativas y empresas que administran exportaciones— proporcionan los conocimientos y los servicios para la relación, de tal manera que el vendedor suele cometer menos errores.

Con el tiempo, los vendedores pueden pasar a las *exportaciones directas,* en cuyo caso manejan sus propias exportaciones. La inversión y el riesgo son algo mayores en el caso de esta estrategia, pero también los posibles frutos. Una empresa puede realizar exportaciones directas de varias maneras. Puede constituir un departamento de exportaciones en su país, encargado de las actividades de la exportación. También puede constituir una sucursal de ventas en el extranjero, que se encargue de las ventas, la distribución y, quizá, las promociones. La sucursal de ventas concede al vendedor más presencia y control de los programas en el mercado exterior y, con frecuencia, sirve de centro de exhibición y centro de servicios para los clientes. Asimismo, la empresa puede enviar al extranjero a vendedores, que tienen su sede en el país de origen, en un momento dado, con objeto de encontrar negocios. Por último, la empresa puede exportar por medio de distribuidores, con sede en el extranjero, que comprarán y poseerán los bienes, o por medio de agentes, con sede en el exterior, que vendan los bienes en nombre de la empresa.

Las sociedades en participación

Otro método para entrar en un mercado exterior es por medio de una **sociedad en participación;** unirse a sociedades extranjeras para producir o comercializar productos o servicios. Las sociedades en participación no son lo mismo que exportar, porque la empresa se une a un socio para vender o comercializar en el exterior. Difiere de la inversión directa en que se constituye una sociedad con un extranjero. Existen cuatro tipos de sociedades en participación: las licencias, la producción por contrato, el contrato de administración y la propiedad conjunta.

Las licencias

Las **licencias** son una vía que permite al fabricante entrar, sin grandes complicaciones, en los mercados internacionales. La empresa firma un contrato con un licenciatario en un mercado exterior. El licenciatario, a cambio de una cuota o regalía, adquiere el derecho de usar el proceso de producción, la marca registrada, la patente, el secreto comercial o cualquier otro valor de la empresa. Así, la empresa entra en el mercado con poco riesgo, el licenciatario adquiere conocimientos para la producción o un producto o nombre conocidos, sin tener que partir de cero.

Coca-Cola comercializa su producto, internacionalmente, otorgando licencias a embotelladoras de todo el mundo y suministrándoles el jarabe que se necesita para fabricarlo. En Japón, la cerveza Budweiser sale de las bodegas de Suntory, el helado Lady Borden es preparado en los establos de Meiji Milk Products y los cigarrillos Marlboro son forjados en las instalaciones de Japan Tobacco Inc. Disneylandia de Tokyo es propiedad de Oriental Land Company, que opera el negocio con licencia de Walt Disney Company. La licencia, por 45 años, otorga a Disney 10% sobre las entradas y 5% sobre las ventas de alimentos y mercancía, además de la cuota por concepto de la licencia.[8]

Sin embargo, las licencias también tienen sus desventajas. La empresa tiene menos control del licenciatario que el que tendría en instalaciones de producción de su propiedad. Es más, si el licenciatario tiene mucho éxito, la empresa no percibirá dichas utilidades y cuando termine el contrato, quizás encuentre que ha creado a un competidor.

La producción por contrato

Otra opción son las **manufacturas por contrato;** es decir, la empresa contrata a fabricantes del mercado exterior para que fabriquen su producto u ofrezcan

夜がきれい、君もきれい、スターライト★デート。

su servicio. Sears usó este método para abrir tiendas de departamentos en México y en España, donde encontró fabricantes locales calificados para que fabricaran muchos de los productos que vende. Los inconvenientes de las manufacturas por contrato son que existe menos control en el proceso de producción y que se pierden posibles utilidades sobre las manufacturas. Las ventajas son que ofrece la posibilidad de arrancar más rápido, con menos riesgo y, a futuro, la de constituir una sociedad con el fabricante local o de comprarlo.

El contrato para la administración

Con un **contrato para la administración,** la empresa nacional proporciona la administración y la técnica a la empresa extranjera que aporta el capital. La empresa nacional exporta servicios administrativos, en lugar de productos. Hilton usa este sistema para administrar sus hoteles en todo el mundo.

Los contratos para la administración representan un método, con muy pocos riesgos, para entrar en un mercado exterior y producen ingresos desde el principio. Este sistema resulta incluso más atractivo si la empresa contratante tiene la opción de comprar algunas de las acciones de la empresa administrada más adelante. Sin embargo, el método no tiene sentido si la sociedad puede aprovechar mejor sus escasos talentos administrativos o si puede obtener mayores utilidades emprendiendo la empresa entera. Los contratos para la administración también impiden que la sociedad arranque sus operaciones durante un periodo de tiempo dado.

Las sociedades en participación

Las **sociedades en participación** son aquéllas donde una empresa une fuerzas con inversionistas extranjeros para constituir una empresa local, compartiendo con ellos el dominio y el control del negocio. Una empresa puede adquirir parte de una sociedad local o las dos partes pueden constituir una empresa nueva. Existen motivos económicos o políticos que podrían requerir la constitución de una **sociedad mancomunada.** Por otra parte, la empresa puede carecer de los recursos financieros, materiales o administrativos para formar la sociedad ella sola. Además, el gobierno extranjero podría exigir la constitución de una sociedad mancomunada como condición para entrar en su mercado.

Las sociedades en participación tienen ciertas desventajas. Los socios podrían no estar de acuerdo en cuanto a las políticas de inversión, comercialización o cualquier otra. Además, a muchas empresas estadounidenses les gusta reinvertir las ganancias para crecer, pero a las empresas locales les gusta retirar estos ingresos. Es más, las empresas de Estados Unidos conceden gran importancia a la mercadotecnia, pero los inversionistas podrían inclinarse por las ventas.[9]

La inversión directa

Mucha de la participación en los mercados exteriores se deriva de la **inversión directa;** es decir, del desarrollo de un grupo o de instalaciones de producción en el extranjero. Si la empresa cuenta con experiencia en las exportaciones, y si el mercado exterior es lo bastante grande, las instalaciones para producir, ubicadas en el exterior, ofrecen muchas ventajas. La empresa puede registrar costos más bajos, en razón de mano de obra o materias primas más baratas, de incentivos del gobierno para la inversión extranjera y de ahorros por concepto de transporte. La empresa puede mejorar su imagen en el país anfitrión porque está creando empleo. En general, una empresa desarrolla una relación más estrecha con el gobierno, los clientes, los proveedores locales y los distribuidores permitiéndole adaptar sus productos al mercado local. Por último, la empresa tiene pleno control de la inversión y, por tanto, puede desarrollar políticas de producción y comercialización que se apliquen a sus objetivos internacionales a largo plazo.

El mayor inconveniente de la inversión directa es que la empresa corre muchos riesgos, por ejemplo controles monetarios o devaluaciones, mercados que caen o incautaciones del gobierno. En algunos casos, la única opción que tiene la empresa para operar en el país anfitrión, es aceptar estos riesgos.

COMO ELEGIR EL PROGRAMA PARA UNA COMERCIALIZACION MUNDIAL

Las empresas que operan en un mercado exterior o en varios deben decidir cuánto adaptarán, en su caso, las mezclas de mercadotecnia a las condiciones locales. En un extremo están las empresas que usan una **mezcla de mercadotecnia estándar** para todo el mundo. Los partidarios de la estandarización mundial afirman que así se pueden reducir costos de producción, distribución, comercialización y administración, y que ésta permite que las empresas ofrezcan a los consumidores productos de más calidad, más confiables y a precios más bajos. Éste es el razonamiento que sustenta la decisión de Coca-Cola en cuanto a que la Coca debe saber, más o menos, igual en todo el mundo y el de General Motors en cuanto a producir un "auto mundial" que satisfaga las necesidades de la mayor parte de los consumidores, de casi todos los países.

En el otro extremo está la **mezcla de mercadotecnia adaptada.** En este caso, el productor adapta los elementos de la mezcla de mercadotecnia a cada uno de los mercados que tiene en la mira, generando costos más altos, pero con la esperanza de obtener una mayor participación en el mercado, así como rendimiento. Por ejemplo, Nestlé cambia su línea de productos y su publicidad para diferentes países. Los partidarios de esta corriente afirman que los consumidores de diferentes países arrojan muchas diferencias en cuanto a características geográficas, demográficas, económicas y culturales, las cuales producen diferentes necesidades y preferencias, poder de compra, gusto por determinados productos y patrones de compra. Por tanto, las empresas deben adaptar sus estrategias y programas de mercadotecnia para que se ciñan a las necesidades singulares de los consumidores de cada país.

En años recientes, se ha discutido mucho si la mezcla de mercadotecnia se debe adaptar o si debe ser estándar. Sin embargo, la estandarización mundial no propone un todo-o-nada, sino más bien se trata de una cuestión de grado. Las empresas deben pretender su estandarización, con objeto de frenar costos y precios y de conseguir que su marca tenga más peso mundial. Empero, no deben cambiar su razonamiento mercadotécnico a largo plazo, por un pensamiento financiero a corto plazo. Si bien la estandarización permite ahorrar dinero, los mercadólogos deben estar seguros de que están ofreciendo lo que quieren los consumidores de cada país.[10]

Entre el extremo de la estandarización y el de la adaptación total existen muchas posibilidades. Por ejemplo, Coca-Cola vende la misma bebida en todo el mundo y, en la mayor parte de los mercados, usa anuncios de televisión que proyectan a mil niños cantando alabanzas a Coca. Sin embargo, tratándose de ciertos mercados locales, edita los comerciales para incluir acercamientos de niños de dichos mercados; en la actualidad se proyectan, cuando menos, 21 versiones diferentes del anuncio.

El producto

Existen cinco estrategias para adaptar los productos y las promociones a un mercado exterior (véase la figura 21-3).[11] Primero se presentarán tres estrategias para los productos y, a continuación, dos estrategias para las promociones.

La extensión simple del producto significa que el producto se comercializa en el mercado exterior sin cambio alguno. La alta gerencia indica al personal de mercadotecnia: "Tomen el producto tal cual y encuéntrenle clientes". Sin embargo, el primer paso debe consistir en averiguar si los consumidores extranjeros usan ese producto y qué forma prefieren.

La extensión simple ha tenido éxito en algunos casos, pero ha sido desastrosa en otros. Coca-Cola, cereales Kellogg's, cerveza Heineken y herramienta Black & Decker se venden con gran éxito, más o menos sin cambios de forma, en todo el mundo. Sin embargo, General Foods introdujo su gelatina en polvo Jell-O normal en el mercado británico y encontró que los consumidores prefieren una especie de galleta o pastel. De igual manera, Philips empezó a obtener utilidades en Japón cuando redujo el tamaño de sus cafeteras para que cupieran en las pequeñas cocinas japonesas y sus rasuradoras para que se adaptaran a las manos de los japoneses, que son más pequeñas. La extensión simple es tentadora porque no entraña costos adicionales por desarrollo del producto, cambios en la producción ni promociones nuevas. Empero, a largo plazo, puede salir muy cara si los productos no satisfacen a los consumidores extranjeros.

La adaptación del producto entraña hacer cambios al producto para que satisfaga las condiciones o los anhelos locales. Por ejemplo, McDonald's sirve cerveza en Alemania y licuados de coco, mango y menta tropical en Hong Kong. General Foods mezcla diferentes tipos de café para los británicos (que beben café con leche), los franceses (que beben café negro) y los latinamericanos (que prefieren un gusto a achicoria). En Japón, Mister Donut sirve café en tazas más pequeñas y ligeras que se adaptan mejor a los dedos del consumidor japonés medio, incluso las donas son un poco más pequeñas. En Brasil. Levi's desarrolló sus pantalones Femina, que tienen cortes curvilíneos y se ciñen estrechamente al cuerpo, como les gusta a las brasileñas. Campbell sirve sopas que se adaptan a los gustos singulares de los consumidores de diferentes países. Por ejemplo, vende sopa de pato en la provincia de Guangdong en China y en Polonia vende una sopa de vísceras con pimienta típica de ahí. Por otra parte, IBM adapta su línea de productos mundiales para satisfacer las necesidades locales. Por ejemplo, IBM debe fabricar docenas de teclados diferentes, tan sólo 20 en Europa, para los diferentes idiomas.[12]

FIGURA 21-3
Cinco estrategias
internacionales para
productos y promociones

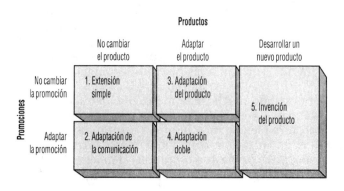

La invención del producto consiste en crear algo nuevo para el mercado exterior. Esta estrategia puede adoptar dos formas. Puede significar la reintroducción de formas anteriores del producto que se adaptan debidamente a las necesidades de un país dado. Por ejemplo, National Cash Register Company reintrodujo su caja registradora, operada con manivela, a la mitad de precio que el de una caja registradora moderna, y vendió enormes cantidades en Oriente, América Latina y España. Además, una empresa puede crear un producto nuevo para satisfacer una necesidad en otro país. Por ejemplo, en los países menos desarrollados se necesitan muchos alimentos con elevado contenido proteínico y bajo costo. Empresas como Quaker Oats, Swift y Monsanto están investigando las necesidades nutritivas de estos países, creando alimentos nuevos y desarrollando campañas publicitarias para conseguir que los productos sean probados y aceptados. La invención de un producto puede ser muy cara, pero los frutos que produce valen la pena.

La promoción

Las empresas pueden adoptar la misma estrategia de promoción que usaron en el mercado nacional o bien pueden cambiarla para cada mercado local.

Piense en el mensaje. Algunas empresas globales usan un tema publicitario estándar en todo el mundo. Exxon usó "Meta un tigre en su tanque" que mereció reconocimiento internacional. Claro está que la copia puede variar en aspectos mínimos para ceñirse a las diferencias del idioma. Por ejemplo, en Japón, donde los consumidores tienen problemas para pronunciar "snap, crackle, pop", los muñequitos de Rice Crispies dicen "patchy, pitchy, putchy". En ocasiones, también se cambian los colores para evitar tabúes existentes en otros países. En la mayor parte de América Latina el morado se asocia con la muerte; el blanco es color de luto en Japón; y el verde está ligado a las enfermedades selváticas en Malasia. Incluso los nombres pueden cambiar. En Suecia, Helene Curtis cambió el nombre de su shampú Every Night al de Every Day porque los suecos se suelen lavar el cabello por la mañana. Kellogg's también tuvo que cambiar el nombre del cereal Bran Buds en Suecia, porque el nombre se traduciría como "campesino quemado". (Véase Puntos Importantes de la Mercadotecnia 21-4 que contiene algunos problemas, surgidos por el idioma, en la mercadotecnia internacional).

Otras empresas adaptan sus mensajes publicitarios, completamente, a los mercados locales. Schinn Bicycle Company podría usar un tema de placer en

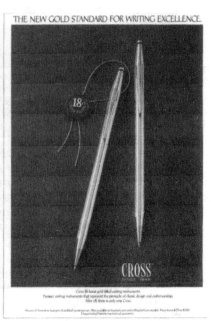

Mensajes estándar de publicidad: las plumas Cross usan el mismo enfoque promocional en muchos países diferentes.

PUNTOS IMPORTANTES DE LA MERCADOTECNIA 21-4

¡CUIDADO CON LO QUE DICE!

Muchas multinacionales han tenido problemas para saltar la barrera del idioma, con resultados que van desde ligeras vergüenzas, hasta fracasos rotundos. Los nombres de marcas y las frases publicitarias, aparentemente inocuos, pueden adquirir significados ocultos, o no pretendidos, cuando se traducen a otros idiomas. Las traducciones descuidadas pueden hacer que un mercadólogo resulte idiota a los ojos de los consumidores extranjeros. Todos nos hemos topado con ejemplos al comprar productos de países extranjeros, a continuación presentamos uno de una empresa de Taiwán que trata de indicar a los niños cómo instalar una rampa en una cochera de coches de juguete:

> Antes de jugar con, por favor fije la placa de espera por usted solo como por el diagrama abajo. Pero después de que usted ya lo fijó, usted puede jugar como es y no necesita fijarlo afuera otra vez.

Muchas empresas son culpables de atrocidades similares cuando comercializan en el exterior.

Los errores clásicos del idioma incluyen nombres estándar de marcas que no se prestan para una buena traducción. Cuando Coca-Cola vendió Coca por primera vez en China, en la década de 1920, desarrolló un grupo de caracteres chinos que, cuando eran pronunciados sonaban como el nombre del producto. Por desgracia, los caracteres se traducían con el siguiente significado: "muerde el sapo de cera". Hoy, los caracteres de la Coca china se traducen como "la felicidad en la boca".

Varios fabricantes de autos han tenido problemas similares cuando sus nombres de marca chocaron con la barrera del idioma. El Nova de Chevy, en español, es como decir *no va*, por lo que GM cambió el nombre a Caribe y las ventas aumentaron. Ford introdujo su camión Fiera y descubrió que el nombre en español puede tener la connotación de "vieja fea". Además introdujo su auto Comet en México como el Caliente, palabra que puede tener un significado poco aceptable. Rolls-Royce

evitó el nombre Silver Mist en los mercados alemanes, donde "mist" significa "estiércol". Sin embargo, Sunbeam entró al mercado alemán con una plancha para rizar el cabello llamada Mist-Stick y, como era de suponer, las alemanas no manifestaron mucho interés por usar una "barra de estiércol".

Una empresa bien intencionada vendió su shampú en Brasil con el nombre de Evitol. No tardó en darse cuenta que estaba diciendo que vendía "un contraceptivo contra la caspa". Se cuenta que una empresa estadounidense tuvo problemas para comercializar la leche Pet en las zonas de habla francesa, pues al parecer la palabra "pet" en francés significa, entre otras cosas, "romper el viento".

Los temas publicitarios con frecuencia pierden o adquieren algo en la traducción. El lema de la cerveza Coors "suéltate con Coors" al traducirlo al español es equiparable a "diarrea con Coors". El anuncio de Coca-Cola del tema "Coca alegra la vida", en japonés se traduce como "Coca hace que sus antepasados vuelvan de entre los muertos".

Estas metidas de pata clásicas se descubren y corrigen en seguida y pueden significar poco más que un mal rato para el mercadólogo. Pero infinidad de errores más sutiles pueden pasar inadvertidos y perjudicar el desempeño del producto en forma menos evidente. La empresa multinacional debe tamizar con cautela los nombres de sus marcas y los mensajes publicitarios para evitar los que podrían perjudicar las ventas, hacer que parezca tonta u ofender a los consumidores de mercados internacionales específicos.

Fuentes: Algunas de estos ejemplos y muchos otros de errores con el idioma están en David A. Ricks, "Products that Crashed into the Language Barrier", *Business and Society Review*, primavera de 1983, pp. 46-50. También véase Marty Westerman, "Death of the Frito Bandito", *American Demographics*, marzo de 1989, pp. 28-32; y David W. Helin, "When Slogans Go Wrong", *American Demographics*, febrero de 1992, p. 14.

Estados Unidos y un tema de seguridad en los países escandinavos. Los anuncios de Kellogg's en Estados Unidos promueven el sabor y la calidad nutritiva de los cereales de Kellogg's ante las marcas de la competencia. En Francia, donde los consumidores beben poca leche y casi no desayunan, los anuncios de Kellogg's deben convencer a los consumidores de que los cereales representan un desayuno sabroso y sano.

Los medios también se deben adaptar internacionalmente, porque la disponibilidad de medios varía de un país a otro. Por ejemplo, en Europa, hay disponible muy poco tiempo de publicidad televisada, desde cuatro horas al día en Francia, hasta nada en los países escandinavos. Los publicistas tienen que comprar el tiempo con muchos meses de antelación y tienen muy poco control sobre los horarios en que se transmiten. La eficacia de las revistas también varía. Por ejemplo, en Italia las revistas son un medio de primera y en Austria son un medio menor. Los periódicos son nacionales en el Reino Unido, pero locales en España.

El precio

Las empresas también tienen muchos problemas cuando establecen sus precios internacionales. Por ejemplo, ¿cómo podría Black & Decker poner un precio mundial para sus herramientas eléctricas? Podría establecer un precio uniforme para todo el mundo, pero dicha cantidad representaría un precio demasiado alto para los países pobres y no sería lo bastante elevado para los ricos. Podría cobrar lo que aguanten los consumidores de cada país, pero esta estrategia no tomaría en cuenta las diferencias de los costos reales que existen entre un país y otro. Por último, la empresa podría aplicar un recargo estándar sobre sus costos en todas partes, pero este enfoque podría hacer que los precios de Black & Decker quedaran fuera del mercado en los países donde los costos son elevados.

Sea como fuere que las empresas establecen los precios de sus productos, es probable que sus precios sean más altos en el exterior que en el país de origen. El precio de venta de una bolsa Gucci quizá sea de 60 dólares en Italia y de 240 dólares en Estados Unidos. ¿Por qué? Gucci tiene un problema de *escalamiento de precios*, debe sumar los costos de transporte, tarifas, margen para el importador, margen para el mayorista y margen para el detallista a su precio de fábrica. Dependiendo de los costos que se sumen, el producto quizá se tenga que vender entre dos y cinco veces más que en otro país para obtener la misma utilidad. Por ejemplo, un par de pantalones Levi's, que se vende por 30 dólares en Estados Unidos, suele llegar a 63 en Tokyo y 88 en París. Un automóvil Chrysler, con precio de venta de 10,000 dólares en Estados Unidos, tiene un precio superior a los 47,000 dólares en Corea del Sur.[13]

Otro problema radica en establecer el precio de los bienes que la empresa envía a sus subsidiarias en el exterior. Si la empresa le cobra demasiado a la subsidiaria extranjera, quizá acabe pagando aranceles más altos, aunque esté pagando menos impuestos sobre la renta en ese país. Si la empresa le cobra demasiado poco a la subsidiaria, puede ser acusada de *dumping*. Dumping significa que una empresa cobra una cantidad inferior a la de sus costos o a lo que cobra en su mercado nacional. Por ejemplo, Harley-Davidson acusó a Honda y Kawasaki de practicar el dumping de moticicletas en el mercado estadounidense. La Comisión para el Comercio Internacional de Estados Unidos estuvo de acuerdo y respondió con una tarifa especial, a cinco años, para las motocicletas japonesas pesadas, empezando con un 45% en 1983 y bajando gradualmente hasta 10% en 1988.[14] En fecha reciente, la Comisión también sentenció que Japón estaba practicando dumping de chips de memoria para computadora en Estados Unidos e impuso enormes aranceles sobre las importaciones futuras. Los gobiernos siempre están atentos de que no se abuse con el dumping y, muchas veces, obligan a las empresas a establecer el mismo precio que cobran otros competidores por productos iguales o parecidos.

Por último, muchas empresas globales enfrentan el problema del *mercado gris*. Por ejemplo, Minolta vendía sus cámaras a los distribuidores de Hong Kong a un precio inferior al que le cobraba a los distribuidores alemanes, porque los costos de transporte y los aranceles eran más bajos. Las cámaras Minolta acababan teniendo un precio de venta al detalle de 174 dólares en Hong Kong y de 270 dólares en Alemania. Algunos mayoristas de Hong Kong vieron esta diferencia de precios y enviaron cámaras Minolta a los comerciantes alemanes, a un precio inferior al que estaban pagando al distribuidor alemán. Como el distribuidor alemán no podía vender sus existencias, se quejó con Minolta. Además, una empresa puede encontrar algunos distribuidores emprendedores que compran más de lo que pueden vender en su país y, después, envían los bienes a otro país para aprovechar las diferencias de precio. Las empresas internacionales tratan de evitar los mercados grises, elevando los precios para los distribuidores que tienen costos más bajos y eliminando a los que hacen trampas o alteran el producto en diferentes países.

Los canales de distribución

La empresa internacional debe adoptar la **visión de un canal entero** ante el problema de la distribución de productos para los consumidores finales. La figura 21-4 contiene los tres vínculos básicos entre el vendedor y el comprador final.

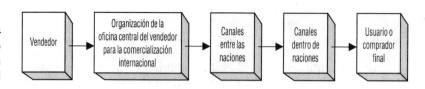

El primer nexo, *la organización de la oficina matriz del vendedor,* supervisa los canales y forma parte del canal. El segundo nexo, *los canales entre países,* lleva los productos a las fronteras de los otros países. El tercer nexo, *los canales dentro de los países,* lleva los productos del punto de entrada del exterior a los consumidores finales. Los fabricantes estadounidenses pueden considerar que su trabajo ha terminado cuando el producto sale de sus manos, pero harían bien en prestar más atención a su manejo en los otros países.

Los canales de distribución de los países varían mucho de un país a otro. En primer término están las diferencias *de cantidad y tipo de intermediarios* que cubren cada mercado exterior. Por ejemplo, una empresa estadounidense que quiera comercializar su producto en China tendrá que operar por medio de un frustrante laberinto de mayoristas y detallistas gubernamentales. Los distribuidores chinos muchas veces manejan productos de la competencia y, con frecuencia, se niegan a compartir información, incluso básica, de las ventas y la mercadotecnia con sus proveedores. Los distribuidores chinos no conocen de luchas para vender, pues están acostumbrados a vender todo lo que consiguen. En ocasiones, se requiere mucho tiempo e inversión para trabajar con el sistema o para eludirlo. Por ejemplo, cuando Coca y Pepsi entraron en el mercado chino, los clientes, en sus bicicletas, se dirigían a las embotelladoras para comprar los refrescos. Ahora, las dos empresas han constituido canales de distribución directa y han invertido mucho dinero en camiones y unidades de refrigeración para los detallistas.[15]

Otra diferencia reside en el *tamaño y el carácter de las unidades ventas al detalle* en el exterior. Si bien las grandes cadenas de tiendas detallistas dominan el escenario en Estados Unidos, la mayor parte de las ventas al detalle en el extranjero las realizan pequeños detallistas independientes. En India, hay millones de éstos que tienen pequeñas tiendas o que venden en mercados callejeros. Recargan una cantidad importante al producto, pero después de cierto regateo bajan el precio a su nivel real. Los supermercados podrían ofrecer precios más bajos, pero es difícil construirlos y abrirlos, en razón de infinidad de barreras económicas y culturales. El ingreso es bajo y la gente prefiere comprar todos los días pequeñas cantidades, en lugar de hacer compras semanales, de cantidades grandes. Además, carecen de instalaciones para almacenar y refrigerar la comida varios días. Los empaques no son buenos porque aumentarían mucho los costos. Estos factores han impedido que las ventas detallistas a gran escala se extiendan rápidamente en los países en vías de desarrollo.

COMO ELEGIR EL TIPO DE ORGANIZACION PARA LA MERCADOTECNIA MUNDIAL

Las empresas administran sus actividades de mercadotecnica internacionales, cuando menos, de tres maneras. La mayor parte de las empresas primero constituyen un *departamento de exportaciones,* a continuación crean una *división internacional* y, por último, pasan a ser una *organización global.*

El departamento de exportaciones

Por regla general, la empresa entra a la comercialización internacional simplemente enviando sus bienes al exterior. Si sus ventas internacionales aumentan, la empresa constituye un departamento de exportaciones, con un gerente de ventas y unos cuantos asistentes. Conforme crecen las ventas, el departamento de exportaciones se amplía para incluir diversos servicios de mercadotecnia de tal manera que pueda buscar, en forma activa, más negocios. Si la empresa constituye sociedades en participación o realiza inversión directa, el departamento de exportaciones dejará de ser suficiente.

La división internacional

Muchas empresas toman parte en varios mercados y negocios internacionales. Una empresa puede exportar a un país, otorgar una licencia a otro, constituir una sociedad en participación en un tercero y establecer una subsidiaria en un cuarto. Antes o después, creará una división o subsidiaria internacional para que se encargue de todas sus actividades internacionales.

Los organigramas de las divisiones internacionales pueden adquirir diferentes formas. Los mandos altos de la división internacional están constituidos por especialistas en mercadotecnia, producción, investigaciones, finanzas, planeación y personal. Este equipo hace los planes y se ocupa de diversas unidades operativas. Las unidades operativas pueden estar organizadas de acuerdo con una de tres maneras. Pueden ser *organizaciones geográficas,* con gerentes del país que son responsables de los vendedores, las sucursales de ventas, los distribuidores y los licenciatarios de sus respectivos países. Las unidades operativas también pueden girar en torno a *grupos de productos mundiales,* siendo cada una de ellas responsable de las ventas mundiales de los diferentes grupos de productos. Por último, las unidades operativas pueden ser *subsidiarias internacionales,* cada una de ellas responsable de sus propias ventas y utilidades.

La organización global

Diversas empresas han ido más allá de la etapa de la división internacional y se han convertido en organizaciones verdaderamente mundiales. Dejan de considerarse comercializadoras nacionales que venden en el exterior y empiezan a verse como comercializadoras mundiales. Los directivos y gerentes generales de la sociedad planean las instalaciones fabriles, las políticas de mercadotecnia, los flujos financieros y los sistemas logísticos para todo el mundo. Las unidades operativas mundiales dependen directamente del ejecutivo máximo o del comité ejecutivo de la organización y no del director de la división internacional. Los ejecutivos tienen experiencia en operaciones mundiales, y no sólo en las nacionales o las internacionales. La sociedad recluta a sus gerentes de muchos países, compra piezas y suministros donde cuestan menos e invierte donde espera obtener el mejor rendimiento.

En la década de 1990, las compañías grandes se tendrán que hacer más mundiales para poder competir. Conforme las compañías extranjeras vayan invadiendo el mercado interno, las empresas estadounidenses tendrán que entrar en forma más agresiva a los mercados exteriores. Tendrán que dejar de ser empresas que tratan sus negocios en el exterior como si fueran algo secundario, para convertirse en empresas que ven al mundo entero como un solo mercado sin fronteras.[16]

RESUMEN

Hoy, las empresas ya no pueden darse el lujo de sólo prestar atención al mercado interno, aunque éste sea muy grande. Muchas industrias son industrias globales y las empresas que operan globalmente consiguen costos más bajos y mayor conciencia de la marca. Por otra parte, la *comercialización mundial* es muy arriesgada debido a los tipos de cambio variables, los gobiernos inestables, las tarifas proteccionistas y las barreras al comercio, así como otros factores más. Dados los posibles riesgos y ganancias de la comercialización internacional, las empresas deben encontrar

una manera sistemática para tomar sus decisiones de mercadotecnia internacionales.

En primera instancia, la empresa debe entender el *entorno de mercadotecnia internacional,* sobre todo el sistema comercial internacional. Debe evaluar las *características económicas, jurídico-políticas* y *culturales* de cada mercado exterior. En segunda, la empresa debe decidir si quiere operar en el exterior o no, así como considerar los posibles riesgos y beneficios. Por último, la empresa debe decidir qué volumen de ventas quiere manejar en el exterior, en cuántos países quiere comercializar sus productos y en qué mercados específicos quiere entrar. Esta decisión requiere que compare la tasa probable del rendimiento sobre la inversión con el grado de riesgos. En cuarto, la empresa debe decidir cómo entrar en cada uno de los mercados elegidos, sea por medio de *exportaciones, sociedades en participación* o *inversión directa*. Muchas empresas arrancan como exportadoras, pasan a las sociedades en participación y, por último, realizan una inversión directa en los mercados exteriores. A continuación, las empresas deben decidir qué parte de sus productos, promociones, precios y canales se deben adaptar a cada uno de los mercados exteriores. Finalmnte, la empresa debe constituir una organización eficaz para la comercialización internacional. La mayor parte de las empresas empiezan con un *departamento de exportaciones* y terminan con una *división internacional.* Unas cuantas llegan a ser *organizaciones globales,* con una mercadotecnia mundial planeada y administrada por los altos mandos de la sociedad. Las organizaciones globales consideran que el mundo entero es un solo mercado sin fronteras.

TÉRMINOS CLAVE

Adaptación del producto 746

Barreras comerciales, no arancelarias 733

Comunidades económicas 733

Contracomercio 738

Contratos para la administración 744

Control de cambios 733

Cuota 733

Embargo 733

Empresa global 732

Exportación 742

Extensión simple del producto 746

Industria global 732

Invención del producto 747

Inversión directa 745

Licencias 743

Manufacturas por contrato 743

Mezcla de mercadotecnia adaptada 745

Mezcla de mercadotecnia estándar 745

Sociedad en participación 743

Sociedad mancomunada 744

Tarifa 733

Visión del canal entero 749

EXPOSICIÓN DE PUNTOS CLAVE

1. Siendo tantos los problemas que afectan a las empresas que se "hacen mundiales", ¿por qué hay tantas empresas que están optando por expanderse en forma internacional? ¿Qué ventajas tiene expanderse más allá del mercado nacional?

2. Cuando exporta bienes a otro país, la empresa puede enfrentar diversas restricciones comerciales. Explique las consecuencias que estas restricciones podrían tener en la mezcla de mercadotecnia del exportador: (a) aranceles; (b) cuotas; y (c) embargos.

3. El primer auto Honda exportado a Estados Unidos fue descrito por una revista nacional especializada en autos como "un carrito de compras con motor"; el primer Subaru exportado a Estados Unidos fue calificado como "El peor auto del año". Sin embargo, con los años, las dos empresas han tenido mucho éxito. Explique la estrategia japonesa del compromiso, a largo plazo, con los objetivos internacionales del negocio. ¿Se habrían salido los japoneses de India, como IBM y Coca-Cola, por encontrar "inconvenientes"?

4. Por regla general, los productos importados son más caros, aunque no siempre: Una cámara Nikon es más barata en Nueva York que en Tokyo. ¿Por qué son los precios exteriores más altos y, en ocasiones, más bajos que los precios internos de las exportaciones?

5. El "dumping" desemboca en precios más bajos para el consumidor. ¿Por qué establecen los gobiernos que el dumping es ilícito? ¿Qué *desventajas* tiene para el consumidor el dumping practicado por empresas extranjeras?

6. ¿Qué tipo de organización de mercadotecnia internacional le sugeriría usted a las siguientes empresas? (a) Cannondale Bicycles, que vende tres modelos en el Lejano Oriente; (b) un pequeño fabricante estadounidense de juguetes que comercializa sus productos en Europa y (c) Dodge, que piensa vender la línea entera de autos y camiones en Kuwait.

APLICACIÓN DE CONCEPTOS

1. Diríjase a una tienda que venda aparatos eléctricos y electrónicos, como televisores, estéreos y microondas. Estudie una o dos categorías de estos productos. (a) Haga una lista con nombres de marcas de cada categoría y clasifique cada nombre dentro de los rubros "nacional" o "extranjera". ¿Cómo decidió usted si la marca era nacional o extranjera? (b) Fíjese en el país donde se fabricaron estas marcas. ¿Fueron algunas de las marcas "nacionales" fabricadas en el extranjero y fueron algunas de las marcas "extranjeras" fabricadas en Estados Unidos? ¿Qué le indica esto en cuanto a la cantidad de comercialización internacional que se realiza? ¿Sería el término *global* más adecuado para describir algunas de estas marcas?

2. La categoría del entretenimiento, incluyendo películas, programas de televisión y grabaciones musicales, ocupa el segundo lugar, por tamaño, de las exportaciones de Estados Unidos, después de las naves aéreas. (a) Vaya a la biblioteca de su escuela y busque revistas extranjeras. Busque fotos, relatos o anuncios que contengan a estadounidenses que trabajan en el mundo de los espectáculos. Analice el material que encuentre. Fíjese en el tamaño y la distribución de los relatos y trate de entender, más o menos, lo que dicen. ¿Le resultan los espectáculos estadounidenses interesantes o importantes a las personas del exterior? ¿Qué supone usted que les resulta atractivo? (b) India cuenta con la industria fílmica más grande del mundo, sin embargo pocas películas de esta nación se exhiben en Estados Unidos. En su opinión, ¿por qué ocurre esto? Sugiera algunas formas para que las compañías cinematográficas de la India tuvieran más repercusiones en Estados Unidos.

CÓMO TOMAR DECISIONES EN MERCADOTECNIA:

COMUNICACIONES MUNDO PEQUEÑO, S. A.

Tom Campbell y Lyn Jones estaban considerando la posibilidad de vender su producto *Aeropuerto* en el extranjero.

—Creo, Tom, que encontraríamos incluso menos competencia en el extranjero. Como Silicon Valley sigue siendo la capital mundial de las computadoras, estoy segura que tendremos ventajas reales en el mercado exterior.

—Lyn —dijo Thomas—, es probable que existan oportunidades muy interesantes para nosotros. Por ejemplo, Irlanda se ha perfilado como una jugadora central para los servicios de telecomunicaciones. Varias empresas estadounidenses dedicadas a los programas de software recurren a técnicos irlandeses, por teléfono desde Dublín, para que contesten los telefonemas de apoyo a los clientes. Un lugar así de sofisticado necesita nuestro *Aeropuerto*. Además, me agrada la idea de vender en Europa Oriental y de ofrecerles parte de la tecnología que necesitan para levantar sus economías, realmente.

—Desde que cayó el muro de Berlín —dijo Lynette con una sonrisa—, he tenido ganas de participar en el proceso de cambio ahí, pero no sabía cómo hacerlo, ésta podría ser una pequeña contribución. Sin embargo, tendremos que atacar algunos problemas. Esos países no tienen mucho dinero y Comunicaciones Mundo Pequeño tampoco. No estamos en posición de cambiar nuestro producto por hierro y, además, tendríamos que encontrar un mercado para algo que desconocemos.

—Tienes razón en todo —contestó Tom—, pero no quiero descartar la idea así nada más. Si vendemos en el exterior, podemos elevar nuestra rentabilidad, repartiendo nuestros costos de desarrollo entre más ventas. Además, no te olvides que Estados Unidos es una economía madura y que, algún día, el mercado de las computadoras podría desacelerarse. Si logramos crearnos fama en algunas economías en crecimiento, ello nos dará un lugar en el futuro. Hablaré con nuestro estimado Senador para saber si existe ayuda federal para las pequeñas empresas que quieren vender en el extranjero.

Y, ¿AHORA QUÉ?

1. A Mundo Pequeño le gustaría empezar a vender su *Aeropuerto* en forma internacional una vez que se haya establecido en Estados Unidos. (a) En su opinión, ¿cuáles serían los problemas más grandes que enfrentaría Mundo Pequeño: culturales, jurídico-políticos o económicos? (b) Piense en algunos de los problemas técnicos que enfrentaría Mundo Pequeño: diferentes voltajes eléctricos, teléfonos desde muy primitivos hasta sistemas completamente celulares y superiores a los de Estados Unidos, alfabetos no occidentales como el cirílico ruso y el kanji japonés, y muchos más. Sugiera una forma que permitiría a Mundo Pequeño evaluar los entornos técnicos como parte de su estrategia de expansión internacional.

2. Cuando Mundo Pequeño analice sus oportunidades internacionales, tendrá que decidir si se dirige al exterior o no y dónde hacerlo, así como la manera de entrar. (a) ¿Cómo debería Mundo Pequeño entrar en el mercado internacional: sociedad en participación, exportación o inversión directa? ¿Por qué? (b) ¿Qué tipo de organización de mercadotecnia internacional le recomendaría usted a Lyn y Tom?

REFERENCIAS

1. Stephen K. Yoder, "Apple, Loser in Japan Computer Market, Tries to Recoup by Redesigning Its Models", *The Wall Street Journal,* 21 de junio de 1985; Neil Gross, "Is It Finally Time for Apple to Blossom in Japan?", *Business Week,* 28 de mayo de 1990, pp. 100-101; Andrew Tanzer, "How Apple Stormed Japan", *Forbes,* 27 de mayo de 1991, pp. 40-41; y Neil Gross, "Apple? Japan Can't Say No", *Business Week,* 29 de junio de 1992, pp. 32-34.

2. Véase Edward C. Baig, "50 Leading U.S. Exporters", *Fortune,* 18 de julio de 1988, pp. 70-71. También véase William J. Holstein, "The Stateless Corporation", *Business Week,* 14 de mayo de 1990, pp. 98-105; y Therese Eiben, "U.S. Exporters Keep on Rolling", *Fortune,* 14 de junio de 1993, pp. 130-131.

3. Para una buena explicación de las diferencias entre la comercialización *internacional, la multinacional* y *la global,* véase Warren J. Keegan, *Global Marketing Management,* 4a. ed. (Englewood Cliffs, NJ: Prentice Hall, 1989), pp. 6-11.

4. "The Unique Japanese", *Fortune,* 24 de noviembre de 1986, p. 8. Para más sobre barreras no arancelarias y de otro tipo, véase Rahul Jacob, "Export Barriers the U.S. Hates Most", *Fortune,* 27 de febrero de 1989, pp. 88-89; Carla Rapoport, "The Big Split", *Business Week, Fortune,* 6 de mayo de 1991, pp. 38-48; y Mark Maremont, "Protectionism Is King of the Road", *Business Week,* 13 de mayo de 1991, pp. 57-58.

5. Para más información sobre las zonas de libre comercio, véase Cyndee Miller, "Nationalism Endangers Smooth Transition to Unified EC Market", *Marketing News,* 17 de febrero de 1992, pp. 1, 10; Blayne Cutler, "North American Demographics", *American Demographics",* marzo de 1992, pp. 38-42; Paul Magnusson, "Building Free Trade Bloc by Bloc", *Business Week,* 25 de mayo de 1992, pp. 26-27; Paul Magnusson, "Free Trade? They Can Hardly Wait", *Business Week,* 14 de septiembre de 1992, pp. 24-25; y Andrew Hilton, "Mythology, Markets, and the Emerging Europe", *Harvard Business Review,* noviembre-diciembre de 1992, pp. 50-54; y Geri Smith, "Moment of Truth for Mexico", *Business Week,* 28 de junio de 1993, pp. 44-45.

6. Para más información, véase Leo G. B. Welt, *Trade Without Money: Barter and Countertrade* (Nueva York: Harcourt Brace Jovanovich, 1984); Demos Vardiabasis, "Countertrade: New Ways of Doing Business", *Business to Business,* diciembre de 1985, pp. 67-71; Louis Kraar, "How to Sell to Cashless Buyers", *Fortune,* 7 de noviembre de 1988, pp. 147-154; "Pepsi to Get Ships, Vodka in $3 Billion Deal", *Durham Morning Herald,* 10 de mayo de 1990, p. B5; y Cyndee Miller,

"Worldwide Money Crunch Fuels More International Barter", *Marketing News,* 2 de marzo de 1992, p. 5.

7. Louis Kraar, "Pepsi's Pitch to Quench Chinese Thirsts", *Fortune,* 17 de marzo de 1986, p. 58. También véase Maria Shao, "Laying the Foundation for the Great Mall of China", *Business Week,* 25 de enero de 1988, pp. 68-69; y Alan Farnham, "Ready to Ride Out China's Turmoil, *Fortune,* 3 de julio de 1989, pp. 117-118; y Pete Engardio, "China Fever Strikes Again", *Business Week,* 29 de marzo de 1993, pp. 46-47.

8. Robert Neff, "In Japan, They're Goofy about Disney", *Business Week,* 12 de marzo de 1990, p. 64.

9. Para más sobre sociedades en participación, véase Kenichi Ohmae, "The Global Logic of Strategic Alliances", *Harvard Business Review,* marzo-abril de 1989, pp. 143-154; y Louis Kraar, "Your Rivals Can Be Your Allies", *Fortune,* 27 de marzo de 1989, pp. 66-76.

10. Véase George S. Yip, "Global Strategy ...In a World of Nations?", *Sloan Management Review,* otoño de 1989, pp. 29-41; Kamran Kashani, "Beware the Pitfalls of Global Marketing", *Harvard Business Review,* septiembre-octubre de 1989, pp. 91-98; y Saeed Saminee y Kendall Roth, "The Influence of Global Marketing Standarization on Performance, *Journal of Marketing,* abril de 1992, pp. 1-17.

11. Véase Keegan, *Global Marketing Management,* pp. 378-381. También véase Peter G. P. Walters y Brian Toyne, "Product Modification and Standardization in International Markets: Strategic Options and Facilitating Policies", *Columbia Journal of World Business,* invierno de 1989, pp. 37-44.

12. Par este ejemplo y otros, véase Andrew Kupfer, "How to Be a Global Manager", *Fortune,* 14 de marzo de 1988, pp. 52-58; y Maria Shao, "For Levi's: A Flattering Fit Overseas", *Business Week,* 5 de noviembre de 1990, 76-77.

13. Dori Jones Yang, "Can Asia's Four Tigers Be Tamed?, *Business Week,* 15 de febrero de 1988, p. 47; y Shao, "For Levi's: A Flattering Fit", p. 78.

14. Véase Michael Oneal, "Harley-Davidson: Ready to Hit the Road Again", *Business Week,* 21 de julio de 1986, p. 70.

15. Véase Shao, "Laying the Foundation for the Great Mall of China", p. 69.

16. Véase Kenichi Ohmae, "Managing in a Borderless World", *Harvard Business Review,* mayo-junio de 1989, pp. 152-161, y William J. Holstein, "The Stateless Corporation", *Business Week,* 14 de mayo de 1990, pp. 98-105.

Caso 21

MTV: ¿Está el Rock Global Recibiendo un Rap Global?

Cuando National Amusements de Sumner Redstone pagó 3.2 mil millones de dólares para comprar 83% de las accioneos públicas de Viacom International en 1987, MTV estaba considerado un valor en decadencia. Sin embargo, hoy, MTV representa 411 millones de dólares de los 1.7 mil millones de dólares de ingresos que registra Viacom, y está creciendo a un ritmo del 20% al año. ¿Qué produjo el crecimiento fenomenal de MTV? El crecimiento en los mercados exteriores. En sólo cuatro años, MTV se extendió a más de 32 millones de hogares en Europa, 24 millones en América Latina y a muchos millones más en Asia.

Llama la atención que el crecimiento de MTV es alimentado por el deseo de empresas como Coca-Cola, PepsiCo, IBM, Anheuser-Busch y MCI para realizar campañas mercadotécnicas mundiales, que lleguen a públicos inmensos, con un solo anuncio colocado por medio de una compra en un solo medio global. Es mucho más fácil tratar con MTV que tratar de comprar una cantidad de tiempo equivalente para anuncios, en toda una gama de redes de televisión, en todo el mundo. Asimismo, comprar el medio de MTV también es más eficiente y ofrece más posibilidades de dirigir programas a diferentes segmentos del mercado.

Hoy, cada canal de MTV se puede dividir en tres canales, lo que significa que el canal local de MTV se puede convertir en tres canales; un canal que toca música Eurotecno-pop para los miembros jóvenes de la familia, otro que toca heavy metal para otros miembros jóvenes de la familia y otro más que difunde música de roqueros británicos de más de 40 años (Clapton, Stewart, Captain Fantastic) para papá y mamá, y todos ven el mismo anuncio de Coca-Cola.

Aunque el crecimiento internacional ofrece muchos ingresos y potencial para grandes utilidades, también plantea algunos problemas. En primer lugar está la falta de equipo de cable, incluso en países bien desarrollados como Francia. Además, es difícil incluir publicidad local en estos sistemas de cable. En partes de Asia, América Latina y Japón, existen operadores independientes que se roban la señal o producen canales propios que sólo son una copia. En India, los operadores irregulares de cable han destrozado las líneas de sus rivales, saboteado satélites y engañado a la policía. En Japón, MTV ha estado sujeta a pésimos horarios de transmisión (2 A.M. a 5 A.M.) y ha sido víctima de tantísimas copias, como "Sony Music TV" y "Space Shower", que está despidiéndose de Japón.

MTV enfrenta otro problema para hacerse internacional: lograr el equilibrio entre los gustos musicales locales y los videos musicales internacionales. Por ejemplo, los japoneses prefieran a los artistas locales, mientras que la programación de MTV está dominada por grupos de rock y de rap que cantan en inglés. Para atraer a públicos con claros gustos locales, MTV creó espectáculos como "MTV Internacional", un programa en español, que dura una hora y se transmite en América Latina y parte de Estados Unidos. El programa proyecta roqueros folklóricos post-hippie de Santo Domingo, grupos de rock-flamenco y sevillanas con minifalda, guitarristas de Buenos Aires y rappers chicanos del este de Los Angeles. Cuando no existen cantantes locales, MTV contrata a personalidades locales que presentan el programa. Por ejemplo, MTV de Australia cuenta con Richard Wilkins, estrella pop de Nueva Zelanda, para presentar los videos.

Otro problema son las reacciones negativas ante la imagen de MTV y su publicidad. En India piensan que los anuncios de muchos productos occidentales que se exhiben en MTV fomentarán que los ciudadanos, comunes y corrientes quieran un nivel de vida que su sistema económico no les puede proporcionar. En México, la esposa del presidente se escandalizó con MTV y externó el temor de que pudiera conducir a la promiscuidad o incluso a formar cultos satánicos. Por otra parte, los Brasileños manifiestan su disgusto porque MTV le ha enseñado a los jóvenes a usar las gorras de béisbol hacia atrás.

Otro problema de MTV es que homogeiniza a los jóvenes. Aunque MTV podría difundir un idioma (el inglés) y ser un medio de comunicación verdaderamente universal, por desgracia promueve tipos artificiales de ejecutantes y mensajes superficiales del tipo no-puedo-encontrar-el amor. Las cantantes suelen ser bonitas (Maria Carey) y sensuales (Madonna). ¿Quiere en realidad el mundo millones de jóvenes asiáticos, latinoamericanos y europeos con chamarras de cuero, imitando el último peinado de Jon Bon Jovi, haciendo piruetas calle abajo tipo Hammer y aullando Yo? ¿Vale la pena gastar cientos de millones de dólares en publicidad para esto?

Preguntas

1. ¿Qué factores económicos y jurídico-políticos podrían afectar la introducción de MTV?

2. ¿Cuál podría ser la mejor forma para que MTV entrara a

3. Explique cómo y por qué, en el caso de MTV, las empresas podrían usar campañas de mercadotecnia estándar o adaptadas.

4. ¿Usaría MTV diferentes estrategias para el producto (extensión o adaptación) en Inglaterra, Suecia, Rusia y Corea?

5. Gánese un premio de trivia y diga, ¿quién es Captain Fantastic?

Fuentes: Steve Coll, "MTV Age Dawning in India", *The Washington Post,* 5 de marzo de 1992, p. A31; Simon Reynolds *et al.,* "How MTV Plays Around the World", *The New York Times,* 7 de julio de 1991, Sec. 2, p. 22; y Matthew Schifrin, "I Can't Even Remember the Old Star's Name", *Forbes,* 16 de marzo de 1992, pp. 44-45.

CASO EMPRESARIAL 21

HARDEE'S: LA COMERCIALIZACIÓN EN COREA DEL SUR

El centro de Seúl

"Debería haber más restaurantes de comida rápida", exclamó Moon Yong, estudiante universitaria de 21 años, al tiempo que mordisqueaba otra papa frita a la francesa y daba un trago a su Coca, sentada, con una amiga, en el Hardee's de Seúl, uno de los dos Hardee's existentes en Corea del Sur. A Moon Yong y a sus amigas les gustan los restaurantes de comida rápida, sobre todo los estadounidenses. Los niños coreanos consideran que está de moda ir a restaurantes de comida rápida. "Podemos pasar ahí la tarde entera", dijo Moon Yong.

De hecho, las empresas estadounidenses de comida rápida que han entrado a Corea se dirigen a los jóvenes. Los restaurantes de comida rápida resultan especialmente atractivos a las muchachas jóvenes, mismas que componen el 70% de la clientela. A las muchachas les gustan las papas fritas y los refrescos y se pueden pasar muchas horas en los restaurantes. En consecuencia, los restaurantes de Corea del Sur son más grandes que sus homólogos estadounidenses; alrededor de 300 plazas en comparación con las 150 de los restaurantes de Estados Unidos.

Además, a pesar de que, en ocasiones, en Corea existe un sentimiento claramente antiestadounidense, los jóvenes coreanos se sienten atraídos por el trocito de Estados Unidos que representan los restaurantes. Young Lee, presidente de Del Taco Korea Co., señala que "les gusta la música estadounidense y europea, y por ello quieren el mismo tipo de comida. En este campo, Estados Unidos es líder, no en partes eléctricas ni televisores". En consecuencia, el señor Lee y otros ejecutivos de comida rápida en Corea sólo aplican unos cuantos cambios a los menúes estadounidenses para adaptarlos a los gustos locales. En otros países, las empresas suelen hacer cambios importantes.

Las actividades mercantiles en Corea del Sur

Las cadenas de restaurantes estadounidenses de comida pueden pensar que Corea del Sur es la tierra prometida. Dado el mercado saturado y muy competido de Estados Unidos, cabría suponer que las cadenas se estarían avalanzando a Corea del Sur. Empero, McDonald's sólo cuenta con cuatro restaurantes en ese país; un restaurante por cada 10.8 millones de coreanos, en comparación con 51 en Hong Kong (uno por cada 112,000 habitantes). Por otra parte, Wendy's sólo tiene 13 restaurantes en Corea del Sur y Burger King sólo tiene doce.

¿Por qué han entrado los restaurantes estadounidenses de comida rápida tan lentamente a Corea del Sur? A finales de 1991, *The Wall Street Journal* publicó una lista de 129 países, calificando los riesgos de las actividades mercantiles en cada uno de ellos. La clasificación combinaba las calificaciones de cada país en cuanto al riesgo político, el riesgo financiero y el riesgo económico, en una sola calificación compuesta del riesgo. Corea del Sur quedó en la categoría de poco riesgo, con una calificación compuesta de 73.5 sobre 100. Ocupó el vigésimo séptimo lugar de la lista, justo después de Portugal y antes de Botswana. La categoría de bajo riesgo, que abarcaba calificaciones entre 70 y 84.5, también incluía a Estados Unidos, que ocupó el noveno lugar, con una calificación compuesta de 83.5. La calificación del riesgo político de Corea del Sur fue de 63 sobre 100, la calificación del riesgo financiero fue de 47 sobre 50 y la del riesgo económico fue de 36.5 sobre 50.

Incluso aunque la calificación global de Corea del Sur sugiere poco riesgo, los analistas señalan que es un mercado difícil. Los precios de los bienes raíces son especialmente elevados. Un lugar de mucho tránsito en Seúl, la ciudad capital, puede costar 7 millones de dólares si se compra, o requerir un depósito de 1 millón de dólares si se renta. El *terreno* para una fábrica puede costar más que la fábrica. Los costos de las materias primas son los más elevados de Asia. Los salarios de los obreros han subido un promedio de 18% al año desde 1986. Las restricciones gubernamentales, por ejemplo aranceles elevados y limitaciones para ciertas importaciones como queso y carne de res, frustran a las cadenas de restaurantes de comida rápida. Obtener la autorización gubernamental para una inversión puede tomar mucho tiempo y ser muy difícil.

Las empresas también tienen problemas para introducir más fondos de capital al país. Las empresas coreanas, temerosas de enfrentar competencia nueva, se resisten a la entrada de empresas y a las inversiones extranjeras. Goodyear hizo un gran esfuerzo e invirtió muchos fondos para conseguir la autorización gubernamental para una fábrica de neumáticos, y abandonó la planta cuando los productores coreanos de neumáticos se agruparon para oponerse a ella, y amenazaron con demorar las autorizaciones locales. Las empresas extranjeras también tienen la sospecha de que el gobierno coreano, en realidad, no quiere inversiones extranjeras, sobre todo si éstas afectan, en forma negativa, a los productores nacionales.

Todos estos factores han llevado al escaso grado de inversiones extranjeras en Corea del Sur. El Instituto para el Desarrollo de Corea, organización financiada por el gobierno, informa que la proporción de inversión extranjera con respecto al producto nacional bruto es de 14.6 a 1 en Singapur, de 1.61 a 1 en Taiwán, pero sólo de 0.36 a 1 en Corea del Sur.

Entra Hardee's

Si entrar al mercado de Corea del Sur es tan dífícil, ¿por qué se molestan Hardee's, McDonald's y otras firmas siquiera en tratar de entrar? Para empezar, estas empresas consideran lo positivo de que las tasas salariales coreanas suben rápidamente y de que el ingreso disponible está aumentando también con gran rapidez. El ingreso disponible de los coreanos ha aumentado 141% desde 1986, lo que hace de Corea el mayor mercado de consumo en Asia, después de Japón. El hogar urbano promedio de Corea del Sur tiene un ingreso anual de 12,400 dólares. El 10% de la población tiene estudios universitarios y la cantidad de familias con dos ingresos va en aumento. Estos factores han creado demanda para los alimentos que ofrecen comodidad y para los productos de más calidad. Sin embargo, en general, el mercado de consumo coreano está a la zaga de otros países

asiáticos que tienen, más o menos, el mismo grado de desarrollo económico. Por ejemplo, Corea carece de tiendas de abarrotes modernas y de grandes supermercados que ofrezcan grandes variedades a los consumidores.

No obstante, Hardee's piensa que ha encontrado la manera de superar todos estos obstáculos. Hardee's eligió a Kim Chang-Hwan, un rico empresario local, para que fuera su franquiciatario coreano. El hermano mayor del señor Kim maneja una cadena de zapaterías que tiene muchos puntos de venta cerca de puntos donde se reúnen estudiantes. Los Kim están convirtiendo varias de las zapaterías en restaurantes Hardee's. En una jugada "abierta", el franquiciatario coreano abrió su primer Hardee's en el centro de Seúl, a sólo unos cuantos metros de distancia de un popular Mcdonald's. El señor King Nam-Young, gerente general del franquiciatario, admite que los ejecutivos de Hardee's estaban preocupados por la estrategia, aunque hasta el momento las tiendas del restaurante han sido iguales a las de McDonald's.

McDonald's entró al país en 1986 con una sociedad en participación, al 50%, con un contador y empresario coreano, el señor Ahn Hyo Young, y había proyectado abrir 14 establecimientos para principios de la década de 1990. Sin embargo, el primer restaurante no se abrió sino hasta 1988 y la expansión ha sido muy lenta, en parte debido a la enfermedad y muerte del señor Ahn McDonald's dice que ahora no sabe bien dónde encontrará un nuevo socio local. Los empleados de McDondald's también dicen que la franquicia local no contaba con suficiente capital cuando empezó y que McDonald's se había quejado del elevado costo de los bienes raíces. Sin embargo, ahora, parece que McDonald's se ha adaptado al costo de las propiedades y piensa abrir 30 restaurantes para finales de 1993.

Coors y Purina tratan de meter la mano

La Cervecería Coors Brewing Company ha anunciado que también entrará al mercado de Corea del Sur. Aunque no es extraño que las cervecerías estadounidenses hagan negocios en los mercados exteriores, normalmente se han extendido mediante contratos para fabricar la cerveza, contratos de licencias o exportaciones directas. Sin embargo, Coors anunció que constituirá una sociedad en participación con Jinro Ltd., una destiladora coreana, para edificar su primera cervecería en el extranjero. Así, ésta será la primera cervecería estadounidense que sea dueña de una parte de una cervecería extranjera. La nueva cervecería de 200 millones de dólares producirá 1.8 millones de barriles al año, poco menos de la décima parte de la capacidad total de Coors. La sociedad en participación espera abarcar entre un 5 y un 6% del mercado coreano para 1994.

Los analistas sugieren que las cervecerías de Estados Unidos están mostrando más interés en los mercados exteriores debido al lento crecimiento del mercado estadounidense. La jugada de Coors en el exterior sugiere que ha iniciado una fase nueva, más agresiva. Las exportaciones estadounidenses, en 1990, sumaron un total de 4.2 millones de barriles, en comparación con 2.4 millones de barriles en 1982. Aunque este total es pequeño si se compara con el inmenso mercado estadounidense de 200 millones de barriles, un vocero de Coors señala que, para hacer más negocios en Estados Unidos, es preciso quitárselos a otro. En Corea, en cambio, el mercado cervecero está creciendo 15% al año, y una empresa tiene la posibilidad de anotarse parte de ese crecimiento.

Las cervecerías estadounidenses están en buena posición para expanderse. Un ejecutivo de la industria dice: "Existe un movimiento hacia lo light en todas las bebidas [en todo el mundo] y las cervezas estadounidense siempre han sido muy ligeras en comparación con las europeas". Los países de la cuenca del Pacífico, como Japón, Taiwán y Hong Kong son particularmente atractivos, en razón del veloz crecimiento del consumo de cerveza. Europa Oriental también es atractiva, pero el ingreso de las cervecerías estadounidenses en el resto de Europa ha resultado más difícil. Además de las cervecerías europeas bien establecidas, existen muchas pequeñas con clientes leales. Las leyes europeas que limitan la distribución y prohíben la publicidad en algunos países, también dificultan el ataque contra las marcas establecidas.

Antes del contrato coreano, Coors sólo había otorgado licencias de su cerveza a Canadá y Japón, y la exportaba a otros tres países. Coors está entrando en Corea del Sur a pesar de la reciente partida de Miller Brewing's. Miller salió de Corea en razón de los altos aranceles y de la constante revaloración de la moneda coreana, el yuan. Coors piensa que el contrato con su socio mancomunado le ayudará a superar estos problemas y hará que sea más competitiva en Corea. Con la sociedad en participación, Coors no tendrá que enviar sus cervezas de Estados Unidos y podrá tomar parte activa en la producción, la distribución y la promoción de las cervezas.

Sin embargo, Coors no tendrá las cosas fáciles, incluso aunque el contrato funcione. El gobierno coreano sólo ha otorgado permiso a otras dos cervecerías: Oriental Brewery y Chosun Brewery. Estas dos cervecerías nacionales producen varias cervezas coreanas y comercializan la cerveza Carlsberg por medio de una licencia. Además, Oriental tiene licencia para vender una de las competidoras más rudas de Coors, la Budweiser.

Al igual que Coors, Ralston Purina también ha decidido nadar contra la corriente y ha edificado una planta de 10 millones de dólares en Corea, para producir cereales para el desayuno. Pero a diferencia de Coors y de las empresas de comida rápida, Purina tiene algunas ventajas. En primer lugar, entrará en un mercado donde no hay un productor local fuerte. En segundo, Purina no es nueva en el mercado coreano; ha estado operando en Corea desde hace 25 años. Purina empezó en Corea con la producción de alimento para vacas, cerdos, aves y peces y después pasó al ramo de la comida para perros y gatos. La nueva fábrica producirá los cerales Chex. Franz Strobl, el vicepresidente regional de Purina para el desarrollo de negocios de consumo, comenta: "Nuestra estrategia era pasar de una base agrícola a la comida ... tiene sentido fabricar localmente para las necesidades del mercado local".

Purina ha prestado mucha atención al desarrollo del mercado coreano. Ha encontrado que el consumo de cereales para el desayuno sigue de cerca al consumo de leche, en todo el mundo. Cuando Purina notó que aumentaban los niveles de ingreso y de consumo de leche en Corea,

decidió que era el momento de echarse un clavado a los cereales. Antes, Purina había observado una tendencia similar en Japón y, en ese país, contempló un crecimiento del 50% anual en el mercado de los cereales. El mercado coreano de los cereales para el desayuno ya está creciendo 20% al año.

Cómo facilitar las cosas

A pesar de los esfuerzos de las empresas de comida rápida, de Coors y de Purina, el gobierno coreano sigue preocupado por la escasa cantidad de inversiones extranjeras. En consecuencia, el gobierno está cambiando sus reglas poco a poco. Ahora autoriza automáticamente los proyectos que tienen un valor inferior a los 20 milones de dólares, cantidad superior al límite de los 5 millones que existía antes. Es más, las empresas extranjeras ahora pueden establecer subsidiarias de su entera propiedad. El gobierno también podría facilitar a las sociedades extranjeras la introducción de más capital y está otorgando incentivos fiscales a las empresas electrónicas de tecnología avanzada y, en ocasiones, ofrece terrenos más barata a los empresas de tecnología avanzada que se ubican en parques industriales coreanos.

Sin embargo, el gobierno ha sido lento para ofrecer estos mismos beneficios a las empresas del ramo de los alimentos procesados o de los bienes empacados, y no ha querido permitir que los extranjeros construyan redes de distribución ni almacenes modernos, instalaciones del todo necesarias para las empresas de bienes de consumo. Es más, el gobierno con frecuencia detiene los productos en la aduana y patrocina campañas para desincentivar el consumo y poner a la opinión pública en contra de los productos importados.

Como resultado de los cambios positivos y a pesar de los problemas, es cada vez mayor la cantidad de empresas que están estableciendo oficinas de exportación, así como canales de ventas y de distribución en Corea. Algunos empresarios piensan que si una empresa se puede abrir camino por el laberinto de barreras políticas, económicas y culturales de Corea, podrá cosechar jugosos frutos. Por ejemplo, S. C. Johnson & Son, que hace poco invirtió 5 millones de dólares para aumentar la producción de su planta coreana, ha llevado su negocio de aromatizantes de ambiente de 500,000 dólares en 1989, a 9 millones en el año corriente. La unidad coreana de Johnson registró ventas por 30 millones de dólares el año pasado. El presidente de la unidad, Ravi K. Saligram, señala un beneficio adicional de la producción local: "El hecho de que ustedes estén aquí, es una señal de compromiso a largo plazo".

De vuelta al centro de Seúl

Mientras tanto, Moon Yong y su amiga han terminado sus cocas y papas fritas en Hardee's y deciden dirigirse calle abajo, a McDonald's, para ver cómo está el ambiente ahí. Tiran su basura, se despiden de unas amigas y abandonan el restaurante. El gerente de Hardee's las ve salir y se pregunta si la fascinación por lo estadounidense continuará o si las fuerzas políticas, económicas y culturales de Corea apagarán sus esfuerzos por abrir el mercado coreano ¿Qué puede hacer él para que Moon Young y otros jóvenes como ella vuelvan a Hardee's?

Preguntas

1. Use la información del caso para determinar qué tipos de restricciones comerciales enfrenta Hardee's al operar dentro del sistema comercial de Corea.

2. ¿Cuáles son los aspectos del entorno económico, jurídico-político y cultural de Corea que debe entender Hardee's?

3. ¿Por qué han decidido Hardee's, y las otras empresas que se mencionan en el caso, entrar en mercados exteriores y por qué han elegido Corea? ¿Está usted de acuerdo con sus decisiones?

4. ¿Qué métodos podría haber usado Hardee's para entrar al mercado coreano y por qué eligió el método que usó?

5. ¿Qué decisiones ha tomado Hardee's sobre sus programa de mercadotecnia en Corea? ¿Qué recomendaciones haría usted en relación con este programa?

Fuentes: Adaptado de Damon Darlin, "South Koreans Crave American Fast Food", *The Wall Street Journal,* 22 de febrero de 1991, p. B1; Marj Charlier, "U.S. Brewers' Foreign Growth Proves Tricky", *The Wall Street Journal,* 9 de septiembre de 1991, p. B1; Monua Janah, "Rating Risk in the Hot Countries", *The Wall Street Journal,* 20 de septiembre de 1991, p. R4; Darlin, "U.S. Firms Take Chances in South Korea", *The Wall Street Journal,* 15 de junio de 1992, p. B1. Usado con autorización.

22

Servicios, organizaciones, personas, lugares e ideas de la mercadotecnia

*W*alt Disney Company es toda una maestra en la comercialización de servicios. Su producto es el "entretenimiento" y ninguna otra empresa lo ofrece mejor. De hecho, en años recientes, los estudios cinematográficos de Disney (inclusive Touchstone) han estado a la cabeza de todos los demás estudios, en cuanto a ingresos de taquilla. Sin embargo, donde más destaca la "Magia de Disney" es en Disney World, el primer parque de diversión del consorcio. Año con año, más de 25 millones de personas acuden a Disney World, diez veces más que la cantidad que visita el Parque Nacional de Yellowstone, convirtiéndolo en el mayor atractivo turístico del mundo. ¿Qué hace que tanta gente acuda a Disney World? Parte de la respuesta radica en sus múltiples atractivos. Disney World es todo un mundo de fantasía: 28,000 acres rebosantes de atractivos como la montaña espacial, el viaje por la imaginación, los piratas del caribe y la laguna de los tifones. No obstante, estos atractivos sólo explican parte del caso. De hecho, los visitantes dicen que lo que más les gusta del parque es su pulcritud impecable y la amabilidad de los empleados de Disney World. En un mundo cada vez más rudo, sucio y mal administrado, Disney ofrece calidez y orden. Como dice un observador: "En el Reino Mágico, Estados Unidos sigue funcionando como se supone que debería hacerlo. Todo está limpio y ofrece seguridad, la calidad y el servicio siguen importando y el cliente siempre tiene la razón".

Así, la verdadera "Magia de Disney" está en su dedicación obsesiva a atender a sus clientes. La empresa establece elevados parámetros para lograr la excelencia de sus servicios y pone extremo cuidado en hacer que todos los aspectos de la visita del cliente sean memorables. Según Michael Eisner, presidente de Disney: "Nuestro negocio es superar las grandes expectativas de la gente". Disney pone gran empeño en que cada uno de sus empleados, desde el ejecutivo en la oficina de la esquina hasta el empleado que sella las manos en la entrada, abracen la cultura de la empresa que gira en torno a los clientes. Y, al parecer, está lográndolo con gran éxito. Incluso aunque las filas de espera en Disney World son cada vez más largas, la tasa de satisfacción, medida con base en encuestas aplicadas a los consumidores cuando salen del parque, va subiendo y subiendo. El 60% de los visitantes de Disney World son repetidores.

¿Cómo lo logra Disney? ¿Cómo inspira grados tan elevados de servicio a los clientes? Además de las cuatro "P" de la mercadotecnia, Disney es maestra en *mercadotecnia interna* (en motivar a sus empleados para que trabajen en equipo y ofrezcan un servicio de primera calidad) y en *mercadotecnia interactiva* (en enseñar a sus empleados a interactuar con los clientes para proporcionarles satisfacción). Los empleados nuevos, en su primer día de trabajo, tienen que asistir a un curso sobre motivación, que dura tres días, en la Universidad Disney de Orlando, donde aprenden a realizar la difícil tarea de ayudar a otras personas a divertirse. Aprenden que trabajan en el negocio del entretenimiento; es decir, que son "miembros del reparto" y que su tarea consiste en ser entusiastas, estar informados y ser profesionales cuando atienden a los "invitados" de Disney. Cada uno de los miembros del reparto desempeña un papel vital para el "espectáculo" de Disney World, sea que se trata de un "anfitrión de seguridad" (policía), un "anfitrión de transporte" (conductor), un "anfitrión de custodia" (basurero) o un "anfitrión de bebidas y alimentos" (empleado de restaurante).

Los miembros del reparto, antes de recibir sus disfraces temáticos y salir al "escenario", tienen que aprender a tratar debidamente a los invitados. En los cursos llamados Tradiciones I y Tradiciones II, aprenden el lenguaje, la historia y la cultura de Disney. Se les enseña a ser entusiastas, serviciales y *siempre* amables. Aprenden a hacer obras buenas, por ejemplo ofrecerse para sacarle fotos a los invitados, de tal manera que la familia entera pueda salir en el retrato. Se les enseña a jamás decir "no es parte de mi trabajo". Cuando un huésped hace una pregunta —sea

¿dónde queda el baño más cercano? o ¿cuáles son los nombres de los enanitos de Blanca Nieves?— deben conocer la respuesta. Si ven basura en el suelo, deben levantarla. Disney, para que los miembros del reparto se entremezclen, en lugar de ser individuos, y fomenten el espectáculo entero, aplica un código muy estricto para el arreglo personal. Los hombres no pueden llevar bigote, barba ni cabello largo; las mujeres no pueden llevar uñas largas pintadas de colores fuertes, adornos grandes en el cabello, ojos demasiado pintados ni aretes largos. Disney está tan seguro de que los miembros de su reparto encantarán a los invitados, que encuentra la manera de imponer el contacto con ellos. Por ejemplo, muchos de los artículos de las tiendas de regalos del parque no tienen etiquetas con los precios, obligando a los compradores a preguntar el precio.

Disney hace que sus administradores estén cerca de empleados y clientes. Todo administrador de Disney World debe pasar un día, cuando menos una vez durante su carrera, paseando por el parque con el disfraz de algún personaje, que pesa entre 80 y 100 libras. Además, todos los administradores pasan una semana al año dedicados a la "interutilización", abandonando su escritorio y trabajando en el frente: recogiendo boletos de entrada, vendiendo palomitas de maíz o cargando y descargando pasaje de los paseos. La empresa trata de que los empleados de todos los niveles estén motivados y se sientan como parte importante de un equipo. Todos los administradores y empleados llevan distintivos con su nombre y se hablan en primera persona, sea cual fuere su rango. Los empleados reciben un periódico de Disney, llamado *Eyes and Ears*, que contiene noticias sobre

actividades, oportunidades de empleo, prestaciones especiales y ofertas educativas. Existe una zona recreativa separada, para uso exclusivo de los empleados, que cuenta con un lago, un casino, una zona para días de campo e instalaciones para pescar y pasear en barco, así como una gran biblioteca. Todos los empleados que abandonan la empresa responden un cuestionario dando su opinión sobre el hecho de haber trabajado en Disney. Así, Disney mide su éxito en producir la satisfacción de los empleados. Por tanto, se pretende que los empleados se sientan importantes y responsables, en lo personal, del "espectáculo". Esta sensación de ser "dueños de la organización" es transmitida a los millones de visitantes con los que tienen contacto. En última instancia, la satisfacción de los empleados conlleva a satisfacción de los clientes.

Disney tiene una fama tan grande por su capacidad para inspirar a los empleados a que cumplan con sus imponentes parámetros de servicios que muchas sociedades importantes de Estados Unidos, desde General Electric y AT&T hasta General Motors y American Airlines, envían a sus administradores a la Universidad de Disney para averiguar cómo lo logra Disney. Además, la dedicación de Disney a una comercialización magnífica de los servicios le ha rendido muy buenos frutos. En los pasados siete años, el ingreso anual de Disney se ha triplicado con creces, a 4.7 mil millones de dólares. Las utilidades de la sociedad se han *multiplicado por siete*. Los ingresos han aumentado al ritmo anual de 23% y el ingreso neto al 50%. Así pues, la empresa Disney ha encontrado que ofreciendo un servicio excelente a sus *clientes*, también se sirve a sí misma.[1]

AVANCE DEL CAPÍTULO

El capítulo 22 se refiere a un tipo de mercadotecnia menos tangible: la comercialización de servicios, organizaciones, personas, lugares e ideas.

Se empieza con una explicación de la comercialización de *servicios* y de los aspectos que los distinguen de los demás: su carácter *intangible, inseparable, variable* y *perecedero*. Además se analizan las *estrategias* para comercializar servicios, inclusive la *diferenciación, la calidad de los servicios* y *la productividad*.

A continuación se repasa la *comercialización de la organización*, inclusive la *evaluación de la imagen* y *la planeación y el control de la imagen*. Se sigue con un repaso de la *comercialización de personas* y *lugares*, para terminar con un repaso de la *comercialización* de sociedades y la comercialización de *ideas*.

En su origen, la mercadotecnia servía para vender productos materiales, como dentífricos, autos, acero y maquinaria. Sin embargo, este enfoque tradicional puede hacer que la gente pase por alto muchos otros tipos de cosas que se comercializan. En este capítulo, se analizan los requisitos especiales para comercializar *servicios, organizaciones, personas, lugares* e *ideas*.

LA COMERCIALIZACION DE SERVICIOS

En años recientes, una de las tendencias centrales de Estados Unidos ha sido el inmenso aumento de los servicios. En 1970, en Estados Unidos, los empleos en el rubro de los servicios representaban 55% del total del empleo y, para 1990, representaban 75% del total. Se espera que los servicios representen 90% del total de empleos nuevos en los próximos diez años.[2] Los empleos del ramo de servicios no se refieren sólo a los de las industrias de servicios (hoteles, líneas aéreas, bancos y otros más), sino también a empleos de servicios en industrias productivas, por ejemplo abogados corporativos, personal médico y capacitadores de vendedores. Estados Unidos, como resultado de una mayor opulencia y cantidad de tiempo libre, sumadas a la creciente complejidad de productos que requieren servicios, se ha convertido en la primera economía de servicios del mundo. A su vez, esto ha llevado a un mayor interés por los problemas especiales de la comercialización de servicios.

Las industrias de servicios son muy variadas. El *sector gubernamental* ofrece sus servicios por medio de tribunales, oficinas de empleo, hospitales, organismos crediticios, servicios militares, cuerpos de policía y bomberos, servicios de correo, organismos reguladores y escuelas. El *sector privado no lucrativo* ofrece sus servicios por medio de museos, obras de caridad, iglesias, fundaciones universitarias y hospitales. Una parte importante del *sector empresarial* ofrece sus servicios por medio de líneas aéreas, bancos, hoteles, compañías de seguros, despachos de asesoría, consultorios médicos, bufetes de abogados, compañías de entretenimiento, corredores de bienes raíces, agencias de publicidad, despachos de investigaciones y detallistas.

Sin embargo, no sólo cuentan las industrias tradicionales de servicios, sino que también hay tipos nuevos que están surgiendo permanentemente:

> ¿Quiere que le lleven comida de un restaurante local a su casa? En Austin, Texas, usted puede llamar a EatOutIn. ¿Necesita que le rieguen sus plantas? En Nueva York, usted puede llamar a Busy Body's Helper. ¿Demasiado ocupado para envolver y enviar sus paquetes por correo? Diríjase a uno de los 72 establecimientos de Tender Sender, con oficina matriz en Portland, Oregon. "Lo encontramos, lo hacemos y lo esperamos", presume Lois Barnett, fundadora de Personalized Services de Chicago. Ella, y su equipo de seis personas, sacan a pasear a su perro, llevan a los niños a la práctica de béisbol o hacen fila para sacar sus entradas para el teatro. Conozca a los negociantes de la comodidad. Quieren ahorrarle tiempo y, por un precio, harán casi cualquier cosa lícita.[3]

Algunas empresas dedicadas a los servicios son muy grandes, con activos y ventas que suman miles de millones de dólares. La tabla 22-1 contiene las cinco empresas de servicios más grandes en cada una de ocho categorías de servicios. Además, existen muchos miles de negocios que ofrecen servicios. La venta de servicios presenta algunos problemas especiales que requieren soluciones especiales para su comercialización.[4]

Naturaleza y características de un servicio

Un **servicio** es la actividad o el beneficio que una parte puede ofrecer a otra y, en esencia, es intangible y no deriva en la posesión de nada. Su producción puede estar ligada a un producto material o no. Actividades como alquilar una habitación de hotel, depositar dinero en el banco, viajar en avión, ir al psiquiatra, cortarse el cabello, reparar un auto, contemplar un deporte profesional, ver una película, enviar la ropa a la tintorería, pedir asesoría a un abogado, entrañan todas las compras de un servicio.

La empresa, cuando diseña sus programas de mercadotecnia, debe tomar en cuenta cuatro características de los servicios: su carácter *intangible, inseparable, variable* y *perecedero*. En las siguientes secciones se analiza cada una de estas características.[5]

Lo intangible
Un **servicio es intangible** porque los servicios no se pueden ver, saborear, sentir, escuchar ni oler antes de comprarlos. Por ejemplo, la persona que se somete a

La industria de la comodidad: servicios que le ahorran tiempo, a cambio de un precio.

TABLA 22-1
Las empresas de servicios más grandes de Estados Unidos

Servicios diversificados	**Banca comercial**
AT&T	Citicorp
Cargill	Chemical Bank
Enron	BankAmerica
Fleming Companies	NationsBank
Time Warner	J. P. Morgan
Financieros diversificados	**Instituciones de ahorro**
Federal National Mortgage Association	H. F. Ahmanson
American Express	Great Western Financial
Salomon	Glenfed
Aetna Life and Casualty	Calfed
Merrill Lynch	**Tiendas detallistas**
Seguros de vida	Sears*
Prudential	Wal-Mart Stores
Metropolitan Life	Kmart
Teachers Insurance and Annuity	Kroger
Aetna Life	American Stores
Equitable Insurance and Annuity	**Servicios públicos**
Transportes	GTE
United Parcel Service	BellSouth
AMR	Bell Atlantic
UAL	US West
Delta Airlines	NYMEX
CSX	

* Incluye unidades vendidas al detalle y al mayoreo, Sears es la tercera vendedora al detalle, detrás de Wal-Mart y K mart.
Fuente: "The Service 300", *Fortune,* 1º de junio de 1992, pp. 174-92.

una cirugía plástica no puede ver los resultados antes de la compra, o los pasajeros de una línea aérea sólo tienen un boleto y la promesa de que serán llevados a su destino, en forma segura.

Los compradores, para reducir la incertidumbre, buscan indicios de la calidad de los servicios. Sacan conclusiones en cuanto a la calidad basándose en las ubicaciones, personas, equipo, materiales de comunicación y precios que pueden ver. Por tanto, la tarea del prestador del servicio consiste en hacer que el servicio resulte tangible en uno o varios sentidos. Las personas que comercializan productos tratan de sumar intangibles a sus ofertas tangibles, pero las que comercializan servicios tratan de sumar tangibles a sus ofertas intangibles.[6]

Piense en un banco que quiere transmitir la idea de que sus servicios son rápidos y eficientes. Debe conseguir que su estrategia de posicionamiento sea tangible en todos los aspectos del contacto con los clientes. El entorno material del banco debe sugerir servicios rápidos y eficientes: su interior y su exterior deben estar limpios, el movimiento del flujo interno se debe proyectar con atención, las líneas de espera deben parecer cortas y la música de fondo debe ser ligera y actual. El personal del banco debe estar ocupado y vestir debidamente. El equipo —las computadoras, copiadoras y escritorios—, debe tener aspecto moderno. Los anuncios del banco y su papelería deben sugerir eficiencia, tener diseños sencillos y claros, así como palabras y fotos cuidadosamente seleccionadas para comunicar la posición que ocupa el banco. El banco debe elegir un nombre y un símbolo para sus servicios que sugieran velocidad y eficiencia. Los precios para los diversos servicios deben ser sencillos y claros.

Lo inseparable

Un bien material es producido, almacenado, después vendido y, aún después, consumido. Por otra parte, los servicios primero son vendidos y después producidos y consumidos al mismo tiempo. Un **servicio es inseparable** porque los servicios no se pueden separar de su prestador, trátese de una persona o una máquina. Si la persona ofrece el servicio, en tal caso la persona forma parte de dicho servicio. Como el cliente también está presente cuando se produce el servicio, la *interacción entre el prestador y el cliente* se convierte en un rasgo especial de la comercialización de servicios. Tanto el prestador como el cliente afectan el resultado del servicio.

En el caso de servicios profesionales o de entretenimiento, a los compradores les interesa mucho saber *quién* ofrece el servicio. En un concierto de Kenny Rogers, si Rogers enferma y es reemplazado por Billy Joel, el servicio no será el mismo. Una defensa jurídica a cargo de Perico de los Palotes no es igual que una a cargo de F. Lee Bailey. Cuando los clientes tienen una preferencia clara por un prestador, el precio sirve para racionar la oferta limitada del tiempo del prestador preferido. Por tanto, F. Lee Bailey cobra más que abogados menos conocidos.

Como los servicios son inseparables de sus prestadores, el tiempo contado del prestador del servicio suele limitar la cantidad de un servicio que se puede ofrecer. Existen varias estrategias para superar el problema del tiempo limitado del prestador del servicio. En primer término, el prestador del servicio puede aprender a trabajar con grupos más grandes. Por ejemplo, algunos psicoterapeutas han dejado la terapia individual, optando por la terapia de grupos pequeños o incluso de grupos de más de 300 personas en salones de hotel. En segundo, el prestador del servicio puede aprender a trabajar en forma más rápida; por ejemplo, el psicoterapeuta puede dedicar 30 minutos a cada paciente, en lugar de 50 minutos, y así atender a una cantidad mayor de pacientes. Por último, la organización de servicios puede capacitar a una cantidad mayor de prestadores del servicio, por ejemplo H&R Bloch y su red nacional de asesores especializados en cuestiones fiscales.

Lo variable

Un **servicio es variable** porque la calidad del servicio depende de quién lo ofrece y de cuándo, cómo y dónde se ofrece. Por ejemplo, algunos hoteles tienen fama de ofrecer mejor servicio que otros. Dentro de un hotel dado, un empleado del mostrador de recepción puede ser alegre y eficiente, mientras que otro, a sólo unos centímetros de distancia, puede ser desagradable y lento. Incluso la calidad de los servicios de un solo empleado varía de acuerdo con la energía y el estado de ánimo que tiene en el momento que establece contacto con cada cliente.

Las empresas de servicios pueden tomar varias medidas para controlar la calidad.[7] Pueden seleccionar y capacitar a su personal con sumo cuidado. Las líneas aéreas, los bancos y los hoteles invierten grandes montos de dinero en capacitar a sus empleados para que ofrezcan buen servicio. Los consumidores deben encontrar el mismo personal, amigable y servicial, en todos los hoteles de Marriott. Las empresas de servicios también pueden proporcionar incentivos a los empleados para reforzar la calidad, por ejemplo un premio para el empleado del mes o bonos con base en la retroinformación de los clientes. Además, pueden hacer que los empleados de servicios sean más visibles para sus clientes y responsables de sus actos; por ejemplo, las distribuidoras de autos pueden permitir a los clientes hablar directamente con los mecánicos que están trabajando en sus autos. Una empresa puede llevar un registro regular de la satisfacción de sus clientes recurriendo a los sistemas de sugerencias y quejas, las encuestas a los clientes y las compras comparativas. Cuando se detectan servicios insuficientes, éstos se pueden corregir. La forma en que la empresa maneje los problemas derivados de la variabilidad de los servicios puede repercutir muchísimo en la percepción de los clientes en cuanto a la calidad de los servicios:

> Hace algún tiempo, tuvimos el caso de un paquete de Federal Express que, aunque no lo crea, definitiva y contundentemente no llegó a su destino de un día para otro. Una llamada a Federal Express resolvió el problema. Pero las cosas no pararon ahí. Al poco tiempo sonó nuestro teléfono y uno de los ejecutivos de Federal Express estaba

Los servicios son perecederos: los asientos vacíos en horas de poco movimiento, no se pueden almacenar para usar más adelante, en momentos de mucho movimiento.

en la línea. Quería saber qué había ocurrido y presentar sus disculpas. Eso es servicio. Con una llamada telefónica, aseguró a un cliente de por vida.[8]

Lo perecedero

Un **servicio es perecedero** porque los servicios no se pueden almacenar para venderlos o usarlos más adelante. Muchos médicos cobran a los pacientes cuando no se presentan a una cita, porque el valor del servicio sólo existió en ese momento y se terminó cuando el paciente no llegó. El carácter perecedero de los servicios no representa un problema cuando la demanda es constante. Sin embargo, cuando la demanda fluctúa, las empresas de servicios suelen tener graves problemas. Por ejemplo, las empresas dedicadas al transporte público deben contar con una cantidad mucho mayor de equipo para la demanda de las horas pico, que el que necesitarían si la demanda fuera uniforme a lo largo de todo el día.

Las empresas de servicios pueden aplicar varias estrategias para producir un mayor equilibrio de la oferta y la demanda. En el caso de la demanda, el hecho de cobrar precios diferentes en momentos diferentes trasladará parte de la demanda de los periodos pico a los periodos que no lo son. Algunos ejemplos serían los precios bajos para las funciones de moda en los cines y los precios de descuento durante los fines de semana para el alquiler de autos. La demanda de los horarios flojos se puede aumentar, por ejemplo cuando McDonald's ofreció su desayuno Egg McMuffin o cuando los hoteles desarrollaron fines de semana como minivacaciones. Se pueden ofrecer servicios complementarios durante horarios pico que ofrezcan alternativas para los clientes que esperan, por ejemplo salones para que esperen sentados mientras pasan a ocupar una mesa en un restaurante y cajeros automáticos en los bancos. Los sistemas de reservación también pueden servir para manejar el grado de demanda; las líneas aéreas, los hoteles y los médicos los usan casi siempre.

En el caso de la oferta, las empresas pueden contratar empleados de medio tiempo para que atiendan la demanda de las horas pico. Las universidades contratan a profesores de medio tiempo cuando aumentan las inscripciones y los restaurantes contratan a meseros y meseras de medio tiempo para los turnos en que se carga el trabajo. La demanda de los horarios pico se puede manejar de manera más eficiente, haciendo que los empleados se encarguen de las tareas esenciales, exclusivamente, durante las horas pico. Algunas de las tareas se pueden trasladar a los consumidores; por ejemplo, cuando los propios consumidores llenan sus cuestionarios médicos o guardan sus abarrotes en las bolsas. Además, los prestadores pueden compartir servicios, por ejemplo cuando los hospitales comparten un equipo médico muy caro. Por último, la empresa puede proyectar la expansión con antelación; por ejemplo, cuando un parque de diversiones compra los terrenos contiguos para desarrollarlos más adelante.

Estrategias de mercadotecnia para las empresas de servicios

Hasta fecha reciente, las empresas de servicios iban a la zaga de las empresas fabriles en cuanto a la aplicación de la mercadotecnia. Muchos negocios de servicios son pequeños (zapateros remendones, peluquerías) y con frecuencia piensan que la mercadotecnia no es necesaria o es muy cara. Otros negocios de servicios (universidades, hospitales) llegaron a tener tanta demanda que no necesitaron comercializarse, sino hasta fecha reciente (véase Puntos Importantes de la Mercadotecnia 22-1). Otros más (despachos de abogados, médicos y contadores) pensaban que recurrir a la mercadotecnia era poco profesional.

Es más, los negocios de servicios son más difíciles de administrar si sólo se usan los enfoques tradicionales de la comercialización. En el caso de los negocios de productos, los productos son bastante parecidos y permanecen en los anaqueles en espera de los clientes. Sin embargo, en el caso de un negocio de servicios, el cliente interactúa con el prestador del servicio, cuya calidad de servicio es menos segura y más variable. El resultado del servicio no sólo está sujeto al prestador del servicio, sino a todo el proceso que sustenta su producción. Por tanto, la comercialización de servicios requiere más que la comercialización externa tradicional que se basa en las cuatro "P". La figura 22-1 muestra que la comercialización de servicios requiere tanto de la *mercadotecnia interna,* como de la *mercadotecnia interactiva.*

La comercialización de hospitales: Century City es un centro donde acuden consumidores que desean comer las cosas más delicadas y, a la vez, cuidar su salud.

Century City usa un enfoque poco llamativo para su comercialización. Otros hospitales han usado tácticas más llamativas para venderle a las masas y levantar los negocios. Por ejemplo, el Hospital Sunrise de Las Vegas sacó un enorme anuncio que mostraba un barco con el letrero: "Presentamos el Crucero Sunrise. Gánese un paseo único en el crucero con sólo entrar al Hospital Sunrise cualquier viernes o sábado: Crucero recuperativo para dos". El Hospital St. Luke de Phoenix introdujo juegos nocturnos de bingo para sus pacientes (salvo enfermos del corazón), despertando un inmenso interés en los pacientes y logrando una utilidad anual de 60,000 dólares. Un hospital de Filadelfia servía cenas con luz de vela y filetes y champagne a los padres de niños recién nacidos. Los hospitales de Republic Health Corporation ofrecen once "productos" de marca, entre ellos el Don de la Vista (cirugía de cataratas), Momentos Milagrosos (partos) y Eres muy guapa (cirugía plástica).

Cualquiera que sea su enfoque, ahora la mayor parte de los hospitales usan alguna forma de mercadotecnia y muchos lo hacen muy bien. El año pasado, los hospitales de Estados Unidos invirtieron 1.6 mil millones de dólares en mercadotecnia. Según el director de Century City: "El Century Pavilion representa un elemento de lo que está ocurriendo en la comercialización de hospitales. Los hospitales están tornándose muy sofisticados para definir a sus pacientes, así como sus necesidades, y están creando los tipos de servicios (sea en suites de lujo o en cirugía de un día) para satisfacer esas necesidades. En pocas palabras, los hospitales definitivamente se están orientando a los consumidores, un factor enorme en la atención médica contemporánea".

Fuentes: Partes adaptadas de Kevin T. Higgins, "Hospital Puttin' on the Ritz to Target High-End Market", *Marketing News,* 17 de enero de 1986, p. 14. También véase Robert B. Kimmel, "Should Hospitals Advertise?", *Advertising Age,* 13 de junio de 1988, p. 20; y Richard K. Thomas, "What Hospitals Must Do", *American Demographics,* enero de 1993, pp. 36-39.

La **mercadotecnia interna** significa que la empresa de servicios debe capacitar y motivar en forma eficaz a los empleados que tienen contacto con los clientes, así como a todo el personal de apoyo a los servicios, para que trabajen en forma de *equipo* a fin de proporcionarle satisfacción al cliente. Para que la empresa pueda proporcionar servicios de gran calidad, en forma consistente, todo el mundo se debe perfilar hacia los clientes. No basta con tener un departamento de mercadotecnia, encargado de la mercadotecnia tradicional, si el resto de la empresa hace lo que quiere. Los mercadólogos deben conseguir que todos los demás miembros de la organización ejerciten la mercadotecnia. De hecho, la mercadotecnia interna debe *preceder* a la mercadotecnia externa. No tiene sentido anunciar un servicio excelente si el personal de la empresa no está en condición de ofrecerlo. Bill Marriott, Jr., presidente de hoteles Marriott, ilustra bien el caso cuando entrevista a posibles administradores:

Bill Marriott le dice al candidato para el empleo que la cadena hotelera pretende satisfacer a tres grupos: *clientes, empleados* y *accionistas.* Aunque los tres grupos son importantes, pregunta ¿en qué orden se debe satisfacer a estos grupos? La mayor

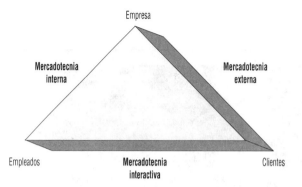

FIGURA 22-1
Tres tipos de mercadotecnia en las industrias de servicios

parte de los candidatos dicen que, primero, se debe satisfacer a los clientes. No obstante, Marriott razona de otra manera. En primer término, se debe satisfacer a los empleados. Si a los empleados les encanta su trabajo y se enorgullecen del hotel, brindarán buenos servicios a los clientes. Los clientes satisfechos volverán a los hoteles Marriott con frecuencia. Es más, al tratar con clientes felices, los empleados estarán incluso más satisfechos, lo que redundará en mejores servicios e incluso más negocios repetidos, todo lo cual producirá un grado de utilidad que satisfará a los accionistas de Marriott.

La **mercadotecnia interactiva** significa que la calidad percibida del servicio dependerá sobremanera de la calidad de la interacción entre el comprador y el vendedor. En la comercialización de productos, la calidad del producto casi nunca depende de la forma en que se obtiene el producto. Sin embargo, en la comercialización de servicios, la calidad del servicio depende tanto del prestador del servicio como de la calidad del servicio prestado, sobre todo en el caso de servicios profesionales. El cliente no sólo juzga la calidad de los servicios por su *calidad técnica* (por decir algo, el éxito de una operación quirúrgica), sino también por su *calidad funcional* (si el médico manifestó interés e inspiró confianza). Por tanto, los profesionales no pueden presuponer que el cliente quedará satisfecho sólo con un buen servicio técnico. Además, tienen que dominar las capacidades o las funciones de la mercadotecnia interactiva.[9]

Hoy, conforme aumentan la competencia y los costos, y conforme disminuyen la productividad y la calidad, se requiere una mercadotecnia más cuidadosa y compleja. Las empresas de servicios enfrentan tres tareas de mercadotecnia básicas: aumentar *sus diferencias competitivas, la calidad de sus servicios* y *la productividad.*

Cómo administrar las diferencias

En estos días de intensa competencia de precios, los comercializadores de servicios se suelen quejar de las dificultades para diferenciar sus servicios de la competencia. En la medida que los clientes consideren que los servicios de diferentes prestadores son similares, les interesará menos el prestador que el precio.

La solución para la competencia de precios consiste en desarrollar una oferta, una prestación y una imagen diferentes. La *oferta* puede incluir *rasgos innovadores* que distingan la oferta de una empresa de las ofertas de la competencia. Por ejemplo, las líneas aéreas, para diferenciar sus ofertas, han introducido innovaciones como las películas durante los vuelos, apartado de asientos, servicio telefónico de aire a tierra y programas de recompensas para los usuarios frecuentes. Singapore Airlines incluso llegó a incluir un piano bar. Por desgracia, la mayor parte de las innovaciones de los servicios se pueden copiar con facilidad. No obstante, la empresa de servicios que, en forma regular, encuentra innnovaciones deseadas para los servicios, por regla general, obtendrá una serie de ventajas temporales y podrá, ganándose fama de innovadora, conservar a los clientes que quieren ir con lo mejor.

La empresa de servicios puede diferenciar la *prestación* de su servicio de tres maneras: por medio de personas, entorno material y procesos. La empresa se puede distinguir gracias a personal más capaz y confiable que el de la competencia, para tener contacto con los clientes. También puede desarrollar un mejor entorno material para proporcionar el producto del servicio. Por último, puede diseñar un proceso superior para proporcionarlo. Por ejemplo, un banco podría ofrecer a sus clientes los servicios bancarios desde casa, como una forma superior de ofrecer sus servicios bancarios, en lugar de tener que subirse al coche, estacionarlo y hacer fila en el banco.

Las empresas de servicios también pueden tratar de diferenciar su *imagen* por medio de símbolos o marcas. Por ejemplo, el Harris Bank de Chicago eligió al león como símbolo para su papelería y publicidad, e incluso llegó a regalar leones de peluche a los depositantes nuevos. El conocido "León de Harris" confiere una imagen de fuerza al banco. Otros símbolos de servicios bastante conocidos serían la sombrilla roja de The Travelers', el toro de Merrill Lynch, las "manos buenas" de Allstate. Humana, el segundo sistema de inversiones en hospitales y servicios del país, propiedad de inversionistas, ha desarrollado una exitosa estrategia de marca: ha estandarizado el nombre de sus 90 hospitales usando el prefijo "Humana" y, después, ha creado una tremenda conciencia y fama de calidad en torno al nombre.

Cómo administrar la calidad de los servicios

Una de las formas principales para que la empresa de servicios se pueda distinguir consiste en ofrecer mayor calidad, en forma consistente, que sus competidores. Muchas industrias de servicios, como lo hicieron los fabricantes antes que ellas, ahora se han unido a la revolución de la Administración de la calidad total. Aunque sólo alrededor del 10% de las grandes empresas de servicios de Estados Unidos contaban con programas formales de calidad en 1990, un experto pronostica que quizás hasta 70% contarán con estos programas para el año 2000.[10] Algunos estudios arrojan que la calidad de los servicios afecta la satisfacción de los clientes, la cual, a su vez, afecta la intención de comprar.[11] Muchas empresas están descubriendo que los servicios de excelente calidad les pueden dar una fuerte ventaja competitiva, que conduce a un mejor desempeño de las ventas y las utilidades. Algunas empresas son casi legendarias por la gran calidad de sus servicios (véase Puntos Importantes de la Mercadotecnia 22-2). La clave está en superar las *expectativas* que tiene el cliente en cuanto a la calidad del servicio. Como dice un ejecutivo de American Express: "No prometa más de lo que puede ofrecer, pero ofrezca más de lo que promete".[12] Estas expectativas se basan en experiencias pasadas, comentarios y publicidad de la empresa de servicios. Si el *servicio percibido* de una empresa dada supera el *servicio esperado*, es probable que los clientes vuelvan a recurrir al prestador. La conservación de clientes es quizá la mejor medida de la calidad; es decir, la capacidad de la empresa de servicios para conservar a sus clientes depende de la consistencia con la que les proporcione valor. Por ejemplo, mientras que la meta de calidad del fabricante podría ser "ningún *defecto*", la meta del prestador de servicios sería "ninguna *deserción* de clientes".

El prestador de servicios tiene que identificar las expectativas de los clientes que tiene en la mira en cuanto a la calidad de los servicios. Por desgracia, la calidad de los servicios es más difícil de definir y juzgar que la calidad de los productos. Por ejemplo, es más difícil conseguir consenso en cuanto a la calidad de un corte de cabello que en cuanto a la calidad de una secadora para el cabello. Es más, aunque la mayor calidad de los servicios produce mayor satisfacción de los clientes, también produce costos más altos. No obstante, las inversiones en servicios se suelen retribuir en la medida que aumentan los clientes conservados y las ventas. Sea cual fuere el grado de servicios ofrecidos, es importante que el prestador de servicios defina y comunique, con claridad, ese grado, de tal manera que sus empleados sepan qué tienen que proporcionar y, por tanto, los clientes sepan que obtendrán.

En los pasados diez años, muchas empresas de servicios han realizado grandes inversiones para desarrollar sistemas continuos y eficientes para proporcionar servicios. Han tratado de asegurarse que los clientes reciban, en forma consistente, servicios de gran calidad en todos sus encuentros con los servicios. Así como los fabricantes de productos pueden ajustar su maquinaria y sus insumos hasta que todo sea perfecto, cabe señalar que la calidad de los servicios siempre variará, dependiendo de la interacción entre empleados y clientes. Es inevitable que se presenten errores:

> Los errores son una parte crítica de todo servicio. Incluso las mejores empresas de servicios, aunque se esfuercen muchísimo, no pueden evitar que un vuelo se demore, una carne se queme o una entrega no llegue. El hecho es que, en el caso de los servicios, con frecuencia realizados en presencia de los clientes, los errores son inevitables. No obstante, los clientes insatisfechos no lo son. Aunque las empresas quizá no puedan evitar todos los problemas, sí pueden aprender a recuperarse de ellos. Una buena recuperación puede hacer que los clientes iracundos y frustrados se conviertan en clientes fieles. De hecho, se puede conseguir mayor favor que en caso de que las cosas no hubieran salido mal desde el principio.[13]

Por tanto, aunque una empresa quizá no pueda evitar los problemas de los servicios, sí puede aprender a recuperarse de ellos. Además, una buena *recuperación de servicios* puede conseguir mayor cantidad de compras y fidelidad de los clientes. Por consiguiente, las empresas no sólo deben tomar medidas para ofrecer buenos servicios en todo momento, sino también para recuperarse de los errores de los servicios, en su caso. El primer paso consiste en *otorgar facultades* a los empleados de servicios que están en la línea del frente; en darles autoridad, responsabilidad e incentivos para que reconozcan las necesidades de los clientes, se interesen por ellas y las atiendan:

> El Marriott Desert Springs, como cree que se le deben dar más facultades a los empleados, revisó las funciones de los puestos de sus [empleados que establecen contacto con los clientes]: la función principal —de hecho la *única*— de estos puestos es garantizar que "los huéspedes reciben un servicio y una hospitalidad excelentes cuando se alojan con nosotros". El hotel deposita en las personas que ocupan esos puestos la responsabilidad de conocer los procedimientos técnicos correctos, de usar su autoridad para que se haga todo lo necesario para que los huéspedes estén contentos, de usar sus facultades para satisfacer a los huéspedes en el instante y sin demoras, de ayudar a encontrar la causa última de los problemas de los huéspedes y de comunicar a los administradores formas que permitan mejorar las condiciones laborales generales del hotel o la comodidad de los huéspedes.[14]

Marriott está sometiendo a unos 70,000 empleados a capacitación para que aprendan a ejercer sus facultades, con lo cual se fomenta que vayan más allá de sus labores normales para resolver los problemas de los clientes. Estos empleados, al ejercer sus facultades, pueden actuar rápida y eficazmente para evitar que los problemas de servicios deriven en clientes perdidos.

Algunos estudios de empresas de servicios bien administradas arrojan que éstas comparten una serie de virtudes en cuanto a la calidad de los servicios. En primer lugar, las mejores empresas de servicios están *"obsesionadas con los clientes"*. Han desarrollado una estrategia distintiva para satisfacer las necesidades de los clientes, la cual les reditúa una lealtad duradera de los clientes.

En segundo, tienen en su historia antecedentes de la *dedicación de la alta gerencia para conseguir calidad.* La gerencia de empresas como Marriott, Disney, Delta, Federal Express y McDonald's no sólo se fija en la actuación financiera, sino también en el desempeño de los servicios. En tercero, los mejores prestadores de servicios *establecen elevadas normas de calidad para los mismos.* Por ejemplo, Swissair pretende una tasa del 96% o más de pasajeros que califiquen sus servicios de buenos o superiores; de lo contrario toma medidas. Citibank pretende contestar las llamadas telefónicas de los clientes en un plazo de diez segundos y las cartas en dos días. La altura de las normas debe ser *adecuada.* Una norma del 98% de exactitud quizá suene bien, pero usando esta norma se perderían 64,000 paquetes de Federal Express al día, se escribirían 10 palabras con faltas de ortografía en cada página, se surtirían mal 400,000 recetas médicas al día y sería arriesgado beber agua ocho días al año. Las empresas de servicios de primera no se contentan sólo con un servicio "bueno"; su meta es un servicio sin defectos al cien por ciento.[15]

En cuarto, las empresas de servicios de primera *vigilan el desarrollo de los servicios muy de cerca,* tanto los propios los de la competencia. Usan métodos como

PUNTOS IMPORTANTES DE LA MERCADOTECNIA 22-2

VENTAJA COMPETITIVA POR MEDIO DE SERVICIO A LOS CLIENTES

Algunas empresas llegan a extremos inimaginables para consentir a sus clientes con buen servicio. Analice los siguientes ejemplos:

- Un cliente de L. L. Bean dice que perdió todo su equipo para pescar, y casi la vida, cuando la lancha que compró a esa empresa hizo agua y él tuvo que echarse a nadar para llegar a la orilla. Recuperó la lancha y la envió a la empresa con una carta pidiendo otra lancha y 700 dólares para cubrir el equipo para pescar que, según él, perdió. Obtuvo ambas cosas.

- Una mujer visita la tienda de departamentos Nordstrom para comprar un regalo. Como tiene prisa sale de la tienda justo después de hacer su compra. El vendedor de Nordstrom envuelve el artículo para regalo, sin cargo alguno, y después lo lleva a casa de la cliente.

- A las 11:00 p. m. un chofer que está haciendo una entrega muy importante de Sigma Midwest tiene problemas eléctricos con el camión alquilado a Ryder. Llama a la empresa y, en cuestión de una hora, el camión está arreglado, pero el empleado de Ryder se queda con el chofer durante cinco horas más para ayudarle a hacer las entregas y que cumpla con su calendario.

- Un tarjetahabiente de American Express no paga más de 5,000 dólares de su cuenta de septiembre. Explica que en verano compró costosos tapetes en Turquía. Cuando vuelve a casa, las evaluaciones indican que los tapetes valen la mitad de lo que pagó. En lugar de hacer preguntas suspicaces o exigir el pago, el representante de American Express toma nota de la disputa y pide una carta resumiendo los cálculos del tasador y no requiere el pago hasta que se resuelve el conflicto.

Desde un punto de vista de dólares y centavos, estos ejemplos, suenan como una manera muy loca de hacer negocios. ¿Cómo se puede ganar dinero regalando productos, con servicios extraordinarios ofrecidos de manera gratuita, o permitiendo que los clientes no paguen sus cuentas oportunamente? Sin embargo, algunos estudios demuestran que los servicios buenos, aunque costosos, van de la mano con un buen rendimiento financiero. El servicio bueno es bueno para el negocio. En el mercado competidísimo de hoy, las empresas que cuidan mejor a sus clientes tienen una clara ventaja competitiva.

El buen servicio para los clientes entraña mucho más que sólo abrir un departamento de quejas, sonreír mucho y ser amable con los clientes. Requiere un análisis profundo y una entrega total para ayudar a los clientes. Las empresas de servicios destacadas establecen elevados parámetros de servicios y, con frecuencia, hacen esfuerzos, aparentemente extravagantes, para alcanzarlos. Ponen mucho cuidado en contratar a las personas ideales para los servicios, las preparan bien y las recompensan por hacer todo lo posible por atender a los clientes.

Empero, en estas empresas, el servicio excepcional consiste en algo más que una serie de políticas o actos; es una actitud de toda la empresa, una parte importante de la cultura global de la sociedad. El interés por el cliente pasa a ser cuestión de orgullo para todos los de la empresa. A American Express le encanta hablar de casos en que su personal ha rescatado a clientes de desastres, desde guerras civiles hasta terremotos, sin importar el costo. La empresa concede recompensas monetarias hasta de 1,000 dólares a los "Grandes actores", como Barbara Weber, que movió montones de papeles en el Departamento de Estado y el Departamento del Tesoro para reembolsar 980 en cheques de viajero que le fueron robados a un cliente atorado en Cuba. Los hoteles Four Seasons, desde hace mucho conocidos por su magnífico servicio, cuentan a sus empleados el caso de Ron Dyment, mozo de Toronto que se olvidó de subir un maletín al taxi de un huésped que partía. El botones llamó al huésped, un abogado de Washington, D. C., y supo que éste necesitaba el maletín desesperadamente para una reunión, la mañana siguiente. Sin pedir la autorización de la gerencia, Dyment se subió a un avión y regresó el maletín. La empresa nombró a Dyment Empleado del Año. De igual manera, Nordstrom cuenta muchos casos de servicios heroicos, por ejemplo de empleados que dejan pedidos en casa de los clientes o que calientan los autos mientras los clientes pasan un poco más de tiempo comprando. Incluso se cuenta el caso de un cliente que recibió el reembolso de un neumático; Nordstrom no maneja neumáticos, ¡pero se jacta de una política de devoluciones sin preguntas!

No existe una sola fórmula para ofrecer buen servicio, pero tampoco es un gran misterio. Según el presidente de L. L. Bean: "Muchas personas dicen cosas rimbombantes del servicio a clientes ... pero es un tipo de actividad cotidiana, constante, que jamás termina ni cede, perseverante y llena de compasión". En el caso de las empresas que lo hacen bien, también ofrece grandes recompensas.

Fuentes: Bill Kelley, "Five Companies that Do It Right–and Make It Pay", *Sales & Marketing Management,* abril de 1988, pp. 57-64; Joan O'C. Hamilton, "Why Rivals Are Quaking as Nordstrom Heads East", *Business Week,* 15 de junio de 1987, pp. 89-90; Frank Rose, "Now Service Means Quality Too", *Fortune,* 22 de abril de 1991, pp. 97-108; y Barry Farber y Joyce Wycoff, "Customer Service: Evolution and Revolution", *Sales & Marketing Management,* mayo de 1991, pp. 44-51.

las compras comparativas, las encuestas de clientes y las formas para sugerencias y quejas. Por ejemplo, General Electric envía 700,000 tarjetas a hogares, al año, para que en ellas se anote la calificación que merece la actuación de su personal de servicio. Citibank mide con regularidad su programa "ART", que califica exactitud, respuesta y oportunidad; asimismo, envía a empleados que actúan como clientes para verificar la calidad de los servicios. Las buenas compañías de servicios también comunican a los empleados sus preocupaciones en cuanto a la calidad de los servicios y les ofrecen retroinformación sobre su actuación. En Federal Express, hay mediciones de calidad por todas partes. Cuando los empleados cruzan la puerta de entrada, por la mañana, ven los porcentajes de puntualidad de la semana anterior. Después, la estación de televisión interna de la empresa les proporciona listas detalladas de lo que pasó el día anterior y de los posibles problemas para el día corriente.[16]

Por último, las empresas de servicios bien administradas *satisfacen a los empleados y a los clientes*. Piensan que las buenas relaciones con los empleados producirán buenas relaciones con los clientes. La gerencia crea un ambiente que respalda a los empleados, recompensa su buen desempeño en los servicios y vigila su satisfacción laboral. En cierta ocasión, Citibank estableció una meta de satisfacción de clientes del 90% y una meta de satisfacción de los empleados del 70%. Empero, surgió la interrogante de la capacidad de Citibank para ofrecer 90% de satisfacción a los clientes, si 30% de sus empleados estaban descontentos. Algunos analistas incluso llegan a sugerir que la empresa tiene que colocar a los empleados, no a los clientes, en primer término si espera verdaderamente satisfacer a sus clientes. [17]

Cómo administrar la productividad

Como sus costos suben rápidamente, las empresas de servicios están sujetas a una enorme presión para elevar la productividad de los servicios. Lo pueden hacer de varias maneras. Los prestadores de servicios pueden preparar mejor a los empleados que tienen, o pueden contratar a otros nuevos que trabajen más o con más habilidad, por el mismo sueldo. Además, los prestadores de servicios pueden incrementar la cantidad de sus servicios y abandonar parte de la calidad. Los médicos que trabajan en organizaciones de medicina preventiva han empezado a atender a más pacientes y a dedicar menos tiempo a cada uno. El prestador puede "industrializar el servicio" sumando equipo y estandarizando la producción, por ejemplo, cuando McDonald's aplicó el enfoque de línea de montaje a la comida rápida ven-

Estrategias para la comercialización de servicios: UPS dice que como tiene mayor eficiencia y productividad puede ofrecer un servicio de gran calidad a poco precio.

dida al detalle. Los servicios comerciales de lavado de vajillas, los jets jumbo y los cines con varias salas son expansiones tecnológicas de los servicios.

Asimismo, los prestadores de servicios pueden aumentar la productividad diseñando servicios más efectivos. Las clínicas para dejar de fumar y la recomendación de hacer ejercicio pueden reducir la posibilidad de necesitar costosos servicios médicos más adelante. La contratación de empleados parajurídicos reduce la necesidad de los costosos abogados profesionales. Los prestadores también pueden ofrecer a los clientes incentivos para que sustituyan a los trabajadores de la empresa con sus propios trabajadores. Por ejemplo, las empresas que clasifican su propio correo antes de entregarlo a la oficina de correos pagan tarifas más bajas.

Sin embargo, las empresas deben evitar empujar tanto la productividad que, al hacerlo, reduzcan la calidad percibida. Algunas medidas en cuanto a la productividad sirven para estandarizar la calidad y aumentan la satisfacción de los clientes. Empero, otras medidas para la productividad conducen a un exceso de estandarización y pueden defraudar a los clientes de servicios especiales. Los intentos por industrializar un servicio o por bajar costos puede hacer que una empresa de servicios resulte más eficiente a corto plazo, pero, a plazo más largo, reducir su capacidad para innnovar, conservar la calidad del servicio o responder a las necesidades y los anhelos de los consumidores. En algunos casos, los prestadores de servicios aceptan reducir la productividad con objeto de crear más diferencias o calidad en los servicios.[18]

La comercialización de servicios internacionales

Una fabricante italiana de ropa deportiva llama a su agencia de publicidad en Londres para confirmar los planes para colocar nuevos carteles en Venezuela. Un empresario alemán ingresa a su habitación en un hotel de Atlanta; el hotel es propiedad de una sociedad británica y es administrado por una estadounidense. La sucursal de un banco japonés en Zurich participa en una transacción crediticia para una empresa arrendadora de naves aéreas en Irlanda. Éstos son apenas unos cuantos ejemplos de las miles de transacciones de servicios que se realizan todos los días en todo el mundo. La economía mundial está cada vez más y más dominada por servicios. De hecho, una serie de industrias de servicios, desde la banca, los seguros y las comunicaciones hasta los transportes, los viajes y el entretenimiento, ahora representan más del 60% de la economía de los países desarrollados del mundo. La tasa mundial de crecimiento de los servicios (16% en los pasados 10 años) casi duplica la tasa de crecimiento de las manufacturas.[19]

Algunas industrias de servicios tienen un largo historial de operaciones internacionales. Por ejemplo, la industria de la banca comercial fue una de las primeras en crecer internacionalmente. Los bancos tuvieron que ofrecer servicios mundiales para satisfacer las necesidades de cambio de divisas y créditos de sus clientes nacionales que salían al extranjero. Sin embargo, en años recientes, conforme el alcance de las finanzas internacionales se ha ampliado, muchos bancos se han convertido en negocios verdaderamente mundiales. Por ejemplo el Deutsche Bank de Alemania tiene sucursales en 41 países. Por tanto, en el caso de sus clientes de todo el mundo que quieren aprovechar las oportunidades de crecimiento que ofrece la reunificación de Alemania, el Deutsche Bank no sólo puede reunir dinero en Frankfurt, sino también en Zurich, Londres, París y Tokyo.

La industria de los viajes también ha ido ingresando, de forma natural, en las operaciones internacionales. Las empresas de hoteles y líneas aéreas estadounidenses crecieron a gran velocidad en Europa y el Lejano Oriente durante la expansión económica que se registró después de la Segunda guerra mundial. Las empresas de las tarjetas de crédito no tardaron en seguir; la temprana presencia mundial de American Express ha sido igualada, en fecha reciente, por Visa y MasterCard. A los viajeros, sean de negocios o de vacaciones, les agrada la comodidad y ahora esperan que sus tarjetas de crédito sean válidas dondequiera que vayan.

Las industrias de servicios profesionales y empresariales, como la contabilidad, la asesoría administrativa y la publicidad, han empezado a globalizarse hace poco. El crecimiento internacional de estas empresas se dio después de la globalización de las empresas fabriles a las que sirven. Por ejemplo, las empresas fabriles globalizadas han descubierto, cada vez con más frecuencia, que es mucho más fácil que un solo despacho contable prepare sus cuentas, aunque operen en una docena de países. Esta situación montó el escenario para la rápida consolidación internacional de la industria contable. A finales de la década de 1980, las "ocho grandes" empresas contables de Estados Unidos no tardaron en fusionarse con empresas establecidas en todo el mundo y se convirtieron en las "seis grandes" internacionales, casi de un día para otro. De igual manera, las agencias de publicidad y otras empresas de servicios mercadotécnicos, conforme sus empresas clientes empezaron a emplear estrategias publicitarias y de mercadotecnia mundiales, respondieron globalizando sus operaciones. Por ejemplo, más del 50% de la facturación de las 10 agencias publicitarias más grandes de Estados Unidos proviene del extranjero.[20]

El mercado internacional, que se expande a gran velocidad, proporciona muchas y atractivas oportunidades a las empresas de servicios. Sin embargo, también produce algunos cambios especiales. Las empresas de servicios que quieren operar en otros países no siempre son recibidas con brazos abiertos. Así como los fabricantes suelen enfrentar aranceles, cuotas o restricciones monetarias cuando tratan de vender sus productos en otros países, los prestadores de servicios seguramente enfrentarán barreras más sutiles. En algunos casos, las reglas y los reglamentos que rigen a las empresas internacionales de servicios reflejan las tradiciones del país anfitrión. En otros, aparentemente, protegen a las nacientes industrias de servicios nacionales contra los grandes competidores mundiales, que tienen más recursos. En otros casos, sin embargo, las restricciones parecen no tener mucho más propósito que dificultar el ingreso de las empresas extranjeras de servicios.

> Los países industrializados, particularmente Estados Unidos, quieren que sus bancos, compañías de seguros, constructoras y otros prestadores de servicios puedan mover personas, capital y tecnología por todo el mundo, sin impedimentos. En cambio, enfrentan un confuso complejo de reglamentos nacionales, la mayor parte de ellos diseñados para garantizar el empleo de los competidores locales. Por ejemplo, una nueva ley turca prohíbe que los despachos de contadores internacionales introduzcan capital al país para montar oficinas y les exige usar el nombre de sus socios locales, en lugar de los internacionales prestigiados, para su comercialización. Un contador, para auditar los libros de una sucursal de una empresa multinacional en Buenos Aires, debe tener estudios, a nivel de bachillerato, de geografía e historia de Argentina ... En estos días, India tal vez sea la economía grande más [difícil] del mundo para [ingresar]... Nueva Delhi prohíbe que las compañías internacionales de seguros vendan pólizas de incendio y daños materiales a la numerosa comunidad empresarial del país o seguros de vida a su inmensa clase media.[21]

A pesar de estas dificultades, continuará la tendencia hacia una mayor cantidad de empresas mundiales de servicios, sobre todo en el caso de servicios como la banca, las telecomuncaciones y las profesiones. Hoy día, las empresas de servicios ya no se limitan a seguir a sus clientes fabriles, sino que están tomando la iniciativa para su expansión internacional.

LA COMERCIALIZACION DE LA ORGANIZACION

Con frecuencia, las organizaciones realizan actividades para "vender" a la organización misma. La **comercialización de la organización** consiste en todas aquellas actividades emprendidas para crear, mantener o cambiar las actitudes y el comportamiento de los públicos en la mira, en cuanto a la organización. Tanto las organizaciones lucrativas como las no lucrativas practican la comercialización de la organización. Las sociedades mercantiles patrocinan relaciones públicas o campañas de publicidad de la sociedad para pulir sus imágenes. Las organizaciones no lucrativas, como iglesias, universidades, instituciones de caridad, museos y grupos de artistas ejecutantes, comercializan sus organizaciones con el propósito de reunir fondos y de atraer a socios o patrones. La comercialización de la organización requiere que se evalúe su imagen presente y que se prepare un plan de mercadotecnia para mejorarla.

La evaluación de la imagen

El primer paso para la evaluación de la imagen consiste en investigar cuál es la imagen que tiene la organización ante sus públicos principales. La **imagen de la organización** es la forma en que una persona o un grupo ven a la organización. Diferentes personas pueden tener diferentes imágenes de la misma organización. La organización puede estar complacida con su imagen pública o puede descubrir que tiene graves problemas de imagen.

Por ejemplo, suponga que un banco realiza una investigación de mercadotecnia para medir su imagen en su comunidad. Suponga que descubre que su imagen es la descrita por la línea roja de la figura 22-2. Así, los clientes presentes y en potencia consideran que el banco es un tanto pequeño, poco innovador, desagradable y poco informado. El banco querrá cambiar su imagen.

La planeación y el control de la imagen

A continuación, la organización debe decidir qué imagen le gustaría tener y cuál puede lograr. Por ejemplo, el banco podría decidir que le gustaría tener la imagen que muestra la línea azul de la figura 22-2. Le gustaría que la vieran como prestadora de servicios más amables y personales y como más grande, innovadora y conocedora.

Así, la empresa desarrolla un plan de mercadotecnia para que su imagen actual cambie hacia la ideal. Suponga que el banco primero quiere mejorar su imagen como prestador de servicios personales y amables. Sobra decir que el paso central es, de hecho, ofrecer servicios más personales y amables. El banco puede contratar y capacitar mejor a los cajeros y otros empleados que tengan trato con los clientes. Puede cambiar su decoración para que el banco resulte más cálido. Cuando el banco está seguro de que ha mejorado su actuación en cuanto a dimensiones importantes de su imagen, puede diseñar un programa de mercadotecnia para comunicar esa nueva imagen a los clientes. Por medio de las relaciones públicas, el banco puede patrocinar actividades comunitarias, enviar a sus ejecutivos a charlar con grupos de empresarios y ciudadanos locales, ofrecer seminarios públicos sobre economía del hogar y publicar boletines de prensa sobre actividades importantes del banco. En su publicidad, el banco puede buscar la posición de un "banco de barrio personal y amigable".

La *publicidad de la imagen de la corporación* es un instrumento que usan las empresas para comercializarse entre diversos públicos. Las empresas gastan más de 785 millones de dólares al año para hacerle publicidad a su imagen. Pueden usar la publicidad de la sociedad para crear o para conservar una imagen favorable a lo largo de muchos años. También pueden usarla para contrarrestar hechos que podrían perjudicar su imagen. Por ejemplo, Waste Management, la gigantesca empresa que maneja basura, hace unos años tuvo problemas porque arrojó desechos tóxicos. Por ello, contraatacó con una campaña publicitaria que hablaba cómo había colaborado la empresa con diversos organismos gubernamentales para ayudar a salvar una especie de mariposa en peligro de extinción.

Las actividades de comercialización de la organización sólo servirán si la organización real encaja con la imagen proyectada. Ninguna cantidad de relaciones públicas o de publicidad puede engañar al público mucho tiempo si la realidad no encaja con la imagen. Por tanto, la campaña de la imagen de Waste Management funcionó porque la empresa, en realidad, ha trabajado para limpiar

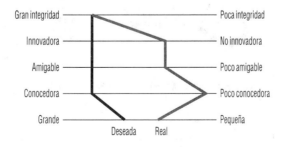

FIGURA 22-2
Evaluación de la imagen

lugares donde existen desechos tóxicos. De lo contrario, incluso el hecho de salvar mariposas, no habría ayudado a la reputación de la empresa.[22]

Una organización debe volver a encuestar a sus públicos de vez en cuando para ver si las actividades están mejorando su imagen. Las imágenes no se pueden cambiar de un día para otro y, por regla general, los fondos para la campaña son limitados y las imágenes públicas suelen persistir. Si la empresa no está avanzando, entonces tendrá que cambiar su oferta mercadotécnica o su programa para comercializar a la empresa.

LA COMERCIALIZACION DE PERSONAS

Las personas también se comercializan. La **comercialización de personas** consiste en aquellas actividades emprendidas para crear, mantener o cambiar las actitudes o el comportamiento en cuanto a una persona concreta. Todo tipo de personas y de organizaciones practican la comercialización de personas. Los políticos se comercializan para conseguir votos y apoyo para sus programas. Los actores y las estrellas del deporte usan la comercialización para promover sus carreras y mejorar sus ingresos. Los profesionales, como médicos, abogados, contadores y arquitectos, se comercializan para crearse buena fama y aumentar sus actividades. Los líderes empresariales usan la comercialización personal como instrumento estratégico para desarrollar la fortuna de su empresa y la suya propia. Los negocios, las obras de caridad, los equipos deportivos, los grupos artísticos, los grupos religiosos y otras organizaciones también usan la comercialización personal. El crear, presumir o asociarse con personalidades conocidas muchas veces sirve a las organizaciones para alcanzar mejor sus metas.

A continuación se presentan algunos ejemplos de una comercialización personal con gran éxito:

■ Michael Jordan, estrella de los Toros de Chicago, es dueño de una extraordinaria capacidad para jugar al baloncesto; tiene gran sentido de la cancha, con movimientos rápidos y fluidos y la habilidad de elevarse por arriba del aro para encestes impresionantes. Además, tiene una personalidad llamativa y desenfadada que concuerda con su talento maravilloso. Todo esto hace que Michael Jordan sea muy comercializable. Después de la universidad, Jordan firmó con ProServ Inc., una conocida agencia que administra deportistas. La agencia rápidamente negoció un lucrativo contra-

Publicidad de una imagen corporativa: con esta campaña, Nestlé trata de reforzar su tradición de 125 años, de "calor, familia y abrigo ... Los productos que introduzcamos en el futuro serán tan buenos como los que producimos hoy".

to, a cinco años, con los Toros, el cual le produjo a Jordan unos 4 millones de dólares. Pero eso fue sólo el principio. ProServ decidió comercializar a Jordan como el nuevo Dr. J del baloncesto; un tipo bueno y talentoso, así como un ciudadano sólido. Prestando cuidadosa atención a la colocación y el montaje, la agencia colocó a Jordan en un circuito de programas de entrevistas, aceptó que recomendara sólo los mejores productos, insistió en comerciales de gran calidad, arregló presentaciones en causas nobles e incluso lo hizo aparecer como modelo de modas. El atractivo de Jordan para el mercado se disparó, al igual que sus ingresos. La comercialización de su persona le ha pagado muy bien a Michael Jordan, a su equipo y a los productos que representa. En la actualidad, Jordan está jugando, con un contrato de ocho años, por 25 millones de dólares, con los Toros y recomienda Nike, Wilson, McDonald's, Wheaties de General Mills, productos Jhonson, Gatorade de Quaker, Hanes y otras empresas, que le producen otros 15 millones de dólares al año. Jordan fue la primera persona de la historia que diera su nombre a un sandwich de McDonald's. Nike, en el primer año completo con Jordan como su representante, vendió 110 millones de dólares de zapatos y ropa para baloncesto "Air Jordan". Además, después de años de una floja asistencia para los juegos en casa, las entradas para un juego de los Toros, ahora son las entradas más populares de la ciudad.[23]

■ El gobierno del expresidente Ronald Reagan no tuvo igual en cuanto al uso de la mercadotecnia para vender al presidente y sus políticas al pueblo de Estados Unidos. Cada movimiento hecho por Reagan durante sus ocho años de presidente estuvo cuidadosamente administrado, con miras a respaldar la posición del gobierno y la estrategia mercadotécnica. Un ejército de especialistas —investigadores de mercados, expertos en publicidad, asesores políticos, redactores de discursos, planeadores de los medios, secretarias de prensa, incluso, artistas del maquillaje— trabajaron incansablemente para definir segmentos del mercado político, identificar problemas torales y colocar a Reagan y a sus programas en una posición sólida. El gobierno recurrió a muchas investigaciones de mercadotecnia. De manera regular, midió segmentos de votantes para averiguar qué estaba "de moda" y qué no. Usando grupos de enfoque, se probaron discursos y plataformas con antelación. "El tema" fue un elemento importante de la estrategia de mercadotecnia; es decir, la administración empacó beneficios medulares en unos cuantos temas muy bien dirigidos y después repitió estos temas básicos una y otra vez. Este enfoque sobre los temas comercializables básicos, sumado a la planificación cuidadosa y a los mensajes y exposiciones en los medios, ayudaron a controlar lo que decía la prensa. Reagan incluso recurrió al uso cuidadoso de la "mercadotecnia regional", adaptando discursos oportunos para las necesidades de públicos regionales o locales. [24]

El objetivo de la comercialización de personas es crear una "celebridad"; es decir una persona muy conocida, cuyo nombre genere atención, interés y acción. El *alcance* de la visibilidad de las celebridades varía. Algunas son muy conocidas, pero sólo en zonas geográficas limitadas (un alcalde, un empresario local, un doctor regional) o segmentos específicos (el presidente de la Asociación Dental Americana, el vicepresidente de una empresa, un músico de jazz entre un grupo pequeño de admiradores). Otras tienen una enorme visibilidad nacional o internacional (actores importantes, superestrellas deportivas, líderes políticos y religiosos mundiales).

La *duración* de las celebridades también difiere. La figura 22-3A muestra el patrón del ciclo de vida de una celebridad estándar. La visibilidad de la persona empieza en un nivel bajo, gradualmente va subiendo a la cúspide conforme la persona madura y se vuelve conocida, después desciende conforme la celebridad se apaga ante las candilejas. Sin embargo, como muestra el resto de la figura 22-3, los patrones del ciclo de vida de las celebridades pueden variar mucho. Por ejemplo, en el patrón de *un día para otro* (figura 22-3B), la persona adquiere una visibilidad rápida y duradera en razón de un acto o circunstancia importante (Charles Lindbergh, Neil Armstrong). En el patrón del *retorno* (figura 22-3C), la celebridad logra gran visibilidad, la pierde y la vuelve a recuperar (Tina Turner, George Burns). En el *patrón meteórico* (figura 22-3D), alguien adquiere fama rápidamente y después la pierde de repente. Por ejemplo, William Perry el "Refrigerador", el pesado defensa de Chicago, se convirtió en una "propiedad caliente" justo después de que

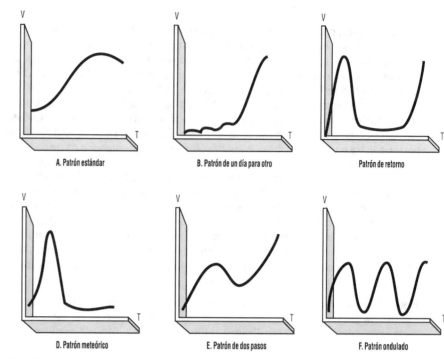

FIGURA 22-3
Ciclos de vida de las
celebridades

A. Patrón estándar   B. Patrón de un día para otro   Patrón de retorno

D. Patrón meteórico   E. Patrón de dos pasos   F. Patrón ondulado

V=Visibilidad   T=Tiempo

apareció en el fondo corriendo en *Monday Night Football*. Ganó millones de dólares recomendando productos, y después volvió a la oscuridad, todo ello en un año más o menos.

El proceso para la comercialización de personas es parecido al usado para la comercialización de los productos y los servicios. Los comercializadores de personas parten de una cuidadosa investigación del mercado y de un análisis para averiguar las necesidades de los consumidores y los segmentos del mercado. A continuación viene el desarrollo del producto; es decir, la evaluación de las cualidades y la imagen presentes de la persona y la conversión de la persona para encajar mejor en las necesidades y las expectativas del mercado. Por último, el comercializador desarrolla programas para valorar, promover y ofrecer a la celebridad. Algunas personas cuentan con la capacidad, la apariencia y el comportamiento naturales que valoran los segmentos que están en la mira. Sin embargo, en la mayor parte de los casos, la posición de la celebridad, en cualquier campo, debe ser desarrollada activamente por medio de una buena comercialización de la persona.

LA COMERCIALIZACION DE LUGARES

La **comercialización de lugares** entraña las actividades emprendidas para crear, mantener o cambiar las actitudes o el comportamiento en cuanto a lugares concretos. Algunos ejemplos incluyen la comercialización de lugares para negocios y la comercialización de vacaciones.

La comercialización de lugares para negocios

La *comercialización de lugares para negocios* entraña desarrollar, vender o alquilar lugares para negocios, por ejemplo, fábricas, tiendas, oficinas, almacenes y convenciones. Los grandes fraccionadores investigan los terrenos que necesitan las empresas y responden con soluciones dentro de los bienes raíces, como parques industriales, centros comerciales y edificios nuevos para oficinas. La mayor parte de los estados cuentan con oficinas para el desarrollo industrial que tratan de convencer a las empresas de las ventajas de ubicar las fábricas nuevas en sus estados (véase Puntos Importantes de la Mercadotecnia 22-3). Invierten grandes cantidades de dinero en publicidad y ofrecen vuelos a la ubicación sin costo alguno. Las ciudades con problemas, como la ciudad de Nueva York, Detroit, Dallas y

"LA TIERRA PROMETIDA": COMERCIALIZACIÓN DE LOCALES EMPRESARIALES EN CAROLINA DEL NORTE

En 1584 cuando dos exploradores ingleses volvieron a su casa con noticias de "la tierra más divina bajo el cielo", estaban hablando de la actual Carolina del Norte. En años recientes, muchas empresas estadounidenses y extranjeras han llegado a compartir esta opinión del estado de Tar Heel. En tres encuestas sucesivas de *Business Week,* Carolina del Norte fue elegida como la primera opción de los ejecutivos de los negocios más importantes de Estados Unidos para ubicar sus plantas nuevas. El estado ofrece una serie de ventajas económicas y culturales, pero gran parte del crédito de la popularidad del estado corresponde a la División para el Desarrollo Industrial/Empresarial del Departamento de Comercio de Carolina del Norte. La división cuenta con un programa de comercialización de primera calidad —que incluye publicidad, relaciones públicas y ventas personales— para convencer a las empresas e industrias que vayan a Carolina del Norte.

Los 33 representantes para el desarrollo industrial de esta división unen sus esfuerzos con fraccionadores profesionales de más de 300 comunidades distintas de Carolina del Norte. La división también ofrece amplia información a las empresas que están considerando la posibilidad de ubicarse en el estado; perfiles detallados de más de 325 terrenos y edificios, estimaciones de los impuestos locales y estatales para ubicaciones específicas, análisis de costos de mano de obra y prestaciones, datos sobre transportes cómodos hasta las ubicaciones y cálculos de costos de construcción.

Empero, la División para el Desarrollo Industrial/Empresarial hace mucho más que sólo ofrecer información: busca activamente empresas y las convence de ubicarse en Carolina del Norte. Invita a grupos de ejecutivos para que recorran el estado y escuchen las presentaciones; también establece puestos en las ferias industriales. Sus representantes (en ocasiones incluso el gobernador) viajan a otros estados para presentar el caso de Carolina del Norte a los ejecutivos de industrias y negocios atractivos. La división también comunica y convence por medio de folletos informativos y promocionales, enviados por correo, así como publicidad en los medios masivos. Anuncios como el que se muestra, resaltan los beneficios de Carolina del Norte: una población laboral grande y productiva, muchas instituciones educativas y tecnológicos, impuestos bajos, una buena red de transporte, costos de energía y construcción muy bajos, una buena calidad de vida y mucho apoyo y respaldo del gobierno.

El presupuesto total de la división suma apenas 4.5 millones de dólares al año, pero su rendimiento es magnífico. De 1975 a 1990, negocios fabriles nuevos y en expansión anunciaron inversiones por más de 35 mil millones de dólares en Carolina del Norte, creando más de 450,000 empleos.

Fuente: Basado en información proporcionada por la División de Desarrollo Industrial/Empresarial del Departamento de Desarrollo Económico Comunitario de Carolina del Norte.

Atlanta han designado equipos de trabajo para mejorar su imagen y atraer negocios nuevos a sus áreas. Quizás erijan grandes centros para alojar convenciones y reuniones importantes. Incluso países enteros, como Canadá, Irlanda, Grecia, México y Turquía se han comercializado como ubicaciones ideales para inversiones comerciales.

La comercialización de vacaciones

La *comercialización de vacaciones* entraña atraer a vacacionistas a centros de salud, centros vacacionales, ciudades, estados o incluso países enteros. El esfuerzo es realizado por agencias de viajes, líneas aéreas, clubes de autos, compañías petroleras, hoteles, moteles y organismos de gobierno.

Hoy casi cualquier ciudad, estado y país comercializa sus atractivos turísticos. Miami Beach está considerando la posibilidad de legalizar el juego con objeto de atraer mayor cantidad de turistas. Texas anuncia: "Es como otro país" y Michigan presume: "SÍ M!CH!GAN". Philadelphia invita: "Ven a conocernos" y Palm Beach, Florida se anuncia como "Lo mejor de todo", con precios bajos en temporada baja. Sin embargo, algunas ubicaciones tratan de *descomercializarse* porque sienten que los daños que produce el turismo son muy superiores a las ganancias. Así, Oregon ha anunciado su mal clima; el Parque Nacional de Yosemite prohíbe los autos para nieve, las convenciones y los autos privados y Finlandia desalienta que los turistas vacacionen en ciertas áreas.

LA COMERCIALIZACION DE IDEAS

También es posible comercializar ideas. En cierto sentido, toda la mercadotecnia es una comercialización de ideas, sea la idea general de cepillarse los dientes o la

---

PUNTOS IMPORTANTES DE LA MERCADOTECNIA 22-4

LA COMERCIALIZACIÓN SOCIAL DE UNA CAMPAÑA PARA EVITAR EL ALCOHOL CUANDO SE MANEJA

La Fundación del Reader's Digest, en sociedad con la Asociación Nacional de Directores de Escuelas de Educación Media emprendió, en fecha reciente, una campaña de comercialización social de dos años y 1 millón de dólares para transmitir un mensaje con objeto de que los adolescentes de Estados Unidos eviten las bebidas alcohólicas. Como parte del desafío "Si bebes no manejes", la revista de *Reader's Digest* invitó a equipos de las principales agencias publicitarias para que presentaran carteles para la campaña, ofreciendo como premio un viaje a París para dos personas. En el primer año de la campaña, compitieron más de 1,000 equipos de las principales agencias. A continuación se muestran algunos de los mejores carteles preparados para el programa.

La fundación distribuyó copias de los carteles ga-

nadores a 20,000 escuelas de educación media. Los estudiantes fueron convocados a competir por becas universitarias mediante la elaboración de programas para promover que la gente conduzca en estado sobrio. Más de 700 escuelas presentaron obras, desde videos de rock hasta espectáculos de títeres y semanas dedicadas a informar sobre la inconveniencia de manejar en estado alcohólico. Las becas, por un total de 500,000 dólares, se entregaron a 115 escuelas ganadoras. En el segundo año del programa, volvieron a participar agencias de publicidad y escuelas, y se repartieron otros 500, 000 dólares en becas. La Fundación del Reader's Digest sigue entregando copias de sus carteles y resúmenes de los programas estudiantiles ganadores como un recurso para educadores, los medios y las organizaciones comunitarias.

---

idea específica de que Crest es lo más efectivo para evitar las caries. Sin embargo, en esta ocasión, sólo se hará referencia a la comercialización de *ideas sociales,* por ejemplo, las campañas de salud pública para reducir el consumo de tabaco, alcohol, drogas, así como para evitar la ingestión excesiva de alimentos; las campañas ambientales para fomentar la protección de los bosques, el aire limpio y la conservación de las especies, y otras campañas como la planificación familiar, los derechos humanos y la igualdad racial. Este campo ha recibido el nombre de *comercialización social*. La **comercialización social** consiste en diseñar, aplicar y controlar programas destinados a mejorar la aceptación de una idea, causa o costumbre sociales, entre los miembros de un grupo en la mira.

Los comercializadores sociales pueden perseguir diferentes objetivos. Tal vez quieren difundir conocimientos (conocer el valor nutritivo de diferentes alimentos) o activar un hecho único (unirse a una campaña de vacunación masiva). Quizá traten de cambiar un comportamiento (desalentar que los bebedores conduzcan) o una creencia básica (convencer a los patrones de que los minusválidos pueden ser muy buenos trabajadores).

El Consejo Publicitario de Estados Unidos ha emprendido decenas de campañas de publicidad social, inclusive "El Oso Smokey", "Conserva Bonita a América", "Únete a los Cuerpos de Paz", "Compra Bonos", "Asiste a la Univeridad", "Di no a las drogas". Sin embargo, la comercialización social entraña mucho más que sólo publicidad. Muchas campañas de mercadotecnia públicas fracasan porque adjudican a la publicidad el papel primordial y no desarrollan ni usan todos los instrumentos de la mezcla de mercadotecnia.

Para diseñar estrategias efectivas que propicien el cambio social, los comercializadores sociales pasan por un proceso normal de planeación de mercadotecnia. En primer lugar, definen los objetivos del cambio social; por ejemplo "disminuir el porcentaje de adolescentes que beben y conducen, de 15 a 5%, en cinco años". A continuación, analizan las actitudes, creencias, valores y conductas de los adolescentes y las fuerzas que llevan a los adolescentes a beber. Analizan procedimientos de comunicación y distribución que permitan evitar que los adolescentes beban y conduzcan, elaboran un plan de mercadotecnia y construyen una organización de mercadotecnia para que ejecute el plan (véase Puntos Importantes de la Mercadotecnia 22-4). Por último evalúan y, de ser necesario, ajustan el programa para que sea más eficaz.

La comercialización social es bastante nueva y su eficacia en relación con otras estrategias para los cambios sociales es difícil de evaluar. Es difícil producir un cambio social con cualquier estrategia y mucho más con una estrategia que depende de una respuesta voluntaria. La comercialización social se ha aplicado principalmente a la planeación familiar, la protección del ambiente, la conservación de energéticos, la salud y la nutrición, la seguridad de los conductores de autos y los transportes públicos, y ha registrado algunos éxitos alentadores. Empero, se precisa que existan más aplicaciones para poder evaluar plenamente el potencial de la comercialización social para producir un cambio social.

RESUMEN

En años recientes, la mercadotecnia se ha ampliado y ahora incluye entidades "comerciables" además de productos; a saber, servicios, organizaciones, personas, lugares e ideas.

Conforme Estados Unidos se convierta cada vez más en una *economía de servicios,* los mercadólogos tendrán que saber más de la comercialización de servicios. Los *servicios* son actividades o beneficios que una parte le ofrece a otra y son, en esencia, intangibles y no producen la posesión de nada. Los servicios son *intangibles, inseparables, variables* y *perecederos.* Cada característica plantea problemas y requie-

re estrategias. Los mercadólogos tienen que encontrar la manera de hacer que el servicio sea más tangible, de incrementar la productividad de los proveedores que son inseparables de sus productos, de estandarizar la calidad ante la variabilidad y de mejorar los movimientos de la demanda y la capacidad de la oferta ante el carácter perecedero de los servicios.

Hasta ahora, las industrias de los servicios han ido a la zaga de las empresas fabriles en cuanto a la adopción y la aplicación de los conceptos de la mercadotecnia, pero la situación está cambiando. La estrategia de la comercialización de servicios no sólo requiere una mercadotecnia externa, sino también una *mercadotecnia interna* que motive a los empleados y una *mercadotecnia interactiva* que cree la capacidad de los proveedores para proporcionar los servicios. Para tener éxito, los comercializadores de servicios tienen que crear *diferencias competitivas,* ofrecer servicios de gran calidad y encontrar la manera de elevar la *productividad de los servicios.*

Las organizaciones también se pueden comercializar. La *comercialización de la organización* se realiza para crear, mantener o cambiar las actitudes o el comportamiento de los públicos en la mira respecto a la organización. Requiere que se evalúe la imagen presente de la organización y que se desarrolle un plan de mercadotecnia para propiciar una imagen mejorada.

La *comercialización de personas* consta de las actividades emprendidas para crear, mantener o cambiar actitudes o comportamientos respecto a personas concretas. Dos formas comunes son la comercialización de celebridades y la comercialización de candidatos políticos.

La *comercialización de lugares* entraña las actividades emprendidas para crear, mantener o cambiar actitudes o comportamiento respecto a ubicaciones concretas. Un par de ejemplos serían la comercialización de localidades para negocios y la comercialización de vacaciones.

La *comercialización de ideas* entraña los esfuerzos para comercializar ideas. En el caso de ideas sociales, se llama *comercialización social* que consiste en diseñar, aplicar y controlar programas que pretenden elevar la aceptación de una idea, causa o práctica sociales entre un grupo específico. La comercialización social va más allá de la publicidad pública; coordina la publicidad con los demás elementos de la mezcla de mercadotecnia. El comercializador social define el objetivo del cambio social, analiza las actitudes de los consumidores y las fuerzas competitivas, desarrolla y prueba conceptos alternativos, desarrolla canales adecuados para comunicar y distribuir la idea y, por último, verifica los resultados. La comercialización social ha sido aplicada a la planeación familiar, la protección ambiental, las campañas contra el tabaco y otros problemas públicos.

TÉRMINOS CLAVE

Comercialización de la organización 776

Comercialización de personas 778

Comercialización de lugares 780

Comercialización social 783

Mercadotecnia interactiva 770

Mercadotecnia interna 769

Imagen de la organización 777

Servicios 764

Servicio es inseparable 766

Servicio es intangible 764

Servicio es perecedero 767

Servicio es variable 766

EXPOSICIÓN DE PUNTOS CLAVE

1. Un concepto de "moda" para la comercialización de la comida rápida son las entregas a domicilio de todo, desde pizza hasta hamburguesas y pollo frito. ¿Por qué está creciendo la demanda de este servicio? ¿Cómo pueden los mercadólogos conseguir una ventaja competitiva satisfaciendo la demanda creciente para estos servicios?

2. ¿Cómo puede un teatro enfrentar el carácter intangible, inseparable, variable y perecedero de los servicios que ofrece? Mencione algunos ejemplos.

3. Wendy's sirve hamburguesas "recién salidas de la plancha". Esto garantiza una gran calidad, pero produce muchos sobrantes si el personal calcula mal la demanda de hamburguesas. Wendy's resuelve este problema de lo perecedero del producto usando la carne sobrante para hacer chile con carne, tacos y salsa para espagueti. ¿Cómo resuelven las líneas aéreas el aspecto perecedero de las plazas que no se venden? Ofrezca otros ejemplos de algo perecedero y la forma en que las empresas de servicios lo resuelven.

4. Muchas personas piensan que se destina demasiado tiempo y dinero a la comercialización de candidatos políticos. También se quejan de que las campañas políticas modernas exageran la imagen, a expensas de temas centrales. ¿Qué opina usted de la comercialización de candidatos políticos? ¿Serviría otro enfoque de las campañas para que los consumidores tomaran mejores decisiones cuando votan?

5. Con frecuencia oímos hablar de tácticas cuestionables, presionantes, para vender casas vacacionales. Por ejemplo, un mercadólogo usó un "procesador de alimentos" como incentivo para atraer a prospectos, el cual resultó ser un tenedor. En su opinión, ¿por qué es tan frecuente el uso de prácticas poco éticas para comercializar lugares?

6. La mercadotecnia se define como la satisfacción de necesidades y preferencias por medio de procesos de intercambio. ¿Qué intercambios ocurren en la comercialización de organizaciones no lucrativas, como un museo o la Cruz Roja de Estados Unidos?

APLICACIÓN DE CONCEPTOS

1. ¿Por qué quieren las organizaciones "venderse" y no sólo vender sus productos? (a) Haga una lista de varias razones para la comercialización de una organización y relaciónelas con las campañas promocionales de empresas que conozca bien. (b) Recorte varios anuncios impresos que muestren la comercialización de una organización. (Las revistas especializadas o comerciales son una buena fuente.) En cada anuncio, anote el propósito de la campaña, el mensaje transmitido y su opinión en cuanto al éxito o el fracaso de esta campaña de mercadotecnia.

2. Lo perecedero tiene mucha importancia en la industria de las líneas aéreas: los asientos que no se venden se pierden para siempre y una cantidad grande de asientos sin vender significa enormes pérdidas. Sin recurrir al boletaje computarizado, las líneas aéreas pueden usar los precios, sin mayor problema, para enfrentar el problema de lo perecedero y las variaciones de la demanda. (a) Llame a una agencia de viajes o use un servicio on-line como EaasySabre para conocer las tarifas de las líneas aéreas. Consiga precios para la misma ruta, apartando con 60 días de antelación, dos semanas, una semana y para hoy mismo. ¿Existe un patrón claro de tarifas? (b) Cuando una tienda tiene demasiadas existencias de fruta madura, quizá baje los precios para venderla rápidamente. ¿Qué hacen las líneas aéreas con los precios conforme sus asientos se acercan al punto "perecedero"? ¿Por qué? ¿Qué estrategia de precios recomendaría usted para elevar el total de ingresos?

CÓMO TOMAR DECISIONES EN MERCADOTECNIA:

COMUNICACIONES MUNDO PEQUEÑO, S. A.

Lynette Jones y Thomas Campbell están hablando de la comercialización de algunos de los aspectos menos tangibles del nexo de comunicación *Aeropuerto*.

—Tom, estaba pensando en la cantidad de apoyo que tendremos que darle a *Aeropuerto*. Estamos vendiendo los beneficios de la velocidad y el uso fácil, y eso significa que tendremos que ofrecer buenos sistemas de apoyo a los clientes después de la venta. Pero, existe un problema: los costos. Una visita promedio de apoyo al cliente cuesta entre 30 y 40 dólares. Nos interesa ofrecer buen apoyo, pero no podremos hacerlo con estos costos, a menos que establezcamos un precio para nuestro producto muy superior al que quiero ponerle.

—Bueno —contestó Tom—. Diferentes empresas manejan el caso de diferentes maneras. WordPerfect ofrece apoyo ilimitado, con llamadas telefónicas gratis; Microsoft ofrece apoyo ilimitado, pero mediante llamadas de larga distancia que paga el cliente y, con frecuencia, después de una larga espera. Algunas empresas están empezando a cobrar por el apoyo, incluso cuentan con un número 900 al que se puede llamar. Lo que podríamos hacer es montar un foro de apoyo en el sistema CompuServe, de tal manera que la gente nos pueda mandar mensajes en correo E. El cliente paga la llamada y los cargos de tiempo de CompuServe, de tal manera que nosotros nos ahorramos el costo de un número telefónico 800. Además es justo, porque los usuarios que necesitan mucho apoyo lo pagan, y aquellos que no lo necesitan no tienen que pagar por lo que requieren otros. Además, nosotros podríamos recibir cierta ayuda, porque los usuarios de *Aeropuerto,* verdaderamente expertos, ayudarán a los novatos dentro del foro.

—Me agrada la idea —repuso Lyn—, creo que encaja con nuestros usuarios. También estaba pensando en un servicio que podríamos vender, hacer un montaje personal para los usuarios que no tienen los conocimientos o el tiempo para hacerlo ellos mismos. Podríamos comunicarnos directamente con sus computadoras por teléfono y hacer el montaje a distancia, reconfigurar sus máquinas desde nuestra oficina matriz.

—Es una idea interesante —dijo Tom—, pero yo haría otras cosas antes. Tenemos que reducir lo más posible el apoyo que *necesita* la gente y eso se logra invirtiendo mucho dinero en abultados manuales, en ayuda incluida en los programas de software y en un programa para el diagnóstico de problemas. Definitivamente tenemos que contar con apoyo para las llamadas telefónicas, aunque éstas se le cobren al cliente. También podríamos montar nuestro propio tablero electrónico automático, con notas técnicas y un servicio de fax que conteste de manera automática y envíe nuestro material actualizado. Después de que ofrezcamos dicho nivel de apoyo incluido en el precio de compra, podemos empezar a hablar de servicios por los que podamos cobrar más.

—Déjame pensarlo —contestó Lyn—. Tenía otra idea: ¿Saldrías en algunos de nuestros anuncios, como locutor hablando del producto? Creo que eres muy mono, aunque medio raro, y verdaderamente creíble como experto en computadoras. No me contestes ya, consúltalo con la almohada. Deja que tu ego se infle un poco, antes de contestar que no.

Y, ¿AHORA QUÉ?

1. Piense en las ideas de Lyn en cuanto a la venta de servicios de montaje para el producto *Aeropuerto* y las ideas de Tom en cuanto a incluir en el precio de compra el apoyo

requerido. ¿Cómo establecería usted la línea que separa el apoyo normal para el producto y el servicio vendido? ¿Qué ventajas tiene esta idea? ¿Representa este procedimiento algún peligro?

2. Existen personalidades visibles en muchos aspectos de la industria de las computadoras. Por ejemplo, Microsoft se identifica con Bill Gates; Apple Computer con Steven Jobs, Steve Wozniak y John Scully; Dell Computer con Michael Dell y el software de utilidades con Peter Norton.

(a) ¿Piensa usted que en alguno de estos ejemplos se está usando la comercialización de personas? (b) Piense en el caso de Thomas Campbell, el muchacho-maravilla, desertor del Instituto Politécnico de Rensselaer, que ahora está iniciando una nueva misión para que la comunicación por computadora resulte fácil y accesible. ¿Existe potencial para comercializar a Tom como parte del desarrollo de la imagen de Mundo Pequeño? De ser así, sugiera varias formas concretas en que se podría comercializar a Thomas para ayudar al negocio en general.

REFERENCIAS

1. Véase Paul Burka, "What They Teach You at Disnsey U.", *Fortune*, 7 de noviembre de 1988, en una sección especial sobre publicidad después de la p. 176; Charles Leerhsen, "How Disney Does It", *Newsweek*, 3 de abril de 1989, pp. 48-54; Christopher Knowlton, "How Disney Keeps the Magic Going", *Fortune*, 4 de diciembre de 1989, pp. 111-132; Kathleen Kerwin, "Disney Looking a Little Fragilistic", *Business Week*, 25 de junio de 1990, pp. 52-54; y Stewart Toy, "Mouse Fever Is About to Strike Europe", *Business Week*, 30 de marzo de 1992, p. 32.

2. Véase Antony J. Michels y Tricia Welsh, "Slouching into the 1990s", *Fortune*, 3 de junio de 1991, pp. 254.258; y Stephen S. Roach, "Service Under Seige—. The Restructuring Imperative", *Harvard Business Review*, septiembre.octubre de 1991, pp. 82-91.

3. "Presto! The Convenience Industry: Making Life a Little Simpler", *Business Week*, 27 de abril de 1987, p. 86; también véase Ronald Henkoff, "Piety, Profits, and Productivity", *Fortune*, junio de 1992, pp. 84-85.

4. Véase Leonard L. Berry, "Services Marketing Is Different", *Business*, mayo-junio de 1980, pp. 24-30; Eric Langeard, John E. G. Bateson, Christopher H. Lovelock y Pierre Eiglier, *Services Marketing: New Insights from Consumers and Managers* (Cambridge, MA: Marketing Science Institute, 1981); Karl Albercht y Ron Zemke, *Service America! Doing Business in the New Economy* (Homewood, IL: Dow-Jones-Irwin, 1985); Karl Albrecht, *At America's Service* (Homewood, IL: Dow-Jones-Irwin, 1988); y William H. Davidow y Bro Uttal, *Total customer Service: The Ultimate Weapon* (Nueva York: Harper and Row, 1989).

5. Para mayor información sobre definiciones y clasificaciones de servicios, véase John E. Bateson, *Managing Services Marketing: Text and Readings* (Hinsdale, IL: Dryden Press, 1989); y Christopher H. Lovelock, *Services Marketing* (Englewood Cliffs, NJ: Prentice Hall, 1991).

6. Véase Theodore Levitt, "Marketing Intangible Products and Product Intangibles", *Harvard Business Review*, mayo-junio de 1981, pp. 94-102.

7. Para una explicación más amplia, véase James L. Heskett, "Lessons in the Service Sector", *Harvard Business Review*, marzo-abril de 1987, pp. 122-124.

8. Véase Ray Lewis, "Whose Job Is Service Marketing?", *Advertising Age*, 3 de agosto de 1987, pp. 14, 20.

9. Para más información sobre mercadotecnia interna e interactiva, véase Christian Gronroos, "A Service Quality Model and Its Marketing Implications", *European Journal of Marketing*, Vol. 18, Núm. 4, 1984, pp. 36-44; y Leonard Berry, Edwin F. Lefkowitch y Terry Clark, "In Services, What's In a Name?", *Harvard Business Review*, septiembre-octubre de 1988, pp. 28-30.

10. Larry Armstrong, "Beyond 'May I Help You?'", *Business Week*, número especial sobre calidad, 1991, pp. 100-103.

11. Véase J. Joseph Cronin, Jr. y Steven A. Taylor, "Measuring Service Quality: A Reexamination and Extension", *Journal of Marketing*, julio de 1992, pp. 55-68.

12. John Paul Newport, "American Express: Service That Sells", *Fortune*, 20 de noviembre de 1989. También véase Frank Rose, "Now Quality Means Service Too", *Fortune*, 22 de abril de 1991, pp. 97-108.

13. Christopher W. L. Hart, James L. Heskett y W. Earl Sasser, Jr., "The Profitable Art of Service Recovery", *Harvard Business Review*, julio-agosto de 1990, pp. 148-156.

14. *Ibid.*, p. 156.

15. Véase James L. Heskett, W. Earl Sasser, Jr. y Christopher W. L. Hart, *Service Breaktrhoughs* (Nueva York: Free Press, 1990).

16. Barry Farber y Joyce Wycoff, "Customer Service: Evolution and Revolution", *Sales & Marketing Management*, mayo de 1991, pp. 44-51.

17. Véase Hal F. Rosenbluth y Diane Mc Ferrin Peters, *The Customer Comes Second* (Nueva York: William Morrow & Co., 1992).

18. Véase Roach, "Services Under Siege–The Restructuring Imperative", p. 83; y Leonard A. Schlesinger y James L. Heskett, "The Service-Driven Service Company", *Harvard Business Review*, septiembre-octubre de 1991, pp. 72-81.

19. Nora E. Field y Ricardo Sookdeo, "The Global Service 500", *Fortune*, 26 de agosto de 1991, pp. 166-170.

20. Michael R. Czinkota e Ilkka A. Ronkainen, *International Marketing*, 2a. ed. (Chicago: Dryden, 1990), p. 679.

21. Lee Smith, "What's at Stake in the Trade Talks", *Fortune*, 27 de agosto de 1990, pp. 76-77.

22. Véase Lori Kessler, "Corporate Image Advertising", *Advertising Age*, 15 de octubre de 1987, p. S1; y Anne B. Fisher, "Spiffing Up the Corporate Image", *Fortune*, 21 de julio de 1986, p. 69.

23. Véase Michael Oneal, "'Air' Jordan Has the Bulls Walking on a Cloud", *Business Week*, 12 de diciembre de 1988, p. 124; Fred

Danzig, "The Stuff of Dreams", *Advertising Age,* 3 de junio de 1991, p. 8; Julie Liesse, "Jordan Jumping for Gatorade, *Advertising Age,* 15 de julio de 1991, p. 2; y Ben Walker, "Wanting to be Like Mike", *Durham Herald-Sun,* 18 de febrero de 1992, p. D4.

24. Véase Steven Colford, "Hail to the Image-Reagan Legacy: Marketing Tactics Change Politics", *Advertising Age,* 27 de junio de 1988, pp. 3, 32; y Jack Honomichl, "How Reagan Took America's Pulse", *Advertising Age,* 23 de enero de 1989, pp. 1, 25, 32.

Caso 22

El Presidente de Estados Unidos: Cercano y Personal

Hoy, el público ve tantos videos, fotos y sesiones de prensa, en vivo, con el presidente de Estados Unidos, su esposa, sus descendientes o sus mascotas que da por sentada la comunicación con el presidente. Sin embargo, hasta finales del siglo XIX, la mayor parte de los estadounidenses ni siquiera conocían el aspecto del presidente. Los candidatos rara vez viajaban y no había fotografías de ellos.

Sin embargo, más adelante, al empezar los viajes en tren los candidatos pudieron llevar sus mensajes a miles de personas en todo el país y la fotografía hizo que las figuras políticas resultaran reconocibles. De hecho, las fotografías de grandes multitudes podían producir la impresión de gran apoyo y las fotos de candidatos, en su entorno local, los acercaban más a los votantes locales. Así fue como empezaron las primeras actividades para crear la imagen.

En el siglo XX, la radio aceleró la comercialización de los presidentes, introduciendo a los presidentes Coolidge, Wilson y Roosevelt en los hogares estadounidenses con el giro de una perilla. Gracias a las palabras transmitidas, incluso los ciudadanos que no sabían leer adquirieron conocimientos sobre la posición de su presidente en cuanto a temas importantes. Más adelante, la televisión partió del punto donde terminaba la radio para promover la comercialización de los presidentes. La televisión permitía a los estadounidenses escuchar y ver a su presidente. Mientras que sólo unos cuantos miles de votantes vieron los debates entre Lincoln y Douglas, muchos millones de votantes vieron los debates entre Kennedy y Nixon un siglo después.

Los medios visuales se concentran en la imagen del presidente. Los debates entre Kennedy y Nixon no se recuerdan tanto por su contenido, como por el contraste entre la juventud de Kennedy y el aspecto tenso y sombrío de Nixon. Desde entonces, los candidatos se han esforzado por proyectar la imagen ideal. Ahora existen ayudantes que vigilan todos los aspectos de sus candidatos: su peinado, atuendo, expresiones faciales y gestos, discursos, parientes y entorno. Por ejemplo, en la convención republicana de 1984, las orillas del podio estaban redondeadas, y se recurrió a la iluminación indirecta, para presentar a Ronald Reagan como centro de la calma, rodeada por una masa de cuerpos que se movían y hacían ruido, durante su discurso de aceptación.

Los encargados de la campaña, para diseñar la imagen indicada, recurren a encuestas y grupos de enfoque. En la década de 1980, Richard Wirthlin, el encuestador de Reagan, realizó entre mil y dos mil encuestas hogareñas al mes para medir la actitud del público, y encuestó 800 hogares más en cuanto a hechos extraordinarios. En total, escuchó a más de 500,000 estadounidenses, por medio de más de 500 encuestas, expresarse de temas desde el bienestar económico hasta la popularidad de Nancy Reagan.

Reagan y otros candidatos han usado los grupos focales para probar sus discursos y elegir temas para reiterarlos; es decir para insistir en unos cuantos temas clave y grabarlos en el público. Walter Mondale recurrió a los grupos focales para identificar las debilidades de Gary Hart (falta de antecedentes en relaciones exteriores) en las primarias de 1984. George Bush preparó los lemas de su campaña a partir de grupos focales y Bill Clinton los usó para probar los temas de la responsabilidad personal y las reformas al sistema de bienestar.

En 1988, Al Gore fue el primer candidato importante que usara la televisión por cable para anunciar su candidatura y la anunció vía satélite. Para 1992, los encargados de las campañas estaban segmentando a los públicos del cable de acuerdo con geografía, demografía y psicografía. Por ejemplo, se derivaron mensajes de encuestas y grupos focales de ingresos altos, y se dirigieron a votantes del sexo femenino, entre las mujeres de ingresos altos que veían cable, aumentando con ello la eficacia de los mensajes.

En 1992, el público pudo comunicarse *directamente* con los candidatos por medio del teléfono durante programas de entrevistas y otras presentaciones en televisión. El ciudadano promedio ocupaba el lugar del entrevistador y los candidatos trataban de contestar las preguntas. Los votantes escucharon, con frecuencia, "¿Queda contestada su pregunta?" y "¿Es suficiente para contestarle?". Ross Perot introdujo su versión de un comercial informativo político, con gráficas y flechas. La posibilidad del acceso demostró que los candidatos eran ciudadanos normales, lo que podría explicar porqué Clinton apareció ante los votantes tocando el saxofón e imitando a Elvis y porqué Perot pronunció coloridas expresiones (que no son un montón de tipos gelatinosos). Cuando subió al mando, Clinton incluso ha hablado de la posibilidad de que el público pueda llamar y visitar la Casa Blanca y de usar computadoras para que el público se comunique.

Pero, ¿sirve de algo toda esta comunicación? Si sólo se trata de crear imagen, ¿se prohibirá a los candidatos que adopten posiciones controvertidas? ¿Es lo que vemos y escuchamos la sustancia real del candidato o sólo una sombra de la imagen?

PREGUNTAS

1. Suponga que los resultados de un grupo focal indican que el público piensa que el candidato carece de responsabilidad personal. Explique cómo una campaña mercadotécnica podría mejorar la imagen del candidato en ese punto concreto.

2. Suponga que los resultados de un grupo focal sugieren que los estadounidenses están preocupados por el déficit del presupuesto federal, el elevado costo de los servicios médicos, el aumento del analfabetismo funcional y el deterioro de las relaciones exteriores. En cuál de estos temas colocaría usted a (a) un candidato para un puesto local, por ejemplo un consejo de comisarios; (b) un candidato por su estado para la cámara de diputados; y (c) un candidato a la presidencia?

3. ¿Qué beneficios arroja el aumento de comercialización del presidente? ¿Qué desventajas tiene este aumento de la comercialización?

4. Cómo describiría usted los patrones del ciclo de vida de candidatos como Ronald Reagan, Jerry Brown, Jesse Jackson, Dan Quayle o Ross Perot?

Fuentes: Richard Armstong, "I Have Seen Big Brother ... And He Is Me", *Vital Speeches*, 1 de diciembre de 1988, pp. 118-120; Stephen Colford, "Hail to the Image", *Advertising Age*, 27 de junio de 1988, pp. 3, 32; y Elizabeth Kolbert, "Test-Marketing a President", *The New York Times Magazine*, 30 de agosto de 1992, pp. 18-21.

CASO EMPRESARIAL 22

AÑO DE LA CIUDAD: CÓMO ADMINISTRAR UNA ORGANIZACIÓN NO LUCRATIVA COMO SI FUERA UN NEGOCIO

El centro

A principios de septiembre, sale el sol en la Bahía de Boston, y Gloria Rodríguez, de 19 años, salta de la cama silenciosamente para no molestar a sus cuatro hermanos. Se baña y se pone unos pantalones sueltos, una camiseta y botas. Desayuna cualquier cosa y ayuda a su madre con el quehacer de la casa. Después, se pone una chamarra rojo brillante y se dirige a la parada del autobús, llegando justo en el mismo momento que aparece el autobús que la transportará de su barrio hispano, de clase trabajadora, al centro de Boston.

En otra parte de Boston, Raymond Wong, de 17 años, se despierta con los ruidos conocidos que suben de la cocina del restaurante chino de su familia. Se sienta en la cama, agarra un libro de Historia de Estados Unidos, todavía abierto donde lo dejó la noche anterior. Raymond mira el reloj y piensa que tiene bastante tiempo para terminar el capítulo que debe leer esta semana para la escuela. A las 7 a. m. se prepara un cereal para desayunar y ve las noticias matutinas en la televisión. Después de desayunar, se pone unos pantalones sueltos, una camiseta y botas, así como una chamarra rojo brillante y baja las escaleras para despedirse

de sus padres. Raymond sale del restaurante y corre hasta la estación "T" más cercana, donde tomará el metro que le llevará al centro de Boston, a poca distancia.

Mientras tanto, en un suburbio de Boston, John Newberg, de 19 años, se despierta sobresaltado con el sonido agudo de su despertador digital y rueda en la cama para apretar el botón de apagado. Se queda en la cama unos instantes, tratando de concentrarse y de pensar en las actividades del día. Después de un regaderazo, se pone unos pantalones sueltos, una camiseta y botas y baja corriendo por las escaleras. Su padre y su madre se acaban de sentar a desayunar. John también se sienta, le pide la sección deportiva del periódico a su padre y pregunta:

—¿Tienes algún caso importante en los tribunales hoy, papá?

—Hoy no, John. Parece que será un día bastante normal.

Después de desayunar, John agarra su chamarra rojo brillante y se sube al auto con su padre, para ir de su casa en los suburbios al centro de Boston.

El padre de John lo deja en la plaza del Palacio Municipal de Boston, una zona abierta junto al Palacio Muni-

cipal. Ahí, se une a Gloria, a Raymond y a unos 90 jóvenes más, vestidos de manera casi igual. Justo a las 8:30, los jóvenes forman líneas y hacen 15 minutos de gimnasia. Después del periodo de ejercicio y de algunos avisos, forman grupos de 10, más o menos, y se dispersan por toda la ciudad.

¿Qué comparten estos jóvenes además de sus pantalones sueltos, camisetas, botas y chamarras rojo brillante? Evidentemente no comparten sus ambientes. Gloria vive en una comunidad hispana pobre. A pesar de la pobreza y un hogar fracturado, recientemente terminó sus estudios en una escuela secundaria vocacional. Raymond pertenece a una familia china inmigrante, de primera generación. Tuvo problemas en la escuela secundaria y dejó de estudiar. Ahora está tratando de obtener su Diploma General de Equivalencias. Por otra parte, John pasó por la escuela primaria y la secundaria antes de entrar a una preparatoria famosa. Terminó su bachillerato en junio del año pasado y ha sido admitido en Yale. Quiere seguir los pasos de su padre en la abogacía, pero ha decidido descansar un año antes de entrar a la universidad.

A pesar de sus diferencias, estos jóvenes tienen dos cosas en común. En primer lugar, como anuncian orgullosamente sus camisetas y chamarras rojas, forman parte del Año de la Ciudad; es decir, se han ofrecido como voluntarios para trabajar durante nueve meses en proyectos de Boston y ofrecer servicios a la comunidad. En segundo, vienen de medios muy diversos; el Año de la Ciudad eligió a estos jóvenes porque son diferentes.

El Año de la Ciudad
El Año de la Ciudad es un innovador intento para hacer del servicio social nacional voluntario una realidad. En 1988, Michael Brown y Allan Khazei, sus fundadores, los dos de 30 años y graduados de la Escuela de Derecho de Harvard, se emocionaron con el servicio voluntario e iniciaron el Año de la Ciudad en Boston.

—La idea era recurrir a los jóvenes para resolver los desafíos que enfrentamos y unirnos para alcanzar un verdadero fin público —comenta Brown—. La idea del Año de la Ciudad es reunir a jóvenes de diferentes medios, ricos, de clase media y pobres, de diferentes barrios de la ciudad y de los suburbios, durante un año, para que se concentren en los puntos que tienen en común y trabajen para el bien común. Queremos que el Año de la

Ciudad sea un taller para innovar el concepto del servicio nacional voluntario.

—Instituimos el Año de la Ciudad —dice Allan Khazei—, porque nos frustraba saber que somos el país más rico del mundo, pero también tenemos la pobreza más grande y una elevada tasa de mortalidad infantil. Aquí en Boston, hay alrededor de 3,500 personas que no tienen hogar. Sin embargo, el problema no es la falta de recursos, sino, más bien, que no tenemos voluntad para entender los problemas sociales. Queremos que el Año de la Ciudad exponga a los jóvenes a estos problemas, que les demuestre que pueden ayudar y que se emocionen con el servicio. Queremos que el Año de la Ciudad les enseñe los beneficios de ser ciudadanos, de tal manera que continúen sirviendo a los demás a lo largo de su vida.

Sin embargo, Brown y Khazei no se detuvieron en la mera idea. En 1987, trabajando con Neil Silverston, egresado de la Escuela de Administración de Harvard, y Jennifer Eplett, que había dejado el puesto de analista financiera en E. F. Hutton, Brown y Khazei prepararon un plan empresarial que presentaba el concepto del Año de la Ciudad, su estrategia y objetivos, así como el presupuesto proyectado. El plan establecía un programa piloto de nueve semanas para el verano de 1988. Presuponiendo que tuviera éxito, el Año de la Ciudad funcionaría con 50 jóvenes en 1989-1990 y, después, se expandería al país entero.

Brown y Khazei diseñaron el programa piloto de verano para que resultara una versión miniatura del programa anual. Reclutaron a 50 jóvenes voluntarios, creando deliberadamente un grupo diversificado; es decir, muchachos y muchachas, habitantes de la ciudad y de los suburbios, blancos, afroamericanos, latinos, asiáticos, ricos, clasemedieros y pobres. Dividieron el grupo en cinco equipos de trabajo, cada uno de ellos encabezado por un supervisor a sueldo. Cada miembro del equipo portaba una camiseta con el nombre del patrocinador del grupo y se reunía todas las mañanas para hacer gimnasia, antes de dividirse para trabajar en los proyectos del equipo, que incluían trabajar con personas con SIDA, sin hogar, viejas y estudiantes. Los miembros del equipo también realizaban proyectos típicos de las obras públicas, como limpiar parques y pintar albergues.

Además de los voluntarios, un equipo administrativo y los proyectos, Brown y Khazei necesitaban alrededor de 200,000 dólares para financiar el proyecto de verano. La gran interrogante era cómo reunir el dinero. Como el Año de la Ciudad no sólo incluiría a jóvenes de clase económica baja, sus creadores sabían que el proyecto no cumplía con las reglas para recibir fondos federales que, de cualquier manera, no querían. Brown y Khazei pensaban que sus sociedades, al igual que las personas, tienen responsabilidades cívicas: el Año de la Ciudad permitiría a estas sociedades cumplir con sus responsabilidades. De hecho, pensaban que las sociedades aceptarían gustosas la oportunidad de cumplir con estas responsabilidades. Por otra parte, el financiamiento del sector privado daría al Año de la Ciudad la flexibilidad para probar ideas nuevas y correr riesgos que no se podrían intentar con financiamiento del gobierno.

Armados con su visión y su plan, Brown y Khazei se dedicaron a buscar patrocinadores. Impresionaron a algunos gerentes de sociedades, tanto con su visión como con sus planes prácticos para llevarla a cabo. Aunque muchas organizaciones no lucrativas dejan los detalles del engranaje para el final, Brown y Khazei habían hecho sus deberes y habían prestado atención a los presupuestos y las cifras desde el principio. Además de ofrecer a las sociedades participantes una vía para cumplir con sus responsabilidades cívicas, también despertaron el interés de los gerentes de las sociedades: los miembros de los equipos de trabajo llevarían camisetas con el nombre de la sociedad patrocinadora mientras realizaban todas las buenas obras que pudieran durante el verano. Así, Khazei y Brown llegaron a su meta de 200,000 dólares, con la mayor parte del apoyo proporcionado por sólo cuatro patrocinadores: Bank of Boston, The Equitable, General Cinema y Bain & Company.

Después del exitoso proyecto piloto, el equipo del Año de la Ciudad reclutó a 50 voluntarios para el programa anual de 1989-1990. Los voluntarios, de entre 17 y 22 años, trabajaron de septiembre a junio, en equipos de 10 personas, en diversos proyectos. Sirvieron como ayudantes de profesores en escuelas públicas, dirigieron programas recreativos para ciudadanos de la tercera edad y repararon albergues y centros comunitarios. Sin embargo, el Año de la Ciudad es algo más que un programa de trabajo. El equipo complementa los proyectos de servicios diarios con un plan educativo experimentado, diseñado para fomentar el pensamiento crítico y para enseñar a los miembros del equipo habilidades para fortalecer a la comunidad. Los miembros participan en talleres, asisten a conferencias pronunciadas por líderes empresariales y de la comunidad, sirven en comités directivos del Año de la Ciudad, desarrollan proyectos de servicios especiales y, en las reuniones de todos los equipos, comparten sus experiencias en el servicio y reflexionan sobre ellas.

En los nueve meses que dura el servicio, el Año de la Ciudad le paga a cada voluntario un estipendio de 100 dólares a la semana. Al final de cada periodo, cada voluntario recibe el "Premio del Servicio Público" por 5,000 dólares, en forma de beca para estudios, o 2,500 dólares en efectivo y 2,500 en un certificado de ahorro. Aunque algunas personas dirían que pagarle a los jóvenes viola el espíritu de un programa de voluntarios, Brown señala que sin los estipendios sólo podrían participar los jóvenes de familias ricas. Además, señala que Estados Unidos cuenta con un ejército "voluntario", pero que el gobierno le paga a los soldados, y que el Premio al Servicio Público se parece a la cartilla G.I. que se entrega a los soldados para ayudarles con sus estudios cuando salen del ejército.

El Año de la Ciudad reunió alrededor de 1.1 millones de dólares para el programa de 1989-1990. Los patrocinadores originales se anotaron para otro año y el Año de la Ciudad sumó varios patrocinadores nuevos, entre ellos Reebok International, la Echoing Green Foundation (relacionada con una empresa inversora de Nueva York) y New England Telephone. Cada uno de estos patrocinadores contribuyó, por lo menos, con 150,000 dólares.

De los 57 jóvenes reclutados para el Año de la Ciudad de 1989-1990, 44 terminaron el programa y recibieron un reconocimiento en la ceremonia de graduación del Año de la Ciudad. Los comentarios de estos jóvenes reflejan su entusiasmo por el programa:

Como exmiembro de una pandilla, [pienso] que el Año de la Ciudad... es un regalo que me ha enviado Dios. No sé lo que estaría haciendo ahora si no hubiera estado aquí. El Año de la Ciudad me cambió mucho. Ahora soy capaz de enseñar, en lugar de que me enseñen.

Raymond Rodríguez, 19 años

No puedo imaginar una experiencia que pudiera ofrecerle a alguien de mi edad tanta exposición a barrios y personas diferentes. Si todo el mundo pudiera pasar por el Año de la Ciudad, habría mucha más comprensión en Boston y, a la larga, en el país. Ahora estoy en Amherst College, donde sigo tomando parte activa en servicios a la comunidad, y los recuerdos del Año de la Ciudad me siguen empujando a contracorriente.

Owen Stearns, 20 años

Con base en el éxito del programa anual de 1989-1990, Kristen Atwood, el reclutador del Año de la Ciudad, peinó la ciudad buscando voluntarios para el proyecto de 1990-1991. Cuando Atwood visitó diversas escuelas de la ciudad y de los suburbios, llevó un mensaje común: Todo el mundo puede dar algo a su comunidad. Sin embargo, encontró que también tenía que adaptar su presentación al carácter de la población de la escuela. Por ejemplo, muchos estudiantes de la ciudad están interesados en trabajar, así que Atwood subrayaba que el Año de la Ciudad ofrecía un trabajo que daría a los participantes mucha experiencia para el futuro. Por otra parte, los estudiantes de los suburbios muchas veces se sienten aislados del "mundo real". Por tanto, en su caso, Atwood subrayaba la idea de los servicios. A todos los estudiantes les señalaba que las personas de diferentes medios pueden aprender mucho unas de otras.

El personal administrativo del Año de la Ciudad busca estudiantes que tienen interés en terminar el programa y el potencial para contribuir al programa y aprender de él. Como fruto de los esfuerzos de Atwood y de otros, 70 jóvenes participaron en el programa de 1990-1991 y el Año de la Ciudad recibió más de 600 solicitudes para las cien plazas que se ofrecieron para 1991-1992.

Las lecciones y el futuro

Cuando Brown y Khazei descansan, después de una larga semana de 80 horas de trabajo, se sienten muy bien ante su éxito, pero están impacientes por enfrentar sus desafíos. Han aprendido mucho persiguiendo lo que ellos llaman "empresa de servicios públicos"; es decir, aplicar las capacidades, los métodos y la mentalidad de las empresas para crear instituciones no lucrativas, de servicios públicos. Como en el mundo de los negocios, sugieren que existen estupendas y fructíferas oportunidades para poner en práctica ideas empresariales, no lucrativas y públicas, no probadas pero muy promisorias. Sin embargo, esto no significa que si uno tiene éxito ganará mucho dinero. (Brown y Khazei se han asignado un sueldo de sólo 25,000 dólares al año, mucho menos de lo que ganarían si estuvieran ejerciendo el derecho). En cambio, el servicio público requiere que se redefina el éxito y se enfoque en el *ingreso psicológico*, la felicidad de usar todas nuestras habilidades y capacidades para una causa meritoria.

Los observadores externos también consideran que el Año de la Ciudad es una empresa exitosa. El Centro de Empresas Cívicas de Washington, D. C., señala que el programa del Año de la Ciudad ha producido cuatro lecciones muy valiosas:

1. El servicio nacional puede ser una empresa cívica común para jóvenes de todas las edades. En el primer año, el Año de la Ciudad obtuvo muchachos de todos los grupos socioeconómicos, y sus participantes venían de 25 barrios y pueblos de la zona de Boston.

2. El servicio nacional puede funcionar con un mínimo de gastos fijos y burocracia. Los costos administrativos sólo representan alrededor del 20% del total del presupuesto, inclusive el sueldo del personal administrativo, que comprende a doce empleados de tiempo completo y seis de medio tiempo, que ganan mucho menos de lo que ganarían en el sector privado.

3. Los voluntarios para el servicio social pueden realizar un trabajo que es muy valioso para la comunidad. Los jóvenes relativamente poco preparados pueden realizar servicios sociales muy solicitados en situaciones que requieren juicio y madurez.

4. El servicio nacional puede fomentar la movilidad ascendente entre sus servidores. Los participantes dicen que el programa ha aumentado su probabilidad de asistir a la universidad.*

El informe del Centro también cita las palabras de Ira Jackson, Director de Relaciones Exteriores del Bank of Boston:

Nuestra inversión en el Año de la Ciudad fue una especie de "filantropía de riesgo". Era una empresa no probada. Pero creíamos profundamente en el concepto, que era atrevido e innovador, y en los fundadores, que tenían un entusiasmo contagioso. La aplicación fue competente, casi no hubo errores. Prestaron atención a la logística de la administración y se esforzaron por superar las trampas normales de los "benefactores". Administraron el Año de la Ciudad como si fuera un negocio. Estos fueron los 25,000 dólares más efectivos de la historia filantrópica del Bank of Boston.

¿Qué desafíos enfrenta esta exitosa empresa nueva? Khazei y Brown están preocupados por conseguir el apoyo constante de las sociedades para un programa que, en pocos años, ya no será considerado nuevo, y se preocupan por ampliar el apoyo. Asimismo tienen dudas en cuanto a sus planes de expansión. ¿Se deben concentrar en el crecimiento en Boston, o deben tratar de ampliar el Año de la Ciudad a otras ciudades? Si deciden difundir la idea, ¿cuándo sería el momento oportuno y cuál el mejor método? Es más, ¿cómo pueden aplicar las lecciones aprendidas en la administración del sector privado para poder seguir con su éxito en el sector no lucrativo?

PREGUNTAS

1. ¿Quiénes son los clientes del Año de la Ciudad y cuáles sus productos?

2. En su opinión, ¿por qué ha tenido tanto éxito el Año de la Ciudad?

3. ¿Tienen las sociedades del sector privado la responsabilidad social de apoyar actividades como el Año de la Ciudad y otras actividades no lucrativas?

4. ¿Qué repercusiones tienen el carácter y las características de un servicio en el funcionamiento del Año de la Ciudad?

5. ¿Cómo ha enfrentado el Año de la Ciudad los problemas que dan forma a las estrategias de mercadotecnia de las empresas de servicios?

6. ¿Qué problemas y riesgos enfrenta el Año de la Ciudad conforme crece? ¿Qué recomendaría usted para guiar el crecimiento?

[1] "Boston's City Year: National Service Prototype?", The Center for Civic Enterprise, 19 de junio de 1990.

Fuente: Basado en parte en "Not For Profit", en *Anatomy of a Star-Up* (Boston: The Goldhirsh Group, Inc., 1991), pp. 99-109. Usado con autorización. El personal administrativo del Año de la Ciudad también ofreció información y ayuda para preparar este caso.

$\mathcal{M}$ercadotecnia y sociedad: responsabilidad social y ética en la mercadotecnia

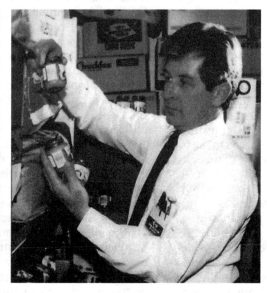

*M*uchas generaciones de padres han confiado la salud y el bienestar de sus bebés a los alimentos Gerber. Gerber vende más de 1.3 mil millones de frascos de alimentos para bebé al año y abarca casi 70% del mercado. Sin embargo, en 1986, la reputación de la empresa se vio amenazada cuando más de 250 clientes, de 30 estados, dijeron que habían encontrado fragmentos de vidrio en los alimentos Gerber.

La empresa pensaba que las quejas eran infundadas. Las plantas de Gerber son limpias y modernas y usan muchos filtros que impiden tal problema. No se confirmó ninguna lesión provocada por productos Gerber. Es más, la Food and Drug Administration revisó más de 40,000 frascos de alimentos Gerber sin detectar un solo problema importante. Gerber sospechó que el vidrio había sido plantado por las personas que se quejaban y que pretendían obtener publicidad o reparación por daños. Empero, las quejas fueron extensamente cubiertas por los medios, y muchos detallistas sacaron los productos Gerber de sus anaqueles. El estado de Maryland prohibió la venta de algunos alimentos Gerber y otros estados consideraron la posibilidad de imponer la misma prohibición.

La considerable atención que merecieron las quejas quizás haya sido resultado del "susto de Tylenol", cuando cápsulas de Tylenol, deliberadamente bautizadas con cianuro, mataron a varios consumidores. Además, la intromisión ilícita en ciertos productos era un tema de interés público y preocupación para los consumidores.

Gerber quería actuar de manera responsable, pero los temas de responsabilidad social rara vez tienen límites claros. Algunos analistas pensaban que, para garantizar la seguridad de los consumidores, Gerber debería retirar, a la mayor brevedad, todos sus productos de alimentos infantiles de los anaqueles de las tiendas mientras no se resolviera el problema. Los fabricantes de productos como Tylenol, Contac y Gatorade habían reaccionado así en los casos del pánico producido por la intromisión en sus productos.

Empero, los ejecutivos de Gerber consideraron que retirar el producto no era lo mejor para sus clientes, ni para la empresa. Tras un susto similar en 1984, la empresa había retirado alrededor de 700,000 frascos de alimentos infantiles y había hecho mucha publicidad para afirmar la confianza de los consumidores. El incidente aislado resultó ser un caso de daños normales durante el transporte. Retirar la mercancía le costó a Gerber millones de dólares por concepto de gastos y de utilidades perdidas, y la publicidad ocasionó miedo innecesario e incomodidades a los consumidores. La empresa llegó a la conclusión de que había reaccionado en forma exagerada por su afán de ser responsable ante la sociedad.

Por tanto, la segunda vez, Gerber optó por no hacer nada, cuando menos a corto plazo. Se negó a retirar ningún producto; de hecho, demandó al estado de Maryland por 150 millones de dólares para que levantara la prohibición de vender productos Gerber. Suspendió su publicidad, observó la confianza de los vendedores y consumidores, dio confianza a los detallistas nerviosos y esperó para ver qué pasaba. La estrategia de esperar-para-ver era muy arriesgada. Si hubiera resultado que las quejas tenían fundamento y la omisión de Gerber para actuar de inmediato hubiera provocado lesión o muerte entre los consumidores, la fama de Gerber se habría visto muy perjudicada.

Finalmente, cuando las investigaciones arrojaron que la preocupación de los consumidores se estaba extendiendo, Gerber sacó al aire unos cuantos anuncios de televisión, expresando su preocupación por los "rumores que se han escuchado" y asegurando a los compradores que los productos Gerber "cumplen con las normas más altas". La empresa también envió cartas a unos dos millones de nuevas madres, asegurándoles la calidad de Gerber. A fin de cuentas, el susto no le produjo a los consumidores demasiada alarma ni incomodidad a largo plazo y sólo ocasionó una caída temporal de la fama y la participación en el mercado de Gerber.

No obstante, queda la interrogante: ¿Debería Gerber haber retirado sus productos de inmediato para evitar la posibilidad de lesionar a los consumidores, aunque ésta fuera remota? Tal vez, pero tratándose de responsabilidad social el curso que se debe seguir no siempre está claro.[1]

AVANCE DEL CAPÍTULO

El Capítulo 23 cierra el libro, explicando la mercadotecnia dentro de un contexto social y subrayando la necesidad de la responsabilidad social y la ética sólida dentro de la mercadotecnia.

*Se empieza con un repaso de las **críticas contra las repercusiones de la mercadotecnia** en los **consumidores particulares** y en la **sociedad** en general.*

*A continuación, se habla del **consumidorismo**, el **ambientalismo** y la **reglamentación** y sus consecuencias para las estrategias mercadotécnicas. Esto desemboca en un panorama general de la mercadotecnia ilustrada y de la ética de la mercadotecnia.*

*Por último, Principios de Mercadotecnia termina con una serie de **principios para las políticas públicas** referentes a la mercadotecnia: **la libertad de consumidores y productores;** cómo **frenar los daños;** cómo **satisfacer las necesidades básicas;** la **eficiencia económica;** las **innovaciones** y la **educación, la información** y la **protección de los consumidores.***

Los mercadólogos responsables averiguan qué quieren los consumidores y responden con los productos adecuados, a un precio que le proporcione buen valor a los compradores y utilidades a los productores. El *concepto mercadotécnico* representa una filosofía de servicio y ganancias recíprocas. Su aplicación dirige a la economía, con una mano invisible, para satisfacer las necesidades, múltiples y cambiantes, de millones de consumidores.

Sin embargo, no todos los mercadólogos aplican el concepto mercadotécnico. De hecho, algunas empresas recurren a prácticas mercadotécnicas cuestionables y algunas acciones de mercadotecnia que podrían parecer innocentes en sí, afectan muchísimo a la sociedad en general. Piense en la venta de cigarrillos. Normalmente, las empresas deberían estar en libertad de vender cigarrillos y los fumadores deberían estar en libertad de comprarlos. Empero, la transacción afecta el interés público. En primer lugar, el fumador podría estar acortando su vida. En segundo, el fumar carga un peso en la familia del fumador y en la sociedad en general. Por último, las personas junto al fumador inhalan el humo y podrían sentirse incómodas o verse perjudicadas. Esto no quiere decir que los cigarrillos se deban prohibir, sino que, más bien, es muestra de que las transacciones privadas pueden involucrar cuestiones generales de políticas públicas.

Este capítulo analiza las repercusiones que el ejercicio privado de la mercadotecnia produce en la sociedad. Se analizan varias interrogantes: ¿Cuáles son las críticas sociales más frecuentes contra la mercadotecnia? ¿Qué pasos han tomado los ciudadanos para frenar los males de la mercadotecnia? ¿Qué medidas han impuesto los legisladores y los organismos gubernamentales para frenar los males de la mercadotecnia? ¿Qué medidas han tomado las empresas ilustradas para aplicar una mercadotecnia ética y responsable ante la sociedad? A continuación se analiza la forma en que la mercadotecnia repercute en cada uno de estos temas y la forma en que ellos repercuten en la mercadotecnia.

CRITICAS SOCIALES CONTRA LA MERCADOTECNIA

La mercadotecnia es objeto de muchas críticas. Algunas de ellas están justificadas, otras muchas no lo están.[2] Las críticas sociales sostienen que ciertas prácticas mer-

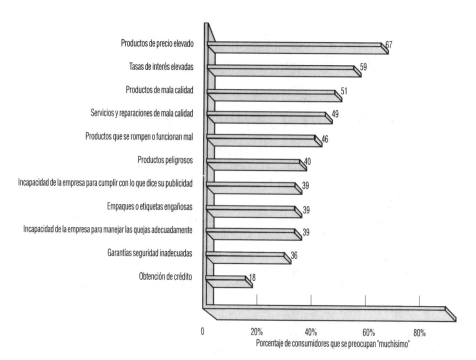

FIGURA 23-1
Encuesta de preocupaciones del consumidor

Fuente: Véase Myrlie Evers, "Consume-rism in the Eighties", reproducido con autorización del número de *Public Relations Journal*, de agosto de 1983, derechos 1983, pp. 24-46. También véase "The Public Is Willing to Take on Business", *Business Week*, 29 de mayo de 1989, p. 29.

Chart data:

- Productos de precio elevado — 67
- Tasas de interés elevadas — 59
- Productos de mala calidad — 51
- Servicios y reparaciones de mala calidad — 49
- Productos que se rompen o funcionan mal — 46
- Productos peligrosos — 40
- Incapacidad de la empresa para cumplir con lo que dice su publicidad — 39
- Empaques o etiquetas engañosas — 39
- Incapacidad de la empresa para manejar las quejas adecuadamente — 39
- Garantías seguridad inadecuadas — 36
- Obtención de crédito — 18

Porcentaje de consumidores que se preocupan "muchísimo"

cadotécnicas lesionan a los consumidores particulares, a la sociedad en general y a otras empresas mercantiles.

Las repercusiones de la mercadotecnia en los consumidores particulares

Los consumidores manifiestan gran preocupación por saber la medida en que el sistema mercadotécnico de Estados Unidos satisface sus intereses. Por regla general, las encuestas arrojan que los consumidores tienen una idea un tanto desfavorable de las prácticas de la mercadotecnia.[3] Una encuesta de consumidores arrojó que éstos se preocupan primordialmente por los precios altos, los productos de mala calidad o peligrosos, las afirmaciones engañosas en la publicidad, así como en algunos otros problemas relacionados con la mercadotecnia (véase la Figura 23-1). Algunos defensores de los consumidores, organismos de gobierno y demás críticos han acusado a la mercadotecnia de perjudicar a los consumidores en razón de precios altos, prácticas engañosas, ventas bajo presión, productos mal hechos o peligrosos, obsolescencia proyectada y mal servicio a consumidores en desventaja.

Los precios altos

Muchos críticos acusan al sistema mercadotécnico de Estados Unidos de provocar que los precios sean más altos de lo que serían con sistemas más "sensatos". Señalan tres factores: *los elevados costos de la distribución, los elevados costos de la publicidad y las promociones y los recargos excesivos.*

Los elevados costos de la distribución. Una vieja acusación afirma que los intermediarios ambiciosos elevan los precios muy por arriba del valor de sus servicios. Los críticos acusan que existen demasiados intermediarios o que éstos son administradores ineficientes, que ofrecen servicios innecesarios o repetidos y que su forma de administrar y planear es muy mala. En consecuencia, la distribución cuesta demasiado y los consumidores cargan con estos costos excesivos pagando precios más altos.

¿Qué contestan los detallistas, ante estas acusaciones? Dicen lo siguiente: en primer lugar, los intermediarios realizan un trabajo que, de no existir ellos, correría a cargo de los fabricantes o los consumidores. En segundo, el aumento de precio es reflejo de los servicios mejorados que quieren los propios consumidores; es decir, más comodidad, tiendas y variedades más amplias, horarios más largos en las tiendas, posibilidad de devolución y otros más. En tercer lugar, la compe-

Algunos detallistas aplican recargos elevados, pero los precios altos sirven para cubrir los servicios que quieren los consumidores: variedad, comodidad, servicio personal y posibilidad de devoluciones.

tencia detallista es tan intensa que los márgenes, de hecho, son bastante pequeños. Por ejemplo, después de impuestos, las cadenas de supermercados suelen registrar apenas una utilidad del 1% sobre las ventas.

Los elevados costos de la publicidad y las promociones. La mercadotecnia moderna también es objeto de acusaciones porque aumenta los precios a causa de la gran cantidad de publicidad y promociones de ventas. Por ejemplo, una docena de tabletas de una marca de aspirina muy promocionada se vende al mismo precio que 100 tabletas de marcas menos promocionadas. Los productos diferenciados —cosméticos, detergentes, arreglo personal— incluyen costos de empaque y promociones que podrían significar 40% o más del precio de fábrica para el detallista. Los críticos afirman que gran parte de los empaques y las promociones sólo agregan valor psicológico al producto, y no valor funcional. Los detallistas recurren a más promociones —publicidad, exhibidores y premios— que suman más centavos a los precios al menudeo.

Los mercadólogos contestan a estas acusaciones de varias maneras. En primer término, los consumidores *quieren* obtener de los productos algo más que cualidades funcionales. También quieren beneficios psicológicos; quieren sentirse ricos, bellos o especiales. Por regla general, los consumidores pueden comprar versiones funcionales de los productos, a precios más bajos, pero muchas veces están dispuestos a pagar más por productos que también les proporcionan los beneficios psicológicos deseados. En segundo, las marcas dan confianza a los compradores. El nombre de una marca implica cierta cantidad y los consumidores están dispuestos a pagar por las marcas conocidas, incluso aunque les cueste un poco más. En tercer término, se necesita mucha publicidad para informar a millones de posibles compradores cuáles son los méritos de una marca. Si los consumidores quieren saber qué pueden conseguir en el mercado, tienen que contar con que los fabricantes inviertan grandes cantidades de dinero en publicidad. Finalmente, una empresa quizá tenga que invertir mucho en publicidad y promociones para igualar las actividades de sus competidores. La empresa perdería "lugar en la mente" si no igualara el gasto de la competencia. Por otra parte, las empresas están conscientes de los costos de las promociones y tratan de gastar bien su dinero. Por último, de vez en cuando, se necesitan muchas promociones de ventas porque, en una economía de producción en masa, los bienes se producen antes que la demanda y se tienen que ofrecer incentivos especiales para vender los inventarios.

Los recargos excesivos. Los críticos también afirman que algunas empresas imponen recargos excesivos a sus bienes. Hablan de la industria farmacéutica, donde una píldora que cuesta 5 centavos, puede costarle al consumidor 40 cuando la compra. Hablan de las tácticas de los precios de las funerarias que medran con los sentimientos de los familiares dolidos y de los cobros elevados de los talleres de reparación de televisores y autos.

Los mercadólogos contestan que la mayor parte de los negocios tratan de hacer tratos justos con los consumidores, porque quieren que éstos repitan su compra. La mayor parte de los abusos que sufren los consumidores no son intencionales. Cuando algún mercadólogo siniestro se aprovecha de los consumidores, ello se debe informar a las Oficinas de Better Business o a cualquier otro grupo para la protección del consumidor. Los mercadólogos también contestan que los consumidores, con frecuencia, no entienden el porqué de estos grandes recargos. Por ejemplo, los recargos de las medicinas deben cubrir los costos de las adquisiciones, promociones y distribución de los medicamentos existentes, además de los elevados costos de investigación y desarrollo de medicamentos nuevos.

Prácticas engañosas

En ocasiones, se acusa a los mercadólogos de caer en prácticas engañosas que llevan a los consumidores a pensar que recibirán más valor del que reciben de hecho. Las prácticas engañosas caen dentro de tres grupos: precios, promociones y empaques engañosos. Los *precios engañosos* incluyen prácticas como anunciar falsos precios de "fábrica" o "mayoreo" o una gran rebaja del precio, a partir de un precio de lista, falsamente elevado. Las *promociones engañosas* incluyen prácticas como exagerar las características o el rendimiento del producto, atraer al cliente a la tienda en busca de una ganga de la cual no hay existencias o hacer concursos amañados. Los *empaques engañosos* incluyen exagerar el contenido del paquete por medio de diseños sutiles, no llenar el empaque hasta arriba, usar etiquetas que se prestan a confusiones o describir el tamaño en términos no muy claros.

Las prácticas engañosas han desembocado en leyes y otras medidas para la protección del consumidor. En 1938, la Ley de Wheeler-Lea otorgaba a la Comisión Federal para el Comercio facultades para regular "actos o prácticas desleales o engañosos". La CFC ha publicado varias listas de prácticas engañosas. El problema más difícil radica en definir "engañoso". Por ejemplo, hace algunos años, Shell Oil anunciaba que la gasolina Super Shell, con plataformato, rendía más kilómetros que la misma gasolina sin plataformato. Esto es cierto, pero Shell no aclaraba que casi *todas* las gasolinas incluyen plataformato. Shell se defendió diciendo que jamás había afirmado que la gasolina Shell fuera la única con plataformato. Sin embargo, aunque el mensaje era literalmente cierto, la CFC opinó que la *intención* del anuncio era engañar.

Los mercadólogos argumentan que la mayor parte de las empresas evitan las prácticas engañosas porque éstas perjudican sus negocios a largo plazo. Si los consumidores no reciben lo que esperan, optarán por productos más confiables. Además, los consumidores suelen protegerse contra los engaños. La mayoría de los consumidores reconoce la intención del mercadólogo que vende y tienen mucho cuidado cuando compran, al grado de que, en ocasiones, no creen del todo en las afirmaciones ciertas sobre el producto. Theodore Levitt afirma que la publicidad siempre cae en cierta presunción y que ésta incluso podría ser deseable:

> Casi ninguna compañía evitaría caer en la ruina si se negara a presentar cierto adorno, porque nadie está dispuesto a comprar una funcionalidad pura ... Es peor, niega ... las necesidades y los valores honestos del hombre ... Sin cierta distorsión, embellecimiento y elaboración, la vida sería gris, aburrida, angustiosa y estaría en su peor punto existencial ... [4]

Ventas con presión

En ocasiones, se acusa a los vendedores de vender con presión, para convencer a la gente que compre bienes que no había pensado comprar. Con frecuencia, se dice que las enciclopedias, los seguros, los bienes raíces y las alhajas son *vendidos*, en lugar de *comprados*. Los vendedores están preparados para presentar argumentos preparados, fluidos, para captar compras. Se esfuerzan por vender porque los concursos de ventas prometen grandes premios a quienes vendan más.

Los mercadólogos saben que, muchas veces, se puede convencer a los compradores de que compren algo que no quieren ni necesitan. Las leyes establecen que los vendedores que van de puerta en puerta deben avisar que están vendiendo un producto. Los compradores también cuentan con el "periodo de tres días para enfriarse" que les permite cancelar un contrato después de pensar las cosas. Además, los consumidores se pueden quejar en las Oficinas de Better Business o en organismos estatales para la protección del consumidor si piensan que han estado sometidos a una presión indebida para venderles algo.

Productos mal hechos o inseguros

Otra crítica es que los productos no son de la calidad que deberían ser. Una queja es que los productos no están bien hechos. Los automóviles llevan el estigma de muchas quejas de este tipo, parecería que todo auto nuevo tiene algo que no sirve. Los consumidores se quejan de vibraciones y jalones, mala alineación, mellas, goteos y chirridos. También se lanzan quejas contra los talleres de reparación de autos y hogares, contra aparatos eléctricos y ropa.

Otra queja es que algunos productos no proporcionan grandes beneficios. Algunos consumidores se asombran cuando averiguan que muchos de los alimentos "saludables" que se comercializan hoy, desde aderezos para ensalada sin colesterol y alimentos congelados bajos en grasas, hasta cereales de avena con mucha fibra, podrían tener poco valor nutritivo; que incluso, de hecho pueden ser dañinos.

[A pesar de] los esfuerzos sinceros de la mayoría de los mercadólogos por ofrecer productos más saludables ... muchas promesas esgrimidas en los empaques y usadas como lemas publicitarios siguen confundiendo a los consumidores poco informados sobre la nutrición y ... de hecho, podrían ser perjudiciales para ese grupo ... [Muchos consumidores] indebidamente suponen que el producto es "seguro" e ingieren cantidades superiores a las recomendadas para su caso ... Por ejemplo, el nuevo pastel Entenmann's de café y cereza "bajo en colesterol y bajo en calorías" de General Foods USA ... podría confundir a algunos consumidores que no deben comer una cantidad grande del mismo. Aunque cada porción sólo tiene 90 calorías, no todo el mundo está consciente de que la porción sugerida es muy pequeña [una decimotercera parte del pequeño pastel]. Aunque comerse medio pastel Entenmann's puede ser más recomendable que comerse media docena de Donas Dunkin ... las personas que están a dieta no deben comer grandes cantidades de ninguno de los dos.[5]

Otra queja se refiere a la seguridad de los productos. La seguridad de los productos ha sido problemática por varias razones, entre ellas la indiferencia de los fabricantes, la mayor complejidad de la producción, la mano de obra mala y el escaso control de calidad. El Sindicato de Consumidores (la organización que publica *Consumer Reports*) lleva muchos años hablando de los diversos peligros de productos probados: el peligro de descargas de los aparatos eléctricos, el envenenamiento por monóxido de carbono de los calentadores de habitación, el riesgo de lesiones de las podadoras de césped y el diseño defectuoso de automóviles, entre muchos otros. Las pruebas de esta organización, así como otras actividades, han ayudado a los consumidores a tomar mejores decisiones cuando compran y han llevado a las empresas a corregir fallas del producto (véase Puntos Importantes de la Mercadotecnia 23-1).

No obstante, la mayoría de los fabricantes *quieren* producir bienes de calidad. Los consumidores que no están contentos con los productos de una empresa pueden evitar los demás productos de la empresa y convencer a otros consumidores de que hagan lo mismo. La forma en que la empresa maneja los problemas de seguridad y calidad de sus productos puede beneficiar o perjudicar su reputación. Las empresas que venden productos inseguros o de mala calidad corren el riesgo de tener perjudiciales conflictos con grupos de consumidores. Es más, los productos inseguros pueden llevar a demandas por responsabilidad del producto y a cuantiosas sentencias para el pago de daños.

Obsolescencia proyectada

Los críticos también han acusado a algunos productores de seguir un programa de **obsolescencia proyectada,** que hace que sus productos resulten obsoletos antes de que sea necesario cambiarlos, de hecho. En muchos casos, los productores han sido acusados de cambiar, constantemente, los conceptos de los consumidores en cuanto a los estilos aceptables, con objeto de fomentar mayor cantidad de compras antes. Un ejemplo evidente es la moda de ropa que cambia constantemente. También se ha acusado a los productores de retener características funcionales atractivas, para después introducirlas y hacer que los modelos anteriores resulten obsoletos. Por último, se ha acusado a los productores de usar materiales y piezas que se rompen, gastan, oxidan o pudren antes de tiempo. Por ejemplo, muchos fabricantes de cortinas están usando un porcentaje mayor de rayón para las cortinas. Afirman que el rayón baja el precio de las cortinas y aguanta más. Los críticos afirman que la mayor mezcla de rayón hace que las cortinas se abran antes.

Los mercadólogos contestan que a los consumidores les *gustan* los cambios de estilo; que se aburren de los bienes viejos y que quieren un nuevo aspecto tratándose de modas o un nuevo diseño tratándose de autos. Nadie tiene que comprar lo nuevo, y si le gusta a muy pocos, sencillamente fracasará. Las empresas muchas veces retienen las características nuevas porque no están debidamente probadas, porque aumentan costos al producto que los consumidores no están dispuestos a pagar y por otros motivos válidos. Sin embargo, lo hacen arriesgándose a que un competidor introduzca la característica nueva y les robe mercado. Es más, con frecuencia, las empresas incluyen materiales nuevos para bajar costos

CUANDO HABLA CONSUMER REPORTS, LOS COMPRADORES ESCUCHAN, Y ALGUNAS EMPRESAS TAMBIÉN

Millones de consumidores, sea que piensan comprar automóviles o seguros de vida, servicios de tintorería o refrigeradores, o casi cualquier otra cosa, no entregan su dinero hasta después de consultar *Consumer Reports*. La publicación de la Unión de Consumidores lleva 51 años siendo árbitro, ferozmente independiente, de la calidad de los bienes, así como defensora ardiente de los derechos de los consumidores. Ha publicado las calificaciones otorgadas por la UC a miles de productos y servicios, sin jamás perder una demanda por difamación. Hoy, su circulación mensual ha llegado a la enorme cifra de 3.8 millones de ejemplares.

Un equipo técnico, compuesto por 106 miembros, pone a prueba los productos en la oficina matriz de la UC, en Mount Vernon, Nueva York. Cuando es posible, usan las mismas pruebas que la industria. Por ejemplo, verifican la capacidad real de las lavadoras, lavando muestras de telas, previamente ensuciadas, y midiendo su brillo con instrumentos ópticos. Cuando no existen pruebas estándar, *Consumer Reports* las inventa. Para calificar los pañuelos faciales, el equipo técnico de la UC construyó una "máquina de estornudos" que arroja un rocío controlado de agua y aire, el cual pasa por un pañuelo montado sobre un bastidor para bordar.

La UC, cuando califica los productos, describe las pruebas con detalle. Empero, estas explicaciones no siempre aplacan al fabricante que tiene un producto que queda en último lugar. Si una empresa no acepta su calificación, la UC contesta con una invitación para que visite sus laboratorios.

Muchas empresas han aplicado cambios a sus productos después de que la UC les ha dado una calificación mala. Aunque Whirlpool se molestó por las críticas de que el diseño de su lavadora dificultaba mucho las reparaciones, en sus nuevos modelos el gabinete se levanta de tal manera que permite el acceso a partes importantes.

En su número de abril de 1973, *Consumer Reports* rechazó toda una categoría de productos —los hornos de microoondas—, porque las puertas de los 14 modelos sujetos a pruebas dejaban pasar la radiación. Desde entonces, los fabricantes de hornos han cambiado los diseños. Hoy, "esas puertas dejan pasar muy poco", dice R. David Pittle, el director técnico de la UC.

Aunque *Consumer Reports* sigue siendo el esfuerzo más importante de la UC, la organización se está exten-

El equipo técnico de la Unión de Consumidores, compuesto por 106 miembros, pone a trabajar los productos.

diendo. En los dos años pasados, ha lanzado un boletín para viajeros, produjo seis videocintas caseras, remozó su revista *Penny Power* para niños y constituyó una empresa editorial. A partir de enero, la UC ha estado vendiendo listas con los costos de los distribuidores de la mayor parte de los modelos de autos y sus opciones. Su labor en los medios también incluye los servicios periodísticos de una columna que aparece tres veces por semana, así como anuncios en radio y televisión. Todo esto ha servido a la UC, el año pasado ganó 3.4 millones de dólares.

La prosperidad no ha diluido el activismo de la UC. La organización fundada por sindicalistas obreros en la década de 1930, fue de las primeras que pidió a los consumidores que boicotearan los bienes fabricados en la Alemania nazi. Ahora, *Consumer Reports* manifiesta su alarma porque muchos estadounidenses están cayendo en la pobreza. Por tanto, está presentando una serie, en tres partes, sobre los trabajadores pobres. Pero, ¿comentará algo este extrovertido juez de lo que es bueno qué tan bien parados quedan los fabricantes estadounidenses ante los japoneses? En absoluto, dice Pittle: "nuestro propósito es presentar una evaluación objetiva del producto, independientemente de quién haya sido el fabricante".

Fuente: Mimi Bluestone, "When *Consumer Reports* Talks, Buyers Listen— and So Do Companies", *Business Week*, 8 de junio de 1987, p. 135. Reproducido con autorización especial; © 1987 de McGraw-Hill, Inc.

y precios. No diseñan sus productos para que se rompan antes, porque no quieren perder clientes que optarían por otra marca. Por tanto, gran parte de la llamada obsolescencia proyectada es obra de las fuerzas de la competencia y la tecnología de una sociedad libre; fuerzas que conducen a la superación constante de bienes y servicios.

El servicio malo para los clientes en desventaja

Por último, se ha acusado al sistema mercadotécnico de Estados Unidos de brindar servicios deficientes a consumidores en desventaja. Los críticos afirman que los pobres de las urbes muchas veces tienen que comprar en tiendas pequeñas que manejan bienes de menos calidad y cobran precios más altos. Paul Rand Dixon, expresidente de la Comisión Federal para el Comercio, resumió así un estudio de Washington, D. C.:

> Los pobres pagan más (casi el doble) por aparatos eléctricos y muebles vendidos en las tiendas de las zonas de ingresos bajos de Washington ... Bienes comprados por 100 dólares al mayoreo, se vendían a 225 en las tiendas de bajos ingresos, en comparación con los 159 dólares en las tiendas del mercado general ... Las ventas en abonos son un factor importante de la mercadotecnia para los pobres ... algunos detallistas del mercado de bajos ingresos impusieron cargos financieros anuales efectivos de hasta 33% ...[6]

Sin embargo, las utilidades de los comerciantes no eran muy altas:

> Los detallistas del mercado de ingresos bajos tienen costos mucho más altos, en parte debido a las erogaciones en deudas malas, pero en mayor medida debido a costos más altos para ventas, salarios y comisiones. Estos gastos reflejan, en parte, una mayor cantidad de ventas por medio de demostraciones caseras, así como los gastos ligados a la cobranza y al procesamiento de los contratos de compras en abonos. Por tanto, aunque sus recargos suelen ser hasta dos y tres veces más altos que los de los minoristas del mercado general, en promedio, los minoristas del mercado de bajos ingresos no obtienen utilidades particularmente altas.[7]

Sobra decir que se deben establecer mejores sistemas de mercadotecnia en las zonas de bajos ingresos; cabe esperar que los grandes detallistas abran tiendas en las zonas de bajos ingresos. Es más, las personas de bajos ingresos evidentemente necesitan protección como consumidores. La CFC ha tomado medidas contra los comerciantes que anuncian valores falsos, venden mercancía vieja como si fuera nueva o cobran demasiado por el crédito. La comisión también está tratando de impedir que los comerciantes ganen casos en los tribunales ante las demandas de personas de bajos ingresos que fueron engañadas para comprar algo.

Las repercusiones de la mercadotecnia en la sociedad en general

Se ha acusado al sistema mercadotécnico de Estados Unidos de introducir varios "males" en la sociedad estadounidense en general. La publicidad ha sido un blanco especial, tan es así, que la Asociación Americana de Agencias de Publicidad emprendió una camapaña para defender a la publicidad contra críticas comunes que, en su opinión, eran falsas (véase Puntos Importantes de la Mercadotecnia 23-2).

Necesidades falsas y exceso de materialismo

Los críticos han afirmado que el sistema mercadotécnico despierta demasiado interés por las pertenencias materiales. Se juzga a las personas por lo que *tienen* y no por lo que *son*. Para que alguien sea considerado triunfador, debe tener una casa en los suburbios, dos autos y lo último en ropa y aparatos electrónicos de consumo. De hecho, parecería que este afán por la riqueza y las pertenencias ha llegado a su cúspide en años recientes.

> Dinero, dinero, dinero es el canto de hoy. Los estadounidenses, embrujados por una epidemia que los tiene encantados con el dinero, se agitan en un baile de San Vito de un materialismo que no se había visto desde los años dorados de los Fabulosos Veinte. Bajo el abrasador sol del dinero, todos los demás valores palidecen ... La evidencia está en todo. Abra las tapas escarlata de un catálogo navideño de Saks Fifth Avenue, para principiantes, y vea lo que Santa Claus le ofrece a las familias jóvenes

contemporáneas, desde el portafolios de piel de avestruz para papá de 1,650 dólares y el abrigo de pieles para mamá de 39,500 dólares, hasta el Mercedes miniatura que corre a 15 millas por hora para el pequeñín, de 4,000 dólares.[8]

Muchos estudiosos de las ciencias sociales están notando en la década presente una reacción contra la opulencia y el desperdicio de la de 1980, así como un regreso a valores más básicos y a mayor compromiso social. Por ejemplo, en una encuesta reciente se pidió a los sujetos que mencionaran las cosas que tenían más valor para ellos y el resultado fue: trabajo agradable (86%), hijos felices (84%), un buen matrimonio (69%) y aportaciones a la sociedad (66%). Sin embargo, cuando se les preguntó cuáles eran los mejores símbolos del éxito, 85% contestó que el dinero y lo que éste compra. Por tanto, nuestro amor por las cosas materiales persiste.[9]

Los críticos consideran que este interés por las cosas materiales no es un estado natural de la mente, sino que se trata más bien de necesidades falsas creadas por la mercadotecnia. Las empresas contratan a Madison Avenue para que estimule el deseo de la gente por tener más y Madison Avenue usa los medios masivos para crear modelos materialistas de la buena vida. La gente trabaja más para ganar el dinero que necesita. Sus compras aumentan la producción de la industria estadounidense y, a su vez, la industria usa a Madison Avenue para estimular más deseo para la producción industrial. Así, se considera que la mercadotecnia crea necesidades falsas que benefician a la industria más de lo que benefician a los consumidores.

No obstante, estas críticas exageran el peso de las empresas para crear necesidades. La gente tiene grandes defensas contra la publicidad y otros instrumentos de mercadotecnia. Los mercadólogos son más eficaces cuando acuden a las necesidades existentes que cuando tratan de crear nuevas. Es más, la gente busca información cuando hace compras importantes y, muchas veces, no depende de una sola fuente. Incluso las compras menores que podrían sufrir las repercusiones de los mensajes publicitarios conducen a que se repita la compra sólo cuando el producto actúa de acuerdo con lo prometido. Por último, el elevado porcentaje de fracasos de productos nuevos es prueba de que las empresas no tienen capacidad para controlar la demanda.

En un nivel más profundo, nuestras necesidades y valores no sólo están sujetos a la influencia de los mercadólogos sino también a la de familia, grupos de compañeros, religión, antecedentes étnicos y educación. Si los estadounidenses son muy materialistas, estos valores surgieron de procesos básicos de socialización que son mucho más profundos de lo que podrían conseguir las empresas y los medios de masas.

Muy pocos bienes sociales

Se ha acusado a las empresas de vender demasiados bienes privados a expensas de bienes públicos. Conforme los bienes privados aumentan, requieren mayor cantidad de servicios públicos que, normalmente, no llegan. Por ejemplo, un aumento de automóviles (bien privado), requiere más carreteras, control del tránsito, espacios para estacionar y servicios de la policía (bienes públicos). El exceso de ventas de bienes privados produce "costos sociales". En el caso de los autos, los costos sociales son los congestionamientos de tránsito, la contaminación del aire y las muertes y lesiones a causa de accidentes automovilísticos.

Se debe encontrar la forma de restaurar el equilibrio entre los bienes privados y los públicos. Una opción sería que los productores carguen con todos los costos sociales de sus operaciones. Por ejemplo, el gobierno podría exigir a los fabricantes de autos que produjeran automóviles con más características para la seguridad y mejores sistemas para el control de la contaminación. Entonces, los fabricantes de autos aumentarían sus precios para cubrir los costos extraordinarios. Sin embargo, si los compradores consideraran que el precio de algunos autos es demasiado elevado, los productores de dichos autos desaparecerían y la demanda se dirigiría a los productores que pudieran aguantar la suma de los costos privados y sociales.

La contaminación cultural

Los críticos acusan al sistema de mercadotecnia de producir una *contaminación cultural*. La publicidad está atacando nuestros sentidos permanentemente. Los comerciales interrumpen los programas serios; páginas de anuncios oscurecen los textos impresos; los carteles afean bellos escenarios. Estas interrupciones están contaminando, en forma constante, la mente de la gente, con mensajes de materialismo, sexo, poder o posición social. Aunque la mayor parte de la gente no encuentra que la publicidad sea demasiado molesta (algunos incluso la consideran la mejor parte de la programación de televisión), algunos críticos piden cambios de fondo.

Los mercadólogos responden a la acusación del "ruido comercial" con estos argumentos: en primer lugar, esperan que sus anuncios lleguen primordialmente al público al cual se dirigen. Sin embargo, debido a los canales de la comunicación de masas, algunos anuncios llegan a personas que no tienen interés por el producto y, por consiguiente, se aburren o molestan. Las personas que compran revistas dirigidas a sus campos de interés —como *Vogue* o *Fortune*— rara vez se quejan de los anuncios, porque las revistas anuncian productos que les interesan. En segundo, los anuncios hacen que la televisión y la radio sean medios gratuitos y mantienen bajos los costos de revistas y periódicos. La mayor parte de las personas piensan que los comerciales son el pequeño precio que se debe pagar.

Contaminación cultural: en ocasiones, los mensajes comerciales atacan los sentidos de la gente.

Exceso de poder político

Otra crítica es que las empresas ejercen demasiado poder político. Los senadores del "petróleo", el "tabaco" y los "autos" defienden los intereses de una industria en detrimento de los intereses del público. Se acusa a los anunciantes de tener demasiado poder en los medios masivos, de limitar su libertad para hablar de manera independiente y objetiva. Un crítico ha preguntado: "¿Cómo pueden *Life* ... y *Reader's Digest* darse el lujo de decir la verdad del valor nutritivo, escandalosamente bajo, de la mayor parte de los alimentos empacados ... cuando estas revistas son subsidiadas por anunciantes como General Foods, Kellogg's, Nabisco y General Mills? ... La respuesta es que *no pueden ni lo hacen*".[10]

Las industrias estadounidenses promueven y protegen sus intereses. Tienen derecho a estar representadas en el Congreso y en los medios de masas, aunque su influencia puede llegar a ser demasiada. Por fortuna, muchos intereses empresariales poderosos, que antes se consideraban intocables, han sido controlados para bien del público. Por ejemplo, Standard Oil fue dividida en 1911, y la industria cárnica fue sujeta a castigos en la década de 1900, cuando la denunció Upton Sinclair. Ralph Nader dio origen a las leyes que obligaban a la industria automovilística a incluir mayor seguridad en sus autos y el informe del Secretario de Salud obligó a las tabacaleras a incluir avisos en las cajetillas de cigarrillos. Es más, como los medios obtienen ingresos por la publicidad de muchos anunciantes, les resulta más fácil resistirse a su influencia, que si sólo fueran uno o dos. El exceso de poder de las empresas suele producir contrapesos que equilibran y controlan estos poderosos intereses.

Las repercusiones de la mercadotecnia en otros negocios

Los críticos también dicen que las prácticas mercadotécnicas de una empresa pueden perjudicar a otras empresas y reducir la competencia. Existen tres problemas: las adquisiciones de competidores, las prácticas de mercadotecnia que levantan obstáculos para la entrada y las prácticas de mercadotecnia desleales para la competencia.

Los críticos afirman que las empresas se perjudican y la competencia disminuye cuando las compañías se expanden mediante la adquisición de otras firmas competidoras, en lugar de crecer desarrollando sus propios productos nuevos. Tan sólo en la industria de los alimentos, en pocos años, R. J. Reynolds adquirió las marcas Nabisco; Philip Morris compró General Foods y Kraft; Procter & Gamble se tragó a Richardson-Vicks, Noxell y partes de Revlon; Nestlé absorbió Carnation; y Quaker Oats compró Stokely-Van Camp. Estas adquisiciones y otras más en diferentes industrias han despertado la preocupación de que los competidores jóvenes y vigorosos serán absorbidos y que la competencia será menos.

Las adquisiciones son un tema muy complejo. En ocasiones, las adquisiciones pueden ser buenas para la sociedad. Al adquirirse una empresa se pueden conseguir economías de escala que conducirán a costos y precios más bajos. Una empresa bien administrada puede adquirir una empresa mal administrada y mejorar su eficiencia. Una industria que no era muy competitiva se puede tornar más competitiva después de una adquisición. Sin embargo, las adquisiciones también pueden ser perjudiciales y, por tanto, están estrechamente reglamentadas por el gobierno.

Los críticos también han dicho que las prácticas de mercadotecnia impiden que las empresas nuevas entren en una industria. Las grandes empresas de mercadotecnia pueden usar las patentes, el gasto elevado para promociones y pueden llegar a arreglos con proveedores o distribuidores para impedir que entren competidores o para sacarlos. Las personas interesadas por los reglamentos antimonopólicos reconocen que algunos obstáculos son el resultado natural de las ventajas económicas por realizar transacciones a gran escala. Otros obstáculos podrían ser superados por leyes existentes o nuevas. Por ejemplo, algunos críticos han propuesto un impuesto progresivo sobre el gasto para publicidad, con la intención de reducir el papel de los costos de venta, que representan un gran obstáculo para entrar al mercado.

Por último, algunas empresas han recurrido, de hecho, a prácticas de mercadotecnia desleales para competir, con el propósito de perjudicar o acabar con otras empresas. Así, pueden marcar precios por abajo de sus costos, amenazar a sus proveedores con suspender actividades o desalentar la adquisición de productos de la competencia. Existen diversas leyes para evitar esta competencia depredadora. Sin embargo, es muy difícil demostrar que la intención o el acto fueron, en realidad, depredadores. Un ejemplo clásico es el caso de A&P, la enorme detallista capaz de cobrar precios más bajos que los de las tiendas de abarrotes de barrio. La interrogante es si se trata de un caso de competencia desleal o de la competencia sana de un detallista más eficiente contra otro menos eficiente.

MEDIDAS PUBLICAS Y CIVILES PARA REGULAR LA MERCADOTECNIA

Como algunas personas consideran que los negocios son la causa de muchos males económicos y sociales, de tiempo en tiempo surgen movimientos populares para mantener en línea a las empresas. Los dos movimientos más importantes son los grupos de *protección a consumidores* y los *ambientalistas*.

Los grupos de protección a los consumidores

Las sociedades mercantiles de Estados Unidos han sido blanco de movimientos organizados de consumidores en tres ocasiones. El primer movimiento de consumidores ocurrió a principios de la década de 1900, y se debió al aumento de precios, a la obra de Upton Sinclair describiendo las condiciones de los rastros y a los escándalos en la industria farmacéutica. El segundo movimiento de consumidores, a mediados de los años treinta, fue producto del aumento de precios al consumidor durante la Gran Depresión y de otro escándalo en la industria farmacéutica.

El tercer movimiento se inició en los años sesenta. Entonces, los consumidores ya estaban más informados, los productos eran más complejos y peligrosos y la gente estaba descontenta con las instituciones de Estados Unidos. Así, Ralph Nader se presentó en el escenario defendiendo muchas causas y otros escritores conocidos acusaron a las grandes empresas de actividades poco éticas y propensas al desperdicio. El presidente John F. Kennedy declaró que los consumidores tienen el derecho de obtener seguridad e información, así como de poder elegir y ser escuchados. El Congreso investigó a ciertas industrias y propuso leyes para proteger a los consumidores. Desde entonces, se han organizado muchos grupos de consumidores y se han aprobado diversas leyes que protegen al consumidor. El movimiento de los consumidores se ha extendido por todo el mundo y ha adquirido mucha fuerza en Europa.[11]

¿Qué es un movimiento en pro del consumidor? La **protección de los consumidores** es un movimiento organizado de ciudadanos y organismos de gobierno que pretende afianzar los derechos y aumentar el peso de los compradores ante los vendedores. Los derechos tradicionales de los vendedores serían:

- El derecho de introducir al mercado cualquier producto, del tamaño y estilo que fuere, siempre y cuando no represente un riesgo para la salud o la seguridad personales o, en su defecto, que contenga avisos y controles pertinentes.

- El derecho de cobrar el precio que fuere por el producto, siempre y cuando no sea discriminatorio para compradores de tipos similares.

- El derecho de gastar la cantidad que fuere para promover el producto, siempre y cuando ésta no se defina como competencia desleal.

- El derecho de usar el mensaje que fuere para el producto, siempre y cuando su contenido o su ejecución no sean engañosos o falaces.

- El derecho a usar los planes que fuere para incentivar las compras, siempre y cuando no sean engañosos o falaces.

Los derechos tradicionales de los compradores serían:

- El derecho de no comprar un producto puesto a la venta.

- El derecho de contar con que el producto será seguro.

- El derecho de contar con que el producto cumplirá con lo que promete.

Al comparar estos derechos, muchos llegan a la conclusión de que el peso de la balanza se inclina hacia el lado del vendedor. Claro está que el comprador se puede negar a comprar. Sin embargo, los críticos piensan que el comprador, cuando está ante vendedores sofisticados, cuenta con muy poca información, conocimientos y protección para tomar decisiones adecuadas. Los defensores de los consumidores exigen además los siguientes derechos para el consumidor:

- El derecho de estar bien informado sobre aspectos importantes del producto.

- El derecho de estar protegido contra productos o prácticas comerciales cuestionables.

- El derecho de influir en los productos y las prácticas comerciales, de tal manera que se mejore la "calidad de vida".

Cada uno de los derechos propuestos ha conducido a propuestas más concretas por parte de los grupos de consumidores. El derecho de estar informado incluye el derecho de conocer los verdaderos intereses sobre un préstamo (verdad en cuanto a créditos), el verdadero costo por unidad de una marca (precios unitarios), los ingredientes de un producto (etiquetas con ingredientes), el valor nutritivo de los alimentos (etiquetas con valores nutritivos), la caducidad del producto (fechas en el exterior) y los verdaderos beneficios de un producto (publicidad que diga la verdad). Las propuestas referentes a la protección del consumidor serían: reforzar los derechos del consumidor en casos de fraude mercantil, requerir mayor seguridad del producto y otorgar más facultades a los organismos del gobierno. Las propuestas en cuanto a la calidad de vida serían: controlar los ingredientes que incluyen ciertos productos (detergentes) y empaques (recipientes de refrescos), reducir la cantidad de "ruido" de la publicidad e incluir a representantes de los consumidores en los consejos de las empresas para que protejan los intereses de los consumidores.

Los consumidores no sólo tienen el *derecho* de protegerse, también tienen la responsabilidad de hacerlo, en lugar de dejar esta función en manos de otros. Los consumidores que piensan que han hecho un trato injusto tienen varios recursos a su alcance, entre ellos, escribirle al presidente de una sociedad o a los medios masivos; ponerse en contacto con organismos federales, estatales o locales o dirigirse a la procuraduría.

Los grupos ambientalistas

Mientras que los grupos de consumidores se preocupan porque el sistema de mercadotecnia atienda con eficiencia las necesidades de los consumidores, los ambientalistas se preocupan por las repercusiones de la mercadotecnia en el entorno y por los costos que impone el hecho de atender las necesidades y los anhelos de los consumidores. Les preocupan los daños que puede sufrir el ecosistema a causa de la minería de superficie, la explotación irracional de los bosques, la lluvia ácida, el desgaste de la capa de ozono, los desechos tóxicos y la basura. Además, les preocupa la pérdida de espacios recreativos y el aumento de los problemas de salud ocasionados por el aire impuro, el agua contaminada y los alimentos sujetos a tratamientos químicos. Estas preocupaciones son el fundamento del **ambientalismo;** es decir, un movimiento de ciudadanos y organismos de gobierno organizado con el propósito de cuidar el medio ambiente.

Los ambientalistas no se oponen a la mercadotecnia ni al consumo, simplemente quieren que las personas y las organizaciones trabajen cuidando más el ambiente. La meta del sistema de mercadotecnia no debe ser aumentar el consumo, las opciones para el consumidor ni la satisfacción del consumidor, sino más bien elevar la calidad de vida al máximo. Y, "calidad de vida" no sólo se refiere a la cantidad y la calidad de los servicios y los bienes de consumo, sino también a la calidad del entorno. Los ambientalistas pretenden que cuando los productores y los consumidores tomen decisiones consideren los costos para el ambiente.

Los grupos ambientalistas le han pegado duro a algunas industrias. Tanto siderúrgicas como empresas de servicios públicos han tenido que invertir muchos millones de dólares en equipo anticontaminante y en combustibles más caros. La industria de los automóviles ha tenido que colocar costosos controles de emisiones en los autos. La industria de los empaques ha tenido que encontrar la manera de disminuir la cantidad de basura. La industria de las gasolinas ha tenido que crear gasolinas nuevas con poco o nada de plomo. Con frecuencia, estas industrias se oponen a los reglamentos ambientalistas, sobre todo cuando se imponen con demasiada rapidez y las empresas no pueden hacer los ajustes pertinentes. Estas empresas han absorbido grandes costos y se los han pasado a los compradores.

Así, la vida de los mercadólogos se ha complicado bastante. Los mercadólogos deben revisar las propiedades ecológicas de sus productos y empaques. Deben subir precios para cubrir los costos ambientales, sabiendo que será más difícil vender el producto. No obstante, las cuestiones ambientales han adquirido tanta importancia en nuestra sociedad que es imposible volver a las épocas en que sólo un puñado de administradores se preocupaban sobre las consecuencias que sus decisiones, en cuanto a productos y mercadotecnia, producían en la calidad del ambiente. Muchos analistas piensan que la década presente será la "Década de la tierra", en que la protección del medio ambiente será el principal problema que enfrente la gente de todo el mundo. Las empresas han respondido con la "mercadotecnia verde"; es decir, desarrollando productos más seguros en términos ecológicos, empaques reciclables o biodegradables, mejores controles anticontaminantes y operaciones que aprovechan mejor los energéticos (véase Puntos Importantes de la Mercadotecnia 23-3).

Medidas públicas para regular la mercadotecnia

La preocupación de la gente por las prácticas de mercadotecnia suele atraer la atención del público y producir proyectos de ley. Estas nuevas leyes se discutirán y muchas de ellas serán descartadas, otras modificadas y unas cuantas aprobadas y aplicadas.

En el capítulo 3 se habla de algunas leyes que afectan a la mercadotecnia. La labor consiste en traducir estas leyes a un lenguaje que entiendan los ejecutivos de mercadotecnia cuando toman decisiones sobre sus relaciones con la competencia, los productos, los precios, las promociones y los canales de distribución. La figura 23-3 contiene las principales cuestiones jurídicas que afectan a la administración mercadotécnica.

MEDIDAS DE LAS EMPRESAS PARA LOGRAR UNA MERCADOTECNIA CON RESPONSABILIDAD SOCIAL

Al principio, muchas empresas se oponían a los grupos de consumidores y ambientalistas. Pensaban que las críticas eran injustas o que carecían de importancia. Sin embargo, ahora, la mayor parte de las empresas han llegado a aceptar los nuevos derechos de los consumidores, cuando menos en principio. Quizá se opongan a ciertas leyes por considerarlas inadecuadas para resolver ciertos problemas de los consumidores, pero reconocen el derecho que tienen los consumidores para estar informados y protegidos. Muchas de estas empresas han respondido a los grupos de consumidores y ambientalistas, en forma positiva, para así poder satisfacer mejor las necesidades de los consumidores.

La mercadotecnia ilustrada

La filosofía de la **mercadotecnia ilustrada** afirma que la mercadotecnia de una empresa debe propugnar por una mejor actuación del sistema mercadotécnico, a largo plazo. La mercadotecnia ilustrada consta de cinco principios: *la mercadotecnia orientada hacia los consumidores, la mercadotecnia innovadora, la mercadotecnia del valor, la mercadotecnia con sentido de misión* y *la mercadotecnia social.*

La mercadotecnia orientada hacia los consumidores
Una **mercadotecnia orientada hacia los consumidores** significa que la empresa debe considerar y organizar sus actividades de mercadotecnia desde el punto de vista del consumidor. Debe esforzarse por percibir, atender y satisfacer las necesidades de un grupo definido de clientes. Analice el ejemplo siguiente:

PUNTOS IMPORTANTES DE LA MERCADOTECNIA 20-1

EL NUEVO AMBIENTALISMO Y LA "MERCADOTECNIA VERDE"

El Día de la Tierra de 1970, el naciente movimiento ambientalista hizo su primer esfuerzo, a gran escala, para mostrar a los estadounidenses los peligros de la contaminación. Era una tarea ardua: a la sazón, la mayor parte de los estadounidenses no se interesaban por los problemas del medio ambiente. Sin embargo, el Día de la Tierra de 1990, fue una causa de alcance nacional, salpicada de artículos en las revistas y los periódicos más importantes, de espectáculos en televisión en tiempo de primera y de infinidad de eventos. Las empresas más grandes, ansiosas de demostrar su preocupación corporativa, prepararon anuncios especiales para el Día de la Tierra y contribuyeron con dinero, equipo y trabajadores como ayuda para los eventos del Día de la Tierra. El Día de la Tierra resultó ser apenas el inicio de un "Decenio de la Tierra", en el que el movimiento ambientalista se ha convertido en una impresionante fuerza mundial.

Hoy, el ambientalismo cuenta con gran apoyo del público. Algunas encuestas arrojan que 76% de los estadounidenses se consideran ambientalistas. Ahora, la gente lee y escucha hablar, todos los días, de una creciente lista de problemas ambientales —el calentamiento de la Tierra, la lluvia ácida, el desgaste de la capa de ozono, la contaminación de aire y agua, los desechos tóxicos peligrosos, el aumento de los desperdicios sólidos— y, ahora, pide soluciones. El nuevo movimiento ambientalista está haciendo que muchos consumidores piensen dos veces qué productos compran y a quién se los compran. Muchos consumidores dicen que están dispuestos a gastar más y a prescindir de la comodidad, a efecto de comprar productos seguros para el medio ambiente. Esta actitud cambiante de los consumidores ha desatado una corriente mercadotécnica nueva: *la mercadotecnia verde*; es decir, el movimiento de las empresas para crear y comercializar productos que no sean perjudiciales para el medio ambiente.

Por ejemplo, McDonald's se "ha vuelto verde". Antes compraba el jarabe de Coca-Cola en bolsas de plástico, que venían en cajas de cartón, pero ahora, le entregan el jarabe como gasolina, si fuera gasolina: camiones-tanque lo bombean directamente a sus toneles de almacenamiento en los restaurantes. Este cambio significó un ahorro de 68 millones de libras de empaques al año. Todas las servilletas, bolsas y manteles de los restaurantes McDonald's están hechos de papel reciclado, al igual que las charolas para llevar refrescos e incluso la papelería de sus oficinas centrales. En el caso de una empresa del tamaño de McDonald's, incluso los cambios pequeños pueden hacer una gran diferencia. Por ejemplo, el solo hecho de hacer sus popotes 20% más ligeros le ahorró a la empresa un millón de libras de desperdicio al año. Además de optar por productos verdes, McDonald's compra materiales reciclados para construir y remodelar sus restaurantes y le pide a sus proveedores que le suministren y usen productos reciclados.

Los productores de toda una serie de industrias están respondiendo a la preocupación por el medio ambiente. Por ejemplo, Herman Miller, el enorme fabricante de muebles para oficina, impuso una moda en la industria de los muebles cuando empezó a usar maderas tropicales, de fuentes

administradas racionalmente, incluso alterando sus líneas de muebles clásicos. Sin embargo, fue incluso más lejos volviendo a usar los empaques, recapturando los solventes usados para entintar y quemando los sobrantes de tela y el aserrín para producir energía para su planta fabril. Así las cosas, estas medidas no sólo ayudan al medio ambiente, sino que le ahorran a Herman Miller 750,000 dólares al año por costos de energéticos y de rellenos sanitarios.

Otras empresas también han hecho mucho por aceptar su responsabilidad en el medio ambiente. 3M cuenta con un programa de premios por prevenir la contaminación, que ha conducido a reducir bastante los costos y la contaminación. Dow ha construido una planta nueva de etileno en Alberta, que consume un 40% menos de energía y arroja un 97% menos de desechos al agua. AT&T usa un programa de software para elegir los materiales menos perjudiciales, reducir los desechos tóxicos, reducir el consumo de energía y mejorar el reciclaje de productos.

Incluso los detallistas están subiéndose al camión "verde". Por ejemplo, Wal-Mart está presionando a sus 7,000 proveedores para que le surtan más productos reciclados. En sus tiendas, Wal-Mart pasa un video para educar a los consumidores y la tienda ha colocado más de 9000 botes de reciclaje en los estacionamientos de la cadena en todo el país.

Las empresas "verdes" comprometidas no sólo persiguen limpiar el medio ambiente, sino también evitar la contaminación. Pretenden producir productos de "gran valor y muchas virtudes" mejorando sus insumos y sus tecnologías de producción. Reconocen que enviar contaminantes a los rellenos sanitarios o incineradores no es una solución permanente. El verdadero trabajo "verde" requiere que las empresas apliquen las tres "R" de la administración de desperdicios: reducir, reaprovechar y reciclar los desperdicios.

La promoción de productos y actos mejores para el ambiente se ha convertido en un gran negocio. De hecho, algunos ambientalistas y reguladores están preocupados porque algunas empresas quizás estén exagerando sus reclamos ambientalistas. Los términos como *reciclable, degradable* y *ambientalmente responsable* aún no están bien definidos y es posible explotar o distorsionar algunas de estas afirmaciones ambientalistas. Ambientalistas y legisladores han atacado, con vigor, algunas campañas mercadotécnicas que exageran lo verde, y que hacen afirmaciones que no están demostradas o pueden estar equivocadas. Por ejemplo, Mobil modificó sus bolsas de basura Hefty, de tal manera que se descompusieran más fácilmente, y las empezó a comercializar como "degradables". Sin embargo, estas afirmaciones se toparon con el Fondo para la Defensa del Ambiente y varios procuradores generales de los estados cuando se supo que las bolsas sólo se degradan al quedar expuestas al aire y la luz; la mayor parte de las bolsas de basura son enterradas en rellenos sanitarios. En 1992, la Comisión Federal para el Comercio giró una serie de lineamientos voluntarios para el uso de términos en la mercadotecnia verde, como guía para que los comercializadores hicieran afirmaciones sobre sus productos y el ambiente.

Ambientalismo de las sociedades: las empresas ilustradas no están tomando medidas porque alguien les esté obligando a hacerlo, sino porque es lo que se debe hacer.

No obstante, en ocasiones, los comercializadores tienen problemas para determinar qué *es* lo mejor para el medio ambiente. Durante muchos años, McDonald's se aferró a usar recipientes de espuma de estireno para sus hamburguesas, al tiempo que trataba de educar a los consumidores que los recipientes de espuma de estireno reciclable eran un precio ambiental razonable a pagar por comida cómoda y caliente. Sin embargo, cuando finalmente cedió ante la presión de los ambientalistas y optó por los empaques de papel, sus nuevos envoltorios de papel también fueron blanco de críticas. Aunque ocupan menos espacio en los rellenos sanitarios que la caja antigua, el papel recubierto de plástico no se puede usar en la mayor parte de los programas de reciclaje.

Además, es muy preocupante que conforme haya más y más comercializadores que, en su mercadotecnia, afirman ser verdes, habrá más y más consumidores que consideren que se trata de poco más que tretas. Es más, los mercadólogos quizás hayan sobreestimado la respuesta probable de los consumidores ante los programas mercadotécnicos verdes. Aunque diversas encuestas arrojan que la mayor parte de los adultos dicen que están preocupados por el medio ambiente, su comportamiento real, al parecer, va a la zaga. Por ejemplo, sólo 26% de los estadounidenses reciclan, regularmente los periódicos, 23% evitan comprar aerosoles y apenas 7% de los consumidores evitan, conscientemente, los restaurantes que usan recipientes de espuma de estireno.

Muchas empresas han respondido al nuevo ambientalismo haciendo todo lo necesario por esquivar los reglamentos nuevos o por tener callados a los ambientalistas. Otras están hinchándose de ganar dinero, atendiendo la creciente preocupación del público por el medio ambiente.

Sin embargo, las empresas ilustradas no están tomando medidas porque alguien las está obligando a hacerlo, ni para obtener utilidades a corto plazo, sino porque es lo que se debe hacer. Piensan que, hoy, la visión futurista del ambiente, rendirá frutos mañana. Por ejemplo, Edgar Woolard, presidente ejecutivo de Du Pont, piensa que las empresas deberían hacer mucho más que sólo cumplir con las leyes. Afirma:

> El verdadero cambio ambiental no consiste en responder ante el siguiente reglamento propuesto. Tampoco es cuestión de hacer que los ambientalistas vean las cosas como queremos. No se trata de educar al público para que aprecie los beneficios de nuestros productos y así tolere sus repercusiones en el medio ambiente ... Estoy hablando de un *ambientalismo para las sociedades*, el cual defino como una actitud y un compromiso para actuar de manera que la dirección del medio ambiente a manos de las empresas encaje totalmente con los deseos y las expectativas del público.

Fuentes: Joe Schwartz, "Earth Day Today", *American Demographics*, abril de 1990, pp. 40-41; Schwart y Thomas Miller, "The Earth's Best Friends", *American Demographics*, febrero de 1991, pp. 26-36; David Woodruff, "Herman Miller: How Green Is My Factory", *Business Week*, 16 de septiembre de 1991, pp. 54-56; Melanie Rigney, "Matter of Semantics— Or of Survival?", *Advertising Age*, 29 de junio de 1992, pp. S2, S9; Steven W. Colford, "FTC Green Guidelines May Spark Ad Efforts", *Advertising Age*, 3 de agosto de 1992, pp. 1, 29; Jaculqyn Ottman, "Environmentalism Will Be the Trend of the '90s", *Marketing News*, 7 de diciembre de 1992, p. 13; S. K. List, "The Green Seal of Eco-Approval", *American Demographics*, enero de 1993, pp. 9-10; y Gary Levin, "Too Green for Their Own Good", *Advertising Age*, 12 de abril de 1993, p. 29.

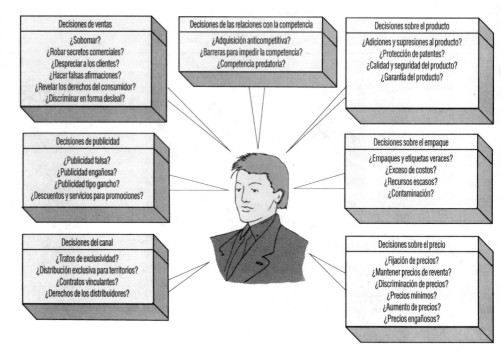

FIGURA 23-2
Cuestiones legales que enfrenta la administración de mercadotecnia

Decisiones de ventas
¿Sobornar?
¿Robar secretos comerciales?
¿Despreciar a los clientes?
¿Hacer falsas afirmaciones?
¿Revelar los derechos del consumidor?
¿Discriminar en forma desleal?

Decisiones de las relaciones con la competencia
¿Adquisición anticompetitiva?
¿Barreras para impedir la competencia?
¿Competencia predatoria?

Decisiones sobre el producto
¿Adiciones y supresiones al producto?
¿Protección de patentes?
¿Calidad y seguridad del producto?
¿Garantía del producto?

Decisiones de publicidad
¿Publicidad falsa?
¿Publicidad engañosa?
¿Publicidad tipo gancho?
¿Descuentos y servicios para promociones?

Decisiones sobre el empaque
¿Empaques y etiquetas veraces?
¿Exceso de costos?
¿Recursos escasos?
¿Contaminación?

Decisiones del canal
¿Tratos de exclusividad?
¿Distribución exclusiva para territorios?
¿Contratos vinculantes?
¿Derechos de los distribuidores?

Decisiones sobre el precio
¿Fijación de precios?
¿Mantener precios de reventa?
¿Discriminación de precios?
¿Precios mínimos?
¿Aumento de precios?
¿Precios engañosos?

Barat College, una escuela superior para señoritas en Lake Forest, Illinois, publicó un catálogo que hablaba claramente de las ventajas y desventajas de Barat College. Entre las debilidades que compartía con las solicitantes se decía: "La estudiante que tenga un talento excepcional para la música o las matemáticas ... haría bien en buscar otro colegio que tuviera un profesorado e instalaciones de primera para esos campos ... No contamos con toda la gama de cursos especializados avanzados que ofrece una universidad ... La cantidad de volúmenes de la biblioteca es normal para un colegio pequeño, pero escasa si se compara con otras instituciones de mayor calidad.

"El decir las cosas como son" pretende dar confianza, de tal manera que las solicitantes en realidad sepan qué pueden esperar de Barat College y subrayar que Barat College se esforzará por aumentar su valor para los consumidores al ritmo que permitan el tiempo y los fondos.

La mercadotecnia innovadora

El principio de la **mercadotecnia innovadora** requiere que la empresa busque, en forma constante, verdaderas mejoras para su producto y mercadotecnia. La empresa que descuida formas nuevas para hacer las cosas mejor, con el tiempo, perderá clientes a manos de otra empresa que sí haya encontrado una forma mejor. Uno de los mejores ejemplos de un mercadólogo innovador es Procter & Gamble:

Wisk, producto de Lever Bros., ha dominado el campo de los detergentes líquidos durante toda una generación y los detergentes líquidos han ido acaparando una parte cada vez más grande el mercado de los detergentes, con un valor de 3.2 mil millones de dólares al año. P&G intentó superar a Wisk con Era y Solo, un par de detergentes líquidos que serían el último grito de la moda en las lavanderías, pero no lo logró. Después, desarrolló un detergente líquido con 12 agentes limpiadores, el doble que establece la norma, y una molécula que atrapa la mugre en el agua de lavado. P&G llamó Tide a su jabón líquido y lo presentó en una botella del mismo color rojo brillante que su caja de jabón Tide. Tras sólo 18 meses en el mercado, Tide Líquido está lavando tanta ropa como Wisk en Estados Unidos, y los dos están lidiando una feroz batalla por el segundo lugar, después de Tide en polvo, de entre todos los detergentes.[12]

La mercadotecnia del valor

Según el principio de la **mercadotecnia del valor,** la empresa debe dedicar la mayor parte de sus recursos a inversiones mercadotécnicas que aumenten el valor. Muchas de las cosas que hacen los mercadólogos —promociones únicas de ventas, cambios menores en los empaques, publicidad exagerada— quizás aumenten las ventas a corto plazo, pero suman menos *valor* que el que aumentarían la superación real de la calidad, las características o la comodidad del producto. La mercadotecnia ilustrada pretende conseguir la fidelidad de los clientes a largo plazo, mejorando en forma constante el valor que los consumidores derivan de la oferta de mercadotecnia de la empresa.

La mercadotecnia con sentido de misión

Una **mercadotencia con sentido de misión** significa que la empresa debe definir su misión en términos *sociales* generales, y no en términos estrechos del *producto*. Cuando la empresa define una misión social, los empleados se sienten más contentos con su trabajo y tienen un sentido de dirección más claro. Por ejemplo, la misión de Johnson & Johnson, definida en términos estrechos del producto, podría ser "vender curitas y aceite para bebés". Sin embargo, la empresa define su misión con mayor amplitud:

> Pensamos que debemos nuestra primera responsabilidad a los médicos, las enfermeras y los pacientes, así como a las madres y a todos los demás usuarios de nuestros productos y servicios. A efecto de satisfacer sus necesidades, todo lo que hagamos debe ser de gran calidad. Debemos esforzarnos en forma permanente para reducir costos, con objeto de mantener precios razonables. Debemos surtir los pedidos de los clientes con oportunidad y precisión. Nuestros proveedores y distribuidores deben tener margen suficiente para obtener una utilidad justa. Además, debemos responsabilidad a nuestros empleados, los hombres y mujeres de todo el mundo que trabajan con nosotros. Todos ellos deben ser considerados personas individuales. Debemos respetar su dignidad y reconocer sus méritos ... Debemos responsabilidad a las comunidades donde vivimos y laboramos, así como a la comunidad mundial. Debemos ser buenos ciudadanos, apoyar obras benéficas y de caridad, así como compartir la parte que nos corresponde de los impuestos. Debemos fomentar las mejoras civiles, así como una salud y una educación de mejor calidad. Dado que gozamos del privilegio de usar ciertos bienes, debemos mantenerlos en buen orden, protegiendo el entorno y los recursos naturales.[13]

Cuando la tarea básica de vender productos de consumo cambia y se convierte en la misión más amplia de servir a los intereses de los consumidores, empleados, proveedores y otros miembros de la "comunidad mundial", la misión de los empleados de Johnson & Johnson adquiere un nuevo sentido.

La mercadotecnia social

Con el principio de la **mercadotecnia social,** la empresa ilustrada toma sus decisiones mercadotécnicas considerando los deseos y los intereses de los consumidores, a largo plazo, así como los requisitos de la empresa y los intereses de la sociedad, a largo plazo. La empresa está consciente que descuidar los intereses de los consumidores y de la sociedad, a largo plazo, es como desatender a los consumidores y a la sociedad. Las empresas que están alertas consideran que los problemas de la sociedad ofrecen oportunidades.

Un comercializador orientado hacia la sociedad pretende diseñar productos que no se limiten a complacer, sino que también produzcan beneficios. La figura 23-3 muestra la diferencia. Los productos se pueden clasificar de acuerdo con el grado de satisfacción inmediata que producen a los clientes y los beneficios que representan para los consumidores, a largo plazo. Los **productos deseables** producen tanto satisfacción inmediata, como grandes beneficios a largo plazo. Por ejemplo, un producto deseable, que produce satisfacción inmediata y beneficios a largo plazo, sería un alimento para el desayuno, sabroso y nutritivo. Los **productos que complacen** ofrecen una enorme satisfacción inmediata, pero pueden perjudicar a los consumidores a largo plazo. Un ejemplo serían los cigarrillos. Los **productos saludables** tienen poco atractivo, pero benefician a los consumidores a largo plazo. Los cinturones de seguridad y las bolsas de aire de los automóviles son productos saludables. Por último, los **productos deficientes,**

FIGURA 23-3
Clasificación social de los productos nuevos

como las medicinas que saben mal y sirven para poco, no ofrecen atractivo inmediato ni beneficios a largo plazo.

Los productos que complacen entrañan el reto de que se venden muy bien, pero pueden llegar a perjudicar al consumidor. Por tanto, el producto deseable tiene la oportunidad de sumar beneficios a largo plazo, sin reducir sus cualidades gratificantes. Por ejemplo, Sears desarrolló un detergente para ropa, sin fosfato y muy eficiente. Los productos saludables entrañan el reto de aumentar algunas cualidades gratificantes, de tal manera que a los consumidores les resultan más deseables. Por ejemplo, algunas grasas sintéticas o sustitutos de la grasa, como Simplesse de NutraSweet, prometen mejorar el atractivo de alimentos más sanos, bajos en calorías y en grasas.

La ética de la mercadotecnia

Los mercadólogos conscientes enfrentan muchos dilemas de orden moral. Muchas veces no está muy claro qué sería lo correcto. Como no todos los administradores tienen una moral refinada, las empresas deben establecer *políticas para la ética de su mercadotecnia;* es decir, lineamientos generales que todos los miembros de la organización deberán seguir. Estas políticas deben abarcar las relaciones con los distribuidores, las normas de la publicidad, los servicios a clientes, los precios, el desarrollo de productos, así como normas éticas generales.

El mejor de los lineamientos no podrá resolver todas las situaciones éticas difíciles que enfrenta el mercadólogo. La tabla 23-1 contiene algunas situaciones éticas difíciles que podrían enfrentar los mercadólogos en el transcurso de sus carreras. Si los mercadólogos optan por medidas que produzcan ventas de inmediato en todos los casos, bien cabría describir su comportamiento de mercadotecnia como inmoral o incluso amoral. Si se niegan a seguir *cualesquiera* de las medidas, bien podrían ser ineficientes, en su calidad de administradores de la mercadotecnia, y desgraciados, en razón de su constante tensión moral. Los administradores necesitan una serie de principios que les ayuden a determinar el peso moral de cada situación y a decidir hasta dónde pueden llegar, sin problemas de conciencia.

Empero, ¿qué *principio* debe guiar a las empresas y a los gerentes de mercadotecnia en cuestiones de ética y de responsabilidad social? Una corriente postula que el sistema jurídico y el libre mercado deciden estas cuestiones. Según este principio, las empresas y sus administradores no son responsables de los juicios morales. Las empresas pueden hacer todo aquello que permita el sistema, sin problemas de conciencia.

Otra corriente no deja la responsabilidad en manos del sistema, sino que la coloca en manos de las empresas y los administradores en lo particular. Esta filosofía más ilustrada sugiere que la empresa debe tener "conciencia social". Las empresas y los administradores deben aplicar elevadas normas éticas y morales cuando toman decisiones que afectan a la sociedad, independientemente de lo "que permita el sistema". La historia ofrece innumerables ejemplos de medidas lícitas y permitidas, que fueron muy irresponsables por parte de la empresa. Analice el siguiente ejemplo:

Antes de que existiera la Ley para la Pureza de los Alimentos y las Medicinas, la publicidad de una píldora dietética prometía que quien la tomara podría comer prácticamente de todo, en cualquier momento y, aun así, bajar de peso. ¿Demasiado bello

TABLA 23-1
Algunas situaciones moralmente difíciles en mercadotecnia

1. Usted trabaja en una tabacalera y, hasta ahora, no le han convencido de que los cigarrillos producen cáncer. Le llega un informe a su escritorio que claramente demuestra la relación entre el fumar y el cáncer. ¿Qué haría usted?

2. Su departamento de investigación y desarrollo ha cambiado uno de sus productos ligeramente. En realidad no es "nuevo y mejorado", pero usted sabe que si pone esta afirmación en el empaque y en la publicidad, aumentarán las ventas. ¿Qué haría usted?

3. Le han solicitado que aumente un modelo austero a su línea, que se pueda anunciar para atraer clientes a la tienda. El producto no será muy bueno, pero los vendedores podrán llevar a los compradores a unidades de precio más alto. Se le pide que usted dé luz verde a la versión austera. ¿Qué haría usted?

4. Usted está considerando la posibilidad de contratar a un gerente de producto que acaba de abandonar la empresa de un competidor. Esta persona está muy dispuesta a contarle con detalle todos los planes del competidor para el año entrante. ¿Qué haría usted?

5. Uno de sus mejores distribuidores, en un territorio importante, ha tenido problemas familiares y sus ventas han bajado. Parece que le llevará algún tiempo enderezar sus problemas familiares. Mientras tanto usted está perdiendo muchas ventas. Legalmente usted puede terminar la franquicia con el distribuidor y reemplazarlo por otro. ¿Qué haría usted?

6. Tiene la posibilidad de conseguir una cuenta importante que significaría mucho para usted y su empresa. El agente de compras sugiere que un "regalito" influiría en la decisión. Su ayudante le recomienda que envíe un buen televisor a color a casa del comprador. ¿Qué haría usted?

7. Ha escuchado que un competidor cuenta con una nueva característica para el producto que marcará gran diferencia en las ventas. El competidor demostrará la característica en una reunión privada de distribuidores, en la feria anual. Usted puede mandar a un espía, sin problemas, a la reunión para que averigüe cosas de la nueva característica. ¿Qué haría usted?

8. Usted tiene que elegir una de entre tres campañas publicitarias que ha diseñado su agencia. La pimera (A) es una campaña honesta de información, suave para las ventas. La segunda (B) recurre a reclamos emocionales plenos de sexo y exagera los beneficios del producto. La tercera (C) entraña un comercial ruidoso e irritante que sin duda captará la atención del público. Las pruebas previas arrojan que las campañas serán efectivas en el orden siguiente: C, B y A. ¿Qué haría usted?

9. Usted está entrevistando a una mujer muy capaz que solicita empleo de vendedora. Tiene más calificaciones que los hombres que acaba de entrevistar. Sin embargo, usted sabe que algunos de sus clientes importantes prefieren tratar con hombres y que usted perderá algunas ventas si la contrata. ¿Qué haría usted?

10. Usted es gerente de ventas de una compañía que vende enciclopedias. Los vendedores de sus competidores están entrando a las casas con la pretensión de que van a aplicar una encuesta. Cuando terminan la encuesta, echan a andar su rollo para vender. Esta técnica parece ser muy efectiva. ¿Qué haría usted?

---

para ser cierto? De hecho, la afirmación era cierta; el producto cumplía lo que anunciaba con aterradora eficiencia. Al parecer, el ingrediente activo primario de este "complemento dietético" eran larvas de solitaria. Las larvas crecían en el tracto intestinal y, claro está, se alimentaban muy bien; la persona que tomaba la píldora, con el tiempo, literalmente se moría de hambre.[14]

Cada empresa y administrador de mercadotecnia deben elaborar una filosofía de responsabilidad social y comportamiento ético. Con el concepto de la mercadotecnia social, cada administrador debe ir más allá de lo lícito y permitido y elaborar normas basadas en la integridad personal, la conciencia corporativa y el bienestar del consumidor a largo plazo. Una filosofía clara y responsable ayudará al administrador de mercadotecnia a enfrentar muchas de las cuestiones espinosas que plantean la mercadotecnia y otras actividades humanas.

Muchas asociaciones industriales y profesionales han sugerido códigos éticos y muchas empresas están adoptando sus propios códigos éticos. Asimismo, están elaborando programas para enseñarle a los administradores cuestiones éticas importantes y para ayudarles a encontrar respuestas adecuadas (véase Puntos Im-

EL PROGRAMA DE ÉTICA DE GENERAL DYNAMICS

El programa de ética de General Dynamics está considerado el más completo de la industria. No es raro, fue preparado bajo la mirada atenta de generales del Pentágono. El programa surgió después de que se acusó a la compañía de haber sobrefacturado, a propósito, en algunos contratos de defensa firmados con el gobierno.

Ahora, General Dynamics cuenta con un comité, compuesto por miembros del consejo, que revisa sus políticas éticas, con un director de ética social, así como con un grupo rector que aplica el programa. La empresa ha establecido líneas telefónicas que ofrecen a los empleados consejos, al instante, sobre cuestiones éticas relacionadas con su trabajo y ha entregado a cada empleado una tarjeta que tiene los números telefónicos que pueden usar, gratis, para reportar sospechas de actos indebidos. Casi todos los empleados han asistido a talleres; los correspondientes a los vendedores abarcan temas como las cuentas de gastos de representación y las relaciones con los proveedores.

La empresa también cuenta con un código ético de 20 páginas que indica a los empleados, con detalle, como deben conducirse. A continuación se presentan algunos ejemplos de reglas para los vendedores:

■ Si la empresa tiene claro que debe tomar parte en una actividad ilícita o poco ética para ganar un contrato, no se seguirá adelante con ese negocio.

■ Para evitar malos entendidos o interpretaciones, toda la información proporcionada respecto a los productos y servicios deberá ser clara y concisa.

General Dynamics ha desarrollado un programa modelo de ética.

■ Queda prohibido recibir o solicitar regalos, paseos o cualquier otra cosa de valor.

■ En los países donde las costumbres generales aceptan una conducta inferior a la que aspira General Dynamics, los vendedores se regirán por las normas de la empresa.

■ En ninguna circunstancia podrá empleado alguno ofrecer o regalar nada a los clientes ni a sus representantes con la intención de influir en ellos.

Fuentes: Adaptado de "This Industry Leader Means Business", *Sales and Marketing Management*, mayo de 1987, p. 44. También véase Stewart Toy, "The Defense Scandal", *Business Week*, 1 de julio de 1988, pp. 28-30.

portantes de la Mercadotecnia 23-4).[15] Según una encuesta reciente de Fortune, de las 1000 empresas más importantes, más del 40% cuentan con talleres y seminarios sobre ética y una tercera parte ha constituido comités éticos. Más aún, cerca de 200 sociedades importantes de Estados Unidos han nombrado a ejecutivos encargados de la ética, para que se ocupen de cuestiones éticas y ayuden a los empleados a resolver problemas y preocupaciones de orden ético. Estos especialistas en ética muchas veces emplean líneas telefónicas para que los empleados puedan hacer preguntas sobre cuál sería el comportamiento ético debido y para que reporten prácticas cuestionables. En Raytheon, el ejecutivo encargado de la ética recibe unas 100 llamadas al mes. La mayor parte se refiere a cuestiones menores, pero alrededor del 10% señalan graves problemas éticos que merecen la atención de la alta gerencia.

Muchas empresas han encontrado maneras innovadoras de educar a los empleados en cuestiones éticas:

Citicorp ha elaborado un tablero para jugar a la ética, que permite a los equipos de empleados resolver dilemas hipotéticos. Los empleados de General Electric pueden recurrir a programas de software, especialmente diseñados, en sus computadoras personales para obtener respuestas a preguntas de orden ético. En Texas Instruments, los empleados reciben un artículo semanal sobre cuestiones éticas en un servicio de noticias electrónicas. Una característica popular: una especie de correo Querida Encarna, con respuestas proporcionadas por el ejecutivo de la empresa encargado de la ética ... que aborda las cuestiones problemáticas que enfrentan los empleados con más frecuencia.[16]

Empero, los códigos escritos y los programas de ética no garantizan un comportamiento ético. La ética y la responsabilidad social requieren el compromiso total de la empresa entera. Deben ser un componente de la cultura social:

En última instancia, el "comportamiento ético" debe ser parte integral de la organización, una forma de vida profundamente arraigada en el cuerpo colectivo de la sociedad ... En cualquier empresa mercantil, la conducta ética debe ser tradición, una forma de encarar cuestiones personales, que se transmite de una generación de empleados a otra, en todos los niveles de la organización. Corresponde a la gerencia, desde el puesto más alto, poner el ejemplo con la conducta personal y crear un entorno que no sólo fomente y recompense la conducta ética, sino que también haga que lo contrario sea del todo inaceptable.[17]

Los ejecutivos de mercadotecnia de la década presente enfrentan muchos retos. Los avances tecnológicos de la energía solar, las computadoras caseras, la televisión por cable, la medicina moderna, así como formas nuevas de transportes, recreación y comunicación ofrecen innumerables oportunidades de mercadotecnia. Sin embargo, las fuerzas del entorno socioeconómico, cultural y natural imponen más límites para la ejecución de la mercadotecnia. Las empresas que puedan crear valores nuevos y practicar una mercadotecnia socialmente responsable podrán conquistar el mundo.

PRINCIPIOS DE POLITICAS PUBLICAS RELACIONADAS CON LA MERCADOTECNIA

Por último, sería conveniente proponer varios principios que podrían servir para formular una política pública para la mercadotecnia. Estos principios reflejan hipótesis básicas de gran parte de las teorías y prácticas de mercadotecnia en Estados Unidos.

Principio de la libertad del consumidor y el productor

En la medida de lo posible, los consumidores y los productores deben tener relativa libertad para tomar sus decisiones de mercadotecnia. La libertad es importante para que el sistema de mercadotecnia pueda proporcionar un elevado nivel de vida. La gente puede lograr satisfacción en sus propios términos, en lugar de hacerlo en términos definidos por un tercero. Esto lleva a una mayor satisfacción porque permite que los productos y los deseos encajen mejor. La libertad de los productores y los consumidores es la piedra angular de un sistema de mercadotecnia dinámico. Empero, se necesitan más principios para aplicar esta libertad y evitar abusos.

Principio de frenar los daños potenciales

En la medida de lo posible, las transacciones que realicen libremente productores y consumidores serán asunto de ellos mismos. El sistema político frena la libertad de productores o consumidores sólo para impedir transacciones que perjudiquen o pretendan perjudicar al productor, al consumidor o a terceros. Todo el mundo acepta que los daños producidos por las transacciones dan pie a la intervención del gobierno. El problema está en definir si el daño, real o en potencia, es suficiente para justificar la intervención.

Principio de satisfacción de las necesidades básicas

El sistema de mercadotecnia debe servir a los consumidores en desventaja al igual que a los opulentos. En un sistema de libre empresa, los productores fabrican bienes para mercados que están dispuestos a comprar y pueden hacerlo. Ciertos grupos que carecen de poder de compra pueden tener que prescindir de bienes y servicios necesarios, con el consecuente daño para su bienestar físico o psicológico. Al tiempo que preserva el principio de la libertad del productor y el consumidor, el sistema de mercadotecnia debe respaldar los actos económicos y políticos necesarios para resolver este problema. Debe esforzarse por satisfacer las necesidades básicas de todo el mundo y todo el mundo debe compartir, en cierta medida, el nivel de vida que crea.

Principio de la eficiencia económica

El sistema de mercadotecnia pretende proporcionar bienes y servicios con eficiencia y a precios bajos. La medida en que se satisfagan las necesidades y los anhelos de una sociedad dependerá de la eficiencia con la que se aprovechen sus recursos escasos. Para que el mercado de las economías libres sea eficiente, éstas dependen de la competencia activa y de los compradores informados. Los competidores, para obtener utilidades, deben vigilar sus costos atentamente, al tiempo que desarrollan productos, precios y programas de mercadotecnia que atiendan las necesidades de los compradores. Los compradores derivan más satisfacción cuando tienen información sobre diferentes productos, precios y calidades que compiten y cuando eligen de entre ellos. La presencia de una competencia activa y de compradores bien informados mantiene la calidad alta y los precios bajos.

Principio de la innovación

El sistema de mercadotecnia fomenta la verdadera innovación para bajar costos de producción y distribución y para desarrollar productos nuevos que satisfagan las necesidades cambiantes de los consumidores. En realidad, gran parte de las innovaciones son imitaciones de otras marcas, con una ligera diferencia para apoyar un punto de venta. El consumidor puede enfrentar diez marcas muy similares en una clase de productos. Empero, un sistema de mercadotecnia efectivo fomenta la verdadera innovación y diferenciación de los productos para satisfacer las necesidades de diferentes segmentos del mercado.

Principio de educación e información del consumidor

Un sistema de mercadotecnia eficiente invierte mucho en educar e informar a los consumidores para incrementar la satisfacción y el bienestar a largo plazo. El principio de la eficiencia económica requiere esta inversión, especialmente en casos cuando los productos son confusos debido a su cantidad y a las afirmaciones contradictorias. En un plano ideal, las empresas ofrecerían suficiente información sobre sus productos. Sin embargo, los grupos de consumidores y el gobierno también pueden ofrecer información y calificaciones. Los estudiantes de escuelas públicas pueden tomar cursos de educación para consumidores y aprender a comprar mejor.

Principio de la protección al consumidor

La educación y la información de los consumidores no pueden hacer todo el trabajo de proteger a los consumidores. El sistema mercadotécnico también debe ofrecer protección a los consumidores. Los productos modernos son tan complejos que incluso los consumidores preparados no los pueden evaluar con confianza. Los consumidores no saben si un teléfono móvil emite radiación cancerígena, si un automóvil nuevo tiene fallas de seguridad o si un medicamento nuevo tiene peligrosos efectos secundarios. Una oficina de gobierno tiene que repasar y juzgar los grados de seguridad de diversos alimentos, medicamentos, juguetes, aparatos, materiales, automóviles y viviendas. Los consumidores pueden comprar productos, pero no llegar a entender las consecuencias para el ambiente, de tal manera que la protección a los consumidores también comprende las actividades de producción y comercialización que podrían perjudicar el ambiente. Por último, la protección a los consumidores evita las prácticas engañosas y las técnicas de venta bajo presión donde los consumidores estarían inermes.

Estos siete principios se basan en la hipótesis de que la meta de la mercadotecnia no es maximizar las utilidades de la empresa, el consumo total ni las opciones de los consumidores, sino más bien maximizar la calidad de vida. Calidad de vida significa satisfacer necesidades básicas, tener al alcance muchos productos nuevos y disfrutar de un entorno cultural y natural. El sistema de mercadotecnia, debidamente administrado, puede ayudar a crear y proporcionar una mejor calidad de vida a gente de todo el mundo.

RESUMEN

Un sistema de mercadotecnia debe percibir, atender y satisfacer las necesidades de los consumidores y mejorar su calidad de vida. Cuando pretenden satisfacer las necesidades de los consumidores, los mercadólogos pueden tomar ciertas medidas que no agradan o benefician a todo el mundo. Los gerentes de mercadotecnia deben estar conscientes de las *principales críticas contra la mercadotecnia*.

La mercadotecnia ha sido criticada por las consecuencias que tiene sobre *el bienestar del consumidor particular* debido a sus precios elevados, prácticas engañosas, ventas bajo presión, productos mal hechos o inseguros, obsolescencia proyectada y mal servicio a los consumidores de escasos recursos. La mercadotecnia ha sido criticada por su impacto sobre *la sociedad*, al haber creado falsas necesidades y demasiado materialismo, muy pocos bienes sociales, contaminación cultural y demasiado poderío político. Los críticos también han atacado a la mercadotecnia por sus consecuencias sobre *otros negocios*, porque perjudica a los competidores y reduce la competencia por medio de adquisiciones, prácticas para levantar barreras e impedir la entrada y prácticas mercadotécnicas de competencia desleal.

Las preocupaciones en cuanto al sistema de mercadotecnia han conducido a *movimientos ciudadanos*. Los *grupos de protección a los consumidores* son movimientos sociales organizados que pretenden fortalecer los derechos y el poder de los consumidores ante los vendedores. Los mercadólogos alertas consideran que se trata de una oportunidad para atender mejor a los clientes, ofreciéndoles más información, conocimientos y protección. Los *grupos ambientalistas* son un movimiento social organizado que pretende reducir el daño que las prácticas de mercadotecnia producen en el medio ambiente y la calidad de vida. Requieren que se frenen las necesidades de los consumidores cuando su satisfacción produce un costo ambiental demasiado alto. Los grupos ciudadanos han llevado a que se aprueben muchas leyes para proteger a los consumidores en cuanto a la seguridad de los productos, la verdad en los empaques, la verdad en los créditos y la verdad en la publicidad.

Muchas empresas originalmente se oponían a estos movimientos y leyes sociales, pero ahora la mayoría reconoce la necesidad de que los consumidores cuenten con información, conocimientos y protección positivos. Algunas empresas han optado por la política de una *mercadotecnia ilustrada*, basada en los principios de la *orientación hacia los consumidores, la innovación, la creación de valor, la misión social y la orientación hacia la sociedad*. Cada vez hay más empresas que están respondiendo a la necesidad de presentar políticas y lineamientos sociales que sirvan a sus administradores para manejar cuestiones de *ética mercadotécnica*.

TÉRMINOS CLAVE

Ambientalismo 806

Mercadotecnia con sentido de misión 811

Mercadotecnia del valor 810

Mercadotecnia ilustrada 807

Mercadotecnia innovadora 810

Mercadotecnia orientada hacia los consumidores 807

Mercadotecnia social 811

Obsolescencia proyectada 799

Productos deficientes 811

Productos deseables 811

Productos que complacen 811

Productos saludables 811

Protección de los consumidores 805

EXPOSICIÓN DE PUNTOS CLAVE

1. ¿Tuvo razón Gerber cuando no retiró sus alimentos para bebés después de que algunos clientes se quejaron de haber encontrado fragmentos de vidrio en los frascos? Sin tomar en cuenta lo que usted sabe del resultado del caso, analice la situación que enfrentó Gerber en 1986. ¿Qué acción habría recomendado usted en aquel momento?

2. ¿*Crea* la mercadotecnia barreras que impiden la entrada a la competencia o las *disminuye*? Explique cómo podría un pequeño fabricante de productos de limpieza doméstica usar la publicidad para competir con Procter & Gamble.

3. Si usted fuera gerente de mercadotecnia de Dow Chemical Company, ¿preferiría usted reglamentos gubernamentales sobre los niveles aceptables de contaminación del aire y el agua o un código voluntario para la industria que sólo sugiriera niveles para los grados de las emisiones? ¿Por qué?

4. ¿Aplica Procter & Gamble los principios de la mercadotecnia ilustrada? ¿Se aplican en la escuela a la que usted asiste? Ofrezca ejemplos que sustenten sus respuestas.

5. Compare el concepto de mercadotecnia y el principio de la mercadotecnia social. ¿Piensa usted que los mercadólogos deberían adoptar el concepto de la mercadotecnia social? ¿Por qué sí o no?

6. Si usted tuviera facultades para cambiar nuestro sistema de mercadotecnia de alguna manera viable, ¿qué mejoras le aplicaría? ¿Qué mejoras puede usted hacer en su calidad de consumidor o aplicando la mercadotecnia en el nivel de entrada?

APLICACIÓN DE CONCEPTOS

1. Los cambios de actitud de los consumidores, especialmente la expansión de los grupos de protección al consumidor y ambientalistas, ha desembocado en una mayor cantidad de mercadotecnia social y de mercadotecnia que, *supuestamente* es buena para la sociedad, pero que, en realidad, es más bien un engaño. (a) Haga una lista de tres ejemplos de campañas de mercadotecnia que, en su opinión, realicen una verdadera mercadotecnia social. De ser posible, encuentre ejemplos de publicidad o empaques que respalden estas campañas. (b) Encuentre tres ejemplos de imitaciones engañosas, o casi, de mercadotecnia social. ¿Cómo puede usted determinar qué campañas son auténticas y cuáles no lo son? (c) ¿Qué remedios, en su caso, recomendaría usted para este problema?

2. Piense en Estados Unidos contemporáneo. Como sociedad, tiene muchas cosas que son motivo de orgullo y muchos campos donde debe esforzarse más. (a) Haga una lista de diez cosas importantes que se deben hacer en Estados Unidos. Su lista puede incluir temas económicos, educativos, atención médica, medio ambiente, política o cualquier ámbito importante. (b) Elija un tema de la lista que tenga especial importancia para usted. Usando lo que ha aprendido en este curso, haga una lista de procedimientos en que los principios y los instrumentos de la mercadotecnia se podrían aplicar para resolver su problema.

CÓMO TOMAR DECISIONES EN MERCADOTECNIA:

COMUNICACIONES MUNDO PEQUEÑO, S. A.

EPÍLOGO

Lynette estaba pensativa. Había mucho por hacer, pero el producto *Aeropuerto* guardaba muchas promesas, la necesidad de los consumidores, con la cual contaban, sería mayor cada día, y el capitalista de la empresa les estaba poniendo en contacto con muchísima gente y recursos. El domingo por la noche, su marido ya estaba dormido, así que Lyn llamó a Tom para charlar un rato.

—Lyn, por hoy, tengo las neuronas desconectadas. Espero que no me llamas porque hay un incendio que tenemos que apagar ahora mismo.

—De hecho, Tom, también estoy bastante agotada, pero quería charlar contigo un momento. La otra noche estaba leyéndole *Stuart Little,* de E. B. White, a mis sobrinos y el final me pareció perfecto. Era tan bueno que lo mecanografié y lo colgué en el muro, frente a mí, para no perder la perspectiva.

—Está bien, tengo que hacerte la pregunta de ley, ¿me leerías lo que dice el papel de tu muro, por favor?

—Bueno, Stuart parte hacia el norte, en un viaje que seguramente será muy largo. Las últimas frases del libro dicen: "Cuando miró al frente, hacia la gran superficie que se extendía ante su vista, el camino parecía muy largo. Sin embargo, el cielo brillaba y, de alguna manera, tenía la sensación de que estaba dirigiéndose en la dirección acertada".

—Claro, recuerdo esa parte —repuso Tom, después de guardar silencio unos instantes—. Y sólo me queda decir buenas noches. Vamos a tener una semana muy ocupada. Sólo nos quedan diez días para la junta nacional de ventas. Quiero estar descansado cuando lleguemos allá, porque pienso *divertirme mucho*.

¿Y, Ahora Qué?

1. El *Aeropuerto* es un producto técnico, pero ofrece muchas ventajas para el medio ambiente. Se fabrica en una planta que tiene mucho cuidado con los desechos tóxicos que sobran de la producción de tableros de circuitos. Los circuitos están diseñados para consumir poca energía. Si los usuarios lo quieren, pueden usar el *Aeropuerto* para comunicarse sin usar papel, reduciendo así el desperdicio. ¿Le sugeriría usted a Lyn y Thomas que colocaran su producto en la posición de un producto inocuo para el ambiente? ¿Por qué sí o no?

2. Tom y Lyn quieren ser mecadólogos ilustrados. Usted ha seguido su avance desde que, en una reunión, surgió una idea simple, hasta este momento en el que están a punto de lanzar su producto *Aeropuerto* a nivel nacional. (a) Califique, en su opinión, el funcionamiento de Mundo Pequeño de acuerdo con los cinco principios de la mercadotecnia ilustrada: se orienta hacia los clientes, es innovadora, ofrece valor, tiene un sentido de misión y usa mercadotecnia social. (b) ¿Son difíciles de seguir estos principios en la práctica? ¿Ofrecen una retribución buena a largo plazo? (c) ¿Sería una empresa con mercadotecnia ilustrada el tipo de lugar donde a usted le gustaría trabajar?

REFERENCIAS

1. Véase Patricia Strnad, "Gerber Ignores Tylenol Textbook", *Advertising Age*, 10 de marzo de 1986, p. 3; Felix Kessler, "Tremors from the Tylenol Scare Hit Food Companies", *Fortune*, 31 de marzo de 1986, pp. 59-62; Wendy Zellner, "Gerber's New Chief Doesn't Take Baby Steps", *Business Week*, 7 de noviembre de 1988, pp. 130-132; y Judann Dagnoli, "Brief Slump Expected for Sudafed", *Advertising Age*, 18 de marzo de 1991, p. 53.

2. Véase Steven H. Star, "Marketing and Its Discontents", *Harvard Business Review*, noviembre-diciembre de 1989, pp. 148-154.

3. Véase John F. Gaski y Michael Etzel, "The Index of Consumer Sentiment Toward Marketing", *Journal of Marketing*, julio de 1986, pp. 71-81; "The Public is Willing to Take Business On", *Business Week*, 29 de mayo de 1989, p. 29; y Faye Rice, "How to Deal with Tougher Customers", *Fortune*, 3 de diciembre de 1990, pp. 38-48.

4. Extractos de Theodore Levitt, "The Morality (?) of Advertising", *Harvard Business Review*, julio-agosto de 1970, pp. 84-92.

5. Sandra Pesmen, "How Low Is Low? How Free Is Free?", *Advertising Age*, 7 de mayo de 1990, p. S10.

6. Discurso pronunciado en la Escuela de Derecho de la Universidad Vanderbilt, contenido en *Marketing News*, 1 de agosto de 1968, pp. 11, 15. Para una explicación más amplia, véase Louis W. Stern y Adel I. El-Ansary, *Marketing Channels*, 4a. ed. (Englewood Cliffs, N.J.: Prentice Hall, 1988), pp. 480-483; y Brian Bremner, "Looking Downscale Without Looking Down", *Business Week*, 8 de octubre de 1990, pp. 62-67.

7. *Ibid.*, p. 11.

8. Myron Magnet, "The Money Society", *Fortune*, 6 de julio de 1987, p. 26.

9. Véase Anne B. Fisher, "A Brewing Revolt Against the Rich", *Fortune*, 17 de diciembre de 1990, pp. 89-94 y Norval D. Glenn, "What Does Family Mean?", *American Demographics*, junio de 1992, pp. 30-37.

10. De un anuncio en la revista *Fact* que no tiene anuncios.

11. Para más detalles, véase Paul N. Bloom y Stephen A. Greyser, "The Maturing Consumerism", *Harvard Business Review*, noviembre-diciembre de 1981, pp. 130-139; Robert J. Samuelson, "The Aging of Ralph Nader", *Newsweek*, 16 de diciembre de 1985, p. 57; y Douglas A. Harbrecht, "The Second Coming of Ralph Nader, *Business Week*, 6 de marzo de 1989, p. 28.

12. Faye Rice, "The King of Suds Reigns Again", *Fortune*, 4 de agosto de 1986, p. 131.

13. Cita tomada de "Nuestro Credo", Johnson & Johnson, New Brunswick, Nueva Jersey.

14. Dan R. Dalton y Richard A. Cosier, "The Four Faces of Social Responsibility", *Business Horizons"*, mayo-junio de 1982, pp. 19-27.

15. Para ejemplos, véase el código ético de la Asociación Americana de Mercadotecnia, analizado en "AMA Adopts New Code of Ethics", *Marketing News*, 11 de septiembre de 1987, p. 1; John A. Byrne, "Business Are Signing Up for Ethics 101", *Business Week*, 15 de febrero de 1988, pp. 56-57; y Andrew Stark, "What's the Matter with Business Ethics?", *Harvard Business Review*, mayo-junio de 1993, pp. 38-48.

16. Kenneth Labich, "The New Crisis in Business Management", *Fortune*, 20 de abril de 1992, pp. 167-176, en este caso, p. 176.

17. Tomado de "Ethics as a Practical Matter", mensaje pronunciado por David R. Whitman, Presidente del Consejo de Whirlpool Corporation, reproducido en Ricky E. Griffin y Ronald J. Ebert, *Business* (Englewood Cliffs, NJ: Prentice Hall, 1989), pp. 578-579. Para una explicación más amplia, véase Shelby D. Hunt, Van R. Wood y Lawrence B. Chonko, "Corporate Ethical Values and Organizational Commitment in Marketing", *Journal of Marketing*, julio de 1989, pp. 79-90.

CASO 23

EL HÁBITO DE FUMAR: TRAGEDIA DE IGUALDAD DE OPORTUNIDADES

Creo que es posible volver a escribir el libro de los negocios. Creo que es posible negociar con ética, que es posible estar comprometido con la responsabilidad social, la responsabilidad mundial ... ésa es la panorámica, y la panorámica está del todo clara.

Anita Roddick
Fundadora de The Body Shop, Inc.

Estas fuertes palabras parecen transmitir nuestro deseo de afirmar que existe conciencia social y ambiental. Es una cuestión de la mercadotecnia con responsabilidad social, ¿no es así? Pues no, dicen los opositores a la comercialización de cigarrillos. Afirman que, incluso aunque se sabe que fumar es malo para la salud, la comercialización exitosa de los cigarrillos lleva, cada año, a que 400,000 estadounidenses se maten fumando. A partir de la década de 1950, los investigadores empezaron a relacionar el hábito de fumar con el cáncer de pulmón y de garganta, el enfisema, la presión sanguínea elevada e infinidad de problemas cardiacos. Hoy, los cigarrillos llevan un letrero que dice "riesgo para su salud". Además, como el humo despedido pone en peligro a los no fumadores, está prohibido fumar en muchos edificios públicos, elevadores, tiendas de abarrotes, vuelos de aviones y secciones de restaurantes.

La comercialización de los cigarrillos también ha sido limitada. Desde hace 30 años, está prohibido hacer publicidad de cigarrillos en televisión. En fecha reciente, el Tribunal Superior sentenció que los consumidores pueden demandar a las tabacaleras si la empresa ha llevado a los fumadores, intencionalmente, a equívocos en cuanto al peligro que representa fumar. Aunque los anuncios que muestran a gente saludable fumando continúan siendo aceptables, las afirmaciones que hablan de buena salud o pocos tóxicos o poca nicotina no lo son.

Sin embargo, el usar a modelos sanos en los anuncios se le puede revertir a los productores de cigarrillos. Muchos modelos de anuncios de cigarrillos han desarrollado problemas de salud relacionados con el fumar y ahora no se callan cuando hay que echarle la culpa a los cigarrillos. Algunos ejemplos son Wayne McLaren (vaquero de Marlboro), Will Thornbury (Newport), Dave Goerlitz (Winstons) y Janet Sackman (Lucky Strike), McLaren y Thornbury murieron antes de cumplir 57 años, Goerlitz ha tenido varios infartos y Sackman se ha tenido que someter a varias operaciones de cáncer de garanta y habla con gran dificultad.

Los comercializadores de cigarrillos también deben tener cuidado cuando seleccionan los mercados hacia los cuales se dirigen. Su intención de dirigirse a los negros, con la marca Uptown, y a las mujeres de clase obrera, con Dakota, fue muy criticada, tanto así que Uptown jamás llegó al mercado. Por último, los fabricantes de cigarrillos como Philip Morris tuvieron que bajar sus precios en 1993, después de décadas de incrementos en los precios de cigarrilos, superiores a la inflación.

Aunque es más difícil comercializar cigarrillos, las tabacaleras, dadas sus innovaciones y creatividad, siguen ganando mucho. Son las primeras en aprovechar la mercadotecnia con bases de datos. Los fabricantes de cigarrillos, han reunido con cuidado y atención algunas de las bases de datos de consumidores más grandes de Estados Unidos, y pueden identificar segmentos como por ejemplo, el de las fumadoras negras de cigarrillos mentolados, de entre 35 y 50 años, que viven en zonas urbanas de entre 250,000 y 500,000 habitantes. A continuación se envía a estas fumadoras cartas personales, cupones y otras promociones. Conforme disminuyen los gastos para publicidad de cigarrillos, aumentan los dólares invertidos en comercialización directa y promociones de ventas, elevando así la eficacia de los dólares gastados en promociones.

Cierta publicidad de cigarrillos es muy efectiva, como la campaña de Joe Camel. El carácter agradable de Joe le resulta tan conocido a los niños de menos de seis años como Mickey Mouse y ni siquiera sale en televisión. ¿Qué explica su popularidad? Los carteles y la mucha publicidad impresa con Joe Camel. Cuando se reforzó con promociones de ventas —camisetas, tarros, lentes para el sol y Dinero Camel con los catálogos correspondientes— parecía como si Joe estuviera en todas partes. Su aparente popularidad entre los pequeños es particularmente inquietante porque 60% de los fumadores empiezan a fumar antes de los catorce años.

Sin embargo, mientras los jóvenes siguen empezando a fumar, los estadounidenses adultos han dejado de hacerlo en cantidades enormes. Esta situación ha llevado a los fabricantes de cigarrillos a salir al mundo. Venden casi 200 mil millones de cigarrillos al año, en el extranjero; con frecuencia en su forma más letal, sin filtro, en países donde existen menos leyes de protección al consumidor.

PREGUNTAS

1. ¿Cuál de las críticas sociales contra la mercadotecnia identificada en el texto se aplica a la comercialización de cigarrillos?

2. ¿La mercadotecnia ilustrada de cigarrillos adopta alguna de las siguientes modalidades: comercialización orientada

hacia los consumidores, mercadotecnia innovadora, mercadotencia de valor o mercadotecnia con sentido de misión?

3. Los críticos de la comercialización de cigarrillos son partidarios de eliminar las ventas de todos los productos de tabaco. Las empresas de cigarrillos y el ACLU sostienen que dicha prohibición violaría los derechos de los consumidores y de los productores. ¿Está usted de acuerdo? Defienda su respuesta.

4. ¿Se debe permitir a las empresas tabacaleras que vendan cigarrillos en el extranjero? ¿Puede la venta de cigarrillos perjudicar las relaciones de Estados Unidos con otros países, en el presente o en el futuro?

5. En su opinión, ¿tienen vigencia hoy las palabras de la Sra. Roddick sobre la responsabilidad social y la global?

Fuentes: Christopher Bartlett, "The Body Shop International", *Harvard Business School Case,* abril de 1992; Stephen Colford, "What High Court Ruling Means for Tobacco Ads", *Advertising Age,* 29 de junio de 1992, pp. 3, 49; Walecia Konrad, "I'd Toddle a Mile for a Camel", *Business Week,* 23 de diciembre de 1991, p. 34; y Taft Wireback, "The Past Caught Up with Them", *Greensboro News and Record,* 14 de febrero de 1993, pp. A1, A10.

CASO EMPRESARIAL 23

NESTLÉ: OTRA VEZ BLANCO DE ATAQUES

Ciertas prácticas de mercadotecnia usadas por una unidad de Nestlé están motivando preocupación entre los activistas que defienden los productos de consumo. No es la primera vez que Nestlé queda sujeta al escrutinio de la opinión pública.

Nestlé, S. A., con oficina matriz en Vevey, Suiza, es la sociedad del ramo de alimentos más grande del mundo, con ventas mundiales al año que pasan de 25 mil millones de dólares. Los productos de la empresa son producidos en 383 fábricas, ubicadas en 50 países. Muchos de los productos de Nestlé son muy conocidos: los chocolates de Nestlé, el Nescafé, el café Taster's Choice y Hills Bros., los alimentos Libby y Contadina, los productos Beech-Nut para bebé, los alimentos Stouffer y la comida para mascotas Friskies, Fancy Feast y Mighty Dog. En 1985, la empresa adquirió Carnation Company, fabricante de la leche evaporada del mismo nombre, así como de Hot Cocoa Mix, Instant Breakfast Mix, Coffee-Mate y otras marcas muy conocidas.

A finales de los años setenta y principios de los ochenta, Nestlé fue blanco de muchos ataques de profesionales del campo de la salud, que acusaron a la empresa de alentar a las madres del Tercer Mundo a abandonar la lactancia materna, a cambio de usar leches en polvo preparadas por la empresa. Los críticos acusaron a Nestlé de usar sofisticadas técnicas de promoción para convencer a cientos de miles de madres, asoladas por la miseria y con pocos estudios, de que las leches en polvo eran mejores para sus hijos. Por desgracia, la alimentación con este tipo de leches en polvo no suele ser recomendable en estos países. Debido a la pobreza de las condiciones de vida y a los malos hábitos, las madres no limpian los biberones debidamente y, con frecuencia, mezclan las leches en polvo con agua contaminada. Es más, el nivel de ingresos no permite que muchas familias compren la cantidad necesaria de la leche en polvo.

En 1977, dos grupos estadounidenses de interés social encabezaron un boicot mundial contra Nestlé. El boicot terminó en 1984, cuando la empresa cumplió con el código para la comercialización de leche en polvo para infantes establecido por la Organización Mundial de la Salud (OMS). El código impone que se supriman todas las actividades de promoción y requiere que las empresas funcionen primordialmente como "tomadoras pasivas de pedidos". Prohíbe la publicidad, las muestras y el contacto directo con los consumidores. Por otra parte, permite el contacto con profesionales (por ejemplo, los médicos), siempre y cuando los profesionales sean los que buscan el contacto. Los fabricantes pueden empacar los productos con alguna forma de identificación visual de la empresa, pero no pueden incluir imágenes de infantes. Así pues, de hecho, el código de la OMS deja lugar para muy poca comercialización. Empero, el código sólo contiene *recomendaciones.* Estos lineamientos sólo son *obligatorios* cuando los gobiernos independientes adoptan códigos nacionales, sujetos a sus propios mecanismos regulatorios.

Además del problema de la leche en polvo, Nestlé ha tenido otros de relaciones públicas en años recientes. A diferencia de la debacle de la leche en polvo para infantes en el Tercer Mundo, el siguiente incidente entrañó la ética de la alta gerencia de una subsidiaria de Nestlé. La Beech-Nut Nutrition Corp., una de las unidades de Nestlé en Estados Unidos dedicada a los productos infantiles, se encontró en dificultades en 1987, cuando tuvo que admitir que vendía jugo de manzana para infantes, adulterado e indebidamente etiquetado. El producto contenía poco o nada de jugo de manzana y estaba hecho de azúcar de betabel, miel de caña de azúcar, miel de maíz y otros ingredientes. Después de aceptar que era culpable de las acusaciones federales, Beech-Nut convino en pagar una multa de 2 millones de dólares y 140,000 dólares más por los costos de investigación de la Food and Drug Administration. Dos ejecutivos de la empresa fueron multados y encarcelados.

Nestlé ha vuelto a ser foco de atención por su reciente ingreso al mercado estadounidense de la leche en polvo para infantes, con un valor de 160 mil millones de dólares. Aunque Nestlé domina este mercado en Europa, tres competidores grandes, bien establecidos, controlan el mercado de Estados Unidos: Abbott Laboratories (con las marcas Similac e Isomil) tiene 53% del mercado, a continuación está Bristol-Myers (con las marcas Enfamil y ProSobee) con 36% del mercado, y American Home Products (con la marca SMA) con 11%. Sin embargo, se espera que el mercado de Estados Unidos crezca entre 8 y 9% al año y Nestlé quiere participar en ese crecimiento.

La unidad Carnation de Nestlé, empresa con una reputación pura e inmaculada en el negocio de los productos para bebés, introdujo una nueva leche en polvo para infantes con el nombre de "Good Start" a finales de 1988. Carnation diseñó Good Start para los recién nacidos, pero también introdujo otro producto, Follow Up, para infantes de seis meses o más.

Carnation afirmó que Good Start ofrecía beneficios importantes, en comparación con las otras leches en polvo para bebés. La nueva leche en polvo es un producto a base de centeno, preparada para infantes alérgicos a las fórmulas normales a base de leche y de soya. Carnation le puso un precio a Good Start comparable al de las fórmulas a base de leche de vaca o soya.

En una monografía del producto para introducir Good Start, Carnation decía que "la leche materna es el alimento ideal para los infantes". Sin embargo, "cuando no es posible que la madre alimente al infante, la leche en polvo para bebés debe ofrecer una nutrición completa y ser tolerada sin problemas". Los infantes manifiestan intolerancia y sensibilidad a los alimentos debido a que su sistema inmunológico no está bien desarrollado, sus paredes intestinales son inmaduras o sus paredes intestinales han sufrido algún daño. En los casos cuando existe intolerancia o sensibilidad a los alimentos, los médicos suelen recomendar leches en polvo para infantes, hechas a base de leche entera de vaca. Sin embargo, estas leches en polvo, en ocasiones, también pueden ocasionar problemas de intolerancia o sensibilidad. En estos casos, los médicos suelen sugerir leches en polvo hechas a base de soya. Según Carnation, estos productos también pueden ocasionar problemas.

Por tanto, Carnation colocó a Good Start en la posición de una leche en polvo para infantes que los médicos deberían sugerir, antes de recomendar leches en polvo a base de soya. Carnation señalaba que la proteína de centeno es el tipo de proteína que predomina en la leche materna. Good Start es una alimentación completa, en términos nutritivos, a largo plazo o en forma rutinaria. Sin embargo, Carnation advertía que las madres deberían usar Good Start exclusivamente bajo estrecha supervisión médica cuando existiera la sospecha de alergia a la leche.

Carnation estimó que entre 15 y 20% de los infantes son alérgicos a la proteína de las leches en polvo normales. Por otra parte, El Comité de Nutrición de la Academia de Pediatría dijo que la cantidad es más bien del orden de 1 o 2%. No obstante, Carnation declaró que Good Start era todo un avance médico y la tildó de "hipoalergénica"; afirmación que aparecía con letras negritas en la lata. La empresa afirmaba que el producto podía evitar o reducir el malestar, los problemas de sueño, los cólicos, las erupciones y otros problemas. La monografía del producto hablaba de siete investigaciones, que habían incluido a 765 infantes, que sustentaban las afirmaciones de Good Start. Sin embargo, los pediatras advirtieron que, si bien las fórmulas de leche en polvo son más fáciles de digerir que las leches en polvo a base de leche normal, las madres sólo las deberían usar cuando la recomendara el pediatra de sus hijos.

La comunidad médica, además de reaccionar contra la afirmación de que la leche de Carnation era hipoalergénica, también se opuso a la publicidad de Carnation del producto Follow Up, dirigida directamente a los consumidores. El negocio de las leches en polvo para infantes en Estados Unidos se mueve, sobre todo, mediante las relaciones entre los comercializadores y los profesionales de la salud. Con excepción de los programas de regalos en los hospitales, Abbot y Bristo-Myers comercializan sus productos de leche en polvo para infantes, en principio, por medio de médicos. Estas empresas cuentan con cuerpos de vendedores que visitan a los médicos directamente, explican los productos de la empresa, dejan muestras y les piden que recomienden los productos de su empresa. En consecuencia, en el mercado de las leches en polvo para infantes, los consumidores no tienen mucha lealtad por la marca porque, por regla general, las madres hacen lo que recomiendan los médicos. Además, como los pediatras indican a las madres qué deben comprar, en el mercado de la leche en polvo para infantes, no existe gran sensibilidad a los precios.

Cuando Carnation lanzó los dos productos, de inmediato fue objeto de ataques, tanto porque afirmaba ser hipoalergénica, como porque comercializaba Follow Up de forma directa al consumidor. Carnation decidió retirar la afirmación de que Good Start era hipoalergénica, pero se mantuvo firme en cuanto al programa de comercialización de Follow Up, que también incluía la comercialización por medio de profesionales del ramo de la salud. Asimismo, Carnation observó con interés como Gerber Products empezó a comercializar una leche en polvo para infantes, producida por la división Squibb de Bristol-Myers, en agosto de 1989. Gerber promovió la fórmula directamente entre los consumidores.

Mientras tanto, Carnation continuó comercializando Good Start exclusivamente entre profesionales del ramo de la salud, usando su fuerza de ventas, compuesta por 90 personas, y evitó toda promoción directa entre los consumidores. Hacia finales de 1990, Good Start había captado menos de 1% del mercado, mientras que Follow Up había captado alrededor del 2%. Carnation había encontrado muchas dificultades para vadear las aguas del mercado estadounidense de las leches en polvo para infantes.

En consecuencia, Carnation anunció que empezaría a comercializar Good Start directamente entre los consumidores a principios de 1991. Carnation, para respaldar su decisión, señaló que, en Estados Unidos, las empresas del ramo de la leche en polvo para infantes, por regla general

habían tratado las leches en polvo para infantes como si fueran medicinas de patente y no como el producto alimenticio que son. Tratándose de alimentos, las leyes federales y los reglamentos de la Food and Drug se encargan de vigilar el contenido nutritivo, la veracidad de las etiquetas y la calidad de producción de las leches en polvo para infantes. Las empresas establecidas, al tratar las leches en polvo como si fueran medicinas de patente, han usado las mismas técnicas de "comercialización médica" que usan para las medicinas de patente.

Carnation afirma que esta práctica coloca a los consumidores en una posición de desventaja. En primer lugar, los consumidores no pueden conocer las diferencias que existen entre productos y eligen las marcas basándose en las muestras gratis que reciben cuando la madre abandona el hospital. En segundo, como la comercialización médica requiere muchos empleados y es muy costosa, los consumidores pagan una cantidad mayor por los productos que se comercializan de tal manera. En tercero, el gasto que significa desarrollar un programa médico de comercialización dificulta mucho el ingreso de empresas nuevas al mercado. Por último, Carnation afirma que, como los médicos piensan, equivocadamente, que Carnation ha comercializado Good Start en forma directa entre los consumidores, se niegan a hablar de Good Start con sus pacientes, cerrándole a Carnation, de hecho, las puertas del mercado.

Carnation, en concreto, señaló que prohibir la publicidad dirigida a los consumidores niega información a los padres, en un momento en que es cada vez mayor la participación de los padres en las decisiones sobre la alimentación de sus infantes. La prohibición también limita los incentivos para innovar y mejorar el producto, en la categoría de las leches en polvo para infantes. Además, la prohibición hace que los médicos tomen una parte injusta en el proceso de la toma de decisiones, porque éstos cuentan con toda la información, mientras que los pacientes tienen muy poca, si es que tienen. Carnation piensa que debería haber más equilibrio entre las partes. Por último, la empresa señala que la Academia Americana de Pediatría se ha declarado partidaria de una política que fomente la lactancia materna. A pesar de esta política y de la "prohibición" impuesta a la publicidad, en Estados Unidos, las tasas de lactancia materna han venido descendiendo durante más de un decenio.

Carnation señaló que su nueva publicidad de Good Start presentaría tres mensajes sencillos: (1) La lactancia materna es la mejor alimentación; (2) Good Start es una alternativa nutritiva y gradual, para otras leches en polvo; y (3) consulte a su médico todas las decisiones para alimentar a su bebé.[1]

Por otra parte, la Academia Americana de Pediatría se volvió a oponer a la publicidad directa dirigida a los consumidores. La AAP, refiriéndose a incidentes recientes de la publicidad directa, dijo que "el motivo de este cambio son las utilidades devengadas por la empresa, en opinión de la AAP, posiblemente, a expensas de la nutrición óptima de los infantes". La AAP se declaró contraria a cualquier práctica que pudiera desincentivar la lactancia materna y, por tanto, se opuso otra vez a la publicidad directa de leches en polvo para infantes, dirigida al público, debido a sus posibles repercusiones negativas para la lactancia materna. La AAP dijo que, cuando las empresas anuncian las ventajas que, según ellas, entrañan sus fórmulas, sus afirmaciones interfieren en la decisión de la madre si debe darle pecho al infante o no. Es más, la AAP argumentó que los partidarios de la lactancia materna no podían competir contra las campañas publicitarias de los fabricantes de leche en polvo. Además, la AAP sugirió que, como los fabricantes de leche en polvo compiten entre sí, exagerarán las afirmaciones, alentando incluso más el uso de la leche en polvo, en lugar de la lactancia materna.[2]

Nestlé y su unidad Carnation vuelven a ser el centro de las controversias. Carnation debe encontrar la manera de entrar al mercado estadounidense de las leches en polvo para infantes, al mismo tiempo que concilia los intereses y las preocupaciones de los consumidores, la comunidad médica y la empresa.

PREGUNTAS

1. Analice los derechos tradicionales de los compradores y los vendedores que aparecen en este capítulo. ¿Qué derechos fueron violados en el caso de la leche en polvo y el Tercer Mundo? ¿Qué derechos fueron violados en el caso del jugo de manzana de Beech-Nut? ¿Tiene derecho Carnation de promover la leche en polvo para infantes Good Start como quiera?

2. ¿Estaría Nestlé recurriendo a una mercadotecnia con responsabilidad social en el caso de su producto Good Start?

3. ¿Qué plan de mercadotecnia recomendaría usted para Good Start?

[1] Laurie MacDonald, declaración de Nestlé Carnation Food Company ante el Subcomité Judicial Senatorial para casos de Antitrust, Monopolios y Derechos Mercantiles y el Comité Senatorial para la Agricultura, la Nutrición y los Bosques, Carnation Nutritional Products Division, Glendale, CA, 14 de marzo de 1991.

[2] Doctora Britt Harvey, declaración en la Audiencia Conjunta Senatorial de Estados Unidos del Subcomité para casos de Antitrust, Monopolios y Derechos Mercantiles y el Comité para la Agricultura, la Nutrición y los Bosques, American Academy of Pediatrics, Washington, D. C., 14 de marzo de 1991.

PARTE VI

CASO GLOBAL

LA GTE Y EL MERCADO DE LOS TELÉFONOS PÚBLICOS: LA COMPETENCIA ENTRA LLAMANDO

Al estacionar su auto en la gasolinera Smile, de la Ruta 70 en Durham, NC, Kevin Kurphy, asesor de ventas de General Telephone and Electronics (GTE), se puso a pensar en cuánto había cambiado el negocio de los teléfonos públicos desde que empezara a trabajar en la empresa en 1983. En todos esos años, había visto las consecuencias de la desregulación de la industria telefónica y había visto casi todo tipo de movimientos de la competencia. Ahora, se había detenido a visitar a Jim Lewis, gerente de Smile Gas. El señor Lewis tenía un pariente en el negocio de los teléfonos públicos privados. Hacía ocho meses que el señor Lewis había aceptado que le instalaran uno de los teléfonos de su pariente en la gasolinera y había pedido a GTE que retirara su teléfono. Sin embargo, la empresa de su pariente había suspendido sus actividades y jamás le habían instalado el teléfono nuevo.

Muchos de los clientes de Smile sólo quieren detenerse una vez y aprovechar para comprar gasolina o comida y usar el teléfono. Ahora, cuando los clientes del señor Lewis le preguntan por el teléfono público, los tiene que mandar a otro lado, al cruce donde se encuentra la gasolinera Wilco. Al señor Lewis le molesta perder negocios a manos de la competencia y, por tanto llamó a GTE.

Al igual que los clientes del señor Lewis, usted seguramente ha usado un teléfono público muchas veces: en el dormitorio para pedir una pizza; en la tienda de abarrotes para saber si un amigo está en casa; o en el aeropuerto para avisarle a alguien que llegó con bien. Al parecer, están por todas partes. Pero ¿alguna vez ha prestado verdadera atención a los teléfonos públicos? Es probable que no. Por descracia, GTE tampoco lo ha hecho. Este es un verdadero problema, puesto que GTE es propietaria y opera 29,000 teléfonos públicos en las zonas que tiene franquiciadas en nueve estados del sureste.

Empero, dados los enormes cambios de su entorno mercadotécnico, ahora GTE está empezando a prestar más atención a su negocio de comunicación pública, en lugar de darla por sentada, como había hecho antes. Otras empresas *han* notado la existencia del mercado de los teléfonos públicos. Cientos de pequeñas empresas, literalmente, están apresurándose a entrar a un negocio que promete ser muy lucrativo, enfrentándose a la garra cuasi monopólica que GTE y otras telefónicas han tenido en el mercado de los teléfonos públicos.

El mercado de la comunicación pública

Aunque los teléfonos públicos resulten anticuados en medio de los veloces adelantos tecnológicos del mundo moderno de las telecomunicaciones, alrededor de 2 millones de teléfonos públicos generaron, en Estados Unidos, 6.3 mil millones de dólares por concepto de ingresos en 1989. Los usuarios depositaron alrededor de 25% de este monto en forma de "centavos en la caja". El 75% restante fueron llamadas con tarjeta de crédito, por cobrar y otras por operadora. GTE recibe 100% del costo de las llamadas locales (generalmente 25 centavos por cada una) hechas en sus teléfonos públicos, 100% del costo de las llamadas de larga distancia hechas dentro del radio franquiciado a GTE, y entre 6 y 10 centavos por minuto por las llamadas de larga distancia que salen de su área. En total, los 29,000 teléfonos públicos de GTE produjeron alrededor de 56 millones de dólares de ingresos en 1989.

Las telefónicas suelen segmentar el mercado de las comunicaciones públicas con base en la cantidad de teléfonos públicos instalados en cada ubicación. El ejemplo VI-1 contiene la clasificación general de los negocios en Estados Unidos, por cantidad de teléfonos públicos según ubicación, y contiene los atributos principales de cada segmento. La tabla muestra que 90% del total de negocios cuentan con menos de cuatro teléfonos públicos por ubicación y que estos negocios representan 40% de la cantidad total de teléfonos públicos instalados. Por otra parte, sólo 4% de los negocios tienen más de 10 teléfonos públicos instalados, pero estos negocios representan 49% del total de los teléfonos públicos instalados. Las tiendas de abarrotes, los centros comerciales y los restaurantes de comida rápida son las mejores ubicaciones. Por regla general, GTE quiere colocar sus teléfonos públicos en lugares seguros, bien iluminados, con mucho movimiento de autos o peatones. GTE presupuesta entre 1,500 y 2,000 dólares para instalar una cabina telefónica de exterior; las unidades montadas en la pared cuestan un poco menos. GTE deprecia las cabinas en un plazo de siete años. La empresa estima que el costo variable de un teléfono es de 35 dólares al mes y que el teléfono debe generar, cuando menos, 90 dólares al mes, para salir a mano.

Antes de 1984, las telefónicas tenían el monopolio del mercado de los teléfonos públicos. Sólo las telefónicas reguladas podían instalar un teléfono público conectado a sus redes telefónicas. Aunque los clientes pagaban por usar

EJEMPLO VI-1
Segmentos del mercado de los teléfonos públicos

	0-4 TELEFONOS PUBLICOS POR LOCAL	5-9 TELEFONOS PUBLICOS POR LOCAL	10+ TELEFONOS PUBLICOS POR LOCAL
Negocios	90%	6%	4%
Teléfonos públicos	40%	11%	49%
Ingresos:			
Locales	43%	47%	26%
Monedas	8	7	16
No-monedas	49	46	58

Fuente: GTE South.

los teléfonos, las telefónicas subsidiaban sus operaciones de teléfonos públicos con ingresos generales. GTE ni siquiera registraba los teléfonos públicos por separado de sus operaciones telefónicas generales. Si un negocio quería que se le instalara un teléfono público, tenía que enviar una solicitud a una telefónica local, por ejemplo, GTE. GTE evaluaba la solicitud con base en el potencial de ingresos de la ubicación y de la obligación de la empresa, como monopolio regulado, de ofrecer servicios públicos. Si la ubicación parecía rentable, GTE instalaba uno o varios teléfonos *públicos*. El teléfono no le costaba nada al dueño, pero GTE no le hacía pago alguno al dueño. Si una ubicación no justificaba un teléfono público, GTE podía ofrecer al cliente un teléfono *semipúblico,* por el cual el cliente pagaba una cuota de instalación y garantizaba a GTE un ingreso mensual fijo. Con este proceso de recibir solicitudes y de evaluar ubicaciones, las telefónicas no hacían nada de "comercialización". GTE aceptaba o rechazaba las solicitudes. De hecho, sólo aceptaba alrededor de dos de cada diez solicitudes. GTE rara vez buscaba lugares nuevos para instalar teléfonos públicos.

Golpes por la desregulación

Sin embargo, en junio de 1984 cambió todo. La Comisión Federal para las Comunicaciones (CFC), como parte de la desregulación general de la industria de las telecomunicaciones, dictó que toda persona que comprara un teléfono de monedas tenía el derecho de conectarlo a la red telefónica local. Este dictamen creó un producto nuevo y un mercado nuevo: el teléfono de monedas propiedad del cliente (TMPC). Muchos empresarios iniciaron negocios para desarrollar y administrar redes privadas de teléfonos públicos. Estas empresas iban desde negocios unipersonales, operados en la parte trasera de una camioneta, hasta People's Telephone, el operador independiente más grande, con 6,500 teléfonos, en 15 estados, en 1989.

Otro aspecto de la desregulación alentó más el desarrollo de la industria de los TMPC. Con la desregulación AT&T perdió su monopolio en el servicio de la larga distancia. Debido a una regla que establecía "igualdad de acceso", las telefónicas locales tenían que ofrecer a todos los

operadores de larga distancia el mismo acceso a sus redes que el que, antes, sólo le habían dado a AT&T. La telefónica local ya no seleccionaría automáticamente a AT&T para ofrecer servicio de larga distancia a sus clientes. Cada cliente seleccionaría uno de los principales operadores (AT&T, MCI, Sprint) o un servicio alternativo de operadores (SAO) para que proporcionara el servicio de larga distancia. Los SAO compran bloques de servicios de larga distancia, a tarifas de mayoreo, a los principales operadores y después revenden el servicio a tarifas más altas (en ocasiones, incluso superiores a las tarifas de AT&T) a sus clientes. Para atraer negocios de los SAO, los operadores principales también empezaron a ofrecer comisiones a los SAO. A su vez, los SAO empezaron a ofrecer comisiones a los TMPC, que ligaron sus sistemas de teléfonos públicos a los SAO para servicios de larga distancia. Estas comisiones ofrecían a los negocios de TMPC una fuente adicional de ingresos. Hasta diciembre de 1988, estas comisiones también ofrecían una ventaja competitiva a los TMPC, porque GTE y otras telefónicas tenían que usar AT&T para el servicio de larga distancia en los teléfonos públicos. AT&T no les pagaba comisiones.

Antes de la desregulación, cuando GTE instalaba un teléfono, tenía un cliente de por vida. GTE no requería contrato alguno para los teléfonos públicos y no pagaba comisión alguna al dueño del local donde se instalaba el teléfono. GTE podía dar a sus clientes por sentado, y normalmente lo hacía. Sin embargo, los TMPC entraron al negocio con ánimo de venganza. Aprovechando que sus bajos gastos fijos y comisiones les daban ventaja, empezaron a ofrecer al dueño del local un porcentaje de las monedas de la caja, como comisión por permitirles instalar un teléfono público. Es más, pusieron la mira en los teléfonos públicos establecidos. Como GTE no tenía contratos con los dueños de los locales, los TMPC podían sugerirle al dueño que pidiera a GTE que retirara su teléfono. Después, el TMPC instalaba un teléfono y le pagaba al dueño una comisión, normalmente entre 20 y 30 por ciento de los centavos contenidos en la caja. Para la mayor parte de los dueños, un teléfono público es un teléfono público; y con gusto abandonaron a GTE para ganar algo de dinero extra. Algunos TMPC incluso contrataron estudiantes para que fueran de puerta en puerta, concertando negocios para teléfonos públicos nuevos y la supresión de los existentes. Los TMPC también se dirigieron a las cadenas de tiendas detallistas que operaban en muchas localidades. Mientras que GTE sólo puede ofrecer el servicio de teléfonos públicos en las zonas franquiciadas, los TMPC operan en zonas muy am-

plias y pueden ofrecer a las cadenas las posibilidad de manejar gran parte o el total de sus servicios de teléfonos públicos con un solo contacto.

GTE contestó ofreciendo una comisión del 30% sobre las monedas en la caja que pasaran de 60 dólares al mes y pidiendo a los dueños que aceptaran dar aviso, con 30 días de anticipación, para retirar un teléfono. Sin embargo, estas medidas no lograron detener la pérdida de clientes. Después, GTE introdujo un segundo contrato, que pagaba entre 15 y 20% del total de las monedas de la caja, a cambio de que el cliente firmara un contrato de entre 3 y 5 años. Sin embargo, el contrato permitía al dueño pedir a GTE que retirara el teléfono, si el dueño cubría los costos de instalación y remoción, normalmente entre 500 y 650 dólares.

Los competidores contestaron a estas medidas, en algunos casos, ofreciendo comisiones de entre 30 y 50% de las utilidades *netas* (ingresos del teléfono público menos costos de mantenimiento y cobranza), inclusive los ingresos por llamadas de larga distancia. GTE argumentó que este porcentaje superior de la cantidad neta, con frecuencia, podría ser inferior a su 15 o 20% de la cantidad bruta. En algunos casos, la competencia incluso llegó a ofrecer a GTE cubrir los costos de instalación y remoción, en lugar del dueño del local, a efecto de quedarse con la ubicación.

Otra vez en Smile Gas

Kevin Murphy aceptó instalar un nuevo teléfono público en Smile Gas. Le dijo al señor Lewis que obtendría 20% de los ingresos de las monedas de la caja. El señor Lewis preguntó acerca de la comisión sobre las llamadas de larga distancia. Kevin le informó que la CFC no le permite a GTE recomendar operadores de larga distancia y que el señor Lewis tendría que elegir un operador y negociar con él las comisiones. Cuando el señor Lewis preguntó sobre los servicios de mantenimiento y reparación del teléfono, Kevin le aseguró que GTE ofrecía servicios las veinticuatro horas del día.

Kevin salió de su reunión con el señor Lewis para asistir a una junta de ventas en la oficina de GTE en Durham.

Los diez asesores de ventas de GTE South se reunirían por primera vez para capacitarse en ventas y trabajar con la gerencia a efecto de preparar una nueva estrategia de mercadotecnia para las operaciones de las comunicaciones públicas de GTE en el sureste. Conforme se dirigía hacia la junta, Kevin ensayó las sugerencias que quería hacer. Las medidas feroces de la competencia habían creado problemas externos y Kevin sabía que los analistas pronosticaban para el mercado una tasa anual de crecimiento de sólo 1.5%, a lo largo de 1994. Este lento crecimiento desembocaría en una cantidad incluso mayor de retos competitivos. La parte del mercado de GTE, en sus áreas franquiciadas, ya había caído de 100 a 85%. Kevin sabía que GTE tenía que mejorar su estrategia para los teléfonos públicos con objeto de detener la erosión.

PREGUNTAS

1. ¿Qué tipo de servicio vende GTE?

2. ¿Cómo afectan las características de los servicios de GTE sus actividades de mercadotecnia?

3. ¿Cómo deberían los conceptos de mercadotecnia interna e interactiva dar forma a la estrategia de mercadotecnia de GTE?

4. ¿Qué cambios debería aplicar GTE a su estrategia de mercadotecnia? No olvide mencionar cada uno de los aspectos de la mezcla de mercadotecnia y de los temas para manejar la diferenciación, la calidad de los servicios y la productividad.

5. La desregulación de la industria de las telecomunicaciones ha llevado a la situación de mercadotecnia que enfrenta GTE. ¿Promueve la desregulación la eficiencia económica?

Fuente: GTE Telephone Operations cooperó para preparar este caso.

Apéndice 1:
Aritmética de la mercadotecnia

Un aspecto de la mercadotecnia que no se analiza en el texto es el de la aritmética de la mercadotecnia. El cálculo de ventas, costos y ciertas razones es importante para muchas de las decisiones de mercadotecnia. Este apéndice describe tres campos básicos de la aritmética en mercadotecnia: *el estado de operaciones, las razones analíticas y los recargos y descuentos.*

EL ESTADO DE OPERACIONES

El estado de operaciones y la hoja de balance son los dos estados financieros básicos que usan las empresas. La **hoja de balance** contiene los activos, los pasivos y el capital contable de una empresa en un momento dado. El **estado de operaciones** (también llamado **estado de pérdidas y ganancias o estado de ingresos**) es el más importante de los dos para la información sobre mercadotecnia. Contiene las ventas de la empresa, el costo de los bienes vendidos y los gastos durante un plazo de tiempo específico. Al comparar el estado de operaciones de un periodo con el siguiente, la empresa puede detectar tendencias positivas o negativas y tomar las medidas pertinentes.

La tabla A1-1 contiene el estado de operaciones, para 1993, de Dale Parsons Men's Wear, una tienda especializada del Oeste medio. Este estado es para un

TABLA A-1
Estado de operaciones de Dale Parson Men's Wear para el ejercicio al 31 de diciembre de 1993

Ventas brutas			$325,000
Menos: Devoluciones y márgenes de ventas			25,000
Ventas netas			$300,000
Costo de bienes vendidos			
Inicio de inventario, 1 de enero, al costo		$ 60,000	
Compras brutas	$165,000		
Menos: Descuentos de compras	15,000		
Compras netas	$150,000		
Más: Transporte	10,000		
Costo neto de compras entregadas		$160,000	
Costo de bienes para venta		$220,000	
Menos: Fin de inventario, 31 de diciembre, al costo		$ 45,000	
Costo de bienes vendidos			$175,000
Margen bruto			$125,000
Egresos			
Gastos de ventas			
Ventas, sueldos y comisiones	$ 40,000		
Publicidad	5,000		
Entregas	5,000		
Total de egresos de ventas		$ 50,000	
Gastos administrativos			
Sueldos de oficina	$ 20,000		
Suministros de oficina	5,000		
Varios (asesor externo)	5,000		
Total de gastos administrativos		$ 30,000	
Gastos generales			
Renta	$ 10,000		
Calefacción, luz, teléfono	5,000		
Varios (seguros, depreciación)	5,000		
Total de gastos generales		$ 20,000	
Total de egresos			$100,000
Utilidad neta			$ 25,000

detallista; el estado de operaciones de un fabricante sería un poco diferente. Concretamente, el renglón de ventas, en el rubro "costo de los bienes vendidos" sería reemplazado por "costo de los bienes manufacturados".

El esquema del estado de operaciones sigue una serie lógica de pasos para llegar a la cifra de las utilidades netas de la empresa por 25,000 dólares:

Ventas netas	$300,00
Costo de bienes vendidos	–175,000
Margen bruto	$125,00
Gastos	–100,000
Utilidad neta	$ 25,000

El primer paso detalla el monto que Parsons recibió por los bienes vendidos durante el año. Las cifras de ventas están compuestas por tres elementos: *ventas brutas, devoluciones y márgenes y ventas netas*. Las **ventas brutas** son el monto total cobrado a los clientes durante el año por mercancía adquirida en la tienda Parsons. Como cabe suponer, algunos clientes devolvieron mercancía debido a daños o a un cambio de opinión. Si el cliente obtiene un reembolso completo o un crédito completo para otra compra, se puede considerar que es una *devolución*. El cliente puede decidir quedarse con el artículo si Parsons disminuye el precio. Esto se llama un *margen*. Si a las ventas brutas se le restan las devoluciones y los márgenes, se obtendrán las ventas netas; la cantidad de ingresos que recibió Parsons durante un año de venta de mercancía:

Ventas brutas	$325,000
Devoluciones y márgenes	–25,000
Ventas netas	$300,000

El segundo rubro importante del estado de operaciones calcula el monto de ingresos por ventas que le quedan a Dale Parsons después de pagar los costos de la mercancía. Se empieza con el inventario de la tienda al principio del año. Durante el año, Parsons compró 165,000 dólares de trajes, pantalones, camisas, corbatas, pantalones vaqueros y otros bienes. Los proveedores concedieron descuentos a la tienda por un total de 15,000 dólares, de tal manera que las compras netas sumaron 150,000 dólares. Como la tienda está alejada de las rutas regulares de transporte, Parsons tuvo que pagar 10,000 dólares para que le entregaran los productos, lo que representó un costo neto para la empresa de 160,000 dólares. Además del inventario inicial, el costo de bienes para la venta sumó 220,000 dólares. El inventario final de 45,000 dólares de ropa en la tienda, al 31 de diciembre, se resta para llegar al **costo de bienes vendidos** de 175,000 dólares. En este caso, de nueva cuenta, se ha seguido una serie lógica de pasos para llegar al costo de los bienes vendidos:

Monto inicial de Parsons (inventario inicial)	$60,000
Monto neto comprado	+150,000
Aumento de costos por obtener estas compras	+10,000
Costo total de los bienes que Parsons tuvo para la venta durante el año	$220,000
Monto que le sobró a Parsons (inventario final)	–45,000
Costo de los bienes vendidos en realidad	$175,000

La diferencia entre lo que Parsons pagó por su mercancía (175,000 dólares) y la cantidad por la cual la vendió (300,000 dólares) se llama **margen bruto** (125,000 dólares).

Para encontrar la utilidad que obtuvo Parsons al término del año, al margen bruto se le restan los *gastos* por realizar actividades. Los *gastos de venta* incluyeron dos empleados de ventas, publicidad en radio y periódicos locales y el costo por entregar la mercancía a los clientes después de adaptaciones. Los gastos de ventas sumaron 50,000 dólares en el año. Los *gastos administrativos* incluyeron el salario de un gerente de oficina, suministros de oficina como papelería y tarjetas de visita y gastos varios, entre ellos, una auditoría administrativa realizada por un auditor externo. Los gastos administrativos sumaron 30,000 dólares en 1993. Por último, los gastos generales para renta, servicios públicos, seguros y depreciación sumaron 20,000 dólares. El total de gastos, por consiguiente, sumó 100,000 dólares durante el año. Si al margen bruto (125,000 dólares) se le restan los gastos (100,000 dólares) se tendrá que Parsons obtuvo una utilidad neta de 25,000 dólares para 1993.

RAZONES ANALITICAS

El estado de operaciones contiene las cifras necesarias para calcular algunas razones cruciales. Estas razones se suelen llamar **razones de operación**; la razón de elementos seleccionados del estado de operaciones a ventas netas. Estas razones permiten a los mercadólogos comparar la actuación de la empresa durante un año con la de años anteriores (o con los parámetros de la industria y de la competencia para ese mismo año). Las razones de operaciones más usadas son el *porcentaje del margen bruto*, el *porcentaje de la utilidad neta*, el *porcentaje de los gastos de operaciones* y el *porcentaje de devoluciones y márgenes*.

RAZON		FORMULA		COMPUTADORA DE LA TABLA A1-1	
Porcentaje del margen bruto	=	$\dfrac{\text{margen bruto}}{\text{ventas netas}}$	=	$\dfrac{\$125,000}{\$300,000}$	= 42%
Porcentaje de la utilidad neta	=	$\dfrac{\text{utilidad neta}}{\text{ventas netas}}$	=	$\dfrac{\$\,25,000}{\$300,000}$	= 8%
Porcentaje de los gastos de operaciones	=	$\dfrac{\text{total de gastos}}{\text{ventas netas}}$	=	$\dfrac{\$100,000}{\$300,000}$	= 33%
Porcentaje de las devoluciones y los márgenes	=	$\dfrac{\text{devoluciones y márgenes}}{\text{ventas netas}}$	=	$\dfrac{\$\,25,000}{\$300,000}$	= 8%

Otra razón muy útil es la *tasa de la rotación de existencias* (también llamada *tasa de rotación de inventarios*). La tasa de rotación de existencias es la cantidad de veces que rota el inventario o se vende durante un plazo de tiempo específico (casi siempre un año). Se puede calcular con base en costos, precio de venta o unidades.

Por tanto, la fórmula puede ser:

$$\text{Tasa de rotación de existencias} = \frac{\text{costo de bienes vendidos}}{\text{inventario promedio a costo}}$$

o

$$\text{Tasa de rotación} = \frac{\text{precio de venta de bienes vendidos}}{\text{precio promedio de venta de inventario de existencias}}$$

o

$$\text{Tasa de rotación de existencias} = \frac{\text{ventas por unidades}}{\text{inventario promedio en unidades}}$$

Se usará la primera fórmula para calcular la tasa de rotación de existencias de Dale Parsons Men's Wear:

$$\frac{\$175,000}{\dfrac{\$60,000 = \$45,000}{2}} = \frac{\$175,000}{\$52,500} = 3.3$$

Es decir, el inventario de Parsons rotó 3.3 veces en 1993. Normalmente, cuanto más alta la tasa de rotación de existencias, tanto mayor la eficiencia administrativa y la rentabilidad de la empresa.

El **rendimiento sobre la inversión (RSI)** con frecuencia se usa para medir la eficacia de la gerencia. Se basa en cifras del estado de operaciones de la empresa y el balance general. Una fórmula que se usa para computar el RSI es:

$$RSI = \qquad \times$$

Quizás usted tenga dos preguntas respecto a esta fórmula: ¿Por qué usar un proceso de dos pasos cuando el RSI se podría calcular simplemente como la utilidad neta dividida entre la inversión? y ¿Exactamente qué es "inversión"?

Para contestar estas preguntas, veamos como cada componente de la fórmula puede afectar el RSI. Suponga que Dale Parsons Men's Wear tiene una inversión total de 150,000 dólares. En tal caso, el RSI se puede calcular así:

$$RSI = \frac{\$25,000 \ (\text{utilidad neta})}{\$300,000 \ (\text{ventas})} \times \frac{\$300,000 (\text{ventas})}{\$150,000 \ (\text{inversión})}$$
$$8.3\% \qquad \times \qquad 2 \qquad = 16.6\%$$

Ahora, suponga que Parsons se ha propuesto aumentar su parte del mercado. Podría haber tenido el mismo RSI si sus ventas se hubieran duplicado, pero la utilidad y la inversión en dólares hubieran permanecido iguales (aceptando una razón menor de utilidades para conseguir una mayor rotación y parte del mercado):

$$RSI = \frac{\$25,000 \ (\text{utilidad neta})}{\$600,000 \ (\text{ventas})} \times \frac{\$600,000 (\text{ventas})}{\$150,000 \ (\text{inversión})}$$
$$4.16\% \qquad \times \qquad 4 \qquad = 16.6\%$$

Parsons podría haber aumentado su RSI aumentando la utilidad neta por medio de una mayor reducción de costos y una comercialización más eficiente:

$$RSI = \frac{\$50,000 \ (\text{utilidad neta})}{\$300,000 \ (\text{ventas})} \times \frac{\$300,000 (\text{ventas})}{\$150,000 \ (\text{inversión})}$$
$$16.6\% \qquad \times \qquad 2 \qquad = 33.2\%$$

Otra manera de aumentar el RSI es encontrar la manera de conseguir los mismos niveles de ventas y utilidades, al tiempo que se disminuye la inversión (quizá reduciendo el tamaño del inventario promedio de Parsons):

$$RSI = \frac{\$25,000 \ (\text{utilidad neta})}{\$300,000 \ (\text{ventas})} \times \frac{\$300,000 (\text{ventas})}{\$75,000 \ (\text{inversión})}$$
$$8.3\% \qquad \times \qquad 4 \qquad = 33.2\%$$

¿Qué es "inversión" en la fómrula del RSI? Con frecuencia, la *inversión* se define como el total de activos de la empresa. Sin embargo, ahora, muchos analistas usan otras medidas del rendimiento para evaluar la actuación. Estas medidas incluyen *rendimiento sobre activos netos (RSAB)*, *rendimiento sobre el capital de accionistas (RCA)* o rendimiento sobre *activos administrados (RSAA)*. Como la inversión se mide un un momento dado, por regla general, el RSI se calcula como la inversión promedio entre dos periodos de tiempo (por decir, el 1 de enero y el 31 de diciembre del mismo año). También se puede calcular el RSI como una "tasa interna de rendimiento", usando el análisis de flujo de efectivo descontado (véase cualquier libro de texto de finanzas para más información sobre esta técnica). El objeto de usar cualesquiera de estas medidas es determinar si la empresa ha estado usando bien sus recursos. Conforme la inflación, las presiones de la competencia y el costo del capital aumentan, estas medidas van adquiriendo importancia como indicadores de la actuación de la mercadotecnia y la empresa.

RECARGOS Y DESCUENTOS

Los mayoristas y los detallistas deben entender el concepto de **recargo y descuento**. Deben obtener utilidades para continuar con sus actividades y el porcentaje de los recargos afecta las utilidades. Los recargos y los descuentos se expresan como porcentajes.

Existen dos maneras de calcular los recargos: sobre *costos* o sobre *precio de venta*:

$$\text{Recargo sobre costos} = \frac{\text{recargo en dólares}}{\text{costo}}$$

$$\text{Porcentaje del recargo sobre precio de venta} = \frac{\text{recargo en dólares}}{\text{costo}}$$

Dale Parsons debe decidir qué fórmula usará. Si Parsons compró camisas a 15 dólares y quiere recargarles 10 dólares, el porcentaje de su recargo sobre costo sería $10/$15 = 67.7%. Si Parsons basara su recargo en el precio de venta, el porcentaje sería $10/$25 = 40%. Al calcular el porcentaje del recargo, la mayor parte de los detallistas usan el precio de venta, en lugar del costo. Suponga que Parsons conoce su costo (12 dólares) y quiere un recargo sobre precio (25%) para una corbata, y quisiera calcular el precio de venta. La fórmula sería:

Precio de venta =

Precio de venta =   = $16

Conforme un producto va pasando por el canal de distribución, cada miembro del canal suma un recargo antes de vender el producto al siguiente miembro. A continuación, se muestra esta "cadena de recargos" para un traje comprado por un cliente de Parsons por 200 dólares:

		MONTO	% DEL PRECIO DE VENTA
Fabricante	Recargo	$108	90%
	Precio de venta	12	10%
	Costo	$120	100%
Mayorista	Recargo	$120	80%
	Precio de venta	30	20%
	Costo	$150	100%
Minorista	Recargo	$150	75%
	Precio de venta	50	25%
	Costo	$200	100%

El detallista que impone un recargo de 25 por ciento no siempre obtiene más utilidad que el fabricante que impone un recargo de 10 por ciento. La utilidad también depende de la cantidad de artículos con ese margen de utilidad que se puedan vender (tasa de rotación de existencias) y de la eficiencia de las operaciones (gastos). En ocasiones, un detallista quiere convertir sus recargos sobre el precio de venta, a recargos sobre costos, y viceversa. Las fórmulas son:

$$\text{Porcentaje del recargo sobre precio de venta} = \frac{\text{porcentaje del recargo sobre costo}}{100\% + \text{porcentaje del recargo sobre costo de venta}}$$

$$\text{Porcentaje del recargo sobre costo} = \frac{\text{porcentaje del recargo sobre precio de venta}}{100\% - \text{porcentaje del recargo sobre precio de venta}}$$

Suponga que Parsons averigua que su competidor está usando un recargo del 30 por ciento sobre costo y que quisiera saber cuánto es esto como porcentaje del precio de venta, el cálculo sería:

$$\frac{30\%}{100\% + 30\%} = \frac{30\%}{130\%} = 23\%$$

Como Parsons estaba usando un recargo de 25 por ciento sobre el precio de venta de los trajes, consideró que su recargo estaba bien en comparación con el del competidor.

Al término del verano Parsons todavía tenía en su inventario algunos pantalones de verano. Por tanto, decidió usar un *descuento*, una disminución del precio de venta original. Antes de verano había comprado 20 pares a 10 dólares cada uno y, desde entonces, había vendido 10 pares a 20 dólares cada uno. Rebajó los demás pares a 15 dólares y vendió 5 pares. Este *descuento* se calcula de la siguiente manera:

$$\text{Porcentaje del recargo} = \frac{\text{descuento en dólares}}{\text{total de ventas netas en dólares}}$$

El descuento en dólares es 25 (5 pares a 5 cada uno) y el total de las ventas netas es 275 dólares (10 pares a 20 + 5 pares a 15). Así pues, la razón es 25/275 = 9%.

Los grandes detallistas suelen calcular las razones de los descuentos para cada departamento, y no para artículos sueltos. Las razones ofrecen una medida de la actuación de mercadotecnia relativa de cada departamento y se pueden calcular y comparar con el tiempo. Además, las razones de los descuentos se pueden usar para comparar la actuación de diferentes compradores y vendedores de los diversos departamentos de la tienda.

TÉRMINOS CLAVE

Hoja de balance A1

Costo de bienes vendidos A-2

Descuento A-5

Estado de operaciones (o estado de pérdidas y ganancias o estado de ingresos) A-1

Margen bruto A-2

Razones de operaciones A-3

Recargo A-5

Rendimiento sobre la inversión (RSI) A-4

Ventas brutas A-2

Apéndice 2: Carreras en mercadotecnia

Ahora que ha terminado su primer curso de mercadotecnia, tiene ya una idea de lo que abarca el campo. Quizás haya decidido que quiere seguir una carrera en mercadotecnia porque ofrece un reto constante, problemas estimulantes, la oportunidad de trabajar con otros y estupendas oportunidades para progresar. La mercadotecnia es un campo muy amplio, con una amplia gama de tareas que incluyen análisis, planeación, aplicación y control de programas de mercadotecnia. Usted encontrará puestos de mercadotecnia en instituciones de todo tipo y tamaño. Este apéndice describe las oportunidades en mercadotecnia a nivel de inicio y a nivel alto, y señala los pasos que usted podría dar para seleccionar una carrera y comercializarse mejor.

DESCRIPCION DE LOS EMPLEOS EN MERCADOTECNIA

Casi la tercera parte de los estadounidenses ocupan empleos relacionados con la mercadotecnia. Así, el número de carreras posibles en la mercadotecnia es enorme. Dado el conocimiento de los productos y los consumidores que se obtiene en estos empleos, la mercadotecnia es una capacitación estupenda para llegar a los niveles más altos de la organización. Un estudio realizado en fecha reciente por una empresa reclutadora, arrojó que es mayor la cantidad de ejecutivos máximos que han salido del campo de la mercadotecnia que de cualquier otro.

Los sueldos en la mercadotecnia pueden variar según la empresa y el puesto. Los sueldos iniciales suelen estar ligeramente por abajo de los correspondientes a ingeniería y química, pero son iguales o superiores a los de economía, finanzas, contabilidad, negocios generales y bellas artes. Si usted tiene éxito en un puesto de mercadotecnia a nivel de ingreso, no tardará en ser ascendido a niveles más altos, con mejor sueldo.

La mercadotecnia se ha convertido en una carrera atractiva para algunas personas que no han considerado este campo antes. Una tendencia incluye a las muchas mujeres que ahora entran a la mercadotecnia. Normalmente, las mujeres han estado empleadas en el campo detallista y en la publicidad. Sin embargo, ahora, han pasado a todo tipo de posiciones de ventas y de mercadotecnia. Ahora las mujeres tienen carreras muy exitosas en empresas farmacéuticas, editoriales, bancos, de productos de consumo y en una cantidad cada vez mayor de ventas industriales. Su cantidad también está aumentando en los puestos de gerentes de producto o marca.

Otra tendencia es la creciente aceptación de la mercadotecnia por parte de organizaciones no lucrativas. Las universidades, las organizaciones artísticas, las bibliotecas y los hospitales están aplicando la mercadotecnia a sus problemas cada vez con más frecuencia. Están empezando a contratar directores de mercadotecnia y vicepresidentes de mercadotecnia para dirigir sus diversas actividades de mercadotecnia.

A continuación se presenta una breve descripción de algunos importantes puestos de mercadotecnia.

Publicidad

La publicidad es una actividad empresarial importante que requiere habilidad para la planeación, reunión de datos y creatividad. Aunque la remuneración para las personas que empiezan en la publicidad suele ser más baja que en otros campos de la mercadotecnia, la posibilidad de progresar suele ser mayor porque se da menos importancia a la edad o a la duración del empleo. Los puestos típicos en las agencias de publicidad incluyen los siguientes puestos:

Los *redactores* (*copywriters*) ayudan a encontrar los conceptos tras la palabra escrita y las imágenes visuales de los anuncios. Buscan datos, leen ávidamente y toman ideas prestadas. Hablan con clientes, proveedores y *quienquiera* que pueda darles pistas de cómo captar la atención y el interés del público que está en la mira.

Los *directores artísticos* forman parte del equipo creativo. Traducen las ideas de los redactores a su forma visual conocida como "bocetos" (layouts). Los artistas de la agencia desarrollan bocetos para impresos, diseños de paquetes, bocetos para televisión, logotipos corporativos, marcas registradas y símbolos. Determinan el estilo y el tamaño de la tipografía, pegan los tipos y arreglan todos los detalles del anuncio de tal manera que los grabadores o impresores lo puedan reproducir. Un buen director artístico o jefe de redactores se convierte en el director creativo de la agencia y supervisa toda su publicidad.

Los *ejecutivos de cuenta* son un vínculo entre los clientes y las agencias. Deben saber mucho de mercadotecnia y de las partes que la componen. Explican los planes y los objetivos del cliente a los equipos creativos de la agencia y supervisan el desarrollo del plan publicitario entero. Su labor principal es mantener al cliente contento con la agencia. Como el trabajo de las cuentas entraña muchas relaciones personales, por regla general, los ejecutivos son amables, diplomáticos y sinceros.

Los *compradores de medios* eligen los mejores medios para los clientes. Los representantes de los medios se dirigen a la oficina del comprador armados con estadísticas que demuestran que sus números son mejores, *sus costos* por millar son más bajos y su medio cuenta con públicos más maduros que los medios de la competencia. Los compradores de los medios tienen que evaluar estas afirmaciones. Además, tienen que negociar con los medios electronicos para conseguir mejores tarifas y llegar a acuerdos con los medios impresos para que sus anuncios sean colocados en lugares buenos.

Las grandes agencias de publicidad cuentan con departamentos de investigaciones de mercadotecnia que producen la información del mercado que necesitan para desarrollar las campañas publicitarias nuevas y para evaluar las actuales. Las personas interesadas en realizar investigaciones de mercadotecnia quizá deberían considerar la posibilidad de trabajar en agencias de publicidad.

Gerencia de marca y producto

Los gerentes de marca y productos planean, dirigen y controlan las actividades mercantiles y de mercadotecnia para sus productos. Tienen que ver con la investigación y desarrollo, el empacado, la producción, las ventas y la distribución, la publicidad, las promociones, la investigación de mercados y el análisis y los pronósticos de negocios. En las empresas de bienes de consumo, el novato —que normalmente requiere grado de maestría en Administración de Empresas— se une a un equipo de marca y aprende los fundamentos, haciendo análisis numéricos y observando a la alta gerencia. Con el tiempo, esta persona llega a encabezar al equipo y, más adelante, pasa a administrar una marca más grande. Muchas empresas de bienes industriales también tienen gerentes de producto. La gerencia de producto es uno de los mejores territorios de capacitación para los futuros ejecutivos corporativos.

Relaciones con los clientes

Algunas empresas de bienes de consumo cuentan con personal de relaciones con los clientes, los que se encargan de ligar a los clientes y las empresas. Estos se ocupan de quejas, sugerencias y problemas respecto a los productos de la empresa, deciden qué medidas tomar y coordinan las actividades requeridas para resolver el problema. La posición requiere una persona comprensiva, diplomática y capaz, que pueda trabajar con muchos tipos de personas dentro y fuera de la empresa.

Mercadotecnia industrial

Los interesados en hacer carrera en la mercadotecnia industrial pueden dedicarse a ventas, servicios, diseño de productos, investigaciones de mercadotecnia o diferentes puestos más. En ocasiones necesitan formación técnica. La mayoría empieza en ventas y pasa cierto tiempo capacitándose y haciendo visitas con vendedores más expertos. Si se quedan en ventas, quizá pasen a ocupar puestos de ventas en un distrito, región o alguno más alto. También pueden pasar a la gerencia de productos y trabajar estrechamente con clientes, proveedores, producción e ingeniería de ventas.

Mercadotecnia internacional

Las empresas estadounidenses quizás aumenten sus negocios internacionales y necesiten a personas que hablan otros idiomas y conocen otras culturas, que estén dispuestas a viajar o a vivir en ciudades del extranjero. Para estos puestos, la mayor parte de las empresas buscan gente con experiencia, que haya demostrado su capacidad en las actividades nacionales. Un grado de maestría puede ser útil, aunque no siempre necesario.

Análisis de sistemas y ciencia de la administración mercadotécnica

Las personas que tienen preparación en los campos de la ciencia administrativa, los métodos cuantitativos y el análisis de sistemas pueden trabajar como asesores de los administradores que enfrentan problemas de mercadotecnia difíciles como la medición y el pronóstico de la demanda, el análisis de la estructura del mercado y la evaluación de productos nuevos. La mayor parte de las oportunidades para hacer carrera están en empresas grandes orientadas a la mercadotecnia, despachos de asesores en administración e instituciones públicas dedicadas a la salud, la educación o los transportes. Muchas veces se requiere un grado de maestría en ciencias.

Investigación mercadotécnica

Los investigadores de mercados interactúan con los administradores para definir problemas e identificar la información que se necesita para resolverlos. Diseñan proyectos de investigación, preparan cuestionarios y muestras, analizan datos, preparan informes y presentan sus resultados y recomendaciones a la gerencia. Deben saber de estadísticas, comportamiento de los consumidores, psicología y sociología. Un grado de maestría es muy útil. Las oportunidades para hacer carrera están con fabricantes, detallistas, algunos mayoristas, asociaciones mercantiles e industriales, despachos de investigaciones de mercados, agencias de publicidad y organismos no lucrativos, gubernamentales y privados.

Planeación de productos nuevos

Las personas interesadas en la planeación de productos nuevos pueden encontrar oportunidades en muchos tipos de organizaciones. Por regla general, necesitan bases sólidas en mercadotecnia, investigación de mercados y pronósticos de ventas; necesitan capacidad organizativa para motivar y coordinar a otros; quizá necesiten cierta formación técnica. Por regla general, estas personas primero ocupan otros puestos de mercadotecnia, antes de pasar al departamento de productos nuevos.

Logística de la mercadotecnia (Distribución física)

La logística de la mercadotecnia, o distribución física, es un campo grande y dinámico, que ofrece muchas oportunidades para hacer una carrera. Los principales transportistas, fabricantes, mayoristas y detallistas emplean especialistas en distribución física. Los conocimientos de métodos cuantitativos, finanzas, contabilidad y mercadotecnia darán a los estudiantes la capacidad necesaria para entrar en este campo.

Relaciones públicas

La mayor parte de las organizaciones cuentan con una persona o un equipo encargados de los problemas que pudieran presentarse con el público, manejar quejas, tratar con los medios y crear la imagen de la sociedad. Las personas interesadas en relaciones públicas deben tener capacidad para hablar y escribir con claridad y persuasión, deben tener formación en el campo del periodismo, las comunicaciones o las humanidades. Los retos de este trabajo son muy variados y están muy orientados hacia la gente.

Adquisiciones

Los agentes de compras están desempeñando un papel cada vez más importante para la rentabilidad de las empresas cuando se registra aumento de costos, escasez de materiales y creciente complejidad de los productos. En las organizaciones detallistas, trabajar como "comprador" puede ser un buen camino para llegar a la cima. Los agentes de compras de las empresas industriales desempeñan un papel medular para mantener costos bajos. En algunos puestos de adquisiciones es útil tener formación técnica, así como conocimientos del área de crédito, finanzas y distribución material.

Administración de empresas detallistas

El comercio detallista proporciona a las personas la oportunidad de asumir responsabilidades de mercadotecnia muy pronto. Aunque los sueldos iniciales y los puestos laborales en esta área normalmente han sido más bajos que los de producción y publicidad, la brecha se está acortando. Las rutas principales para llegar a la alta gerencia en empresas detallistas son la gerencia de mercancías y la gerencia de la tienda. En el caso de la gerencia de mercancías, la persona pasa de comprador aprendiz a ayudante de comprador a comprador a gerente de división de mercancías. En el caso de la gerencia de tienda, la persona pasa de aprendiz de gerente a ayudante de gerente de departamento (ventas) a gerente de departamento a gerente de tienda (sucursal). Los compradores se dedican, primordialmente, a elegir y promover mercancía; los gerentes de departamento tienen parte en la administración del cuerpo de vendedores y los exhibidores. El comercio detallista a gran escala permite que los reclutas nuevos pasen, en sólo unos cuantos años, a la gerencia de una sucursal o parte de una tienda que llega a registrar hasta 5 millones de dólares de ventas.

Administración de ventas y ventas

Las oportunidades de ventas y de la gerencia de ventas se presentan en una amplia gama de organizaciones lucrativas y no lucrativas, así como organizaciones de productos y servicios, que incluyen organizaciones financieras, de seguros, de asesoría y gubernamentales. Las personas deben ceñir, con suma atención, su formación, intereses, capacidades técnicas y estudios académicos con los puestos de ventas existentes. Los programas de capacitación varían mucho de forma y duración, van desde unas cuantas semanas hasta dos años. Las carreras van desde vendedor hasta gerente de ventas de distrito, regional o más alto, en muchos casos, hasta la alta gerencia de la empresa.

Otras carreras mercadotécnicas

Existen muchos otros puestos relacionados con la mercadotecnia, por ejemplo la promoción de ventas, el mayoreo, el empacado, los precios y la administración de créditos. La información sobre estos puestos se puede reunir de fuentes como las que se presentan en la siguiente explicación.

COMO ELEGIR Y CONSEGUIR UN EMPLEO MEJOR

Para elegir y conseguir un empleo, usted tendrá que aplicar su capacidad de mercadotecnia, sobre todo el análisis y la planeación mercadotécnicos. A continuación, se presentan ocho pasos para elegir una carrera y para encontrar el primer empleo.

Evalúese usted mismo

La evaluación de uno mismo es la parte más importante de la búsqueda de empleo. Significa evaluar, con honradez, los intereses, las fuerzas y las debilidades de uno mismo. ¿Qué objetivos persigue con su carrera? ¿En qué tipo de organización le gustaría trabajar? ¿Qué cosas hace bien o no tan bien? ¿Qué características lo distinguen de otras personas que buscan trabajo? ¿Indican las respuestas a estas preguntas las carreras que usted debería perseguir y las que debería evitar? Para lograr esta evaluación de usted mismo, quizá pudiera consultar los siguientes libros, que plantean muchas interrogantes que usted debería tomar en cuenta.

1. *What Color Is Your Parachute?,* de Richard Bolles

2. *Three Boxes in Life and How to Get Out of Them,* de Richard Bolles.

3. *Guerrilla Tactics in the Job Market,* de Tom Jackson

Asimismo recurra a la asesoría y las pruebas vocacionales o a la bolsa de trabajo de su escuela.

Estudie la descripción del puesto
A continuación, analice distintas descripciones de puestos, para saber cuáles encajan con sus intereses, deseos y capacidad. Estas descripciones están contenidas en *Occupation Outlook Handbook* y *Dictionary of Occupational Titles* publicados por el Departamento del Trabajo de EUA. Estos volúmenes describen las funciones de las personas que ocupan diferentes puestos, los estudios y la capacitación específica que necesitan, la existencia de puestos en cada campo, la posibilidad de avanzar y la remuneración probable.

Desarrolle objetivos para buscar empleo
Su lista de compras de una carrera debe ser amplia y flexible al principio. Busque la forma de alcanzar sus objetivos, pero en términos generales. Por ejemplo, si quiere seguir una carrera de investigaciones de mercados, piense en el sector público y en el privado, en empresas nacionales y regionales. Después de explorar muchas opciones, usted podrá empezar a concentrarse en industrias específicas y puestos iniciales. Tiene que preparar una lista de metas básicas. Su lista podría decir: "un empleo en una compañía pequeña, en una ciudad grande, en un clima agradable, haciendo investigación de mercados, en una empresa de productos de consumo".

Estudie el mercado de trabajo y evalúe las oportunidades
A continuación debe analizar el mercado para saber los empleos que ofrece. Para una lista actualizada de empleos relacionados con la mercadotecnia, consulte la última edición de *College Placement Annual* que tengan en la oficina de la bolsa de trabajo de su escuela. Esta publicación contiene los empleos ofrecidos por cientos de empresas que buscan universitarios para puestos a nivel de ingreso. Además, contiene una lista de empresas que buscan personal con experiencia o grados más altos. En esta etapa, aproveche los servicios de la bolsa de trabajo lo más posible, con objeto de encontrar ofertas de empleos y de conseguir entrevistas. Tómese tiempo para analizar las industrias y las empresas que le interesan. Consulte revistas especializadas, informes anuales, libros de referencias, profesores, asesores escolares y compañeros estudiantes. Trate de analizar el potencial de crecimiento futuro y de utilidades de la empresa y la industria, la posibilidad de avanzar, los niveles salariales, los puestos de entrada, la cantidad de viajes requeridos y otros factores importantes.

Desarrolle estrategias para la búsqueda
¿Cómo se pondrá en contacto con las empresas que le interesan? Existen varias posibilidades. Una de las mejores es mediante entrevistas en la misma universidad. Sin embargo, no todas las empresas que le interesan a usted acudirán a su escuela. Otra manera es escribir o hablar a la empresa directamente. Por último, puede solicitar a sus profesores de mercadotecnia o a exalumnos de la escuela que le proporcionen contactos o referencias.

Preparar un currículum y una carta de presentación

Su currículum debe presentar debidamente datos sobre sus capacidades, estudios, antecedentes, experiencia laboral y calificaciones personales, pero también debe ser breve. La meta es conseguir una respuesta positiva de los empleadores en potencia.

La carta de presentación suele ser más difícil de preparar que el currículum. Debe ser convincente, profesional, concisa e interesante. En un plano ideal, debe distinguirle de los demás candidatos a ocupar el puesto. Cada carta debe resultar original; es decir, debe estar mecanografiada individualmente y dirigida a la organización específica con la que se establece el contacto. Usted debe hablar del puesto que solicita, despertar interés, describir sus calificaciones e indicar dónde se pueden poner en contacto con usted. Las cartas de presentación deben ir dirigidas a una persona, y no al puesto general. Es conveniente darle seguimiento a la carta con una llamada telefónica.

Consiga entrevistas

A continuación se presentan algunos consejos para las entrevistas:

Antes de la entrevista

1. Las entrevistas pueden ser de estilos muy diferentes; por ejemplo, tipo "charla amigable", "vamos a conocernos"; tipo interrogatorio de una pregunta tras otra; y tipo por qué, por qué, por qué; así como muchos otros. Vaya preparado para todo.

2. Practique entrevistas con un amigo y pida que lo critique.

3. Prepare cuando menos cinco preguntas buenas que no hayan sido contestadas en la literatura sobre la empresa.

4. Prepare las preguntas probables de la entrevista, así como respuestas acertadas por anticipado.

5. Evite las entrevistas interminables, pueden ser agotadoras.

6. Vista de manera conservadora y elegante para la entrevista. Preséntese limpio y arreglado.

7. Llegue unos diez minutos antes, para concentrarse en sus pensamientos antes de la entrevista. Verifique su nombre en la lista de entrevistados y fíjese en el nombre del entrevistador y el número del despacho.

8. Repase los puntos principales que pretende abarcar.

Durante la entrevista

1. Salude de mano al entrevistador. Preséntese usando la misma forma que use el entrevistador. Produzca una buena impresión de entrada.

2. Conserve la calma. Relájese. Sonría ocasionalmente. Manifieste entusiasmo durante la entrevista.

3. Es importantísimo que vea al entrevistador de frente, que se siente debidamente y que hable con claridad. No entrelace las manos ni juegue con sus alhajas, cabello o ropa. Siéntese de manera cómoda. No fume, incluso aunque le ofrezcan un cigarrillo.

4. Lleve copias de su currículum.

5. Tiene que conocer su historia al dedillo. Presente sus puntos de venta. Conteste las preguntas sin rodeos. Evite respuestas de una sola palabra, pero tampoco hable demasiado.

6. Deje que el entrevistador tome la iniciativa la mayoría de las veces, pero no sea pasivo. Encuentre una oportunidad para dirigir la conversación hacia los puntos que usted quiere comunicar al entrevistador.

7. Para cerrar en un nivel alto, la última parte de la entrevista es el mejor momento de resaltar su punto más importante o para hacer una pregunta pertinente.

8. No tema ser quien termina. Usted puede decir: "Me interesa mucho el puesto y me alegra haber tenido esta entrevista".

9. Consiga la tarjeta de visita del entrevistador o su dirección y número telefónico para que pueda darle seguimiento a la entrevista.

Después de la entrevista

1. Al salir de la entrevista, registre los puntos clave que se presentaron. Asegúrese de averiguar quién le dará seguimiento a la entrevista y cuándo se tomaría una decisión.

2. Analice objetivamente la entrevista con relación a las preguntas formuladas, las respuestas dadas, la presentación general durante la entrevista y la respuesta del entrevistador a puntos concretos.

3. Envíe una carta de agradecimiento, hablando de puntos que se hayan saltado y de su disposición a ofrecer más información si se necesitara.

4. Si no ha recibido una respuesta dentro del tiempo especificado, escriba o llame al entrevistador para saber qué pasa.

Seguimiento

Si tiene éxito, le invitarán a que visite la organización. La entrevista que le hagan en la empresa puede tomar varias horas o un día entero. La empresa estudiará su interés, madurez, entusiasmo, atención y lógica, así como sus conocimientos sobre la empresa y las funciones. Usted debe hacer preguntas sobre las cosas que le resulten importantes a usted. Averigue datos sobre el entorno, las funciones del empleo, las responsabilidades, las oportunidades, temas actuales de la industria y la personalidad de la empresa.

Glosario

Acceso La medida en que se pueda entrar a un mercado y atenderlo.

Acercamiento previo Paso del proceso de venta en que el vendedor averigua todo lo posible sobre un posible cliente antes de realizar una visita de ventas.

Actitud La evaluación, favorable o desfavorable, que una persona hace, en forma consistente, de un objeto o idea, así como los sentimientos y las tendencias que expresa respecto al mismo.

Adaptación del producto Adaptar un producto para satisfacer las condiciones o las necesidades locales de mercados exteriores.

Administración de la fuerza de ventas El análisis, la planeación, la aplicación y el control de las actividades de la fuerza de ventas. Esta incluye establecer los objetivos del cuerpo de vendedores, diseñar la estrategia del cuerpo de vendedores y reclutar, seleccionar, capacitar, supervisar y evaluar a los vendedores de la empresa.

Administración de la mercadotecnia El análisis, la planeación, la aplicación y el control de programas diseñados para crear, aumentar y conservar intercambios benéficos con compradores meta, con el propósito de alcanzar los objetivos de la organización.

Administración por contrato Empresa en participación en la que una empresa nacional ofrece conocimientos administrativos a una empresa extranjera, que aporta el capital; la empresa nacional exporta servicios administrativos en lugar de productos.

Adopción La decisión que toma una persona para convertirse en usuaria regular de un producto.

Agente Mayorista que representa a compradores o vendedores de forma relativamente permanente; sólo realiza unas cuantas funciones y no adquiere la posesión de los bienes.

Alcance El porcentaje de personas del mercado meta que quedan expuestas a una campaña publicitaria durante un plazo dado.

Ambientes Entornos diseñados para crear o reforzar la propensión del comprador para consumir un producto.

Análisis de cartera Instrumento que permite a la gerencia identificar y evaluar los distintos negocios que incluye la empresa.

Análisis de la competencia Proceso para identificar a los principales competidores, que consiste en evaluar sus objetivos, estrategias, fuerzas y debilidades y patrones de reacción, así como en decidir a cuáles atacar y a cuáles evitar.

Análisis de series de tiempo Descomponer las ventas pasadas para encontrar tendencias, ciclos, temporadas y componentes erráticos y después recombinar estos componentes para producir un pronóstico de ventas.

Análisis de valores Enfoque para reducir costos en el que los componentes se estudian con detenimiento para determinar si se pueden rediseñar, estandarizar o fabricar con métodos de producción menos caros.

Análisis del negocio Estudio de las ventas, los costos y las utilidades que se proyectan para un producto nuevo con objeto de averiguar si dichos factores satisfacen los objetivos de la empresa.

Análisis del valor para los clientes Análisis realizado para determinar cuáles son los beneficios que valoran los clientes meta y qué calificación adjudican al valor relativo de las ofertas de diversos competidores.

Análisis estadístico de la demanda Serie de procedimientos estadísticos usados para descubrir los factores reales más importantes que afectan las ventas y su influencia relativa; los factores que se analizan con más frecuencia son precios, ingresos, población y promoción.

Anhelo humano Forma que adopta la necesidad humana, debido a la cultura y la personalidad individual.

Aplicabilidad La medida en que los programas diseñados resultan efectivos para captar y atender un segmento dado del mercado.

Aplicación de la mercadotecnia Proceso que sirve para que las estrategias y los planes de mercadotecnia se conviertan en acciones que llevan a alcanzar los objetivos estratégicos de mercadotecnia.

Aprendizaje Cambios del comportamiento personal que surgen a partir de las experiencias.

Artículos publicitarios Objetos útiles que llevan impreso el nombre del anunciante y se regalan a los consumidores.

Asignación Dinero para promociones que entregan los fabricantes a los detallistas a cambio de que éstos destaquen los productos del fabricante de alguna manera.

Atención selectiva Tendencia de las personas a descartar la mayor parte de la información a la que se encuentran expuestas.

Auditoría mercadotécnica Análisis amplio, sistemático, independiente y periódico del entorno, los objetivos, las estrategias y las actividades de una empresa para definir las áreas problemáticas y las oportunidades, y recomendar un plan de acción para mejorar la actuación mercadotécnica de la empresa.

"Baby boom" El gran incremento de la tasa anual de natalidad que se presentó después de la Segunda guerra mundial y que duró hasta principios de la década de 1960. La generación del "baby boom", ahora en su mediana edad, es un objetivo primordial de los mercadólogos.

Balance general Estado financiero que contiene los activos, los pasivos y el valor contable que tiene una sociedad anónima en un momento dado.

Barreras no arancelarias para el comercio Barreras no monetarias que se interponen a los productos extranjeros, por ejemplo los prejuicios contra las ofertas de la empresa extranjera o normas que se imponen para el producto y que van en contra de las características del producto que ofrece una empresa extranjera.

Base de datos de mercadotecnia Serie organizada de datos sobre clientes o prospectos individuales que sirve para generar y calificar pistas para clientes, para vender productos y servicios y para sostener relaciones con los clientes.

Bienes básicos Bienes de consumo que el cliente suele usar con frecuencia y comprar de inmediato, con un mínimo de comparaciones o esfuerzo.

Bienes comparados Bienes de consumo que el cliente, en el proceso de selección y adquisición, suele comparar con base en elementos como idoneidad, calidad, precio y estilo.

Bienes de capital Bienes industriales que participan de alguna manera en el producto terminado, inclusive instalaciones y equipo accesorio.

Bienes de consumo Bienes comprados por los consumidores para su consumo personal.

Bienes duraderos Bienes de consumo que, por regla general, se usan en el transcurso de un periodo largo y que suelen aguantar muchos usos.

Bienes especializados Bienes de consumo con características singulares o identificación de marca, por los cuales un grupo significativo de compradores está dispuesto a hacer un esfuerzo especial para adquirirlos.

Bienes extra Bienes ofrecidos gratis o a precios muy bajos como incentivo para comprar un producto.

Bienes industriales Bienes adquiridos por personas y organizaciones para su mayor procesamiento o para su uso en las actividades de un negocio.

Bienes no buscados Bienes de consumo que el consumidor no conoce o que conoce pero que normalmente no compraría.

Bienes no duraderos Bienes de consumo que, por regla general, se consumen en uno o unos cuantos usos.

Buscar prospectos Paso del proceso de ventas en que el vendedor identifica a posibles clientes calificados.

Búsqueda de información Etapa del proceso de decisión del comprador en la que éste siente el impulso por buscar más información; el consumidor simplemente puede estar más alerta o puede emprender la búsqueda activa de información.

Búsqueda de proveedores Etapa del proceso de compra de los negocios en la que el comprador trata de encontrar a los mejores vendedores.

Cadena de valor Instrumento principal para identificar maneras de crear más valor para los clientes.

Cadenas de tiendas Dos o más tiendas que pertenecen a un dueño y están controladas por él, que hacen sus compras y comercialización en forma centralizada y que venden líneas similares de mercancía.

Cadenas de voluntarios patrocinadas por mayoristas Sistemas de mercadotecnia vertical y contractual en los que los mayoristas organizan cadenas de detallistas independientes voluntarios que les ayudan a competir con las grandes organizaciones de las cadenas de corporaciones.

Calidad Suma de rasgos y características de un producto o servicio que influyen en su capacidad para satisfacer las necesidades declaradas o implícitas.

Calidad del producto La capacidad de un producto para realizar sus funciones; incluye la durabilidad general, la confiabilidad, la precisión, la facilidad para operar y reparar el producto, así como otros atributos valorados.

Canal convencional de distribución Canal compuesto por uno o varios productores independientes, mayoristas y detallistas, cada uno de los cuales es un negocio separado que pretende maximizar sus utilidades, incluso a expensas de las utilidades del sistema en general.

Canal de distribución (canal de comercialización) Serie de organizaciones independientes que toman parte en el proceso de hacer que un producto o servicio quede a disposición del consumidor o el usuario industrial para su uso o consumo.

Canal para la comercialización directa Canal para la comercialización que carece de niveles de intermediarios.

Canales de comunicación no personales Medios que transmiten mensajes sin contacto ni retroinformación personales, inclusive los medios, ambientes y eventos.

Canales de comunicación personal Canales por medio de los cuales dos o más personas se comunican directamente entre sí, por ejemplo cara a cara, persona a público, por teléfono o por correo.

Carácter inseparable de los servicios Característica básica de los servicios: se producen y consumen al mismo tiempo y no se pueden separar de sus proveedores, sean personas o máquinas.

Carácter intangible de los servicios Característica básica de los servicios: no se pueden ver, gustar, sentir, oír ni oler antes de comprarlos.

Carácter perecedero de los servicios Característica básica de los servicios: no se pueden guardar para usarlos o venderlos después.

Carácter variable de los servicios Característica básica de los servicios: su calidad puede variar mucho, dependiendo de quién los ofrece y dónde, cómo y cuándo lo hace.

Cartera de negocios El conjunto de negocios y productos que componen a una empresa.

Centro de adquisiciones Conjunto de personas y unidades que toman parte en el proceso de la decisión de comprar de una empresa.

Centro de compras Grupo de negocios detallistas planeados, desarrollados, poseídos y administrados como si fuera una unidad.

Centro de distribución Almacén grande y bastante automatizado, diseñado para recibir bienes de diversas plantas y proveedores, tomar pedidos y llenarlos debidamente, así como entregar los bienes a los clientes a la brevedad posible.

Ciclo de vida del producto (CVP) El curso de las ventas y las utilidades de un producto durante el transcurso de su existencia. Incluye cinco etapas claras: desarrollo, introducción, crecimiento, madurez y ocaso del producto.

Cierre El paso del proceso de ventas en que el vendedor pide al cliente que coloque su pedido.

Clases sociales Divisiones de una sociedad, relativamente permanentes y ordenadas, que incluyen a los miembros que comparten valores, intereses y comportamientos similares.

Club de almacenes (o club mayorista) Detallista con precios de descuento que vende a precios muy bajos una selección limitada de artículos comestibles, aparatos y ropa de marca, así como un batiburrillo de bienes, con precios muy bajos, a los socios que pagan cuotas anuales por ser socios del club.

Comercialización Introducción de un producto nuevo al mercado.

Comercialización de la organización Actividades emprendidas para crear, mantener o cambiar las actitudes o los comportamientos que los públicos meta tienen ante la organización.

Comercialización de ubicaciones Actividades emprendidas para crear, mantener o cambiar actitudes o comportamientos ante ubicaciones concretas.

Comercialización directa Comercialización por medio de diversos medios publicitarios que interactúan, de manera directa, con los consumidores y, por regla general, requieren que el consumidor presente una respuesta directa.

Comercialización por catálogo Comercialización directa por medio de catálogos que se le envían por correo a una lista de clientes seleccionados o que se entregan en tiendas.

Comercialización por correo directo Comercialización directa por medio de correspondencia particular, que incluye cartas, anuncios, muestras, folletos y otros "vendedores

con alas" enviados a prospectos contenidos en listas de correo.

Comercialización por muchos canales Distribución por medio de muchos canales; por ejemplo cuando una sola empresa establece dos canales de comercialización o más para llegar a un segmento de clientes o más.

Comercialización por relaciones El proceso de crear, conservar y reforzar relaciones sólidas, llenas de valor, con los clientes y otras partes interesadas.

Comercializar por teléfono Usar el teléfono para vender directamente a los consumidores.

Comercializar por televisión Comercializar, en forma directa, por medio de la televisión, usando publicidad para obtener respuestas directas o canales para compras desde casa.

Competencia monopólica Mercado donde muchos compradores y vendedores comercian con una gama de precios, en lugar de un solo precio de mercado.

Competencia oligopólica Mercado en el que existen unos cuantos vendedores que son muy sensibles a los precios y las estrategias de mercadotecnia de los demás.

Competencia pura Mercado en que muchos compradores y vendedores negocian con una mercancía uniforme; no hay un comprador o vendedor que ejerza mucha influencia en el precio corriente del mercado.

Comportamiento al comprar que disminuye la disonancia Comportamiento que observan los compradores al comprar en situaciones que se caracterizan por su gran participación, pero por pocas diferencias percibidas entre marcas.

Comportamiento complejo para comprar El comportamiento que observan los consumidores al comprar, en situaciones que se caracterizan por la gran participación del consumidor en la compra y por diferencias significativas que se perciben entre las marcas.

Comportamiento de los consumidores al comprar El comportamiento que observan los consumidores finales cuando

compran; las personas y los hogares que compran bienes y servicios para su consumo personal.

Comportamiento habitual al comprar Comportamiento que observan los consumidores al comprar en situaciones que se caracterizan por la escasa participación del consumidor y unas cuantas diferencias importantes percibidas en la marca.

Comportamiento posterior a la compra Etapa del proceso de decisión de comprar en el que los consumidores toman medidas después de la compra, con base en su satisfacción o insatisfacción.

Comportamiento que busca la variedad al comprar El comportamiento que observa el consumidor al comprar en situaciones que se caracterizan por la escasa participación del consumidor, pero con diferencias significativas percibidas en las marcas.

Compra de sistemas Comprar un paquete que representa una solución para un problema, sin todas las decisiones particulares que entrañaría.

Comprador La persona que realiza la compra de hecho.

Compradores Personas del centro de adquisiciones de una organización que tienen facultades formales para seleccionar al proveedor y para convenir los términos de la compra.

Compras electrónicas Comercialización directa con un sistema de dos vías, que liga a los consumidores con el catálogo computarizado del vendedor, por medio de líneas telefónicas o cables.

Comunidad económica Grupo de naciones organizadas para alcanzar ciertas metas comunes para regular el comercio internacional.

Concepto de la mercadotecnia a favor de la sociedad La noción de que la organización debe determinar las necesidades, los deseos y los intereses de los mercados meta y ofrecer los satisfactores deseados con más eficacia y eficiencia que sus competidores, de tal manera que pueda mantener o mejorar el bienestar de los consumidores y de la sociedad.

Concepto de la rueda de la venta al detalle Concepto de la venta al detalle que establece que los nuevos tipos de detallistas suelen empezar como operaciones con márgenes estrechos, precios bajos y pocos servicios, pero con el tiempo se convierten en operaciones con precios más altos y más servicios, y con el tiempo llegan a ser como los detallistas convencionales que desplazaron.

Concepto de mercadotecnia Filosofía de la administración mercadotécnica que sostiene que, para alcanzar las metas de la organización, es preciso determinar las necesidades y los anhelos de los mercados que estén en la mira, así como proporcionar la satisfacción deseada con más eficacia y eficiencia que los competidores.

Concepto de producción Filosofía que establece que los consumidores favorecerán los productos que estén disponibles y sean muy costeables, por lo que la gerencia se debe concentrar en mejorar la eficiencia de la producción y la distribución.

Concepto de producto La noción de que los consumidores favorecerán los productos que ofrezcan la mejor calidad, rendimiento y características, y que la organización, por consiguiente, debe dedicar su energía a mejorar el producto constantemente. Versión detallada de la idea para un producto nuevo, definida en términos que tengan sentido para los consumidores.

Concepto de ventas Noción de que los consumidores no comprarán una cantidad suficiente de productos de la organización a no ser que ésta emprenda ventas y actividades promocionales a gran escala.

Concepto del ego Imagen de sí mismo, o imágenes mentales complejas que las personas tienen de sí mismas.

Concepto del empaque Lo que un empaque debe ser o hacer para el producto.

Concursos, premios y juegos Promociones que ofrecen a los consumidores la posibilidad de ganar algo —por ejemplo dinero, viajes o bienes— por azar o por medio de un esfuerzo extraordinario

Conflicto de canales Desacuerdo entre los miembros de un canal de comercialización en cuanto a las metas

y los roles; es decir, quién debe hacer qué y a cambio de qué.

Conglomerados para la comercialización Corporaciones que combinan varias formas del comercio detallista, sujetas a un dominio central, y que comparten algunas funciones de la administración y la distribución.

Continuidad Forma para programar anuncios de manera simétrica dentro de un plazo dado.

Contracomercio Comercio internacional que entraña intercambiar ciertos bienes, en forma directa o indirecta, por otros bienes, en lugar de usar dinero. Algunas formas serían el trueque, la compensación y la contracompra.

Control de cambios Limitación impuesta por el gobierno sobre el monto de sus divisas en relación con otros países y sobre su tipo de cambio en comparación con otras monedas.

Control de la mercadotecnia Proceso para medir y evaluar los resultados de las estrategias y los planes de mercadotecnia y para tomar medidas correctivas que garanticen que se alcanzarán los objetivos de mercadotecnia.

Cooperativas de detallistas Sistemas verticales de mercadotecnia y contractuales en que los detallistas organizan negocios nuevos, de dominio compartido, para realizar actividades de mayoreo y posiblemente de producción.

Corredor Mayorista que no adquiere el dominio de los bienes y cuya función consiste en reunir a compradores y vendedores, así como ayudar en las negociaciones.

Corriente de la administración ambiental Corriente de la administración según la cual la empresa adopta medidas activas para influir en los públicos y en las fuerzas de su entorno de mercadotecnia, en lugar de sólo observar y reaccionar ante el mismo.

Costo de los bienes vendidos El costo neto, para la empresa, de los bienes vendidos.

Costos fijos Costos que no varían con el nivel de la producción ni el de las ventas.

Costos variables Costos que varían directamente con el grado de producción.

Cotización sellada de precios Precios que la empresa establece pensando en los de la competencia, en lugar de partir de sus propios costos o demanda; se usan cuando una empresa presenta cotizaciones para conseguir negocios.

Creencia Idea descriptiva que una persona tiene respecto a algo.

Cultura Serie de valores, percepciones, anhelos y comportamientos básicos que un miembro de la sociedad aprende de su familia y otras instituciones importantes.

Cuota Límite sobre la cantidad de bienes que aceptará un país importador en ciertas categorías de productos; ésta se diseña a efecto de conservar divisas y de proteger a la industria y el empleo locales.

Cuotas de ventas Parámetros que se establecen para los vendedores; definen la cantidad que deberían vender y la forma en que deben dividir las ventas entre los productos de la empresa.

Cuotas por espacio Pagos que le exigen los detallistas a los productores antes de aceptar productos nuevos y encontrarles "espacio" en los anaqueles.

Cupones Certificados que ofrecen a los compradores un ahorro cuando adquieren un producto

Curva de la demanda Curva que muestra la cantidad de unidades que se comprará en el mercado, en un lapso dado, a los diferentes precios que se pueden cobrar.

Curva de la experiencia (curva del aprendizaje) Disminución del costo promedio de la producción por unidad que se deriva de la experiencia acumulada en la producción.

Datos primarios Información reunida para un propósito específico presente.

Datos secundarios Información que existe en alguna parte y que ha sido reunida para otro propósito.

Decisión de comprar Etapa del proceso de decisión del comprador en que el consumidor compra el producto, de hecho.

Definición de la estrategia de mercadotecnia Definición de la estrategia proyectada para un producto nuevo, que esboza el mercado que se pretende tener en la mira, la posición que se proyecta para el producto y las metas para las ventas, participación del mercado y utilidades, para los primeros años.

Definición de la misión Definición del objeto de la organización; lo que quiere lograr dentro del entorno mayor.

Demanda derivada Demanda mercantil que, en última instancia, proviene de (se deriva) la demanda de bienes de consumo.

Demanda inelástica La demanda total de un producto que no se ve muy afectada por los cambios de precios, sobre todo a corto plazo.

Demanda primaria El grado de demanda total para todas las marcas de un producto o servicio dados; por ejemplo, la demanda total de motocicletas.

Demanda selectiva Demanda para un producto o servicio de una marca dada.

Demanda total del mercado El volumen total de un producto o servicio que compraría un grupo de consumidores definido en una zona geográfica definida, en un plazo de tiempo definido, en un entorno mercadotécnico definido, con un grado y mezcla de actividades de mercadotecnia definidos en una industria.

Demandas Deseos de individuos respaldados por poder adquisitivo.

Demografía El estudio de las poblaciones humanas en términos de tamaño, densidad, ubicación, edad, sexo, raza, ocupación y otras estadísticas.

Desarrollo de la estrategia de mercadotecnia Diseño de una estrategia de mercadotecnia inicial para un producto nuevo, con base en el concepto del producto.

Desarrollo de productos nuevos El desarrollo de productos originales, mejoras al producto, modificaciones al producto y marcas nuevas propiciado por las actividades del departamento de investigación y desarrollo de la propia empresa.

Desarrollo del mercado Estrategia para que la empresa crezca identificando y desarrollando segmentos nuevos del mercado para los productos actuales de la empresa.

Desarrollo del producto Estrategia para que una empresa crezca ofreciendo productos nuevos o modificados a segmentos presentes del mercado. Desarrollar el concepto del producto para convertirlo en un produco material, con objeto de garantizar que la idea del producto se pueda convertir en un producto viable.

Desarrollo del producto en secuencia Enfoque para el desarrollo de productos nuevos en el que un departamento de la empresa trabaja de manera individual para terminar su etapa del proceso, antes de pasarle el producto nuevo al departamento y la etapa siguientes.

Desarrollo simultáneo de productos Enfoque para desarrollar productos nuevos en el que diversos departamentos de la empresa trabajan juntos, estrechamente, traslapando pasos del proceso para el desarrollo del producto con objeto de ahorrar tiempo y aumentar la eficacia.

Descripción general de las necesidades Etapa del proceso de adquisición de un negocio en la que la empresa describe las características generales y la cantidad de un artículo que se necesita.

Descuento Disminución directa del precio sobre compras realizadas dentro de un lapso determinado.

Descuento Porcentaje que se descuenta al precio original de venta.

Descuento estacional Descuento de precio que se concede a los compradores que adquieren mercancía o servicios fuera de temporada.

Descuento funcional Disminución del precio que el vendedor ofrece a miembros del canal mercantil que realizan ciertas funciones, por ejemplo, lo venden, lo almacenan o llevan registros.

Descuento por pronto pago Descuento de precio que se concede a los compradores que pagan sus cuentas sin tardanza.

Descuento por volumen Reducción de precio para los compradores que compran cantidades grandes.

Despachos de servicios de mercadotecnia Despachos dedicados a las investigaciones de mercados, agencias de publicidad, empresas de los medios, empresas dedicadas a la asesoría en mercadotecnia y otros proveedores de servicios que ayudan a la empresa a dirigir y promover sus productos en los mercados pertinentes.

Detalle Todas las actividades que entraña la venta de bienes y servicios directamente a los consumidores, para su uso personal, no mercantil.

Detallistas Negocios que hacen sus ventas primordialmente al detalle.

Detallistas con servicios completos Detallistas que ofrecen a los compradores toda una gama de servicios.

Detallistas con servicios limitados Detallistas que sólo ofrecen una cantidad limitada de servicios a los compradores.

Detallistas de autoservicio Detallistas que ofrecen pocos servicios o ninguno a los compradores; los compradores realizan el proceso de localizar-comparar-seleccionar por su propia cuenta.

Detallistas de descuento Detallistas que compran a precios más bajos que los normales para el mayoreo y que venden a precios más bajos que los normales para el detalle, que suelen manejar un conjunto de mercancía de gran calidad pero inestable y cambiante, consistente muchas veces de bienes sobrantes, excedentes y defectuosos, obtenidos de los fabricantes a precios muy bajos. Estos incluyen tiendas de fábrica, independientes y clubes de almacenes.

Discordancia cognoscitiva Disgusto del comprador a causa de un conflicto después de la compra.

Diseño del producto Proceso para el diseño del estilo y la función de un producto; crear un producto que sea atractivo, cuyo uso y servicio sean fáciles, seguros y poco caros y cuya producción y distribución sean sencillas y económicas.

Distorsión selectiva Tendencia de las personas a adaptar la información a significados personales.

Distribución exclusiva Sistema en el que una cantidad limitada de distribuidores obtiene el derecho exclusivo de distribuir los productos de la empresa dentro de su territorio.

Distribución física Tareas necesarias para planear, aplicar y controlar el flujo físico de materiales y bienes terminados, de su punto de origen a su punto de uso, para satisfacer las necesidades de los clientes, obteniendo una utilidad.

Distribución intensiva Sistema para llevar existencias de un producto en la mayor cantidad de tiendas que sea posible.

Distribución selectiva Uso de más de un intermediario, pero no de todos los que están dispuestos a manejar los productos de la empresa.

Diversificación Estrategia para hacer crecer a la empresa mediante la constitución o la adquisición de negocios ajenos a sus productos y mercados existentes.

Elasticidad de los precios Medida de la sensibilidad de la demanda a los cambios de precio.

Embargo Prohibición para la importación de cierto producto.

Empacar Actividades para diseñar y producir el recipiente o el envoltorio de un producto.

Empresa centrada en los clientes Empresa que gira en torno a las circunstancias de los clientes hacia los cuales se dirige para diseñar sus estrategias de mercadotecnia y para entregarles más valor.

Empresa centrada en los competidores Empresa que toma medidas basadas, principalmente, en los actos y en las reacciones de la competencia; ésta dedica la mayor parte de su tiempo a seguir los movimientos de los competidores y su respectiva participación en el mercado, así como a encontrar estrategias para contraatacarlos.

Empresa centrada en los mercados Empresa que presta igual atención a clientes que a competidores para diseñar sus estrategias mercadotécnicas.

Empresas mancomunadas Forma de entrar a los mercados exteriores mediante la mancomunación con sociedades extranjeras con el propósito de producir o comercializar un producto o servicio.

Empresas para la distribución física Almacenes, transportistas y otras compañías que ayudan a la empresa a almacenar bienes y a transportarlos de su punto de origen a su destino.

Enfoque de la carga de trabajo Enfoque para establecer el tamaño de la fuerza de ventas, mediante el cual la empresa agrupa las cuentas en diferentes clases, por tamaño, y después determina cuántos vendedores se necesitan para visitarlas la cantidad deseada de veces.

Entorno cultural Conjunto de instituciones y otras fuerzas que afectan los valores, las percepciones, las preferencias y los comportamientos básicos de la sociedad.

Entorno económico Conjunto de factores que afectan el poder adquisitivo y los patrones de gasto de los consumidores.

Entorno mercadotécnico Conjunto de actores y fuerzas, ajeno a la mercadotecnia, que afecta la capacidad de la gerencia de mercadotecnia para realizar y llevar transacciones exitosas con los clientes que tiene en la mira.

Entorno natural Recursos naturales que los comercializadores necesitan como insumos, o que se ven afectados por actividades de mercadotecnia.

Entorno político Leyes, oficinas de gobierno y grupos de presión que influyen y limitan a diversas organizaciones y personas de una sociedad dada.

Entorno tecnológico Fuerzas que crean nuevas tecnologías, que crean productos nuevos y oportunidades de mercado.

Entrevistas de grupos focales Entrevistas personales que consisten en reunir a unas seis o diez personas, durante unas cuantas horas, con un entrevistador especializado, con objeto de hablar sobre un producto, servicio u organización. El entrevistador "enfoca" la charla del grupo hacia temas importantes.

Especificación de la rutina de los pedidos La etapa del proceso de compras de los negocios en el que el comprador firma el pedido final con un proveedor elegido o varios, anotando las especificaciones técnicas, la cantidad requerida, el tiempo esperado para la entrega, las políticas para devoluciones y las garantías.

Especificación del producto Etapa del proceso de compra de los negocios en la que la organización compradora decide y especifica cuáles son las mejores características técnicas para un artículo requerido.

Establecer metas del mercado Proceso para evaluar el atractivo de cada uno de los segmentos del mercado y para elegir uno o varios segmentos para entrar en ellos.

Estado de operaciones (estado de pérdidas y ganancias o estado de ingresos) Estado financiero que contiene las ventas de la empresa, el costo de los bienes vendidos y los gastos para un periodo de tiempo dado.

Estados de atención de los compradores Las etapas que suelen recorrer los consumidores hasta que llegan a comprar, que serían conciencia, conocimiento, agrado, preferencia, convicción y adquisición.

Estilo A Forma de expresión básica y distintiva.

Estilo de vida Patrón de vida de una persona expresado de acuerdo con sus actividades, intereses y opiniones.

Estrategia de mercadotecnia Lógica de mercadotecnia mediante la cual la unidad de negocios espera alcanzar sus objetivos de mercadotecnia.

Estrategia multimarcas Estrategia mediante la cual el vendedor desarrolla dos marcas o más dentro de la misma categoría de productos.

Estrategia para atraer Estrategia de promoción que requiere que se gaste mucho en publicidad y promociones para los consumidores, con objeto de crear demanda de consumo. Si la estrategia tiene éxito, los consumidores pedirán el producto a los detallistas, éstos se lo pedirán a los mayoristas y los mayoristas se lo pedirán a los productores.

Estrategia para impulsar Estrategia de promoción que requiere una fuerza de ventas y promociones mercantiles para impulsar el producto y que pase por los canales. El productor promueve el producto ante los mayoristas, éstos los promueven ante los detallistas y éstos los promueven ante los consumidores.

Estrategias para la competencia Estrategias que colocan a la empresa firmemente ante sus competidores y que le conceden una ventaja estratégica lo más sólida posible.

Estrellas Negocios o productos de gran crecimiento y gran participación que suelen requerir grandes inversiones para financiar su veloz crecimiento.

Estructura de la fuerza de ventas del cliente Organización de una fuerza de ventas, en la cual los vendedores se especializan en venderle sólo a ciertos clientes o industrias.

Estructura de la fuerza de ventas del producto Organización de una fuerza de ventas en que los vendedores se especializan en vender tan sólo una parte de los productos o las líneas de la empresa.

Estructura territorial de la fuerza de ventas Organización del cuerpo de vendedores que le asigna, a cada vendedor, un territorio geográfico exclusivo, en el cual el vendedor maneja la línea completa de la empresa.

Etapa de crecimiento Etapa del ciclo de vida del producto en la que las ventas del producto empiezan a subir con rapidez.

Etapa de declinación Etapa del ciclo de vida del producto en la cual decaen las ventas del producto.

Etapa de introducción Etapa del ciclo de vida del producto en que el producto nuevo se distribuye y se saca a la venta por primera vez.

Etapa de madurez Etapa del ciclo de vida del producto en el que el crecimiento de las ventas se atenúa o nivela.

Evaluación alternativa La etapa del proceso de decisión del comprador en la que el consumidor usa información para evaluar las marcas alternativas dentro de la serie de opciones.

Eventos Actos preparados para comunicar mensajes a una audiencia meta, por ejemplo conferencias de prensa, inauguraciones magnas, etc.

Exportar Ingresar en un mercado exterior enviando productos y vendiéndolos por medio de intermediarios internacionales que los comercializan (exportación indirecta) o por medio de un departamento, sucursal o representantes o agentes de ventas de la propia empresa (exportación directa).

Extensión de la línea Uso del nombre de una marca con éxito para introducir más artículos dentro de una categoría de productos dada, con el mismo nombre de marca, por ejemplo sabores, formas o colores nuevos, así como mayor cantidad de ingredientes o tamaños de empaques.

Extensión de la línea de productos Aumentar la línea de productos extendiéndola más allá de su alcance presente.

Extensión de marca Usar el nombre de una marca que ha tenido éxito para lanzar un producto modificado o nuevo, dentro de una categoría nueva.

Extensión simple del producto Comercializar un producto en un mercado exterior sin cambio alguno.

Fabricación por contrato Empresa en participación mediante la cual una sociedad contrata a fabricantes, en un mercado exterior, para que produzcan el producto.

Franquicia Relación contractual entre un fabricante, un mayorista o una organización de servicios (franquiciante) y empresarios independientes (franquiciatarios) que adquieren el derecho de poseer y operar una o varias unidades del sistema de franquicias.

Frecuencia La cantidad de veces que la persona media, del mercado que se tiene en la mira, queda expuesta a un mensaje publicitario, durante un periodo dado.

Generación de ideas Búsqueda sistemática de ideas para productos nuevos.

Grupo de referencia Grupo que tiene influencia directa (cara a cara) o indirecta en las actitudes o el comportamiento de una persona.

Grupo estratégico Grupo de empresas dentro de una industria que siguen la misma estrategia o una parecida.

Grupo pretendido El grupo al cual desea pertenecer una persona.

Grupos ambientalistas Movimiento organizado de ciudadanos y organismos de gobierno preocupados por proteger y mejorar el entorno en el que viven las personas.

Grupos de consumidores Movimiento organizado de ciudadanos y organismos de gobierno para aumentar los derechos y el peso de los compradores en relación con los vendedores.

Grupos de miembros Grupos a los que pertenece una persona y que ejercen influencia directa en su comportamiento.

Hipermercados Tiendas enormes que combinan ventas detallistas tipo supermercado, descuento y almacén; además de comestibles, manejan muebles, aparatos eléctricos, ropa y muchos productos más.

Idea del producto Idea para un posible producto que la empresa considera que puede ofrecer en el mercado.

Imagen de la marca La serie de ideas que tienen los consumidores en cuanto a una marca dada.

Imagen de la organización Concepto que una persona o grupo tienen de la organización.

Imagen del producto La forma en que los consumidores perciben un producto real o en potencia.

Impacto de los medios Valor cualitativo de una exposición en razón de un medio dado.

Indicadores básicos Series de tiempo que cambian en la misma dirección que las ventas de la empresa, pero en forma anticipada.

Industria global Una industria donde las posiciones estratégicas de los competidores de ciertos mercados geográficos o nacionales se ven afectadas por sus posiciones generales en el mundo.

Industria Grupo de empresas que ofrecen un producto o una clase de productos que son sustitutos cercanos. La serie de todos los que venden un producto o servicio.

Influencia personal
Las consecuencias que las afirmaciones hechas por una persona tienen en la actitud de otra o en la probabilidad de que compre.

Influencia por vía oral
Comunicación personal sobre un producto, entre los compradores que están en la mira y vecinos, amigos, miembros de la familia y compañeros.

Influyente Persona cuya opinión o consejo pesa para tomar la decisión final de comprar.

Influyentes Personas del centro de adquisiciones de una organización que afectan la decisión de comprar; con frecuencia contribuyen a definir las especificaciones y también ofrecen información para evaluar alternativas.

Información de registros internos Información reunida de fuentes existentes en la empresa, con el objeto de evaluar la actuación de la mercadotecnia y de detectar problemas de mercadotecnia y oportunidades.

Iniciador La persona que sugiere o concibe, primero, la idea de comprar un producto o servicio específico.

Inteligencia de mercadotecnia
Información cotidiana sobre circunstancias en el entorno de la mercadotecnia que sirve a los administradores para preparar y ajustar los planes de mercadotecnia.

Intercambio El acto de obtener algo que tiene un tercero, y que se desea, ofreciéndole algo a cambio.

Intermediarios Negocios del canal de distribución que ayudan a la empresa a encontrar clientes o a realizar ventas, inclusive los mayoristas y detallistas que compran y revenden bienes.

Intermediarios de mercadotecnia
Negocios que ayudan a la empresa a promover, vender y distribuir sus bienes entre los compradores finales; incluyen intermediarios, despachos de distribución material, despachos de servicios de mercadotecnia e intermediarios financieros.

Intermediarios financieros Bancos, uniones de crédito, compañías de seguros y demás negocios que ayudan a financiar transacciones o las aseguran contra los riesgos derivados de la compra y venta de bienes.

Invención de un producto Crear productos o servicios nuevos para los mercados exteriores.

Inversión directa Forma para entrar a un mercado exterior, mediante tareas de ensamblado o instalaciones fabriles en el extranjero.

Investigación de mercados
Función que liga al consumidor, al cliente y al público con el comercializador, por medio de información. Información usada para identificar y definir las oportunidades y los problemas de mercadotecnia, para generar, afinar y evaluar los actos de mercadotecnia, para vigilar la actuación de la mercadotecnia y para mejorar la comprensión del proceso de la mercadotecnia.

Investigación experimental
Recopilación de datos primarios, usando grupos seleccionados de sujetos a los que se aplican diferentes tratamientos, se controlan los factores relacionados y se observan las diferencias de las respuestas de los grupos.

Investigación exploratoria Investigación de mercados para reunir información preliminar que servirá para definir mejor los problemas y sugerir hipótesis.

Investigación por observación
Reunir datos primarios mediante la observación de personas, actos y situaciones pertinentes.

Investigaciones causales
Investigaciones de mercados para confirmar hipótesis sobre la relación entre causa y efecto.

Investigaciones descriptivas
Investigaciones de mercados para describir mejor problemas de mercadotecnia, situaciones o mercados, por ejemplo el potencial que tiene el mercado para un producto o la demografía y las actitudes de los consumidores.

Investigar con una encuesta
Reunir datos primarios haciendo a la gente preguntas en cuanto a sus conocimientos, actitudes, preferencias y comportamientos para comprar.

Leyes de Engel Diferencias que notara Ernst Engel hace más de un siglo, en cuanto a los cambios que sufre el gasto que dedica la gente a alimentos, vivienda, transporte,

asistencia médica y otras categorías de bienes y servicios conforme aumenta el ingreso familiar.

Licencias Método para entrar en un mercado exterior en que la empresa firma un contrato con un licenciatario en el mercado exterior, concediéndole el derecho a usar el proceso de producción, la marca registrada, la patente, el secreto comercial o cualquier otro valor a cambio de una cantidad o regalía.

Líder del mercado Empresa, dentro de una industria, que cuenta con la parte más grande del mercado; por regla general, ésta marca la pauta para otras empresas en cuanto a los cambios de precios, introducción de productos nuevos, cobertura de la distribución y el gasto para promociones.

Líderes de opinión Personas dentro de un grupo de referencia que, en razón de talento, conocimientos, personalidad o alguna característica especial, ejercen influencia en los demás.

Línea de productos Un grupo de productos que están estrechamente relacionados porque funcionan de manera similar, se venden a los mismos grupos de clientes, se comercializan por medio del mismo tipo de tiendas o caben dentro de ciertos rangos de precios.

Macroentorno Fuerzas mayores de la sociedad que afectan el microentorno general: fuerzas demográficas, económicas, naturales, tecnológicas, políticas y culturales.

Manejo de objeciones Paso del proceso de ventas en el que el vendedor busca, aclara y supera las objeciones que interpone el cliente para comprar.

Máquina expendedora Máquina que sirve para vender.

Marca Nombre, término, señal, símbolo o diseño, o combinación de los mismos, que pretende identificar los bienes o servicios de un vendedor o grupo de vendedores y diferenciarlos de los de la competencia.

Marca del fabricante (marca nacional) Marca creada por el fabricante de un producto o servicio, misma que es de su propiedad.

Marca privada (o marca del intermediario, el distribuidor o la tienda) Una marca creada por el revendedor de un producto o servicio que le pertenece.

Margen bruto La diferencia entre las ventas netas y el costo de los bienes vendidos.

Margen para canjes Descuento de precio concedido cuando se entrega un artículo viejo al comprar otro nuevo.

Margen para promociones Pago o disminución de precio para recompensar a los distribuidores por participar en programas de publicidad y de apoyo a las ventas.

Materiales y piezas Bienes industriales que entran del todo en el producto del fabricante, inclusive materias primas y materiales y piezas manufacturados.

Matriz de expansión del mercado/producto Instrumento de la planeación de carteras para identificar las oportunidades de crecimiento de la empresa por medio de la penetración en el mercado, el desarrollo del mercado, el desarrollo de productos o la diversificación.

Matriz del crecimiento-participación Método para planear una cartera, que evalúa las unidades de negocios estratégicos de la empresa, en términos de su tasa de crecimiento en el mercado y su relativa participación en el mismo. Las unidades de negocios estratégicos se clasifican como estrellas, vacas de efectivo, signos de interrogación o perros.

Matriz para la planeación estratégica de negocios de GE Método para planear la cartera que evalúa las unidades de negocios estratégicos de la empresa usando índices del atractivo de la industria y el peso de la empresa dentro de esa industria.

Mayoreo Todas las actividades que entraña la venta de bienes y servicios a quienes compran para revenderlos o usarlos mercantilmente.

Mayorista Empresa dedicada primordialmente a las actividades del mayoreo.

Mayoristas con servicios completos Mayoristas que ofrecen toda una grama de servicios, por ejemplo, llevan existencias, cuentan con un cuerpo de vendedores, ofrecen crédito, hacen entregas y ofrecen ayuda administrativa.

Mayoristas con servicios limitados Mayoristas que ofrecen servicios limitados a sus proveedores y clientes.

Mayoristas mercantiles Negocios propiedad de personas independientes que adquieren el dominio de la mercancía que manejan.

Medios Canales de comunicación, no personales, entre ellos medios impresos (periódicos, revistas, correo directo), medios de difusión (radio, televisión) y exhibiciones (carteles, letreros, marquesinas).

Mensurabilidad Grado en el que se puede medir el tamaño, el poder adquisitivo y el perfil del segmento de un mercado.

Mercado Serie de todos los compradores, reales y en potencia, de un producto o servicio.

Mercado atendido (mercado meta) Parte del mercado calificado disponible que la empresa opta por conseguir.

Mercado calificado disponible Conjunto de consumidores que cuentan con interés, ingresos, acceso y calificaciones para un producto o servicio concretos.

Mercado de consumo Todas las personas y hogares que compran o adquieren bienes o servicios para su consumo personal.

Mercado de empresas Todas las organizaciones que compran bienes y servicios que usarán para la producción de otros productos y servicios o para revendérselos o alquilárselos a terceros, a cambio de cierta utilidad.

Mercado disponible La serie de consumidores que cuentan con interés, ingresos y acceso a un producto o servicio particulares.

Mercado gubernamental Unidades del gobierno —federal, estatal y local— que compran o alquilan bienes o servicios para desempeñar las funciones centrales del gobierno.

Mercado institucional Escuelas, hospitales, sanatorios, cárceles y demás instituciones que ofrecen bienes y servicios a las personas que atienden.

Mercado meta Serie de compradores que tienen necesidades o características en común y que la empresa opta por atender.

Mercado penetrado Serie de consumidores que ya han comprado un producto o servicio particulares.

Mercado potencial Serie de consumidores que manifiestan cierto grado de interés por un producto o servicio particulares.

Mercados de pruebas Etapa del desarrollo de productos nuevos en la que el producto y el programa de mercadotecnia se prueban dentro de marcos de mercados más realistas.

Mercadotecnia Proceso social y administrativo en el que las personas y los grupos obtienen lo que necesitan y quieren, mediante la creación de productos y valor y su intercambio con terceros.

Mercadotecnia a favor de la sociedad Principio de la mercadotecnia ilustrada que sostiene que una empresa debe tomar sus decisiones de mercadotecnia tomando en cuenta los deseos de los consumidores, los requisitos de la empresa, los intereses de los consumidores y de la sociedad a largo plazo.

Mercadotecnia con sentido de misión Principio de la mercadotecnia ilustrada que afirma que una empresa debe definir su misión en términos sociales amplios, y no en términos estrechos del producto.

Mercadotecnia concentrada Una estrategia para abarcar el mercado con la cual la empresa pretende conseguir una parte grande de uno o unos cuantos submercados.

Mercadotecnia de personas Actividades emprendidas para crear, conservar o cambiar las actitudes o los comportamientos ante personas concretas.

Mercadotecnia del valor Principio de la mercadotecnia ilustrada que afirma que una empresa debe dedicar la mayor parte de sus recursos a inversiones de mercadotecnia que produzcan valor.

Mercadotecnia diferenciada
Estrategia para abarcar el mercado, mediante la cual la empresa decide dirigirse a varios segmentos del mercado y diseña diferentes ofertas para cada uno de ellos.

Mercadotecnia directa integrada
Campañas de mercadotecnia directas que usan diversos vehículos y varias etapas para mejorar las tasas de respuesta y las utilidades.

Mercadotecnia ilustrada Filosofía que sustenta que la mercadotecnia de una empresa debe servir para mejorar la actuación del sistema de mercadotecnia, a largo plazo; sus cinco principios serían la mercadotecnia orientada a los consumidores, la mercadotecnia innovadora, la mercadotecnia del valor, la mercadotecnia con sentido de misión y la mercadotecnia social.

Mercadotecnia indiferenciada
Estrategia para abarcar mercado en la que la empresa decide ignorar diferencias de los segmentos del mercado y perseguir el mercado entero con una oferta.

Mercadotecnia innovadora
Principio de la mercadotecnia ilustrada que requiere que la empresa pretenda verdaderamente mejorar el producto y la mercadotecnia.

Mercadotecnia interactiva
Mercadotecnia en la que una empresa de servicios reconoce que la calidad percibida del servicio depende mucho de la calidad de la interacción entre comprador y vendedor.

Mercadotecnia interna
Mercadotecnia con la que una empresa de servicios capacita y motiva, con eficacia, a los empleados que tienen contacto con los clientes y a todo el personal de apoyo a los servicios, para que trabajen en equipo y consigan la satisfacción de los clientes.

Mercadotecnia orientada a los consumidores Principio de la mercadotecnia ilustrada que afirma que la empresa debe considerar y organizar sus actividades de mercadotecnia desde el punto de vista del consumidor.

Mercadotecnia social El diseño, la aplicación y el control de programas que pretenden aumentar el grado de aceptación de una idea, causa o práctica social por parte del grupo que está en la mira.

Método accesible Método para establecer el presupuesto para promociones con base en una cantidad que la empresa considera accesible.

Método de la igualdad competitiva Método para establecer un presupuesto para promociones que sea igual a las partidas erogadas por la competencia.

Método del objetivo y la tarea
Preparar el presupuesto para promociones (1) definiendo objetivos específicos; (2) determinando las tareas que se deben realizar para alcanzar dichos objetivos y (3) estimando los costos por realizar dichas tareas. La suma de estos costos es el presupuesto propuesto para promociones.

Método del porcentaje sobre las ventas Método para establecer el presupuesto para promociones de acuerdo con cierto porcentaje de las ventas corrientes o pronosticadas o como porcentaje del precio de ventas.

Mezcla de mercadotecnia Serie de instrumentos controlables tácticos para la mercadotecnia —productos, precios, ubicaciones y promociones— que mezcla la empresa para producir la respuesta deseada en el mercado meta.

Mezcla de mercadotecnia adaptada Estrategia de la mercadotecnia internacional usada para adaptar los elementos de la mezcla de mercadotecnia a cada uno de los mercados internacionales que se tienen en la mira, absorbiendo más costos, pero pretendiendo una participación más grande en el mercado y mayor rendimiento.

Mezcla de mercadotecnia estandarizada Estrategia de la mercadotecnia internacional para usar, básicamente, el mismo producto, publicidad, canales de distribución y demás elementos de la mezcla de mercadotecnia en todos los mercados internacionales de la empresa.

Mezcla de productos (o variedad de productos) Serie de líneas de productos y artículos que un vendedor concreto pone a la venta para que la adquieran los compradores.

Mezcla de promociones La mezcla específica de publicidad, ventas personales, promociones de ventas y relaciones públicas que usa una empresa para realizar su publicidad y alcanzar sus objetivos de mercadotecnia.

Microentorno Fuerzas próximas a la empresa que afectan su capacidad para atender a sus clientes; la empresa, las empresas del canal del mercado, los mercados de clientes, la competencia y los públicos.

Micromercadotecnia Forma de la mercadotecnia dirigida a una meta, en la que las empresas adaptan sus programas de mercadotecnia a las necesidades y los deseos de segmentos geográficos, demográficos, psicográficos o conductuales estrechamente definidos.

Moda pasajera Moda que se impone con gran rapidez, es adoptada con gran celo, llega pronto a su cúspide y decae a toda velocidad.

Monopolio puro Mercado en el que sólo hay un vendedor; puede ser monopolio del gobierno, monopolio privado regulado o monopolio privado no regulado.

Motivo (o impulso) Necesidad lo bastante apremiante como para hacer que la persona busque satisfacerla.

Muestra Segmento de la población seleccionado para realizar una investigación de mercado y que representa a la población en general.

Muestras Ofertas de cierta cantidad de un producto que se entregan a los consumidores para que lo prueben.

Necesidad humana Estado donde existe un sentimiento de privación.

Nivel del canal Un estrato de intermediarios que desempeña una labor para acercar el producto y su posesión al comprador final.

Objetivo de la publicidad Tarea específica de la comunicación dirigida a una audiencia meta, que se debe lograr dentro un periodo de tiempo específico.

Obsolescencia proyectada
Estrategia para hacer que los productos resulten obsoletos antes de que sea necesario cambiarlos en realidad.

Ocupante de nichos en el mercado Empresa dentro de una

industria que atiende segmentos pequeños que las demás empresas pasan por alto o ignoran.

Oficinas y sucursales de ventas del fabricante Mayoreo realizado por los propios vendedores o compradores, en lugar de por mayoristas independientes.

Organización de franquicias Sistema de mercadotecnia vertical por contrato, mediante el cual un miembro del canal, llamado franquiciante, liga varias etapas del proceso de producción-distribución.

Paquetes de precios (rebajas de centavos) Reducción de precios que son marcados por el productor, directamente, en la etiqueta o el empaque.

Penetración en el mercado Estrategia para que una empresa crezca mediante el incremento de las ventas de los productos actuales, en los segmentos presentes del mercado, sin cambiar el producto en forma alguna.

Percepción Proceso mediante el cual las personas eligen, organizan e interpretan información para componer un panorama sensato del mundo.

Perros Negocios y productos de poco crecimiento y poca participación que pueden generar suficiente dinero para mantenerse, pero que no prometen ser fuentes importantes de ingresos.

Personalidad Características psicológicas distinguibles de una persona que conducen a respuestas, relativamente consistentes y perdurables, ante su propio entorno.

Planeación estratégica Proceso para desarrollar y lograr que las metas y capacidades de la organización encajen en forma estratégica con sus cambiantes oportunidades de mercadotecnia. Depende de preparar una misión clara de la empresa, objetivos que la sustenten, una cartera de negocios sólidos y estrategias coordinadas para sus funciones.

Porteros Personas del centro de adquisiciones de la organización que controlan el flujo de información que llega a terceros.

Posición del canal entero Diseñar canales internacionales que toman en cuenta todos los vínculos necesarios para distribuir los productos del vendedor entre los compradores finales, inclusive la organización de la oficina matriz del vendedor, los canales entre países y los canales dentro de países.

Posición del producto La forma en que los consumidores definen el producto en cuanto a atributos importantes: el lugar que ocupa el producto en la mente de los consumidores en relación con los productos de la competencia.

Posición en el mercado Arreglos para que un producto ocupe, en la mente de los consumidores meta, un lugar claro, distintivo y deseable frente a los productos de la competencia. Formular una posición competitiva para un producto y una mezcla de mercadotecnia detallada.

Posición social La apreciación general que la sociedad otorga a cierto rol.

Precio Monto de dinero cobrado por un producto o servicio o la suma de los valores que los consumidores intercambian por los beneficios de tener o de usar el producto o servicio.

Precio de dos partes Estrategia para poner precio a los servicios en la que el precio se descompone en una cuota fija más una cantidad variable por uso.

Precio de origen FOB Estrategia de precios geográficos, mediante la cual los bienes son colocados, libre a bordo, en un transporte; el cliente cubre el costo del embarque de la fábrica a su destino.

Precio sobre costos El aumento de un recargo estándar sobre el costo del producto.

Precios de la línea de productos Establecer los pasos de los precios entre los diversos productos de una línea de productos, con base en las diferencias de costos entre los productos, la evaluación que hacen los clientes de diferentes características y los precios de la competencia.

Precios de paquetes de productos Combinación de varios productos que se ofrecen, en paquete, a un precio bajo.

Precios de productos cautivos Precios que se fijan a productos que se tienen que usar con un producto básico, por ejemplo las navajas de una rasuradora o la película de una cámara.

Precios de productos derivados Precios que se fijan a los productos derivados con objeto de lograr que el precio del producto principal resulte más competitivo.

Precios de referencia Precios que los compradores tienen en mente y a los cuales se refieren cuando ven un producto dado.

Precios de valor Ofrecer justo la combinación acertada de calidad y buen servicio, a un precio justo.

Precios discriminatorios Dos o más precios de venta que se aplican a un producto o servicio, sin que la diferencia de precios se base en la diferencia de costos.

Precios para tamizar el mercado Precios elevados que se fijan para un producto nuevo con objeto de obtener la mayor cantidad de ingresos posible, capa por capa, de los segmentos dispuestos a pagar los precios elevados; la empresa realiza menos ventas pero más rentables.

Precios para el valor percibido Precios que se establecen con base en la forma en que los compradores perciben el valor, y no con base en el costo del vendedor.

Precios para penetrar en el mercado Precios bajos establecidos para un producto nuevo con objeto de atraer a una cantidad importante de compradores y conseguir una participación grande en el mercado.

Precios para productos optativos Precios para los productos optativos o accesorios que acompañan al producto principal.

Precios para promociones Precios temporales para productos, por abajo del precio de lista y, en ocasiones, incluso por abajo de costo, para incrementar las ventas a corto plazo.

Precios por zona Estrategia para poner precios con base en la geografía y en la que la empresa establece dos zonas o más. Todos los clientes dentro de una zona pagan el mismo precio total; cuanto más alejada la zona, tanto más alto el precio.

Precios psicológicos Forma de poner precios que toma en cuenta la psicología de los precios y no sólo su aspecto económico; el precio se usa para decir algo del producto.

Precios que absorben el transporte Estrategia de precios geográficos mediante la cual la empresa absorbe la totalidad o una parte del costo real del transporte con objeto de conseguir el negocio.

Precios según el mercado Precios que se establecen, en gran parte, de acuerdo con los precios de la competencia y no de los costos o la demanda de la empresa.

Precios según el punto de equilibrio (precio enfocado a alcanzar ciertas utilidades) Precios que se fijan para que los costos por fabricar un producto queden equilibrados con los costos por comercializarlo; o marcar un precio para alcanzar la utilidad que se tiene en la mira.

Precios según el punto de partida Estrategia para poner precios, de acuerdo con zonas geográficas, en cuyo caso el vendedor designa una ciudad como punto de partida y le cobra a todos los clientes el costo del transporte desde dicha ciudad hasta la ubicación del cliente, sea cual fuere la ciudad desde la cual se envían los bienes.

Precios uniformes Estrategia geográfica para poner precios en la que la empresa cobra el mismo precio más el transporte a todos los clientes, independientemente de su ubicación.

Preeminencia en la línea de productos Seleccionar uno o dos artículos de una línea de productos que serán preeminentes.

Preguntas abiertas Preguntas que permiten contestar usando palabras propias.

Preguntas cerradas Preguntas que incluyen las respuestas posibles y que permiten que los sujetos elijan de entre ellas.

Presentación El paso del proceso de venta en que el vendedor se encuentra con el comprador y lo saluda para iniciar la relación debidamente.

Presentación Paso del proceso de venta en que el vendedor habla del "caso" del producto al comprador,

mostrando cómo el producto le producirá o ahorrará dinero al comprador.

Presupuesto mercadotécnico Sección del plan de mercadotecnia que contiene los ingresos, los costos y las utilidades proyectados.

Proceso de adopción El proceso mental mediante el cual la persona, de oír hablar de una innovación, pasa a su adopción, en última instancia.

Proceso de adquisición de una empresa El proceso de decisión mediante el cual las empresas compradoras establecen la necesidad de comprar productos y servicios e identifican, evalúan y eligen de entre marcas y proveedores alternativos.

Proceso de la mercadotecnia El proceso de (1) analizar las oportunidades de mercadotecnia, (2) seleccionar los mercados que se tendrán en la mira, (3) desarrollar la mezcla de mercadotecnia y (4) administrar las actividades de mercadotecnia.

Proceso de ventas Pasos que da el vendedor cuando vende; incluyen búsqueda y calificación de prospectos, acercamiento previo, acercamiento, presentación y demostración, manejo de objeciones, cierre y seguimiento.

Producto Cualquier cosa que se pueda ofrecer en el mercado para su atención, adquisición, uso o consumo y que puede satisfacer una necesidad o anhelo. Incluye objetos materiales, servicios, personas, lugares, organizaciones e ideas.

Producto aumentado Servicios y beneficios que se suman a los productos básicos reales y que son adicionales para el consumidor.

Producto nuevo Un bien, servicio o idea que algunos clientes en potencia perciben como algo nuevo.

Producto real Las partes de un producto, así como el grado de calidad, las características, el diseño, el nombre de la marca, el empaque y los demás atributos que se combinan para ofrecer los beneficios básicos de dicho producto.

Producto total El conjunto de servicios que resuelven problemas o de beneficios principales que obtienen los

consumidores, en realidad, cuando compran un producto.

Productos complacientes Productos que ofrecen gran satisfacción inmediata, pero que podrían perjudicar a los consumidores a largo plazo.

Productos deficientes Productos que no tienen atractivo inmediato ni beneficios a largo plazo.

Productos deseables Productos que ofrecen gran satisfacción inmediata y muchos beneficios a largo plazo

Productos saludables Productos que no tienen gran atractivo pero que pueden beneficiar a los consumidores a largo plazo.

Promoción de la fuerza de ventas Promociones diseñadas para motivar al cuerpo de vendedores y para hacer que las actividades de ventas sean más efectivas; incluyen bonos, concursos y convenciones de ventas.

Promoción de ventas Incentivos a corto plazo para fomentar la adquisición o las ventas de un producto o servicio.

Promoción para comercios Promociones de ventas diseñadas para conseguir el apoyo de los revendedores y para mejorar las actividades de ventas de los revendedores, inclusive descuentos, márgenes, bienes gratis, publicidad en cooperación, dinero para impulsarlos y convenciones y ferias.

Promociones del punto de compra (PPC) Exhibidores y demostraciones que están en el punto de compra o de venta.

Promociones para conseguir el favor de los consumidores Promociones de ventas que promueven la posición del producto y que incluyen un mensaje de ventas y el trato.

Promociones para los consumidores Promociones de ventas diseñadas para estimular las compras de los consumidores, entre ellas muestras, cupones, rebajas, descuentos, primas, recompensas por favorecer el producto, exhibidores y concursos y premios.

Pronósticos El arte de estimar la probable demanda futura con base en lo que harán los compradores dada una serie cualquiera de condiciones.

Propaganda Actividades para promover a una empresa o sus productos sembrando noticias sobre ella en los medios, sin que las pague un patrocinador.

Proporciones de operación Proporción que guardan artículos seleccionados definidos para las operaciones y las ventas netas, que permiten a los mercadólogos comparar la actuación de la empresa durante un año con la de años anteriores (o con los parámetros de la industria y la competencia en el mismo año).

Proveedores Empresas y personas que suministran los recursos que necesita la empresa y sus competidores para producir bienes y servicios.

Pruebas de conceptos Pruebas de conceptos de productos nuevos que se aplican a un grupo de consumidores en la mira, para averiguar si los conceptos resultan atractivos a los consumidores.

Pruebas de copias Pruebas para medir los resultados comunicativos de un anuncio, antes o después de su impresión o transmisión.

Psicografía Técnica para medir los estilos de vida y para elaborar clasificaciones del estilo de vida; entraña la medición de las principales dimensiones de la AIO (actividades, intereses, opiniones).

Publicidad Una forma de presentación remunerada y no personal, que sirve para que un patrocinador identificado promueva ideas, bienes o servicios.

Publicidad comparativa Publicidad que compara una marca, directa o indirectamente, con una o varias marcas más.

Publicidad informativa Publicidad usada para informar a los clientes sobre un producto o una característica nuevos, así como para crear demanda primaria.

Publicidad persuasiva Publicidad usada para crear demanda selectiva para una marca, convenciendo a los consumidores de que ésta ofrece la mejor calidad por el dinero que pagan.

Publicidad recordatoria Publicidad usada para que los consumidores piensen en un producto.

Público Cualquier grupo que tiene un interés, real o en potencia, en la capacidad de la organización para alcanzar sus objetivos.

Pulsar Programar los anuncios en forma irregular, en ráfagas, durante cierto plazo de tiempo.

Punto de comparación Proceso mediante el cual se comparan los productos y los procesos de una empresa con los de la competencia o los de empresas líderes de otras industrias, con el propósito de encontrar la manera de mejorar la calidad y la actuación.

Readquisición modificada Situación en la compra de los negocios en la que el comprador quiere modificar las especificaciones, los precios, los términos o los proveedores del producto.

Readquisición simple Situación de las compras de los negocios en la que el comprador, en forma rutinaria, vuelve a pedir algo sin modificación alguna.

Recargo Porcentaje del costo o el precio de un producto que se suma al costo, con objeto de obtener el precio de venta.

Reclamos a la moral Mensajes cuyo reclamo se dirige al sentimiento del público en cuanto a lo debido y aceptado.

Reclamos a la razón Mensajes que hacen un llamado al interés del propio público y que muestran que el producto producirá los beneficios que afirma; por ejemplo, la afirmación en cuanto a la calidad, la economía, el valor o la actuación del producto.

Recompensa a la preferencia Dinero u otras recompensas otorgadas por el uso regular de los productos o servicios de cierta empresa.

Reconocimiento de un problema La primera etapa del proceso de compra de los negocios en la que alguien de la empresa reconoce un problema o necesidad que se puede satisfacer mediante la adquisición de un bien o servicio.

Reconocimiento de una necesidad La primera etapa del proceso de decisión del comprador, en la que el consumidor reconoce que existe un problema o una necesidad.

Recurrir a las emociones Mensajes que conminan tratando de despertar emociones positivas o negativas que llevarán a la compra; algunos ejemplos serían el temor, la culpa, la vergüenza, el amor, el sentido del humor, el orgullo y la alegría.

Reembolso de dinero (rebajas) Devolución de parte del precio de compra de un producto que se entrega a los consumidores que envían "prueba de su compra" al fabricante.

Relaciones públicas Establecer buenas relaciones con los diferentes públicos de la empresa, obteniendo publicidad favorable, creando una buena "imagen de la empresa" y manejando o desviando rumores, relatos y hechos desfavorables. Sus instrumentos principales serían las relaciones con la prensa, la publicidad del producto, los comunicados de la empresa, el cabildeo y las contraventas.

Rellenar la línea de productos Incrementar la línea de productos sumando más artículos al rango presente de la línea.

Rendimiento sobre la inversión Medida común de la eficacia administrativa; la proporción que guardan las utilidades netas y la inversión.

Resolutor Persona que, en última instancia, toma la decisión, o parte de la decisión, de comprar, qué comprar, cómo comprarlo y dónde comprarlo.

Resolutores Personas del centro de adquisiciones de una organización que tienen facultades, formales o informales, para elegir o autorizar a los proveedores finales.

Resumen ejecutivo La sección introductoria de un plan de mercadotecnia que presenta un resumen breve de las metas y las recomendaciones básicas que presenta el plan.

Retadora del mercado Empresa que está subiendo dentro de una industria y lucha denodadamente por aumentar su participación en el mercado.

Retención selectiva Tendencia de las personas a retener sólo la parte de la información a la que se encuentran expuestas, por regla general información que sustenta sus actitudes y creencias.

Revisión de la actuación Etapa del proceso de compra de los negocios en el que el comprador califica su satisfacción con los proveedores y decide si seguirá con ellos, los modificará o los cambiará.

Rol Actividades que las personas que rodean a un individuo esperan que éste realice.

Sala de exhibición de catálogos Tienda al detalle que vende una amplia selección de bienes de marca, que tienen grandes recargos y mucho movimiento, a precios de descuento.

Segmentar el mercado Dividir un mercado en grupos diversos de consumidores con diferentes necesidades, características o comportamientos, que podrían requerir productos o mezclas de mercadotecnia diferentes.

Segmentar por beneficios Dividir el mercado en grupos de acuerdo con los diferentes beneficios que los consumidores pretenden obtener del producto.

Segmentar por comportamientos Dividir un mercado en grupos, con base en el grado de conocimiento del producto que tienen los consumidores, así como en sus actitudes, usos o respuestas respecto al mismo.

Segmentar por demografía Dividir el mercado en grupos con base en variables demográficas, por ejemplo, la edad, el sexo, el tamaño de la familia, el ciclo de vida de la familia, el ingreso, la ocupación, la educación, la religión, la raza y la nacionalidad.

Segmentar por edad y ciclo de vida Dividir un mercado por grupos de edad y por etapa del ciclo de vida.

Segmentar por geografía Dividir un mercado en diferentes unidades geográficas, por ejemplo, países, estados, regiones, condados, ciudades o barrios.

Segmentar por ingresos Dividir un mercado de acuerdo con los diferentes grupos de ingresos.

Segmentar por ocasiones Dividir el mercado en grupos de acuerdo con las ocasiones en que los compradores tienen la idea de comprar, hacen su compra o usan el objeto adquirido.

Segmentar por psicografía Dividir un mercado en grupos diferentes con base en clases sociales, estilo de vida o características de la personalidad.

Segmentar por sexo Dividir un mercado en diferentes grupos con base en el sexo.

Segmento del mercado Grupo de consumidores que responden de manera similar a una serie dada de estímulos mercadotécnicos.

Seguidora del mercado Empresa que está subiendo dentro de una industria y que quiere conservar su participación sin hacer olas.

Seguimiento El último paso del proceso de ventas en el cual el vendedor sigue los hechos después de la venta, con objeto de garantizar la satisfacción de los clientes y de que se repitan los negocios.

Selección de proveedores Etapa del proceso de compra de los negocios en la que el comprador revisa las propuestas y selecciona a uno o varios proveedores.

Servicio Cualquier actividad o beneficio que una parte pueda ofrecer a otra y que, en esencia, es intangible y no da lugar a la propiedad de nada.

Servicios Actividades, beneficios o satisfactores que están en venta.

Servicios de apoyo al producto Servicios que aumentan los productos reales.

Signos de interrogación Unidades de negocios con poca participación en mercados de gran crecimiento, que requieren mucho dinero para conservar su participación o que se convierten en estrellas.

Sistema de información de mercadotecnia (SIM) Personas, equipo y procedimientos para reunir, clasificar, analizar, evaluar y distribuir información necesaria, oportuna y exacta, a quienes toman las decisiones de mercadotecnia.

Sistema de mercadotecnia horizontal Conjunto de canales en el que dos o más empresas de un nivel se unen para perseguir una nueva oportunidad de mercadotecnia.

Sistema de mercadotecnia vertical (SMV) Estructura del canal de distribución en la que los productores, los mayoristas y los detallistas actúan en forma de sistema unificado. Un miembro del canal es dueño de los demás, establece contratos con ellos o tiene tanto poder que todos cooperan.

Sistema para proporcionar valor a los clientes Sistema compuesto por las cadenas de valor de la empresa y sus proveedores, distribuidores y, en última instancia, clientes, los cuales trabajan juntos para proporcionar valor a los clientes.

Sistemas de datos de una fuente Sistemas de control electrónico que ligan la exposición de los consumidores a los anuncios de televisión y las promociones (medidos usando medidores de televisión) con lo que compran en las tiendas (medidos usando monitores en la salida de las tiendas).

Situación mercadotécnica presente Parte del plan mercadotécnico que describe el mercado que se tiene en la mira y la posición de la empresa dentro del mismo.

SMV administrado Sistema de mercadotecnia vertical que sirve para coordinar las etapas sucesivas de la producción y la distribución, no por medio de nexos de propiedad en común o contrato, sino en razón del tamaño y el peso de una de las partes.

SMV corporativo Sistema de mercadotecnia vertical que combina etapas sucesivas de producción y distribución a manos de un solo dueño; el liderato del canal se establece por medio del dominio común.

SMV por contrato Sistema de mercadotecnia vertical en que empresas independientes, con diferentes grados de producción y distribución, se unen por medio de contratos con el propósito de conseguir más economías o impacto en las ventas que los que podrían conseguir por cuenta propia.

Sociedad en participación Empresa mancomunada en la que una sociedad se une a inversionistas de un mercado exterior con objeto de constituir una sociedad local, en la que la empresa comparte el dominio y el control.

Sociedad global Una empresa que, al operar en más de un país, consigue ventajas para sus costos de investigación y desarrollo, producción, mercadotecnia y finanzas, así como para su reputación, las cuales no están al alcance de competidores que sólo operan en su propio país.

Solicitud de propuestas Etapa del proceso de compras de los negocios en el que el comprador invita a proveedores calificados para que presenten propuestas.

Subcultura Grupo de personas que comparten un sistema de valores basado en experiencias y situaciones de la vida en común.

Suministros y servicios Bienes industriales que no intervienen en el producto terminado en absoluto.

Supermercados Tiendas de auto servicios, grandes, con costos bajos, márgenes pequeños y volúmenes grandes que manejan una gran variedad de productos alimenticios y para el hogar.

Supertienda Tienda que mide casi el doble que un supermercado normal y que maneja una gran variedad de alimentos comprados en forma rutinaria, así como de artículos no comestibles, y ofrece servicios, por ejemplo, de tintorería, correo, revelado de fotos, pago de cheques, pago de facturas, barras para comer, talleres de autos y atención de mascotas.

Sustancialidad Medida en que el segmento del mercado resulta grande o rentable.

Tamizar ideas Cernir ideas para productos nuevos, con objeto de detectar las buenas y abandonar las malas lo antes posible.

Tarea nueva Situación de las compras de los negocios en la que el comprador adquiere un producto o servicio por primera vez.

Tarifa Impuesto gravado por un gobierno sobre ciertos bienes importados. Las tarifas pretender captar ingresos o proteger a las empresas nacionales.

Tienda de abarrotes Tienda pequeña ubicada junto a una zona residencial que suele estar abierta durante horarios largos, los siete días de la semana, y maneja una línea limitada de bienes básicos que tienen gran rotación.

Tienda de departamentos Organización detallista que maneja una amplia variedad de líneas de productos; normalmente ropa, enseres domésticos y bienes para el hogar; cada línea es operada como un departamento por separado, administrado por compradores y comercializadores especializados.

Tienda de descuento Tienda detallista que vende mercancía normal a precios más bajos, gracias a que acepta márgenes más estrechos y vende volúmenes más grandes.

Tienda especializada Tienda detallista que maneja una línea estrecha de productos con una gran variedad dentro de dicha línea.

Tiendas combinadas Tiendas combinadas con farmacias.

Tiendas de descuento independientes Tiendas detallistas de descuento que son propiedad de empresarios, están administradas por ellos, o son divisiones de sociedades grandes dedicadas al menudeo.

Tiendas de fábrica Negocios detallistas, con precios de descuento, que son propiedad de los fabricantes y están manejados por ellos mismos, y que suelen manejar bienes excedentes, descontinuados o defectuosos del fabricante.

Total de costos La suma de los costos fijos y variables para un nivel dado de producción.

Total de costos para el consumidor El total de todos los costos pecuniarios, de tiempo, de energía y psicológicos ligados a una oferta de mercadotecnia.

Transacción El canje entre dos partes que entraña, cuando menos, dos cosas de valor, condiciones convenidas, un plazo para el acuerdo y un lugar para el mismo.

Transacción monetaria Transacción mercantil en la que bienes o servicios se intercambian por dinero.

Trueque Una transacción mercadotécnica en la que ciertos bienes o servicios son canjeados por otros bienes o servicios.

Unidad de negocios estratégicos (UNE) Unidad de una empresa que tiene una misión y objetivos separados del resto y que se pueden planear de manera independiente de los demás negocios de la empresa. Una UNE puede ser una división de la empresa, una línea de productos dentro de una división o, en ocasiones, un solo producto o marca.

Uso de contenedores Colocar los bienes en cajas o vagones que se puedan transferir fácilmente de una forma de transporte a otra. Se usan en sistema multimodales, por ejemplo entre camión y ferrocarril, barco y camión, ferrocarril y barco y avión y camión.

Usuario La persona que consume o usa un producto o servicio.

Usuario Miembros de una organización que usarán el producto o servicio; los usuarios suelen iniciar la propuesta de comprar y ayudan a definir las especificaciones del producto.

Vacas de efectivo Negocios o productos de poco crecimiento y gran participación en el mercado; unidades establecidas y exitosas que generan el dinero que usa la empresa para pagar sus facturas y para apoyar a otras unidades de negocios que necesitan inversión.

Valor de la marca El valor que tiene una marca, debido al grado de fidelidad, conocimiento del nombre, calidad percibida y asociaciones claras, así como a otros activos, por ejemplo el valor de patentes, marcas registradas y relaciones de canales.

Valor para el cliente Capacidad general del producto para satisfacer las necesidades del cliente, según su propia evaluación.

Valor perdurable del cliente El monto en que los ingresos de un cliente dado excederán, con el tiempo, de los costos de la empresa por atraer, vender y atender a dicho cliente.

Valor proporcionado a los clientes La diferencia entre el valor total que tiene para los clientes una oferta comercializada y su costo total para los clientes; la "utilidad" del cliente.

Valor total para el cliente El total de todos los valores del producto, los servicios, el personal y la imagen que el comprador recibe al adquirir una oferta de mercadotecnia.

Vehículos de los medios Medios específicos dentro de cada tipo general de medio, por ejemplo revistas específicas, programas de televisión o programas de radio.

Vendedor Persona que actúa en nombre de una empresa y realiza una o varias de las siguientes actividades:

buscar prospectos, comunicarse con ellos, darles servicios, y reunir información.

Ventaja competitiva Ventaja sobre los competidores lograda ofreciendo más valor a los consumidores, sea por medio de precios más bajos o con una mayor cantidad de beneficios que justifique los precios más bajos o con una mayor cantidad de beneficios que justifique los precios más altos.

Ventas brutas.. El monto total que cobra una empresa por su mercancía, dentro de un plazo dado.

Ventas de puerta en puerta Acto de vender de puerta en puerta, oficina en oficina o en reuniones caseras de ventas.

Ventas personales Presentación oral en conversación sostenida con uno o varios compradores en potencia, con objeto de realizar ventas.

Créditos de fotos y anuncios

Capítulo 1 **1** *de izquierda a derecha, y de arriba hacia abajo*: Charles Gupton /Stock, Boston; Jon Felingersh /Tony Stone Images; Bob Daemmrich/Stock; Boston; **4** U. S. Postal Service; **6** Kaiser Stand & Gravel Co., subsidiaria de Koppers Co., Inc.; **7** Advertising Council; **13** cortesía de The American Gas Association; **19** F. Hiban/Sygma; **22** cortesía de MTV Europe; **24** ITT.

Capítulo 2 **35** Levi Strauss & Co.; **40** 3M Commercial Graphics Division; **47** Arm & Hammer; **52** *Izquierda*: cortesía de Red Roof Inns y W. B. Doner & Co.; *derecha*: Four Seasons Hotels; **54** Teri Stratford; **59** M. Osterreicher/Black Star y cortesía de Dupont; **60** Ken Lax; **63** Hewlett Packard; **65** Mark Selinger/Campbell Soup Company; **75** TrapEase.

Capítulo 3 **77** Leo Burnett/Kellogg's; **83** Wal-Mart; **85** Folgers; **87** *izquierda*: Kim Robbie/Stock Market; *derecha*: Will & Deni Mc-Intyre/Photo Researchers; **91** Dow Chemical Co. (Dow ya no utiliza este anuncio); **100** Peter Menzel/Stock, Boston; **103** Procter & Gamble; **104** Residence Inn, Marriott; **113** H. J. Heinz Company; **116** General Motors, Inc.

Capítulo 4 **119** Roger Ressmeyer/Wheeler Pictures; **125** Steve Weber/Stock, Boston; **129** Elliot Schwart; **134** A. C. Nielsen; **136** Information Resources, Inc.; **139** *parte superior*: sin crédito; *abajo*: Jon Feingersh /Stock, Boston; **141** Ken Kerbs; **154** Appliance Control Technology, Inc.

Capítulo 5 **157** Michael J. Howell/Stock, Boston; **163** Domino's Pizza, Inc.; **166** cortesía de Tupperware Home Parties; **167** Gabe Palmer/Stock Market; **169** The Lee Apparel Co.; **175** McCann Erikson Worldwide, Inc./Newsweek Magazine; *parte superior*: David Woo/Stock, Boston; **178** cortesía de Honda.

Capítulo 6 **187** Lee Balterman/FPG International; **193** Rhoda Sidney/Stock, Boston; **194** cortesía de Nestlé Beverage Company; **197** Brownie Harris/Stock Market; **199** Minolta; **205** cortesía de GE; **206** IBM; **209** Jim W. Grace/Photo Researchers.

Capítulo 7 **217** Gulfstream; **223** reimpreso con permiso de Intel Corporation, © Intel Corporation 1992; **224** Olin Corporation; **227** Pendaflex Esselte Corp.; **228** Peterbilt Motors Co.; **237** *izquierda*: Jim Feingersh /Stock Market; *derecha*: de R. Steedman/Stock Market; **239** Southern Bell; **247** Frigidaire Company; **252** Motorola.

Capítulo 8 **255** cortesía de Qantas; **261** The Quaker Oats Company; **263** Paul Liebhardt; **266** PRIZM es una marca registrada de Claritas/NPDC, Inc., Alexandria, VA; **268** Ed Bock/Stock Market.

Capítulo 9 **279** Photoquest; **287** es una cortesía de Hampton Inn, Inc.; **287** *izquierda*: Johnson & Johnson; *derecha*: Toyota Motors, USA.; **290** cortesía de Eastman Kodak; **297** Sipa Press; **301** Maybelline Co.; **305** Church & Dwight and Harris, Baio & McCullouth; **309** The Super Mario Brothers 3, los personajes son marca registrada de Nintendo of America, Inc., © 1990 Nintendo; **321** Coca-Cola Company.

Capítulo 10 **323** Revlon, Inc.; **327** cortesía de Sony Corporation; **330** reimpreso con permiso de Texas Instruments; **336** National Geographic Society; **341** reimpreso por cortesía de Eastman Kodak Company y Rose Art Industries, Inc.; **344** Advertising Age; **348** Ken Lax; **355** cortesía de Marriott Corp.

Capítulo 11 **369** 3M Company; **377** United States Surgical Corporation; **380** General Motors; **381** 3D Systems, Inc.; **386** Teri Stratford; **389** Ford Motors; **392** Kikkoman International, Inc.; **394** cortesía de Sony Corporation; **404** cortesía de Polaroid; **405** cortesía de Polaroid.

Capítulo 12 **407** cortesía de Sears; **412** Sub-Zero Freezer Company; **414** Johnson Controls, Inc.; **416** Food Lion, Inc.; **418** Stanley Hardware; **421** Mazda; **429** The Parker Pen Co.

Capítulo 13 **437** American Airlines y Temerlin McClain (*agencia*); **441** Polaroid Corp.; **443** Infinity Systems Inc.; **447** *izquierda*: Laima Druskis; *derecha*: John Coletti/Stock, Boston; **451** Buick Motor Division; **455** Jean Patou, Inc.

Capítulo 14 **467** © Will Crocker; **473** *de izquierda a derecha, y de arriba hacia abajo*: Coca-Cola Company; Michael S. Yamashita/Westlight; Smith/Garner /Stock Market; John Zoiner/International Stock Photo; Ann States/SABA; **476** cortesía de Procter and Gamble; **473** Toys `R' Us; **482** *izquierda*: Lee Lockwood/Black Star; *derecha*: Michael Rizza/Stock, Boston; **486** *izquierda*: Dario Perla/International Stock Photography; *derecha*: Jeffrey Meyers/FPG; **495** reimpreso con permiso de Compaq Computer Corp.; todos los derechos reservados; *de izquierda a derecha, y de arriba hacia abajo*: CSX Creative Services; American Airlines; Conrail; **504** cortesía de Icon Acoustics, Inc.

Capítulo 15 **507** *de izquierda a derecha, y arriba hacia abajo*: IKEA, Inc.; John McGrail; John McGrail; IKEA, Inc.; **511** cortesía de Eddie Bauer, Inc.; **514** cortesía de National Convenience Stores; **516** Jim Knowles/Picture Group; **524** Teri Stratford; **526** cortesía de Prodigy Service Company; **533** *izquierda*: Advertising Age; *derecha*: Katherine Lambert; **538** cortesía de Fleming Company, Oklahoma City, OK; **541** *izquierda*: Foremost-McKesson Corp; *derecha*: McKesson.

Capítulo 16 **551** The Quaker Oats Company; **559** Procter & Gamble Company; **561** Nike's Aerospace Jordan ad; **566** O Blake Little, 1990; **568** cortesía de McGraw Hill Magazines; **576** PepsiCo., Inc.

Capítulo 17 **579** Eveready Battery Co., Inc.; **585** reproducido con permiso de Visa U.S.A. Inc., © 1993; todos los derechos reservados; **589** Singapore Air-lines Ltd.; **594** *izquierda*: Videocart, Inc., *derecha*: Patrick Pfister; **595** *izquierda*: Turner Private Networks; *derecha*: Rameshwar Das/Monkmeyer Press; **597** Leo Burnett Co., Inc.: Kellogg's Frosted Flakes®, Tony the Tiger®; el diseño del personaje es una marca registrada de Kellogg Company, todos los derechos reservados; **602** Nutrasweet; **610** 3M Company; **618** cortesía de Avon.

Capítulo 18 **621** Alexander Mares-Manton; **624** *izquierda*: John Henley/Stock Market; *derecha*: Gabe Palmer/Stock Market; **631** Walton Doby; *derecha*: Carol Fatta; **632** Wilson Learning Corp., Eden Prairie, MN; **635** Frito-Lay; **636** Comstock; **637** *izquierda*: Princess Cruises; *derecha*: American Express; **642** Lawrence Migdale/Photo Researchers; **650** Multiform Dessicants.

Capítulo 19 **655** *de izquierda a derecha, y de arriba hacia abajo*: cortesía de Rubbermaid, Inc.; Craig Wolenhouse; cortesía de Rubbermaid, Inc.; **662** CIGNA Companies—1991-92 Campaign; **665** Whirpool Corp.; **666** cortesía de Campbell Soup Company; **669** Paine-Webber Group; **671** Procter & Gamble; **676** cortesía de National Institute of Standards and Technology, Office of Quality Programs, Gaithersburg, MD—foto por Steuben.

Capítulo 20 **687** O Macon/Real/SABA; **694** reproducido con permiso del titular de los derechos de autor, General Electric Company; **697** Les Jorgensen; **704** *izquierda*: Johnson & Johnson; *derecha*: Campbell Soup Company; **708** Nissan Motor Company (Chiat/Day); **713** Phil Matt; **720** cortesía Max Factor; **724** cortesía de New Balance.

Capítulo 21 **727** cortesía de Apple Computer; **731** *de izquierda a derecha, y de arriba hacia abajo*: IBM; Caroline Parsons; Greg Davis/Stock Market; Ted Morrison; **735** Electronic Data Systems Corp.; © 1991 EDS; **738** Chrysler; **741**: PepsiCo; **744** © 1986 The Walt Disney Company; **747** A.T. Cross, **757** Hardee's Food Systems, Inc.

Capítulo 22 **761** Joseph McNally/Sygma; **764** *arriba*: Robert Holmgren; *abajo*: John C. Hillery; **767** Bill Brewer/The Stock Shop; **769** Century City Hospital; **774** UPS; **778** Nestlé Beverage Co.; **782** *izquierda*: Fallon, McElligot, y Rice; *derecha*: Reader's Digest Foundation; **789** cortesía de City Life.

Capítulo 23 **793** Marty Katz; **796** Miguel/The Image Bank; **800** Rob Kinmouth; **802** American Association of Advertising Agencies; **803** Tom McHugh/Photo Researchers; **809** *izquierda*: Herman Miller, Inc. y Church & Dwight; *derecha*: McDonald Corp.; **814** Ken Lax; **823** Nestlé Beverage Co; **825** GTE.

Indice analítico

N

National Aeronauticas and Space
Administration (NASA), 93, 95, 98
National Boycott News, 104-05
Natural, entorno, 90-92
Necesidad de reconocimiento en el
proceso de la decisión de los
compradores, 194-196
Necesidades básicas,
de actualización propia, 171-173
de estima, 171-173
de información, 10-11, 130, 131, 132
de los consumidores, 171-74
de seguridad, 171-73
definición de, 5-6
fisiológicas, 171-73
jerarquía de las, 171-74
principio de la satisfacción de las,
815-16
sociales, 171-73
Necesidades falsas, 801-03
Necesidades humanas, 5-6
Negativa, demanda, 12-13
Negocios de servicios, 510-11, 515-16,
767-769
Negocios, análisis de, 380-83
Negocios, instrumentos para la
formación de, 603-06
New England Journal of Medicine, 561,
562, 563
Nichos del mercado, estrategias para los,
53-55, 710-13
Niveles de los canales, 472-74
No buscados, bienes, 13-14, 328-29
No lucrativa, organización, 3-4, 11-13
No uniformes en las compras, bienes,
328-29

O

Objeciones, manejo de, 643-44
Objetivos,
causales, 130-31
de la administración del equipo de
vendedores, 624-26
de la competencia, 691-94
de la distribución física, 493-94
de la planificación de estrategias,
90-91
de la promoción de ventas, 599-602
de la publicidad, 583-86
de las investigaciones de mercado,
127-31
de las investigaciones exploratorias,
130, 131, 132
de las relaciones públicas, 610
de las visitas, 641-42
del plan mercadotécnico, 59-60
Objeto del estímulo, 175-76
Observación, investigación por medio de
la, 132-134, 135
Obsolescencia planeada, 798-801
Ocasiones de uso, 303
Ocupación, comportamiento de los
consumidores y, 167-68
Oficina de Asuntos de los Consumidores,
94

Oficina de Logística Defensiva, 203
Oficina del Censo de EUA, 261-62
Oficina Nacional de Investigaciones
Económicas, 271-72
Oficina para la Protección del Ambiente,
91-92, 94
Operaciones, control de, 64, 69
Opinión de expertos, pronósticos y la,
268-71
Opiniones del equipo de vendedores,
pronósticos y las, 268-69
Opiniones personales sobre,
el universo, 90-91
la naturaleza, 103-05
la sociedad, 101-04
las organizaciones, 99-103
sí mismo, 98-101
terceros, 99-100
Oportunidad de comercialización de la
sociedad, 59-60
Oportunidades, 57-60
aumento de las, 44-45, 47
Organismos de gobierno
aplicación por parte de, 94, 97-98
cómo obtener información de los,
126-27
Organización(es)
de canales de distribución, 476-84
de departamentos, 61-68
de franquicias, 480-81
de la mercadotecnia, 776-78
del departamento de mercadotecnia,
61-68
geográfica, 61-65, 67, 750-51
global, 751-52
Organizaciones no lucrativas
investigaciones de mercado para, 11-12
mercadotecnia y, 3-4
Orientación de la transacción para las
ventas personales, 643-44

P

Papel de influyente, 166-67, 190-91
Papel de iniciador, 190-91
Paquetes de precios, 602-03
Parrilla de expansión del
mercado/producto, 44-45, 47
Parrilla de planificación de negocios
estratégicos, 43-44
Participación de marido-mujer en el
proceso de compra, 166-67
Participación en el mercado
cálculo de la, 264-66
expansión de la, 705-07
protección de la, 704-05
Paso del acercamiento en las ventas
personales, 641-42
Patrones del gasto de los consumidores,
89-91
Penetración en el mercado, 44-45, 47
Pequeñas empresas, investigaciones de
mercado de, 127, 128, 129, 130,
131
Percepción subliminal, 177-78
Percepción, comportamiento de los
consumidores y, 173-74

Periódicos, 591-92
Perros, 42-43
Personal, comercialización, 777-81
Personal, diferenciación del, 309-10
Personales, entrevistas, 136, 137, 138
Personalidad,
comportamiento de los consumidores
y, 170-73
de las marcas, 335-36
segmentación del mercado y, 285-90
Perspectiva del exterior hacia el interior,
14-15
Perspectiva del interior hacia el exterior,
14-15
Perspectivas de la administración
ambiental, 104-06
Piezas, materiales y, 328-30
Pionero del mercado, 392-94
Pistas, 174-76
Pistas para la calificación, 640-41
Plan anual, 39-40
Plan de trabajo, 637-38
Plan mercadotécnico anual para el
territorio, 637-38
Plan mercadotécnico,
componentes del 55-61
controles, 60-61
estrategias mercadotécnicas, 59-60
objetivos/temas, 59-60
oportunidades/amenazas, 57-60
presupuestos, 60-61
programas de acción, 59-61
resumen ejecutivo, 55-58
situación mercadotécnica
corriente, 57-58
Planes a largo plazo, 39-40
Planes de muestras, 132-34, 138-40
Planificación de estrategias, 36-75
conflicto de departamentos en la,
48-50
definición de, 39-40
definición del objeto de la sociedad,
39-41
diseño de la cartera de negocios,
41-48
establecimiento de los
objetivos/metas en la, 41-42
estrategias funcionales en la, 47-50
importancia de la, 38-39
papel de la mercadotecnia en la,
48-49
proceso mercadotécnico en la (véase
Proceso mercadotécnico)
Población,
cambios en la estructura de edades de
la, 83-85
cambios geográficos en la, 85-86
de burócratas, 87-88
Poder político de las empresas, 803-04
Poder,
de los compradores, 297-98
de los proveedores, 297-99
Political Risk Yearbook, 133
Políticas públicas
canales de distribución y, 491-92
comercialización directa y, 521-23

Indice onomástico

Dalgleish, Julie Gordon, 28n2
Dalton, Dan R., 819n14
Danzig, Fred, 787n23
Darlin, Damon, 758-59
Davidow, William H., 29nl8;364n26;
    786n4
Davis, Jim, 722-26
Davis, Riccardo A., 302-04;595-96
Davis, Robert A., 647n8
Day, George S., 316n23;401nl6; 717n7
Dean, Paul, 464-465
De Combray, Natalie, 109nl6
Degen, James M., 549-51
DeGeorge, Gail, 109n4;316n26
Deming, W. Edwards, 326
DePrizio, Thomas A., 648
Desanick, Robert L., 29-30
Deshpande, Rohit, 151n18
Deutschman, Alan, 223
Deveny, Kathleen, 112-13; 338-39;
    701-02; 722-23
Dewar, Robert, 65, 68
Diamond, S.J., 363n1
Dixon, Paul Rand, 801, 802
Donaldson, David, 626-28
Donaton, Scott, 87-88;545n21
Donnelly, James H., Jr., 681nn11,12
Douglas, Larry, 403-04
Doyle, Stephen X., 647n21
Doz, Yves L., 502n8
Dreyfack, Kenneth, 109n17
Drucker, Peter, 5-6;20-21;28n5;48-49;
    659-60
Dubashi, Jagannath, 252-253
Duff, Christina, 319-20
Dugas, Christine, 614n9
Dumaine, Brian, 72nn8,16;127-28;
    363n8;400n3;433n4
Duncan, Tom, 615n34
Dunkin, Amy, 481, 482

E
Ebert, Ronald J., 819n17
Eckstein, Alissa, 615n28
Edel, Richard, 574nl
Eiglier, Pierre, 786n4
ElAnsary, Adel I., 481;482;501nn3,5;
    546n29;819n6
Elben, Therese, 754n2
Ellis, James E., 432nl;460nn1,3
Emerson, Ralph Waldo, 28n9
Endicott, R. Craig, 338-39;583-85
Engardio, Pete, 363n9;754n7
Engel, James F., 181n2
Enis, Ben M., 223;362-63n3;681n8
Eovaldi, Thomas L., 109n15;243n6;
    359-61;457-58;570-71
Eppright, David R., 574n3
Erickson, Gary M., 460n5
Erickson, Liesse, 561, 562, 563
Etzel, MichaelJ., 182n5;212nll;819n3
Evans, Kenneth R., 243n5;673-74
Evans, Philip, 681n6
Everett, Martin, 631-32
Exter, Thomas, 108n2;109n10;182n4;
    315n7

F
Fahey, Alison, 481;482n2;615n21
Fahey, Liam, 734-35
Fannin, Rebecca, 307-09; 420-21
Farber, Barry J., 243n5;364n26;
    647n20;673-74;772-73;786n16
Faris, Charles W., 235-36;243-44nn7,16
Farmer, Richard N., 28n14
Farnham, Alan, 754n7
Farquhar, Peter H., 363n13
Farris, Paul W., 615n25
Feinstein, Selwyn, 151n16
Feldman, Laurence P., 401n17
Fern, Edward F., 243n3
Festinger, Leon, 212n7
Field, Nora E., 786nl9
Fierman, Jaclyn, 501n6
Finch, Peter, 574n7
Finegan, Jay, 726
Finkbeiner, Carl, 294-95;316n16
Fishbein, Martin, 212n4
Fisher, Anne, B., 109nn18,20,21
Fisher, Anne B., 787n22;819n9
Fisher, Christy, 28n4;108n2;182n4;
    531-32;544-45n3
Fisher, Eileen, 182n7
Fitzgerald, Kate, 307-09;432n1;502n17;
    545nn9,10,12
Flax, Steven, 127, 128
Flynn, Julia, 432n1
Foch, Marshal, 270-71
Fokos, Dave, 489-91;502-06
Foltz, Kim, 182n9
Food Lion, 416-17
Fost, Dan, 501n7;545n18
Foster, Catherine, 396
Fouke, Carol J., 155n4
Foust, Dean, 315n6
Fox, Karen, 28n2
Frank, Sergey, 231
Franke, John C., 244n19
Franklin, Ben, 582
Franz,Julie, 400n11
Frazier, Gary L., 234-35
Freedman, David H., 177-78
Freedman, RobertJ., 647n21
Freeman, Laurie, 315n10;561;562;563;
    574n7; 615nn13,35
Freud, Sigmund, 171-73
Fry, Arthur, 370-71
Fuld, Leonard M., 150n9;718n6
Futrell, Charles, 28nl5
F.W. Woolworth, 410-11

G
Gaeth, Gary J., 460n6
Gale, Bradley T., 681n16;718n13
Galen, Michele, 127;128;131n10;718n6
Galter, Dorothy J., 301-02
Galvin, Robert W., 250-51
Gannes, Stuart, 718n7
Gantman, Geri, 545n17;647n17
Garfield, Charles, 629;630;632
Garland, Susan B., 87-88
Garvin, David A., 316n24;363n7;677
Gaski, John F., 819n3

Gaudet, H., 574n6
Gault, Stanley, 467;501n1
Georgoff, David M., 274n6
Ghemawat, Pankaj, 433n6;718n7
Gibson, Richard, 112-13;317-18
Gillette, King, 214-15,216
Gilley, Mary C., 203-205
Ginter, Peter M., 319-20
Glaxo, 425-26
Glazer, Rashi, 150n3
Glenn, Norval D., 819n9
Goldman, Debra, 182n6
Goodfellow, Matthew, 647n12
Gould, Peter, 501n4
Graham, John 1., 243n4
Gray, Daniel H., 72n5
Greenbaum, Thomas L., 151n15
Greising, David, 545n9
Greyser, Stephen A., 819n11
Griffin, Ricky E., 819n17
Gronroos, Christian, 786n9
Gross, Neil, 754n1
Grossman, Laurie M., 545n5
Grover, Ronald, 595-96
Gutenberg, Johann, 582
Gwynne, S.C., 420-21

H
Hadjian, Ani, 223
Hafner, Katherine M., 502n15
Hagedorn, Homer F., 386-87
Hager, Bruce, 109; 315n2
Haines, Daniel W., 71n10;718n18
Haley, Kathy, 595-96
Haley, Russell J., 291-92
Hamel, Gary, 502n8
Hamel, Ruth, 545n4
Hamermesh, Richard G., 71n4
Hamilton, Joan O'C., 772-73
Hammonds, Keith, 212n1
Hampton, William J., 252-53
Han, Julia Y., 363n13
Hanna, Sherman, 168-69
Hansen, Richard W., 203-05
Harbrecht, Douglas A., 819n11
Harmon, Amy, 464-65
Harper, Marion, Jr., 150n2
Hart, Christopher W.L., 786nn13,14,15
Harte, Susan, 231
Harvey, Britt, 823-24
Harvey, Donald F., 65-68
Hass, Nancy, 501n1
Hawkins, Chuck, 717n1
Hawkins, Del I.,136-38;151n22;274nn6,
    7,9
Haywood, K. Michael, 574n5
Helin, David W., 747-48
Hemnes, Thomas M.S., 363n21
Henkoff, Ronald, 109n16;786n3
Herther, Karen, 569-71
Heskett, James L., 72n16;786nn7,13,
    15,18
Hewlett, William, 64;68
Higgins, Kevin T., 65-68;400n13;769-71
Hill, Don, 244n19
Hill, Julie Skur, 28n16;614n3

Índice de compañías y marcas